THE COMPLETE RESULTS & LINE-UPS OF THE EUROPEAN FOOTBALL CHAMPIONSHIPS 1958-2008

Romeo Ionescu

About the author

Romeo Ionescu was born in Ploiesti, Romania, on 19th December 1962. He fell in love with football statistics the first time he held a sports newspaper in 1970 and since then has collected a great number of sports newspapers, magazines and books, now possessing around 20,000 items. He began to collate statistics when he was a schoolboy and continued as a student in Bucuresti, where he completed his Romanian football statistics, spending hundreds of hours in two national libraries. Romeo began to exchange magazines and footballing material with other enthusiasts overseas in 1985 including his Dutch friend Kees Doeleman. Kees sparked Romeo's interest with European Cup line-ups and provided a lot of match details, which eventually led to production of a book about this competition. After collaborating on several books including *The European Football Yearbook*, *Annuario del Calcio Mondiale*, and a Romanian yearbook, Romeo published his first book, *An Encyclopedia of Romanian Football*, in 2000, followed by books on The European Cup and The Fairs Cup amongst others. By profession a mechanical engineer, he now works as a full-time football statistician and is seeking an appointment with an international agency.

British Library Cataloguing in Publication Data
A catalogue record for this book is available from the British Library

ISBN 978-1-86223-172-6

Copyright © 2008, SOCCER BOOKS LIMITED. (01472 696226)
72 St. Peter's Avenue, Cleethorpes, N.E. Lincolnshire, DN35 8HU, England

All rights are reserved. No part of this publication may be reproduced, stored in a retrieval system or transmitted, in any form or by any means, electronic, mechanical, photocopying, recording, or otherwise, without the prior written permission of Soccer Books Limited.

Printed by 4Edge Limited

AN INTRODUCTION TO THE EUROPEAN FOOTBALL CHAMPIONSHIPS

ALTHOUGH the European Championship itself did not get underway until 5th April 1958, organised regional international tournaments were already well established throughout Europe.

Way back in 1883 England, Northern Ireland (then just Ireland), Scotland and Wales kicked-off the British Championship (known as the Home International Championship) followed, in 1924, by Denmark, Finland, Norway and Sweden with the Scandinavian Championship (the Nordic Cup). In 1927 Hugo Meisl, that great Austrian champion of the game, originated the Central European Championship between Austria, Czechoslovakia, Hungary, Italy and Switzerland. Indeed, although known as the Dr. Gero Cup from 1955, this tournament was variously called *The Nations Cup*, *The International Cup* and *The Europe Cup*!

Just as we have to thank a Frenchman, Jules Rimet, for the conception of the FIFA World Cup in 1930, we are indebted to another Frenchman, Henri Delaunay, for the European Championship. Monsieur Delaunay, the secretary of the French Football Federation, proposed the tournament in the mid-1950s but, sadly, died before the competition got under way, although the trophy still bears his name.

Originally known as *The European Nations' Cup*, the first tournament struggled to get off the ground and was poorly supported by the major footballing countries of Europe with only 17 entrants taking part.

However, following the success of the first series which ran from 1958-1960, most eligible countries entered the second series from 1962-1964 and now it would be unthinkable for any of the members of UEFA to boycott such an important event.

The name of the competition was changed to *The European Football Championship* in 1966 and is now considered to rank second only to the FIFA World Cup in order of importance.

THE EUROPEAN NATIONS' CUP 1958-60

PRELIMINARY ROUND

EIRE v CZECHOSLOVAKIA 2-0 (2-0)
Dalymount Park, Dublin   05.04.1959
Referee: Lucien Van Nuffel (BEL)   Attendance: 42,000
EIRE: James O'Neill; Brendan McNally, Noel Cantwell (Cap), Mick McGrath, Charlie Hurley, Patrick Saward, Alfred Ringstead, Tommy Hamilton, Christy Doyle, George Cummins, Liam Tuohy.
CZECHOSLOVAKIA: Imrich Stacho; Jiri Tichy, Ján Popluhár, Gustav Mráz (23 Jiri Hildebrandt), Svatoplik Pluskal, Titus Buberník, Jan Brumovsky, Anton Moravcik, Ladislav Kacani, Pavol Molnar, Tadeas Kraus.   Trainer: Rudolf Vytlacil
Goals: Tuohy (22), Cantwell (42 pen)

CZECHOSLOVAKIA v EIRE 4-0 (1-0)
Tehelne Pole, Bratislava   10.05.1959
Referee: Joseph Barberan (FRA)   Attendance: 60,000
CZECHOSLOVAKIA: Imrich Stacho; Jiri Tichy, Ján Popluhár, Ladislav Novak, Stefan Matlak, Titus Bubernik, Ladislav Pavlovic, Adolf Scherer, Vlastimil Bubník, Ladislav Kacani, Milan Dolinsky.   Trainer: Rudolf Vytlacil
EIRE: James O'Neill; Richard Whittaker, Noel Cantwell (Cap), Frank O'Farrell, Charlie Hurley, Mick McGrath, Alfred Ringstead, Tommy Hamilton, Arthur Fitzsimons, George Cummins, Liam Tuohy.
Goals: Stacho (4 pen), Bubernik (52), Pavlovic (66), Dolinsky (75)

FIRST ROUND

USSR v HUNGARY 3-1 (3-0)
Central V.I. Lenin, Moskva   28.09.1958
Referee: Alfred Grill (AUS)   Attendance: 100,572
USSR: Vladimir Beliaev; Vladimir Kesarev, Anatoliy Maslionkin, Boris Kuznetsov, Iuriy Voinov, Viktor Tsarev, Slava Metreveli, Valentin Ivanov, Nikita Simonian (Cap), Alekper Mamedov, Anatoliy Ilyin.   Trainer: Gavril Kachalin
HUNGARY: Bela Bakó; Bela Kárpáti, Ferenc Sípos, László Sárosi; Deszö Bundzsák, Pal Berendi; László Budai II, Janos Göröcs, Lajos Csordás, Lajos Tichy, József Bencsics.   Trainer: Lajos Baróti
Goals: Ilyin (4), Metreveli (20), Ivanov (32), Göröcs (84)

HUNGARY v USSR 0-1 (0-0)
Népstadion, Budapest   27.09.1959
Referee: József Kowal (POL)   Attendance: 90,000
HUNGARY: Gyula Grosics; Sandor Mátrai, Ferenc Sípos, László Sárosi; József Bozsik, Antal Kotász; Karoly Sándor, Janos Göröcs, Florian Albert, Lajos Tichy, Maté Fenyvesi.   Trainer: Lajos Baróti
USSR: Lev Iashin; Vladimir Kesarev, Anatoliy Maslionkin, Boris Kuznetsov, Iuriy Voinov, Igor Netto (Cap), Slava Metreveli, Anatoliy Isaev, Valentin Ivanov, Valentin Bubukin, Mihail Meskhi.   Trainer: Mihail Iakushin
Goal: Voinov (58)

FRANCE v GREECE 7-1 (3-0)
Parc des Princes, Paris   01.10.1958
Referee: Gottfried Dienst (SWI)   Attendance: 37,590
FRANCE: Dominique Colonna; Raymond Kaelbel, André Lerond, Armand Penverne (Cap), Jean-Jacques Marcel, Yvon Douis, Raymond Kopa, Just Fontaine, Thadéd Cisowski, Maurice Lafont, Jean Vincent.
Trainers: Albert Batteux & Paul Nicholas
GREECE: Savvas Theodoridis; Takis Papoulidis, Kostas Linoxilakis (Cap), Mimis Stefanakos, Takis Loukanidis, Kostas Polihroniou, Lakis Emmanouilidis, Dimitrios Theofanis, Ilias Ifantis, Kostas Nestoridis, Giannis Holevas. Linoxilakis injured leave the field (70).   Trainer: Rino Martini
Goals: Kopa (23), Fontaine (25, 85), Cisowski (29, 68), Ifantis (47), Vincent (61, 87)

GREECE v FRANCE 1-1 (0-0)
Panathinaikos, Athina   03.12.1958
Referee: Vincenzo Orlandini (ITA)   Attendance: 26,000
GREECE: Savvas Theodoridis; Takis Papoulidis, Kostas Linoxilakis (Cap), Sotiris Aggelopoulos, Kostas Polihroniou, Giannis Nempidis, Giorgos Sideris, Andreas Papaemmanouil, Ilias Ifantis, Kostas Nestoridis, Stilianos Psihos.
Trainer: Andonis Miyakis
FRANCE: Claude Abbes; Raymond Kaelbel, Roger Marche (Cap), René Ferrier, Bruno Bollini, André Lerond, Maryan Wisnieski, Roland Guillas, Stéphane Bruey, Stanislas Dombeck, Léon Deladerriere.
Trainers: Albert Batteux & Paul Nicholas
Goals: Bruey (71), Marche (85 og)

ROMANIA v TURKEY 3-0 (0-0)
"23 August", București 02.11.1958
Referee: Gottfried Dienst (SWI)   Attendance: 70,000
ROMANIA: Costică Toma (Cap); Corneliu Popa, Alexandru Karikas, Dumitru Macri; Vasile Alexandru, Ion Nunweiller; Nicolae Oaidă, Gheorghe Constantin, Constantin Dinulescu, Haralambie Eftimie, Nicolae Tătaru.
Trainer: Augustin Botescu
TURKEY: Turgay Şeren (Cap); Ismail Kurt, Basri Dirimlili; Mustafa Ertan, Naçi Erdem, Ahmet Berman; Hilmi Kiremitçi, Can Bartu, Metin Oktay, Kadri Aytaç, Lefter Küçükandonyadis.
Trainer: Leonardo Remondini
Turgay was injured and replaced by Can Bartu (77)
Goals: Oaidă (62), Constantin (77), Dinulescu (81)

AUSTRIA v NORWAY 5-2 (3-2)
Wien   23.09.1959
Referee: Demostene Stathatos (GRE)   Attendance: 37,000
AUSTRIA: Kurt Schmied; Rudolf Oslansky, Karl Stotz, Erich Hasenkopf; Gerhard Hanappi, Karl Koller; Paul Halla, Erich Hof, Horst Nemec, Wilhelm Huberts, Karl Skerlan.
Trainer: Karl Decker
NORWAY: Sverre Andersen; Arne Bakker, Åge Spydevold, Arne Natland, Thorbjorn Svenssen, Arnold Johannessen, Rolf Bjørn Backe, Åge Sørensen, Harald Hennum, Ove Odergaard, Finn Gundersen.   Trainer: Kristian Henriksen
Goals: Nemec (2, 21), Odergaard (19, 55), Hof (25 pen, 75), Skerlan (59)

TURKEY v ROMANIA 2-0 (1-0)
Mithat Paşa, Istanbul 26.04.1959
Referee: Borce Nedelkovski (YUG)   Attendance: 35,000
TURKEY: Özcan Arkoç; Ismail Kurt, Basri Dirimlili; Mustafa Ertan, Naçi Erdem, Ahmet Berman; Hilmi Kiremitçi, Can Bartu, Suat Mamat, Lefter Küçükandonyadis, Kadri Aytaç.
Trainer: Leonardo Remondini
ROMANIA: Costică Toma; Corneliu Popa, Alexandru Karikas, Valeriu Soare; Emeric Jenei, Ion Nunweiller; Nicolae Oaidă, Vasile Alexandru, Ion Alexandrescu, Francisc Zavoda, Vasile Anghel.   Trainer: Augustin Botescu
Goals: Lefter (14 pen, 54)

YUGOSLAVIA v BULGARIA 2-0 (1-0)
JNA, Beograd   31.05.1959
Referee: Mihai Popa (ROM)   Attendance: 40,000
YUGOSLAVIA: Vladimir Beara; Bruno Belin, Tomislav Crnković, Vasilije Sijaković, Dobrosav Krstić, Lazar Tasić, Dragoslav Sekularac, Aleksandar Petaković, Branko Zebec, Milan Galić, Branislav Mihajlović.   Trainers: Dragomir Nikolić, Aleksandar Tirnanić, Ljubomir Lovrić
BULGARIA: Georgi Naidenov, Ilia Kirchev, Ivan Dimitrov, Christo Lazarov, Kiril Rakarov, Stoian Kitov, Ivan Kolev, Stefan Abadjiev, Panaiot Panaiotov, Bojidar Mitkov, Aleksander Vasilev.   Trainers: Stoian Ormandjiev & Krum Milev
Goals: Galic (1), Tasic (87)

NORWAY v AUSTRIA 0-1 (0-1)
Oslo   20.05.1959
Referee: Werner Bergmann (E. GER)   Att: 27,566
NORWAY: Asbjørn Hansen; Arne Natland, Hans Jacob Mathisen, Roar Johansen, Thorbjørn Svenssen, Tore Halvorsen, Bjørn Borgen, Per Kristoffersen, Harald Hennum, Kjell Kristiansen, Rolf Birger Pedersen.
Trainer: Kristian Henriksen
AUSTRIA: Kurt Schmied; Heinrich Büllwatsch, Karl Stotz, Erich Hasenkopf; Gerhard Hanappi, Karl Koller; Walter Horak, Adolf Knoll, Erich Hof, Josef Hamerl, Karl Skerlan.
Trainer: Karl Decker
Goal: Hof (32)

BULGARIA v YUGOSLAVIA 1-1 (0-0)
Vasil Levski, Sofia   25.10.1959
Referee: Kurt Tschenscher (W. GER)   Attendance: 45,000
BULGARIA: Georgi Naidenov; Kiril Rakarov, Manol Manolov, Ivan Dimitrov, Dimitar Largov, Nikola Kovachev, Todor Diev, Georgi Sokolov, Panaiot Panaiotov, Dimitar Iakimov, Ivan Kolev. Kovachev sent off (81).
Trainers: Stoian Ormandjiev & Krum Milev
YUGOSLAVIA: Blagoje Vidinić; Vladimir Durković, Fahrudin Jusufi, Stevan Bena, Tomislav Crnković, Lazar Tasić, Luka Liposinović, Muhamed Mujić, Borivoje Kostić, Branislav Mihajlović, Dragoslav Sekularac.   Trainers: Dragomir Nikolić, Aleksandar Tirnanić, Ljubomir Lovrić
Goals: Diev (54), Mujic (57)

EAST GERMANY v PORTUGAL 0-2 (0-1)
Walter-Ulbricht-Stadion, Berlin   21.06.1959
Referee: Alois Obtulovic (CZE)   Attendance: 25,000
EAST GERMANY: Karl Heinz Spickenagel; Bringfried Müller, Werner Heine, Konrad Wagner; Waldemar Mühlbächer, Manfred Kaiser; Horst Assmy, Günter Schröter, Gerhard Vogt, Lothar Meyer, Günther Wirth.
Trainer: Fritz Gödicke
PORTUGAL: Acurcio Carrelo; Virgilio Mendes, Angelo Martins, Fernando Mendes, Raul Figueiredo, Vicente Lucas, Carlos Duarte, Antonio Teixeira, Lucas da Fonseca Matateu, Mario Coluna, Domiciano Gomes Cavem.
Trainer: José Maria Antunes
Goals: Matateu (12), Coluna (67)

SPAIN v POLAND 3-0 (1-0)
Chamartin, Madrid   14.10.1959
Referee: Gyula Balla (HUN)   Attendance: 62,000
SPAIN: Antonio RAMALLETS Simon; Fernando OLIVELLA Pons, Jesús GARAY Vecino, Sigfrido GRACIA Royo; Juan SEGARRA Iraceta (Cap), Enrique GENSANA Merola; Juan TEJADA Martinez, Ladislao KUBALA Stecz, Alfredo di STÉFANO Lauthé, Luis SUÁREZ Miramontes, Francisco GENTO López.   Trainers: José Luis Costa, Ramón Gabilondo, José Luis Lasplazas
POLAND: Tomasz Stefaniszyn; Henryk Szczepanski, Roman Korynt, Fryderyk Monica; Witold Majewski, Henryk Grzybowski, Edmund Zientara (Cap); Ernest Pol, Stanislaw Hachorek, Zbigniew Szarynski, Krzysztof Baszkiewicz.
Trainers: Czeslaw Krug, Tadeusz Forys
Goals: Di Stefano (31), Gensana (70), Gento (86)

PORTUGAL v EAST GERMANY 3-2 (1-0)
Das Antas, Porto   28.06.1959
Referee: Juan Gardeazabal-Garay (SPA)   Att: 35,000
PORTUGAL: Acurcio Carrelo; Virgilio Mendes, Angelo Martins, Fernando Mendes, Raul Figueiredo, Alfredo Abrantes, Carlos Duarte, Antonio Teixeira, Lucas da Fonseca Matateu, Mario Coluna, Domiciano Gomes Cavem.
Trainer: José Maria Antunes
EAST GERMANY: Klaus Thiele; Bringfried Müller, Werner Heine, Konrad Wagner, Werner Unger, Siegfried Wolf, Roland Ducke, Günter Schröter, Gerhard Vogt, Dieter Erler, Horst Kohle.   Trainer: Fritz Gödicke
Goals: Coluna (45, 62), Vogt (47), Cavem (68), Kohle (72)

DENMARK v CZECHOSLOVAKIA 2-2 (2-2)
Idraetsparken, København   23.09.1959
Referee: Johan Bronkhorst (HOL)   Attendance: 32,000
DENMARK: Per Funch Jensen; Erling Linde Larsen, Poul Jensen, Bent Hansen, Hans Christian Nielsen, Erik Jensen, Poul Pedersen, John Danielsen, Harald Nielsen, Henning Enoksen, Jørn Sørensen.   Trainer: Arne Sørensen
CZECHOSLOVAKIA: Imrich Stacho; Jiri Tichy, Ján Popluhár, Ladislav Novák, Stefan Matlak, Titus Buberník, Ladislav Pavlovic, Adolf Scherer, Vlastimil Bubník, Ladislav Kacani, Milan Dolinsky.   Trainer: Rudolf Vytlacil
Goals: P. Pedersen (15), B. Hansen (19), Kacani (30), Dolinsky (43)

POLAND v SPAIN 2-4 (1-2)
Slaski, Chorzów   28.06.1959
Referee: Arthur Edward Ellis (ENG)   Attendance: 71,000
POLAND: Tomasz Stefaniszyn; Henryk Szczepanski, Roman Korynt, Jerzy Wozniak; Marceli Strzykalski, Edmund Zientara (Cap); Ernest Pol, Lucjan Brychczy, Stanislaw Hachorek, Jan Liberda, Krzysztof Baszkiewicz.
Trainers: Czeslaw Krug, Tadeusz Forys
SPAIN: Antonio RAMALLETS Simon; Fernando OLIVELLA Pons, Jesús GARAY Vecino, Sigfrido GRACIA Royo; Juan SEGARRA Iraceta (Cap), Enrique GENSANA Merola; Juan TEJADA Martinez, Enrique MATEOS Mancebo, Alfredo di STÉFANO Lauthé, Luis SUÁREZ Miramontes, Francisco GENTO López.   Trainers: José Luis Costa, Ramón Gabilondo, José Luis Lasplazas
Goals: Pol (34), Suarez (40, 52), Di Stefano (42, 56), Brychczy (62)

CZECHOSLOVAKIA v DENMARK 5-1 (1-1)
Brno   18.10.1959
Referee: Helmut Kohler (E. GER)   Att: 30,000
CZECHOSLOVAKIA: Viliam Schrojf; Jiri Tichy, Ján Popluhár, Ladislav Novák, Svatopil Pluskal, Titus Buberník, Ladislav Pavlovic, Pavol Molnar, Anton Moravcik, Adolf Scherer, Milan Dolinsky.   Trainer: Rudolf Vytlacil
DENMARK: Erling Sørensen; Richard Møller Nielsen, Poul Jensen, Bent Hansen, Hans Christian Nielsen, Flemming Nielsen, Poul Pedersen, John Kramer, Henning Enoksen, John Danielsen, Jørn Sørensen.   Trainer: Arne Sørensen
Goals: Kramer (35), Bubernik (38, 56), Scherer (48, 87), Dolinsky (63)

QUARTER-FINALS

FRANCE v AUSTRIA 5-2 (3-1)

Stade Olympique Colombes, Paris   13.12.1959

Referee: Manuel Asensi (SPA)   Attendance: 43,775

FRANCE: Georges Lamia; Jean Wendling, Roger Marche (Cap), Armand Penverne, Robert Jonquet, René Ferrier, François Heutte, Raymond Kopa, Just Fontaine, Lucien Muller, Jean Vincent.   Trainers: Albert Batteux, Paul Nicholas, Jean Gauteroux, Alex Thépot, Georges Verriest, Henri Guérin

AUSTRIA: Kurt Schmied; Paul Halla, Karl Stotz, Karl Nickerl; Gerhard Hanappi, Karl Koller; Walter Horak, Helmut Senekowitsch, Horst Nemec, Rudolf Pichler, Karl Höfer.   Trainer: Karl Decker

Goals: Fontaine (6, 18, 70), Vincent (38, 80), Horak (40), Pichler (65)

YUGOSLAVIA v PORTUGAL 5-1 (2-1)

JNA, Beograd   22.05.1960

Referee: Josef Stoll (AUS)   Attendance: 55,000

YUGOSLAVIA: Milutin Soskić; Vladimir Durković, Fahrudin Jusufi, Ante Zanetić, Zarko Nikolić, Zeljko Perusić, Zvezdan Cebinac, Tomislav Knez, Milan Galić, Dragoslav Sekularac, Borivoje Kostić.   Trainers: Dragomir Nikolić, Aleksandar Tirnanić, Ljubomir Lovrić

PORTUGAL: Acurcio Carrelo; Virgilio Mendes, Mario João, Fernando Mendes, Germano Figueiredo, David Julio, Hernani Silva, Joaquim Santana, Lucas da Fonseca Matateu, Mario Coluna, Domiciano Gomes "Cavem".   Trainer: José Maria Antunes

Goals: Sekularac (8), Cavem (29), Cebinac (45), Kostic (50, 88), Galic (79)

AUSTRIA v FRANCE 2-4 (1-0)

Prater, Wien   27.03.1960

Referee: Helge Andersen (DEN)   Attendance: 38,000

AUSTRIA: Rudolf Szanwald; Johann Windisch, Giuseppe Koschier, Erich Hasenkopf; Gerhard Hanappi, Karl Koller; Walter Horak, Paul Kozlicek, Horst Nemec, Wilhelm Huberts, Erich Probst.   Trainer: Karl Decker

FRANCE: Georges Lamia; Jean Wendling, Bruno Rodzik, Jean-Jacques Marcel, Raymond Kaelbel, René Ferrier, Pierre Grillet, Lucien Muller, François Heutte, Raymond Kopa (Cap), Bernard Rahis.   Trainers: Albert Batteux, Jean Gauteroux, Alex Thépot, Georges Verriest, Henri Guérin.

Goals: Nemec (26), Marcel (46), Rahis (59), Probst (64), Heutte (77), Kopa (84 pen)

ROMANIA v CZECHOSLOVAKIA 0-2 (0-2)

"23 August", Bucureşti   22.05.1960

Referee: Andor Dorogi (HUN)   Attendance: 80,000

ROMANIA: Petre Mîndru; Corneliu Popa; Alexandru Apolzan (Cap), Valeriu Soare; Emerich Jenei, Ion Nunweiller; Emanoil Haşoti, Gavril Raksi, Viorel Mateianu, Haralambie Eftimie, Nicolae Tătaru.   Trainer: Augustin Botescu

CZECHOSLOVAKIA: Imrich Stacho; Jozef Bomba, Ján Popluhár, Ladislav Novák; Titus Bubernik, Josef Masopust; Ladislav Pavlovic, Josef Vojta, Andrej Kvasnák, Vlastimil Bubník, Milan Dolínsky.   Trainer: Rudolf Vytlacil

Goals: Masopust (8), Bubnik (45)

PORTUGAL v YUGOSLAVIA 2-1 (1-0)

Lisboa   08.05.1960

Referee: Joseph Barberan (FRA)   Attendance: 50,000

PORTUGAL: Acurcio Carrelo; Virgilio Mendes, Angelo Martins, Fernando Mendes, Germano Figueiredo, David Julio, Hernani Silva, Joaquim Santana, Lucas da Fonseca Matateu, Mario Coluna, Domiciano Gomes "Cavem".   Trainer: José Maria Antunes

YUGOSLAVIA: Milutin Soskić; Vladimir Durković, Fahrudin Jusufi, Ante Zanetić, Tomislav Crnković, Zeljko Perusić, Dragoslav Sekularac, Muhamed Mujić, Branko Zebec, Milan Galić, Borivoje Kostić.   Trainers: Dragomir Nikolić, Aleksandar Tirnanić, Ljubomir Lovrić

Goals: Santana (30), Matateu (70), Kostić (81)

CZECHOSLOVAKIA v ROMANIA 3-0 (3-0)

Slovan, Bratislava   29.05.1960

Referee: Leif Gulliksen (NOR)   Attendance: 50,000

CZECHOSLOVAKIA: Viliam Schrojf; Jozef Bomba, Ján Popluhár, Ladislav Novák; Titus Bubernik, Josef Masopust; Ladislav Pavlovic, Josef Vojta, Andrej Kvasnák, Vlastimil Bubník, Milan Dolínsky.   Trainer: Rudolf Vytlacil

ROMANIA: Petre Mîndru; Corneliu Popa, Alexandru Fronea, Valeriu Soare; Vasile Alexandru, Ion Nunweiller; Gheorghe Cacoveanu, Gheorghe Constantin, Constantin Dinulescu, Viorel Mateianu, Nicolae Tătaru.   Trainer: Augustin Botescu

Goals: Buberník (1, 15), Bubník (17)

SEMI-FINALS

FRANCE v YUGOSLAVIA 4-5 (2-1)
Parc des Princes, Paris   06.07.1960

Referee: Gaston Grandain (BEL)   Attendance: 26,370

FRANCE: Georges Lamia; Jean Wendling, Bruno Rodzik; Jean-Jacques Marcel, Robert Herbin, René Ferrier; François Heutte, Lucien Muller, Maryan Wisnieski, Michel Stievenard, Jean Vincent (Cap). Trainers: Albert Batteux, Jean Gauteroux, Alex Thépot, Georges Verriest, Henri Guérin

YUGOSLAVIA: Milutin Soskić; Vladimir Durković, Fahrudin Jusufi, Ante Zanetić, Branko Zebec; Zeljko Perusić, Tomislav Knez; Dragoslav Sekularac, Milan Galić, Borivoje Kostić (Cap), Drazen Jerković. Trainers: Dragomir Nikolić, Aleksandar Tirnanić, Ljubomir Lovrić

Goals: Galić (11), Vincent (12), Heutte (43, 62), Wisnieski (52), Zanetić (55), Knez (75), Jerkovic (77, 78)

USSR v CZECHOSLOVAKIA 3-0 (1-0)
Vélodrome, Marseille   Hour   21,30   6.07.1960

Referee: Cesare Jonni (ITA)   Attendance: 25,184

USSR: Lev Iashin; Givi Chokheli, Anatoliy Maslionkin, Anatoliy Krutikov; Iuriy Voinov, Igor Netto (Cap); Slava Metreveli, Valentin Ivanov, Viktor Ponedelnik, Valentin Bubukin, Mikhail Meskhi. Trainer: Gavril Kachalin

CZECHOSLOVAKIA: Viliam Schrojf; Frantisek Safranek, Ján Popluhár, Ladislav Novák (Cap); Titus Bubernik, Josef Masopust; Josef Vojta, Anton Moravcik, Andrej Kvasnák, Vlastimil Bubník, Milan Dolínsky. Trainer: Rudolf Vytlacil

Goals: Ivanov (35, 58), Ponedelnik (64)

THIRD PLACE MATCH

FRANCE v CZECHOSLOVAKIA 0-2 (0-0)
Vélodrome, Marseille   Hour   21,30   9.07.1960

Referee: Cesare Jonni (ITA)   Attendance: 9,438

FRANCE: Jean Taillandier; Bruno Rodzik, André Chorda, Jean-Jacques Marcel, Robert Jonquet (Cap), Robert Siatka, François Heutte, Yvon Douis, Maryan Wisnieski, Michel Stievenard, Jean Vincent. Trainers: Albert Batteux, Jean Gauteroux, Alex Thépot, Georges Verriest, Henri Guérin

CZECHOSLOVAKIA: Viliam Schrojf; Frantisek Safranek, Ján Popluhár, Ladislav Novák (Cap); Titus Bubernik, Josef Masopust; Ladislav Pavlovic, Josef Vojta, Pavol Molnar, Vlastimil Bubník, Milan Dolínsky. Trainer: Rudolf Vytlacil

Goals: Bubnik (58), Pavlovic (88)

FINAL

USSR v YUGOSLAVIA 2-1 (0-1, 1-1) (AET)
Parc des Princes, Paris   10.07.1960

Referee: Arthur Edward Ellis (ENG)   Attendance: 17,966

USSR: Lev Iashin; Givi Chokheli, Anatoliy Maslionkin, Anatoliy Krutikov; Iuri Voinov, Igor Netto (Cap); Slava Metreveli, Valentin Ivanov, Viktor Ponedelnik, Valentin Bubukin, Mikhail Meskhi. Trainer: Gavril Kachalin

YUGOSLAVIA: Blagoje Vidinić; Vladimir Durković, Fahrudin Jusufi, Ante Zanetić, Jovan Miladinović; Zeljko Perusić, Dragoslav Sekularac, Drazen Jerković, Milan Galić, Zeljko Matus, Borivoje Kostić (Cap). Trainers: Dragomir Nikolić, Aleksandar Tirnanić, Ljubomir Lovrić

Goals: Galić (43), Metreveli (49), Ponedelnik (113)

Goalscorers European Nations' Cup 1958-60

5 goals: Titus Buberník (Czechoslovakia), Just Fontaine, Jean Vincent (France)

4 goals: Milan Galić (Yugoslavia)

3 goals: Alfredo Di Stefano (Spain), Vlastimil Bubník, Milan Dolinsky (Czechoslovakia), Valentin Ivanov (USSR), Horst Nemec, Erich Hof (Austria), François Heutte (France), Borivoje Kostić (Yugoslavia), Mario Coluna (Portugal)

2 goals: Lefter (Turkey), Odergård (Norway), Suarez (Spain), Cavem, Matateu (Portugal), Metreveli, Ponedelnik (USSR), Cisowski, Kopa (France), Jerkovic (Yugoslavia), Pavlovic, Scherer (Czechoslovakia)

1 goal: Tuohy, Cantwell (Eire), Göröcs (Hungary), Papaemanouil, Ifanidis (Greece), Diev (Bulgaria), Vogt, Kohle (East Germany), B. Hansen, P. Pedersen, Kramer (Denmark), Pol, Brychczy (Poland), Gensana, Gento (Spain), Probst, Horak, Pichler, Skerlan (Austria), Santana (Portugal), Oaidă, Constantin, Dinulescu (Romania), Voinov, Ilyin (USSR), Wisnieski, Marcel, Rahis, Bruey (France), Zanetic, Knez, Cebinac, Sekularac, Tasic, Mujic (Yugoslavia), Masopust, Kacani, Stacho (Czechoslovakia)

THE EUROPEAN NATIONS' CUP 1962-64

FIRST ROUND

NORWAY v SWEDEN 0-2 (0-2)
Oslo 21.06.1962

Referee: George Bowman (SCO)   Attendance: 28,249

NORWAY: Sverre Andersen; Anders Svela, Ragnar Larsen, Roar Johansen, Trygve Andersen, Olav Nilsen, Roald Jensen, Arne Pedersen, John Krogh, Erik Johansen, Hakon Olav Blengsli. Trainer: Wilhelm Kment

SWEDEN: Bengt Nyholm; Orvar Bergmark, Lennart Wing, Gosta Lundell, Ake Johansson, Prawitz Oberg, Bengt Berndtsson, Owe Olsson, Orjan Martinsson, Harry Bild, Lennart Backman. Trainer: Lennart Nyman

Goals: Martinsson (10, 40)

SWEDEN v NORWAY 1-1 (0-0)
Malmö stadium 04.11.1962

Referee: Werner Bergmann (E. GER)   Attendance: 8,726

SWEDEN: Arve Arvidsson; Hans Mild, Lennart Wing, Yngve Brodd, Ake Johansson, Prawitz Oberg, Leif Eriksson, Leif Skiold, Orjan Martinsson, Owe Olsson, Orjan Persson. Trainer: Lennart Nyman

NORWAY: Sverre Andersen; Ragnar Larsen, Edgar Stakset, Roar Johansen, Finn Thorsen, Trygve Andersen, Roald Jensen, Arne Pedersen, John Krogh, Olav Nilsen, Oddvar Richardson. Trainer: Ragnar Nikolay Larsen

Goals: Eriksson (49), Krogh (60)

DENMARK v MALTA 6-1 (3-0)
Idraetsparken, København 28.06.1962

Referee: Pieter Paulus Roomer (HOL)   Attendance: 11,200

DENMARK: Erik Gaardhøje; Kai Johansen, Poul Jensen, Bent Hansen, John Madsen, Jørgen Olesen, Carl Bertelsen, Helge Jørgensen, Ole Madsen, Henning Enoksen, Eyvind Clausen. Trainer: Poul Petersen

MALTA: Alfred Mizzi; John Privitera, Lolly Debattista, Frank Zammit, Joseph Cilia, Lino Falzon, Eddie Theobald, Joseph Urpani, Tony Cauchi, Lolly Borg, Publius Demanuelle. Trainer: Joseph Griffiths

Goals: O.Madsen (9, 14, 49), Clausen (22), Enoksen (71), Bertelsen (80), Theobald (..)

MALTA v DENMARK 1-3 (1-2)
Gzira 08.12.1962

Referee: Raoul Righi (ITA)   Attendance: 4,500

MALTA: Alfred Mizzi; John Privitera, Joseph Cilia, Joseph Cini, Emmanuel Attard, Louis Theobald, Lolly Borg, Eddie Theobald, Joseph Urpani, Frank Zammit, Sammy Nicholl. Trainer: Joseph Griffiths

DENMARK: Erik Gaardhoje; Kai Johansen, Preben Jensen, Egon Jensen, John Madsen, Carl Bertelsen, Jens Petersen, Carl Emil Christiansen, Ole Madsen, Tommy Troelsen, Eyvind Clausen. Trainer: Poul Petersen

Goals: O. Madsen (13), Urpani (39), Christiansen (42), Bertelsen (48)

EIRE v ICELAND 4-2 (2-1)
Dublin 12.08.1962

Referee: Robert Smith (WAL)   Attendance: 20,246

EIRE: Alan Kelly; Anthony Dunne, Tommy Traynor, Pat Saward, Charlie Hurley, Mick Meagan, Alfred Hale, Johnny Giles, Noel Cantwell, Ambrose Fogarty, Liam Tuohy.

ICELAND: Helgi Daníelsson; Arni Njálsson, Bjarni Felixson, Gardar Arnason, Hördur Felixson, Sveinn Jónsson, Skúli Agústsson, Thórólfur Beck, Ríkhardur Jónsson, Ellert Schram, Thórdur Jónsson. Trainer: Ríkhardur Jónsson

Goals: Cantwell (.., ..), Fogarty (..), Tuohy (..), R.Jónsson (.., ..)

ICELAND v EIRE 1-1 (0-1)
Laugardalsvöllur, Reykjavik 02.09.1962

Referee: Arnold Nilsen (NOR)   Attendance: 9,100

ICELAND: Helgi Daníelsson; Arni Njálsson, Bjarni Felixson, Gardar Arnason, Jón Stefánsson, Sveinn Jónsson, Skúli Agústsson, Thórólfur Beck, Rikhardur Jónsson, Ellert Schram, Sigurdúr Jakobsson. Trainer: Ríkhardur Jónsson

EIRE: Alan Kelly; Brendan McNally, Tommy Traynor, Ronnie Nolan, Charlie Hurley, Pat Saward, Dermot Curtis, Ambrose Fogarty, Noel Cantwell, Noel Peyton, Liam Tuohy.

Goals: Tuohy (..), Arnason (..)

ENGLAND v FRANCE 1-1 (0-1)
Hillsborough, Sheffield 03.10.1962

Referee: Hansen (DEN)   Attendance: 35,380

ENGLAND: Ron Springett; James Armfield, Bobby Moore, Maurice Norman, Ramon Wilson, Ronald Flowers, Christopher Crowe, Alan Hinton, Michael Hellawell, James Greaves, Raymond Charnley. Manager: Walter Winterbottom

FRANCE: Pierre Bernard; Jean Wendling, Synakowski Maryan, André Lerond (Cap), André Chorda, Joseph Bonnel, Yvon Goujon, René Ferrier, Laurent Robuschi, Raymond Kopa, Paul Sauvage. Trainer: Henri Guérin

Goals: Goujon (8), Flowers (57 pen)

FRANCE v ENGLAND 5-2 (3-0)
Parc des Princes, Paris   27.02.1963
Referee: Joseph Kandlbinder (W. GER)   Attendance: 23,986

FRANCE: Pierre Bernard; Jean Wendling, Synakowski Maryan, André Lerond (Cap), Bruno Rodzik, Joseph Bonnel, Yvon Goujon, Robert Herbin, Maryan Wisnieski, Yvon Douis, Lucien Cossou.   Trainer: Henri Guérin

ENGLAND: Ron Springett; James Armfield, Bobby Moore, Brian Labone, Ronald Henry, Ronald Flowers, Robert Tambling, Robert Charlton, John Connely, James Greaves, Robert Smith.   Manager: Alfred Ramsey

Goals: Wisnieski (3, 75), Douis (32), Cossou (43, 82), Smith (57), Tambling (74)

SPAIN v ROMANIA 6-0 (4-0)
Santiago Bernabeu, Madrid   01.11.1962
Referee: Kevin Howley (ENG)   Attendance: 51,700

SPAIN: José VICENTE Train; Enrique Perez Diaz PACHIN, Francisco Rodriguez RODRI, Isacio Garcia CALLEJA; Francisco Garcia PAQUITO, Jesús Jordán GLARIA; Enrique Monterrubio COLLAR, ADELARDO Rodriguez Sánchez, José Fidalgo VELOSO, Fabian Vicente GUILLOT, Francisco López GENTO.   Trainer: José Villalonga

ROMANIA: Vasile Sfetcu; Mircea Georgescu, Ion Nunweiller III, Dumitru Macri; Emil Petru, Constantin Koszka; Zoltan Ivansuc, Titus Ozon, Marin Voinea, Dumitru Popescu, Vasile Gergely.   Trainer: Constantin Teașcă

Goals: Guillot (7, 20, 70), Veloso (9), Collar (17), Macri (81 og)

POLAND v NORTHERN IRELAND 0-2 (0-1)
Slaski, Chorzów   10.10.1962
Referee: Bertil Wilhelm Lööw (SWE)   Att: 31,500 (50,000)

POLAND: Edward Józef Szymkowiak; Henryk Szczepanski (Cap), Stanislaw Oslizlo, Ryszard Budka; Bernard Blaut, Wladyslaw Kawula; Eugeniusz Faber, Jan Liberda, Norbert Gajda, Lucjan Brychczy, Roman Lentner.
Trainers: Czeslaw Krug, Ryszard Koncewicz

N. IRELAND: Robert Irvine; Edward James Magill, Samuel Hatton, Alexander Elder, Robert Blanchflower (Cap), James Nicholson, William Humphries, Hubert Barr, Alexander Derek Dougan, James McIlroy, William Bingham. Manager: Robert Peacock.   Trainer: William McCready

Goals: Dougan (17), Humphries (54)

ROMANIA v SPAIN 3-1 (2-0)
23 August, București   25.11.1962
Referee: G. Pelomis (GRE)   Attendance: 80,000

ROMANIA: Ion Voinescu; Corneliu Popa, Ion Nunweiller, Dumitru Ivan; Emil Petru, Constantin Koszka; Ion Pîrcălab, Gheorghe Constantin, Cicerone Manolache, Vasile Gergely, Nicolae Tătaru.   Trainer: Gheorghe Popescu

SPAIN: José VICENTE Train; Feliciano Muñoz RIVILLA, Francisco Rodriguez RODRI, Isacio Garcia CALLEJA; Francisco Garcia PAQUITO, Jesús Jordán GLARIA; Enrique Monterrubio COLLAR, AMANCIO Amaro Varela, José Fidalgo VELOSO, Fabian Vicente GUILLOT, Francisco López GENTO.   Trainer: José Villalonga

Goals: Tătaru (2), Manolache (8), Constantin (61), Veloso (65)

NORTHERN IRELAND v POLAND 2-0 (1-0)
Windsor Park, Belfast   28.11.1962
Referee: Dittmar Huber (SWI)   Attendance: 28,900

N. IRELAND: Robert Irvine; Edward James Magill, Alexander Elder; Robert D.Blanchflower (Cap), Terence Neill, James Nicholson; William Bingham, John Crossan, Alexander Derek Dougan, James McIlroy, Robert Braithwaite.   Manager: Robert Peacock

POLAND: Edward Józef Szymkowiak; Henryk Szczepanski (Cap), Stanislaw Oslizlo, Wlodzimierz Spiewak, Antoni Nieroba, Ryszard Grzegorczyk; Józef Galeczka, Lucjan Brychczy, Erwin Wilczek, Roman Lentner, Eugeniusz Faber.
Trainers: Czeslaw Krug, Ryszard Koncewicz

Goals: Crossan (9), Bingham (64)

YUGOSLAVIA v BELGIUM 3-2 (2-1)
JNA, Beograd   04.11.1962
Referee: Alois Obtulovic (CZE)   Attendance: 35,000

YUGOSLAVIA: Milutin Soskić; Slavko Svinjarević, Fahrudin Jusufi, Petar Radaković, Velibor Vasović, Zeljko Perusić, Spasoje Samardzić, Vojislav Melić, Slaven Zambata, Milan Galić, Josip Skoblar.   Trainers: Ljubomir Lovrić, Prvoslav Mihajlović, Hugo Rusevljanin

BELGIUM: Jean Nicolay; Yves Baré, Laurent Verbiest, Lucien Spronck, Georges Heylens, Pierre Hanon, Paul Van den Berg, Jef Jurion (Cap), Paul Van Himst, Jacky Stockman, Wilfried Puis.   Trainer: Constant Vandenstock, Arthur Ceuleers

Goals: Skoblar (12, 32 pen), Stockman (26), Jurion (58), Vasović (88)

BELGIUM v YUGOSLAVIA 0-1 (0-1)
Heizel, Brussel   31.03.1963
Referee: Vicente Caballero (SPA)   Attendance: 24,583
BELGIUM: Jean Nicolay; Georges Heylens, Laurent Verbiest, Martin Lippens, Jean Cornelis, Pierre Hanon, Jef Jurion (Cap), Jacky Stockman, Paul Van Himst, Paul Van den Berg, Wilfried Puis.   Trainers: Constant Vandenstock, Arthur Ceuleers
YUGOSLAVIA: Milutin Soskić; Novak Tomić, Mirsad Fazlagić, Vladimir Popović, Velibor Vasović, Zeljko Perusić, Spasoje Samardzić, Djordje Pavlić, Milan Galić, Vojislav Melić, Josip Skoblar.   Trainers: Ljubomir Lovrić, Prvoslav Mihajlović, Hugo Rusevljanin
Goal: Galić (20)

BULGARIA v PORTUGAL 3-1 (0-0)
Vasil Levski, Sofia   07.11.1962
Referee: Semih Zoroglu (TUR)   Attendance: 50,000
BULGARIA: Georgi Naidenov (Cap); Vasil Metodiev, Dobromir Jechev, Dimo Dimov, Ivan Dimitrov, Nikola Kovachev, Todor Diev, Dimitar Iakimov, Georgi Asparuhov, Hristo Iliev, Ivan Kolev.   Trainer: Georgi Pachedjiev
PORTUGAL: Alberto COSTA PEREIRA; ANGELO Martins, Fernando CRUZ, Domiciano Gomes "CAVEM", Raul MACHADO, JOSÉ CARLOS, Antonio SIMOES, EUSEBIO da Silva Ferreira, HERNANI Silva, Mario COLUNA, Manuel SERAFIM Pereira.   Trainer: José Maria Antunes
Goals: Eusebio (49), Asparuhov (65, 77), Diev (82)

HUNGARY v WALES 3-1 (2-1)
Népstadion, Budapest   07.11.1962
Referee: József Kowal (POL)   Attendance: 40,000
HUNGARY: Antal Szentmihályi; Sandor Mátrai, Kálmán Mészöly, Kálmán Sóvári; Ernö Solymosi, Ferenc Sípos; Karoly Sándor, Janos Göröcs, Flórián Albert, Lajos Tichy, Maté Fenyvesi.   Trainer: Lajos Baroti
WALES: Anthony Millington; Stuart Williams, Melvyn Hopkins, Terence Hennessey, Melvyn Nurse, Victor Crowe, Terence Medwin, Ivor Allchurch, Melfyn Charles, Thomas Vernon, Barrie Jones.
Goals: Albert (5), Medwin (18), Tichy (33), Sándor (47)

PORTUGAL v BULGARIA 3-1 (2-0)
Ristelo, Lisboa   16.12.1962
Referee: Henri Faucheux (FRA)   Attendance: 25,900
PORTUGAL: Alberto COSTA PEREIRA; ANGELO Martins, Fernando CRUZ, Mario COLUNA, Raul MACHADO, JOSÉ CARLOS, José AUGUSTO, EUSEBIO da Silva Ferreira, Augusto ROCHA, HERNANI Silva, Antonio SIMOES.
Trainer: José Maria Antunes
BULGARIA: Georgi Naidenov (Cap); Vasil Metodiev, Ivan Vutsov, Dimo Dimov, Ivan Dimitrov, Nikola Kovachev, Todor Diev, Stefan Abadjiev, Georgi Asparuhov, Hristo Iliev, Ivan Kolev.   Trainer: Georgi Pachedjiev
Goals: Hernani (4, 27), Coluna (57), Iliev (83)

WALES v HUNGARY 1-1 (1-0)
Ninian Park, Cardiff   20.03.1963
Referee: John Spillane (IRE)   Attendance: 30.413
WALES: David Hollins; Stuart Williams, Graham Williams, Terence Hennessey, Mike England, Alwyn Burton, Barrie Jones, Philip Woosnam, Graham Moore, Ivor Allchurch, Cliff Jones.
HUNGARY: Antal Szentmihályi; Sándor Mátrai, Kálmán Mészöly, László Sárosi; Ernö Solymosi, Ferenc Sípos; Karoly Sándor, János Göröcs, Flórián Albert, Lajos Tichy, Maté Fenyvesi.   Trainer: Lajos Baroti
Goals: C. Jones (25 pen), Tichy (73 pen)

BULGARIA v PORTUGAL 1-0 (0-0)
Stadio Olimpico, Roma   23.01.1963
Referee: Giuseppe Adami (ITA)   Attendance: 15,000
BULGARIA: Iordan Iosifov; Vasil Metodiev, Ivan Vutsov, Petar Velichkov, Ivan Dimitrov, Nikola Kovachev (Cap), Todor Diev, Stefan Abadjiev, Georgi Asparuhov, Hristo Iliev, Spiro Debarski.   Trainers: Bela Volentin (Ung) & Georgi Pachedjiev
PORTUGAL: Alberto COSTA PEREIRA; Alberto FESTA, Fernando CRUZ, Mario COLUNA, Raul MACHADO, Antonio PAULA, Antonio SIMOES, Joaquim SANTANA, José TORRES, Augusto ROCHA, Manuel SERAFIM Pereira.
Trainer: José Maria Antunes
Goal: Asparuhov (87)

HOLLAND v SWITZERLAND 3-1 (1-1)
Amsterdam   11.11.1962

Referee: Joaquim Fernandes de Campos (POR)   Att: 60,000

HOLLAND: Peter Van de Merwe; Guus Haak, Piet Ouderland, Fons van Wissen, Tonny Pronk, Bennie Muller, Sjaak Swart, Henk Groot, Tonny Van der Linden, Co Prins, Mick Clavan.   Trainer: Elek Schwartz

SWITZERLAND: Felix Ansermet; Paul Stehrenberger, Jakob Kuhn, Heinz Schneiter, André Grobéty, Ely Tacchella, Roger Vonlanthen, Charles Hertig, Norbert Eschmann, Philippe Pottier, Anton Allemann.   Trainer: Karl Rappan (Öst)

Goals: Van der Linden (21), Hertig (43), Swart (75), Groot (82)

CZECHOSLOVAKIA v EAST GERMANY 1-1 (0-0)
Strahov, Praha   31.03.1963

Referee: Gyula Balla (HUN)   Attendance: 35,000

CZECHOSLOVAKIA: Vladimir Mokrohajsky; Jan Lala, Svatopluk Pluskal, Jan Popluhar, Ladislav Novak, Andrej Kvasnak, Josef Masopust, Tomas Pospichal, Adolf Scherer, Rudolf Kucera, Vaclav Masek.   Trainer: Rudolf Vytlacil

EAST GERMANY: Harald Fritsche; Klaus Urbanczyk, Werner Heine (Cap), Dieter Krampe; Manfred Kaiser, Kurt Liebrecht; Henning Frenzel, Dieter Erler, Peter Ducke, Jürgen Nöldner, Roland Ducke.
Trainers: Karoly Soos (HUN) & Johannes Studener

Goals: Masek (66), P. Ducke (85)

SWITZERLAND v HOLLAND 1-1 (0-1)
Wankdorf, Bern   31.03.1963

Referee: Joseph Kandlbinder (W. GER)   Attendance: 31,800

SWITZERLAND: Karl Elsener; André Grobéty, Heinz Schneiter, Werner Leimbruger, Hans Weber, Ely Tacchella, Rolf Wüthrich, Bruno Brizzi, Walter Heuri, Jakob Kuhn, Anton Allemann.   Trainer: Karl Rappan

HOLLAND: Eddy Pieters Graafland; Guus Haak, Piet Ouderland, Fons van Wissen, Tonny Pronk, Jan Klaassens, Sjaak Swart, Henk Groot, Piet Kruiver, Rinus Bennaars, Coen Moulijn.   Trainer: Elek Schwartz

Goals: Kruiver (6), Allemann (85)

ITALY v TURKEY 6-0 (4-0)
Stadio Comunale, Bologna   02.12.1962

Referee: Lucien van Nuffel (BEL)   Attendance: 28,000

ITALY: William Negri; Cesare Maldini (Cap), Enzo Robotti; Paride Tumburus, Francesco Janich, Romano Fogli; Alberto Orlando, Giacomo Bulgarelli, Angelo Sormani, Gianni Rivera, Ezio Pascutti.   Trainer: Edmondo Fabbri

TURKEY: Ozcan Arkoç; Candemir Berkman, Ahmet Berman; Suat Mamat, Naci Erdem (Cap), Mustafa Yürür; Tarik Kutver, Seref Has, Şenol Birol, Metin Oktay, Kadri Aytac.   Trainer: Lubija Spajic

Goals: Rivera (15, 47), Orlando (22, 29, 35, 85)

EAST GERMANY v CZECHOSLOVAKIA 2-1 (0-0)
Walter-Ulbricht-Stadion, Berlin   21.11.1962

Referee: Sergei Alimov (USSR)   Attendance: 50,000

EAST GERMANY: Horst Weigang; Klaus Urbanczyk, Werner Heine, Dieter Krampe; Manfred Kaiser, Kurt Liebrecht; Henning Frenzel, Dieter Erler, Peter Ducke, Gunter Schröter (Cap), Roland Ducke.   Trainers: Karoly Soos & Johannes Studener

CZECHOSLOVAKIA: Viliam Schrojf; Jan Lala, Svatopluk Pluskal, Jiri Tichy, Ladislav Novak, Andrej Kvasnak, Josef Masopust, Tomas Pospichal, Josef Kadraba, Rudolf Kucera, Frantisek Valosek.   Trainer: Rudolf Vytlacil

Goals: Erler (60), Liebrecht (80 pen), Kucera (90)

TURKEY v ITALY 0-1 (0-0)
Mithat Paşa, Istanbul   27.03.1963

Referee: Dimitar Rumenchev (BUL)   Attendance: 30,000

TURKEY: Turgay Seren (Cap); Muzaffer Sipahi, Sürreya Özkefe; Özer Kanra, Güngör Tetik, Ismet Yurtsu; Ogün Altiparmak, Seref Has, Nedim Dogan, Suat Mamat, Ugur Köken.   Trainer: Sabri Kiraz

ITALY: Lido Vieri; Cesare Maldini (Cap), Giacinto Facchetti; Paride Tumburus, Sandro Salvadore, Giovanni Trapattoni; Alberto Orlando, Giorgio Puia, Angelo Sormani, Mario Corso, Giampaolo Menichelli.   Trainer: Edmondo Fabbri

Goal: Sormani (86)

SECOND ROUND

SPAIN v NORTHERN IRELAND 1-1 (0-0)
Bilbao 30.05.1963

Referee: Cesare Jonni (ITA)   Attendance: 28,000

SPAIN: José VICENTE Train; Feliciano Muñoz RIVILLA, Luis María ECHEVERRIA, Severiano REIJA, Francisco Garcia PAQUITO, Enrique Perez PACHIN, AMANCIO Amaro, Felix RUIZ, Delio MOROLLON, ADELARDO Rodriguez, Enrique COLLAR. Trainer: José Villalonga

N. IRELAND: Robert Irvine; James Magill, Alex Elder, Martin Harvey, Terence Neill, William McCulough, William Bingham, William Humphries, John Crossan, William Irvine, Robert Braithwaite. Manager: Robert Peacock

Goals: Amancio (60), Irvine (76)

SWEDEN v YUGOSLAVIA 3-2 (1-1)
Malmö stadium   18.09.1963

Referee: John Keith Taylor (ENG)   Attendance: 20,774

SWEDEN: Bengt Nyholm; Hans Rosander, Lennart Wing, Orvar Bergmark, Ake Johansson, Hans Mild, Lennart Backman, Prawitz Oberg, Agne Simonsson, Harry Bild, Orjan Persson. Trainer: Lennart Nyman

YUGOSLAVIA: Milutin Soskic; Fahrudin Jusufi, Mirko Braun, Zeljko Perusic, Velibor Vasovic, Vladimir Popovic, Spasoje Samardzic, Vojislav Melic, Slaven Zambata, Milan Galic, Josip Skoblar. Trainers: Ljubomir Lovric, Prvoslav Mihajlovic, Hugo Rusevljanin

Goals: Zambata (21), Persson (30, 60), Galic (64), Bild (72)

NORTHERN IRELAND v SPAIN 0-1 (0-0)
Belfast 30.10.1963

Referee: Andries Van Leeuwen (HOL)   Attendance: 45,900

N.IRELAND: Victor Hunter; James Magill, Terence Neill, John Parke, Martin Harvey, William McCulough, William Bingham, William Humphries, Samuel Wilson, John Crossan, James Hill. Manager: Robert Peacock

SPAIN: Jose Casas PEPIN; Feliciano Muñoz RIVILLA, Fernando OLIVELLA, Severiano REIJA, Felix RUIZ, Ignacio ZOCO, Jesus María PEREDA, Luis DEL SOL, José Antonio ZALDUA, Luis SUÁREZ, Francisco GENTO. Trainer: José Villalonga

Goal: Gento (65)

DENMARK v ALBANIA 4-0 (3-0)
Idraetsparken, København   29.06.1963

Referee: Einar Boström (SWE)   Attendance: 25,200

DENMARK: Erik Lykke Sørensen; Kai Johansen, Jens Jørgen Hansen, Bent Hansen, Birger Larsen, Jens Petersen, Eyvind Clausen, Ole Sørensen, Ole Madsen, Palle Bruun, Henning Enoksen. Trainer: Poul Petersen

ALBANIA: Sulejman Maliqati; Fatbardh Deliallisi, Skender Halili, Fatmir Frasheri, Gezim Kazmi, Lin Shllaku, Lorenc Vorfi, Mehdi Bushati, Pavllo Bukovikul, Panajot Pano, Thoma Duro. Trainer: Zyber Konçi

Goals: Petersen (16 pen), Madsen (25), Clausen (35), Enoksen (49)

YUGOSLAVIA v SWEDEN 0-0
JNA, Beograd   19.06.1963

Referee: Karl Kainer (AUS)   Attendance: 45,000

YUGOSLAVIA: Milutin Soskic; Novak Tomic, Fahrudin Jusufi, Zeljko Perusic, Velibor Vasovic, Vladimir Popovic, Spasoje Samardzic, Drago Smailovic, Vladimir Kovacevic, Milan Galic, Josip Skoblar. Trainers: Ljubomir Lovric, Prvoslav Mihajlovic, Hugo Rusevljanin

SWEDEN: Bengt Nyholm; Orvar Bergmark, Lennart Wing, Bengt Gustavsson, Ake Johansson, Hans Mild, Kurt Hamrin, Torbjorn Jonsson, Prawitz Oberg, Lennart Backman, Orjan Persson. Trainer: Lennart Nyman

ALBANIA v DENMARK 1-0 (1-0)
Qemal Stafa, Tiranë   30.10.1963

Referee: Joseph Cassar Naudi (MAL)   Attendance: 20,000

ALBANIA: Shefqet Topi; Fatbardh Deliallisi, Skender Halili, Fatmir Frashëri, Ali Mema, Lin Shllaku, Andon Zaho, Mehdi Bushati, Panajot Pano, Pavllo Bukovikul, Enver Ibershimi. Trainer: Loro Boriçi

DENMARK: Erik Lykke Sørensen; Kai Johansen, Jens Jørgen Hansen, Bent Hansen, John Madsen, Jens Petersen, Carl Bertelsen, Kjeld Thorst, Ole Madsen, Ole Sørensen, John Danielsen. Trainer: Poul Petersen

Goal: Pano (3)

HOLLAND v LUXEMBOURG 1-1 (1-1)

Amsterdam 11.09.1963

Referee: Arthur Blavier (BEL)   Attendance: 48,000

HOLLAND: Eddy Pieter Graafland; Guus Haak, Piet Ouderland, Daan Schrijvers, Tonny Pronk, Jan Klaassens, Sjaak Swart, Henk Groot, Klaas Nuninga, Tonny Van der Linden, Coen Moulijn.   Trainer: Elek Schwartz

LUXEMBOURG: Nico Schmitt; Ernest Brenner (Cap), Jean-Pierre Hoffstetter, Jean-Pierre Fiedler, Fernand Brosius, François Konter, Jean Klein, Ady Schmit, Louis Pilot, Paul May, Nicolas Hoffmann.   Trainer: Robert Heinz

Goals: Nuninga (5), May (29)

LUXEMBOURG v HOLLAND 2-1 (1-1)

Rotterdam   30.10.1963

Referee: Marcel du Bois (FRA)   Attendance: 35,000

HOLLAND: Eddy Pieter Graafland; Guus Haak, Cor Veldhoen, Fons Van Wissen, Tonny Pronk, Rinus Bennaars, Piet Giesen, Henk Groot, Piet Kruiver, Piet Keizer, Peter Petersen.   Trainer: Elek Schwartz

LUXEMBOURG: Nico Schmitt; Ernest Brenner, Jean-Pierre Hoffstetter, Jean-Pierre Fiedler, Fernand Brosius, François Konter, Jean Klein, Ady Schmit (Cap), Camille Dimmer, Louis Pilot, Henri Klein.   Trainer: Robert Heinz

Goals: Dimmer (20, 70), Kruiver (35)

AUSTRIA v EIRE 0-0

Wien 25.09.1963

Referee: Gere (HUN)   Attendance: 26,000

AUSTRIA: Gernot Fraydl; Peter Vargo, Walter Glechner, Erich Hasenkopf, Rudolf Oslansky, Karl Koller; Rudolf Flögel, Erich Hof, Horst Nemec, Ernst Fiala, Johann Hörmayer.   Trainer: Karl Decker

EIRE: Alan Kelly; William Browne, Tommy Traynor, Raymond Brady, Charlie Hurley, Mick McGrath, Johnny Giles, Ronnie Whelan, Dermot Curtis, Ambrose Fogarty, Liam Tuohy.

EIRE v AUSTRIA 3-2 (1-1)

Dublin 13.10.1963

Referee: Aage Poulsen (DEN)   Attendance: 40,000

EIRE: Alan Kelly; Anthony Dunne, Tommy Traynor, Raymond Brady, Charlie Hurley, Mick McGrath, Johnny Giles, Andy McEvoy, Noel Cantwell, Ambrose Fogarty, Joseph Haverty.

AUSTRIA: Gernot Fraydl; Peter Vargo, Walter Glechner, Erich Hasenkopf, Johann Frank; Karl Koller, Walter Koleznik, Johannes Jank, Hans Buzek, Horst Nemec, Rudolf Flögel.   Trainer: Karl Decker

Goals: Koleznik (38), Cantwell (45, 88 pen), Fogarty (66), Flögel (85)

BULGARIA v FRANCE 1-0 (1-0)

Vasil Levski, Sofia 29.09.1963

Referee: Faruk Talu (TUR)   Attendance: 50,000

BULGARIA: Georgi Ivan Naidenov; Aleksandar Shalamanov, Ivan Dimitrov, Dobromir Jechev, Ivan Vutsov, Petar Velichkov, Stoian Kitov, Dimitar Iakimov, Todor Diev, Georgi Asparuhov, Ivan Kolev (Cap).   Trainer: Bela Volentin

FRANCE: Pierre Bernard; Marcel Adamczyk, Pierre Michelin, Marcel Artelesa, André Chorda, Joseph Bonnel, Yvon Douis (Cap), Szkudlapski Theo, Laurent Robuschi, Lucien Cossou, Louis Buron.   Trainer: Henri Guérin

Goal: Diev (24)

FRANCE v BULGARIA 3-1 (1-0)

Parc des Princes, Paris 26.10.1963

Referee: José María Ortiz de Mendibil (SPA)   Att: 32,223

FRANCE: Pierre Bernard; Bruno Rodzik, Pierre Michelin, Marcel Artelesa, André Chorda, Robert Herbin, Yvon Douis (Cap), René Ferrier, Georges Lech, Yvon Goujon, Jean-Louis Buron.   Trainer: Henri Guérin

BULGARIA: Georgi Ivan Naidenov; Vasil Metodiev, Ivan Dimitrov, Dobromir Jechev, Ivan Vutsov, Stefan Abadjiev, Petar Velichkov, Stoian Kitov, Dimitar Iakimov, Georgi Asparuhov, Ivan Kolev (Cap).   Trainer: Bela Volentin

Goals: Goujon (44, 81), Iakimov (75), Herbin (78)

USSR v ITALY 2-0 (2-0)

Central V.I. Lenin, Moskva   13.10.1963

Referee: Ryszard Banasiuk (POL)   Attendance: 102,000

USSR: Ramaz Urushadze; Eduard Dubinski, Albert Shesternev, Anatoliy Krutikov; Valeriy Voronin, Valeriy Korolenkov; Slava Metreveli, Igor Chislenko, Viktor Ponedelnik, Valentin Ivanov (Cap), Galimzian Khusainov.   Trainer: Konstantin Beskov

ITALY: William Negri; Cesare Maldini (Cap), Giacinto Facchetti; Aristide Guarneri, Sandro Salvadore, Giovanni Trapattoni; Giacomo Bulgarelli, Mario Corso, Angelo Sormani, Gianni Rivera, Ezio Pascutti.   Trainer: Edmondo Fabbri

Sent off: Pascutti (23)

Goals: Ponedelnik (22), Chislenko (42)

QUARTER-FINALS

ITALY v USSR 1-1 (0-1)
Stadio Olimpico, Roma   10.11.1963
Referee: Daniel Mellet (SWI)   Attendance: 82,100
ITALY: Giuliano Sarti; Tarcisio Burgnich, Giacinto Facchetti; Aristide Guarneri, Sandro Salvadore (Cap), Giovanni Trapattoni; Angelo Domenghini, Giacomo Bulgarelli, Alessandro Mazzola, Gianni Rivera, Giampaolo Menichelli. Trainer: Edmondo Fabbri
USSR: Lev Iashin; Eduard Mudrik, Albert Shesternev, Anatoli Krutikov; Valeriy Voronin, Viktor Shustikov; Igor Chislenko, Valentin Ivanov (Cap), Gennadi Gusarov, Valeriy Korolenkov, Galimzian Khusainov.   Trainer: Konstantin Beskov
Goals: Gusarov (33), Rivera (89)

LUXEMBOURG v DENMARK 3-3 (2-2)
Stade Municipal, Luxembourg   04.12.1963
Referee: Pierre Schwinté (FRA)   Attendance: 6,921
LUXEMBOURG: Nico Schmitt; Ernest Brenner, Jean-Pierre Hoffstetter, François Konter, Fernand Brosius, Ady Schmit, Jean Klein, Paul May, Johny Leonard, Louis Pilot (Cap), Henri Klein.   Trainer: Robert Heinz
DENMARK: Erik Lykke Sørensen; Kai Johansen, Jens Jørgen Hansen, Bent Hansen, John Madsen, Jens Petersen, Carl Bertelsen, Kjeld Thorst, Ole Madsen, Ole Sørensen, John Danielsen.   Trainer: Poul Petersen
Goals: Pilot (1), Klein (23, 51), O. Madsen (9, 30, 46)

EAST GERMANY v HUNGARY 1-2 (0-1)
Walter-Ulbricht-Stadion, Berlin   19.10.1963
Referee: Belov (USSR)   Attendance: 33,400
EAST GERMANY: Jürgen Heinsch; Martin Skaba, Werner Heine (Cap), Dieter Krampe; Manfred Kaiser, Kurt Liebrecht; Rainer Nachtigall, Dieter Erler, Peter Ducke, Jürgen Nöldner, Hermann Stöcker.
Trainers: Karoly Soos & Johannes Studener
HUNGARY: Antal Szentmihályi; Sándor Mátrai, Kálmán Mészöly, László Sárosi; Istvan Nagy, Ernö Solymosi, Karoly Sándor; Gyula Rákosi, Flórián Albert, Ferenc Bene, Maté Fenyvesi.   Trainer: Lajos Baroti
Goals: Bene (18), Nöldner (51), Rákosi (88)

DENMARK v LUXEMBOURG 2-2 (1-1)
Idraetsparken, København   10.12.1963
Referee: Joseph Barbéran (FRA)   Attendance: 39,400
DENMARK: Erik Lykke Sørensen; Kai Johansen, Jens Jørgen Hansen, Bent Hansen, John Madsen, Jens Petersen, John Danielsen, Ole Madsen, Carl Bertelsen, Ole Sørensen, Henning Enoksen.   Trainer: Poul Petersen
LUXEMBOURG: Nico Schmitt; Ernest Brenner, Jean-Pierre Hoffstetter, François Konter (Cap), Fernand Brosius, Ady Schmit, Jean Klein, Paul May, Johny Leonard, Henri Klein, Louis Pilot.   Trainer: Robert Heinz
Goals: Leonard (13), O. Madsen (16, 70), Schmit (84)

HUNGARY v EAST GERMANY 3-3 (2-2)
Népstadion, Budapest   03.11.1963
Referee: Borce Nedelkovski (YUG)   Attendance: 40,000
HUNGARY: Antal Szentmihályi; Sándor Mátrai, Kálmán Mészöly, Kálmán Ihász; Istvan Nagy, Ernö Solymosi, Karoly Sándor, Gyula Rákosi, Flórián Albert, Ferenc Bene, Maté Fenyvesi.   Trainer: Lajos Baroti
EAST GERMANY: Jürgen Heinsch; Klaus Urbanczyk, Werner Heine (Cap), Dieter Krampe; Manfred Kaiser, Kurt Liebrecht; Rainer Nachtigall, Jürgen Nöldner, Peter Ducke, Dieter Erler, Roland Ducke.   Trainers: Karoly Soos & Johannes Studener
Goals: Bene (7), Heine (12), Sándor (17), R. Ducke (26), Solymosi (51 pen), Erler (81)

DENMARK v LUXEMBOURG 1-0 (1-0)
Amsterdam   18.12.1963
Referee: Pieter Paulus Roomer (HOL)   Attendance: 5,700
DENMARK: Erik Lykke Sørensen; Kai Johansen, Jens Jørgen Hansen, Bent Hansen, John Madsen, Jens Petersen, Carl Bertelsen, Kjeld Thorst, Ole Madsen, Henning Enoksen, John Danielsen.   Trainer: Poul Petersen
LUXEMBOURG: Nico Schmitt; Ernest Brenner, Jean-Pierre Hoffstetter, François Konter, Fernand Brosius, Ady Schmit (Cap), Jean Klein, Paul May, Johny Leonard, Louis Pilot, Henri Klein.   Trainer: Robert Heinz
Goal: O. Madsen (42)

SPAIN v EIRE 5-1 (4-1)

Sevilla 11.03.1964

Referee: Lucien Van Nuffel (BEL)   Attendance: 27,200

SPAIN: Jose Angel IRIBAR; Feliciano Muñoz RIVILLA, Fernando OLIVELLA, Isacio CALLEJA; Ignacio ZOCO, José María FUSTÉ; AMANCIO Amaro, Jesús María PEREDA, MARCELINO Martinez, Juan Manuel VILLA, Carlos LAPETRA.   Trainer: José Villalonga

EIRE: Alan Kelly; Theodore Foley, Tommy Traynor, Raymond Brady, Charlie Hurley, Mick Meagan, Johnny Giles, Andy McEvoy, Alfred Hale, Ambrose Fogarty, Joseph Haverty.

Goals: Amancio (5, 29), Fusté (12), McEvoy (18), Marcelino (33, 89)

HUNGARY v FRANCE 2-1 (1-1)

Népstadion, Budapest 23.05.1964

Referee: Concetto Lo Bello (ITA)   Attendance: 80,000

HUNGARY: Antal Szentmihályi; Sándor Mátrai, Kálmán Mészöly, Ferenc Sípos, Laszlo Sárosi; Istvan Nagy, Gyula Rákosi; Maté Fenyvesi, Karoly Sándor, Lajos Tichy, Ferenc Bene.   Trainer: Lajos Baroti

FRANCE: Pierre Bernard (Cap); Georges Casolari, Marcel Artelesa, Daniel Charles-Alfred, André Chorda, Joseph Bonnel, Edouard Stako, Angel Rambert, Georges Lech, Nestor Combin, Fleury Di Nallo.   Trainer: Henri Guérin

Goals: Combin (2), Sípos (24), Bene (55)

EIRE v SPAIN 0-2 (0-1)

Dublin 08.04.1964

Referee: Gérard Versyp (BEL)   Attendance: 38,100

EIRE: Alan Kelly; Anthony Dunne, William Browne, Raymond Brady, Charlie Hurley, Johnny Fulham, Johnny Giles, Andy McEvoy, Noel Cantwell, Paddy Turner, Alfred Hale.

SPAIN: Jose Angel IRIBAR; Feliciano Muñoz RIVILLA, Fernando OLIVELLA, Isacio CALLEJA; Ignacio ZOCO, José María FUSTÉ; Pedro ZABALLA, Jesús María PEREDA, MARCELINO Martinez, Juan Manuel VILLA, Carlos LAPETRA.   Trainer: José Villalonga

Goals: Zaballa (25, 88)

SWEDEN v USSR 1-1 (0-0)

Rasunda, Stockholm 13.05.1964

Referee: James Finney (ENG)   Attendance: 37,525

SWEDEN: Arne Arvidsson; Hans Rosander, Lennart Wing, Orvar Bergmark, Ake Johansson, Hans Mild, Kurt Hamrin, Harry Bild, Agne Simonsson, Orjan Martinsson, Orjan Persson.   Trainer: Lennart Nyman

USSR: Lev Iashin; Eduard Mudrik, Albert Shesternev, Vladimir Glotov, Valeriy Voronin, Aleksey Korneev, Igor Chislenko, Valentin Ivanov (Cap), Gennadi Gusarov, Eduard Malofeev, Valeriy Korolenkov.   Trainer: Konstantin Beskov

Goals: Ivanov (62), Hamrin (87)

FRANCE v HUNGARY 1-3 (0-2)

Stade Olympique, Colombes Paris 25.04.1964

Referee: Cesare Jonni (ITA)   Attendance: 35,274

FRANCE: Pierre Bernard (Cap); Georges Casolari, Pierre Michelin, Marcel Artelesa, André Chorda, Joseph Bonnel, Robert Herbin, Lucien Muller, Georges Lech, Nestor Combin, Lucien Cossou.   Trainer: Henri Guérin

HUNGARY: Antal Szentmihályi; Sándor Mátrai, Kálmán Mészöly, Ferenc Sípos, Laszlo Sárosi; Janos Göröcs, István Nagy, Gyula Rákosi, Flórián Albert, Lajos Tichy, Maté Fenyvesi.   Trainer: Lajos Baroti

Goals: Albert (15), Tichy (16, 70), Cossou (73)

USSR v SWEDEN 3-1 (1-0)

Central V.I.Lenin, Moskva 27.05.1964

Referee: Arthur Holland (ENG)   Attendance: 102,000

USSR: Lev Iashin; Eduard Mudrik, Albert Shesternev, Vladimir Glotov, Valeriy Voronin, Aleksey Korneev, Igor Chislenko, Valentin Ivanov (Cap), Viktor Ponedelnik, Gennadi Gusarov, Galimzian Khusainov.   Trainer: Konstantin Beskov

SWEDEN: Arne Arvidsson; Hans Rosander, Lennart Wing, Orvar Bergmark, Hans Mild, Anders Svensson, Kurt Hamrin, Harry Bild, Agne Simonsson, Orjan Martinsson, Orjan Persson.   Trainer: Lennart Nyman

Goals: Ponedelnik (32, 56), Hamrin (78), Voronin (83)

SEMI-FINALS

SPAIN v HUNGARY 2-1 (1-0, 1-1) (AET)
Estadio Santiago Bernabeu, Madrid   17.06.1964
Referee: Arthur Blavier (BEL)   Attendance: 34,713
SPAIN: Jose Angel IRIBAR; Feliciano Muñoz RIVILLA, Fernando OLIVELLA (Cap), Isacio CALLEJA; Ignacio ZOCO, José María FUSTÉ; AMANCIO Amaro, Jesús María PEREDA, MARCELINO Martinez, Luis SUÁREZ, Carlos LAPETRA.
Trainer: José Villalonga
HUNGARY: Antal Szentmihályi; Sándor Mátrai, Kálmán Mészöly, Laszlo Sárosi; Istvan Nagy, Ferenc Sípos; Ferenc Bene, Imre Komora, Flórián Albert, Lajos Tichy, Maté Fenyvesi.
Trainer: Lajos Baroti
Goals: Amancio (35), Bene (87), Pereda (115)

USSR v DENMARK 3-0 (2-0)
Nou Camp, Barcelona   17.06.1964
Referee: Concetto Lo Bello (ITA)   Attendance: 38,556
USSR: Lev Iashin; Viktor Shustikov, Albert Shesternev, Eduard Mudrik, Valeri Voronin, Viktor Anichkin, Igor Chislenko, Valentin Ivanov (Cap), Viktor Ponedelnik, Gennadi Gusarov, Galimzian Khusainov.   Trainer: Konstantin Boskov
DENMARK: Leif Nielsen; Jens Jørgen Hansen, Kaj Hansen, Bent Hansen; Birger Larsen, Erling Nielsen; Carl Bertelsen, Ole Sørensen, Ole Madsen, Kjeld Thorst, John Danielsen.
Trainer: Poul Petersen
Goals: Voronin (19), Ponedelnik (40), Val. Ivanov (88)

THIRD PLACE MATCH

HUNGARY v DENMARK 3-1 (1-0, 1-1) (AET)
Camp Nou, Barcelona   20.06.1964
Referee: Daniel Mellet (SWI)   Attendance: 3,869
HUNGARY: Antal Szentmihályi; Dezsö Novák, Kálmán Mészöly, Kálmán Iházs; Ernö Solymosi, Ferenc Sípos; Janos Farkas, Zoltan Varga, Flórián Albert, Ferenc Bene, Maté Fenyvesi.   Trainer: Lajos Baroti
DENMARK: Leif Nielsen; Bent Wolmar, Kaj Hansen, Bent Hansen; Birger Larsen, Erling Nielsen; Carl Bertelsen, Ole Sørensen, Ole Madsen, Kjeld Thorst, John Danielsen.
Trainer: Poul Petersen
Goals: Bene (11), Bertelsen (82), Novák (107 pen, 110)

FINAL

SPAIN v USSR 2-1 (1-1)
Estadio Santiago Bernabéu, Madrid   21.06.1964
Referee: Arthur Holland (ENG)   Attendance: 79,115
SPAIN: José Angel IRIBAR; Feliciano Muñoz RIVILLA, Fernando OLIVELLA Pons (Cap), Isacio CALLEJA Garcia; Ignacio ZOCO Esparza, José María FUSTÉ Blanch; AMANCIO Amaro, Jesús María PEREDA Ruiz de Temino, MARCELINO Martinez Cao, Luis SUÁREZ, Carlos LAPETRA Coarasa.
Trainer: José Villalonga
USSR: Lev Iashin; Viktor Shustikov, Albert Shesternev, Eduard Mudrik; Valeri Voronin, Viktor Anichkin; Igor Chislenko, Valentin Ivanov (Cap), Viktor Ponedelnik, Aleksei Korneev, Galimzyan Khusainov.   Trainer: Konstantin Beskov
Goals: Pereda (6), Khusainov (8), Marcelino (84)

Goalscorers European Nations' Cup 1962-1964

11 goals: Ole Madsen (Denmark)

5 goals: Ferenc Bene (Hungary)

4 goals: AMANCIO Amaro (Spain), Viktor Ponedelnik (USSR), Lajos Tichy (Hungary), Alberto Orlando (Italy), Noel Cantwell (Eire)

3 goals: MARCELINO Martinez, Vicente Guillot, José Fidalgo Veloso (Spain), Carl Bertelsen (Denmark), Gianni Rivera (Italy), Lucien Cossou, Yvon Goujon (France), Georgi Asparuhov (Bulgaria)

2 goals: R. Jonsson (Iceland), Hernani (Portugal), Skoblar, Galic (Yugoslavia), Kruiver (Holland), Diev (Bulgaria), Erler (East Germany), Dimmer, Klein (Luxembourg), Hamrin, Persson, Martinsson (Sweden), Clausen, Enoksen (Denmark), Wisnieski (France), Zaballa, Pereda (Spain), Albert, Novak, Sandor (Hungary), Voronin, Val. Ivanov (USSR), Fogarty, Tuohy (Eire)

1 goal: Krogh (Norway), Theobald, Urpani (Malta), Flowers, Tambling, Smith (England), Tătaru, Manolache, Constantin (Romania), Jurion, Stockman (Belgium), Medwin, C. Jones (Wales), Eusebio, Coluna (Portugal), Allemann, Hertig (Switzerland), Kucera, Masek (Czechoslovakia), Irvine, Humphries, Dougan, Bingham, Crossan (N. Ireland), Zambata, Vasovic (Yugoslavia), Pano (Albania), Nuninga, Swart, Groot, Van der Linden (Holland), Koleznik, Flögel (Austria), Iakimov, Iliev (Bulgaria), Sormani (Italy), Heine, R. Ducke, Noldner, Liebrecht, P. Ducke (East Germany), Pilot, Schmit, Leonard, May (Luxembourg), Bild, Eriksson (Sweden), Petersen, Christiansen (Denmark), Combin, Herbin, Douis (France), Sípos, Solymosi, Rakosi (Hungary), Gusarov, Chislenko, Khusainov (USSR), McEvoy, Arnason (Eire), Fuste, Gento, Collar (Spain)

THE EUROPEAN FOOTBALL CHAMPIONSHIP 1968

GROUP 1

EIRE v SPAIN 0-0
Dalymount Park, Dublin   23.10.1966

Referee: Hans Carlsson (SWE)   Attendance: 38,000

EIRE: Alan Kelly; Anthony Dunne, Noel Cantwell (Cap), Shay Brennan; Jimmy Conway, Mick Meagan, Frank O'Neill, Andy McEvoy, Ray Treacy, Johnny Giles, Anthony O'Connel.

SPAIN: José Angel IRIBAR Cortajarena; Manuel Martinez SANCHIS, Francisco SANTAMARÍA Briones, Severino REIJA Vazquez, Jesús Jordán GLARÍA, José Luis VIOLETA Lajusticia; Luciano Sánchez Rodriguez VAVÁ, LUIS Aragonés Suarez, Fernando ANSOLA San Martin, MARCIAL Pina Morales, Francisco García Gómez PAQUITO.
Trainer: Domingo Balmanyá

EIRE v TURKEY 2-1 (0-0)
Dalymount Park, Dublin   16.11.1966

Referee: Tage Sørensen (DEN)   Attendance: 20,000

EIRE: Patrick Dunne; Shay Brennan, Charles Hurley (Cap), Mick Meagan, Anthony Dunne, Jimmy Conway, Eamonn Dunphy, Frank O'Neill, Johnny Giles, Andy McEvoy, Joseph Haverty.

TURKEY: Ali Artuner; Talat Özkarsli, Ercan Aktuna, Yilmaz Şen, Fehmi Saginoglu, Ayhan Elmastaşoglu, Şeref Has, Nevzat Güzelirmak, Ogün Altiparmak, Fevzi Zemzem, Faruk Karadogan.   Trainer: Adnan Süvari

Goals: O'Neill (60), McEvoy (74), Ogün (88)

SPAIN v EIRE 2-0 (2-0)
Estadio Mestalla, Valencia   07.12.1966

Referee: Pieter Paulus Roomer (HOL)   Attendance: 25,000

SPAIN: José Angel IRIBAR Cortajarena; Manuel Martinez SANCHIS, Francisco Fernandez GALLEGO, Severino REIJA Vazquez; Francisco García Gómez PAQUITO, José Luis VIOLETA Lajusticia, Anastasio JARA Segovia, José Martinez Sánchez PIRRI, Fernando ANSOLA San Martin, LUIS Aragonés Suarez, JOSÉ MARÍA García Lavilla.
Trainer: Domingo Balmanyá

EIRE: Alan Kelly; Shay Brennan, John Dempsey, Anthony Dunne; Charles Hurley (Cap), Mick Meagan; Frank O'Neill, Jimmy Conway, Alfred Hale, Eamonn Dunphy, Joseph Haverty.

Goals: José María (20), Pirri (35)

TURKEY v SPAIN 0-0
Mithat Paşa, Istambul   01.02.1967

Referee: Gyula Gere (HUN)   Attendance: 35,000

TURKEY: Ali Artuner; Talat Özkarsli, Yilmaz Şen; Ercan Aktuna, Fehmi Saginoglu, Yusuf Tunalioglu; Şeref Has, Nevzat Güzelirmak, Ogün Altiparmak, Fevzi Zemzem, Faruk Karadogan.   Trainer: Adnan Süvari

SPAIN: José Angel IRIBAR Cortajarena; Manuel Martinez SANCHIS, Francisco Fernandez GALLEGO, Severino REIJA Vazquez, Francisco García Gómez PAQUITO, José Luis VIOLETA Lajusticia; AMANCIO Amaro Varela, José Martinez Sánchez PIRRI, Ramón Moreno GROSSO, Manuel VELAZQUEZ Villaverde, JOSÉ MARÍA García Lavilla.
Trainer: Domingo Balmanyá

TURKEY v EIRE 2-1 (1-0)
19 Mayis, Ankara   22.02.1967

Referee: Dimitar Rumenchev (BUL)   Attendance: 35,000

TURKEY: Ali Artuner; Şükrü Birand, Talat Özkarsli, Ercan Aktuna, Fehmi Elmastaşoglu, Şeref Has, Ergün Acuner, Ogün Altiparmak, Abdullah Çevrim, Faruk Karadogan.
Trainer: Adnan Süvari

EIRE: Alan Kelly; Joe Kinnear, Charles Hurley (Cap), Alfred Finucane, Mick McGrath, Mick Meagan, Johnny Giles, Frank O'Neill, Charles Gallagher, Noel Cantwell, Eamonn Dunphy.

Goals: Ayhan (35), Ogün (78), Cantwell (89)

EIRE v CZECHOSLOVAKIA 0-2 (0-2)
Dalymount Park, Dublin   21.05.1967

Referee: Robert Schaut (BEL)   Attendance: 9,000

EIRE: Alan Kelly; Theodore Foley, John Dempsey, Alfred Finucane, Charles Hurley (Cap), Mick Meagan, Charles Gallagher, Andy McEvoy, Ray Treacy, Eamonn Dunphy, Ollie Conmy.

CZECHOSLOVAKIA: Ivo Viktor; Jan Lála, Kamil Majerník, Ján Popluhár, Vladimir Táborsky; Ján Geleta, Andrej Kvasnák; Juraj Szikora, Vojtech Masny, Jozef Adamec, Dusan Kabát.
Trainers: Jozef Marko, Jaciansky

Goals: Szikora (15), Masny (47)

SPAIN v TURKEY 2-0 (0-0)
Estadio San Mamés, Bilbao   31.05.1967
Referee: Dittmar Huber (SWI)   Attendance: 40,000
SPAIN: José Angel IRIBAR Cortajarena; Manuel Martinez SANCHIS, Francisco Fernandez GALLEGO, Severino REIJA Vazquez; Francisco García Gómez PAQUITO, Jesús Jordán GLARÍA; José Armando UFARTE Ventosa, ADELARDO Rodriguez Sánchez, Ramón Moreno GROSSO, JOSÉ MARÍA García Lavilla, Francisco GENTO López.
Trainer: Domingo Balmanyá
TURKEY: Ali Artuner; Şükrü Birand, Talat Özkarsli, Yilmaz Şen; Fehmi Saginoglu, Ayhan Elmastaşoglu; Şeref Has, Ergün Acuner, Ogün Altiparmak, Fevzi Zemzem, Faruk Karadogan.
Trainer: Adnan Süvari
Goals: Grosso (63), Gento (80)

CZECHOSLOVAKIA v TURKEY 3-0 (1-0)
Bratislava   18.06.1967
Referee: Paul Schiller (AUS)   Attendance: 20,000
CZECHOSLOVAKIA: Ivo Viktor; Jan Lála, Kamil Majerník, Ján Popluhár, Vladimir Táborsky; Ján Geleta, Andrej Kvasnák; Bohumil Vesely, Josef Jurkanin, Jozef Adamec, Dusan Kabát.
Trainers: Jozef Marko, Jaciansky
TURKEY: Ali Artuner; Şükrü Birand, Hüseyin Yazici, Talat Özkarsli, Fehmi Saginoglu, Abdullah Çevrim, Şeref Has, Nevzat Güzelirmak, Ogün Altiparmak, Fevzi Zemzem, Ergün Acuner.   Trainer: Adnan Süvari
Goals: Adamec (25, 70), Jurkanin (73)

CZECHOSLOVAKIA v SPAIN 1-0 (0-0)
Slavia, Praha   01.10.1967
Referee: Gerhard Schulemberg (W. GER)   Att: 40,000
CZECHOSLOVAKIA: Ivo Viktor; Jan Lála, Alexander Horváth, Ján Popluhár, Vladimir Táborsky; Ján Geleta, Ladislav Kuna; Bohumil Vesely, Juraj Szikora, Jozef Adamec, Dusan Kabát.   Trainers: Jozef Marko, Jaciansky
SPAIN: José Angel IRIBAR Cortajarena; Manuel Martinez SANCHIS, Antonio Alfonso Moreno TONONO, Francisco Fernandez GALLEGO, Severino REIJA Vazquez; José Martinez Sánchez PIRRI, Ramón Moreno GROSSO, ADELARDO Rodriguez Sánchez, AMANCIO Amaro Varela, MARCELINO Martinez Cao, JOSÉ MARÍA García Lavilla.
Trainer: Domingo Balmanyá
Goal: Horváth (49)

SPAIN v CZECHOSLOVAKIA 2-1 (1-0)
Estadio Santiago Bernabeu, Madrid   22.10.1967
Referee: Antonio Sbardella (ITA)   Attendance: 40,000
SPAIN: José Angel IRIBAR Cortajarena; Manuel Fernandez OSORIO, Francisco Fernandez GALLEGO, Antonio Alfonso Moreno TONONO, Severino REIJA Vazquez; José Martinez Sánchez PIRRI, MARCIAL Pina Morales, LUIS Aragonés Suarez; AMANCIO Amaro Varela, José Eulogio GáRATE Hormaechea, JOSÉ MARÍA García Lavilla.
Trainer: Domingo Balmanyá
CZECHOSLOVAKIA: Ivo Viktor; Jan Lála, Alexander Horváth, Ján Popluhár, Vladimir Táborsky; Ján Geleta, Ladislav Kuna, Bohumil Vesely, Juraj Szikora, Vojtech Masny, Jaroslav Boros.   Trainer: Jozef Marko, Jaciansky
Goals: Pirri (32), Gárate (61), Kuna (75)

TURKEY v CZECHOSLOVAKIA 0-0
Ankara   15.11.1967
Referee: Nicolae Mihăilescu (ROM)   Attendance: 52,000
TURKEY: Ali Artuner; Talat Özkarsli, Yilmaz Şen; Ercan Aktuna, Fehmi Saginoglu, Nevzat Güzelirmak, Sanli Sarialioglu, Ayhan Elmastaşoglu, Ogün Altiparmak, Fevzi Zemzem, Faruk Karadogan.   Trainer: Adnan Süvari
CZECHOSLOVAKIA: Ivo Viktor; Jan Lála, Ján Geleta, Ján Popluhár, Vladimir Táborsky; Andrej Kvasnák (.. Ivan Hrdlicka), Ladislav Kuna; Juraj Szikora, Josef Jurkanin, Vojtech Masny, Dusan Kabát.   Trainer: Jozef Marko, Jaciansky

CZECHOSLOVAKIA v EIRE 1-2 (0-0)
Slavia, Praha   22.11.1967
Referee: Erwin Vetter (E. GER)   Attendance: 8,000
CZECHOSLOVAKIA: Antonín Kramerius; Jan Lála, Alexander Horváth, Ján Popluhár, Vladimir Táborsky; Ján Geleta, Ladislav Kuna, Jozef Levicky, Juraj Szikora, Josef Jurkanin, Václav Vrána.   Trainer: Jozef Marko, Jaciansky
EIRE: Alan Kelly; Joe Kinnear, John Dempsey, Charles Hurley (Cap), Mick Meagan, Jimmy Conway, Eamonn Dunphy, Eamonn Rogers, Ollie Conmy, Ray Treacy, Turlough O'Connor.
Goals: Dempsey (58 og), Treacy (65), O'Connor (86)

	P	W	D	L	F	A	Pts
Spain	6	3	2	1	6	2	8
Czechoslovakia	6	3	1	2	8	4	7
Eire	6	2	1	3	5	8	5
Turkey	6	1	2	3	3	8	4

GROUP 2

PORTUGAL v SWEDEN 1-2 (1-1)
Nacional, Lisboa 13.11.1966
Referee: Jacques Colling (LUX)   Attendance: 35,000
PORTUGAL: José Pereira; João Morais, Alexandre Baptista, HILÁRIO Rosário da Conceiçao, Jaime da Silva GRAÇA, Jacinto Santos, José Augusto, EUSÉBIO da Silva Ferreira, António MENDES, Mário COLUNA (Cap), Oliveira Duarte. Trainer: Manuel da Luz Afonso
SWEDEN: Ronney Pettersson; Hans Selander, Kurt Axelsson, Björn Nordqvist, Rolf Björklund, Jim Nildén, Ingvar Svensson, Ulf Jansson, Inge Danielsson, Agne Simonsson, Tom Turesson. Trainer: Orvar Bergmark
Goals: Graça (21), Danielsson (29, 86)

NORWAY v PORTUGAL 1-2 (1-1)
Oslo 08.06.1967
Referee: William McGillivray Syme (SCO)   Att: 31,000
NORWAY: Kjell Kaspersen; Arild Mathisen, Roar Johansen, Finn Thorsen, Nils Arne Eggen, Trygve Bornø, Olav Nilsen, Harald Sunde, Harald Berg, Odd Iversen, Leif Eriksen.
PORTUGAL: Américo Lopes; João Morais, HILÁRIO Rosário da Conceiçao, Jaime da Silva GRAÇA, RAÚL Machado, José Carlos, José Augusto (Cap), EUSÉBIO da Silva Ferreira, José Maria, Custódio Pinto, Mansidao Estevao. Trainer: José Gomes de Silva
Goals: Eusébio (15, 61), Iversen (34)

BULGARIA v NORWAY 4-2 (3-0)
Vasil Levski, Sofia 13.11.1966
Referee: Muzaffer Sarvan (TUR)   Attendance: 30,000
BULGARIA: Simeon Simeonov; Aleksandar Shalamanov, Boris Gaganelov (Cap), Stoian Aleksiev, Dobromir Jechev, Ivan Davidov, Dinko Dermendjiev, Dimitar Penev, Petar Jekov, Nikola Tsanev, Aleksandar Vasilev. Trainer: Dobromir Tashkov
NORWAY: Kjell Kaspersen; Roar Johansen, Finn Thorsen, Trygve Bornø, Arild Mathisen, Arne Pedersen, Olav Nilsen, Bjørn Borgen, Harald Berg, Per Kristoffersen, Kjetil Hasund.
Goals: Tsanev (18, 43), Jekov (42, 85), K. Hasund (59, 86)

SWEDEN v BULGARIA 0-2 (0-1)
Fotbollstadion, Solna 11.06.1967
Referee: Leo Callaghan (WAL)   Attendance: 24,271
SWEDEN: Ronney Pettersson; Hans Selander, Kurt Axelsson, Björn Nordqvist, Rolf Björklund, Jim Nildén, Ingvar Svensson, Inge Danielsson, Tom Turesson, Agne Simonsson, Örjan Persson. Trainer: Orvar Bergmark
BULGARIA: Simeon Simeonov; Aleksandar Shalamanov, Ivan Dimitrov, Boris Gaganelov (Cap), Dobromir Jechev, Dimitar Penev, Georgi Popov, Hristo Bonev, Petar Jekov, Dimitar Iakimov, Dinko Dermendjiev. Trainer: Stefan Bojkov
Goals: Jekov (23), Dermendjiev (82)

SWEDEN v PORTUGAL 1-1 (0-1)
Fotbollstadion, Solna 01.06.1967
Referee: Kevin Howley (ENG)   Attendance: 49,689
SWEDEN: Ronney Pettersson; Hans Selander, Kurt Axelsson, Björn Nordqvist, Rolf Björklund, Jim Nildén, Ingvar Svensson, Roger Magnusson, Tom Turesson, Agne Simonsson, Örjan Persson. Trainer: Orvar Bergmark
PORTUGAL: Amırico Lopes; João Morais, HILARIO Rosario da Conceiṇao, Jaime da Silva GRAHA, Raïl Machado, Josı Carlos, Josı Augusto (Cap), EUSIBIO da Silva Ferreira, Serafim Pereira, Custodio Pinto, Fernando Peres.
Trainer: José Gomes de Silva
Goal: Pinto (19), Svensson (90)

NORWAY v BULGARIA 0-0
Ulleval, Oslo 29.06.1967
Referee: John Adair (NIR)   Attendance: 20,000
NORWAY: Kjell Kaspersen; Arild Mathisen, Roar Johansen, Finn Thorsen, Nils Arne Eggen, Trygve Bornø, Olav Nilsen, Harald Sunde, Odd Iversen, Harald Berg, Kjetil Hasund.
BULGARIA: Simeon Simeonov; Aleksandar Shalamanov, Ivan Dimitrov, Boris Gaganelov (Cap), Dobromir Jechev, Dimitar Penev, Vasil Mitkov, Hristo Bonev, Petar Jekov, Dimitar Iakimov, Dinko Dermendjiev. Trainer: Stefan Bojkov

NORWAY v SWEDEN 3-1 (1-1)
Ullevål, Oslo 03.09.1967
Referee: Pawlik (POL)   Attendance: 31,287
NORWAY: Kjell Kaspersen; Tore Børrehaug, Roar Johansen, Finn Thorsen, Nils Arne Eggen, Trygve Bornø, Olav Nilsen, Harald Sunde, Harald Berg, Odd Iversen, Sven Otto Birkeland.
SWEDEN: Ronney Pettersson; Hans Selander, Krister Kristensson, Bertil Elmstedt, Rolf Björklund, Tommy Svensson, Sven Lindman, Inge Danielsson, Thomas Nordahl, Leif Eriksson, Harry Bild.   Trainer: Orvar Bergmark
Sent off: Selander (1)
Goals: Nordahl (19), Berg (24), Birkeland (46), Sunde (79)

SWEDEN v NORWAY 5-2 (2-0)
Fotbollstadion, Solna 05.11.1967
Referee: Rudolf Glöckner (E. GER)   Attendance: 14,078
SWEDEN: Sven Gunnar Larsson; Sven Andersson, Björn Nordqvist, Bertil Elmstedt, Stig Johansson, Sven Lindman, Ulf Jansson, Inge Danielsson, Tom Turesson, Leif Eriksson, Ingvar Svahn.   Trainer: Orvar Bergmark
NORWAY: Kjell Kaspersen; Arild Mathisen, Per Pettersen, Frank Olafsen, Nils Arne Eggen, Trygve Bornø, Olav Nilsen, Harald Sunde, Odd Iversen, Harald Berg, Kjetil Hasund.
Goals: Turesson (15, 89), Danielsson (39), Eriksson (48, 85), Iversen (57 pen), Nilsen (90)

BULGARIA v SWEDEN 3-0 (2-0)
Vasil Levski, Sofia 12.11.1967
Referee: Josip Dragomir Horvath (YUG)   Att: 28,000
BULGARIA: Simeon Simeonov; Aleksandar Shalamanov, Dimitar Penev, Boris Gaganelov, Dobromir Jechev, Todor Kolev, Dinko Dermendjiev, Hristo Bonev, Georgi Asparuhov, Nikola Kotkov, Vasil Mitkov.   Trainer: Stefan Bojkov
SWEDEN: Sven Gunnar Larsson; Sven Andersson, Bertil Elmstedt, Björn Nordqvist, Rolf Björklund, Sven Lindman, Ulf Jansson, Inge Danielsson, Tom Turesson, Leif Eriksson, Ingvar Svahn.   Trainer: Orvar Bergmark
Goals: Kotkov (43), Mitkov (44), Asparuhov (75)

PORTUGAL v NORWAY 2-1 (1-1)
Porto 12.11.1967
Referee: Michel Kitabdjian (FRA)   Attendance: 40,000
PORTUGAL: Américo Lopes; Manuel Rodrigues, HILÁRIO Rosário da Conceiçao, Jaime da Silva GRAÇA, RAÚL Machado, José Carlos, José Augusto, EUSÉBIO da Silva Ferreira, José TORRES, Mário COLUNA (Cap), Francisco NÓBREGA.   Trainer: José Gomes de Silva
NORWAY: Kjell Kaspersen; Arild Mathisen, Per Pettersen, Tor Alsaker-Nøstdahl, Nils Arne Eggen, Trygve Bornø, Olav Nilsen, Harald Sunde, Kai Sjøberg, Harald Berg, Odd Iversen.
Goals: Torres (30), Nilsen (40), Graça (64)

BULGARIA v PORTUGAL 1-0 (0-0)
Vasil Levski 26.11.1967
Referee: Anvar Zverev (USSR)   Attendance: 55,000
BULGARIA: Simeon Simeonov; Aleksandar Shalamanov, Dimitar Penev, Boris Gaganelov (Cap), Dobromir Jechev, Ivan Davidov, Dinko Dermendjiev, Hristo Bonev, Georgi Asparuhov, Nikola Kotkov, Vasil Mitkov.
Trainer: Stefan Bojkov
PORTUGAL: Américo Lopes; Manuel Rodrigues, HILÁRIO Rosário da Conceiçao, Jaime da Silva GRAÇA, Rui Rodrigues, José Carlos, José Augusto (Cap), EUSÉBIO da Silva Ferreira, José TORRES, José Pereira Pedras, António Simoes.
Trainer: José Gomes de Silva
Goal: Dermendjiev (63)

PORTUGAL v BULGARIA 0-0
Nacional, Lisboa 17.12.1967
Referee: Antonio Sbardella (ITA)   Attendance: 20,000
PORTUGAL: Américo Lopes; Manuel Rodrigues, HILÁRIO Rosário da Conceiçao, Jaime da Silva GRAÇA, Rui Rodrigues, José Carlos, José Augusto (Cap), EUSÉBIO da Silva Ferreira, José TORRES, José Pereira Pedras, António Simoes.
Trainer: José Gomes de Silva
BULGARIA: Simeon Simeonov; Milko Gaidarski, Ivan Dimitrov, Boris Gaganelov (Cap), Dimitar Penev, Dobromir Jechev, Georgi Popov, Hristo Bonev, Nikola Kotkov, Dimitar Iakimov, Dinko Dermendjiev.   Trainer: Stefan Bojkov

	P	W	D	L	F	A	Pts
Bulgaria	6	4	2	0	10	2	10
Portugal	6	2	2	2	6	6	6
Sweden	6	2	1	3	9	12	5
Norway	6	1	1	4	9	14	3

GROUP 3

FINLAND v AUSTRIA 0-0
Helsinki 02.10.1966
Referee: Peter Coates (IRE)   Attendance: 10,070
FINLAND: Lars Näsman; Pertti Mäkipää, Reima Nummila, Timo Kautonen, Reijo Kanerva, Simo Syrjävaara, Juhani Peltonen, Matti Mäkelä, Tommy Lindholm, Markku Hyvärinen, Aulis Laine.   Trainer: Olavi Laaksonen
AUSTRIA: Roman Pichler; Walter Gebhardt, Walter Glechner, Heinz Binder, Franz Viehböck, Horst Hirnschrodt, Robert Sara, Rudolf Flögel, Anton Fritsch, Thomas Parits, Johann Hörmayer.   Trainer: Eduard Frühwirth

GREECE v FINLAND 2-1 (1-0)
Kantatzogleio, Thessaloniki 16.10.1966
Referee: Zdenek Vales (CZE)   Attendance: 30,000
GREECE: Takis Oikonomopoulos; Tasos Vasileiou, Giorgos Skrekis, Fotis Balopoulos, Frankiskos Sourpis, Stelios Skeiofilax, Stathis Haitas, Mimis Domazos, Alekos Alexiadis, Dimitris Papaioannou, Giorgos Dedes.
Trainer: Panayotis Markovits
FINLAND: Lars Näsman; Pertti Mäkipää, Reima Nummila, Timo Kautonen, Reijo Kanerva, Simo Syrjävaara, Juhani Peltonen, Matti Mäkelä, Arto Tolsa, Markku Hyvärinen, Aulis Laine.   Trainer: Olavi Laaksonen
Goals: Alexiadis (39, 86), Mäkipää (57)

FINLAND v GREECE 1-1 (1-1)
Olimpic, Helsinki 10.05.1967
Referee: Pieter Paulus Roomer (HOL)   Attendance: 14,056
FINLAND: Martti Halme; Rainer Aho, Timo Kautonen, Reijo Kanerva, Reima Nummila, Matti Mäkela, Pertti Mäkipää, Semi Nuoranen, Arto Tolsa, Tommy Lindholm, Juhani Peltonen.
Trainer: Olavi Laaksonen
GREECE: Takis Oikonomopoulos; Mihalis Bellis, Hristos Zanteroglou, Alekos Sofianidis, Takis Loukanidis, Kostas Polihroniou (Cap), Stathis Haitas, Nikos Gioutsos, Mimis Domazos, Dimitris Papaioannou, Vasilis Botinos.
Trainer: Panayotis Markovits & Vasilis Petropoulos
Goals: Peltonen (18), Haitas (39)

USSR v AUSTRIA 4-3 (3-1)
Central V.I. Lenin, Moskva 11.06.1967
Referee: Einar Boström (SWE)   Attendance: 100,000
USSR: Lev Iashin; Valentin Afonin, Albert Shesternev (Cap), Murtaz Hurtsilava, Aleksandr Lenev, Valeri Voronin, Igor Chislenko, Jozsef Sabo, Anatolyi Bîshovets, Eduard Streltsov, Eduard Malofeev.   Trainer: Mihail Iakushin
AUSTRIA: Roman Pichler; Helmut Wartusch, Walter Glechner, Gerhard Sturmberger, Erich Fak, Roland Eschelmüller, Erich Hof, Rudolf Flögel, Franz Wolny, Helmut Siber, Johann Hörmayer.   Trainers: Erwin Alge & Hans Pesser
Goals: Malofeev (25), Bîshovets (36), Hof (38), Chislenko (43), Wolny (54), Siber (71), Streltsov (80)

USSR v GREECE 4-0 (0-0)
Dinamo, Tbilisi 16.07.1967
Referee: Birger Nilsen (NOR)   Attendance: 40,000
USSR: Lev Iashin; Viktor Anichkin, Albert Shesternev (Cap), Murtaz Hurtsilava, Aleksandr Lenev, Valeri Voronin, Igor Chislenko, Jozsef Sabo, Anatoliy Banishevski, Eduard Streltsov, Anatoliy Bîshovets.   Trainer: Mihail Iakushin
GREECE: Takis Oikonomopoulos; Mimis Plessas, Takis Loukanidis, Mihalis Bellis, Aristeidis Kamaras, Mimis Domazos, Kostas Polihroniou (Cap), Stathis Haitas, Giorgos Sideris, Dimitris Papaioannou, Vasilis Botinos.
Trainer: Vasilis Petropoulos
Goals: Banishevski (50, 77), Sabo (72 pen), Chislenko (83)

USSR v FINLAND 2-0 (1-0)
Central V.I. Lenin, Moskva 30.08.1967
Referee: Muzaffer Sarvan (TUR)   Attendance: 80,000
USSR: Anzor Kavazashvili; Valentin Afonin, Albert Shesternev (Cap), Murtaz Hurtsilava, Guram Tskhovrebov, Valeriy Maslov, Igor Chislenko, Jozsef Sabo, Anatoliy Banishevski, Anatoliy Bîshovets, Eduard Malofeev.
Trainer: Mihail Iakushin
FINLAND: Lars Näsman; Pertti Mäkipää, Seppo Kilponen, Timo Kautonen, Reima Nummila, Juhani Peltonen, Simo Syrjävaara, Kai Pahlman, Matti Mäkelä, Arto Tolsa, Aulis Laine.   Trainer: Olavi Laaksonen
Goals: Hurtsilava (14), Chislenko (80)

FINLAND v USSR 2-5 (2-3)
Kuupitaa, Turun   06.09.1967
Referee: Pavel Spotak (CZE)   Attendance: 7793
FINLAND: Lars Näsman; Matti Pitko, Seppo Kilponen, Pertti Mäkipää, Reima Nummila, Matti Mäkelä, Simo Syrjävaara, Aulis Laine, Arto Tolsa, Juhani Peltonen, Semi Nuoranen. Trainer: Olavi Laaksonen
USSR: Iuriy Pshenichnikov (80 Anzor Kavazashvili); Valentin Afonin, Viktor Anichkin, Murtaz Hurtsilava, Gennadi Logofet, Valeriy Maslov, Igor Chislenko, Jozsef Sabo, Anatoliy Banishevski, Anatoliy Bishovets, Eduard Malofeev. Trainer: Mihail Iakushin
Goals: Sabo (2, 56 pen), Maslov (14), Peltonen (18 pen), Syrjävaara (25), Banishevski (35), Malofeev (63)

AUSTRIA v FINLAND 2-1 (1-0)
Wien   24.09.1967
Referee: Milivoje Gugulovic (YUG)   Attendance: 28,000
AUSTRIA: Gerald Fuchsbichler; Walter Gebhardt, Walter Glechner, Johann Eigenstiller, Karl Fröhlich, Gerhard Sturmberger, Rudolf Flögel, Helmut Mätzler, Franz Wolny, Leopold Grausam, Helmut Redl. Trainers: Erwin Alge & Hans Pesser
FINLAND: Lars Näsman; Matti Pitko, Seppo Kilponen, Timo Kautonen, Reima Nummila, Matti Mäkelä, Simo Syrjävaara, Semi Nuoranen, Tommy Lindholm, Arto Tolsa, Juhani Peltonen. Trainer: Olavi Laaksonen
Goals: Flögel (17), Peltonen (57), Grausam (81)

GREECE v AUSTRIA 4-1 (2-0)
Karaiskaki, Peiraias   04.10.1967
Referee: Vasile Dumitrescu (ROM)   Attendance: 40,000
GREECE: Takis Oikonomopoulos; Fotis Balopoulos, Hristos Zanteroglou, Kostas Polihroniou (Cap), Giannis Gkaitatzis, Takis Loukanidis, Mimis Domazos, Giorgos Sideris, Nikos Gioutsos, Dimitris Papaioannou, Vasilis Botinos. Trainer: Vasilis Petropoulos
AUSTRIA: Gerald Fuchsbichler; Walter Gebhardt, Walter Glechner, Johann Eigenstiller, Karl Fröhlich, Johann Frank, Rudolf Flögel, Anton Fritsch, Helmut Siber, Leopold Grausam, Helmut Redl. Trainers: Erwin Alge & Hans Pesser
Goals: Sideris (27, 34 pen, 63), Grausam (62), Papaioannou (75)

AUSTRIA v USSR 1-0 (0-0)
Prater, Wien   15.10.1967
Referee: Todor Bechirov (BUL)   Attendance: 37,400
AUSTRIA: Wilhelm Harreither; Walter Gebhardt, Walter Glechner, Walter Stamm, Karl Fröhlich, Gerhard Sturmberger, Johann Eigenstiller, Walter Koleznik, Leopold Grausam, Rudolf Flögel, Helmut Siber. Trainers: Erwin Alge & Hans Pesser
USSR: Anzor Kavazashvili; Valentin Afonin, Albert Shesternev (Cap), Murtaz Hurtsilava, Guram Tskhovrebov, Valeriy Maslov, Viktor Anichkin, Jozsef Sabo, Anatoliy Banishevski, Eduard Streltsov, Anatoliy Bishovets. Trainer: Mihail Iakushin
Goal: Grausam (50)

GREECE v USSR 0-1 (0-0)
Karaiskaki, Peiraias   31.10.1967
Referee: Gottfried Dienst (SWI)   Attendance: 38,000
GREECE: Nikos Hristidis; Fotis Balopoulos, Hristos Zanteroglou, Kostas Polihroniou (Cap), Giannis Gkaitatzis, Takis Loukanidis, Mimis Domazos, Stathis Haitas, Nikos Gioutsos, Giorgos Sideris, Dimitris Papaioannou. Trainer: Vasilis Petropoulos
USSR: Anzor Kavazashvili; Valentin Afonin, Albert Shesternev (Cap), Murtaz Hurtsilava, Viktor Anichkin, Valeri Voronin, Igor Chislenko, Jozsef Sabo, Anatoliy Banishevski, Eduard Streltsov, Eduard Malofeev. Trainer: Mihail Iakushin
Goal: Malofeev (50)

AUSTRIA v GREECE 1-1 (1-0)
Prater, Wien   05.11.1967
Referee: Gere (HUN)   Attendance: 25,000
AUSTRIA: Wilhelm Harreither; Walter Gebhardt, Walter Glechner, Walter Stamm, Karl Fröhlich, Walter Skocik, Johann Eigenstiller, Walter Koleznik, Helmut Siber, Leopold Grausam, Helmut Redl. Trainers: Erwin Alge & Hans Pesser
GREECE: Nikos Hristidis; Aristeidis Kamaras, Hristos Zanteroglou, Kostas Polihroniou (Cap), Giannis Gkaitatzis, Takis Loukanidis, Fotis Balopoulos, Giorgos Koudas, Mimis Domazos, Giorgos Sideris, Dimitris Papaioannou. Trainer: Vasilis Petropoulos
Goals: Siber (31), Sideris (71)
The match was abandoned in the 83rd minute

	P	W	D	L	F	A	Pts
USSR	6	5	0	1	16	6	10
Greece	6	2	2	2	8	9	6
Austria	6	2	2	2	8	10	6
Finland	6	0	2	4	5	12	2

GROUP 4

WEST GERMANY v ALBANIA 6-0 (2-0)
Westfalenstadion, Dortmund   08.04.1967
Referee: Martti Hirviniemi (FIN)   Attendance: 30,000
WEST GERMANY: Hans Tilkowski; Bernd Patzke, Willi Schulz (Cap), Wolfgang Weber, Horst-Dieter Höttges; Franz Beckenbauer, Wolfgang Overath; Bernd Dörfel, Lothar Ulsaß, Gerhard Müller, Johannes Löhr.   Trainer: Helmut Schön
ALBANIA: Mikel Janku; Fatmir Frashëri, Ali Mema, Thodor Vaso, Ramazan Ragami, Iosif Kazanxhi, Niko Xhaçka, Skender Hyka, Panayot Pano, Sabah Bizi, Bahri Ishka.
Trainer: Loro Boriçi
Goals: Müller (5, 23, 73, 80 pen), Löhr (77, 78)

YUGOSLAVIA v WEST GERMANY 1-0 (0-0)
Crvena Zvezda, Beograd   03.05.1967
Referee: José María Ortiz de Mendibil (SPA)   Att: 50,000
YUGOSLAVIA: Ilija Pantelic; Mirsad Fazlagic, Fahrudin Jusufi, Marijan Brncic, Branko Rasovic, Dragan Holcer, Vojislav Melic, Radoslav Becejac, Mustafa Hasanagic, Josip Skoblar, Dragan Dzajic.   Trainer: Rajko Mitic
WEST GERMANY: Josef Maier; Bernd Patzke, Hans-Hubert Vogts; Franz Beckenbauer, Willi Schulz (Cap), Klaus Fichtel; Siegfried Held, Hans Küppers, Gerhard Müller, Wolfgang Overath, Johannes Löhr.   Trainer: Helmut Schön
Goal: Skoblar (69)

ALBANIA v YUGOSLAVIA 0-2 (0-1)
Qemal Stafa, Tiranë   14.05.1967
Referee: Xanthoulis (CYP)   Attendance: 20,000
ALBANIA: Mikel Janku; Fatmir Frashëri, Iosif Kazanxhi, Thodor Vaso, Ali Mema, Lin Shllaku, Lorenc Vorfi, Medin Zhega, Panayot Pano (Cap), Ramazan Ragami, Niko Xhaçka.
Trainer: Loro Boriçi
YUGOSLAVIA: Miodrag Knezeviç; Mirsad Fazlagic, Marijan Brncic, Radoslav Becejac, Branko Rasovic, Dragan Holcer, Vojislav Melic, Petar Nadoveza, Slaven Zambata, Stjepan Lamza, Dragan Dzajic.   Trainer: Rajko Mitic
Goals: Zambata (22, 56)

WEST GERMANY v YUGOSLAVIA 3-1 (1-0)
Volkspark, Hamburg   07.10.1967
Referee: Concetto Lo Bello (ITA)   Attendance: 72,000
W. GERMANY: Josef Maier; Bernd Patzke, Horst-Dieter Höttges; Hans Siemensmeyer, Willi Schulz, Wolfgang Weber; Franz Roth, Uwe Seeler (Cap), Gerhard Müller, Wolfgang Overath, Johannes Löhr.   Trainer: Helmut Schön
YUGOSLAVIA: Ilija Pantelic; Mirsad Fazlagic, Marijan Brncic, Stevan Nesticki, Branko Rasovic, Dragan Holcer, Slaven Zambata, Radoslav Becejac, Josip Skoblar, Ivan Osim, Dragan Dzajic.   Trainer: Rajko Mitic
Goals: Löhr (11), Zambata (46), Müller (72), Seeler (87)

YUGOSLAVIA v ALBANIA 4-0 (1-0)
JNA, Beograd   02.11.1967
Referee: Andrei Rădulescu (ROM)   Attendance: 35,000
YUGOSLAVIA: Radomir Vukcevic; Mirsad Fazlagic, Milan Damjanovic, Borivoje Djordjevic, Blagoje Paunovic, Dragan Holcer, Dragan Dzajic, Ivan Osim, Vojin Lazarevic, Edin Spreco, Krasnodar Rora.   Trainer: Rajko Mitic
ALBANIA: Jani Rama; Frederik Jorgaqi, Gani Xhafa, Thodor Vaso, Ramazan Ragami, Lin Shllaku, Panayot Pano (Cap), Ali Mema, Medin Zhega, Sabah Bizi, Foto Andoni.
Trainer: Loro Boriçi
Goals: Spreco (44), Osim (52, 82), Lazarevic (70)

ALBANIA v WEST GERMANY 0-0
Qemal Stafa, Tiranë   17.12.1967
Referee: Ferdinand Marshall (AUS)   Attendance: 20,000
ALBANIA: Koco Dinella; Frederik Gjinali, Frederik Jorgaqi, Lin Shllaku, Thodor Vaso, Ramazan Ragami, Ali Mema, Iosif Kazanxhi, Sabah Bizi, Panayot Pano, Medin Zhega.
Trainer: Loro Boriçi
W. GERMANY: Horst Wolter; Bernd Patzke, Horst-Dieter Höttges; Günter Netzer, Willi Schulz (Cap), Wolfgang Weber; Siegfried Held, Hans Küppers, Peter Meyer, Wolfgang Overath, Johannes Löhr.   Trainer: Helmut Schön

	P	W	D	L	F	A	Pts
Yugoslavia	4	3	0	1	8	3	6
West Germany	4	2	1	1	9	2	5
Albania	4	0	1	3	0	12	1

GROUP 5

HOLLAND v HUNGARY 2-2 (2-0)
Feyenoord, Rotterdam 07.09.1966
Referee: Birger Nilsen (NOR)   Attendance: 65,000
HOLLAND: Eddy Pieters Graafland; Frits Flinkevleugel, Rinus Israël, Daan Schrijvers, Cor Veldhoen, Miel Pijs, Bennie Muller, Sjaak Swart, Johan Cruijff, Klaas Nuninga, Piet Keizer.   Trainer: Georg Kessler
HUNGARY: Antal Szentmihályi; Benö Káposzta, Kálmán Mészöly, Ferenc Sípos, Kálmán Ihász; Zoltán Varga, Gyula Rákosi; Dezsö Molnár, Ferenc Bene, Flórián Albert, János Farkas.   Trainer: Rudolf Illovszky
Goals: Pijs (35), Cruijff (42), Molnar (70), Mészöly (86)

EAST GERMANY v HOLLAND 4-3 (0-2)
Zentralstadion, Leipzig 05.04.1967
Referee: Hannes Sigurdsson (ICE)   Attendance: 40,000
EAST GERMANY: Horst Weigang; Otto Fräßdorf, Manfred Walter, Manfred Geisler; Herbert Pankau, Gerhard Körner, Dieter Erler (Cap); Roland Ducke, Henning Frenzel, Jürgen Nöldner, Eberhard Vogel.
Trainers: Karoly Soos & Werner Wolf
HOLLAND: Tonny Van Leeuwen; Wim Suurbier, Miel Pijs, Daan Schrijvers, Peter Kemper, Henk Groot, Piet De Zoete, Sjaak Swart, Klaas Nuninga, Jan Mulder, Piet Keizer.   Trainer: Georg Kessler
Goals: Mulder (10, 68), Keizer (12), Vogel (50), Frenzel (62, 78, 85)

HUNGARY v DENMARK 6-0 (5-0)
Népstadion, Budapest 21.09.1966
Referee: Petros Tsouvaras (GRE)   Attendance: 30,000
HUNGARY: Antal Szentmihályi; Benö Káposzta, Sándor Mátrai, Kálmán Ihász, Imre Mathesz; Kálmán Mészöly, Dezsö Molnár; Ferenc Bene, Flórián Albert, Zoltán Varga, János Farkas.   Trainer: Rudolf Illovszky
DENMARK: Leif Nielsen; Johnny Hansen, John Worbye, Niels Erik Andersen, Henning Boel, Niels Møller, Bent Schmidt Hansen, René Møller, Henning Enoksen, Jens Jørgen Hansen, Ulrik Le Févre.   Trainer: Poul Petersen
Goals: Albert (1, 30), Mészöly (9 pen), Bene (14), Farkas (36), Varga (83)

HUNGARY v HOLLAND 2-1 (2-0)
Népstadion, Budapest 10.05.1967
Referee: Franz Mayer (AUS)   Attendance: 30,000
HUNGARY: Gyula Tamás; Sándor Mátrai, Kálmán Mészöly, Lajos Szücs, Kálmán Ihász; János Göröcs, Gyula Rákosi; Dezsö Molnár, Ferenc Bene, Flórián Albert, János Farkas.   Trainer: Rudolf Illovszky
HOLLAND: Tonny Van Leeuwen (46 Pim Doesburg); Wim Suurbier, Rinus Israël, Hans Eijkenbroek, Cor Veldhoen; Henk Groot, Bennie Muller, Gerard Bergholtz, Jan Mulder, Klaas Nuninga, Piet Keizer.   Trainer: Georg Kessler
Goals: Mészöly (18 pen), Farkas (30), Suurbier (63)

HOLLAND v DENMARK 2-0 (0-0)
Feyenoord, Rotterdam 30.11.1966
Referee: Anibal Da Silva Oliveira (POR)   Attendance: 32,000
HOLLAND: Eddy Pieters Graafland; Wim Suurbier, Rinus Israël, Daan Schrijvers, Cor Veldhoen, Willy Dullens, Bennie Muller, Sjaak Swart, Klaas Nuninga, Willy Van der Kuylen, Piet Keizer.   Trainer: Georg Kessler
DENMARK: Leif Nielsen; Johnny Hansen, John Worbye, Leif Hartwig, Henning Boel, Henning Munk Jensen, John Steen Olsen, Finn Wiberg, Keld Bak, Kjeld Thorst, Ulrik Le Févre.   Trainer: Poul Petersen
Goals: Swart (58), Van der Kuylen (73)

DENMARK v HUNGARY 0-2 (0-1)
Idraetspark, København 24.05.1967
Referee: William John Gow (WAl)   Attendance: 35,000
DENMARK: Leif Nielsen; Johnny Hansen, John Worbye, Kresten Bjerre, Jens Jørgen Hansen, Erik Sandvad, Finn Laudrup, Bent Schmidt Hansen, René Møller, Tom Søndergaard, Ulrik Le Févre.
Trainers: Erik Hansen & Ernst Netuka
HUNGARY: Gyula Tamás; Sándor Mátrai, Kálmán Mészöly, Kálmán Ihász, János Nagy; Lajos Szücs, Gyula Rákosi; Dezsö Molnár, Ferenc Bene, Flórián Albert, János Farkas.   Trainer: Rudolf Illovszky
Goals: Albert (30), Bene (70)

DENMARK v EAST GERMANY 1-1 (0-1)

Idraetspark, København 04.06.1967

Referee: Joseph Hannet (BEL)   Attendance: 30,000

DENMARK: Leif Nielsen; Johnny Hansen, John Worbye, Kresten Bjerre, Henning Boel, Erik Sandvad, Bent Schmidt Hansen, Finn Laudrup, René Møller, Tom Søndergaard, Ulrik Le Févre.   Trainers: Erik Hansen & Ernst Netuka

EAST GERMANY: Jürgen Croy; Otto Fräßdorf, Manfred Walter, Manfred Geisler, Bernd Bransch; Harald Irmscher, Gerhard Körner; Roland Ducke, Henning Frenzel, Jürgen Nöldner, Wolfram Löwe.
Trainers: Karoly Soos & Werner Wolf

Goals: Löwe (5), Bjerre (64)

HOLLAND v EAST GERMANY 1-0 (1-0)

Olympiastadion, Amsterdam 13.09.1967

Referee: Thomas Wharton (SCO)   Attendance: 42,000

HOLLAND: Eddy Pieters Graafland; Wim Suurbier, Rinus Israël, Hans Eijkenbroek, Cor Veldhoen, Henk Groot, Bennie Muller, Piet Keijer, Klaas Nuninga, Johan Cruijff, Jan Klijnjan.
Trainer: Georg Kessler

EAST GERMANY: Wolfgang Blochwitz; Otto Fräßdorf, Wolfgang Wruck, Manfred Geisler, Bernd Bransch; Herbert Pankau, Harald Irmscher; Roland Ducke (Cap), Henning Frenzel, Dieter Erler, Eberhard Vogel.
Trainers: Karoly Soos & Werner Wolf

Goal: Cruijff (2)

HUNGARY v EAST GERMANY 3-1 (1-0)

Népstadion, Budapest 27.09.1967

Referee: Tofik Bakhramov (USSR)   Attendance: 70,000

HUNGARY: Gyula Tamás; Benö Káposzta, Sándor Mátrai, Lajos Szücs, Kálmán Ihász; János Göröcs, Gyula Rákosi; Ferenc Bene, Zoltán Varga, Flórián Albert, János Farkas.
Trainer: Rudolf Illovszky

EAST GERMANY: Jürgen Croy; Otto Fräßdorf, Herbert Pankau, Manfred Walter, Bernd Bransch; Gerhard Körner, Dieter Erler (Cap); Roland Ducke, Henning Frenzel, Peter Ducke, Eberhard Vogel.
Trainer: Karoly Soos & Werner Wolf

Goals: Farkas (9, 48, 50), Frenzel (58)

DENMARK v HOLLAND 3-2 (1-0)

Idraetsparken, København 04.10.1967

Referee: Malcolm Wright (NIR)   Attendance: 34,000

DENMARK: Leif Nielsen; Johnny Hansen, John Worbye, Kresten Bjerre, Henning Boel, Erik Sandvad, John Steen Olsen, Finn Laudrup, Erik Dyreborg, Tom Søndergaard, Ulrik Le Févre.   Trainers: Erik Hansen & Ernst Netuka

HOLLAND: Eddy Pieters Graafland; Wim Suurbier, Rinus Israël, Hans Eijkenbroek, Tonny Pronk, Henk Groot, Bennie Muller, Piet Keizer, Johan Cruijff, Wim Jansen, Klaas Nuninga.
Trainer: Georg Kessler

Goals: Bjerre (43 pen, 71), Søndergaard (54), Suurbier (83), Israël (85)

EAST GERMANY v DENMARK 3-2 (1-2)

Zentralstadion, Leipzig 11.10.1967

Referee: Ryszard Banasiuk (POL)   Attendance: 25,000

EAST GERMANY: Wolfgang Blochwitz; Klaus Urbanczyk (Cap), Manfred Walter, Bernd Bransch; Herbert Pankau, Jürgen Nöldner, Gerhard Körner, Roland Ducke, Henning Frenzel, Peter Ducke, Eberhard Vogel.
Trainer: Karoly Soos & Werner Wolf

DENMARK: Leif Nielsen; Johnny Hansen, John Worbye, Kresten Bjerre, Henning Boel, Erik Sandvad, John Steen Olsen, Finn Laudrup, Erik Dyreborg, Tom Søndergaard, Ulrik Le Févre.   Trainers: Erik Hansen & Ernst Netuka

Goals: Dyreborg (25), Körner (35 pen), Søndergaard (43), Pankau (59, 73)

EAST GERMANY v HUNGARY 1-0 (0-0)

Zentralstadion, Leipzig 29.10.1967

Referee: Robert Helies (FRA)   Attendance: 55,000

EAST GERMANY: Wolfgang Blochwitz; Klaus Urbanczyk (Cap), Wolfgang Wruck, Bernd Bransch; Herbert Pankau, Harald Irmscher, Günter Hoge, Jürgen Nöldner, Henning Frenzel, Dieter Erler (Cap); Wolfram Löwe.
Trainers: Karoly Soos & Werner Wolf

HUNGARY: Gyula Tamás; Benö Káposzta, Miklós Páncsics, Lajos Szücs, Kálmán Ihász; Imre Mathesz, Gyula Rákosi; Ferenc Bene, Zoltán Varga, Flórián Albert, János Farkas.
Trainer: Rudolf Illovszky

Goal: Frenzel (51)

	P	W	D	L	F	A	Pts
Hungary	6	4	1	1	15	5	9
East Germany	6	3	1	2	10	10	7
Holland	6	2	1	3	11	11	5
Denmark	6	1	1	4	6	16	3

GROUP 6

ROMANIA v SWITZERLAND 4-2 (4-0)
Republicii, Bucureşti 02.11.1966
Referee: James Finney (ENG)   Attendance: 15,000
ROMANIA: Mihai Ionescu; Corneliu Popa (Cap), Bujor Hălmăgeanu, Dan Coe, Mihai Mocanu; Simion Surdan, Dumitru Popescu; Ion Pîrcălab, Mircea Dridea, Constantin Frăţilă, Mircea Lucescu.   Trainer: Ilie Oană
SWITZERLAND: Mario Prosperi; Alex Matter, Heinz Bäni, Georges Perroud, Hansruedi Fuhrer; Karl Odermatt, Richard Dürr; Vittore Gottardi, Fritz Künzli, René Pierre Quentin, Bruno Bernasconi.   Trainer: Alfredo Foni
Goals: Dridea (8), Frăţilă (11, 25, 38), Künzli (54), Odermatt (70)

CYPRUS v ITALY 0-2 (0-0)
Gymnasion PS, Nicosia 22.03.1967
Referee: Atanas Kiriakov (BUL)   Attendance: 11,105
CYPRUS: Varnavas Christofi; Panikos Iakovou, Costas Christou "Kattos"; Ploutis Pallas, Kostas Panagiotou (Cap), Christofis Christofi; George Kettenis, Drosos Kalotheou, Kostas Pierides, Panikos Krystallis, Andreas Stylianou.   Trainer: Gavalas
ITALY: Giuliano Sarti; Tarcisio Burgnich, Giacinto Facchetti (Cap); Giovanni Lodetti, Aristide Guarneri, Armando Picchi; Angelo Domenghini, Gianni Rivera, Renato Cappellini, Antonio Juliano, Mario Corso.
Trainers: Helenio Herrera & Ferruccio Valcareggi
Goals: Domenghini (76), Facchetti (88)

ITALY v ROMANIA 3-1 (2-1)
San Paolo, Napoli 26.11.1966
Referee: Gerhardt Schulenburg (W. GERM)   Att: 75,000
ITALY: Giuliano Sarti; Spartaco Landini, Giacinto Facchetti (Cap); Ottavio Bianchi, Aristide Guarneri, Armando Picchi; Angelo Domenghini, Alessandro Mazzola, Virginio Depaoli, Antonio Juliano, Mario Corso.
Trainers: Helenio Herrera & Ferruccio Valcareggi
ROMANIA: Ilie Datcu; Corneliu Popa (Cap), Ion Barbu, Dan Coe, Augustin Pax Deleanu; Vasile Gergely, Nicolae Dobrin; Ion Pîrcălab, Constantin Frăţilă, Mircea Dridea, Mircea Lucescu.   Trainer: Ilie Oană
Goals: Dobrin (7), Mazzola (30, 67), De Paoli (43)

ROMANIA v CYPRUS 7-0 (3-0)
23 August, Bucureşti 23.04.1967
Referee: Milivoje Gugulovic (YUG)   Attendance: 10,000
ROMANIA: Mihai Ionescu; Corneliu Popa, Ion Nunweiller (Cap), Dumitru Nicolae, Mihai Mocanu; Vasile Gergely, Nicolae Dobrin; Florea Martinovici, Emil Dumitriu, Ion Ionescu, Mircea Lucescu.   Trainer: Ilie Oană
CYPRUS: Varnavas Christofi; Panikos Iakovou, Costas Christou "Kattos", Christofis Christofi, Kostas Panagiotou (Cap); Ploutis Pallas; George Kettenis, Drosos Kalotheou, Kostas Pierides, Panikos Krystallis, Andreas Stylianou.   Trainer: Pambos Avramides
Goals: Lucescu (4), Martinovici (15), Dumitriu II (24, 52, 77), I. Ionescu (47, 86)

CYPRUS v ROMANIA 1-5 (1-0)
GPS, Nicosia 03.12.1966
Referee: Arthur Lentini (MAL)   Attendance: 4,800
CYPRUS: Nikos Eleftheriades; Costas Christou "Kattos", Kyriakos Koureas, Christofis Christofi, Kostas Panagiotou, Ploutis Pallas, Nikos Kantzilieris, Kostas Pierides, Pambos Papadopoulos "Pamboulis", Panikos Krystallis, Andreas Stylianou.   Trainer: Gavalas
ROMANIA: Mihai Ionescu; Corneliu Popa, Ion Nunweiller, Dan Coe, Augustin Pax Deleanu; Vasile Gergely, Nicolae Dobrin; Ion Pîrcălab, Constantin Frăţilă, Mircea Dridea, Mircea Lucescu.   Trainer: Ilie Oană
Goals: C. Pierides (39), Dridea (49, 82), Lucescu (51), Frăţilă (65, 74)

SWITZERLAND v ROMANIA 7-1 (3-0)
Hardturn, Zürich 24.05.1967
Referee: Robert Lacoste (FRA)   Attendance: 30,000
SWITZERLAND: Marcel Kunz; Markus Pfirter, Ely Tacchella, Bruno Michaud, Georges Perroud; Karl Odermatt, Heinz Bäni, Richard Dürr; Fritz Künzli, Rolf Blättler, René Pierre Quentin.   Trainer: Erwin Ballabio
ROMANIA: Mihai Ionescu (46 Ilie Datcu); Corneliu Popa, Ion Nunweiller, Dumitru Nicolae, Mihai Mocanu; Vasile Gergely, Nicolae Dobrin; Ion Pîrcălab, Mircea Dridea, Ion Ionescu, Mircea Lucescu.   Trainer: Ilie Oană
Goals: Künzli (12, 67), Quentin (15, 32), Blättler (46, 59), Odermatt (63), Dobrin (70)

ROMANIA v ITALY 0-1 (0-0)
3 August, București 25.06.1967
Referee: Manuel Gomez Arribas (SPA)   Attendance: 65,000
ROMANIA: Răducanu Necula; Nicolae Lupescu, Ion Nunweiller (Cap), Ion Barbu, Mihai Mocanu; Vasile Gergely, Iuliu Năftănăilă; Mircea Lucescu, Emil Dumitriu, Ion Ionescu, Radu Nunweiller.   Trainer: Angelo Niculescu
ITALY: Enrico Albertosi; Armando Picchi, Adolfo Gori, Aristide Guarneri, Mario Bertini, Giacinto Facchetti (Cap); Gianni Rivera, Giacomo Bulgarelli, Antonio Juliano, Gianfranco Zigoni, Ezio Pascutti.
Trainer: Ferruccio Valcareggi
Goal: Bertini (81)

ITALY v CYPRUS 5-0 (2-0)
San Vito, Cosenza   01.11.1967
Referee: Antoine Queudeville (LUX)   Attendance: 25,000
ITALY: Enrico Albertosi; Tarcisio Burgnich, Giacinto Facchetti (Cap); Romano Fogli, Giancarlo Bercellino, Armando Picchi; Angelo Domenghini, Antonio Juliano, Alessandro Mazzola, Giancarlo De Sisti, Luigi Riva.
Trainer: Ferruccio Valcareggi
CYPRUS: Varnavas Christofi; Costas Christou "Kattos", Kyriakos Koureas; Ploutis Pallas, Kostas Panagiotou (Cap), Christofis Christofi; Nikos Kantzilieris, Stavrinos Konstantinou, Sofoklis Sofokli "Kotrofos" (.. P. Papadopoulos "Pamboulis"), Panikos Krystallis, Andreas Stylianou.
Trainer: Pambos Avramides
Goals: Mazzola (12, 22), Riva (46, 55, 59)

SWITZERLAND v CYPRUS 5-0 (2-0)
Lugano 08.11.1967
Referee: Robert Schaut (BEL)   Attendance: 4,000
SWITZERLAND: Marcel Kunz; Markus Pfirter, Bruno Michaud, Ely Tacchella, Georges Perroud; Karl Odermatt, Hansruedi Fuhrer, Richard Dürr; Fritz Künzli, Rolf Blättler, René Pierre Quentin.   Trainer: Erwin Ballabio
CYPRUS: Varnavas Christofi; Costas Christou "Kattos", Kyriakos Koureas, Kostas Panagiotou (Cap), Ploutis Pallas, Christofis Christofi, Sofoklis Sofokli "Kotrofos", Panikos Krystallis, Nikos Kantzilieris, Stavrinos Konstantinou, Andreas Stylianou.   Trainer: Pambos Avramides
Goals: Blättler (30, 55), Künzli (41), Dürr (56 pen), Odermatt (72)

SWITZERLAND v ITALY 2-2 (1-0)
Wankdorf, Bern 18.11.1967
Referee: Istvan Zsolt (HUN)   Attendance: 55,000
SWITZERLAND: Marcel Kunz; Markus Pfirter, Ely Tacchella; Bruno Michaud, Georges Perroud, Karl Odermatt (Cap); Hansruedi Fuhrer, Richard Dürr, Fritz Künzli, Rolf Blättler, René Pierre Quentin.   Trainer: Erwin Ballabio
ITALY: Enrico Albertosi; Tarcisio Burgnich, Giacinto Facchetti (Cap); Roberto Rosato, Giancarlo Bercellino, Armando Picchi; Angelo Domenghini, Antonio Juliano, Roberto Boninsegna, Giancarlo De Sisti, Luigi Riva.
Trainer: Ferruccio Valcareggi
Goals: Quentin (34), Riva (66, 85 pen), Künzli (68)

ITALY v SWITZERLAND 4-0 (3-0)
Amsicora, Cagliari 23.12.1967
Referee: Thomas Wharton (SCO)   Attendance: 30,000
ITALY: Enrico Albertosi; Tarcisio Burgnich, Giacinto Facchetti (Cap); Giorgio Ferrini, Giancarlo Bercellino, Armando Picchi; Angelo Domenghini, Gianni Rivera, Alessandro Mazzola, Antonio Juliano, Luigi Riva.
Trainer: Ferruccio Valcareggi
SWITZERLAND: Marcel Kunz (82 Karl Grob); Markus Pfirter, Ely Tacchella; Bruno Michaud, Georges Perroud, Karl Odermatt (Cap); Hansruedi Fuhrer, Richard Dürr, Bruno Bernasconi, Fritz Künzli, René Pierre Quentin.
Trainer: Erwin Ballabio
Goals: A. Mazzola (3), Riva (13), Domenghini (45, 67)

CYPRUS v SWITZERLAND 2-1 (1-0)
Nicosia 17.02.1968
Referee: Pavol Spotak (CZE)   Attendance: 8,000
CYPRUS: Andreas Filotas (.. Michalis Alkiviades); Costas Christou "Kattos", Panikos Iakovou, Ioannis Xypolitas, Kostas Panagiotou (Cap), Panikos Krystallis, Panikos Efthimiades, Andreas Christodoulou "Pakkos", Pambos Papadopoulos "Pamboulis", Menelaos Melis Asprou, Drosos Kalotheou.
Trainer: Pambos Avramides
SWITZERLAND: Marcel Kunz; Markus Pfirter, Bruno Michaud, Renzo Bionda, Paul Marti, Karl Odermatt (Cap), Hansruedi Fuhrer, Richard Dürr, Fritz Künzli, Rolf Blättler, René Pierre Quentin.   Trainer: Erwin Ballabio
Goals: Panagiotou (9 og), Asprou (22), Papadopoulos (46)

	P	W	D	L	F	A	Pts
Italy	6	5	1	0	17	3	11
Romania	6	3	0	3	18	14	5
Switzerland	6	2	1	3	17	13	5
Cyprus	6	1	0	5	3	25	2

GROUP 7

POLAND v LUXEMBOURG 4-0 (0-0)
Pogon, Szczecin   02.10.1966
Referee: Erwin Vetter (E. GER)   Attendance: 25,000
POLAND: Stanislaw Majcher; Roman Strzalkowski, Pawel Orzechowski, Henryk Brejza, Zygmunt Anczok; Ryszard Grzegorczyk, Zygmunt Schmidt; Jerzy Sadek, Jan Liberda (Cap), Andrzej Jarosik, Janusz Kowalik.
Trainer: Klemens Nowak
LUXEMBOURG: Théo Stendebach; Erwin Kuffer, François Konter (Cap), Fernand Jeitz, Jean-Pierre Hoffstetter, René Schneider, Jean Hardt, Jean Klein, Johny Leonard, Nicolas Hoffmann, Edouard Dublin.   Trainer: Robert Heinz
Goals: Jarosik (49), Liberda (54), Grzegorczyk (73), Sadek (88)

LUXEMBOURG v FRANCE 0-3 (0-3)
Stade Municipal, Luxembourg   26.11.1966
Referee: Laurens van Ravens (HOL)   Attendance: 3000
LUXEMBOURG: Théo Stendebach; Erwin Kuffer, Fernand Jeitz, Mathias Ewen, Jean-Pierre Hoffstetter; Nicolas Hoffmann, François Konter, Ady Schmit (Cap); Edouard Dublin, Johny Leonard, Joseph Kirchens.
Trainer: Robert Heinz
FRANCE: Georges Carnus; Jean Djorkaeff, Marcel Artelesa (Cap), Bernard Bosquier, André Chorda; Joseph Bonnel, Michel Watteau; Yves Herbet, Hervé Revelli, Georges Lech, Laurent Robuschi.   Trainers: Jean Snella & José Arribas
Goals: Herbet (8), H. Revelli (40), Lech (41)

FRANCE v POLAND 2-1 (1-0)
Parc des Princes, Paris   22.10.1966
Referee: Gerhard Schulenburg (W. GER)   Attendance: 25,000
FRANCE: Georges Carnus; Jean Djorkaeff, Claude Robin, Robert Budzinski, André Chorda; Jean-Claude Suaudeau, Jacques Simon; Yves Herbet, Georges Lech, Fleury di Nallo, Paul Courtin.   Trainers: Jean Snella & José Arribas
POLAND: Jan Gomola; Jacek Gmoch, Roman Strzalkowski, Stanislaw Oslizlo (Cap), Zygmunt Anczok; Piotr Suski, Ryszard Grzegorczyk; Jerzy Sadek, Wlodzimierz Lubanski, Jan Liberda, Andrzej Jarosik.   Trainer: Klemes Nowak
Goals: di Nallo (26), Grzegorczyk (61), Lech (85)

LUXEMBOURG v BELGIUM 0-5 (0-3)
Stade Municipal, Luxembourg   19.03.1967
Referee: Karl Göppel (SWI)   Attendance: 10,000
LUXEMBOURG: Théo Stendebach; Erwin Kuffer, Fernand Jeitz, François Konter (Cap), Jean-Pierre Hoffstetter; Nicolas Hoffmann, Mathias Ewen, Louis Pilot, Edouard Dublin, Johny Leonard, Henri Klein.   Trainer: Robert Heinz
BELGIUM: Jean Nicolay; Georges Heylens, Pierre Hanon, Jean Plaskie, Florent Bohez, Wilfried Van Moer, Jef Jurion (Cap), Johnny Thio, Jacky Stockman, Paul Van Himst, Wilfried Puis.   Trainers: Constant Van den Stock, Raymond Goethals
Goals: Van Himst (20, 36), Stockman (29, 60, 73)

BELGIUM v FRANCE 2-1 (0-0)
Heisel, Brussel   11.11.1966
Referee: John Keith Taylor (ENG)   Attendance: 43,404
BELGIUM: Jean Nicolay; Georges Heylens, Pierre Hanon, Jean Plaskie, Yves Baré, Wilfried Van Moer, Jef Jurion (Cap), Johnny Thio, Raoul Lambert, Paul Van Himst, Wilfried Puis.
Trainers: Constant Van den Stock, Raymond Goethals
FRANCE: Georges Carnus; Jean Djorkaeff, Claude Robin, Robert Budzinski, André Chorda; Jacques Simon, Jean-Claude Suaudeau; Bernard Blanchet, Hervé Revelli, Georges Lech, Gérard Hausser.   Trainers: Jean Snella & José Arribas
Goals: Van Himst (51, 54), Lech (67)

LUXEMBOURG v POLAND 0-0
Stade Municipal, Luxembourg   16.04.1967
Referee: Einer Poulsen (DEN)   Attendance: 7,000
LUXEMBOURG: René Hoffmann; Erwin Kuffer, Fernand Jeitz, Mathias Ewen, Jean-Pierre Hoffstetter (Cap), Ady Schmidt, François Konter; Jean Klein, Louis Pilot, Johny Leonard, Edouard Dublin.   Trainer: Robert Heinz
POLAND: Konrad Kornek; Roman Strzalkowski, Jacek Gmoch, Stanislaw Oslizlo (Cap), Zygmunt Anczok; Zygfryd Szoltysik, Zygmunt Schmidt, Krzysztof Hausner, Wlodzimierz Lubanski, Jerzy Musialek, Andrzej Jarosik.
Trainer: Michal Matyas

POLAND v BELGIUM 3-1 (2-0)

Slaski, Chorzów   21.05.1967

Referee: Toimi Olkku (FIN)   Attendance: 65,000

POLAND: Konrad Kornek; Pawel Kowalski, Roman Strzalkowski, Jacek Gmoch, Zygmunt Anczok; Zygmunt Schmidt, Piotr Suski; Jerzy Sadek, Zygfryd Szoltysik, Wlodzimierz Lubanski, Jan Liberda (Cap).
Trainer: Michal Matyas

BELGIUM: Jean Nicolay; Georges Heylens, Albert Sulon, Jean Plaskie, Florent Bohez; Prudent Bettens, Jozef Jurion (Cap); Wilfried van Moer; Jacques Stockman, Paul van Himst, Wilfried Puis.
Trainers: Constant van den Stock, Raymond Goethals

Goals: Lubanski (28, 41), Puis (52), Szoltysik (72)

POLAND v FRANCE 1-4 (1-2)

Dziesieciolecia, Warszawa   17.09.1967

Referee: Ferdinand Marschall (AUS)   Attendance: 70,000

POLAND: Hubert Kostka; Pawel Kowalski, Jacek Gmoch, Stanislaw Oslizlo, Zygmunt Anczok; Lucjan Brychczy (Cap), Piotr Suski; Eugeniusz Faber, Zygfryd Szoltysik, Wlodzimierz Lubanski, Robert Gadocha.   Trainer: Michal Matyas

FRANCE: Marcel Aubour; Jean Djorkaeff, Roland Mitoraj, Bernard Bosquier, Jean Baeza; Yves Herbet, Robert Herbin (Cap), Henri Michel; André Guy, Fleury di Nallo, Charly Loubet.   Trainer: Louis Dugauguez

Goals: Herbin (13), Brychczy (26), di Nallo (34, 85), Guy (63)

BELGIUM v POLAND 2-4 (2-2)

Heysel, Brussel   08.10.1967

Referee: Juan Gardeazabal Garay (SPA)   Attendance: 45,000

BELGIUM: Jean Nicolay; Georges Heylens, Pierre Hanon (Cap), Jean Plaskie, Yves Baré; Paul Vandenberg, Johnny Thio, Alfons Haagdoren; Johan Devrindt, Paul van Himst, Wilfried Puis.   Trainers: Constant van den Stock, Raymond Goethals

POLAND: Hubert Kostka; Antoni Piechniczek, Jacek Gmoch, Stanislaw Oslizlo, Stefan Szefer; Henryk Brejza, Lucjan Brychczy (Cap), Zygmunt Schmidt; Janusz Zmijewski, Wlodzimierz Lubanski, Eugeniusz Faber.
Trainer: Michal Matyas

Goals: Devrindt (15, 35), Zmijewski (26, 52, 70), Brychczy (45)

FRANCE v BELGIUM 1-1 (0-1)

Stade Marcel Saupin, Nantes   28.10.1967

Referee: Francesco Francescon (ITA)   Attendance: 14,591

FRANCE: Marcel Aubour; Jean Djorkaeff, Bernard Bosquier, Claude Quittet, Jean Baeza; Yves Herbet, Henri Michel, Robert Herbin (Cap); Fleury Di Nallo, Hervé Revelli, Charly Loubet.
Trainer: Louis Dugauguez

BELGIUM: Fernand Boone; Georges Heylens, Jean Plaskie, André Stassart, Jean Cornelis; Pierre Hanon, Nicolas Dewalque; Johan Devrindt, Roger Claessen, Raoul Lambert, Wilfried Puis.
Trainers: Constant Van den Stock, Raymond Goethals

Goals: Claessen (37), Herbin (85)

BELGIUM v LUXEMBOURG 3-0 (0-0)

Klokke, Bruges   22.11.1967

Referee: William O'Neill (IRE)   Attendance: 8,000

BELGIUM: Fernand Boone; Georges Heylens, Jean Plaskie, Alfons Peeters, Jean Cornelis, Pierre Hanon, Jean Docks, Johnny Thio, Roger Claessen, Johan Devrindt, Wilfried Puis.
Trainers: Constant Vandenstock, Raymond Goethals

LUXEMBOURG: René Hoffmann; Erwin Kuffer, Fernand Jeitz, Mathias Ewen, Jean-Pierre Hoffstetter (Cap); Nicolas Hoffmann, Louis Pilot, Jean Klein, Edouard Dublin, Johny Leonard, Ady Schmit.   Trainer: Robert Heinz

Goals: Thio (62, 77), Claessen (65)

FRANCE v LUXEMBOURG 3-1 (1-0)

Parc des Princes, Paris   23.12.1967

Referee: Anibal da Silva Oliveira (POR)   Attendance: 7320

FRANCE: Marcel Aubour; Jean Djorkaeff, Claude Quittet, Bernard Bosquier (Cap), Jean Baeza; Richard Krawczyk, Henri Michel, Robert Szczepaniak; Charly Loubet, Didier Couecou, Georges Bereta.   Trainer: Louis Dugauguez

LUXEMBOURG: René Hoffmann; Erwin Kuffer, Fernand Jeitz, Mathias Ewen, Jean-Pierre Hoffstetter (Cap), François Konter, Louis Pilot, Jean Klein, Edouard Dublin, Johny Leonard, Ady Schmit.   Trainer: Robert Heinz

Goal: Loubet (42, 47, 53), Klein (85)

	P	W	D	L	F	A	Pts
France	6	4	1	1	14	6	9
Belgium	6	3	1	2	14	9	7
Poland	6	3	1	2	13	9	7
Luxembourg	6	0	1	5	1	18	1

GROUP 8

NORTHERN IRELAND v ENGLAND 0-2 (0-1)
Belfast 22.10.1966
Referee: Robert Holley Davidson (SCO)   Att: 48,600
N.IRELAND: Patrick Jennings (46 William McFaul); John Parke, Alexander Elder, Samuel Todd, Martin Harvey, William McCullough, William Ferguson, John Crossan, William Irvine, Derek Dougan, George Best.   Manager: Robert Peacock
ENGLAND: Gordon Banks; George Reginald Cohen, Ramon Wilson, Norbert Stiles, Jack Charlton, Robert Frederick Moore, Alan James Ball, Geoffrey Charles Hurst, Robert Charlton, Roger Hunt, Martin Stanford Peters.   Manager: Alfred Ramsey
Sent off: Ferguson (89)
Goals: Hunt (40), Peters (59)

SCOTLAND v NORTHERN IRELAND 2-1 (2-1)
Hampden Park, Glasgow 16.11.1966
Referee: John Keith Taylor (ENG)   Attendance: 45,281
SCOTLAND: Robert Ferguson; John Greig, Thomas Gemmell, William John Bremner, Ronald McKinnon, John Clark, William Henderson, Robert Murdoch, Joseph McBride, Stephen Chalmers, Robert Lennox.   Manager: Malcolm MacDonald
N. IRELAND: Patrick Jennings; John Parke, Alexander Elder, Martin Harvey, Terence Neill, James Nicholson, Samuel J. Wilson, John Crossan, William Irvine, Derek Dougan, David Clements.   Manager: Robert Peacock
Goals: Nicholson (9), Lennox (35), Murdoch (40)

WALES v SCOTLAND 1-1 (0-0)
Ninian Park, Cardiff 22.10.1966
Referee: Kenneth Dagnall (ENG)   Attendance: 32,500
WALES: Gary Sprake; Peter J. Rodrigues, Graham Williams, William T. Hennessey, Harold Michael England, Barrington Gerard Hole, Gilbert Ivor Reece, Ronald Wyn Davies, Ronald Tudor Davies, Clifford William Jones, Alan Leslie Jarvis.   Manager: David Bowen
SCOTLAND: Robert Ferguson; John Greig, Thomas Gemmell, William John Bremner, Ronald McKinnon, John Clark, James Johnstone, Denis Law, Joseph McBride, James Curran Baxter, William Henderson.   Manager: Malcolm MacDonald
Goals: R.T. Davies (77), Law (86)

NORTHERN IRELAND v WALES 0-0
Belfast 12.04.1967
Referee: Kevin Howley (ENG)   Attendance: 17,000
N. IRELAND: Roderick McKenzie; David Craig, Alexander Elder, Arthur Stewart, Terence Neill, James Nicholson, Eric Welsh, D. Trainor, Derek Dougan, Walter Bruce, David Clements.   Manager: Robert Peacock
WALES: Anthony Horace Millington; Rodney John Thomas, Graham Williams, Alan Leslie Jarvis, Edward Glyn James, Barrington Gerard Hole, Ronald Raymond Rees, William Alan Durban, Ronald Tudor Davies, Thomas Royston Vernon, Keith David Pring.   Manager: David Bowen

ENGLAND v WALES 5-1 (3-1)
Wembley, London 16.11.1966
Referee: Thomas Wharton (SCO)   Attendance: 76,000
ENGLAND: Gordon Banks; George Reginald Cohen, Ramon Wilson, Norbert Stiles, Jack Charlton, Robert Frederick Moore, Alan James Ball, Geoffrey Charles Hurst, Robert Charlton, Roger Hunt, Martin Stanford Peters.   Manager: Alfred Ramsey
WALES: Anthony Horace Millington; Robert Colin Green, Graham Williams, William Terrence Hennessey, Harold Michael England, Barrington Gerard Hole, Ronald Raymond Rees, Ronald Wyn Davies, Ronald Tudor Davies, Clifford William Jones, Alan Leslie Jarvis.   Manager: David Bowen
Goals: Hurst (30, 34), R.W. Davies (36), R. Charlton (43), Hennessy (65 og), J. Charlton (84)

ENGLAND v SCOTLAND 2-3 (0-1)
Wembley, London 15.04.1967
Referee: Gerhard Schulenburg (W. GER)   Att: 100,000
ENGLAND: Gordon Banks; George Reginald Cohen, Ramon Wilson, Norbert Stiles, Jack Charlton, Robert Frederick Moore, Alan James Ball, James Peter Greaves, Robert Charlton, Geoffrey Charles Hurst, Martin Stanford Peters.   Manager: Alfred Ramsey
SCOTLAND: Ronald Campbell Simpson; Thomas Gemmell, Edward Graham McCreadie, John Greig, Ronald McKinnon, William John Bremner, James McCalliog, Denis Law, William Semple Wallace, James Curran Baxter, Robert Lennox.   Manager: Robert Brown
Goals: Law (27), Lennox (78), J. Charlton (84), McCalliog (87), Hurst (88)

NORTHERN IRELAND v SCOTLAND 1-0 (0-0)

Windsor Park, Belfast   21.10.1967

Referee: James Finney (ENG)   Attendance: 55,000

N. IRELAND: Patrick Jennings; William McKeag, John Parke, Arthur Stewart, Terence Neill, David Clements, William Campbell, John Crossan, Derek Dougan, James Nicholson, George Best.   Manager: William Bingham

SCOTLAND: Ronald Campbell Simpson; Thomas Gemmell, Edward Graham McCreadie, John Greig, Ronald McKinnon, John Francombe Ure, William Semple Wallace, Robert Murdoch, James McCalliog, Denis Law, William Morgan.   Manager: Robert Brown

Goal: Clements (69)

WALES v ENGLAND 0-3 (0-1)

Ninian Park, Cardiff   21.10.1967

Referee: John Robertson Gordon (SCO)   Att: 45,000

WALES: Gary Sprake; Peter J. Rodrigues, Robert Colin Green, William Terrence Hennessey, Harold Michael England, Barrington Gerard Hole, Ronald Raymond Rees, William Alan Durban, John Francis Mahoney, Thomas Royston Vernon, Clifford William Jones.   Manager: David Bowen

ENGLAND: Gordon Banks; George Reginald Cohen, Keith Robert Newton, Alan Patrick Mullery, Jack Charlton, Robert Frederick Moore, Alan James Ball, Roger Hunt, Robert Charlton, Geoffrey Charles Hurst, Martin Stanford Peters.   Manager: Alfred Ramsey

Goals: Peters (34), R. Charlton (87), Ball (90 pen)

ENGLAND v NORTHERN IRELAND 2-0 (1-0)

Wembley, London   22.11.1967

Referee: Leo Callaghan (WAL)   Attendance: 85,000

ENGLAND: Gordon Banks; George Reginald Cohen, Ramon Wilson, Alan Patrick Mullery, David Sadler, Robert Frederick Moore, Peter Thompson, Roger Hunt, Robert Charlton, Geoffrey Charles Hurst, Martin Stanford Peters.   Manager: Alfred Ramsey

N. IRELAND: Patrick Jennings; John Parke, Alexander Elder, Arthur Stewart, Terence Neill, Martin Harvey, William Campbell, William Irvine, Samuel J. Wilson, James Nicholson, David Clements.   Manager: William Bingham

Goals: Hurst (43), R. Charlton (62)

SCOTLAND v WALES 3-2 (1-1)

Hampden Park, Glasgow   22.11.1967

Referee: James Finney (ENG)   Attendance: 57,000

SCOTLAND: Robert Brown Clark; James Philip Craig, Edward Graham McCreadie, John Greig, Ronald McKinnon, James Curran Baxter, James Johnstone, William John Bremner, Alan John Gilzean, William Johnston, Robert Lennox.   Manager: Robert Brown

WALES: Gary Sprake; Peter J. Rodrigues, Robert Colin Green, William Terrence Hennessey, Edward Glyn James, Barrington Gerard Hole, Ronald Raymond Rees, Ronald Wyn Davies, Ronald Tudor Davies, William Alan Durban, Clifford William Jones.   Manager: David Bowen

Goals: Gilzean (16, 65), R.T. Davies (18), Durban (57), McKinnon (78)

SCOTLAND v ENGLAND 1-1 (1-1)

Hampden Park, Glasgow   24.02.1968

Referee: Laurens van Ravens (HOL)   Attendance: 134,000

SCOTLAND: Ronald Campbell Simpson; Thomas Gemmell, Edward Graham McCreadie, William McNeill, Ronald McKinnon, John Greig, Charles Cooke, William John Bremner, John Hughes, William Johnston, Robert Lennox.   Manager: Robert Brown

ENGLAND: Gordon Banks; Keith Robert Newton, Ramon Wilson, Alan Patrick Mullery, Brian Leslie Labone, Robert Frederick Moore, Alan James Ball, Geoffrey Charles Hurst, Michael George Summerbee, Robert Charlton, Martin Stanford Peters.   Manager: Alfred Ramsey

Goals: Peters (19), Hughes (39)

WALES v NORTHERN IRELAND 2-0 (0-0)

Wrexham   28.02.1968

Referee: Robert Holley Davidson (SCO)   Att: 17,500

WALES: Anthony Horace Millington; Peter J. Rodrigues, Robert Colin Green, William Terrence Hennessey, Harold Michael England, Barrington Gerard Hole, Ronald Raymond Rees, Ronald Wyn Davies, Ronald Tudor Davies, William Alan Durban, Graham Williams.   Manager: David Bowen

N. IRELAND: Patrick Jennings; David Craig, Alexander Elder, Martin Harvey, Samuel Todd, William McKeag, William Irvine, Arthur Stewart, Derek Dougan, James Nicholson, Terence Harkin.   Manager: William Bingham

Goals: Rees (75), R.W. Davies (84)

	P	W	D	L	F	A	Pts
England	6	4	1	1	15	5	9
Scotland	6	3	2	1	10	8	8
Wales	6	1	2	3	6	12	4
Northern Ireland	6	1	1	4	2	8	3

QUARTER-FINALS

ENGLAND v SPAIN 1-0 (0-0)
Wembley, London 03.04.1968
Referee: Gilbert Droz (SWI) Attendance: 100,000
ENGLAND: Gordon Banks; Cyril Barry Knowles, Ramon Wilson, Alan Patrick Mullery, Jack Charlton, Robert Frederick Moore, Alan James Ball, Roger Hunt, Michael George Summerbee, Robert Charlton, Martin Stanford Peters. Manager: Alfred Ramsey
SPAIN: Salvador SADURNÍ Urpi; José Ignacio SAEZ Ruiz, Francisco Fernandez GALLEGO, Ignacio ZOCO Esparza, Juan Manuel CANÓS Ferrer; José Martinez Sánchez PIRRI, Manuel Polinario Muñoz "POLI", José CLARAMUNT Torres; AMANCIO Amaro Varela, Fernando ANSOLA San Martin, Ramón Moreno GROSSO. Trainer: Domingo Balmanya
Goal: R. Charlton (84)

SPAIN v ENGLAND 1-2 (0-0)
Estadio Santiago Bernabeu, Madrid 08.05.1968
Referee: Josef Krnavek (CZE) Attendance: 120,000
SPAIN: Salvador SADURNÍ Urpi; José Ignacio SAEZ Ruiz, Francisco Fernandez GALLEGO, Ignacio ZOCO Esparza, Juan Manuel CANÓS Ferrer; José Martinez Sánchez PIRRI, Ramón Moreno GROSSO, Manuel VELAZQUEZ Villaverde, Joaquín RIFE Climent, AMANCIO Amaro Varela, Francisco GENTO López. Trainer: Domingo Balmanya
ENGLAND: Peter Phillip Bonetti; Keith Robert Newton, Ramon Wilson, Alan Patrick Mullery, Brian Leslie Labone, Robert Frederick Moore, Alan James Ball, Martin Stanford Peters, Robert Charlton, Roger Hunt, Norman Hunter. Manager: Alfred Ramsey
Goals: Amancio (48), Peters (55), Hunter (82)

FRANCE v YUGOSLAVIA 1-1 (0-0)
Vélodrome, Marseille 06.04.1968
Referee: Erwin Vetter (E. GER) Attendance: 35,423
FRANCE: Marcel Aubour; Jean Djorkaeff, Claude Quittet, Bernard Bosquier (Cap), Jean Baeza; Robert Herbin, Jacques Simon; Charly Loubet, Nestor Combin, Fleury di Nallo, Georges Bereta. Trainer: Louis Dugauguez
YUGOSLAVIA: Ilija Pantelić; Mirsad Fazlagić, Dragan Holcer; Borivoje Djordjević, Blagoje Paunović, Ljubomir Mihajlović; Dzemaludin Musović, Ivan Osim, Vahidin Musemić, Dobrivoje Trivić, Dragan Dzajić. Trainer: Rajko Mitić
Goals: Musemic (66), Di Nallo (78)

YUGOSLAVIA v FRANCE 5-1 (4-1)
Crvena Zvezda, Beograd 24.04.1968
Referee: Paul Schiller (AUS) Attendance: 70,900
YUGOSLAVIA: Ilija Pantelić; Mirsad Fazlagić, Dragan Holcer; Rudolf Belin, Mladen Ramljak, Ljubomir Mihajlović; Ilija Petković, Dobrivoje Trivić, Vahidin Musemić, Ivan Osim, Dragan Dzajić. Trainer: Rajko Mitić
FRANCE: Marcel Aubour; Vincent Esteve, Claude Quittet, Bernard Bosquier (Cap), Jean Baeza; Yves Herbet, Jean Djorkaeff, Robert Szczepaniak; André Guy, Fleury di Nallo, Charly Loubet. Trainer: Louis Dugauguez
Goals: I. Petkovic (4, 20), V. Musemic (12 pen, 65), Dzajic (14), Di Nallo (21)

BULGARIA v ITALY 3-2 (1-0)
Vasil Levski, Sofia 06.04.1968
Referee: Gerhard Schulenburg (W. GER) Attendance: 70,000
BULGARIA: Stancho Bonchev; Aleksandar Shalamanov, Dimitar Penev, Boris Gaganelov (Cap), Dobromir Jechev, Dimitar Iakimov, Georgi Popov, Petar Jekov, Georgi Asparuhov, Nikola Kotkov, Dinko Dermendjiev. Trainer: Stefan Bojkov
ITALY: Enrico Albertosi (66 Lido Vieri); Tarcisio Burgnich, Giacinto Facchetti (Cap); Mario Bertini, Giancarlo Bercellino, Armando Picchi; Angelo Domenghini, Antonio Juliano, Alessandro Mazzola, Gianni Rivera, Pierino Prati. Trainer: Ferruccio Valcareggi
Goals: Kotkov (11 pen), Penev (60 og), Dermendjiev (66), Jekov (73), Prati (83)

ITALY v BULGARIA 2-0 (1-0)
San Paolo, Napoli 20.04.1968
Referee: Gottfried Dienst (SWI) Attendance: 95,000
ITALY: Dino Zoff; Tarcisio Burgnich, Giacinto Facchetti (Cap); Giorgio Ferrini, Aristide Guarneri, Ernesto Castano; Angelo Domenghini, Antonio Juliano, Alessandro Mazzola, Gianni Rivera, Pierino Prati. Trainer: Ferruccio Valcareggi
BULGARIA: Simeon Simeonov; Aleksandar Shalamanov, Ivan Dimitrov, Boris Gaganelov (Cap), Dobromir Jechev, Dimitar Penev, Georgi Popov, Hristo Bonev, Georgi Asparuhov, Dimitar Iakimov, Dinko Dermendjiev. Trainer: Stefan Bojkov
Goals: Prati (14), Domenghini (55)

HUNGARY v USSR 2-0 (1-0)
Népstadion, Budapest   04.05.1968
Referee: Laurens van Ravens (HOL)   Attendance: 80,000
HUNGARY: Károly Fatér; Dezsö Novák, Ernö Solymosi, Kálmán Ihász, Kálmán Mészöly; Lajos Szücs, László Fazekas; János Göröcs, Zoltán Varga, János Farkas, Gyula Rákosi.   Trainer: Károly Sós
USSR: Anzor Kavazashvili; Iuriy Istomin, Albert Shesternev (Cap), Murtaz Hurtsilava, Viktor Anichkin, Valeri Voronin, Igor Chislenko, Vladimir Kaplichnii, Anatoliy Banishevski, Eduard Streltsov, Eduard Malofeev.   Trainer: Mihail Iakushin
Goals: Farkas (21), Göröcs (85)

USSR v HUNGARY 3-0 (1-0)
Central V.I. Lenin   11.05.1968
Referee: Kurt Tschentscher (W. GER)   Attendance: 102,000
USSR: Iuriy Pshenichnikov; Valentin Afonin, Albert Shesternev (Cap), Murtaz Hurtsilava, Viktor Anichkin, Valeri Voronin, Igor Chislenko, Vladimir Kaplichnii, Anatoliy Banishevski, Anatoliy Bishovets, Gennadiy Evriujihin.   Trainer: Mihail Iakushin
HUNGARY: Gyula Tamás; Dezsö Novák, Ernö Solymosi, Kálmán Ihász, Kálmán Mészöly; Lajos Szücs, Zoltán Varga; Imre Komora, Flórián Albert, János Farkas, Gyula Rákosi.   Trainer: Károly Sós
Goals: Solymosy (22 og), Hurtsilava (59), Bishovets (73)

SEMI-FINALS

ITALY v USSR 0-0 (AET)
San Paolo, Napoli   05.06.1968
Referee: Kurt Tschenscher (W. GER)   Attendance: 75,000
ITALY: Dino Zoff; Tarcisio Burgnich, Giacinto Facchetti (Cap); Giancarlo Bercellino, Ernesto Castano, Giorgio Ferrini; Angelo Domenghini, Antonio Juliano, Alessandro Mazzola, Gianni Rivera, Pierino Prati.   Trainer: Ferruccio Valcareggi
USSR: Iuriy Pshenichnikov; Iuriy Istomin, Albert Shesternev (Cap), Vladimir Kaplichnii, Valentin Afonin; Aleksandr Lenev, Eduard Malofeev, Gennadi Logofet; Anatoliy Banishevski, Anatoliy Bishovets, Gennadiy Evriujihin.   Trainer: Mihail Iakushin
ITALY won on the toss of a coin

YUGOSLAVIA v ENGLAND 1-0 (0-0)
Comunale, Firenze   05.06.1968
Referee: José María Ortiz de Mendibil (SPA)   Att: 21,834
YUGOSLAVIA: Ilija Pantelic; Mirsad Fazlagic (Cap), Milan Damjanovic, Miroslav Pavlovic, Blagoje Paunovic; Dragan Holcer, Ilija Petkovic, Dobrivoje Trivic; Vahidin Musemic, Ivan Osim, Dragan Dzajic.   Trainer: Rajko Mitic
ENGLAND: Gordon Banks; Keith Robert Newton, Ramon Wilson; Alan Patrick Mullery, Brian Leslie Labone, Robert Frederick Moore (Cap); Alan James Ball, Martin Stanford Peters, Robert Charlton, Roger Hunt, Norman Hunter.   Manager: Alfred Ramsey
Sent off: Mullery (86)
Goal: Dzajic (86)

THIRD PLACE MATCH

ENGLAND v USSR 2-0 (1-0)
Stadio Olimpico, Roma   08.06.1968
Referee: Istvan Zsolt (HUN)   Attendance: 50,000
ENGLAND: Gordon Banks; Thomas James Wright, Ramon Wilson; Norbert Stiles, Brian Leslie Labone, Robert Frederick Moore (Cap), Norman Hunter, Roger Hunt, Robert Charlton, Geoffrey Charles Hurst, Martin Stanford Peters.   Manager: Alfred Ramsey
USSR: Iuriy Pshenichnikov; Iuriy Istomin, Albert Shesternev (Cap), Vladimir Kaplichnii, Valentin Afonin; Aleksandr Lenev, Eduard Malofeev, Gennadi Logofet; Anatoliy Banishevski, Anatoliy Bishovets, Gennadiy Evriujihin.   Trainer: Mihail Iakushin
Goals: R. Charlton (39), Hurst (63)

FINAL

ITALY v YUGOSLAVIA 1-1 (0-1, 1-1) (AET)
Stadio Olimpico, Roma   08.06.1968
Referee: Gottfried Dienst (SWI)   Attendance: 68,817
ITALY: Dino Zoff; Tarcisio Burgnich, Giacinto Facchetti (Cap); Giorgio Ferrini, Aristide Guarneri, Ernesto Castano; Angelo Domenghini, Antonio Juliano, Pietro Anastasi; Giovanni Lodetti, Pierino Prati.   Trainer: Ferruccio Valcareggi
YUGOSLAVIA: Ilija Pantelic; Mirsad Fazlagic (Cap), Milan Damjanovic, Miroslav Pavlovic, Blagoje Paunovic, Dragan Holcer; Ilija Petkovic, Dobrivoje Trivic; Vahidin Musemic, Jovan Acimovic, Dragan Dzajic (Cap).   Trainer: Rajko Mitić
Goals: Dzajic (39), Domenghini (80)

FINAL REPLAY

ITALY v YUGOSLAVIA 2-0 (2-0)

Stadio Olimpico, Roma   10.06.1968

Referee: José María Ortiz de Mendibil (SPA)   Att: 32,886

ITALY: Dino Zoff; Tarcisio Burgnich, Giacinto Facchetti (Cap); Roberto Rosato, Aristide Guarneri, Sandro Salvadore; Angelo Domenghini, Alessandro Mazzola, Pietro Anastasi, Giancarlo De Sisti, Luigi Riva.   Trainer: Ferruccio Valcareggi

YUGOSLAVIA: Ilija Pantelic; Mirsad Fazlagic (Cap), Milan Damjanovic; Miroslav Pavlovic, Blagoje Paunovic, Dragan Holcer; Jovan Acimovic, Dobrivoje Trivic, Vahidin Musemic, Idriz Hosic, Dragan Dzajic (Cap).   Trainer: Rajko Mitic

Goals: Riva (12), Anastasi (31)

Goalscorers European Football Championship 1968

7 goals: Luigi Riva (Italy)

6 goals: János Farkas (Hungary)

5 goals: Gerhard Müller (Germany), Henning Frenzel (East Germany), Constantin Frățilă (Romania), Fritz Künzli (Switzerland), Angelo Domenghini, Alessandro Mazzola (Italy), Fleury Di Nallo (France), Robert Charlton, Geoffrey Hurst (England)

4 goals: Giorgos Sideris (Greece), Rolf Blättler (Switzerland), Paul Van Himst (Belgium), Martin Peters (England), Petar Jekov (Bulgaria)

3 goals: Inge Danielsson (Sweden), Dinko Dermendjiev (Bulgaria), Juhani Peltonen (Finland), Leopold Grausam (Austria), Anatoliy Banishevski, Igor Chislenko, Eduard Malofeev, Jozsef Sabo (USSR), Johannes Löhr (Germany), Dragan Dzajic, Vahidin Musemic, Slaven Zambata (Yugoslavia), Flórián Albert, Kálmán Mészöly (Hungary), Kresten Bjerre (Denmark), René Pierre Quentin, Karl Odermatt (Switzerland), Emil Dumitriu, Mircea Dridea (Romania), Janusz Zmijewski (Poland), Georges Lech, Charly Loubet (France), Jacques Stockman (Belgium)

2 goals: Ogün (Turkey), Pirri (Spain), Adamec (Czechoslovakia), Eriksson, Turesson (Sweden), Eusebio, Graça (Portugal), Kotkov, Tsanev (Bulgaria), K. Hasund, Iversen, Nilsen (Norway), Alexiadis (Greece), Siber (Austria), Petkovic, Osim (Yugoslavia), Bene (Hungary), Cruijff, Mulder, Suurbier (Holland), Pankau (East Germany), Søndergaard (Denmark), Dobrin, Lucescu, I. Ionescu (Romania), Brychczy, Lubanski, Grzegorczyk (Poland), Herbin (France), Claessen, Devrindt, Thio (Belgium), J. Charlton (England), R.T. Davies, R.W. Davies (Wales), Gilzean, Law, Lennox (Scotland), Bishovets, Hurtsilava (USSR), Prati (Italy)

1 goal: Treacy, O'Connor, Cantwell, O'Neill, McEvoy (Eire), Ayhan (Turkey), Amancio, Gárate, Grosso, Gento, José María (Spain), Kuna, Horváth, Jurkanin, Szikora, Masny (Czechoslovakia), Svensson, Nordahl (Sweden), Torres, Pinto (Portugal), Mitkov, Asparuhov (Bulgaria), Berg, Birkeland, Sunde (Norway), Papaioannou, Haitas (Greece), Syrjävaara, Makempar (Finland), Flögel, Hof, Wolny (Austria), Maslov, Streltsov (USSR), Seeler (Germany), Spreco, Lazarevic, Skoblar (Yugoslavia), Israël, Keizer, Swart, Van Der Kuylen, Pijs (Holland), Körner, Löwe, Vogel (East Germany), Dyreborg (Denmark), Martinovici (Romania), Dürr (Switzerland), Bertini, Facchetti, De Paoli, Anastasi (Italy), Asprou, Pamboulis, Kostakis (Cyprus), Szoltysik, Jarosik, Liberda, Sadek (Poland), Guy, Herbet, H. Revelli (France), Puis (Belgium), Klein (Luxembourg), Ball, Hunt, Hunter (England), Rees, Durban (Wales), Hughes, Mckinnon, Mccalliog, Murdoch (Scotland), Clements, Nicholson (N. Ireland), Varga, Molnar, Göröcs (Hungary)

Own goals: Dempsey (Eire) for Czechoslovakia, Kostas (Cyprus) for Switzerland, Hennessy (Wales) for England, Solymosy (Hungary) for USSR, Penev (Bulgaria) for Italy

THE EUROPEAN FOOTBALL CHAMPIONSHIP 1972

GROUP 1

CZECHOSLOVAKIA v FINLAND 1-1 (1-1)
Praha   07.10.1970
Referee: William O'Neill (IRE)   Attendance: 12,000
FINLAND: Paavo Heinonen; Pertti Mäkipää, Seppo Kilponen, Vilho Rajantie, Timo Kautonen, Jouko Suomalainen, Pekka Heikkilä, Raimo Toivanen, Pentti Toivola, Olavi Litmanen, Matti Paatelainen (73 Seppo Mäkelä).
Trainer: Olavi Laaksonen
CZECHOSLOVAKIA: Frantisek Schmucker; Jiri Vecerek, Jozef Bomba, Jozef Desiatnik (75 Oldrich Urban), Peter Mutkovic; Vladímír Mojzis, Dusan Bartovic; Stanislav Strunc, Alexander Nagy (69 Frantisek Hoholko), Pavel Stratil, Milan Albrecht.   Trainers: Antonín Rygr, Vejvoda, Michael Vican
Goal: Albrecht (31), Paatelainen (44)

ROMANIA v FINLAND 3-0 (2-0)
"23 August", Bucureşti   11.10.1970
Referee: Leonidas Vamvakopoulos (GRE)   Att: 50,000
ROMANIA: Răducanu Necula; Lajos Sătmăreanu, Nicolae Lupescu, Cornel Dinu (Cap), Iosif Vigu; Ion Dumitru, Radu Nunweiller; Alexandru Neagu (46 Gheorghe Tătaru), Nicolae Dobrin, Florea Dumitrache, Florian Dumitrescu.
Trainer: Angelo Niculescu
FINLAND: Paavo Heinonen; Pertti Mäkipää (Cap), Seppo Kilponen, Vilho Rajantie, Timo Kautonen; Jouko Suomalainen (55 Seppo Mäkelä), Pekka Heikkila (67 Olavi Litmonen), Raimo Saviomaa, Pentti Toivola, Raimo Toivanen, Matti Paatelainen.   Trainer: Olavi Laaksonen
Goals: Dumitrache (28, 42), R. Nunweiller (77)

WALES v ROMANIA 0-0
Ninian Park, Cardiff   11.11.1970
Referee: Arie van Gemert (HOL)   Attendance: 50,000
WALES: Gareth Sprake; Peter Joseph Rodrigues, Harold Michael England, David Powell, Rodney John Thomas; William Alan Durban, Graham Moore; Barrington Gerard Hole, Richard Leslie Krzywicki, Ronald Wyn Davies, Ronald Raymond Rees.   Trainer: David Bowen
ROMANIA: Răducanu Necula; Lajos Sătmăreanu, Nicolae Lupescu, Cornel Dinu (46 Bujor Hălmăgeanu), Mihai Mocanu; Ion Dumitru, Radu Nunweiller; Alexandru Neagu, Nicolae Dobrin (76 Flavius Domide), Florea Dumitrache, Florian Dumitrescu.   Trainer: Angelo Niculescu

WALES v CZECHOSLOVAKIA 1-3 (0-0)
Swansea   21.04.1971
Referee: Einar Boström (SWE)   Attendance: 20,000
WALES: Anthony Horace Millington; Peter Joseph Rodrigues, Rodney John Thomas; Leighton Phillips, Edward Glyn James, Thomas John Walley, Ronald Raymond Rees, William Alan Durban, Ronald Tudor Davies, Ronald Wyn Davies, John Francis Mahoney (.. Arfon Trevor Griffiths).
Manager: David Bowen
CZECHOSLOVAKIA: Ivo Viktor; Karol Dobias, Vladimír Hrivnák, Jozef Desiatnik, Vladimír Táborsky; Jaroslav Pollák, Ladislav Kuna, Jozef Adamec; Frantisek Vesely, Pavel Stratil, Ján Capkovic.   Trainers: Ladislav Novák, Ladislav Kacáni
Goals: R.T. Davies (59 pen), Capkovic (78, 83), Táborsky (79)

CZECHOSLOVAKIA v ROMANIA 1-0 (0-0)
Slovan, Bratislava   16.05.1971
Referee: Fernando dos Santos Leite (POR)   Att: 60,000
CSSR: Ivo Viktor; Karol Dobias, Vladimír Hrivnác, Jozef Desiatnik, Vladimír Táborski; Jaroslav Pollák, Ladislav Kuna; Jozef Adamec, Frantisek Vesely, Pavel Stratil (72 Karol Jokl), Ján Capkovic (76 Dusan Kabát).
Trainers: Ladislav Novák & Ladislav Kacáni
ROMANIA: Răducanu Necula; Lajos Sătmăreanu, Cornel Dinu, Dan Coe, Mihai Mocanu; Dan Sabin Anca, Ion Dumitru; Alexandru Neagu (61 Radu Nunweiller), Emerich Dembrovschi, Florea Dumitrache, Mircea Lucescu.
Trainer: Angelo Niculescu
Goal: Fr. Vesely (88)

FINLAND v WALES 0-1 (0-0)
Helsinki   26.05.1971
Referee: Günter Männig (E. GER)   Attendance: 5,410
FINLAND: Lars Näsman; Timo Kautonen, Raimo Saviomaa, Vilho Rajantie, Jouko Suomalainen, Timo Nummelin, Pekka Heikkilä, Raimo Toivanen (.. Jarmo Flink), Matti Paatelainen, Arto Tolsa, Tommy Lindholm.   Trainer: Olavi Laaksonen
WALES: Anthony Horace Millington; Malcolm Edward Page, Stephen Clifford Derrett, William Alan Durban, John Griffith Roberts, Raymond Mielczarek, Richard Leslie Krzywicki, Philip Wayne Jones, Ronald Raymond Rees, John Benjamin Toshack, Gilbert Ivor Reece.   Manager: David Bowen
Goal: Toshack (54)

FINLAND v CZECHOSLOVAKIA 0-4 (0-2)
Helsinki   16.06.1971
Referee: Marian Srodecki (POL)   Attendance: 4,658
FINLAND: Lars Näsman; Timo Kautonen, Vilho Rajantie, Seppo Kilponen, Jouko Suomalainen, Timo Nummelin, Pekka Heikkilä (.. Matti Paatelainen), Raimo Toivanen (.. Tommy Lindholm), Arto Tolsa, Jarmo Flink, Olavi Rissanen. Trainer: Olavi Laaksonen
CZECHOSLOVAKIA: Ivo Viktor; Karol Dobias, Vladimír Hrivnác, Jozef Desiatnik, Vladimír Táborski; Jaroslav Pollák, Ladislav Kuna; Jozef Adamec (76 Ivan Hrdlicka), Frantisek Vesely (76 Frantisek Karkó), Pavel Stratil, Ján Capkovic. Trainers: Ladislav Novák & Ladislav Kacáni
Goals: Capkovic (10), Pollák (16), Karkó (83, 90)

CZECHOSLOVAKIA v WALES 1-0 (0-0)
Praha   27.10.1971
Referee: Mariano Medina Iglesias (SPA)   Att: 32,000
CZECHOSLOVAKIA: Ivo Viktor; Karol Dobias, Vladimír Hrivnák, L'udevít Zlocha, Vladimír Táborsky; Jaroslav Pollák, Ladislav Kuna, Karol Jokl (65 Ondrej Danko), Bohumil Vesely (78 Zdenek Nehoda), Pavel Stratil, Dusan Kabat. Trainers: Ladislav Novák, Ladislav Kacáni
WALES: Anthony Horace Millington; Peter Joseph Rodrigues, Leighton Phillips, Alwyn Derek Burton, Rodney John Thomas; Terence Charles Yorath, William Terrence Hennessey (66 Ronald Raymond Rees); William Alan Durban, Brian Clifford Evans (78 Richard Leslie Krzywicki), Michael Richard Hill, Leighton James.   Manager: David Bowen
Goal: Kuna (60)

FINLAND v ROMANIA 0-4 (0-2)
Olimpic, Helsinki   22.09.1971
Referee: Pius Kamber (SWI)   Attendance: 2,084
FINLAND: Lars Näsman (46 Paavo Heinonen); Jouko Suomalainen, Raimo Saviomaa, Ari Mäkynen, Esko Ranta; Raimo Toivanen (58 Timo Nummelin), Pekka Heikkila; Miika Toivola, Timo Rahja, Antero Nikkanen, Tommy Lindholm. Trainer: Olavi Laaksonen
ROMANIA: Răducanu Necula; Lajos Sătmăreanu, Nicolae Lupescu, Cornel Dinu, Mihai Mocanu; Ion Dumitru, Radu Nunweiller; Mircea Lucescu (Cap), Emerich Dembrovschi, Alexandru Neagu, Anghel Iordănescu (46 Gheorghe Tătaru). Trainer: Angelo Niculescu
Goals: Iordănescu (25), Lupescu (37), Dembrovschi (55), Lucescu (64 pen)

ROMANIA v CZECHOSLOVAKIA 2-1 (1-0)
"23 August", Bucureşti   14.11.1971
Referee: Milivoje Gugulovic (YUG)   Attendance: 70,000
ROMANIA: Răducanu Necula; Lajos Sătmăreanu, Nicolae Lupescu, Cornel Dinu, Augustin Deleanu; Dan Sabin Anca, Radu Nunweiller; Mircea Lucescu (Cap), Emerich Dembrovschi (72 Flavius Domide), Nicolae Dobrin, Anghel Iordănescu.   Trainer: Angelo Niculescu
CZECHOSLOVAKIA: Ivo Viktor; Karol Dobias, Vladimír Hrivnác, Vladimír Hagara, Vladimír Táborski; Jaroslav Pollák, Ladislav Kuna, Ivan Hrdlicka; Bohumil Vesely (71 Zdenek Nehoda), Pavel Stratil, Ján Capkovic. Trainers: Ladislav Novák & Ladislav Kacáni
Goals: Dembrovschi (26), Capkovic (51), Dobrin (52)

WALES v FINLAND 3-0 (1-0)
Swansea   13.10.1971
Referee: Kaj Rasmussen (DEN)   Attendance: 10,301
WALES: Gareth Sprake (.. Anthony Horace Millington); Peter Joseph Rodrigues, Rodney John Thomas; John Griffith Roberts, Harold Michael England, William Terrence Hennessey, Brian Clifford Evans, Gilbert Ivor Reece, John Benjamin Toshack., William Alan Durban, Trevor Hockey. Manager: David Bowen
FINLAND: Lars Näsman; Seppo Kilponen, Raimo Saviomaa, Ari Mäkynen, Pekka Kosonen, Raimo Elo, Jarmo Flink, Miika Toivola, Heikki Suhonen (30 Henry Bergström), Pekka Heikkilä, Tommy Lindholm.   Trainer: Olavi Laaksonen
Goals: Durban (10), Toshack (53), Reece (89)

ROMANIA v WALES 2-0 (1-0)
"23 August", Bucureşti   24.11.1971
Referee: Alfred Delcourt (BEL)   Attendance: 50,000
ROMANIA: Răducanu Necula; Lajos Sătmăreanu, Nicolae Lupescu, Cornel Dinu, Augustin Deleanu; Ion Dumitru, Radu Nunweiller, Mircea Lucescu (Cap), Emerich Dembrovschi, Nicolae Dobrin, Anghel Iordănescu. Trainer: Angelo Niculescu
WALES: Anthony Horace Millington; Peter Joseph Rodrigues, Leighton Phillips, Herbert John Williams, Rodney John Thomas; Trevor Hockey, Leighton James, Michael Richard Hill (46 Cyril Davies), Ronald Tudor Davies, Gilbert Ivor Reece, Ronald Raymond Rees.   Manager: David Bowen
Goals: Lupescu (9), Lucescu (74)

	P	W	D	L	F	A	Pts
Romania	6	4	1	1	11	2	9
Czechoslovakia	6	4	1	1	11	4	9
Wales	6	2	1	3	5	6	5
Finland	6	0	1	5	1	16	1

GROUP 2

NORWAY v HUNGARY 1-3 (0-2)
Ullevål, Oslo   07.10.1970
Referee: Adrianus Boogaerts (HOL)   Attendance: 15,000
NORWAY: Geir Karlsen; Per Pettersen, Finn Thorsen, Thor Spydevold, Sigbjørn Slinning; Trygve Bornø, Olav Nilsen, Svein Kvia, Egil Roger Olsen, Odd Iversen (86 Kjetil Hasund), Tor Fuglset (46 Finn Seemann).   Trainer: Oivind Johannesen
HUNGARY: Adám Rothermel; Ernö Noskó, Kálmán Mészöly, Csaba Vidáts, Miklós Páncsics, Zoltán Halmosi, Sándor Müller; László Fazekas, Lajos Kocsis, Ferenc Bene, László Nagy.   Trainer: József Hoffer
Goals: Bene (6), L. Nagy (23), Iversen (50), Karlsen (69 og)

FRANCE v NORWAY 3-1 (1-0)
Gerland, Lyon   11.11.1970
Referee: Antonio Saldanha Ribeiro (POR)   Att: 10,357
FRANCE: Georges Carnus; Jean Djorkaeff (Cap), Jacques Novi, Bernard Bosquier, Jean-Paul Rostagni; Georges Lech, Henri Michel, Jean-Noël Huck, Michel Mézy; Louis Floch, Charly Loubet.   Trainer: Georges Boulogne
NORWAY: Per Haftorsen; Per Pettersen, Arild Hetløen, Finn Thorsen, Thor Spydevold, Sigbjørn Slinning; Trygve Bornø, Olav Nilsen, Finn Seemann, Harry Hestad, Egil Roger Olsen.   Trainer: Oivind Johannesen
Goals: Floch (30), G. Lech (55), Mézy (63), O. Nilsen (79)

BULGARIA v NORWAY 1-1 (1-0)
Vasil Levski, Sofia   15.11.1970
Referee: Mihael Kirakidis (CYP)   Attendance: 28,000
BULGARIA: Iordan Filipov; Ivan Zafirov, Dobromir Jechev (Cap), Stefan Aladjov, Bojil Kolev, Georgi Denev, Tzvetan Atanasov (82 Kiril Raikov), Hristo Bonev, Atanas Mihailov (46 Dinko Dermendjiev), Asparuh Nikodimov, Vasil Mitkov.   Trainer: Vasil Spasov
NORWAY: Per Haftorsen; Per Pettersen, Finn Thorsen, Arild Hetløen, Sigbjørn Slinning, Trygve Bornø, Thor Spydevold, Olav Nilsen, Egil Roger Olsen (83 Arnfinn Espeseth), Tor Fuglset, Kjetil Hasund.   Trainer: Oivind Johannesen
Goals: Atanasov (29), Fuglset (83)

HUNGARY v FRANCE 1-1 (0-0)
Népstadion, Budapest   24.04.1971
Referee: Joaquim Fernandes de Campos (POR)   Att: 45,867
HUNGARY: Adám Rothermel; Ernö Noskó, Lajos Szücs, Miklós Páncsics, Péter Juhász; László Fazekas, Sándor Zámbó, Flórián Albert, Lajos Kocsis; Ferenc Bene, Mihály Kozma (53 László Karsai).   Trainer: József Hoffer
FRANCE: Georges Carnus; Roger Lemerre, Francis Camerini, Bernard Bosquier, Jean Djorkaeff (Cap), Georges Lech, Henri Michel, Jacques Novi, Georges Bereta; Hervé Revelli, Fleury Di Nallo, Charly Loubet.   Trainer: Georges Boulogne
Goals: H. Revelli (64), Kocsis (70 pen)

BULGARIA v HUNGARY 3-0 (1-0)
Vasil Levski, Sofia   19.05.1971
Referee: Tofik Bahramov (USSR)   Attendance: 40,000
BULGARIA: Stoian Iordanov; Milko Gaidarski, Dimitar Penev (Cap), Stefan Velitchkov, Dobromir Jechev, Bojil Kolev, Georgi Vasilev, Hristo Bonev, Petar Jekov, Atanas Mihailov (46 Petko Petkov), Mladen Vasilev.   Trainer: Vasil Spasov
HUNGARY: Adám Rothermel; Tibor Fábián, Miklós Páncsics, Csaba Vidáts, Péter Juhász; Ede Dunai III, Sándor Zámbó, László Fazekas (46 László Karsai), Lajos Kocsis; Flórián Albert, Mihály Kozma (73 János Nagy II).   Trainer: József Hoffer
Goals: Kolev (38), Petkov (48), Velitchkov (72)

NORWAY v BULGARIA 1-4 (0-4)
Ulleval, Oslo   09.06.1971
Referee: William John Gow (WAL)   Attendance: 22,000
NORWAY: Kjell Kaspersen; Robert Nilsson, Finn Thorsen, Frank Olafsen (82 Arild Hetløen), Sigbjørn Slinning, Tor Egil Johansen (80 Harald Sunde), Per Pettersen, Olav Nilsen, Jan Fuglset, Odd Iversen, Tom Lund.   Trainer: Oivind Johannesen
BULGARIA: Stoian Iordanov (59 Biser Mihailov); Milko Gaidarski, Dimitar Penev, Stefan Velitchkov, Dobromir Jechev, Bojil Kolev, Georgi Vasilev (68 Georgi I.Georgiev), Hristo Bonev, Petar Jekov, Petko Petkov, Mladen Vasilev.   Trainer: Vasil Spasov
Goals: Bonev (26, 42 pen), Jekov (29), Ml. Vasilev (37), Iversen (79)

NORWAY v FRANCE 1-3 (0-2)
Ulleval, Oslo   08.09.1971
Referee: John Wright Paterson (SCO)   Attendance: 16,544
NORWAY: Geir Karlsen (51 Svein Bjørn Olsen); Anbjørn Ekeland, Thor Spydevold, Tore Børrehaug, Sigbjörn Slinning; Tom Jacobsen, Jan Christiansen, Egil Olsen; Jan Fuglset, Tom Lund (51 Ola Dybwad Olsen), Kjetil Hasund.
Trainer: Oivind Johannesen
FRANCE: Georges Carnus; Jean Djorkaeff (Cap), Jacques Novi, Bernard Bosquier, Jean-Paul Rostagni, Henri Michel, Michel Mézy, Georges Bereta; Bernard Blanchet (75 Georges Lech), Jacques Vergnes, Charly Loubet.
Trainer: Georges Boulogne
Goals: Vergnes (33), Loubet (34), Blanchet (49), Dybwad Olsen (80)

HUNGARY v BULGARIA 2-0 (0-0)
Népstadion, Budapest   25.09.1971
Referee: Robert Davidson (SCO)   Attendance: 75,000
HUNGARY: István Géczi; Tibor Fábián, Miklós Páncsics, Csaba Vidáts, Péter Juhász (79 Ernö Noskó); László Fazekas, Lajos Szücs, Sándor Zámbó (76 István Juhász), István Szöke, Ferenc Bene, Antal Dunai II.   Trainer: Rudolf Illovszky
BULGARIA: Biser Mihailov; Milko Gaidarski, Dimitar Penev (Cap), Stefan Velitchkov, Dobromir Jechev, Bojil Kolev, Mladen Vasilev, Hristo Bonev, Petar Jekov (59 Georgi Vasilev), Petko Petkov, Dinko Dermendjiev.   Trainer: Vasil Spasov
Goals: P. Juhász (49), Vidáts (51)

FRANCE v HUNGARY 0-2 (0-2)
Stade Olympique, Colombes Paris   09.10.1971
Referee: Gaspar Pintado Viu (SPA)   Attendance: 21,756
FRANCE: Georges Carnus; Jean Djorkaeff (Cap), Jacques Novi, Bernard Bosquier, Jean-Paul Rostagni; Georges Lech, Henri Michel, Michel Mézy, Georges Bereta; Hervé Revelli, Charly Loubet (46 Gilbert Gress).   Trainer: Georges Boulogne
HUNGARY: István Geczi; Ernö Noskó, Miklós Páncsics, Csaba Vidáts, Péter Juhász; László Fazekas, István Juhász, Lajos Szücs, Sándor Zámbó; Ferenc Bene, Antal Dunai II.
Trainer: Rudolf Illovszky
Goals: Bene (35), Zámbó (43)

HUNGARY v NORWAY 4-0 (3-0)
Népstadion, Budapest   27.10.1971
Referee: Dogan Babacan (TUR)   Attendance: 30,000
HUNGARY: István Géczi; Ernö Noskó, Miklós Páncsics, Csaba Vidáts, Péter Juhász; István Juhász, Lajos Szücs; László Fazekas, Ferenc Bene, Antal Dunai II, Sándor Zámbó.
Trainer: Rudolf Illovszky
NORWAY: Geir Karlsen; Tore Børrehaug, Frank Olafsen, Tor Alsaker-Nøstdahl, Sigbjörn Slinning, Tom Jacobsen, Thor Spydevold, Per Pettersen, Kjetil Hasund, Jan Fuglset (79 Egil Roger Olsen), Roald Jensen.   Trainer: Oivind Johannesen
Goals: Bene (22, 43), Dunai II (24), Szücs (63)

FRANCE v BULGARIA 2-1 (0-0)
Marcel Saupin, Nantes   10.11.1971
Referee: John Keith Taylor (ENG)   Attendance: 9,405
FRANCE: Georges Carnus; Francis Camerini, Jacques Novi, Claude Quittet, Jean Djorkaeff (Cap); Georges Lech, Henri Michel, Michel Mézy; Bernard Blanchet, Hervé Revelli (82 Louis Floch), Charly Loubet.   Trainer: Georges Boulogne
BULGARIA: Iordan Filipov; Ivan Zafirov, Dobromir Jechev, Dimitar Penev (Cap), Stefan Velitchkov; Hristo Bonev, Bojil Kolev, Georgi Denev, Dinko Dermendjiev; Mladen Vasilev, Petko Petkov (85 Georgi Tzvetkov).   Trainer: Vasil Spasov
Goals: Bonev (54 pen), Lech (64), Loubet (87)

BULGARIA v FRANCE 2-1 (0-0)
Vasil Levski, Sofia   04.12.1971
Referee: Kurt Tschentscher (W. GER)   Attendance: 18,000
BULGARIA: Rumen Goranov (65 Iordan Filipov); Milko Gaidarski, Dobromir Jechev, Dimitar Penev (Cap), Stefan Velitchkov (46 Viktor Ionov); Hristo Bonev, Bojil Kolev; Dinko Dermendjiev, Mladen Vasilev, Petar Jekov, Atanas Mihailov.
Trainer: Vasil Spasov
FRANCE: Georges Carnus; Jean Djorkaeff (Cap), Henri Michel, Bernard Bosquier, Jacques Novi, Marius Trésor; Georges Lech, Michel Mézy; Bernard Blanchet, Hervé Revelli (60 Louis Floch), Charly Loubet (76 Georges Bereta).
Trainer: Georges Boulogne
Goals: Jekov (47), Mihailov (82), Blanchet (84)

	P	W	D	L	F	A	Pts
Hungary	6	4	1	1	12	5	9
Bulgaria	6	3	1	2	11	7	7
France	6	3	1	2	10	8	7
Norway	6	0	1	5	5	18	1

GROUP 3

MALTA v GREECE 1-1 (0-0)
Empire Stadium, Gzira   11.10.1970
Referee: Concetto Lo Bello (ITA)   Attendance: 15,000
MALTA: Alfred Mizzi; Joseph Grima, Alfred Mallia (78 John Privitera), Edward Vella, Emmanuel Micaleff, Anton Camilleri, Ronald Cocks, William Vassallo, John Bonnett (70 Charles Micaleff), Louis Arpa, Eddie Theobald.   Trainer: Karm Borg
GREECE: Takis Oikonomopoulos; Giorgos Skrekis, Aristeidis Kamaras, Apostolos Toskas, Nikos Stathopoulos, Stathis Haitas, Kostas Eleutherakis, Mimis Domazos (Cap), Giorgos Koudas (68 Mihalis Kritikopoulos), Nikos Gioutsos (68 Antonis Antoniadis), Dimitris Papaioannou.
Trainer: Vasilis Petropoulos
Goals: Vassallo (66), Kritikopoulos (80)

GREECE v SWITZERLAND 0-1 (0-0)
Karaiskaki, Peiraias   16.12.1970
Referee: Milivoje Gugulovic (YUG)   Attendance: 38,000
GREECE: Nikos Hristidis; Giorgos Skrekis, Aristeidis Kamaras, Aggelos Spiridon, Nikos Stathopoulos, Kostas Eleutherakis (75 Mihalis Kritikopoulos), Mimis Domazos (Cap), Stathis Haitas, Giorgos Koudas, Nikos Gioutsos, Dimitris Papaioannou.   Trainer: Vasilis Petropoulos
SWITZERLAND: Mario Prosperi; Peter Ramseier, Anton Weibel, Georges Perroud, Marc Berset, Karl Odermatt, Rolf Blättler, Jakob Kuhn, Kurt Müller, Fritz Künzli (75 Walter Balmer), Peter Wenger (46 René Pierre Quentin).
Trainer: Louis Maurer
Goal: Müller (85)

MALTA v SWITZERLAND 1-2 (0-0)
Gzira   20.12.1970
Referee: Gocho Rusev (BUL)   Attendance: 8,000
MALTA: Alfred Mizzi; John Privitera, Joseph Grima, Alfred Delia, Anton Camilleri, Emmanuel Micaleff, Ronald Cocks, William Vassallo, Charles Micaleff, Eddie Theobald (46 Edward Vella), John Bonnett.   Trainer: Karm Borg
SWITZERLAND: Marcel Kunz; Peter Ramseier, Anton Weibel, Georges Perroud, Marc Berset, Karl Odermatt, Rolf Blättler, Jakob Kuhn, Kurt Müller, Fritz Künzli (64 Walter Balmer), Peter Wenger (49 René Pierre Quentin).
Trainer: Louis Maurer
Goals: Quentin (48), E. Theobald (56 pen), Künzli (59)

MALTA v ENGLAND 0-1 (0-1)
Empire Stadium, Gzira   03.02.1971
Referee: Ferdinand Marschall (AUS)   Attendance: 29,751
MALTA: Alfred Mizzi; Joseph Grima, Alfred Mallia, Emmanuel Micaleff, Anton Camilleri, Edward Darmanin, Ronald Cocks, William Vassallo, Joseph Cini, Eddie Theobald, Louis Arpa.   Trainer: Karm Borg
ENGLAND: Gordon Banks; Paul Reaney, Emlyn Walter Hughes, Alan Mullery, Roy Leslie McFarland, Norman Hunter, Alan James Ball, Martin Harcourt Chivers, Joseph Royle, James Colin Harvey, Martin Stanford Peters.
Manager: Alfred Ramsey
Goal: Peters (34)

ENGLAND v GREECE 3-0 (1-0)
Wembley, London   21.04.1971
Referee: Martti Hirviniemi (FIN)   Attendance: 55,000
ENGLAND: Gordon Banks; Peter Edwin Storey, Emlyn Walter Hughes, Alan Mullery, Roy Leslie McFarland, Bobby Moore, Francis Henry Lee, Alan James Ball (78 Ralph Coates), Martin Harcourt Chivers, Geoffrey Charles Hurst, Martin Stanford Peters.   Manager: Alfred Ramsey
GREECE: Nikos Hristidis; Giannis Gkaitatzis, Aggelos Spiridon, Apostolos Toskas, Dinos Kampas (75 Stathis Haitas), Nikos Stathopoulos, Takis Sunetopoulos, Giorgos Koudas, Giorgos Dedes (88 Giorgos Delikaris), Dimitris Papaioannou (Cap), Mihalis Kritikopoulos.   Trainer: Vasilis Petropoulos
Goals: Chivers (23), Hurst (70), Lee (80)

SWITZERLAND v MALTA 5-0 (5-0)
Allemand, Luzern   21.04.1971
Referee: Gunnar Michaelsen (DEN)   Attendance: 18,000
SWITZERLAND: Mario Prosperi; Jean Pierre Boffi, Peter Ramseier (46 Anton Weibel), Roland Citherlet, Pierre Chapuisat, Karl Odermatt, Rolf Blättler, Jakob Kuhn, Kurt Müller, Fritz Künzli, René Pierre Quentin.
Trainer: Louis Maurer
MALTA: Alfred Mizzi (46 Vincent Borg Bonaci); Joseph Grima, Alfred Mallia, Anton Camilleri, Emmanuel Micaleff, Edward Darmanin, Ronald Cocks, William Vassallo, Joseph Cini, John Bonnet, Louis Arpa (46 Alfred Delia).
Trainer: Karm Borg
Goals: Blättler (14), Künzli (18), Quentin (19), Citherlet (27), Müller (29)

ENGLAND v MALTA 5-0 (2-0)
Wembley, London   12.05.1971
Referee: Prelja Roed (NOR)   Attendance: 35,000
ENGLAND: Gordon Banks; Christopher Lawler, Terence Cooper, Bobby Moore, Roy Leslie McFarland, Emlyn Walter Hughes, Francis Henry Lee, Ralph Coates, Martin Harcourt Chivers, Allan John Clarke, Martin Stanford Peters (75 Alan James Ball).   Manager: Alfred Ramsey
MALTA: Vincent Borg Bonaci (46 Alfred Mizzi); Louis Pace, Joseph Grima, Anton Camilleri, Edward Darmanin, Alfred Delia, Ronald Cocks, Eddie Theobald, John Bonnet, William Vassallo, Louis Arpa.   Trainer: Karm Borg
Goals: Chivers (30, 47), Lee (42), Clarke (46 pen), Lawler (75)

SWITZERLAND v ENGLAND 2-3 (2-2)
Basel   13.10.1971
Referee: Vital Loraux (BEL)   Attendance: 55,000
SWITZERLAND: Marcel Kunz; Pierre Chapuisat (81 Georges Perroud), Peter Ramseier, Anton Weibel, Pirmin Stierli, Karl Odermatt, Jakob Kuhn, Rolf Blättler (75 Kurt Müller), Walter Balmer, Fritz Künzli, Daniel Jeandupeux.   Trainer: Louis Maurer
ENGLAND: Gordon Banks; Christopher Lawler, Terence Cooper, Alan Mullery, Roy Leslie McFarland, Bobby Moore, Francis Henry Lee, Paul Edward Madeley, Martin Harcourt Chivers, Geoffrey Charles Hurst (85 John Radford), Martin Stanford Peters.   Manager: Alfred Ramsey
Goals: Hurst (1), Jeandupeux (10), Chivers (12), Künzli (44), Weibel (77 og)

SWITZERLAND v GREECE 1-0 (0-0)
Wankdorf, Bern   12.05.1971
Referee: Ronald J.P. Jones (WAL)   Attendance: 37,000
SWITZERLAND: Mario Prosperi; Peter Ramseier, Pierre Chapuisat, Anton Weibel, Georges Perroud, Karl Odermatt, Jakob Kuhn, Rolf Blättler, Walter Balmer, Fritz Künzli, Daniel Jeandupeux.   Trainer: Louis Maurer
GREECE: Nikos Hristidis; Giannis Gkaitatzis, Apostolos Toskas, Dinos Kampas, Lakis Gklezos, Nikos Stathopoulos, Takis Sunetopoulos, Takis Hatziioannoglou (74 Mihalis Kritikopoulos), Thanasis Intzoglou (77 Giorgos Karafeskos), Dimitris Papaioannou (Cap), Giorgos Dedes.   Trainer: Vasilis Petropoulos
Goal: Odermatt (73)

ENGLAND v SWITZERLAND 1-1 (1-1)
Wembley, London   10.11.1971
Referee: Constantin Bărbulescu (ROM)   Att: 100,000
ENGLAND: Peter Leslie Shilton; Paul Edward Madeley, Terence Cooper, Peter Edwin Storey, Laurence Valentine Lloyd, Bobby Moore, Michael George Summerbee (60 Martin Chivers), Alan James Ball, Geoffrey Charles Hurst, Francis Henry Lee (83 Rodney Marsh).   Manager: Alfred Ramsey
SWITZERLAND: Mario Prosperi; Peter Ramseier, Pierre Chapuisat, Georges Perroud, Pirmin Stierli, Karl Odermatt, Rolf Blättler, Jakob Kuhn, Walter Balmer, Fritz Künzli, Daniel Jeandupeux (69 Petar Meier).   Trainer: Louis Maurer
Goals: Summerbee (8), Odermatt (26)

GREECE v MALTA 2-0 (0-0)
Karaiskaki, Peiraias   18.06.1971
Referee: István Zsolt (HUNG)   Attendance: 15,000
GREECE: Eleftherios Poupakis; Giannis Gounaris, Vasilis Siokos (85 Apostolos Toskas), Lakis Gklezos, Takis Eleutherakis, Anastasios Papas (48 Giorgos Karafeskos), Stavros Sarafis (Cap), Mihalis Kritikopoulos, Kostas Davourlis, Kostas Aidiniou, Babis Stauropoulos.   Trainer: Vasilis Petropoulos
MALTA: Vincent Borg Bonaci; Louis Pace, Joseph Grima, Anton Camilleri, Edward Darmanin (68 Charles Micallef), Eddie Theobald, Ronald Cocks, John Bonnet, William Vassallo, Joseph Cini, Joseph Farrugia (46 Louis Arpa).   Trainer: Anthony Formosa
Goals: Davourlis (59), Aidiniou (80)

GREECE v ENGLAND 0-2 (0-0)
Karaiskaki, Peiraias   01.12.1971
Referee: José Maria Ortiz de Mendibil (SPA)   Att: 45,000
GREECE: Nikos Hristidis; Theodoros Pallas, Apostolos Toskas, Anthimos Kapsis, Thanasis Aggelis, Kostas Eleutherakis, Mimis Domazos (Cap), Kostas Nikolaidis (73 Kostas Davourlis), Giorgos Koudas (61 Mihalis Kritikopoulos), Antonis Antoniadis, Dimitris Papaioannou.   Trainer: William Bingham
ENGLAND: Gordon Banks; Paul Edward Madeley, Emlyn Walter Hughes, Colin Bell, Roy Leslie McFarland, Bobby Moore (Cap), Francis Henry Lee, Alan James Ball, Martin Harcourt Chivers, Geoffrey Charles Hurst, Martin Stanford Peters.   Manager: Alfred Ramsey
Goals: Hurst (57), Chivers (90)

	P	W	D	L	F	A	Pts
England	6	5	1	0	15	3	11
Switzerland	6	4	1	1	12	5	9
Greece	6	1	1	4	3	8	3
Malta	6	0	1	5	2	16	1

GROUP 4

SPAIN v NORTHERN IRELAND 3-0 (1-0)
Estadio Sánchez Pizjuan, Sevilla   11.11.1970
Referee: Gyula Emsberger (HUNG)   Attendance: 48,000
SPAIN: José Angel IRIBAR Cortajarena; Joaquín RIFÉ II Climent, Francisco Fernandez GALLEGO, Juan Cruz SOL Oria (46 Juan López HITA); Enrique Álvarez COSTAS, José Luis VIOLETA Lajusticia; Antonio ARIETA II Araumbareña, LUIS Aragonés Suarez, Enrique Castro Gonzalez QUINI (46 Enrique LORA Millán), José Martinez Sánchez "PIRRI", Carlos REXACH Cerdá.   Trainer: Ladislao Kubala
N. IRELAND: William McFaul; David Craig, Samuel Nelson, Thomas Jackson, W.J. Terence Neill; William J. O'Kane, David Sloan; George Best, Derek Dougan (23 Samuel J. Todd), Terence Harkin, David Clements.
Manager: William Bingham
Goals: Rexach (39), Pirri (59), Luis (76)

CYPRUS v USSR 1-3 (1-2)
GSP, Nicosia   15.11.1970
Referee: Petar Kostovski (YUG)   Attendance: 13,000
CYPRUS: Michalis Alkiviades; Costas Christou "Kattos", Dimos Kavazis, Paschalis Fokkis, Kyriakos Koureas, Nikos Charalambous, Tasos Constantinou (83 Marios Kythreotis), Lakis Theodorou (75 Markos Markou), Pambos Papadopoulos "Pamboulis", Pavlos Vasiliou, Andreas Stylianou.
Trainer: Raymond Wood
USSR: Viktor Bannikov; Iuriy Istomin, Albert Shesternev (Cap), Evgeniy Lovchev, Vladimir Kaplichniy, Viktor Kolotov, Vladimir Muntian, Boris Kopeikin (70 Givi Nodia), Vladimir Fedotov, Vitaliy Shevchenko, Gennadiy Evriuzhikhin.
Trainer: Valentin Nikolaev
Goals: Kolotov (10), Evriuzhikhin (16), Charalambous (42), Shevchenko (50)

CYPRUS v NORTHERN IRELAND 0-3 (0-0)
Nicosia   03.02.1971
Referee: Francesco Francescon (ITA)   Attendance: 9119
CYPRUS: Herodotos Herodotou "Koupanos"; Costas Christou "Kattos" (.. Lakis Theodorou), Dimos Kavazis, Stefanis Michael, Kallis Constantinou, Kyriakos Koureas, Nikos Charalambous, Pavlos Vasiliou, Pambos Papadopoulos "Pamboulis", Paschalis Fokkis, Andreas Stylianou.
Trainer: Raymond Wood
N. IRELAND: Patrick A. Jennings; David J. Craig, Samuel Nelson, Alan Hunter, W.J. Terence Neill, Samuel J. Todd, Bryan Hamilton, Alexander McMordie, A. Derek Dougan, James J. Nicholson, George Best.   Manager: William Bingham
Goals: Nicholson (53), Dougan (55), Best (86 pen)

NORTHERN IRELAND v CYPRUS 5-0 (2-0)
Belfast   21.04.1971
Referee: Jacques Colling (LUX)   Attendance: 19,153
N. IRELAND: Patrick A. Jennings; David J. Craig, David Clements, Martin Harvey, Alan Hunter, Samuel J. Todd (87 Peter Watson), Bryan Hamilton, Alexander McMordie, A.Derek Dougan, James J. Nicholson, George Best.
Manager: William Bingham
CYPRUS: Herodotos Herodotou "Koupanos"; Kokos Michael (.. Lakis Theodorou), Dimos Kavazis, Stefanis Michael (.. Christos Papettas), Kyriakos Koureas, Kallis Constantinou, Tasos Constantinou, Pavlos Vasiliou, Pambos Papadopoulos "Pamboulis", Paschalis Fokkis, Andreas Stylianou.
Trainer: Raymond Wood
Goals: Dougan (2), Best (44, 47, 56), Nicholson (85)

CYPRUS v SPAIN 0-2 (0-1)
Nicosia   09.05.1971
Referee: Constantin Bărbulescu (ROM)   Attendance: 5,818
CYPRUS: Nikos Eleftheriades; Haris Kantzilieris, Kostas Alexandrou, Stefanis Michael, Dimos Kavazis, Kokos Antoniou, Christos Papettas, Pavlos Vasiliou (.. Lakis Theodorou), Pambos Papadopoulos "Pamboulis", Paschalis Fokkis, Andreas Stylianou.   Trainer: Raymond Wood
SPAIN: Miguel REINA Santos; José Luis VIOLETA Lajusticia, Gregorio BENITO Rubio, Antonio Alfonso Moreno "TONONO", ANTONio Martinez Morales; José CLARAMUNT I Torres, José Martinez Sánchez "PIRRI", Fidel URIARTE Macho (46 Enrique LORA Millán); AMANCIO Amaro Varela, Enrique Castro Gonzalez QUINI, Ignacio CHURRUCA (.. Carlos REXACH Cerdá.   Trainer: Ladislao Kubala
Goals: Pirri (3), Violeta (86)

USSR v SPAIN 2-1 (0-0)
V.I. Lenin, Moskva   30.05.1971

Referee: Ferdinand Biwersi (W. GER)   Attendance: 102,000

USSR: Evgeniy Rudakov; Revaz Dzodzuashvili, Albert Shesternev (Cap), Valeriy Zîkov, Vladimir Kaplichniy, Viktor Kolotov, Vladimir Muntian (57 Vladimir Fedotov), Jozsef Sabo, Anatoliy Banishevski (76 Givi Nodia), Vitaliy Shevchenko, Gennadiy Evriuzhikhin.   Trainer: Valentin Nikolaev

SPAIN: José Angel IRIBAR Cortajarena; Juan Cruz SOL Oria (65 Antonio Martinez Morales "ANTÓN"), Antonio Alfonso Moreno "TONONO", Gregorio BENITO Rubio, Francisco Fernandez GALLEGO; José Luis VIOLETA Lajusticia (62 Enrique LORA Millán), José CLARAMUNT I Torres, Fidel URIARTE Macho; Carlos REXACH Cerdá, AMANCIO Amaro Varela, Ignacio CHURRUCA Sistiaga.
Trainer: Ladislao Kubala

Goals: Kolotov (79), Shevchenko (83), Rexach (88)

USSR v CYPRUS 6-1 (3-0)
V.I. Lenin, Moskva   07.06.1971

Referee: Erik Beijar (FIN)   Attendance: 35,000

USSR: Viktor Bannikov (46 Evgeniy Rudakov); Iuriy Istomin, Albert Shesternev (Cap), Valeriy Zîkov, Vladimir Kaplichniy, Viktor Kolotov, Vladimir Muntian, Anatoliy Banishevski, Vladimir Fedotov, Vitaliy Shevchenko, Gennadiy Evriuzhikhin (64 Vitaliy Hmelnitski).   Trainer: Valentin Nikolaev

CYPRUS: Varnavas Christofi; Kokos Michael, Haris Kantzilieris (46 Lakis Theodorou), Stefanis Michael, Dimos Kavazis, Kallis Constantinou, Pavlos Vasiliou, Andreas Constantinou, Markos Markou, Paschalis Fokkis, Andreas Stylianou (74 Christos Papettas).   Trainer: Raymond Wood

Goals: Fedotov (4, 86), Evriuzhikhin (23, 38), Kolotov (59), Michael (75), Banishevski (85)

USSR v NORTHERN IRELAND 1-0 (1-0)
V.I.Lenin, Moskva   22.09.1971

Referee: Ove Dahlberg (SWE)   Attendance: 100,000

USSR: Evgeniy Rudakov; Revaz Dzodzuashvili, Albert Shesternev (Cap), Valeriy Zîkov, Murtaz Hurtsilava, Viktor Kolotov, Vladimir Muntian, Oleg Dolmatov, Vladimir Fedotov, Vitaliy Shevchenko (74 Levon Ishtoian), Gennadiy Evriuzhikhin.   Trainer: Valentin Nikolaev

N. IRELAND: William S. McFaul; David J. Craig (60 Brian Hamilton), W.J. Terence Neill, Alan Hunter, Samuel Nelson, Daniel Hegan, David Clements, James J. Nicholson, William J. O'Kane, A. Derek Dougan, George Best.
Manager: Terence Neill

Goal: Muntian (43 pen)

NORTHERN IRELAND v USSR 1-1 (1-1)
Windsor Park, Belfast   13.10.1971

Referee: Rolf Nyhus (NOR)   Attendance: 20,000

N. IRELAND: Patrick A. Jennings; Patrick J. Rice, Samuel Nelson, James J. Nicholson, Alan Hunter, William J. O'Kane, Alexander McMordie, Brian Hamilton (65 Martin H. O'Neill), W.J. Terence Neill, A. Derek Dougan (46 Thomas Cassidy), David Clements.   Manager: Terence Neill

USSR: Evgeniy Rudakov; Revaz Dzodzuashvili, Albert Shesternev (Cap), Evgeniy Lovchev, Murtaz Hurtsilava, Viktor Kolotov, Nikolai Kiselev, Oleg Dolmatov, Anatoliy Konkov, Anatoliy Bîshovets, Vitaliy Shevchenko (60 Levon Ishtoian).   Trainer: Valentin Nikolaev

Goals: Nicholson (13), Bîshovets (32)

SPAIN v USSR 0-0
Estadio Ramon Sánchez Pizjuan, Sevilla   27.10.1971

Referee: Norman Burtenshaw (ENG)   Attendance: 58,000

SPAIN: Miguel REINA Santos; Juan Cruz SOL Oria, Francisco Fernandez GALLEGO, Antonio Alfonso Moreno "TONONO", Antonio Martinez Morales "ANTÓN" (76 MARCIAL Pina Morales); Enrique LORA Millán, José CLARAMUNT I Torres; AMANCIO Amaro Varela, Enrique Castro Gonzalez QUINI, Joaquín Sierra Vallejo QUINO, Ignacio CHURRUCA Sistiaga.
Trainer: Ladislao Kubala

USSR: Evgeniy Rudakov; Revaz Dzodzuashvili, Albert Shesternev (Cap), Iuriy Istomin, Murtaz Hurtsilava, Viktor Kolotov, Vladimir Muntian, Oleg Dolmatov, Vladimir Fedotov (83 Nikolai Kiselev), Anatoliy Bîshovets, Levon Ishtoian (62 Vitaliy Shevchenko).   Trainer: Valentin Nikolaev

SPAIN v CYPRUS 7-0 (3-0)
Estadio Los Cármenes, Granada   24.11.1971

Referee: Joseph M. Cassar Naudi (MAL)   Attendance: 19,176

SPAIN: José Angel IRIBAR Cortajarena; Juan Cruz SOL Oria, Francisco Fernandez GALLEGO, Antonio Alfonso Moreno "TONONO", Juan López Hita; Enrique LORA Millán (80 José Agustin Aranzabal GAZTELU), José Martinez Sánchez "PIRRI", José CLARAMUNT I Torres; AMANCIO Amaro Varela (46 Francisco AGUILAR García), Joaquín Sierra Vallejo QUINO, José Francisco ROJO I Arroitia.
Trainer: Ladislao Kubala

CYPRUS: Herodotos Herodotou "Koupanos"; Ioannis Mertakkas, Dimos Kavazis, Charalambos Partasides, Kallis Constantinou, Stefanis Michael, Tasos Constantinou, Michalis Athinodorou "Tartaros", Kokos Antoniou (.. Lakis Theodorou), Pavlos Vasiliou, Andreas Stylianou (46 Michalakis Michael).   Trainer: Raymond Wood

Goals: Pirri (9, 47 pen), Quino (13, 22), Aguilar (63), Lora (66), Rojo (75)

NORTHERN IRELAND v SPAIN 1-1 (0-1)

Hull 16.02.1972

Referee: Jack K. Taylor (ENG)   Attendance: 19,925

N. IRELAND: Patrick A. Jennings; Patrick J. Rice, Samuel Nelson, W.J. Terence Neill, Alan Hunter; David Clements, Brian Hamilton (.. Martin H. O'Neill); Alexander McMordie, Samuel J. Morgan, Samuel B. McIlroy, George Best.   Manager: Terence Neill

SPAIN: José Angel IRIBAR Cortajarena; Juan Cruz SOL Oria, Francisco Fernandez GALLEGO, Antonio Alfonso Moreno "TONONO", Enrique Álvarez COSTAS; Gregorio BENITO Rubio, Enrique LORA Millán (67 Miguel Ramos Vargas "MIGUELI"); Francisco AGUILAR García, Joaquín Sierra Vallejo QUINO, Enrique Castro Gonzalez QUINI (28 Manuel Ríos Quintanilla MANOLETE), José Francisco ROJO I Arroitia.   Trainer: Ladislao Kubala

Goals: Rojo (41), Morgan (71)

	P	W	D	L	F	A	Pts
USSR	6	4	2	0	13	4	10
Spain	6	3	2	1	14	3	8
Northern Ireland	6	2	2	2	10	6	6
Cyprus	6	0	0	6	2	26	0

GROUP 5

DENMARK v PORTUGAL 0-1 (0-1)

Idraetsparken, København 14.10.1970

Referee: Leo Callaghan (WAL)   Attendance: 18,000

DENMARK: Kaj Poulsen; Torben Nielsen, Poul H. Frederiksen, Erik Sandvad, Flemming Pedersen, Jens Jørgen Hansen, Bent Outzen, Jan Andersen (85 Per Madsen), Kurt Præst, Jørgen Markussen (90 Poul Erik Thygesen), Keld Pedersen.   Trainer: Rudolf Strittich

PORTUGAL: Vitor Damas; Manuel PEDRO GOMES, HUMBERTO COELHO, JOSÉ CARLOS, HILARIO da Conceiçao, Fernando PERES da Silva, JOSÉ MARIA Junior (72 Augusto MATINE), Antonio SIMOES Costa (52 JAIME da Silva GRAÇA), ARTUR JORGE Braga Melo, EUSÉBIO da Silva Ferreira, JACINTO JOÃO.   Trainer: José Gomes de Silva

Goal: João Jacinto (40)

SCOTLAND v DENMARK 1-0 (1-0)

Hampden Park, Glasgow 11.11.1970

Referee: Erich Linemayr (AUS)   Attendance: 24,000

SCOTLAND: James Fergus Cruickshank; David Hay (.. William Pullar Jardine), John Greig, Patrick Gordon Stanton, Ronald McKinnon, Robert Moncur, James Johnstone, William McInanny Carr, Colin Stein, John O'Hare (75 Peter Barr Cormack), William Johnston.   Manager: Robert Brown

DENMARK: Kaj Poulsen; Torben Nielsen, Poul H. Frederiksen, Erik Sandvad, Flemming Pedersen, Jens Jørgen Hansen, Bent Outzen, Kristen Nygaard, Morten Olsen (25 Poul Erik Thygesen), Keld Pedersen, Benny Nielsen.   Trainer: Rudolf Strittich

Goal: O'Hare (13)

BELGIUM v DENMARK 2-0 (2-0)

Klokke, Brugge 25.11.1970

Referee: John Carpenter (IRE)   Attendance: 9,697

BELGIUM: Christian Piot; Léon Jeck, Georges Heylens (Cap), Nicolas Dewalque, Jean Thissen, Wilfried Van Moer (70 Jan Verheyen), Pierre Carteus, Erwin Van den Daele, Johnny Thio, Johan Devrindt, Raoul Lambert.   Trainer: Raymond Goethals

DENMARK: Kaj Poulsen; Torben Nielsen, Poul H. Frederiksen, Erik Sandvad, Flemming Pedersen, Jens Jørgen Hansen, Bent Outzen, Kristen Nygaard (60 Poul Erik Thygesen), Keld Pedersen, Benny Nielsen (70 Mogens Haastrup), Morten Olsen.   Trainer: Rudolf Strittich

Goals: Devrindt (18, 36)

BELGIUM v SCOTLAND 3-0 (1-0)

Stade Sclessin, Liège 03.02.1971

Referee: Antonio Sbardella (ITA)   Attendance: 25,000

BELGIUM: Christian Piot; Jean Plaskie, Georges Heylens, Nicolas Dewalque, Jean Thissen, Wilfried Van Moer, Erwin Van den Daele, Léon Semmeling, Henri Depireux, Paul Van Himst (Cap), André Denul.   Trainer: Raymond Goethals

SCOTLAND: James Fergus Cruickshank; David Hay, Thomas Gemmell, Patrick Gordon Stanton (46 Anthony Green), Ronald McKinnon, Robert Moncur, Archibald Gemmill, John Greig, Colin Stein (46 James Forrest), John O'Hare, Charles Cooke.   Manager: Robert Brown

Goals: McKinnon (34 og), Van Himst (55, 83 pen)

BELGIUM v PORTUGAL 3-0 (2-0)

Park Astrid, Brussel   17.02.1971

Referee: Gaspar Pintado Viu (SPA)   Attendance: 26,921

BELGIUM: Christian Piot; Jean Plaskie, Georges Heylens, Nicolas Dewalque, Jean Thissen, Wilfried Van Moer, Erwin Van den Daele, Léon Semmeling (46 Johnny Thio), Raoul Lambert, Paul Van Himst (Cap), André Denul.
Trainer: Raymond Goethals

PORTUGAL: Vitor Damas; MALTA da SILVA (46 Francisco REBELO), HUMBERTO COELHO, José ROLANDO, HILARIO da Conceiçao, Fernando Pascoal PAVAO, Fernando PERES da Silva, RUI Gouveia Pinto RODRIGUES (73 Félix Marques GUERREIRO), VITOR Manuel BATISTA, EUSÉBIO da Silva Ferreira, António SIMOES Costa.
Trainer: José Gomes de Silva

Goals: Lambert (15, 63 pen), Denul (80)

PORTUGAL v SCOTLAND 2-0 (1-0)

Estádio da Luz, Lisboa   21.04.1971

Referee: Michel Kitabdjian (FRA)   Attendance: 35,000

PORTUGAL: Vitor Damas; MALTA da SILVA, HUMBERTO COELHO, JOSÉ CARLOS, ADOLFO António da Cruz, RUI Gouveia Pinto RODRIGUES, Fernando PERES da Silva, António SIMOES Costa, Tamagnini NENÉ (86 Fernando Pascoal PAVAO), VITOR Manuel BATISTA (75 ARTUR JORGE Braga Melo), EUSÉBIO da Silva Ferreira.
Trainer: José Gomes de Silva

SCOTLAND: Robert Brown Clark; David Hay, James Brogan, Patrick Gordon Stanton (74 Anthony Green), Ronald McKinnon, Robert Moncur, William Henderson, James McCalliog (62 Andrew Jarvie), David Thomson Robb, Peter Barr Cormack, Alan John Gilzean.   Manager: Robert Brown

Goals: Stanton (22 og), Eusebio (82)

PORTUGAL v DENMARK 5-0 (2-0)

Estádio das Antas, Porto   12.05.1971

Referee: Malcolm Wright (NIR)   Attendance: 20,000

PORTUGAL: Vitor Damas; MALTA da SILVA (75 Francisco REBELO), HUMBERTO COELHO, JOSÉ CARLOS (Cap), ADOLFO António da Cruz, RUI Gouveia Pinto RODRIGUES, Fernando PERES da Silva, Tamagnini NENÉ, EUSÉBIO da Silva Ferreira, VITOR Manuel BATISTA (83 ARTUR JORGE Braga), António SIMOES Costa.   Trainer: José Gomes de Silva

DENMARK: Erik Lykke Sørensen; Henning Boel, Mogens Berg (46 Erik Nielsen), Erik Sandvad, Jørgen Rasmussen, Finn Laudrup, Preben Arentoft, Kresten Bjerre, Morten Olsen, Ole Bjørnmose, Benny Nielsen.   Trainer: Rudolf Strittich

Goals: Rodrigues (18), Eusébio (42), Batista (48, 52), Sandvad (88 og)

DENMARK v BELGIUM 1-2 (0-0)

Idraetspark, København   26.05.1971

Referee: Kare Sirevaag (NOR)   Attendance: 30,000

DENMARK: Erik Lykke Sørensen; Henning Boel, Mogens Berg, Erik Sandvad, Torben Nielsen, Finn Laudrup, Preben Arentoft, Kresten Bjerre, John Steen Olsen (75 Keld Pedersen), Ole Bjørnmose, Benny Nielsen (83 Birger Pedersen).
Trainer: Rudolf Strittich

BELGIUM: Christian Piot; Jean Plaskie, Georges Heylens, Erwin Van den Daele, Jean Thissen, Jan Verheyen, Jean Dockx, Léon Semmeling, Johan Devrindt, Paul Van Himst (Cap), Wilfried Puis.   Trainer: Raymond Goethals

Goals: Devrindt (65, 75), Bjerre (76)

DENMARK v SCOTLAND 1-0 (1-0)

Idraetsparken, København   09.06.1971

Referee: Wolfgang Riedel (E. GER)   Attendance: 38,600

DENMARK: Erik Lykke Sørensen; Torben Nielsen, Mogens Berg, Preben Arentoft, Jørgen Rasmussen, Kresten Bjerre, Finn Laudrup (75 Bent Outzen), Ole Bjørnmose, Ulrik Le Févre, Benny Nielsen (85 Keld Pedersen), Jørgen Kristensen.
Trainer: Rudolf Strittich

SCOTLAND: Robert Brown Clark; Francis Michael Munro, William Dickson, Patrick Gordon Stanton, Ronald McKinnon, Robert Moncur, Thomas McLean, Thomas Forsyth (60 David Thomson Robb), Colin Stein, Hugh Patrick Curran, James Forrest (55 John Scott).   Manager: Robert Brown

Goals: Laudrup (42)

SCOTLAND v PORTUGAL 2-1 (1-0)

Hampden Park, Glasgow   13.10.1971

Referee: Brunon Piotrowicz (POL)   Attendance: 50,000

SCOTLAND: Robert Wilson; William Pullar Jardine, Edmond Peter Colquhoun (81 Martin McLean Buchan), Patrick Gordon Stanton, David Hay, William John Bremner, Alexander James Cropley, George Graham, James Johnstone, John O'Hare, Archibald Gemmill.
Manager: Thomas Docherty

PORTUGAL: Vitor Manuel DAMAS; MALTA da SILVA, Francisco António CALO (66 Fernando PERES da Silva), RUI Gouveia Pinto RODRIGUES, ADOLFO António da Luz Calixto, JAIME da Silva GRAÇA, José ROLANDO Andrade Gonçalves, António SIMOES Costa, Tamagnini Manuel Gomes NENÉ, VITOR Manuel BATISTA, EUSÉBIO da Silva Ferreira (Cap) (46 ARTUR JORGE Braga Melo).
Trainer: José Gomes de Silva

Goals: O'Hare (23), Rodrigues (56), Gemmill (58)

SCOTLAND v BELGIUM 1-0 (1-0)
Pittodrie Park, Aberdeen   10.11.1971
Referee: Einar Boström (SWE)   Attendance: 36,000
SCOTLAND: Robert Brown Clark; William Pullar Jardine, David Hay, William John Bremner, Martin McLean Buchan, Patrick Gordon Stanton, James Johnstone (79 John Angus Hansen), Stephen Murray, John O'Hare, Edwin Gray, Alexander James Cropley (48 Kenneth Dalglish). Manager: Thomas Docherty

BELGIUM: Christian Piot; André Stassart, Georges Heylens, Nicolas Dewalque, Léon Dolmans, Wilfried Van Moer (57 Maurice Martens), Erwin Van den Daele, Paul Van Himst (Cap), Léon Semmeling, Johan Devrindt, Wilfried Puis (69 Raoul Lambert).   Trainer: Raymond Goethals

Goal: O'Hare (5)

PORTUGAL v BELGIUM 1-1 (0-0)
Estádio da Luz, Lisboa   21.11.1971
Referee: Kenneth Burns (ENG)   Attendance: 53,600
PORTUGAL: Vitor Manuel DAMAS; MALTA da SILVA (46 OCTAVIO Joaquim Coelho), HUMBERTO COELHO, RUI Gouveia Pinto RODRIGUES, JOSÉ de Jesus MENDES, JAIME da Silva GRAÇA, Fernando PERES da Silva, António SIMOES Costa, Tamagnini Manuel Gomes NENÉ (62 ARTUR JORGE Braga Melo), José Augusto TORRES, EUSÉBIO da Silva Ferreira (Cap).   Trainer: José Gomes de Silva

BELGIUM: Christian Piot; André Stassart, Georges Heylens, Nicolas Dewalque, Léon Dolmans, Jean Dockx, Erwin Van den Daele, Maurice Martens (69 Wilfried Puis), Léon Semmeling, Raoul Lambert, Paul Van Himst (Cap).
Trainer: Raymond Goethals

Goals: Lambert (60), Peres (90 pen)

	P	W	D	L	F	A	Pts
Belgium	6	4	1	1	11	3	9
Portugal	6	3	1	2	10	6	7
Scotland	6	3	0	3	4	7	6
Denmark	6	1	0	5	2	11	2

GROUP 6

EIRE v SWEDEN 1-1 (1-0)
Dalymount Park, Dublin   14.10.1970
Referee: Robert Helies (FRA)   Attendance: 30,000
EIRE: Alan Kelly; Tommy Carroll (70 Joe Kinnear), John Dempsey, Tony Byrne, Anthony Dunne (Cap), Eamonn Dunphy, Paddy Mulligan, Mick Lawlor, Steve Heighway, Don Givens (83 Ray Treacy), Terry Conroy.
Manager: Michael Meagan

SWEDEN: Sven Gunnar Larsson; Hans Selander, Krister Kristensson, Björn Nordqvist, Roland Grip, Tommy Svensson, Leif Eriksson, Jan Olsson, Inge Danielsson (46 Dan Brzokoupil), Ove Grahn, Bo Larsson.
Trainer: Orvar Bergmark

Goals: Carroll (44 pen), Brzokoupil (61)

SWEDEN v EIRE 1-0 (0-0)
Fotbollstadion, Solna   28.10.1970
Referee: Pavel Kazakov (USSR)   Attendance: 11,922
SWEDEN: Ronnie Hellström; Hans Selander, Krister Kristensson, Björn Nordqvist, Roland Grip (65 Claes Cronqvist), Tommy Svensson, Bo Larsson, Jan Olsson, Leif Eriksson, Ove Grahn, Dan Brzokoupil (61 Tom Turesson).
Trainer: Orvar Bergmark

EIRE: Alan Kelly; Shay Brennan (Cap), John Dempsey, Tony Byrne, Paddy Dunning, Eamonn Dunphy, Alfred Finucane, Mick Lawlor, Steve Heighway, Ray Treacy, Terry Conroy.
Manager: Michael Meagan

Goal: Turesson (74)

AUSTRIA v ITALY 1-2 (1-2)
Prater, Wien   31.10.1970
Referee: Laurens van Ravens (HOL)   Attendance: 54,953
AUSTRIA: Friedrich Koncilia (46 Herbert Rettensteiner); Johann Schmidradner, Gerhard Sturmberger (Cap), Norbert Hof, Peter Pumm, August Starek, Johann Ettmayer; Thomas Parits, Josef Hickersberger, Wilhelm Kreuz, Helmut Redl.
Trainer: Leopold Stastny

ITALY: Enrico Albertosi; Tarcisio Burgnich, Giacinto Facchetti (Cap); Mario Bertini, Roberto Rosato, Pierluigi Cera; Angelo Domenghini, Gianni Rivera, Alessandro Mazzola, Giancarlo De Sisti, Luigi Riva (76 Sergio Gori).
Trainer: Ferruccio Valcareggi

Goals: De Sisti (27), Parits (29), Mazzola (34)

ITALY v EIRE 3-0 (2-0)
Stadio Comunale, Firenze   08.12.1970
Referee: Robert Schaut (BEL)   Attendance: 45,000
ITALY: Enrico Albertosi; Tarcisio Burgnich, Giacinto Facchetti (Cap); Mario Bertini, Roberto Rosato, Pierluigi Cera; Angelo Domenghini, Alessandro Mazzola, Roberto Boninsegna, Giancarlo De Sisti, Pierino Prati.   Trainer: Ferruccio Valcareggi
EIRE: Alan Kelly; Shay Brennan (Cap), John Dempsey, Tony Byrne, Paddy Dunning; Eamonn Dunphy (36 Mick Lawlor), Alfred Finucane; Eamonn Rogers, Terry Conroy, Don Givens, Ray Treacy.   Manager: Michael Meagan   Trainer: G. Martina
Goals: De Sisti (22 pen), Boninsegna (42), Prati (84)

EIRE v AUSTRIA 1-4 (0-3)
Dalymount Park, Dublin   30.05.1971
Referee: Henry Öberg (NOR)   Attendance: 16,000
EIRE: Alan Kelly; Tony Byrne, Anthony Dunne (Cap), Eoin Hand, James Dunne, Eamonn Dunphy (46 Noel Campbell), Eamonn Rogers, Jimmy Conway, Don Givens (74 Jimmy Holmes), Ray Treacy, Steve Heighway.
Manager: Michael Meagan
AUSTRIA: Herbert Rettensteiner; Johann Schmidradner, Gerhard Sturmberger, Johann Eigenstiller, Werner Kriess (78 Rainer Schlagbauer), August Starek, Norbert Hof, Johann Ettmayer, Josef Hickersberger, Wilhelm Kreuz, Karl Kodat.
Trainer: Leopold Stastny
Goals: Schmidradner (4 pen), Kodat (11), Dunne (31 og), Rogers (46 pen), Starek (71)

EIRE v ITALY 1-2 (1-1)
Lansdowne Road, Dublin   10.05.1971
Referee: Gerhard Schulenburg (E. GER)   Attendance: 25,000
EIRE: Alan Kelly; Joe Kinnear, Paddy Mulligan, Tony Byrne, Anthony Dunne; Eamonn Dunphy, Johnny Giles (Cap); Eamonn Rogers (46 Alfred Finucane), Steve Heighway, Don Givens, Jimmy Conway.   Manager: Michael Meagan   Trainer: G. Martina
ITALY: Dino Zoff; Tarcisio Burgnich, Giacinto Facchetti (Cap); Mario Bertini, Roberto Rosato, Pierluigi Cera; Pierino Prati, Alessandro Mazzola, Roberto Boninsegna, Giancarlo De Sisti, Mario Corso.   Trainer: Ferruccio Valcareggi
Goals: Boninsegna (15), Conway (23), Prati (59)

SWEDEN v ITALY 0-0
Råsunda, Solna   09.06.1971
Referee: Rudolf Scheurer (SWI)   Attendance: 36,528
SWEDEN: Ronnie Hellström; Christer Hult, Krister Kristensson, Björn Nordqvist (Cap), Roland Grip; Tommy Svensson, Bo Larsson; Leif Eriksson, Ove Kindvall (61 Jan Olsson), Bengt Johansson (74 Claes Cronqvist), Örjan Persson.
Trainer: Georg Ericsson
ITALY: Dino Zoff; Tarcisio Burgnich, Giacinto Facchetti (Cap), Mario Bertini, Roberto Rosato (54 Luciano Spinosi), Pierluigi Cera; Angelo Domenghini, Alessandro Mazzola, Roberto Boninsegna, Giancarlo De Sisti, Pierino Prati.   Trainer: Ferruccio Valcareggi

SWEDEN v AUSTRIA 1-0 (0-0)
Fotbollstadion, Solna   26.05.1971
Referee: Stanislaw Eksztajn (POL)   Attendance: 5,416
SWEDEN: Ronnie Hellström; Hans Selander, Kurt Axelsson (46 Krister Kristensson), Björn Nordqvist, Roland Grip, Tommy Svensson, Jan Olsson, Bo Larsson, Sten Pålsson, Bengt Johansson, Örjan Persson.
AUSTRIA: Herbert Rettensteiner; Johann Schmidradner, Gerhard Sturmberger, Johann Eigenstiller, Peter Pumm, Josef Hickersberger, August Starek, Johann Ettmayer (81 Johann Geyer), Karl Kodat, Wilhelm Kreuz, Alfred Gassner (73 Geza Gallos).   Trainer: Leopold Stastny
Goal: Olsson (60)

AUSTRIA v SWEDEN 1-0 (1-0)
Wien   04.09.1971
Referee: Rudolf Glöckner (E. GER)   Attendance: 42,000
AUSTRIA: Herbert Rettensteiner; Johann Schmidradner, Gerhard Sturmberger, Johann Eigenstiller, Peter Pumm, August Starek, Norbert Hof, Johann Ettmayer (65 Alois Jagodic), Karl Kodat, Josef Stering (62 Josef Hickersberger), Johann Pirkner.   Trainer: Leopold Stastny
SWEDEN: Ronnie Hellström; Christer Hult, Krister Kristensson, Kurt Axelsson, Roland Grip, Björn Nordqvist, Bo Larsson, Jan Olsson, Sten Pålsson (60 Hans Selander), Roland Sandberg (70 Dan Brzokoupil), Sven Lindman.
Goal: Stering (23)

ITALY v SWEDEN 3-0 (2-0)
San Siro, Milano   09.10.1971
Referee: Roger Machin (FRA)   Attendance: 65,582
ITALY: Dino Zoff (46 Enrico Albertosi); Tarcisio Burgnich, Giacinto Facchetti (Cap); Mario Bertini, Roberto Rosato, Pierluigi Cera; Alessandro Mazzola (23 Mario Corso), Romeo Benetti II, Roberto Boninsegna, Gianni Rivera, Luigi Riva. Trainer: Ferruccio Valcareggi
SWEDEN: Ronnie Hellström; Christer Hult (52 Claes Cronqvist), Björn Nordqvist, Krister Kristensson (59 Hans Nilsson), Roland Grip, Thomas Nordahl; Curt Olsberg, Bo Larsson, Inge Danielsson, Ove Grahn, Roland Sandberg. Trainer: Georg Ericsson
Goals: Riva (3, 83), Boninsegna (41)

AUSTRIA v EIRE 6-0 (3-0)
Linz   10.10.1971
Referee: Karl Göppel (SWI)   Attendance: 25,000
AUSTRIA: Adolf Antrich; Johann Schmidradner, Gerhard Sturmberger, Johann Eigenstiller, Peter Pumm, Rudolf Horvath, Norbert Hof, Johann Ettmayer, Johann Pirkner, Thomas Parits, Kurt Jara.   Trainer: Leopold Stastny
EIRE: Paddy Roche; Mick Gannon, Alfred Finucane (Cap), Tommy McConville, John Herrick, Mick Kearin (53 Damien Richardson), Paddy Mulligan, Mick Martin (69 Alfred Hale), Frank O'Neill, Mick Leech, Turlough O'Connor. Manager: William Tuohy
Goals: Parits (45, 51, 89), Jara (12, 85), Pirkner (41)

ITALY v AUSTRIA 2-2 (1-2)
Stadio Olimpico, Roma   20.11.1971
Referee: Gyula Emsberger (HUNG)   Attendance: 58,752
ITALY: Dino Zoff; Tazio Roversi, Giacinto Facchetti (Cap); Mario Bertini (46 Gianfranco Bedin), Aldo Bet, Sergio Santarini; Pierino Prati, Romeo Benetti II (65 Claudio Sala), Roberto Boninsegna, Giancarlo De Sisti, Luigi Riva. Trainer: Ferruccio Valcareggi
AUSTRIA: Adolf Antrich; Johann Schmidradner, Rudolf Horvath, Johann Eigenstiller, Peter Pumm; Robert Sara, Norbert Hof; Johann Ettmayer (Cap), Helmut Köglberger, Johann Pirkner, Kurt Jara.   Trainer: Leopold Stastny
Goals: Prati (10), Jara (36), Santarini (59 og), De Sisti (75)

	P	W	D	L	F	A	Pts
Italy	6	4	2	0	12	4	10
Austria	6	3	1	2	14	6	7
Sweden	6	2	2	2	3	5	6
Eire	6	0	1	5	3	17	1

GROUP 7

HOLLAND v YUGOSLAVIA 1-1 (0-1)
De Kuip, Rotterdam   11.10.1970
Referee: William Mullan (SCO)   Attendance: 60,000
HOLLAND: Jan Van Beveren; Pleun Strik, Theo Laseroms, Rinus Israël, Theo Van Duivenbode, Wim Jansen, Wim Van Hanegem, Nico Rijnders, Jan Klijnjan, Willy Van der Kuylen (.. Henk Wery), Wietze Veenstra (50 Wytze Couperus). Trainer: Frantisek Fadrhonc
YUGOSLAVIA: Ivan Curkovic; Andelko Tesan, Dragoslav Stepanovic, Miroslav Pavlovic (25 Jovan Acimovic, .. Branko Oblak), Blagoje Paunovic, Dragan Holcer, Ilija Petkovic, Dusan Bajevic, Vahidin Musemic, Jure Jerkovic, Dragan Dzajic. Trainer: Rajko Mitic
Goals: Dzajic (22), Israël (49 pen)

LUXEMBOURG v YUGOSLAVIA 0-2 (0-1)
Stade Municipal, Luxembourg   14.10.1970
Referee: Vital Loraux (BEL)   Attendance: 9,000
LUXEMBOURG: René Hoffmann; Erwin Kuffer (46 René Flenghi), Louis Pilot, Fernand Jeitz, Johny Hoffmann (Cap), Norbert Leszczynski, Ady Schmit, Paul Philipp, Nico Braun, Johny Leonard, Joseph Kirchens.   Trainer: Ernst Melchior
YUGOSLAVIA: Dragomir Mutibaric; Andelko Tesan, Dragoslav Stepanovic, Borivoje Djordjevic, Blagoje Paunovic, Dragan Holcer, Ilija Petkovic, Dusan Bajevic, Josip Bukal, Jure Jerkovic, Dragan Dzajic.   Trainer: Rajko Mitic
Goals: Bukal (41, 63)

EAST GERMANY v HOLLAND 1-0 (0-0)
Rudolf-Harbig-Stadion, Dresden   11.11.1970
Referee: Gösta Liedberg (SWE)   Attendance: 35,000
EAST GERMANY: Jürgen Croy; Peter Rock, Michael Strempel, Klaus Sammer, Lothar Kurbjuweit; Frank Ganzera, Otto Fräßdorf (Cap), Henning Frenzel (54 Harald Irmscher), Hans-Jürgen Kreische; Peter Ducke, Eberhard Vogel. Trainer: Georg Buschner
HOLLAND: Jan Van Beveren; Wim Suurbier, Rinus Israël, Pleun Strik, Epi Drost, Wim Jansen, Johan Neeskens, Nico Rijnders, Wim Van Hanegem (.. Henk Wery), Jan Klijnjan, Piet Keizer.   Trainer: Frantisek Fadrhonc
Goal: P. Ducke (56)

LUXEMBOURG v EAST GERMANY 0-5 (0-4)

Stade Municipal, Luxembourg 15.11.1970

Referee: Anton Bucheli (SWI)   Attendance: 3,000

LUXEMBOURG: René Hoffmann (32 Jeannot Moes); Erwin Kuffer, René Flenghi, Fernand Jeitz, Johny Hoffmann (Cap), Jeannot Krecke, Louis Pilot, Ady Schmit (46 Nico Braun), Johny Leonard, Louis Trierweiler, Joseph Kirchens. Trainer: Ernst Melchior

EAST GERMANY: Jürgen Croy; Peter Rock, Lothar Kurbjuweit, Michael Strempel, Frank Ganzera; Harald Irmscher, Henning Frenzel (Cap) (63 Jürgen Sparwasser), Klaus Sammer, Hans-Jürgen Kreische; Peter Ducke (77 Rainer Schlutter), Eberhard Vogel.   Trainer: Georg Buschner

Goals: Vogel (21), Kreische (29, 36, 39, 78)

EAST GERMANY v LUXEMBOURG 2-1 (1-0)

Freundschaft, Gera 24.04.1971

Referee: Hugh Wilson (NIR)   Attendance: 15,000

EAST GERMANY: Jürgen Croy; Klaus Sammer, Frank Ganzera, Michael Strempel, Bernd Bransch; Konrad Weise, Helmut Stein (Cap), Rainer Schlutter; Jürgen Sparwasser (85 Frank Richter), Henning Frenzel, Hans-Jürgen Kreische. Trainer: Georg Buschner

LUXEMBOURG: René Hoffmann; Jean-Pierre Hoffmann, Fernand Jeitz, René Flenghi, Johny Hoffmann, Louis Trierweiler, Nicolas Hoffmann (Cap), Gilbert Dussier, Dominique Di Genova, Nico Braun, Joseph Kirchens. Trainer: Ernst Melchior

Goals: Kreische (31), Frenzel (88), Dussier (90)

HOLLAND v LUXEMBOURG 6-0 (4-0)

De Kuip, Rotterdam 24.02.1971

Referee: Faik Bajrami (ALB)   Attendance: 34,000

HOLLAND: Jan Van Beveren; Wim Suurbier, Rinus Israël, Johan Neeskens, Epi Drost, Wim Jansen, Wim Van Hanegem, Theo Pahlplatz, Willy Lippens, Johan Cruijff, Piet Keizer. Trainer: Frantisek Fadrhonc

LUXEMBOURG: René Hoffmann; Léon Schmit, Louis Pilot, René Flenghi, Johny Hoffmann, Fernand Jeitz, Nicolas Hoffmann (Cap), Gilbert Dussier, Nico Braun, Paul Philipp, Joseph Kirchens.   Trainer: Ernst Melchior

Goals: Lippens (26), Keizer (53, 80), Cruijff (59, 69), Suurbier (83)

EAST GERMANY v YUGOSLAVIA 1-2 (0-2)

Zentralstadion, Leipzig 09.05.1971

Referee: Paul Schiller (AUS)   Attendance: 100,000

EAST GERMANY: Jürgen Croy; Konrad Weise, Klaus Sammer, Michael Strempel, Bernd Bransch; Rainer Schlutter, Helmut Stein (Cap), Hans-Jürgen Kreische; Henning Frenzel (77 Harald Irmscher), Peter Ducke, Eberhard Vogel (66 Wolfram Löwe).   Trainer: Georg Buschner

YUGOSLAVIA: Radomir Vukcevic; Miroslav Pavlovic, Mladen Ramljak, Zoran Antonijevic, Blagoje Paunovic, Dragan Holcer, Ilija Petkovic (71 Nenad Bjekovic), Branko Oblak (63 Vladislav Bogicevic), Zoran Filipovic, Jovan Acimovic, Dragan Dzajic.   Trainer: Vujadin Boskov

Goals: Filipovic (11), Dzajic (19), Löwe (70)

YUGOSLAVIA v HOLLAND 2-0 (1-0)

Hajduk, Split 04.04.1971

Referee: Kurt Tschenscher (W. GER)   Attendance: 25,000

YUGOSLAVIA: Radomir Vukcevic; Miroslav Pavlovic, Dragoslav Stepanovic, Zoran Antonijevic (62 Ljubisa Rajkovic), Blagoje Paunovic, Dragan Holcer, Ilija Petkovic, Jure Jerkovic, Josip Bukal (58 Nenad Bjekovic), Jovan Acimovic, Dragan Dzajic.   Trainer: Vujadin Boskov

HOLLAND: Jan Van Beveren; Wim Suurbier, Johan Neeskens, Pleun Strik, Epi Drost (80 Jan Klijnjan), Wim Jansen, Gerrie Mühren, Wim Van Hanegem, Henk Wery, Eef Mulders, Piet Keizer.   Trainer: Frantisek Fadrhonc

Goals: Jerkovic (8), Dzajic (85)

HOLLAND v EAST GERMANY 3-2 (1-1)

De Kuip, Rotterdam 10.10.1971

Referee: Concetto Lo Bello (ITA)   Attendance: 55,000

EAST GERMANY: Jürgen Croy; Bernd Bransch (Cap), Michael Strempel, Konrad Weise, Gerd Kische; Hans-Jürgen Kreische, Jürgen Sparwasser (68 Harald Irmscher), Klaus Sammer, Joachim Streich, Peter Ducke (80 Wolfram Löwe), Eberhard Vogel.   Trainer: Georg Buschner

HOLLAND: Jan Van Beveren; Hans Venneker, Rinus Israël, Barry Hulshoff, Pleun Strik, Wim Jansen, Wim Van Hanegem, Henk Wery, Dick Van Dijk (78 Jan Jeuring), Johan Cruijff, Piet Keizer.   Trainer: Frantisek Fadrhonc

Goals: Vogel (10, 82), Hulshoff (25), Keizer (52, 63)

YUGOSLAVIA v EAST GERMANY 0-0
JNA, Beograd 16.10.1971
Referee: Jack Taylor (ENG) Attendance: 3,000
YUGOSLAVIA: Ratomir Dujkovic; Ljubisa Rajkovic, Dragoslav Stepanovic, Miroslav Pavlovic, Dragan Holcer, Blagoje Paunovic, Ilija Petkovic, Branko Oblak (61 Petar Nikezic), Josip Bukal (.. Zoran Filipovic), Jovan Acimovic, Dragan Dzajic. Trainer: Vujadin Boskov

EAST GERMANY: Jürgen Croy; Bernd Bransch, Michael Strempel, Klaus Sammer, Konrad Weise, Gerd Kische; Helmut Stein (Cap) (80 Wolfram Löwe), Hans-Jürgen Kreische (71 Harald Irmscher), Joachim Streich, Peter Ducke, Eberhard Vogel. Trainer: Georg Buschner

YUGOSLAVIA v LUXEMBOURG 0-0
Buducnosti, Titograd 27.10.1971
Referee: Muzafer Sarvan (TUR) Attendance: 15,000
YUGOSLAVIA: Ratomir Dujkovic; Ljubisa Rajkovic (.. Zoran Filipovic), Dragoslav Stepanovic, Miroslav Pavlovic, Blagoje Paunovic, Dragan Holcer, Ilija Petkovic, Branko Oblak (.. Jure Jerkovic), Josip Bukal, Jovan Acimovic, Nenad Bjekovic. Trainer: Vujadin Boskov

LUXEMBOURG: Jeannot Moes; Jean-Pierre Hoffmann, René Kollwelter, René Flenghi, Johny Hoffmann, Jeannot Krecke, Nicolas Hoffmann (Cap), Gilbert Dussier, Nico Braun, Paul Philipp, Joseph Kirchens. Trainer: Ernst Melchior

LUXEMBOURG v HOLLAND 0-8 (0-5)
Philips, Eindhoven 17.11.1971
Referee: Michal Jursa (CZE) Attendance: 17,500
HOLLAND: Jan Van Beveren; Hans Venneker, Rinus Israël, Barry Hulshoff, Ruud Krol, Gerrie Mühren, Wim Jansen, Theo Pahlplatz, Oeki Hoekma, Johan Cruijff, Piet Keizer. Trainer: Frantisek Fadrhonc

LUXEMBOURG: Jeannot Moes (46 Théo Stendebach); Jean-Pierre Hoffmann, René Kollwelter, René Flenghi, Johny Hoffmann, Jeannot Krecke, Nicolas Hoffmann (Cap), Gilbert Dussier, Nico Braun, Paul Philipp, Joseph Kirchens. Trainer: Ernst Melchior
Goals: Cruijff (4, 14, 60), Keizer (7), Pahlplatz (12), Hulshoff (37), Hoekma (54), Israël (82)

	P	W	D	L	F	A	Pts
Yugoslavia	6	3	3	0	7	2	9
Holland	6	3	1	2	18	6	7
East Germany	6	3	1	2	11	6	7
Luxembourg	6	0	1	5	1	23	1

GROUP 8

POLAND v ALBANIA 3-0 (1-0)
Slaski, Chorzów 14.10.1970
Referee: Andreas Kouniaides (CYP) Attendance: 10,000
POLAND: Piotr Maksymilian Czaja; Wladyslaw Stachurski, Jerzy Jan Wyrobek, Jerzy Pawel Gorgon, Adam Marian Musial; Zygfryd Szoltysik, Kazimierz Deyna, Bronislaw Ryszard Bula; Joachim Jerzy Marx, Wlodzimierz Lubanski (Cap), Robert Gadocha. Trainer: Ryszard Koncewicz

ALBANIA: Koco Dinella; Fatmir Frashëri, Gëzim Kazmi, Bujar Cani, Perikli Dhalles; Lin Shllaku (Cap), Iljuz Ceço, Ramazan Ragami; Sabah Bizi, Panayot Pano, Medin Zhega. Trainer: Loro Boriçi
Goals: Gadocha (19), Lubanski (83), Szoltysik (90)

WEST GERMANY v TURKEY 1-1 (1-1)
Köln 17.10.1970
Referee: Paul Bonnet (MAL) Attendance: 53,000
WEST GERMANY: Josef Maier; Hans-Hubert Vogts, Horst-Dieter Höttges, Franz Beckenbauer, Klaus-Dieter Sieloff (66 Josef Heynckes), Wolfgang Weber; Reinhard Libuda, Klaus Fichtel, Gerhard Müller, Wolfgang Overath (Cap), Jürgen Grabowski. Trainer: Helmut Schön

TURKEY: Ali Artuner; Ergün Acuner, Muzaffer Sipahi, Ercan Aktuna, Alparslan Eratli, Kamuran Yavuz, Ziya Şengül, Sanli Sarialioglu, Metin Kurt, Cemil Turan, Ender Konca.
Goals: Kamuran (15), Müller (37 pen)

TURKEY v ALBANIA 2-1 (2-1)
Mithat Paşa, Istanbul 13.12.1970
Referee: János Biroczky (HUNG) Attendance: 40,000
TURKEY: Ali Artuner; Ergün Acuner, Ercan Aktuna, Muzaffer Sipahi, Alparslan Eratli, Kamuran Yavuz, Sanli Sarialioglu, Ziya Şengül, Metin Kurt, Cemil Turan, Ender Konca (.. Yaşar Mumcuoglu).

ALBANIA: Koco Dinella (46 Jani Rama); Perikli Dhalles, Safet Berisha, Bujar Cani, Astrit Ziu, Ramazan Ragami, Thodor Vaso, Sabah Bizi, Iljuz Ceço, Panayot Pano, Medin Zhega. Trainer: Loro Boriçi
Goals: Metin (4), Ziu (22), Cemil (43)

ALBANIA v WEST GERMANY 0-1 (0-1)

Qemal Stafa, Tiranë   17.02.1971

Referee: Todor Betchkirov (BUL)   Attendance: 25,000

ALBANIA: Koco Dinella; Mihal Gjika, Perikli Dhalles, Bujar Cani, Gëzim Kazmi, Ramazan Ragami, Thodor Vaso, Sabah Bizi, Astrit Ziu, Iljuz Ceço, Panayot Pano.   Trainer: Loro Boriçi

WEST GERMANY: Josef Maier; Hans-Hubert Vogts, Bernd Patzke (67 Michael Bella); Franz Beckenbauer, Karl-Heinz Schnellinger, Wolfgang Weber; Jürgen Grabowski, Günter Netzer, Gerhard Müller, Wolfgang Overath (Cap), Josef Heynckes.   Trainer: Helmut Schön

Goal: Müller (34)

WEST GERMANY v ALBANIA 2-0 (2-0)

Villa Park, Karlsruhe   12.06.1971

Referee: Timoleon Latsios (GRE)   Attendance: 46,000

WEST GERMANY: Josef Maier; Georg Schwarzenbeck, Hans-Hubert Vogts (89 Hartwig Bleidick); Klaus-Dieter Sieloff, Franz Beckenbauer, Herbert Wimmer; Jürgen Grabowski, Günter Netzer, Horst Köppel, Wolfgang Overath (Cap) (73 Siegfried Held), Josef Heynckes.   Trainer: Helmut Schön

ALBANIA: Baskim Muhedini; Mihal Gjika, Safet Berisha, Bujar Cani, Astrit Ziu, Faruk Sejdini, Ramazan Ragami, Sabah Bizi, Thodor Vaso, Panayot Pano (Cap), Medin Zhega.   Trainer: Loro Boriçi

Goals: Netzer (17), Grabowski (45)

TURKEY v WEST GERMANY 0-3 (0-1)

Mithat Paşa, Istanbul   25.04.1971

Referee: Karlo Kruashvili (USSR)   Attendance: 45,000

TURKEY: Ali Artuner; K.Mehmet Işikal (.. Zekeriya Alp), Muzaffer Sipahi, Ercan Aktuna, Alparslan Eratli, Kamuran Yavuz, Sanli Sarialioglu (.. Fethi Heper), Ziya Şengül, B.Mehmet Oguz, Cemil Turan, Ender Konca.
Trainer: Cihat Arman

WEST GERMANY: Josef Maier; Hans-Hubert Vogts, Bernd Patzke; Herbert Wimmer, Franz Beckenbauer (Cap), Wolfgang Weber; Jürgen Grabowski, Horst Köppel (.. Heinz Flohe), Gerhard Müller, Günter Netzer, Josef Heynckes.   Trainer: Helmut Schön

Goals: Müller (43, 47), Köppel (73)

POLAND v TURKEY 5-1 (1-0)

Wisla, Kraków   22.09.1971

Referee: Antoine Queudeville (LUX)   Attendance: 30,000

POLAND: Jan Gomola; Zygmunt Anczok, Andrzej Zygmunt, Jerzy Pawel Gorgon, Adam Marian Musial; Zygfryd Szoltysik, Kazimierz Deyna (46 Andrzej Jarosik), Bronislaw Ryszard Bula; Jan Banas, Wlodzimierz Lubanski (Cap), Robert Gadocha.   Trainer: Kazimierz Górski

TURKEY: Ali Artuner (Cap), Abdurrahman Temeller, Ercan Aktuna, Muzaffer Sipahi, Zekeriya Alp, Yusuf Tunalioglu (78 Sanli Sarialioglu), Kamuran Yavuz, Vahap Özbayar; Metin Kurt, Fethi Heper, Cemil Turan (46 Nihat Yayöz).
Trainer: Arman Cihat

Goals: Bula (33), Lubanski (62, 73, 90), Gadocha (69), Nihat (83)

ALBANIA v POLAND 1-1 (1-1)

Qemal Stafa, Tiranë   12.05.1971

Referee: Robert Helies (FRA)   Attendance: 20,000

ALBANIA: Koco Dinella; Mihal Gjika, Gëzim Kazmi, Bujar Cani, Perikli Dhalles; Thodor Vaso (46 Safet Berisha), Iljuz Ceço, Ramazan Ragami; Sabah Bizi, Panayot Pano (Cap), Medin Zhega.   Trainer: Loro Boriçi

POLAND: Wladyslaw Jan Grotynski; Jan Aleksander Wrazy, Jerzy Jan Wyrobek, Walter Jerzy Winkler, Zygmunt Anczok; Zygfryd Szoltysik, Kazimierz Deyna (69 Leslaw Cmikiewicz), Bernard Adolf Blaut (Cap); Jan Banas, Wlodzimierz Lubanski, Robert Gadocha (46 Marian Kozerski).
Trainer: Kazimierz Górski

Goals: Banas (7), Zhega (32)

POLAND v WEST GERMANY 1-3 (1-1)

Dziesieciolecia, Warszawa   10.10.1971

Referee: Ferdinand Marschall (AUS)   Attendance: 90,000

POLAND: Jan Tomaszewski; Adam Marian Musial, Stanislaw Oslizlo (Cap), Jerzy Pawel Gorgon, Zygmunt Anczok; Zygfryd Szoltysik, Bronislaw Ryszard Bula (46 Antoni Stefan Kot), Zygmunt Pawel Maszczyk; Jan Banas (60 Jerzy Miroslaw Sadek), Wlodzimierz Lubanski, Robert Gadocha.
Trainer: Kazimierz Górski

WEST GERMANY: Josef Dieter Maier; Paul Breitner, Franz Beckenbauer (Cap), Klaus Fichtel, Georg Schwarzenbeck; Herbert Wimmer, Horst Köppel, Günter Netzer; Jürgen Grabowski, Gerhard Müller, Josef Heynckes.
Trainer: Helmut Schön

Goals: Gadocha (28), Müller (29, 64), Grabowski (70)

ALBANIA v TURKEY 3-0 (1-0)
Qemal Stafa, Tiranë 14.11.1971
Referee: Ivan Placek (CZE)   Attendance: 15,000

ALBANIA: Baskim Muhedini; Mihal Gjika, Safet Berisha, Bujar Cani, Astrit Ziu, Faruk Sejdini, Iljuz Ceço, Sabah Bizi, Ilir Pernaska, Panayot Pano (Cap), Maksut Leshteni (70 Nevruz Deçka).   Trainer: Loro Boriçi

TURKEY: Ali Artuner; Vahit Kolukisa (.. Alparslan Eratli), Muzaffer Sipahi, Ercan Aktuna, Zekeriya Alp, B.Mehmet Oguz, Kamuran Yavuz, Vedat Okyar, Metin Kurt, Osman Arpacioglu, Necati Göçmen.   Trainer: Cihat Arman

Goals: Pernaska (22, 53), Pano (50)

WEST GERMANY v POLAND 0-0
Volksparkstadion, Hamburg   17.11.1971
Referee: William Joseph Mullan (SCO)   Attendance: 62,000

WEST GERMANY: Josef Dieter Maier; Horst-Dieter Höttges, Franz Beckenbauer, Wolfgang Weber (83 Ulrich Hoeneß), Georg Schwarzenbeck; Herbert Wimmer (70 Horst Köppel), Klaus Fichtel, Wolfgang Overath (Cap); Reinhard Libuda, Gerhard Müller, Jürgen Grabowski.   Trainer: Helmut Schön

POLAND: Marian Henryk Szeja; Antoni Jan Szymanowski, Marian Wieslaw Ostafinski, Jerzy Pawel Gorgon, Zygmunt Anczok (64 Jerzy Jan Wyrobek), Zygfryd Szoltysik, Kazimierz Deyna, Bernard Adolf Blaut (Cap), Joachim Jerzy Marx, Wlodzimierz Lubanski, Grzegorz Boleslaw Lato (85 Bronislaw Ryszard Bula).   Trainer: Kazimierz Górski

TURKEY v POLAND 1-0 (0-0)
Atatürk Izmir 5.12.1971
Referee: Petar Nikolov (BUL)   Attendance: 65,000

TURKEY: Yasin Özdenak; Ekrem Günalp, Muzaffer Sipahi, Özer Yurteri, Zekeriya Alp (83 Vahit Kolukisa); Ayfer Elmastaşoglu, Vedat Okyar, B.Mehmet Oguz; Metin Kurt, Cemil Turan, Ender Konca (30 Çetin Erdogan).   Trainer: Nicolae Petrescu (Rom)

POLAND: Marian Henryk Szeja; Antoni Jan Szymanowski, Marian Wieslaw Ostafinski, Jerzy Pawel Gorgon, Adam Marian Musial; Zygfryd Szoltysik, Kazimierz Deyna (70 Bronislaw Ryszard Bula), Bernard Adolf Blaut (Cap), Grzegorz Boleslaw Lato, Joachim Jerzy Marx, Robert Gadocha (63 Andrzej Jarosik).   Trainer: Kazimierz Górski

Goal: Cemil (52)

	P	W	D	L	F	A	Pts
West Germany	6	4	2	0	10	2	10
Poland	6	2	2	2	10	6	6
Turkey	6	2	1	3	5	13	5
Albania	6	1	1	4	5	9	3

QUARTER-FINALS

ITALY v BELGIUM 0-0
San Siro, Milano   29.04.1972
Referee: Petar Nikolov (BUL)   Attendance: 63,549

ITALY: Enrico Albertosi; Tarcisio Burgnich, Giacinto Facchetti (Cap); Gianfranco Bedin, Roberto Rosato, Pierluigi Cera; Angelo Domenghini (46 Franco Causio), Alessandro Mazzola, Pietro Anastasi, Giancarlo De Sisti, Luigi Riva.   Trainer: Ferruccio Valcareggi

BELGIUM: Christian Piot; Erwin Van den Daele, Georges Heylens, Jean Thissen, Maurice Martens (49 Léon Dolmans), Wilfried Van Moer, Jan Verheyen, Jean Dockx; Léon Semmeling, Paul Van Himst (Cap), Raoul Lambert.   Trainer: Raymond Goethals

BELGIUM v ITALY 2-1 (1-0)
Park Astrid, Brussel   13.05.1972
Referee: Paul Schiller (AUS)   Attendance: 26,561

BELGIUM: Christian Piot; Erwin Van den Daele, Georges Heylens, Jean Thissen, Léon Dolmans; Wilfried Van Moer (46 Odilon Polleunis), Jean Dockx; Léon Semmeling, Paul Van Himst (Cap), Raoul Lambert, Jan Verheyen.   Trainer: Raymond Goethals

ITALY: Enrico Albertosi; Tarcisio Burgnich, Giacinto Facchetti (Cap); Mario Bertini (46 Fabio Capello), Luciano Spinosi, Pierluigi Cera; Alessandro Mazzola, Romeo Benetti II, Roberto Boninsegna, Giancarlo De Sisti, Luigi Riva.   Trainer: Ferruccio Valcareggi

Goals: Van Moer (24), Van Himst (71), Riva (86 pen)

ENGLAND v WEST GERMANY 1-3 (0-1)
Wembley, London   29.04.1972
Referee: Robert Helies (FRA)   Attendance: 100,000

ENGLAND: Gordon Banks; Paul Edward Madeley, Emlyn Walter Hughes, Colin Bell, Bobby Moore, Norman Hunter, Francis Henry Lee, Alan James Ball, Martin Harcourt Chivers, Geoffrey Charles Hurst (62 Rodney Marsh), Martin Stanford Peters.   Manager: Alfred Ramsey

WEST GERMANY: Josef Dieter Maier; Horst-Dieter Höttges, Paul Breitner; Georg Schwarzenbeck, Franz Beckenbauer (Cap), Herbert Wimmer; Jürgen Grabowski, Ulrich Hoeneß, Gerhard Müller, Günter Netzer, Siegfried Held.   Trainer: Helmut Schön

Goals: Hoeneß (25), Lee (77), Netzer (85 pen), Müller (88)

WEST GERMANY v ENGLAND 0-0
Olimpic, Berlin   13.05.1972
Referee: Milivoje Gugulovic (YUG)   Attendance: 72,000
WEST GERMANY: Josef Dieter Maier; Horst-Dieter Höttges, Paul Breitner; Georg Schwarzenbeck, Franz Beckenbauer (Cap), Herbert Wimmer; Ulrich Hoeneß (.. Josef Heynckes), Heinz Flohe, Gerhard Müller, Günter Netzer, Siegfried Held.
Trainer: Helmut Schön

ENGLAND: Gordon Banks; Paul Edward Madeley, Emlyn Walter Hughes, Peter Edwin Storey, Roy Leslie McFarland, Bobby Moore, Alan James Ball, Colin Bell, Martin Harcourt Chivers, Rodney Marsh, Norman Hunter, Martin Peters (60 Michael Summerbee).   Manager: Alfred Ramsey

HUNGARY v ROMANIA 2-1 (1-1)
JNA, Beograd   17.05.1972
Referee: Hristos Mihas (GRE)   Attendance: 50,000
HUNGARY: Adám Rothermel; Tibor Fábián, Miklós Páncsics, László Bálint, Péter Juhász; István Juhász, Lajos Kocsis, Sándor Zámbó; István Szöke, Ferenc Bene, Lajos Kü.
Trainer: Rudolf Illovszky

ROMANIA: Răducanu Necula; Lajos Sătmăreanu, Nicolae Lupescu, Cornel Dinu, Augustin Deleanu (52 Bujor Hălmăgeanu); Ion Dumitru, Radu Nunweiller; Mircea Lucescu, Nicolae Dobrin, Alexandru Neagu, Flavius Domide.
Trainer: Angelo Niculescu

Goals: Kocsis (26), Neagu (32), Szöke (88)

HUNGARY v ROMANIA 1-1 (1-0)
Népstadion, Budapest   29.04.1972
Referee: David W. Smith (ENG)   Attendance: 75,000
HUNGARY: István Géczi; Tibor Fábián, Miklós Páncsics, László Bálint, Péter Vépi; Lajos Kocsis (59 Ferenc Bene), Lajos Szücs; László Fazekas, László Branikovits, Antal Dunai, Sándor Zámbó.   Trainer: Rudolf Illovszky

ROMANIA: Răducanu Necula; Lajos Sătmăreanu, Nicolae Lupescu, Cornel Dinu, Augustin Deleanu; Ion Dumitru, Radu Nunweiller; Mircea Lucescu (Cap), Emerich Dembrovschi, Flavius Domide, Anghel Iordănescu.
Trainer: Angelo Niculescu

Goals: Branikovits (11), Sătmăreanu (56)

YUGOSLAVIA v USSR 0-0
Crvena Zvezda, Beograd   30.04.1972
Referee: Rudolf Scheurer (SWI)   Attendance: 99,000
YUGOSLAVIA: Enver Maric; Mladen Ramljak, Dragoslav Stepanovic, Miroslav Pavlovic, Blagoje Paunovic, Dragan Holcer, Bozidar Jankovic, Branko Oblak, Josip Bukal (85 Dusan Bajevic), Jovan Acimovic, Dragan Dzajic.
Trainer: Vujadin Boskov

USSR: Evgeniy Rudakov; Revaz Dzodzuashvili, Murtaz Hurtsilava (Cap), Vladimir Kaplichniy, Iuriy Istomin, Aleksandr Mahovikov (62 Vladimir Troshkin), Oleg Dolmatov, Anatoliy Baidachniy, Anatoliy Banishevski, Anatoliy Konkov, Eduard Kozinkevich (75 Gennadiy Evriuzhikhin).
Trainer: Nikolai Guliaev

ROMANIA v HUNGARY 2-2 (1-2)
"23 August", București   14.05.1972
Referee: Kurt Tschenscher (W. GER)   Attendance: 80,000
ROMANIA: Răducanu Necula; Lajos Sătmăreanu, Nicolae Lupescu, Cornel Dinu, Augustin Deleanu; Ion Dumitru, Radu Nunweiller; Flavius Domide, Emerich Dembrovschi (74 Mircea Lucescu), Nicolae Dobrin, Anghel Iordănescu (66 Alexandru Neagu).   Trainer: Angelo Niculescu

HUNGARY: István Géczi; Tibor Fábián, Miklós Páncsics, László Bálint, Péter Juhász; István Juhász, Lajos Kocsis (66 Lajos Kü), Lajos Szücs; István Szöke (66 Antal Dunai), Ferenc Bene, Sándor Zámbó.   Trainer: Rudolf Illovszky

Goals: Szöke (4), Dobrin (14), Kocsis (36), Neagu (81)

USSR v YUGOSLAVIA 3-0 (0-0)
V.I.Lenin, Moskva   13.05.1972
Referee: Aurelio Angonese (ITA)   Attendance: 103,000
USSR: Evgeniy Rudakov; Revaz Dzodzuashvili, Murtaz Hurtsilava (Cap), Nikolai Abramov, Iuriy Istomin, Viktor Kolotov, Vladimir Troshkin, Anatoliy Baidachniy (66 Boris Kopeikin), Anatoliy Banishevski, Anatoliy Konkov, Gennadiy Evriuzhikhin (46 Eduard Kozinkevich).
Trainer: Nikolai Guliaev

YUGOSLAVIA: Enver Maric; Mladen Ramljak, Dragoslav Stepanovic, Miroslav Pavlovic, Blagoje Paunovic, Dragan Holcer (56 Ilija Petkovic), Zoran Antonijevic, Branko Oblak (73 Jure Jerkovic), Bozidar Jankovic, Jovan Acimovic, Dragan Dzajic.   Trainer: Vujadin Boskov

Goals: Kolotov (53), Banishevski (74), Kozinkevich (90)

SEMI-FINALS

WEST GERMANY v BELGIUM 2-1 (1-0)
Bosuil, Antwerpen   14.06.1972

Referee: William Joseph Mullan (SCO)   Attendance: 60,000

WEST GERMANY: Josef Dieter Maier; Horst-Dieter Höttges, Paul Breitner; Georg Schwarzenbeck, Franz Beckenbauer (Cap), Herbert Wimmer; Josef Heynckes, Ulrich Hoeneß (59 Jürgen Grabowski), Gerhard Müller, Günter Netzer, Erwin Kremers.   Trainer: Helmut Schön

BELGIUM: Christian Piot; Erwin Van den Daele, Georges Heylens, Jean Thissen, Léon Dolmans, Jean Dockx, Jan Verheyen, Maurice Martens (70 Odilon Polleunis), Léon Semmeling, Raoul Lambert, Paul Van Himst (Cap).
Trainer: Raymond Goethals

Goals: Müller (23, 71), Pollenius (83)

USSR v HUNGARY 1-0 (0-0)
Astrid Park, Brussel   14.06.1972

Referee: Rudolf Glöckner (E. GER)   Attendance: 5,000

USSR: Evgeniy Rudakov; Revaz Dzodzuashvili, Murtaz Hurtsilava (Cap), Vladimir Kaplichniy, Iuriy Istomin; Viktor Kolotov, Vladimir Troshkin, Anatoliy Baidachniy; Anatoliy Banishevski (65 Givi Nodia), Anatoliy Konkov, Vladimir Onishchenko.   Trainer: Aleksandr Ponomariev

HUNGARY: István Geczi; Tibor Fábián, Miklós Páncsics, László Bálint, Péter Juhász; István Juhász, Lajos Kocsis (60 Flórián Albert), Lajos Kü; István Szöke, Ferenc Bene (60 Antal Dunai II), Sándor Zámbó.   Trainer: Rudolf Illovszky

Goal: Konkov (53). Zambo missed penalty (84)

THIRD PLACE MATCH

BELGIUM v HUNGARY 2-1 (2-0)
Sclessin, Luik   17.06.1972

Referee: Einar Johan Boström (SWE)   Attendance: 6,184

BELGIUM: Christian Piot; Erwin Van den Daele, Georges Heylens, Jean Thissen, Léon Dolmans; Jean Dockx, Jan Verheyen, Odilon Polleunis, Léon Semmeling, Raoul Lambert, Paul Van Himst (Cap).   Trainer: Raymond Goethals

HUNGARY: István Geczi; Tibor Fábián, Miklós Páncsics, László Bálint, Péter Juhász; István Juhász, Flórián Albert, Lajos Kü; Mihály Kozma, Antal Dunai II, Sándor Zámbó (46 Lajos Szücs).   Trainer: Rudolf Illovszky

Goals: Lambert (24), Van Himst (29), Kü (50 pen)

FINAL

WEST GERMANY v USSR 3-0 (1-0)
Heissel, Brussel   18.06.1972

Referee: Ferdinand Marshall (AUS)   Attendance: 43,437

WEST GERMANY: Josef Dieter Maier; Horst-Dieter Höttges, Paul Breitner; Georg Schwarzenbeck, Franz Beckenbauer (Cap), Herbert Wimmer; Josef Heynckes, Ulrich Hoeneß, Gerhard Müller, Günter Netzer, Erwin Kremers.
Trainer: Helmut Schön

USSR: Evgeniy Rudakov; Revaz Dzodzuashvili, Murtaz Hurtsilava (Cap), Vladimir Kaplichniy, Iuriy Istomin; Viktor Kolotov, Vladimir Troshkin, Anatoliy Baidachniy; Anatoliy Banishevski (63 Eduard Kozinkevich), Anatoliy Konkov (46 Oleg Dolmatov), Vladimir Onishchenko.
Trainer: Aleksandr Ponomariev

Goals: Müller (27, 58), Wimmer (51)

Goalscorers European Football Championship 1972

11 goals: Gerhard Müller (West Germany)

5 goals: Martin Chivers (England), Johan Cruijff, Piet Keizer (Holland), Hans-Jürgen Kreische (East Germany)

4 goals: Jan Capkovic (Czechoslovakia), Ferenc Bene (Hungary), George Best (N. Ireland), José Martinez Sánchez Pirri (Spain), Viktor Kolotov (USSR), Johan Devrindt, Raoul Lambert, Paul Van Himst (Belgium), Thomas Parits (Austria), Wlodzimierz Lubanski (Poland)

3 goals: Hristo Bonev (Bulgaria), Lajos Kocsis (Hungary), Fritz Künzli (Switzerland), Geoffrey Hurst, Francis Lee (England), James Nicholson (N. Ireland), Gennadiy Evriuzhikhin (USSR), John O'Hare (Scotland), Kurt Jara (Austria), Roberto Boninsegna, Giancarlo De Sisti, Pierino Prati, Luigi Riva (Italy), Eberhard Vogel (East Germany), Robert Gadocha (Poland), Dragan Dzajic (Yugoslavia)

2 goals: Dembrovschi, Dobrin, Dumitrache, Lucescu, Lupescu, Neagu (Romania), Karkó (Czechoslovakia), Toshack (Wales), Jekov (Bulgaria), Blanchet, Lech, Loubet (France), Iversen (Norway), Szöke (Hungary), Müller, Odermatt, Quentin (Switzerland), Dougan (N. Ireland), Rexach, Rojo, Quino (Spain), Fedotov, Banishevski, Shevchenko (USSR), Batista, Eusébio, Rodrigues (Portugal), Israël, Hulshoff (Holland), Pernaska (Albania), Cemil (Turkey), Bukal (Yugoslavia), Netzer, Grabowski (West Germany)

1 goal: Paatelainen (Finland), Kuna, Pollák, Fr. Vesely, Táborsky, Albrecht (Czechoslovakia), Iordănescu, Sătmăreanu, R. Nunweiller (Romania), Durban, Reece, R.T. Davies (Wales), Dunai II, Szücs, Zámbó, P. Juhász, Vidáts, Branikovits, L. Nagy, Kü (Hungary), Mihailov, Ml. Vasilev, Kolev, Petkov, Velitchkov, Atanasov (Bulgaria), Vergnes, H. Revelli, Floch, Mézy (France), Dybwad Olsen, O. Nilsen, Fuglset (Norway), E. Theobald, Vassallo (Malta), Davourlis, Aidiniou, Kritikopoulos (Greece), Jeandupeux, Blättler, Citherlet (Switzerland), Summerbee, Clarke, Lawler, Peters (England), Michael, Charalambous (Cyprus), Morgan (N. Ireland), Aguilar, Lora, Violeta, Luis (Spain), Bishovets, Muntian, Konkov, Kozinkevich (USSR), Laudrup, Bjerre (Denmark), Gemmill (Scotland), Peres, João Jacinto (Portugal), Denul, Pollenius, Van Moer (Belgium), Rogers, Conway, Carroll (Eire), Olsson, Turesson, Brzokoupil (Sweden), Pirkner, Stering, Schmiradner, Kodat, Starek (Austria), Mazzola (Italy), Pahlplatz, Hoekma, Lippens, Suurbier (Holland), Löwe, Frenzel, P. Ducke (East Germany), Dussier (Luxemburg), Pano, Zhega, Ziu (Albania), Metin, Nihat, Kamuran (Turkey), Bula, Banas, Szoltysik (Poland), Filipovic, Jerkovic (Yugoslavia), Hoeneß, Köppel, Wimmer (West Germany)

Own goals: Karlsen (Norway) for Hungary, Weibel (Switzerland) for England, McKinnon (Scotland) for Belgium, Stanton (Scotland) for Portugal, Sandvad (Denmark) for Portugal, Dunne (Eire) for Austria, Santarini (Italy) for Austria

THE EUROPEAN FOOTBALL CHAMPIONSHIP 1976

GROUP 1

ENGLAND v CZECHOSLOVAKIA 3-0 (0-0)

Wembley, London   30.10.1974

Referee: Michel Kitabdjian (FRA)   Attendance: 86,000

ENGLAND: Raymond Clemence; Paul Madeley, Emlyn Hughes, Martin Dobson (65 Trevor Brooking), David Watson, Norman Hunter, Colin Bell, Gerald Francis, Frank Worthington (66 David Thomas), Michael Channon, Kevin Keegan.   Manager: Donald Revie

CZECHOSLOVAKIA: Ivo Viktor; Ján Pivarník, Anton Ondrus, Jozef Capkovic (.. Rostislav Vojacek), Vojtech Varadín; Premysl Bicovsky (.. Ladislav Kuna), Ivan Pekárik, Miroslav Gajdusek; Marián Masny, Ján Svehlík, Pavel Stratil. Trainer: Václav Jezek

Goals: Channon (72), Bell (79, 82)

ENGLAND v PORTUGAL 0-0

Wembley, London   20.11.1974

Referee: Anton Bucheli (SWI)   Attendance: 85,700

ENGLAND: Raymond Clemence; Paul Madeley, David Watson, Emlyn Hughes, Terence Cooper (24 Colin Todd), Trevor Brooking, Gerald Francis, Colin Bell, David Thomas, Michael Channon, Allan Clarke (71 Frank Worthington). Manager: Donald Revie

PORTUGAL: Vitor Manuel Afonso DAMAS de Oliveira; ARTUR Manuel Soares Correia, HUMBERTO Manuel Jesus COELHO (Cap), Carlos Alexandre Fortes ALHINHO, Firmino Baleizao da Graça Sardinha OSVALDINHO, Adelino de Jesus TEIXEIRA, OCTÁVIO Joaquim Coelho Machado, João António Ferreira Resende ALVES, VITOR Manuel Rosa MARTINS, Francisco Delfim Dias Faria CHICO (85 ROMEU Fernando Fernandes Silva), Tamagnini Gomes Baptista NÉNÉ (85 António Luis Alves Ribeiro OLIVEIRA).

ENGLAND v CYPRUS 5-0 (2-0)
Wembley, London   16.04.1975

Referee: Martti Hirviniemi (FIN)   Attendance: 68,245

ENGLAND: Peter Shilton; Paul Madeley, David Watson, Colin Todd, Kevin Beattie, Colin Bell, Alan Ball, Alan Hudson, Michael Channon (.. David Thomas), Malcolm Macdonald, Kevin Keegan.   Manager: Donald Revie

CYPRUS: Michalis Alkiviades (.. Andreas Constantinou); Christos Kovis, Demetrios Kizas, Kyriakos Koureas, Nikos Pantziaras, Stefanis Michael, Gregory Savva, Lakis Theodorou, Andreas Stylianou, Nikos Charalambous (.. A.Constantinou), Markos Markou.

Goals: MacDonald (3, 32, 52, 56, 87)

CYPRUS v ENGLAND 0-1 (0-1)
Limassol   11.05.1975

Referee: Tzvetan Stanev (BUL)   Attendance: 21,000

CYPRUS: Andreas Constantinou; Christos Kovis, Demetrios Kizas, Stavros Stylianou, Nikos Pantziaras, Stefanis Michael, Tasos Constantinou, Andreas Miamiliotis (.. Christos Papettas), Gregory Savva, Nikos Charalambous, Dimitrakis Panagiotou (.. Kokos Antoniou).

ENGLAND: Raymond Clemence; Steven Whitworth, Kevin Beattie (41 Emlyn Hughes), David Watson, Colin Todd, Colin Bell, David Thomas, Alan Ball, Michael Channon, Malcolm Macdonald, Kevin Keegan (73 Dennis Tueart).
Manager: Donald Revie

Goal: Keegan (6)

CZECHOSLOVAKIA v CYPRUS 4-0 (2-0)
Praha   20.04.1975

Referee: Heinz Einbeck (E. GER)   Attendance: 5,000

CZECHOSLOVAKIA: Ivo Viktor; Ján Pivarník, Anton Ondrus, Jozef Capkovic (76 Ladislav Petrás), Zdenek Koubek; Premysl Bicovsky, Antonín Panenka, Miroslav Gajdusek; Marián Masny, Ján Svehlík, Zdenek Nehoda.
Trainer: Václav Jezek

CYPRUS: Fanos Stylianou; Christos Kovis, Demetrios Kizas, Stavros Stylianou, Nikos Pantziaras, Gregory Savva, Menelaos Asprou (.. Panikos Efthimiades), Stefanis Michael (.. Christos Yiolitis), Markos Markou, Nikos Charalambous, Andreas Stylianou.

Goals: Panenka (10, 35, 57 pen), Masny (78)

CYPRUS v PORTUGAL 0-2 (0-1)
Limassol   08.06.1975

Referee: Gheorghe Limona (ROM)   Attendance: 9,000

CYPRUS: Fanos Stylianou; Christos Kovis, Demetrios Kizas, Stavros Stylianou, Nikos Pantziaras, Stefanis Michael, Christos Papettas (.. Andreas Kanaris), Markos Markou, Gregory Savva, Nikos Charalambous (.. Demetrios Economou "Koudas", Andreas Savva.

PORTUGAL: Vitor DAMAS; ARTUR Manuel, HUMBERTO COELHO, Fernando José António FREITAS Alexandrino, António BARROS, OCTÁVIO Machado, António Oliveira "TONI", João ALVES, Vitor Manuel da Cruz GODINHO, Tamagnini NÉNÉ (60 Mário Jorge MOINHOS de Matos), Mário da Silva "MARINHO" (75 FRANCISCO MARIO Pinto da Silva).

Goals: Néné (25), Moinhos (89)

CZECHOSLOVAKIA v PORTUGAL 5-0 (3-0)
Sparta, Praha   30.04.1975

Referee: Ferdinand Biwersi (W. GER)   Attendance: 25,000

CZECHOSLOVAKIA: Ivo Viktor; Ján Pivarník, Anton Ondrus, Jozef Capkovic, Zdenek Koubek (76 Jindrich Svoboda); Premysl Bicovsky, Lubomír Knapp (81 Ján Medvid), Miroslav Gajdusek; Marián Masny, Ladislav Petrás, Zdenek Nehoda.   Trainer: Václav Jezek

PORTUGAL: Vitor DAMAS; Francisco Moreira da Silva REBELO, HUMBERTO COELHO, Carlos ALHINHO, António Monteiro Teixeira de BARROS, OCTÁVIO Machado, António José da Conceiçao Oliveira "TONI" (50 Minervino José Lopes PIETRA), João ALVES, Samuel Ferreira FRAGUITO, Mário da Silva Mateus "MARINHO", Tamagnini NÉNÉ (64 Fernando Mendes Soares GOMES).

Goals: Bicovsky (11, 22), Nehoda (25, 46), Petrás (52)

CZECHOSLOVAKIA v ENGLAND 2-1 (1-1)
Bratislava   30.10.1975

Referee: Alberto Michelotti (ITA)   Attendance: 45,000

CZECHOSLOVAKIA: Ivo Viktor; Ján Pivarník, Anton Ondrus, Ladislav Jurkemik, Koloman Gögh (.. Karol Dobias); Jaroslav Pollák, Premysl Bicovsky, Lubomír Knapp; Marián Masny, Peter Gallis, Zdenek Nehoda.   Trainer: Václav Jezek

ENGLAND: Raymond Clemence; Paul Madeley, Ian Gillard, Gerald Francis, Roy McFarland (46 David Watson), Colin Todd, Kevin Keegan, Michael Channon (.. David Thomas), Malcolm Macdonald, Allan Clarke, Colin Bell.   Manager: Donald Revie

This match was stopped in the 17th minute on 29.10.1975 because of fog and was fully replayed the following day.

Goals: Channon (27), Nehoda (45), Gallis (70)

PORTUGAL v CZECHOSLOVAKIA 1-1 (1-1)
Estádio das Antas, Porto   12.11.1975
Referee: Charles G. Corver (HOL)   Attendance: 45,000
PORTUGAL: Vitor DAMAS; Francisco REBELO, HUMBERTO COELHO, Fernando FREITAS, ARTUR Correia, OCTÁVIO Machado, João ALVES, António Oliveira "TONI", Tamagnini NÉNÉ (46 António OLIVEIRA, 66 Mário Silva Mateus "MARINHO"), VITOR Manuel Ferreira BATISTA, Mário MOINHOS.

CZECHOSLOVAKIA: Ivo Viktor; Ján Pivarník, Anton Ondrus, Ladislav Jurkemik, Koloman Gögh; Premysl Bicovsky, Jaroslav Pollák, Jozef Móder; Marián Masny (.. Karol Dobias), Peter Gallis (41 Frantisek Vesely), Zdenek Nehoda. Trainer: Václav Jezek

Goals: Ondrus (5), Néné (6)

PORTUGAL v ENGLAND 1-1 (1-1)
Estádio José Alvalade, Lisboa   19.11.1975
Referee: Erich Linemayr (AUS)   Attendance: 40,000
PORTUGAL: Vitor DAMAS; Francisco REBELO (49 António Carlos Sousa Laranjeira Lima "TAI"), RUI Gouveia Pinto RODRIGUES (49 Alvaro CAROLINO Nascimento), ARTUR Correia, Fernando FREITAS, OCTÁVIO Machado, João ALVES, António Oliveira "TONI", Tamagnini NÉNÉ, VITOR BATISTA, Mário MOINHOS.

ENGLAND: Raymond Clemence; Steven Whitworth, Kevin Beattie, Gerald Francis, David Watson, Colin Todd, Kevin Keegan, Michael Channon, Malcolm Macdonald (74 David Thomas), Trevor Brooking, Paul Madeley (75 Allan Clarke). Manager: Donald Revie

Goals: Rui Rodrigues (16), Channon (42)

CYPRUS v CZECHOSLOVAKIA 0-3 (0-3)
Limassol   23.11.1975
Referee: Sándor Petri (HUN)   Attendance: 9,000
CYPRUS: Michalis Alkiviades; Ioannis Mertakkas, Paschalis Fokkis (.. Kallis Constantinou), Stavros Stylianou, Nikos Pantziaras, Stefanis Michael, Christos Papettas, Gregory Savva, Sotiris Kaiafas (.. Andreas Miamiliotis), Markos Markou, Andreas Kanaris.
CZECHOSLOVAKIA: Ivo Viktor; Ján Pivarník, Anton Ondrus, Ladislav Jurkemik, Koloman Gögh; Premysl Bicovsky, Jaroslav Pollák (.. Ján Medvid), Jozef Móder; Marián Masny, Ján Svehlík (.. Frantisek Vesely), Zdenek Nehoda. Trainer: Václav Jezek

Goals: Nehoda (9), Bicovsky (27), Masny (33)

PORTUGAL v CYPRUS 1-0 (1-0)
Estádio do Bonfim, Setúbal   03.12.1975
Referee: Richard Casha (MAL)   Attendance: 4,000
PORTUGAL: António José Silva BOTELHO; ARTUR Correia, JOSÉ JESUS MENDES, Fernando FREITAS, António Lima "TAI", OCTÁVIO Machado, João ALVES, António Oliveira "TONI", António OLIVEIRA, VITOR BATISTA, Mário MOINHOS (46 MANUEL José Tavares FERNANDES).

CYPRUS: Fanos Stylianou; Ioannis Mertakkas, Stavros Stylianou, Kallis Constantinou, Nikos Pantziaras, Stefanis Michael, Christos Papettas (.. Panikos Efthymiades), Gregory Savva, Andreas Miamiliotis, Markos Markou, Andreas Kanaris (.. Dimitrakis Panagiotou).

Goal: Alves (20)

	P	W	D	L	F	A	Pts
Czechoslovakia	6	4	1	1	15	5	9
England	6	3	2	1	11	3	8
Portugal	6	2	3	1	5	7	7
Cyprus	6	0	0	6	0	16	0

GROUP 2

AUSTRIA v WALES 2-1 (0-1)
Prater, Wien   04.09.1974
Referee: Dogan Babacan (TUR)   Attendance: 35,000
AUSTRIA: Herbert Rettensteiner; Johann Eigenstiller (Cap), Johannes Winklbauer, Eduard Krieger, Werner Kriess, Werner Walzer, August Starek, Rainer Schlagbauer (67 Helmut Köglberger), Wilhelm Kreuz, Johann Krankl, Josef Stering. Trainer: Leopold Stastny

WALES: Gary Sprake; Philip Roberts, David Roberts (Cap), John Roberts, Leighton Phillips; John Mahoney, Terence Yorath, Arfon Trevor Griffiths; Leighton James, John Toshack, Gilbert Ivor Reece.   Manager: Michael Smith

Goals: Griffiths (34), Kreuz (63), Krankl (75)

LUXEMBOURG v HUNGARY 2-4 (2-2)
Stade Municipal, Luxembourg   13.10.1974
Referee: Magnus Petursson (ICE)   Attendance: 3,000
LUXEMBOURG: Jeannot Moes; Roger Fandel, Joé Hansen, René Flenghi, Robert Da Grava, Jean Zuang, Louis Trierweiller, Paul Philipp (Cap), Gilbert Dussier, Nico Braun, Pierrot Langers.   Trainer: Gilbert Legrand

HUNGARY: Ferenc Mészáros; Péter Török, László Harsányi, József Horváth, Mihály Kántor; László Bálint, László Fazekas, András Tóth; Mihály Pénzes, Tibor Kiss, László Nagy.

Goals: Dussier (14, 44 pen), Horváth (18), Nagy (30, 55), Bálint (70)

WALES v HUNGARY 2-0 (0-0)
Ninian Park, Cardiff   30.10.1974
Referee: Antonio da Silva Garrido (POR)   Att: 15,000

WALES: Gary Sprake (84 Thomas John J. Phillips); Rodney John Thomas, Philip Roberts, John Mahoney, Harold Michael England, Leighton Phillips, Arfon Trevor Griffiths, Terence Yorath, Gilbert Ivor Reece, John Toshack, Leighton James.
Manager: Michael Smith

HUNGARY: Ferenc Mészáros; Péter Török, László Bálint, József Mucha, Mihály Kántor; Zoltán Halmosi, László Fazekas, András Tóth (63 József Póczik); László Fekete, Tibor Kiss, László Nagy.

Goals: Griffiths (57), Toshack (87)

AUSTRIA v HUNGARY 0-0
Prater, Wien   02.04.1975
Referee: Jack Taylor (ENG)   Attendance: 80,000

AUSTRIA: Friedrich Koncilia; Johann Eigenstiller (Cap), Johannes Winklbauer, Erich Obermayer, Heinrich Strasser; Roland Hattenberger, Herbert Prohaska, Wilhelm Kreuz; Helmut Köglberger (69 Johann Pirkner), Johann Krankl, Alfred Riedl.   Trainer: Leopold Stastny

HUNGARY: Ferenc Mészáros; Péter Török, László Bálint, János Nagy, József Tóth; Károly Csapó, Lajos Kocsis, József Horváth, András Tóth (68 Sándor Pinter); Ferenc Bene (Cap), László Branikovits (68 László Fekete).

WALES v LUXEMBOURG 5-0 (1-0)
Swansea   20.11.1974
Referee: Preben Christophersen (DEN)   Attendance: 10,530

WALES: Gary Sprake; Rodney John Thomas, Harold Michael England, Philip Roberts, Leighton Phillips, John Mahoney (.. Brian Flynn), Terence Yorath, Arfon Trevor Griffiths, Leighton James, Gilbert Ivor Reece, John Toshack.
Manager: Michael Smith

LUXEMBOURG: Lucien Thill; Roger Fandel, René Flenghi, Joé Hansen, Robert Da Grava (73 Henri Roemer), Jean Zuang, Louis Pilot (Cap), Louis Trierweiler, Pierrot Langers (64 Jean-Paul Martin), Gilbert Dussier, Paul Philipp.
Trainer: Gilbert Legrand

Goals: Toshack (34), England (53), P. Roberts (70), Griffiths (73), Yorath (75)

HUNGARY v WALES 1-2 (0-1)
Népstadion, Budapest   16.04.1975
Referee: Pablo Augusto Sánchez Ibanez (SPA)   Att: 25,000

HUNGARY: Ferenc Mészáros; Péter Török, János Nagy, László Bálint, József Tóth; Károly Csapó (56 Ferenc Bene), Lajos Kocsis, József Horváth (46 Sándor Pintér); Mihály Kozma, László Branikovits, János Máté.

WALES: William David Davies; Rodney John Thomas, Malcolm Edward Page, Leighton Phillips, John Roberts, Terence Yorath, John Mahoney, Arfon Trevor Griffiths, Gilbert Ivor Reece (83 David Smallman), John Toshack, Leighton James (59 Brian Flynn). Toshack missed penalty (14).
Manager: Michael Smith

Goals: Toshack (45), Mahoney (70), Branikovits (77)

LUXEMBOURG v AUSTRIA 1-2 (1-0)
Stade Municipal, Luxembourg   16.03.1975
Referee: Leonardus van der Kroft (HOL)   Attendance: 4,000

LUXEMBOURG: Jeannot Moes; Roger Fandel, Joé Hansen, Louis Pilot (Cap), Jean-Louis Margue, Louis Trierweiler, Paul Philipp, Jean Zuang, Gilbert Zender (77 Jean-Paul Goerres), Gilbert Dussier, Nico Braun.   Trainer: Gilbert Legrand

AUSTRIA: Friedrich Koncilia; Roland Hattenberger, Norbert Hof, Egon Pajenk, Johann Eigenstiller (Cap); Josef Hickersberger, Herbert Prohaska, Manfred Gombasch; Josef Stering, Kurt Welzl (39 Helmut Köglberger), Johann Krankl.
Trainer: Leopold Stastny

Goals: Braun (11), Köglberger (58), Krankl (75)

LUXEMBOURG v WALES 1-3 (1-2)
Stade Municipal, Luxembourg   01.05.1975
Referee: Jan Peeters (BEL)   Attendance: 5,000

LUXEMBOURG: Jeannot Moes; Roger Fandel, Joé Hansen, Louis Pilot (Cap), Jean-Louis Margue, Louis Trierweiler, Jean Zuang, Paul Philipp, Jean-Paul Martin (50 Jeannot Krecke, 80 Henri Roemer), Nico Braun, Gilbert Zender.
Trainer: Gilbert Legrand

WALES: William David Davies; Malcolm Edward Page, Terence Yorath, Rodney John Thomas, David Roberts, John Mahoney, Leighton Phillips, Arfon Trevor Griffiths (.. Brian Flynn), Gilbert Ivor Reece, John Toshack, Leighton James.
Manager: Michael Smith

Goals: Reece (24), James (32, 83 pen), Philipp (39 pen)

HUNGARY v AUSTRIA 2-1 (2-1)

Népstadion, Budapest 24.09.1975

Referee: René Vigliani (FRA)   Attendance: 35,000

HUNGARY: László Kovács; János Nagy, László Bálint, Tibor Rab, Sándor Lukács; Tibor Nyilasi, Lajos Kocsis, András Tóth (76 Sándor Pintér); László Pusztai, László Fazekas (Cap), László Nagy (46 Béla Váradi).

AUSTRIA: Friedrich Koncilia; Robert Sara, Erich Obermayer (46 Johannes Winklbauer), Bruno Pezzey, Werner Kriess (Cap); Peter Koncilia, Herbert Prohaska (46 Manfred Steiner), Kurt Jara; Günter Rinker, Kurt Welzl, Johann Krankl. Trainer: Leopold Stastny

Goals: Nyilasi (4), Krankl (17 pen), Pusztai (35)

AUSTRIA v LUXEMBOURG 6-2 (3-2)

Prater, Wien 15.10.1975

Referee: Miroslav Kopal (CZE)   Attendance: 20,000

AUSTRIA: Friedrich Koncilia; Werner Kriess (Cap), Johannes Winklbauer, Bruno Pezzey, Heinrich Strasser; Herbert Prohaska, Peter Koncilia, Johann Ettmayer; Kurt Welzl, Johann Krankl, Kurt Jara. Trainer: Branko Elsner

LUXEMBOURG: René Hoffmann, Emile Lahure, Joé Hansen, Louis Pilot (Cap), Jean-Louis Margue, Jean Zuang, Louis Trierweiler, Paul Philipp, Pierrot Langers (75 Jeannot Krecke), Gilbert Dussier (65 François Hauer), Nico Braun. Trainer: Gilbert Legrand

Goals: Welzl (1, 46), Braun (5), Philipp (32 pen), Krankl (38 pen, 76), Jara (41), Prohaska (80)

HUNGARY v LUXEMBOURG 8-1 (4-0)

Haladás, Szombathely 19.10.1975

Referee: Nikola Dudin (BUL)   Attendance: 10,000

HUNGARY: Adám Rothermel; János Nagy, László Bálint, Tibor Rab, Sándor Lukács; Tibor Nyilasi, József Kovács, Sándor Pintér; László Fazekas, Béla Váradi, László Nagy (40 Tibor Wollek).

LUXEMBOURG: Raymond Zender, Léon Schmit, Joé Hansen, Louis Pilot (Cap), Emile Lahure, Jean Zuang, Louis Trierweiler (50 René Flenghi), Paul Philipp, Pierrot Langers (70 Jeannot Krecke), Gilbert Dussier, Nico Braun. Trainer: Gilbert Legrand

Goal: Pinter (13), Nyilasi (21, 22, 44, 57, 67), Váradi (84), Wollek (78), Dussier (83)

WALES v AUSTRIA 1-0 (0-0)

Racecourt Ground, Wrexham 19.11.1975

Referee: Sergio Gonella (ITA)   Attendance: 30,000

WALES: Brian William Lloyd; Rodney John Thomas, Ian Peter Evans, Leighton Phillips, Joseph Jones; John Mahoney, Terence Yorath (Cap), Arfon Trevor Griffiths; Brian Flynn, David Smallman, Leighton James.   Manager: Michael Smith

AUSTRIA: Friedrich Koncilia; Robert Sara (Cap), Johannes Winklbauer, Bruno Pezzey, Werner Kriess (29 Heinrich Strasser); Manfred Steiner, Herbert Prohaska, Johann Ettmayer; Kurt Welzl (70 Josef Stering), Johann Krankl, Kurt Jara. Trainer: Branko Elsner

Goal: Griffiths (69)

	P	W	D	L	F	A	Pts
Wales	6	5	0	1	14	4	10
Hungary	6	3	1	2	15	8	7
Austria	6	3	1	2	11	7	7
Luxembourg	6	0	0	6	7	28	0

GROUP 3

NORWAY v NORTHERN IRELAND 2-1 (0-1)

Oslo 04.09.1974

Referee: Alfred Delcourt (BEL)   Attendance: 7,200

NORWAY: Geir Karlsen; Reidar Goa, Jan Birkelund, Torkild Brakstad, Svein Grøndalen, Egil Austbø, Tor Egil Johansen, Svein Kvia, Jan Fuglset, Tom Lund, Harry Hestad. Trainer: Kjell Schou Andreassen

N. IRELAND: Patrick Jennings; Patrick Rice, David Craig (.. Hugh Dowd), William O'Kane, Alan Hunter, David Clements, Bryan Hamilton, Thomas Cassidy, Thomas Finney, Samuel McIlroy, Cristopher McGrath (.. Thomas Jackson). Manager: Terence Neill

Goals: Finney (3), T. Lund (59, 72)

SWEDEN v NORTHERN IRELAND 0-2 (0-2)

Fotbollstadion, Solna 30.10.1974

Referee: Theo Boosten (HOL)   Attendance: 18,131

SWEDEN: Ronnie Hellström; Roland Andersson, Kent Karlsson, Björn Nordqvist, Björn Andersson, Staffan Tapper, Ove Kindvall (73 Thomas Nordahl), Bo Larsson, Conny Torstensson (46 Jan Mattson), Ralf Edström, Roland Sandberg.

N. IRELAND: Patrick Jennings; William O'Kane, Samuel Nelson (46 Ronald Blair), Hugh Dowd, Alan Hunter, Christopher Nicholl, Thomas Jackson, Martin O'Neill, Samuel Morgan, Samuel McIlroy, Bryan Hamilton. Manager: Terence Neill

Goals: Nicholl (7), O'Neill (23)

YUGOSLAVIA v NORWAY 3-1 (1-1)
JNA, Beograd   30.10.1974

Referee: Antoine Queudeville (LUX)   Attendance: 15,000

YUGOSLAVIA: Ognjen Petrovic; Vilson Dzoni, Dzemal Hadziabdic, Jure Jerkovic, Josip Katalinski, Ivan Buljan, Slavisa Zungul, Momcilo Vukotic, Ivan Surjak, Franjo Vladic (.. Ljubisa Rajkovic), Dragan Dzajic.   Trainer: Ante Mladinic

NORWAY: Geir Karlsen; Öystein Wormdahl, Jan Birkelund, Torkild Brakstad, Svein Grøndalen, Egil Austbø, Tor Egil Johansen (72 Jan Fuglset), Svein Kvia, Terje Olsen, Tom Lund, Harry Hestad.   Trainer: Kjell Schou Andreassen

Goals: T. Lund (36), M.Vukotic (43), Katalinski (58, 72)

NORWAY v YUGOSLAVIA 1-3 (0-3)
Ulleval, Oslo   09.06.1975

Referee: Edgar Pedersen (DEN)   Attendance: 21,700

NORWAY: Erik Johannesen (77 Geir Karlsen); Erling Meirik, Reidar Goa (40 Trond Pedersen), Jan Birkelund, Svein Grøndalen, Tor Egil Johansen, Svein Kvia, Harry Hestad, Stein Thunberg, Tom Lund, Gabriel Høyland.
Trainer: Kjell Schou Andreassen

YUGOSLAVIA: Ognjen Petrović; Ivan Buljan, Dzemal Hadziabdic, Drazen Muzinić, Josip Katalinski, Vladislav Bogicevic, Danilo Popivoda, Branko Oblak, Ivan Surjak, Franjo Vladic (77 Vladimir Petrovic), Zvonko Ivezic.
Trainer: Ante Mladinic

Goals: Buljan (12), Bogicevic (13), Surjak (25), Thunberg (65)

NORTHERN IRELAND v YUGOSLAVIA 1-0 (1-0)
Windsor Park, Belfast   16.04.1975

Referee: Robert Wurtz (FRA)   Attendance: 30,000

N. IRELAND: Patrick Jennings; Patrick Rice, Samuel Nelson, Christopher Nicholl, Alan Hunter, David Clements, Bryan Hamilton, Martin O'Neill, Derek Spence, Samuel McIlroy, Thomas Jackson.   Manager: Terence Neill

YUGOSLAVIA: Ognjen Petrović; Drazen Muzinić, Dzemal Hadziabdić, Luka Peruzović, Josip Katalinski, Ivan Buljan, Slobodan Janković, Branko Oblak, Momcilo Vukotić (.. Franjo Vladić), Jure Jerković (77 Ivica Miljković), Ivan Surjak.
Trainer: Ante Mladinić

Goal: Hamilton (22)

SWEDEN v NORWAY 3-1 (1-0)
Solna, 30.06.1975

Referee: Rudolf Glöckner (E. GER)   Attendance: 9,580

SWEDEN: Ronnie Hellström; Roland Andersson, Roy Andersson, Kent Karlsson, Jörgen Augustsson, Anders Linderoth, Ove Grahn, Eine Fredriksson (61 Curt Olsberg), Roland Sandberg, Thomas Nordahl, Benny Wendt (.. Jan Mattsson).

NORWAY: Erik Johannesen (80 Tore Antonsen); Erling Meirik, Helge Karlsen, Svein Grøndalen, Trond Pedersen, Tor Egil Johansen, Svein Kvia, Frode Larsen (69 Stein Thunberg), Erik Just Olsen, Helge Skuseth, Gabriel Høyland.
Trainer: Kjell Schou Andreassen

Goals: Nordahl (33, 56), E.J. Olsen (54), Grahn (65 pen)

SWEDEN v YUGOSLAVIA 1-2 (1-1)
Rasunda, Solna   04.06.1975

Referee: Vital Loraux (BEL)   Attendance: 27,250

SWEDEN: Ronnie Hellström; Roland Andersson, Kent Karlsson, Björn Nordqvist, Jörgen Augustsson, Ove Grahn, Eine Fredriksson, Ralf Edström, Roland Sandberg, Thomas Sjöberg, Benny Wendt (46 Göran Hagberg), (66 Thomas Nordahl).

YUGOSLAVIA: Ognjen Petrovic; Ivan Buljan, Dzemal Hadziabdic, Drazen Muzinic, Josip Katalinski, Vladislav Bogicevic, Danilo Popivoda, Branko Oblak, Dusan Savic (53 Zvonko Ivezic), Franjo Vladic, Ivan Surjak.
Trainer: Ante Mladinic

Goals: Edström (16), Katalinski (41), Ivezic (78)

NORWAY v SWEDEN 0-2 (0-1)
Oslo   13.08.1975

Referee: Anders Mattsson (FIN)   Attendance: 18,011

NORWAY: Tore Antonsen; Trond Pedersen, Helge Karlsen, Svein Grøndalen, Sigbjørn Slinning, Jan Hansen, Svein Kvia, Stein Thunberg (.. Tor Egil Johansen), Frode Larsen, Helge Skuseth, Gabriel Høyland (62 Svein Mathisen).
Trainer: Kjell Schou Andreassen

SWEDEN: Ronnie Hellström; Roland Andersson, Kent Karlsson, Björn Nordqvist, Jörgen Augustsson, Anders Linderoth, Ove Grahn, Ralf Edström, Roland Sandberg, Thomas Sjöberg, Benny Wendt (.. Jan Mattsson).

Goals: Sandberg (29), Sjöberg (53)

NORTHERN IRELAND v SWEDEN 1-2 (1-1)
Belfast 03.09.1975
Referee: Hans Joachim Weyland (W. GER)   Att: 15,000
N. IRELAND: Patrick Jennings; Patrick Rice, Samuel Nelson, David Clements, Alan Hunter, Christopher Nicholl, Ronald Blair, Bryan Hamilton (.. Samuel Morgan), Derek Spence, Samuel McIlroy, Thomas Jackson. Manager: David Clements
SWEDEN: Ronnie Hellström; Roland Sandberg, Kent Karlsson, Björn Nordqvist, Jörgen Augustsson, Eine Fredriksson, Conny Torstensson, Anders Linderoth, Curt Olsberg (46 Staffan Tapper), Thomas Sjöberg, Jan Mattsson.
Goals: Hunter (32), Sjöberg (45), Torstensson (54)

YUGOSLAVIA v SWEDEN 3-0 (1-0)
Maksimir, Zagreb   15.10.1975
Referee: Walter Hungerbühler (SWI)   Attendance: 45,000
YUGOSLAVIA: Ognjen Petrovic; Ivan Buljan, Dzemal Hadziabdic, Branko Oblak, Josip Katalinski, Drazen Muzinic, Drago Vabec, Jure Jerkovic, Ivan Surjak, Franjo Vladic, Dragan Dzajic. Trainer: Ante Mladinic
SWEDEN: Ronnie Hellström; Roland Andersson, Kent Karlsson, Björn Nordqvist, Jörgen Augustsson, Anders Linderoth, Staffan Tapper, Conny Torstensson, Roland Sandberg, Thomas Sjöberg (32 Jan Mattsson), Ralf Edström.
Goals: Oblak (17), Vladic (50), Vabec (83)

NORTHERN IRELAND v NORWAY 3-0 (2-0)
Belfast   29.10.1975
Referee: Gujón Finnbogasseon (ICE)   Attendance: 8,000
N. IRELAND: Patrick Jennings; Patrick Rice, Samuel Nelson, Christopher Nicholl, Alan Hunter, Thomas Jackson, Bryan Hamilton, Samuel McIlroy, Samuel Morgan (.. Terence Cochrane), John Jamison, Thomas Finney.
Manager: David Clements
NORWAY: Geir Karlsen (68 Tom Risz Jacobsen); Trond Pedersen, Helge Karlsen, Svein Grøndalen (50 Børge Josefsen), Sigbjørn Slinning, Jan Hansen, Svein Kvia, Helge Skuseth, Gabriel Høyland, Pål Jacobsen, Harry Hestad.
Trainer: Kjell Schou Andreassen
Goals: Morgan (2), McIlroy (5), Hamilton (53)

YUGOSLAVIA v NORTHERN IRELAND 1-0 (1-0)
JNA, Beograd   19.11.1975
Referee: Antonio Camacho Jimenez (SPA)   Att: 40,000
YUGOSLAVIA: Ognjen Petrovic; Ivan Buljan, Dzemal Hadziabdic, Branko Oblak, Josip Katalinski, Drazen Muzinic, Jure Jerkovic, Momcilo Vukotic, Ivan Surjak, Franjo Vladic, Dragan Dzajic. Trainer: Ante Mladinic
N. IRELAND: Patrick Jennings; Patrick Rice, Peter Scott, Christopher Nicholl, Alan Hunter, David Clements, Bryan Hamilton, Samuel McIlroy, Samuel Morgan, Thomas Jackson (.. Martin O'Neill), Thomas Finney.
Manager: David Clements
Goal: Oblak (23)

	P	W	D	L	F	A	Pts
Yugoslavia	6	5	0	1	12	4	10
Northern Ireland	6	3	0	3	8	5	6
Sweden	6	3	0	3	8	9	6
Norway	6	1	0	5	5	15	2

GROUP 4

DENMARK v SPAIN 1-2 (0-2)
Idraetsparken, København   25.09.1974
Referee: John Carpenter (IRE)   Attendance: 27,300
DENMARK: Benno Larsen; Flemming Mortensen, Henning Munk Jensen, Jørgen Rasmussen, Kjeld Seneca; Niels Sørensen (70 Jørgen Jørgensen), Morten Olsen, Kristen Nygaard; Allan Simonsen, Henning Jensen, Niels Christian Holmstrøm (46 Ove Flindt Bjerg). Trainer: Rudolf Strittich
SPAIN: José Angel IRIBAR Cortajarena; Juan Cruz SOL Oria, Gregorio BENITO Rubio, Francisco CASTELLANOS Rodriguez, José Luis CAPON Gonzalez; Jesús MARTINEZ Rivadeneyra, José CLARAMUNT Torres, Juan Manuel ASENSI Ripoll; ROBERTO MARTINEZ Martinez (65 Juan Antonio GARCÍA SORIANO), Enrique Castro Gonzalez QUINI, MARCIAL Pina Morales. Claramunt sent off (89).
Trainer: Ladislao Kubala
Goals: Claramunt I (28 pen), R. Martinez (41), Nygaard (48 pen)

DENMARK v ROMANIA 0-0

Idraetsparken, København   13.10.1974

Referee: Ferdinand Biwersi (W. GER)   Attendance: 15,700

DENMARK: Benno Larsen; Flemming Mortensen, Henning Munk Jensen, Steen Danielsen, Jørgen Rasmussen; Morten Olsen, Ulrik le Févre, Jørgen Jørgensen; Benny Nielsen, Flemming Lund, Niels-Christian Holmstrøm.
Trainer: Rudolf Strittich

ROMANIA: Răducanu Necula; Florin Cheran, Dumitru Antonescu, Alexandru Sătmăreanu, Teodor Anghelini; Ion Dumitru, Cornel Dinu (Cap), Anghel Iordănescu; Radu Nunweiller, Mircea Lucescu (80 Radu Troi), Attila Kun.
Trainer: Valentin Stănescu

SCOTLAND v SPAIN 1-2 (1-1)

Hampden Park, Glasgow   20.11.1974

Referee: Eric Linemayr (AUS)   Attendance: 92,000

SCOTLAND: David Harvey; William Jardine, Kenneth Burns, Alexander Forsyth; Gordon McQueen, William John Bremner; Graeme James Souness, Thomas Hutchison (66 Kenneth Dalglish), James Johnstone, John Kelly Deans (60 Peter Lorimer), Joseph Jordan.   Manager: William Ormond

SPAIN: José Angel IRIBAR Cortajarena; Francisco CASTELLANOS Rodriguez, Gregorio BENITO Rubio, Bernardo Blanquetti MIGUELI (67 Juan Cruz SOL Oria), José Luis CAPON Gonzalez; Enrique Álvarez COSTAS, Angel Maria VILLAR Llona, Javier PLANAS Abad; ROBERTO MARTINEZ Martinez, Enrique Castro Gonzalez QUINI, Carlos REXACH Cerdá.   Trainer: Ladislao Kubala

Goals: Bremner (10), Quini (36, 60)

SPAIN v SCOTLAND 1-1 (0-1)

Estadio Luis Casanova, Valencia   05.02.1975

Referee: Alfred Delcourt (BEL)   Attendance: 60,000

SPAIN: José Angel IRIBAR Cortajarena; Juan Cruz SOL Oria, Gregorio BENITO Rubio, Enrique Álvarez COSTAS (67 Bernardo Blanquetti MIGUELI), José Antonio CAMACHO Alfaro, José CLARAMUNT Torres, Angel Maria VILLAR Llona, Juan Manuel ASENSI Ripoll; Enrique Castro Gonzalez QUINI, José Eulogio GARATE Hormaechea (62 Alfredo MEGIDO), Carlos REXACH Cerdá.   Trainer: Ladislao Kubala

SCOTLAND: David Harvey; William Jardine, Daniel McGrain, Gordon McQueen, Martin Buchan, Kenneth Dalglish, William John Bremner, Thomas Hutchison, Charles Cooke, Joseph Jordan (46 Derek James Parlane), Kenneth Burns (60 Paul Wilson).   Manager: William Ormond

Goals: Jordan (1), Megido (66 pen)

SPAIN v ROMANIA 1-1 (1-0)

Estadio Santiago Bernabeu, Madrid   17.04.1975

Referee: Charles Corver (HOL)   Attendance: 100,000

SPAIN: José Angel IRIBAR Cortajarena; José Antonio CAMACHO Alfaro, Gregorio BENITO Rubio, José Martinez Sánchez PIRRI, José Luis CAPON Gonzalez; Vicente Gonzalez DEL BOSQUE, Manuel VELAZQUEZ Villaverde (46 Javier IRURETAgoyena Amiano); Carlos REXACH Cerdá, Carlos Alonso Gonzalez SANTILLANA, José Eulogio GARATE Hormaechea, José Francisco ROJO I Arroitia.
Trainer: Ladislao Kubala

ROMANIA: Răducanu Necula; Florin Cheran, Gabriel Sandu, Alexandru Sătmăreanu, Teodor Anghelini; Dudu Georgescu, Ilie Balaci, Ion Dumitru; Radu Nunweiller (43 Zoltan Crişan), Attila Kun (43 Anghel Iordănescu), Mircea Lucescu (Cap).
Trainer: Valentin Stănescu

Goals: Velazquez (6), Crişan (70)

ROMANIA v DENMARK 6-1 (2-0)

"23 August", Bucureşti   11.05.1975

Referee: Nikolaos Zlatanos (GRE)   Attendance: 60,000

ROMANIA: Răducanu Necula; Florin Cheran, Alexandru Sătmăreanu, Gabriel Sandu, Teodor Anghelini; Cornel Dinu (Cap), Ion Dumitru (80 Ilie Balaci), Nicolae Dobrin (80 Attila Kun); Zoltan Crişan, Dudu Georgescu, Mircea Lucescu.
Trainer: Valentin Stănescu

DENMARK: Benno Larsen (22 Per Poulsen); Flemming Mortensen, Henning Munk Jensen, Lars Larsen, Jørgen Rasmussen; Morten Olsen, Niels Sørensen (37 Frank Nielsen), Jørgen Jørgensen; Birger Mauritzen, Peter Dahl, Eigil Nielsen.
Trainer: Rudolf Strittich

Goals: Georgescu (28, 76), Crişan (40, 59), Lucescu (83), Dinu (85), Dahl (86)

ROMANIA v SCOTLAND 1-1 (1-0)

"23 August", Bucureşti   01.06.1975

Referee: Ertugrul Dilek (TUR)   Attendance: 80,000

ROMANIA: Răducanu Necula; Florin Cheran, Alexandru Sătmăreanu, Gabriel Sandu, Teodor Anghelini; Ion Dumitru, Cornel Dinu (Cap), Dudu Georgescu (38 Ilie Balaci; Zoltan Crişan, Nicolae Dobrin (82 Attila Kun).
Trainer: Valentin Stănescu

SCOTLAND: James Grady Brown; Daniel Fergus McGrain, Francis Michael Munro, Gordon McQueen, Alexander Forsyth; William Ferguson Miller, Kenneth Dalglish, Bruce David Rioch (66 Robert Sharp Robinson), Derek James Parlane, Luigi Macari (66 Thomas Hutchison), Arthur Duncan.
Manager: William Ormond

Goals: D. Georgescu (21), McQueen (89)

DENMARK v SCOTLAND 0-1 (0-0)

Idraetsparken, København 03.09.1975

Referee: Robert Schaut (BEL)   Attendance: 40,300

DENMARK: Birger Jensen; Flemming Mortensen, Henning Munk Jensen, Lars Larsen, Niels Tune, Ole Bjørnmose, Ove Flindt Bjerg, Benny Nielsen, Allan Simonsen, Henning Jensen, Ulrik Le Févre.   Trainer: Rudolf Strittich

SCOTLAND: David Harvey; Daniel Fergus McGrain, Alexander Forsyth, William John Bremner, Gordon McQueen, Martin Buchan, Peter Lorimer, Kenneth Dalglish, Joseph Harper, Bruce David Rioch, Thomas Hutchison (60 Arthur Duncan).   Manager: William Ormond

Goal: Harper (51)

SPAIN v DENMARK 2-0 (1-0)

Nou Camp, Barcelona   12.10.1975

Referee: Paul Bonnet (MAL)   Attendance: 20,000

SPAIN: MIGUEL ANGEL Gonzalez Suarez; José Antonio RAMOS, Gregorio BENITO Rubio, Bernardo Blanquetti MIGUELI, José Luis CAPON Gonzalez; MARCIAL Pina Morales, Daniel SOLSONA Puig, José Martinez Sánchez PIRRI, Vicente Gonzalez DEL BOSQUE (46 Juan Manuel ASENSI Ripoll); Carlos Alonso Gonzalez SANTILLANA, Carlos REXACH Cerdá (.. Ignacio CHURRUCA Sistiaga). Trainer: Ladislao Kubala

DENMARK: Benno Larsen; John Andersen, Henning Munk Jensen, Lars Larsen, Johnny Hansen, Ole Rasmussen, Niels Sørensen (60 Carsten Nielsen), Heino Hansen, Peter Dahl, Lars Bastrup, Ove Flindt Bjerg.   Trainer: Rudolf Strittich

Goals: Pirri (40), Capón (67)

SCOTLAND v DENMARK 3-1 (0-1)

Hampden Park, Glasgow   29.10.1975

Referee: Rolf Nyhus (NOR)   Attendance: 50,000

SCOTLAND: David Harvey; Daniel Fergus McGrain, Stewart Houston, John Greig, Colin Jackson, Bruce David Rioch, Peter Lorimer, Kenneth Dalglish, Edward MacDougall (73 Derek Parlane), Richard Hartford, Archibald Gemmill. Manager: William Ormond

DENMARK: Benno Larsen; John Andersen, Henning Munk Jensen, Lars Larsen, Johnny Hansen, Niels Sørensen, Heino Hansen, Niels Tune (68 Frank Nielsen), Kristen Nygaard, Lars Bastrup, Jens Kolding.   Trainer: Rudolf Strittich

Goals: Bastrup (20), Dalglish (48), Rioch (53), MacDougall (62)

ROMANIA v SPAIN 2-2 (0-1)

23 August, Bucureşti   16.11.1975

Referee: Hans Joachim Weyland (W. GER)   Att: 50,000

ROMANIA: Răducanu Necula; Teodor Anghelini, Gabriel Sandu, Alexandru Sătmăreanu, Teodor Lucuţă; Cornel Dinu (Cap), Dudu Georgescu; Mircea Lucescu, Mircea Sandu (46 Anghel Iordănescu), Nicolae Dobrin, Constantin Zamfir (61 Zoltan Crişan).   Trainer: Valentin Stănescu

SPAIN: MIGUEL ANGEL Gonzalez Suarez; Juan Cruz SOL Oria, Gregorio BENITO Rubio, Bernardo Blanquetti MIGUELI, José Antonio CAMACHO Alfaro; José Martinez Sánchez PIRRI (Cap), Angel Maria VILLAR Llona, Vicente Gonzalez DEL BOSQUE; Enrique Castro Gonzalez QUINI (88 Jesus SATRÚSTEGUI), Carlos Alonso Gonzalez SANTILLANA, José Francisco ROJO I Arroitia (56 Francisco FORTES Calvo). Trainer: Ladislao Kubala

Goals: Villar (29), Santillana (57), Georgescu (72 pen), Iordănescu (80)

SCOTLAND v ROMANIA 1-1 (1-0)

Hampden Park, Glasgow   17.12.1975

Referee: Adolf Prokop (E. GER)   Attendance: 11,375

ROMANIA: Răducanu Necula; Florin Cheran, Alexandru Sătmăreanu, Gabriel Sandu, Teodor Anghelini; Cornel Dinu, Ladislau Bölöni, Mihai Romilă; Mircea Lucescu (60 Zoltan Crişan), Dudu Georgescu, Anghel Iordănescu. Trainer: Cornel Drăguşin

SCOTLAND: James Fergus Cruickshank; John Brownlie, Colin Mac Donald Jackson, Martin McLean Buchan, William Donachie; Bruce David Rioch, Richard Asa Hartford, Kenneth Dalglish (73 Edward John Mac Dougall); John Doyle (73 Peter Patrick Lorimer), Andrew Mullen Gray, Archibald Gemmill. Manager: William Ormond

Goals: Rioch (42), Crişan (73)

	P	W	D	L	F	A	Pts
Spain	6	3	3	0	10	6	9
Romania	6	1	5	0	11	6	7
Scotland	6	2	3	1	8	6	7
Denmark	6	0	1	5	3	14	1

GROUP 5

FINLAND v POLAND 1-2 (1-1)
Olympiastadion, Helsinki 01.09.1974
Referee: John Wright Paterson (SCO)   Attendance: 18,759

FINLAND: Pertti Alaja; Henry Forssell, Arto Tolsa, Erkki Vihtilä, Esko Ranta; Jouko Suomalainen (Cap), Timo Rahja (81 Antero Nikkanen), Aki Heiskanen; Miikka Toivola, Matti Paatelainen (64 Jarmo Manninen), Juha-Pekka Laine.
Trainer: Olavi Laaksonen

POLAND: Jan Tomaszewski; Antoni Szymanowski, Jerzy Gorgon, Miroslaw Bulzacki, Adam Musial; Henryk Kasperczak (77 Marek Kusto), Leslaw Cmikiewicz (Cap), Zygmunt Maszczyk; Grzegorz Lato, Andrzej Szarmach, Robert Gadocha.
Trainer: Kazimierz Górski.

Goals: Rahja (3), Szarmach (23), Lato (51)

HOLLAND v ITALY 3-1 (1-1)
Feyenoord, Rotterdam 20.11.1974
Referee: Pavel Kazakov (USSR)   Attendance: 65,000

HOLLAND: Jan Jongbloed; Wim Suurbier, Arie Haan, Wim Rijsbergen, Ruud Krol; Willy Van der Kuylen, Johan Neeskens, Wim Van Hanegem, Johnny Rep (46 Willy van de Kerkhof), Johan Cruijff (Cap), Robert Rensenbrink.
Trainer: Gregorius Knobel

ITALY: Dino Zoff (Cap); Francesco Rocca, Andrea Orlandini, Francesco Morini, Moreno Roggi; Giancarlo Antognoni, Antonio Juliano, Franco Causio, Roberto Boninsegna, Pietro Anastasi, Luciano Zecchini.   Trainer: Fulvio Bernardini

Goals: Boninsegna (4), Rensenbrink (25), Cruijff (65, 79)

FINLAND v HOLLAND 1-3 (1-2)
Helsinki 25.09.1974
Referee: Wolfgang Riedel (E. GER)   Attendance: 20,449

FINLAND: Harri Holli; Raimo Saari, Arto Tolsa, Erkki Vihtilä, Esko Ranta; Jouko Suomalainen, Aki Heiskanen (60 Olavi Rissanen), Raimo Hukka (54 Miikka Toivola), Timo Rahja, Rutger Petterson, Juha-Pekka Laine.
Trainer: Olavi Laaksonen

HOLLAND: Jan Jongbloed; Kees Van Ierssel, Arie Haan, Theo De Jong, Ruud Krol, Wim Jansen, Johan Neeskens, Wim Van Hanegem (48 Rene Notten), Peter Ressel, Johan Cruijff (Cap), Johnny Rep (.. Ruud Geels).   Trainer: Gregorius Knobel

Goals: Rahja (16), Cruijff (28, 40), Neeskens (51 pen)

ITALY v POLAND 0-0
Stadio Olimpico, Roma 19.04.1975
Referee: Robert Hélies (FRA)   Attendance: 80,000

ITALY: Dino Zoff; Claudio Gentile, Francesco Rocca, Mauro Bellugi, Giacinto Facchetti (Cap); Franco Cordova, Francesco Graziani, Giorgio Morini; Giancarlo Antognoni, Giorgio Chinaglia, Paolino Pulici.   Trainer: Fulvio Bernardini

POLAND: Jan Tomaszewski; Antoni Szymanowski, Jerzy Gorgon, Wladyslaw Zmuda, Henryk Wawrowski; Zygmunt Maszczyk, Kazimierz Deyna (Cap), Henryk Kasperczak (46 Leslaw Cmikiewicz); Grzegorz Lato, Andrzej Szarmach, Robert Gadocha.   Trainer: Kazimierz Górski

POLAND v FINLAND 3-0 (2-0)
Warty, Poznan 09.10.1974
Referee: Dusan Maksimovic (YUG)   Attendance: 30,000

POLAND: Jan Tomaszewski; Antoni Szymanowski, Marian Ostafinski, Jerzy Wyrobek, Piotr Drzewiecki; Henryk Kasperczak (53 Roman Jakóbczak), Kazimierz Deyna (Cap), Bronislaw Bula; Grzegorz Lato, Andrzej Szarmach (74 Joachim Marx), Robert Gadocha.   Trainer: Kazimierz Górski.

FINLAND: Harri Holli; Raimo Saari, Arto Tolsa, Erkki Vihtilä, Esko Ranta; Jouko Suomalainen (Cap), Aki Heiskanen (46 Rutger Petterson), Timo Rahja; Miikka Toivola, Matti Paatelainen (46 Juha-Pekka Laine), Olavi Rissanen.
Trainer: Olavi Laaksonen

Goals: Kasperczak (12), Gadocha (14), Lato (53)

FINLAND v ITALY 0-1 (0-1)
Olympiastadion, Helsinki 05.06.1975
Referee: Walter Eschweiler (W. GER)   Attendance: 17,732

FINLAND: Göran Enckelman; Erkki Vihtilä, Arto Tolsa, Matti Paatelainen (Cap), Esko Ranta, Jouko Suomalainen, Pauno Kymäläinen (46 Olavi Rissanen), Aki Heiskanen, Jarmo Manninen, Juha-Pekka Laine (77 Kalle Nieminen), Miikka Toivola.   Trainer: Aulis Rytkönen

ITALY: Dino Zoff; Claudio Gentile, Francesco Rocca; Mauro Bellugi, Giacinto Facchetti (Cap), Franco Cordova (46 Andrea Orlandini); Francesco Graziani, Giancarlo Antognoni, Giorgio Chinaglia, Fabio Capello, Roberto Bettega.
Trainer: Fulvio Bernardini

Goal: Chinaglia (26 pen)

HOLLAND v FINLAND 4-1 (2-1)

Nijmegen   03.09.1975

Referee: Eric Smyton (NIR)   Attendance: 28,000

HOLLAND: Jan Van Beveren; Wim Suurbier, Adrianus Van Kraay, Niels Overweg, Ruud Krol (Cap), Wim Jansen, Jan Peters, Wim Van Hanegem, René van de Kerkhof, Harry Lubse, Willy Van der Kuylen.   Trainer: Gregorius Knobel

FINLAND: Göran Enckelman; Erkki Vihtilä, Matti Paatelainen, Henry Forssell, Esko Ranta, Jouko Suomalainen, Aki Heiskanen, Hannu Hämäläinen, Olavi Rissanen, Ari Mäkynen, Eero Rissanen.   Trainer: Aulis Rytkönen

Goals: Paatelainen (9), Van der Kuylen (29, 35, 55), Lubse (48)

POLAND v HOLLAND 4-1 (2-0)

Slaski, Chorzow   10.09.1975

Referee: Patrick Partridge (ENG)   Attendance: 85,000

POLAND: Jan Tomaszewski; Antoni Szymanowski, Miroslaw Bulzacki, Wladyslaw Zmuda, Henryk Wawrowski; Henryk Kasperczak, Kazimierz Deyna (Cap), Zgmunt Maszczyk; Grzegorz Lato, Andrzej Szarmach, Robert Gadocha. Trainer: Kazimierz Górski

HOLLAND: Jan Van Beveren; Wim Suurbier, Adrianus van Kraay, Niels Overweg, Ruud Krol; Wim Jansen, Johan Neeskens, Wim Van Hanegem (46 Ruud Geels); René van de Kerkhof, Johan Cruijff (Cap), Willy Van der Kuylen. Trainer: Gregorius Knobel

Goals: Lato (14), Gadocha (44), Szarmach (62, 77), René van de Kerkhof (80)

ITALY v FINLAND 0-0

Stadio Olimpico, Roma   27.09.1975

Referee: Xanthoulis (GRE)   Attendance: 29,203

ITALY: Dino Zoff; Francesco Rocca, Moreno Roggi; Romeo Benetti II, Mauro Bellugi, Giacinto Facchetti (Cap); Francesco Graziani, Eraldo Pecci, Giuseppe Savoldi I, Giancarlo Antognoni, Giorgio Morini.   Trainer: Fulvio Bernardini

FINLAND: Göran Enckelman; Erkki Vihtilä, Matti Paatelainen (Cap), Arto Tolsa, Esko Ranta, Jouko Suomalainen, Aki Heiskanen, Pertti Jantunen, Olavi Rissanen (1 Hannu Hämäläinen), Ari Mäkynen (28 Timo Kautonen), Miika Toivola.   Trainer: Aulis Rytkönen

HOLLAND v POLAND 3-0 (1-0)

Olympisch, Amsterdam   15.10.1975

Referee: Károly Palotai (HUNG)   Attendance: 60,000

HOLLAND: Piet Schrijvers; Wim Suurbier, Adrianus van Kraay, Kees Krijgh, Ruud Krol, Wim Jansen, Johan Neeskens, Frans Thijssen, Ruud Geels, Johan Cruijff (Cap), René van de Kerkhof.   Trainer: Gregorius Knobel

POLAND: Jan Tomaszewski; Antoni Szymanowski, Wladyslaw Zmuda, Miroslaw Bulzacki, Henryk Wawrowski; Zygmunt Maszczyk (67 Bronislaw Bula), Kazimierz Deyna, Henryk Kasperczak; Grzegorz Lato, Andrzej Szarmach, Robert Gadocha.   Trainer: Kazimierz Górski

Goals: Neeskens (16), Geels (47), Thijsen (59)

POLAND v ITALY 0-0

Dziesieciolecia, Warszawa   26.10.1975

Referee: Paul Schiller (AUS)   Attendance: 70,000

POLAND: Jan Tomaszewski; Antoni Szymanowski (Cap), Marian Ostafinski, Wladyslaw Zmuda, Henryk Wawrowski; Henryk Kasperczak, Kazimierz Deyna, Bronislaw Bula (59 Joachim Marx); Grzegorz Lato, Andrzej Szarmach, Robert Gadocha (78 Kazimierz Kmiecik).   Trainer: Kazimierz Górski

ITALY: Dino Zoff; Claudio Gentile, Mauro Bellugi, Francesco Rocca, Giacinto Facchetti (Cap); Antonello Cuccureddu, Romeo Benetti II, Giancarlo Antognoni (85 Renato Zaccarelli); Franco Causio, Pietro Anastasi (66 Roberto Bettega), Paolino Pulici.   Trainer: Fulvio Bernardini

ITALY v HOLLAND 1-0 (1-0)

Stadio Olimpico, Roma   22.11.1975

Referee: Robert Schaut (BEL)   Attendance: 33,307

ITALY: Dino Zoff; Claudio Gentile, Giacinto Facchetti (Cap), Mauro Bellugi, Francesco Rocca; Franco Causio, Romeo Benetti II, Fabio Capello, Giancarlo Antognoni, Giuseppe Savoldi I, Paolino Pulici.   Trainer: Fulvio Bernardini

HOLLAND: Piet Schrijvers; Wim Suurbier, Adrianus van Kraay, Kees Krijgh, Ruud Krol (Cap), Wim Jansen, Jan Peters, Frans Thijssen, Willy van de Kerkhof (70 Rene Notten), Ruud Geels, René van de Kerkhof.   Trainer: Gregorius Knobel

Goal: Capello (20)

	P	W	D	L	F	A	Pts
Holland	6	4	0	2	14	8	8
Poland	6	3	2	1	9	5	8
Italy	6	2	3	1	3	3	7
Finland	6	0	1	5	3	13	1

GROUP 6

EIRE v USSR 3-0 (2-0)
Dalymount Park, Dublin   30.10.1974
Referee: Erik Axelryd (SWE)   Attendance: 35,000
EIRE: Paddy Roche; Joe Kinnear, Paddy Mulligan, Terence Mancini, Jimmy Holmes, Mick Martin, Johnny Giles (Cap), William Brady, Steve Heighway, Ray Treacy, Don Givens.   Trainer: John Giles
USSR: Vladimir Pilgui; Sergei Nikulin, Sergei Olshanskiy (Cap), Viktor Matvienko, Vladimir Kaplichniy, Evgeni Lovchev, Vladimir Fedotov (59 Vladimir Fiodorov), Vladimir Onishchenko, Viktor Kolotov, Vladimir Veremeev, Oleg Blohin.   Trainer: Konstantin Beskov
Sent off: Mancini (32), Kaplichniy (32)
Goals: Givens (22, 30, 70)

USSR v TURKEY 3-0 (1-0)
Central, Kiev   02.04.1975
Referee: Robert Holley Davidson (SCO)   Att: 100,000
USSR: Evgeni Rudakov; Anatoliy Konkov (65 Leonid Buriak), Viktor Matvienko, Mihail Fomenko, Stefan Reshko, Vladimir Troshkin, Vladimir Muntian, Vladimir Onishchenko (80 Vladimir Fiodorov), Viktor Kolotov (Cap), Vladimir Veremeev, Oleg Blohin.   Trainer: Valeriy Lobanovski
TURKEY: Sabri Dino; Kemal Batmaz, Ismail Arca, Ziya Şengül, Alpaslan Eratli, Zafer Göncüler, Engin Verel, Raşit Karasu, Ali Kemal Denizci, Cemil Turan, Metin Kurt (69 Tuncay Temeller).   Trainer: Sabri Kiraz
Goals: Kolotov (25 pen, 56 pen), Blohin (75)

TURKEY v EIRE 1-1 (0-0)
Kemal Atatürk, Izmir   20.11.1974
Referee: Marian Srodecki (POL)   Attendance: 67,000
TURKEY: Yasin Özdenak; Alpaslan Eratli, Ismail Arca, Ziya Şengül, Zekeriya Alp, Selçuk Yalçintaş, Engin Verel, Mehmet Türkan (80 Osman Arpacioglu), B. Mehmet Oguz, Cemil Turan, Metin Kurt.   Trainer: Sabri Kiraz
EIRE: Paddy Roche; Joe Kinnear, Paddy Mulligan, Eoin Hand, Tony Dunne, Mick Martin, Johnny Giles (Cap), William Brady, Steve Heighway, Don Givens, Terry Conroy (86 Jeremiah Dennehy).   Trainer: John Giles
Goals: Dunne (54 og), Givens (60)

SWITZERLAND v TURKEY 1-1 (1-0)
Zürich   30.04.1975
Referee: Riccardo Lattanzi (ITA)   Attendance: 23,000
SWITZERLAND: Hans Küng; Gilbert Guyot, Max Heer, Lucio Bizzini, Pius Fischbach, Ernst Rutschmann (.. Hans-Jörg Pfister), René Hasler (70 Hanspeter Schild), René Botteron, Kurt Müller, Daniel Jeandupeux, Rudolf Elsener.   Trainer: René Hüssy
TURKEY: Yasin Özdenak; Alpaslan Eratli, Ismail Arca, Ziya Şengül, Zekeriya Alp, Fatih Terim, Niko Kovi, Engin Verel, Ali Kemal Denizci (.. Aydin Çelik), Gökmen Özdenak, Cemil Turan.   Trainer: Sabri Kiraz
Goals: Ismail (43 og), Alpaslan (54)

TURKEY v SWITZERLAND 2-1 (1-1)
Izmir   01.12.1974
Referee: Milivoje Gugulovic (YUG)   Attendance: 51,410
TURKEY: Yasin Özdenak; Alpaslan Eratli, Ismail Arca, Ziya Şengül, Zekeriya Alp, Engin Verel, K.Mehmet Özgül, Selçuk Yalçintaş (.. Raşit Karasu), Osman Arpacioglu (.. B. Mehmet Oguz), Cemil Turan, Metin Kurt.   Trainer: Sabri Kiraz
SWITZERLAND: Erich Burgener; Gilbert Guyot, René Hasler, Lucio Bizzini, René Botteron, Hanspeter Schild, Jakob Kuhn, Rudolf Schneeberger, Hans-Jörg Pfister (.. Ernst Rutschmann), Daniel Jeandupeux, Kurt Müller.   Trainer: René Hüssy
Goals: Schild (18), Ismail (28), B. Mehmet (85)

EIRE v SWITZERLAND 2-1 (2-0)
Lansdowne Road, Dublin   10.05.1975
Referee: Paul Schiller (AUS)   Attendance: 50,000
EIRE: Paddy Roche; Joe Kinnear, Paddy Mulligan, Eoin Hand, Tony Dunne, Mick Martin, Johnny Giles (Cap), William Brady, Terry Conroy, Ray Treacy, Don Givens.   Trainer: John Giles
SWITZERLAND: Erich Burgener; Gilbert Guyot, René Hasler, Lucio Bizzini, Max Heer, René Botteron, Jakob Kuhn, Ernst Rutschmann, Hanspeter Schild, Daniel Jeandupeux, Kurt Müller.   Trainer: René Hüssy
Goals: Martin (2), Treacy (28), Müller (74)

USSR v EIRE 2-1 (2-0)

Central, Kiev   18.05.1975

Referee: René Vigliani (FRA)   Attendance: 100,000

USSR: Evgeni Rudakov; Anatoliy Konkov, Viktor Matvienko, Mihail Fomenko, Leonid Buriak, Vladimir Troshkin, Vladimir Muntian (46 Stefan Reshko), Vladimir Onishchenko, Viktor Kolotov (Cap), Vladimir Veremeev (84 Vladimir Fiodorov), Oleg Blohin.   Trainer: Valeriy Lobanovski

EIRE: Paddy Roche; Joe Kinnear, Paddy Mulligan, Eoin Hand, Tony Dunne, Mick Martin, Johnny Giles (Cap), William Brady, Steve Heighway, Don Givens, Terry Conroy.
Trainer: John Giles

Goals: Blohin (13), Kolotov (29), Hand (79)

SWITZERLAND v EIRE 1-0 (1-0)

Wankdorf, Bern   21.05.1975

Referee: Cesar da Luz Dias Correia (POR)   Att: 15,000

SWITZERLAND: Erich Burgener; Gilbert Guyot, Lucio Bizzini, Serge Trinchero, Pius Fischbach, Jakob Kuhn, René Hasler, René Botteron, Ernst Rutschmann (.. Hans-Jörg Pfister), Kurt Müller (70 Rudolf Elsener), Daniel Jeandupeux.
Trainer: René Hüssy

EIRE: Paddy Roche; Tony Dunne, Paddy Mulligan, Eoin Hand, Jimmy Holmes, Mick Martin, Johnny Giles (Cap) (79 Gerard Daly), William Brady, Terry Conroy, Ray Treacy, Don Givens.   Trainer: John Giles

Goal: Elsener (75)

SWITZERLAND v USSR 0-1 (0-0)

Hardturm, Zürich   12.10.1975

Referee: Leonardus van der Kroft (HOL)   Att: 18,000

SWITZERLAND: Erich Burgener; Gilbert Guyot, Lucio Bizzini, Serge Trinchero (75 Rudolf Schneeberger), Pius Fischbach, Kurt Müller, Jakob Kuhn, René Botteron (75 Alfred Scheiwiler), Hans-Jörg Pfister, Peter Risi, Daniel Jeandupeux.
Trainer: René Hüssy

USSR: Evgeni Rudakov; Anatoliy Konkov, Evgeni Lovchev, Mihail Fomenko (Cap), Viktor Zviagintzev, Vladimir Troshkin (31 Stefan Reshko), Vladimir Muntian, Vladimir Onishchenko, Leonid Buriak (68 Vladimir Saharov), Vladimir Veremeev, Oleg Blohin.   Trainer: Valeriy Lobanovski

Goal: Muntian (78)

EIRE v TURKEY 4-0 (3-0)

Dalymount Park, Dublin   29.10.1975

Referee: Angel Franco Martinez (SPA)   Attendance: 25,000

EIRE: Paddy Roche; Tony Dunne (83 Joe Kinnear), Paddy Mulligan, Eoin Hand, Jimmy Holmes, Mick Martin, Johnny Giles (Cap), William Brady, Steve Heighway (46 Terry Conroy), Ray Treacy, Don Givens.   Trainer: John Giles

TURKEY: Yasin Özdenak (39 Rasim Kara); Sabahattin Erboga, Fatih Terim, Ismail Arca (33 Zafer Göncüler), Alpaslan Eratli, Kadir Özcan, Engin Verel, Necati Özçaglayan, Ali Kemal Denizci, Gökmen Özdenak, Cemil Turan.
Trainer: Sabri Kiraz

Goals: Givens (25, 28, 34, 88)

USSR v SWITZERLAND 4-1 (2-1)

Central, Kiev   12.11.1975

Referee: Klaus Ohmsen (W. GER)   Attendance: 30,000

USSR: Evgeni Rudakov; Anatoliy Konkov (75 Vladimir Saharov), Evgeni Lovchev, Mihail Fomenko (Cap), Viktor Zviagintzev, Vladimir Troshkin, Vladimir Muntian (65 Viktor Kolotov), Vladimir Onishchenko, Leonid Buriak, Vladimir Veremeev, Oleg Blohin.   Trainer: Valeriy Lobanovski

SWITZERLAND: Erich Burgener; Gilbert Guyot, Lucio Bizzini, Serge Trinchero, Pius Fischbach, René Botteron, Jakob Kuhn, Rudolf Schneeberger, Kurt Müller, Peter Risi, Daniel Jeandupeux.   Trainer: René Hüssy

Goals: Konkov (13), Onishchenko (14, 68), Risi (45), Veremeev (81)

TURKEY v USSR 1-0 (0-0)

Atatürk, Izmir   23.11.1975

Referee: Petar Hristov Nikolov (BUL)   Attendance: 45,000

TURKEY: Rasim Kara; Turgay Semercioglu, Sabahattin Erboga, Ismail Arca, Kadir Özcan, Ali Kemal Denizci, Mehmet Türkan (90 Orhan Özselek), Fatih Terim, Gökmen Özdenak (89 Hüseyin Nuri), Cemil Turan, A. Kemal Denizci.
Trainer: Sabri Kiraz

USSR: Evgeni Rudakov; Anatoliy Konkov, Valeri Zuev, Mihail Fomenko, Stefan Reshko, Viktor Zviagintzev, Vladimir Muntian (61 Leonid Buriak), Vladimir Onishchenko, Viktor Kolotov (Cap), Vladimir Veremeev, Oleg Blohin.
Trainer: Valriy Lobanovski

Goal: Reshko (17 og)

	P	W	D	L	F	A	Pts
USSR	6	4	0	2	10	6	8
Eire	6	3	1	2	11	5	7
Turkey	6	2	2	2	5	10	6
Switzerland	6	1	1	4	5	10	3

GROUP 7

ICELAND v BELGIUM 0-2 (0-1)

Laugardalsvöllur, Reykjavik 08.09.1974

Referee: Thomas Reynolds (WAL)   Attendance: 7,600

ICELAND: Thorsteinn Olafsson; Eirikur Thorsteinsson, Jón Pétursson, Marteinn Geirsson, Jóhannes Edvaldsson, Karl Hermannsson, Grétar Magnússon, Gudgeir Leifsson, Teitur Thórdarson, Asgeir Eliasson (50 Matthias Hallgrimsson), Asgeir Sigurvinsson.   Trainer: Anthony Knapp

BELGIUM: Christian Piot; Erwin Van den Daele, Gilbert Van Binst, Hugo Broos, Ludo Coeck (46 Julien Cools), Wilfried Van Moer, Jan Verheyen, Paul Van Himst (Cap), François Van der Elst, Jean Janssens (84 Jacques Teugels), Roger Henrotay. Trainer: Raymond Goethals

Goals: Van Moer (38), Teugels (87 pen)

FRANCE v EAST GERMANY 2-2 (0-1)

Parc des Princes, Paris 16.11.1974

Referee: Pablo Augusto Sánchez Ibanez (SPA)   Att: 45,381

FRANCE: Jean-Paul Bertrand-Demanes; Jean François Jodar, Jean-Pierre Adams, Marius Trésor, François Bracci; Jean-Noël Huck, Henri Michel (65 Christian Synaeghel), Jean-Marc Guillou; Gérard Soler, Christian Coste (46 Jean Gallice), Georges Bereta (Cap).   Trainer: Ştefan Kovacs

EAST GERMANY: Jürgen Croy; Gerd Kische, Konrad Weise, Hans-Jürgen Dörner, Siegmar Wätzlich; Lothar Kurbjuweit, Reinhard Häfner, Hans-Jürgen Kreische (83 Wolfgang Seguin), Reinhard Lauck; Jürgen Sparwasser (Cap), Martin Hoffmann. Trainer: Georg Buschner

Goals: Sparwasser (25), Kreische (57), Guillou (79, 89)

EAST GERMANY v ICELAND 1-1 (1-1)

Ernst-Grube-Stadion, Magdeburg 12.10.1974

Referee: Svein Inge Thime (NOR)   Attendance: 15,800

EAST GERMANY: Ulrich Schulze; Manfred Zapf, Konrad Weise, Bernd Bransch (Cap), Siegmar Wätzlich (55 Hans-Jürgen Dörner); Lothar Kurbjuweit, Jürgen Pommerenke (71 Eberhard Vogel), Klaus Decker; Joachim Streich, Peter Ducke, Martin Hoffmann.   Trainer: Georg Buschner

ICELAND: Thorsteinn Olafsson; Gisli Torfason (65 Eirikur Thorsteinsson), Jón Pétursson, Asgeir Sigurvinsson, Jóhannes Edvaldsson, Marteinn Geirsson, Gudgeir Leifsson, Grétar Magnússon, Teitur Thórdarson (85 Atli Thór Hédinsson), Matthias Hallgrimsson, Asgeir Eliasson.   Trainer: Anthony Knapp

Goal: Hoffmann (7), Hallgrimsson (25)

EAST GERMANY v BELGIUM 0-0

Zentralstadion, Leipzig 07.12.1974

Referee: Sergio Gonella (ITA)   Attendance: 35,000

EAST GERMANY: Jürgen Croy; Hans-Jürgen Dörner, Gerd Kische, Konrad Weise, Siegmar Wätzlich (70 Hans-Jürgen Kreische); Reinhard Lauck, Reinhard Häfner, Lothar Kurbjuweit, Martin Hoffmann, Joachim Streich, Eberhard Vogel (Cap).   Trainer: Georg Buschner

BELGIUM: Christian Piot; Gilbert Van Binst, Erwin Van den Daele, Nicolas Dewalque, Hugo Broos, Maurice Martens, Julien Cools, Jan Verheyen, Paul Van Himst (Cap) (15 François Van der Elst), Raoul Lambert, Jacques Teugels. Trainer: Raymond Goethals

BELGIUM v FRANCE 2-1 (1-1)

Heizel, Brussel 12.10.1974

Referee: Kenneth Howard Burns (ENG)   Att: 32,108

BELGIUM: Christian Piot; Gilbert Van Binst, Hugo Broos, Erwin Van den Daele, Maurice Martens; Wilfried Van Moer, Jan Verheyen, Paul Van Himst (Cap) (71 Jean Dockx); François Van der Elst, Raoul Lambert, Jacques Teugels.   Trainer: Raymond Goethals

FRANCE: Dominique Baratelli; Jean François Jodar, Jean-Pierre Adams, Marius Trésor, François Bracci; Jean-Noël Huck, Henri Michel, Jean-Marc Guillou; Christian Coste, Bernard Lacombe (83 Jean Gallice), Georges Bereta (Cap). Trainer: Ştefan Kovacs

Goals: Martens (12), Coste (16), F. Van der Elst (75)

ICELAND v FRANCE 0-0

Laugardalsvöllur, Reykjavik 25.05.1975

Referee: Malcolm Wright (NIR)   Attendance: 10,000

ICELAND: Sigurdur Dagsson; Gisli Torfason, Jón Pétursson, Marteinn Geirsson, Jóhannes Edvaldsson; Karl Hermannsson (77 Grétar Magnússon), Gudgeir Leifsson, Olafur Júliusson, Teitur Thórdarson, Asgeir Sigurvinsson, Matthias Hallgrimsson (55 Elmar Geirsson).   Trainer: Anthony Knapp

FRANCE: Dominique Baratelli; Christian Lopez, Jean-Pierre Adams, Marius Trésor, François Bracci; Jean Gallice (75 Patrick Parizon), Henri Michel, Jean-Michel Larqué; Jean-Marc Guillou; Marc Berdoll, Georges Bereta (Cap).   Trainer: Ştefan Kovacs

ICELAND v EAST GERMANY 2-1 (2-0)

Laugardalsvöllur, Reykjavik   05.06.1975

Referee: Ian Foote (SCO)   Attendance: 13,000

ICELAND: Sigurdur Dagsson; Gisli Torfason, Jón Pétursson, Marteinn Geirsson, Jóhannes Edvaldsson, Hördur Hilmarsson (72 Karl Hermannsson), Gudgeir Leifsson, Asgeir Sigurvinsson, Teitur Thórdarson, Elmar Geirsson (17 Matthias Hallgrimsson), Olafur Júliusson.   Trainer: Anthony Knapp

EAST GERMANY: Jürgen Croy; Manfred Zapf (83 Hans-Jürgen Riediger), Gerd Kische, Konrad Weise, Siegmar Wätzlich; Jürgen Pommerenke, Rüdiger Schnuphase (55 Hans-Jürgen Dörner), Lothar Kurbjuweit; Martin Hoffmann, Joachim Streich, Eberhard Vogel (Cap).   Trainer: Georg Buschner

Goals: Edvaldsson (10), Sigurvinsson (33), Pommerenke (48)

FRANCE v ICELAND 3-0 (1-0)

Marcel Saupin, Nantes   03.09.1975

Referee: Albert Victor (LUX)   Attendance: 20,000

FRANCE: Dominique Baratelli; Raymond Domenech, Jean-Pierre Adams, Marius Trésor, François Bracci; Jean-Noël Huck, Henri Michel (Cap), Jean-Marc Guillou; Dominique Rocheteau, Marc Molitor (46 Marc Berdoll), Albert Emon.   Trainer: Ştefan Kovacs

ICELAND: Arni Stefánsson, Gisli Torfason, Olafur Sigurvinsson, Marteinn Geirsson, Jón Pétursson; Jóhannes Edvaldsson, Gudgeir Leifsson, Hördur Hilmarsson (61 Karl Thórdarsson), Teitur Thórdarson, Matthias Hallgrimson (75 Elmar Geirsson), Asgeir Sigurvinsson.   Trainer: Anthony Knapp

Goals: Guillou (20, 74), Berdoll (87)

BELGIUM v ICELAND 1-0 (1-0)

Sclessin, Liège   06.09.1975

Referee: Henning Lund-Sörensen (DEN)   Att: 9,371

BELGIUM: Christian Piot; Nicolas Dewalque, Gilbert Van Binst, Hugo Broos, Maurice Martens; Julien Cools, Jan Verheyen (61 Ludo Coeck), Odilon Polleunis, Johan Devrindt, Raoul Lambert, Jacques Teugels.   Trainer: Raymond Goethals

ICELAND: Arni Stefánsson, Olafur Sigurvinsson, Björn Lárusson, Marteinn Geirsson, Jón Pétursson, Gisli Torfason, Gudgeir Leifsson, Asgeir Sigurvinsson, Teitur Thórdarson (.. Arni Sveinsson), Matthias Hallgrimson, Elmar Geirsson.   Trainer: Anthony Knapp

Goal: Lambert (43)

BELGIUM v EAST GERMANY 1-2 (0-0)

Astrid Park, Brussel   27.09.1975

Referee: Nicolae Rainea (ROM)   Attendance: 17,281

BELGIUM: Christian Piot; Erwin Van den Daele, Eric Gerets, Nicolas Dewalque, Maurice Martens; Julien Cools, Ludo Coeck, Odilon Polleunis (78 Jean Janssens), Wilfried Puis, Johan Devrindt, Jacques Teugels.   Trainer: Raymond Goethals

EAST GERMANY: Jürgen Croy (88 Hans-Ulrich Grapenthin); Hans-Jürgen Dörner (Cap), Joachim Fritsche, Konrad Weise, Lothar Kurbjuweit; Reinhard Häfner, Reinhard Lauck, Gerd Weber; Hans-Jürgen Riediger, Peter Ducke, Martin Hoffmann.   Trainer: Georg Buschner

Goals: P. Ducke (50), Puis (60), Häfner (71)

EAST GERMANY v FRANCE 2-1 (0-0)

Zentralstadion, Leipzig   12.10.1975

Referee: Erik Fredriksson (SWE)   Attendance: 30,000

EAST GERMANY: Jürgen Croy; Gerd Weber, Konrad Weise, Hans-Jürgen Dörner (Cap), Joachim Fritsche; Reinhard Häfner, Hartmut Schade, Reinhard Lauck; Joachim Streich (75 Martin Hoffmann), Peter Ducke, Eberhard Vogel.   Trainer: Georg Buschner

FRANCE: Dominique Baratelli; Gérard Janvion, Jean-Pierre Adams, Marius Trésor, François Bracci; Henri Michel (Cap), Jean Gallice, Jean-Marc Guillou, Dominique Bathenay; Dominique Rocheteau, Albert Emon.   Trainer: Ştefan Kovacs

Goals: Bathenay (50), Streich (55), Vogel (77 pen)

FRANCE v BELGIUM 0-0

Parc des Princes, Paris   15.11.1975

Referee: Robert Holley Davidson (SCO)   Att: 35,547

FRANCE: Dominique Baratelli; Raymond Domenech, Charles Orlanducci, Marius Trésor, François Bracci; Jean-Noël Huck (46 Jean-Michel Larqué), Henri Michel (Cap), Jean-Marc Guillou; Dominique Rocheteau, Christian Coste (78 Jean Gallice), Albert Emon.   Trainer: Ştefan Kovacs

BELGIUM: Christian Piot; Gilbert Van Binst, Georges Leekens, Erwin Van den Daele, Jean Dockx; Julien Cools, Jan Verheyen, Ludo Coeck, René Vandereycken; Roger Van Gool, Raoul Lambert (78 Jacques Teugels).   Trainer: Raymond Goethals

Sent off: Larqué (67).

	P	W	D	L	F	A	Pts
Belgium	6	3	2	1	6	3	8
East Germany	6	2	3	1	8	7	7
France	6	1	3	2	7	6	5
Iceland	6	1	2	3	3	8	4

GROUP 8

BULGARIA v GREECE 3-3 (3-1)
Vasil Levski, Sofia   13.10.1974

Referee: Alberto Michelotti (ITA)   Attendance: 30,000

BULGARIA: Stoian Iordanov; Ivan Zafirov, Dimitar Penev (Cap), Borislav Dimitrov, Bojil Kolev, Krasimir Borisov, Voin Voinov, Hristo Bonev, Traiko Sokolov (74 Pavel Panov), Georgi Denev, Chavdar Tzvetkov (58 Todor Barzov).
Trainers: Ioncho Arsov, Dimitar Doichinov, Manol Manolov

GREECE: Takis Oikonomopoulos; Theodoros Pallas, Giorgos Foiros, Lakis Gklezos, Kostas Iosifidis, Kostas Eleutherakis, Hristos Terzanidis, Stauros Sarafis (58 Dimitris Dimitriou), Giorgos Delikaris, Antonis Antoniadis, Dimitris Papaioannou (Cap).   Trainer: Alketas Panagoulias

Goals: Bonev (2), Denev (27, 29), Antoniadis (28), Papaioannou (86), Gklezos (88)

GREECE v WEST GERMANY 2-2 (1-0)
Karaiskaki, Peiraias   20.11.1974

Referee: Nicolae Rainea (ROM)   Attendance: 30,000

GREECE: Takis Oikonomopoulos; Giannis Kyrastas, Lakis Gklezos (62 Giorgos Foiros), Vasilis Siokos, Kostas Iosifidis, Kostas Eleutherakis, Mimis Domazos (Cap), Stauros Sarafis, Hristos Terzanidis, Dimitris Papaioannou (68 Ahilleas Aslanidis), Giorgos Delikaris.   Trainer: Alketas Panagoulias

W. GERMANY: Josef Maier; Hans-Hubert Vogts, Helmut Kremers; Georg Schwarzenbeck, Franz Beckenbauer (Cap), Bernhard Cullmann (78 Hans-Josef Kapellmann); Rainer Geye, Herbert Wimmer, Bernd Hölzenbein, Ulrich Hoeneß, Josef Heynckes (81 Josef Pirrung).   Trainer: Helmut Schön

Goals: Delikaris (12), Cullmann (51), Eleutherakis (70), Wimmer (82)

GREECE v BULGARIA 2-1 (2-0)
Karaiskaki, Peiraias   18.12.1974

Referee: Paul Schiller (AUS)   Attendance: 22,328

GREECE: Vasilis Konstantinou; Takis Eleutheriadis, Lakis Gklezos, Vasilis Siokos, Theodoros Pallas, Kostas Eleutherakis (Cap), Stauros Sarafis, Hristos Terzanidis, Dimitris Papaioannou (71 Giannis Kyrastas), Antonis Antoniadis, Ahilleas Aslanidis.   Trainer: Alketas Panagoulias

BULGARIA: Iordan Filipov; Tzono Vasilev, Kiril Ivkov (Cap), Stefan Aladjov, Bojil Kolev, Kiril Stankov, Voin Voinov (46 Boris Angelov), Hristo Bonev, Nikola Hristov (69 Chavdar Tzvetkov), Georgi Denev, Nikolai Kurbanov.
Trainer: Stoian Ormandjiev

Goals: Sarafis (4), Antoniadis (40), Kolev (89)

MALTA v WEST GERMANY 0-1 (0-1)
Empire Stadium, Gzira   22.12.1974

Referee: Gyula Emsberger (HUNG)   Attendance: 12,528

MALTA: Alfred Debono; Joseph Borg, Edward Vella, Edward Darmanin, John Holland, William Vassallo, Vincent Magro, Raymond Xuereb, Anthony Camilleri, Edward Aquilina (.. Richard Aquilina), Carlo Seychell.
Trainer: Terenzio Polvertini

W. GERMANY: Norbert Nigbur; Hans-Hubert Vogts, Karl-Heinz Körbel, Franz Beckenbauer (Cap), Bernard Dietz, Rainer Bonhof, Bernhard Cullmann (74 Rudolf Seliger), Heinz Flohe, Josef Pirrung (46 Bernd Nickel), Erwin Kostedde, Bernd Hölzenbein.   Trainer: Helmut Schön

Goal: Cullmann (44)

MALTA v GREECE 2-0 (1-0)
Gzira Stadium, Valletta   23.02.1975

Referee: Robert Matthewson (ENG)   Attendance: 8,621

MALTA: Robert Gatt; George Ciantar, Edward Vella, Edward Darmanin, John Holland, William Vassallo, Vincent Magro, David Azzopardi (46 Carlo Seychell), Raymond Xuereb, Richard Aquilina, Anthony Camilleri.
Trainer: Terenzio Polvertini

GREECE: Vasilis Konstantinou; Theodoros Pallas, Vasilis Siokos, Giorgos Foiros, Kostas Iosifidis, Stauros Sarafis, Dimitris Dimitriou (29 Dimitris Paridis, 75 Lakis Nikolaou), Mimis Domazos (Cap), Mihalis Kritikopoulos, Antonis Antoniadis, Dimitris Papaioannou.
Trainer: Alketas Panagoulias

Goals: R. Aquilina (32), V. Magro (88)

BULGARIA v WEST GERMANY 1-1 (0-0)
Vasil Levski, Sofia   27.04.1975

Referee: Jan Dubach (SWI)   Attendance: 65,000

BULGARIA: Iordan Filipov; Ivan Zafirov (Cap), Todor Marev, Milcho Evtimov, Bojil Kolev, Angel Rangelov, Atanas Aleksandrov (60 Radoslav Zdravkov), Borislav Dimitrov, Andrei Jeliazkov, Pavel Panov, Georgi Denev.
Trainer: Stoian Ormandjiev

W. GERMANY: Josef Maier; Hans-Hubert Vogts, Paul Breitner; Georg Schwarzenbeck, Franz Beckenbauer (Cap), Rainer Bonhof; Manfred Ritschel, Ulrich Hoeneß (73 Karl-Heinz Körbel), Wolfgang Seel, Günter Netzer, Josef Heynckes (34 Bernd Hölzenbein).   Trainer: Helmut Schön

Goals: Kolev (73 pen), Ritschel (76 pen)

GREECE v MALTA 4-0 (2-0)
Toumpas, Thessaloniki 04.06.1975
Referee: Marijan Raus (YUG)   Attendance: 17,500
GREECE: Stelios Papafloratos; Theodoros Pallas, Filotas Pellios (72 Lakis Nikolaou), Giorgos Foiros, Kostas Iosifidis, Dimitrios Anastasidis, Koulis Apostolidis, Ahilleas Aslanidis, Antonis Antoniadis (67 Nikolaos Kalampakas), Thomas Mauros, Dimitris Papaioannou (Cap).
Trainer: Alketas Panagoulias

MALTA: Robert Gatt (55 Alfred Debono); Joseph Borg, Edwin Farrugia, William Vassallo, Edward Darmanin, John Holland, Vincent Magro, David Azzopardi, Raymond Xuereb, Richard Aquilina, Carlo Seychell (46 Anthony Camilleri).
Trainer: Terenzio Polvertini

Goals: Mauros (32), Antoniadis (34 pen), Iosifidis (47), Papaioannou (50)

BULGARIA v MALTA 5-0 (3-0)
Vasil Levski, Sofia 11.06.1975
Referee: Michal Jursa (CZE)   Attendance: 35,000
BULGARIA: Iordan Filipov; Ivan Zafirov (Cap), Todor Marev, Milcho Evtimov, Kostas Isakidis (59 Kiril Milanov), Borislav Dimitrov, Nikolai Kurbanov (46 Atanas Aleksandrov), Hristo Bonev, Andrei Jeliazkov, Pavel Panov, Georgi Denev.
Trainer: Stoian Ormandjiev

MALTA: Alfred Debono; George Ciantar, Edwin Farrugia, Edward Vella, John Holland, Edward Darmanin, Joseph Borg, Edward Aquilina, Vincent Magro, William Vassallo, Richard Aquilina (54 Raymond Xuereb).   Trainer: Terenzio Polvertini

Goals: Dimitrov (2), Denev (22), Panov (25), Bonev (69 pen), Milanov (71)

WEST GERMANY v GREECE 1-1 (0-0)
Rheinstadion, Düsseldorf 11.10.1975
Referee: Clive Thomas (WAL)   Attendance: 70,000
W. GERMANY: Josef Maier; Manfred Kaltz, Hans-Hubert Vogts; Karl-Heinz Körbel, Franz Beckenbauer (Cap), Paul Breitner; Bernd Hölzenbein, Erich Beer, Erwin Kostedde, Günter Netzer, Josef Heynckes.   Trainer: Helmut Schön

GREECE: Papagiotis Kelesidis; Giannis Kyrastas, Giorgos Foiros, Takis Sunetopoulos (46 Koulis Apostolidis), Theodoros Pallas, Stauros Sarafis, Giorgos Koudas, Hristos Terzanidis, Giorgos Delikaris, Mihalis Kritikopoulos, Dimitris Papaioannou (Cap).   Trainer: Alketas Panagoulias

Goals: Heynckes (67), Delikaris (79)

WEST GERMANY v BULGARIA 1-0 (0-0)
Neckerstadion, Stuttgart 19.11.1975
Referee: Alastair McKenzie (SCO)   Attendance: 71,000
W. GERMANY: Josef Maier; Hans-Hubert Vogts, Bernard Dietz; Georg Schwarzenbeck, Franz Beckenbauer (Cap), Dietmar Danner; Bernd Hölzenbein, Herbert Wimmer, Erich Beer, Ulrich Stielike, Josef Heynckes.   Trainer: Helmut Schön

BULGARIA: Iordan Filipov; Ivan Zafirov, Kiril Ivkov, Tzono Vasilev, Bojil Kolev (75 Pavel Panov), Boris Angelov, Atanas Aleksandrov (76 Voin Voinov), Hristo Bonev (Cap), Kiril Milanov, Angel Rangelov, Chavdar Tzvetkov.
Trainer: Stoian Ormandjiev

Goal: Heynckes (65)

MALTA v BULGARIA 0-2 (0-0)
Gzira Stadium, Valletta 21.12.1975
Referee: Norbert Rolles (LUX)   Attendance: 7,174
MALTA: Alfred Debono; Sunny Gouder (46 Edward Vella), Edwin Farrugia, Edward Darmanin, John Holland, William Vassallo, Vincent Magro (89 Christopher Vella), David Azzopardi, Richard Aquilina, Edward Aquilina, Carlo Seychell.
Trainer: Terenzio Polvertini

BULGARIA: Georgi Tihanov; Ivan Zafirov (46 Iordan Iordanov), Kiril Ivkov, Tzono Vasilev, Boris Angelov, Angel Rangelov, Voin Voinov, Hristo Bonev (Cap), Kiril Milanov, Pavel Panov, Chavdar Tzvetkov (68 Atanas Aleksandrov).
Trainer: Stoian Ormandjiev

Goals: Panov (69), Iordanov (83)

WEST GERMANY v MALTA 8-0 (4-0)
Westfalenstadion, Dortmund 28.02.1976
Referee: Marian Kuston (POL)   Attendance: 35,000
W. GERMANY: Josef Maier; Hans-Hubert Vogts, Bernard Dietz; Georg Schwarzenbeck, Franz Beckenbauer (Cap), Erich Beer; Bernd Hölzenbein, Herbert Wimmer (27 Hans Bongartz), Ronald Worm, Ulrich Stielike (.. Bernhard Cullmann), Josef Heynckes.   Trainer: Helmut Schön

MALTA: Charles Sciberras; Oliver Losco, Edwin Farrugia, Sunny Gouder, John Holland, William Vassallo, Dennis Fenech, Richard Aquilina, Vincent Magro (.. Carlo Seychell), Raymond Xuereb, Mario Loporto (46 Edward Aquilina).
Trainer: Terenzio Polvertini

Goals: Worm (5, 27), Heynckes (34, 58), Beer (44 pen, 77), Vogts (82), Hölzenbein (88)

	P	W	D	L	F	A	Pts
West Germany	6	3	3	0	14	4	9
Greece	6	2	3	1	12	9	7
Bulgaria	6	2	2	2	12	7	6
Malta	6	1	0	5	2	20	2

QUARTER-FINALS

CZECHOSLOVAKIA v USSR 2-0 (1-0)

Slovan, Bratislava 24.04.1976

Referee: Hilmi Ok (TUR)   Attendance: 50,000

CZECHOSLOVAKIA: Ivo Viktor; Karol Dobias, Jozef Capkovic, Anton Ondrus, Koloman Gögh; Jozef Móder (77 Lubomír Knapp), Jaroslav Pollák, Antonín Panenka; Marián Masny, Zdenek Nehoda, Ladislav Petrás (18 Karel Kroupa). Trainer: Václav Jezek

USSR: Aleksandr Prohorov; Anatoliy Konkov, Viktor Zviagintzev, Mihail Fomenko, Stefan Reshko, Viktor Matvienko, Evgeni Lovchev (57 Vladimir Veremeev), Vladimir Onischenko (68 Leonid Nazarenko), Viktor Kolotov (Cap), Vladimir Troshkin, Oleg Blohin.   Trainer: Valeriy Lobanovski

Goals: Móder (34), Panenka (47)

USSR v CZECHOSLOVAKIA 2-2 (0-1)

Central, Kiev 22.05.1976

Referee: Alastair McKenzie (SCO)   Attendance: 100,000

USSR: Evgeni Rudakov; Anatoliy Konkov (54 Aleksandr Minaev), Evgeni Lovchev, Mihail Fomenko (Cap), Viktor Zviagintzev, Vladimir Troshkin, Vladimir Muntian, Vladimir Onischenko, Leonid Buriak, Vladimir Veremeev, Oleg Blohin. Trainer: Valeriy Lobanovski

CZECHOSLOVAKIA: Ivo Viktor; Ján Pivarník, Jozef Capkovic (83 Ladislav Jurkemik), Anton Ondrus, Koloman Gögh; Karol Dobias, Jaroslav Pollák, Jozef Móder; Marián Masny, Zdenek Nehoda, Peter Gallis (88 Ján Svehlík). Trainer: Václav Jezek

Goals: Móder (45, 82), Buriak (53), Blohin (87)

SPAIN v WEST GERMANY 1-1 (1-0)

Estadio Santiago Bernabeu, Madrid 24.04.1976

Referee: Jack Taylor (ENG)   Attendance: 63,000

SPAIN: José Angel IRIBAR Cortajarena; Juan Cruz SOL Oria, Gregorio BENITO Rubio, Bernardo Blanquetti MIGUELI (70 Sebastián ALABANDA), José Luis CAPON Gonzalez; José Antonio CAMACHO Alfaro, Angel Maria VILLAR Llona, Vicente Gonzalez DEL BOSQUE, Enrique Castro Gonzalez QUINI (.. Jesus SATRÚSTEGUI), Carlos Alonso Gonzalez SANTILLANA, Ignacio CHURRUCA Sistiaga. Trainer: Ladislao Kubala

W. GERMANY: Josef Maier; Hans-Hubert Vogts, Bernard Dietz (83 Peter Reichel); Georg Schwarzenbeck (.. Bernhard Cullmann), Franz Beckenbauer (Cap), Rainer Bonhof; Bernd Hölzenbein, Herbert Wimmer, Erich Beer, Dietmar Danner, Ronald Worm.   Trainer: Helmut Schön

Goals: Santillana (22), Beer (60)

WEST GERMANY v SPAIN 2-0 (2-0)

Olimpyastadion, München 22.05.1976

Referee: Robert Wurtz (FRA)   Attendance: 77,600

W. GERMANY: Josef Maier; Hans-Hubert Vogts, Bernard Dietz; Georg Schwarzenbeck, Franz Beckenbauer (Cap), Rainer Bonhof; Ulrich Hoeneß, Herbert Wimmer, Klaus Toppmöller, Erich Beer, Bernd Hölzenbein.
Trainer: Helmut Schön

SPAIN: MIGUEL ANGEL Gonzalez Suarez; José Luis CAPON Gonzalez, Juan Cruz SOL Oria (18 Ignacio CORTABARRíA), José Martinez Sánchez PIRRI, José Antonio CAMACHO Alfaro; Angel Maria VILLAR Llona (46 José Antonio RAMOS), Vicente Gonzalez DEL BOSQUE, Juan Manuel ASENSI Ripoll; Enrique Castro Gonzalez QUINI, Carlos Alonso Gonzalez SANTILLANA, Ignacio CHURRUCA Sistiaga. Trainer: Ladislao Kubala

Goals: Hoeneß (17), Toppmöller (43)

YUGOSLAVIA v WALES 2-0 (1-0)

Maksimir, Zagreb 24.04.1976

Referee: Paul Schiller (AUS)   Attendance: 50,000

YUGOSLAVIA: Ognjen Petrovic; Ivan Buljan, Dzemal Hadziabdic, Branko Oblak, Josip Katalinski, Drazen Muzinic, Danilo Popivoda, Jovan Acimovic, Ivan Surjak, Momcilo Vukotic (.. Jure Jerkovic), Drago Vabec.
Trainer: Ante Mladinic

WALES: William David Davies; Rodney John Thomas, Malcolm Edward Page, John Mahoney, Leighton Phillips, Ian Peter Evans, Leighton James (.. Alan Curtis), Brian Flynn, Terence Yorath, John Toshack, Arfon Trevor Griffits.
Manager: Michael Smith

Goals: Vukotic (1), D. Popivoda (55)

WALES v YUGOSLAVIA 1-1 (1-1)

Ninian Park, Cardiff 22.05.1976

Referee: Rudolf Glöckner (E. GER)   Attendance: 50,000

WALES: William David Davies; Leighton Phillips, David Roberts, Ian Peter Evans, Malcolm Edward Page, Arfon Trevor Griffits (.. Alan Curtis), Terence Yorath, John Mahoney, Brian Flynn, John Toshack, Leighton James.
Manager: Michael Smith

YUGOSLAVIA: Enver Maric; Drazen Muzinic, Dzemal Hadziabdic, Ivan Buljan, Josip Katalinski, Ivan Surjak, Slavisa Zungul (.. Franjo Vladic), Branko Oblak, Borislav Djordjevic, Jure Jerkovic, Danilo Popivoda.   Trainer: Ante Mladinic

Goals: Katalinski (18 pen), Evans (38)

HOLLAND v BELGIUM 5-0 (2-0)
Feyenoord, Rotterdam   25.04.1976
Referee: Jean Dubach (SWI)   Attendance: 38,000
HOLLAND: Piet Schrijvers; Wim Suurbier, Adrianus van Kraay, Wim Rijsbergen, Ruud Krol, Wim Jansen (82 Jan Peters), Johan Neeskens, Willy van de Kerkhof, Johnny Rep, Johan Cruijff (Cap), Robert Rensenbrink.
Trainer: Gregorius Knobel
BELGIUM: Christian Piot; Gilbert Van Binst, Eric Gerets, Georges Leekens, Maurice Martens, Julien Cools (46 François Van der Elst), Jan Verheyen, Ludo Coeck, René Vandereycken, Roger Van Gool, Raoul Lambert (81 Jacques Teugels).
Trainer: Raymond Goethals
Goals: Rensenbrink (17, 27, 58, 85), Neeskens (79 pen)

BELGIUM v HOLLAND 1-2 (1-0)
Heizel, Brussel   22.05.1976
Referee: Alberto Michelotti (ITA)   Attendance: 19,050
BELGIUM: Jean-Marie Pfaff; Bob Dalving, Gilbert Van Binst, Michel Renquin, Maurice Martens (Cap), François Van der Elst, Julien Cools, René Verheyen, René Vandereycken, Willy Wellens, Roger Van Gool (66 Hervé Delesie).
Trainer: Guy Thys
HOLLAND: Piet Schrijvers; Wim Suurbier, Adrianus van Kraay, Wim Rijsbergen, Ruud Krol, Willy van de Kerkhof, Johan Neeskens, Wim Van Hanegem (87 Jan Peters), Johnny Rep, Johan Cruijff (Cap), Robert Rensenbrink.
Trainer: Gregorius Knobel
Goals: Van Gool (27), Rep (61), Cruijff (77)

SEMI-FINALS

CZECHOSLOVAKIA v HOLLAND 3-1 (1-0, 1-1) (AET)
Maksimir, Zagreb   16.06.1976
Referee: Clive Thomas (WAL)   Attendance: 31,000
CZECHOSLOVAKIA: Ivo Viktor; Ján Pivarnik, Jozef Capkovic (106 Ladislav Jurkemik), Anton Ondrus (Cap), Koloman Gögh; Jaroslav Pollák, Antonín Panenka, Karol Dobias, Jozef Móder (96 Frantisek Vesely); Marián Masny, Zdenek Nehoda.   Trainer: Václav Jezek
HOLLAND: Piet Schrijvers; Wim Suurbier, Adrianus van Kraay, Wim Rijsbergen (36 Wim Van Hanegem), Ruud Krol, Willy van de Kerkhof, Johan Neeskens, Wim Jansen (65 Ruud Geels), Johnny Rep, Johan Cruijff (Cap), Robert Rensenbrink.
Trainer: Gregorius Knobel
Sent off: Pollák (53), Neeskens (76), van Hanegem (115)
Goals: Ondrus (20, 74 og), Nehoda (114), Vesely (118)

YUGOSLAVIA v WEST GERMANY 2-4 (2-0, 2-2) (AET)
Crvena Zvezda, Beograd   17.06.1976
Referee: Alfred Delcourt (BEL)   Attendance: 70,000
YUGOSLAVIA: Ognjen Petrovic; Ivan Buljan, Drazen Muzinic, Branko Oblak (106 Luka Peruzovic), Josip Katalinski, Ivan Surjak, Slavisa Zungul, Jure Jerkovic, Danilo Popivoda, Jovan Acimovic (106 Franjo Vladic), Dragan Dzajic (Cap).
Trainer: Ante Mladinic
W. GERMANY: Josef Maier; Hans-Hubert Vogts, Bernard Dietz; Georg Schwarzenbeck, Franz Beckenbauer (Cap), Rainer Bonhof; Ulrich Hoeneß, Herbert Wimmer (80 Dieter Müller), Erich Beer, Dietmar Danner (46 Heinz Flohe), Bernd Hölzenbein.   Trainer: Helmut Schön
Goals: Popivoda (19), Dzajic (30), Flohe (65), D. Müller (82, 115, 119)

THIRD PLACE MATCH

YUGOSLAVIA v HOLLAND 2-3 (1-2, 2-2) (AET)
Maksimir, Zagreb   19.06.1976
Referee: Walter Hungerbühler (SWI)   Attendance: 15,000
HOLLAND: Piet Schrijvers; Wim Suurbier, Adrianus van Kraay, Wim Jansen (46 Wim Meutstege), Ruud Krol (Cap); Peter Arntz (70 Kees Kist), Willy van de Kerkhof, Jan Peters, René van de Kerkhof, Ruud Geels, Robert Rensenbrink.
Trainers: Gregorius Knobel
YUGOSLAVIA: Ognjen Petrovic; Josip Katalinski, Ivan Buljan, Drazen Muzinic, Branko Oblak, Ivan Surjak, Slavisa Zungul (46 Vahid Halilhodzic), Jure Jerkovic, Danilo Popivoda, Jovan Acimovic (46 Franjo Vladic), Dragan Dzajic (Cap).
Trainer: Ante Mladinic
Goals: Geels (27, 107), Willy van de Kerkhoff (39), Katalinski (43), Dzajic (83)

FINAL

CZECHOSLOVAKIA v WEST GERMANY 2-2 (2-1, 2-2) (AET)

Crvena Zvezda, Beograd   20.06.1976

Referee: Sergio Gonella (ITA)   Attendance: 30,790

CZECHOSLOVAKIA: Ivo Viktor; Ján Pivarník, Jozef Capkovic, Anton Ondrus (Cap), Koloman Gögh; Antonín Panenka, Jozef Móder, Karol Dobias (94 Frantisek Vesely); Marián Masny, Ján Svehlík (79 Ladislav Jurkemik), Zdenek Nehoda.   Trainer: Václav Jezek

W. GERMANY: Josef Maier; Hans-Hubert Vogts, Bernard Dietz; Georg Schwarzenbeck, Franz Beckenbauer (Cap), Rainer Bonhof; Ulrich Hoeneß, Herbert Wimmer (46 Heinz Flohe), Dieter Müller, Erich Beer (79 Hans Bongartz), Bernd Hölzenbein.   Trainer: Helmut Schön

Goals: Svehlík (8), Dobias (23), D.Müller (28), Hölzenbein (90)

Penalties: 1-0 Masny, 1-1 Bonhof, 2-1 Nehoda, 2-2 Flohe, 3-2 Ondrus, 3-3 Bongartz, 4-3 Jurkemik, Hoeneß, 5-3 Panenka

Goalscorers European Football Championship 1976

8 goals: Don Givens (Eire)

6 goals: Tibor Nyilasi (Hungary)

5 goals: Malcolm Macdonald (England), Johann Krankl (Austria), Zdenek Nehoda (Czechoslovakia), Josip Katalinski (Yugoslavia), Johannes Cruijff, Robert Rensenbrink (Holland)

4 goals: Arfon Griffiths (Wales), Zoltan Crișan, Dudu Georgescu (Romania), Jean-Marc Guillou (France), Josef Heynckes, Dieter Müller (West Germany), Antonín Panenka (Czechoslovakia)

3 goals: Premysl Bicovsky, Jozef Móder (Czechoslovakia), Michael Channon (England), John Toshack (Wales), Gilbert Dussier (Luxembourg), Tom Lund (Norway), Ruud Geels, Johannes Neeskens, Willy van der Kuylen (Holland), Andrzej Szarmach, Grzegorz Lato (Poland), Oleg Blohin, Viktor Kolotov (USSR), Antonis Antoniadis (Greece), Georgi Denev (Bulgaria), Erich Beer (West Germany)

2 goals: Masny, Ondrus (Czechoslovakia), Bell (England), Néné (Portugal), James (Wales), Welzl (Austria), Braun, Philipp (Luxembourg), Nagy (Hungary), Dzajic, Oblak, Popivoda, M. Vukotic (Yugoslavia), Hamilton (Northern Ireland), Sjöberg, Nordahl (Sweden), Quini, Santillana (Spain), Rioch (Scotland), Gadocha (Poland), Rahja (Finland), Onischenko (USSR), Worm, Cullmann, Hölzenbein (West Germany), Delikaris, Papaioannou (Greece), Bonev, Kolev, Panov (Bulgaria)

1 goal: Dobias, Gallis, Petrás, Svehlík, Vesely (Czechoslovakia), Keegan (England), Alves, Moinhos, Rui Rodrigues (Portugal), Evans, Reece, Mahoney, England, P. Roberts, Yorath (Wales), Jara, Prohaska, Köglberger, Kreuz (Austria), Pinter, Váradi, Wollek, Pusztai, Horváth, Bálint, Branikovits (Hungary), Vladic, Vabec, Buljan, Bogicevic, Surjak, Ivezic (Yugoslavia), Morgan, Mcilroy, Hunter, O'Neill, Nicholl, Finney (N. Ireland), Torstensson, Sandberg, Grahn, Edström (Sweden), E.J. Olsen, Thunberg (Norway), Villar, Pirri, Capón, Velazquez, Megido, Claramunt I, R. Martinez (Spain), Iordănescu, Lucescu, Dinu (Romania), Dalglish, MacDougall, Harper, McQueen, Bremner, Jordan (Scotland), Bastrup, Dahl, Nygaard (Denmark), Thijsen, René van de Kerkhof, Willy van de Kerkhoff, Lubse, Rep (Holland), Capello, Chinaglia, Boninsegna (Italy), Kasperczak (Poland), Paatelainen (Finland), Buriak, Konkov, Veremeev, Muntian (USSR), Hand, Martin, Treacy (Eire), Alpaslan, Ismail, B. Mehmet (Turkey), Risi, Elsener, Müller, Schild (Switzerland), Puis, Lambert, Martens, F. Van der Elst, Van Moer, Teugels, Van Gool (Belgium), Streich, Vogel, P. Ducke, Häfner, Pommerenke, Sparwasser, Kreische, Hoffmann (East Germany), Bathenay, Berdoll, Coste (France), Edvaldsson, Sigurvinsson, Hallgrimsson (Iceland), Flohe, Hoeneß, Ritschel, Toppmöller, Vogts, Wimmer (West Germany), Mauros, Iosifidis, Sarafis, Eleutherakis, Gklezos (Greece), Iordanov, Dimitrov, Milanov (Bulgaria), R. Aquilina, V. Magro (Malta)

Own goals: Reshko (USSR) & Dunne (Eire) for Turkey, Ismail (Turkey) for Switzerland, Ondrus (Czechoslovakia) for Holland

THE EUROPEAN FOOTBALL CHAMPIONSHIP 1980

GROUP 1

DENMARK v EIRE 3-3 (1-2)

Idraetsparken, København   24.05.1978

Referee: Jan Beck (HOL)   Attendance: 12,000

DENMARK: Birger Jensen; Johnny Hansen, Per Røntved, Henning Munk Jensen, Søren Lerby, Morten Olsen (76 Jan Højland), Benny Nielsen, Kristen Nygaard (66 Frank Arnesen), Jan Sørensen II, Henning Jensen, Jørgen Kristensen. Trainer: Kurt Nielsen

EIRE: Mick Kearns; Paddy Mulligan, David O'Leary, Mark Lawrenson, Jimmy Holmes (51 Eamonn Gregg), Gerard Daly, Johnny Giles (Cap), Tony Grealish, Steve Heighway, Don Givens (46 Paul McGee), Frank Stapleton. Trainer: John Giles

Goals: Stapleton (11), Grealish (25), H. Jensen (31), Daly (65), B. Nielsen (79 pen), Lerby (80)

DENMARK v ENGLAND 3-4 (2-2)

Idraetsparken, København   20.09.1978

Referee: Adolf Prokop (E. GER)   Attendance: 48,000

DENMARK: Birger Jensen; Flemming Nielsen, Henning Munk Jensen, Per Røntved, Søren Lerby, Frank Arnesen, Carsten Nielsen, Flemming Lund, Allan Simonsen, Benny Nielsen (46 Allan Hansen), Jørgen Kristensen. Trainer: Kurt Nielsen

ENGLAND: Raymond Clemence; Philip Neal, Michael Mills, Ray Wilkins, David Watson, Emlyn Hughes, Kevin Keegan, Steven Coppell, Robert Latchford, Trevor Brooking, Peter Barnes.   Manager: Ronald Greenwood

Goals: Keegan (17, 23), Simonsen (27 pen), Arnesen (30), Latchford (52), Neal (83), Røntved (86)

EIRE v NORTHERN IRELAND 0-0

Lansdowne Road, Dublin   20.09.1978

Referee: Francis Rion (BEL)   Attendance: 55,000

EIRE: Mick Kearns; Tony Grealish, Mark Lawrenson, Noel Synnot, Jimmy Holmes, Gerard Daly, Johnny Giles (Cap), William Brady, Steve Heighway (63 Don Givens), Paul McGee, Frank Stapleton (54 Mickey Walsh).   Trainer: John Giles

N. IRELAND: Patrick Jennings; Patrick Rice, Samuel Nelson, Christopher Nicholl, Alan Hunter (72 Bryan Hamilton), James Nicholl, Martin O'Neill, David McCreery, Gerard Armstrong, Samuel McIlroy, Derek Spence (69 Terence Cochrane). Manager: Daniel Blanchflower

DENMARK v BULGARIA 2-2 (1-1)

Idraetsparken, København   11.10.1978

Referee: Angel Franco Martinez (SPA)   Attendance: 30,000

DENMARK: Ole Kjær; Flemming Nielsen, Lars Larsen, Per Røntved, Søren Lerby, Morten Olsen, Heino Hansen, Frank Arnesen, Flemming Lund, Benny Nielsen, Jørgen Kristensen. Trainer: Kurt Nielsen

BULGARIA: Rumen Goranov; Plamen Nikolov, Petr Stankov, Georgi Bonev, Nikolai Grancharov (11 Ivan Iliev), Radoslav Zdravkov, Rusi Gochev, Georgi Slavkov (79 Aleksandar Ivanov), Stoicho Mladenov, Pavel Panov (Cap), Angel Stankov. Trainer: Zvetan Ilchev

Goals: B. Nielsen (17), Panov (32), Lerby (64), Iliev (85)

NORTHERN IRELAND v DENMARK 2-1 (0-0)

Belfast   25.10.1978

Referee: Rolf Haugen (NOR)   Attendance: 30,000

N. IRELAND: Patrick Jennings; Patrick Rice, Samuel Nelson, James Nicholl, Alan Hunter, David McCreery, Martin O'Neill, Samuel McIlroy, Gerard Armstrong, Samuel Morgan (.. Derek Spence, 68 Trevor Anderson), Terence Cochrane. Manager: Daniel Blanchflower

DENMARK: Ole Kjær; Flemming Nielsen, Lars Larsen, Per Røntved, John Andersen, Ole Rasmussen, Carsten Nielsen, Ove Flindt Bjerg, Henrik Agerbeck (52 Jan Sørensen I), Henning Jensen, Jørgen Kristensen.   Trainer: Kurt Nielsen

Goals: H. Jensen (51), Spence (63), Anderson (85)

EIRE v ENGLAND 1-1 (1-1)

Lansdowne Road, Dublin   25.10.1978

Referee: Heinz Aldinger (W. GER)   Attendance: 50,000

EIRE: Mick Kearns; Paddy Mulligan (Cap), David O'Leary (73 Eamonn Gregg), Mark Lawrenson, Jimmy Holmes, Gerard Daly, Tony Grealish, William Brady, Gerry Ryan, Don Givens, Paul McGee (65 Frank Stapleton).   Trainer: John Giles

ENGLAND: Raymond Clemence; Philip Neal, Michael Mills, Ray Wilkins, David Watson (22 Philip Thompson), Emlyn Hughes, Kevin Keegan, Steven Coppell, Robert Latchford, Trevor Brooking, Peter Barnes (81 Anthony Woodcock). Manager: Ronald Greenwood

Goals: Latchford (8), Daly (27)

BULGARIA v NORTHERN IRELAND 0-2 (0-1)

Vasil Levski, Sofia 29.11.1978

Referee: Hilmi Ok (TUR)   Attendance: 25,000

BULGARIA: Rumen Goranov; Nikolai Grancharov, Petr Stankov, Roman Karakolev, Georgi Dimitrov, Borislav Sredkov, Rusi Gochev, Georgi Slavkov, Stoicho Mladenov (67 Spas Djevizov), Pavel Panov (Cap), Angel Stankov (46 Chavdar Tzvetkov).   Trainer: Zvetan Ilchev

N. IRELAND: Patrick Jennings; Bryan Hamilton, Samuel Nelson, Christopher Nicholl, James Nicholl, David McCreery, Martin O'Neill, Samuel McIlroy (69 Victor Moreland), Gerard Armstrong, William Caskey, Terence Cochrane (55 Cristopher McGrath).   Manager: Daniel Blanchflower

Goals: Armstrong (17), Caskey (82)

NORTHERN IRELAND v BULGARIA 2-0 (2-0)

Windsor Park, Belfast 02.05.1979

Referee: Anders Mattsson (FIN)   Attendance: 20,000

N. IRELAND: Patrick Jennings; Bryan Hamilton, Samuel Nelson, Christopher Nicholl (66 Victor Moreland), James Nicholl, David McCreery, Martin O'Neill, Samuel McIlroy, Gerard Armstrong, William Caskey (79 Derek Spence), Terence Cochrane.   Manager: Daniel Blanchflower

BULGARIA: Stoian Stoianov; Tzono Vasilev, Kiril Ivkov (Cap), Georgi Bonev, Liuben Kolev, Aleksandar Rainov, Radoslav Zdravkov (65 Georgi Iliev), Borislav Sredkov, Spas Djevizov, Pavel Panov, Chavdar Tzvetkov.
Trainer: Ianko Dinkov

Goals: C. Nicholl (15), Armstrong (33)

ENGLAND v NORTHERN IRELAND 4-0 (1-0)

Wembley, London 07.02.1979

Referee: Ulf Eriksson (SWE)   Attendance: 92,000

ENGLAND: Raymond Clemence; Philip Neal, Michael Mills, Anthony Currie, David Watson, Emlyn Hughes, Kevin Keegan, Steven Coppell, Robert Latchford, Trevor Brooking, Peter Barnes.   Manager: Ronald Greenwood

N. IRELAND: Patrick Jennings; Patrick Rice, Samuel Nelson, Christopher Nicholl, James Nicholl, David McCreery, Martin O'Neill, Samuel McIlroy, Gerard Armstrong, William Caskey (74 Derek Spence), Terence Cochrane (.. Cristopher McGrath).   Manager: Daniel Blanchflower

Goals: Keegan (25), Latchford (46, 64), Watson (50)

BULGARIA v EIRE 1-0 (0-0)

Vasil Levski, Sofia 19.05.1979

Referee: Josef Bucek (AUS)   Attendance: 25,000

BULGARIA: Iordan Filipov; Nikolai Grancharov, Kiril Ivkov (Cap), Ivan Iliev, Tzono Vasilev, Radoslav Zdravkov, Krasimir Borisov, Pavel Panov, Voin Voinov, Andrei Jeliazkov, Chavdar Tzvetkov.   Trainer: Zvetan Ilchev

EIRE: Gerry Peyton; Eamonn Gregg, David O'Leary, Mick Martin, Jimmy Holmes (58 Paddy Mulligan), Gerard Daly, Johnny Giles (Cap), William Brady, Steve Heighway, Mickey Walsh (75 Paul McGee), Don Givens.   Trainer: John Giles

Goal: Tzvetkov (81)

EIRE v DENMARK 2-0 (1-0)

Lansdowne Road, Dublin 02.05.1979

Referee: Michel Vautrot (FRA)   Attendance: 26,000

EIRE: Gerry Peyton; Eamonn Gregg, Paddy Mulligan, Mick Martin, Jimmy Holmes, Gerard Daly, Johnny Giles (Cap), William Brady, Austin Hayes (61 Mickey Walsh), Frank Stapleton, Don Givens (71 Paul McGee).   Trainer: John Giles

DENMARK: Ole Kjær; Flemming Nielsen, Per Røntved, Lars Larsen, Søren Lerby, Frank Arnesen, Morten Olsen, Flemming Lund, Allan Simonsen, Benny Nielsen (76 Henrik Agerbeck), Preben Elkjær.   Trainer: Kurt Nielsen

Goals: Daly (44), Givens (66)

DENMARK v NORTHERN IRELAND 4-0 (2-0)

Idraetsparken, København 06.06.1979

Referee: Rudolf Frickel (W. GER)   Attendance: 16,800

DENMARK: Ole Kjær; Ole Højgaard (75 Peter Poulsen), Søren Busk, Steen Ziegler, John Andersen, Frank Arnesen, Morten Olsen, Klaus Nørregård (59 Per Røntved), Søren Lerby, Allan Simonsen, Preben Elkjær.   Trainer: Kurt Nielsen

N. IRELAND: Patrick Jennings; Patrick Rice, Samuel Nelson, James Nicholl, Alan Hunter, David McCreery, Martin O'Neill, Samuel McIlroy, Gerard Armstrong, Derek Spence, Bryan Hamilton.   Manager: Daniel Blanchflower

Goals: Elkjær (31, 33, 82), Simonsen (63)

BULGARIA v ENGLAND 0-3 (0-1)

Vasil Levski, Sofia   06.06.1979

Referee: Ernst Dörflinger (SWI)   Attendance: 50,000

BULGARIA: Iordan Filipov; Nikolai Grancharov, Kiril Ivkov (Cap), Georgi Bonev, Ivan Iliev, Radoslav Zdravkov (61 Todor Barzov), Voin Voinov (46 Rusi Gochev), Krasimir Borisov, Andrei Jeliazkov, Pavel Panov, Chavdar Tzvetkov.   Trainer: Zvetan Ilchev

ENGLAND: Raymond Clemence; Philip Neal, Michael Mills, Philip Thompson, David Watson, Ray Wilkins, Kevin Keegan, Steven Coppell, Robert Latchford (66 Trevor Francis), Trevor Brooking, Peter Barnes (76 Anthony Woodcock).   Manager: Ronald Greenwood

Goals: Keegan (33), Watson (54), Barnes (55)

EIRE v BULGARIA 3-0 (1-0)

Lansdowne Road, Dublin   17.10.1979

Referee: Heinz Einbeck (E. GER)   Attendance: 22,000

EIRE: Gerry Peyton; Paddy Mulligan (Cap), David O'Leary, Pierce O'Leary, Ashley Grimes, Mick Martin, William Brady, Tony Grealish, Steve Heighway, Paul McGee, Frank Stapleton.   Trainer: John Giles

BULGARIA: Rumen Goranov (Cap); Tzono Vasilev, Georgi Dimitrov, Georgi Bonev, Ivan Iliev, Vanio Kostov (46 Kostadin Kostadinov), Todor Barzov, Plamen Markov, Andrei Jeliazkov, Boicho Velitchkov, Chavdar Tzvetkov.   Trainer: Dobromir Tashkov

Goals: Martin (18), Grealish (46), Stapleton (83)

ENGLAND v DENMARK 1-0 (1-0)

Wembley, London   12.09.1979

Referee: Cesar da Luz Dias Correia (POR)   Att: 85,000

ENGLAND: Raymond Clemence; Philip Neal, Michael Mills, Philip Thompson, David Watson, Ray Wilkins, Steven Coppell, Terence McDermott, Kevin Keegan, Trevor Brooking, Peter Barnes.   Manager: Ronald Greenwood

DENMARK: Birger Jensen; Ole Højgaard, Søren Busk, Steen Ziegler, Morten Olsen, Søren Lerby, Frank Arnesen, Benny Nielsen (31 Jens J.Bertelsen), Henning Jensen, Allan Simonsen, Preben Elkjær (80 Ove Flindt Bjerg).   Trainer: Josef Piontek

Goal: Keegan (17)

BULGARIA v DENMARK 3-0 (1-0)

Vasil Levski, Sofia   31.10.1979

Referee: Sotos Afxentiou (CYP)   Attendance: 10,000

BULGARIA: Hristo Hristov; Tzono Vasilev, Borislav Dimitrov, Georgi Bonev, Ivan Iliev, Todor Barzov, Kostadin Kostadinov (70 Rusi Gochev), Plamen Markov, Boicho Velitchkov, Andrei Jeliazkov (Cap), Chavdar Tzvetkov.   Trainer: Dobromir Tashkov

DENMARK: Ole Qvist; Jens Steffensen, Søren Busk, Steen Ziegler, Frank Olsen, Frank Arnesen, Søren Lerby, Jens J.Bertelsen, Kristen Nygaard (64 Carsten Nielsen), Henning Jensen, Allan Simonsen.   Trainer: Josef Piontek

Goals: Jeliazkov (21), Tzvetkov (51, 88)

NORTHERN IRELAND v ENGLAND 1-5 (0-2)

Belfast   17.10.1979

Referee: Alexis Ponnet (BEL)   Attendance: 25,000

N. IRELAND: Patrick Jennings; Patrick Rice, Samuel Nelson, James Nicholl, Alan Hunter (46 Peter Rafferty), David McCreery, Thomas Cassidy, Samuel McIlroy, Gerard Armstrong, Thomas Finney (70 William Caskey), Victor Moreland.   Manager: Daniel Blanchflower

ENGLAND: Peter Shilton; Philip Neal, Michael Mills, Philip Thompson, David Watson, Ray Wilkins, Kevin Keegan, Steven Coppell, Trevor Francis, Trevor Brooking (84 Terence McDermott), Anthony Woodcock.   Manager: Ronald Greenwood

Goals: Francis (18, 62), Woodcock (34, 71), Moreland (49 pen), Nicholl (74 og)

NORTHERN IRELAND v EIRE 1-0 (0-0)

Windsor Park, Belfast   21.11.1979

Referee: André Daina (SWI)   Attendance: 15,000

N. IRELAND: Patrick Jennings; James Nicholl, Samuel Nelson, Christopher Nicholl, Alan Hunter, David McCreery, Martin O'Neill (66 Thomas Cassidy), Samuel McIlroy, Gerard Armstrong, Derek Spence, Victor Moreland.   Manager: Daniel Blanchflower

EIRE: Mick Kearns; John Devine, David O'Leary, Pierce O'Leary, Ashley Grimes, Gerard Daly (53 Joe Waters), Mick Martin (Cap), Tony Grealish, Steve Heighway, Paul McGee (75 Don Givens), Frank Stapleton.   Trainer: John Giles

Goal: Armstrong (54)

ENGLAND v BULGARIA 2-0 (1-0)
Wembley, London   22.11.1979
Referee: Erik Frederiksson (SWE)   Attendance: 72,000
ENGLAND: Raymond Clemence; Vivian Anderson, Kenneth Sansom, Philip Thompson, David Watson, Ray Wilkins, Kevin Reeves, Glenn Hoddle, Trevor Francis, Raymond Kennedy, Anthony Woodcock.   Manager: Ronald Greenwood
BULGARIA: Hristo Hristov; Roman Karakolev, Borislav Dimitrov, Georgi Bonev, Ivan Iliev, Georgi Dimitrov, Todor Barzov, Plamen Markov, Boicho Velitchkov (87 Krasimir Manolov), Andrei Jeliazkov (Cap), Chavdar Tzvetkov (29 Kostadin Kostadinov). Trainer: Dobromir Tashkov
Goals: Watson (9), Hoddle (69)

ENGLAND v EIRE 2-0 (1-0)
Wembley, London   06.02.1980
Referee: Klaus Scheurell (E. GER)   Attendance: 90,299
ENGLAND: Raymond Clemence; Trevor Cherry, Kenneth Sansom, Philip Thompson, David Watson, Bryan Robson, Kevin Keegan, Terence McDermott, David Johnson (59 Steven Coppell), Anthony Woodcock, Laurence Cunningham. Manager: Ronald Greenwood
EIRE: Gerry Peyton (60 Ron Healey); Christopher Hughton, David O'Leary (68 Pierce O'Leary), Mark Lawrenson, Ashley Grimes, Gerard Daly, Tony Grealish, William Brady (Cap), Fran O'Brien, Steve Heighway, Frank Stapleton.   Trainer: John Giles
Goals: Keegan (34, 74)

	P	W	D	L	F	A	Pts
England	8	7	1	0	22	5	15
Northern Ireland	8	4	1	3	8	14	9
Eire	8	2	3	3	9	8	7
Bulgaria	8	2	1	5	6	14	5
Denmark	8	1	2	5	13	17	4

GROUP 2

NORWAY v AUSTRIA 0-2 (0-2)
Ulleval, Oslo   30.08.1978
Referee: Patrick Partridge (ENG)   Attendance: 17,000
NORWAY: Tom R.Jacobsen; Helge Karlsen (14 Bjarne Berntsen), Jan Birkelund, Svein Grøndalen, Trond Pedersen, Einar Aas, Tor Egil Johansen (Cap), Stein Thunberg, Svein Mathisen, Odd Iversen (72 Arne Larsen-Ökland), Hallvar Thoresen.   Trainer: Tor Røste Fossen
AUSTRIA: Erwin Fuchsbichler; Robert Sara (Cap), Erich Obermayer, Bruno Pezzey, Heinrich Strasser; Heribert Weber, Herbert Prohaska, Kurt Jara (.. Reinhold Hintermaier); Walter Schachner, Johann Krankl, Wilhelm Kreuz.
Trainer: Karl Stotz
Goals: Pezzey (22), Krankl (43)

BELGIUM v NORWAY 1-1 (0-1)
Daknam, Lokeren   20.09.1978
Referee: Marijan Raus (YUG)   Attendance: 5,272
BELGIUM: Jean-Marie Pfaff; Eric Gerets (46 François Van der Elst), Walter Meeuws, Georges Leekens, René Vandereycken, Julien Cools (Cap), Ludo Coeck, René Verheyen, Roger Van Gool, Paul Courant (59 Willy Geurts), Eddy Voordeckers.   Trainer: Guy Thys
NORWAY: Tom R.Jacobsen; Trond Pedersen, Tore Kordahl, Einar Aas, Svein Grøndalen, Roger Albertsen, Bjarne Berntsen, Tor Egil Johansen, Hallvar Thoresen, Svein Mathisen (73 Stein Thunberg), Arne Larsen-Ökland (87 Pål Jacobsen).   Trainer: Tor Røste Fossen
Goals: Larsen-Ökland (7), Cools (64)

AUSTRIA v SCOTLAND 3-2 (1-0)
Prater, Wien   20.09.1978
Referee: Alberto Michelotti (ITA)   Attendance: 73,000
AUSTRIA: Erwin Fuchsbichler; Robert Sara (Cap), Erich Obermayer, Bruno Pezzey, Heinrich Strasser; Heribert Weber, Herbert Prohaska (87 Franz Oberacher); Walter Schachner, Johann Krankl, Wilhelm Kreuz, Kurt Jara. Trainer: Karl Stotz
SCOTLAND: Allan Rough; Stuart Kennedy, Gordon McQueen, Martin Buchan, William Donachie; Graeme Souness, Asa Hartford, Archibald Gemmill (Cap); Kenneth Dalglish, Joseph Jordan (.. Arthur Graham), Andrew Gray.   Manager: Alistair MacLeod
Goals: Pezzey (25), Schachner (48), Kreuz (65), McQueen (66), A. Gray (78)

PORTUGAL v BELGIUM 1-1 (1-1)

Estádio José Alvalade, Lisboa   11.10.1978

Referee: Georges Konrath (FRA)   Attendance: 20,000

PORTUGAL: Manuel Galrinho BENTO; GABRIEL Azevedo Mendes, EURICO Monteiro Gomes, HUMBERTO Manuel Jesus COELHO (Cap), Adelino Jesus TEIXEIRA, SHEU Han (46 ARTUR Manuel Soares Correia), António Luis Alves Ribeiro OLIVEIRA, João António Ferreira Resende ALVES, José Alberto COSTA, MANUEL José Tavares FERNANDES (71 Tamagnini Manuel Gomes Batista NÉNÉ), Fernando Mendes Soares GOMES.

BELGIUM: Jean-Marie Pfaff; Walter Meeuws, Eric Gerets, Hugo Broos, Michel Renquin, Julien Cools (Cap), Ludo Coeck, René Vandereycken, Frankie Vercauteren, Guy Dardenne (67 François Van der Elst), Eddy Voordeckers (60 Jan Ceulemans). Trainer: Guy Thys

Goals: Gomes (32), Vercauteren (37)

PORTUGAL v SCOTLAND 1-0 (1-0)

Estádio da Luz, Lisboa   29.11.1978

Referee: Ernst Dörflinger (SWI)   Attendance: 60,000

PORTUGAL: Manuel BENTO; ARTUR Correia, HUMBERTO COELHO (Cap), Carlos ALHINHO, ALBERTO Gomes, Minervino PIETRA, António OLIVEIRA (82 EURICO Monteiro Gomes), João ALVES, José COSTA (46 SHÉU Han), Tamagnini NÉNÉ, Fernando GOMES.

SCOTLAND: Allan Rough; Stuart Kennedy, Francis Gray (65 William Donachie), David Narey, Gordon McQueen, Martin Buchan, Kenneth Dalglish, Asa Hartford, Joseph Jordan (78 Ian Wallace), Archibald Gemmill, John Robertson. Manager: John Stein

Goal: Alberto (20)

SCOTLAND v NORWAY 3-2 (1-1)

Hampden Park, Glasgow   25.10.1978

Referee: Vojtech Christov (CZE)   Attendance: 60,000

SCOTLAND: James Stewart; William Donachie, Gordon McQueen, Martin Buchan, Francis Gray, Archibald Gemmill, Asa Hartford, Graeme Souness, Kenneth Dalglish, Andrew Gray, Arthur Graham.   Manager: John Stein

NORWAY: Tom R. Jacobsen; Trond Pedersen (80 Helge Karlsen), Jan Birkelund, Tore Kordahl, Svein Grøndalen, Einar Aas, Tom Jacobsen (37 Jan Hansen), Tor Egil Johansen, Hallvar Thoresen, Svein Mathisen, Arne Larsen-Ökland. Trainer: Tor Røste Fossen

Goals: Aas (3), Dalglish (15, 82), Larsen-Ökland (64), Gemmill (88 pen)

BELGIUM v AUSTRIA 1-1 (1-0)

Astrid Park, Brussel   28.03.1979

Referee: Angel Franco Martinez (SPA)   Attendance: 6,264

BELGIUM: Jean-Marie Pfaff; Walter Meeuws, Eric Gerets, Hugo Broos, Michel Renquin, Julien Cools (Cap) (70 Willy Geurts), René Vandereycken, Frankie Vercauteren; Albert Cluytens, François van der Elst, Jean Janssens. Trainer: Guy Thys

AUSTRIA: Friedrich Koncilia; Robert Sara (Cap), Erich Obermayer, Bruno Pezzey, Dietmar Mirnegg; Heribert Weber, Roland Hattenberger, Ernst Baumeister, Wilhelm Kreuz, Johann Krankl, Walter Schachner.   Trainer: Karl Stotz

Goals: Vandereycken (20 pen), Krankl (60)

AUSTRIA v PORTUGAL 1-2 (0-1)

Prater, Wien   15.11.1978

Referee: Nicolae Rainea (ROM)   Attendance: 75,000

AUSTRIA: Friedrich Koncilia; Robert Sara (Cap), Erich Obermayer, Bruno Pezzey, Heinrich Strasser; Roland Hattenberger, Herbert Prohaska, Kurt Jara (.. Ernst Baumeister); Walter Schachner, Wilhelm Kreuz (81 Felix Gasselich), Johann Krankl.   Trainer: Karl Stotz

PORTUGAL: Manuel BENTO; ARTUR Correia, HUMBERTO COELHO (Cap), Carlos Alexandre Fortes ALHINHO, ALBERTO Gomes Fonseca Junior, Minervino José Lopes PIETRA, Adelino TEIXEIRA, João ALVES, José COSTA, Tamagnini NÉNÉ (88 Fernando Mendes Soares GOMES), António OLIVEIRA (87 SHÉU Han).

Goals: Néné (31), Schachner (73), Alberto (90)

AUSTRIA v BELGIUM 0-0

Prater, Wien   02.05.1979

Referee: Hilmi Ok (TUR)   Attendance: 40,000

AUSTRIA: Friedrich Koncilia; Robert Sara (Cap), Erich Obermayer, Bruno Pezzey, Dietmar Mirnegg; Herbert Prohaska (75 Felix Gasselich), Roland Hattenberger, Ernst Baumeister; Wilhelm Kreuz (81 Reinhold Hintermaier), Johann Krankl, Walter Schachner.   Trainer: Karl Stotz

BELGIUM: Michel Preud'homme; Walter Meeuws, Eric Gerets, Hugo Broos, Michel Renquin, Julien Cools (Cap), René Vandereycken, Frankie Vercauteren; Charles Jacobs (86 Guy Dardenne), François van der Elst, Jean Janssens. Trainer: Guy Thys

NORWAY v PORTUGAL 0-1 (0-1)

Oslo   09.05.1979

Referee: Siegfried Kirschen (E. GER)   Attendance: 9,800

NORWAY: Roy Amundsen; Trond Pedersen, Einar Aas, Tore Kordahl, Svein Grøndalen; Jan Hansen, Tor Egil Johansen (70 Stein Thunberg), Roger Albertsen; Svein Mathisen (55 Isak Arne Refvik), Tom Lund, Arne Larsen-Økland.
Trainer: Tor Røste Fossen

PORTUGAL: Manuel BENTO; ARTUR Correia, HUMBERTO COELHO (Cap), Carlos ALHINHO, ALBERTO Gomes, EURICO Gomes, Tamagnini NÉNÉ (81 Fernando GOMES), Minervino PIETRA, João ALVES, António OLIVEIRA, José COSTA (90 António José BASTOS LOPES).

Goal: Alves (35)

NORWAY v SCOTLAND 0-4 (0-3)

Ullevaal, Oslo   07.06.1979

Referee: Ib Nielsen (DEN)   Attendance: 17,269

NORWAY: Tom R. Jacobsen; Helge Karlsen, Tore Kordahl, Svein Grøndalen, Trond Pedersen (67 Jan Hansen); Einar Aas, Roger Albertsen, Stein Thunberg (75 Torbjørn Svendsen); Hallvar Thoresen, Svein Mathisen, Arne Larsen-Ökland.
Trainer: Tor Røste Fossen

SCOTLAND: Allan Rough; George Burley (46 Paul Hegarty, 70 John Wark), Kenneth Burns, Gordon McQueen, Iain Munro; Asa Hartford, Kenneth Dalglish, Archibald Gemmill; Arthur Graham, Joseph Jordan, John Robertson.
Manager: John Stein

Goals: Jordan (32), Dalglish (39), Robertson (43), McQueen (55)

AUSTRIA v NORWAY 4-0 (1-0)

Prater, Wien   29.08.1979

Referee: Jaromir Fausek (CZE)   Attendance: 40,000

AUSTRIA: Friedrich Koncilia; Robert Sara (Cap), Erich Obermayer, Bruno Pezzey, Günter Pospisil; Roland Hattenberger, Herbert Prohaska (76 Heribert Weber), Wilhelm Kreuz, Walter Schachner, Hans Krankl, Kurt Jara.
Trainer: Karl Stotz

NORWAY: Roy Amundsen; Trond Pedersen, Morten Vinje, Einar Aas, Svein Grøndalen; Bjarne Berntsen, Tor Egil Johansen, Stein Thunberg (30 Rune Ottesen); Svein Mathisen (74 Thorbjørn Svendsen), Arne Larsen-Ökland, Pål Jacobsen.
Trainer: Tor Røste Fossen

Goals: Jara (42), Prohaska (46 pen), Kreuz (76), Krankl (86)

NORWAY v BELGIUM 1-2 (1-1)

Ullevaal, Oslo   12.09.1979

Referee: Alojzy Jarguz (POL)   Attendance: 11,255

NORWAY: Roy Amundsen; Trond Pedersen, Morten Vinje, Einar Aas, Svein Grøndalen; Roger Albertsen, Tor Egil Johansen, Jan Hansen (75 Rune Ottesen); Pål Jacobsen, Odd Iversen (83 Svein Mathisen), Hallvar Thoresen.
Trainer: Tor Røste Fossen

BELGIUM: Jean-Marie Pfaff; Walter Meeuws, Eric Gerets, Luc Millecamps, Michel Renquin; Julien Cools, René Vandereycken, Frankie Vercauteren (77 René Verheyen); Albert Cluytens, François Van der Elst, Jean Janssens (77 Jan Ceulemans).   Trainer: Guy Thys

Goals: P. Jacobsen (7), Janssens (31), Van der Elst (65)

BELGIUM v PORTUGAL 2-0 (0-0)

Heizel, Brussel   17.10.1979

Referee: Ulf Eriksson (SWE)   Attendance: 8,799

BELGIUM: Théo Custers; Walter Meeuws, Eric Gerets, Luc Millecamps, Michel Renquin (75 Philippe Garot), Julien Cools (Cap), Wilfried Van Moer (75 René Verheyen), René Vandereycken, François Van der Elst, Eddy Voordeckers, Jan Ceulemans.   Trainer: Guy Thys

PORTUGAL: Manuel BENTO; ARTUR Correia, HUMBERTO COELHO (Cap), Carlos ALHINHO, ALBERTO Gomes, EURICO Gomes (51 António Manuel FRASCO Vieira), Minervino PIETRA (61 Rui Manuel Trindade JORDAO), António OLIVEIRA, ROMEU Fernando Fernandes Silva, Tamagnini NÉNÉ, Fernando GOMES.

Goals: Van Moer (46), Van der Elst (56)

SCOTLAND v AUSTRIA 1-1 (0-1)

Hampden Park, Glasgow   17.10.1979

Referee: Károly Palotai (HUNG)   Attendance: 80,000

SCOTLAND: Allan Rough; William Jardine, Gordon McQueen, Kenneth Burns, Iain Munro; Graeme Souness, Archibald Gemmill (Cap), John Wark; Arthur Graham (.. David Cooper), Kenneth Dalglish, John Robertson.
Manager: John Stein

AUSTRIA: Friedrich Koncilia; Robert Sara (Cap), Bruno Pezzey, Heribert Weber, Dietmar Mirnegg; Wilhelm Kreuz, Roland Hattenberger, Kurt Jara; Walter Schachner (81 Gerhard Steinkogler), Herbert Prohaska, Hans Krankl (.. Reinhold Hintermaier).   Trainer: Karl Stotz

Goals: Krankl (41), Gemmill (75)

PORTUGAL v NORWAY 3-1 (1-1)

Estádio Nacional, Lisboa   01.11.1979

Referee: Riccardo Lattanzi (ITA)   Attendance: 25,000

PORTUGAL: Manuel BENTO; ARTUR Correia, HUMBERTO COELHO (Cap), Carlos António Fonseca SIMOES, Alfredo Manuel Ferreira Silva MURÇA, António FRASCO, RODOLFO dos Reis Ferreira, José COSTA, Mauricio Zacarias REINALDO Rodrigues Gomes, Fernando GOMES, Tamagnini NÉNÉ.

NORWAY: Roy Amundsen; Georg Hammer, Morten Vinje, Einar Aas, Svein Grøndalen; Bjarne Berntsen (71 Jan Hansen), Tor Egil Johansen, Roger Albertsen; Hallvar Thoresen (81 Svein Mathisen), Arne Larsen-Ökland), Pål Jacobsen. Trainer: Tor Røste Fossen

Goals: Hammer (10), Artur (37), Néné (59, 71)

SCOTLAND v BELGIUM 1-3 (0-3)

Hampden Park, Glasgow   19.12.1979

Referee: Heinz Aldinger (W. GER)   Attendance: 40,000

SCOTLAND: Allan Rough; William Jardine, Daniel McGrain, John Wark, Gordon McQueen, Kenneth Burns, Kenneth Dalglish, Robert Aitken, Derek Johnstone, Eamonn Bannon (46 David Provan), John Robertson.   Manager: John Stein

BELGIUM: Théo Custers; Walter Meeuws, Eric Gerets, Luc Millecamps, Maurice Martens, Julien Cools (Cap), Wilfried Van Moer (49 Gérard Plessers), René Vandereycken, François Van der Elst, Erwin Vandenbergh (73 Guy Dardenne), Jan Ceulemans.   Trainer: Guy Thys

Goals: Vandenbergh (18), Van der Elst (23, 30), Robertson (55)

PORTUGAL v AUSTRIA 1-2 (1-1)

Estádio da Luz, Lisboa   21.11.1979

Referee: Charles Corver (HOL)   Attendance: 80,000

PORTUGAL: Manuel BENTO; ARTUR Correia (77 SHÉU Han), HUMBERTO COELHO (Cap), Carlos SIMOES, ALBERTO Gomes, António FRASCO (65 Rui Manuel JORDAO), RODOLFO dos Reis Ferreira, José COSTA, Tamagnini NÉNÉ, Mauricio REINALDO, Fernando GOMES.

AUSTRIA: Friedrich Koncilia; Robert Sara (Cap), Erich Obermayer, Bruno Pezzey, Dietmar Mirnegg; Wilhelm Kreuz, Kurt Jara, Roland Hattenberger; Walter Schachner, Herbert Prohaska, Kurt Welzl (.. Hans Krankl).   Trainer: Karl Stotz

Goals: Welzl (36), Reinaldo (42), Schachner (51)

SCOTLAND v PORTUGAL 4-1 (2-0)

Hampden Park, Glasgow   26.03.1980

Referee: Robert Wurtz (FRA)   Attendance: 20,233

SCOTLAND: Allan Rough; George Burley, Daniel McGrain, David Narey, Alexander McLeish, Alan Hansen, Kenneth Dalglish (.. Steven Archibald), Graeme Souness, Andrew Gray, Archibald Gemmill, John Robertson (76 David Provan). Manager: John Stein

PORTUGAL: Manuel BENTO; Adelino TEIXEIRA, HUMBERTO COELHO (Cap), Carlos SIMOES, ALBERTO Gomes, António FRASCO (76 CARLOS MANUEL Correia Santos), EURICO Gomes (35 SHÉU Han), José COSTA, Tamagnini NÉNÉ, Fernando GOMES, Rui JORDAO.

Goals: Dalglish (7), A. Gray (26), Archibald (67), Gomes (74), Gemmill (82 pen)

BELGIUM v SCOTLAND 2-0 (1-0)

Heizel, Brussel   21.11.1979

Referee: Eldar Azim Zade (USSR)   Attendance: 14,289

BELGIUM: Théo Custers; Walter Meeuws, Eric Gerets, Luc Millecamps, Michel Renquin, Julien Cools (Cap), Wilfried Van Moer (66 René Verheyen), René Vandereycken, François Van der Elst, Jan Ceulemans, Eddy Voordeckers.
Trainer: Guy Thys

SCOTLAND: Allan Rough; William Jardine, Iain Munro (61 Francis Gray), John Wark, Alan Hansen, William Miller, Kenneth Dalglish, Graeme Souness, Joseph Jordan (61 David Provan), Asa Hartford, John Robertson.   Manager: John Stein

Goals: Van der Elst (6), Voordeckers (47)

	P	W	D	L	F	A	Pts
Belgium	8	4	4	0	12	5	12
Austria	8	4	3	1	14	7	11
Portugal	8	4	1	3	10	11	9
Scotland	8	3	1	4	15	13	7
Norway	8	0	1	7	5	20	1

GROUP 3

YUGOSLAVIA v SPAIN 1-2 (1-2)

Maksimir, Zagreb   04.10.1978

Referee: Erich Linemayr (AUS)   Attendance: 50,000

YUGOSLAVIA: Zaljko Stincic; Vilson Dzoni, Vedran Rozic, Nenad Stojkovic, Drazen Muzinic; Velimir Zajec (66 Nikica Cukrov), Momcilo Vukotic, Ivan Surjak; Safet Susic, Vahid Halilhodzic, Slavisa Zungul (.. Dusan Savic).
Trainer: Ante Mladinic

SPAIN: MIGUEL ANGEL Gonzalez Suarez; MARCELINO Pérez, Bernardo Blanquetti MIGUELI, Antonio OLMO, Secundino Suarez Vazquez "CUNDI"; Vicente Gonzalez DEL BOSQUE, Angel María VILLAR Llona, Juan Manuel ASENSI Ripoll; Juan Gómez Gonzalez "JUANITO" (85 José Vicente SÁNCHEZ Felip), Carlos Alonso Gonzalez SANTILLANA (88 RUBEN CANO Martinez), Javier Álvarez URÍA.
Trainer: Ladislao Kubala

Goals: Juanito (20), Santillana (32), Halilhodzic (45)

ROMANIA v YUGOSLAVIA 3-2 (0-1)

Steaua, București   25.10.1978

Referee: Riccardo Lattanzi (ITA)   Attendance: 25,000

ROMANIA: Răducanu Necula; Teodor Anghelini, Costică Ștefănescu, Ștefan Sameș, Iosif Vigu; Mihai Romilă, Ladislau Bölöni, Anghel Iordănescu; Zoltan Crișan, Nicolae Dobrin, Doru Nicolae (46 Aurel Rădulescu).   Trainer: Ștefan Kovacs

YUGOSLAVIA: Petar Borota; Drazen Muzinic, Dzemal Hadziabdic, Nenad Stojkovic, Ivan Surjak; Aleksandar Trifunovic (69 Vedran Rozic), Slavisa Zungul (69 Damir Desnica), Nikica Cukrov, Vahid Halilhodzic, Vladimir Petrovic, Safet Susic.   Trainer: Ante Mladinic

Goals: Petrovic (21 pen), Sameș (62, 69), Iordănescu (75 pen), Desnica (90)

SPAIN v ROMANIA 1-0 (1-0)

Estadio Luis Casanova, Valencia   15.11.1978

Referee: Jan Keizer (HOL)   Attendance: 50,000

SPAIN: MIGUEL ANGEL Gonzalez Suarez; MARCELINO Pérez, Bernardo Blanquetti MIGUELI, José Ramon ALESANCO Ventosa, José CARRETE; Angel María VILLAR Llona, Vicente Gonzalez DEL BOSQUE, Juan Manuel ASENSI Ripoll; Juan Carlos HEREDIA (75 Enrique SAURA Gil), Carlos Alonso Gonzalez SANTILLANA, José Francisco ROJO Arroitia (63 RUBEN CANO Martinez).   Trainer: Ladislao Kubala

ROMANIA: Narcis Coman; Mihai Zamfir, Ștefan Sameș, Costică Ștefănescu, Iosif Vigu; Mihai Romilă, Anghel Iordănescu, Ladislau Bölöni; Zoltan Crișan, Dudu Georgescu, Aurel Rădulescu.   Trainer: Ștefan Kovacs

Goal: Asensi (10)

SPAIN v CYPRUS 5-0 (1-0)

Estadio Helmántico, Salamanca   13.12.1978

Referee: Paul Bonnet (MAL)   Attendance: 17,500

SPAIN: MIGUEL ANGEL Gonzalez Suarez; MARCELINO Pérez, José Ramon ALESANCO Ventosa, Bernardo Blanquetti MIGUELI, Secundino Suarez Vazquez "CUNDI"; Angel María VILLAR Llona (46 Eugenio LEAL), Vicente Gonzalez DEL BOSQUE, Juan Manuel ASENSI Ripoll; Juan Carlos HEREDIA (46 RUBEN CANO Martinez), Carlos Alonso Gonzalez SANTILLANA, Estanislao ARGOTE Salaberría.
Trainer: Ladislao Kubala

CYPRUS: George Pantziaras; Filippos Kalotheou, Demetrios Kizas, Stefanos Lyssandrou, Nikos Pantziaras; Stavros Papadopoulos, Andreas Miamiliotis (.. Takis Antoniou), Demetrios Economou Koudas; Gregory Savva, Fivos Vrahimis, Andreas Kanaris.

Goals: Asensi (8), Del Bosque (10), Santillana (52, 77), R. Cano (63)

CYPRUS v YUGOSLAVIA 0-3 (0-1)

Makarios, Nicosia   01.04.1979

Referee: László Pádár (HUNG)   Attendance: 4,500

CYPRUS: Fanos Stylianou; Filippos Kalotheou, Vasos Violaris, Stefanos Lyssandrou, Nikos Pantziaras (.. Andreas Papacostas), Andreas Kalimeras, Andreas Miamiliotis, Gregory Savva, Andreas Kissonergis, Demetrios Economou Koudas, Andreas Kanaris.

YUGOSLAVIA: Ratko Svilar; Ismet Hadzic, Nenad Starovlah, Nenad Stojkovic, Luka Peruzovic, Drazen Muzinic, Zlatko Vujovic, Nikica Cukrov, Dusan Savic (83 Miso Krsticevic), Ante Mirocevic (83 Nikola Jovanovic), Ivan Surjak.
Trainer: Miljan Miljanic

Goals: Zl. Vujovic (40, 79), Surjak (87 pen)

ROMANIA v SPAIN 2-2 (0-0)

Central, Craiova   04.04.1979

Referee: Marcel van Langenhove (BEL)   Attendance: 40,000

ROMANIA: Silviu Lung; Mihai Zamfir, Ștefan SameȘ, Cornel Dinu (Cap), Teodor Lucuță, Ion Dumitru (80 Costică Ștefănescu), Mihai Romilă, Ladislau Bölöni; Mircea Lucescu (51 Zoltan Crișan), Dudu Georgescu, Dumitru Marcu.
Trainer: Ștefan Kovács

SPAIN: Luis Miguel ARCONADA Echarre; Isidoro SAN JOSÉ Pozo, José Ramon ALESANCO Ventosa, Juan FELIPE Martín, MARCELINO Pérez; Juan Manuel ASENSI Ripoll, Vicente Gonzalez DEL BOSQUE (61 Secundino Suarez Vazquez "CUNDI"), Angel María VILLAR Llona; Enrique Castro Gonzalez QUINI (88 Francisco José CARRASCO Hidalgo), RUBEN CANO Martinez, Daniel Ruiz Bazan Justa "DANI".
Trainer: Ladislao Kubala

Sent off: San José (58), Crișan (60)

Goals: Georgescu (56 pen, 64), Dani (58, 70)

CYPRUS v ROMANIA 1-1 (1-1)
Tsirion, Limassol 13.05.1979
Referee: Dimitar Parmakov (BUL)   Attendance: 8,000
CYPRUS: George Pantziaras; Filippos Kalotheou, Stefanos Lyssandrou, Nikos Pantziaras, Nikos Patikkis; Stavros Papadopoulos, Loizos Mavroudis (79 George Aristidou), Gregory Savva; Sotiris Kaiafas, Marios Tsingis, Andreas Kissonergis (46 Fivos Vrahimis).   Trainer: Kostas Talianos
ROMANIA: Andrei Speriatu; Mihai Zamfir, Constantin Cîrstea, Costică Ştefănescu, Petre Ivan; Ilie Bărbulescu, Ionel Augustin, Sevastian Iovănescu; Constantin Stan (65 Marcel Răducanu), Marin Radu (46 Rodion Cămătaru), Doru Nicolae.
Trainer: Florin Halagian
Goals: Augustin (30), Kaiafas (33)

YUGOSLAVIA v CYPRUS 5-0 (1-0)
Vojvodina, Novi Sad 14.11.1979
Referee: Iordan Zhezhov (BUL)   Attendance: 20,000
YUGOSLAVIA: Dragan Pantelic; Nikica Cukrov, Vedran Rozic, Velimir Zajec, Nenad Stojkovic, Milos Sestic, Vladimir Petrovic, Zlatko Vujovic (.. Dusan Savic), Blaz Sliskovic (13 Zlatko Kranjcar), Safet Susic, Ivan Surjak.
Trainer: Miljan Miljanic
CYPRUS: George Pantziaras; Filippos Kalotheou, Neofytos Neofytou, Costas Constantinou, Stephanos Lyssandrou; Nikos Pantziaras, Loizos Mavroudis, Marios Tsingis, Andreas Kissonergis (.. Petros Theophanous); Sotiris Kaiafas, Andreas Kanaris.
Goals: Kranjcar (32, 50), Zl. Vujovic (60), V. Petrovic (75), D. Savic (87)

SPAIN v YUGOSLAVIA 0-1 (0-1)
Estadio Luis Casanova, Valencia 10.10.1979
Referee: Brian McGinley (SCO)   Attendance: 40,000
SPAIN: Luis Miguel ARCONADA Echarre; Isidoro SAN JOSÉ Pozo, Bernardo Blanquetti MIGUELI, José Ramon ALESANCO Ventosa, Javier Álvarez URÍA; Angel María VILLAR Llona, Vicente Gonzalez DEL BOSQUE, Juan Manuel ASENSI Ripoll; Daniel Ruiz Bazan Justa "DANI", Enrique Castro Gonzalez QUINI (.. Carlos Alonso Gonzalez SANTILLANA), Juan Carlos HEREDIA.   Trainer: Ladislao Kubala
YUGOSLAVIA: Dragan Pantelic; Zoran Vujovic, Velimir Zajec, Boro Primorac, Vedran Rozic; Milos Sestic (75 Drazen Muzinic), Miso Krsticevic, Safet Susic; Zlatko Vujovic, Blaz Sliskovic, Ivan Surjak.   Trainer: Miljan Miljanic
Sent off: Migueli & Krsticevic (75)
Goal: Surjak (5)

ROMANIA v CYPRUS 2-0 (1-0)
Dinamo, Bucureşti 18.11.1979
Referee: Dusan Krchnak (CZE)   Attendance: 10,000
ROMANIA: Cristian Gheorghe; Nicolae Tilihoi, Alexandru Nicolae, Ştefan Sameş, Ion Munteanu; Ladislau Bölöni, Aurel Beldeanu (65 Ilie Balaci), Gheorghe Mulţescu; Zoltan Crişan (46 Sorin Cîrţu), Rodion Cămătaru, Marcel Răducanu.
Trainer: Constantin Cernăianu
CYPRUS: Fanos Stylianou; Filippos Kalotheou, Neofytos Neofytou, Costas Constantinou, Stefanos Lyssandrou; Marios Tsingis (46 Demetrios Economou Koudas), Loizos Mavroudis (86 Fivos Vrahimis), Nikos Pantziaras; Sotiris Kaiafas, Pambos Papadopoulos, Andreas Kanaris.   Trainer: Kostas Talianos
Goals: Mulţescu (42), Răducanu (75)

CYPRUS v SPAIN 1-3 (0-2)
Tsirion, Limassol 09.12.1979
Referee: Josef Bucek (AUS)   Attendance: 15,000
CYPRUS: Herodotos Herodotou "Koupanos"; Nikos Pantziaras, Stefanos Lyssandrou, Demetrios Kizas, Filippos Kalotheou; Loizos Mavroudis, Stavros Papadopoulos, Marios Tsingis; Pambos Papadopoulos "Pamboulis" (.. Fivos Vrahimis), Petros Theofanous (.. Andreas Papacostas), Andreas Kanaris.
SPAIN: Luis Miguel ARCONADA Echarre; Javier Álvarez URÍA, Bernardo Blanquetti MIGUELI, Antonio OLMO, Secundino Suarez Vazquez "CUNDI"; Angel María VILLAR Llona (73 Jesús María ZAMORA Ansorena), Vicente Gonzalez DEL BOSQUE (71 Francisco José CARRASCO Hidalgo); Daniel Ruiz Bazan Justa "DANI", Enrique Castro Gonzalez QUINI, Carlos Alonso Gonzalez SANTILLANA, Enrique SAURA Gil.   Trainer: Ladislao Kubala
Goals: Villar (5), Santillana (40), Vrahimis (69), Saura (87)

YUGOSLAVIA v ROMANIA 2-1 (0-0)
Gradski, Titova Mitrovica 31.10.1979
Referee: Jan Redelfs (W. GER)   Attendance: 35,000
YUGOSLAVIA: Dragan Pantelic; Ismet Hadzic, Nenad Starovlah, Velimir Zajec, Boro Primorac; Milos Sestic, Vladimir Petrovic, Zlatko Vujovic, Blaz Sliskovic (88 Nenad Stojkovic), Safet Susic, Ivan Surjak (84 Nikica Cukrov).
Trainer: Miljan Miljanic
ROMANIA: Cristian Gheorghe; Nicolae Tilihoi, Costică Ştefănescu, Ştefan Sameş (72 Alexandru Nicolae), Ion Munteanu; Cornel Dinu, Ladislau Bölöni, Gheorghe Mulţescu; Zoltan Crişan, Marcel Răducanu, Ilie Balaci (77 Ionel Augustin).   Trainer: Constantin Cernăianu
Goals: Zl. Vujovic (48), Sliskovic (50), Răducanu (79)

	P	W	D	L	F	A	Pts
Spain	6	4	1	1	13	5	9
Yugoslavia	6	4	0	2	14	6	8
Romania	6	2	2	2	9	8	6
Cyprus	6	0	1	5	2	19	1

GROUP 4

ICELAND v POLAND 0-2 (0-1)

Laugardalsvöllur 06.09.1978

Referee: Thomas Perry (NIR)   Attendance: 6,594

ICELAND: Arni Stefánsson; Gísli Torfasson, Arni Sveinsson, Jón Pétursson, Jóhannes Edvaldsson (Cap); Hördur Hilmarsson (66 Ingi Björn Albertsson), Karl Thórdarson, Atli Edvaldsson; Pétur Pétursson, Janus Gudlaugsson, Gudmundur Thorbjörnsson.   Trainer: Iuriy Ilichev

POLAND: Zygmunt Kukla; Antoni Szymanowski (Cap), Stefan Majewski, Henryk Maculewicz, Wojciech Rudy; Tadeusz Blachno, Leslaw Cmikiewicz, Bogdan Masztaler; Grzegorz Lato, Zbigniew Boniek, Marek Kusto.
Trainer: Jacek Gmoch

Goals: Kusto (24), Lato (85)

HOLLAND v ICELAND 3-0 (1-0)

Nijmegen 20.09.1978

Referee: Anders Mattsson (FIN)   Attendance: 15,000

HOLLAND: Piet Schrijvers; Jan Poortvliet, Ruud Krol (Cap), Ernie Brandts, Piet Wildschut, Wim Jansen, Arie Haan, Willy van de Kerkhof, Adri Koster (.. Jan Peters), Dick Nanninga, Robert Rensenbrink.   Trainer: Johannes Zwartkruis

ICELAND: Thorsteinn Bjarnason; Janus Gudlaugsson, Arni Sveinsson, Jón Pétursson, Jóhannes Edvaldsson, Ingi Björn Albertsson (65 Dyri Gudmundsson), Karl Thórdarson, Atli Edvaldsson, Pétur Pétursson, Asgeir Sigurvinsson, Gudmundur Thorbjörnsson.   Trainer: Iuriy Ilichev

Goals: Krol (31), Brandts (53), Rensenbrink (63 pen)

EAST GERMANY v ICELAND 3-1 (2-1)

Kurt-Wabbel-Stadion, Halle 04.10.1978

Referee: Thomas Reynolds (WAL)   Attendance: 12,000

EAST GERMANY: Jürgen Croy; Hans-Jürgen Dörner (Cap), Konrad Weise, Lothar Hause, Gerd Weber; Reinhard Häfner (36 Lutz Lindemann), Jürgen Pommerenke, Lutz Eigendorf; Werner Peter, Hans-Jürgen Riediger, Martin Hoffmann.
Trainer: Georg Buschner

ICELAND: Thorsteinn Bjarnason (46 Arni Stefánsson); Sigurdur Björgvinsson, Arni Sveinsson (60 Ingi Björn Albertsson), Jón Pétursson, Janus Gudlaugsson, Stefán Örn Sigurdsson, Karl Thórdarson, Atli Edvaldsson, Teitur Thórdarson, Pétur Pétursson, Gudmundur Thorbjörnsson.
Trainer: Iuriy Ilichev

Goals: Peter (6), P. Pétursson (14 pen), Riediger (29), Hoffmann (72)

SWITZERLAND v HOLLAND 1-3 (1-1)

Wankdorf, Bern 11.10.1978

Referee: César da Luz Dias Correia (POR)   Att: 23,000

SWITZERLAND: Erich Burgener; Pierre Chapuisat, Jakob Brechbühl, Yves Montandon, Lucio Bizzini, Markus Tanner (.. Roger Wehrli), Umberto Barberis, Marc Schnyder (.. Raimondo Ponte), Rudolf Elsener, Claudio Sulser, René Botteron.   Trainer: Roger Vonlanthen

HOLLAND: Piet Schrijvers; Jan Poortvliet, Ruud Krol (Cap), Ernie Brandts, Hugo Hovenkamp (34 Johnny Dusbaba), Piet Wildschut, Arie Haan, Willy van de Kerkhof (.. Jan Peters), Ruud Geels, Dick Nanninga, Robert Rensenbrink.   Trainer: Johannes Zwartkruis

Goals: Wildschut (19), Tanner (32), Brandts (67), Geels (90)

POLAND v SWITZERLAND 2-0 (1-0)

Olimpijski, Wroclaw 15.11.1978

Referee: Franz Wöhrer (AUS)   Attendance: 45,000

POLAND: Zygmunt Kukla; Antoni Szymanowski (Cap), Wladyslaw Zmuda, Henryk Maculewicz, Stefan Majewski (84 Wojciech Rudy); Leslaw Cmikiewicz, Zbigniew Boniek, Adam Nawalka; Grzegorz Lato, Roman Ogaza, Stanislaw Terlecki.
Trainer: Ryszard Kulesza

SWITZERLAND: Karl Engel; Pierre Chapuisat, Jakob Brechbühl, Yves Montandon, Lucio Bizzini (Cap); Umberto Barberis, René Botteron, André Meyer, Marc Schnyder, Claudio Sulser, Rudolf Elsener (46 Raimondo Ponte).
Trainer: Roger Vonlanthen

Goals: Boniek (39), Ogaza (58)

HOLLAND v EAST GERMANY 3-0 (1-0)
Feyenoord, Rotterdam   15.11.1978
Referee: Ulf Eriksson (SWE)   Attendance: 38,000
HOLLAND: Piet Schrijvers; Adrianus Van Kraay, Ruud Krol (Cap), Ernie Brandts, Hugo Hovenkamp, Piet Wildschut, Johan Neeskens (.. Johnny Metgod), Jan Peters, René van de Kerkhof (.. Adri Koster), Ruud Geels, Robert Rensenbrink. Trainer: Johannes Zwartkruis

EAST GERMANY: Jürgen Croy; Gerd Kische, Hans-Jürgen Dörner (Cap), Rüdiger Schnuphase, Gerd Weber, Lutz Eigendorf (70 Wolf-Rüdiger Netz), Reinhard Häfner, Lutz Lindemann; Hartmut Schade (47 Werner Peter), Hans-Jürgen Riediger, Martin Hoffmann.   Trainer: Georg Buschner

Goals: Kische (17 og), Geels (72 pen, 89)

POLAND v HOLLAND 2-0 (1-0)
Slaski, Chorzów   02.05.1979
Referee: Robert Charles Paul Wurtz (FRA)   Att: 85,000
POLAND: Zygmunt Kukla; Marek Dziuba, Antoni Szymanowski (Cap), Wladyslaw Zmuda, Zbigniew Plaszewski; Leszek Lipka, Zbigniew Boniek, Adam Nawalka, Grzegorz Lato, Roman Ogaza, Stanislaw Terlecki (46 Wlodzimierz Mazur).   Trainer: Ryszard Kulesza

HOLLAND: Piet Schrijvers; Huub Stevens, Ruud Krol (Cap), Ernie Brandts, Hugo Hovenkamp; Wim Jansen, Jan Peters, Willy van de Kerkhof; René van de Kerkhof (46 Ruud Geels), Kees Kist, Robert Rensenbrink (73 Johnny Metgod). Trainer: Johannes Zwartkruis

Goals: Boniek (19), Mazur (63 pen)

HOLLAND v SWITZERLAND 3-0 (0-0)
Philips, Eindhoven   28.03.1979
Referee: John Hunting (ENG)   Attendance: 27,000
HOLLAND: Piet Schrijvers; Jan Poortvliet, Wim Jansen (Cap), Ernie Brandts, Piet Wildschut (85 Huub Stevens), Johan Neeskens, Jan Peters, Willy van de Kerkhof (.. Johnny Metgod), René van de Kerkhof, Kees Kist, Robert Rensenbrink. Trainer: Johannes Zwartkruis

SWITZERLAND: Erich Burgener; Jakob Brechbühl (67 Raimondo Ponte), Pierre Chapuisat, Yves Montandon, Lucio Bizzini (60 Roger Wehrli), René Botteron, Umberto Barberis, Heinz Hermann, Marc Schnyder, Claudio Sulser, Rudolf Elsener.   Trainer: Roger Vonlanthen

Goals: Kist (55), Metgod (84), Peters (89)

SWITZERLAND v EAST GERMANY 0-2 (0-1)
Espenmoos, Saint Gallen   05.05.1979
Referee: Augusto Lamo Castillo (SPA)   Attendance: 9,000
SWITZERLAND: Roger Berbig; Heinz Lüdi, Roger Wehrli, Lucio Bizzini, Heinz Hermann, Erni Maissen, Umberto Barberis, Markus Tanner, Thomas Zwahlen (73 Herbert Hermann), Jean-Paul Brigger (.. René Botteron), Raimondo Ponte.   Trainer: Léon Walker

EAST GERMANY: Hans-Ulrich Grapenthin; Gerd Kische, Hans-Jürgen Dörner (Cap), Konrad Weise, Gerd Weber; Reinhard Häfner, Jürgen Pommerenke, Lutz Lindemann; Hans-Jürgen Riediger, Joachim Streich, Martin Hoffmann. Trainer: Georg Buschner

Goals: Lindemann (45), Streich (90)

EAST GERMANY v POLAND 2-1 (0-1)
Zentralstadion, Leipzig   18.04.1979
Referee: Eldar Azim-Zade (USSR)   Attendance: 55,000
EAST GERMANY: Hans-Ulrich Grapenthin; Gerd Kische, Hans-Jürgen Dörner (Cap), Konrad Weise, Gerd Weber; Reinhard Häfner, Hartmut Schade (46 Jürgen Pommerenke), Lutz Lindemann; Hans-Jürgen Riediger, Joachim Streich, Martin Hoffmann.   Trainer: Georg Buschner

POLAND: Zygmunt Kukla; Marek Dziuba (64 Wojciech Rudy), Pawel Janas, Wladyslaw Zmuda, Antoni Szymanowski (Cap); Stefan Majewski (76 Michal Wróbel), Leslaw Cmikiewicz, Zbigniew Boniek, Adam Nawalka; Grzegorz Lato, Roman Ogaza.   Trainer: Ryszard Kulesza

Goals: Boniek (7), Streich (50), Lindemann (63)

SWITZERLAND v ICELAND 2-0 (1-0)
Wankdorf, Bern   22.05.1979
Referee: Albert Victor (LUX)   Attendance: 28,000
SWITZERLAND: Walter Eichenberger; Heinz Lüdi, Jakob Brechbühl, Gian Pietro Zappa, Heinz Hermann, Erni Maissen, Umberto Barberis, Roger Wehrli (.. Markus Tanner), Raimondo Ponte (.. Marc Schnyder), René Botteron, Herbert Hermann.   Trainer: Léon Walker

ICELAND: Thorsteinn Olafsson; Janus Gudlaugsson, Arni Sveinsson, Jón Pétursson, Jóhannes Edvaldsson (77 Ottó Gudmundsson), Marteinn Geirsson, Arnór Gudjohnsen, Atli Edvaldsson, Pétur Pétursson (.. Karl Thórdarson), Asgeir Sigurvinsson, Gudmundur Thorbjörnsson.
Trainer: Iuriy Ilichev

Goals: Herbert Hermann (27), Zappa (53)

ICELAND v SWITZERLAND 1-2 (0-0)

Laugardalsvöllur, Reijkjavik   09.06.1979

Referee: Eamonn Farrell (IRE)   Attendance: 10,469

ICELAND: Thorsteinn Olafsson; Janus Gudlaugsson, Trausti Haraldsson, Marteinn Geirsson, Jóhannes Edvaldsson, Arnór Gudjohnsen, Pétur Pétursson, Atli Edvaldsson, Teitur Thórdarson (.. Karl Thórdarson), Asgeir Sigurvinsson, Gudmundur Thorbjörnsson (67 Arni Sveinsson).
Trainer: Iuriy Ilichev

SWITZERLAND: Roger Berbig; Heinz Lüdi, Jakob Brechbühl, Gian Pietro Zappa, Roger Wehrli, Umberto Barberis, Heinz Hermann, Claude Andrey, Raimondo Ponte, Herbert Hermann (71 André Egli), René Botteron (.. Markus Tanner).   Trainer: Léon Walker

Goal: Gudlaugsson (49), Ponte (59), Heinz Hermann (61)

SWITZERLAND v POLAND 0-2 (0-1)

Olimpique, Lausanne   12.09.1979

Referee: Otto Anderco (ROM)   Attendance: 20,000

SWITZERLAND: Erich Burgener; Heinz Lüdi, Jakob Brechbühl, Gian Pietro Zappa, Lucio Bizzini (Cap); Umberto Barberis, Marc Schnyder, Claude Andrey; Hans-Jörg Pfister, Claudio Sulser (70 André Egli), Raimondo Ponte.
Trainer: Léon Walker

POLAND: Zygmunt Kukla; Marek Dziuba, Pawel Janas, Henryk Wieczorek, Wojciech Rudy; Stefan Majewski (85 Antoni Szymanowski), Zbigniew Boniek, Adam Nawalka; Grzegorz Lato (Cap), Kazimierz Kmiecik (85 Wlodzimierz Mazur), Stanislaw Terlecki.   Trainer: Ryszard Kulesza.

Goals: Terlecki (34, 63)

ICELAND v HOLLAND 0-4 (0-0)

Laugardalsvöllur, Reijkjavik   05.09.1979

Referee: Clive Thomas (WAL)   Attendance: 10,000

ICELAND: Thorsteinn Bjarnason; Arni Sveinsson, Trausti Haraldsson, Marteinn Geirsson, Johannes Edvaldsson, Dyri Gudmundsson, Pétur Pétursson, Atli Edvaldsson, Sigurlas Thorleifsson (75 Tómas Pálsson), Karl Thórdarson, Gudmundur Thorbjörnsson.   Trainer: Iuriy Ilichev

HOLLAND: Piet Schrijvers; Ernie Brandts, Ruud Krol (Cap), Huub Stevens, Hugo Hovenkamp, Jan Poortvliet, Willy van de Kerkhof, Simon Tahamata, Tschen La Ling (.. Johnny Metgod), Dick Nanninga, René van de Kerkhof.
Trainer: Johannes Zwartkruis

Goals: Metgod (48), Willy van de Kerkhof (71), Nanninga (73, 87)

POLAND v EAST GERMANY 1-1 (0-0)

Slaski, Chorzów   26.09.1979

Referee: Patrick Partridge (ENG)   Attendance: 70,000

POLAND: Zygmunt Kukla; Marek Dziuba (70 Wlodzimierz Mazur), Antoni Szymanowski (Cap), Pawel Janas, Wojciech Rudy; Leszek Lipka, Zbigniew Boniek, Adam Nawalka (74 Henryk Wieczorek); Grzegorz Lato, Roman Ogaza, Stanislaw Terlecki.   Trainer: Ryszard Kulesza.

EAST GERMANY: Hans-Ulrich Grapenthin; Gerd Kische, Gert Brauer, Hans-Jürgen Dörner (Cap), Konrad Weise, Rüdiger Schnuphase; Reinhard Häfner, Lutz Lindemann, Gerd Weber; Hans-Jürgen Riediger, Martin Hoffmann.
Trainer: Georg Buschner

Goals: Häfner (62), Wieczorek (77)

ICELAND v EAST GERMANY 0-3 (0-0)

Laugardalsvöllur, Reykjavik   12.09.1979

Referee: Svein Inge Thime (NOR)   Attendance: 9000

ICELAND: Thorsteinn Bjarnason; Örn Oskarsson, Arni Sveinsson, Marteinn Geirsson, Johannes Edvaldsson, Hördur Hilmarsson, Gudgeir Leifsson, Atli Edvaldsson, Sigurlas Thorleifsson, Asgeir Sigurvinsson, Gudmundur Thorbjörnsson   Trainer: Iuriy Ilichev

EAST GERMANY: Hans-Ulrich Grapenthin; Gerd Kische, Hans-Jürgen Dörner (Cap), Konrad Weise, Rüdiger Schnuphase, Gerd Weber, Reinhard Häfner, Lutz Lindemann; Hans-Jürgen Riediger, Joachim Streich, Martin Hoffmann.
Trainer: Georg Buschner

Goals: Weber (66 pen, 73), Streich (80)

POLAND v ICELAND 2-0 (0-0)

Wisla, Kraków   10.10.1979

Referee: Henning Lund-Sörensen (DEN)   Att: 20,000

POLAND: Zygmunt Kukla; Pawel Janas, Antoni Szymanowski (Cap), Wojciech Rudy; Leszek Lipka, Henryk Wieczorek, Zbigniew Boniek, Adam Nawalka; Grzegorz Lato, Roman Ogaza, Stanislaw Terlecki (54 Janusz Sybis).
Trainer: Ryszard Kulesza

ICELAND: Thorsteinn Bjarnason; Örn Oskarsson, Trausti Haraldsson, Marteinn Geirsson, Johannes Edvaldsson (Cap), Dyri Gudmundsson, Pétur Pétursson, Atli Edvaldsson, Teitur Thórdarson, Asgeir Sigurvinsson, Arni Sveinsson.
Trainer: Iuriy Ilichev

Goals: Ogaza (55, 74 pen)

EAST GERMANY v SWITZERLAND 5-2 (3-1)
Weltjugend, Berlin 13.10.1979
Referee: Robert Wurtz (FRA)   Attendance: 44,000
EAST GERMANY: Hans-Ulrich Grapenthin; Hans-Jürgen Dörner (Cap), Gert Brauer, Rüdiger Schnuphase, Gerd Kische; Reinhard Häfner, Lutz Lindemann, Gerd Weber; Hans-Jürgen Riediger, Joachim Streich (68 Peter Kotte), Martin Hoffmann. Trainer: Georg Buschner
SWITZERLAND: Erich Burgener; Heinz Lüdi, Jakob Brechbühl, Gian Pietro Zappa, Lucio Bizzini, Marc Schnyder, Umberto Barberis, Markus Tanner (.. Raimondo Ponte), Heinz Hermann, Claudio Sulser (.. André Egli), Hans-Jörg Pfister. Trainer: Léon Walker
Goals: Weber (1), Hoffmann (11, 75, 80), Barberis (19), Schnuphase (26), Pfister (72)

	P	W	D	L	F	A	Pts
Holland	8	6	1	1	20	6	13
Poland	8	5	2	1	13	4	12
East Germany	8	5	1	2	18	11	11
Switzerland	8	2	0	6	7	18	4
Iceland	8	0	0	8	2	21	0

GROUP 5

HOLLAND v POLAND 1-1 (0-1)
Olympisch, Amsterdam 17.10.1979
Referee: Paolo Casarin (ITA)   Attendance: 54,000
HOLLAND: Piet Schrijvers; Bennie Wijnstekers, Ruud Krol (Cap), Ernie Brandts (46 Tschen La Ling), Hugo Hovenkamp, Huub Stevens, Willy van de Kerkhof, Wim Jansen; Johnny Rep, Kees Kist, Simon Tahamata.   Trainer: Johannes Zwartkruis
POLAND: Zygmunt Kukla; Marek Dziuba, Antoni Szymanowski (Cap), Pawel Janas, Wojciech Rudy; Leszek Lipka, Zbigniew Boniek, Adam Nawalka; Grzegorz Lato, Janusz Sybis (71 Wlodzimierz Mazur), Stanislaw Terlecki. Trainer: Ryszard Kulesza
Goals: Rudy (38), Stevens (64)

FRANCE v SWEDEN 2-2 (0-0)
Parc des Princes, Paris 01.09.1978
Referee: Károly Palotai (HUNG)   Attendance: 44,703
FRANCE: André Rey; Patrick Battiston, Patrice Rio, Christian Lopez, Maxime Bossis; Henri Michel (Cap) (77 Alain Giresse), Roger Jouve, Dominique Bathenay; Olivier Rouyer, Albert Gemmrich (65 Marc Berdoll), Didier Six.
Trainer: Michel Hidalgo
SWEDEN: Ronnie Hellström; Hans Borg, Björn Nordqvist, Ronald Åhman, Håkan Arvidsson; Lennart Larsson, Anders Linderoth, Mats Nordgren; Anders Grönhagen, Thomas Sjöberg (75 Tommy Berggren), Benny Wendt.
Trainer: Georg Ericsson
Goals: Nordgren (54), Berdoll (72), Six (85), Grönhagen (89)

EAST GERMANY v HOLLAND 2-3 (2-1)
Zentralstadion, Leipzig 21.11.1979
Referee: Antonio José Silva Garrido (POR)   Att: 90,000
EAST GERMANY: Hans-Ulrich Grapenthin; Gerd Kische, Hans-Jürgen Dörner (Cap), Konrad Weise, Gert Brauer; Reinhard Häfner, Gerd Weber (73 Jürgen Pommerenke), Rüdiger Schnuphase (60 Hartmut Schade); Peter Kotte, Joachim Streich, Martin Hoffmann. Trainer: Georg Buschner
HOLLAND: Piet Schrijvers; Bennie Wijnstekers, Ruud Krol (Cap), Michel Van de Korput, Hugo Hovenkamp (.. Kees Kist), Huub Stevens (.. Ernie Brandts), Dick Schoenaker, Frans Thijssen, Tschen La Ling, René van de Kerkhof, Simon Tahamata.   Trainer: Johannes Zwartkruis
Sent off: Weise (40), La Ling (40)
Goals: Schnuphase (17), Streich (33 pen), Thijssen (45), Kist (50), René van de Kerkhof (67)

SWEDEN v CZECHOSLOVAKIA 1-3 (1-1)
Fotbollstadion, Solna 04.10.1978
Referee: John Robertson Gordon (SCO)   Att: 11,985
SWEDEN: Ronnie Hellström; Hans Borg, Björn Nordqvist, Ronald Åhman, Håkan Arvidsson, Lennart Larsson, Anders Linderoth, Mats Nordgren, Anders Grönhagen, Tommy Berggren (57 Billy Ohlsson), Benny Wendt.
Trainer: Georg Ericsson
CZECHOSLOVAKIA: Pavol Michalík; Jozef Barmos, Anton Ondrus, Rostislav Vojácek, Koloman Gögh; Jaroslav Pollák, Frantisek Stambachr, Miloslav Gajdusek; Marián Masny, Karel Kroupa (.. Ján Kozák), Zdenek Nehoda.
Trainer: Jozef Venglos
Goals: Borg (11 pen), Masny (15, 48), Nehoda (85)

LUXEMBOURG v FRANCE 1-3 (0-1)

Stade Municipal, Luxembourg   07.10.1978

Referee: Hendrik Weerink (HOL)   Attendance: 12,000

LUXEMBOURG: Jeannot Moes; Hubert Meunier, Nico Rohmann, Jean-Louis Margue, Fernand Raths, Carlo Weis, Paul Philipp (Cap), Gilbert Dresch, Romain Michaux, Gilbert Dussier, Camille Neumann.   Trainer: Gilbert Legrand

FRANCE: Dominique Dropsy; Patrick Battiston, Christian Lopez, Marius Trésor (Cap), Maxime Bossis; Jean-François Larios (64 Jean Petit), Roger Jouve, Francis Piasecki; Dominique Rocheteau (59 Albert Gemmrich), Bernard Lacombe, Didier Six.   Trainer: Michel Hidalgo

Goal: Six (15), Trésor (63), Michaux (74), Gemmrich (80)

LUXEMBOURG v CZECHOSLOVAKIA 0-3 (0-1)

Stade Municipal, Luxembourg   01.05.1979

Referee: Bruno Galler (SWI)   Attendance: 3,500

LUXEMBOURG: Jeannot Moes (Cap); Hubert Meunier, Léon Mond, Nico Rohmann, Jean-Louis Margue, Nico Wagner, Carlo Weis, Gilbert Dresch, Romain Michaux, Marcel Di Domenico, André Zwally.   Trainer: Arthur Schoos

CZECHOSLOVAKIA: Jaroslav Netolicka; Jozef Barmos, Rotislav Vojácek, Anton Ondrus, Koloman Gögh; Antonín Panenka, Ján Kozák, Frantisek Stambachr (.. Karol Dobias); Marián Masny, Karel Kroupa (.. Ladislav Vízek), Miloslav Gajdusek.   Trainer: Jozef Venglos

Goals: Masny (22), Gajdusek (67), Stambachr (68)

FRANCE v LUXEMBOURG 3-0 (1-0)

Parc des Princes, Paris   25.02.1979

Referee: Ronald Bridges (WAL)   Attendance: 46,988

FRANCE: Dominique Dropsy; Patrick Battiston, Léonard Specht, Marius Trésor (Cap), Maxime Bossis; Jean Petit, Henri Michel, Francis Piasecki (61 Jean-François Larios); Dominique Rocheteau, Marc Berdoll (66 Eric Pécout), Albert Emon.   Trainer: Michel Hidalgo

LUXEMBOURG: Jeannot Moes; Hubert Meunier, Jean-Louis Margue, Fernand Raths, Nico Rohmann; Carlo Weis (46 Jean Reiter), Paul Philipp (Cap), Gilbert Dresch, Romain Michaux, Nico Wagner, André Zwally (73 Camille Neumann). Trainer: Arthur Schoos

Goals: Petit (38), Emon (60), Larios (78)

SWEDEN v LUXEMBOURG 3-0 (2-0)

Malmö stadium   07.06.1979

Referee: Aleksander Suchanek (POL)   Attendance: 7,298

SWEDEN: Ronnie Hellström; Stig Fredriksson, Håkan Arvidsson (70 Klas Johansson), Ronald Åhman, Hans Borg, Olle Nordin, Anders Linderoth, Mats Nordmgren, Anders Grönhagen, Tore Cervin, Pär-Olof Ohlsson.
Trainer: Georg Ericsson

LUXEMBOURG: Jeannot Moes; Hubert Meunier, Francis Kremer, Nico Rohmann, Jean-Louis Margue, Carlo Weis, Paul Philipp (Cap), Gilbert Dresch (78 William Bianchini), Romain Michaux, Marcel Di Domenico, André Zwally.
Trainer: Arthur Schoos

Goals: Grönhagen (15), Cervin (29), Borg (53 pen)

CZECHOSLOVAKIA v FRANCE 2-0 (0-0)

Tehelné pole, Bratislava   04.04.1979

Referee: Heinz Aldinger (W. GER)   Attendance: 48,138

CZECHOSLOVAKIA: Jaroslav Netolicka; Jozef Barmos, Rotislav Vojácek, Anton Ondrus, Koloman Gögh; Antonín Panenka, Ján Kozák, Frantisek Stambachr; Miloslav Gajdusek, Marián Masny, Zdenek Nehoda (59 Ladislav Vízek).
Trainer: Jozef Venglos

FRANCE: Dominique Dropsy; Raymond Domenech, Léonard Specht, Christian Lopez (Cap), Maxime Bossis; Jean Petit, Michel Platini, Jean-François Larios; Albert Emon, Marc Berdoll, Loic Amisse.   Trainer: Michel Hidalgo

Goals: Panenka (68 pen), Stambachr (72)

SWEDEN v FRANCE 1-3 (1-1)

Fotbollstadion, Solna   05.09.1979

Referee: Angel Franco Martinez (SPA)   Attendance: 14,395

SWEDEN: Ronnie Hellström; Mikael Rönnberg, Kent Jönsson, Hans Borg, Ingemar Erlandsson, Olle Nordin, Anders Linderoth, Mats Nordmgren, Anders Grönhagen (75 Jan Svensson), Rutger Backe, Sigge Johansson.
Trainer: Georg Ericsson

FRANCE: Dominique Dropsy; Patrick Battiston, Léonard Specht, Christian Lopez, Maxime Bossis; Alain Moizan, Michel Platini (Cap), Dominique Bathenay; Dominique Rocheteau (55 Atre Jacques Zimako), Bernard Lacombe, Loic Amisse.
Trainer: Michel Hidalgo

Goals: Lacombe (14), Backe (24), Platini (54), Battiston (71)

CZECHOSLOVAKIA v SWEDEN 4-1 (3-0)
Praha   10.10.1979
Referee: Talat Tokat (TUR)   Attendance: 40,000
CZECHOSLOVAKIA: Zdenek Hruska; Jozef Barmos, Rostislav Vojácek (.. Ladislav Jurkemik), Anton Ondrus, Koloman Gögh; Ján Kozák, Frantisek Stambachr, Antonín Panenka; Ladislav Vízek, Zdenek Nehoda (.. Karel Kroupa), Miloslav Gajdusek.   Trainer: Jozef Venglos

SWEDEN: Jan Möller; Magnus Andersson, Kent Jönsson, Hans Borg, Ingemar Erlandsson, Mats Nordgren, Anders Linderoth, Peter Nilsson, Sigge Johansson (57 Eine Fredriksson), Pär-Olof Ohlsson (73 Anders Grönhagen), Jan Svensson.   Trainer: Georg Ericsson

Goals: Nehoda (20), Kozák (34), Vízek (41, 78), Svensson (60)

LUXEMBOURG v SWEDEN 1-1 (1-0)
Stade de la Frontière, Esch sur Alzette   23.10.1979
Referee: Walter Horstmann (W. GER)   Attendance: 2,123
LUXEMBOURG: Lucien Thill; Romain Michaux, Jean-Louis Margue, Jean Zuang, Nico Rohmann, Carlo Weis, Paul Philipp (Cap), Gilbert Dresch (72 Nico Wagner), Jeannot Reiter, Nico Braun, Marcel Di Domenico (60 Camille Neumann).   Trainer: Louis Pilot

SWEDEN: Thomas Wernersson; Hans Borg, Thom Åhlund (70 Leif Lindén), Ulf Lundberg, Klas Johansson, Mats Nordgren, Eine Fredriksson, Peter Nilsson, Jan Svensson (41 Anders Grönhagen), Rutger Backe, Sigge Johansson.   Trainer: Georg Ericsson

Goals: Braun (4 pen), Grönhagen (62)

FRANCE v CZECHOSLOVAKIA 2-1 (1-0)
Parc des Princes, Paris   17.11.1979
Referee: Horst Brummeier (AUS)   Attendance: 39,973
FRANCE: Dominique Dropsy; Patrick Battiston, Léonard Specht, Christian Lopez (Cap), Maxime Bossis; Jean Petit, Alain Moizan, Gilles Rampillon; Atre Jacques Zimako, Bernard Lacombe (46 Eric Pécout), Loic Amisse.
Trainer: Michel Hidalgo

CZECHOSLOVAKIA: Zdenek Hruska; Jozef Barmos, Ladislav Jurkemik, Anton Ondrus, Koloman Gögh; Antonín Panenka, Ján Kozák, Frantisek Stambachr; Ladislav Vízek, Karel Kroupa (72 Marián Masny), Miroslav Gajdusek.
Trainer: Jozef Venglos

Goals: Pécout (67), Rampillon (76), Kozák (80)

CZECHOSLOVAKIA v LUXEMBOURG 4-0 (3-0)
Praha   24.11.1979
Referee: Marcel van Langenhove (BEL)   Attendance: 15,000
CZECHOSLOVAKIA: Zdenek Hruska; Jozef Barmos, Ladislav Jurkemik (..Rostislav Vojácek), Anton Ondrus, Koloman Gögh; Ján Kozák, Antonín Panenka, Frantisek Stambachr; Marián Masny, Ladislav Vízek, Miloslav Gajdusek.   Trainer: Jozef Venglos

LUXEMBOURG: Jeannot Moes, Romain Michaux, Jean Zuang, Nico Rohmann, Jean-Louis Margue, Carlo Weis, Nico Wagner, Paul Philipp (Cap), Jeannot Reiter, Marcel Di Domenico (70 Gilbert Dresch), Nico Braun.
Trainer: Louis Pilot

Goals: Panenka (37), Masny (39, 45), Vízek (61)

	P	W	D	L	F	A	Pts
Czechoslovakia	6	5	0	1	17	4	10
France	6	4	1	1	13	7	9
Sweden	6	1	2	3	9	13	4
Luxembourg	6	0	1	5	2	17	1

GROUP 6

FINLAND v GREECE 3-0 (1-0)
Olympic, Helsinki   24.05.1978
Referee: Heinz Einbeck (E. GER)   Attendance: 7,740
FINLAND: Pertti Alaja; Erkki Vihtilä, Arto Tolsa, Ari Mäkynen, Esko Ranta, Pertti Jantunen, Aki Heiskanen, Miika Toivola, Leo Houtsonen (60 Olavi Rissanen), Atik Ismail, Jyrki Nieminen.   Trainer: Aulis Rytkönen

GREECE: Nikos Hristidis; Theodoros Pallas (78 Petros Karavitis), Kostas Iosifidis, Giorgos Foiros, Lakis Nikolaou, Hristos Terzanidis, Giannis Damanakis, Dimitris Papaioannou (Cap), Hristos Ardizoglou (46 Giorgos Semertzidis), Hlias Galakos, Thomas Mauros.   Trainer: Alketas Panagoulias

Goals: Ismail (35, 85), Nieminen (82)

USSR v GREECE 2-0 (1-0)
Razdan, Erevan   20.09.1978
Referee: John Carpenter (IRE)   Attendance: 55,000
USSR: Iuriy Degtiarev; Anatoliy Konkov (Cap), Vasiliy Zhupikov, Aleksandr Berezhnoi, Alexandr Bubnov, Sergei Prigoda, Leonid Buriak, Vladimir Bessonov, Iuriy Chesnokov, Vagiz Hidiatullin (71 Mihail An), Oleg Blohin.
Trainer: Nikita Simonian

GREECE: Nikos Hristidis (Cap); Giannis Kyrastas, Petros Ravousis, Giorgos Foiros, Theodoros Pallas, Hristos Terzanidis, Dimitris Nikoloudis, Giannis Damanakis, Thomas Mauros, Giorgos Delikaris, Anastasios Mitropoulos.
Trainer: Alketas Panagoulias

Goals: Chesnokov (20), Bessonov (53)

FINLAND v HUNGARY 2-1 (1-0)
Olimpiai, Helsinki 20.09.1978
Referee: Erik Fredriksson (SWE)   Attendance: 4,797
FINLAND: Pertti Alaja; Erkki Vihtilä, Arto Tolsa, Risto Salonen, Esko Ranta, Pertti Jantunen, Jouko Suomalainen (57 Juha Helin), Miika Toivola, Seppo Pyykkö (76 Arto Uimonen), Atik Ismail, Jyrki Nieminen.   Trainer: Aulis Rytkönen
HUNGARY: Sándor Gujdár; Sándor Paróczai, László Bálint, Zoltán Kereki, Sándor Lukács, József Kovács (58 László Szokolai), László Gyimesi, György Tatár, Sándor Pintér, József Kardos (.. Pécs), László Tieber.
Goals: Ismail (30), Pyykkö (53), Tieber (74)

HUNGARY v USSR 2-0 (1-0)
Népstadion, Budapest 11.10.1978
Referee: Walter Eschweiler (W. GER)   Attendance: 35,000
HUNGARY: Béla Katzirz; Gyözö Martos, István Kocsis, Zoltán Kereki, Sándor Lukács, József Pál, György Tatár, Sándor Pintér, László Szokolai (86 László Gyimesi), István Kovács (69 László Fekete), Béla Váradi.
USSR: Iuriy Degtiarev (42 Nikolai Gontar); Anatoliy Konkov (Cap), Vasiliy Zhupikov, Aleksandr Mahovikov, Aleksandr Bubnov, Aleksandr Berezhnoi, Leonid Buriak (65 Georgi Iartsev), Vladimir Bessonov, Vladimir Gutsaev, Vagiz Hidiatullin, Oleg Blohin.   Trainer: Nikita Simonian
Goals: Váradi (26), Szokolai (60)

GREECE v FINLAND 8-1 (5-0)
Panathinaikos, Athina 11.10.1978
Referee: Marcel van Langehove (BEL)   Attendance: 8,000
GREECE: Vasilis Konstantinou; Giannis Kyrastas, Petros Ravousis, Giorgos Foiros, Theodoros Pallas, Dimitris Nikoloudis, Giorgos Delikaris, Hristos Ardizoglou, Anastasios Mitropoulos (67 Giorgos Semertzidis), Hlias Galakos (82 Hristos Ziakos), Thomas Mauros.
Trainer: Alketas Panagoulias
FINLAND: Göran Enckelman; Erkki Vihtilä, Arto Tolsa, Risto Salonen, Esko Ranta, Pertti Jantunen, Jouko Suomalainen (74 Kalle Nieminen), Aki Heiskanen, Seppo Pyykkö (29 Arto Uimonen), Atik Ismail, Jyrki Nieminen.
Trainer: Aulis Rytkönen
Goal: Nikoloudis (15, 25), Delikaris (23, 47), Mauros (38, 44, 75 pen), Heiskanen (61), Galakos (81)

GREECE v HUNGARY 4-1 (0-0)
Kautatzouleio, Thessaloniki 28.10.1978
Referee: Nikola Dudin (BUL)   Attendance: 15,000
GREECE: Vasilis Konstantinou; Haralampos Xanthopoulos, Kostas Iosifidis, Petros Ravousis, Giorgos Foiros, Dimitris Nikoloudis, Hristos Ardizoglou (83 Anastasios Mitropoulos), Giorgos Delikaris (46 Giannis Damanakis), Hlias Galakos, Giorgos Koudas (Cap), Thomas Mauros.
Trainer: Alketas Panagoulias
HUNGARY: Béla Katzirz; Gyözö Martos, István Kocsis, Zoltán Kereki, Sándor Lukács, József Pál, György Tatár, Sándor Pintér, Sándor Zombori, László Szokolai (65 István Kovács), Béla Váradi.
Goals: Galakos (58, 67), Ardizoglou (71), Mauros (89), Váradi (90)

HUNGARY v GREECE 0-0
Népstadion, Budapest 02.05.1979
Referee: John Bartley Homewood (ENG)   Att: 15,000
HUNGARY: Béla Katzirz; Péter Török, István Kocsis, László Bálint, László Kutasi, Béla Kovács, Károly Csapó (31 István Magyar), Sándor Zombori, László Fazekas, András Törocsik, László Fekete (75 László Kuti).
GREECE: Papagiotis Kelesidis; Giannis Gounaris, Kostas Iosifidis, Giorgos Foiros, Anthimos Kapsis, Spiros Livathinos, Dimitris Nikoloudis (Cap), Giannis Damanakis (65 Vaggelis Kousoulakis), Hristos Ardizoglou (77 Kostas Orfanos), Giorgos Kostikos, Thomas Mauros.
Trainer: Alketas Panagoulias

USSR v HUNGARY 2-2 (1-1)
Dinamo, Tbilisi 19.05.1979
Referee: Brian McGinlay (SCO)   Attendance: 75,000
USSR: Nikolai Gontar; Aleksandr Berezhnoi, Iuriy Adzhem, Aleksandr Mahovikov, Aleksandr Bubnov, Vitaliy Daraselia, Manuchur Machaidze, Vakhtang Koridze (70 David Kipiani), Iuriy Chesnokov (87 Vasiliy Zhupikov), Ramaz Shengelia, Oleg Blohin (Cap).   Trainer: Nikita Simonian
HUNGARY: Zoltán Tóth; Péter Török (23 Gyözö Martos), István Kocsis, László Bálint, József Tóth, Béla Kovács (55 Tibor Rab), Tibor Nyilasi, György Tatár, László Pusztai, András Törocsik, István Magyar.
Goals: Chesnokov (23), Tatár (33), Pusztai (63), Shengelia (75)

FINLAND v USSR 1-1 (0-1)
Olimpiastadion, Helsinki 04.07.1979
Referee: Ole Amundsen (DEN) Attendance: 13,119
FINLAND: Pertti Alaja; Mikko Lampi, Leo Houtsonen, Arto Tolsa, Esko Ranta, Seppo Pyykkö (77 Risto Salonen), Miika Toivola (77 Reima Kokko), Petteri Kupiainen, Jyrki Nieminen, Atik Ismail, Pasi Rautiainen. Trainer: Esko Malm
USSR: Sergei Romenskiy; Sergei Prigoda, Shota Khinchagashvili, Aleksandr Mahovikov (Cap), Aleksandr Bubnov, Vitaliy Daraselia, Vagiz Hidiatullin, Vladimir Bessonov, Iuriy Chesnokov, David Kipiani (70 Ramaz Shengelia), Aleksandr Hapsalis. Trainer: Nikita Simonian
Goals: Hapsalis (28), Ismail (55)

USSR v FINLAND 2-2 (0-0)
V.I.Lenin, Moskva 31.10.1979
Referee: A.Nikic (YUG) Attendance: 1500
USSR: Nikolai Gontar; Aleksandr Berezhnoi, Aleksandr Bubnov, Aleksandr Mahovikov (Cap), Vagiz Hidiatullin, Sergei Shavlo, Sergei Andreev, Vladimir Bessonov (65 Khoren Oganesian), Iuriy Gavrilov, Vladimir Veremeev, Stepan Iurchishin (72 Vladimir Kazachienok).
Trainer: Konstantin Beskov
FINLAND: Seppo Sairanen, Mikko Lampi, Arto Tolsa, Erkki Vihtilä, Esko Ranta, Leo Houtsonen, Seppo Pyykkö (46 Hannu Turunen), Kai Haaskivi, Juhani Himanka (72 Tuomo Hakala), Atik Ismail, Jyrki Nieminen. Trainer: Esko Malm
Goals: Andreev (50), Gavrilov (67), Haaskivi (76), Hakala (82)

GREECE v USSR 1-0 (1-0)
Panathinaikos, Athina 12.09.1979
Referee: Antonio José Silva Garrido (POR) Att: 25,000
GREECE: Vasilis Konstantinou; Giannis Gounaris (74 Giannis Kyrastas), Kostas Iosifidis, Giorgos Foiros, Anthimos Kapsis, Giannis Damanakis, Spiros Livathinos, Hristos Ardizoglou (64 Kostas Orfanos), Dimitris Nikoloudis, Giorgos Delikaris (Cap), Hlias Galakos. Trainer: Alketas Panagoulias
USSR: Renat Dasaev; Sergei Prigoda (36 Sergei Shavlo), Aleksandr Bubnov, Aleksandr Mahovikov (Cap), Vagiz Hidiatullin, Sergei Nikulin, Fëdor Cherenkov, David Kipiani (46 Stepan Iurchishin), Iuriy Gavrilov, Aleksandr Maksimenkov, Ramaz Shengelia. Trainer: Konstantin Beskov
Goal: Nikoloudis (25)

HUNGARY v FINLAND 3-1 (2-0)
Nagyerdei, Debrecen 17.10.1979
Referee: Charles Corver (HOL) Attendance: 18,000
HUNGARY: Gábor Zsiborás; Gábor Szántó, József Salamon, László Kutasi (71 János Kiss), György Tatár, József Póczik, Mihály Borostyán (46 Béla Bodonyi), László Kiss, István Weimper, László Kuti, László Fekete.
FINLAND: Seppo Sairanen, Mikko Lampi, Arto Tolsa, Leo Houtsonen, Esko Ranta, Seppo Pyykkö, Miika Toivola, Pasi Rautiainen, Kai Haaskivi, Atik Ismail (68 Petteri Kupiainen), Heikki Suhonen (60 Juhani Himanka). Trainer: Esko Malm
Goals: Fekete (25, 44), M. Toivola (47), Tatár (49)

	P	W	D	L	F	A	Pts
Greece	6	3	1	2	13	7	7
Hungary	6	2	2	2	9	9	6
Finland	6	2	2	2	10	15	6
USSR	6	1	3	2	7	8	5

GROUP 7

WALES v MALTA 7-0 (3-0)
Racecourse Ground, Wrexham 25.10.1978
Referee: Magnus Petursson (ICE) Attendance: 11,475
WALES: William David Davies; William Stevenson, Joseph Jones, Leighton Phillips, Malcolm Page, Michael Thomas, Carl Stephen Harris, Brian Flynn, Robert Ian Edwards, Robert James, Leslie Cartwright (16 Peter O'Sullivan).
Manager: Michael Smith
MALTA: Robert Gatt; George Ciantar, Edwin Farrugia (.. C.Consiglio), Simon Tortell, Mario Schembri, John Holland, Vincent Magro, Richard Aquilina (46 Ernest Spiteri Gonzi), George Xuereb, Raymond Xuereb, Carlo Seychell.
Trainer: Victor Scerri
Goals: Edwards (17, 45, 48, 50), P. O'Sullivan (20), M. Thomas (70), Flynn (73)

WALES v TURKEY 1-0 (0-0)

Wrexham   29.11.1978

Referee: Alojzy Jarguz (POL)   Attendance: 11,794

WALES: William David Davies; William Stevenson, Joseph Jones, Leighton Phillips, Terence Yorath, Michael Thomas, Carl Stephen Harris, Brian Flynn, Nicholas Deacy, Phillip Dwyer, Leighton James.   Manager: Michael Smith

TURKEY: Şenol Güneş; Turgay Semercioglu, Cem Pamiroglu, Necati Özçaglayan, Erdogan Arica, Fatih Terim, Mehmet Ekşi, Önder Mustafaoglu, Necdet Ergun, Sedat III Özen, Ahmet Ceylan (.. Isa Ertürk).   Trainer: Coşkun Özari

Goal: Deacy (70)

TURKEY v WEST GERMANY 0-0

Izmir   01.04.1979

Referee: Miroslav Stupar (USSR)   Attendance: 50,000

TURKEY: Şenol Güneş; Turgay Semercioglu, Cem Pamiroglu, Necati Özçaglayan, Fatih Terim, Engin Verel, Necdet Ergun, Tuna Güneysu, Erhan Önal, Sedat III Özen, Cemil Turan, B. Mustafa Denizli.   Trainer: Coşkun Özari

W. GERMANY: Dieter Burdenski; Manfred Kaltz, Bernard Dietz (Cap); Rainer Bonhof, Ulrich Stielike, Herbert Zimmermann (.. Karlheinz Förster); Karl-Heinz Rummenigge (.. Walter Kelsch), Bernhard Cullmann, Klaus Toppmöller, Hans Müller, Ronald Borchers.   Trainer: Josef Derwall

MALTA v WEST GERMANY 0-0

Empire Stadium, Gzira   25.02.1979

Referee: Vojtech Christov (CZE)   Attendance: 8,450

MALTA: Charles Sciberras; David Buckingham, Edwin Farrugia, John Holland, Norman Buttigieg, Emmanuel Farrugia, Vincent Magro, Joseph Xuereb, Ernest Spiteri Gonzi (.. Carlo Seychell), Raymond Xuereb, George Xuereb. Trainer: Victor Scerri

W. GERMANY: Josef Maier (Cap); Manfred Kaltz, Bernard Dietz; Rainer Bonhof, Gerd Zewe (68 Klaus Toppmöller), Karlheinz Förster; Rüdiger Abramczik, Bernhard Cullmann, Klaus Fischer, Hans Müller, Karl-Heinz Rummenigge (68 Klaus Allofs).   Trainer: Josef Derwall

WALES v WEST GERMANY 0-2 (0-1)

Wrexham   02.05.1979

Referee: Alberto Michelotti (ITA)   Attendance: 30,000

WALES: William David Davies; Malcolm Page, Joseph Jones, Leighton Phillips, George Berry, John Francis Mahoney, Terence Yorath (.. Robert James), Carl Stephen Harris, Robert Ian Edwards (.. John Toshack), Alan Thomas Curtis, Michael Thomas.   Manager: Michael Smith

W. GERMANY: Josef Maier (Cap); Manfred Kaltz, Bernard Dietz; Rainer Bonhof, Ulrich Stielike (88 Bernd Martin), Karlheinz Förster; Karl-Heinz Rummenigge, Bernhard Cullmann, Klaus Fischer, Herbert Zimmermann, Klaus Allofs. Trainer: Josef Derwall

Goals: Zimmermann (30), Fischer (52)

TURKEY v MALTA 2-1 (1-0)

Atatürk, Izmir   18.03.1979

Referee: Toma Manojlovski (YUG)   Attendance: 45,000

TURKEY: Şenol Güneş; Turgay Semercioglu, Cem Pamiroglu, Necati Özçaglayan, Fatih Terim, Erhan Önal, Necdet Ergun, Tuna Güneysu, Bahtiyar Yorulmaz, Sedat III Özen, B.Mustafa Denizli.   Trainer: Coşkun Özari

MALTA: Charles Sciberras; George Ciantar, Edwin Farrugia (65 David Buckingham), John Holland, Norman Buttigieg, Emmanuel Farrugia, Vincent Magro, Joseph Xuereb, Ernest Spiteri Gonzi, Raymond Xuereb, George Xuereb. Trainer: Victor Scerri

Goals: Sedat (43), Spiteri Gonzi (51), Fatih (57)

MALTA v WALES 0-2 (0-1)

Empire Stadium, Gzira   02.06.1979

Referee: Nikolaos Lagoyannis (GRE)   Attendance: 8,358

MALTA: Charles Sciberras; David Buckingham, Edwin Farrugia, John Holland, Norman Buttigieg, Emmanuel Farrugia, Vincent Magro, Joseph Xuereb, Ernest Spiteri Gonzi (.. Emmanuel Fabri), Raymond Xuereb, George Xuereb. Trainer: Victor Scerri

WALES: William David Davies; William Stevenson, Joseph Jones, John Francis Mahoney, Peter Nicholas, Leighton Phillips, Carl Stephen Harris (.. Michael Thomas), Brian Flynn (.. Phillip Dwyer), Robert James, John Toshack, Alan Thomas Curtis.   Manager: Michael Smith

Goals: Nicholas (15), Flynn (51)

WEST GERMANY v WALES 5-1 (4-0)

Müngersdorferstadion, Köln   17.10.1979

Referee: Jan Keizer (HOL)   Attendance: 60,000

W. GERMANY: Dieter Burdenski; Manfred Kaltz, Bernard Dietz (Cap); Karlheinz Förster, Bernhard Cullmann, Bernd Schuster (64 Herbert Zimmermann); Karl-Heinz Rummenigge (.. Hans-Peter Briegel), Rainer Bonhof, Klaus Fischer, Hans Müller, Klaus Allofs.   Trainer: Josef Derwall

WALES: William David Davies; William Stevenson, Joseph Jones (.. George Berry), John Francis Mahoney, Leighton Phillips, Phillip Dwyer, Peter Nicholas, Brian Flynn, Alan Thomas Curtis, John Toshack (.. Michael Thomas), Robert James.   Manager: Michael Smith

Goals: Fischer (22, 38), Kaltz (32), Rummenigge (41), Förster (83), Curtis (85)

WEST GERMANY v TURKEY 2-0 (1-0)

Gelsenkirchen   22.12.1979

Referee: Rudolf Renggli (SWI)   Attendance: 73,000

W. GERMANY: Norbert Nigbur; Manfred Kaltz, Bernard Dietz (Cap); Rainer Bonhof, Bernhard Cullmann, Bernd Förster; Karl-Heinz Rummenigge, Ulrich Stielike (.. Herbert Zimmermann), Klaus Fischer, Hans Müller, Harald Nickel. Trainer: Josef Derwall

TURKEY: Şenol Güneş; Turgay Semercioglu, Cem Pamiroglu, Güngör Tekin, Fatih Terim, Erhan Önal, Raşit Çetiner, Arif Güney (17 K.Mustafa Turgat), Mehmet Ekşi, Sedat III Özen, Sadullah Acele, Engin Verel.   Trainer: Coşkun Özari

Goals: Fischer (15), Zimmermann (89)

MALTA v TURKEY 1-2 (0-2)

Empire Stadium, Gzira   28.10.1979

Referee: Gianfranco Menegalli (ITA)   Attendance: 1,976

MALTA: John Bonello; David Buckingham, Edwin Farrugia, John Holland, Norman Buttigieg, Emmanuel Farrugia, Vincent Magro, Joseph Xuereb, George Xuereb, Raymond Xuereb (.. Emmanuel Fabri), Dennis Fenech.   Trainer: Victor Scerri

TURKEY: Şenol Güneş; Turgay Semercioglu, Cem Pamiroglu, Erol Togay, Fatih Terim, Mehmet Ekşi, Necdet Ergun, Serdar Bali, Sedat III Özen, Isa Ertürk, B. Mustafa Denizli. Trainer: Coşkun Özari

Goals: Sedat (20), B. Mustafa (25), Em. Farrugia (70)

WEST GERMANY v MALTA 8-0 (3-0)

Wesser, Bremen   27.02.1980

Referee: Norbert Rolles (LUX)   Attendance: 38,000

W. GERMANY: Dieter Burdenski; Manfred Kaltz, Bernhard Cullmann, Karlheinz Forster, Bernard Dietz (Cap); Rainer Bonhof, Bernd Förster (.. Walter Kelsch), Hans Müller; Karl-Heinz Rummenigge, Klaus Fischer, Klaus Allofs (60 Harald Nickel).   Trainer: Josef Derwall

MALTA: John Bonello; Edwin Farrugia, Gennaro Camilleri (46 David Buckingham), John Holland, Norman Buttigieg, Emmanuel Farrugia, Joseph Xuereb, Emmanuel Fabri, Eric Schembri, Dennis Fenech, George Xuereb.   Trainer: Victor Scerri

Goal: Allofs (12, 56), Bonhof (17 pen), Fischer (40, 90), J. Holland (62 og), Kelsch (70), Rummenigge (74)

TURKEY v WALES 1-0 (0-0)

Izmir   21.11.1979

Referee: Constantin Ghiţă (ROM)   Attendance: 50,000

TURKEY: Şenol Güneş; Turgay Semercioglu, Cem Pamiroglu, Erol Togay, Fatih Terim, Mehmet Ekşi, Arif Güney, Erhan Önal, Sedat III Özen, Isa Ertürk (.. K. Mustafa Turgat), B. Mustafa Denizli (.. Sadullah Acele).   Trainer: Coşkun Özari

WALES: William David Davies; William Stevenson, Joseph Jones, Terence Yorath, George Berry, Leighton Phillips, Gordon John Davies (.. John Francis Mahoney), Peter Nicholas, Alan Thomas Curtis, Ian Patrick Walsh (65 Robert Ian Edwards), Michael Thomas.   Manager: Michael Smith

Sent off: Stevenson (69)

Goal: Erhan Önal (80)

	P	W	D	L	F	A	Pts
West Germany	6	4	2	0	17	1	10
Turkey	6	3	1	2	5	5	7
Wales	6	3	0	3	11	8	5
Malta	6	0	1	5	2	21	1

FINAL ROUND

GROUP I

CZECHOSLOVAKIA v WEST GERMANY 0-1 (0-0)
Stadio Olimpico, Roma   11.06.1980
Referee: Alberto Michelotti (ITA)   Attendance: 20,000
CZECHOSLOVAKIA: Jaroslav Netolicka; Jozef Barmos, Anton Ondrus (Cap), Ladislav Jurkemik, Koloman Gögh; Ján Kozák, Antonín Panenka, Frantisek Stambachr; Ladislav Vízek, Zdenek Nehoda, Miloslav Gajdusek (68 Marián Masny). Trainer: Jozef Venglos
W. GERMANY: Harald Schumacher; Manfred Kaltz, Bernhard Cullmann, Karlheinz Förster, Bernard Dietz (Cap); Bernd Förster (60 Felix Magath), Ulrich Stielike, Hans-Peter Briegel, Hans Müller; Karl-Heinz Rummenigge, Klaus Allofs. Trainer: Josef Derwall
Goal: Rummenigge (55)

HOLLAND v GREECE 1-0 (0-0)
San Paolo, Napoli   11.06.1980
Referee: Adolf Prokop (E. GER)   Attendance: 15,000
HOLLAND: Piet Schrijvers (14 Pim Doesburg); Bennie Wijnstekers, Ruud Krol (Cap), Michel Van de Korput, Hugo Hovenkamp, Huub Stevens, Arie Haan, Willy van de Kerkhof; Martien Vreijsen (46 Dick Nanninga), Kees Kist, René van de Kerkhof. Trainer: Johannes Zwartkruis
GREECE: Vasilis Konstantinou; Giannis Kyrastas, Spiros Livathinos, Kostas Iosifidis, Anthimos Kapsis (Cap), Giorgos Foiros, Hristos Ardizoglou (68 Nikos Anastopoulos), Hristos Terzanidis, Thomas Mauros, Kostas Kouis, Giorgos Kostikos (78 Hlias Galakos). Trainer: Alketas Panagoulias
Goal: Kist (67 pen)

CZECHOSLOVAKIA v GREECE 3-1 (2-1)
Stadio Olimpico, Roma   14.06.1980
Referee: Patrick Partridge (ENG)   Attendance: 7,614
CZECHOSLOVAKIA: Stanislav Seman; Jozef Barmos, Anton Ondrus (Cap), Ladislav Jurkemik, Koloman Gögh; Ján Kozák, Ján Berger (24 Werner Licka), Antonín Panenka; Ladislav Vízek, Zdenek Nehoda (74 Miloslav Gajdusek), Marián Masny. Trainer: Jozef Venglos
GREECE: Vasilis Konstantinou; Giannis Kyrastas, Spiros Livathinos, Kostas Iosifidis, Anthimos Kapsis (Cap), Giorgos Foiros, Nikos Anastopoulos, Hristos Terzanidis (46 Hlias Galakos), Thomas Mauros, Kostas Kouis, Giorgos Kostikos (57 Haralampos Xanthopoulos). Trainer: Alketas Panagoulias
Goals: Panenka (5), Anastopoulos (13), Vízek (26), Nehoda (62)

WEST GERMANY v HOLLAND 3-2 (1-0)
San Paolo, Napoli   14.06.1980
Referee: Robert Wurtz (FRA)   Attendance: 29,889
W. GERMANY: Harald Schumacher; Manfred Kaltz, Ulrich Stielike, Karlheinz Förster, Bernard Dietz (Kap/) (75 Lothar Matthäus); Bernd Schuster, Hans-Peter Briegel, Hans Müller (66 Felix Magath); Karl-Heinz Rummenigge (/Kap), Horst Hrubesch, Klaus Allofs.   Trainer: Josef Derwall
HOLLAND: Piet Schrijvers; Bennie Wijnstekers, Ruud Krol (Cap), Michel Van de Korput, Hugo Hovenkamp (46 Dick Nanninga), Huub Stevens, Arie Haan, Willy van de Kerkhof; Johnny Rep, Kees Kist (70 Frans Thijssen), René van de Kerkhof.   Trainer: Johannes Zwartkruis
Goals: Kl. Allofs (11, 56, 66), Rep (79 pen), Willy van de Kerkhof (86)

CZECHOSLOVAKIA v HOLLAND 1-1 (1-0)
Giuseppe Meazza, Milano   17.06.1980
Referee: Hilmi Ok (TUR)   Attendance: 10,000
CZECHOSLOVAKIA: Jaroslav Netolicka; Jozef Barmos, Anton Ondrus (Cap), Rostislav Vojácek, Koloman Gogh; Ján Kozák, Ladislav Jurkemik, Antonín Panenka (89 Frantisek Stambachr); Ladislav Vízek, Zdenek Nehoda, Marián Masny (67 Werner Licka).   Trainer: Jozef Venglos
HOLLAND: Piet Schrijvers; Bennie Wijnstekers, Ruud Krol (Cap), Michel Van de Korput, Hugo Hovenkamp; Willy van de Kerkhof, Frans Thijssen, Jan Poortvliet; Johnny Rep, Dick Nanninga (46 Arie Haan), René van de Kerkhof (17 Kees Kist).   Trainer: Johannes Zwartkruis
Goals: Nehoda (17), Kist (60)

WEST GERMANY v GREECE 0-0
Communale, Torino   17.06.1980
Referee: Brian McGinlay (SCO)   Attendance: 16,000
W. GERMANY: Harald Schumacher; Manfred Kaltz, Ulrich Stielike, Karlheinz Förster, Bernd Förster (46 Miroslav Votava); Bernhard Cullmann (Cap), Hans-Peter Briegel, Hans Müller, Caspar Memering, Karl-Heinz Rummenigge (66 Karl Del Haye), Horst Hrubesch.   Trainer: Josef Derwall
GREECE: Lenteris Poupakis; Giannis Gounaris, Haralampos Xanthopoulos, Petros Ravousis, Lakis Nikolaou; Kostas Kouis, Dimitris Nikoloudis (Kap/65 Giorgos Koudas), Hristos Ardizoglou; Spiros Livathinos, Hlias Galakos, Thomas Mauros (79 Giorgos Kostikos).   Trainer: Alketas Panagoulias

	P	W	D	L	F	A	Pts
West Germany	3	2	1	0	4	2	5
Czechoslovakia	3	1	1	1	4	3	3
Holland	3	1	1	1	4	4	3
Greece	3	0	1	2	1	4	1

GROUP II

ITALY v SPAIN 0-0

Giuseppe Meazza, Milano   12.06.1980

Referee: Károly Palotai (HUNG)   Attendance: 46,816

ITALY: Dino Zoff (Cap); Claudio Gentile, Fulvio Collovati, Gaetano Scirea, Antonio Cabrini (56 Romeo Benetti II); Gabriele Oriali, Marco Tardelli, Giancarlo Antognoni; Franco Causio, Francesco Graziani, Roberto Bettega. Trainer: Vincenzo Bearzot

SPAIN: Luis Miguel ARCONADA Echarre; Miguel TENDILLO Berenguer, Bernardo Blanquetti MIGUELI, José Ramon ALESANCO Ventosa, Rafael GORDILLO Vazquez; Jesús María ZAMORA Ansorena, Enrique SAURA Gil, Juan Manuel ASENSI Ripoll (Cap); Daniel Ruiz Bazan Justa "DANI" (53 Juan Gómez Gonzalez "JUANITO"), Jesús SATRÚSTEGUI, Enrique Castro Gonzalez QUINI.   Trainer: Ladislao Kubala

ENGLAND v BELGIUM 1-1 (1-1)

Stadio Comunale, Torino   12.06.1980

Referee: Heinz Aldinger (W. GER)   Attendance: 15,186

ENGLAND: Raymond Clemence; Philip Neal, Philip Thompson, David Watson, Kenneth Sansom; Ray Wilkins, Kevin Keegan, Trevor Brooking, David Johnson (68 Raymond Kennedy), Anthony Woodcock, Steven Coppell (79 Terence McDermott).   Trainer: Ronald Greenwood

BELGIUM: Jean-Marie Pfaff; Walter Meeuws, Eric Gerets, Luc Millecamps, Michel Renquin; Julien Cools (Cap), Wilfried Van Moer (88 Raymond Mommens), René Vandereycken, François Van der Elst; Erwin Vandenbergh, Jan Ceulemans. Trainer: Guy Thys

Goals: Wilkins (25), Ceulemans (29)

ITALY v ENGLAND 1-0 (0-0)

Stadio Comunale, Torino   15.06.1980

Referee: Nicolae Rainea (ROM)   Attendance: 59,649

ITALY: Dino Zoff (Cap); Claudio Gentile, Gabriele Oriali, Romeo Benetti II, Fulvio Collovati, Gaetano Scirea, Franco Causio (88 Giuseppe Baresi), Marco Tardelli, Francesco Graziani, Giancarlo Antognoni, Roberto Bettega. Trainer: Vincenzo Bearzot

ENGLAND: Peter Shilton; Philip Neal, Kenneth Sansom; Ray Wilkins, David Watson, Philip Thompson, Kevin Keegan (Cap), Steven Coppell, Gary Birtles (75 Paul Mariner), Raymond Kennedy, Anthony Woodcock.
Manager: Ronald Greenwood

Goals: Tardelli (78)

SPAIN v BELGIUM 1-2 (1-1)

Giuseppe Meazza, Milano   15.06.1980

Referee: Charles Corver (HOL)   Attendance: 11,430

SPAIN: Luis Miguel ARCONADA Echarre; Miguel TENDILLO Berenguer (78 Francisco José CARRASCO Hidalgo), José Ramon ALESANCO Ventosa, Bernardo Blanquetti MIGUELI, Rafael GORDILLO Vazquez; Jesús María ZAMORA Ansorena, Juan Manuel ASENSI Ripoll (Kap/)(35 Vicente Gonzalez DEL BOSQUE), Enrique SAURA Gil; Enrique Castro Gonzalez QUINI, Jesús SATRÚSTEGUI, Juan Gómez Gonzalez "JUANITO".   Trainer: Ladislao Kubala

BELGIUM: Jean-Marie Pfaff; Eric Gerets, Luc Millecamps, Walter Meeuws, Michel Renquin; Julien Cools (Cap), Wilfried Van Moer (73 Raymond Mommens), René Vandereycken; François Van der Elst, Erwin Vandenbergh (81 René Verheyen), Jan Ceulemans.   Trainer: Guy Thys

Goals: Gerets (16), Quini (36), Cools (64)

ENGLAND v SPAIN 2-1 (1-0)

San Paolo, Napoli   18.06.1980   Hour 17,45

Referee: Erich Linemayr (AUS)   Attendance: 15,000

ENGLAND: Raymond Clemence; Vivian Anderson (85 Trevor Cherry), Michael Mills, Philip Thompson, David Watson; Ray Wilkins, Terence McDermott, Glenn Hoddle (77 Paul Mariner), Kevin Keegan (Cap), Anthony Woodcock, Trevor Brooking.   Manager: Ronald Greenwood

SPAIN: Luis Miguel ARCONADA Echarre; Rafael GORDILLO Vazquez, Antonio OLMO, José Ramon ALESANCO Ventosa, Secundino Suarez Vazquez "CUNDI"; Javier Álvarez URÍA, Julio CARDEÑOSA Rodriguez (46 Daniel Ruiz Bazan Justa "DANI"), Jesús María ZAMORA Ansorena; Juan Gómez Gonzalez "JUANITO" (46 Francisco José CARRASCO Hidalgo), Carlos Alonso Gonzalez SANTILLANA (Cap), Enrique SAURA Gil.   Trainer: Ladislao Kubala

Goals: Brooking (20), Dani (52 pen), Woodcock (62)

ITALY v BELGIUM 0-0

Stadio Olimpico, Roma   18.06.1980

Referee: José Antonio Silva Garrido (POR)   Att: 42,318

ITALY: Dino Zoff (Cap); Claudio Gentile, Gabriele Oriali (46 Alessandro Altobelli), Romeo Benetti II, Fulvio Collovati, Gaetano Scirea, Franco Causio, Marco Tardelli, Francesco Graziani, Giancarlo Antognoni (35 Giuseppe Baresi), Roberto Bettega.   Trainer: Vincenzo Bearzot

BELGIUM: Jean-Marie Pfaff; Walter Meeuws, Eric Gerets, Luc Millecamps, Michel Renquin; Julien Cools (Cap), Wilfried Van Moer (49 René Verheyen), René Vandereycken, François Van der Elst, Raymond Mommens (78 Erwin Vandenbergh), Jan Ceulemans.   Trainer: Guy Thys

	P	W	D	L	F	A	Pts
Belgium	3	1	2	0	3	2	4
Italy	3	1	2	0	1	0	4
England	3	1	1	1	3	3	3
Spain	3	0	1	2	2	4	1

THIRD PLACE MATCH

CZECHOSLOVAKIA v ITALY 1-1 (0-0) (AET)
Stadio San Paolo, Napoli   21.06.1980
Referee: Erich Linemayr (AUS)   Attendance: 24,652

CZECHOSLOVAKIA: Jaroslav Netolicka; Jozef Barmos, Anton Ondrus (Cap), Rostislav Vojácek, Koloman Gogh; Ján Kozák, Ladislav Jurkemik, Antonín Panenka; Ladislav Vízek (65 Miloslav Gajdusek), Zdenek Nehoda, Marián Masny. Trainer: Jozef Venglos

ITALY: Dino Zoff (Cap); Claudio Gentile, Antonio Cabrini, Giuseppe Baresi, Fulvio Collovati, Gaetano Scirea, Franco Causio, Marco Tardelli, Francesco Graziani, Roberto Bettega (83 Romeo Benetti), Alessandro Altobelli. Trainer: Vincenzo Bearzot

Goals: Jurkemik (53), Graziani (72)
Penalties: Causio (0-1), Masny (1-1), Altobelli (1-2), Nehoda (2-2), Baresi (2-3), Ondrus (3-3), Cabrini (3-4), Jurkemik (4-4), Benetti (4-5), Panenka (5-5), Graziani (5-6), Gögh (6-6), Scirea (6-7), Gajdusek (7-7), Tardelli (7-8), Kozák (8-8), Collovatti, Barmos (8-9)

FINAL

WEST GERMANY v BELGIUM 2-1 (1-0)
Stadio Olimpico, Roma   22.06.1980
Referee: Nicolae Rainea (ROM)   Attendance: 47,864

W. GERMANY: Harald Schumacher; Manfred Kaltz, Ulrich Stielike, Karlheinz Förster, Bernard Dietz (Cap); Bernd Schuster, Hans-Peter Briegel (55 Bernhard Cullmann), Hans Müller; Karl-Heinz Rummenigge, Horst Hrubesch, Klaus Allofs. Trainer: Josef Derwall

BELGIUM: Jean-Marie Pfaff; Walter Meeuws, Eric Gerets, Luc Millecamps, Michel Renquin; Julien Cools (Cap), Wilfried Van Moer, René Vandereycken, François Van der Elst, Raymond Mommens, Jan Ceulemans.   Trainer: Guy Thys

Goals: Hrubesch (10, 89), Vandereycken (72 pen)

Goalscorers European Football Championship 1980

7 goals: Kevin Keegan (England)
6 goals: Klaus Fischer (West Germany)
5 goals: François Van der Elst (Belgium), Marián Masny (Czechoslovakia), Klaus Allofs (West Germany)
4 goals: Robert Latchford (England), Hans Krankl (Austria), Kenneth Dalglish (Scotland), Carlos Alonso Gonzalez Santillana (Spain), Zlatko Vujovic (Yugoslavia), Martin Hoffmann, Joachim Streich (East Germany), Thomas Mauros (Greece), Atik Ismail (Finland), Robert Ian Edwards (Wales), Kees Kist (Holland), Zdenek Nehoda, Ladislav Vízek (Czechoslovakia)
3 goals: David Watson, Anthony Woodcock (England), Gerard Armstrong (N. Ireland), Gerard Daly (Eire), Chavdar Tzvetkov (Bulgaria), Preben Elkjær (Denmark), Walter Schachner (Austria), Tamagnini Néné (Portugal), Archibald Gemmill (Scotland), Ruud Geels (Holland), Zbigniew Boniek, Roman Ogaza (Poland), Gerd Weber (East Germany), Antonín Panenka, Anders Grönhagen (Sweden), Hlias Galakos, Dimitris Nikoloudis (Greece), Daniel Ruiz Bazan Justa "Dani" (Spain), Karl-Heinz Rummenigge (West Germany)
2 goals: Francis (England), Grealish, Stapleton (Eire), H. Jensen, B. Nielsen, Lerby, Simonsen (Denmark), Kreuz, Pezzey (Austria), Alberto, Gomes (Portugal), A. Gray, Mcqueen, Robertson (Scotland), Larsen-Ökland (Norway), Asensi (Spain), Kranjcar, Petrovic, Surjak (Yugoslavia), Georgescu, Răducanu, Sameş (Romania), Brandts, Metgod, Nanninga, Willy van de Kerkhof (Holland), Terlecki (Poland), Lindemann, Schnuphase (East Germany), Kozák, Stambachr (Czechoslovakia), Six (France), Borg (Sweden), Delikaris (Greece), Fekete, Tatár, Váradi (Hungary), Chesnokov (USSR), Hrubesch, Zimmermann (West Germany), Sedat (Turkey), Flynn (Wales), Vandereycken, Cools (Belgium)
1 goal: Hoddle, Barnes, Neal, Brooking, Wilkins (England), Moreland, C. Nicholl, Caskey, Spence, Anderson (N. Ireland), Martin, Givens (Eire), Jeliazkov, Panov, Iliev (Bulgaria), Arnesen, Røntved (Denmark), Gerets, Ceulemans, Vandenbergh, Voordeckers, Van Moer, Janssens, Vercauteren (Belgie), Welzl, Jara, Prohaska (Austria), Reinaldo, Artur, Alves (Portugal), Archibald, Jordan (Scotland), Aas, Hammer, P. Jacobsen (Norway), Villar, Saura, Del Bosque, R. Cano, Juanito, Quini (Spain), Desnica, Halilhodzic, D. Savic, Sliskovic (Yugoslavia), Augustin, Iordănescu, Mulţescu (Romania), Kaiafas, Vrahimis (Cyprus), Rep, Thijssen, René van de Kerkhof, Stevens, Peters, Wildschut, Krol, Rensenbrink (Holland), Rudy, Wieczorek, Mazur, Kusto, Lato (Poland), Häfner, Peter, Riediger (East Germany), Barberis, Heinz Hermann, Herbert Hermann, Pfister, Ponte, Tanner, Zappa (Switzerland), Gudlaugsson, P. Pétursson (Iceland), Gajdusek, Jurkemik (Czechoslovakia), Pécout, Rampillon, Lacombe, Platini, Battiston, Petit, Emon, Larios, Trésor, Gemmrich, Berdoll (France), Svensson, Backe, Cervin, Nordgren (Sweden), Braun, Michaux (Luxembourg), Anastopoulos, Ardizoglou (Greece), Pusztai, Szokolai, Tieber (Hungary), Haaskivi, Hakala, Heiskanen, Pyykkö, Nieminen, M. Toivola (Finland), Andreev, Gavrilov, Hapsalis, Shengelia, Bessonov (USSR), Bonhof, Kelsch, Kaltz, Förster (West Germany), Erhan Önal, B. Mustafa, Fatih (Turkey), Curtis, Nicholas, Deacy, P. O'sullivan, M. Thomas (Wales), Em. Farrugia, Spiteri Gonzi (Malta), Graziani, Tardelli (Italy)
Own goals: Nicholl (N. Ireland) for England, Kische (East Germany) for Holland, J. Holland (Malta) for West Germany

THE EUROPEAN FOOTBALL CHAMPIONSHIP 1984

GROUP 1

BELGIUM v SWITZERLAND 3-0 (1-0)
Brussel   06.10.1982
Referee: Paolo Bergamo (ITA)   Attendance: 16,808
BELGIUM: Jean-Marie Pfaff; Eric Gerets, Walter Meeuws, Jos Daerden, Marc Baecke, Guy Vandersmissen, Ludo Coeck, Jan Ceulemans, Frankie Vercauteren, Alex Czerniatynski, Erwin Vandenbergh.   Trainer: Guy Thys
SWITZERLAND: Erich Burgener; Alain Geiger, Heinz Lüdi, Charly In-Albon, Heinz Hermann, Roger Wehrli (56 Lucien Favre), Umberto Barberis, Alfred Scheiwiler (69 Erni Maissen), René Botteron, Rudolf Elsener, Claudio Sulser.
Trainer: Paul Wolfisberg
Goals: Vercauteren (2), Coeck (48), Vandenberg (82)

SCOTLAND v EAST GERMANY 2-0 (0-0)
Hampden Park, Glasgow   13.10.1982
Referee: Georges Konrath (FRA)   Attendance: 40,355
SCOTLAND: James Leighton; David Narey, Alan Hansen, William Miller, Francis Gray, Gordon Strachan, Graeme Souness, John Wark, Steven Archibald, Alan Brazil (71 Paul Sturrock), John Robertson.   Manager: John Stein
EAST GERMANY: Bodo Rudwaleit; Norbert Trieloff, Ronald Kreer, Dirk Stahmann, Rüdiger Schnuphase (Cap), Frank Baum; Reinhard Häfner (72 Matthias Liebers), Hans-Jürgen Dörner (72 Jürgen Pommerenke), Hans-Uwe Pilz; Joachim Streich, Hans-Jürgen Riediger.   Trainer: Rudolf Krause
Goals: Wark (52), Sturrock (75)

SWITZERLAND v SCOTLAND 2-0 (0-0)
Wankdorf, Bern   17.11.1982
Referee: Vojtech Christov (CZE)   Attendance: 26,500
SWITZERLAND: Erich Burgener; Alain Geiger, Roger Wehrli, André Egli, Heinz Lüdi, Michel Decastel (61 Umberto Barberis), Lucien Favre, Heinz Hermann; Raimondo Ponte, Claudio Sulser, Rudolf Elsener (85 Hanspeter Zwicker).
Trainer: Paul Wolfisberg
SCOTLAND: James Leighton; David Narey, Francis Gray, Graeme Souness, Alan Hansen, William Miller, John Wark, Gordon Strachan, Paul Sturrock (46 Steven Archibald), Alan Brazil, John Robertson.   Manager: John Stein
Goals: Sulser (49), Egli (60)

BELGIUM v SCOTLAND 3-2 (2-2)
Heysel, Brussel   15.12.1982
Referee: Antonio da Silva Garrido (POR)   Att: 48,877
BELGIUM: Jean-Marie Pfaff; Eric Gerets, Walter Meeuws, Jos Daerden, Marc Baecke, Guy Vandersmissen, Ludo Coeck, Jan Ceulemans, Frankie Vercauteren (72 René Verheyen), Erwin Vandenbergh (86 Maurits De Schrijver), François Vander Elst.
Trainer: Guy Thys
SCOTLAND: James Leighton; David Narey, Francis Gray, Robert Aitken, Alexander McLeish, Alan Hansen, Gordon Strachan (77 Thomas Burns), Steven Archibald, Kenneth Dalglish, James Bett (77 Paul Sturrock), Graeme Souness.
Manager: John Stein
Goals: Dalglish (13, 35), Vandenbergh (25),
Vander Elst (38, 63)

SCOTLAND v SWITZERLAND 2-2 (0-1)
Hampden Park, Glasgow   30.03.1983
Referee: Charles Corver (HOL)   Attendance: 36,923
SCOTLAND: James Leighton; Richard Gough, Francis Gray, Graeme Souness, Alan Hansen (.. Alexander McLeish), William Miller, John Wark, Gordon Strachan, Kenneth Dalglish, Charles Nicholas, Peter Weir.   Manager: John Stein
SWITZERLAND: Erich Burgener; Alain Geiger, Roger Wehrli, André Egli, Heinz Lüdi, Michel Decastel, Lucien Favre, Heinz Hermann (.. Hanspeter Zwicker), Claudio Sulser (84 Charly In-Albon), Raimondo Ponte, Rudolf Elsener.
Trainer: Paul Wolfisberg
Goals: Egli (16), Heinz Hermann (58), Wark (69), Nicholas (76)

EAST GERMANY v BELGIUM 1-2 (0-1)
Zentralstadion, Leipzig   30.03.1983
Referee: John Carpenter (IRE)   Attendance: 75,000
EAST GERMANY: Bodo Rudwaleit; Norbert Trieloff, Ronald Kreer, Rüdiger Schnuphase (Cap), Dirk Stahmann; Andreas Trautmann, Hans-Jürgen Dörner, Matthias Liebers; Hans Richter (69 Martin Busse), Joachim Streich, Dieter Kühn (60 Jürgen Heun).   Trainer: Rudolf Krause
BELGIUM: Jacques Munaron; Eric Gerets, Luc Millecamps, Walter Meeuws (85 Leo Clysters), Michel De Groote (46 Marc Baecke), Guy Vandersmissen, Jan Ceulemans, Ludo Coeck, Frankie Vercauteren, François Vander Elst, Erwin Vandenbergh.   Trainer: Guy Thys
Goals: Van der Elst (36), Vandenbergh (69), Streich (83)

BELGIUM v EAST GERMANY 2-1 (2-1)
Heysel, Brussel 27.04.1983
Referee: Emilio Carlos Guruceta Muro (SPA)   Att: 43,000
BELGIUM: Jean-Marie Pfaff; Eric Gerets, Luc Millecamps, Walter Meeuws, Michel De Groote, Guy Vandersmissen, Ludo Coeck, Frankie Vercauteren, Jan Ceulemans, François Vander Elst, Erwin Vandenbergh.   Trainer: Guy Thys
EAST GERMANY: Bodo Rudwaleit; Rüdiger Schnuphase (Cap), Ronald Kreer, Dirk Stahmann, Frank Baum; Hans-Uwe Pilz (70 Rainer Ernst), Rainer Troppa, Matthias Liebers, Wolfgang Steinbach; Joachim Streich, Martin Busse (61 Hans Richter).   Trainer: Rudolf Krause
Goals: Streich (9), Ceulemans (18), Coeck (38)

SWITZERLAND v EAST GERMANY 0-0
Wankdorf, Bern   04.05.1983
Referee: Rolf Ericsson (SWE)   Attendance: 40,000
SWITZERLAND: Roger Berbig; Roger Wehrli, André Egli, Beat Rietmann, Charly In-Albon, Heinz Hermann, Lucien Favre, Michel Decastel, Rudolf Elsener (.. Jean-Paul Brigger), Claudio Sulser, Manfred Braschler.   Trainer: Paul Wolfisberg
EAST GERMANY: Bodo Rudwaleit; Rüdiger Schnuphase (Cap), Ronald Kreer, Dirk Stahmann, Frank Baum; Rainer Troppa, Matthias Liebers (73 Jürgen Heun), Wolfgang Steinbach (61 Hans-Uwe Pilz); Andreas Bielau, Joachim Streich, Ralf Minge.   Trainer: Rudolf Krause

EAST GERMANY v SWITZERLAND 3-0 (1-0)
Friedrich-Ludwig-Jahn-Sportpark, Berlin 12.10.1983
Referee: Keith Hackett (ENG)   Attendance: 12,000
EAST GERMANY: Bodo Rudwaleit; Rüdiger Schnuphase (Cap), Ronald Kreer, Rainer Troppa, Uwe Zötsche; Jürgen Raab (72 Ralf Minge), Rainer Ernst, Christian Backs, Wolfgang Steinbach; Joachim Streich, Hans Richter. Trainer: Bernd Stange
SWITZERLAND: Roger Berbig; Roger Wehrli, Beat Rietmann, André Egli, Raimondo Ponte (70 Beat Sutter), Alain Geiger, Lucien Favre, Heinz Hermann, Claudio Sulser (.. Jean-Paul Brigger), Umberto Barberis, Manfred Braschler.   Trainer: Paul Wolfisberg
Goals: Richter (45), Ernst (73), Streich (90)

SCOTLAND v BELGIUM 1-1 (0-1)
Hampden Park, Glasgow   12.10.1983
Referee: Enzo Barbaresco (ITA)   Attendance: 23,000
SCOTLAND: James Leighton; Richard Gough, Arthur Albiston, John Wark (.. Robert Aitken), Alexander McLeish, William Miller, Kenneth Dalglish, Paul McStay, Charles Nicholas (74 Francis McGarvey), James Bett, John Robertson. Manager: John Stein
BELGIUM: Jean-Marie Pfaff; Eric Gerets, Luc Millecamps, Walter Meeuws (76 Michel De Wolf), Michel Wintacq, François Vander Elst, Ludo Coeck, Jan Ceulemans, Frankie Vercauteren, Nico Claesen, Eddy Voordeckers.
Trainer: Guy Thys
Goals: Vercauteren (30), Nicholas (55)

SWITZERLAND v BELGIUM 3-1 (1-0)
Wankdorf, Bern   09.11.1983
Referee: Volker Roth (W. GER)   10,000
SWITZERLAND: Roger Berbig; Roger Wehrli, Charly In-Albon, Heinz Lüdi, Alain Geiger, Heinz Hermann, Marco Schällibaum, Raimondo Ponte, Jean-Paul Brigger, Beat Sutter (82 Marcel Koller).   Trainer: Paul Wolfisberg
BELGIUM: Jean-Marie Pfaff; Eric Gerets, Luc Millecamps, Walter Meeuws, Raymond Mommens, François Vander Elst (46 Guy Vandersmissen), Ludo Coeck (63 Nico Claesen), Frankie Vercauteren, Jan Ceulemans, Erwin Vandenbergh, Eddy Voordeckers.   Trainer: Guy Thys
Goals: Schällibaum (23), Vandenbergh (63), Brigger (76), Geiger (88)

EAST GERMANY v SCOTLAND 2-1 (2-0)
Kurt-Wabbel-Stadion, Halle   16.11.1983
Referee: Franz Wöhrer (AUS)   Attendance: 18,000
EAST GERMANY: Bodo Rudwaleit; Dirk Stahmann, Ronald Kreer, Rainer Troppa, Uwe Zötsche; Hans-Uwe Pilz, Rainer Ernst (87 Jürgen Raab), Christian Backs, Wolfgang Steinbach; Joachim Streich (Cap), Hans Richter.   Trainer: Bernd Stange
SCOTLAND: William Thomson; Richard Gough, Arthur Albiston, John Wark, Alexander McLeish, William Miller, Gordon Strachan, Paul McStay (.. Francis McGarvey), Kenneth Dalglish, Steven Archibald, Eamonn Bannon. Manager: John Stein
Goals: Kreer (33), Streich (43), Bannon (79)

	P	W	D	L	F	A	Pts
Belgium	6	4	1	1	12	8	9
Switzerland	6	2	2	2	7	9	6
East Germany	6	2	1	3	7	7	5
Scotland	6	1	2	3	8	10	4

GROUP 2

FINLAND v POLAND 2-3 (0-2)
Vainolanniemella, Kuopio 08.09.1982
Referee: Marcel van Langenhove (BEL)   Attendance: 2,845
FINLAND: Olli Huttunen; Aki Lahtinen, Pauno Kymäläinen (Cap), Mikael Granskog, Esa Pekonen; Hannu Turunen, Jukka Ikäläinen, Pasi Rautiainen, Juhani Himanka (71 Keijo Kousa); Atik Ismail (66 Ari Valvee), Ilkka Remes.
Trainer: Martti Kuusela

POLAND: Jacek Kazimierski; Stefan Majewski, Pawel Janas, Tadeusz Dolny, Jan Jalocha; Andrzej Buncol, Janusz Kupcewicz, Wlodzimierz Ciolek; Dariusz Dziekanowski (75 Wlodzimierz Mazur), Zbigniew Boniek, Wlodzimierz Smolarek (Cap).   Trainer: Antoni Piechniczek

Goals: Smolarek (16 pen), Dziekanowski (28), Kupcewicz (72), Valvee (82), Kousa (84)

FINLAND v PORTUGAL 0-2 (0-1)
Estadio Olimpico, Helsinki 22.09.1982
Referee: Klaus Scheurell (E. GER)   Attendance: 3,132
FINLAND: Olli Isoaho; Aki Lahtinen, Pauno Kymäläinen, Reijo Vaittinen, Esa Pekonen, Hannu Turunen, Ilkka Remes, Pasi Rautiainen (46 Ari Valvee), Juhani Himanka (79 Keijo Kousa), Atik Ismail, Jari Parikka.   Trainer: Martti Kuusela

PORTUGAL: Manuel Galrinho BENTO; Minervino José Lopes PIETRA, ANTÓNIO José BASTOS LOPES, HUMBERTO Manuel Jesus COELHO (Cap), Augusto Soares INÁCIO, António Augusto Silva VELOSO, António Luis Alves Ribeiro OLIVEIRA, João António Ferreira Resende ALVES, SHÉU Han, Tamagnini Manuel Gomes Batista NÉNÉ, Fernando Mendes Soares GOMES (74 Luis Maria Cabral NORTON MATOS).   Trainer: Otto Glória

Goals: Néné (15), Oliveira (90)

PORTUGAL v POLAND 2-1 (1-0)
Estádio da Luz, Lisboa 10.10.1982
Referee: Franz Wöhrer (AUS)   Attendance: 70,000
PORTUGAL: Manuel BENTO; Minervino PIETRA, HUMBERTO COELHO (Cap), ANTÓNIO BASTOS LOPES; Augusto INÁCIO, António VELOSO, CARLOS MANUEL Correia dos Santos, João ALVES (35 António Manuel FRASCO Vieira); Tamagnini NÉNÉ, António OLIVEIRA (89 José Alberto COSTA), Fernando GOMES.
Trainer: Otto Martins Gloria (BRA)

POLAND: Jacek Kazimierski; Stefan Majewski (Cap), Pawel Janas, Pawel Krol, Jan Jalocha; Andrzej Buncol, Roman Wójcicki, Józef Adamiec, Zbigniew Boniek; Dariusz Dziekanowski, Wlodzimierz Mazur (46 Marek Dziuba).
Trainer: Antoni Piechniczek

Goals: Néné (2), Gomes (81), Król (90)

USSR v FINLAND 2-0 (1-0)
V.I.Lenin, Moskva 13.10.1982
Referee: Jakob Baumann (SWI)   Attendance: 18,000
USSR: Renat Dasaev; Vladimir Bessonov, Aleksandr Chivadze (Cap), Anatoliy Demianenko, Sergei Baltacha, Vladimir Lozinskiy, Leonid Buriak, Andrei Bal, Sergei Andreev, Khoren Oganesian (70 Sergei Borovski), Ramaz Shengelia (28 Vadim Evtushenko).   Trainer: Valeriy Lobanovski

FINLAND: Olli Huttunen; Aki Lahtinen (55 Atik Ismail), Pauno Kymäläinen, Mikael Granskog, Ilkka Remes, Hannu Turunen, Esa Pekonen, Vesa Mars, Juhani Himanka (74 Keijo Kousa), Peter Utriainen, Ari Valvee.   Trainer: Martti Kuusela

Goals: Baltacha (2), Andreev (56)

POLAND v FINLAND 1-1 (1-1)
Dziesieciolecia, Warszawa 17.04.1983
Referee: Reidar Bjørnstad (NOR)   Attendance: 70,000
POLAND: Józef Mlynarczyk; Stefan Majewski, Pawel Janas, Roman Wójcicki, Jan Jalocha; Andrzej Buncol, Janusz Kupcewicz, Wlodzimierz Ciolek (65 Kazimierz Buda); Wlodzimierz Smolarek (Cap), Zbigniew Boniek, Miroslaw Okonski.   Trainer: Antoni Piechniczek

FINLAND: Olli Isoaho; Esa Pekonen, Pauno Kymäläinen (Cap), Mikael Granskog, Ilkka Remes (41 Aki Lahtinen); Hannu Turunen, Atik Ismail, Kari Ukkonen, Leo Houtsonen; Tuomo Hakala, Mika Lipponen (66 Ari Hjelm).
Trainer: Martti Kuusela

Goals: Smolarek (2), Janas (5 og)

USSR v PORTUGAL 5-0 (2-0)
V.I.Lenin, Moskva 27.04.1983
Referee: John Hunting (ENG)   Attendance: 90,000
USSR: Renat Dasaev; Vladimir Bessonov, Aleksandr Chivadze (Cap), Anatoliy Demianenko, Sergei Baltacha, Fëdor Cherenkov, Nikolai Larionov, Tengiz Sulakvelidze, Khoren Oganesian (74 Leonid Buriak), Sergei Rodionov (78 Ramaz Shengelia), Oleg Blohin.   Trainer: Valeriy Lobanovski

PORTUGAL: Manuel BENTO; Minervino PIETRA, HUMBERTO COELHO (Cap), ANTÓNIO BASTOS LOPES, JOÃO Soares CARDOSO, Fernando António de Carvalho FESTAS (46 José COSTA), CARLOS MANUEL, João ALVES, JAIME Moreira PACHECO, Fernando GOMES, Tamagnini NÉNÉ.   Trainer: Otto Glória

Goals: Cherenkov (16, 64), Rodionov (40), Demianenko (53), Larionov (86)

POLAND v USSR 1-1 (1-0)
Slaski, Chorzów   22.05.1983
Referee: Luigi Agnolin (ITA)   Attendance: 75,000
POLAND: Józef Mlynarczyk; Stefan Majewski, Pawel Janas, Roman Wójcicki, Jan Jalocha; Adam Kensy, Jerzy Wijas, Janusz Kupcewicz (75 Andrzej Iwan), Andrzej Buncol; Zbigniew Boniek, Wlodzimierz Smolarek (81 Dariusz Dziekanowski).   Trainer: Antoni Piechniczek
USSR: Renat Dasaev; Vladimir Bessonov, Aleksandr Chivadze (Cap), Anatoliy Demianenko, Sergei Baltacha, Sergei Borovski, Tengiz Sulakvelidze, Fëdor Cherenkov, Khoren Oganesian (86 Andrei Bal), Nikolai Larionov, Oleg Blohin (75 Sergei Andreev).   Trainer: Valeriy Lobanovski
Goals: Boniek (19), Wojcicki (63 og)

FINLAND v USSR 0-1 (0-0)
Helsinki   01.06.1983
Referee: Dusan Krchnak (CZE)   Attendance: 16,966
FINLAND: Olli Huttunen; Aki Lahtinen, Pauno Kymäläinen, Mikael Granskog, Esa Pekonen, Hannu Turunen, Leo Houtsonen, Kari Ukkonen, Pasi Rautiainen, Atik Ismail (65 Tuomo Hakala), Ari Valvee.   Trainer: Martti Kuusela
USSR: Renat Dasaev; Tengiz Sulakvelidze, Aleksandr Chivadze (Cap), Anatoliy Demianenko, Sergei Baltacha (26 Andrei Bal), Nikolai Larionov, Leonid Buriak, Khoren Oganesian, Ramaz Shengelia (74 Sergei Andreev), Fëdor Cherenkov, Oleg Blohin.   Trainer: Valeriy Lobanovski
Goal: Blohin (75)

PORTUGAL v FINLAND 5-0 (2-0)
Estádio José Alvalade, Lisboa   21.09.1983
Referee: Karl-Heinz Tritschler (W. GER)   Attendance: 15,000
PORTUGAL: Manuel BENTO; Minervino PIETRA, António José LIMA PEREIRA, ANTÓNIO BASTOS LOPES, Augusto INACIO, JOSÉ LUIS Lopes da Costa e Silva, CALOS MANUEL, António OLIVEIRA, JAIME PACHECO (60 Paulo Jorge Santos FUTRE), Fernando GOMES, Rui Manuel Trindade JORDAO (46 Tamagnini NÉNÉ).   Trainer: Fernando Cabrita
FINLAND: Pertti Alaja; Esa Pekonen, Jukka Ikäläinen, Mikael Granskog, Erkka Petaja, Hannu Turunen, Leo Houtsonen, Kari Ukkonen, Kari Virtanen, Mika Lipponen, Keijo Kousa.   Trainer: Martti Kuusela
Goals: Jordao (18), Carlos Manuel (23), Ikäläinen (46 og), José Luis (82), Oliveira (87)

USSR v POLAND 2-0 (1-0)
V.I.Lenin, Moskva   09.10.1983
Referee: Johannes Jan Keizer (HOL)   Attendance: 73,000
USSR: Renat Dasaev; Tengiz Sulakvelidze, Aleksandr Chivadze (Cap), Anatoliy Demianenko, Sergei Baltacha; Andrei Bal, Vadim Evtushenko (46 Aleksandr Tarkhanov), Khoren Oganesian; Iuri Gavrilov (82 Leonid Buriak), Fëdor Cherenkov, Oleg Blohin.   Trainer: Valeriy Lobanovski
POLAND: Józef Mlynarczyk (Cap); Stefan Majewski, Roman Wójcicki, Pawel Król, Krzysztof Urbanowicz; Kazimierz Buda, Jerzy Wijas, Adam Kensy, Andrzej Buncol (28 Waldemar Prusik); Zbigniew Boniek, Wlodzimierz Smolarek (71 Dariusz Dziekanowski).   Trainer: Antoni Piechniczek
Goals: Demianenko (10), Blohin (62)

POLAND v PORTUGAL 0-1 (0-1)
Olimpijski, Wroclaw   28.10.1983
Referee: Ulf Eriksson (SWE)   Attendance: 15,000
POLAND: Józef Mlynarczyk (Cap); Stefan Majewski, Roman Wójcicki, Jerzy Wijas, Jan Jalocha; Adam Kensy (67 Andrzej Palasz), Wlodzimierz Ciolek, Waldemar Prusik, Marek Ostrowski (46 Miroslaw Okonski); Andrzej Iwan, Wlodzimierz Smolarek.   Trainer: Antoni Piechniczek
PORTUGAL: Manuel BENTO; JOÃO Domingos da Silva PINTO, LIMA PEREIRA, EURICO Monteiro Gomes, Augusto INACIO; JOSÉ LUIS, CALOS MANUEL, JAIME PACHECO, José COSTA (46 José Elden Araújo Lobo Junior "LITO"); Tamagnini NÉNÉ (80 DIAMANTINO Manuel Fernandes Miranda), Fernando GOMES.   Trainer: Fernando Cabrita
Goal: Carlos Manuel (31)

PORTUGAL v USSR 1-0 (1-0)
Estádio da Luz, Lisboa   13.11.1983
Referee: Georges Konrath (FRA)   Attendance: 75,000
PORTUGAL: Manuel BENTO; JOÃO PINTO, LIMA PEREIRA, EURICO Gomes, Augusto INACIO, JOSÉ LUIS, CALOS MANUEL, JAIME PACHECO, Fernando Albino Sousa CHALANA (78 SHÉU Han), Fernando GOMES, Rui JORDAO (73 DIAMANTINO Miranda).   Trainer: Fernando Cabrita
USSR: Renat Dasaev; Sergei Borovski, Aleksandr Chivadze (Cap), Anatoliy Demianenko, Sergei Baltacha, Andrei Bal, Sergei Rodionov (71 Vadim Evtushenko), Tengiz Sulakvelidze, Iuri Gavrilov (59 Khoren Oganesian), Fëdor Cherenkov, Oleg Blohin.   Trainer: Valeriy Lobanovski
Goal: Jordao (42 pen)

	P	W	D	L	F	A	Pts
Portugal	6	5	0	1	11	6	10
USSR	6	4	1	1	11	2	9
Poland	6	1	2	3	6	9	4
Finland	6	0	1	5	3	14	1

GROUP 3

DENMARK v ENGLAND 2-2 (0-1)
Idraetsparken, København 22.09.1982
Referee: Cherles Corver (HOL)   Attendance: 44,300
DENMARK: Troels Rasmussen; Ole Rasmussen, Per Røntved, Søren Busk, Ivan Nielsen, Søren Lerby, Jens J.Bertelsen, Jesper Olsen, Allan Hansen, Preben Elkjær, Lars Bastrup.   Trainer: Josef Piontek
ENGLAND: Peter Shilton; Philip Neal, Kenneth Sansom, Ray Wilkins, Russell Osman, Terence Butcher, Anthony Morley, Bryan Robson, Paul Mariner, Trevor Francis, Graham Rix (83 Ricky Hill).   Manager: Robert Robson
Goals: Francis (8, 81 pen), A. Hansen (69 pen), J. Olsen (90)

GREECE v ENGLAND 0-3 (0-1)
Kautatzogleio, Thessaloniki 17.11.1982
Referee: Adolf Prokop (E. GER)   Attendance: 41,534
GREECE: Nikos Sargkanis; Giannis Gounaris, Anthimos Kapsis (Cap), Giorgos Foiros, Kostas Iosifidis, Petros Mihos, Spiros Livathinos, Anastasios Mitropoulos, Hristos Ardizoglou (40 Giorgos Kostikos), Nikos Anastopoulos, Thomas Mauros (77 Savvas Kofidis).   Trainer: Vasilis Arhondidis
ENGLAND: Peter Shilton; Philip Neal, Kenneth Sansom, Philip Thompson, Alvin Martin, Bryan Robson, Samuel Lee, Gary Mabbutt, Paul Mariner, Anthony Woodcock, Anthony Morley.   Manager: Robert Robson
Goals: Woodcock (2, 64), Lee (68)

LUXEMBOURG v GREECE 0-2 (0-2)
Stade Municipal, Luxembourg 09.10.1982
Referee: Karl-Heinz Tritschler (W. GER)   Attendance: 5,000
LUXEMBOURG: Jeannot Moes (Cap); Michel Bechet (46 Romain Schreiner), Johny Clemens, Nico Rohmann, Hubert Meunier, Jean-Paul Girres (65 Marcel Di Domenico), Guy Hellers, Carlo Weis, Gilbert Dresch, Jeannot Reiter, Robert Langers.   Trainer: Louis Pilot
GREECE: Nikos Sargkanis; Giannis Gounaris, Kostas Iosifidis, Giorgos Foiros, Anthimos Kapsis (Cap), Spiros Livathinos, Petros Mihos, Kostas Kouis (85 Giorgos Kostikos), Nikos Anastopoulos, Apostolos Papaioannou (62 Savvas Kofidis), Takis Dimopoulos.   Trainer: Vasilis Arhondidis
Goals: Anastopoulos (6 pen, 25)

ENGLAND v LUXEMBOURG 9-0 (4-0)
Wembley, London 15.12.1982
Referee: Hreidar Jónsson (ICE)   Attendance: 35,000
ENGLAND: Raymond Clemence; Philip Neal, Kenneth Sansom, Samuel Lee, Terence Butcher, Alvin Martin, Bryan Robson, Gary Mabbutt (74 Glenn Hoddle), Luther Blissett, Anthony Woodcock, Steven Coppell (67 Mark Chamberlain).   Manager: Robert Robson
LUXEMBOURG: Jeannot Moes (Cap); Jean-Paul Girres, Nico Rohmann, Hubert Meunier, Johny Clemens, Marcel Bossi, Guy Hellers, Carlo Weis, Gilbert Dresch, Jeannot Reiter, Marcel Di Domenico (46 Alain Nurenberg).   Trainer: Louis Pilot
Goals: Moes (18 og), Coppell (21), Woodcock (34), Blissett (44, 53, 86), Chamberlain (72), Hoddle (88), Neal (90)

LUXEMBOURG v DENMARK 1-2 (0-1)
Stade Municipal, Luxembourg 10.11.1982
Referee: Gérard Biguet (FRA)   Attendance: 2,057
LUXEMBOURG: Jeannot Moes (Cap); Jean-Paul Girres, Hubert Meunier, Johny Clemens, Nico Rohmann, Guy Hellers, Carlo Weis, Robert Langers, Gilbert Dresch, Jeannot Reiter (84 Romain Schreiner), Marcel Di Domenico (73 Manou Scheitler).   Trainer: Louis Pilot
DENMARK: Ole Qvist; Ole Rasmussen, Ivan Nielsen, Per Røntved, Søren Busk, Søren Lerby, Morten Olsen, John Lauridsen, Jesper Olsen (88 Morten Donnerup), Preben Elkjær (28 Klaus Berggreen), Lars Bastrup.   Trainer: Josef Piontek
Goals: Lerby (30 pen), Di Domenico (54), Berggreen (67)

LUXEMBOURG v HUNGARY 2-6 (1-2)
Stade Municipal, Luxembourg 27.03.1983
Referee: Gerard Geurds (HOL)   Attendance: 4,000
LUXEMBOURG: Jeannot Moes; Romain Michaux, Marcel Bossi, Gilbert Dresch, Hubert Meunier; Jean-Paul Girres, Carlo Weis, Robert Langers, Alfred Schreiner (62 Alain Nurenberg); Romain Schreiner, Jeannot Reiter.   Trainer: Louis Pilot
HUNGARY: Béla Katzirz; Zoltán Péter, Attila Kerekes, Imre Garaba, József Tóth, Péter Hannich, Tibor Nyilasi, József Póczik, László Fazekas (.. László Kiss), András Töröcsik (.. Gyula Hajszán), Gábor Pölöskei.
Goals: Reiter (3), Póczik (30, 59, 70), Nyilasi (40), Pölöskei (51), R. Schreiner (55), Hannich (57 pen)

ENGLAND v GREECE 0-0

Wembley, London   30.03.1983

Referee: Dusan Krchnak (CZE)   Attendance: 50,000

ENGLAND: Peter Shilton; Philip Neal, Kenneth Sansom, Samuel Lee, Alvin Martin, Terence Butcher, Steven Coppell, Gary Mabbutt, Trevor Francis, Anthony Woodcock (72 Luther Blissett), Alan Devonshire (72 Graham Rix). Manager: Robert Robson

GREECE: Nikos Sargkanis; Giannis Gounaris (Cap), Nikos Karoulias, Giannis Gkalitsios, Petros Mihos, Haralampos Xanthopoulos, Vaggelis Kousoulakis, Anastasios Mitropoulos 76 Giannis Dontas), Kostas Kouis, Anastopoulos (85 Hristos Ardizoglou), Giorgos Kostikos.   Trainer: Vasilis Arhondidis

ENGLAND v HUNGARY 2-0 (1-0)

Wembley, London   27.04.1983

Referee: Pietro D'Elia (ITA)   Attendance: 60,000

ENGLAND: Peter Shilton; Philip Neal, Kenneth Sansom, Samuel Lee, Alvin Martin, Terence Butcher, Gary Mabbutt, Trevor Francis, Peter Withe, Luther Blissett, Gordon Cowans. Manager: Robert Robson

HUNGARY: Béla Katzirz; Gyözö Martos (.. Gyözö Burcsa), István Kocsis, Imre Garaba, József Tóth, Péter Hannich, Tibor Nyilasi, József Kardos, József Varga, László Kiss (.. András Töröcsik), Gyula Hajszán.

Goals: Francis (32), Withe (65)

HUNGARY v LUXEMBOURG 6-2 (3-0)

Népstadion, Budapest   17.04.1983

Referee: Edgar Azzopardi (MAL)   Attendance: 15,000

HUNGARY: Béla Katzirz; Zoltán Péter, Attila Kerekes, Imre Garaba, József Tóth, Péter Hannich, Tibor Nyilasi, József Póczik (.. Gyözö Burcsa), Gyula Hajszán, László Kiss, Gábor Pölöskei (27 Lázár Szentes).

LUXEMBOURG: Jean-Paul Defrang; Romain Michaux, Marcel Bossi, Gilbert Dresch, Hubert Meunier; Jean-Paul Girres, Romain Schreiner, Carlo Weis, Alfred Schreiner (46 Alain Nurenberg); Jeannot Reiter, Théo Malget (68 Nico Wagner).   Trainer: Louis Pilot

Goals: Hajszán (22), Nyilasi (34, 63), L. Kiss (38), Reiter (57), Malget (58), Szentes (61), Burcsa (66)

HUNGARY v GREECE 2-3 (1-2)

Népstadion, Budapest   15.05.1983

Referee: Eduard Sostaric (YUG)   Attendance: 13,000

HUNGARY: Gábor Zsiborás; Gyözö Martos (41 Károly Jancsika), István Kocsis, Imre Garaba, József Varga, Zoltán Ebedli, József Kardos, József Póczik, Béla Bodonyi (46 László Szokolai), Tibor Nyilasi, Gyula Hajszán.

GREECE: Nikos Sargkanis; Giorgos Skartados (74 Stelios Manolas), Giannis Gkalitsios, Petros Mihos, Nikos Vamvakoulas, Vaggelis Kousoulakis (67 Hristos Ardizoglou), Giorgos Kostikos, Nikos Anastopoulos (Cap), Nikos Alavantas, Anastasios Mitropoulos, Apostolos Papaioannou. Trainer: Vasilis Arhondidis

Goals: Anastopoulos (16), Nyilasi (25), Kostikos (33), Papaioannou (51), Hajszán (89)

DENMARK v GREECE 1-0 (0-0)

Idraetsparken, København   27.04.1983

Referee: Romualdas Yushka (USSR)   Attendance: 35,000

DENMARK: Ole Kjær; Ole Rasmussen, Søren Busk, Morten Olsen, Ole Madsen, Jens J. Bertelsen, John Lauridsen, Allan Simonsen (80 John Sivebaek), Jesper Olsen (46 Lars Bastrup), Preben Elkjær, Klaus Berggreen.   Trainer: Josef Piontek

GREECE: Giorgos Plitsis; Nikos Vamvakoulas (80 Hristos Ardizoglou), Nikos Karoulias, Petros Mihos, Giannis Gkalitsios, Haralampos Xanthopoulos, Vaggelis Kousoulakis, Kostas Kouis (18 Giorgos Kostikos), Nikos Anastopoulos (Cap), Anastasios Mitropoulos, Apostolos Papaioannou. Trainer: Vasilis Arhondidis

Goal: Busk (76)

DENMARK v HUNGARY 3-1 (1-1)

Idraetspark, København   01.06.1983

Referee: Heinz Fahnler (AUS)   Attendance: 50,000

DENMARK: Ole Kjær; Ole Rasmussen, Ivan Nielsen, Morten Olsen, Ole Madsen, Jens J. Bertelsen, John Lauridsen (14 Jesper Olsen), Allan Simonsen, Søren Lerby, Preben Elkjær (76 Kenneth Brylle), Klaus Berggreen.   Trainer: Josef Piontek

HUNGARY: Béla Katzirz; Gyözö Martos, István Kocsis, Imre Garaba, József Tóth, Péter Hannich, Tibor Nyilasi, József Póczik, László Kiss (.. Lázár Szentes), András Töröcsik (.. József Kardos), Gyula Hajszán.

Goals: Elkjær (2), Nyilasi (30), J. Olsen (81), Simonsen (85 pen)

ENGLAND v DENMARK 0-1 (0-1)
Wembley, London   21.09.1983
Referee: Alexis Ponnet (BEL)   Attendance: 80,000
ENGLAND: Peter Shilton; Philip Neal, Kenneth Sansom, Ray Wilkins, Russell Osman, Terence Butcher, Trevor Francis, Samuel Lee (78 Luther Blissett), Paul Mariner, John Gregory, John Barnes (68 Mark Chamberlain).
Manager: Robert Robson
DENMARK: Ole Kjær; Ole Rasmussen, Ivan Nielsen, Morten Olsen (86 Jan Mølby), Søren Busk, Søren Lerby, Jens J.Bertelsen, Jesper Olsen, Allan Simonsen, Michael Laudrup (74 Preben Elkjær), Klaus Berggreen.   Trainer: Josef Piontek
Goal: Simonsen (36 pen)

HUNGARY v DENMARK 1-0 (0-0)
Népstadion, Budapest   26.10.1983
Referee: Emilio Carlos Guruceta Muro (SPA)   Att: 8000
HUNGARY: Attila Kovács; József Csuhay, Gábor Köhalmi, Antal Róth, József Varga, Péter Hannich, József Kardos (.. Antal Nagy), András Törőcsik (.. László Dajka), Ferenc Csongrádi, Sándor Kiss, Gábor Pölöskei.
DENMARK: Ole Kjær; Søren Busk, Ivan Nielsen, Morten Olsen, Søren Lerby, John Lauridsen (.. Preben Elkjær), Jens J.Bertelsen, Allan Simonsen, Jesper Olsen, Klaus Berggreen, Michael Laudrup.   Trainer: Josef Piontek
Goal: S. Kiss (58)

DENMARK v LUXEMBOURG 6-0 (4-0)
Idraetsparken, København   12.10.1983
Referee: Kaj John Natri (FIN)   Attendance: 44,700
DENMARK: Ole Kjær; Søren Busk, Morten Olsen, Ivan Nielsen, John Lauridsen, Jens J.Bertelsen, Allan Simonsen, Jesper Olsen, Klaus Berggreen (85 Per Frimann), Michael Laudrup, Preben Elkjær (87 Flemming Christensen).
Trainer: Josef Piontek
LUXEMBOURG: Jean-Paul Defrang; Jean-Paul Girres (46 Romain Michaux), Marcel Bossi, Gilbert Dresch, Nico Wagner, Alain Nurenberg, Guy Hellers, Carlo Weis, Jean-Pierre Barboni, Jeannot Reiter, Romain Schreiner (65 Théo Malget).
Trainer: Louis Pilot
Goals: Laudrup (17, 24, 70), Elkjær (37, 58), Simonsen (42)

LUXEMBOURG v ENGLAND 0-4 (0-2)
Stade Municipal, Luxembourg   16.11.1983
Referee: Cornelis Bakker (HOL)   Attendance: 12,000
LUXEMBOURG: Jean-Paul Defrang; Romain Michaux; Marcel Bossi, Gilbert Dresch, Hubert Meunier, Robert Langers, Nico Wagner, Guy Hellers, Jean-Pierre Barboni (71 Gérard Jeitz), Jeannot Reiter, Théo Malget (56 Jean-Paul Girres).
Trainer: Louis Pilot
ENGLAND: Raymond Clemence; Duxbury, Kenneth Sansom, Samuel Lee, Alvin Martin, Terence Butcher, Bryan Robson, Glenn Hoddle, Paul Mariner, Anthony Woodcock (22 John Barnes), Alan Devonshire.   Manager: Robert Robson
Goals: Robson (11,56), Mariner (39), Butcher (50)

HUNGARY v ENGLAND 0-3 (0-3)
Népstadion, Budapest   12.10.1983
Referee: Bruno Galler (SWI)   Attendance: 25,000
HUNGARY: Attila Kovács; Gyula Csonka, József Kardos, Imre Garaba, József Varga, Péter Hannich (.. László Szokolai), Ferenc Csongrádi, Tibor Nyilasi, Gyözö Burcsa (.. Antal Nagy), László Dajka, Gyula Hajszán.
ENGLAND: Peter Shilton; John Gregory, Kenneth Sansom, Samuel Lee, Alvin Martin, Terence Butcher, Bryan Robson, Luther Blissett (74 Peter Withe), Paul Mariner, Glenn Hoddle, Gary Mabbutt.   Manager: Robert Robson
Goals: Hoddle (12), Lee (19), Mariner (40)

GREECE v DENMARK 0-2 (0-1)
Olympiako, Athina   16.11.1983
Referee: Paolo Bergamo (ITA)   Attendance: 30,000
GREECE: Nikos Sargkanis; Nikos Karoulias, Giannis Damanakis (38 Dimitris Saravakos), Petros Mihos, Nikos Vamvakoulas, Nikos Alavantas, Anastasios Mitropoulos, Savvas Kofidis, Nikos Anastopoulos, Apostolos Papaioannou, Giorgos Kostikos (61 Takis Dimopoulos).
Trainer: Vasilis Arhondidis
DENMARK: Ole Kjær; Ole Rasmussen (41 John Lauridsen), Morten Olsen, Søren Busk, Ivan Nielsen, Søren Lerby, Jens J.Bertelsen, Jesper Olsen, Allan Simonsen (87 Frank Arnesen), Klaus Berggreen, Preben Elkjær.   Trainer: Josef Piontek
Goals: Elkjær (16), Simonsen (47)

GREECE v HUNGARY 2-2 (1-2)

Kautatzogleio, Thessaloniki   03.12.1983

Referee: Ion Igna (ROM)   Attendance: 3,000

GREECE: Giorgos Plitsis; Nikos Alavantas, Nikos Karoulias, Haralampos Xanthopoulos, Petros Mihos, Giorgos Semertzidis, Takis Dimopoulos (46 Dimitris Saravakos), Kostas Kouis, Nikos Anastopoulos, Apostolos Papaioannou (74 Savvas Kofidis), Anastasios Mitropoulos.
Trainer: Vasilis Arhondidis

HUNGARY: Attila Kovács; József Csuhay, Gábor Köhalmi, Antal Róth, József Varga, Péter Hannich (.. Gyula Hajszán), József Kardos, Ferenc Csongrádi, Béla Bodonyi, András Töröcsik, László Dajka (.. Imre Garaba).

Goals: Anastopoulos (9, 54), Kardos (12 pen), Töröcsik (34)

GREECE v LUXEMBOURG 1-0 (1-0)

Karaiskaki, Peiraias   14.12.1983

Referee: Velichko Tsonchev (BUL)   Attendance: 5,000

GREECE: Nikos Sargkanis; Nikos Alavantas, Nikos Karoulias, Giannis Gkalitsios, Petros Mihos, Giorgos Semertzidis, Dimitris Saravakos, Apostolos Papaioannou (88 Savvas Kofidis), Nikos Anastopoulos, Anastasios Mitropoulos, Takis Dimopoulos (68 Batsinilas).   Trainer: Vasilis Arhondidis

LUXEMBOURG: Jean-Paul Defrang; Romain Michaux, Hubert Meunier (46 Dremper), Marcel Bossi, Gilbert Dresch, Jean-Paul Girres, Guy Hellers, Nico Wagner (59 Jean Schmitz), Jean-Pierre Barboni, Robert Langers, Théo Malget.
Trainer: Louis Pilot

Goal: Saravakos (18)

	P	W	D	L	F	A	Pts
Denmark	8	6	1	1	17	5	13
England	8	5	2	1	23	3	12
Greece	8	3	2	3	8	10	8
Hungary	8	3	1	4	18	17	7
Luxembourg	8	0	0	8	5	36	0

GROUP 4

WALES v NORWAY 1-0 (1-0)

Swansea   22.09.1982

Referee: Joël Quiniou (FRA)   Attendance: 4,400

WALES: Neville Southall; Christopher Marustik, Paul Price, Nigel Stevenson, Joseph Jones; Robert James, Brian Flynn, Kenneth Jackett; Michael Thomas, Alan Curtis (62 Jeremy Charles), Ian Rush.   Manager: Michael England

NORWAY: Per Egil Nygård; Bjarne Berntsen, Terje Kojedal, Åge Hareide, Svein Grøndalen; Roger Albertsen, Tom Lund, Erik Solér, Arne Erlandsen (78 Stein Kollshaugen); Arne Larsen-Ökland, Hallvar Thoresen.

Goal: Rush (30)

NORWAY v YUGOSLAVIA 3-1 (1-0)

Uleval, Oslo   13.10.1982

Referee: Alojzy Jarguz (POL)   Attendance: 12,264

NORWAY: Per Egil Nygård; Bjarne Berntsen, Terje Kojedal, Åge Hareide, Svein Grøndalen; Roger Albertsen, Tom Lund, Erik Solér (60 Vidar Davidsen); Hallvar Thoresen, Arne Larsen-Ökland, Arne Dokken (78 Isak Arne Refvik).

YUGOSLAVIA: Ratko Svilar; Zlatko Krmpotic, Nenad Stojkovic, Ismet Hadzic, Milan Jovin (46 Nikica Klincarski); Faruk Hadzibegic, Vladimir Petrovic, Ivan Gudelj; Safet Susic (65 Predrag Pasic), Dusan Savic, Stjepan Deveric.
Trainer: Todor Veselinovic

Goals: Lund (4), Ökland (68), Savic (75), Hareide (89)

BULGARIA v NORWAY 2-2 (1-1)

Vasil Levski, Sofia   27.10.1982

Referee: Andonios Vasaras (GRE)   Attendance: 22,300

BULGARIA: Georgi Velinov; Plamen Nikolov, Angel Rangelov, Asen Mihailov, Atanas Marinov (70 Rujdi Kerimov); Georgi Iliev, Tzvedan Ionchev, Georgi Slavkov (59 Spas Djevizov); Boicho Velichkov, Stoicho Mladenov, Radoslav Zdravkov.   Trainer: Ivan Vutsov

NORWAY: Per Egil Nygård; Bjarne Berntsen, Terje Kojedal, Åge Hareide (70 Vidar Davidsen), Svein Grøndalen; Kai Erik Herlovsen, Erik Solér, Arne Dokken (61 Isak Arne Refvik); Tom Lund, Arne Larsen-Ökland, Hallvar Thoresen.

Goals: Velichkov (13), Thoresen (17 pen), Ökland (67), Nikolov (68)

BULGARIA v YUGOSLAVIA 0-1 (0-1)

Vasil Levski, Sofia   17.11.1982

Referee: Paolo Casarin (ITA)   Attendance: 20,000

BULGARIA: Georgi Velinov; Plamen Nikolov, Radoslav Zdravkov, Vasil Tinchev, Nikolai Grancharov, Georgi Iliev, Tzvetan Ionchev (46 Anio Sadkov), Andrei Jeliazkov, Boicho Velichkov, Plamen Markov (72 Naidenov), Spas Djevizov. Trainer: Ivan Vutsov

YUGOSLAVIA: Svilar; Slavoljub Nikolic (70 Zvjezdan Cvetkovic), Nenad Stojkovic, Ive Jerolimov, Nijaz Ferhatovic, Faruk Hadzibegic, Aleksandar Trifunovic, Zvonko Zivkovic (17 Mitar Mrkela), Ivan Gudelj, Miodrag Jesic, Stjepan Deveric.   Trainer: Todor Veselinovic

Goal: N. Stojkovic (36)

NORWAY v BULGARIA 1-2 (1-1)

Ullevi, Oslo   07.09.1983

Referee: Heinz Fahnler (AUS)   Attendance: 15,515

NORWAY: Tom R. Jacobsen; Erik Solér, Terje Kojedal, Åge Hareide, Svein Grøndalen; Kai Erik Herlovsen (77 Arne Erlandsen), Roger Albertsen, Anders Giske (56 Sverre Brandhaug), Vidar Davidsen; Arne Dokken, Hallvar Thoresen.

BULGARIA: Borislav Mihailov; Nikolai Arabov, Nasko Sirakov, Georgi Dimitrov, Petar Petrov; Radoslav Zdravkov, Rusi Gochev (64 Bojidar Iskrenov), Jivko Gospodinov; Antim Pehlivanov (85 Georgi Slavkov), Anio Sadkov, Stoicho Mladenov.   Trainer: Ivan Vutsov

Goals: Hareide (4), Mladenov (12), Sirakov (60)

YUGOSLAVIA v WALES 4-4 (3-2)

pod Goricom, Titograd   15.12.1982

Referee: Alexis Ponnet (BEL)   Attendance: 17,000

YUGOSLAVIA: Svilar; Nenad Stojković, Zvjezdan Cvetković, Aleksandar Trifunović, Nijaz Ferhatovic (82 Bosko Djurovski), Faruk Hadzibegic, Stjepan Deveric (59 Miodrag Jesic), Slavoljub Nikolic, Zlatko Kranjcar, Ivan Gudelj, Zvonko Zivkovic.   Trainer: Todor Veselinovic

WALES: William David Davies; Joseph Jones, Kevin Ratcliffe, Peter Nicholas (.. Nigel Vaughan), Paul Terence Price, Kenneth Jackett, Robert James, Brian Flynn, Ian Rush, Michael Thomas (.. Jeremy Charles), John Mahoney.
Manager: Michael England

Goals: Flynn (6), Cvetkovic (14), Zivkovic (18), Kranjcar (36), Rush (39), Jesic (..), Jones (70), R. James (80)

NORWAY v WALES 0-0

Ullevaal, Oslo   21.09.1983

Referee: Vojtech Christov (CZE)   Attendance: 17,575

NORWAY: Erik Thorstvedt; Svein Fjaelberg, Terje Kojedal, Åge Hareide, Svein Grøndalen; Roger Albertsen, Vidar Davidsen, Erik Solér; Hallvar Thoresen, Arne Dokken, Stein Kollshaugen.

WALES: Neville Southall; Jeffrey Hopkins, Paul Price, Kevin Ratcliffe, Joseph Jones; Peter Nicholas, Brian Flynn, Nigel Vaughan, Kenneth Jackett; Robert James, Ian Rush.
Manager: Michael England

WALES v BULGARIA 1-0 (0-0)

Racecourse Ground, Wrexham   27.04.1983

Referee: Siegfried Kirschen (E. GER)   Attendance: 9,006

WALES: Neville Southall; Joseph Jones, Kevin Ratcliffe, Peter Nicholas, Paul Terence Price, Kenneth Jackett, Robert James, Brian Flynn, Ian Rush (69 Jeremy Charles), Michael Thomas, Gordon Davies.   Manager: Michael England

BULGARIA: Georgi Velinov; Plamen Nikolov, Nikolai Arabov, Petar Petrov, Sasho Borisov, Radoslav Zdravkov, Tzvetan Ionchev (83 Bojidar Iskrenov), G. Iordanov (75 Georgi Slavkov), Spas Djevizov, Anio Sadkov, Stoicho Mladenov. Trainer: Ivan Vutsov

Goal: Charles (79)

YUGOSLAVIA v NORWAY 2-1 (2-0)

JNA, Beograd   12.10.1983

Referee: Adolf Prokop (E. GER)   Attendance: 10,000

YUGOSLAVIA: Zoran Simovic; Zoran Vujovic, Luka Peruzovic, Ljubomir Radanovic, Nenad Stojkovic (51 Mirza Kapetanovic); Zoran Bojovic, Blaz Sliskovic (89 Dusan Pesic), Ivan Gudelj; Zlatko Vujovic, Safet Susic, Sulejman Halilovic. Trainer: Todor Veselinovic

NORWAY: Tom R. Jacobsen; Svein Fjaelberg, Terje Kojedal, Åge Hareide, Svein Grøndalen; Kai Erik Herlovsen, Vidar Davidsen, Erik Solér; Svein Mathisen (59 Tom Sundby), Arne Dokken, Hallvar Thoresen.

Goals: Zl. Vujovic (22), Susic (39), Thoresen (88)

BULGARIA v WALES 1-0 (0-0)
Vasil Levski, Sofia   16.11.1983
Referee: Dieter Pauly (W. GER)   Attendance: 5,000
BULGARIA: Borislav Mihailov; Nasko Sirakov, Nikolai Arabov, Petar Petrov, Georgi Dimitrov, Radoslav Zdravkov, Bojidar Iskrenov, Anio Sadkov, Tzvetan Danov (46 Rusi Gochev), Jivko Gospodinov (88 Sasho Borisov), Stoicho Mladenov.   Trainer: Ivan Vutsov
WALES: Neville Southall; Jeffrey Hopkins, Paul Terence Price, Kevin Ratcliffe, Joseph Jones; Brian Flynn, Peter Nicholas (59 Jeremy Charles), Michael Thomas, Nigel Vaughan, Robert James, Ian Rush.   Manager: Michael England
Goal: Gochev (53)

WALES v YUGOSLAVIA 1-1 (0-0)
Ninian Park, Cardiff   14.12.1983
Referee: Erik Fredriksson (SWE)   Attendance: 20,000
WALES: Neville Southall; Jeffrey Hopkins, Joseph Jones, Nigel Vaughan, Paul Terence Price, Kevin Ratcliffe, Robert James, Brian Flynn (.. Jeremy Charles), Ian Rush, Michael Thomas, Kenneth Jackett.   Manager: Michael England
YUGOSLAVIA: Zoran Simovic; Zoran Vujovic, Branislav Drobnjak, Ljubomir Radanovic, Luka Peruzovic, Srecko Katanec, Zlatko Vujovic (87 Zvjezdan Cvetkovic), Ivan Gudelj, Safet Susic, Mehmed Bazdarevic, Marko Mlinarić (77 Sulejman Halilovic).   Trainer: Todor Veselinovic
Goals: R. James (52), Bazdarevic (81)

YUGOSLAVIA v BULGARIA 3-2 (1-1)
Poljud, Split   21.12.1983
Referee: Augusto Lamo Castillo (SPA)   Attendance: 30,000
YUGOSLAVIA: Zoran Simovic; Zoran Vujovic, Miodrag Jesic, Srecko Katanec, Luka Peruzovic, Ljubomir Radanovic, Zlatko Vujovic, Mehmed Bazdarevic, Safet Susic, Ivan Gudelj (68 Sulejman Halilovic), Marko Mlinaric.
Trainer: Todor Veselinovic
BULGARIA: Borislav Mihailov, Nasko Sirakov, Nikolai Arabov, Petar Petrov, Georgi Dimitrov, Radoslav Zdravkov, Bojidar Iskrenov, Anio Sadkov (80 Sasho Borisov), Rusi Gochev, Jivko Gospodinov, Stoicho Mladenov (75 Marinov).   Trainer: Ivan Vutsov
Goals: Iskrenov (29), Susić (31, 52), Dimitrov (61), Radanović (90)

	P	W	D	L	F	A	Pts
Yugoslavia	6	3	2	1	12	11	8
Wales	6	2	3	1	7	6	7
Bulgaria	6	2	1	3	7	8	5
Norway	6	1	2	3	7	8	4

GROUP 5

ROMANIA v CYPRUS 3-1 (2-1)
Corvinul, Hunedoara   01.05.1982
Referee: Arsen Hoxha (ALB)   Attendance: 15,000
ROMANIA: Dumitru Moraru; Mircea Rednic, Costică Ştefănescu, Gino Iorgulescu, Ioan Bogdan; Aurel Ţicleanu (46 Ion Petcu), Ladislau Bölöni, Ilie Balaci; Romulus Gabor, Rodion Cămătaru, Florea Văetuş (66 Ionel Augustin).
Trainer: Mircea Lucescu
CYPRUS: Andreas Constantinou; Nikos Patikkis, Klitos Erotokritou, Stefanos Lyssandrou, George Kezos; Filippos Demetriou (75 Chrysanthos Lagos "Faketti"), Nikos Pantziaras (Cap), Stavros Papadopoulos, Theofanis Theofanous; Nikos Prokopi (26 Yiannakis Yiangoudakis), Fivos Vrahimis.
Trainer: Kostas Talianos
Goals: Văetuş (16), Cămătaru (19), Vrahimis (29), Bölöni (71)

ROMANIA v SWEDEN 2-0 (1-0)
23 August, Bucureşti   08.09.1982
Referee: Eduard Sostaric (YUG)   Attendance: 50,000
ROMANIA: Dumitru Moraru; Mircea Rednic, Ioan Andonie, Gino Iorgulescu, Nicolae Ungureanu; Ladislau Bölöni, Aurel Ţicleanu, Michael Klein (85 Alexandru Custoff); Ilie Balaci (Cap), Romulus Gabor (69 Sorin Cîrţu), Dudu Georgescu.   Trainer: Mircea Lucescu
SWEDEN: Thomas Ravelli; Stig Fredriksson, Sven Dahlqvist, Glenn Hysén (80 Greger Hallén), Ingemar Erlandsson (Cap); Peter Nilsson, Hans Borg, Karl Gunnar Björklund; Thomas Larsson (86 Jan Svensson), Dan Corneliusson, Michael Andersson.   Trainer: Lars Arnesson
Sent off: Nilsson (49)
Goals: Andonie (25), Klein (47)

CZECHOSLOVAKIA v SWEDEN 2-2 (0-0)
Bratislava   06.10.1982
Referee: Robert Valentine (SCO)   Attendance: 14,977
CZECHOSLOVAKIA: Zdenek Hruska; Frantisek Jakubec, Jan Fiala, Ladislav Jurkemik, Jiri Ondra, Karol Brezík (46 Pavel Chaloupka), Peter Zelensky, Jan Berger, Petr Janecka, Václav Danek (77 Milan Luhovy), Lubomír Pokluda.
Trainer: Frantisek Havranek
SWEDEN: Thomas Ravelli; Andreas Ravelli, Glenn Hysén, Sven Dahlqvist, Ingemar Erlandsson, Tony Persson (61 Karl Gunnar Björklund), Robert Prytz, Michael Andersson, Jan Svensson (61 Mats Jingblad), Glenn Strömberg, Ulf Eriksson.
Goals: Janecka (51, 55), Jingblad (89), Eriksson (90)

CYPRUS v SWEDEN 0-1 (0-1)

Makarion, Nicosia   13.11.1982

Referee: Neil Midgley (ENG)   Attendance: 8,000

CYPRUS: Andreas Constantinou; Nikos Patikkis, Costas Miamiliotis, Lefteris Kouis, Nikos Pantziaras (Cap), Yiannakis Yiangoudakis, Christakis Omirou Mavris (65 Panikos Hadjiloizou), Filippos Demetriou, Fivos Vrahimis (71 Costas Vasiliou), Andreas Christodoulou, Theofanis Theofanous.

SWEDEN: Thomas Ravelli; Glenn Hysén, Ingemar Erlandsson, Sten Ove Ramberg, Klas Johansson, Robert Prytz, Glenn Strömberg (73 Andreas Ravelli), Michael Andersson, Håkan Sandberg, Dan Corneliusson, Tommy Holmgren (61 Lennart Nilsson).

Goal: Corneliusson (34)

CYPRUS v ITALY 1-1 (0-0)

Tsirion, Limassol   12.02.1983

Referee: Bogdan Dochev (BUL)   Attendance: 25,000

CYPRUS: Andreas Constantinou; Nikos Patikkis, George Kezos; Yiannakis Yiangoudakis, Klitos Erotokritou, Nikos Pantziaras (Cap), Christakis Omirou Mavris, Lefteris Kouis (75 Costas Vasiliou), George Savvides, Andreas Christodoulou (83 Michalis Karseras), Theofanis Theofanous.
Trainer: V. Spasov

ITALY: Dino Zoff (Cap); Claudio Gentile, Antonio Cabrini; Gabriele Oriali (46 Carlo Ancelotti), Fulvio Collovati, Gaetano Scirea; Franco Causio, Marco Tardelli, Paolo Rossi, Giancarlo Antognoni, Francesco Graziani.   Trainer: Vincenzo Bearzot

Goals: Mavris (47), Patikkis (57 og)

ITALY v CZECHOSLOVAKIA 2-2 (1-1)

Stadio Giuseppe Meazza, Milano   13.11.1982

Referee: Charles Corver (HOL)   Attendance: 72,386

ITALY: Dino Zoff (Cap); Giuseppe Bergomi, Claudio Gentile; Giampiero Marini, Fulvio Collovati, Gaetano Scirea; Bruno Conti, Marco Tardelli (77 Giuseppe Dossena), Paolo Rossi, Giancarlo Antognoni, Alessandro Altobelli.
Trainer: Vincenzo Bearzot

CZECHOSLOVAKIA: Ludek Miklosko; Ján Kapko, Frantisek Jakubec; Jirí Sloup, Zdenek Prokes, Jan Fiala (Cap); Petr Janecka (71 Ladislav Vízek), Pavel Chaloupka, Milan Cermák (88 Karel Jarolím), Peter Zelensky, Jaroslav Nemec.
Trainer: Frantisek Havranek

Goals: Altobelli (13), Sloup (26), Kapko (65 og), Chaloupka (70)

CYPRUS v CZECHOSLOVAKIA 1-1 (1-0)

Nicosia   27.03.1983

Referee: Stjepan Glavina (YUG)   Attendance: 12,000

CYPRUS: Andreas Constantinou; Costas Miamiliotis, Nikos Pantziaras, Klitos Erotokritou, George Kezos (70 Andreas Andreou), Lefteris Kouis (72 Filippos Demetriou), Michalis Karseras, Yiannakis Yiangoudakis, Christakis Omirou Mavris, George Savvides, Theofanis Theofanous.

CZECHOSLOVAKIA: Zdenek Hruska; Stanislav Levy, Zdenek Prokes, Jan Fiala, Frantisek Jakubec, Karel Jarolím (81 Zdenek Scasny), Peter Zelensky, Pavel Chaloupka, Vlastimil Petrzela (56 Premysl Bicovsky), Milan Cermák, Ladislav Vízek.
Trainer: Frantisek Havranek

Goals: Theofanous (21), Bicovsky (59)

ITALY v ROMANIA 0-0

Stadio Comunale, Firenze   04.12.1982

Referee: Georges Konrath (FRA)   Attendance: 50,478

ITALY: Dino Zoff (Cap); Claudio Gentile, Fulvio Collovati, Franco Baresi, Gabriele Oriali; Marco Tardelli, Giancarlo Antognoni, Giampiero Marini, Bruno Conti, Paolo Rossi (46 Franco Causio), Francesco Graziani (19 Alessandro Altobelli).
Trainer: Vincenzo Bearzot

ROMANIA: Silviu Lung; Mircea Rednic, Gino Iorgulescu, Costică Ştefănescu (Cap), Nicolae Ungureanu; Aurel Ţicleanu, Ladislau Bölöni, Ilie Balaci, Michael Klein; Romulus Gabor (58 Ioan Andonie), Rodion Cămătaru (85 Ionel Augustin).
Trainer: Mircea Lucescu

Sent off: Ţicleanu (55)

ROMANIA v ITALY 1-0 (1-0)

23 August, Bucureşti   16.04.1983

Referee: Michel Vautrot (FRA)   Attendance: 80,000

ROMANIA: Dumitru Moraru; Mircea Rednic, Gino Iorgulescu, Costică Ştefănescu (Cap), Nicolae Ungureanu; Ionel Augustin (70 Ioan Andonie), Ladislau Bölöni, Michael Klein, Ilie Balaci; Ion Geolgău (87 Sorin Cîrţu), Rodion Cămătaru.   Trainer: Mircea Lucescu

ITALY: Dino Zoff (Cap); Claudio Gentile, Fulvio Collovati, Gaetano Scirea, Antonio Cabrini, Giampiero Marini, Marco Tardelli, Giancarlo Antognoni (57 Giuseppe Dossena), Bruno Conti, Paolo Rossi, Roberto Bettega (70 Alessandro Altobelli).
Trainer: Vincenzo Bearzot

Goal: Bölöni (24)

CZECHOSLOVAKIA v CYPRUS 6-0 (3-0)
Praha   16.04.1983

Referee: Norbert Rolles (LUX)   Attendance: 6,750

CZECHOSLOVAKIA: Zdenek Hruska; Frantisek Jakubec, Ladislav Jurkemik, Zdenek Prokes, Stanislas Levy; Pavel Chaloupka, Premysl Bicovsky, Milan Cermák (70 Zdenek Scasny), Ladislav Vízek, Václav Danek, Zbynek Hotovy. Trainer: Frantisek Havranek

CYPRUS: Haris Constantinou (59 Michalis Pamboris); George Kezos, Nikos Pantziaras, Klitos Erotokritou, Costas Miamiliotis, Filippos Demetriou, Lefteris Kouis, Yiannakis Yiangoudakis, Pavlos Kounnas, Theofanis Theofanous, Christakis Omirou Mavris (46 George Savvides).

Goals: Danek (3), Vízek (29, 47), Prokes (37), Jurkemik (56), Miamiliotis (72 og)

SWEDEN v ITALY 2-0 (1-0)
Nya Ullevi, Göteborg   29.05.1983

Referee: Walter Eschweiler (W. GER)   Attendance: 32,860

SWEDEN: Thomas Ravelli; Ingemar Erlandsson (Cap), Glenn Hysén, Sven Dahlqvist, Stig Fredriksson; Ulf Eriksson, Glenn Strömberg, Robert Prytz (82 Sten Ove Ramberg), Tommy Holmgren; Hakan Sandberg (86 Björn Nilsson), Dan Corneliusson. Trainer: L. Arnesson

ITALY: Dino Zoff (Cap); Claudio Gentile, Antonio Cabrini; Gabriele Oriali, Fulvio Collovati, Gaetano Scirea; Bruno Conti, Marco Tardelli, Paolo Rossi, Giancarlo Antognoni (46 Giuseppe Dossena), Francesco Graziani (61 Alessandro Altobelli). Trainer: Vincenzo Bearzot

Goals: Sandberg (32), Strömberg (56)

ROMANIA v CZECHOSLOVAKIA 0-1 (0-1)
23 August, Bucureşti   15.05.1983

Referee: Alexis Ponnet (BEL)   Attendance: 50,000

ROMANIA: Silviu Lung; Mircea Rednic, Gino Iorgulescu, Costică Ştefănescu (Cap), Nicolae Ungureanu; Ionel Augustin, Ladislau Bölöni, Michael Klein, Ilie Balaci; Romulus Gabor (46 Ion Geolgău), Rodion Cămătaru (61 Ioan Andonie). Trainer: Mircea Lucescu

CZECHOSLOVAKIA: Zdenek Hruska; Frantisek Jakubec, Zdenek Prokes, Ladislav Jurkemik, Jan Fiala (Cap); Pavel Chaloupka, Premysl Bicovsky, Peter Zelensky (89 Ludek Kovacík), Stanislav Levy (46 Frantisek Stambacher), Petr Janecka, Ladislav Vízek.   Trainer: Frantisek Havranek

Goal: Vizek (40 pen)

SWEDEN v ROMANIA 0-1 (0-1)
Rasunda, Stockholm   09.06.1983

Referee: Adolf Prokop (E. GER)   Attendance: 31,474

SWEDEN: Thomas Ravelli; Ingemar Erlandsson, Glenn Hysén, Sven Dahlqvist, Stig Fredriksson; Ulf Eriksson, Glenn Strömberg, Robert Prytz (74 Sten Ove Ramberg), Tommy Holmgren; Hakan Sandberg (22 Björn Nilsson), Dan Corneliusson. Trainer: Lars Arnesson

ROMANIA: Silviu Lung; Mircea Rednic, Gino Iorgulescu, Costică Ştefănescu (Cap), Nicolae Ungureanu; Aurel Ţicleanu (72 Ionel Augustin), Ioan Andonie, Ladislau Bölöni, Michael Klein; Ilie Balaci (89 Ion Geolgău), Rodion Cămătaru. Trainer: Mircea Lucescu

Goal: Cămătaru (29)

SWEDEN v CYPRUS 5-0 (0-0)
Malmö stadium   15.05.1983

Referee: Juhani Smolander (FIN)   Attendance: 19,801

SWEDEN: Thomas Ravelli; Ingemar Erlandsson (57 Andreas Ravelli), Glenn Hysén, Sven Dahlqvist, Stig Fredriksson, Robert Prytz, Sten Ove Ramberg, Ulf Eriksson, Hakan Sandberg (.. Björn Nilsson), Dan Corneliusson, Tommy Holmgren.

CYPRUS: Michalis Pamboris; Costas Miamiliotis, George Kezos, Klitos Erotokritou, Nikos Pantziaras (.. Andreas Andreou), Yiannakis Yiangoudakis, Costas Tcherkezos, Filippos Demetriou, George Savvides, Koullis Pantziaras, Theofanis Theofanous (.. Pavlos Kounnas).

Goals: Prytz (53, 76), Corneliusson (57), Hysén (61), Ravelli (72)

SWEDEN v CZECHOSLOVAKIA 1-0 (1-0)
Fotbollstadion, Solna   21.09.1983

Referee: Michel Vautrot (FRA)   Attendance: 20,546

SWEDEN: Thomas Ravelli; Ingemar Erlandsson, Glenn Hysén, Sven Dahlqvist, Stig Fredriksson; Ulf Eriksson (74 Sten Ove Ramberg), Andreas Ravelli, Robert Prytz, Glenn Strömberg, Tommy Holmgren; Thomas Sunesson, Dan Corneliusson.

CZECHOSLOVAKIA: Ludek Miklosko; Frantisek Jakubec, Zdenek Prokes, Ladislav Jurkemik, Jan Fiala, Pavel Chaloupka (65 Frantisek Stambachr), Premysl Bicovsky, Peter Zelensky, Jiri Sloup, Ladislav Vízek (79 Ivo Knoflícek), Petr Janecka. Trainer: Frantisek Havranek

Goal: Corneliusson (13)

ITALY v SWEDEN 0-3 (0-2)

San Paolo, Napoli 15.10.1983

Referee: José Luis Garcia Carrion (SPA)   Att: 60,086

ITALY: Ivano Bordon; Giuseppe Bergomi, Antonio Cabrini (Cap); Salvatore Bagni, Pietro Vierchowod, Franco Baresi; Bruno Conti, Carlo Ancelotti, Paolo Rossi, Giuseppe Dossena, Bruno Giordano.   Trainer: Vincenzo Bearzot

SWEDEN: Thomas Ravelli; Ingemar Erlandsson (Cap), Glenn Hysén, Sven Dahlqvist, Stig Fredriksson; Ulf Eriksson, Robert Prytz, Glenn Strömberg, Tommy Holmgren (74 Andreas Ravelli); Thomas Sunesson, Dan Corneliusson (84 Mats Jingblad).

Goals: Strömberg (20, 27), Sunesson (71)

CZECHOSLOVAKIA v ROMANIA 1-1 (0-0)

Slovan, Bratislava 30.11.1983

Referee: Károly Palotay (HUNG)   Attendance: 48,000

CZECHOSLOVAKIA: Zdenek Hruska; Frantisek Jakubek, Zdenek Prokes, Jan Fiala (Cap); Petr Rada; Pavel Chaloupka, Peter Zelensky, Frantisek Stambacher (72 Ladislav Jurkemik); Ladislav Vízek, Václav Danek (72 Milan Luhovy), Petr Janecka.   Trainer: Frantisek Havranek

ROMANIA: Silviu Lung; Nicolae Negrilă, Costică Ştefănescu (Cap), Gino Iorgulescu, Nicolae Ungureanu; Mircea Rednic, Ladislau Bölöni, Michael Klein; Ion Geolgău, Rodion Cămătaru, Romulus Gabor (79 Ionel Augustin, 89 Alexandru Nicolae).   Trainer: Mircea Lucescu

Goals: Geolgău (62), Luhovy (85)

CYPRUS v ROMANIA 0-1 (0-0)

Tsirion, Limassol 12.11.1983

Referee: Ronald Bridges (WAL)   Attendance: 13,000

CYPRUS: Andreas Constantinou; Costas Miamiliotis, Nikos Pantziaras (Cap), George Kezos, Klitos Erotokritou; Marios Tsingis, George Savvidis, Yiannakis Yiangoudakis, Pavlos Kounnas (56 Christakis Omirou Mavris), Costas Foti (78 Filippos Demetriou), Theofanis Theofanous.   Trainer: Vasil Spasov

ROMANIA: Silviu Lung; Mircea Rednic, Costică Ştefănescu (Cap), Alexandru Nicolae, Nicolae Ungureanu; Aurel Ţicleanu, Gheorghe Mulţescu (46 Gheorghe Hagi), Ladislau Bölöni, Michael Klein; Rodion Cămătaru, Marcel Coraş (73 Romulus Gabor).   Trainer: Mircea Lucescu

Goal: Bölöni (78)

ITALY v CYPRUS 3-1 (0-0)

Stadio Renato Curi, Perugia 22.12.1983

Referee: Oliver Donnelly (NIR)   Attendance: 20,773

ITALY: Giovanni Galli; Giuseppe Bergomi, Antonio Cabrini (Cap), Franco Baresi, Pietro Vierchowod, Ubaldo Righetti (46 Fulvio Collovatti), Bruno Conti (60 Pietro Fanna), Salvatore Bagni, Paolo Rossi, Giuseppe Dossena, Alessandro Altobelli.   Trainer: Vincenzo Bearzot

CYPRUS: Andreas Constantinou; Costas Miamiliotis, George Kezos; Yiannakis Yiangoudakis, Klitos Erotokritou, Nikos Pantziaras (Cap), Marios Tsingis, Lefteris Kouis (86 Pavlos Kounas), Costas Foti, Koullis Pantziaras, Theofanis Theofanous (82 Paschalis Christoforou).   Trainer: V. Spasov

Goals: Altobelli (53), Tsingis (68 pen), Cabrini (82), P. Rossi (86 pen)

CZECHOSLOVAKIA v ITALY 2-0 (0-0)

Rosickeho, Praha 16.11.1983

Referee: George Courtney (ENG)   Attendance: 25,000

CZECHOSLOVAKIA: Zdenek Hruska; Frantisek Jakubek, Petr Rada; Peter Zelensky, Zdenek Prokes, Jan Fiala (Cap); Petr Janecka, Pavel Chaloupka, Ladislav Vízek, Frantisek Stambachr, Václav Danek (89 Milan Luhovy).   Trainer: Frantisek Havranek

ITALY: Ivano Bordon; Giuseppe Bergomi, Antonio Cabrini; Carlo Ancelotti, Pietro Vierchowod, Ubaldo Righetti; Salvatore Bagni (75 Giancarlo Antognoni), Giuseppe Dossena, Paolo Rossi, Marco Tardelli, Bruno Giordano.   Trainer: Vincenzo Bearzot

Goals: Rada (64, 77 pen)

	P	W	D	L	F	A	Pts
Romania	8	5	2	1	9	3	12
Sweden	8	5	1	2	14	5	11
Czechoslovakia	8	3	4	1	15	7	10
Italy	8	1	3	4	6	12	5
Cyprus	8	0	2	6	4	21	2

GROUP 6

AUSTRIA v ALBANIA 5-0 (2-0)
Hanappi-stadium, Wien 22.09.1982
Referee: Iordan Zhezhov (BUL)   Attendance: 10,000
AUSTRIA: Friedrich Koncilia; Bernd Krauss, Erich Obermayer (75 Ernst Baumeister), Heribert Weber, Josef Degeorgi; Herbert Prohaska (Cap), Anton Pichler (24 Karl Brauneder), Felix Gasselich; Walter Schachner, Max Hagmayr, Gernot Jurtin.   Trainer: Erich Hof

ALBANIA: Ilir Luarasi; Petrit Ruçi, Arjan Hametaj, Aleko Bregu, Muhedin Targaj (Cap); Haxhi Ballgjini, Luan Vukatana, Bedri Omuri, Roland Luçi; Dashnor Bajaziti (55 Shkëlkim Muça), Agostin Kola (46 Vassilaq Zëri).
Trainer: Shyqyri Rreli
Goals: Hagmayr (24), Gasselich (45), Kola (64 og), Weber (67), Brauneder (80)

AUSTRIA v TURKEY 4-0 (3-0)
Hanappi stadium, Wien 17.11.1982
Referee: Aleksander Suchanek (POL)   Attendance: 14,000
AUSTRIA: Friedrich Koncilia; Bernd Krauss, Erich Obermayer, Bruno Pezzey, Josef Degeorgi (.. Leopold Lainer); Heribert Weber, Herbert Prohaska (Cap), Felix Gasselich (12 Anton Pichler); Walter Schachner, Günter Golautschnig, Anton Polster.   Trainer: Erich Hof

TURKEY: Şenol Güneş; Eren Talu, Hüsnü Özkara, Hakan Küfukçüoglu, Tuna Güneysu (.. Iskender Gönen), Arif Kocabiyik, Erdal Keser; Ali Kemal Denizci, Selçuk Yula, Şenol Çorlu, Riza Çalinbay.   Trainer: Coşkun Özari
Goals: Polster (10), Pezzey (34), Prohaska (37 pen), Schachner (52)

AUSTRIA v NORTHERN IRELAND 2-0 (2-0)
Hanappi stadium, Wien 13.10.1982
Referee: Valeri Butenko (USSR)   Attendance: 21,000
AUSTRIA: Friedrich Koncilia; Bernd Krauss, Erich Obermayer, Bruno Pezzey, Josef Degeorgi; Herbert Prohaska (Cap), Heribert Weber, Felix Gasselich; Walter Schachner, Max Hagmayr (70 Peter Pacult), Gernot Jurtin (.. Ernst Baumeister)   Trainer: Erich Hof

N. IRELAND: James Platt; James Nicholl, Christopher Nicholl, John McClelland, Malachy Donaghy; David McCreery, Martin O'Neill (Cap) (78 Felix Healy), Samuel McIlroy; Norman Whiteside (.. Noel Brotherson), Gerard Armstrong, William Hamilton.   Manager: William Bingham
Goals: Schachner (3, 39)

NORTHERN IRELAND v WEST GERMANY 1-0 (1-0)
Belfast 17.11.1982
Referee: Rolf Nyhus (NOR)   Attendance: 30,000
N. IRELAND: James Platt; James Nicholl, Malachy Donaghy, John O'Neill, John McClelland, Martin O'Neill, Noel Brotherson, Samuel McIlroy, Norman Whiteside, William Hamilton, Ian Stewart.   Manager: William Bingham

W. GERMANY: Harald Schumacher; Manfred Kaltz, Ulrich Stielike, Gerhard Strack, Bernd Förster; Lothar Matthäus (.. Rudolf Völler), Bernd Schuster (72 Stefan Engels), Hans-Peter Briegel; Karl-Heinz Rummenigge (Cap), Klaus Allofs, Pierre Littbarski.   Trainer: Josef Derwall
Goal: Stewart (17)

TURKEY v ALBANIA 1-0 (0-0)
Kemal Atatürk, Izmir 27.10.1982
Referee: Ion Igna (ROM)   Attendance: 20,000
TURKEY: Şenol Güneş; Muzaffer Badalioglu, Eren Talu, Fatih Terim, Hakan Küfukçüoglu, Tuna Güneysu (53 Bilal Yaşar), Arif Kocabiyik, Erdal Keser, Ali Kemal Denizci, Selçuk Yula, Şenol Çorlu.   Trainer: Coşkun Özari

ALBANIA: Perlat Musta; Petrit Ruçi, Arjan Hametaj, Muhedin Targaj, Arjan Bimo, Bedri Omuri, Haxhi Ballgjini, Luan Vukatana, Shkëlkim Muça (46 Arben Minga), Roland Luçi, Agostin Kola.   Trainer: Shyqyri Rreli
Goal: Arif (86)

ALBANIA v NORTHERN IRELAND 0-0
Qemal Stafa, Tiranë 15.12.1982
Referee: André Daina (SWI)   Attendance: 20,000
ALBANIA: Perlat Musta; Petrit Ruçi, Arjan Hametaj, Muhedin Targaj, Arjan Bimo (46 Bedri Omuri), Haxhi Ballgjini, Luan Vukatana, Ferid Ragami, Roland Luçi (46 Shkëlkim Muça), Arben Minga, Agostin Kola.
Trainer: Shyqyri Rreli

N. IRELAND: James Platt; Malachy Donaghy, James Nicholl, John O'Neill, John McClelland, Martin O'Neill, Noel Brotherson, Samuel McIlroy, Norman Whiteside, William Hamilton, Ian Stewart.   Manager: William Bingham

NORTHERN IRELAND v TURKEY 2-1 (2-0)
Belfast 30.03.1983
Referee: Alain Delmer (FRA)   Attendance: 20,000
N. IRELAND: James Platt; James Nicholl, Malachy Donaghy, John O'Neill, John McClelland, Martin O'Neill, Noel Brotherson, Samuel McIlroy, Norman Whiteside, Gerard Armstrong, Ian Stewart.   Manager: William Bingham
TURKEY: Eser Özaltindere; Erdogan Arica, Fatih Terim, Yusuf Altintaş, Hakan Küfukçüoglu, Eren Talu (.. Arif Kocabiyik), Raşit Çetiner, K.Hüseyin Çakiroglu, Metin Tekin, Selçuk Yula, Hasan Şengün.   Trainer: Coşkun Özari
Goals: M. O'Neill (5), McClelland (17), Hasan (56)

AUSTRIA v WEST GERMANY 0-0
Prater, Wien 27.04.1983
Referee: Brian McGinlay (SCO)   Attendance: 60,430
AUSTRIA: Friedrich Koncilia; Bernd Krauss, Erich Obermayer, Bruno Pezzey, Josef Degeorgi; Herbert Prohaska (Cap) (.. Leopold Lainer), Heribert Weber, Felix Gasselich (.. Ernst Baumeister), Reinhard Kienast; Walter Schachner, Johann Krankl.   Trainer: Erich Hof
W. GERMANY: Harald Schumacher; Wolfgang Dremmler, Gerhard Strack, Karlheinz Förster, Hans-Peter Briegel (.. Bernd Förster); Stefan Engels, Bernd Schuster, Hans Müller (.. Wolfgang Rolff); Pierre Littbarski, Rudolf Völler, Karl Heinz Rummenigge (Cap).   Trainer: Josef Derwall

ALBANIA v WEST GERMANY 1-2 (0-0)
Qemal Stafa, Tiranë 30.03.1983
Referee: Gianfranco Menegalli (ITA)   Attendance: 25,000
ALBANIA: Perlat Musta; Petrit Ruçi, Muhedin Targaj, Arjan Hametaj, Arjan Bimo, Ferid Ragami, Luan Vukatana, Haxhi Ballgjini, Dashnor Bajaziti (51 Ilir Lame), Arben Minga, Agostin Kola.   Trainer: Shyqyri Rreli
W. GERMANY: Harald Schumacher; Bernd Förster, Gerhard Strack, Karlheinz Förster, Jonny Otten; Stefan Engels, Hans Müller, Hans-Peter Briegel; Pierre Littbarski, Rudolf Völler (.. Norbert Meier), Karl-Heinz Rummenigge (Cap).   Trainer: Josef Derwall
Goals: Völler (54), Rummenigge (66 pen), Targaj (81 pen)

NORTHERN IRELAND v ALBANIA 1-0 (0-0)
Windsor Park, Belfast 27.04.1983
Referee: Ib Nielsen (DEN)   Attendance: 14,000
N. IRELAND: Patrick Jennings; James Nicholl, John McClelland, John O'Neill, Malachy Donaghy, Martin O'Neill, Samuel McIlroy, Noel Brotherson (63 Gerald Mullan), William Hamilton, Gerard Armstrong, Ian Stewart.
Manager: William Bingham
ALBANIA: Perlat Musta; Petrit Ruçi, Arjan Hametaj, Muhedin Targaj, Kristaq Eksarko, Bedri Omuri, Sulejman Demollari, Luan Vukatana, Ilir Lame, Shkëlkim Muça (46 Sulejman Mema), Arben Minga.   Trainer: Shyqyri Rreli
Goal: Stewart (54)

TURKEY v WEST GERMANY 0-3 (0-2)
Atatürk, Izmir 23.04.1983
Referee: Vojtech Christov (CZE)   Attendance: 75,000
TURKEY: Şenol Güneş; Erdogan Arica, Fatih Terim, Yusuf Altintaş, Hakan Küfukçüoglu, Metin Tekin (.. Iskender Gönen), Raşit Çetiner, Erdal Keser, K. Hüseyin Çakiroglu, Selçuk Yula, Hasan Şengün.   Trainer: Coşkun Özari
W. GERMANY: Harald Schumacher; Wolfgang Dremmler, Gerhard Strack, Karlheinz Förster, Hans-Peter Briegel; Stefan Engels, Bernd Schuster, Hans Müller; Pierre Littbarski (.. Wolfgang Rolff), Rudolf Völler, Karl-Heinz Rummenigge (Cap).   Trainer: Josef Derwall
Goals: Rummenigge (30 pen, 71), Dremmler (34)

ALBANIA v TURKEY 1-1 (0-1)
Qemal Stafa, Tiranë 11.05.1983
Referee: Mircea Salomir (ROM)   Attendance: 30,000
ALBANIA: Perlat Musta; Petrit Ruçi, Arjan Hametaj, Muhedin Targaj, Bedri Omuri, Ilir Lame, Luan Vukatana, Haxhi Ballgjini (46 Arjan Bimo), Ferid Ragami, Shkëlkim Muça (46 Pandeli Xhaho), Andrea Marko.
Trainer: Shyqyri Rreli
TURKEY: Adem Ibrahimoglu; Erdogan Arica, Fatih Terim, Yusuf Altintaş, Alpaslan Eratli, Raşit Çetiner, Ismail Kartal (.. Iskender Gönen), Metin Tekin (.. Eren Talu), Hasan Şengün, Selçuk Yula.   Trainer: Coşkun Özari
Goals: Metin (34), Raşit (73 og)

ALBANIA v AUSTRIA 1-2 (0-1)

Qemal Stafa, Tiranë   08.06.1983

Referee: Laszló Padar (HUNG)   Attendance: 25,000

ALBANIA: Perlat Musta; Petrit Ruçi, Arjan Hametaj, Muhedin Targaj (Cap), Arjan Bimo; Ilir Lame, Luan Vukatana, Ferid Ragami, Pandeli Xhaho (67 Andrea Marko); Arben Minga (54 Milutin Kërçiçi), Sefedin Braho.

Trainer: Shyqyri Rreli

AUSTRIA: Friedrich Koncilia; Bernd Krauss, Erich Obermayer, Anton Pichler, Leopold Lainer; Ernst Baumeister, Herbert Prohaska (Cap), Felix Gasselich (89 Gerald Willfurth); Walter Schachner, Christian Keglevits (61 Gerhard Steinkogler), Gernot Jurtin.   Trainer: Erich Hof

Goals: Schachner (6, 57), Targaj (84 pen)

NORTHERN IRELAND v AUSTRIA 3-1 (1-0)

Windsor Park, Belfast   21.09.1983

Referee: Erik Fredriksson (SWE)   Attendance: 41,000

N. IRELAND: Patrick Jennings; Paul Ramsey, John McClelland, Christopher Nicholl, Malachy Donaghy; Martin O'Neill (Cap), Samuel McIlroy, Ian Stewart; Gerard Armstrong, William Hamilton, Norman Whiteside.

Manager: William Bingham

AUSTRIA: Friedrich Koncilia; Bernd Krauss, Bruno Pezzey, Reinhard Kienast (68 Josef Degeorgi), Leopold Lainer; Herbert Prohaska (Cap), Heribert Weber, Felix Gasselich, Roland Gisinger (68 Gerald Willfurth); Walter Schachner, Johann Krankl.   Trainer: Erich Hof

Goals: Hamilton (28), Whiteside (65), Gasselich (82), M. O'Neill (89)

WEST GERMANY v AUSTRIA 3-0 (3-0)

Park Stadium, Gelsenkirchen   05.10.1983

Referee: Luigi Agnolin (ITA)   Attendance: 70,000

W. GERMANY: Harald Schumacher; Wolfgang Dremmler, Gerhard Strack, Karlheinz Förster, Hans-Peter Briegel; Wolfgang Rolff, Klaus Augenthaler, Bernd Schuster, Norbert Meier (.. Lothar Matthäus); Karl-Heinz Rummenigge (Cap), Rudolf Völler (.. Herbert Waas).   Trainer: Josef Derwall

AUSTRIA: Friedrich Koncilia; Bernd Krauss (78 Johann Pregesbauer), Bruno Pezzey, Josef Degeorgi, Heribert Weber; Leopold Lainer, Herbert Prohaska (Cap), Felix Gasselich (.. Gernot Jurtin), Ernst Baumeister; Walter Schachner, Gerald Willfurth.   Trainer: Erich Hof

Goals: Rummenigge (4), Völler (18, 20)

TURKEY v NORTHERN IRELAND 1-0 (1-0)

Ankara   12.10.1983

Referee: Kade Toy   Attendance: 38,000

TURKEY: Adem Ibrahimoglu; Ismail Kartal, Fatih Terim, Yusuf Altintaş, Erdogan Arica, H. Ibrahim (.. Riza), Sedat Özen, Raşit Çetiner, Ilyas Tüfekçi, Hasan Şengün, Selçuk Yula.

Trainer: Coşkun Özari

N. IRELAND: Patrick Jennings; James Nicholl, Malachy Donaghy, Christopher Nicholl, John McClelland, Martin O'Neill, Brotherson (.. Cleary), Samuel McIlroy, William Hamilton (.. McCreery), Norman Whiteside, Ian Stewart.

Manager: William Bingham

Goals: Selçuk (17)

WEST GERMANY v TURKEY 5-1 (1-0)

Olympiastadion, Berlin-west   26.10.1983

Referee: Eduard Sostaric (YUG)   Attendance: 35,000

W. GERMANY: Harald Schumacher; Jonny Otten, Gerhard Strack, Klaus Augenthaler, Hans-Peter Briegel (82 Matthias Herget); Lothar Matthäus, Ulrich Stielike, Norbert Meier (81 Michael Rummenigge); Pierre Littbarski, Rudolf Völler, Karl-Heinz Rummenigge (Cap).   Trainer: Josef Derwall

TURKEY: Adem Ibrahimoglu; Ismail Demiriz, Fatih Terim, Yusuf Altintaş, Erdogan Arica; Sedat Özen, Raşit Çetiner, Erdal Keser, Ilyas Tüfekçi, Hasan Şengün, Selçuk Yula.

Trainer: Coşkun Özari

Goals: Völler (45, 65), Rummenigge (61, 75 pen), Stielike (66), Hasan (68)

TURKEY v AUSTRIA 3-1 (0-0)

Ali Sami Yen, Istanbul   16.11.1983

Referee: Roger Schoters (BEL)   Attendance: 34,000

TURKEY: Yaşar Duran; Ismail Demiriz, Yusuf Altintaş, Fatih Terim (Cap), Erdogan Arica; Erdal Keser (.. Hasan Şengün), Raşit Çetiner, Ilyas Tüfekçi, Sedat Özen, Necdet Ergun, Selçuk Yula.   Trainer: Coşkun Özari

AUSTRIA: Friedrich Koncilia; Bernd Krauss, Bruno Pezzey (Cap), Gerald Messlender, Josef Degeorgi (.. Leopold Lainer); Heinz Thonhofer, Heribert Weber, Ernst Baumeister; Walter Schachner, Gerald Willfurth (74 Peter Pacult), Christian Keglevits.   Trainer: Erich Hof

Goals: Ilyas (67), Selçuk (69, 75 pen), Baumeister (70)

WEST GERMANY v NORTHERN IRELAND 0-1 (0-0)

Volksparkstadion, Hamburg 16.11.1983

Referee: Károly Palotai (HUNG)   Attendance: 61,418

W. GERMANY: Harald Schumacher; Wolfgang Dremmler, Ulrich Stielike (84 Gerhard Strack), Karlheinz Förster, Hans-Peter Briegel; Lothar Matthäus, Klaus Augenthaler, Wolfgang Rolff, Norbert Meier (.. Pierre Littbarski); Karl-Heinz Rummenigge (Cap), Herbert Waas.   Trainer: Josef Derwall

N. IRELAND: Patrick Jennings; James Nicholl, Gerard McElhinney, John McClelland, Malachy Donaghy, Paul Ramsey, Martin O'Neill, Gerard Armstrong, Norman Whiteside, William Hamilton, Ian Stewart. Manager: William Bingham

Goal: Whiteside (50)

WEST GERMANY v ALBANIA 2-1 (1-1)

Ludwigsportstadion, Saarbrücken 20.11.1983

Referee: Anders Mattsson (FIN)   Attendance: 40,000

W. GERMANY: Harald Schumacher; Bernd Förster, Gerhard Strack, Karlheinz Förster, Hans-Peter Briegel (34 Jonny Otten); Wolfgang Dremmler, Lothar Matthäus, Norbert Meier; Pierre Littbarski (.. Herbert Waas), Rudolf Völler, Karl-Heinz Rummenigge (Cap).   Trainer: Josef Derwall

ALBANIA: Perlat Musta; Petrit Ruçi, Arjan Hametaj, Kristaq Eksarko, Bedri Omuri, Ferid Ragami, Luan Vukatana (83 Hasan Lika), Haxhi Ballgjini, Ilir Lame, Arben Minga, Genc Tomori.   Trainer: Shyqyri Rreli

Goals: Tomori (22), Rummenigge (24), Strack (79)

	P	W	D	L	F	A	Pts
West Germany	8	5	1	2	15	5	11
Northern Ireland	8	5	1	2	8	5	11
Austria	8	4	1	3	15	10	9
Turkey	8	3	1	4	8	16	7
Albania	8	0	2	6	4	14	2

GROUP 7

MALTA v ICELAND 2-1 (1-0)

Stadio 'G' Celeste, Messina (ITA) 05.06.1982

Referee: Pietro D'Elia (ITA)   Attendance: 1,271

MALTA: John Bonello; Constantino Consiglio, Edwin Farrugia, Norman Buttigieg, John Holland, Emmanuel Farrugia (.. M.Farrugia), Carmel Busuttil, Emmanuel Fabri, Ernest Spiteri Gonzi, Joseph Xuereb (.. Mario Schembri), George Xuereb.   Trainer: Victor Scerri

ICELAND: Gudmundur Baldursson; Trausti Haraldsson, Örn Oskarsson (75 Vidar Halldórson), Marteinn Geirsson, Saevar Jónsson, Karl Thórdarson, Janus Gudlaugsson (.. Arni Sveinsson), Atli Edvaldsson, Teitur Thórdarson, Lárus Gudmundsson, Pétur Ormslev.   Trainer: Jóhannes Atlason

Goals: E. Spiteri Gonzi (45), L. Fabri (48), Geirsson (51 pen)

ICELAND v HOLLAND 1-1 (0-0)

Laugardalsvöllur, Reykjavik 01.09.1982

Referee: Brian McGinlay (SCO)   Attendance: 7,000

ICELAND: Thorsteinn Bjarnason; Vidar Halldórsson, Trausti Haraldsson (68 Omar Torfason), Marteinn Geirsson, Saevar Jónsson, Janus Gudlaugsson (.. Gunnar Gíslason), Arnór Gudjohnsen, Atli Edvaldsson, Lárus Gudmundsson, Pétur Ormslev, Karl Thórdarson.   Trainer: Jóhannes Atlason

HOLLAND: Johannes Van Breukelen; Bennie Wijnstekers (Cap), Michel Van de Korput, Peter Boeve, Edo Ophof, Frank Rijkaard, Willy van de Kerkhof, Dick Schoenaker, Ruud Gullit, Willem Kieft, Gerald Vanenburg (.. Jurrie Koolhof).   Trainer: Cornelis Bernardus Rijvers

Goals: Atli Edvaldsson (49), Schoenaker (51)

HOLLAND v EIRE 2-1 (1-0)

Feyenoord, Rotterdam 22.09.1982

Referee: Ivan Gregr (CZE)   Attendance: 20,500

HOLLAND: Johannes Van Breukelen; Bennie Wijnstekers (Cap), Johnny Metgod (46 René van der Kerkhof), Ronald Spelbos, Michel Van de Korput, Huub Stevens, Dick Schoenaker, Willy van de Kerkhof, Ruud Gullit, René van der Gijp, Gerald Vanenburg (80 Kees Van Kooten).   Trainer: Cornelis Bernardus Rijvers

EIRE: Seamus McDonagh; Mark Lawrenson, Mick Martin, David O'Leary, Christopher Hughton, Gerard Daly (82 Mickey Walsh), Tony Grealish (Cap), William Brady, Anthony Galvin (75 Gary Waddock), Frank Stapleton, Michael Robinson.   Trainer: Eoin Hand

Goals: Schoenaker (1), Gullit (64), Daly (79)

EIRE v ICELAND 2-0 (1-0)

Lansdowne Road, Dublin   13.10.1982

Referee: Paul Rion (LUX)   Attendance: 20,000

EIRE: Seamus McDonagh; Mark Lawrenson, David O'Leary, Kevin Moran, Mickey Walsh, Ronnie Whelan, Tony Grealish (Cap), Gary Waddock, William Brady (64 Kevin O'Callaghan), Frank Stapleton, Michael Robinson.   Trainer: Eoin Hand

ICELAND: Thorsteinn Bjarnason; Vidar Halldórsson, Örn Oskarsson, Marteinn Geirsson, Saevar Jónsson, Gunnar Gíslason, Arnór Gudjohnsen, Atli Edvaldsson, Lárus Gudmundsson, Pétur Ormslev (42 Ragnar Margeirsson), Pétur Pétursson.   Trainer: Jóhannes Atlason

Goals: Stapleton (35), Grealish (73)

SPAIN v ICELAND 1-0 (0-0)

Estadio La Rosaleda, Málaga   27.10.1982

Referee: Mario Silva (POR)   Attendance: 12,000

SPAIN: Luis Miguel ARCONADA Echarre; JUAN JOSÉ Jimenez Collar, Francisco BONET Serrano, GERARDO Miranda Concepción, José Antonio CAMACHO Alfaro; Juan Antonio SEÑOR Gomez, ROBERTO Fernandez Bonilla, Rafael GORDILLO Vazquez (50 FRANCISCO López Alfaro); Juan Carlos Gómez PEDRAZA (74 Enrique MARTÍN Monreal), Carlos Alonso Gonzalez SANTILLANA, MARCOS Alonso Peña.   Trainer: Miguel Muñoz

ICELAND: Thorsteinn Bjarnason; Vidar Halldórsson, Örn Oskarsson; Marteinn Geirsson, Saevar Jónsson, Omar Torfason, Arnór Gudjohnsen, Atli Edvaldsson, Sigurdur Grétarsson (.. Gunnar Gíslason), Pétur Pétursson, Arni Sveinsson (60 Heimir Karlsson).   Trainer: Jóhannes Atlason

Goal: Pedraza (59)

EIRE v SPAIN 3-3 (1-1)

Lansdowne Road, Dublin   17.11.1982

Referee: Jan Redelfs (W. GER)   Attendance: 39,000

EIRE: Seamus McDonagh; John Devine, Mick Martin, Mark Lawrenson, Christopher Hughton; Tony Grealish (Cap) (60 Mickey Walsh), William Brady, Ashley Grimes; Kevin O'Callaghan, Frank Stapleton, Michael Robinson.   Trainer: Eoin Hand

SPAIN: Luis Miguel ARCONADA Echarre; JUAN JOSÉ Jimenez Collar, Francisco BONET Serrano, Antonio MACEDA Francés, José Antonio CAMACHO Alfaro; Juan Antonio SEÑOR Gomez, VICTOR Muñoz Manrique, Rafael GORDILLO Vazquez; MARCOS Alonso Peña, Juan Carlos Gómez PEDRAZA (74 Enrique MARTÍN Monreal), Carlos Alonso Gonzalez SANTILLANA (76 ROBERTO Fernandez Bonilla).   Trainer: Miguel Muñoz

Goals: Grimes (2), Maceda (31), Martin (47 og), Victor (60), Stapleton (64, 76)

MALTA v HOLLAND 0-6 (0-4)

Sportpark Tivoli-Aachen (West Germany)   19.12.1982

Referee: Dieter Pauly (W. GER)   Attendance: 18,000

MALTA: John Bonello; Constantino Consiglio (46 Mario Farrugia), Edwin Farrugia, John Holland, Mario Schembri, Joseph Salerno, Emmanuel Farrugia, Emmanuel Fabri, Raymond Xuereb (.. Michael Degiorgio), Ernest Spiteri-Gonzi, George Xuereb.   Trainer: Victor Scerri

HOLLAND: Piet Schrijvers; Bennie Wijnstekers (Cap), Michel Van de Korput, Hugo Hovenkamp, Edo Ophof, Peter Boeve, Dick Schoenaker, Gerald Vanenburg (.. Jurrie Koolhof), René Hofman (66 Ruud Gullit), Kees Van Kooten, Pierre Vermeulen.   Trainer: Cornelis Bernardus Rijvers

Goals: Ophof (21 pen), Van Kooten (24, 71), Hovenkamp (34), Schoenaker (39, 50)

SPAIN v HOLLAND 1-0 (1-0)

Estadio Sánchez Pizjuan, Sevilla   16.02.1983

Referee: Paolo Bergamo (ITA)   Attendance: 45,000

SPAIN: Luis Miguel ARCONADA Echarre; JUAN JOSÉ Jimenez Collar, Andoni GOIKOETXEA Olascoaga, Antonio MACEDA Francés, José Antonio CAMACHO Alfaro; VICTOR Muñoz Manrique, Juan Antonio SEÑOR Gomez, Rafael GORDILLO Vazquez; Francisco José CARRASCO Hidalgo, Manuel SARABIA López (88 Ricardo GALLEGO Redondo), MARCOS Alonso Peña.   Trainer: Miguel Muñoz

HOLLAND: Piet Schrijvers; Bennie Wijnstekers (Cap), Ruud Krol, Ronald Spelbos, Peter Boeve, Michel Van de Korput, Johnny Metgod (43 Michel Valke), Dick Schoenaker, Hugo Hovenkamp (46 Ruud Gullit), Jurrie Koolhof, René Van der Gijp.   Trainer: Cornelis Bernardus Rijvers

Goal: Señor (44 pen)

MALTA v EIRE 0-1 (0-0)

Ta'Qali, Valletta   30.03.1983

Referee: Adolf Mathias (AUS)   Attendance: 6,487

MALTA: John Bonello; Emmanuel Farrugia, Edwin Farrugia, Mario Farrugia, Mario Schembri, John Holland, Silvio Demanuele, Raymond Xuereb, George Xuereb, Emmanuel Fabri, Michael Degiorgio.   Trainer: Victor Scerri

EIRE: Seamus McDonagh; John Devine, Mick Martin (Cap), Mark Lawrenson, Christopher Hughton, Ronnie Whelan, William Brady, Gary Waddock, Anthony Galvin (63 Kevin O'Callaghan), Frank Stapleton, Michael Robinson.   Trainer: Eoin Hand

Goal: Stapleton (90)

SPAIN v EIRE 2-0 (0-0)

Estadio La Romareda, Zaragoza   27.04.1983

Referee: Valeri Butenko (USSR)   Attendance: 45,000

SPAIN: Luis Miguel ARCONADA Echarre; JUAN JOSÉ Jimenez Collar, Antonio MACEDA Francés, Francisco BONET Serrano, José Antonio CAMACHO Alfaro; VICTOR Muñoz Manrique (46 Ricardo GALLEGO Redondo), Juan Antonio SEÑOR Gomez, Rafael GORDILLO Vazquez; MARCOS Alonso Peña, Carlos Alonso Gonzalez SANTILLANA, Francisco José CARRASCO Hidalgo (74 Hipolito RINCÓN Povedano).
Trainer: Miguel Muñoz

EIRE: Seamus McDonagh; Mark Lawrenson, Mick Martin, David O'Leary, Christopher Hughton; Ronnie Whelan (77 Gerard Daly), Tony Grealish (Cap), Ashley Grimes (57 Kevin O'Callaghan), Gary Waddock; Mickey Walsh, Frank Stapleton.
Trainer: Eoin Hand

Goals: Santillana (51), Rincón (89)

MALTA v SPAIN 2-3 (1-1)

Ta'Qali, Valletta   15.05.1983

Referee: Evangelos Gianakoudakis (GRE)   Att: 7,732

MALTA: John Bonello; Emmanuel Farrugia, Mario Schembri, Norman Buttigieg, Edwin Farrugia, Carmel Busuttil, Emmanuel Fabri, Joseph Salerno, Michael Degiorgio, Silvio Demanuele, Ernest Spiteri Gonzi.   Trainer: Victor Scerri

SPAIN: Luis Miguel ARCONADA Echarre; Francisco BONET Serrano (50 Andoni GOIKOETXEA Olascoaga), Antonio MACEDA Francés, José Antonio CAMACHO Alfaro; Juan Antonio SEÑOR Gomez, VICTOR Muñoz Manrique, Ricardo GALLEGO Redondo, Rafael GORDILLO Vazquez; MARCOS Alonso Peña (.. Hipolito RINCÓN Povedano), Carlos Alonso Gonzalez SANTILLANA, Francisco José CARRASCO Hidalgo.
Trainer: Miguel Muñoz

Goals: Señor (22), Busuttil (30, 48), Carrasco (61), Gordillo (84)

ICELAND v SPAIN 0-1 (0-1)

Laugardalsvöllur, Reykjavik   29.05.1983

Referee: Ronald Bridges (WAL)   Attendance: 7,055

ICELAND: Thorsteinn Bjarnason; Vidar Halldórsson, Olafur Björnsson, Sigurdur Lárusson, Saevar Jónsson, Janus Gudlaugsson, Arnór Gudjohnsen, Ragnar Margeirsson, Lárus Gudmundsson, Pétur Pétursson (46 Omar Torfason), Gunnar Gíslason (.. Arni Sveinsson).   Trainer: Jóhannes Atlason

SPAIN: Luis Miguel ARCONADA Echarre; Juan Antonio SEÑOR Gomez, Antonio MACEDA Francés, Andoni GOIKOETXEA Olascoaga, José Antonio CAMACHO Alfaro; VICTOR Muñoz Manrique, Ricardo GALLEGO Redondo, Rafael GORDILLO Vazquez; Francisco José CARRASCO Hidalgo, Carlos Alonso Gonzalez SANTILLANA (.. Manuel SARABIA López), Hipolito RINCÓN Povedano.
Trainer: Miguel Muñoz

Goal: Maceda (9)

ICELAND v MALTA 1-0 (1-0)

Laugdardalsvollur, Reykjavik   05.06.1983

Referee: Alex Jacobsen (DEN)   Attendance: 5,718

ICELAND: Thorsteinn Bjarnason; Vidar Halldórsson, Omar Rafnsson, Olafur Björnsson, Saevar Jónsson, Janus Gudlaugsson, Pétur Pétursson (70 Sigurdur Jónsson), Atli Edvaldsson, Lárus Gudmundsson, Petur Ormslev, Arni Sveinsson.   Trainer: Jóhannes Atlason

MALTA: John Bonello; Emmanuel Farrugia, Edwin Farrugia, Norman Buttigieg, Mario Schembri, John Holland, Carmel Busuttil, Emmanuel Fabri, Silvio Demanuele (46 Ernest Spiteri Gonzi), Raymond Xuereb, Michael Degiorgio.
Trainer: Victor Scerri

Goal: Atli Edvaldsson (44)

HOLLAND v ICELAND 3-0 (3-0)

Groningen   07.09.1983

Referee: Andrzej Libich (POL)   Attendance: 7,000

HOLLAND: Piet Schrijvers; Bennie Wijnstekers (Cap), Ruud Gullit, Edo Ophof, Peter Boeve, Willy van de Kerkhof, Ronald Koeman (.. Michel Valke), Erwin Koeman (80 Bud Brocken), Gerald Vanenburg, Peter Houtman, Marco Van Basten.
Trainer: Cornelis Bernardus Rijvers

ICELAND: Thorsteinn Bjarnason; Vidar Halldórsson, Omar Rafnsson, Jóhannes Edvaldsson, Saevar Jónsson, Pétur Ormslev, Arnór Gudjohnsen, Atli Edvaldsson, Lárus Gudmundsson (46 Asgeir Elíasson), Asgeir Sigurvinsson, Pétur Pétursson (65 Sveinbjörn Hákonarson).
Trainer: Jóhannes Atlason

Goals: R. Koeman (16), Gullit (18), Houtman (21)

ICELAND v EIRE 0-3 (0-2)

Laugardalsvöllur, Reykjavik   21.09.1983

Referee: Gérard Biguet (FRA)   Attendance: 13,706

ICELAND: Thorsteinn Bjarnason; Vidar Halldórsson, Sigurdur Lárusson, Jóhannes Edvaldsson, Saevar Jónsson, Janus Gudlaugsson, Arnór Gudjohnsen (52 Asgeir Elíasson), Atli Edvaldsson, Lárus Gudmundsson, Pétur Pétursson (81 Sigurdur Grétarsson), Pétur Ormslev.
Trainer: Jóhannes Atlason

EIRE: Seamus McDonagh; John Devine, Mark Lawrenson, Kevin Moran, Christopher Hughton, Gary Waddock, Tony Grealish (Cap), William Brady, Kevin O'Callaghan, Frank Stapleton, Michael Robinson (76 Mickey Walsh).
Trainer: Eoin Hand

Goals: Waddock (17), Robinson (21), Walsh (82)

EIRE v HOLLAND 2-3 (2-0)

Dalymount Park, Dublin   12.10.1983

Referee: André Daina (SWI)   Attendance: 35,000

EIRE: Seamus McDonagh; John Devine, Mark Lawrenson, Kevin Moran, Christopher Hughton, Gary Waddock, William Brady, Tony Grealish (Cap) (81 Kevin Sheedy), Kevin O'Callaghan (74 Anthony Galvin), Frank Stapleton, Michael Robinson.

HOLLAND: Piet Schrijvers; Bennie Wijnstekers (Cap), Ruud Gullit, Jan Jacobus Silooy, Peter Boeve, Edo Ophof, Willy van de Kerkhof, Ronald Koeman, Adrianus Van Tiggelen (46 Bud Brocken), Gerald Vanenburg, Marco Van Basten.   Trainer: Cornelis Bernardus Rijvers

Goals: Waddock (7), Brady (35 pen), Gullit (51, 75), Van Basten (77)

HOLLAND v SPAIN 2-1 (1-1)

Feyenoord, Rotterdam   16.11.1983

Referee: Michel Vautrot (FRA)   Attendance: 58,000

HOLLAND: Piet Schrijvers; Bennie Wijnstekers (Cap), Ruud Gullit, Edo Ophof, Peter Boeve; Willy van de Kerkhof, Ronald Koeman, Gerald Vanenburg, Erwin Koeman, Bud Brocken, Peter Houtman.   Trainer: Cornelis Bernardus Rijvers

SPAIN: Luis Miguel ARCONADA Echarre; José Vicente SÁNCHEZ Felip, Antonio MACEDA Francés, Andoni GOIKOETXEA Olascoaga, José Antonio CAMACHO Alfaro; Ricardo GALLEGO Redondo, Juan Antonio SEÑOR Gomez, Rafael GORDILLO Vazquez, Francisco GÜERRI Ballarín (67 Hipolito RINCÓN Povedano), Carlos Alonso Gonzalez SANTILLANA, Francisco José CARRASCO Hidalgo (.. MARCOS Alonso Peña).   Trainer: Miguel Muñoz

Goals: Houtman (26), Santillana (41), Gullit (63)

EIRE v MALTA 8-0 (3-0)

Dalymount Park, Dublin   16.11.1983

Referee: Ole Amundsen (DEN)   Attendance: 8,500

EIRE: Patrick Bonner; Kieran O'Regan, Mark Lawrenson (81 Gary Waddock), Kevin Moran (46 James McDonagh), Christopher Hughton, Gerard Daly, Kevin Sheedy, William Brady, Kevin O'Callaghan, Frank Stapleton, Mickey Walsh.

MALTA: John Bonello; Constantino Consiglio, Alex Azzopardi, Edwin Farrugia, John Holland, Emmanuel Farrugia, Silvio Demanuele, Mario Farrugia (81 Emmanuel Fabri), Noel Attard (68 George Xuereb), Carmel Busuttil, Ernest Spiteri Gonzi.   Trainer: Victor Scerri

Goals: Lawrenson (24, 53), Stapleton (27 pen), O'Callaghan (32), Sheedy (75), Brady (77, 84), Daly (85)

HOLLAND v MALTA 5-0 (2-0)

Feyenoord, Rotterdam   17.12.1983

Referee: Klaus Peschel (E. GER)   Attendance: 58,000

HOLLAND: Piet Schrijvers; Bennie Wijnstekers (Cap), Ruud Gullit, Edo Ophof, Peter Boeve (.. Michel Valke), Willy van de Kerkhof, Ronald Koeman, Gerald Vanenburg, Bud Brocken, Peter Houtman, Erwin Koeman (.. Frank Rijkaard).   Trainer: Cornelis Bernardus Rijvers

MALTA: John Bonello; Emmanuel Farrugia, Edwin Farrugia, Norman Buttigieg, John Holland, Mario Schembri, Raymond Farrugia (46 Alex Azzopardi), Emmanuel Fabri, Simon Tortell (46 Mario Farrugia), Michael Degiorgio, Silvio Demanuele.   Trainer: Victor Scerri

Goals: Vanenburg (18), Wijnstekers (29), Rijkaard (71, 90), Houtman (81)

SPAIN v MALTA 12-1 (3-1)

Estadio Benito Villamarín, Sevilla   21.12.1983

Referee: Erkan Göksel (TUR)   Attendance: 25,000

SPAIN: Francisco BUYO Villalba; Juan Antonio SEÑOR Gomez, Andoni GOIKOETXEA Olascoaga, José Antonio CAMACHO Alfaro; VICTOR Muñoz Manrique, Antonio MACEDA Francés, Rafael GORDILLO Vazquez; Hipolito RINCÓN Povedano (.. MARCOS Alonso Peña), Manuel SARABIA López, Carlos Alonso Gonzalez SANTILLANA, Francisco José CARRASCO Hidalgo.   Trainer: Miguel Muñoz

MALTA: John Bonello; Alex Azzopardi, Emmanuel Farrugia, John Holland, Norman Buttigieg; Emmanuel Fabri, Michael Degiorgio, Ernest Spiteri Gonzi, Raymond Farrugia (46 Mario Farrugia), Simon Tortell, Silvio Demanuele.   Trainer: Victor Scerri

Goals: Santillana (16, 26, 29, 76), Demanuele (24), Rincón (47, 57, 64, 78), Maceda (62, 63), Sarabia (80), Señor (86)

	P	W	D	L	F	A	Pts
Spain	8	6	1	1	24	8	13
Holland	8	6	1	1	22	6	13
Eire	8	4	1	3	20	10	9
Iceland	8	1	1	6	3	13	3
Malta	8	1	0	7	5	37	2

FINALS in FRANCE

GROUP I

FRANCE v DENMARK 1-0 (0-0)
Parc des Princes, Paris   12.06.1984
Referee: Volker Roth (W. GER)   Attendance: 47,570
FRANCE: Joël Bats; Patrick Battiston, Yvon Le Roux (60 Jean François Domergue), Maxime Bossis, Manuel Amoros; Jean Tigana, Alain Giresse, Michel Platini (Cap), Luis Fernandez; Bernard Lacombe, Bruno Bellone.   Trainer: Michel Hidalgo
DENMARK: Ole Qvist; Søren Busk, Morten Olsen (Cap), Ivan Nielsen, Søren Lerby; Klaus Berggreen, Jens Jørn Bertelsen, Allan Simonsen (46 John Lauridsen), Frank Arnesen (80 Jesper Olsen); Michael Laudrup, Preben Elkjær-Larsen.
Trainer: Josef Piontek
Sent off: Amoros (87)
Goal: Platini (78)

BELGIUM v YUGOSLAVIA 2-0 (2-0)
Félix Bollaert, Lens   13.06.1984
Referee: Erik Fredriksson (SWE)   Attendance: 41,774
BELGIUM: Jean-Marie Pfaff; Georges Grün, Leo Clysters (34 Paul Lambrichts), Walter De Greef, Michel De Wolf, Vincenzo Scifo, René Vandereycken, Jan Ceulemans (Cap), Frankie Vercauteren, Nico Claesen, Erwin Vandenbergh.
Trainer: Guy Thys
YUGOSLAVIA: Zoran Simovic; Nenad Stojkovic, Faruk Hadzibegic, Srecko Katanec, Velimir Zajec (Cap), Mehmed Bazdarevic (60 Dragan Stojkovic), Milos Sestic, Ivan Gudelj, Zlatko Vujovic (77 Borislav Cvetkovic), Safet Susic, Sulejman Halilovic.   Trainer: Todor Veselinovic
Goals: Vandenbergh (28), Grün (45)

FRANCE v BELGIUM 5-0 (3-0)
La Beaujoire, Nantes   16.06.1984
Referee: Robert Valentine (SCO)   Attendance: 51,359
FRANCE: Joël Bats; Luis Fernandez, Patrick Battiston, Maxime Bossis, Jean François Domergue; Alain Giresse, Jean Tigana, Michel Platini (Cap), Bernard Genghini (79 Thierry Tusseau); Didier Six, Bernard Lacombe (65 Dominique Rocheteau).   Trainer: Michel Hidalgo
BELGIUM: Jean-Marie Pfaff; Georges Grün, Walter De Greef, Paul Lambrichts, Michel De Wolf; Vincenzo Scifo (52 René Verheyen), Jan Ceulemans (Cap), René Vandereycken (46 Ludo Coeck), Frankie Vercauteren; Nico Claesen, Erwin Vandenbergh.   Trainer: Guy Thys
Goals: Platini (4, 74 pen, 89), Giresse (31), Fernandez (44)

DENMARK v YUGOSLAVIA 5-0 (2-0)
Stade Gerland, Lyon   16.06.1984
Referee: Augusto Lamo Castillo (SPA)   Attendance: 34,745
DENMARK: Ole Qvist; Ole Rasmussen (60 John Sivebaek), Morten Olsen (Cap), Ivan Nielsen, Søren Busk, Klaus Berggreen, Søren Lerby, Jens J.Bertelsen, Frank Arnesen (78 John Lauridsen), Michael Laudrup, Preben Elkjær-Larsen.
Trainer: Josef Piontek
YUGOSLAVIA: Tomislav Ivkovic; Branko Miljus, Nenad Stojkovic, Srecko Katanec (57 Sulejman Halilovic), Velimir Zajec (Cap), Ljubomir Radanovic, Zlatko Vujovic, Ivan Gudelj, Safet Susic, Mehmed Bazdarevic (25 Dragan Stojkovic), Borislav Cvetkovic.   Trainer: Todor Veselinovic
Goals: Arnesen (7, 68 pen), Berggreen (18), Elkjær-Larsen (84), Lauridsen (86)

FRANCE v YUGOSLAVIA 3-2 (0-1)
Geoffroy-Guichard, Saint-Etienne   19.06.1984
Referee: André Daina (SWI)   Attendance: 45,789
FRANCE: Joël Bats; Luis Fernandez, Patrick Battiston, Maxime Bossis, Jean-François Domergue; Alain Giresse, Jean Tigana, Michel Platini (Cap), Jean-Marc Ferreri (77 Daniel Bravo); Didier Six, Dominique Rocheteau (46 Thierry Tusseau).   Trainer: Michel Hidalgo
YUGOSLAVIA: Zoran Simovic; Branko Miljus, Nenad Stojkovic, Ivan Gudelj, Velimir Zajec (Cap), Ljubomir Radanovic, Milos Sestic, Dragan Stojkovic, Safet Susic, Mehmed Bazdarevic (84 Srecko Katanec), Zlatko Vujovic (60 Stjepan Deveric).   Trainer: Todor Veselinovic
Goals: Sestic (31), Platini (59, 61, 76), D. Stojkovic (80 pen)

DENMARK v BELGIUM 3-2 (1-2)
La Meinau, Strasbourg   19.06.1984
Referee: Adolf Prokop (E. GER)   Attendance: 36,911
DENMARK: Ole Qvist; Ole Rasmussen (57 Kenneth Brylle), Ivan Nielsen, Morten Olsen (Cap), Søren Busk, Frank Arnesen (78 John Sivebaek), Klaus Berggreen, Jens J.Bertelsen, Søren Lerby, Preben Elkjær-Larsen, Michael Laudrup.
Trainer: Josef Piontek
BELGIUM: Jean-Marie Pfaff; Georges Grün, Leo Clysters, Walter De Greef, Michel De Wolf; Frankie Vercauteren (62 Eddy Voordeckers), René Vandereycken, Vincenzo Scifo, Jan Ceulemans (Cap); Nico Claesen (46 Ludo Coeck), Erwin Vandenbergh.   Trainer: Guy Thys
Goals: Ceulemans (27), Vercauteren (39), Arnesen (41 pen), Brylle (60), Elkjær (84)

	P	W	D	L	F	A	Pts
France	3	3	0	0	9	2	6
Denmark	3	2	0	1	8	3	4
Belgium	3	1	0	2	4	8	2
Yugoslavia	3	0	0	3	2	10	0

GROUP II

PORTUGAL v WEST GERMANY 0-0
La Meinau, Strasbourg   14.06.1984
Referee: Romualdas Yushka (USSR)   Attendance: 44,766
PORTUGAL: Manuel BENTO (Cap); JOÃO PINTO, LIMA PEREIRA, EURICO Gomes, ALVARO Monteiro Magalhaes; António Manuel FRASCO (78 António VELOSO), CARLOS MANUEL, JAIME PACHECO, António Augusto Gomes SOUSA, Fernando CHALANA; Rui JORDAO (85 Fernando GOMES).   Trainer: Fernando Cabrita
W. GERMANY: Harald Schumacher; Bernd Förster, Ulrich Stielike, Karlheinz Förster, Hans-Peter Briegel; Wolfgang Rolff (67 Rudolf Bommer), Guido Buchwald (67 Lothar Matthäus), Karl-Heinz Rummenigge (Cap), Andreas Brehme; Rudolf Völler, Klaus Allofs.   Trainer: Josef Derwall

SPAIN v ROMANIA   1-1 (1-1)
Geoffroy-Guichard, Saint Etienne   14.06.1984
Referee: Alexis Ponnet (BEL)   Attendance: 17,012
SPAIN: Luis Miguel ARCONADA Echarre (Cap); Santiago URQUIAGA Perez, Antonio MACEDA Francés, Andoni GOIKOETXEA Olascoaga, José Antonio CAMACHO Alfaro; VICTOR Muñoz Manrique, Juan Antonio SEÑOR Gomez, Ricardo GALLEGO Redondo (73 JULIO ALBERTO Moreno Casas), Rafael GORDILLO Vazquez; Carlos Alonso Gonzalez SANTILLANA, Francisco José CARRASCO Hidalgo.
Trainer: Miguel Muñoz
ROMANIA: Silviu Lung; Mircea Rednic, Gino Iorgulescu, Costică Ştefănescu, Nicolae Ungureanu; Marcel Coraş, Marin Dragnea (57 Aurel Ţicleanu), Michael Klein, Ladislau Bölöni; Rodion Cămătaru, Romulus Gabor (76 Gheorghe Hagi).
Trainer: Mircea Lucescu
Goals: Carrasco (22 pen), Bölöni (35)

ROMANIA v WEST GERMANY   1-2 (0-1)
Félix Bollaert, Lens   17.06.1984
Referee: Jan Keizer (HOL)   Attendance: 31,803
ROMANIA: Silviu Lung; Mircea Rednic, Ioan Andonie, Costică Ştefănescu (Cap), Nicolae Ungureanu; Marin Dragnea (62 Aurel Ţicleanu), Ladislau Bölöni, Michael Klein, Gheorghe Hagi (46 Ioan Adrian Zare); Rodion Cămătaru, Marcel Coraş.
Trainer: Mircea Lucescu
W. GERMANY: Harald Schumacher; Bernd Förster, Ulrich Stielike, Karlheinz Förster (80 Guido Buchwald), Hans-Peter Briegel; Lothar Matthäus, Norbert Meier (65 Pierre Littbarski), Andreas Brehme; Karl-Heinz Rummenigge (Cap), Rudolf Völler, Klaus Allofs.   Trainer: Josef Derwall
Goals: Völler (25, 67), Coraş (46)

PORTUGAL v SPAIN   1-1 (0-0)
Stade Vélodrome, Marseille   17.06.1984
Referee: Michel Vautrot (FRA)   Attendance: 24,364
PORTUGAL: Manuel BENTO (Cap); JOÃO PINTO, LIMA PEREIRA, EURICO Gomes, ALVARO Magalhaes; CARLOS MANUEL, António FRASCO (77 DIAMANTINO Miranda), António SOUSA, JAIME PACHECO, Fernando CHALANA; Rui JORDAO.   Trainer: Fernando Cabrita
SPAIN: Luis Miguel ARCONADA Echarre (Cap); Santiago URQUIAGA Perez (78 Juan Antonio SEÑOR Gomez), Antonio MACEDA Francés, Andoni GOIKOETXEA Olascoaga, José Antonio CAMACHO Alfaro; VICTOR Muñoz Manrique, Ricardo GALLEGO Redondo, JULIO ALBERTO Moreno Casas (69 Manuel SARABIA López), Rafael GORDILLO Vazquez; Carlos Alonso Gonzalez SANTILLANA, Francisco José CARRASCO Hidalgo.   Trainer: Miguel Muñoz
Goals: Sousa (52), Santillana (73)

SPAIN v WEST GERMANY   1-0 (0-0)
Parc des Princes, Paris   20.06.1984
Referee: Vojtech Christov (CZE)   Attendance: 47,691
SPAIN: Luis Miguel ARCONADA Echarre (Cap); Juan Antonio SEÑOR Gomez, Antonio MACEDA Francés, Andoni GOIKOETXEA Olascoaga (28 SALVAdor García Puig), José Antonio CAMACHO Alfaro; VICTOR Muñoz Manrique, Ricardo GALLEGO Redondo, JULIO ALBERTO Moreno Casas (81 FRANCISCO López Alfaro), Rafael GORDILLO Vazquez; Carlos Alonso Gonzalez SANTILLANA, Francisco José CARRASCO Hidalgo.   Trainer: Miguel Muñoz
W. GERMANY: Harald Schumacher; Bernd Förster, Karlheinz Förster, Ulrich Stielike, Hans-Peter Briegel; Lothar Matthäus, Andreas Brehme (47 Wolfgang Rolff), Norbert Meier (60 Pierre Littbarski); Karl-Heinz Rummenigge (Cap), Rudolf Völler, Klaus Allofs.   Trainer: Josef Derwall
Goal: Maceda (89)

PORTUGAL v ROMANIA 1-0 (0-0)

La Beaujoire, Nantes   20.06.1984

Referee: Heinz Fahnler (AUS)   Attendance: 24,266

PORTUGAL: Manuel BENTO (Cap); JOÃO PINTO, EURICO Gomes, LIMA PEREIRA, ALVARO Magalhaes; CARLOS MANUEL (67 Tamagnini NÉNÉ), António FRASCO, António SOUSA, Fernando CHALANA (17 DIAMANTINO Miranda), Fernando GOMES, Rui JORDAO.   Trainer: Fernando Cabrita

ROMANIA: Dumitru Moraru; Nicolae Negrilă, Gino Iorgulescu, Costică Ştefănescu (Cap), Nicolae Ungureanu; Mircea Irimescu (59 Romulus Gabor), Mircea Rednic, Ladislau Bölöni, Michael Klein; Rodion Cămătaru (34 Ionel Augustin), Marcel Coraş.   Trainer: Mircea Lucescu

Goal: Néné (81)

	P	W	D	L	F	A	Pts
Spain	3	1	2	0	3	2	4
Portugal	3	1	2	0	2	1	4
West Germany	3	1	1	1	2	2	3
Romania	3	0	1	2	2	4	1

SPAIN v DENMARK 1-1 (0-1) (AET)

Stade Gerland, Lyon   24.06.1984

Referee: George Courtney (ENG)   Attendance: 47,843

SPAIN: Luis Miguel ARCONADA Echarre (Cap); Juan Antonio SEÑOR Gomez, Antonio MACEDA Francés, SALVAdor García Puig (102 Santiago URQUIAGA Perez), José Antonio CAMACHO Alfaro; VICTOR Muñoz Manrique, Ricardo GALLEGO Redondo, JULIO ALBERTO Moreno Casas (60 Manuel SARABIA López), Rafael GORDILLO Vazquez; Carlos Alonso Gonzalez SANTILLANA, Francisco José CARRASCO Hidalgo.   Trainer: Miguel Muñoz

DENMARK: Ole Qvist; John Sivebaek, Morten Olsen (Cap) (113 Kenneth Brylle-Larsen), Søren Busk, Ivan Nielsen; Frank Arnesen (68 Jesper Olsen), Søren Lerby, Jens Jørn Bertelsen, Klaus Berggreen; Michael Laudrup, Preben Elkjær-Larsen.   Trainer: Josef Piontek

Sent off: Berggreen (106)

Goals: Lerby (6), Maceda (67)

Penalties: 0-1 Brylle, 1-1 Santillana, 1-2 J. Olsen, 2-2 Señor, 2-3 Laudrup, 3-3 Urquiaga, 3-4 Lerby, 4-4 Victor, Larsen, 5-4 Sarabia

SEMI-FINALS

PORTUGAL v FRANCE 2-3 (0-1, 1-1) (AET)

Stade Vélodrome, Marseille   23.06.1984

Referee: Paolo Bergamo (ITA)   Attendance: 54,848

FRANCE: Joël Bats; Patrick Battiston, Yvon Le Roux, Maxime Bossis, Jean François Domergue; Alain Giresse, Jean Tigana, Michel Platini (Cap), Luis Fernandez; Bernard Lacombe (66 Jean-Marc Ferreri), Didier Six (101 Bruno Bellone).   Trainer: Michel Hidalgo

PORTUGAL: Manuel BENTO (Cap); JOÃO PINTO, LIMA PEREIRA, EURICO Gomes, ALVARO Magalhaes; António FRASCO, JAIME PACHECO, António SOUSA (64 Tamagnini NÉNÉ), Fernando CHALANA, Rui JORDAO, DIAMANTINO Miranda (46 Fernando GOMES).   Trainer: Fernando Cabrita

Goals: Domergue (25, 115), Jordao (74, 98), Platini (119)

FINAL

FRANCE v SPAIN 2-0 (0-0)

Parc des Princes, Paris   27.06.1984

Referee: Vojtech Christov (CZE)   Attendance: 47,368

FRANCE: Joël Bats; Patrick Battiston (72 Manuel Amoros), Yvon Le Roux, Maxime Bossis, Jean-François Domergue; Alain Giresse, Jean Tigana, Michel Platini (Cap), Luis Fernandez; Bernard Lacombe (80 Bernard Genghini), Bruno Bellone.   Trainer: Michel Hidalgo

SPAIN: Luis Miguel ARCONADA Echarre (Cap); Santiago URQUIAGA Perez, SALVAdor García Puig (85 ROBERTO Fernandez Bonilla), Ricardo GALLEGO Redondo, JULIO ALBERTO Moreno Casas (77 Manuel SARABIA López); Juan Antonio SEÑOR Gomez, FRANCISCO Javier López Alfaro, VICTOR Muñoz Manrique, José Antonio CAMACHO Alfaro; Carlos Alonso Gonzalez SANTILLANA, Francisco José CARRASCO Hidalgo.   Trainer: Miguel Muñoz

Sent off: Le Roux (85)

Goals: Platini (57), Bellone (90)

Goalscorers European Football Championship 1984

9 goals: Michel Platini (France)

7 goals: Karl-Heinz Rummenigge, Rudolf Völler (West Germany), Carlos Alonso Gonzalez Santillana (Spain)

6 goals: Preben Elkjær Larsen (Denmark), Antonio Maceda Francés (Spain)

5 goals: Nikos Anastopoulos (Greece), Tibor Nyilasi (Hungary), Walter Schachner (Austria), Hipolito Rincón Povedano (Spain), Ruud Gullit (Holland), Frank Stapleton (Eire), Erwin Vandenbergh (Belgium)

4 goals: Joachim Streich (East Germany), Allan Simonsen (Denmark), Dick Schoenaker (Holland), Ladislau Bölöni (Romania), Rui Jordao (Portugal)

3 goals: François Van der Elst, Frankie Vercauteren (Belgium), Michael Laudrup (Denmark), Luther Blissett, Anthony Woodcock, Trevor Francis (England), József Póczik (Hungary), Safet Susic (Yugoslavia), Dan Corneliusson, Glenn Strömberg (Sweden), Ladislav Vízek (Czechoslovakia), Selçuk Yula (Turkey), Juan Antonio Señor Gomez (Spain), Peter Houtman (Holland), William Brady (Eire), Tamagnini Néné (Portugal), Frank Arnesen (Denmark)

2 goals: Ceulemans, Coeck (Belgium), Egli (Switzerland), Wark, Nicholas, Dalglish (Scotland), Carlos Manuel, Oliveira (Portugal), Demianenko, Blohin, Cherenkov (USSR), Smolarek (Poland), Berggreen, Lerby, J. Olsen (Denmark), Hoddle, Lee, Mariner, Robson (England), Hajszán (Hungary), Reiter (Luxembourg), R. James, Rush (Wales), Hareide, Thoresen, Økland (Norway), Cămătaru (Romania), Prytz (Sweden), Janecka, Rada (Czechoslovakia), Altobelli (Italy), M. O'Neill, Stewart, Whiteside (N. Ireland), Gasselich (Austria), Hasan (Turkey), Targaj (Albania), Rijkaard, Van Kooten (Holland), Daly, Lawrenson, Waddock (Eire), Atli Edvaldsson (Iceland), Busuttil (Malta), Carrasco (Spain), Domergue (France)

1 goal: Grün (Belgium), Schällibaum, Brigger, Geiger, Heinz Hermann, Sulser (Switzerland), Kreer, Richter, Ernst (East Germany), Bannon, Sturrock (Scotland), José Luis, Gomes, Sousa (Portugal), Rodionov, Larionov, Baltacha, Andreev (USSR), Boniek, Krol, Dziekanowski, Kupcewicz (Poland), Valvee, Kousa (Finland), Busk, Brylle, A. Hansen, Lauridsen (Denmark), Butcher, Withe, Coppell, Chamberlain, Neal (England), Saravakos, Kostikos, Papaioannou (Greece), Kardos, Töröcsik, S. Kiss, L. Kiss, Szentes, Burcsa, Pölöskei, Hannich (Hungary), R. Schreiner, Di Domenico, Malget (Luxembourg), Bazdarevic, Cvetkovic, Jesic, Kranjcar, Radanovic, Savic, Sestic, D. Stojkovic, N. Stojkovic, Zl. Vujovic, Zivkovic (Yugoslavia), Charles, Flynn, Jones (Wales), Iskrenov, Dimitrov, Gochev, Mladenov, Sirakov, Velichkov, Nikolov (Bulgaria), Lund (Norway), Andonie, Coraş, Geolgău, Klein, Văetuş (Romania), Sunesson, Sandberg, Hysén, Ravelli, Jingblad, Eriksson (Sweden), Luhovy, Danek, Prokes, Jurkemik, Bicovsky, Sloup, Chaloupka (Czechoslovakia), Cabrini, P. Rossi (Italy), Tsingis, Theofanous, Mavris, Vrahimis (Cyprus), Strack, Stielike, Dremmler (West Germany), Hamilton, McClelland (N. Ireland), Baumeister, Polster, Pezzey, Prohaska, Hagmayr, Weber, Brauneder (Austria), Ilyas, Metin, Arif (Turkey), Tomori (Albania), Sarabia, Gordillo, Victor, Pedraza (Spain), Vanenburg, Wijnstekers, Van Basten, R. Koeman, Ophof, Hovenkamp (Holland), O'Callaghan, Sheedy, Robinson, Walsh, Grimes, Grealish (Eire), Geirsson (Iceland), Demanuele, E. Spiteri Gonzi, L. Fabri (Malta), Bellone, Giresse, Fernandez (France)

Own goals: Janas (Poland) for Finland, Wojcicki (Poland) for USSR, Ikalainen (Finland) for Portugal, Moes (Luxembourg) for England, Kapko (Czechoslovakia) for Italy, Patikkis (Cyprus) for Italy, Martin (Eire) for Spain, Miamiliotis (Cyprus) for Czechoslovakia, Kola (Albania) for Austria, Raşit (Turkey) for Albania

THE EUROPEAN FOOTBALL CHAMPIONSHIP 1988

GROUP 1

ROMANIA v AUSTRIA 4-0 (1-0)
Steaua, Bucureşti   10.09.1986
Referee: Gerard Biguet (FRA)   Attendance: 14,000
ROMANIA: Dumitru Moraru; Ştefan Iovan, Adrian Bumbescu, Miodrag Belodedici, Mircea Rednic; Dorin Mateuţ (72 Ilie Balaci), Ladislau Bölöni (Cap), Michael Klein; Gheorghe Hagi; Victor Piţurcă (46 Marius Lăcătuş), Rodion Cămătaru.   Trainer: Mircea Lucescu
AUSTRIA: Klaus Lindenberger; Heribert Weber, Gerald Messlender, Karl Brauneder (65 Peter Pacult); Leo Lainer, Reinhard Kienast (46 Jürgen Werner), Ernst Baumeister, Ewald Türmer, Josef Degeorgi; Walter Schachner (Cap), Anton Polster.   Trainer: Branko Elsner
Goals: Iovan (45, 64), Lăcătuş (61), Hagi (90)

AUSTRIA v ALBANIA 3-0 (1-0)
Liebenauer, Graz   15.10.1986
Referee: Klaus Peschel (E. GER)   Attendance: 5,100
AUSTRIA: Klaus Lindenberger; Gerald Piesinger, Heribert Weber (Cap), Gerald Messlender, Karl Brauneder; Manfred Zsak, Manfred Linzmaier, Jürgen Werner, Ernst Baumeister; Andreas Ogris, Anton Polster.   Trainer: Branko Elsner
ALBANIA: Perlat Musta; Hysen Zmijani, Kreshnik Çipi, Rrapo Taho, Adnan Ocelli; Alfred Ferko (71 Bedri Omuri), Mirel Josa, Sulejman Demollari, Alfred Zijaj, Arben Minga (Cap), Agostin Kola.   Trainer: Agron Sulaj
Goals: Ogris (19), Polster (65), Linzmaier (76)

SPAIN v ROMANIA 1-0 (0-0)
Estadio Benito Villamarin, Sevilla   12.11.1986
Referee: Jan Keizer (HOL)   Attendance: 41,884
SPAIN: Andoni Zubizarreta; Miguel Porlan "Chendo", Manuel SANCHIS Hontilluelo, Juan Carlos Arteche, José Antonio Camacho (Cap); Miguel González "Michel", Ricardo Gallego (77 Juan Antonio Señor), Víctor Muñoz, Julio Alberto Moreno; Hipólito Rincón (85 ELOY Olaya), Emilio Butragueño.   Trainer: Miguel Muñoz
ROMANIA: Silviu Lung; Ştefan Iovan, Adrian Bumbescu, Miodrag Belodedici, Nicolae Ungureanu; Tudorel Stoica (82 Mircea Rednic), Ladislau Bölöni (Cap), Michael Klein; Gheorghe Hagi; Marius Lăcătuş, Rodion Cămătaru (80 Gavril Balint).   Trainer: Emerich Jenei
Goal: Michel (57)

ALBANIA v SPAIN 1-2 (1-0)
Qemal Stafa, Tiranë   03.12.1986
Referee: Antal Hutak (HUNG)   Attendance: 20,000
ALBANIA: Perlat Musta; Hysen Zmijani, Rrapo Taho, Skender Hodja, Fatbardh Jera; Bedri Omuri, Alfred Ferko (70 Agostin Kola), Sulejman Demollari, Mirel Josa; Arben Minga (Cap), Shkëlqim Muça.   Trainer: Agron Sulaj
SPAIN: Andoni Zubizarreta; Miguel Porlan CHENDO, Manuel SANCHIS Hontilluelo, Juan Carlos ARTECHE, José Antonio CAMACHO (Cap); Juan Antonio Señor (46 ELOY Olaya, Víctor Muñoz, JOAQUÍN Alonso, Miguel González MICHEL; Hipólito RINCÓN, Emilio BUTRAGUEÑO.
Goals: Muça (28), Arteche (66), Joaquín (84)

ROMANIA v ALBANIA 5-1 (3-1)
Steaua, Bucureşti   25.03.1987
Referee: José Rosa dos Santos (POR)   Attendance: 6,500
ROMANIA: Silviu Lung; Ştefan Iovan, Adrian Bumbescu, Miodrag Belodedici, Nicolae Ungureanu; Gheorghe Hagi (67 Mircea Rednic), Tudorel Stoica, Ladislau Bölöni (Cap), Michael Klein (63 Dorin Mateuţ); Marius Lăcătuş, Victor Piţurcă.   Trainer: Emerich Jenei
ALBANIA: Perlat Musta; Hysen Zmijani, Skender Hodja, Rrapo Taho, Besnik Bilali (46 Bedri Omuri); Mirel Josa, Shkelqim Muça, Sulejman Demollari, Fatbardh Jera; Sokol Kushta (74 Alfred Ferko, Arben Minga (Cap).   Trainer: Agron Sulaj
Goals: Piţurcă (2), Muça (35), Bölöni (43), Hagi (47 pen), Belodedici (54), Bumbescu (69)

AUSTRIA v SPAIN 2-3 (1-1)
Prater, Wien   01.04.1987
Referee: Bruno Galler (SWI)   Attendance: 34,010
AUSTRIA: Klaus Lindenberger; Gerald Piesinger, Bruno Pezzey (Cap), Manfred Zsak, Rudolf Weinhofer (71 Alfred Roscher); Manfred Linzmaier, Jürgen Werner I, Reinhard Kienast, Ernst Baumeister; Andreas Ogris, Anton Polster.   Trainer: Branko Elsner
SPAIN: Andoni Zubizarreta; Miguel Porlan "CHENDO", Genaro Andrinúa, Ricardo Gallego, José Antonio CAMACHO (Cap); Miguel González "MICHEL", VÍCTOR Muñoz, ROBERTO Fernández, Ramón CALDERÉ; Emilio Butragueño (12 ELOY Olaya, 79 Manuel SANCHIS Hontilluelo), Francisco José CARRASCO.   Trainer: Miguel Muñoz
Sent off: Chendo (75)
Goals: Eloy (31, 57), Linzmaier (39), Polster (64), Carrasco (90)

ALBANIA v AUSTRIA 0-1 (0-1)
Qemal Stafa, Tiranë   29.04.1987
Referee: Gerassimos Germanakos (GRE)   Att: 20,000
ALBANIA: Perlat Musta (Cap); Hysen Zmijani, Skender Hodja, Skender Gega, Bedri Omuri; Fatbardh Jera, Sulejman Demollari, Mirel Josa, Shkëlqim Muça (71 Sokol Kushta); Arben Minga, Agim Bubeqi (65 Ledi Pano).
Trainer: Agron Sulaj
AUSTRIA: Klaus Lindenberger; Gerald Piesinger, Bruno Pezzey (Cap), Manfred Zsak, Karl Brauneder; Rudolf Weinhofer (46 Robert Frind), Manfred Linzmaier, Jürgen Werner I, Ernst Baumeister; Andreas Ogris (82 Peter Pacult), Anton Polster.   Trainer: Branko Elsner
Sent off: Kushta (57)
Goal: Polster (9)

ALBANIA v ROMANIA 0-1 (0-0)
Flamurtari, Vlorë   28.10.1987
Referee: Ignatius Van Swieten (HOL)   Attendance: 15,000
ALBANIA: Artur Lekbello (65 Sotir Shkurti); Hysen Zmijani, Rrapo Taho, Artur Lekbello II, Roland Iljadhi; Alfred Ferko, Sulejman Demollari (46 Alfred Zijaj), Mirel Josa, Latif Gjondeda; Shkëlqim Muça (Cap), Agim Bubeqi.
Trainer: Agron Sulaj
ROMANIA: Silviu Lung; Ştefan Iovan, Ioan Andonie, Miodrag Belodedici, Nicolae Ungureanu; Gheorghe Hagi (84 Mircea Rednic), Dorin Mateuţ, Ladislau Bölöni (Cap), Michael Klein; Marius Lăcătuş (88 Victor Piţurcă), Rodion Cămătaru.
Trainer: Emerich Jenei
Goal: Klein (61)

ROMANIA v SPAIN 3-1 (3-0)
Steaua, Bucureşti   29.04.1987
Referee: Alexis Ponnet (BEL)   Attendance: 30,000
ROMANIA: Silviu Lung; Ştefan Iovan (78 Nicolae Negrilă), Adrian Bumbescu, Miodrag Belodedici, Nicolae Ungureanu; Dorin Mateuţ, Ladislau Bölöni (Cap), Michael Klein (88 Gavril Balint); Marius Lăcătuş, Victor Piţurcă, Gheorghe Hagi.
Trainer: Emerich Jenei
SPAIN: Andoni Zubizarreta; Genaro Andrinúa, Andoni Goikoetxea (20 JOAQUÍN Alonso), José Antonio CAMACHO (Cap) (36 Miguel Soler); Miguel González "MICHEL", VÍCTOR Muñoz (/Kap), Manuel SANCHIS Hontiluelo, Ricardo Gallego, Ramón CALDERÉ; Emilio Butragueño, ELOY Olaya.   Trainer: Miguel Muñoz
Goals: Piţurcă (38), Mateuţ (43), Ungureanu (45), Calderé (81)

AUSTRIA v ROMANIA 0-0
Prater, Wien   18.11.1987
Referee: Rosario Lo Bello (ITA)   Attendance: 54,117
AUSTRIA: Klaus Lindenberger; Robert Frind, Robert Pecl, Bruno Pezzey (Cap), Karl Brauneder; Peter Artner, Gerhard Rodax, Ernst Baumeister (77 Jürgen Werner I), Gerald Willfurth; Walter Schachner (81 Andreas Ogris), Anton Polster.   Trainer: Branko Elsner
ROMANIA: Silviu Lung; Ştefan Iovan, Adrian Bumbescu, Miodrag Belodedici, Nicolae Ungureanu; Dorin Mateuţ (77 Tudorel Stoica), Michael Klein, Ladislau Bölöni (Cap), Gheorghe Hagi; Marius Lăcătuş, Rodion Cămătaru (65 Victor Piţurcă).   Trainer: Emerich Jenei
Sent off: Belodedici (88).

SPAIN v AUSTRIA 2-0 (0-0)
Ramón Sánchez Pizjuán, Sevilla   14.10.1987
Referee: Joël Quiniou (FRA)   Attendance: 59,021
SPAIN: Andoni Zubizarreta; Miguel Porlan "CHENDO", Manuel SANCHIS Hontiluelo, Genaro Andrinúa, JULIO ALBERTO Moreno; Miguel González "MICHEL" (79 Ramón CALDERÉ), VÍCTOR Muñoz, Rafael Gordillo (Cap), Juan Antonio SEÑOR; Emilio Butragueño, Francisco José CARRASCO (69 José María BAKERO).
Trainer: Miguel Muñoz
AUSTRIA: Klaus Lindenberger; Robert Frind (46 Robert Pecl), Bruno Pezzey (Cap), Gerald Messlender; Manfred Zsak, Reinhard Kienast, Ernst Baumeister (64 Manfred Linzmaier), Karl Brauneder, Gerald Willfurth; Andreas Ogris, Anton Polster.   Trainer: Branko Elsner
Goals: Michel (56), Sanchis (62)

SPAIN v ALBANIA 5-0 (3-0)
Estadio Benito Villamarín, Sevilla   18.11.1987
Referee: Kurt Roethlisberger (SWI)   Attendance: 45,299
SPAIN: Andoni Zubizarreta; Miguel Porlan "CHENDO", Manuel SANCHIS Hontiluelo, Andoni Goikoetxea, JULIO ALBERTO Moreno (60 Enrique Sánchez "QUIQUE"; Miguel González "MICHEL", Juan Antonio SEÑOR, VÍCTOR Muñoz (Cap), Ramón CALDERÉ (46 Francisco Llorente); Emilio Butragueño, José María BAKERO.   Trainer: Miguel Muñoz
ALBANIA: Artur Lekbello; Adnan Ocelli, Rrapo Taho, Skender Gega, Artur Lekbello II (80 Alfred Zijaj); Roland Iljadhi, Mirel Josa, Sulejman Demollari, Latif Gjondeda (70 Alfred Ferko); Arben Minga (Cap), Agim Bubeqi.
Trainer: Agron Sulaj
Sent off: Chendo (74)
Goals: Bakero (6, 31), Michel (34 pen), Llorente (67), Gjondeda (74 og)

	P	W	D	L	F	A	Pts
Spain	6	5	0	1	14	6	10
Romania	6	4	1	1	13	3	9
Austria	6	2	1	3	6	9	5
Albania	6	0	0	6	2	17	0

GROUP 2

SWEDEN v SWITZERLAND 2-0 (1-0)

Råsunda Solna, Stockholm   24.09.1986

Referee: Vojtech Christov (CZE)   Attendance: 28,046

SWEDEN: Jan Möller; Stig Fredriksson (Cap), Sven Dahlqvist, Peter Larsson, Roland Nilsson; Ulf Eriksson, Robert Prytz, Glenn Strömberg, Anders Palmér (82 Leif Engkvist); Björn Nilsson, Johnny Ekström.   Trainer: Olle Nordin

SWITZERLAND: Martin Brunner; Jürg Wittwer, André Egli (Cap), Charly In-Albon, Claude Ryf; Patrice Mottiez (57 Claudio Sulser); Alain Geiger, Erni Maissen, Heinz Hermann, Thomas Bickel (79 Georges Bregy); André Halter. Trainer: Daniel Jeandupeux

Goals: Ekström (19, 79)

PORTUGAL v SWEDEN 1-1 (0-0)

Estádio Nacional, Lisboa   12.10.1986

Referee: Keith Hackett (ENG)   Attendance: 9,775

PORTUGAL: José Alberto Ferreirinha "ZÉ BETO"; António VELOSO, Eduardo Luís, Eduardo Mendez "DITO", Fernando Mendes; Jaime das Mercês, Alberto Fonseca, Adelino Nunes, Sheu Han (62 José Coelho), Carlos Pinto "ADAO" (72 Mário Jorge); Manuel Fernandes (Cap).   Trainer: Rui Seabra

SWEDEN: Jan Möller; Roland Nilsson, Glenn Hysén, Peter Larsson, Stig Fredriksson (Cap); Ulf Eriksson (84 Leif Engkvist), Glenn Strömberg, Robert Prytz, Anders Palmér (75 Mats Magnusson); Johnny Ekström, Björn Nilsson. Trainer: Olle Nordin

Goals: Strömberg (50), Coelho (66)

SWITZERLAND v PORTUGAL 1-1 (1-0)

Wankdorf, Bern   29.10.1986

Referee: Siegfried Kirschen (E. GER)   Attendance: 8,500

SWITZERLAND: Martin Brunner; Claude Ryf, Martin Weber, André Egli (Cap), Stefan Marini; Alain Geiger, Georges Bregy, Heinz Hermann, Thomas Bickel (62 Erni Maissen); Alain Sutter (78 Dominique Cina), Beat Sutter. Trainer: Daniel Jeandupeux

PORTUGAL: José Alberto Ferreirinha "ZÉ BETO"; António VELOSO, Eduardo Mendez "DITO", Eduardo Luís, Fernando Mendes; Alberto Fonseca, Sheu Han (17 José Coelho), Adelino Nunes (30 Mário Jorge), Carlos Pinto "ADAO"; Jaime des Mercês, Manuel Fernandes (Cap).   Trainer: Rui Seabra

Goals: Bregy (7), Manuel Fernandes (86)

ITALY v SWITZERLAND 3-2 (1-1)

Giuseppe Meazza, Milano   15.11.1986

Referee: Aron Schmidhuber (W. GER)   Attendance: 67,422

ITALY: Walter Zenga; Giuseppe Bergomi, Franco Baresi, Antonio Cabrini (Cap) (11 Giovanni Francini); Dario Bonetti I, Salvatore Bagni, Roberto Donadoni (41 Aldo Serena), Carlo Ancelotti; Alessandro Altobelli (/Kap), Giuseppe Dossena, Gianluca Vialli.   Trainer: Azeglio Vicini

SWITZERLAND: Martin Brunner; Alain Geiger; Claude Ryf, Martin Weber, Jürg Wittwer; Heinz Hermann (Cap), Georges Bregy, Urs Bamert (78 Thomas Bickel); André Halter (69 Dario Zuffi), Jean-Paul Brigger, Beat Sutter.
Trainer: Daniel Jeandupeux

Goals: Donadoni (1), Brigger (32), Altobelli (51, 85 pen), Weber (88)

MALTA v SWEDEN 0-5 (0-1)

National, Ta'Qali   16.11.1986

Referee: Lajos Hartman (HUNG)   Attendance: 8,411

MALTA: Raymond Mifsud; John Joseph Aquilina (46 Alex Azzopardi), Edwin Camilleri, Martin Scicluna, John Holland (Cap); Kristian Laferla, Joseph Camilleri, Raymond Vella, Dennis Mizzi; Leonard Farrugia, Mario Schembri (75 Dennis Cauchi).   Trainer: Guentcho Dobrev

SWEDEN: Jan Möller; Magnus Andersson, Glenn Hysén, Peter Larsson, Stig Fredriksson (Cap); Ulf Eriksson, Leif Engkvist, Robert Prytz, Björn Nilsson (80 Anders Palmér); Johnny Ekström, Mats Magnusson.   Trainer: Olle Nordin

Goals: Hysén (25), Magnusson (69), Fredriksson (71), Ekström (82), Palmér (84)

MALTA v ITALY 0-2 (0-2)

National, Ta'Qali   06.12.1986

Referee: Ishan Tuere (TUR)   Attendance: 13,191

MALTA: John Bonello; Martin Scicluna, Alfred McKay (14 Alex Azzopardi, Kristian Laferla, John Holland (Cap); John Buttigieg, Carmel Busuttil, Raymond Vella, Martin Gregory (70 Charles Scerri); Leonard Farrugia, Michael Degiorgio.
Trainer: Guentcho Dobrev

ITALY: Walter Zenga; Giuseppe Bergomi, Franco Baresi, Sebastiano Nela; Riccardo Ferri, Salvatore Bagni (65 Fernando De Napoli), Roberto Donadoni, Giuseppe Dossena (74 Gianfranco Matteoli); Alessandro Altobelli (Cap), Giuseppe Giannini, Gianluca Vialli.   Trainer: Azeglio Vicini

Goals: Ferri (11), Altobelli (19)

ITALY v MALTA 5-0 (5-0)

Stadio Comunale, Bergamo   24.01.1987

Referee: Stephanos Hadjistephanou (CYP)   Att: 34,078

ITALY: Walter Zenga; Giuseppe Bergomi, Franco Baresi, Antonio Cabrini (Cap); Riccardo Ferri, Salvatore Bagni (56 Fernando De Napoli), Roberto Donadoni, Giuseppe Dossena (56 Gianfranco Matteoli); Alessandro Altobelli, Giuseppe Giannini, Gianluca Vialli.   Trainer: Azeglio Vicini

MALTA: John Bonello; Joseph Galea, Martin Scicluna, John Holland (Cap), John Buttigieg; Kristian Laferla, Carmel Busuttil, Raymond Vella, Martin Gregory (75 Dennis Cauchi); Leonard Farrugia (34 Charles Scerri), Michael Degiorgio.
Trainer: Guentcho Dobrev

Goals: Bagni (4), Bergomi (9), Altobelli (24, 35), Vialli (45)

PORTUGAL v ITALY 0-1 (0-1)

Estádio Nacional, Lisboa   14.02.1987

Referee: Michel Vautrot (FRA)   Attendance: 14,195

PORTUGAL: António Jesus; António VELOSO, Eduardo Mendez "DITO", Eduardo Luís, Alvaro Magalhaes; Jaime des Mercês, Joaquim Azevedo "QUIM", António Frasco (/Cap), Rui Ferreira "NASCIMENTO", Carlos Pinto "ADAO" (30 Mário Jorge); Manuel Fernandes (Cap) (55 José Coelho).
Trainer: Rui Seabra

ITALY: Walter Zenga; Giuseppe Bergomi, Franco Baresi, Antonio Cabrini (Cap); Riccardo Ferri, Salvatore Bagni, Roberto Donadoni (81 Fernando De Napoli), Giuseppe Giannini; Alessandro Altobelli, Giuseppe Dossena (76 Gianfranco Matteoli), Gianluca Vialli.   Trainer: Azeglio Vicini

Goal: Altobelli (40)

PORTUGAL v MALTA 2-2 (1-1)

Estádio dos Barreiros, Funchal   29.03.1987

Referee: John Kinsella (IRE)   Attendance: 5,000

PORTUGAL: António Jesus; António VELOSO, Eduardo Mendez "DITO", Eduardo Luís, Alvaro Magalhaes; António Frasco (46 Rui Barros), Rui Ferreira "NASCIMENTO" (82 João Santos "SKODA"), Carlos Pinto "ADAO"; Jaime das Mercês, Manuel Fernandes (Cap), Jorge Plácido.
Trainer: Júlio Pereira "JUCA"

MALTA: David Cluett; Edwin Camilleri, Alex Azzopardi, Kristian Laferla, Martin Scicluna; John Buttigieg, Carmel Busuttil (80 Mario Schembri), Raymond Vella (Cap), Dennis Mizzi; Charles Scerri, Michael Degiorgio (56 Martin Gregory).
Trainer: Guentcho Dobrev (BUL)

Goals: Plácido (12, 78), Mizzi (24), Busuttil (67)

SWITZERLAND v MALTA 4-1 (3-0)

Stade de la Maladière, Neuchâtel   15.04.1987

Referee: Roger Philippi (LUX)   Attendance: 5,400

SWITZERLAND: Martin Brunner; Alain Geiger; Claude Ryf, André Egli, Martin Weber (69 Thomas Bickel); Stefan Marini (81 Philippe Perret), Heinz Hermann (Cap), Georges Bregy; Dominique Cina, Jean-Paul Brigger, Alain Sutter.
Trainer: Daniel Jeandupeux

MALTA: David Cluett; Edwin Camilleri (46 John Holland), Alex Azzopardi, Kristian Laferla (70 Martin Gregory), Martin Scicluna; John Buttigieg, Carmel Busuttil, Raymond Vella (Cap), Dennis Mizzi; Charles Scerri, Michael Degiorgio.
Trainer: Guentcho Dobrev

Sent off: Cina (77)

Goals: Egli (6), Bregy (16, 39, 88), Busuttil (72)

SWEDEN v MALTA 1-0 (1-0)

Nya Ullevi, Göteborg   24.05.1987

Referee: Kaj Natri (FIN)   Attendance: 16,165

SWEDEN: Thomas Ravelli; Andreas Ravelli, Glenn Hysén, Peter Larsson, Stig Fredriksson (Cap); Ulf Eriksson (68 Lennart Nilsson), Robert Prytz, Glenn Strömberg, Anders Limpar; Johnny Ekström (68 Stefan Pettersson), Mats Magnusson.   Trainer: Olle Nordin

MALTA: David Cluett; Edwin Camilleri, Alex Azzopardi, Kristian Laferla, Martin Scicluna (35 John Holland); John Buttigieg, Martin Gregory, Raymond Vella (Cap), Dennis Mizzi; Carmel Busuttil, Michael Degiorgio (65 Charles Scerri).
Trainer: Guentcho Dobrev

Goal: Ekström (13)

SWEDEN v ITALY 1-0 (1-0)

Råsunda, Solna   03.06.1987

Referee: Dieter Pauly (W. GER)   Attendance: 40,070

SWEDEN: Thomas Ravelli; Roland Nilsson, Glenn Hysén, Peter Larsson, Stig Fredriksson (Cap); Ulf Eriksson (80 Andreas Ravelli), Glenn Strömberg (87 Anders Limpar), Robert Prytz, Hans Holmqvist; Johnny Ekström, Lennart Nilsson.   Trainer: Olle Nordin

ITALY: Walter Zenga; Giuseppe Bergomi, Riccardo Ferri II, Giovanni Francini; Fernando De Napoli, Roberto Tricella, Roberto Mancini (46 Luigi De Agostini), Giuseppe Giannini; Alessandro Altobelli (Cap), Giuseppe Dossena, Gianluca Vialli.   Trainer: Azeglio Vicini

Goal: Larsson (25)

SWITZERLAND v ITALY 0-0

Wankdorf, Bern   17.10.1987

Referee: Marcel Van Langenhove (BEL)   Attendance: 29,397

SWITZERLAND: Martin Brunner; Alain Geiger; Stefan Marini, Martin Weber, Marco Schällibaum; Marcel Koller, Heinz Hermann (Cap), Thomas Bickel (57 Urs Bamert); Beat Sutter, Jean-Paul Brigger, Christophe Bonvin (56 Hanspeter Zwicker).   Trainer: Daniel Jeandupeux

ITALY: Walter Zenga; Ciro Ferrara, Franco Baresi II, Antonio Cabrini (Cap); Riccardo Ferri II, Salvatore Bagni (80 Carlo Ancelotti), Roberto Donadoni, Fernando De Napoli; Alessandro Altobelli (82 Roberto Mancini), Giuseppe Giannini, Gianluca Vialli.   Trainer: Azeglio Vicini

SWITZERLAND v SWEDEN 1-1 (0-0)

Stade Olympique, Lausanne   17.06.1987

Referee: Gerardus Geurds (HOL)   Attendance: 7,000

SWITZERLAND: Martin Brunner; Alain Geiger; Claude Ryf, Martin Weber, Stefan Marini; Heinz Hermann (Cap), Georges Bregy (75 Urs Bamert), Marcel Koller; Christophe Bonvin (79 Alain Sutter), André Halter, Beat Sutter.   Trainer: Daniel Jeandupeux

SWEDEN: Thomas Ravelli; Roland Nilsson, Andreas Ravelli, Peter Larsson, Stig Fredriksson (Cap); Ulf Eriksson, Robert Prytz, Glenn Strömberg, Hans Holmqvist; Johnny Ekström, Lennart Nilsson (79 Mats Magnusson).   Trainer: Olle Nordin

Goals: Halter (58), Ekström (60)

PORTUGAL v SWITZERLAND 0-0

Estádio das Antas, Porto   11.11.1987

Referee: Lajos Nemeth (HUNG)   Attendance: 3,632

PORTUGAL: António Jesus; João Pinto (Cap), Frederico Rosa, Miguel Marques, Alvaro Magalhaes; António Frasco (46 Carlos Parente), António André, António Sousa; José Coelho, Rui Aguas (72 Carlos Pinto "ADAO"), Paulo Futre.   Trainer: Júlio Pereira "JUCA"

SWITZERLAND: Martin Brunner; Alain Geiger; Stefan Marini, Martin Weber, Marco Schällibaum; Marcel Koller (80 Philippe Perret), Heinz Hermann (Cap), Thomas Bickel; Beat Sutter, Jean-Paul Brigger (67 Hanspeter Zwicker), Christophe Bonvin.   Trainer: Daniel Jeandupeux

SWEDEN v PORTUGAL 0-1 (0-1)

Råsunda, Solna   23.09.1987

Referee: Valeriy Butenko (USSR)   Attendance: 28,916

SWEDEN: Thomas Ravelli; Stig Fredriksson (Cap), Glenn Hysén, Peter Larsson, Torbjörn Persson; Roland Nilsson, Robert Prytz (74 Anders Limpar), Glenn Strömberg, Björn Nilsson; Mats Magnusson (57 Lennart Nilsson), Johnny Ekström.   Trainer: Olle Nordin

PORTUGAL: António Jesus; João Pinto (/Kap), Miguel Marques, Pedro Venâncio, Alvaro Magalhaes; Jaime Magalhaes, António André, Oceano Cruz, António Sousa; Fernando Gomes (Cap) (85 Rui Barros), Paulo Futre.   Trainer: Júlio Pereira "JUCA"

Goal: Gomes (35)

ITALY v SWEDEN 2-1 (2-1)

San Paolo, Napoli   14.11.1987

Referee: Adolf Prokop (E. GER)   Attendance: 59,045

ITALY: Walter Zenga; Giuseppe Bergomi, Franco Baresi II, Giovanni Francini (26 Luigi De Agostini); Ciro Ferrara, Salvatore Bagni (89 Carlo Ancelotti), Roberto Donadoni, Fernando De Napoli; Alessandro Altobelli (Cap), Giuseppe Giannini, Gianluca Vialli.   Trainer: Azeglio Vicini

SWEDEN: Thomas Ravelli; Roland Nilsson (70 Anders Limpar), Glenn Hysén (Cap), Peter Larsson, Torbjörn Persson; Jonas Thern, Glenn Strömberg, Robert Prytz, Björn Nilsson; Johnny Ekström (70 Dan Corneliusson), Stefan Pettersson.   Trainer: Olle Nordin

Goals: Vialli (27, 45), Larsson (38)

MALTA v SWITZERLAND 1-1 (0-1)
National, Ta'Qali 15.11.1987
Referee: Georges Koukoulakis (GRE)   Attendance: 5,850
MALTA: David Cluett; Edwin Camilleri, Alex Azzopardi, Kristian Laferla, Martin Scicluna; John Buttigieg, Martin Gregory (58 Charles Scerri), Raymond Vella (Cap), David Carabott (78 Dennis Mizzi); Carmel Busuttil, Michael Degiorgio.   Trainer: Guentcho Dobrev
SWITZERLAND: Martin Brunner; Alain Geiger; Stefan Marini, Martin Weber, Marco Schällibaum; Marcel Koller, Heinz Hermann (Cap), Thomas Bickel; Hanspeter Zwicker, Jean-Paul Brigger (86 Patrice Mottiez), Beat Sutter (75 Christophe Bonvin).   Trainer: Daniel Jeandupeux
Goals: Zwicker (2), Busuttil (90)

ITALY v PORTUGAL 3-0 (1-0)
Giuseppe Meazza, Milano 05.12.1987
Referee: Jan Keizer (HOL)   Attendance: 13,524
ITALY: Walter Zenga; Giuseppe Bergomi (/Kap), Franco Baresi II, Giovanni Francini; Riccardo Ferri II, Salvatore Bagni (61 Luigi De Agostini), Roberto Donadoni, Fernando De Napoli; Alessandro Altobelli (Cap) (68 Robert Mancini), Giuseppe Giannini, Gianluca Vialli.   Trainer: Azeglio Vicini
PORTUGAL: António Jesus (69 Eduardo Lúcio); João Silva "COSTEADO", Miguel Marques, Eduardo Mendez "DITO" (Cap), Frederico Rosa, António Carvalho; Hernâni Neves, Rui Ferreira "NASCIMENTO" (55 Carlos Parente), Carlos Pinto "ADAO", Gilberto Gomes, José Coelho.
Trainer: Júlio Pereira "JUCA"
Goals: Vialli (8), Giannini (87), De Agostini (89)

MALTA v PORTUGAL 0-1 (0-0)
National, Ta'Qali 20.12.1987
Referee: Hubert Forstinger (AUS)   Attendance: 4,706
MALTA: David Cluett; Edwin Camilleri, Alex Azzopardi, Kristian Laferla, Joseph Camilleri; John Buttigieg, David Carabott, Raymond Vella (Cap), Dennis Mizzi (46 Michael Degiorgio); Carmel Busuttil, Martin Gregory.   Trainer: Guentcho Dobrev
PORTUGAL: António Jesus; João Silva "COSTEADO", Miguel Marques, Eduardo Mendez "DITO" (Cap), Frederico Rosa, Fernando Mendes; Gilberto Gomes (46 António Aparício), Rui Ferreira "NASCIMENTO", Rui Barros, Carlos Pinto "ADAO"; José Coelho (83 António Carvalho).
Trainer: Júlio Pereira "JUCA"
Goal: Fredrico (74)

	P	W	D	L	F	A	Pts
Italy	8	6	1	1	16	4	13
Sweden	8	4	2	2	12	5	10
Portugal	8	2	4	2	6	8	8
Switzerland	8	1	5	2	9	9	7
Malta	8	0	2	6	4	21	2

GROUP 3

ICELAND v FRANCE 0-0
Laugardalsvöllur, Reykjavík 10.09.1986
Referee: Alan Ferguson (SCO)   Attendance: 13,758
ICELAND: Bjarni Sigurdsson; Gunnar Gíslason, Saevar Jónsson, Atli Edvaldsson (Cap), Agust Már Jónsson; Omar Torfason, Ragnar Margeirsson, Asgeir Sigurvinsson, Sigurdur Jónsson; Pétur Pétursson, Arnór Gudjohnsen.
Trainer: Siegfried Held
FRANCE: Joël Bats; William Ayache, Basile Boli, Patrick Battiston (Cap), Manuel Amoros; Luis Fernandez, Jean Tigana, Philippe Vercruysse, Bernard Genghini; Yannick Stopyra, Stéphane Paille.   Trainer: Henri Michel

ICELAND v USSR 1-1 (1-1)
Laugardalsvöllur, Reykjavík 24.09.1986
Referee: Karl-Josef Assenmacher (W. GER)   Att: 6,370
ICELAND: Bjarni Sigurdsson; Gunnar Gíslason, Saevar Jónsson, Atli Edvaldsson (Cap), Agust Már Jónsson; Omar Torfason, Ragnar Margeirsson, Asgeir Sigurvinsson, Sigurdur Jónsson; Pétur Pétursson, Arnór Gudjohnsen.
Trainer: Siegfried Held
USSR: Rinat Dasaev; Vladimir Bessonov, Tengiz Sulakvelidze, Oleg Kuznetsov, Anatoliy Demianenko (Cap); Vasiliy Rats, Nikolai Larionov (83 Gennadiy Litovchenko), Aleksander Zavarov, Sergei Aleinikov, Vagiz Hidiatullin (46 Sergei Rodionov); Oleg Blohin.   Trainer: Valeriy Lobanovski
Goals: Gudjohnsen (30), Sulakvelidze (40)

NORWAY v EAST GERMANY 0-0
Ullevaal, Oslo 24.09.1986
Referee: Egbert Mulder (HOL)   Attendance: 10,158
NORWAY: Erik Thorstvedt; Svein Fjaelberg, Terje Kojedal, Anders Giske (74 Einar Jan Aas, Per Edmund Mordt; Jan Berg, Kjetil Osvold, Kai Erik Herlovsen, Tom Sundby; Arne Larsen Ökland (Cap), Sten Glenn Haaberg (71 Arve Seland).
Trainer: Tor Røste Fossen
EAST GERMANY: René Müller (Cap); Frank Rohde; Ronald Kreer, Carsten Sänger, Uwe Zötzsche; Jörg Stübner, Rainer Ernst, Matthias Liebers, Andreas Thom; Ulf Kirsten, Frank Pastor.   Trainer: Bernd Stange

FRANCE v USSR 0-2 (0-0)

Parc des Princes, Paris   11.10.1986

Referee: Paolo Casarin (ITA)   Attendance: 40,496

FRANCE: Joël Bats; William Ayache, Basile Boli (87 Philippe Vercruysse), Philippe Jeannol, Manuel Amoros; Luis Fernandez, Jean Tigana, Jean-Marc Ferreri, Michel Platini (Cap); Yannick Stopyra, Jean-Pierre Papin (70 Bruno Bellone).   Trainer: Henri Michel

USSR: Rinat Dasaev; Vladimir Bessonov (31 Vagiz Hidiatullin), Aleksander Chivadze, Oleg Kuznetsov, Anatoliy Demianenko (Cap); Vasiliy Rats, Pavel Iakovenko, Aleksander Zavarov, Sergei Aleinikov; Sergei Rodionov (79 Oleg Blohin), Igor Belanov.   Trainer: Valeriy Lobanovski

Goals: Belanov (67), Rats (73)

EAST GERMANY v FRANCE 0-0

Zentralstadion, Leipzig   19.11.1986

Referee: George Courtney (ENG)   Attendance: 54,578

EAST GERMANY: René Müller (Cap); Dirk Stahmann; Detlef Schößler, Frank Rohde; Matthias Döschner; Rico Steinmann (62 Hans Richter), Jörg Stübner, Matthias Liebers; Ulf Kirsten (77 Matthias Sammer), Frank Pastor, Andreas Thom.   Trainer: Bernd Stange

FRANCE: Joël Bats; William Ayache, Basile Boli, Patrick Battiston, Manuel Amoros; Yvon Le Roux, Jean Tigana, Fabrice Poullain, Michel Platini (Cap); Yannick Stopyra, Jean-Pierre Papin (64 Bruno Bellone).   Trainer: Henri Michel

USSR v NORWAY 4-0 (3-0)

Lokomotiv, Simferopol   29.10.1986

Referee: Howard King (WAL)   Attendance: 26,108

USSR: Rinat Dasaev; Vladimir Bessonov, Vagiz Hidiatullin, Oleg Kuznetsov, Anatoliy Demianenko (Cap); Gennadiy Litovchenko (85 Sergei Baltacha), Pavel Iakovenko, Aleksander Zavarov (20 Oleg Blohin); Vadim Evtushenko, Sergei Rodionov, Igor Belanov.   Trainer: Valeriy Lobanovski

NORWAY: Ola By Rise; Rune Bratseth, Einar Jan Aas, Anders Giske, Per Edmund Mordt (58 Sten Glenn Haaberg); Vidar Davidsen, Kai Erik Herlovsen, Kjetil Osvold, Tom Sundby; Arne Larsen Økland (Cap) (82 Per Egil Ahlsen), Jan Berg.   Trainer: Tor Røste Fossen

Goals: Litovchenko (25), Belanov (29 pen), Blohin (33), Hidiatullin (54)

USSR v EAST GERMANY 2-0 (1-0)

Republikanski, Kiev   29.04.1987

Referee: Erik Fredriksson (SWE)   Attendance: 76,405

USSR: Rinat Dasaev; Vladimir Bessonov, Vagiz Hidiatullin, Oleg Kuznetsov, Anatoliy Demianenko (Cap); Vasiliy Rats, Sergei Aleinikov (86 Oleg Protasov), Sergei Rodionov, Aleksander Zavarov; Aleksei Mikhailichenko (72 Pavel Iakovenko), Igor Belanov.   Trainer: Valeriy Lobanovski

EAST GERMANY: René Müller (Cap); Frank Rohde; Roland Kreer, Matthias Linder, Uwe Zötzsche; Jörg Stübner (70 Marcus Wuckel), Rainer Ernst, Matthias Liebers, Jürgen Raab; Ulf Kirsten (55 Heiko Scholz), Andreas Thom.   Trainer: Bernd Stange

Goals: Zavarov (41), Belanov (49)

EAST GERMANY v ICELAND 2-0 (1-0)

Ernst-Thälmann, Karl-Marx Stadt   29.10.1986

Referee: Zoran Petrovic (YUG)   Attendance: 15,000

EAST GERMANY: René Müller (Cap); Frank Rohde; Detlef Schößler, Carsten Sänger (68 Dirk Stahmann), Matthias Döschner; Jörg Stübner, Rainer Ernst (85 Ralf Minge), Matthias Liebers; Ulf Kirsten, Frank Pastor, Andreas Thom.   Trainer: Bernd Stange

ICELAND: Bjarni Sigurdsson; Gunnar Gíslason, Saevar Jónsson, Atli Edvaldsson (Cap), Agust Már Jónsson; Omar Torfason, Ragnar Margeirsson, Pétur Ormslev, Sigurdur Jónsson; Gudni Bergsson (75 Gudmundur Torfason), Arnór Gudjohnsen.   Trainer: Siegfried Held

Goals: Thom (5), Kirsten (89)

FRANCE v ICELAND 2-0 (1-0)

Parc des Princes, Paris   29.04.1987

Referee: Frederick McKnight (NIR)   Attendance: 30,000

FRANCE: Joël Bats; Jean-Christophe Thouvenel, Basile Boli, Jean-François Domergue, Manuel Amoros; Luis Fernandez, José Touré, Michel Platini (Cap), Gérald Passi; Carmelo Micchiche, Yannick Stopyra (67 Jean-Pierre Papin).   Trainer: Henri Michel

ICELAND: Bjarni Sigurdsson; Gunnar Gíslason, Saevar Jónsson, Atli Edvaldsson (Cap), Agust Már Jónsson; Omar Torfason, Ragnar Margeirsson, Asgeir Sigurvinsson, Sigurdur Jónsson; Pétur Pétursson (76 Sigurdur Grétarsson), Arnór Gudjohnsen.   Trainer: Siegfried Held

Goals: Micchiche (37), Stopyra (65)

NORWAY v USSR 0-1 (0-1)
Ullevaal, Oslo   03.06.1987
Referee: Marcel Van Langenhove (BEL)   Attendance: 10,473

NORWAY: Erik Thorstvedt; Rune Bratseth (68 Hans Hermann Henriksen), Anders Giske, Terje Kojedal, Per Edmund Mordt; Kai Erik Herlovsen, Per Egil Ahlsen, Hallvar Thoresen (Cap), Kjetil Osvold (46 Arve Seland); Tom Sundby, Jørn Andersen.   Trainer: Tor Røste Fossen

USSR: Rinat Dasaev (Cap); Tengiz Sulakvelidze, Vagiz Hidiatullin, Oleg Kuznetsov; Vasiliy Rats, Sergei Rodionov, Sergei Aleinikov, Pavel Iakovenko (68 Anatoliy Demianenko), Aleksander Zavarov; Aleksei Mikhailichenko, Igor Belanov (78 Oleg Protasov).   Trainer: Valeriy Lobanovski

Goal: Zavarov (16)

USSR v FRANCE 1-1 (0-1)
V.I.Lenin, Moskva   09.09.1987
Referee: Gerassimos Germanakos (GRE)   Att: 85,596

USSR: Rinat Dasaev (Cap); Viktor Losev, Vagiz Hidiatullin, Oleg Kuznetsov, Vasiliy Rats, Vadim Tischenko (46 Igor Belanov), Gennadi Litovchenko, Pavel Iakovenko, Sergei Aleinikov; Oleg Protasov, Igor Dobrovolski (70 Aleksei Mikhailichenko).   Trainer: Valeriy Lobanovski

FRANCE: Joël Bats; William Ayache, Rémy Vogel, Basile Boli, Manuel Amoros; Luis Fernandez (Cap), Fabrice Poullain, José Touré (74 Jean-Philippe Rohr), Gérald Passi; Philippe Fargeon (87 Jean-Pierre Papin), Yannick Stopyra.
Trainer: Henri Michel

Goals: Touré (13), Mikhailichenko (77)

ICELAND v EAST GERMANY 0-6 (0-2)
Laugardalsvöllur, Reykjavík   03.06.1987
Referee: Henning Lund-Sørensen (DEN)   Attendance: 8,758

ICELAND: Bjarni Sigurdsson; Gunnar Gíslason, Saevar Jónsson, Atli Edvaldsson (Cap), Agust Már Jónsson; Omar Torfason, Ragnar Margeirsson (86 Pétur Arnthorsson), Asgeir Sigurvinsson (75 Lárus Gudmundsson), Sigurdur Jónsson; Pétur Pétursson, Arnór Gudjohnsen.   Trainer: Siegfried Held

EAST GERMANY: René Müller (Cap); Frank Rohde; Roland Kreer, Matthias Linder, Matthias Döschner; Rico Steinmann, Rainer Ernst, Jürgen Raab; Thomas Doll (77 Heiko Scholz), Ralf Minge (82 Ulf Kirsten), Andreas Thom.
Trainer: Bernd Stange

Goals: Minge (15), Thom (37, 69, 88), Doll (49), Döschner (85)

ICELAND v NORWAY 2-1 (1-1)
Laugardalsvöllur, Reykjavík   09.09.1987
Referee: Wilfred Wallace (IRE)   Attendance: 5,450

ICELAND: Bjarni Sigurdsson; Gunnar Gíslason, Saevar Jónsson, Atli Edvaldsson (Cap), Vidar Thorkelsson; Olafur Thórdarson, Sigurdur Jónsson, Ragnar Margeirsson (79 Pétur Arnthorsson), Pétur Ormslev; Pétur Pétursson, Gudmundur Torfason.   Trainer: Siegfried Held

NORWAY: Erik Thorstvedt; Hans Hermann Henriksen, Trond Sollied, Terje Kojedal, Per Edmund Mordt; Erik Soler (77 Jan Kristian Fjaerestad), Vegard Skogheim (74 Arne Erlandsen), Kai Erik Herlovsen (Cap), Kjetil Osvold; Jørn Andersen, Børre Meinseth.   Trainer: Tord Grip

Goals: Andersen (11), Pétursson (21), Ormslev (60)

NORWAY v FRANCE 2-0 (0-0)
Ullevaal, Oslo   16.06.1987
Referee: Werner Föckler (W. GER)   Attendance: 8,268

NORWAY: Erik Thorstvedt; Hans Hermann Henriksen, Terje Kojedal, Anders Giske, Per Egil Ahlsen; Jan Berg, Per Edmund Mordt, Tom Sundby, Hallvar Thoresen (Cap); Arve Seland (62 Kjetil Osvold), Jørn Andersen (89 Erik Soler).
Trainer: Tor Røste Fossen

FRANCE: Joël Bats; Jean-Christophe Thouvenel, Basile Boli, Jean-François Domergue, Manuel Amoros; Fabrice Poullain (81 Philippe Delamontagne), Jean Tigana (Cap), Jean-Marc Ferreri, Gérald Passi; Yannick Stopyra, Carmelo Micchiche (75 Philippe Fargeon).   Trainer: Henri Michel

Goals: Mordt (72), Andersen (80)

NORWAY v ICELAND 0-1 (0-1)
Ullevaal, Oslo   23.09.1987
Referee: Håkan Lundgren (SWE)   Attendance: 3,540

NORWAY: Erik Thorstvedt; Hans Hermann Henriksen, Rune Bratseth, Anders Giske (Cap), Per Edmund Mordt; Erik Soler, Kai Erik Herlovsen, Kjetil Osvold, Vegard Skogheim (46 Ulrich Møller); Tom Sundby (77 Jan Berg), Jørn Andersen.
Trainer: Tord Grip

ICELAND: Bjarni Sigurdsson; Gunnar Gíslason, Saevar Jónsson, Atli Edvaldsson (Cap), Vidar Thorkelsson; Olafur Thórdarson, Ragnar Margeirsson, Pétur Arnthorsson, Gudni Bergsson, Lárus Gudmundsson (85 Halldór Askelsson), Gudmundur Torfason.   Trainer: Siegfried Held

Sent off: Arnthorsson (90)

Goal: Edvaldsson (31)

EAST GERMANY v USSR 1-1 (1-0)
Friedrich-Ludwig-Jahn-Sportpark, Berlin 10.10.1987
Referee: Dusan Krchnak (CZE)   Attendance: 19,800
EAST GERMANY: René Müller (Cap); Uwe Zötzsche; Detlef Schößler, Ronald Kreer; Hans-Uwe Pilz (75 Jörg Stübner), Jürgen Raab (84 Ralf Minge), Matthias Liebers, Matthias Döschner; Ulf Kirsten, Andreas Thom, Thomas Doll. Trainer: Bernd Stange
USSR: Rinat Dasaev (Cap); Vladimir Bessonov, Vagiz Hidiatullin (70 Vasiliy Rats), Oleg Kuznetsov, Anatoliy Demianenko; Ivan Iaremchuk, Sergei Aleinikov, Aleksander Zavarov (60 Gennadi Litovchenko), Aleksei Mikhailichenko; Igor Dobrovolski, Oleg Protasov.   Trainer: Valeriy Lobanovski
Goals: Kirsten (44), Aleinikov (80)

EAST GERMANY v NORWAY 3-1 (2-1)
Ernst-Grube, Magdeburg 28.10.1987
Referee: Friedrich Kaupe (AUS)   Attendance: 7,500
EAST GERMANY: René Müller (Cap); Dirk Stahmann; Ronald Kreer, Matthias Döschner; Detlef Schößler, Hans-Uwe Pilz, Jürgen Raab, Matthias Liebers; Ulf Kirsten, Andreas Thom, Thomas Doll.   Trainer: Bernd Stange
NORWAY: Lars Gaute Bø; Terje Kojedal, Erik Soler, Rune Bratseth, Anders Giske (Cap), Per Edmund Mordt; Arne Erlandsen, Ulrich Møller (62 Jan Berg), Tom Sundby; Jan Kristian Fjaerestad, Børre Meinseth.
Goals: Kirsten (14, 54), Fjaerestad (32), Thom (34)

FRANCE v NORWAY 1-1 (0-0)
Parc des Princes, Paris 14.10.1987
Referee: Joaquín Ramón Marcos (SPA)   Attendance: 31,091
FRANCE: Bruno Martini; Luc Sonor, Basile Boli, Didier Sénac, Manuel Amoros; Luis Fernandez (Cap), Dominique Bijotat, José Touré; Philippe Anziani (53 Jean-Marc Ferreri), Eric Cantona, Philippe Fargeon.   Trainer: Henri Michel
NORWAY: Erik Thorstvedt; Terje Kojedal, Hans Hermann Henriksen, Anders Giske (Cap), Rune Bratseth, Per Edmund Mordt; Kai Erik Herlovsen (76 Erik Soler), Kjetil Osvold, Tom Sundby; Jan Berg (79 Vegard Skogheim), Børre Meinseth. Trainer: Tord Grip
Goals: Fargeon (63), Sundby (79)

FRANCE v EAST GERMANY 0-1 (0-0)
Parc des Princes, Paris 18.11.1987
Referee: Carlos Alberto da Silva Valente (POR)   Att: 18,000
FRANCE: Joël Bats; Sylvain Kastendeuch, Yvon Le Roux, Basile Boli; Manuel Amoros (Cap), Dominique Bijotat (76 Philippe Fargeon), Fabrice Poullain, Bernard Zénier, Bruno Germain; Eric Cantona, Bruno Bellone.   Trainer: Henri Michel
EAST GERMANY: René Müller (Cap); Dirk Stahmann; Ronald Kreer, Matthias Döschner, Uwe Zötzsche; Hans-Uwe Pilz, Matthias Liebers, Rico Steinmann; Ulf Kirsten, Ralf Minge (61 Rainer Ernst), Andreas Thom. Trainer: Bernd Stange
Goal: Ernst (90)

USSR v ICELAND 2-0 (1-0)
Lokomotiv, Simferopol 28.10.1987
Referee: Michal Listkiewicz (POL)   Attendance: 22,136
USSR: Rinat Dasaev (Cap); Vladimir Bessonov, Vagiz Hidiatullin, Alexander Bubnov, Anatoliy Demianenko; Vasiliy Rats (80 Pavel Iakovenko), Ivan Iaremchuk (71 Oleg Blohin), Gennadi Litovchenko, Sergei Aleinikov; Oleg Protasov, Igor Belanov.   Trainer: Valeriy Lobanovski
ICELAND: Bjarni Sigurdsson; Gunnar Gíslason, Saevar Jónsson (80 Thorvaldur Örlygsson), Atli Edvaldsson (Cap), Vidar Thorkelsson; Omar Torfason, Ragnar Margeirsson, Gudni Bergsson, Olafur Thórdarson; Lárus Gudmundsson (69 Rúnar Kristinsson), Gudmundur Torfason.
Trainer: Siegfried Held
Sent off: Arnthorsson (90)
Goals: Belanov (15), Protasov (52)

	P	W	D	L	F	A	Pts
USSR	8	5	3	0	14	3	13
East Germany	8	4	3	1	13	4	11
France	8	1	4	3	4	7	6
Iceland	8	2	2	4	4	14	6
Norway	8	1	2	5	5	12	4

GROUP 4

ENGLAND v NORTHERN IRELAND 3-0 (1-0)
Wembley, London   15.10.1986
Referee: Alphonse Constantin (BEL)   Attendance: 35,300
ENGLAND: Peter Shilton; Vivian Anderson, David Watson, Terence Butcher, Kenneth Sansom; Glenn Hoddle, Bryan Robson (Cap), Stephen Hodge; Gary Lineker, Peter Beardsley (84 Antony Cottee), Christopher Waddle.
Manager: Robert Robson
N. IRELAND: Philip Hughes; Gary Fleming, Nigel Worthington, John McClelland (Cap), Alan McDonald; Malachy Donaghy, Steven Penney (74 James Quinn), David Campbell, Colin Clarke; Norman Whiteside (84 Samuel McIlroy), Ian Stewart.   Manager: William Bingham
Goals: Lineker (33, 80), Waddle (78)

ENGLAND v YUGOSLAVIA 2-0 (1-0)
Wembley, London   12.11.1986
Referee: Franz Wöhrer (AUS)   Attendance: 60,000
ENGLAND: Christopher Woods; Vivian Anderson, Mark Wright, Terence Butcher (Cap), Kenneth Sansom; Glenn Hoddle, Gary Mabbutt, Stephen Hodge (82 Raymond Wilkins); Gary Lineker, Peter Beardsley, Christopher Waddle (79 Trevor Steven).   Manager: Robert Robson
YUGOSLAVIA: Mauro Ravnic; Zoran Vujovic, Mirsad Baljic, Refik Sabanadzovic, Marko Elzner, Faruk Hadzibegic; Srecko Katanec, Milan Jankovic; Haris Skoro (71 Semir Tuce, 73 Goran Juric), Blaz Sliskovic, Zlatko Vujovic (Cap).
Trainer: Ivan Osim
Goals: Mabbutt (21), Anderson (57)

YUGOSLAVIA v TURKEY 4-0 (2-0)
Poljud, Split   29.10.1986
Referee: Carlo Longhi (ITA)   Attendance: 11,270
YUGOSLAVIA: Mauro Ravnic; Zoran Vujovic, Mirsad Baljic, Refik Sabanadzovic, Marko Elzner; Milan Jankovic, Haris Skoro (55 Dejan Savicevic), Srecko Katanec; Radmilo Mihajlovic (65 Semir Tuce), Marko Mlinarić, Zlatko Vujović (Cap).   Trainer: Ivan Osim
TURKEY: Fatih Uraz; Ismail Demiriz, Yusuf Altintaş, Ismail Taniş, Erdogan Arica (Cap); Metin Tekin, Savaş Demiral, Ugur Tütüneker; Şenol Çorlu, Tanju Çolak (75 Semih Yuvakuran), Erdal Keser (70 Hasan Derviş).   Trainer: Coşkun Özari
Goals: Zl. Vujovic (25, 35, 84), Savicevic (75)

NORTHERN IRELAND v ENGLAND 0-2 (0-2)
Windsor Park, Belfast   01.04.1987
Referee: Emilio Soriano Aladren (SPA)   Attendance: 20,568
N. IRELAND: George Dunlop; Gary Fleming, Malachy Donaghy, John McClelland (Cap), Alan McDonald; Paul Ramsey, David Campbell (59 Daniel Wilson), David McCreery, Kevin Wilson; Norman Whiteside, Nigel Worthington.
Trainer: William Bingham
ENGLAND: Peter Shilton (46 Christopher Woods); Vivian Anderson, Mark Wright, Terence Butcher, Kenneth Sansom; Gary Mabbutt, Bryan Robson (Cap), Stephen Hodge; Gary Lineker, Peter Beardsley, Christopher Waddle.
Manager: Robert Robson
Goals: Robson (19), Waddle (43)

TURKEY v NORTHERN IRELAND 0-0
Atatürk, Izmir   12.11.1986
Referee: Dan Petrescu (ROM)   Attendance: 21,919
TURKEY: Fatih Uraz; Ismail Demiriz, Yusuf Altintaş (Cap), Ismail Taniş, Kadir Akbulut; Savaş Demiral, Ugur Tütüneker, Metin Tekin; Ridvan Erler, Tanju Çolak (46 Orhan Kapucu), Şenol Çorlu.   Trainer: Coşkun Özari
N. IRELAND: Philip Hughes; Malachy Donaghy, John McClelland (Cap), Alan McDonald, Nigel Worthington; Steven Penney, Daniel Wilson, David McCreery, David Campbell (74 Bernard McNally); Colin Clarke, James Quinn (77 Laurie Sánchez).   Manager: William Bingham

TURKEY v ENGLAND 0-0
Atatürk, Izmir   29.04.1987
Referee: L Valeri Butenko (USSR)   Attendance: 22,000
TURKEY: Fatih Uraz; Semih Yuvakuran, Ali Çoban, Erhan Önal (Cap), Ismail Demiriz, Riza Çalimbay, Savaş Demiral, Ugur Tütüneker; Hasan Dervis (87 Feyyaz Uçar), Erdal Keser, Iskender Gönen (79 Ilyas Tüfekçi).   Trainer: Mustafa Denizli
ENGLAND: Christopher Woods; Vivian Anderson, Antony Adams, Gary Mabbutt, Kenneth Sansom; Glenn Hoddle, Bryan Robson (Cap), Stephen Hodge (75 John Barnes); Gary Lineker, Clive Allen (75 Mark Hateley), Christopher Waddle.
Manager: Robert Robson

NORTHERN IRELAND v YUGOSLAVIA 1-2 (1-0)
Windsor Park, Belfast 29.04.1987
Referee: Werner Föckler (W. GER) Attendance: 5,462
N. IRELAND: George Dunlop; Gary Fleming, Malachy Donaghy, John McClelland (Cap), Alan McDonald (46 Paul Ramsey); David McCreery (76 Raymond McCoy), David Campbell, Kevin Wilson, Colin Clarke; Norman Whiteside, Nigel Worthington. Trainer: William Bingham
YUGOSLAVIA: Tomislav Ivkovic; Zoran Vujovic, Mirsad Baljic, Srecko Katanec (46 Zoran Vulic), Marko Elzner, Faruk Hadzibegic; Dragan Stojkovic, Milan Jankovic; Darko Pancev, Aljosa Asanovic (77 Admir Smajic), Zlatko Vujovic (Cap). Trainer: Ivan Osim
Goals: Clarke (39), Stojkovic (48), Zl. Vujovic (79)

YUGOSLAVIA v ENGLAND 1-4 (0-4)
Crvena Zvezda, Beograd 11.11.1987
Referee: Michel Vautrot (ENG) Attendance: 49,774
YUGOSLAVIA: Mauro Ravnic (46 Vladan Radacka); Marko Elzner (27 Milan Jankovic), Zoran Vujovic, Mirsad Baljic, Faruk Hadzibegic; Srecko Katanec, Dragan Stojkovic, Mehmed Bazdarevic, Marko Mlinaric, Fadilj Vokri, Zlatko Vujovic (Cap). Trainer: Ivan Osim
ENGLAND: Peter Shilton; Gary Stevens, Antony Adams, Terence Butcher, Kenneth Sansom; Trevor Steven, Neil Webb (83 Glenn Hoddle), Bryan Robson (Cap) (75 Peter Reid); John Barnes, Peter Beardsley, Gary Lineker.
Manager: Robert Robson
Goals: Beardsley (4), Barnes (17), Robson (20), Adams (24), Katanec (81)

YUGOSLAVIA v NORTHERN IRELAND 3-0 (2-0)
Grbavica, Sarajevo 14.10.1987
Referee: Klaus Peschel (E. GER) Attendance: 14,075
YUGOSLAVIA: Mauro Ravnic; Zoran Vujovic, Mirsad Baljic, Srecko Katanec, Faruk Hadzibegic, Ljubomir Radanovic; Borislav Cvetkovic, Marko Mlinaric (76 Dragoljub Brnovic); Fadilj Vokri (76 Dejan Savicevic), Mehmed Bazdarevic, Zlatko Vujovic (Cap). Trainer: Ivan Osim
N. IRELAND: Allen McKnight; Paul Ramsey, Nigel Worthington, Malachy Donaghy, Alan McDonald; David McCreery (Cap), David Campbell (55 Anton Rogan), Daniel Wilson, Colin Clarke (48 James Quinn); Bernard McNally, Kevin Wilson. Manager: William Bingham
Goals: Vokri (13, 35), Hadzibegic (73 pen)

NORTHERN IRELAND v TURKEY 1-0 (0-0)
Windsor Park, Belfast 11.11.1987
Referee: Peter Mikkelsen (DEN) Attendance: 3,941
N. IRELAND: Allen McKnight; Paul Ramsey, Nigel Worthington, John McClelland (Cap), Alan McDonald; Malachy Donaghy, Daniel Wilson (66 David Campbell), James Quinn, Colin Clarke; Norman Whiteside, Kevin Wilson (66 Lee Doherty). Manager: William Bingham
TURKEY: Okan Gedikali; Ismail Demiriz, Gökhan Gedikali, Yusuf Altintaş (Cap), Semih Yuvakuran, Riza Çalimbay, Savaş Demiral, Uğur Tütüneker, Metin Tekin (65 Hami Mandirali), Tanju Çolak (79 Ali Çoban), Erdal Keser.
Trainer: Mustafa Denizli
Goal: Quinn (47)

ENGLAND v TURKEY 8-0 (4-0)
Wembley, London 14.10.1987
Referee: Albert Thomas (HOL) Attendance: 42,528
ENGLAND: Peter Shilton; Gary Stevens, Antony Adams, Terence Butcher, Kenneth Sansom; Trevor Steven (46 Glenn Hoddle), Neil Webb, Bryan Robson (Cap); John Barnes, Peter Beardsley (73 Cyrille Regis), Gary Lineker.
Manager: Robert Robson
TURKEY: Fatih Uraz; Riza Çalimbay, Ali Çoban, Erhan Önal (Cap), Semih Yuvakuran; Ali Gültiken (35 Savaş Demiral), Ugur Tütüneker, Muhammet Altintaş; Erdal Keser, Kayhan Kaynak, Iskender Gönen (35 Tanju Çolak).
Trainer: Mustafa Denizli
Goals: Barnes (1, 28), Lineker (8, 42, 71), Robson (59), Beardsley (62), Webb (88)

TURKEY v YUGOSLAVIA 2-3 (0-2)
Atatürk, Izmir 16.12.1987
Referee: Bruno Galler (SWI) Attendance: 4,657
TURKEY: Okan Gedikali; Riza Çalimbay, Erhan Önal, Gökhan Gedikali, Yusuf Altintaş (Cap); Ünal Karaman, Ugur Tütüneker (46 Ali Gültiken), Erdal Keser (41 Savaş Demiral); Feyyaz Uçar, Tanju Çolak, Iskender Gönen.
Trainer: Mustafa Denizli
YUGOSLAVIA: Vladan Radacka; Dragoljub Brnovic, Miodrag Krivokapic, Srecko Katanec, Faruk Hadzibegic; Ljubomir Radanovic, Admir Smajic (75 Cede Janevski), Dejan Savicevic, Dragan Jakovljevic, Mehmed Bazdarevic (Cap); Haris Skoro (80 Predrag Juric). Trainer: Ivan Osim
Goals: Radanović (6), Katanec (41), Hadzibegic (55 pen), Yusuf (64), Feyyaz (73)

	P	W	D	L	F	A	Pts
England	6	5	1	0	19	1	11
Yugoslavia	6	4	0	2	13	9	8
Northern Ireland	6	1	1	4	2	10	3
Turkey	6	0	2	4	2	16	2

GROUP 5

GREECE v HUNGARY 2-1 (1-0)
Olympiako, Athina   12.11.1986

Referee: Velodi Miminoshvili (USSR)   Attendance: 16,666

GREECE: Andonis Minou; Stratos Apostolakis, Nikos Vamvakoulas, Stelios Manolas, Peter Mihos; Apostolos Papaioannou (64 Giorgos Skartados), Dimitris Saravakos, Kostas Andoniou, Nikos Anastopoulos (Cap); Anastasios Mitropoulos (78 Peter Xanthopoulos), Savas Kofidis.
Trainer: Miltos Papapostolou

HUNGARY: József Szendrei; Sándor Sallai, Antal Róth, Imre Garaba, Tamás Preszeller; Gyula Csonka (69 Károly Csapó), Gyözö Burcsa, Lajos Détári, Antal Nagy (Cap); Ferenc Mészáros, Márton Esterházy (46 Imre Boda).
Trainer: Imre Komora

Goals: Mitropoulos (38), Anastopoulos (65), Boda (73)

HUNGARY v HOLLAND 0-1 (0-0)
Népstadion, Budapest   15.10.1986

Referee: Bruno Galler (SWI)   Attendance: 20,000

HUNGARY: József Szendrei; Sándor Sallai, Attila Pintér, Antal Róth (46 József Keller), Tamás Preszeller; Imre Garaba (Cap), József Kardos, Lajos Détári; Kálmán Kovács, Imre Boda (65 József Szekeres), Márton Esterházy.
Trainer: Imre Komora

HOLLAND: Johannes van Breukelen; Franklin Rijkaard, Ronald Spelbos, Adrianus van Tiggelen, Jan Jacobus Silooy; Jan Wouters, Ronald Koeman, Ruud Gullit (Cap), Johannes van't Schip; Simon Tahamata (88 Wilbert Suvrijn), Marco van Basten.   Trainer: Marinus Michels

Goal: van Basten (68)

HOLLAND v POLAND 0-0
Olympisch, Amsterdam   19.11.1986

Referee: Joël Quiniou (FRA)   Attendance: 52,750

HOLLAND: Johannes van Breukelen; Franklin Rijkaard, Ronald Spelbos, Adrianus van Tiggelen, Jan Jacobus Silooy; Jan Wouters, Ronald Koeman (46 Jacobus Bosman), Ruud Gullit (Cap), Johannes van't Schip; Simon Tahamata (74 René van der Gijp), Marco van Basten.   Trainer: Marinus Michels

POLAND: Jacek Kazimierski; Krzysztof Pawlak, Roman Wójcicki, Pawel Król, Dariusz Wdowczyk, Waldemar Prusik, Andrzej Rudy (46 Ryszard Tarasiewicz), Jan Karas (Cap), Zbigniew Boniek; Dariusz Dziekanowski (66 Jan Urban), Wlodzimierz Smolarek.   Trainer: Wojciech Lazarek

POLAND v GREECE 2-1 (2-1)
Lech, Poznán   15.10.1986

Referee: Emilio Soriano Aladren (SPA)   Attendance: 31,000

POLAND: Jacek Kazimierski; Krzysztof Pawlak, Pawel Król, Marek Ostrowski; Waldemar Prusik, Waldemar Matysik (Cap), Jan Karas, Ryszard Tarasiewicz; Marek Lesniak, Dariusz Dziekanowski (46 Jan Urban), Wlodzimierz Smolarek (65 Krzysztof Baran).   Trainer: Wojciech Lazarek

GREECE: Andonis Minou; Peter Xanthopoulos, Nikos Alavandas, Stelios Manolas, Peter Mihos; Kostas Mavridis (73 Kostas Batsinilas), Dimitris Saravakos, Giorgos Skartados (82 Stratos Apostolakis), Nikos Anastopoulos (Cap); Kostas Andoniou, Savas Kofidis.   Trainer: Miltos Papapostolou

Goals: Dziekanowski (5 pen, 40 pen), Anastopoulos (13)

CYPRUS v GREECE 2-4 (2-1)
Makario, Nicosia   03.12.1986

Referee: Velitchko Tzonchev (BUL)   Attendance: 7,528

CYPRUS: Andreas Haritou; Antonis Elia (47 Stavros Papadopoulos), Costas Miamiliotis, Demetris Misos, Nikos Pantziaras (Cap); Yiannakis Yiangoudakis, Yiannakis Ioannou, Panayiotis Marangos, George Savvides; Floros Nicolaou (75 Andreas Andreou), Evagoras Christofi.
Trainer: Panikos Iakovou

GREECE: Andonis Minou; Stratos Apostolakis, Nikos Vamvakoulas, Stelios Manolas, Peter Mihos; Apostolos Papaioannou, Dimitris Saravakos (46 Kostas Batsinilas), Kostas Andoniou, Nikos Anastopoulos (Cap); Anastasios Mitropoulos (70 Thanasis Anastasiadis), Savas Kofidis.
Trainer: Miltos Papapostolou

Goals: Andoniou (12), Christofi (28), Savvides (41), Papaioannou (47), Batsinilas (74), Anastopoulos (85 pen)

CYPRUS v HOLLAND 0-2 (0-1)

Tsirion, Limassol 21.12.1986

Referee: Ion Igna (ROM)   Attendance: 7,483

CYPRUS: Andreas Haritou; Sotiris Tsikkos, Costas Miamiliotis, Demetris Misos, Avraam Socratous; Yiannakis Yiangoudakis (Cap), Pavlos Savva, Panayiotis Marangos (82 Floros Nicolaou), George Savvides; Yiannakis Ioannou, Evagoras Christofi.   Trainer: Panikos Iakovou

HOLLAND: Johannes van Breukelen; Franklin Rijkaard (66 Gerald Vanenburg), Ronald Spelbos, Adrianus van Tiggelen, Jan Jacobus Silooy; Jan Wouters, Ruud Gullit (Cap), Arnoldus Mühren; René van der Gijp, Jacobus Bosman, Simon Tahamata.   Trainer: Marinus Michels

Goals: Gullit (19), Bosman (73)

HOLLAND v GREECE 1-1 (0-1)

De Kuip, Rotterdam 25.03.1987

Referee: Carlo Longhi (ITA)   Attendance: 52,000

HOLLAND: Johannes van Breukelen; Ronald Koeman (71 Jacobus Bosman), Franklin Rijkaard, Ronald Spelbos, Jan Jacobus Silooy; Jan Wouters, Ruud Gullit (Cap), Arnoldus Mühren; René van der Gijp, Marco van Basten, Johannes van't Schip (82 Aron Winter).   Trainer: Marinus Michels

GREECE: Theologos Papadopulos; Stratos Apostolakis (71 Peter Xanthopoulos), Nikos Vamvakoulas, Stelios Manolas, Peter Mihos; Andreas Bonovas (82 Giorgos Skartados), Dimitris Saravakos, Kostas Andoniou, Nikos Anastopoulos (Cap); Anastasios Mitropoulos, Savas Kofidis.
Trainer: Miltos Papapostolou

Goals: Saravakos (5), van Basten (55)

GREECE v CYPRUS 3-1 (0-0)

Olympiako, Athina 14.01.1987

Referee: Helmut Kohl (AUS)   Attendance: 41,076

GREECE: Theologos Papadopulos; Stratos Apostolakis, Nikos Vamvakoulas, Stelios Manolas, Peter Mihos; Andreas Bonovas, Dimitris Saravakos, Kostas Andoniou, Nikos Anastopoulos (Cap); Apostolos Papaioannou (71 Anastasios Mitropoulos), Savas Kofidis (46 Kostas Batsinilas).
Trainer: Miltos Papapostolou

CYPRUS: Andreas Haritou; Charalambos Pittas, Costas Miamiliotis, Demetris Misos, Nikos Pantziaras (Cap); Yiannakis Yiangoudakis, Pavlos Savva, Panayiotis Marangos (83 Floros Nicolaou), George Savvides; Loizos Mavroudis (87 Christakis Georgiou), Evagoras Christofi.
Trainer: Panikos Iakovou

Goals: Anastopoulos (54, 66), Savva (60), Bonovas (63)

POLAND v CYPRUS 0-0

Lechia, Gdansk 12.04.1987

Referee: Simo Ruokonen (FIN)   Attendance: 25,000

POLAND: Jacek Kazimierski; Waldemar Prusik, Pawel Król, Jerzy Wijas, Dariusz Wdowczyk; Dariusz Dziekanowski (66 Leszek Iwanicki), Jan Karas (Cap), Jan Urban; Wlodzimierz Smolarek, Jan Furtok (46 Jacek Bayer), Miroslaw Okonski.
Trainer: Wojciech Lazarek

CYPRUS: Andreas Haritou; Costas Miamiliotis, Charalambos Pittas, Nikos Pantziaras (Cap), Demetris Misos; Yiannakis Yiangoudakis, Pavlos Savva, Panayiotis Marangos, George Savvides; Floros Nicolaou, Marios Tsingis (85 Kyriakos Pantziaras).   Trainer: Panikos Iakovou

CYPRUS v HUNGARY 0-1 (0-0)

Makarion, Nicosia 08.02.1987

Referee: Dragisa Komadinic (YUG)   Attendance: 4,100

CYPRUS: Andreas Haritou; George Lemesios, Charalambos Pittas, Demetris Misos, Avraam Socratous; Yiannakis Yiangoudakis (Cap), Pavlos Savva, Panayiotis Marangos (76 Floros Nicolaou), George Savvides; Loizos Mavroudis (50 Panikos Xiouroupas), Evagoras Christofi.
Trainer: Panikos Iakovou

HUNGARY: József Szendrei (Cap); Sándor Sallai, Gábor Hires, Antal Róth, Tamás Preszeller; Péter Hannich, István Varga, József Kardos, György Bognar (79 Imre Garaba), Imre Boda, Kálmán Kovács.   Trainer: József Verebes

Goal: Boda (50)

GREECE v POLAND 1-0 (0-0)

Olympiako, Athina 29.04.1987

Referee: Zoran Petrovic (YUG)   Attendance: 68,554

GREECE: Theologos Papadopulos; Nikos Alavandas, Nikos Vamvakoulas, Stelios Manolas, Peter Mihos; Andreas Bonovas, Dimitris Saravakos (88 Apostolos Papaioannou), Kostas Andoniou, Nikos Anastopoulos (Cap); Giorgos Skartados (73 Peter Xanthopoulos), Savas Kofidis.
Trainer: Miltos Papapostolou

POLAND: Jacek Kazimierski; Krzysztof Pawlak, Roman Wójcicki, Pawel Król, Dariusz Wdowczyk; Dariusz Dziekanowski, Waldemar Matysik (Cap), Ryszard Tarasiewicz, Marek Ostrowski (59 Waldemar Prusik); Jan Furtok (67 Marek Lesniak), Wlodzimierz Smolarek.   Trainer: Wojciech Lazarek

Goal: Saravakos (52)

HOLLAND v HUNGARY 2-0 (2-0)
De Kuip, Rotterdam   29.04.1987
Referee: George Courtney (ENG)   Attendance: 47,500

HOLLAND: Johannes Hiele; Ronald Koeman, Franklin Rijkaard, Adrianus van Tiggelen, Jan Jacobus Silooy; Jan Wouters, Ruud Gullit (Cap), Gerald Vanenburg, Arnoldus Mühren; Marco van Basten, Johannes van't Schip (88 René van der Gijp).   Trainer: Marinus Michels

HUNGARY: József Szendrei (Cap); Sándor Sallai (40 Tibor Végh), Gábor Hires, Imre Garaba, Tamás Preszeller; Péter Hannich, József Kardos, Zoltán Péter (70 Györy Burcsa), Lajos Détári; József Kiprich, Kálmán Kovács.
Trainer: József Verebes

Goals: Gullit (36), Mühren (40)

HUNGARY v POLAND 5-3 (1-1)
Népstadion, Budapest   17.05.1987
Referee: Adolf Prokop (E. GER)   Attendance: 5,900

HUNGARY: József Gáspár; Tibor Farkas, Gábor Hires, Attila Szalai; Sándor Rostás (46 Rezsö Kékesi), Imre Garaba (Cap), Lajos Détári, Zoltán Péter (69 Tamás Preszeller); József Kiprich, Istvan Vincze, József Szekeres.
Trainer: József Verebes

POLAND: Józef Wandzik; Krzysztof Pawlak, Roman Wójcicki, Pawel Król, Dariusz Wdowczyk; Waldemar Prusik, Waldemar Matysik (Cap), Ryszard Tarasiewicz (46 Marek Lesniak), Jan Urban (64 Kazimierz Przybys); Dariusz Marciniak, Wlodzimierz Smolarek.
Trainer: Wojciech Lazarek

Goals: Marciniak (27), Vincze (39), Smolarek (54), Détári (61 pen, 76), Péter (66), Wójcicki (81), Preszeller (83)

POLAND v HUNGARY 3-2 (1-1)
Wojska Polskiego, Warszawa   23.09.1987
Referee: Ishan Tuere (TUR)   Attendance: 10,000

POLAND: Józef Wandzik; Jacek Grembocki, Józef Dankowski (46 Jaroslaw Araszkiewicz), Pawel Król, Wieslaw Cisek (66 Czeslaw Jakolcewicz); Ryszard Tarasiewicz, Andrzej Iwan, Waldemar Prusik (Cap), Jan Urban; Dariusz Dziekanowski, Marek Lesniak.   Trainer: Wojciech Lazarek

HUNGARY: Péter Disztl; Arpád Toma, Sándor Sallai, Imre Garaba (Cap), Ervin Kovács, Zoltán Péter; Attila Herédi, Lajos Détári, György Bognár (81 József Fitos); Ferenc Mészáros, József Szekeres (81 György Handel).   Trainer: József Garami

Goals: Dziekanowski (6), Bognár (10), Tarasiewicz (58), Lesniak (62), Mészáros (64)

HUNGARY v GREECE 3-0 (3-0)
Népstadion, Budapest   14.10.1987
Referee: Dieter Pauly (W. GER)   Attendance: 15,000

HUNGARY: Péter Disztl; Sándor Sallai, Arpád Toma, Imre Garaba (Cap), Zoltán Péter; Attila Herédi, György Bognár, Lajos Détári, Ferenc Mészáros; József Kiprich, Gyula Hajszán (81 Kálmán Kovács).   Trainer: József Garami

GREECE: Theologos Papadopulos; Petros Xanthopoulos (81 Stratos Apostolakis), Nikos Vamvakoulas, Stelios Manolas, Peter Mihos; Andreas Bonovas, Dimitris Saravakos, Kostas Andoniou (46 Kostas Mavridis), Nikos Anastopoulos (Cap); Anastasios Mitropoulos, Savas Kofidis.
Trainer: Miltos Papapostolou

Goals: Détári (4), Bognár (12), Mészáros (15)

POLAND v HOLLAND 0-2 (0-2)
Górnik, Zabrze   14.10.1987
Referee: Robert Valentine (SCO)   Attendance: 15,000

POLAND: Marek Szczech; Kazimierz Przybys, Pawel Król, Waldemar Prusik (Cap), Marek Kostrzewa; Jan Karas (46 Czeslaw Jakolcewicz), Ryszard Tarasiewicz, Andrzej Iwan, Jan Urban; Dariusz Dziekanowski, Jaroslaw Araszkiewicz (68 Ryszard Robakiewicz).   Trainer: Wojciech Lazarek

HOLLAND: Johannes van Breukelen; Ronald Koeman, Ronald Spelbos, Adrianus van Tiggelen, Jan Jacobus Silooy; Gerald Vanenburg, Hubertus van Aerle, Arnoldus Mühren, Johannes van't Schip; Ruud Gullit (Cap), Marco van Basten (80 Aron Winter).   Trainer: Marinus Michels

Goals: Gullit (31, 38)

HOLLAND v CYPRUS 8-0 (4-0)
De Kuip, Rotterdam   28.10.1987
Referee: Roger Philippi (LUX)   Attendance: 49,670

HOLLAND: Johannes van Breukelen; Ronald Koeman, Ronald Spelbos, Adrianus van Tiggelen, Jan Jacobus Silooy; Hubertus van Aerle, Arnoldus Mühren, Gerald Vanenburg; Jacobus Bosman, Ruud Gullit (Cap) (84 Johannes Gillhaus), Johannes van't Schip.   Trainer: Marinus Michels

CYPRUS: Andreas Haritou (3 Antonis Kleftis); Charalambos Pittas, Costas Miamiliotis, Demetris Misos, Avraam Socratous; Yiannakis Yiangoudakis (Cap), Pavlos Savva, Christakis Christoforou, George Savvides; Loizos Mavroudis, Evagoras Christofi.   Trainer: Takis Charalambous

Goals: Bosman (1, 38, 53, 60, 67), Gullit (20), Spelbos (40), van't Schip (47)

Haritou was injured by a smokebomb, CYPRUS left the stadium and returned after one hour. The match was awarded 3-0 to CYPRUS but, after the Dutch appealed, the match was replayed behind closed doors.

CYPRUS v POLAND 0-1 (0-0)

Tsirion, Limassol   11.11.1987

Referee: Dimitar Charlathki (BUL)   Attendance: 2,497

CYPRUS: Andreas Haritou; Charalambos Pittas, Costas Miamiliotis, Christakis Christoforou, Avraam Socratous; Yiannakis Yiangoudakis (Cap), Pavlos Savva, Floros Nicolaou (75 Marios Tsingis), George Savvides; Loizos Mavroudis, Panayiotis Xiouroupas (60 George Mavroudis).
Trainer: Takis Charalambous

POLAND: Józef Wandzik; Waldemar Prusik (Cap), Pawel Król, Witold Wenclewski, Dariusz Wdowczyk; Ryszard Tarasiewicz, Andrzej Rudy, Dariusz Dziekanowski, Jan Urban (59 Krzysztof Warzycha), Marek Lesniak, Jaroslaw Araszkiewicz (46 Robert Warzycha).
Trainer: Wojciech Lazarek

Goal: Lesniak (73)

HUNGARY v CYPRUS 1-0 (0-0)

Üllöi ut, Budapest   02.12.1987

Referee: Dan Petrescu (ROM)   Attendance: 3,000

HUNGARY: Péter Disztl; Sándor Sallai (Cap), Arpád Toma, Ervin Kovács, József Keller; József Fitos, Lajos Détári (80 István Vincze), György Bognár; József Kiprich, Ferenc Mészáros (46 Gyula Hajszán), Kálmán Kovács.
Trainer: József Garami

CYPRUS: George Pantziaras; Charalambos Pittas, Costas Miamiliotis, Demetris Misos, Avraam Socratous; Yiannakis Yiangoudakis (Cap), Pavlos Savva, Floros Nicolaou, Panayiotis Xiouroupas (69 George Mavroudis); Loizos Mavroudis (87 Christakis Christoforou), Marios Tsingis.
Trainer: Takis Charalambous

Goal: Kiprich (90)

HOLLAND v CYPRUS 4-0 (2-0)

Ajax, Amsterdam   09.12.1987

Referee: Ivan Gregr (CZE)   Attendance: 300 (closed doors)

HOLLAND: Johannes van Breukelen; Aron Winter, Adrianus van Tiggelen, Jan Jacobus Silooy; Hubertus van Aerle, Ronald Koeman, Arnoldus Mühren, Gerald Vanenburg; Ruud Gullit (Cap), Jacobus Bosman, Johannes van't Schip.
Trainer: Marinus Michels

CYPRUS: George Pantziaras; Antonis Elia, Charalambos Pittas, Demetris Misos, Avraam Socratous; Yiannakis Yiangoudakis (Cap) (57 Ara Petrosian), Pavlos Savva, George Christodoulou, Floros Nicolaou; Loizos Mavroudis (/Kap), Marios Tsingis (85 George Savva).
Trainer: Takis Charalambous

Goals: Bosman (34, 45, 66), Koeman (63 pen)

GREECE v HOLLAND 0-3 (0-1)

Diagoras, Ródos   16.12.1987

Referee: Keith Hackett (ENG)   Attendance: 4,000

GREECE: Hristos Mihail; Iakovos Hatziathanasiou, Lisandros Georgamlis, Pagonis Vakalopoulos, George Mitsimbonas (Cap); Giannis Kalitzakis (31 Theodoros Pahaturidis), Pavlos Papaioannou (12 Sotiris Mavromatis), Vangelis Vlahos, Thanasis Kanaras; Mihalis Ziogas, Giannis Samaras.
Trainer: Miltos Papapostolou

HOLLAND: Johannes van Breukelen; Jacob Lankhaar, Ronald Koeman (Cap), Adrianus van Tiggelen, Jacob Troost (63 Johannes de Wolf); Gerald Vanenburg, Hubertus van Aerle (63 Johannes Gillhaus), Hendrik Krüzen, Johannes van't Schip; Aron Winter, Jacobus Bosman.
Trainer: Marinus Michels

Goals: Koeman (19), Gillhaus (76, 81)

	P	W	D	L	F	A	Pts
Holland	8	6	2	0	15	1	14
Greece	8	4	1	3	12	13	9
Poland	8	3	2	3	9	11	8
Hungary	8	4	0	4	13	11	8
Cyprus	8	0	1	7	3	16	1

GROUP 6

FINLAND v WALES 1-1 (1-0)

Olympia, Helsinki   10.09.1986

Referee: Gerald Losert (AUS)   Attendance: 9,840

FINLAND: Kari Laukkanen; Jari Europaeus, Esa Pekonen, Jukka Ikäläinen (Cap), Erkka Petäjä; Pasi Tauriainen, Markus Törnvall, Kari Ukkonen, Ari Hjelm; Mika Lipponen (76 Ari Valvee), Jari Rantanen.   Trainer: Martti Kuusela

WALES: Martin Thomas; Kenneth Jackett, Kevin Ratcliffe (Cap), Jeremy Charles, Robert James; Peter Nicholas, Clayton Blackmore (81 Stephen Lowndes), Mark Aizelwood, David Williams (52 Neil Slatter); Ian Rush, Dean Saunders.
Manager: Harold Michael "Mike" England

Goals: Hjelm (11), Slatter (66)

CZECHOSLOVAKIA v FINLAND 3-0 (2-0)
"Za Luzánkami", Brno   15.10.1986

Referee: Gerassimos Germanakos (GRE)   Att: 25,600

CZECHOSLOVAKIA: Ludek Miklosko; Stanislav Levy, Jozef Chovanec, Frantisek Straka, Jan Fiala (Cap); Karel Kula, Ivan Hasek, Lubos Kubík (76 Jirí Ondra); Petr Janecka, Tomás Skuhravy (82 Stanislav Griga), Ivo Knoflícek.
Trainer: Josef Masopust

FINLAND: Kari Laukkanen; Jari Europaeus, Esa Pekonen, Jukka Ikäläinen (Cap), Erkka Petäjä; Markus Törnvall, Kari Ukkonen, Pasi Tauriainen (34 Ari Valvee), Ari Hjelm (4 Petri Tiainen); Jari Rantanen, Mika Lipponen.
Trainer: Martti Kuusela

Sent off: Valvee (84)

Goals: Janecka (38), Knoflícek (43), Kula (67)

WALES v FINLAND 4-0 (2-0)
The Racecourse Ground, Wrexham   01.04.1987

Referee: Ignatius Van Swieten (HOL)   Attendance: 7,696

WALES: Neville Southall; Kenneth Jackett, Clayton Blackmore, Patrick Van den Hauwe (11 Mark Aizelwood), Kevin Ratcliffe (Cap); David Phillips, Peter Nicholas, Robert James, Glyn Hodges; Ian Rush, Andrew Jones.
Trainer: Mike England

FINLAND: Kari Laukkanen; Jari Europaeus, Esa Pekonen, Jukka Ikäläinen (Cap), Erkka Petäjä; Hannu Turunen (70 Ismo Lius), Erik Holmgren, Pasi Tauriainen, Petri Tiainen (60 Mika Lipponen); Ari Hjelm, Jari Rantanen. Trainer: Martti Kuusela

Goals: Rush (14), Hodges (28), Phillips (64), Jones (73)

DENMARK v FINLAND 1-0 (0-0)
Idraetsparken, København   29.10.1986

Referee: Oliver Donnely (NIR)   Attendance: 40,300

DENMARK: Troels Rasmussen; John Sivebaek, Søren Busk, Morten Olsen (Cap), Ivan Nielsen; Jan Mølby, Jens Jørn Bertelsen, Søren Lerby, Frank Arnesen (78 Henrik Andersen); John Eriksen, Claus Nielsen (81 Steen Tychosen).
Trainer: Josef Piontek

FINLAND: Kari Laukkanen; Jari Europaeus, Esa Pekonen, Jukka Ikäläinen (Cap), Erkka Petäjä; Petri Tiainen, Markus Törnvall (70 Pasi Tauriainen), Kari Ukkonen, Ari Hjelm; Jari Rantanen, Mika Lipponen (77 Ari Jalasvaara).
Trainer: Martti Kuusela

Goal: Bertelsen (67)

FINLAND v DENMARK 0-1 (0-0)
Olympia, Helsinki   29.04.1987

Referee: Dimitar Dimitrov (BUL)   Attendance: 25,372

FINLAND: Kari Laukkanen; Jari Europaeus, Aki Lahtinen, Jukka Ikäläinen (Cap), Erkka Petäjä; Esa Pekonen, Kari Ukkonen, Petri Tiainen (65 Ari Valvee), Mika Lipponen (65 Ari Hjelm); Jari Rantanen, Ismo Lius.
Trainer: Martti Kuusela

DENMARK: Troels Rasmussen; Søren Busk; Morten Olsen (Cap), Ivan Nielsen, Jan Heintze; Klaus Berggreen (78 John Sivebaek), Jan Mølby, Jens Jørn Bertelsen, Søren Lerby (42 Lars Lunde); John Eriksen, Frank Arnesen.
Trainer: Josef Piontek

Goal: Mølby (53)

CZECHOSLOVAKIA v DENMARK 0-0
Tehelné pole, Bratislava   12.11.1986

Referee: Alexis Ponnet (BEL)   Attendance: 45,000

CZECHOSLOVAKIA: Ludek Miklosko; Stanislav Levy, Jozef Chovanec, Frantisek Straka, Jan Fiala (Cap); Ivan Hasek, Lubos Kubík (75 Jirí Ondra), Karel Kula; Petr Janecka, Tomás Skuhravy (80 Stanislav Griga), Ivo Knoflícek.
Trainer: Josef Masopust

DENMARK: Troels Rasmussen; Søren Busk; Morten Olsen (Cap), Ivan Nielsen, Søren Lerby; Klaus Berggreen, Jan Mølby (46 Henrik Andersen), Jens Jørn Bertelsen, Frank Arnesen; Michael Laudrup (88 Jesper Olsen), Preben Elkjær Larsen.
Trainer: Josef Piontek

WALES v CZECHOSLOVAKIA 1-1 (0-0)
The Racecourse Ground, Wrexham   29.04.1987

Referee: Krzysztof Czemarmazowicz (POL)   Att: 14,150

WALES: Neville Southall; Neil Slatter, Kevin Ratcliffe (Cap), Patrick Van den Hauwe, Clayton Blackmore; David Phillips, Robert James, Peter Nicholas, Glyn Hodges; Ian Rush, Leslie Mark Hughes (78 Andrew Jones).   Trainer: Mike England

CZECHOSLOVAKIA: Ludek Miklosko; Jozef Chovanec, Frantisek Straka, Josef Novák; Ivan Hasek, Karel Kula, Lubos Kubík, Jan Fiala (Cap); Petr Janecka (88 Milan Luhovy), Tomás Skuhravy (82 Miroslav Kadlec), Ivo Knoflícek.
Trainer: Josef Masopust

Goals: Knoflícek (75), Rush (83)

DENMARK v CZECHOSLOVAKIA 1-1 (1-0)

Idraetsparken, København   03.06.1987

Referee: Claudio Pieri (ITA)   Attendance: 46,600

DENMARK: Troels Rasmussen; Søren Busk; Morten Olsen (Cap), Ivan Nielsen; John Sivebaek, Jan Mølby, Jens Jørn Bertelsen, Frank Arnesen, Søren Lerby; Flemming Povlsen (67 Jesper Olsen), Preben Elkjær Larsen (87 John Eriksen).
Trainer: Josef Piontek

CZECHOSLOVAKIA: Ludek Miklosko; Jozef Chovanec, Frantisek Straka, Josef Novák; Ivan Hasek, Karel Kula (83 Julius Bielik), Lubos Kubík, Jan Fiala (Cap); Petr Janecka, Tomás Skuhravy (46 Karel Jarolím), Ivo Knoflícek.
Trainer: Josef Masopust

Goals: Mølby (17), Hasek (49)

DENMARK v WALES 1-0 (0-0)

Idraetsparken, København   14.10.1987

Referee: Ion Igna (ROM)   Attendance: 44,500

DENMARK: Troels Rasmussen; John Sivebaek, Morten Olsen (Cap), Ivan Nielsen; Per Frimann, John Jensen, Søren Lerby, Jesper Olsen, Jan Heintze (46 Flemming Povlsen); Preben Elkjær Larsen, Michael Laudrup (85 Lars Olsen).
Trainer: Josef Piontek

WALES: Edward Niedzwicki; Neil Slatter, Clayton Blackmore, Kevin Ratcliffe (Cap), Patrick Van den Hauwe; David Phillips, Robert James (72 Andrew Jones), Peter Nicholas, Kenneth Jackett (64 Glyn Hodges); Ian Rush, Leslie Mark Hughes.
Trainer: Mike England

Goal: Elkjær Larsen (50)

WALES v DENMARK 1-0 (1-0)

Ninian Park, Cardiff   09.09.1987

Referee: Siegfried Kirschen (E. GER)   Attendance: 20,535

WALES: Neville Southall; Neil Slatter, Clayton Blackmore, Kevin Ratcliffe (Cap), Patrick Van den Hauwe; Robert James (88 Barry Horne), David Phillips, Peter Nicholas, Andrew Jones; Leslie Mark Hughes, Glyn Hodges (71 Mark Aizelwood)
Trainer: Mike England

DENMARK: Troels Rasmussen; John Sivebaek, Morten Olsen (Cap), Ivan Nielsen, Kent Nielsen, Søren Lerby; Klaus Berggreen, Jens Jørn Bertelsen, Michael Laudrup (46 John Jensen); Flemming Povlsen (66 Claus Nielsen), Preben Elkjær Larsen.   Trainer: Josef Piontek

Goal: Hughes (19)

CZECHOSLOVAKIA v WALES 2-0 (1-0)

Sparta, Praha   11.11.1987

Referee: Erik Fredriksson (SWE)   Attendance: 6,433

CZECHOSLOVAKIA: Ludek Miklosko; Josef Novák, Miroslav Kadlec, Frantisek Straka; Stanislav Levy, Ivan Hasek, Jozef Chovanec (Cap), Lubomír Moravcík (71 Karel Kula), Michal Bílek; Tomás Skuhravy, Ivo Knoflícek.
Trainer: Josef Masopust

WALES: Neville Southall; Neil Slatter (46 Andrew Jones), Kevin Ratcliffe (Cap), Patrick Van den Hauwe, Kenneth Jackett; Geraint Williams, Peter Nicholas, Clayton Blackmore (66 Glyn Hodges), David Phillips; Ian Rush, Leslie Mark Hughes.   Trainer: Mike England

Goals: Knoflícek (32), Bílek (90)

FINLAND v CZECHOSLOVAKIA 3-0 (1-0)

Olympia, Helsinki   09.09.1987

Referee: Neil Midgley (ENG)   Attendance: 6,430

FINLAND: Kari Laukkanen; Jari Europaeus, Aki Lahtinen, Jukka Ikäläinen (Cap), Erkka Petäjä; Erik Holmgren, Pasi Rautiainen (63 Markku Kanerva), Petri Tiainen, Ari Hjelm; Jari Rantanen, Ismo Lius.   Trainer: Martti Kuusela

CZECHOSLOVAKIA: Ludek Miklosko; Jan Fiala, Jozef Chovanec (Cap), Frantisek Straka, Josef Novák; Karel Kula (75 Pavel Chaloupka), Karel Jarolím, Lubos Kubík (64 Ivan Hasek); Petr Janecka, Tomás Skuhravy, Ivo Knoflícek.
Trainer: Josef Masopust

Goals: Hjelm (28), Lius (72), Tiainen (82)

	P	W	D	L	F	A	Pts
Denmark	6	3	2	1	4	2	8
Czechoslovakia	6	2	3	1	7	5	7
Wales	6	2	2	2	7	5	6
Finland	6	1	1	4	4	10	3

GROUP 7

SCOTLAND v BULGARIA 0-0
Hampden Park, Glasgow   10.09.1986
Referee: Erik Fredriksson (SWE)   Attendance: 35,076
SCOTLAND: James Leighton; Richard Gough, David Narey, William Miller (Cap), Maurice Malpas; Gordon Strachan, Paul McStay, Robert Aitken, David Cooper; Charles Nicholas (53 Kenneth Dalglish), Maurice Johnston.
Trainer: Andrew Roxburgh
BULGARIA: Borislav Mihailov; Plamen Nikolov, Georgi Dimitrov (Cap), Nikolai Iliev, Petar Petrov; Hristo Kolev, Nasko Sirakov, Plamen Simeonov (78 Georgi Karushev), Anio Sadkov; Petar Aleksandrov (87 Lachezar Tanev), Ilia Voinov.
Trainer: Hristo Mladenov

EIRE v SCOTLAND 0-0
Lansdowne Road, Dublin   15.10.1986
Referee: Einar Halle (NOR)   Attendance: 47,500
EIRE: Patrick Bonner; David Langan, Michael McCarthy, Kevin Moran (72 Gerard Daly), James Beglin; Paul McGrath, Raymond Houghton, William Brady, Kevin Sheedy; Frank Stapleton (Cap), John Aldridge.   Trainer: Jack Charlton
SCOTLAND: James Leighton; Raymond Stewart, Richard Gough, Alan Hansen, David Narey; Paul McStay, Gordon Strachan, Robert Aitken (Cap), Murdo MacLeod; Graeme Sharp, Maurice Johnston.   Trainer: Andrew Roxburgh

BELGIUM v EIRE 2-2 (1-1)
Heizel, Brussel   10.09.1986
Referee: Ion Igna (ROM)   Attendance: 22,212
BELGIUM: Jean-Marie Pfaff; Frank Van der Elst, Georges Grün, Leo Clysters, Stéphane Demol, Patrick Vervoort; Vincenzo Scifo, Jan Ceulemans (Cap), Frank Vercauteren; Nico Claesen, Philippe Desmet.   Trainer: Guy Thys
EIRE: Patrick Bonner; David Langan, Mark Lawrenson, Kevin Moran, Christopher Hughton (82 James Beglin); Paul McGrath, Raymond Houghton, William Brady, Anthony Galvin (81 Ronald Whelan); Frank Stapleton (Cap), John Aldridge.   Trainer: Jack Charlton
Goals: Claesen (14), Stapleton (18), Scifo (71), Brady (90 pen)

SCOTLAND v LUXEMBOURG 3-0 (2-0)
Hampden Park, Glasgow   12.11.1986
Referee: Eysteinn Gudmundsson (ICE)   Attendance: 35,028
SCOTLAND: James Leighton; Raymond Stewart, Murdo MacLeod (64 Alistair McCoist), Richard Gough, Alan Hansen (46 Paul McStay); Patrick Nevin, Brian McClair, Robert Aitken (Cap), David Cooper; Kenneth Dalglish, Maurice Johnston.
Trainer: Andrew Roxburgh
LUXEMBOURG: John Van Rijswijck; Marcel Bossi, Gianni Di Pentima, Hubert Meunier (Cap), Laurent Schonckert; Guy Hellers, Carlo Weis, Jean-Pierre Barboni, Théo Scholten (89 Jeff Saibene); Théo Malget (79 Gérard Jeitz), Robert Langers.
Trainer: Paul Philipp
Goals: Cooper (24 pen, 38), Johnston (70)

LUXEMBOURG v BELGIUM 0-6 (0-3)
Stade Municipal, Luxembourg   14.10.1986
Referee: Krzysztof Czemarmazowicz (POL)   Att: 9,534
LUXEMBOURG: John Van Rijswijck; Marcel Bossi, Hubert Meunier (Cap), Laurent Schonckert; Jean-Pierre Barboni, Jean-Paul Girres, Jeff Saibene (73 Marc Thome), Carlo Weis, Théo Malget; Robert Langers, Jeannot Reiter (58 Théo Scholten).   Trainer: Paul Philipp
BELGIUM: Jacques Munaron; Leo Clysters, Eric Gerets, Stéphane Demol (50 Georges Grün), Patrick Vervoort; Vincenzo Scifo (55 Leo Van der Elst), Jan Ceulemans (Cap), Frank Vercauteren; Philippe Desmet, Nico Claesen, Erwin Vandenbergh.   Trainer: Guy Thys
Goals: Gerets (5), Claesen (9, 53, 88 pen), Vercauteren (40), Ceulemans (85)

BELGIUM v BULGARIA 1-1 (0-0)
Heizel, Brussel   19.11.1986
Referee: Victoriano Sánchez Arminio (SPA)   Att: 22,780
BELGIUM: Jean-Marie Pfaff; Leo Clysters (46 Michel Renquin), Eric Gerets, Stéphane Demol, Patrick Vervoort; Vincenzo Scifo, Pierre Janssens, Jan Ceulemans (Cap), Frank Vercauteren; Nico Claesen, Philippe Desmet (56 Georges Grün).   Trainer: Guy Thys
BULGARIA: Borislav Mihailov; Plamen Nikolov, Georgi Dimitrov (Cap), Nikolai Iliev, Petar Petrov; Hristo Kolev, Nasko Sirakov, Plamen Simeonov, Anio Sadkov; Petar Aleksandrov (58 Lachezar Tanev), Bojidar Iskrenov (87 Ilia Voinov).   Trainer: Hristo Mladenov
Goals: Janssens (48), Tanev (63)

SCOTLAND v EIRE 0-1 (0-1)

Hampden Park, Glasgow   18.02.1987

Referee: Henrik van Ettekoven (HOL)   Attendance: 40,081

SCOTLAND: James Leighton; Raymond Stewart, Richard Gough, Alan Hansen, Maurice Malpas (67 Alistair McCoist); Gordon Strachan, Robert Aitken (Cap), Patrick Nevin, David Cooper (46 Paul McStay); Brian McClair, Maurice Johnston.   Trainer: Andrew Roxburgh

EIRE: Patrick Bonner; Paul McGrath, Michael McCarthy, Kevin Moran, Ronald Whelan; Raymond Houghton, Mark Lawrenson, William Brady (61 John Byrne), Anthony Galvin; Frank Stapleton (Cap), John Aldridge.   Trainer: Jack Charlton

Goal: Lawrenson (8)

EIRE v BELGIUM 0-0

Lansdowne Road, Dublin   29.04.1987

Referee: Heinz Holzmann (AUS)   Attendance: 44,500

EIRE: Patrick Bonner; John Anderson, Kevin Moran, Michael McCarthy, Ronald Whelan; Paul McGrath, William Brady (77 John Byrne), Raymond Houghton, Anthony Galvin; Frank Stapleton (Cap), John Aldridge.   Trainer: Jack Charlton

BELGIUM: Jean-Marie Pfaff; Leo Clysters, Eric Gerets, Georges Grün, Philippe Albert (66 Pierre Janssens), Patrick Vervoort; Vincenzo Scifo, Jan Ceulemans (Cap), Frank Vercauteren; Nico Claesen, Philippe Desmet.   Trainer: Guy Thys

BULGARIA v EIRE 2-1 (1-0)

Vasil Levski, Sofia   01.04.1987

Referee: Carlos Alberto da Silva Valente (POR)   Att: 35,247

BULGARIA: Borislav Mihailov; Plamen Nikolov, Georgi Dimitrov (Cap), Nikolai Iliev, Krasimir Bezinski; Hristo Kolev, Nasko Sirakov, Plamen Simeonov (65 Ilia Voinov), Anio Sadkov; Lachezar Tanev, Bojidar Iskrenov (62 Petar Aleksandrov).   Trainer: Hristo Mladenov

EIRE: Patrick Bonner; John Anderson, Kevin Moran, Michael McCarthy, Christopher Hughton; Ronald Whelan, Paul McGrath, William Brady, Anthony Galvin; Frank Stapleton (Cap) (84 Niall Quinn), John Aldridge.   Trainer: Jack Charlton

Goals: Sadkov (41), Stapleton (52), Tanev (81 pen)

LUXEMBOURG v BULGARIA 1-4 (0-0)

Stade Municipal, Luxembourg   30.04.1987

Referee: Gudmundur Haraldsson (ICE)   Attendance: 1,920

LUXEMBOURG: John Van Rijswijck; Laurent Schonckert, Marcel Bossi, Carlo Weis, Gilbert Dresch (Cap) (72 Gérard Jeitz); Jean-Paul Girres (87 Patrick Juchem), Guy Hellers, Jean-Pierre Barboni, Robert Langers; Théo Malget, Jeannot Reiter.   Trainer: Paul Philipp

BULGARIA: Borislav Mihailov; Plamen Nikolov, Georgi Dimitrov (Cap), Nikolai Iliev, Petar Petrov; Hristo Kolev, Nasko Sirakov, Plamen Simeonov (46 Petar Aleksandrov), Anio Sadkov; Lachezar Tanev, Bojidar Iskrenov (60 Georgi Iordanov).   Trainer: Hristo Mladenov

Goals: Sadkov (49), Sirakov (55), Langers (59), Tanev (61), Kolev (88)

BELGIUM v SCOTLAND 4-1 (1-1)

Constant Van den Stock, Brussel   01.04.1987

Referee: Michel Vautrot (FRA)   Attendance: 26,550

BELGIUM: Jean-Marie Pfaff (Cap); Leo Clysters, Georges Grün, Stéphane Demol, Patrick Vervoort; Vincenzo Scifo (73 Leo Van der Elst), Erwin Vandenbergh, Frank Van der Elst (89 Guy Vandersmissen), Frank Vercauteren; Nico Claesen, Philippe Desmet.   Trainer: Guy Thys

SCOTLAND: James Leighton; Richard Gough, Paul McStay, David Narey, Maurice Malpas; Alexander McLeish, Robert Aitken (Cap), James McInally, James Bett (80 Patrick Nevin); Alistair McCoist, Paul Sturrock.   Trainer: Andrew Roxburgh

Goals: Claesen (9, 55, 86), McStay (14), Vercauteren (74)

BULGARIA v LUXEMBOURG 3-0 (2-0)

Vasil Levski, Sofia   20.05.1987

Referee: Ion Crăciunescu (ROM)   Attendance: 14,756

BULGARIA: Borislav Mihailov; Plamen Nikolov, Georgi Dimitrov (Cap), Nikolai Iliev, Petar Petrov; Hristo Kolev, Georgi Iordanov, Nasko Sirakov, Anio Sadkov (12 Ilia Voinov), Lachezar Tanev, Liuboslav Penev (64 Petar Aleksandrov).   Trainer: Hristo Mladenov

LUXEMBOURG: John Van Rijswijck; Laurent Schonckert, Hubert Meunier (Cap), Carlo Weis, Marcel Bossi; Jean-Paul Girres, Guy Hellers, Jean-Pierre Barboni (71 Gérard Jeitz), Théo Malget; Robert Langers, Jeannot Reiter (86 Marc Thome).   Trainer: Paul Philipp

Goals: Sirakov (33), Iordanov (41 pen), Kolev (57)

LUXEMBOURG v EIRE 0-2 (0-1)

Stade Municipal, Luxembourg   28.05.1987

Referee: Renzo Pedruzzi (SWI)   Attendance: 4,955

LUXEMBOURG: John Van Rijswijck; Laurent Schonckert, Hubert Meunier (Cap), Carlo Weis, Marcel Bossi; Jean-Paul Girres (87 Marc Thome), Guy Hellers, Jean-Pierre Barboni, Théo Malget; Robert Langers, Jeannot Reiter (70 Gérard Jeitz). Trainer: Paul Philipp

EIRE: Patrick Bonner; John Anderson (52 David Langan), Kevin Moran (46 John Byrne), Michael McCarthy, Ronald Whelan; Paul McGrath, William Brady, Raymond Houghton, Anthony Galvin; Frank Stapleton (Cap), John Aldridge. Trainer: Jack Charlton

Goals: Galvin (44), Whelan (64)

EIRE v BULGARIA 2-0 (0-0)

Lansdowne Road, Dublin   14.10.1987

Referee: Jan Keizer (HOL)   Attendance: 22,000

EIRE: Patrick Bonner; Paul McGrath, Michael McCarthy, Kevin Moran, Ronald Whelan; Mark Lawrenson, William Brady, Raymond Houghton, Anthony Galvin (77 Niall Quinn); Frank Stapleton (Cap), John Aldridge, John Byrne. Trainer: Jack Charlton

BULGARIA: Antonio Ananiev (56 Ilia Valov); Plamen Nikolov, Georgi Dimitrov (Cap), Nikolai Iliev, Petar Petrov; Anio Sadkov, Hristo Stoichkov, Plamen Simeonov, Nasko Sirakov; Ilia Voinov (60 Petar Aleksandrov), Bojidar Iskrenov. Trainer: Hristo Mladenov

Sent off: Brady (83)

Goals: McGrath (52), Moran (85)

EIRE v LUXEMBOURG 2-1 (1-1)

Lansdowne Road, Dublin   09.09.1987

Referee: Keith Cooper (WAL)   Attendance: 18,000

EIRE: Gerard Peyton; David Langan, Paul McGrath, Kevin Moran, Ashley Grimes; Ronald Whelan, William Brady, Raymond Houghton, Anthony Galvin (56 Niall Quinn); Frank Stapleton (Cap), John Byrne.   Trainer: Jack Charlton

LUXEMBOURG: John Van Rijswijck; Laurent Schonckert, Hubert Meunier (Cap), Carlo Weis, Marcel Bossi; Théo Malget, Guy Hellers, Jean-Pierre Barboni (82 Gérard Jeitz), Théo Scholten (65 Gilbert Dresch); Armin Krings, Robert Langers. Trainer: Paul Philipp

Goals: Krings (29), Stapleton (31), McGrath (74)

SCOTLAND v BELGIUM 2-0 (1-0)

Hampden Park, Glasgow   14.10.1987

Referee: Paolo Casarin (ITA)   Attendance: 20,052

SCOTLAND: James Leighton; Stephen Clarke, Alexander McLeish, Gary Gillespie, Maurice Malpas (53 Derek Whyte); Paul McStay, Robert Aitken (Cap), Iain Durrant, Ian Wilson; Alistair McCoist, Maurice Johnston (72 Graeme Sharp). Trainer: Andrew Roxburgh

BELGIUM: Michel Preud'homme; Leo Clysters, Eric Gerets, Georges Grün, Patrick Vervoort; Luc Beyens (55 Philippe Desmet), Frank Van der Elst, Jan Ceulemans (Cap), Frank Vercauteren; Marc Degryse, Nico Claesen.   Trainer: Guy Thys

Goals: McCoist (14), McStay (79)

BULGARIA v BELGIUM 2-0 (1-0)

Vasil Levski, Sofia   23.09.1987

Referee: Karl-Heinz Tritschler (W. GER)   Att: 51,000

BULGARIA: Borislav Mihailov; Plamen Nikolov, Georgi Dimitrov (Cap), Nikolai Iliev, Petar Petrov; Hristo Stoichkov (65 Georgi Iordanov), Nasko Sirakov, Anio Sadkov, Plamen Simeonov, Lachezar Tanev, Bojidar Iskrenov (80 Ilia Voinov). Trainer: Hristo Mladenov

BELGIUM: Jean-Marie Pfaff (Cap); Leo Clysters, Eric Gerets, Georges Grün, Michel Renquin; Vincenzo Scifo (70 Guy Vandersmissen), Frank Van der Elst (59 Daniel Veyt), Marc Degryse, Patrick Vervoort; Philippe Desmet, Nico Claesen. Trainer: Guy Thys

Goals: Sirakov (19), Tanev (70)

BELGIUM v LUXEMBOURG 3-0 (1-0)

Heizel, Brussel   11.11.1987

Referee: Egil Nervik (NOR)   Attendance: 2,504

BELGIUM: Michel Preud'homme; Leo Clysters, Georges Grün, Pascal Plovie (46 Frank Dekenne), Raymond Mommens; Luc Beyens (71 Peter Crève), Jan Ceulemans (Cap), Paul De Mesmaecker; Marc Degryse, Marc Vanderlinden, Nico Claesen.   Trainer: Guy Thys

LUXEMBOURG: John Van Rijswijck; Laurent Schonckert (65 Hubert Meunier), Carlo Weis (Cap), Marcel Bossi, Pierre Petry; Gérard Jeitz, Guy Hellers, Jean-Pierre Barboni, Théo Scholten (46 Jean-Paul Girres); Robert Langers, Jeannot Reiter.   Trainer: Paul Philipp

Goals: Ceulemans (17), Degryse (56), Crève (81)

BULGARIA v SCOTLAND 0-1 (0-0)

Vasil Levski, Sofia   11.11.1987

Referee: Helmut Kohl (AUS)   Attendance: 49,976

BULGARIA: Borislav Mihailov; Plamen Nikolov, Krasimir Bezinski, Nikolai Iliev, Petar Petrov; Anio Sadkov, Hristo Stoichkov, Plamen Simeonov (87 Liuboslav Penev), Nasko Sirakov (Cap); Petar Aleksandrov (44 Ilia Voinov), Bojidar Iskrenov.   Trainer: Hristo Mladenov

SCOTLAND: James Leighton; Stephen Clarke, Robert Aitken (Cap), Alexander McLeish, Maurice Malpas; Gary Gillespie, Stephen Nicol, Paul McStay (57 Gary Mackay), Ian Wilson; Graeme Sharp (71 Gordon Durie), Brian McClair. Trainer: Andrew Roxburgh

Goal: Mackay (87)

LUXEMBOURG v SCOTLAND 0-0

Stade de la Frontière, Esch-sur-Alzette   02.12.1987

Referee: Manfred Neuner (W. GER)   Attendance: 2,515

LUXEMBOURG: John Van Rijswijck; Hubert Meunier (Cap), Carlo Weis, Marcel Bossi, Pierre Petry; Jean-Paul Girres (87 Jeff Saibene), Gérard Jeitz, Jean-Pierre Barboni, Théo Scholten; Robert Langers, Jeannot Reiter (54 Armin Krings). Trainer: Paul Philipp

SCOTLAND: James Leighton; Maurice Malpas, Alexander McLeish, William Miller, Derek Whyte (60 Gary Mackay); Patrick Nevin (60 Kenneth Black), Paul McStay, Robert Aitken (Cap), Ian Wilson; Maurice Johnston, Graeme Sharp. Trainer: Andrew Roxburgh

	P	W	D	L	F	A	Pts
Eire	8	4	3	1	10	5	11
Bulgaria	8	4	2	2	12	6	10
Belgium	8	3	3	2	16	8	9
Scotland	8	3	3	2	7	5	9
Luxembourg	8	0	1	7	2	23	1

FINALS IN WEST GERMANY

GROUP 1

WEST GERMANY v ITALY 1-1 (0-0)

Rheinstadion, Düsseldorf   10.06.1988

Referee: Keith Hackett (ENG)   Attendance: 68,400

W. GERMANY: Eike Immel; Jürgen Kohler, Matthias Herget, Guido Buchwald; Thomas Berthold, Pierre Littbarski, Lothar Matthäus (Cap), Andreas Brehme (76 Ulrich Borowka), Olaf Thon; Jürgen Klinsmann, Rudolf Völler (83 Dieter Eckstein). Trainer: Franz Beckenbauer

ITALY: Walter Zenga; Giuseppe Bergomi (Cap), Franco Baresi II, Riccardo Ferri II, Paolo Maldini; Roberto Donadoni, Giuseppe Giannini, Fernando De Napoli (87 Luigi De Agostini), Carlo Ancelotti; Roberto Mancini, Gianluca Vialli (90 Alessandro Altobelli).   Trainer: Azeglio Vicini

Goals: Mancini (53), Brehme (56)

DENMARK v SPAIN 2-3 (1-1)

Niedersachsenstadion, Hannover   11.06.1988

Referee: Albert Thomas (HOL)   Attendance: 60,366

DENMARK: Troels Rasmussen; John Sivebaek, Søren Busk, Morten Olsen (Cap) (67 Lars Olsen), Ivan Nielsen; John Helt (46 John Jensen), Michael Laudrup, Søren Lerby (/Kap), Jan Heintze; Preben Elkjær Larsen, Flemming Povlsen. Trainer: Josef Piontek

SPAIN: Andoni Zubizarreta; Pedro Tomas Reñones, Genaro Andrinúa, Manuel SANCHIS Hontilluelo, José Antonio CAMACHO (Cap) (46 Miguel Soler); Miguel González "MICHEL", Ricardo Gallego, VÍCTOR Muñoz, Rafael Gordillo (/Kap) (88 Rafael Martín Vazquez); Emilio Butragueño, José Maria Bakero.   Trainer: Miguel Muñoz

Goals: Michel (6), Laudrup (26), Butragueño (53), Gordillo (68), Povlsen (84)

WEST GERMANY v DENMARK 2-0 (1-0)

Parkstadion, Gelsenkirchen   14.06.1988

Referee: Robert Valentine (SCO)   Attendance: 70,000

W. GERMANY: Eike Immel; Jürgen Kohler, Matthias Herget, Guido Buchwald (34 Ulrich Borowka); Pierre Littbarski, Wolfgang Rolff, Lothar Matthäus (Cap), Olaf Thon, Andreas Brehme; Jürgen Klinsmann, Rudolf Völler (75 Frank Mill). Trainer: Franz Beckenbauer

DENMARK: Peter Schmeichel; John Sivebaek, Lars Olsen, Ivan Nielsen; Kim Vilfort (74 Klaus Berggreen), Morten Olsen (Cap), Michael Laudrup (64 John Eriksen), Søren Lerby, Jan Heintze; Preben Elkjær Larsen, Flemming Povlsen. Trainer: Josef Piontek

Goals: Klinsmann (10), Thon (87)

ITALY v SPAIN 1-0 (0-0)

Waldstadion, Frankfurt/Main   14.06.1988

Referee: Erik Fredriksson (SWE)   Attendance: 51,790

ITALY: Walter Zenga; Giuseppe Bergomi (Cap), Franco Baresi II, Riccardo Ferri II; Roberto Donadoni, Giuseppe Giannini, Fernando De Napoli, Carlo Ancelotti, Paolo Maldini; Roberto Mancini (69 Alessandro Altobelli), Gianluca Vialli (90 Luigi De Agostini).   Trainer: Azeglio Vicini

SPAIN: Andoni Zubizarreta; Pedro Tomas Reñones, Genaro Andrinúa, Manuel SANCHIS Hontilluelo, Miguel Soler; Miguel González "MICHEL" (74 Aitor Beguiristain), Ricardo Gallego (68 Rafael Martín Vazquez), VÍCTOR Muñoz, Rafael Gordillo (Cap); José María Bakero, Emilio Butragueño. Trainer: Miguel Muñoz

Goal: Vialli (74)

	P	W	D	L	F	A	Pts
West Germany	3	2	1	0	5	1	5
Italy	3	2	1	0	4	1	5
Spain	3	1	0	2	3	5	2
Denmark	3	0	0	3	2	7	0

GROUP 2

WEST GERMANY v SPAIN 2-0 (1-0)

Olympiastadion, München   17.06.1988

Referee: Michel Vautrot (FRA)   Attendance: 72,308

W. GERMANY: Eike Immel; Jürgen Kohler, Matthias Herget, Ulrich Borowka; Andreas Brehme, Pierre Littbarski (63 Wolfram Wuttke), Wolfgang Rolff, Lothar Matthäus (Cap), Olaf Thon; Jürgen Klinsmann (85 Frank Mill), Rudolf Völler. Trainer: Franz Beckenbauer

SPAIN: Andoni Zubizarreta; Pedro Tomas Reñones, Genaro Andrinúa, Manuel SANCHIS Hontilluelo, José Antonio CAMACHO (Cap); Miguel González "MICHEL", Rafael Martín Vazquez, VÍCTOR Muñoz, Rafael Gordillo; José María Bakero, Emilio Butragueño (52 Julio Salinas Fernández). Trainer: Miguel Muñoz

Goals: Völler (30, 51)

ENGLAND v EIRE 0-1 (0-1)

Neckarstadion, Stuttgart   12.06.1988

Referee: Siegfried Kirschen (E. GER)   Attendance: 55,500

ENGLAND: Peter Shilton; Gary Stevens, Anthony Adams, Mark Wright, Kenneth Sansom; Christopher Waddle, Bryan Robson (Cap), Neil Webb (61 Glenn Hoddle), John Barnes; Peter Beardsley (83 Mark Hateley), Gary Lineker. Trainer: Robert Robson

EIRE: Patrick Bonner; Christopher Morris, Kevin Moran (/ Kap), Michael McCarthy, Christopher Hughton; Paul McGrath, Ronald Whelan, Raymond Houghton, Anthony Galvin (77 Kevin Sheedy); Frank Stapleton (Cap) (64 Niall Quinn), John Aldridge.   Trainer: Jack Charlton

Goal: Houghton (6)

ITALY v DENMARK 2-0 (0-0)

Müngersdorferstadion, Köln   17.06.1988

Referee: Bruno Galler (SWI)   Attendance: 60,584

ITALY: Walter Zenga; Giuseppe Bergomi (Cap), Franco Baresi II, Riccardo Ferri II, Paolo Maldini; Roberto Donadoni (85 Luigi De Agostini), Giuseppe Giannini, Fernando De Napoli, Carlo Ancelotti; Roberto Mancini (66 Alessandro Altobelli), Gianluca Vialli.   Trainer: Azeglio Vicini

DENMARK: Peter Schmeichel; Bjørn Kristensen, Lars Olsen, Ivan Nielsen; Per Friman (58 Kim Vilfort), Morten Olsen (Cap) (67 Klaus Berggreen), Michael Laudrup, John Jensen, Jan Heintze; Flemming Povlsen, John Eriksen. Trainer: Josef Piontek

Goals: Altobelli (66), De Agostini (87)

HOLLAND v USSR 0-1 (0-0)

Müngersdorfer, Köln   12.06.1988

Referee: Dieter Pauly (W. GER)   Attendance: 60,500

HOLLAND: Johannes van Breukelen; Hubertus van Aerle, Franklin Rijkaard, Ronald Koeman, Adrianus van Tiggelen; Jan Wouters, Ruud Gullit (Cap), Arnoldus Mühren, Johannes van't Schip; Gerald Vanenburg (59 Marco van Basten), Jacobus Bosman.   Trainer: Marinus Michels

USSR: Rinat Dasaev (Cap); Vladimir Bessonov, Vagiz Hidiatulin, Oleg Kuznetsov, Anatoli Demianenko; Gennadi Litovchenko, Aleksandr Zavarov (90 Tengiz Sulakvelidze), Aleksei Mikhailichenko, Vasiliy Rats; Igor Belanov (80 Sergei Aleinikov), Oleg Protasov.   Trainer: Valeriy Lobanovski

Goal: Rats (54)

ENGLAND v HOLLAND 1-3 (0-1)

Rheinstadion, Düsseldorf   15.06.1988

Referee: Paolo Casarin (ITA)   Attendance: 68,400

ENGLAND: Peter Shilton; Gary Stevens, Anthony Adams, Mark Wright, Kenneth Sansom; Trevor Steven (69 Christopher Waddle), Bryan Robson (Cap), Glenn Hoddle, John Barnes; Peter Beardsley (74 Mark Hateley), Gary Lineker. Trainer: Robert Robson

HOLLAND: Johannes van Breukelen; Hubertus van Aerle, Franklin Rijkaard, Ronald Koeman, Adrianus van Tiggelen; Jan Wouters, Ruud Gullit (Cap), Arnoldus Mühren, Erwin Koeman; Gerald Vanenburg (62 Willem Kieft), Marco van Basten (87 Wilbert Suvrijn).   Trainer: Marinus Michels

Goals: van Basten (44, 72, 76), Robson (54)

EIRE v HOLLAND 0-1 (0-0)

Parkstadion, Gelsenkirchen   18.06.1988

Referee: Horst Brummeier (AUS)   Attendance: 70,800

EIRE: Patrick Bonner; Christopher Morris, Kevin Moran (46 Kevin Sheedy), Michael McCarthy, Christopher Hughton; Ronald Whelan, Raymond Houghton, Paul McGrath, Anthony Galvin; John Aldridge, Frank Stapleton (Cap) (84 Anthony Cascarino).   Trainer: Jack Charlton

HOLLAND: Johannes van Breukelen; Hubertus van Aerle, Franklin Rijkaard, Ronald Koeman, Adrianus van Tiggelen; Jan Wouters, Ruud Gullit (Cap), Arnoldus Mühren (77 Jacobus Bosman), Erwin Koeman (50 Willem Kieft); Gerald Vanenburg, Marco van Basten.   Trainer: Marinus Michels

Goal: Kieft (82)

EIRE v USSR 1-1 (1-0)

Niedersachsenstadion, Hannover   15.06.1988

Referee: Emilio Soriano Aladren (SPA)   Attendance: 45,290

EIRE: Patrick Bonner; Christopher Morris, Kevin Moran (/Kap), Michael McCarthy, Christopher Hughton; Ronald Whelan, Raymond Houghton, Kevin Sheedy, Anthony Galvin; John Aldridge, Frank Stapleton (Cap) (81 Anthony Cascarino). Trainer: Jack Charlton

USSR: Rinat Dasaev (Cap) (69 Viktor Chanov); Tengiz Sulakvelidze (46 Sergei Gotsmanov), Vagiz Hidiatulin, Oleg Kuznetsov, Anatoli Demianenko (/Kap); Sergei Aleinikov, Aleksandr Zavarov, Aleksei Mikhailichenko, Vasiliy Rats; Igor Belanov, Oleg Protasov.   Trainer: Valeriy Lobanovski

Goals: Whelan (39), Protasov (75)

	P	W	D	L	F	A	Pts
USSR	3	2	1	0	5	2	5
Holland	3	2	0	1	4	2	4
Eire	3	1	1	1	2	2	3
England	3	0	0	3	2	7	0

SEMI-FINALS

ENGLAND v USSR 1-3 (1-2)

Waldstadion, Frankfurt/Main   18.06.1988

Referee: José Rosa dos Santos (POR)   Attendance: 53,000

ENGLAND: Christopher Woods; Gary Stevens, David Watson, Anthony Adams, Kenneth Sansom; Trevor Steven, Stephen McMahon (53 Neil Webb), Bryan Robson (Cap), Glenn Hoddle, John Barnes; Gary Lineker (64 Mark Hateley). Trainer: Robert Robson

USSR: Rinat Dasaev (Cap); Vladimir Bessonov, Vagiz Hidiatulin, Oleg Kuznetsov; Gennadi Litovchenko, Sergei Aleinikov, Aleksandr Zavarov (86 Sergei Gotsmanov), Aleksei Mikhailichenko, Vasiliy Rats; Igor Belanov (46 Viktor Pasulko), Oleg Protasov.   Trainer: Valeriy Lobanovski

Goals: Aleinikov (3), Adams (15), Mikhailichenko (28), Pasulko (72)

WEST GERMANY v HOLLAND 1-2 (0-0)

Volksparkstadion, Hamburg   21.06.1988

Referee: Ion Igna (ROM)   Attendance: 61,330

W. GERMANY: Eike Immel; Jürgen Kohler, Matthias Herget (46 Hans Pflügler), Ulrich Borowka; Andreas Brehme, Lothar Matthäus (Cap), Wolfgang Rolff, Olaf Thon; Jürgen Klinsmann, Rudolf Völler, Frank Mill (84 Pierre Littbarski). Trainer: Franz Beckenbauer

HOLLAND: Johannes van Breukelen; Hubertus van Aerle, Franklin Rijkaard, Ronald Koeman, Adrianus van Tiggelen; Jan Wouters, Ruud Gullit (Cap), Arnoldus Mühren (59 Willem Kieft), Erwin Koeman (90 Wilbert Suvrijn); Gerald Vanenburg, Marco van Basten.   Trainer: Marinus Michels

Goals: Matthäus (55 pen), R. Koeman (74), van Basten (89)

USSR v ITALY 2-0 (0-0)
Neckarstadion, Stuttgart 22.06.1988
Referee: Alexis Ponnet (BEL)   Attendance: 68,000
USSR: Rinat Dasaev (Cap); Vladimir Bessonov (37 Anatoli Demianenko), Vagiz Hidiatulin, Oleg Kuznetsov; Gennadi Litovchenko, Sergei Aleinikov, Aleksandr Zavarov, Aleksei Mikhailichenko, Sergei Gotsmanov, Vasiliy Rats; Oleg Protasov.   Trainer: Valeriy Lobanovski
ITALY: Walter Zenga; Giuseppe Bergomi (Cap), Franco Baresi II, Riccardo Ferri II, Paolo Maldini (64 Luigi De Agostini); Roberto Donadoni, Fernando De Napoli, Giuseppe Giannini, Carlo Ancelotti; Roberto Mancini (46 Alessandro Altobelli), Gianluca Vialli.   Trainer: Azeglio Vicini
Goals: Litovchenko (60), Protasov (62)

FINAL

HOLLAND v USSR 2-0 (1-0)
Olympiastadion, München 25.06.1988
Referee: Michel Vautrot (FRA)   Attendance: 72,308
HOLLAND: Johannes van Breukelen; Hubertus van Aerle, Franklin Rijkaard, Ronald Koeman, Adrianus van Tiggelen; Jan Wouters, Ruud Gullit (Cap), Arnoldus Mühren, Erwin Koeman; Gerald Vanenburg, Marco van Basten.
Trainer: Marinus Michels
USSR: Rinat Dasaev (Cap); Anatoli Demianenko, Vagiz Hidiatulin, Aleksei Mikhailichenko; Gennadi Litovchenko, Sergei Aleinikov, Aleksandr Zavarov, Sergei Gotsmanov (69 Sergei Baltacha), Vasiliy Rats; Igor Belanov, Oleg Protasov (72 Viktor Pasulko).   Trainer: Valeriy Lobanovski
Goals: Gullit (38), van Basten (54)

Goalscorers European Football Championship 1988

7 goals: Marco van Basten (Holland), Nico Claesen (Belgium), Alessandro Altobelli (Italy)
5 goals: Ruud Gullit (Holland), Gary Lineker (England), Nikos Anastopoulos (Greece), Johnny Ekström (Sweden), Andreas Thom (East Germany), Gianluca Vialli (Italy)
4 goals: Georges Bregy (Switzerland), Igor Belanov (USSR), Ulf Kirsten (East Germany), Zlatko Vujovic (Yugoslavia), Jacobus Johannes Bosman (Holland), Lachezar Tanev (Bulgaria), Miguel González Michel (Spain), Bryan Robson (England)
3 goals: Anton Polster (Austria), Carmel Busuttil (Malta), John Barnes, Dariusz Dziekanowski (Poland), Lajos Détári (Hungary), Ronald Koeman (Holland), Ivo Knoflícek (Czechoslovakia), Frank Stapleton (Eire), Nasko Sirakov (Bulgaria), Oleg Protasov (USSR)
2 goals: Bakero, Eloy (Spain), Hagi, Iovan, Pițurcă (Romania), Linzmaier (Austria), Muça (Albania), Larsson (Sweden), Placido (Portugal), Aleinikov, Litovchenko, Mikhailichenko, Rats, Zavarov (USSR), Andersen (Norway), Adams, Beardsley, Waddle (England), Katanec, Hadzibegic, Vokri (Yugoslavia), Saravakos (Greece), Lesniak (Poland), Boda, Bognár, Mészáros (Hungary), Gillhaus (Holland), Mølby (Denmark), Rush (Wales), Hjelm (Finland), McGrath, Whelan (Eire), Kolev, Sadkov (Bulgaria), Ceulemans, Vercauteren (Belgium), Cooper, McStay (Scotland), Völler (West Germany), De Agostini (Italy)
1 goal: Butragueño, Gordillo, Llorente, Sanchis, Calderé, Carrasco, Arteche, Joaquín (Spain), Klein, Mateuț, Ungureanu, Bölöni, Belodedici, Bumbescu, Lăcătuș (Romania), Ogris (Austria), Giannini, Bagni, Bergomi, Ferri, Donadoni, Mancini (Italy), Hysén, Magnusson, Fredriksson, Palmér, Strömberg (Sweden), Fredrico, Gomes, Coelho, Manuel Fernandes (Portugal), Zwicker, Halter, Egli, Brigger, Weber (Switzerland), Mizzi (Malta), Blohin, Hidiatullin, Pasulko, Sulakvelidze (USSR), Ernst, Minge, Doll, Döschner (East Germany), Fargeon, Touré, Micchiche, Stopyra (France), Fjaerestad, Sundby, Mordt (Norway), Pétursson, Ormslev, Edvaldsson, Gudjohnsen (Iceland), Webb, Mabbutt, Anderson (England), Radanovic, Stojkovic, Savicevic (Jugos), Quinn, Clarke (N. Ireland), Yusuf, Feyyaz (Turkey), Bonovas, Andoniou, Papaioannou, Batsinilas, Mitropoulos (Greece), Tarasiewicz, Marciniak, Smolarek, Wójcicki (Poland), Kiprich, Vincze, Péter, Preszeller (Hungary), Savva, Christofi, Savvides (Cyprus), Kieft, Mühren (Holland), Laudrup, Povlsen, Elkjær Larsen, Bertelsen (Denmark), Bílek, Hasek, Janecka, Kula (Czechoslovakia), Hughes, Hodges, Phillips, Jones, Slatter (Wales), Lius, Tiainen (Finland), Moran, Galvin, Houghton, Lawrenson, Brady (Eire), Iordanov (Bulgaria), Degryse, Crève, Janssens, Gerets, Scifo (Belgium), Mackay, McCoist, Johnston (Scotland), Krings, Langers (Luxembourg), Matthäus, Klinsmann, Thon, Brehme (West Germany)
Own goal: Gjondeda (Albania) for Spain

THE EUROPEAN FOOTBALL CHAMPIONSHIP 1992

GROUP 1

ICELAND v ALBANIA 2-0 (1-0)
Laugardalsvöllur, Reykjavík   30.05.1990
Referee: Frederick McKnight (NIR)   Attendance: 6,500
ICELAND: Birkir Kristinsson; Olafur Thórdarson, Atli Edvaldsson, Gudni Bergsson, Saevar Jónsson, Thórvaldur Örlygsson (46 Kristján Jónsson), Pétur Ormslev, Sigurdur Grétarsson, Arnór Gudjohnsen, Pétur Pétursson, Gudmundur Torfason (67 Ormarr Örlygsson).   Trainer: Bo Johansson
ALBANIA: Foto Strakosha; Pjerin Noga (75 Roland Iljadhi), Artur Lekbello, Naum Kove, Rudi Vata, Fatbardh Jera, Ylli Shehu (46 Arben Arbëri), Mirel Josa, Lefter Millo, Edmond Abazi, Sulejman Demollari.   Trainer: Agron Sulaj
Goals: Gudjohnsen (42), Edvaldsson (88)

ICELAND v FRANCE 1-2 (0-1)
Laugardalsvöllur, Reykjavík   05.09.1990
Referee: David Syme (SCO)   Attendance: 8,000
ICELAND: Bjarni Sigurdsson; Thorgrímur Thráinsson, Atli Edvaldsson, Gudni Bergsson, Saevar Jónsson, Thorvaldur Örlygsson (64 Ragnar Margeirsson), Pétur Ormslev (64 Rúnar Kristinsson), Sigurdur Grétarsson, Olafur Thórdarson, Pétur Pétursson, Arnor Gudjohnsen.   Trainer: Bo Johansson
FRANCE: Bruno Martini; Manuel Amoros, Basile Boli, Franck Sauzée, Bernard Casoni, Laurent Blanc (77 Jean-Philippe Durand), Bernard Pardo, Didier Deschamps, Jean-Pierre Papin, Christian Perez, Eric Cantona (84 Luis Fernandez).   Trainer: Michel Platini
Goal: Papin (12), Cantona (75), Edvaldsson (86)

CZECHOSLOVAKIA v ICELAND 1-0 (1-0)
Kosice   26.09.1990
Referee: Todor Kolev (BUL)   Attendance: 35,000
CZECHOSLOVAKIA: Jan Stejskal; Miroslav Kadlec, Ján Kocián, Michal Hipp, Michal Bílek (67 Vladimír Weiss), Ivan Hasek, Lubomír Moravcík, Lubos Kubík, Václav Danek, Tomás Skuhravy, Karel Kula.   Trainer: Milan Mácala
ICELAND: Bjarni Sigurdsson; Thorgrímur Thráinsson, Gudni Bergsson, Atli Edvaldsson, Saevar Jónsson, Rúnar Kristinsson (61 Kristján Jónsson), Sigurdur Grétarsson, Olafur Thórdarson, Sigurdur Jónsson, Arnor Gudjohnsen, Ragnar Margeirsson (76 Pétur Ormslev).   Trainer: Bo Johansson
Goal: Danek (43)

SPAIN v ICELAND 2-1 (1-0)
Benito Villamarin, Sevilla   10.10.1990
Referee: Victor Mintoff (MAL)   Attendance: 46,000
SPAIN: Andoni ZUBIZARRETA; Fernando Muñoz NANDO, Ricardo SERNA, Rafael PAZ (61 Aitor BEGUIRISTÁIN), Manuel SANCHIS, FERNANDO Gómez, Jon Andoni GOIKOETXEA, Miguel González MICHEL, Emilio BUTRAGUEÑO, Rafael MARTÍN VÁZQUEZ, CARLOS Muñoz (71 Ernesto Valverde).   Trainer: Luis Suarez
ICELAND: Bjarni Sigurdsson; Thorgrímur Thráinsson, Atli Edvaldsson, Kristján Jónsson (80 Antony Gregory), Sigurdur Grétarsson, Saevar Jónsson, Gudni Bergsson, Sigurdur Jónsson (72 Pétur Ormslev), Arnor Gudjohnsen, Olafur Thórdarson, Ragnar Margeirsson.   Trainer: Bo Johansson
Goals: Butragueño (44), Carlos (64), Si. Jónsson (65)

FRANCE v CZECHOSLOVAKIA 2-1 (0-0)
Parc des Princes, Paris   13.10.1990
Referee: George Courtney (ENG)   Attendance: 38,249
FRANCE: Bruno Martini; Jocelyn Angloma (52 Luis Fernandez), Jean-Philippe Durand, Basile Boli, Bernard Casoni, Franck Sauzée, Didier Deschamps, Pascal Vahirua (83 Franck Silvestre), Jean-Pierre Papin, Laurent Blanc, Eric Cantona.   Trainer: Michel Platini
CZECHOSLOVAKIA: Jan Stejskal; Lubos Kubík (84 Dusan Tittel), Miroslav Kadlec, Michal Hipp, Ján Kocián, Karel Kula, Michal Bílek (80 Ladislav Pecko), Ivo Knoflícek, Jozef Chovanec, Tomás Skuhravy, Lubomír Moravcík.   Trainer: Milan Mácala
Goals: Papin (59, 80), Skuhravy (87)

CZECHOSLOVAKIA v SPAIN 3-2 (1-1)
Praha   14.11.1990
Referee: Karl-Heinz Tritschler (GER)   Attendance: 35,000
CZECHOSLOVAKIA: Ludek Miklosko; Michal Hipp, Miroslav Kadlec, Ivan Hasek, Michal Bílek (83 Milos Belák), Ján Kocián, Dusan Tittel, Karel Kula, Lubomír Moravcík, Václav Danek (88 Pavel Kuka), Tomás Skuhravy.   Trainer: Milan Mácala
SPAIN: Andoni ZUBIZARRETA; Enrique Sánchez QUIQUE, Ricardo SERNA, Fernando Muñoz NANDO, Manuel SANCHIS, Jon Andoni GOIKOETXEA, ROBERTO Fernandez, Miguel González MICHEL (86 Guillermo AMOR), Rafael MARTÍN VÁZQUEZ, Emilio BUTRAGUEÑO, CARLOS Muñoz (60 José María BAKERO).   Trainer: Luis Suarez
Goals: Danek (17,66), Roberto (29), Carlos (54), Moravcík (77)

ALBANIA v FRANCE 0-1 (0-1)

Qemal Stafa, Tiranë   17.11.1990

Referee: Bruno Galler (SWI)   Attendance: 15,000

ALBANIA: Anesti Arapi; Lorenc Leskaj (46 Alfred Ferko), Genc Ibro, Skënder Hodja, Artur Lekbello, Arian Stafa, Hysen Zmijani, Sulejman Demollari, Mirel Josa, Sokol Kushta, Kujtim Majaci (56 Eduard Kaçaçi).   Trainer: Agron Sulaj

FRANCE: Bruno Martini; Basile Boli, Laurent Blanc, Bernard Casoni, Christian Perez, Franck Sauzée, Didier Deschamps, Bernard Pardo, Jean-Marc Ferreri, Philippe Tibeuf (66 David Ginola), Pascal Vahirua (81 Jocelyn Angloma). Trainer: Michel Platini

Goal: Boli (23)

FRANCE v ALBANIA 5-0 (4-0)

Parc des Princes, Paris   30.03.1991

Referee: Einar Halle (NOR)   Attendance: 24,181

FRANCE: Bruno Martini; Manuel Amoros, Jean-Philippe Durand, Basile Boli, Laurent Blanc, Luis Fernandez, Christophe Cocard, Franck Sauzée (73 Didier Deschamps), Jean-Pierre Papin, Pascal Vahirua (57 Pascal Baills), Eric Cantona.   Trainer: Michel Platini

ALBANIA: Blendi Nallbani; Hysen Zmijani, Adnan Ocelli, Artur Lekbello, Rudi Vata, Dashnor Dume, Agim Canaj, Ilir Kepa, Josif Gjergji, Ermal Tahiri, Sulejman Demollari.

Goals: Sauzèe (1, 19), Papin (34 pen, 42), Lekbello (79 og)

SPAIN v ALBANIA 9-0 (4-0)

Benito Villamarin, Sevilla   19.12.1990

Referee: Alphonse Constantin (BEL)   Attendance: 27,600

SPAIN: Andoni ZUBIZARRETA; Manuel Sánchez MANOLO, Rafael ALKORTA, Fernando Ruiz HIERRO, Manuel SANCHIS, Guillermo AMOR, Jon Andoni GOIKOETXEA (75 José María BAKERO), Miguel González MICHEL (62 Enrique Sánchez QUIQUE), Emilio Butragueño, Rafael MARTÍN VÁZQUEZ, CARLOS Muñoz.   Trainer: Luis Suarez

ALBANIA: Anesti Arapi; Gjergj Dema, Artur Lekbello, Alfred Ferko (65 Mirel Josa), Genc Ibro, Hysen Zmijani, Arian Stafa, Lefter Millo, Bledar Kola (32 Sulejman Demollari), Sokol Kushta, Ermal Tahiri.

Goals: Amor (19), Carlos (22, 64), Butragueño (30, 58, 66, 75), Hierro (37), Bakero (87)

ALBANIA v CZECHOSLOVAKIA 0-2 (0-0)

Qemal Stafa, Tiranë   01.05.1991

Referee: Carlo Longhi (ITA)   Attendance: 10,000

ALBANIA: Blendi Nallbani; Hysen Zmijani, Zamir Shpuza, Adnan Ocelli, Gjergj Dema, Fatos Daja, Eqerem Memushi, Dashnor Dume (74 Bledar Kola), Arben Milori, Sokol Kushta, Adrian Barballushi (65 Edmond Dosti).
Trainer: Bejkush Birçe

CZECHOSLOVAKIA: Ludek Miklosko; Dusan Tittel, Miroslav Kadlec, Ivan Hasek (19 Pavel Hapál), Alois Grussmann, Karel Kula, Lubomír Moravcík, Jirí Nemec, Lubos Kubík, Roman Kukleta (85 Martin Frydek), Pavel Kuka.
Trainer: Milan Mácala

Goals: Kubík (46), Kuka (66)

FRANCE v SPAIN 3-1 (1-1)

Parc des Princes, Paris   20.02.1991

Referee: Tullio Lanese (ITA)   Attendance: 45,000

FRANCE: Bruno Martini; Manuel Amoros, Bernard Casoni, Basile Boli, Laurent Blanc, Bernard Pardo (51 Luis Fernandez), Jean-Philippe Durand, Franck Sauzée, Jean-Pierre Papin, Pascal Vahirua (82 Didier Deschamps), Eric Cantona.   Trainer: Michel Platini

SPAIN: Andoni ZUBIZARRETA; Fernando Muñoz NANDO, Enrique Sánchez QUIQUE, Juan Francisco Rodríguez JUANITO, Manuel SANCHIS, José María BAKERO, Andoni GOIKOETXEA, Miguel González MICHEL, Emilio BUTRAGUEÑO (75 Manuel Sánchez MANOLO), Guillermo AMOR, Juan VIZCAINO (60 Miguel SOLER).
Trainer: Luis Suarez

Goals: Bakero (10), Sauzée (14), Papin (58), Blanc (77)

ALBANIA v ICELAND 1-0 (0-0)

Qemal Stafa, Tiranë   26.05.1991

Referee: Sándor Varga (HUNG)   Attendance: 5,000

ALBANIA: Blendi Nallbani; Eqerem Memushi (16 Mirel Josa), Artur Lekbello, Zamir Shpuza, Adnan Ocelli, Fatos Daja, Lefter Millo, Sulejman Demollari, Arben Milori, Sokol Kushta, Edmond Abazi.   Trainer: Bejkush Birçe

ICELAND: Bjarni Sigurdsson; Saevar Jónsson, Gunnar Gíslason, Olafur Kristjánsson, Gudni Bergsson, Rúnar Kristinsson (62 Hlynur Stéfansson), Thorvaldur Örlygsson, Sigurdur Grétarsson, Eyjólfur Sverrisson, Olafur Thórdarson, Antony Gregory (75 Andri Marteinsson).
Trainer: Bo Johansson

Goal: Abazi (56)

ICELAND v CZECHOSLOVAKIA 0-1 (0-1)

Laugardalsvöllur, Reykjavík   05.06.1991

Referee: John Spillane (IRE)   Attendance: 5,000

ICELAND: Bjarni Sigurdsson; Gunnar Gíslason, Gudni Bergsson, Atli Edvaldsson, Saevar Jónsson, Rúnar Kristinsson, Thorvaldur Örlygsson, Sigurdur Grétarsson, Olafur Thórdarson, Eyjólfur Sverrisson (71 Hlynur Stéfansson), Arnor Gudjohnsen.   Trainer: Bo Johansson

CZECHOSLOVAKIA: Ludek Miklosko; Alois Grussmann, Ján Kocián, Dusan Tittel, Ivan Hasek, Pavel Hapál, Lubos Kubík, Jirí Nemec, Karel Kula, Tomás Skuhravy (41 Pavel Kuka), Václav Danek (89 Ladislav Pecko).
Trainer: Milan Mácala

Goal: Hasek (15)

SPAIN v FRANCE 1-2 (1-2)

Benito Villamarin, Sevilla   12.10.1991

Referee: Hubert Forstinger (AUS)   Attendance: 27,500

SPAIN: Andoni ZUBIZARRETA; CRISTÓBAL Parralo, Roberto SOLOZÁBAL (46 EUSEBIO Sacristán), ABELARDO Fernández, Manuel SANCHIS, Fernando Ruiz HIERRO, Manuel Sánchez MANOLO, Ricardo González "BANGO", Emilio BUTRAGUEÑO, Rafael MARTÍN VAZQUEZ (73 ALVARO Cervera), Juan VIZCAINO.   Trainer: Vicente Miera

FRANCE: Bruno Martini; Manuel Amoros, Jocelyn Angloma, Basile Boli, Laurent Blanc, Bernard Casoni, Didier Deschamps, Luis Fernandez (81 Jean-Philippe Durand), Jean-Pierre Papin, Christian Perez (62 Rémi Garde), Eric Cantona.
Trainer: Michel Platini

Goals: Fernandez (12), Papin (15), Abelardo (34)

CZECHOSLOVAKIA v FRANCE 1-2 (1-0)

Tehelne pole, Bratislava   04.09.1991

Referee: Peter Mikkelsen (DEN)   Attendance: 50,000

CZECHOSLOVAKIA: Ludek Miklosko; Ján Kocián, Dusan Tittel, Jirí Novotny, Pavel Hapál (81 Ivo Knoflícek), Martin Frydek (73 Ondrej Kristofík), Lubomír Moravcík, Václav Nemecek, Jirí Nemec, Ladislav Pecko, Pavel Kuka.
Trainer: Milan Mácala

FRANCE: Bruno Martini; Manuel Amoros, Jocelyn Angloma (78 Jean-Philippe Durand), Basile Boli, Laurent Blanc, Bernard Casoni, Didier Deschamps, Franck Sauzée, Jean-Pierre Papin, Christophe Cocard (46 Christian Perez), Pascal Vahirua.
Trainer: Michel Platini

Goals: Nemecek (19), Papin (53, 89)

CZECHOSLOVAKIA v ALBANIA 2-1 (2-0)

Míru, Olomouc   16.10.1991

Referee: Michal Listkiewicz (POL)   Attendance: 2,366

CZECHOSLOVAKIA: Ludek Miklosko; Bartolomej Jurasko, Dusan Tittel, Václav Nemecek, Pavel Hapál, Lubomír Moravcík, Ludovít Lancz (46 Roman Sedlácek), Martin Frydek, Karel Kula, Václav Danek (75 Ladislav Pecko), Pavel Kuka.   Trainer: Milan Mácala

ALBANIA: Foto Strakosha; Hysen Zmijani, Artur Lekbello, Salvator Kaçaj, Kreshnik Çipi, Mirel Josa, Arben Milori, Agustin Kola (52 Fatos Daja), Latif Gjondeda, Edmond Abazi, Adrian Barballushi.   Trainer: Bejkush Birçe

Goals: Kula (35), Lancz (39), Zmijani (61)

ICELAND v SPAIN 2-0 (0-0)

Laugardalsvöllur, Reykjavík   25.09.1991

Referee: Cornelius Bakker (HOL)   Attendance: 8,900

ICELAND: Birkir Kristinsson; Valur Valsson (46 Andri Marteinsson), Pétur Ormslev, Gudni Bergsson, Sigurdur Jónsson, Kristján Jónsson, Sigurdur Grétarsson, Eyjólfur Sverrisson, Olafur Thórdarson, Thorvaldur Örlygsson, Baldur Bjarnason (74 Hördur Magnússon).   Trainer: Asgeir Eliasson

SPAIN: Andoni ZUBIZARRETA; ABELARDO Fernández, Roberto SOLOZÁBAL, EUSEBIO Sacristán, Manuel SANCHIS, Juan VIZCAÍNO, Manuel Sánchez MANOLO, Miguel González MICHEL, Emilio BUTRAGUEÑO, Rafael MARTÍN VÁZQUEZ (67 Fernando Ruiz HIERRO), Jon Andoni GOIKOETXEA.
Trainer: Vicente Miera

Goals: Örlygsson (71), Sverrisson (79)

SPAIN v CZECHOSLOVAKIA 2-1 (1-0)

Benito Villamarin, Sevilla   13.11.1991

Referee: Kurt Roethlisberger (SWI)   Attendance: 24,500

SPAIN: Andoni ZUBIZARRETA; ABELARDO Fernández, Miguel SOLER, Roberto SOLOZÁBAL, Manuel SANCHIS, Fernando Ruiz HIERRO, Gabriel MOYA (60 Ignacio CONTE), Miguel González MICHEL, Emilio BUTRAGUEÑO, Rafael MARTÍN VÁZQUEZ (46 Miguel Angel NADAL), Juan VIZCAÍNO.   Trainer: Vicente Miera

CZECHOSLOVAKIA: Jan Stejskal; Jan Suchopárek, Milos Glonek, Lubomír Vlk (65 Alois Grussmann), Ondrej Kristofík, Václav Nemecek, Jirí Nemec, Jirí Novotny, Ladislav Pecko, Karel Kula, Peter Dubovsky (80 Radoslav Látal).   Trainer: Milan Mácala

Goals: Abelardo (10), Nemecek (59), Míchel (79 pen)

FRANCE v ICELAND 3-1 (1-0)
Parc des Princes, Paris   20.11.1991
Referee: Erik Fredriksson (SWE)   Attendance: 35,000
FRANCE: Bruno Martini; Manuel Amoros, Jocelyn Angloma, Bernard Casoni (46 Basile Boli), Laurent Blanc, Christian Perez, Didier Deschamps (67 Jean-Philippe Durand), Luis Fernandez, Amara Simba, Pascal Vahirua, Eric Cantona.
Trainer: Michel Platini
ICELAND: Birkir Kristinsson; Kristján Jónsson, Baldur Bjarnason, Pétur Ormslev, Kristinn R.Jónsson, Thorvaldur Örlygsson, Gudni Bergsson (80 Saevar Jónsson), Valur Valsson, Arnor Gudjohnsen, Gudmundur Torfason (56 Eyjólfur Sverrisson), Sigurdur Grétarsson.   Trainer: Asgeir Eliasson
Goals: Simba (42), Cantona (59, 67), Sverrisson (71)

SCOTLAND v ROMANIA 2-1 (1-1)
Hampden Park, Glasgow   12.09.1990
Referee: Ildefonso Urizar Azpitarte (SPA)   Att: 12,801
SCOTLAND: Andy Goram; Stewart McKimmie, Maurice Malpas; Gary McAllister (72 Patrick Nevin), Brian Irvine, Alex McLeish; John Robertson, Paul McStay (Cap), Alistair McCoist, Murdo MacLeod, Robert Connor (59 Tommy Boyd).
Manager: Andy Roxburgh
ROMANIA: Silviu Lung; Dan Petrescu, Michael Klein, Emil Săndoi, Iosif Rotariu, Gheorghe Popescu, Marius Lăcătuş, Dorin Mateuţ (70 Ioan Ovidiu Sabău), Rodion Cămătaru (62 Florin Răducioiu), Gheorghe Hagi, Ioan Lupescu.
Trainer: Gheorghe Constantin
Goals: Cămătaru (14), Robertson (38), McCoist (75)

ALBANIA v SPAIN 18.12.1991 was not played

ROMANIA v BULGARIA 0-3 (0-1)
Steaua, Bucureşti   17.10.1990
Referee: José Rosa Dos Santos (POR)   Attendance: 14,000
ROMANIA: Bogdan Stelea; Dan Petrescu, Michael Klein (46 Emil Săndoi), Ioan Andonie, Iosif Rotariu, Gheorghe Popescu, Marius Lăcătuş, Ioan Ovidiu Sabşu, Florin Răducioiu (46 Gavril Balint), Gheorghe Hagi, Ioan Lupescu.
Trainer: Gheorghe Constantin
BULGARIA: Boris Mihailov; Pavel Dochev, Trifon Ivanov, Dimitar Vasev, Nikolai Iliev; Zlatko Iankov, Kostadin Ianchev, Hristo Stoichkov, Krasimir Balakov, Nasko Sirakov (75 Emil Kostadinov), Georgi Iordanov (46 Nikolai Todorov).
Trainer: Ivan Vutsov
Goals: Sirakov (28), Todorov (48, 78)

	P	W	D	L	F	A	Pts
France	8	8	0	0	20	6	16
Czechoslovakia	8	5	0	3	12	9	10
Spain	7	3	0	4	17	12	6
Iceland	8	2	0	6	7	10	4
Albania	7	1	0	6	2	21	2

GROUP 2

SWITZERLAND v BULGARIA 2-0 (1-0)
Charmilles, Genève   12.09.1990
Referee: Guy Goethals (BEL)   Attendance: 12,500
SWITZERLAND: Philipp Walker; Alain Geiger, Marc Hottiger, Dominique Herr, Peter Schepull, Heinz Hermann, Marcel Koller, Thomas Bickel, Alain Sutter (87 Blaise Piffaretti), Adrian Knup (64 Stéphane Chapuisat), Kubilay Türkyilmaz.   Trainer: Uli Stielike
BULGARIA: Ilia Valov; Nikolai Iliev, Nasko Jelev, Dimitar Vasev (59 Kalin Bankov), Trifon Ivanov, Pavel Dochev, Georgi Iordanov, Kostadin Ianchev, Emil Kostadinov, Hristo Stoichkov, Krasimir Balakov (65 Nikolai Todorov).
Trainer: Ivan Vutsov
Goals: Hottiger (19), Bickel (74)

SCOTLAND v SWITZERLAND 2-1 (1-0)
Hampden Park, Glasgow   17.10.1990
Referee: Esa Palsi (FIN)   Attendance: 27,740
SCOTLAND: Andy Goram; Stewart McKimmie, Alex McLeish, Dave McPherson, Stephen Nicol, Gary McAllister (81 John Collins), Stuart McCall, Tommy Boyd (67 Patrick Nevin), Murdo MacLeod, Alistair McCoist, John Robertson.
Manager: Andy Roxburgh
SWITZERLAND: Philipp Walker; André Egli, Dominique Herr, Peter Schepull (62 Frédéric Chassot), Blaise Piffaretti (80 Beat Sutter), Thomas Bickel, Heinz Hermann, Alain Sutter, Adrian Knup, Kubilay Türkyilmaz, Stéphane Chapuisat.
Trainer: Uli Stielike
Goals: Robertson (34 pen), McAllister (51), Knup (64 pen)

BULGARIA v SCOTLAND 1-1 (0-1)
Vasil Levski, Sofia   14.11.1990
Referee: Friedrich Kaupe (AUS)   Attendance: 42,000
BULGARIA: Boris Mihailov; Pavel Dochev, Dimitar Mladenov, Zlatko Iankov, Kalin Bankov, Kostadin Ianchev (55 Nikolai Todorov), Georgi Iordanov, Hristo Stoichkov, Liuboslav Penev, Nashko Sirakov, Krasimir Balakov (73 Emil Kostadinov).   Trainer: Ivan Vutsov
SCOTLAND: Andy Goram; Stewart McKimmie, Maurice Malpas, Gary McAllister, Dave McPherson, Gary Gillespie, Gordon Durie (67 Patrick Nevin), James McInally, Alistair McCoist, Brian McClair, Tom Boyd.
Manager: Andy Roxburgh
Goals: McCoist (9), Todorov (71)

SAN MARINO v ROMANIA 1-3 (1-2)
Olimpico, Serravalle   27.03.1991
Referee: Roger Philippi (LUX)   Attendance: 745
SAN MARINO: Pier Luigi Benedettini; Claudio Canti, Bruno Muccioli, Ivan Matteoni, Luca Gobbi (74 Ivan Toccacelli), William Guerra, Massimo Ceccoli, Marco Mazza, Paolo Mazza, Fabio Francini, Waldes Pasolini (87 Marco Mularoni).
Trainer: Giorgio Leoni
ROMANIA: Florian Prunea; Dan Petrescu, Michael Klein, Emil Săndoi (46 Daniel Timofte), Ioan Lupescu, Gheorghe Popescu, Marius Lăcătuş, Ioan Ovidiu Sabău, Florin Răducioiu, Gheorghe Hagi, Dorin Mateuţ (65 Pavel Badea).
Trainer: Mircea Rădulescu
Goals: Hagi (17 pen), Pasolini (30 pen), Răducioiu (44), D. Timofte (84)

SAN MARINO v SWITZERLAND 0-4 (0-3)
Olimpico, Serravalle   14.11.1990
Referee: Costas Kapsos (CYP)   Attendance: 931
SAN MARINO: Pier Luigi Benedettini; Marco Montironi, Bruno Muccioli (59 Ivan Matteoni), Loris Zanotti, Luca Gobbi, William Guerra, Massimo Ceccoli, Massimo Bonini (46 Ivan Toccaceli), Waldes Pasolini, Fabio Francini, Marco Macina.
Trainer: Giorgio Leoni
SWITZERLAND: Philippe Walker; Marc Hottiger, Beat Sutter, Dominique Herr, Alain Geiger, Thomas Bickel (59 Blaise Piffaretti), Adrian Knup, Heinz Hermann, Kubilay Türkyilmaz (46 Frédéric Chassot), Alain Sutter, Stéphane Chapuisat.   Trainer: Uli Stielike
Goals: A. Sutter (8), Chapuisat (27), Knup (43), Chassot (85)

SCOTLAND v BULGARIA 1-1 (0-0)
Hampden Park, Glasgow   27.03.1991
Referee: Erik Fredriksson (SWE)   Attendance: 33,119
SCOTLAND: Andy Goram; Dave McPherson, Maurice Malpas, James McInally, Richard Gough, Alex McLeish, Gordon Strachan (81 John Robertson), Brian McClair, Alistair McCoist, Paul McStay, Gordon Durie (81 John Collins).
Manager: Andy Roxburgh
BULGARIA: Boris Mihailov; Pavel Dochev, Trifon Ivanov, Ilian Kiriakov, Nikolai Iliev, Zlatko Iankov, Emil Kostadinov, Nasko Sirakov (87 Petar Aleksandrov), Liuboslav Penev, Georgi Iordanov, Krasimir Balakov (87 Lachezar Tanev).
Trainer: Ivan Vutsov
Goals: Collins (84), Kostadinov (89)

ROMANIA v SAN MARINO 6-0 (3-0)
National, Bucureşti   05.12.1990
Referee: Manfred Rossner (GER)   Attendance: 15,000
ROMANIA: Florian Prunea; Dan Petrescu, Ştefan Iovan, Gheorghe Popescu, Mircea Rednic; Ioan Ovidiu Sabău, Ioan Lupescu (64 Constantin Stănici), Dorin Mateuţ, Ilie Dumitrescu (46 Pavel Badea); Marius Lăcătuş (Cap), Florin Răducioiu.   Trainer: Mircea Rădulescu
SAN MARINO: Pier Luigi Benedettini; Paolo Conti, Ivan Toccacelli, William Guerra, Marco Montironi; Massimo Ceccoli, Loris Zanotti, Fabio Francini, Ivan Matteoni; Marco Macina (46 Giancarlo Bacciocchi); Waldes Pasolini (86 Paolo Zanotti).   Trainer: Giorgio Leoni
Goals: Sabău (1), Mateuţ (18), Răducioiu (43), Lupescu (57), Badea (77), Petrescu (85)

SWITZERLAND v ROMANIA 0-0
La Maladiere, Neuchâtel   03.04.1991
Referee: Gérard Biguet (FRA)   Attendance: 16,000
SWITZERLAND: Stefan Huber; Marc Hottiger, Alain Geiger, Dominique Herr, Dominique Christophe Ohrel; Jean-Michel Aebi, Marcel Koller, Heinz Hermann (Cap), Christophe Bonvin (33 Thomas Bickel); Kubilay Türkyilmaz (74 Beat Sutter), Adrian Knup.   Trainer: Uli Stielike
ROMANIA: Florian Prunea; Dan Petrescu, Emil Săndoi, Gheorghe Popescu, Michael Klein; Ioan Ovidiu Sabău, Ioan Lupescu, Daniel Timofte, Gheorghe Hagi (83 Dorin Mateuţ); Marius Lăcătuş (Cap), Florin Răducioiu (89 Ion Timofte).
Trainer: Mircea Rădulescu

BULGARIA v SWITZERLAND 2-3 (2-0)

Vasil Levski, Sofia   01.05.1991

Referee: Karl-Josef Assenmacher (GER)   Att: 55,000

BULGARIA: Boris Mihailov; Pavel Dochev (5 Nikolai Todorov), Ilian Kiriakov, Nikolai Iliev, Trifon Ivanov, Georgi Iordanov, Nasko Sirakov (65 Lachezar Tanev), Zlatko Iankov, Emil Kostadinov, Krasimir Balakov, Liuboslav Penev.   Trainer: Ivan Vutsov

SWITZERLAND: Stefan Huber; Marc Hottiger, Dominique Christophe Ohrel, Dominique Herr, André Egli, Heinz Hermann (Cap), Adrian Knup (88 Peter Schepull), Beat Sutter, Kubilay Türkyilmaz, Marcel Koller (46 Stéphane Chapuisat), Christophe Bonvin.   Trainer: Uli Stielike

Goals: Kostadinov (11), Sirakov (25), Knup (59, 85), Türkyilmaz (90)

SWITZERLAND v SAN MARINO 7-0 (3-0)

Espenmoos, St.Gallen   05.06.1991

Referee: Erman Toroglu (TUR)   Attendance: 12,000

SWITZERLAND: Stefan Huber; Marc Hottiger (74 Dominique Christophe Ohrel), Stéphane Chapuisat, Dominique Herr, André Egli (74 Peter Schepull), Marcel Koller, Beat Sutter, Heinz Hermann (Cap), Kubilay Türkyilmaz, Alain Sutter, Adrian Knup.   Trainer: Uli Stielike

SAN MARINO: Pier Luigi Benedettini; Claudio Canti, Marco Montironi, Loris Zanotti, Luca Gobbi, William Guerra, Ivan Matteoni (46 Mauro Valentini), Marco Mazza, Nicola Bacciocchi (70 Marco Mularoni), Fabio Francini, Waldes Pasolini.   Trainer: Giorgio Leoni

Goals: Knup (2, 86), Hottiger (12), B. Sutter (28), Hermann (54), Ohrel (77), Türkyilmaz (90)

SAN MARINO v SCOTLAND 0-2 (0-0)

Olimpico, Serravalle   01.05.1991

Referee: Besnik Kaimi (ALB)   Attendance: 3,512

SAN MARINO: Pier Luigi Benedettini; Claudio Canti, Bruno Muccioli, Paolo Zanotti (62 Ivan Toccacelli), Luca Gobbi, William Guerra, Massimo Ceccoli, Marco Mazza, Paolo Mazza, Fabio Francini, Waldes Pasolini (78 Ivan Matteoni).   Trainer: Giorgio Leoni

SCOTLAND: Andy Goram; Stewart McKimmie, Dave McPherson, Stephen Nicol (73 John Robertson), Stuart McCall, Maurice Malpas, Brian McClair (56 Patrick Nevin), Kevin Gallacher, Gary McAllister, Gordon Strachan, Gordon Durie.   Manager: Andy Roxburgh

Goals: Strachan (63 pen), Durie (66)

SWITZERLAND v SCOTLAND 2-2 (2-0)

Wankdorf, Bern   11.09.1991

Referee: Tullio Lanese (ITA)   Attendance: 48,000

SWITZERLAND: Stefan Huber; Marc Hottiger, Dominique Christophe Ohrel, Dominique Herr, Ciriaco Sforza, Marcel Heldmann (67 Beat Sutter), Adrian Knup, Heinz Hermann (Cap), Kubilay Türkyilmaz, Alain Sutter (60 Thomas Bickel), Stéphane Chapuisat.   Trainer: Uli Stielike

SCOTLAND: Andy Goram; Stewart McKimmie (69 Brian McClair), Maurice Malpas, Stephen Nicol, Dave McPherson, Tom Boyd, Gordon Strachan, Stuart McCall, Alistair McCoist, Maurice Johnston (43 Gary McAllister), Gordon Durie.   Manager: Andy Roxburgh

Goals: Chapuisat (30), Hermann (39), Durie (47), McCoist (84)

SAN MARINO v BULGARIA 0-3 (0-2)

Olimpico, Serravalle   22.05.1991

Referee: Victor Mintoff (MAL)   Attendance: 612

SAN MARINO: Pier Luigi Benedettini; Claudio Canti, Marco Montironi, Bruno Muccioli, Luca Gobbi, William Guerra, Massimo Ceccoli (81 Ivan Matteoni), Marco Mazza, Paolo Mazza, Fabio Francini, Waldes Pasolini (62 Nicola Bacciocchi).   Trainer: Giorgio Leoni

BULGARIA: Boris Mihailov; Emil Dimitrov, Trifon Ivanov, Ilian Kiriakov, Dean Angelov (75 Nikolai Todorov), Zlatko Iankov, Emil Kostadinov, Georgi Georgiev, Liuboslav Penev, Nasko Sirakov, Velko Iotov (57 Aleksandar Markov).   Trainer: Krasimir Borisov

Goals: Ivanov (12), Sirakov (19), Penev (59 pen)

BULGARIA v SAN MARINO 4-0 (3-0)

Vasil Levski, Sofia   16.10.1991

Referee: Jiri Ulrích (CZE)   Attendance: 8,000

BULGARIA: Boris Mihailov; Ilian Kiriakov, Zaprian Rakov, Radoslav Vidov, Nikolai Iliev, Zlatko Iankov, Emil Kostadinov, Hristo Stoichkov (69 Iordan Lechkov), Liuboslav Penev, Hristo Kolev (65 Ivailo Iordanov), Krasimir Balakov.   Trainer: Dimitar Penev

SAN MARINO: Pier Luigi Benedettini; Ivan Toccaceli, Mauro Valentini, Ivan Matteoni, Luca Gobbi, William Guerra, Pier Angelo Manzaroli (79 Nicola Bacciocchi), Pier Domenico Della Valle, Paolo Mazza (71 Marco Mularoni), Fabio Francini, Waldes Pasolini.   Trainer: Giorgio Leoni

Goals: Valentini (20 og), Stoichkov (37 pen), Iankov (41), Iliev (85)

ROMANIA v SCOTLAND 1-0 (0-0)

Steaua, București   16.10.1991

Referee: Aron Schmidhuber (GER)   Attendance: 30,000

ROMANIA: Silviu Lung; Dan Petrescu, Michael Klein, Emil Săndoi, Ioan Lupescu, Gheorghe Popescu, Marius Lăcătuș, Daniel Timofte (60 Ioan Timofte), Florin Răducioiu (75 Ilie Dumitrescu), Gheorghe Hagi, Dorinel Munteanu. Trainer: Mircea Rădulescu

SCOTLAND: Andy Goram; Stewart McKimmie, Maurice Malpas, Stuart McCall, Dave McPherson, Craig Levein, Gordon Strachan, Mike Galloway (70 Roy Aitken), Brian McClair, Gordon Durie, Tom Boyd (59 Kevin Gallacher). Manager: Andy Roxburgh

Goal: Hagi (74 pen)

BULGARIA v ROMANIA 1-1 (0-1)

Vasil Levski, Sofia   20.11.1991

Referee: Peter Mikkelsen (DEN)   Attendance: 20,000

BULGARIA: Boris Mihailov; Petar Hubchev, Zaprian Rakov, Ilian Kiriakov, Nikolai Iliev (56 Dimitar Mladenov), Zlatko Iankov, Emil Kostadinov (70 Ivailo Iordanov), Hristo Stoichkov, Liuboslav Penev, Nasko Sirakov, Krasimir Balakov. Trainer: Dimitar Penev

ROMANIA: Silviu Lung; Adrian Popescu, Dorinel Munteanu, Emil Săndoi (67 Ioan Timoftes), Ioan Lupescu, Gheorghe Popescu, Marius Lăcătuș (60 Ilie Dumitrescu), Ioan Ovidiu Sabău, Florin Răducioiu, Gheorghe Hagi, Dorin Mateuț. Trainer: Mircea Rădulescu

Goals: A. Popescu (30), Sirakov (55)

ROMANIA v SWITZERLAND 1-0 (0-0)

Steaua, București   13.11.1991

Referee: John Blankenstein (HOL)   Attendance: 30,000

ROMANIA: Silviu Lung; Adrian Popescu, Michael Klein (4 Dorinel Munteanu), Emil Săndoi, Ioan Lupescu, Gheorghe Popescu, Marius Lăcătuș, Daniel Timofte (46 Ioan Ovidiu Sabău), Florin Răducioiu, Gheorghe Hagi, Dorin Mateuț. Trainer: Mircea Rădulescu

SWITZERLAND: Stefan Huber; Marc Hottiger, Dominique Christophe Ohrel, Dominique Herr, Ciriaco Sforza, Peter Schepull, Beat Sutter (66 Christophe Bonvin), Heinz Hermann (Cap) (77 Thomas Bickel), Kubilay Türkyilmaz, Alain Sutter, Stéphane Chapuisat.   Trainer: Uli Stielike

Goal: Mateuț (73)

	P	W	D	L	F	A	Pts
Scotland	8	4	3	1	14	7	11
Switzerland	8	4	2	2	19	7	10
Romania	8	4	2	2	13	7	10
Bulgaria	8	3	3	2	15	8	9
San Marino	8	0	0	8	1	33	0

GROUP 3

SCOTLAND v SAN MARINO 4-0 (3-0)

Hampden Park, Glasgow   13.11.1991

Referee: Rune Pedersen (NOR)

SCOTLAND: Andy Goram; Dave McPherson (46 Maurice Johnston), Maurice Malpas, Gary McAllister, Richard Gough, Craig Levein (60 Kevin Gallacher), Stuart McCall, John Robertson, Alistair McCoist, Paul McStay, Gordon Durie. Manager: Andy Roxburgh

SAN MARINO: Pier Luigi Benedettini; Claudio Canti, Bruno Muccioli, Marco Mazza, Luca Gobbi (46 Marco Montironi), William Guerra, Loris Zanotti, Massimo Bonini, Paolo Mazza, Fabio Francini, Waldes Pasolini (66 Pier Angelo Manzaroli). Trainer: Giorgio Leoni

Goals: McStay (10), Gough (31), Durie (45), McCoist (62)

USSR v NORWAY 2-0 (1-0)

Lenin, Moskva   12.09.1990

Referee: Hubert Forstinger (AUS)   Attendance: 23,000

USSR: Aleksandr Uvarov; Andrei Chernishov, Sergei Gorlukovich, Oleg Kuznetsov, Vadim Tischenko (79 Vasili Kulkov), Igor Shalimov, Aleksei Mikhailichenko, Andrei Kanchelskis, Ivan Getsko (71 Igor Kolivanov), Oleg Protasov, Igor Dobrovolski.   Trainer: Anatolyi Bishovets

NORWAY: Erik Thorstvedt; Pål Lydersen, Tore Pedersen, Rune Bratseth, Gunnar Halle, Θrjan Berg (61 Erik Pedersen), Per-Egil Ahlsen, Tom Gulbrandsen, Jahn-Ivar Jakobsen, Jørn Andersen, Jan Age Fjørtoft (66 Tore André Dahlum). Trainer: Ingvar Stadheim

Goals: Kanchelskis (22), O. Kuznetsov (60)

NORWAY v HUNGARY 0-0

Brann, Bergen   10.10.1990

Referee: John Spillane (IRE)   Attendance: 6,304

NORWAY: Erik Thorstvedt; Gunnar Halle, Tore Pedersen, Rune Bratseth, Pål Lydersen, Erik Pedersen, Per-Egil Ahlsen, Sverre Brandhaug, Jahn-Ivar Jakobsen (72 Jørn Andersen), Gøran Sørloth, Jan Age Fjørtoft (78 Tore André Dahlum). Trainer: Ingvar Stadheim

HUNGARY: Zsolt Petry; Tamás Mónos, Attila Pintér, József Szalma, Ervin Kovács, Zsolt Limperger, József Kiprich (87 Imre Fodor), István Kozma, György Bognár, Emil Lörincz, Kálmán Kovács.   Trainer: Kálmán Mészöly

ITALY v USSR 0-0

Stadio Olimpico, Roma   03.11.1990

Referee: Marcel Van Langenhove (BEL)   Attendance: 52,500

ITALY: Walter Zenga; Ciro Ferrara, Paolo Maldini, Franco Baresi, Riccardo Ferri, Luigi De Agostini, Massimo Crippa, Fernando De Napoli, Salvatore Schillaci (70 Aldo Serena), Roberto Mancini, Roberto Baggio.   Trainer: Azeglio Vicini

USSR: Aleksandr Uvarov; Andrei Chernishov, Vasili Kulkov, Akhrik Tsveiba, Sergei Aleinikov, Igor Shalimov, Aleksei Mikhailichenko, Andrei Kanchelskis, Ivan Getsko (67 Oleg Protasov), Aleksandr Mostovoi (86 Vladimir Tatarchuk), Igor Dobrovolski.   Trainer: Anatolyi Bîshovets

HUNGARY v ITALY 1-1 (1-0)

Népstadion, Budapest   17.10.1990

Referee: Bo Karlsson (SWE)   Attendance: 25,000

HUNGARY: Zsolt Petry; Tamás Mónos, József Szalma, László Disztl, Zsolt Limperger, Imre Garaba (59 Imre Fodor), József Kiprich, István Kozma (86 István Urbányi), György Bognár, Emil Lörincz, Kálmán Kovács.   Trainer: Kálmán Mészöly

ITALY: Walter Zenga; Giuseppe Bergomi, Luigi De Agostini, Franco Baresi, Riccardo Ferri, Giancarlo Marocchi, Roberto Donadoni, Fernando De Napoli, Salvatore Schillaci (81 Aldo Serena), Giuseppe Giannini (86 Nicola Berti), Roberto Baggio. Trainer: Azeglio Vicini

Goals: Disztl (15), Baggio (54 pen)

CYPRUS v NORWAY 0-3 (0-1)

Nicosia   14.11.1990

Referee: Zoran Petrovic (YUG)   Attendance: 3,000

CYPRUS: Andreas Haritou; Yiannos Kalotheou (50 Andreas Kantilos), Costas Miamiliotis, Spiros Kastanas, Avraam Socratous, Yiannakis Yiangoudakis, George Christodoulou, Pavlos Savva, Angelos Tsolakis (75 Costas Constantinou), Floros Nicolaou, Panikos Xiourouppas.
Trainer: Panikos Iacovou

NORWAY: Erik Thorstvedt; Pål Lydersen, Tore Pedersen, Rune Bratseth, Karl-Petter Løken (66 Erik Pedersen), Gunnar Halle, Sverre Brandhaug, Øyvind Leonhardsen, Lars Bohinen, Gøran Sørloth, Tore André Dahlum (79 Jan Age Fjørtoft). Trainer: Egil Olsen

Goals: Sørloth (40), Bohinen (47), Brandhaug (63)

HUNGARY v CYPRUS 4-2 (3-1)

Népstadion, Budapest   31.10.1990

Referee: Plarent Kotherja (ALB)   Attendance: 3,000

HUNGARY: Zsolt Petry; Tamás Mónos, József Szalma, László Disztl, Zsolt Limperger, Imre Garaba, József Kiprich (75 Vendel Rugovics), István Kozma (57 Pál Fischer), György Bognár, Emil Lörincz, Kálmán Kovács.
Trainer: Kálmán Mészöly

CYPRUS: Marios Onisiforou; Yiannos Kalotheou, Costas Miamiliotis, George Christodoulou, Avraam Socratous, Yiannakis Yiangoudakis, Andreas Kantilos (61 Angelos Tsolakis), Pavlos Savva, Spiros Kastanas, Costas Constantinou (70 Panikos Orphanides), Panikos Xiourouppas.
Trainer: Panikos Iacovou

Goals: Lörincz (1), Xiourouppas (13), Christodoulou (18 og), Kiprich (20 pen, 67 pen), Tsolakis (89)

CYPRUS v ITALY 0-4 (0-3)

Tsirion, Limassol   22.12.1990

Referee: Ivan Gregr (CZE)   Attendance: 10,000

CYPRUS: Marios Onisiforou; Yiannos Kalotheou, Costas Miamiliotis, George Christodoulou, Avraam Socratous, Yiannakis Yiangoudakis, Panayiotis Pounas, Pavlos Savva (56 Costas Constantinou), Angelos Tsolakis, Floros Nicolaou, Nikos Papavasiliou (64 Panikos Xiourouppas).
Trainer: Panikos Iacovou

ITALY: Walter Zenga; Giuseppe Bergomi, Ciro Ferrara, Stefano Eranio, Pietro Vierchowod, Massimo Crippa, Attilio Lombardo, Nicola Berti, Salvatore Schillaci, Giancarlo Marocchi, Aldo Serena.   Trainer: Azeglio Vicini

Goals: Vierchowod (13), Serena (22, 48), Lombardo (42)

CYPRUS v HUNGARY 0-2 (0-2)

Tsirion, Limassol   03.04.1991

Referee: Gerhard Kapl (AUS)   Attendance: 3,000

CYPRUS: Socratis Marangos; George Constantinou, Haralambos Pittas (75 Hristakis Kasianos), Demetris Ioannou, Costas Constantinou, Yiannakis Yiangoudakis, Haralambos Christophi, Pavlos Savva (83 Andros Sotiriou), George Savvidis, Floros Nicolaou, Angelos Tsolakis.
Trainer: Panikos Iacovou

HUNGARY: Zsolt Petry; Tamás Mónos, József Szalma, László Disztl, Tibor Nagy, Zsolt Limperger, József Kiprich, György Bognár, Pál Fischer (72 János Maroszán), Emil Lörincz, Kálmán Kovács.   Trainer: Kálmán Mészöly

Goals: Szalma (16), Kiprich (41)

ITALY v HUNGARY 3-1 (2-0)

Arechi, Salerno   01.05.1991

Referee: Joseph Worrall (ENG)   Attendance: 45,000

ITALY: Walter Zenga; Ciro Ferrara (65 Pietro Vierchowod), Paolo Maldini, Franco Baresi, Riccardo Ferri, Massimo Crippa, Roberto Donadoni (37 Stefano Eranio), Fernando De Napoli, Gianluca Vialli, Giuseppe Giannini, Roberto Mancini.
Trainer: Azeglio Vicini

HUNGARY: Zsolt Petry; Tamás Mónos, László Disztl, János Paláczky (33 István Kozma), Zsolt Limperger, Imre Garaba, József Kiprich (46 József Gregor), Emil Lörincz, György Bognár, Lajos Détári, Kálmán Kovács.   Trainer: Kálmán Mészöly

Goals: Donadoni (4, 21), Vialli (56), Bognár (65)

HUNGARY v USSR 0-1 (0-1)

Népstadion, Budapest   17.04.1991

Referee: Aron Schmidhuber (GER)   Attendance: 40,000

HUNGARY: Zsolt Petry; Tamás Mónos, József Szalma, László Disztl, Zsolt Limperger, Imre Garaba, József Kiprich, István Kozma (62 Lajos Détári), György Bognár (70 István Vincze), Emil Lörincz, Kálmán Kovács.   Trainer: Kálmán Mészöly

USSR: Aleksandr Uvarov; Andrei Chernishov, Vasili Kulkov, Akhrik Tsveiba, Dmitri Galiamin, Igor Shalimov, Aleksei Mikhailichenko, Andrei Kanchelskis, Sergei Aleinikov, Igor Kolivanov, Sergei Iuran (86 Dmitri Kuznetsov).
Trainer: Anatolyi Bishovets

Goal: Mikhailichenko (30)

USSR v CYPRUS 4-0 (1-0)

Lenin, Moskva   29.05.1991

Referee: Ştefan-Dan Petrescu (ROM)   Attendance: 20,000

USSR: Aleksandr Uvarov; Andrei Chernishov, Vasili Kulkov, Aleksandr Mostovoi (74 Dmitri Kuznetsov), Dmitri Galiamin, Igor Shalimov, Aleksei Mikhailichenko, Andrei Kanchelskis, Sergei Aleinikov, Igor Kolivanov, Sergei Iuran (46 Igor Korneev).   Trainer: Anatolyi Bishovets

CYPRUS: Andreas Haritou; Yiannos Kalotheou, Haralambos Pittas, Demetris Ioannou, Floros Nicolaou, Yiannakis Yiangoudakis, Costas Costa, Haralambos Christophi, George Savvidis, George Christodoulou (84 George Constantinou), Panikos Xiouroupas (89 Pavlos Savva).
Trainer: Panikos Iacovou

Goals: Mostovoi (20), Mikhailichenko (51), Korneev (83), Aleinikov (88)

NORWAY v CYPRUS 3-0 (0-0)

Ullevaal, Oslo   01.05.1991

Referee: Kaj Natri (FIN)   Attendance: 7,800

NORWAY: Erik Thorstvedt; Tore Pedersen, Rune Bratseth (46 Kåre Ingebrigtsen), Pål Lydersen, Gunnar Halle (75 Erik Pedersen), Per-Egil Ahlsen, Sverre Brandhaug, Øyvind Leonhardsen, Stig Inge Bjørnebye, Gøran Sørloth, Tore André Dahlum.   Trainer: Egil Olsen

CYPRUS: Andreas Haritou; Floros Nicolaou, Costas Constantinou, Demetris Ioannou, Costas Costa, Yiannos Kalotheou (77 George Constantinou), Haralambos Christophi, Yiannakis Yiangoudakis, Haralambos Pittas, George Savvidis, Panikos Xiourouppas (89 Andros Sotiriou).
Trainer: Panikos Iacovou

Goals: Lydersen (49 pen), Dahlum (65), Sørloth (90)

NORWAY v ITALY 2-1 (2-0)

Ullevaal, Oslo   05.06.1991

Referee: Mario Van der Ende (HOL)   Attendance: 27,500

NORWAY: Erik Thorstvedt; Pål Lydersen, Per-Egil Ahlsen, Rune Bratseth, Tore Pedersen, Karl-Petter Løken, Lars Bohinen, Kåre Ingebrigtsen, Tore André Dahlum (46 Erik Pedersen), Gøran Sørloth, Jahn-Ivar Jakobsen.
Trainer: Egil Olsen

ITALY: Walter Zenga; Ciro Ferrara, Paolo Maldini, Stefano Eranio, Riccardo Ferri (90 Giuseppe Bergomi), Franco Baresi, Attilio Lombardo, Fernando De Napoli (53 Salvatore Schillaci), Gianluca Vialli, Roberto Mancini, Massimo Crippa.
Trainer: Azeglio Vicini

Goals: Dahlum (4), Bohinen (25), Schillaci (79)

NORWAY v USSR 0-1 (0-0)

Ullevaal, Oslo   28.08.1991

Referee: Howard King (WAL)   Attendance: 25,427

NORWAY: Erik Thorstvedt; Pål Lydersen, Tore Pedersen, Rune Bratseth, Roger Nilsen (66 Dag Riisnaes), Karl-Petter Løken, Gunnar Halle, Øivind Leonhardsen, Jahn-Ivar Jakobsen (80 Bent Skammelsrud), Gøran Sørloth, Jan Åge Fjørtoft.   Trainer: Egil Olsen

USSR: Stanislav Cherchesov; Andrei Chernishov, Vasili Kulkov, Akhrik Tsveiba, Oleg Kuznetsov, Igor Shalimov, Aleksei Mikhailichenko, Andrei Kanchelskis (71 Igor Korneev), Sergei Aleinikov, Igor Kolivanov, Sergei Iuran (46 Aleksandr Mostovoi).   Trainer: Anatolyi Bîshovets

Goal: Mostovoi (74)

HUNGARY v NORWAY 0-0

Rohonci út, Szombathely   30.10.1991

Referee: Gérard Biguet (FRA)   Attendance: 10,000

HUNGARY: Zsolt Petry; Tibor Nagy, Attila Pintér, József Duró, Péter Lipcsei (72 Béla Illes), Emil Lörincz, Flórián Urban, István Pisont (84 Dénes Eszenyi), Pál Fischer, Lajos Détári, Kálmán Kovács.   Trainer: Kálmán Mészöly

NORWAY: Frode Grodås; Tore Pedersen, Per-Egil Ahlsen, Rune Bratseth, Stig Inge Bjørnebye, Karl-Petter Løken, Kjetil Rekdal, Øivind Leonhardsen (78 Kåre Ingebrigtsen), Lars Bohinen, Gøran Sørloth (46 Jan Åge Fjørtoft), Jahn-Ivar Jakobsen.   Trainer: Egil Olsen

USSR v HUNGARY 2-2 (1-1)

Lujniki, Moskva   25.09.1991

Referee: Zoran Petrovic (YUG)   Attendance: 50,000

USSR: Stanislav Cherchesov; Andrei Chernishov, Vasili Kulkov, Akhrik Tsveiba (25 Oleg Kuznetsov), Dmitri Galiamin, Igor Shalimov, Aleksei Mikhailichenko, Andrei Kanchelskis, Sergei Aleinikov, Igor Kolivanov, Aleksandr Mostovoi (70 Sergei Iuran).   Trainer: Anatolyi Bîshovets

HUNGARY: Zsolt Petry; Tamás Mónos (43 József Duró), László Disztl, József Szalma, Péter Lipcsei, Zsolt Limperger, József Kiprich, Emil Lörincz, István Kozma (70 Pál Fischer), Lajos Détári, Kálmán Kovács.   Trainer: Kálmán Mészöly

Goals: Kiprich (11, 86), Shalimov (41 pen), Kanchelskis (48)

CYPRUS v USSR 0-3 (0-1)

Larnaca   13.11.1991

Referee: Andrew Wilson Waddell (SCO)   Attendance: 4,000

CYPRUS: Andreas Haritou; Costas Costa, Haralambos Pittas, Costas Constantinou, Avraam Socratous, Neophytos Larkou, Hristos Koliandris (73 Lucas Hadjilucas), Pavlos Savva, George Savvidis (46 Andros Sotiriou), Yiannakis Ioannou, Marios Charalambous.   Trainer: Andreas Michailidis

USSR: Dmitri Kharin; Andrei Chernishov, Vasili Kulkov, Akhrik Tsveiba, Dmitri Galiamin, Igor Shalimov, Aleksei Mikhailichenko, Andrei Kanchelskis, Oleg Kuznetsov, Oleg Protasov (70 Aleksandr Mostovoi), Igor Kolivanov (46 Sergei Iuran).   Trainer: Anatolyi Bîshovets

Goals: Protasov (27), Iuran (79), Kanchelskis (83)

USSR v ITALY 0-0

Lenin, Moskva   12.10.1991

Referee: Bruno Galler (SWI)   Attendance: 92,000

USSR: Stanislav Cherchesov; Andrei Chernishov, Vasili Kulkov, Oleg Kuznetsov (46 Akhrik Tsveiba), Dmitri Galiamin, Igor Shalimov, Aleksei Mikhailichenko, Andrei Kanchelskis, Sergei Aleinikov, Oleg Protasov (69 Dmitri Kuznetsov), Igor Kolivanov.   Trainer: Anatolyi Bîshovets

ITALY: Walter Zenga; Ciro Ferrara, Paolo Maldini, Franco Baresi, Pietro Vierchowod, Massimo Crippa, Gianluigi Lentini (58 Attilio Lombardo), Fernando De Napoli, Gianluca Vialli, Giuseppe Giannini (69 Roberto Mancini), Ruggiero Rizzitelli.   Trainer: Azeglio Vicini

ITALY v NORWAY 1-1 (0-0)

Luigi Ferraris, Genova   13.11.1991

Referee: Karl-Josef Assenmacher (GER)   Att: 30,000

ITALY: Gianluca Pagliuca; Alessandro Costacurta, Paolo Maldini, Nicola Berti (71 Fernando De Napoli), Riccardo Ferri, Franco Baresi, Francesco Baiano (57 Ruggiero Rizzitelli), Carlo Ancelotti, Gianluca Vialli, Gianfranco Zola, Stefano Eranio.   Trainer: Azeglio Vicini

NORWAY: Erik Thorstvedt; Karl-Petter Løken, Per-Egil Ahlsen, Rune Bratseth, Pål Lydersen, Ronny Johnsen (46 Jan Ove Pedersen), Kjetil Rekdal, Kåre Ingebrigtsen (83 Henning Berg), Jan Åge Fjørtoft, Gøran Sørloth, Jahn-Ivar Jakobsen.   Trainer: Egil Olsen

Goals: Jakobsen (60), Rizzitelli (82)

ITALY v CYPRUS 2-0 (1-0)
Pino Zaccheria, Foggia 21.12.1991
Referee: Joaquin Ramos Marcos (SPA) Attendance: 26,000
ITALY: Walter Zenga; Dino Baggio, Paolo Maldini, Demetrio Albertini, Alessandro Costacurta, Franco Baresi, Gianfranco Zola, Nicola Berti, Gianluca Vialli (69 Francesco Baiano), Roberto Baggio (69 Pierluigi Casiraghi), Alberigo Evani. Trainer: Azeglio Vicini
CYPRUS: Michalis Christophi; George Constantinou, Haralambos Pittas, Costas Constantinou, Floros Nicolaou, Vasos Tsagaris (55 Sakis Andreou), Hristos Koliandris, Pavlos Savva, Andros Sotiriou, Demetris Ioannou (75 Neophytos Larkou), Marios Charalambous. Trainer: Andreas Michaelides
Goals: Vialli (27), R. Baggio (55)

FAROE ISLANDS v AUSTRIA 1-0 (0-0)
Landskrona (Sweden) 12.09.1990
Referee: Egil Nervik (NOR) Attendance: 1,265
FAROE ISLANDS: Jens Martin Knudsen; Joannes Jakobsen, Tummas Eli Hansen, Mikkjal Danielsen, J.Hansen, Allan Mørkøre, Jan Dam, Torkil Nielsen, Abraham Hansen, Kari Reynheim, Kurt Mørkøre. Trainer: Pall Gudlaugsson
AUSTRIA: Michael Konsel; Kurt Russ, Michael Streiter, Robert Pecl, Jürgen Hartmann, Manfred Linzmaier, Heinz Peischl, Andreas Herzog (61 Gerald Willfurth), Andreas Reisinger (61 Peter Pacult), Anton Polster, Gerhard Rodax. Trainer: Josef Hickersberger
Goal: Nielsen (60)

	P	W	D	L	F	A	Pts
USSR	8	5	3	0	13	2	13
Italy	8	3	4	1	12	5	10
Norway	8	3	3	2	9	5	9
Hungary	8	2	4	2	10	9	8
Cyprus	8	0	0	8	2	25	0

DENMARK v FAROE ISLANDS 4-1 (2-1)
Idraetsparken, København 10.10.1990
Referee: Gudmundur Haraldsson (ICE) Attendance: 38,563
DENMARK: Peter Schmeichel; John Sivebæk, Kent Nielsen, Lars Olsen, Jan Heintze, Jan Bartram, Kim Vilfort, Lars Elstrup (73 Jens Erik Rasmussen), Flemming Povlsen, Michael Laudrup, Brian Laudrup. Trainer: Richard Møller-Nielsen
FAROE ISLANDS: Jens Martin Knudsen; Joannes Jakobsen (75 Jens Erik Rasmussen), Tummas Eli Hansen, Mikkjal Danielsen, J.Hansen, Allan Mørkøre, Torkil Nielsen, Jan Dam, Abraham Hansen, Kari Reynheim, Kurt Mørkøre. Trainer: Pall Gudlaugsson
Goals: M. Laudrup (8, 49), A. Mørkøre (22), Elstrup (38), Povlsen (89)

GROUP 4

NORTHERN IRELAND v YUGOSLAVIA 0-2 (0-1)
Windsor Park, Belfast 12.09.1990
Referee: Jacob Uilenberg (HOL) Attendance: 10,000
N. IRELAND: Paul Kee; Malachy Donaghy, Nigel Worthington, Anton Rogan, Alan McDonald, Daniel Wilson, Kevin Wilson, Iain Dowie, Gerry Taggart, Kingsley Black, Robbie Dennison (66 Colin Clarke). Manager: William Bingham
YUGOSLAVIA: Tomislav Ivkovic; Zoran Vulic, Predrag Spasic, Davor Jozic, Faruk Hadzibegic, Ilija Najdoski, Robert Prosinecki, Dejan Savicevic, Darko Pancev (87 Zeljko Petrovic), Dragan Stojkovic, Dragisa Binic. Trainer: Ivica Osim
Goals: Pancev (37), Prosinecki (90)

NORTHERN IRELAND v DENMARK 1-1 (0-1)
Windsor Park, Belfast 17.10.1990
Referee: Roger Philippi (LUX) Attendance: 10,000
N. IRELAND: Paul Kee; Malachy Donaghy, Nigel Worthington, Gerry Taggart, Alan McDonald, Anton Rogan, Colin O'Neill (72 Stephen McBride), Daniel Wilson, Iain Dowie, Colin Clarke, Kingsley Black. Manager: William Bingham
DENMARK: Peter Schmeichel; John Sivebæk, Kent Nielsen, Lars Olsen, John Larsen, Jan Heintze, Kim Vilfort, Jan Bartram, Michael Laudrup (80 John Helt), Brian Laudrup (70 Lars Elstrup), Flemming Povlsen. Trainer: Richard Møller-Nielsen
Goals: Bartram (11 pen), Clarke (58)

YUGOSLAVIA v AUSTRIA 4-1 (2-1)

Beograd   31.10.1990

Referee: Aron Schmidhuber (GER)   Attendance: 17,500

YUGOSLAVIA: Tomislav Ivkovic; Zoran Vulic, Predrag Spasic, Srecko Katanec (46 Robert Jarni), Davor Jozic, Faruk Hadzibegic, Robert Prosinecki, Mehmed Bazdarevic, Darko Pancev, Safet Susic (65 Zvonimir Boban), Zlatko Vujovic. Trainer: Ivica Osim

AUSTRIA: Michael Konsel; Ernst Aigner, Robert Pecl, Peter Artner, Peter Schöttel, Michael Streiter, Alfred Hörtnagl, Andreas Reisinger, Andreas Ogris (52 Peter Pacult), Andreas Herzog (46 Manfred Linzmaier), Anton Polster. Trainer: Alfred Riedl

Goals: A. Ogris (16), Pancev (31, 52, 86), Katanec (42)

AUSTRIA v NORTHERN IRELAND 0-0

Prater, Wien   14.11.1990

Referee: Gérard Biguet (FRA)   Attendance: 7,000

AUSTRIA: Michael Konsel; Peter Schöttel, Peter Artner, Robert Pecl, Andreas Poiger, Manfred Linzmaier, Hainz Peischl, Gerald Willfurth, Alfred Hörtnagl, Andreas Ogris, Anton Polster (70 Peter Pacult).   Trainer: Alfred Riedl

N. IRELAND: Paul Kee; Malachy Donaghy, Alan McDonald, Gerry Taggart, Nigel Worthington, Anton Rogan, Daniel Wilson, Robbie Dennison, Kingsley Black (82 Stephen Morrow), Colin Clarke (62 Iain Dowie), Kevin Wilson. Manager: William Bingham

DENMARK v YUGOSLAVIA 0-2 (0-0)

Idraetsparken, København   14.11.1990

Referee: Neil Midgley (ENG)   Attendance: 39,700

DENMARK: Peter Schmeichel; John Sivebæk, Kent Nielsen, Lars Olsen, Jan Heintze, Jan Bartram, Jan Mølby (73 Lars Elstrup), Kim Vilfort, Flemming Povlsen (46 John Jensen), Michael Laudrup, Brian Laudrup. Trainer: Richard Møller-Nielsen

YUGOSLAVIA: Tomislav Ivkovic; Zoran Vulic, Predrag Spasic, Faruk Hadzibegic, Davor Jozic, Srecko Katanec, Robert Jarni, Safet Susic, Darko Pancev (12 Zvonimir Boban), Mehmed Bazdarevic, Zlatko Vujovic (88 Ilija Najdoski). Trainer: Ivica Osim

Goals: Bazdarevic (77), Jarni (84)

YUGOSLAVIA v NORTHERN IRELAND 4-1 (1-1)

Beograd   27.03.1991

Referee: Yusuf Namoglu (TÜR)   Attendance: 10,750

YUGOSLAVIA: Tomislav Ivkovic; Zoran Vulic (85 Ilija Najdoski), Robert Jarni, Predrag Spasic, Zvonimir Boban, Davor Jozic, Robert Prosinecki, Mehmed Bazdarevic, Darko Pancev, Dejan Savicevic, Dragisa Binic.   Trainer: Ivica Osim

N. IRELAND: Paul Kee; Gary Fleming, Anton Rogan, Malachy Donaghy, Stephen Morrow, Colin Hill, Robbie Dennison (75 Jimmy Quinn), Jim Magilton, Iain Dowie, Kevin Wilson (54 Colin Clarke), Kingsley Black. Manager: William Bingham

Goals: Binic (35), Hill (45), Pancev (47, 60, 61)

YUGOSLAVIA v DENMARK 1-2 (0-1)

Beograd   01.05.1991

Referee: Joël Quiniou (FRA)   Attendance: 26,000

YUGOSLAVIA: Tomislav Ivkovic; Zoran Vulic, Robert Jarni (84 Ilija Najdoski), Predrag Spasic, Faruk Hadzibegic, Davor Jozic, Robert Prosinecki, Dejan Savicevic, Darko Pancev, Mehmed Bazdarevic, Dragisa Binic.   Trainer: Ivica Osim

DENMARK: Peter Schmeichel; John Sivebæk, Kent Nielsen, Lars Olsen (54 Henrik Larsen), Bjørn Kristensen, Jan Bartram, John Jensen (82 Bjarne Goldbaek), Kim Christofte, Flemming Povlsen, Kim Vilfort, Bent Christensen. Trainer: Richard Møller-Nielsen

Goals: Christensen (32, 63), Pancev (50)

NORTHERN IRELAND v FAROE ISLANDS 1-1 (1-0)

Windsor Park, Belfast   01.05.1991

Referee: Michel Piraux (BEL)   Attendance: 10,000

N. IRELAND: Paul Kee; Malachy Donaghy, Nigel Worthington, Gerry Taggart, Alan McDonald, Jim Magilton, Daniel Wilson (83 Robbie Dennison), Colin Clarke, Iain Dowie (83 Paul Williams), Kevin Wilson, Kingsley Black. Manager: William Bingham

FAROE ISLANDS: Jens Martin Knudsen; Joannes Jakobsen, Tummas Eli Hansen, Mikkjal Danielsen, Jan Allan Müller, Allan Mørkøre, Torkil Nielsen, Jan Dam, Abraham Hansen, Kari Reynheim (75 Ari Thomassen), Kurt Mørkøre. Trainer: Pall Gudlaugsson

Goals: Clarke (44), Reynheim (65)

YUGOSLAVIA v FAROE ISLANDS 7-0 (2-0)
Beograd 16.05.1991
Referee: Vasilios Nikakis (GRE)   Attendance: 8,000
YUGOSLAVIA: Tomislav Ivkovic (78 Drazen Ladic); Vujadin Stanojkovic, Robert Jarni (63 Davor Suker), Zoran Vulic, Ilija Najdoski, Predrag Spasic, Robert Prosinecki, Zvonimir Boban, Darko Pancev, Dejan Savicevic, Sinisa Mihajlovic. Trainer: Ivica Osim
FAROE ISLANDS: Jens Martin Knudsen; Joannes Jakobsen, Ari Thomassen, Mikkjal Danielsen, Magni Jarnskor (50 Jan Allan Müller), Allan Mørkøre, Torkil Nielsen, Jan Dam, Kari Reynheim, Abraham Hansen, Kurt Mørkøre (15 Jakup Simun Simonsen).   Trainer: Pall Gudlaugsson
Goals: Najdoski (20), Prosinecki (23), Pancev (50, 74), Vulic (65), Boban (70), Suker (86)

FAROE ISLANDS v NORTHERN IRELAND 0-5 (0-3)
Landskrona (Sweden) 11.09.1991
Referee: Simo Ruokonen (FIN)   Attendance: 1,623
FAROE ISLANDS: Jens Martin Knudsen; Joannes Jakobsen (78 Kurt Mørkøre), Tummas Eli Hansen, Mikkjal Danielsen, Ari Thomassen (57 Jan Allan Müller), Allan Mørkøre, Torkil Nielsen, Jan Dam, Abraham Hansen, Kari Reynheim, Toti Jonsson.   Trainer: Pall Gudlaugsson
N. IRELAND: Tommy Wright; Malachy Donaghy, Stephen Morrow, Gerry Taggart, Alan McDonald, Jim Magilton, Robbie Dennison, Kevin Wilson (68 Michael O'Neill), Iain Dowie, Colin Clarke, Kingsley Black (68 Stephen McBride). Manager: William Bingham
Goals: K. Wilson (7), Clarke (12, 48, 78 pen), McDonald (15)

AUSTRIA v FAROE ISLANDS 3-0 (1-0)
Lehen, Salzburg 22.05.1991
Referee: Loizos Loizou (CYP)   Attendance: 13,000
AUSTRIA: Michael Konsel (86 Franz Wohlfahrt); Michael Baur, Kurt Russ, Heimo Pfeifenberger (24 Alfred Hörtnagl), Jürgen Hartmann, Peter Stöger, Peter Schöttel, Andreas Herzog, Michael Streiter, Arnold Wetl, Andreas Ogris. Trainer: Alfred Riedl
FAROE ISLANDS: Jens Martin Knudsen; Joannes Jakobsen, Allan Mørkøre, Mikkjal Danielsen, Tummas Eli Hansen, Jakup Simun Simonsen, Torkil Nielsen, Abraham Hansen, Jan Dam (71 Ari Thomassen), Kari Reynheim, Jens Erik Rasmussen (84 G. Mohr).   Trainer: Pall Gudlaugsson
Goals: Pfeifenberger (13), Streiter (47), Wetl (64)

FAROE ISLANDS v DENMARK 0-4 (0-2)
Landskrona (Sweden) 25.09.1991
Referee: James McCluskey (SCO)   Attendance: 2,589
FAROE ISLANDS: Jens Martin Knudsen (46 Kaj Leo Johannesen); Joannes Jakobsen, Tummas Eli Hansen, Mikkjal Danielsen, Kurt Mørkøre, Jan Dam, Magni Jarnskor, Toti Jonsson (82 Eyolfinn Davidsen), Abraham Hansen, Kari Reynheim, Jan Allan Müller.   Trainer: Pall Gudlaugsson
DENMARK: Peter Schmeichel; John Sivebæk, Kent Nielsen, Lars Olsen, Henrik Larsen, Kim Christofte (60 Johnny Mølby), John Jensen, Kim Vilfort, Flemming Povlsen, Bent Christensen, Lars Elstrup (70 Frank Pingel).   Trainer: Richard Møller-Nielsen
Goals: Christofte (2 pen), Christensen (7), Pingel (71), Vilfort (76)

DENMARK v AUSTRIA 2-1 (1-0)
Odense 05.06.1991
Referee: Michal Listkiewicz (POL)   Attendance: 12,521
DENMARK: Peter Schmeichel; Kent Nielsen, Lars Olsen, Kim Vilfort, Johnny Hansen, Morten Bruun, Henrik Larsen, Brian Steen Nielsen, Claus Nielsen (46 Bjarne Goldbaek), Flemming Povlsen (78 Erik Rasmussen), Bent Christensen. Trainer: Richard Møller-Nielsen
AUSTRIA: Otto Konrad; Kurt Russ (73 Christian Prosenik), Michael Baur, Michael Streiter, Heimo Pfeifenberger, Jürgen Hartmann, Peter Schöttel (68 Alfred Hörtnagl), Andreas Herzog, Peter Stöger, Ernst Ogris, Christoph Westerthaler. Trainer: Alfred Riedl
Goals: Christensen (2, 77), E. Ogris (83)

AUSTRIA v DENMARK 0-3 (0-3)
Prater, Wien 09.10.1991
Referee: Frans Van den Wijngaert (BEL)   Att: 10,000
AUSTRIA: Otto Konrad; Christian Prosenik, Michael Baur, Franz Resch, Walter Kogler, Peter Schöttel (46 Harald Gschnaidtner), Andreas Ogris, Peter Artner, Andreas Herzog, Peter Stöger, Peter Pacult.   Trainer: Alfred Riedl
DENMARK: Peter Schmeichel; John Sivebæk, Kent Nielsen, Lars Olsen, Henrik Larsen (81 Brian Jensen), Kim Christofte (59 Johnny Mølby), John Jensen, Kim Vilfort, Flemming Povlsen, Bent Christensen, Lars Elstrup.   Trainer: Richard Møller-Nielsen
Goals: Artner (10 og), Povlsen (16), Christensen (38)

FAROE ISLANDS v YUGOSLAVIA 0-2 (0-1)

Landskrona (Sweden)   16.10.1991

Referee: Günther Habermann (GER)   Attendance: 2,485

FAROE ISLANDS: Jens Martin Knudsen; Joannes Jakobsen, Tummas Eli Hansen, Mikkjal Danielsen, Kurt Mørkøre, Jan Dam, Allan Mørkøre, Toti Jonsson, Abraham Hansen, Kari Reynheim, Jan Allan Müller (85 Eyolfinn Davidsen).   Trainer: Pall Gudlaugsson

YUGOSLAVIA: Fahrudin Omerovic; Branko Brnovic, Predrag Spasic, Slavisa Jokanovic, Faruk Hadzibegic, Ilija Najdoski, Vladimir Jugovic, Dejan Savicevic, Vladan Lukic (80 Mario Stanic), Mehmet Bazdarevic, Sinisa Mihajlovic (63 Predrag Mijatovic).   Trainer: Ivica Osim

Goals: Jugovic (18), Savicevic (81)

AUSTRIA v YUGOSLAVIA 0-2 (0-2)

Prater, Wien   13.11.1991

Referee: Pietro D'Elia (ITA)   Attendance: 8,000

AUSTRIA: Wolfgang Knaller; Kurt Garger, Walter Kogler, Leo Lainer, Herbert Gager, Manfred Zsak, Andreas Ogris, Peter Artner, Andreas Herzog, Peter Stöger (53 Christian Keglevits), Christoph Westerthaler (73 Michael Baur).   Trainer: Dietmar Constantini

YUGOSLAVIA: Fahrudin Omerovic; Budimir Vujacic, Darko Milanic, Dzoni Novak (80 Branko Brnovic), Faruk Hadzibegic, Slavisa Jokanovic, Vladan Lukic (46 Predrag Mijatovic), Dejan Savicevic, Darko Pancev, Mehmet Bazdarevic, Sinisa Mihajlovic.   Trainer: Ivica Osim

Goals: Lukic (19), Savicevic (39)

NORTHERN IRELAND v AUSTRIA 2-1 (2-1)

Windsor Park, Belfast   16.10.1991

Referee: Leif Sundell (SWE)   Attendance: 8,000

N. IRELAND: Tommy Wright; Malachy Donaghy, Nigel Worthington, Gerry Taggart, Colin Hill, Jim Magilton, Robbie Dennison, Kevin Wilson, Iain Dowie, Colin Clarke (46 Daniel Wilson), Kingsley Black.   Manager: William Bingham

AUSTRIA: Wolfgang Knaller; Leo Lainer, Leopold Rotter, Jürgen Hartmann, Walter Kogler, Manfred Zsak, Andreas Ogris, Peter Artner, Christian Keglevits (62 Christoph Westerthaler), Peter Stöger (62 Andreas Herzog), Herbert Gager.   Trainer: Dietmar Constantini

Goals: Dowie (17), Black (40), Lainer (45)

	P	W	D	L	F	A	Pts
Yugoslavia	8	7	0	1	24	4	14
Denmark	8	6	1	1	18	7	13
Northern Ireland	8	2	3	3	11	11	7
Austria	8	1	1	6	6	14	3
Faroe Islands	8	1	1	6	3	26	3

GROUP 5

DENMARK v NORTHERN IRELAND 2-1 (2-0)

Odense   13.11.1991

Referee: Aleksei Spirin (USSR)   Attendance: 10,881

DENMARK: Peter Schmeichel; John Sivebæk, Kent Nielsen, Torben Piechnik, Henrik Larsen, Lars Olsen, Kim Christofte, Kim Vilfort, Flemming Povlsen, Johnny Mølby, Lars Elstrup (52 Frank Pingel).   Trainer: Richard Møller-Nielsen

N. IRELAND: Alan Fettis; Colin Hill, Nigel Worthington, Malachy Donaghy, Gerry Taggart, Jim Magilton, Stephen McBride, Kevin Wilson, Colin Clarke (67 Iain Dowie), Michael Hughes, Kingsley Black (83 Robbie Dennison).   Manager: William Bingham

Goals: Povlsen (22, 37), Taggart (71)

WALES v BELGIUM 3-1 (1-1)

National, Cardiff   17.10.1990

Referee: Kurt Roethlisberger (SWI)   Attendance: 12,000

WALES: Neville Southall; Clayton Blackmore, Kevin Ratcliffe, Eric Young, Mark Aizlewood, Paul Bodin, Barry Horne, Peter Nicholas, Ian Rush, Mark Hughes, Dean Saunders.   Manager: Terry Yorath

BELGIUM: Michel Preud'homme; Eric Gerets, Stéphane Demol, Georges Grün, Michel De Wolf, Marc Emmers, Enzo Scifo, Franky Van der Elst, Luc Nilis (75 Marc Wilmots), Bruno Versavel, Jan Ceulemans.   Trainer: Guy Thys

Goals: Versavel (25), Rush (30), Saunders (83), Hughes (88)

LUXEMBOURG v GERMANY 2-3 (0-2)

Stade Municipal, Luxembourg 31.10.1990

Referee: Nielsen (DEN)   Attendance: 9,500

LUXEMBOURG: John Van Rijswijck; Théo Malget, Marcel Bossi, Pierre Petry, Marc Birsens, Joël Groff, Guy Hellers, Jean-Paul Girres, Jeff Saibene (85 Gérard Jeitz), Carlo Weis, Robert Langers.   Trainer: Paul Philipp

GERMANY: Bodo Illgner; Thomas Berthold, Andreas Brehme, Jürgen Kohler, Manfred Binz, Thomas Strunz, Thomas Häßler, Uwe Bein, Rudolf Völler (72 Knut Reinhardt), Lothar Matthäus, Jürgen Klinsmann.   Trainer: Hubert Vogts

Goals: Klinsmann (14), Bein (30), Völler (49), Girres (57), Langers (66)

BELGIUM v WALES 1-1 (0-0)

Brussel 27.03.1991

Referee: Emilio Soriano Aladren (SPA)   Attendance: 27,500

BELGIUM: Michel Preud'homme; Eric Gerets, Philippe Albert, Georges Grün, Leo Clijsters, Bruno Versavel, Franky Van der Elst, Enzo Scifo, Marc Degryse, Erwin Vandenbergh, Marc Wilmots.   Trainer: Guy Thys

WALES: Neville Southall; David Phillips, Kevin Ratcliffe, Eric Young, Mark Aizlewood, Paul Bodin, Barry Horne, Peter Nicholas, Mark Hughes, Ian Rush, Dean Saunders.   Manager: Terry Yorath

Goals: Degryse (48), Saunders (59)

LUXEMBOURG v WALES 0-1 (0-1)

Stade Municipal, Luxembourg 14.11.1990

Referee: Jiri Ulrich (CZE)   Attendance: 7,000

LUXEMBOURG: John Van Rijswijck; Théo Malget, Marcel Bossi, Marc Birsens, Pierre Petry, Patrick Morocutti (59 Armin Krings), Guy Hellers, Jean-Paul Girres, Jeff Saibene, Carlo Weis, Robert Langers.   Trainer: Paul Philipp

WALES: Neville Southall; Clayton Blackmore, Paul Bodin, Mark Aizlewood, Eric Young, Kevin Ratcliffe, Barry Horne, Peter Nicholas, Ian Rush (83 Gary Speed), Mark Hughes, Dean Saunders (89 Malcolm Allen).   Manager: Terry Yorath

Goal: Rush (16)

GERMANY v BELGIUM 1-0 (1-0)

Niedersachsenstadion, Hannover 01.05.1991

Referee: Zoran Petrovic (YUG)   Attendance: 56,000

GERMANY: Bodo Illgner; Stefan Reuter, Andreas Brehme, Thomas Doll, Thomas Berthold, Dietmar Beiersdorfer, Thomas Häßler, Matthias Sammer, Rudolf Völler (88 Karl-Heinz Riedle), Lothar Matthäus, Jürgen Klinsmann (77 Thomas Helmer).   Trainer: Hubert Vogts

BELGIUM: Michel Preud'homme; Bertrand Crasson, Philippe Albert, Marc Emmers, Georges Grün, Franky Van der Elst, Patrick Vervoort, Bruno Versavel, Marc Degryse, Enzo Scifo, Marc Wilmots (77 Luc Nilis).   Trainer: Guy Thys

Goal: Matthäus (3)

BELGIUM v LUXEMBOURG 3-0 (3-0)

Brussel 27.02.1991

Referee: Loizos Loizou (CYP)   Attendance: 24,500

BELGIUM: Michel Preud'homme; Georges Grün, Marc Emmers, Philippe Albert, Bruno Versavel, Frank Dauwen, Enzo Scifo, Erwin Vandenbergh, Marc Degryse, Jan Ceulemans, Marc Wilmots.   Trainer: Guy Thys

LUXEMBOURG: Paul Koch; Théo Malget (46 Gérard Jeitz), Marcel Bossi, Marc Birsens, Pierre Petry, Joël Groff (76 Denis Scuto), Guy Hellers, Jean-Paul Girres, Jeff Saibene, Carlo Weis, Armin Krings.   Trainer: Paul Philipp

Goals: Vandenbergh (7), Ceulemans (17), Scifo (35)

WALES v GERMANY 1-0 (0-0)

National, Cardiff 05.06.1991

Referee: Bo Karlsson (SWE)   Attendance: 38,000

WALES: Neville Southall; David Phillips, Paul Bodin, Mark Aizlewood, Andy Melville, Kevin Ratcliffe, Peter Nicholas, Dean Saunders (90 Gary Speed), Ian Rush, Mark Hughes, Barry Horne.   Manager: Terry Yorath

GERMANY: Bodo Illgner; Stefan Reuter, Andreas Brehme, Jürgen Kohler, Thomas Berthold, Guido Buchwald, Thomas Helmer, Matthias Sammer (76 Stefan Effenberg), Rudolf Völler, Lothar Matthäus (46 Thomas Doll), Jürgen Klinsmann.   Trainer: Hubert Vogts

Goal: Rush (67)

LUXEMBOURG v BELGIUM 0-2 (0-1)
Stade Municipal, Luxembourg   11.09.1991
Referee: Remy Harrel (FRA)   Attendance: 9,000
LUXEMBOURG: John Van Rijswijck; Gérard Jeitz, Marcel Bossi, Marc Birsens, Pierre Petry, Jean-Paul Girres, Guy Hellers, Thomas Wolf, Patrick Morocutti (77 Armin Krings), Robert Langers (67 Marc Thomé), Joël Groff.
Trainer: Paul Philipp
BELGIUM: Michel Preud'homme; Georges Grün (75 Dirk Medved), Franky Van der Elst, Lorenzo Staelens, Vital Borkelmans, Patrick Vervoort, Stéphane Demol (79 Frank Dauwen), Luc Nilis, Marc Degryse, Enzo Scifo, Marc Emmers.
Trainer: Paul van Himst
Goals: Scifo (24), Degryse (48)

BELGIUM v GERMANY 0-1 (0-1)
Brussel   20.11.1991
Referee: Tullio Lanese (ITA)   Attendance: 26,000
BELGIUM: Michel Preud'homme; Georges Grün, Philippe Albert, Johan Walem, Vital Borkelmans, Marc Emmers, Stéphane Demol (46 Dirk Medved), Danny Boffin, Marc Degryse, Enzo Scifo, Marc Wilmots (70 Luc Nilis).
Trainer: Paul van Himst
GERMANY: Bodo Illgner; Stefan Reuter, Andreas Brehme, Jürgen Kohler, Manfred Binz, Guido Buchwald, Andreas Möller (80 Stefan Effenberg), Thomas Doll, Rudolf Völler, Lothar Matthäus, Karl-Heinz Riedle.   Trainer: Hubert Vogts
Goal: Völler (16)

GERMANY v WALES 4-1 (3-0)
Frankenstadion, Nuremberg   16.10.1991
Referee: Joël Quiniou (FRA)   Attendance: 46,000
GERMANY: Bodo Illgner; Stefan Reuter, Andreas Brehme, Jürgen Kohler, Manfred Binz, Guido Buchwald, Andreas Möller, Thomas Doll (79 Stefan Effenberg), Rudolf Völler, Lothar Matthäus, Karl-Heinz Riedle (65 Thomas Häßler).
Trainer: Hubert Vogts
WALES: Neville Southall; Gavin Maguire (46 Gary Speed), Mark Bowen, Andy Melville, Eric Young (84 Ryan Giggs), Kevin Ratcliffe, Barry Horne, Dean Saunders, Ian Rush, Mark Hughes, Paul Bodin.   Trainer: Terry Yorath
Goals: Möller (34), Völler (39), Riedle (45), Doll (73), Bodin (83 pen)

GERMANY v LUXEMBOURG 4-0 (2-0)
Ulrich-Haberland-Stadion, Leverkusen   18.12.1991
Referee: Zbigniew Przesmycki (POL)   Attendance: 24,500
GERMANY: Bodo Illgner; Stefan Reuter, Andreas Brehme, Jürgen Kohler, Manfred Binz, Guido Buchwald, Andreas Möller (70 Uwe Bein), Thomas Doll (46 Thomas Häßler), Rudolf Völler, Lothar Matthäus, Karl-Heinz Riedle.
Trainer: Hubert Vogts
LUXEMBOURG: John Van Rijswijck; Marcel Bossi, Marc Birsens, Pierre Petry, Thomas Wolf, Jean-Paul Girres (83 Gérard Jeitz), Guy Hellers, Carlo Weis, Joël Groff (78 Luc Holtz), Robert Langers, Théo Malget.   Trainer: Paul Philipp
Goals: Matthäus (15 pen), Buchwald (44), Riedle (51), Häßler (62)

WALES v LUXEMBOURG 1-0 (0-0)
National, Cardiff   13.11.1991
Referee: Sándor Puhl (HUNG)   Attendance: 20,000
WALES: Neville Southall; David Phillips, Mark Bowen (72 Paul Bodin), Mark Aizlewood, Eric Young, Andy Melville (62 Ryan Giggs), Barry Horne, Peter Nicholas, Ian Rush, Mark Hughes, Gary Speed.   Trainer: Terry Yorath
LUXEMBOURG: John Van Rijswijck; Marcel Bossi, Marc Birsens, Pierre Petry, Thomas Wolf, Jean-Paul Girres (88 Gérard Jeitz), Guy Hellers, Carlo Weis, Joël Groff, Robert Langers (68 Armin Krings), Théo Malget.
Trainer: Paul Philipp
Goal: Bodin (82 pen)

	P	W	D	L	F	A	Pts
Germany	6	5	0	1	13	4	10
Wales	6	4	1	1	8	6	9
Belgium	6	2	1	3	7	6	5
Luxembourg	6	0	0	6	2	14	0

GROUP 6

FINLAND v PORTUGAL 0-0
Olympiastadion, Helsinki   12.09.1990
Referee: Jozef Marko (CZE)   Attendance: 10,240
FINLAND: Olavi Huttunen; Jari Rinne, Erik Holmgren, Jari Europaeus, Ari Heikkinen, Erkka Petäjä, Kimmo Tarkkio (74 Tommi Paavola), Jari Litmanen, Petri Järvinen (84 Marko Myyry), Ari Hjelm, Mika-Matti Paatelainen.
Trainer: Jukka Vakkila
PORTUGAL: SILVINO Almeida Louro; JOÃO Domingos Silva PINTO, António Augusto da Silva VELOSO, JORGE da Costa FERREIRA, Paulo Manuel VENÂNCIO, António Manuel Tavares FONSECA (64 António Manuel PACHECO Domingos), VÍTOR Manuel Araújo PANEIRA, António dos Santos ANDRÉ, JAIME Moreira PACHECO, Soares Gil RUI BARROS, José RUI Lopes AGUAS (46 Jorge Paulo CADETE Reis).   Trainer: Artur Jorge

PORTUGAL v HOLLAND 1-0 (0-0)
Das Antas, Porto   17.10.1990
Referee: Siegfried Kirschen (GER)   Attendance: 35,000
PORTUGAL: SILVINO Almeida Louro; JOÃO Domingos Silva PINTO, José Martins LEAL, Paulo Manuel VENÂNCIO, António Augusto da Silva VELOSO, OCEANO Andrade da Cruz, VÍTOR Manuel Araújo PANEIRA, Manuel António Couto Guimaraes "NELO" (86 CARLOS Jorge Marques Caldas XAVIER), José RUI Lopes AGUAS, José Orlando Rocha SEMEDO (90 JORGE da Costa FERREIRA), Jorge Paulo CADETE Reis.   Trainer: Artur Jorge
HOLLAND: Hans Van Breukelen; Danny Blind, Frank De Boer (76 Johannes Gillhaus), Adri Van Tiggelen (60 John Van't Schip), Stan Valckx, Graeme Rutjes, Gerald Vanenburg, Richard Witschge, Marco Van Basten, Ruud Gullit, Dennis Bergkamp.   Trainer: Rinus Michels
Goal: Rui Aguas (54)

GREECE v MALTA 4-0 (2-0)
Olympiako, Athina   31.10.1990
Referee: Ion Crăciunescu (ROM)   Attendance: 17,500
GREECE: Theologis Papadopoulos, Stratos Apostolakis, Giorgos Papadopoulos, Stelios Manolas, Yannis Kalitzakis, Panayiotis Tsalouhidis, Dimitris Saravakos, Savvas Kofidis, Vasilis Dimitriadis (31 Stefanos Borbokis), Vasilis Karapialis, Nikos Tsiantakis.   Trainer: Antonis Yoryadis
MALTA: Reginald Cini; David Carabott, Silvio Vella, Joseph Galea, Charles Scerri, John Buttigieg, Carmel Busuttil, Raymond Vella, Hubert Suda (46 Michael Degiorgio), Christian Laferla, Jesmond Zerafa.   Trainer: Horst Heese
Goals: Tsiantakis (37), Karapialis (40), Saravakos (59), Borbokis (87)

HOLLAND v GREECE 2-0 (2-0)
Feyenoord, Rotterdam   21.11.1990
Referee: Lajos Németh (HUNG)   Attendance: 26,000
HOLLAND: Hans Van Breukelen; Danny Blind, Graeme Rutjes, Jan Wouters, Jerry De Jong, Gerald Vanenburg, John Van't Schip, Dennis Bergkamp (85 Aron Winter), Marco Van Basten, Richard Witschge, Bryan Roy.   Trainer: Rinus Michels
GREECE: Theologis Papadopoulos, Stratos Apostolakis, Giorgos Papadopoulos, Stelios Manolas, Yannis Kalitzakis, Panayiotis Tsalouhidis, Dimitris Saravakos, Savvas Kofidis (53 Nikos Karayeoryiou), Stefanos Borbokis, Vasilis Karapialis, Nikos Tsiantakis.   Trainer: Antonis Yoryadis
Goals: Bergkamp (7), Van Basten (18)

MALTA v FINLAND 1-1 (0-0)
National, Ta'Qali   25.11.1990
Referee: Sadik Deda (TUR)   Attendance: 6,000
MALTA: David Cluett; David Carabott, Silvio Vella, Joseph Galea, Charles Scerri, John Buttigieg, Carmel Busuttil, Raymond Vella, Christian Laferla, Michael Degiorgio, Joe Zarb (73 Hubert Suda).   Trainer: Horst Heese
FINLAND: Olavi Huttunen; Jari Rinne (46 Erkka Petäjä), Ari Heikkinen, Jari Europaeus, Erik Holmgren, Marko Myyry, Jari Litmanen, Ari Hjelm, Pasi Tauriainen, Kimmo Tarkkio (75 Ari Tegelberg), Mika-Matti Paatelainen.   Trainer: Jukka Vakkila
Goals: Suda (74), Holmgren (87)

MALTA v HOLLAND 0-8 (0-3)
National, Ta'Qali   19.12.1990
Referee: Rolf Blattmann (SWI)   Attendance: 11,000
MALTA: David Cluett; Edwin Camilleri (46 Hubert Suda), Silvio Vella, Joseph Galea, Charles Scerri (70 Jesmond Zerafa), Christian Laferla, Carmel Busuttil, Raymond Vella, David Carabott, Michael Degiorgio, Joe Camilleri.
Trainer: Horst Heese
HOLLAND: Hans Van Breukelen; Danny Blind, Jerry De Jong, Jan Wouters, Frank De Boer, Erwin Koeman (46 Aron Winter), John Van't Schip, Dennis Bergkamp, Marco Van Basten, Ruud Gullit (71 John Van den Brom), Bryan Roy.   Trainer: Rinus Michels
Goals: Van Basten (10, 20, 25, 68, 80 pen), Winter (51), Bergkamp (58, 70)

GREECE v PORTUGAL 3-2 (1-1)

Olympiako, Athina   23.01.1991

Referee: Carlo Longhi (ITA)   Attendance: 30,000

GREECE: Nikos Sarganis; Stratos Apostolakis, Giorgos Papadopoulos, Stelios Manolas, Yannis Kalitzakis, Panayiotis Tsalouhidis, Dimitris Saravakos, Savvas Kofidis (70 Giorgos Athanassiadis), Stefanos Borbokis (67 Vasilis Dimitriadis), Vasilis Karapialis, Nikos Tsiantakis.
Trainer: Antonis Yoryadis

PORTUGAL: VÍTOR Manuel Martins BAÍA; JOÃO Domingos Silva PINTO, José Martins LEAL, Paulo Manuel VENÂNCIO, António Augusto da Silva VELOSO, OCEANO Andrade da Cruz, PAULO Manuel Carvalho SOUSA, Soares Gil RUI BARROS (72 Jorge Paulo CADETE Reis), VÍTOR Manuel Araújo PANEIRA, Paulo Jorge Santos FUTRE, José RUI Lopes AGUAS.   Trainer: Artur Jorge

Goals: Borbokis (7), Rui Aguas (14), Futre (62), Manolas (68), Tsalouhidis (84)

MALTA v PORTUGAL 0-1 (0-1)

National, Ta'Qali   09.02.1991

Referee: Manfred Neuner (GER)   Attendance: 10,000

MALTA: David Cluett; Silvio Vella, Alex Azzopardi, Joseph Galea, Christian Laferla, John Buttigieg, Carmel Busuttil, Raymond Vella, Hubert Suda, Michael Degiorgio, Jesmond Zerafa.   Trainer: Horst Heese

PORTUGAL: VÍTOR Manuel Martins BAÍA; JOÃO Domingos Silva PINTO, José Martins LEAL, Paulo Manuel VENÂNCIO, António Augusto da Silva VELOSO, OCEANO Andrade da Cruz, VÍTOR Manuel Araújo PANEIRA, Soares Gil RUI BARROS (70 Jorge Paulo CADETE Reis), José RUI Lopes AGUAS, Paulo Jorge Santos FUTRE (88 PAULO Manuel Carvalho SOUSA), José Orlando Rocha SEMEDO.
Trainer: Artur Jorge

Goal: Futre (26)

PORTUGAL v MALTA 5-0 (3-0)

Das Antas, Porto   20.02.1991

Referee: John Spillane (IRE)   Attendance: 10,000

PORTUGAL: VÍTOR Manuel Martins BAÍA; JOÃO Domingos Silva PINTO (46 Jorge Paulo CADETE Reis), José Martins LEAL, Paulo Manuel VENÂNCIO (67 PAULO Sérgio Braga MADEIRA), António Augusto da Silva VELOSO, OCEANO Andrade da Cruz, VÍTOR Manuel Araújo PANEIRA, PAULO Manuel Carvalho SOUSA, José RUI Lopes AGUAS, Paulo Jorge Santos FUTRE, José Orlando Rocha SEMEDO.
Trainer: Artur Jorge

MALTA: David Cluett; Silvio Vella, Alex Azzopardi, Joe Camilleri (39 Charles Scerri), Christian Laferla, Michael Degiorgio, John Buttigieg, Raymond Vella, Carmel Busuttil, Hubert Suda (51 David Carabott), Jesmond Zerafa.
Trainer: Horst Heese

Goals: Rui Aguas (5), Leal (33), Vítor Paneira (41 pen), Scerri (48 og), Cadete (81)

HOLLAND v MALTA 1-0 (1-0)

Feyenoord, Rotterdam   13.03.1991

Referee: Dusan Krchnak (CZE)   Attendance: 36,383

HOLLAND: Hans Van Breukelen; Danny Blind, Marciano Vink, Jan Wouters, Frank De Boer (46 Wim Kieft), Richard Witschge, John Van't Schip, Dennis Bergkamp, Marco Van Basten, Ruud Gullit, Bryan Roy (69 Gerald Vanenburg).
Trainer: Rinus Michels

MALTA: Reginald Cini; Edwin Camilleri, Alex Azzopardi (89 Nicholas Saliba), Joseph Brincat (85 Hubert Suda), Silvio Vella, Christian Laferla, Charles Scerri, Raymond Vella, Joe Camilleri, Michael Degiorgio, Jesmond Zerafa.
Trainer: Horst Heese

Goal: Van Basten (32 pen)

HOLLAND v FINLAND 2-0 (1-0)

Feyenoord, Rotterdam   17.04.1991

Referee: Jan Damgaard (DEN)   Attendance: 27,000

HOLLAND: Hans Van Breukelen; Danny Blind, Marciano Vink, Jan Wouters, Jerry De Jong, Richard Witschge, John Van't Schip, Dennis Bergkamp (73 Wim Kieft), Marco Van Basten, Ruud Gullit, Pieter Huistra.   Trainer: Rinus Michels

FINLAND: Olavi Huttunen; Erik Holmgren, Ari Heikkinen, Erkka Petäjä, Jari Europaeus, Markku Kanerva, Kari Ukkonen, Marko Myyry, Jari Litmanen (46 Ari Tegelberg), Pasi Tauriainen (89 Harri Nyyssönen), Mika-Matti Paatelainen.
Trainer: Jukka Vakkila

Goals: Van Basten (10), Gullit (77)

FINLAND v MALTA 2-0 (0-0)

Olympiastadion, Helsinki   16.05.1991

Referee: Rune Pedersen (NOR)   Attendance: 5,150

FINLAND: Olavi Huttunen; Erkka Petäjä, Ari Heikkinen, Erik Holmgren, Markku Kanerva, Marko Myyry, Jari Litmanen, Kari Ukkonen, Kimmo Tarkkio (88 Pasi Tauriainen), Mika-Matti Paatelainen (74 Tommi Paavola), Petri Järvinen.   Trainer: Jukka Vakkila

MALTA: Reginald Cini; Edwin Camilleri, Silvio Vella, Christian Laferla, Joseph Brincat (71 Jesmond Zerafa), John Buttigieg, Carmel Busuttil, Raymond Vella, Hubert Suda, Michael Degiorgio, Charles Scerri.   Trainer: Horst Heese

Goals: Järvinen (51), Litmanen (88)

FINLAND v HOLLAND 1-1 (0-0)

Olympiastadion, Helsinki 05.06.1991

Referee: Brian McGinlay (SCO)   Attendance: 21,207

FINLAND: Olavi Huttunen; Erik Holmgren, Ari Heikkinen, Erkka Petäjä, Tommi Paavola, Marko Myyry, Jari Litmanen, Kari Ukkonen (81 Ari Hjelm), Petri Järvinen, Kimmo Tarkkio, Mika-Matti Paatelainen (66 Ari Tegelberg).
Trainer: Jukka Vakkila

HOLLAND: Joop Hiele; Danny Blind, Graeme Rutjes, Ronald Koeman, Frank De Boer, Jan Wouters, John Van't Schip, Richard Witschge, Marco Van Basten, Aron Winter, Pieter Huistra (75 Wim Kieft).   Trainer: Rinus Michels

Goals: F. De Boer (60), Holmgren (77)

PORTUGAL v FINLAND 1-0 (1-0)

Das Antas, Porto 11.09.1991

Referee: Arturo Martino (SWI)   Attendance: 30,000

PORTUGAL: VÍTOR Manuel Martins BAÍA; JOÃO Domingos Silva PINTO I; SAMUEL António Silva Quina, FERNANDO Manuel Silva COUTO, José Martins LEAL, António Augusto da Silva VELOSO, CÉSAR Gonçalves BRITO Duarte (80 Jorge Paulo CADETE Reis), Soares Gil RUI BARROS, José RUI Lopes AGUAS (57 OCEANO Andrade da Cruz), Paulo Jorge Santos FUTRE, Manuel António Couto Guimaraes "NELO".   Trainer: Carlos Queirós

FINLAND: Olavi Huttunen; Pasi Tauriainen (59 Jouko Vuorela), Erik Holmgren, Erkka Petäjä, Ari Heikkinen, Tommi Paavola, Kari Ukkonen (73 Jari Litmanen), Marko Myyry, Petri Järvinen, Kimmo Tarkkio, Mika-Matti Paatelainen.
Trainer: Jukka Vakkila

Goal: César Brito (22)

FINLAND v GREECE 1-1 (0-0)

Olympiastadion, Helsinki 09.10.1991

Referee: Sergei Khusainov (USSR)   Attendance: 5,225

FINLAND: Olavi Huttunen; Ari Heikkinen, Erik Holmgren, Erkka Petäjä, Marko Myyry, Petri Järvinen (63 Mika-Matti Paatelainen), Kimmo Tarkkio (82 Ari Tegelberg), Kari Ukkonen, Ari Hjelm, Jari Litmanen, Jouko Vuorela.
Trainer: Jukka Vakkila

GREECE: Nikos Sarganis; Stratos Apostolakis (60 Giorgos Athanassiadis), Nikos Karayeoryiou, Giorgos Mitsibonas, Yannis Kalitzakis, Panayiotis Tsalouhidis, Dimitris Saravakos, Pavlos Papaioannou, Stefanos Borbokis (70 Giorgos Toursounidis), Vasilis Karapialis, Nikos Tsiantakis.
Trainer: Antonis Yoryadis

Goals: Ukkonen (50), Tsalouhidis (74)

HOLLAND v PORTUGAL 1-0 (1-0)

Feyenoord, Rotterdam 16.10.1991

Referee: George Courtney (ENG)   Attendance: 50,000

HOLLAND: Hans Van Breukelen; Danny Blind, Adri Van Tiggelen, Ronald Koeman, Erwin Koeman, Jan Wouters, Frank Rijkaard (71 Aron Winter), Dennis Bergkamp, Marco Van Basten, Ruud Gullit, Richard Witschge (81 John Van't Schip).
Trainer: Rinus Michels

PORTUGAL: VÍTOR Manuel Martins BAÍA; JOÃO Domingos Silva PINTO I, José Martins LEAL, Paulo Manuel VENÂNCIO, FERNANDO Manuel Silva COUTO, Emílio Manuel Delgado PEIXE (81 CÉSAR Gonçalves BRITO Duarte), OCEANO Andrade da Cruz, Soares Gil RUI BARROS, Jorge Paulo CADETE Reis, Paulo Jorge Santos FUTRE, Manuel António Couto Guimaraes "NELO" (57 Luís Filipe Madeira FIGO).   Trainer: Carlos Queirós

Goal: Ri. Witschge (21)

GREECE v FINLAND 2-0 (0-0)

Olympiako, Athina 30.10.1991

Referee: Gerhard Kapl (AUS)   Attendance: 26,000

GREECE: Nikos Sarganis; Stratos Apostolakis, Nikos Karayeoryiou, Giorgos Mitsibonas, Yannis Kalitzakis, Panayiotis Tsalouhidis, Dimitris Saravakos, Pavlos Papaioannou, Giorgos Athanassiadis (46 Stefanos Borbokis), Vasilis Karapialis (73 Giorgos Toursounidis), Nikos Tsiantakis.
Trainer: Antonis Yoryadis

FINLAND: Olavi Huttunen; Erik Holmgren, Ari Heikkinen, Erkka Petäjä, Jouko Vuorela (55 Mika-Matti Paatelainen), Jyrki Huhtamäki (82 Ari Tegelberg), Jari Litmanen, Kari Ukkonen, Petri Järvinen, Kimmo Tarkkio, Ari Hjelm.
Trainer: Jukka Vakkila

Goals: Saravakos (50), Borbokis (52)

PORTUGAL v GREECE 1-0 (1-0)

Estadio Da Luz, Lisboa 20.11.1991

Referee: Alphonse Constantin (BEL)   Attendance: 2,000

PORTUGAL: VÍTOR Manuel Martins BAÍA; JOÃO Domingos Silva PINTO I, RUI Fernando Silva BENTO, FERNANDO Manuel Silva COUTO, José Martins LEAL, Emílio Manuel Delgado PEIXE, VÍTOR Manuel Araújo PANEIRA (46 OCEANO Andrade da Cruz), Soares Gil RUI BARROS, José RUI Lopes AGUAS, JOÃO Manuel Vieira PINTO II, José Orlando Rocha SEMEDO (15 Luís Filipe Madeira FIGO).   Trainer: Carlos Queirós

GREECE: Nikos Sarganis; Stratos Apostolakis, Nikos Karayeoryiou, Giorgos Mitsibonas, Yannis Kalitzakis, Panayiotis Tsalouhidis, Dimitris Saravakos, Pavlos Papaioannou (60 Giorgos Athanassiadis), Stefanos Borbokis (69 Vasilis Dimitriadis), Vasilis Karapialis, Nikos Tsiantakis.
Trainer: Antonis Yoryadis

Goal: João Pinto II (16)

GREECE v HOLLAND 0-2 (0-1)
Toumbas, Thessaloniki 04.12.1991

Referee: Bo Karlsson (SWE)   Attendance: 32,500

GREECE: Nikos Sarganis; Pavlos Papaioannou (46 Nikos Karayeoryiou), Kostas Lagonidis, Giorgos Mitsibonas, Yannis Kalitzakis, Panayiotis Tsalouhidis, Dimitris Saravakos, Nikos Nioblias, Nikos Tsiantakis, Vasilis Karapialis (61 Giorgos Toursounidis), Giorgos Papadopoulos.
Trainer: Antonis Yoryadis

HOLLAND: Hans Van Breukelen; Danny Blind, Adri Van Tiggelen, Ronald Koeman, Erwin Koeman, Jan Wouters, Frank Rijkaard (72 Aron Winter), Dennis Bergkamp, Marco Van Basten, Wim Kieft (85 Peter Bosz), Richard Witschge.
Trainer: Rinus Michels

Goals: Bergkamp (40), Blind (87)

MALTA v GREECE 1-1 (1-0)
National, Ta'Qali 22.12.1991

Referee: Michel Girard (FRA)   Attendance: 8,000

MALTA: David Cluett; Joseph Brincat, Joseph Galea, Silvio Vella, Nicholas Saliba, Christian Laferla, Carmel Busuttil, Raymond Vella (68 Joe Camilleri), Charles Scerri (33 Stefan Sultana), Martin Gregory, Michael Degiorgio.
Trainer: Pippo Psaila

GREECE: Giorgos Plitsis; Pavlos Papaioannou, Giorgos Kapouranis, Giorgos Mitsibonas, Yannis Kalitzakis, Panayiotis Tsalouhidis, Giorgos Donis (56 Asterios Yiotsas), Spiros Maragos (54 Petros Marinakis), Vasilis Dimitriadis, Nikos Nioblias, Nikos Tsiantakis.   Trainer: Antonis Yoryadis

Goals: Sultana (42), Marinakis (66)

	P	W	D	L	F	A	Pts
Holland	8	6	1	1	17	2	13
Portugal	8	5	1	2	11	4	11
Greece	8	3	2	3	11	9	8
Finland	8	1	4	3	5	8	6
Malta	8	0	2	6	2	23	2

GROUP 7

EIRE v TURKEY 5-0 (2-0)
Lansdowne Road, Dublin 17.10.1990

Referee: Erik Fredriksson (SWE)   Attendance: 46,000

EIRE: Pat Bonner; Dennis Irwin, Steve Staunton, Michael McCarthy, David O'Leary, Christopher Hughton, Andy Townsend (73 Kevin Moran), Raymond Houghton, Niall Quinn (66 Anthony Cascarino), John Aldridge, John Sheridan.
Manager: Jack Charlton

TURKEY: Engin Ipekoglu; Riza Çalimbay, Tugay Kerimoglu, Kemal Serdar, Gökhan Keskin, Ercan Kol (46 Tanju Çolak), Bülent Korkmaz, Oguz Çetin, Mehmet Özdilek, Hami Mandirali, Sercan Görgülü (46 Metin Tekin).
Trainer: Sepp Piontek

Goals: Aldridge (15, 57, 72 pen), O'Leary (40), Quinn (65)

ENGLAND v POLAND 2-0 (1-0)
Wembley, London 17.10.1990

Referee: Tullio Lanese (ITA)   Attendance: 77,040

ENGLAND: Christopher Woods; Lee Dixon, Stuart Pearce, Paul Parker, Des Walker, Mark Wright, David Platt, Paul Gascoigne, Steve Bull (58 Peter Beardsley), Gary Lineker (58 Christopher Waddle), John Barnes. Manager: Graham Taylor

POLAND: Jozef Wandzik; Piotr Czachowski, Dariusz Wdowczyk, Roman Szewczyk, Zbigniew Kaczmarek, Janusz Nawrocki, Ryszard Tarasiewicz, Robert Warzycha, Jan Furtok (76 Krzysztof Warzycha), Roman Kosecki (86 Dariusz Kubicki), Jacek Ziober.   Trainer: Andrzej Strejlau

Goals: Lineker (40 pen), Beardsley (90)

EIRE v ENGLAND 1-1 (1-1)
Lansdowne Road, Dublin 14.11.1990

Referee: Pietro D'Elia (ITA)   Attendance: 46,000

EIRE: Pat Bonner; Christopher Morris, Steve Staunton, Michael McCarthy, David O'Leary, Ronnald Whelan (75 Alan McLaughlin), Paul McGrath, Raymond Houghton, Niall Quinn (62 Anthony Cascarino), John Aldridge, Andy Townsend.   Manager: Jack Charlton

ENGLAND: Christopher Woods; Lee Dixon, Stuart Pearce, Antony Adams, Des Walker, Mark Wright, David Platt, Gordon Cowans, Peter Beardsley, Gary Lineker, Stephen McMahon.
Manager: Graham Taylor

Goals: Platt (67), Cascarino (80)

TURKEY v POLAND 0-1 (0-1)

İnönü, Istanbul 14.11.1990

Referee: Aleksei Spirin (USSR)   Attendance: 25,000

TURKEY: Engin Ipekoglu; Bülent Korkmaz, Gökhan Keskin, Yusuf Altintas, Riza Çalimbay, Muhammet Altintas (68 Sercan Görgülü), Ünal Karaman, Oguz Çetin, Ülken Turek (68 Mehmet Özdilek), Tanju Çolak, Hami Mandirali.   Trainer: Sepp Piontek

POLAND: Jozef Wandzik; Dariusz Kubicki, Zbigniew Kaczmarek, Dariusz Wdowczyk, Janusz Nawrocki, Robert Warzycha, Waldemar Prusik, Ryszard Tarasiewicz, Krzysztof Warzycha, Dariusz Dziekanowski (74 Jacek Ziober), Roman Kosecki.   Trainer: Andrzej Strejlau

Goal: Dziekanowski (37)

EIRE v POLAND 0-0

Lansdowne Road, Dublin 01.05.1991

Referee: John Blankenstein (HOL)   Attendance: 48,000

EIRE: Pat Bonner; Dennis Irwin, Steve Staunton, David O'Leary, Kevin Moran, Andy Townsend, Paul McGrath, Raymond Houghton, Niall Quinn (71 Anthony Cascarino), John Aldridge (65 Bernie Slaven), Kevin Sheedy.   Manager: Jack Charlton

POLAND: Jozef Wandzik; Czeslaw Jakolcewicz, Dariusz Wdowczyk, Piotr Soczynski, Dariusz Kubicki, Robert Warzycha, Ryszard Tarasiewicz, Piotr Czachowski, Jan Urban (88 Michal Gebura), Jan Furtok (90 Roman Kosecki), Roman Szewczyk.   Trainer: Andrzej Strejlau

ENGLAND v EIRE 1-1 (1-1)

Wembley, London 27.03.1991

Referee: Kurt Roethlisberger (SWI)   Attendance: 77,000

ENGLAND: David Seaman; Lee Dixon, Stuart Pearce, Antony Adams (46 Lee Sharpe), Des Walker, Mark Wright, Bryan Robson, David Platt, Peter Beardsley, Gary Lineker (76 Ian Wright), John Barnes.   Manager: Graham Taylor

EIRE: Pat Bonner; Dennis Irwin, Steve Staunton, David O'Leary, Kevin Moran, Andy Townsend, Paul McGrath, Raymond Houghton, Niall Quinn, John Aldridge (71 Anthony Cascarino), Kevin Sheedy.   Manager: Jack Charlton

Goals: Staunton (9 og), Quinn (27)

TURKEY v ENGLAND 0-1 (0-1)

Izmir 01.05.1991

Referee: Wolf-Günter Wiesel (GER)   Attendance: 25,000

TURKEY: Hayrettin Demirbas; Riza Çalimbay, Recep Çetin, Oguz Çetin, Gökhan Keskin, Ünal Karaman, Ridvan Dilmen, Muhammet Altintas, Tanju Çolak, Mehmet Özdilek, Ali Gültiken (75 Feyyaz Uçar).   Trainer: Sepp Piontek

ENGLAND: David Seaman; Lee Dixon, Des Walker, Gary Pallister, Stuart Pearce, Dennis Wise, David Platt, Geoff Thomas (46 Stephen Hodge), Gary Lineker, John Barnes, Alan Smith.   Manager: Graham Taylor

Goal: Wise (32)

POLAND v TURKEY 3-0 (0-0)

Wojska Polskiego, Warszawa 17.04.1991

Referee: Mircea Salomir (ROM)   Attendance: 1,500

POLAND: Jozef Wandzik; Dariusz Kubicki, Czeslaw Jakolcewicz, Dariusz Wdowczyk, Robert Warzycha, Ryszard Tarasiewicz, Zbigniew Kaczmarek (64 Piotr Czachowski), Krzysztof Warzycha, Roman Kosecki, Jan Urban, Jacek Ziober (71 Piotr Soczynski).   Trainer: Andrzej Strejlau

TURKEY: Engin Ipekoglu; Bülent Korkmaz, Gökhan Keskin, Riza Çalimbay, Tayfun Hut, Kemal Serdar, Feyyaz Uçar (78 Faruk Yilgit), Muhammet Altintas, Mehmet Özdilek, Abdullah Ercan (71 Osman Yildirim), Tanju Çolak.   Trainer: Sepp Piontek

Goals: Tarasiewicz (75), Urban (82), Kosecki (88)

POLAND v EIRE 3-3 (0-1)

KKS Lech, Poznan 16.10.1991

Referee: Guy Goethals (BEL)   Attendance: 17,000

POLAND: Jozef Wandzik; Dariusz Kubicki (32 Andrzej Lesiak), Piotr Czachowski, Piotr Soczynski, Dariusz Wdowczyk, Janusz Nawrocki (80 Dariusz Skrzypczak), Ryszard Tarasiewicz, Jacek Ziober, Jan Urban, Roman Kosecki, Jan Furtok.   Trainer: Andrzej Strejlau

EIRE: Pat Bonner; Dennis Irwin, Steve Staunton (56 Terry Phelan), David O'Leary, Kevin Moran, Andy Townsend, Paul McGrath, Christopher Morris, Roy Keane, Anthony Cascarino, Kevin Sheedy.   Manager: Jack Charlton

Goals: McGrath (11), Czachowski (54), Townsend (62), Cascarino (68), Furtok (76), Urban (86)

ENGLAND v TURKEY 1-0 (1-0)
Wembley, London   16.10.1991
Referee: António Martín Navarette (SPA)   Att: 50,896
ENGLAND: Christopher Woods; Lee Dixon, Stuart Pearce, David Batty, Des Walker, Gary Mabbutt, Bryan Robson, David Platt, Alan Smith, Gary Lineker, Christopher Waddle.
Manager: Graham Taylor
TURKEY: Hayrettin Demirbas; Recep Çetin, Ogün Temizkanoglu, Gökhan Keskin, Tugay Kerimoglu, Turan Sofuoglu, Feyyaz Uçar (76 Hami Mandirali), Riza Çalimbay, Ünal Karaman, Oguz Çetin, Orhan Çikirçki.
Trainer: Sepp Piontek
Goal: Smith (21)

POLAND v ENGLAND 1-1 (1-0)
KKS Lech, Poznan   13.11.1991
Referee: Hubert Forstinger (AUS)   Attendance: 15,000
POLAND: Jaroslaw Bako; Robert Warzycha, Tomasz Waldoch, Piotr Soczynski, Piotr Czachowski (78 Adam Fedoruk), Roman Szewczyk, Roman Kosecki (80 Marek Rzepka), Dariusz Skrzypczak, Jan Furtok, Jan Urban, Jacek Ziober.   Trainer: Andrzej Strejlau
ENGLAND: Christopher Woods; Lee Dixon, Stuart Pearce, Andy Gray (46 Alan Smith), Des Walker, Gary Mabbutt, David Platt, Geoff Thomas, David Rocastle, Gary Lineker, Andy Sinton (70 Tony Daley).   Manager: Graham Taylor
Goals: Szewczyk (32), Lineker (76)

TURKEY v EIRE 1-3 (1-1)
Istanbul   13.11.1991
Referee: Zoran Petrovic (YUG)   Attendance: 42,000
TURKEY: Hayrettin Demirbas; Recep Çetin (66 Bülent Korkmaz), Turan Sofuoglu, Gökhan Keskin, Tugay Kerimoglu, Ogün Temizkanoglu, Feyyaz Uçar (46 Ridvan Dilmen), Riza Çalimbay, Hami Mandirali, Oguz Çetin, Orhan Çikirçki.
Trainer: Sepp Piontek
EIRE: Pat Bonner; Christopher Hughton, Terry Phelan, David O'Leary, Michael McCarthy, Steve Staunton, Paul McGrath, John Byrne, Tony Cascarino, John Aldridge, Kevin Sheedy.
Manager: Jack Charlton
Goals: Byrne (7, 58), Riza (12 pen), Cascarino (55)

	P	W	D	L	F	A	Pts
England	6	3	3	0	7	3	9
Eire	6	2	4	0	13	6	8
Poland	6	2	3	1	8	6	7
Turkey	6	0	0	6	1	14	0

FINALS IN SWEDEN

GROUP 1

SWEDEN v FRANCE 1-1 (1-0)
Rasunda, Stockholm   10.06.1992
Referee: Aleksei Spirin (CIS)   Attendance: 29,860
SWEDEN: Thomas Ravelli; Roland Nilsson, Jan Eriksson, Patrik Andersson, Joachim Björklund; Klas Ingesson, Jonas Thern, Stefan Schwarz, Anders Limpar; Tomas Brolin, Kennet Andersson (73 Martin Dahlin).   Trainer: Tommy Svensson.
FRANCE: Bruno Martini; Laurent Blanc, Jocelyn Anglôma (66 Luis Fernandez), Basile Boli, Bernard Casoni; Eric Cantona, Franck Sauzée, Didier Deschamps, Manuel Amoros; Jean-Pierre Papin, Pascal Vahirua (46 Christian Perez).
Trainer: Michel Platini
Goals: J. Eriksson (24), Papin (58)

DENMARK v ENGLAND 0-0
Malmö stadium   11.06.1992
Referee: John Blankenstein (HOL)   Attendance: 26,385
DENMARK: Peter Schmeichel; John Sivebæk, Kent Nielsen, Lars Olsen, Henrik Andersen; Kim Vilfort, John Jensen, Brian Laudrup, Kim Christofte; Bent Christensen, Flemming Povlsen.   Trainer: Richard Møller-Nielsen.
ENGLAND: Christopher Woods; Keith Curle (61 Tony Daley), Martin Keown, Des Walker, Stuart Pearce; Trevor Steven, Carlton Palmer, David Platt, Paul Merson (70 Neil Webb); Gary Lineker, Alan Smith.   Manager: Graham Taylor

ENGLAND v FRANCE 0-0
Malmö stadium   14.06.1992
Referee: Sándor Puhl (HUNG)   Attendance: 26,535
ENGLAND: Christopher Woods; Martin Keown, Carlton Palmer, Des Walker, Stuart Pearce; Andy Sinton, Trevor Steven, David Batty, David Platt; Gary Lineker, Alan Shearer.
Manager: Graham Taylor
FRANCE: Bruno Martini; Manuel Amoros, Basile Boli, Laurent Blanc, Bernard Casoni; Didier Deschamps, Luis Fernandez (74 Christian Perez), Franck Sauzée (46 Jocelyn Anglôma), Jean-Philippe Durand; Jean-Pierre Papin, Eric Cantona.   Trainer: Michel Platini

SWEDEN v DENMARK 1-0 (0-0)

Rasunda, Stockholm   14.06.1992

Referee: Aron Schmidhuber (GER)   Attendance: 29,902

SWEDEN: Thomas Ravelli; Roland Nilsson, Jan Eriksson, Patrik Andersson, Joachim Björklund; Klas Ingesson, Stefan Schwarz, Jonas Thern, Anders Limpar (89 Magnus Erlingmark); Tomas Brolin, Martin Dahlin (77 Johnny Ekström).   Trainer: Tommy Svensson

DENMARK: Peter Schmeichel; John Sivebæk, Kent Nielsen, Lars Olsen, Henrik Andersen; Kim Vilfort, John Jensen (62 Henrik Larsen), Kim Christofte; Brian Laudrup, Flemming Povlsen, Bent Christensen (51 Torben Frank). Trainer: Richard Møller-Nielsen

Goal: Brolin (58)

SWEDEN v ENGLAND 2-1 (0-1)

Rasunda, Stockholm   17.06.1992

Referee: José Rosa dos Santos (POR)   Attendance: 30,126

SWEDEN: Thomas Ravelli; Roland Nilsson, Jan Eriksson, Patrik Andersson, Joachim Björklund; Klas Ingesson, Stefan Schwarz, Jonas Thern, Anders Limpar (46 Johnny Ekström); Martin Dahlin, Tomas Brolin.   Trainer: Tommy Svensson

ENGLAND: Christopher Woods; David Batty, Martin Keown, Des Walker, Stuart Pearce; Tony Daley, Carlton Palmer, Neil Webb, Andy Sinton (76 Paul Merson); David Platt, Gary Lineker (61 Alan Smith).   Manager: Graham Taylor

Goals: Platt (3), J. Eriksson (51), Brolin (82)

FRANCE v DENMARK 1-2 (0-1)

Malmö stadium   17.06.1992

Referee: Hubert Forstinger (AUS)   Attendance: 25,673

FRANCE: Bruno Martini; Manuel Amoros, Basile Boli, Laurent Blanc, Bernard Casoni; Didier Deschamps, Christian Perez (78 Christophe Cocard), Jean-Philippe Durand; Eric Cantona, Jean-Pierre Papin, Pascal Vahirua (46 Luis Fernandez).   Trainer: Michel Platini

DENMARK: Peter Schmeichel; John Sivebæk, Kent Nielsen (63 Torben Piechnik), Lars Olsen, Henrik Andersen; Henrik Larsen, John Jensen, Kim Christofte; Brian Laudrup (67 Lars Elstrup), Torben Frank, Flemming Povlsen. Trainer: Richard Møller-Nielsen

Goals: Larsen (8), Papin (60), Elstrup (78)

	P	W	D	L	F	A	Pts
Sweden	3	2	1	0	4	2	5
Denmark	3	1	1	1	2	2	3
France	3	0	2	1	2	3	2
England	3	0	2	1	1	2	2

GROUP 2

The USSR changed their name to CIS (Confederation of Independent States) following the breakup of the Union and played the Final series under that title.

HOLLAND v SCOTLAND 1-0 (0-0)

Ullevi, Göteborg   12.06.1992

Referee: Bo Karlsson (SWE)   Attendance: 35,720

HOLLAND: Hans van Breukelen; Hubertus van Aerle, Ronald Koeman, Adri van Tiggelen; Frank Rijkaard, Jan Wouters (54 Wim Jonk), Rob Witschge, Ruud Gullit, Dennis Bergkamp (85 Aron Winter); Marco van Basten, Bryan Roy.
Trainer: Rinus Michels

SCOTLAND: Andy Goram; Stewart McKimmie, Richard Gough, Dave McPherson, Maurice Malpas; Stuart McCall, Gary McAllister, Paul McStay, Brian McClair (79 Duncan Ferguson); Gordon Durie, Alistair McCoist (73 Kevin Gallacher).   Manager: Andrew Roxburgh

Goal: Bergkamp (76)

CIS v GERMANY 1-1 (0-0)

Idrottspark, Norrköping   12.06.1992

Referee: Gérard Biguet (FRA)   Attendance: 17,410

CIS: Dmitri Harin; Oleg Kuznetsov, Andrei Chernîshov, Akhrik Tsveiba; Andrei Kanchelskis, Aleksei Mikhailichenko, Vladimir Liuty (46 Viktor Onopko), Dmitri Kuznetsov, Igor Shalimov (83 Andrei Ivanov); Igor Kolivanov, Igor Dobrovolski
Trainer: Anatoli Bishovets

GERMANY: Bodo Illgner; Manfred Binz, Stefan Reuter (63 Jürgen Klinsmann), Jürgen Kohler, Guido Buchwald, Andreas Brehme; Thomas Häßler, Stefan Effenberg, Thomas Doll; Rudolf Völler (46 Andreas Möller), Karl-Heinz Riedle.
Trainer: Hans-Hubert Vogts.

Goals: Dobrovolski (62 pen), Häßler (90)

SCOTLAND v GERMANY 0-2 (0-1)

Idrottspark, Norrköping   15.06.1992

Referee: Guy Goethals (BEL)   Attendance: 17,638

SCOTLAND: Andy Goram; Stewart McKimmie, Richard Gough, Dave McPherson, Maurice Malpas; Gary McAllister, Paul McStay, Stuart McCall, Brian McClair; Alistair McCoist (69 Kevin Gallacher), Gordon Durie (54 Patrick Nevin).
Manager: Andrew Roxburgh

GERMANY: Bodo Illgner; Manfred Binz, Jürgen Kohler, Guido Buchwald; Thomas Häßler, Stefan Effenberg, Andreas Möller, Matthias Sammer, Andreas Brehme; Jürgen Klinsmann, Karl-Heinz Riedle (68 Stefan Reuter, 74 Michael Schulz).   Trainer: Hans-Hubert Vogts.

Goals: Riedle (28), Effenberg (46)

HOLLAND v CIS 0-0

Ullevi, Göteborg   15.06.1992

Referee: Peter Mikkelsen (DEN)   Attendance: 34,440

HOLLAND: Hans van Breukelen; Hubertus van Aerle, Ronald Koeman, Adri van Tiggelen; Frank Rijkaard, Jan Wouters, Rob Witschge, Ruud Gullit (70 John van't Schip), Dennis Bergkamp (79 Erik Viscaal); Marco van Basten, Bryan Roy.   Trainer: Rinus Michels

CIS: Dmitri Harin; Oleg Kuznetsov, Andrei Chernîshov, Akhrik Tsveiba; Andrei Kanchelskis, Aleksei Mikhailichenko, Sergei Aleinikov (56 Dmitri Kuznetsov), Viktor Onopko; Igor Dobrovolski, Igor Kolivanov, Sergei Iuran (64 Sergei Kiriakov).   Trainer: Anatoli Bîshovets

HOLLAND v GERMANY 3-1 (2-0)

Ullevi, Göteborg   18.06.1992

Referee: Pier-Luigi Pairetto (ITA)   Attendance: 37,725

HOLLAND: Hans van Breukelen; Adri van Tiggelen, Ronald Koeman, Frank de Boer (61 Aron Winter); Frank Rijkaard, Jan Wouters, Rob Witschge, Ruud Gullit, Dennis Bergkamp (87 Peter Bosz); Marco van Basten, Bryan Roy.   Trainer: Rinus Michels

GERMANY: Bodo Illgner; Andreas Brehme, Jürgen Kohler, Manfred Binz (46 Matthias Sammer), Michael Frontzeck; Thomas Häßler, Stefan Effenberg, Thomas Helmer, Andreas Möller; Jürgen Klinsmann, Karl-Heinz Riedle (76 Thomas Doll).   Trainer: Hans-Hubert Vogts

Goals: Rijkaard (4), Witschge (14), Klinsmann (53), Bergkamp (71)

SCOTLAND v CIS 3-0 (2-0)

Idrottspark, Norrköping   18.06.1992

Referee: Kurt Roethlisberger (SWI)   Attendance: 14,660

SCOTLAND: Andy Goram; Stewart McKimmie, Richard Gough, Dave McPherson, Tom Boyd; Gary McAllister, Paul McStay, Brian McClair, Stuart McCall; Kevin Gallacher (79 Patrick Nevin), Alistair McCoist (67 James McInally).   Manager: Andrew Roxburgh

CIS: Dmitri Harin; Oleg Kuznetsov, Andrei Chernîshov, Kakhaber Tskhadadze; Andrei Kanchelskis, Aleksei Mikhailichenko, Igor Dobrovolski, Sergei Aleinikov (46 Dmitri Kuznetsov), Viktor Onopko; Sergei Kiriakov (46 Igor Korneev), Sergei Iuran.   Trainer: Anatoli Bîshovets

Goals: McStay (6), McClair (17), McAllister (83 pen)

	P	W	D	L	F	A	Pts
Holland	3	2	1	0	4	1	5
Germany	3	1	1	1	4	4	3
Scotland	3	1	0	2	3	3	2
CIS	3	0	2	1	1	4	2

SEMI-FINALS

SWEDEN v GERMANY 2-3 (0-1)

Råsunda, Stockholm   21.06.1992

Referee: Tullio Lanese (ITA)   Attendance: 28,827

SWEDEN: Thomas Ravelli; Roland Nilsson, Jan Eriksson, Joachim Björklund, Roger Ljung; Kennet Andersson, Klas Ingesson, Jonas Thern, Joakim Nilsson (59 Anders Limpar); Martin Dahlin (72 Johnny Ekström), Tomas Brolin.   Trainer: Tommy Svensson

GERMANY: Bodo Illgner; Stefan Reuter, Jürgen Kohler, Thomas Helmer, Guido Buchwald, Andreas Brehme; Thomas Häßler, Stefan Effenberg, Matthias Sammer; Jürgen Klinsmann (89 Thomas Doll), Karl-Heinz Riedle.   Trainer: Hans-Hubert Vogts

Goals: Häßler (10), Riedle (58, 88), Brolin (64 pen), K. Andersson (89)

HOLLAND v DENMARK 2-2 (0-0, 2-2) (AET)

Ullevi, Göteborg   22.06.1992

Referee: Emilio Soriano Aladren (SPA)   Attendance: 37,450

HOLLAND: Hans van Breukelen; Adri van Tiggelen, Ronald Koeman, Frank de Boer (46 Wim Kieft); Frank Rijkaard, Jan Wouters, Rob Witschge, Ruud Gullit, Dennis Bergkamp; Marco van Basten, Bryan Roy (115 John van't Schip).   Trainer: Rinus Michels

DENMARK: Peter Schmeichel; John Sivebæk, Torben Piechnik, Lars Olsen, Henrik Andersen (70 Claus Christiansen); Kim Vilfort, John Jensen, Henrik Larsen, Kim Christofte; Flemming Povlsen, Brian Laudrup (57 Lars Elstrup).   Trainer: Richard Møller-Nielsen

Goals: Larsen (5, 32), Bergkamp (23), Rijkaard (85)

Penalties: R. Koeman, Bergkamp, Rijkaard, Rob Witschge; Larsen, Povlsen, Elstrup, Vilfort, Christofte. van Basten missed

FINAL

DENMARK v GERMANY 2-0 (1-0)

Ullevi, Göteborg   26.06.1992

Referee: Bruno Galler (SWI)   Attendance: 37,800

DENMARK: Peter Schmeichel; John Sivebæk (66 Claus Christiansen), Torben Piechnik, Lars Olsen, Kent Nielsen; Kim Vilfort, John Jensen, Henrik Larsen, Kim Christofte; Flemming Povlsen, Brian Laudrup.   Trainer: Richard Møller-Nielsen

GERMANY: Bodo Illgner; Stefan Reuter, Jürgen Kohler, Thomas Helmer, Guido Buchwald; Thomas Häßler, Stefan Effenberg (80 Andreas Thom), Matthias Sammer (46 Thomas Doll), Andreas Brehme; Jürgen Klinsmann, Karl-Heinz Riedle.   Trainer: Hans-Hubert Vogts

Goals: Jensen (18), Vilfort (78)

Goalscorers European Football Championship 1992

11 goals: Jean-pierre Papin (France)
10 goals: Darko Pancev (Yugoslavia)
8 goals: Marco van Basten (Holland)
7 goals: Dennis Bergkamp (Holland)
6 goals: Adrian Knup (Switzerland), Bent Christensen (Denmark)
5 goals: Emilio Butragueño (Spain), József Kiprich (Hungary), Colin Clarke (N. Ireland), Karl-Heinz Riedle (Germany)
4 goals: Carlos Muñoz (Spain), Nasko Sirakov (Bulgaria), Alistair McCoist (Scotland), Flemming Povlsen (Denmark)
3 goals: Eric Cantona, Franck Sauzée (France), Václav Danek (Czechoslovakia), Nikolai Todorov (Bulgaria), Gordon Durie (Scotland), Andrei Kanchelskis (USSR), Ian Rush (Wales), Thomas Häßler, Rudolf Völler (Germany), Rui Aguas (Portugal), Stefanos Borbokis (Greece), John Aldridge, Tony Cascarino (Eire), Tomas Brolin (Sweden), Henrik Larsen (Denmark)
2 goals: Hottiger, Chapuisat, Türkyilmaz, Hermann (Switzerland), Kostadinov (Bulgaria), Mcallister, McStay, Robertson (Scotland), Mateuț, Răducioiu, Hagi (Romania), Mikhailichenko, Mostovoi (USSR), Sørloth, Bohinen, Dahlum (Norway), R. Baggio, Serena, Donadoni, Vialli (Italy), Prosinecki, Savicevic (Yugoslavia), M. Laudrup, Elstrup, Vilfort (Denmark), Saunders, Bodin (Wales), Scifo, Degryse (Belgium), Matthäus, Klinsmann (Germany), Holmgren (Finland), Futre (Portugal), Saravakos, Tsalouhidis (Greece), Lineker, Platt (England), Quinn, Byrne (Eire), Urban (Poland), Nemecek (Czechoslovakia), Abelardo, Bakero (Spain), Sverrisson, Edvaldsson (Iceland), J. Eriksson (Sweden), Rijkaard (Holland)
1 goal: Simba, Fernandez, Blanc, Boli (France), Kula, Lancz, Hasek, Kubík, Kuka, Moravcík, Skuhravy (Czechoslovakia), Míchel, Amor, Hierro, Roberto (Spain), Örlygsson, Gudjohnsen, Si. Jónsson (Iceland), Zmijani, Abazi (Albania), Gough, Mcclair, Strachan, Collins (Scotland), B. Sutter, Ohrel, A. Sutter, Chassot, Bickel (Switzerland), A. Popescu, D. Timofte, Sabău, Lupescu, Badea, Petrescu, Cămătaru (Romania), Stoichkov, Iankov, Iliev, Ivanov, Penev (Bulgaria), Pasolini (San Marino), Protasov, Iuran, Shalimov, Korneev, Aleinikov, O. Kuznetsov (USSR), Rizzitelli, Schillaci, Vierchowod, Lombardo (Italy), Jakobsen, Lydersen, Brandhaug (Norway), Bognár, Szalma, Lörincz, Disztl (Hungary), Xiourouppas, Tsolakis (Cyprus), Lukic, Jugovic, Najdoski, Vulic, Boban, Suker, Binic, Bazdarevic, Jarni, Katanec (Yugoslavia), Christofte, Pingel, Jensen, Bartram (Denmark), Toggart, Dowie, Black, K. Wilson, McDonald, Hill (N. Ireland), Lainer, Pfeifenberger, Streiter, Wetl, A. Ogris, E. Ogris (Austria), Reynheim, A. Mørkøre, Nielsen (Faroe Islands), Buchwald, Möller, Doll, Bein, Effenberg (Germany), Hughes (Wales), Vandenbergh, Ceulemans, Versavel (Belgium), Girres, Langers (Luxembourg), Sultana, Suda (Malta), Blind, Richard Witschge, Rob Witschge, F. De Boer, Gullit, Winter (Holland), João Pinto II, César Brito, Leal, Vítor Paneira, Cadete (Portugal), Marinakis, Manolas, Tsiantakis, Karapialis (Greece), Ukkonen, Järvinen, Litmanen (Finland), Riza (Turkey), Smith, Wise, Beardsley (England), McGrath, Townsend, O'Leary (Eire), Szewczyk, Czachowski, Furtok, Tarasiewicz, Kosecki, Dziekanowski (Poland), Dobrovolski (CIS), K. Andersson (Sweden)
Own goals: Lekbello (Albania) for France, Valentini (San Marino) for Bulgaria, Christodoulou (Cyprus) for Hungary, Artner (Austria) for Denmark, Scerri (Malta) for Portugal, Staunton (Eire) for England

THE EUROPEAN FOOTBALL CHAMPIONSHIP 1996

GROUP 1

ISRAEL v POLAND 2-1 (1-0)
Ramat-Gan, Tel Aviv   04.09.1994
Referee: Frans Van den Wijngaert (BEL)   Attendance: 3,500
ISRAEL: Boni Ginzburg; Marco Balbul, Moshe Glam, Alon Hazan, Alon Harazi, Nir Klinger, Tal Banin, Haim Revivo, Eyal Berkovitch (86 Roni Levi), Ronen Harazi, Ronny Rosenthal (89 Reuoven Atar).   Trainer: Shlomo Sharf
POLAND: Józef Wandzik; Jacek Bak, Roman Szewczyk, Krzysztof Maciejewski, Tomasz Waldoch, Tomasz Lapinski, Marcin Jalocha (46 Ryszard Czerwiec), Roman Kosecki, Grzegorz Mielcarski (60 Dariusz Gesior), Wojciech Kowalczyk, Jerzy Brzeczek.   Trainer: Henryk Apostel
Goals: R. Harazi (43, 58), Kosecki (80)

ROMANIA v AZERBAIJAN 3-0 (1-0)
Steaua, Bucureşti   07.09.1994
Referee: Robert Sedlacek (AUS)   Attendance: 10,000
ROMANIA: Bogdan Stelea (85 Dumitru Stîngaciu); Dan Petrescu, Daniel Prodan, Miodrag Belodedici, Tibor Selymes (82 Florin Cârstea); Ioan Lupescu (75 Daniel Timofte), Dorinel Munteanu, Gheorghe Popescu (Cap), Ilie Dumitrescu; Marius Lăcătuş, Florin Răducioiu.   Trainer: Anghel Iordănescu
AZERBAIJAN: Aleksander Jidkov; Fuzuli Allahverdiev, Gennadi Drozdov, Tarlan Ahmedov, Arif Asadov; Sahin Diniev, Nazim Suleimanov (Cap) (59 Vidadi Rzayev), Rasim Abusov, Samir Alekberov; Iunis Huseinov (81 Emin Agayev), Veli Kasumov.   Trainer: Agasalim Mirdjavadov
Goals: Belodedici (43), Petrescu (58), Răducioiu (87)

SLOVAKIA v FRANCE 0-0
Tehelne pole, Bratislava   07.09.1994
Referee: Peter Mikkelsen (DEN)   Attendance: 17,000
SLOVAKIA: Ladislav Molnar; Tomas Stupala, Marian Zeman, Milos Glonek, Vladimir Kinder, Dusan Tittel, Stefan Rusnak (80 Vladimir Weiss), Robert Tomaschek, Ondrej Kristofik, Vladislav Zvara (63 Marek Penska), Lubomir Moravcik.   Trainer: Jozef Venglos
FRANCE: Bernard Lama; Jocelyn Angloma, Eric Di Meco, Alain Roche, Laurent Blanc; Paul Le Guen, Eric Cantona (Cap), Didier Deschamps, Reynald Pedros (63 Christophe Dugarry), Youri Djorkaeff (82 Bixente Lizarazu), David Ginola.   Trainer: Aimé Jacquet

FRANCE v ROMANIA 0-0
Geoffroy Guichard, Saint Etienne   08.10.1994
Referee: Leif Sundell (SWE)   Attendance: 31,744
FRANCE: Bernard Lama; Jocelyn Angloma, Bixente Lizarazu, Alain Roche, Laurent Blanc; Christian Karembeu, Eric Cantona (Cap), Marcel Desailly; Nicolas Ouédec (73 Zinedine Zidane); Patrice Loko (84 Christophe Dugarry), Reynald Pedros.   Trainer: Aimé Jacquet
ROMANIA: Bogdan Stelea; Dan Petrescu, Daniel Prodan, Miodrag Belodedici, Tibor Selymes; Ioan Lupescu, Daniel Timofte (73 Marius Lăcătuş), Gheorghe Popescu, Ilie Dumitrescu; Florin Răducioiu (80 Basarab Panduru), Gheorghe Hagi (Cap).   Trainer: Anghel Iordănescu

ISRAEL v SLOVAKIA 2-2 (2-2)
Ramat-Gan, Tel-Aviv   12.10.1994
Referee: John Blankenstein (HOL)   Attendance: 10,000
ISRAEL: Boni Ginzburg; Marco Balbul, Moshe Glam, Alon Hazan, Alon Harazi, Nir Klinger (67 Amir Shelach), Tal Banin (61 Avi Nimni), Haim Revivo, Eyal Berkovitch, Ronen Harazi, Ronny Rosenthal.   Trainer: Shlomo Sharf
SLOVAKIA: Ladislav Molnar; Tomas Stupala, Marian Zeman, Milos Glonek, Vladimir Kinder, Dusan Tittel, Vladimir Weiss (75 Ivan Kozak), Stefan Rusnak (77 Vladislav Zvara), Ondrej Kristofik, Peter Dubovsky, Lubomir Moravcik.   Trainer: Jozef Venglos
Goals: Rusnak (5), Moravcik (14), R. Harazi (25), Banin (33 pen)

POLAND v AZERBAIJAN 1-0 (1-0)
Stal, Mielec   12.10.1994
Referee: Ilka Koho (FIN)   Attendance: 10,000
POLAND: Józef Wandzik; Waldemar Jaskulski, Tomasz Lapinski (79 Krzysztof Maciejewski), Sylwester Czereszewski, Tomasz Waldoch, Marek Kozminski (69 Adam Fedoruk), Piotr Swierczewski, Jerzy Brzeczek, Andrzej Juskowiak, Roman Kosecki, Krzysztof Warzycha.   Trainer: Henryk Apostel
AZERBAIJAN: Aleksander Jidkov; Fuzuli Allahverdiev, Aslan Karimov, Tarlan Ahmedov, Arif Asadov; Rasim Abusov (89 Mahmud Gurbanov), Iunis Huseinov, Sahin Diniev, Khalig Mardanov, Veli Kasumov, Samir Alekberov.   Trainer: Agasalim Mirdjavadov
Goal: Juskowiak (44)

ROMANIA v SLOVAKIA 3-2 (1-0)
Steaua, Bucureşti 12.11.1994
Referee: Vadim Zhuk (BLS)   Attendance: 20,000
ROMANIA: Bogdan Stelea; Dan Petrescu, Daniel Prodan, Miodrag Belodedici, Dorinel Munteanu; Ioan Lupescu, Gheorghe Popescu, Gheorghe Hagi (Cap), Ilie Dumitrescu; Marius Lăcătuş (75 Ion Vlădoiu), Florin Răducioiu (85 Daniel Timofte).   Trainer: Anghel Iordănescu
SLOVAKIA: Ladislav Molnar; Tomas Stupala, Miroslav Chvila, Milos Glonek, Vladimir Kinder; Robert Tomaschek, Dusan Tittel, Ondrej Kristofik; Marek Penska (46 Jaroslav Timko), Peter Dubovsky, Lubomir Moravcik (Cap).
Trainer: Jozef Venglos
Goals: Popescu (6), Hagi (47), Dubovsky (56), Chvila (80), Prodan (81)

AZERBAIJAN v FRANCE 0-2 (0-1)
Avni Aker, Trabzon (Turkey) 13.12.1994
Referee: Rune Pedersen (NOR)   Attendance: 4,000
AZERBAIJAN: Aleksander Jidkov (41 Elhan Hasanov); Fuzuli Allahverdiev, Faig Cabarov, Emin Agayev, Yashar Vahabzadze, Rasim Abusov, Iunis Huseinov, Sahin Diniev, Arif Asadov (79 Vladislav Kadirov), Veli Kasumov (79 Vidadi Rzayev), Samir Alekberov.   Trainer: Agasalim Mirdjavadov
FRANCE: Bernard Lama; Jocelyn Angloma, Eric Di Meco, Alain Roche, Laurent Blanc; Paul Le Guen, Eric Cantona (Cap), Marcel Desailly (71 Jean-Michel Ferri); Jean-Pierre Papin, Reynald Pedros (76 Corentin Martins), Patrice Loko.
Trainer: Aimé Jacquet
Goals: Papin (25), Loko (56)

POLAND v FRANCE 0-0
Górnik, Zabrze 16.11.1994
Referee: Angelo Amendolia (ITA)   Attendance: 21,000
POLAND: Józef Wandzik; Waldemar Jaskulski, Marek Swierczewski, Sylwester Czereszewski, Tomasz Waldoch, Marek Kozminski (29 Jacek Bak), Piotr Swierczewski, Henryk Baluszynski (82 Dariusz Gesior), Andrzej Juskowiak, Roman Kosecki, Krzysztof Warzycha.   Trainer: Henryk Apostel
FRANCE: Bernard Lama; Jocelyn Angloma, Eric Di Meco, Alain Roche, Laurent Blanc; Paul Le Guen, Eric Cantona (Cap), Marcel Desailly; Nicolas Ouédec (76 Christophe Dugarry), Christian Karembeu, Reynald Pedros (25 Youri Djorkaeff).

ISRAEL v ROMANIA 1-1 (0-0)
Ramat-Gan, Tel-Aviv 14.12.1994
Referee: Antonio Martin Navarrete (SPA)   Att: 42,500
ISRAEL: Boni Ginzburg; Marco Balbul, Alon Harazi, Nir Klinger, Moshe Glam; Eyal Berkovitch, Alon Hazan, Roni Levi (76 Itzhak Zohar), Haim Revivo; Ronen Harazi (88 Amir Shelach), Ronny Rosenthal.   Trainer: Shlomo Sharf
ROMANIA: Bogdan Stelea; Dan Petrescu, Daniel Prodan, Miodrag Belodedici, Tibor Selymes; Ioan Lupescu, Gheorghe Popescu, Gheorghe Hagi (Cap), Dorinel Munteanu (53 Ion Vlădoiu); Marius Lăcătuş, Ilie Dumitrescu (71 Constantin Gâlcă).   Trainer: Anghel Iordănescu
Goals: Lăcătuş (69), Rosenthal (83)

AZERBAIJAN v ISRAEL 0-2 (0-1)
Avni Aker, Trabzon (Turkey) 16.11.1994
Referee: László Vagner (HUNG)   Attendance: 3,000
AZERBAIJAN: Aleksander Jidkov; Fuzuli Allahverdiev, Faig Cabarov, Tarlan Ahmedov, Arif Asadov; Lev Mayorov (46 Emin Agayev), Iunis Huseinov (77 Vidadi Rzayev), Sahin Diniev, Veli Kasumov, Nazim Suleimanov, Samir Alekberov. Trainer: Agasalim Mirdjavadov
ISRAEL: Boni Ginzburg; Marco Balbul, Moshe Glam, Alon Hazan, Alon Harazi, Nir Klinger, Tal Banin, Haim Revivo, Eyal Berkovitch (65 Avi Nimni), Ronen Harazi (82 Amir Shelach), Ronny Rosenthal.   Trainer: Shlomo Sharf
Goals: R. Harazi (29), Rosenthal (50)

ISRAEL v FRANCE 0-0
Ramat-Gan, Tel-Aviv 29.03.1995
Referee: James McCluskey (SCO)   Attendance: 43,000
ISRAEL: Boni Ginzburg; Felix Halfon, Moshe Glam, Alon Hazan, Alon Harazi, Nir Klinger, Tal Banin, Haim Revivo, Eyal Berkovitch (64 Itzhak Zohar), Ronen Harazi, Ronny Rosenthal.   Trainer: Shlomo Sharf
FRANCE: Bernard Lama; Jocelyn Angloma, Eric Di Meco, Alain Roche, Laurent Blanc; Paul Le Guen, Patrice Loko, Marcel Desailly, Ncolas Ouédec (66 David Ginola), Corentin Martins (78 Youri Djorkaeff), Reynald Pedros.
Trainer: Aimé Jacquet

ROMANIA v POLAND 2-1 (1-1)
Steaua, Bucureşti   29.03.1995
Referee: Kurt Röthlisberger (SWI)   Attendance: 25,000

ROMANIA: Bogdan Stelea; Dan Petrescu, Daniel Prodan, Miodrag Belodedici, Tibor Selymes; Gheorghe Popescu, Marius Lăcătuş (46 Dănuţ Lupu), Ilie Dumitrescu, Florin Răducioiu, Gheorghe Hagi (Cap) (87 Ion Vlădoiu), Dorinel Munteanu.   Trainer: Anghel Iordănescu

POLAND: Józef Wandzik; Waldemar Jaskulski, Marek Swierczewski, Tomasz Waldoch; Piotr Swierczewski, Roman Kosecki (Cap), Piotr Nowak (46 Tomasz Wieszczycki), Krzysztof Warzycha, Sylwester Czereszewski (73 Tomasz Sokolowski), Andrzej Juskowiak, Henryk Baluszynski.   Trainer: Henryk Apostel

Sent off: Jaskulski (74)

Goals: Juskowiak (42 pen), Răducioiu (45), Wandzik (55 og)

SLOVAKIA v AZERBAIJAN 4-1 (3-0)
Lokomotiva, Kosice   29.03.1995
Referee: Vasilios Nikakis (GRE)   Attendance: 12,450

SLOVAKIA: Ladislav Molnar; Tomas Stupala, Marian Zeman, Milos Glonek, Vladimir Kinder; Dusan Tittel, Marek Penska, Ondrej Kristofik; Jaroslav Timko, Peter Dubovsky, Lubomir Moravcik (Cap) (75 Karol Prazenica).   Trainer: Jozef Venglos

AZERBAIJAN: Elhan Hasanov; Arif Asadov, Yashar Vahabzadze, Faig Cabarov, Sakit Aliyev (75 Vladislav Kadirov), Rasim Abusov, Iunis Huseinov, Sahin Diniev, Veli Kasumov (68 Samir Alekberov), Nazim Suleimanov, Emin Agayev.   Trainer: Agasalim Mirdjavadov

Goals: Tittel (35), Timko (40, 50), Dubovsky (45 pen), Suleimanov (80 pen)

POLAND v ISRAEL 4-3 (1-2)
Górnik, Zabrze   25.04.1995
Referee: Anders Frisk (SWE)   Attendance: 5,500

POLAND: Józef Wandzik; Wojciech Kowalczyk, Marek Swierczewski, Tomasz Lapinski, Tomasz Waldoch; Marek Kozminski, Piotr Swierczewski, Piotr Nowak (46 Krzysztof Bukalski), Andrzej Juskowiak, Roman Kosecki, Henryk Baluszynski (46 Tomasz Wieszczycki).   Trainer: Henryk Apostel

ISRAEL: Boni Ginzburg; Felix Halfon, Moshe Glam, Alon Hazan, Alon Harazi, Nir Klinger, Tal Banin, Haim Revivo, Eyal Berkovitch, Offer Mizrahi (71 Itzhak Zohar), Ronny Rosenthal.   Trainer: Shlomo Sharf

Goals: Nowak (1), Rosenthal (37), Revivo (42), Juskowiak (50), Kowalczyk (55), Kosecki (62), Zohar (77)

FRANCE v SLOVAKIA 4-0 (2-0)
La Beaujoire, Nantes   26.04.1995
Referee: Bernd Heynemann (GER)   Attendance: 26,000

FRANCE: Bernard Lama; Jocelyn Angloma, Eric Di Meco, Alain Roche, Laurent Blanc; Vincent Guérin, Didier Deschamps, Marcel Desailly, Patrice Loko, Zinedine Zidane (73 Youri Djorkaeff), David Ginola.   Trainer: Aimé Jacquet

SLOVAKIA: Ladislav Molnar; Tomas Stupala, Marian Zeman, Milos Glonek, Vladimir Kinder; Dusan Tittel, Robert Tomaschek (46 Jaroslav Timko), Ondrej Kristofik, Marek Penska (74 Stefan Maixner), Peter Dubovsky, Lubomir Moravcik.   Trainer: Jozef Venglos

Goals: Kristofik (27 og), Ginola (42), Blanc (58), Guérin (62)

AZERBAIJAN v ROMANIA 1-4 (1-2)
"Husseyn Avni Aker", Trabzon (Turkey)   26.04.1995
Referee: Dimitar Momirov (BUL)   Attendance: 1,000

AZERBAIJAN: Elhan Hasanov; Arif Asadov, Igor Getman, Rasim Abusov, Tarlan Ahmedov (21 Yashar Vahabzadze), Faig Cabarov (76 Vladislav Kadirov), Viacheslav Lichkin, Nazim Suleimanov, Sahin Diniev; Iunis Huseinov, Samir Alekberov.   Trainer: Agasalim Mirdjavadov

ROMANIA: Bogdan Stelea (85 Florin Prunea); Dan Petrescu, Daniel Prodan, Miodrag Belodedici, Tibor Selymes; Gheorghe Popescu (81 Daniel Timofte), Ioan Lupescu, Ilie Dumitrescu, Dorinel Munteanu; Marius Lăcătuş (69 Dănuţ Lupu), Florin Răducioiu.   Trainer: Anghel Iordănescu

Goals: Răducioiu (1 pen, 68, 76), Suleimanov (34), Dumitrescu (38)

POLAND v SLOVAKIA 5-0 (1-0)
Górnik, Zabrze   07.06.1995
Referee: Robert Sedlacek (AUS)   Attendance: 17,000

POLAND: Maciej Szczesny; Waldemar Jaskulski (73 Sylwester Czereszewski), Jacek Zielinski, Krzysztof Bukalski, Tomasz Waldoch, Marek Kozminski, Piotr Swierczewski, Piotr Nowak, Andrzej Juskowiak, Roman Kosecki, Wojciech Kowalczyk (46 Tomasz Wieszczycki).   Trainer: Henryk Apostel

SLOVAKIA: Alexander Vencel; Ivan Kozak (65 Marek Penska), Marian Zeman, Milos Glonek, Karol Prazenica, Robert Tomaschek, Jan Solar, Ondrej Kristofik (70 Vladimir Weiss), Jaroslav Timko, Peter Dubovsky, Lubomir Moravcik.   Trainer: Jozef Venglos

Goals: Juskowiak (10, 72), Wieszczycki (58), Kosecki (63), Nowak (69)

ROMANIA v ISRAEL 2-1 (1-0)

Steaua, București   07.06.1995

Referee: Rune Pedersen (NOR)   Attendance: 20,000

ROMANIA: Bogdan Stelea; Dan Petrescu, Daniel Prodan, Miodrag Belodedici, Tibor Selymes; Dănuț Lupu (87 Basarab Panduru), Ioan Lupescu, Ilie Dumitrescu (62 Ion Vlădoiu), Dorinel Munteanu; Marius Lăcătuș, Florin Răducioiu. Trainer: Anghel Iordănescu

ISRAEL: Rafael Cohen; Felix Halfon (46 Marco Balbul, 75 Itzhak Zohar), Gadi Brumer, Amir Shelach, David Amsalem; Alon Hazan, Eyal Berkovitch, Nir Klinger, Tal Banin; Eli Driks, Offer Mizrahi. Trainer: Shlomo Sharf

Sent off: Răducioiu (67)

Goals: Lăcătuș (16), Berkovich (50), Munteanu (65)

FRANCE v AZERBAIJAN 10-0 (3-0)

Abbé-Deschamps, Auxerre   06.09.1995

Referee: Alfred Micaleff (MAL)   Attendance: 15,000

FRANCE: Bernard Lama; Jocelyn Angloma (57 Lilian Thuram), Bixente Lizarazu, Marcel Desailly, Frank Leboeuf, Youri Djorkaeff, Didier Deschamps, Vincent Guérin, Christophe Dugarry (68 Christophe Cocard), Zinedine Zidane, Reynald Pedros (65 David Ginola).   Trainer: Aimé Jacquet

AZERBAIJAN: Elhan Hasanov (36 Nizami Sadikov); Arif Asadov, Igor Getman, Tarlan Ahmedov, Emin Agayev, Rasim Abusov, Iunis Huseinov, Sahin Diniev, Vladislav Kadirov (74 Musvik Huseynov), Makhmud Kurbanov (46 Samir Alekberov), Viacheslav Lichkin.
Trainer: Agasalim Mirdjavadov

Goals: Desailly (13), Djorkaeff (17, 78), Guérin (33), Pedros (49), Leboeuf (54, 74), Dugarry (65), Zidane (72), Cocard (90)

FRANCE v POLAND 1-1 (0-1)

Parc des Princes, Paris   16.08.1995

Referee: Manuel Diaz Vega (SPA)   Attendance: 40,426

FRANCE: Bernard Lama; Jocelyn Angloma (66 Christian Karembeu), Bixente Lizarazu, Lilian Thuram, Frank Leboeuf (69 Youri Djorkaeff); Vincent Guérin, Didier Deschamps, Marcel Desailly, Christophe Dugarry, Zinedine Zidane, David Ginola (64 Reynald Pedros).   Trainer: Aimé Jacquet

POLAND: Andrzej Wozniak; Tomasz Lapinski, Jacek Zielinski, Marek Kozminski, Tomasz Waldoch, Tomasz Iwan, Piotr Swierczewski, Piotr Nowak (57 Ryszard Czerwiec), Andrzej Juskowiak, Roman Kosecki (72 Pawel Wojtala), Wojciech Kowalczyk (61 Krzysztof Bukalski). Trainer: Henryk Apostel

Goals: Juskowiak (35), Djorkaeff (85)

POLAND v ROMANIA 0-0

Górnik, Zabrze   06.09.1995

Referee: Dermot Gallagher (ENG)   Attendance: 25,000

POLAND: Andrzej Wozniak; Waldemar Jaskulski, Tomasz Waldoch, Jacek Zielinski, Marek Kozminski; Tomasz Iwan (76 Ryszard Czerwiec), Tomasz Wieszczycki (70 Jerzy Podbrozny), Piotr Swierczewski, Jacek Bednarz (63 Krzysztof Bukalski); Roman Kosecki (Cap), Andrzej Juskowiak. Trainer: Henryk Apostel

ROMANIA: Bogdan Stelea; Dan Petrescu, Daniel Prodan, Gheorghe Mihali, Tibor Selymes; Gheorghe Popescu (Cap), Ioan Ovidiu Sabău, Ioan Angelo Lupescu, Dorinel Munteanu (75 Constantin Gâlcă); Marius Lăcătuș (84 Ion Timofte), Ion Vlădoiu (64 Basarab Panduru).   Trainer: Anghel Iordănescu

AZERBAIJAN v SLOVAKIA 0-1 (0-0)

Avni Aker, Trabzon (Turkey)   16.08.1995

Referee: Alain Hamer (LUX)   Attendance: 1,000

AZERBAIJAN: Nizami Sadikov; Igor Getman, Vladislav Nosenko, Tarlan Ahmedov, Emin Agayev (71 Arif Asadov), Rasim Abusov, Iunis Huseinov, Sahin Diniev (46 Makhmud Kurbanov), Vladislav Kadirov, Viacheslav Lichkin, Samir Alekberov. Trainer: Agasalim Mirdjavadov

SLOVAKIA: Ladislav Molnar; Igor Balis (89 Karol Prazenica), Milos Sobona, Robert Tomaschek, Vladimir Kinder, Dusan Tittel, Ladislav Pecko, Julius Simon, Stefan Rusnak (58 Tibor Jancula), Peter Dubovsky, Lubomir Moravcik (78 Lubomir Faktor).   Trainer: Jozef Jankech

Goals: Jancula (60)

SLOVAKIA v ISRAEL 1-0 (0-0)

Lokomotiva, Kosice   06.09.1995

Referee: Marnix Sandra (BEL)   Attendance: 10,000

SLOVAKIA: Ladislav Molnar; Igor Balis (89 Rastislav Kostka), Miroslav Karhan, Jozef Juriga, Vladimir Kinder, Dusan Tittel, Ladislav Pecko, Julius Simon (80 Lubomir Faktor), Tibor Jancula (61 Stefan Rusnak), Peter Dubovsky, Lubomir Moravcik.   Trainer: Jozef Jankech

ISRAEL: Rafael Cohen; Gadi Brumer, Moshe Glam, Alon Hazan, Alon Harazi, Nir Klinger (46 Ronny Rosenthal), Tal Banin, Offer Mizrahi, Eyal Berkovitch (66 Eli Driks), Haim Revivo, Amir Shelach.   Trainer: Shlomo Sharf

Goal: Jancula (55)

ISRAEL v AZERBAIJAN 2-0 (1-0)
Ramat-Gan, Tel-Aviv 11.10.1995
Referee: Claude Detruche (SWI)   Attendance: 5,000

ISRAEL: Boni Ginzburg; Felix Halfon, David Amsalem, Alon Hazan, Amir Shelach, Gadi Brumer, Tal Banin, Haim Revivo (87 Nir Klinger), Eyal Berkovitch (71 Itzhak Zohar), Ronen Harazi (79 Reuoven Atar), Ronny Rosenthal.
Trainer: Shlomo Sharf

AZERBAIJAN: Aleksander Jidkov; Arif Asadov, Samir Khairov (58 Emin Agayev), Tarlan Ahmedov, Yashar Vahabzade, Rasim Abusov, Viacheslav Lichkin (79 Elhan Mamedov), Vidadi Rzayev (70 Kurban Kurbanov), Vladislav Kadirov, Nazim Suleymanov, Veli Kasumov.
Trainer: Kazbek Tuayev

Goals: R. Harazi (31, 51)

FRANCE v ISRAEL 2-0 (0-0)
Michel-d'Omano, Caen 15.11.1995
Referee: Gerd Grabher (AUS)   Attendance: 21,500

FRANCE: Bernard Lama; Jocelyn Angloma, Eric Di Meco (Cap) (63 Bixente Lizarazu), Christian Karembeu (90 Marc Keller), Frank Leboeuf, Vincent Guérin, Didier Deschamps, Marcel Desailly, Youri Djorkaeff, Zinedine Zidane, Michäel Madar (63 Patrice Loko).   Trainer: Aimé Jacquet

ISRAEL: Rafael Cohen; Felix Halfon, Moshe Glam, Alon Hazan, Gadi Brumer, Nir Klinger (78 Itzhak Zohar), Tal Banin, Amir Shelach, Eyal Berkovitch (69 Reuoven Atar), Ronen Harazi (84 Offer Mizrahi), Ronny Rosenthal.
Trainer: Shlomo Sharf

Goals: Djorkaeff (69), Lizarazu (89)

ROMANIA v FRANCE 1-3 (0-2)
Steaua, Bucureşti 11.10.1995
Referee: Pierluigi Pairetto (ITA)   Attendance: 30,000

ROMANIA: Bogdan Stelea; Dan Petrescu, Daniel Prodan, Gheorghe Mihali (46 Dănuţ Lupu), Tibor Selymes; Gheorghe Popescu, Gheorghe Hagi (63 Basarab Panduru), Ioan Angelo Lupescu, Dorinel Munteanu; Marius Lăcătuş, Ilie Dumitrescu (46 Ion Vlădoiu).   Trainer: Anghel Iordănescu

FRANCE: Fabien Barthez; Jocelyn Angloma, Marcel Desailly, Frank Leboeuf, Eric Di Meco (Cap); Christian Karembeu, Didier Deschamps, Zinedine Zidane (85 Lilian Thuram), Vincent Guérin; Christophe Dugarry (63 Michäel Madar), Youri Djorkaeff (75 Bixente Lizarazu).   Trainer: Aimé Jacquet

Goals: Karembeu (29), Djorkaeff (41), Lăcătuş (52), Zidane (74)

AZERBAIJAN v POLAND 0-0
Avni Aker, Trabzon (Tür) 15.11.1995
Referee: Leslie Mottram (SCO)   Attendance: 1,000

AZERBAIJAN: Aleksander Jidkov; Igor Getman, Deni Gaisumov, Tarlan Ahmedov, Yashar Vahabzade, Rasim Abusov, Emin Agayev, Vidadi Rzayev (69 Kurban Kurbanov), Vladislav Kadirov (65 Makhmud Kurbanov), Nazim Suleymanov (86 Viacheslav Lichkin), Veli Kasumov.   Trainer: Kazbek Tuayev

POLAND: Andrzej Wozniak; Waldemar Jaskulski, Marek Swierczewski, Tomasz Sokolowski, Tomasz Waldoch, Sylwester Czereszewski, Pawel Wojtala, Krzysztof Bukalski (71 Tomasz Lenart), Henryk Baluszynski (65 Marcin Kuzba), Ryszard Czerwiec, Slawomir Majak (46 Rafal Siadaczka).
Trainer: Wladyslaw Stachurski

SLOVAKIA v POLAND 4-1 (1-1)
Tehelné pole, Bratislava 11.10.1995
Referee: Jorge Monteiro Coroado (POR)   Att: 11,000

SLOVAKIA: Ladislav Molnar; Igor Balis, Miroslav Karhan, Marian Zeman, Vladimir Kinder, Dusan Tittel, Jozef Juriga (71 Marek Ujlaky), Julius Simon, Tibor Jancula (87 Marian Bochnovic), Peter Dubovsky, Lubomir Moravcik.

POLAND: Andrzej Wozniak; Tomasz Lapinski, Jacek Zielinski, Krzysztof Bukalski, Tomasz Waldoch, Marek Kozminski (59 Jacek Bednarz), Piotr Swierczewski, Tomasz Iwan, Andrzej Juskowiak, Roman Kosecki, Henryk Baluszynski (80 Sylwester Czereszewski).
Trainer: Jozef Jankech

Sent off: Kosecki & P. Swierczewski

Goals: Juskowiak (19), Dubovsky (32 pen), Jancula (68), Ujlaky (77), Simon (83)

SLOVAKIA v ROMANIA 0-2 (0-0)
VSA, Kosice 15.11.1995
Referee: Jacobus Uilenberg (HOL)   Attendance: 7,500

SLOVAKIA: Ladislav Molnar; Igor Balis, Dusan Tittel, Miroslav Karhan, Vladimir Kinder; Ladislav Pecko (46 Jozef Juriga), Robert Tomaschek, Julius Simon (78 Robert Semenik), Lubomír Moravcík (Cap), Tibor Jancula (69 Marek Ujlaky), Peter Dubovsky.   Trainer: Jozef Jankech

ROMANIA: Bogdan Stelea; Dan Petrescu, Daniel Prodan, Anton Doboş, Tibor Selymes; Ioan Angelo Lupescu, Gheorghe Popescu, Gheorghe Hagi (Cap) (85 Basarab Panduru), Dorinel Munteanu; Marius Lăcătuş (73 Ilie Dumitrescu), Viorel Moldovan (88 Ion Timofte).   Trainer: Anghel Iordănescu

Goals: Hagi (68), Munteanu (82)

	P	W	D	L	F	A	Pts
Romania	10	6	3	1	18	9	21
France	10	5	5	0	22	2	20
Slovakia	10	4	2	4	14	18	14
Poland	10	3	4	3	14	12	13
Israel	10	3	3	4	13	13	12
Azerbaijan	10	0	1	9	2	29	1

MACEDONIA v DENMARK 1-1 (1-0)
Gradski, Skopje   07.09.1994
Referee: Mario Van der Ende (HOL)   Attendance: 25,000
MACEDONIA: Kire Trajcev; Vujadin Stanojkovic, Zoran Jovanovski, Mitko Stojkovski, Ilija Najdoski, Ljupco Markovski, Zoran Boskovski (82 Zarko Serafimovski), Bosko Djurovski, Darko Pancev, Boban Babunski (67 Dragan Kanatlarovski), Toni Micevski.   Trainer: Andon Doncevski
DENMARK: Peter Schmeichel; Thomas Helveg, Marc Rieper, Lars Olsen, Jakob Friis-Hansen, Brian Steen Nielsen, John Jensen (67 Henrik Larsen), Kim Vilfort (52 Flemming Povlsen), Bent Christensen, Michael Laudrup, Brian Laudrup.   Trainer: Richard Møller-Nielsen
Goals: Mi. Stojkovski (4), Povlsen (86)

GROUP 2

BELGIUM v ARMENIA 2-0 (1-0)
Brussel   07.09.1994
Referee: John Ferry (NIR)
BELGIUM: Michel Preud'homme; Régis Genaux, Michel De Wolf, Philippe Albert, Rudy Smidts, Lorenzo Staelens (76 Marc Emmers), Franky Van der Elst, Stéphane Van der Heyden (67 Danny Boffin), Marc Degryse, Luis Oliveira, Josip Weber.   Trainer: Paul van Himst
ARMENIA: Armenak Petrosyan; Yervand Sukiasyan, Yervand Krbachyan, Vardan Khachatryan, Sarkys Oganesyan, Sarkis Hovsepyan, Artur Petrosyan, Razmik Grigoryan, Aramais Tonoyan, Armen Shahgeldyan (46 Arsen Avetisyan), Hamlet Mkhitaryan.   Trainer: Eduard Markarov
Goals: Krbachyan (3 og), Degryse (73)

ARMENIA v CYPRUS 0-0
Razdan, Erevan   08.10.1994
Referee: Zbigniew Przesmycki (POL)   Attendance: 6,000
ARMENIA: Harutyun Abramyan; Yervand Sukiasyan, Vardan Khachatryan (46 Yervand Krbachyan), Aramais Tonoyan, Sarkys Oganesyan, Harutyun Vardanyan, Artur Petrosyan, Razmik Grigoryan, Artak Adamyan, Arsen Avetisyan, Hamlet Mkhitaryan (80 Varazdat Avetisyan).   Trainer: Eduard Markarov
CYPRUS: Michalis Christophi; Yiannos Kalotheou, Haralambos Pittas, Dimitris Ioannou, Louis Stephani, Andonis Zembashis, Marios Charalambous, Andros Sotiriou, Sinisa Gogic, Costas Phasouliotis (70 Costas Malekos), George Savvides.   Trainer: Andreas Michaelides

CYPRUS v SPAIN 1-2 (1-2)
Tsirion, Limassol   07.09.1994
Referee: Marc Batta (FRA)   Attendance: 10,000
CYPRUS: Nicos Panayiotou; Costas Costa, Haralambos Pittas, Costas Constandinou, Evagoras Christophi, Marios Charalambous, Dimitris Ioannou, Costas Phasouliotis (63 Costas Malekos), Sinisa Gogic, Andros Sotiriou, George Savvides (77 Pambos Andreou).
Trainer: Andreas Michaelides
SPAIN: Andoni ZUBIZARRETA; Francisco José CAMARASA, Salvador González "VORO", Josep GUARDIOLA (64 José Luis Pérez CAMINERO), Miguel Angel NADAL, Fernando Ruiz HIERRO, Juan Antonio GOIKOETXEA, Julen GUERRERO, Francisco HIGUERA, José Emilio AMAVISCA (80 José Angel CIGANDA), SERGI Barjuán.   Trainer: Javier Clemente
Goals: Higuera (18), M. Charalambous (26 og), Sotiriou (36)

DENMARK v BELGIUM 3-1 (1-1)
Idraetsparken, København   12.10.1994
Referee: Pierluigi Pairetto (ITA)   Attendance: 40,075
DENMARK: Peter Schmeichel; Thomas Helveg, Marc Rieper, Lars Olsen, Jakob Friis-Hansen, Jens Risager (78 Jakob Kjeldbjerg), Brian Steen Nielsen, Kim Vilfort (71 John Jensen), Mark Strudal, Michael Laudrup, Brian Laudrup.   Trainer: Richard Møller-Nielsen
BELGIUM: Gilbert Bodart; Régis Genaux, Eric Van Meir, Philippe Albert, Rudy Smidts, Vital Borkelmans (76 Luis Oliveira), Franky Van der Elst, Lorenzo Staelens, Marc Degryse, Josip Weber, Gert Verheyen.   Trainer: Paul van Himst
Goals: Degryse (31), Vilfort (35), Jensen (72), Strudal (86)

MACEDONIA v SPAIN 0-2 (0-2)

Gradski, Skopje   12.10.1994

Referee: Gerd Grabher (AUS)   Attendance: 30,000

MACEDONIA: Kire Trajcev (51 Danco Celeski); Vujadin Stanojkovic, Mitko Stojkovski, Bosko Djurovski, Ilija Najdoski, Zoran Jovanovski, Zoran Boskovski, Toni Savevski, Boban Babunski (39 Ljupco Markovski), Milko Djurovski (71 Zarko Serafimovski), Toni Micevski.   Trainer: Andon Doncevski

SPAIN: Andoni ZUBIZARRETA, Albert FERRER, ABELARDO Fernández, Rafael ALKORTA, SERGI Barjuán, Fernando Ruiz HIERRO, José Luis Pérez CAMINERO, Miguel Angel NADAL, Julio SALINAS (64 Pedro Luis Cherubino "PIER"), Francisco HIGUERA (76 José Emilio AMAVISCA), LUIS ENRIQUE Martínez.   Trainer: Javier Clemente

Goals: Salinas (16, 25)

SPAIN v DENMARK 3-0 (1-0)

Sevilla 16.11.1994

Referee: James McCluskey (SCO)   Attendance: 38,000

SPAIN: Andoni ZUBIZARRETA; Albert FERRER, Alberto BELSUÉ, Rafael ALKORTA, ABELARDO Fernández, Miguel Angel NADAL, LUIS ENRIQUE Martínez, José Luis Pérez CAMINERO (72 José María BAKERO), Julio SALINAS (58 Francisco HIGUERA), DONATO Gama da Silva, SERGI Barjuán.   Trainer: Javier Clemente

DENMARK: Peter Schmeichel; Thomas Helveg, Marc Rieper, Lars Olsen, Jens Risager, Jakob Friis-Hansen (65 Bent Christensen), Brian Steen Nielsen, Kim Vilfort, Mark Strudal (46 John Jensen), Michael Laudrup, Brian Laudrup.   Trainer: Richard Møller-Nielsen

Goals: Nadal (41), Donato (57), Luis Enrique (87)

BELGIUM v MACEDONIA 1-1 (1-0)

Brussel 16.11.1994

Referee: Sergei Khusainov (RUS)   Attendance: 17,000

BELGIUM: Michel Preud'homme; Régis Genaux, Bertrand Crasson, Danny Boffin, Rudy Smidts, Lorenzo Staelens, Franky Van der Elst, Johan Walem (69 Gilles De Bilde), Marc Degryse, Luc Nilis, Gert Verheyen.   Trainer: Paul van Himst

MACEDONIA: Danco Celeski; Vujadin Stanojkovic, Zoran Jovanovski, Ilija Najdoski, Cedomir Janevski, Ljupco Markovski, Toni Micevski, Bosko Djurovski, Zoran Boskovski (87 Dragan Kanatlarovski), Milko Djurovski (80 Zarko Serafimovski), Mitko Stojkovski.   Trainer: Andon Doncevski

Goals: Verheyen (31), Boskovski (50)

BELGIUM v SPAIN 1-4 (1-1)

Brussel 17.12.1994

Referee: Ahmet Çakar (TUR)   Attendance: 21,000

BELGIUM: Michel Preud'homme; Régis Genaux, Philippe Albert, Bertrand Crasson, Rudy Smidts, Danny Boffin, Franky Van der Elst, Alain Bettagno (46 Gert Verheyen), Marc Degryse, Lorenzo Staelens, Gilles De Bilde.   Trainer: Paul van Himst

SPAIN: Andoni ZUBIZARRETA; Alberto BELSUÉ, ABELARDO Fernández, Rafael ALKORTA, Miguel Angel NADAL, Fernando Ruiz HIERRO, LUIS ENRIQUE Martínez, Julen GUERRERO (57 Salvador González "VORO"), Julio SALINAS (70 Juan Antonio GOIKOETXEA), DONATO Gama da Silva, SERGI Barjuán.   Trainer: Javier Clemente

Goals: Degryse (7), Hierro (29), Donato (57 pen), Salinas (69), Luis Enrique (90)

CYPRUS v ARMENIA 2-0 (1-0)

Tsirion, Limassol   16.11.1994

Referee: Gerald Ashby (ENG)   Attendance: 8,000

CYPRUS: Michalis Christophi; Andreas Andreou, Haralambos Pittas, Dimitris Ioannou, Evagoras Christophi, Andonis Zembashis (88 George Elia), George Savvides, Louis Stephani, Sinisa Gogic, Andros Sotiriou, Costas Malekos (68 Costas Phasouliotis).   Trainer: Andreas Michaelides

ARMENIA: Harutyun Abramyan; Yervand Sukiasyan, Yervand Krbachyan, Aramais Tonoyan, Sarkys Oganesyan, Harutyun Vardanyan, Artur Petrosyan, Razmik Grigoryan, Hamlet Mkhitaryan (83 Varazdat Avetisyan), Sarkis Hovsepyan, Tigran Gspeyan (68 Arsen Avetisyan).   Trainer: Eduard Markarov

Goals: Sotiriou (7), Phasouliotis (88)

MACEDONIA v CYPRUS 3-0 (2-0)

Gradski, Skopje   17.12.1994

Referee: Hartmut Strampe (GER)   Attendance: 16,000

MACEDONIA: Danco Celeski; Vujadin Stanojkovic, Mitko Stojkovski, Ljupco Markovski, Ilija Najdoski, Cedomir Janevski, Boban Babunski (70 Zoran Jovanovski), Bosko Djurovski, Zoran Boskovski (85 Zarko Serafimovski), Milko Djurovski, Toni Micevski.   Trainer: Andon Doncevski

CYPRUS: Michalis Christophi; Yiannos Kalotheou, Marios Charalambous, Dimitris Ioannou, Evagoras Christophi, Louis Stephani, Charis Charalambous, Costas Phasouliotis, Sinisa Gogic, Andros Sotiriou (79 Pambos Andreou), George Savvides (65 Costas Malekos).   Trainer: Andreas Michaelides

Goals: B. Djurovski (14, 25, 90)

CYPRUS v DENMARK 1-1 (1-1)

Tsirion, Limassol   29.03.1995

Referee: Brendan Shorte (IRE)   Attendance: 15,000

CYPRUS: Nicos Panayiotou; Costas Costa, Haralambos Pittas, Dimitris Ioannou, Marios Charalambous, George Christodoulou, Yotis Engomitis, Andreas Andreou, Sinisa Gogic, Lucas Hadjilucas (87 Costas Constandinou), Marios Agathocleous.   Trainer: Andreas Michaelides

DENMARK: Peter Schmeichel; Jacob Laursen, Marc Rieper, Jakob Friis-Hansen (46 Thomas Helveg), Michael Schjønberg, Jes Høgh, Brian Steen Nielsen, Peter Rasmussen, Michael Laudrup, Brian Laudrup.
Trainer: Richard Møller-Nielsen

Goals: Schjønberg (3), Agathocleous (45)

DENMARK v MACEDONIA 1-0 (0-0)

Idraetsparken, København   26.04.1995

Referee: Karol Ihring (SVK)   Attendance: 38,800

DENMARK: Peter Schmeichel; Jacob Laursen, Marc Rieper, Jes Høgh, Michael Schjønberg, Claus Thomsen, Brian Steen Nielsen, Peter Nielsen (79 Thomas Helveg), Peter Rasmussen (46 Erik Bo Andersen), Michael Laudrup, Brian Laudrup.
Trainer: Richard Møller-Nielsen

MACEDONIA: Danco Celeski; Vujadin Stanojkovic, Mitko Stojkovski, Ljupco Markovski (26 Nedzmedin Memed), Ilija Najdoski, Zoran Jovanovski, Zoran Boskovski, Bosko Djurovski, Darko Pancev, Zarko Serafimovski (77 Marjan Stojkovski), Toni Micevski.   Trainer: Andon Doncevski

Goal: P. Nielsen (71)

SPAIN v BELGIUM 1-1 (1-1)

Sevilla   29.03.1995

Referee: Rémy Harrel (FRA)   Attendance: 27,000

SPAIN: Andoni ZUBIZARRETA; Alberto BELSUÉ, SERGI Barjuán, ABELARDO Fernández, Miguel Angel NADAL, Fernando Ruiz HIERRO, LUIS ENRIQUE Martínez, Julen GUERRERO (37 Francisco HIGUERA), Julio SALINAS (63 Juan Antonio PIZZI), DONATO Gama da Silva, José Emilio AMAVISCA.   Trainer: Javier Clemente

BELGIUM: Gilbert Bodart; Régis Genaux, Dirk Medved, Pascal Renier, Rudy Smidts, Johan Walem (70 Gert Verheyen), Emmanuel Karagiannis (83 Bertrand Crasson), Lorenzo Staelens, Marc Degryse, Gilles De Bilde, Günther Schepens.
Trainer: Paul van Himst

Goals: Guerrero (25), Degryse (26)

ARMENIA v SPAIN 0-2 (0-0)

Razdan, Erevan   26.04.1995

Referee: Adrian Porumboiu (ROM)   Attendance: 40,000

ARMENIA: Harutyun Abramyan; Yervand Sukiasyan, Sarkis Hovsepyan, Aramais Tonoyan, Sarkys Oganesyan, Artur Petrosyan, Harutyun Vardanyan, Razmik Grigoryan (64 Hovanes Tahmazyan), Hamlet Mkhitaryan, Armen Shahgeldyan, Artak Adamyan (46 Arsen Avetisyan).
Trainer: Samvel Darbinyan

SPAIN: Andoni ZUBIZARRETA; Alberto BELSUÉ, Jorge OTERO, Rafael ALKORTA, Aitor CARANCA, Miguel Angel NADAL, Juan Antonio GOIKOETXEA, LUIS ENRIQUE Martínez, Juan Antonio PIZZI (57 Julio SALINAS), DONATO Gama da Silva (67 Francisco José CAMARASA), José Emilio AMAVISCA.   Trainer: Javier Clemente

Goals: Amavisca (48), Goikoetxea (62)

BELGIUM v CYPRUS 2-0 (1-0)

Brussel   26.04.1995

Referee: David Elleray (ENG)   Attendance: 14,000

BELGIUM: Gilbert Bodart; Dirk Medved, Georges Grün, Pascal Renier, Rudy Smidts, Lorenzo Staelens, Emmanuel Karagiannis, Luc Nilis, Marc Degryse, Gilles De Bilde (80 Michael Goossens), Günther Schepens.
Trainer: Paul van Himst

CYPRUS: Nicos Panayiotou; Yiannos Kalotheou, Haralambos Pittas, Dimitris Ioannou, Marios Charalambous, George Christodoulou, Yotis Engomitis, Andreas Andreou, Sinisa Gogic, Nicos Papavassiliou (73 Andros Sotiriou), Marios Agathocleous (62 Neophytos Larkou).
Trainer: Andreas Michaelides

Goals: Karagiannis (20), Schepens (47)

ARMENIA v MACEDONIA 2-2 (1-0)

Razdan, Erevan   10.05.1995

Referee: Christer Faellström (SWE)   Attendance: 12,500

ARMENIA: Harutyun Abramyan; Yervand Sukiasyan, Sarkis Hovsepyan, Aramais Tonoyan, Sarkys Oganesyan, Harutyun Vardanyan (79 Tigran Gsepyan), Artur Petrosyan, Razmik Grigoryan, Hamlet Mkhitaryan (69 Hovanes Tahmazyan), Armen Shahgeldyan, Arsen Avetisyan.
Trainer: Samvel Darbinyan

MACEDONIA: Danco Celeski; Vujadin Stanojkovic, Mitko Stojkovski, Ljupco Markovski, Ilija Najdoski, Cedomir Janevski (59 Nedzmedin Memed), Georgi Hristov, Boban Babunski, Darko Pancev, Zarko Serafimovski, Toni Micevski (69 Dragan Kanatlarovski).   Trainer: Andon Doncevski

Goals: Grigoryan (22), Shahgeldyan (51), Hristov (59), Markovski (70)

MACEDONIA v BELGIUM 0-5 (0-4)

Gradski, Skopje 07.06.1995

Referee: Ryszard Wojcik (POL)   Behind closed doors

MACEDONIA: Danco Celeski; Vujadin Stanojkovic, Mitko Stojkovski, Bosko Djurovski (61 Georgi Hristov), Ilija Najdoski, Cedomir Janevski, Zoran Boskovski, Boban Babunski, Darko Pancev, Zarko Serafimovski (35 Nedzmedin Memed), Toni Micevski.   Trainer: Andon Doncevski

BELGIUM: Gilbert Bodart; Régis Genaux, Georges Grün, Pascal Renier, Rudy Smidts, Lorenzo Staelens, Emmanuel Karagiannis, Bruno Versavel, Gilles De Bilde, Vincenzo Scifo, Günther Schepens (83 Philippe Léonard).   Trainer: Paul van Himst

Goals: Grün (15), Scifo (18, 60), Schepens (28), Versavel (43)

SPAIN v ARMENIA 1-0 (0-0)

Sevilla 07.06.1995

Referee: Roger Philippi (LUX)   Attendance: 17,000

SPAIN: Andoni ZUBIZARRETA; Alberto BELSUÉ, Agustín ARANZÁBAL Alkorta, Rafael ALKORTA, ABELARDO Fernández, Fernando Ruiz HIERRO, Juan Antonio GOIKOETXEA (46 Julio SALINAS), Julen GUERRERO (77 José Luis Pérez CAMINERO), LUIS ENRIQUE Martínez, Miguel Angel NADAL, José Emilio AMAVISCA.   Trainer: Javier Clemente

ARMENIA: Harutyun Abramyan; Yervand Sukiasyan, Sarkis Hovsepyan, Aramais Tonoyan, Ara Nigoyan (70 Hakop Ter-Petrosyan), Harutyun Vardanyan, Artur Petrosyan (76 Varazdat Avetisyan), Hovanes Tahmazyan, Hamlet Mkhitaryan, Armen Shahgeldyan, Arsen Avetisyan.   Trainer: Samvel Darbinyan

Goal: Hierro (63 pen)

DENMARK v CYPRUS 4-0 (0-0)

Idraetsparken, København 07.06.1995

Referee: Werner Müller (SWI)   Attendance: 40,199

DENMARK: Peter Schmeichel; Jacob Laursen, Marc Rieper, Jes Høgh, Michael Schjønberg, Brian Steen Nielsen (46 Peter Rasmussen), John Jensen, Kim Vilfort (89 Erik Bo Andersen), Mikkel Beck, Michael Laudrup, Brian Laudrup.   Trainer: Richard Møller-Nielsen

CYPRUS: Andros Petrides; Costas Costa, Haralambos Pittas, George Christodoulou, Marios Charalambous, Andreas Andreou, Yotis Engomitis, Neophytos Larkou, Sinisa Gogic, Lucas Hadjilucas (58 Costas Phasoulitis), Andros Sotiriou (69 Pambos Andreou).   Trainer: Andreas Michaelides

Goals: Vilfort (47, 52), B. Laudrup (59), M. Laudrup (75)

ARMENIA v DENMARK 0-2 (0-1)

Razdan, Erevan 16.08.1995

Referee: Georg Dardenne (GER)   Attendance: 22,000

ARMENIA: Armenak Petrosyan; Sarkis Hovsepyan, Vardan Khachatryan, Ashot Khachatryan, Sarkis Hovhannisyan, Aramais Tonoyan, Artur Petrosyan, Razmik Grigoryan, Hovanes Tahmazyan (41 Hakop Ter-Petrosyan), Armen Shahgeldyan, Arsen Avetisyan (80 Varazdat Avetisyan).   Trainer: Samvel Darbinyan

DENMARK: Peter Schmeichel; Jacob Laursen, Marc Rieper, Jes Høgh, Jens Risager (85 Michael Schjønberg), Claus Thomsen, John Jensen (46 Allan Nielsen), Brian Steen Nielsen, Mikkel Beck, Michael Laudrup, Peter Rasmussen.   Trainer: Richard Møller-Nielsen

Goals: M.Laudrup (33), A. Nielsen (46)

BELGIUM v DENMARK 1-3 (1-2)

Brussel 06.09.1995

Referee: Vadim Zhuk (BLS)   Attendance: 40,000

BELGIUM: Gilbert Bodart; Régis Genaux, Georges Grün, Dirk Medved, Rudy Smidts (77 Pascal Renier), Lorenzo Staelens (14 Luc Nilis), Emmanuel Karagiannis, Gilles De Bilde, Marc Degryse, Vincenzo Scifo, Günther Schepens (54 Ronald Fogueene).   Trainer: Paul van Himst

DENMARK: Peter Schmeichel; Jacob Laursen, Marc Rieper, Jes Høgh, Jens Risager, Claus Thomsen, Brian Steen Nielsen, Kim Vilfort, Mikkel Beck (70 Peter Rasmussen), Michael Laudrup (90 Michael Schjønberg), Brian Laudrup (76 Erik Bo Andersen).   Trainer: Richard Møller-Nielsen

Goals: M. Laudrup (20), Beck (22), Grün (25), Vilfort (66)

SPAIN v CYPRUS 6-0 (1-0)

Granada 06.09.1995

Referee: Dick Jol (HOL)   Attendance: 16,000

SPAIN: Andoni ZUBIZARRETA; Alberto BELSUÉ, Agustín ARANZÁBAL Alkorta, Rafael ALKORTA, Miguel Angel NADAL, Fernando Ruiz HIERRO, LUIS ENRIQUE Martínez, Julen GUERRERO (77 Javier MANJARÍN), ALFONSO Pérez (61 Juan Antonio PIZZI), José Luis Pérez CAMINERO, José Emilio AMAVISCA (53 FRANcisco Javier González).   Trainer: Javier Clemente

CYPRUS: Nicos Panayiotou; Sozos Andreou, Haralambos Pittas, George Christodoulou, George Panayi, Nicos Charalambous, Dimitris Ashiotis, Andonis Andoniou (80 Pambos Andreou), Sinisa Gogic, Costas Malekkos (57 Andros Sotiriou), Lucas Hadjilucas (68 Yiannos Ioannou).   Trainer: Andreas Michaelides

Goals: Guerrero (45), Alfonso (60), Pizzi (74, 79), Hierro (78), Caminero (83)

MACEDONIA v ARMENIA 1-2 (1-0)

Gradski, Skopje 06.09.1995

Referee: Vitor Manuel Melo Pereira (POR)   Att: 10,000

MACEDONIA: Danco Celeski; Saso Nikolovski, Mitko Stojkovski, Ljupco Markovski, Boban Babunski, Zoran Jovanovski, Zarko Serafimovski (46 Saso Karadzov), Nedzmedin Memed (65 Dragan Veselinoski), Georgi Hristov, Toni Savevski, Toni Micevski.   Trainer: Andon Doncevski

ARMENIA: Armenak Petrosyan; Tigran Gsepyan, Vardan Khachatryan, Haroutyun Vardanyan, Sarkis Hovhannisyan, Levon Stepanyan (75 Hakop Ter-Petrosyan), Artur Petrosyan (84 Ashot Khachatryan), Razmik Grigoryan (68 Varazdat Avetisyan), Hamlet Mkhitaryan, Armen Shahgeldyan, Sarkis Hovsepyan.   Trainer: Samvel Darbinyan

Goals: Micevski (10), Grigoryan (61), Shahgeldyan (78)

DENMARK v SPAIN 1-1 (0-1)

Idraetsparken, København 11.10.1995

Referee: Vaclav Krondl (CZE)   Attendance: 40,260

DENMARK: Peter Schmeichel; Jacob Laursen, Marc Rieper, Jes Høgh, Jens Risager, Torben Piechnik, Brian Steen Nielsen (67 Morten Wieghorst), Kim Vilfort, Mikkel Beck, Michael Laudrup, Peter Rasmussen.   Trainer: Richard Møller-Nielsen

SPAIN: Andoni ZUBIZARRETA; Alberto BELSUÉ, SERGI Barjuán, Rafael ALKORTA, ABELARDO Fernández, Fernando Ruiz HIERRO, Javier MANJARÍN (61 DONATO Gama da Silva), Miguel Angel NADAL, Juan Antonio PIZZI (46 ALFONSO Pérez), José Luis Pérez CAMINERO (29 FRANcisco Javier González), LUIS ENRIQUE Martínez.
Trainer: Javier Clemente

Goals: Hierro (17 pen), Vilfort (47)

ARMENIA v BELGIUM 0-2 (0-2)

Razdan, Erevan 07.10.1995

Referee: Mitko Mitrev (BUL)   Attendance: 5,000

ARMENIA: Harutyun Abramyan; Yervand Soukiasyan, Vardan Khachatryan, Ashot Khachatryan, Sarkis Hovsepyan, Tigran Gsepyan, Artur Petrosyan, Razmik Grigoryan (46 Varazdat Avetisyan), Hamlet Mkhitaryan (71 Hayk Margaryan), Armen Shahgeldyan, Arsen Avetisyan.

BELGIUM: Filip De Wilde; Régis Genaux, Bertrand Crasson, Glen De Boeck, Rudy Smidts, Lorenzo Staelens, Emmanuel Karagiannis (81 Sven Vermant), Günther Schepens, Luc Nilis, Vincenzo Scifo, Gilles De Bilde (63 Michael Goossens).
Trainer: Paul van Himst

Goals: Nilis (28, 38)

CYPRUS v BELGIUM 1-1 (1-0)

Tsirion, Limassol 15.11.1995

Referee: Graziano Cesari (ITA)   Attendance: 8,000

CYPRUS: Nicos Panayiotou; Costas Costa, Haralambos Pittas, George Christodoulou, Marios Charalambous, Andreas Andreou, Yotis Engomitis, Sinisa Gogic (80 George Elia), Costas Malekkos (50 Neophytos Larkou), Nicos Papavassiliou, Marios Agathocleous (75 Andonis Zembashis).
Trainer: Andreas Michaelides

BELGIUM: Filip De Wilde; Régis Genaux, Georges Grün, Glen De Boeck, Rudy Smidts (80 Günther Schepens), Lorenzo Staelens, Emmanuel Karagiannis (46 Michael Goosens), Danny Boffin (60 Dirk Huysmans), Marc Degryse, Luc Nilis, Gilles De Bilde.   Trainer: Paul van Himst

Goals: Agathocleous (15), De Bilde (68)

CYPRUS v MACEDONIA 1-1 (0-1)

Tsirion, Limassol 11.10.1995

Referee: Irvine (NIR)   Attendance: 12,000

CYPRUS: Andros Petrides; Costas Costa, Haralambos Pittas, George Christodoulou, Marios Charalambous, Yiannos Kalotheou (63 Marios Agathocleous), Yotis Engomitis (46 Nicos Papavassiliou), Andros Sotiriou (80 Neophytos Larkou), Sinisa Gogic, Costas Malekkos, George Savvides.
Trainer: Andreas Michaelides

MACEDONIA: Danco Celeski; Zoran Jovanovski, Saso Karadzov, Ljupco Markovski, Saso Nikolovski, Borce Jovanovski, Dragan Veselinoski (84 Georgi Hristov), Toni Savevski, Nedzmedin Memed, Sasa Ciric, Zarko Serafimovski (77 Rade Karanfilovski).   Trainer: Andon Doncevski

Goals: Jovanovski (31), Agathocleous (90)

DENMARK v ARMENIA 3-1 (2-0)

Idraetsparken, København 15.11.1995

Referee: Gilles Veissière (FRA)   Attendance: 40,208

DENMARK: Peter Schmeichel; Thomas Helveg, Marc Rieper, Jes Høgh, Jens Risager, Michael Schjønberg, Brian Steen Nielsen, Kim Vilfort, Mikkel Beck, Michael Laudrup, Peter Rasmussen.   Trainer: Richard Møller-Nielsen

ARMENIA: Harutyun Abramyan; Hakob Artoyan, Vardan Khachatryan, Sarkis Hovsepyan, Harutyun Vardanyan, Tigran Gsepyan (74 Yervand Krbachyan), Artur Petrosyan, Varazdat Avetisyan (70 Hayk Margaryan), Hamlet Mkhitaryan, Samvel Nikolyan, Arsen Avetisyan.

Goals: Schjønberg (20), Beck (36), Art. Petrosyan (47), M. Laudrup (58)

SPAIN v MACEDONIA 3-0 (1-0)

Elche   15.11.1995

Referee: Edgar Steinborn (GER)   Attendance: 21,350

SPAIN: Andoni ZUBIZARRETA; Alberto BELSUÉ, SERGI Barjuán, Rafael ALKORTA, Miguel Angel NADAL, DONATO Gama da Silva, Javier MANJARÍN, Francisco Narváez KIKO (74 Juan Antonio GOIKOETXEA), Juan Antonio PIZZI (46 ALFONSO Pérez), José Emilio AMAVISCA (46 Albert FERRER), LUIS ENRIQUE Martínez.

Trainer: Javier Clemente

MACEDONIA: Danco Celeski; Zoran Jovanovski, Mitko Stojkovski, Zarko Serafimovski (52 Dragan Veselinoski, 78 Georgi Hristov), Boban Babunski, Jovanovski (72 Saso Nikolovski), Saso Karadzov, Nedzmedin Memed, Zoran Boskovski, Sasa Ciric, Toni Micevski.

Trainer: Andon Doncevski

Goals: Kiko (17), Manjarín (72), Amavisca (79)

	P	W	D	L	F	A	Pts
Spain	10	8	2	0	25	4	26
Denmark	10	6	3	1	19	9	21
Belgium	10	4	3	3	17	13	15
Macedonia	10	1	4	5	9	18	7
Cyprus	10	1	4	5	6	20	7
Armenia	10	1	2	7	5	17	5

GROUP 3

HUNGARY v TURKEY 2-2 (2-0)

Népstadion, Budapest   07.09.1994

Referee: Pierluigi Pairetto (ITA)   Attendance: 20,000

HUNGARY: Zsolt Petry; Géza Mészöly, András Telek, József Duró (62 János Bánfi), István Kozma, Péter Lipcsei, József Kiprich (67 László Wukovics), Flórián Urban, Gábor Halmai, Lajos Détári, Kálmán Kovács.   Trainer: Kálmán Mészöly

TURKEY: Engin Ipekoglu; Recep Çetin, B. Bülent Korkmaz, Gökhan Keskin (46 Arif Erdem), Ogün Temizkanoglu, Tugay Kerimoglu, Ilker Yagcioglu, Ertugrul Saglam (87 Abdullah Ercan), Hakan Sükür, Oguz Çetin, Orhan Çikrikçi.

Trainer: Fatih Terim

Goals: Kiprich (4), Halmai (45), Hakan (66), B. Bülent (70)

ICELAND v SWEDEN 0-1 (0-1)

Laugardalsvöllur, Reykjavík   07.09.1994

Referee: Leslie Mottram (SCO)   Attendance: 12,000

ICELAND: Birkir Kristinsson; Sigursteinn Gíslason, Kristján Jónsson, Sigurdur Jónsson, Hlynur Stefánsson, Rúnar Kristinsson, Gudni Bergsson, Thorvaldur Örlygsson (60 Bjarki Gunnlaugsson), Arnar Gunnlaugsson, Arnór Gudjohnsen, Eyjólfur Sverrisson.   Trainer: Asgeir Elíasson

SWEDEN: Thomas Ravelli; Roland Nilsson, Patrik Andersson, Joachim Björklund, Roger Ljung, Stefan Schwarz, Håkan Mild, Klas Ingesson, Kennet Andersson, Martin Dahlin (69 Henrik Larsson), Tomas Brolin.

Trainer: Tommy Svensson

Goal: Ingesson (37)

SWITZERLAND v SWEDEN 4-2 (1-1)

Wankdorf, Bern   12.10.1994

Referee: David Elleray (ENG)   Attendance: 24,000

SWITZERLAND: Marco Pascolo; Marc Hottiger, Pascal Thüler, Dominique Herr, Alain Geiger, Murat Yakin (83 Stéphane Henchoz), Alain Sutter, Christophe Ohrel, Marco Grassi (67 Kubilay Türkilmaz), Ciriaco Sforza, Stéphane Chapuisat.   Trainer: Roy Hodgson

SWEDEN: Thomas Ravelli; Roland Nilsson, Patrik Andersson, Joachim Björklund, Pontus Kåmark, Stefan Schwarz, Jesper Blomqvist (82 Henrik Larsson), Kennet Andersson, Jonas Thern (49 Håkan Mild), Martin Dahlin, Tomas Brolin.   Trainer: Tommy Svensson

Goals: K.Andersson (5), Ohrel (37), Dahlin (61), Blomqvist (63 og), Sforza (80), Türkyilmaz (82)

TURKEY v ICELAND 5-0 (3-0)

Istanbul   12.10.1994

Referee: Nikolai Levnikov (RUS)   Attendance: 20,000

TURKEY: Engin Ipekoglu (87 Rüstü Reçber); Recep Çetin, B.Bülent Korkmaz, Gökhan Keskin, Ogün Temizkanoglu, Abdullah Ercan, Arif Erdem, B.Saffet Sancakli, Hakan Sükür (61 Sergen Yalçin), Oguz Çetin, Orhan Çikrikçi (9 Mutlu Topçu).   Trainer: Fatih Terim

ICELAND: Birkir Kristinsson (32 Kristján Finnbogasson); Sigursteinn Gíslason, Kristján Jónsson, Sigurdur Jónsson, Hlynur Stefánsson (85 Bjarki Gunnlaugsson), Rúnar Kristinsson, Gudni Bergsson, Thorvaldur Örlygsson, Arnar Gunnlaugsson (72 Arnar Grétarsson), Arnór Gudjohnsen, Eyjólfur Sverrisson.   Trainer: Asgeir Elíasson

Goals: B. Saffet (12, 29), Hakan (30, 60), Sergen (64)

SWEDEN v HUNGARY 2-0 (1-0)
Råsunda, Solna 16.11.1994
Referee: Mario Van der Ende (HOL)   Attendance: 27,571
SWEDEN: Thomas Ravelli; Roland Nilsson, Patrik Andersson, Joachim Björklund, Pontus Kåmark, Stefan Schwarz, Henrik Larsson, Kennet Andersson, Jonas Thern, Martin Dahlin, Tomas Brolin (73 Stefan Rehn). Trainer: Tommy Svensson
HUNGARY: Zsolt Petry; János Bánfi, Géza Mészöly, József Duró (76 Kálmán Kovács), István Kozma, Péter Lipcsei (59 Gábor Halmai), Lajos Détári, Flórián Urban, Emil Lörincz, József Kiprich, László Klausz.   Trainer: Kálmán Mészöly
Goals: Brolin (43), Dahlin (70)

HUNGARY v SWITZERLAND 2-2 (0-0)
Népstadion, Budapest 29.03.1995
Referee: Alfred Wieser (AUS)   Attendance: 15,000
HUNGARY: Zsolt Petry; Mihály Mracskó, Emil Lörincz, Géza Mészöly, István Kozma, Ervin Kovács, József Kiprich (71 Gábor Márton), Gábor Halmai, István Sallói, Béla Illés, István Vincze (78 László Klausz).   Trainer: Kálmán Mészöly
SWITZERLAND: Marco Pascolo; Marc Hottiger, Walter Fernandez, Dominique Herr, Alain Geiger, Marcel Koller, Alain Sutter, Christophe Ohrel, Nestor Subiat (89 Stéphane Henchoz), Ciriaco Sforza, Thomas Bickel (64 Marco Grassi). Trainer: Roy Hodgson
Goals: Kiprich (50), Illés (72), Subiat (73, 85)

SWITZERLAND v ICELAND 1-0 (1-0)
Stade Olympique de la Pontaise, Lausanne 16.11.1994
Referee: Patrick Kelly (IRE)   Attendance: 15,800
SWITZERLAND: Marco Pascolo; Marc Hottiger, Pascal Thüler, Stéphane Henchoz, Alain Geiger, Thomas Bickel, Alain Sutter, Christophe Ohrel, Marco Grassi (66 Kubilay Türkilmaz), Ciriaco Sforza, Stéphane Chapuisat. Trainer: Roy Hodgson
ICELAND: Birkir Kristinsson; Sigursteinn Gíslason (84 Haraldur Ingólfsson), Kristján Jónsson, Arnar Grétarsson (64 Bjarki Gunnlaugsson), Izudin Dadi Dervic, Rúnar Kristinsson, Gudni Bergsson, Thorvaldur Örlygsson, Arnar Gunnlaugsson, Hlynur Stefánsson, Eyjólfur Sverrisson.
Trainer: Asgeir Elíasson
Goal: Bickel (45)

TURKEY v SWEDEN 2-1 (0-1)
Istanbul 29.03.1995
Referee: Alfredo Trentalange (ITA)   Attendance: 25,000
TURKEY: Engin Ipekoglu; Recep Çetin, B. Bülent Korkmaz, Emre Asik, Alpay Özalan, Abdullah Ercan, Metin Tekin, Tolunay Kafkas, Hakan Sükür, Sergen Yalçin (77 Mutlu Topçu), Ertugrul Saglam (46 Oguz Çetin).   Trainer: Fatih Terim
SWEDEN: Thomas Ravelli; Roland Nilsson, Patrik Andersson, Joachim Björklund, Roger Ljung, Stefan Schwarz, Henrik Larsson (78 Jesper Blomqvist), Pär Zetterberg (80 Stefan Rehn), Jonas Thern, Martin Dahlin, Kennet Andersson. Trainer: Tommy Svensson
Goals: K. Andersson (23 pen), Emre (65), Sergen (75)

TURKEY v SWITZERLAND 1-2 (1-2)
Istanbul 14.12.1994
Referee: Ion Crăciunescu (ROM)   Attendance: 30,000
TURKEY: Rüstü Reçber; Recep Çetin, B. Bülent Korkmaz, Gökhan Keskin, Ogün Temizkanoglu, Abdullah Ercan, Cengiz Atilla (46 Ilker Yagcioglu), B. Saffet Sancakli, Hakan Sükür, Oguz Çetin, Arif Erdem (76 Sergen Yalçin).
Trainer: Fatih Terim
SWITZERLAND: Marco Pascolo; Marc Hottiger, Pascal Thüler, Dominique Herr, Alain Geiger, Marcel Koller, Alain Sutter, Christophe Ohrel, Nestor Subiat (77 Marco Grassi), Ciriaco Sforza, Thomas Bickel (65 Christophe Bonvin). Trainer: Roy Hodgson
Goals: Koller (7), Bickel (15), Recep (40)

HUNGARY v SWEDEN 1-0 (1-0)
Népstadion, Budapest 26.04.1995
Referee: Antonio Jesus López Nieto (SPA)   Att: 8,000
HUNGARY: Zoltán Végh; Mihály Mracskó, József Csábi, Géza Mészöly, István Kozma, Péter Lipcsei, Aurél Csertöi (88 Zoltán Szlezak), Gábor Halmai, István Sallói, Béla Illés, István Vincze (69 Flórián Urban).   Trainer: Kálmán Mészöly
SWEDEN: Thomas Ravelli; Roland Nilsson, Patrik Andersson, Pontus Kåmark, Roger Ljung, Stefan Schwarz, Niclas Alexandersson (81 Niklas Gudmundsson), Klas Ingesson, Håkan Mild (61 Robert Andersson), Pär Zetterberg, Kennet Andersson.   Trainer: Tommy Svensson
Goal: Halmai (2)

SWITZERLAND v TURKEY 1-2 (1-1)

Wankdorf, Bern   26.04.1995

Referee: Frans Van den Wijngaert (BEL)   Att: 24,000

SWITZERLAND: Marco Pascolo; Marc Hottiger, Walter Fernandez (75 Marco Walker), Dominique Herr, Alain Geiger, Thomas Bickel, Alain Sutter, Christophe Ohrel, Marco Grassi, Ciriaco Sforza, Christophe Bonvin.   Trainer: Roy Hodgson

TURKEY: Engin Ipekoglu; Recep Çetin, B.Bülent Korkmaz, Emre Asik, Alpay Özalan, Abdullah Ercan, Tolunay Kafkas, Ogün Temizkanoglu, Hakan Sükür, Oguz Çetin (82 Ertugrul Saglam), Sergen Yalçin (80 Suat Kaya).   Trainer: Fatih Terim

Goals: Hakan (17), Hottiger (38), Ogün (55)

ICELAND v SWITZERLAND 0-2 (0-2)

Laugardalsvöllur, Reykjavík   16.08.1995

Referee: Ryszard Wojcik (POL)   Attendance: 9,034

ICELAND: Birkir Kristinsson; Ólafur Adolfsson, Kristján Jónsson (88 Izudin Dadi Dervic), Sigurdur Jónsson, Bjarki Gunnlaugsson, Rúnar Kristinsson, Gudni Bergsson, Thorvaldur Örlygsson, Arnar Gunnlaugsson, Ólafur Thórdarson, Eyjólfur Sverrisson (67 Haraldur Ingólfsson).   Trainer: Asgeir Elíasson

SWITZERLAND: Marco Pascolo; Marc Hottiger, Yvan Quentin, Stéphane Henchoz, Alain Geiger, Sébastian Fournier, Alain Sutter (79 Thomas Bickel), Christophe Ohrel, Adrian Knup, Ciriaco Sforza, Kubilay Türkyilmaz (85 Christophe Bonvin).   Trainer: Roy Hodgson

Goals: Knup (4), Türkyilmaz (18)

SWEDEN v ICELAND 1-1 (1-1)

Råsunda, Solna   01.06.1995

Referee: Atanas Uzunov (BUL)   Attendance: 26,676

SWEDEN: Thomas Ravelli; Gary Sundgren, Patrik Andersson, Jesper Mattsson, Pontus Kåmark, Stefan Schwarz, Anders Limpar (47 Henrik Larsson), Kennet Andersson, Jonas Thern, Martin Dahlin, Tomas Brolin.   Trainer: Tommy Svensson

ICELAND: Birkir Kristinsson; Ólafur Adolfsson, Kristján Jónsson, Sigurdur Jónsson, Hlynur Stefánsson, Rúnar Kristinsson, Gudni Bergsson, Thorvaldur Örlygsson, Arnar Gunnlaugsson (78 Bjarki Gunnlaugsson), Arnór Gudjohnsen (87 Ólafur Thórdarson), Eyjólfur Sverrisson.   Trainer: Asgeir Elíasson

Goals: A. Gunnlaugsson (3), Brolin (16 pen)

SWEDEN v SWITZERLAND 0-0

Gamla Ullevi, Göteborg   06.09.1995

Referee: Paolo Ceccarini (ITA)   Attendance: 18,500

SWEDEN: Bengt Andersson; Pontus Kåmark, Patrik Andersson, Joachim Björklund, Mikael Nilsson, Stefan Schwarz (90 Magnus Erlingmark), Niclas Alexandersson, Kennet Andersson, Jonas Thern, Martin Dahlin, Tomas Brolin (78 Henrik Larsson).   Trainer: Tommy Svensson

SWITZERLAND: Marco Pascolo; Marc Hottiger, Yvan Quentin, Stéphane Henchoz, Alain Geiger, Sébastian Fournier, Alain Sutter (46 Dominique Herr), Christophe Ohrel, Adrian Knup, Ciriaco Sforza, Kubilay Türkyilmaz (90 Marco Grassi).   Trainer: Roy Hodgson

ICELAND v HUNGARY 2-1 (0-1)

Laugardalsvöllur, Reykjavik   11.06.1995

Referee: Alain Sars (FRA)   Attendance: 3,573

ICELAND: Birkir Kristinsson; Ólafur Adolfsson, Kristján Jónsson, Sigurdur Jónsson, Arnar Grétarsson, Rúnar Kristinsson, Gudni Bergsson, Ólafur Thórdarson (67 Bjarki Gunnlaugsson), Arnar Gunnlaugsson, Arnór Gudjohnsen, Eyjólfur Sverrisson.   Trainer: Asgeir Elíasson

HUNGARY: Zsolt Petry; Mihály Mracskó, József Csábi, Géza Mészöly, István Kozma, Péter Lipcsei, Aurél Csertöi, Gábor Halmai, István Sallói, Béla Illés (68 Gábor Márton), István Vincze (69 István Hamar).   Trainer: Kálmán Mészöly

Goals: Vincze (20), Bergsson (61), S. Jónsson (67)

TURKEY v HUNGARY 2-0 (2-0)

Inönü, Istanbul   06.09.1995

Referee: Vaclav Krondl (CZE)   Attendance: 30,000

TURKEY: Rüstü Reçber; Recep Çetin, Ogün Temizkanoglu, Osman Özköylü, Tugay Kerimoglu, Alpay Özalan, Abdullah Ercan, Sergen Yalçin (46 Tolunay Kafkas), Hakan Sükür (89 Bülent Uygun), Oguz Çetin, Hami Mandirali (86 Bülent Korkmaz).   Trainer: Fatih Terim

HUNGARY: Zsolt Petry; Norbert Nagy (46 István Sallói), András Telek, Géza Mészöly, István Kozma, Péter Lipcsei, József Kiprich, Gábor Halmai, László Arany, Béla Illés (46 László Klausz), László Farkasházy.   Trainer: Kálmán Mészöly

Goals: Hakan (9, 32)

ICELAND v TURKEY 0-0

Laugardalsvöllur, Reykjavík   11.10.1995

Referee: Hartmut Strampe (GER)   Attendance: 2,308

ICELAND: Birkir Kristinsson; Sigursteinn Gíslason, Haraldur Ingólfsson (71 Hlynur Stefánsson), Kristján Jónsson (43 Arnar Grétarsson), Ólafur Adolfsson, Rúnar Kristinsson, Gudni Bergsson, Thorvaldur Örlygsson, Arnar Gunnlaugsson, Arnór Gudjohnsen, Eyjólfur Sverrisson (80 Bjarki Gunnlaugsson). Trainer: Asgeir Elíasson

TURKEY: Rüstü Reçber; Recep Çetin, Ogün Temizkanoglu, Osman Özköylü, Tugay Kerimoglu, Alpay Özalan, Hami Mandirali, Abdullah Ercan, Ertugrul Saglam, Oguz Çetin, Sergen Yalçin (74 Tolunay Kafkas).   Trainer: Fatih Terim

SWEDEN v TURKEY 2-2 (1-0)

Råsunda, Solna   15.11.1995

Referee: Ryszard Wojcik (POL)   Attendance: 16,350

SWEDEN: Thomas Ravelli; Teddy Lucic, Patrik Andersson, Joachim Björklund, Niclas Alexandersson, Stefan Schwarz, Håkan Mild, Christer Fursth, Jörgen Pettersson (83 Dan Sahlin), Martin Dahlin, Tomas Brolin (70 Pär Zetterberg). Trainer: Tommy Svensson

TURKEY: Rüstü Reçber; Alpay Özalan, Ogün Temizkanoglu, Osman Özköylü, Tugay Kerimoglu, Halil Ibrahim Kara (46 Kemalettin Sentürk), Tolunay Kafkas, Tayfun Korkut, Hakan Sükür, Oguz Çetin (68 Ertugrul Saglam), Oktay Derelioglu (46 Arif Erdem).   Trainer: Fatih Terim

Goals: Alexandersson (25), Hakan (63), Pettersson (64), P. Andersson (72 og)

SWITZERLAND v HUNGARY 3-0 (1-0)

Hardturm, Zürich   11.10.1995

Referee: Charles Agius (MAL)   Attendance: 20,000

SWITZERLAND: Marco Pascolo; Marc Hottiger, Yvan Quentin, Stéphane Henchoz, Alain Geiger, Sébastian Fournier (81 Thomas Bickel), Murat Yakin, Christophe Ohrel, Adrian Knup (89 Christophe Bonvin), Ciriaco Sforza, Kubilay Türkyilmaz (85 Alain Sutter).   Trainer: Roy Hodgson

HUNGARY: Attila Hajdu; Mihály Mracskó, András Telek, Tibor Simon (24 Zoltán Jagodics), Flórián Urban, Péter Lipcsei, Gábor Halmai, Elek Nyilas (64 Tamás Mónos), Robert Jován, Béla Illés (64 László Arany), István Vincze. Trainer: Kálmán Mészöly

Goals: Türkyilmaz (23), Sforza (56), Ohrel (89)

	P	W	D	L	F	A	Pts
Switzerland	8	5	2	1	15	7	17
Turkey	8	4	3	1	16	8	15
Sweden	8	2	3	3	9	10	9
Hungary	8	2	2	4	7	13	8
Iceland	8	1	2	5	3	12	4

GROUP 4

HUNGARY v ICELAND 1-0 (1-0)

Népstadion, Budapest   11.11.1995

Referee: Georgios Bikas (GRE)   Attendance: 5,000

HUNGARY: Attila Hajdu; Tamás Mónos, József Csábi, Zoltán Szlezák, Béla Illés (89 Zalán Zombori), János Bánfi, Zoltán Bükszegi, Elek Nyilas, Ferenc Orosz (75 László Farkasházy), József Duró, István Vincze (88 Tamás Nagy). Trainer: Kálmán Mészöly

ICELAND: Birkir Kristinsson; Sigursteinn Gíslason, Kristján Jónsson, Arnar Grétarsson (79 Hlynur Stefánsson), Ólafur Adolfsson, Rúnar Kristinsson (83 Einar Thór Daníelsson), Gudni Bergsson, Thorvaldur Örlygsson, Arnar Gunnlaugsson, Arnór Gudjohnsen, Eyjólfur Sverrisson.
Trainer: Asgeir Elíasson

Goal: Illés (11 pen)

ESTONIA v CROATIA 0-2 (0-1)

Kadriorg, Tallinn   04.09.1994

Referee: Vaclav Krondl (CZE)   Attendance: 1,250

ESTONIA: Mart Poom; Marek Lemsalu, Igor Prins, Urmas Kaljend, Toomas Kallaste, Viktor Alonen, Indro Olumets (46 Martin Reim), Dzintar Klavan, Marko Kristal, Urmas Kirs (75 Toomas Kröm), Tarmo Linnumäe.   Trainer: Roman Ubakivi

CROATIA: Drazen Ladic; Dzevad Turkovic, Robert Jarni, Igor Stimac, Nikola Jerkan, Slaven Bilic, Aljosa Asanovic (88 Igor Cvitanovic), Robert Prosinecki, Davor Suker, Zvonimir Boban, Alen Boksic.   Trainer: Miroslav Blazevic

Goals: Suker (45, 69)

SLOVENIA v ITALY 1-1 (1-1)

Ljudski vrt, Maribor   07.09.1994

Referee: Bernd Heynemann (GER)   Attendance: 18,000

SLOVENIA: Marko Simeunovic; Marinko Galic, Darko Milanic, Robert Englaro, Alfred Jermanis, Srecko Katanec (58 Peter Binkovski), Dzoni Novak, Gregor Zidan (89 Ales Krizan), Ales Ceh, Saso Udovic, Primoz Gliha.
Trainer: Zdenko Verdenik

ITALY: Gianluca Pagliuca; Roberto Mussi, Christian Panucci, Demetrio Albertini, Alessandro Costacurta, Franco Baresi, Roberto Donadoni, Dino Baggio (55 Alberigo Evani), Pierluigi Casiraghi, Gianfranco Zola (55 Nicola Berti), Giuseppe Signori.   Trainer: Arrigo Sacchi

Goals: Udovic (14), Costacurta (15)

CROATIA v LITHUANIA 2-0 (0-0)

Maksimir, Zagreb   09.10.1994

Referee: Alfred Wieser (AUS)   Attendance: 12,000

CROATIA: Drazen Ladic; Nikola Jurcevic, Robert Jarni, Igor Stimac (89 Elvis Brajkovic), Nikola Jerkan, Slaven Bilic, Mladen Mladenovic, Aljosa Asanovic, Davor Suker, Zvonimir Boban, Alen Boksic (78 Ardijan Kozniku).
Trainer: Miroslav Blazevic

LITHUANIA: Gintaras Stauce; Tomas Ziukas, Andrius Tereskinas, Romas Mazeikis, Raimondas Vainoras, Viaceslavas Sukristovas, Nerijus Gudaitis, Audrius Zuta (75 Eimantas Poderis), Irmantas Stumbrys, Rolandas Vaineikis (58 Arunas Suika), Aurelijus Skarbalius.   Trainer: Algimantas Liubinskas

Goals: Jerkan (56), Kozniku (81)

UKRAINE v LITHUANIA 0-2 (0-0)

Republican, Kyiv   07.09.1994

Referee: Bo Karlsson (SWE)   Attendance: 25,000

UKRAINE: Dmytro Tyapushkin; Viktor Skrypnyk, Yuriy Sak (8 Sergiy Kovalets), Alexander Yevtushok, Sergiy Popov, Igor Petrov, Yevgeniy Pokhlebayev (59 Sergiy Nagornyak), Yuriy Maximov, Borys Finkel, Oleg Protasov, Sergiy Konovalov.
Trainer: Oleg Bazylevych

LITHUANIA: Gintaras Stauce; Tomas Ziukas, Viaceslavas Sukristovas, Andrius Tereskinas, Raimondas Vainoras, Rolandas Vaineikis (80 Ramunas Stonkus), Nerijus Gudaitis, Valdas Ivanauskas, Irmantas Stumbrys, Arunas Suika (55 Audrius Zuta), Aurelijus Skarbalius.
Trainer: Algimantas Liubinskas

Goals: Ivanauskas (53), Skarbalius (61)

UKRAINE v SLOVENIA 0-0

Republican, Kyiv   12.10.1994

Referee: Atanas Uzunov (BUL)   Attendance: 12,000

UKRAINE: Dmytro Tyapushkin; Oleg Luzhnyi, Sergiy Diryavka, Oleg Kuznetsov, Sergiy Shmatovalenko, Sergiy Kovalets, Sergiy Lezhentsev, Alexei Mykhailychenko (75 Igor Petrov), Dmytro Mykhailenko, Viktor Leonenko, Sergiy Konovalov (65 Timerlan Guseinov).   Trainer: Jozsef Szabo

SLOVENIA: Bosko Boskovic; Marinko Galic, Ales Krizan, Darko Milanic, Alfred Jermanis, Ales Ceh, Dzoni Novak (77 Vladimir Kokol), Gregor Zidan, Igor Benedejcic, Saso Udovic (63 Primoz Gliha), Matjaz Florjancic.
Trainer: Zdenko Verdenik

ESTONIA v ITALY 0-2 (0-1)

Kadriorg, Tallinn   08.10.1994

Referee: Werner Müller (SWI)   Attendance: 4,000

ESTONIA: Mart Poom; Marek Lemsalu, Toomas Kallaste, Viktor Alonen, Dzintar Klavan (75 Risto Kallaste), Urmas Kaljend, Marko Kristal, Martin Reim, Toomas Kröm (68 Indro Olumets), Tarmo Linnumäe, Urmas Kirs.
Trainer: Roman Ubakivi

ITALY: Gianluca Pagliuca; Christian Panucci, Giuseppe Favalli (87 Luigi Apolloni), Alberigo Evani (83 Demetrio Albertini), Alessandro Costacurta, Paolo Maldini, Roberto Rambaudi, Dino Baggio, Pierluigi Casiraghi, Gianfranco Zola, Giuseppe Signori.   Trainer: Arrigo Sacchi

Goals: Panucci (20), Casiraghi (77)

UKRAINE v ESTONIA 3-0 (2-0)

Republican, Kyiv   13.11.1994

Referee: Leon Schellings (BEL)   Attendance: 500

UKRAINE: Alexander Shovkovskyi (82 Oleg Suslov); Oleg Luzhnyi, Sergiy Bezhenar, Oleg Kuznetsov, Sergiy Popov, Alexander Koval (72 Igor Petrov), Sergiy Lezhentsev, Gennadiy Lytovchenko, Gennadiy Orbu, Sergiy Skachenko (46 Timerlan Guseinov), Sergiy Konovalov.   Trainer: Jozsef Szabo

ESTONIA: Rain Vessenberg; Marek Lemsalu, Urmas Kirs, Tarmo Linnumäe, Risto Kallaste, Viktor Alonen, Indro Olumets, Meelis Lindmaa, Mati Pari, Marko Kristal, Indrek Zelinski.   Trainer: Roman Ubakivi

Goals: Konovalov (29), Kirs (45 og), Guseinov (72)

ITALY v CROATIA   1-2 (0-1)
La Favorita, Palermo   16.11.1994
Referee: Joël Quiniou (FRA)   Attendance: 39,000
ITALY: Gianluca Pagliuca; Paolo Negro, Christian Panucci, Demetrio Albertini (55 Roberto Di Matteo), Alessandro Costacurta, Paolo Maldini, Attilio Lombardo, Dino Baggio, Pierluigi Casiraghi, Roberto Baggio, Roberto Rambaudi (46 Roberto Donadoni).   Trainer: Arrigo Sacchi
CROATIA: Drazen Ladic; Elvis Brajkovic, Robert Jarni, Igor Stimac, Nikola Jerkan, Slaven Bilic, Aljosa Asanovic, Robert Prosinecki (59 Mladen Mladenovic), Davor Suker, Zvonimir Boban, Nikola Jurcevic (90 Ardijan Kozniku).   Trainer: Miroslav Blazevic
Goals: Suker (32, 60), D. Baggio (90)

CROATIA v UKRAINE   4-0 (2-0)
Maksimir, Zagreb   25.03.1995
Referee: Hans-Jürgen Weber (GER)   Attendance: 25,000
CROATIA: Drazen Ladic; Nikola Jurcevic (80 Goran Vlaovic), Robert Jarni, Dubravko Pavlicic, Nikola Jerkan, Slaven Bilic, Aljosa Asanovic, Robert Prosinecki, Davor Suker, Zvonimir Boban, Alen Boksic (76 Dzevad Turkovic).   Trainer: Miroslav Blazevic
UKRAINE: Dmytro Tyapushkin; Oleg Luzhnyi, Andriy Telesnenko, Yuriy Bukel, Sergiy Shmatovalenko, Yuriy Martinov (46 Gennadiy Orbu), Sergei Mizin, Yuriy Kalitvintsev, Andriy Shevchenko, Viktor Leonenko, Sergiy Konovalov.   Trainer: Anatoliy Konkov
Goals: Boban (13), Suker (21, 79), Prosinecki (71 pen)

SLOVENIA v LITHUANIA   1-2 (0-0)
Ljudski vrt, Maribor   16.11.1994
Referee: Karol Ihring (SVK)   Attendance: 6,000
SLOVENIA: Bosko Boskovic; Marinko Galic, Ales Krizan, Robert Englaro (46 Andrej Poljsak), Alfred Jermanis, Ales Ceh, Gregor Zidan, Igor Benedejcic (46 Peter Binkovski), Zlatko Zahovic, Matjaz Florjancic, Primoz Gliha.   Trainer: Zdenko Verdenik
LITHUANIA: Gintaras Stauce; Andrius Tereskinas, Viaceslavas Sukristovas, Romas Mazeikis, Raimondas Vainoras, Arunas Suika (70 Audrius Zuta), Nerijus Gudaitis, Valdas Ivanauskas, Irmantas Stumbrys, Vytautas Apanavicius, Arminas Narbekovas.   Trainer: Algimantas Liubinskas
Goals: Zahovic (55), Sukristovas (64), Zuta (87)

LITHUANIA v CROATIA   0-0
Zalgiris, Vilnius   29.03.1995
Referee: Keith Burge (WAL)   Attendance: 9,000
LITHUANIA: Gintaras Stauce; Tomas Ziukas, Viaceslavas Sukristovas, Ramunas Stonkus, Raimondas Vainoras, Arunas Suika, Nerijus Gudaitis, Valdas Ivanauskas, Ricardas Zdancius (69 Audrius Zuta), Aurelijus Skarbalius, Arminas Narbekovas (24 Remigijus Pocius).   Trainer: Benjaminas Zelkevicius
CROATIA: Drazen Ladic; Dubravko Pavlicic (46 Mladen Mladenovic), Robert Jarni, Igor Stimac, Zvonimir Soldo, Slaven Bilic, Aljosa Asanovic, Robert Prosinecki, Davor Suker, Alen Boksic, Elvis Brajkovic.   Trainer: Miroslav Blazevic

ITALY v ESTONIA   4-1 (1-0)
Arechi, Salerno   25.03.1995
Referee: Roger Philippi (LUX)   Attendance: 33,000
ITALY: Angelo Peruzzi; Paolo Negro, Amedeo Carboni, Demetrio Albertini, Paolo Maldini, Lorenzo Minotti, Stefano Eranio (56 Attilio Lombardo), Dino Baggio, Alessandro Del Piero (69 Nicola Berti), Gianfranco Zola, Fabrizio Ravanelli.   Trainer: Arrigo Sacchi
ESTONIA: Mart Poom; Marek Lemsalu, Urmas Kirs, Toomas Kallaste, Indro Olumets, Meelis Lindmaa, Risto Kallaste, Tarmo Linnumäe, Marko Kristal, Alari Lell (77 Mati Pari), Toomas Kröm (67 Martin Reim).   Trainer: Roman Ubakivi
Goals: Zola (45, 65), Albertini (58), Reim (71), Ravanelli (82)

SLOVENIA v ESTONIA   3-0 (1-0)
Ljudski vrt, Maribor   29.03.1995
Referee: José João Mendes Pratas (POR)   Att: 12,000
SLOVENIA: Bosko Boskovic; Marinko Galic, Robert Englaro, Darko Milanic, Alfred Jermanis (70 Stefan Skaper), Ales Ceh, Dzoni Novak, Gregor Zidan, Zlatko Zahovic (66 Vladimir Kokol), Matjaz Florjancic, Primoz Gliha.   Trainer: Zdenko Verdenik
ESTONIA: Mart Poom; Gert Olesk, Argo Arbeiter (78 Alari Lell), Toomas Kallaste, Indro Olumets, Meelis Lindmaa, Risto Kallaste, Tarmo Linnumäe, Urmas Kirs, Martin Reim, Marko Lepik.   Trainer: Roman Ubakivi
Goal: Zahovic (39), Gliha (53), Kokol (90)

UKRAINE v ITALY 0-2 (0-2)

Republican, Kyiv   29.03.1995

Referee: Sándor Puhl (HUNG)   Attendance: 20,000

UKRAINE: Dmytro Tyapushkin; Oleg Luzhnyi (56 Yuriy Bukel), Andriy Telesnenko, Andriy Khomyn, Alexander Yevtushok, Gennadiy Orbu, Sergei Mizin, Yuriy Kalitvintsev, Andriy Shevchenko, Viktor Leonenko, Sergiy Konovalov (77 Yevgeniy Pokhlebayev).   Trainer: Anatoliy Konkov

ITALY: Angelo Peruzzi; Antonio Benarrivo, Paolo Maldini, Demetrio Albertini, Luigi Apolloni, Lorenzo Minotti, Attilio Lombardo (73 Antonio Conte), Roberto Di Matteo, Pierluigi Casiraghi (61 Fabrizio Ravanelli), Gianfranco Zola, Nicola Berti.   Trainer: Arrigo Sacchi

Goals: Lombardo (11), Zola (38)

LITHUANIA v ITALY 0-1 (0-1)

Zalgiris, Vilnius   26.04.1995

Referee: James McCluskey (SCO)   Attendance: 15,000

LITHUANIA: Gintaras Stauce; Tomas Ziukas, Viaceslavas Sukristovas, Andrius Tereskinas, Raimondas Vainoras, Arunas Suika, Nerijus Gudaitis (70 Eimantas Poderis), Valdas Ivanauskas, Vytautas Apanavicius (46 Aidas Preiksaitis), Aurelijus Skarbalius, Vaidotas Slekys.
Trainer: Benjaminas Zelkevicius

ITALY: Gianluca Pagliuca; Antonio Benarrivo, Paolo Maldini, Roberto Di Matteo, Alessandro Costacurta, Lorenzo Minotti, Attilio Lombardo, Antonio Conte (22 Dino Baggio), Pierluigi Casiraghi, Gianfranco Zola, Massimo Crippa (85 Nicola Berti).
Trainer: Arrigo Sacchi

Goal: Zola (11)

CROATIA v SLOVENIA 2-0 (1-0)

Maksimir, Zagreb   26.04.1995

Referee: Oguz Sarvan (TUR)   Attendance: 25,000

CROATIA: Drazen Ladic; Nikola Jurcevic (11 Tonci Gabric), Robert Jarni, Igor Stimac, Nikola Jerkan, Slaven Bilic, Aljosa Asanovic, Robert Prosinecki, Davor Suker (90 Dubravko Pavlicic), Zvonimir Boban, Alen Boksic.
Trainer: Miroslav Blazevic

SLOVENIA: Bosko Boskovic; Marinko Galic, Robert Englaro, Darko Milanic (75 Stefan Skaper), Peter Binkovski, Alfred Jermanis, Dzoni Novak, Gregor Zidan, Zlatko Zahovic (66 Vladimir Kokol), Matjaz Florjancic, Primoz Gliha.
Trainer: Zdenko Verdenik

Goals: Prosinecki (17), Suker (90)

LITHUANIA v SLOVENIA 2-1 (0-0)

Zalgiris, Vilnius   07.06.1995

Referee: László Vágner (HUNG)   Attendance: 7,000

LITHUANIA: Gintaras Stauce; Tomas Ziukas, Viaceslavas Sukristovas, Ramunas Stonkus, Raimondas Vainoras, Andrius Tereskinas, Darius Maciulevicius (75 Virginijus Baltusnikas), Valdas Ivanauskas, Aidas Preiksaitis (68 Arunas Suika), Aurelijus Skarbalius, Vaidotas Slekys.
Trainer: Benjaminas Zelkevicius

SLOVENIA: Bosko Boskovic; Marinko Galic (77 Ales Krizan), Robert Englaro, Darko Milanic, Alfred Jermanis, Ales Ceh, Dzoni Novak (59 Stefan Skaper), Vladimir Kokol, Zlatko Zahovic, Matjaz Florjancic, Primoz Gliha.
Trainer: Zdenko Verdenik

Goals: Stonkus (47), Suika (70), Gliha (82)

ESTONIA v UKRAINE 0-1 (0-1)

Kadriorg, Tallinn   26.04.1995

Referee: Tore Hollung (NOR)   Attendance: 1,600

ESTONIA: Mart Poom; Marek Lemsalu, Urmas Kirs, Toomas Kallaste, Indro Olumets, Viktor Alonen, Risto Kallaste, Alari Lell, Marko Kristal, Martin Reim (68 Mati Pari), Toomas Kröm (46 Martin Lepa).   Trainer: Roman Ubakivi

UKRAINE: Oleg Suslov; Oleg Luzhnyi, Sergiy Diryavka, Alexander Holovko, Sergiy Shmatovalenko, Gennadiy Orbu, Igor Zhabchenko, Yuriy Maximov, Oleg Naduda (85 Alexander Yevtushok), Sergiy Nagornyak (46 Sergiy Konovalov), Timerlan Guseinov.   Trainer: Anatoliy Konkov

Goal: Guseinov (17)

UKRAINE v CROATIA 1-0 (1-0)

Republican, Kyiv   11.06.1995

Referee: Kurt Röthlisberger (SWI)   Attendance: 10,000

UKRAINE: Oleg Suslov; Igor Zhabchenko, Viktor Skrypnyk, Alexander Holovko, Yuriy Maximov, Gennadiy Orbu, Yevgeniy Pokhlebayev, Yuriy Kalitvintsev, Alexander Palyanytsya (77 Sergiy Nagornyak), Volodymyr Horilyi, Timerlan Guseinov (46 Pavlo Shkapenko).   Trainer: Anatoliy Konkov

CROATIA: Tonci Gabric; Dubravko Pavlicic (27 Marijan Mrmic), Robert Jarni, Zvonimir Soldo, Nikola Jerkan, Slaven Bilic, Aljosa Asanovic (50 Nenad Pralija), Mladen Mladenovic, Davor Suker, Zvonimir Boban (39 Darko Butorovic), Alen Boksic.   Trainer: Miroslav Blazevic

Goal: Kalitvintsev (13)

ESTONIA v SLOVENIA 1-3 (1-1)

Kadriorg, Tallinn   11.06.1995

Referee: Paul Durkin (ENG)   Attendance: 2,000

ESTONIA: Mart Poom; Martin Lepa (46 Dzintar Klavan), Urmas Kirs, Toomas Kallaste, Indro Olumets, Viktor Alonen, Mati Pari, Tarmo Linnumäe, Marko Kristal, Martin Reim, Argo Arbeiter (60 Lembit Rajala).   Trainer: Roman Ubakivi

SLOVENIA: Bosko Boskovic; Marinko Galic, Robert Englaro, Darko Milanic, Dzoni Novak, Alfred Jermanis (64 Matjaz Cvikl), Vladimir Kokol (46 Ales Krizan), Ales Ceh, Zlatko Zahovic, Matjaz Florjancic, Primoz Gliha.
Trainer: Zdenko Verdenik

Goals: Reim (28), Novak (37, 68), Zahovic (76)

ITALY v SLOVENIA 1-0 (1-0)

Friuli, Udine   06.09.1995

Referee: Ladislav Gadosi (SVK)   Attendance: 30,000

ITALY: Angelo Peruzzi; Ciro Ferrara, Amedeo Carboni, Roberto Di Matteo, Alessandro Costacurta, Alessio Tacchinardi, Angelo Di Livio, Demetrio Albertini, Alessandro Del Piero (46 Giuseppe Signori), Gianfranco Zola (61 Roberto Baggio), Fabrizio Ravanelli (81 Dino Baggio).
Trainer: Arrigo Sacchi

SLOVENIA: Branko Zupan; Marinko Galic, Darko Milanic, Andrej Poljsak, Alfred Jermanis, Ales Ceh, Vladimir Kokol (46 Peter Binkovski), Matjaz Cvikl (78 Sandi Valentincic), Zlatko Zahovic (58 Vilijem Becaj), Saso Udovic, Primoz Gliha.
Trainer: Zdenko Verdenik

Goal: Ravanelli (13)

ESTONIA v LITHUANIA 0-1 (0-0)

Kadriorg, Tallinn   16.08.1995

Referee: Karl-Erik Nilsson (SWE)   Attendance: 1,750

ESTONIA: Mart Poom; Marek Lemsalu, Urmas Kirs, Janek Kiisman (46 Arvo Kraam), Alari Lell, Risto Kallaste, Meelis Lindmaa, Martin Lepa, Marko Kristal, Martin Reim, Ivan O'Konnel-Bronin (73 Gert Olesk).   Trainer: Roman Ubakivi

LITHUANIA: Gintaras Stauce; Tomas Ziukas, Viaceslavas Sukristovas, Andrius Tereskinas, Raimondas Vainoras, Arunas Suika, Darius Maciulevicius, Valdas Ivanauskas, Ramunas Stonkus, Aurelijus Skarbalius (75 Tomas Kancelskis), Vaidotas Slekys (65 Audrius Zuta).   Trainer: Benjaminas Zelkevicius

Goal: Maciulevicius (48)

LITHUANIA v UKRAINE 1-3 (1-0)

Zalgiris, Vilnius   06.09.1995

Referee: Brendan Shorte (IRE)   Attendance: 11,500

LITHUANIA: Gintaras Stauce; Tomas Ziukas, Viaceslavas Sukristovas, Andrius Tereskinas (68 Aidas Preiksaitis), Raimondas Vainoras, Arunas Suika, Darius Maciulevicius, Valdas Ivanauskas, Ramunas Stonkus, Aurelijus Skarbalius (77 Rimas Zvingilas), Vaidotas Slekys.
Trainer: Benjaminas Zelkevicius

UKRAINE: Oleg Suslov; Oleg Luzhnyi, Viktor Skrypnyk, Alexander Holovko, Igor Zhabchenko (68 Yevgeniy Pokhlebayev), Volodymyr Horilyi, Gennadiy Orbu, Yuriy Kalitvintsev, Sergiy Bezhenar, Andriy Gusin, Timerlan Guseinov (86 Alexander Yevtushok).
Trainer: Anatoliy Konkov

Goals: Maciulevicius (17), Guseinov (62, 72), Gusin (83)

CROATIA v ESTONIA 7-1 (4-1)

Maksimir, Zagreb   03.09.1995

Referee: Aron Huzu (ROM)   Attendance: 25,000

CROATIA: Drazen Ladic (30 Marijan Mrmic); Mladen Mladenovic, Robert Jarni, Igor Stimac (83 Dzevad Turkovic), Nikola Jerkan, Slaven Bilic (75 Nenad Pralija), Mario Stanic, Robert Prosinecki, Davor Suker, Zvonimir Boban, Alen Boksic.
Trainer: Miroslav Blazevic

ESTONIA: Mart Poom; Marek Lemsalu, Urmas Kirs, Toomas Kallaste, Risto Kallaste, Janek Kiisman (43 Alari Lell), Meelis Lindmaa (76 Indro Olumets), Martin Lepa (46 Tarmo Linnumäe), Marko Kristal, Martin Reim, Lembit Rajala.
Trainer: Roman Ubakivi

Goals: Mladenovic (3), Reim (17), Suker (19 pen, 58, 89), Boksic (29), Boban (42), Stimac (82)

CROATIA v ITALY 1-1 (0-1)

Poljud, Split   08.10.1995

Referee: Jacobus Uilenberg (HOL)   Attendance: 40,000

CROATIA: Drazen Ladic; Nikola Jurcevic (46 Ardijan Kozniku), Mladen Mladenovic, Igor Stimac, Nikola Jerkan, Dubravko Pavlicic, Aljosa Asanovic, Mario Stanic, Davor Suker, Zvonimir Boban, Alen Boksic.
Trainer: Miroslav Blazevic

ITALY: Luca Bucci; Ciro Ferrara (84 Antonio Benarrivo), Paolo Maldini, Roberto Di Matteo, Luigi Apolloni, Alessandro Costacurta, Angelo Di Livio, Demetrio Albertini, Alessandro Del Piero (86 Massimo Crippa), Gianfranco Zola (9 Francesco Toldo), Fabrizio Ravanelli.   Trainer: Arrigo Sacchi

Goals: Albertini (29), Suker (49 pen)

LITHUANIA v ESTONIA 5-0 (4-0)
Zalgiris, Vilnius   11.10.1995

Referee: Didier Pauchard (FRA)   Attendance: 2,500

LITHUANIA: Gintaras Stauce (46 Valdemaras Martinkenas); Tomas Kancelskis, Gintaras Rimkus, Ramunas Stonkus, Raimondas Vainoras, Arunas Suika (74 Rimas Zvingilas), Darius Maciulevicius, Valdas Ivanauskas, Virginijus Baltusnikas, Donatos Vencevicius, Vaidotas Slekys (46 Edgaras Jankauskas).   Trainer: Benjaminas Zelkevicius

ESTONIA: Mart Poom; Gert Olesk, Martin Lepa (46 Martin Reim), Toomas Kallaste, Alari Lell (46 Marko Kristal, 79 Toomas Kröm), Indrek Zelinski, Meelis Lindmaa, Risto Kallaste, Tarmo Linnumäe, Lembit Rajala, Andres Oper. Trainer: Roman Ubakivi

Goals: Maciulevicius (5), Suika (13, 39), Slekys (44), Ivanauskas (62)

ITALY v LITHUANIA 4-0 (0-0)
Giglio, Reggio Emilia   15.11.1995

Referee: Manuel Díaz Vega (SPA)   Attendance: 26,000

ITALY: Angelo Peruzzi; Roberto Mussi, Paolo Maldini (72 Amedeo Carboni), Roberto Di Matteo, Ciro Ferrara, Alessandro Costacurta, Francesco Statuto (46 Gianfranco Zola), Demetrio Albertini, Pierluigi Casiraghi (46 Fabrizio Ravanelli), Alessandro Del Piero, Marco Simone. Trainer: Arrigo Sacchi

LITHUANIA: Gintaras Stauce; Tomas Ziukas, Andrius Tereskinas, Ramunas Stonkus, Raimondas Vainoras, Arunas Suika (79 Donatos Vencevicius), Darius Maciulevicius (46 Rimas Zvingilas), Valdas Ivanauskas (59 Raimondas Zutautas), Aidas Preiksaitis, Aurelijus Skarbalius, Gintaras Rimkus.   Trainer: Benjaminas Zelkevicius

Goals: Suika (52 og), Zola (65, 81), Vainoras (82 og)

SLOVENIA v UKRAINE 3-2 (0-2)
Bezigrad, Ljubljana   11.10.1995

Referee: Alain Hamer (LUX)   Attendance: 11,000

SLOVENIA: Branko Zupan; Marinko Galic, Robert Englaro, Darko Milanic, Mladen Rudonja, Ales Ceh, Dzoni Novak, Saso Udovic, Zlatko Zahovic, Matjaz Florjancic (71 Matjaz Cvikl), Primoz Gliha.   Trainer: Zdenko Verdenik

UKRAINE: Oleg Suslov; Oleg Luzhnyi, Viktor Skrypnyk, Alexander Holovko, Igor Zhabchenko, Sergiy Shmatovalenko (89 Andriy Polunin), Gennadiy Orbu, Yuriy Kalitvintsev (71 Alexander Yevtushok), Sergiy Bezhenar, Andriy Gusin (46 Sergiy Nagornyak), Timerlan Guseinov. Trainer: Anatoliy Konkov

Goals: Skrypnyk (24), Guseinov (44), Udovic (53, 89), Zahovic (73)

SLOVENIA v CROATIA 1-2 (1-1)
Bezigrad, Ljubljana   15.11.1995

Referee: Guy Goethals (BEL)   Attendance: 10,000

SLOVENIA: Branko Zupan; Marinko Galic, Ales Krizan, Robert Englaro, Alfred Jermanis, Samir Zulic (62 Mladen Rudonja), Dzoni Novak, Saso Udovic, Ales Ceh, Primoz Gliha, Matjaz Florjancic (62 Matjaz Cvikl). Trainer: Zdenko Verdenik

CROATIA: Drazen Ladic; Nikola Jurcevic, Robert Jarni, Zvonimir Soldo, Nikola Jerkan, Slaven Bilic, Nenad Pralija (65 Mladen Mladenovic), Robert Prosinecki, Davor Suker, Mario Stanic, Ivica Mornar.   Trainer: Miroslav Blazevic

Goals: Gliha (36), Suker (40 pen), Jurcević (55)

ITALY v UKRAINE 3-1 (1-1)
San Nicola, Bari   11.11.1995

Referee: Serge Muhmenthaler (SWI)   Attendance: 44,000

ITALY: Angelo Peruzzi; Antonio Benarrivo, Paolo Maldini, Roberto Di Matteo, Ciro Ferrara, Alessandro Costacurta, Dino Baggio (46 Massimo Crippa), Demetrio Albertini, Alessandro Del Piero (87 Amedeo Carboni), Gianfranco Zola (67 Marco Simone), Fabrizio Ravanelli.   Trainer: Arrigo Sacchi

UKRAINE: Oleg Suslov; Oleg Luzhnyi, Viktor Skrypnyk, Sergiy Bezhenar, Volodymyr Horilyi (15 Alexander Yevtushok), Andriy Polunin, Gennadiy Orbu, Yuriy Kalitvintsev, Sergiy Nagornyak (70 Yevgeniy Pokhlebayev), Volodymyr Sharan (51 Sergiy Popov), Timerlan Guseinov. Trainer: Anatoliy Konkov

Goals: Polunin (19), Ravanelli (21, 49), Maldini (54)

	P	W	D	L	F	A	Pts
Croatia	10	7	2	1	22	5	23
Italy	10	7	2	1	20	6	23
Lithuania	10	5	1	4	13	12	16
Ukraine	10	4	1	5	11	15	13
Slovenia	10	3	2	5	13	13	11
Estonia	10	0	0	10	3	31	0

GROUP 5

CZECH REPUBLIC v MALTA 6-1 (3-0)
Bazaly, Ostrava   06.09.1994
Referee: Loizos Loizou (CYP)   Attendance: 10,226
CZECH REPUBLIC: Petr Kouba; Radoslav Latal (84 Petr Vesely), Jan Suchoparek, Daniel Smejkal, Lubos Kubik, Vaclav Nemecek, Jiri Nemec, Jiri Novotny, Pavel Kuka, Horst Siegl, Martin Frydek (84 Patrik Berger).   Trainer: Dusan Uhrin
MALTA: David Cluett; Silvio Vella, Richard Buhagiar, Joseph Galea, Joseph Brincat, John Buttigieg, Carmel Busuttil, Nicky Saliba, Martin Gregory (81 Edwin Camilleri), Christian Laferla, Joseph Camilleri.   Trainer: Pietro Ghedin
Goals: Smejkal (6 pen), Kubik (32), Siegl (35, 60, 78), Laferla (73), Berger (86)

MALTA v CZECH REPUBLIC 0-0
National, Ta'Qali   12.10.1994
Referee: Jorge Monteiro Coroado (POR)   Attendance: 4,000
MALTA: David Cluett; Silvio Vella, Joseph Camilleri, Joseph Galea, Joseph Brincat, John Buttigieg, Carmel Busuttil, Nicky Saliba (75 Joe Sant Fournier), Martin Gregory, Christian Laferla, David Carabott (85 Edwin Camilleri).
Trainer: Pietro Ghedin
CZECH REPUBLIC: Pavel Srnicek; Radoslav Latal, Jan Suchoparek, Ivan Hasek, Lubos Kubik, Vaclav Nemecek (44 Miroslav Kadlec), Jiri Nemec, Jiri Novotny, Pavel Kuka, Tomas Skuhravy, Daniel Smejkal (75 Martin Frydek).
Trainer: Dusan Uhrin

LUXEMBOURG v HOLLAND 0-4 (0-1)
Stade Municipal, Luxembourg   07.09.1994
Referee: Alan Snoddy (NIR)   Attendance: 8,200
LUXEMBOURG: Paul Koch; Ralph Ferron, Jeff Strasser, Marc Birsens, Thomas Wolf, Luc Holtz, Jeff Saibene, Carlo Weis, Joël Groff, Manuel Cardoni (78 Patrick Morocutti), Robert Langers (88 Dany Theis).   Trainer: Paul Philipp
HOLLAND: Ed De Goey; Stan Valckx, Frank De Boer, Danny Blind, Rob Witschge, Wim Jonk, Marc Overmars, Aron Winter, Ronald De Boer, John Bosman, Bryan Roy (75 Peter Van Vossen).   Trainer: Dick Advocaat
Goals: Roy (23), R. De Boer (65, 67), Jonk (90)

NORWAY v HOLLAND 1-1 (0-1)
Ullevaal, Oslo   12.10.1994
Referee: James McCluskey (SCO)   Attendance: 22,293
NORWAY: Erik Thorstvedt; Pål Lydersen, Tore Pedersen, Henning Berg, Stig Inge Bjørnebye, Sigurd Rushfeldt (62 Jostein Flo), Erik Mykland, Oyvind Leonhardsen, Jan Age Fjørtoft (77 Geir Frigård), Kjetil Rekdal, Lars Bohinen.
Trainer: Egil Olsen
HOLLAND: Ed De Goey; Michael Reiziger (71 Ulrich Van Gobbel), Stan Valckx, Danny Blind, Frank De Boer, Wim Jonk, Marc Overmars, Aron Winter, Dennis Bergkamp (68 Ronald De Boer), Rob Witschge, Bryan Roy.   Trainer: Guus Hiddink
Goals: Roy (21), Rekdal (52 pen)

NORWAY v BELARUS 1-0 (0-0)
Ullevaal, Oslo   07.09.1994
Referee: Guy Goethals (BEL)   Attendance: 16,739
NORWAY: Frode Grodås; Pål Lydersen, Tore Pedersen, Henning Berg, Stig Inge Bjørnebye, Jostein Flo (70 Geir Frigård), Erik Mykland, Lars Bohinen (46 Oyvind Leonhardsen), Jan Age Fjørtoft, Kjetil Rekdal, Jahn Ivar Jakobsen.   Trainer: Egil Olsen
BELARUS: Valeryi Shantalosov; Sergei Gurenko, Andrei Sosnitskyi, Aleksander Khatskievich, Erik Yakhimovich, Andrei Zygmantovich, Yuryi Antonovich, Mikhail Markhel, Sergei Gerasimets, Aleksander Metlitskyi, Sergei Kulanin (46 Petr Kachuro).   Trainer: Sergei Borovskyi
Goal: Frigård (88)

BELARUS v LUXEMBOURG 2-0 (0-0)
Dinamo, Minsk   12.10.1994
Referee: Richard O'Hanlon (IRE)   Attendance: 8,500
BELARUS: Valeryi Shantalosov; Sergei Gurenko, Pavel Rodnenok (80 Andrei Sosnitskyi), Aleksander Metlitskyi, Erik Yakhimovich, Andrei Zygmantovich, Sergei Gerasimets, Mikhail Markhel (65 Yuryi Antonovich), Sergei Aleinikov, Miroslav Romashchenko, Yuryi Shukanov.
Trainer: Sergei Borovskyi
LUXEMBOURG: Paul Koch; Ralph Ferron (82 Jean Vanek), Jeff Strasser, Marc Birsens, Thomas Wolf, Manuel Cardoni, Guy Hellers, Carlo Weis, Luc Holtz (58 Patrick Morocutti), Jeff Saibene, Stefano Fanelli.   Trainer: Paul Philipp
Goals: Romashchenko (67), Gerasimets (76)

HOLLAND v CZECH REPUBLIC 0-0

Feyenoord, Rotterdam   16.11.1994

Referee: Sándor Puhl (HUNG)   Attendance: 45,000

HOLLAND: Ed De Goey; Stan Valckx, Frank De Boer, Danny Blind, Rob Witschge (80 Arthur Numan), Wim Jonk, Gaston Taument, Aron Winter, Youri Mulder (71 Patrick Kluivert), Bryan Roy, Peter Van Vossen.   Trainer: Guus Hiddink

CZECH REPUBLIC: Pavel Srnicek; Radoslav Latal, Jan Suchoparek, Pavel Hapal, Lubos Kubik, Miroslav Kadlec, Jiri Nemec, Michal Bilek, Pavel Kuka (90 Petr Samec), Horst Siegl, Karel Poborsky (75 Patrik Berger).   Trainer: Dusan Uhrin

HOLLAND v LUXEMBOURG 5-0 (3-0)

Feyenoord, Rotterdam   14.12.1994

Referee: Daniel Roduit (SWI)   Attendance: 30,000

HOLLAND: Ed De Goey; Stan Valckx, Frank De Boer, Danny Blind, Athur Numan, Wim Jonk, Marc Overmars, Aron Winter (75 Pierre Van Hooijdonk), Ronald De Boer, Youri Mulder (46 Clarence Seedorf), Bryan Roy.   Trainer: Guus Hiddink

LUXEMBOURG: Paul Koch; Ralph Ferron, Jeff Strasser, Marc Birsens, Thomas Wolf, Joël Groff, Guy Hellers, Carlo Weis, Luc Holtz, Manuel Cardoni, Robert Langers (61 Dany Theis).   Trainer: Paul Philipp

Goals: Mulder (7), Roy (17), Jonk (40), R. De Boer (52), Seedorf (90)

BELARUS v NORWAY 0-4 (0-2)

Dinamo, Minsk   16.11.1994

Referee: Lube Spasov (BUL)   Attendance: 7,500

BELARUS: Valeryi Shantalosov; Sergei Yaskovich, Pavel Rodnenok, Aleksander Metlitskyi, Erik Yakhimovich, Andrei Zygmantovich, Yuryi Antonovich, Mikhail Markhel (46 Andrei Yusipets), Sergei Gerasimets, Miroslav Romashchenko (82 Igor Gurinovich), Yuryi Shukanov.   Trainer: Sergei Borovskyi

NORWAY: Frode Grodås; Gunnar Halle, Ronny Johnsen, Henning Berg, Stig Inge Bjørnebye (42 Pål Lydersen), Sigurd Rushfeldt (78 Jahn Ivar Jakobsen), Erik Mykland, Oyvind Leonhardsen, Jan Age Fjørtoft, Kjetil Rekdal, Lars Bohinen.   Trainer: Egil Olsen

Goals: H. Berg (34), Leonhardsen (40), Bohinen (52), Rekdal (83 pen)

MALTA v LUXEMBOURG 0-1 (0-0)

National, Ta'Qali   22.02.1995

Referee: Mateo Beusan (CRO)   Attendance: 6,000

MALTA: David Cluett; Silvio Vella, Richard Buhagiar, Joseph Camilleri, Joseph Brincat, John Buttigieg, Carmel Busuttil, Hubert Suda (59 Charles Sciberras), Martin Gregory, Christian Laferla, David Carabott (79 Nicky Saliba).   Trainer: Pietro Ghedin

LUXEMBOURG: Paul Koch; Jean Vanek, Frank Deville, Marc Birsens, Thomas Wolf, Jeff Saibene, Guy Hellers, Carlo Weis, Robert Langers (90 Sascha Schneider), Manuel Cardoni (85 Luc Holtz), Joël Groff.   Trainer: Paul Philipp

Goal: Cardoni (55)

MALTA v NORWAY 0-1 (0-1)

National, Ta'Qali   14.12.1994

Referee: Gianni Beschin (ITA)   Attendance: 3,000

MALTA: David Cluett; Silvio Vella, Joseph Camilleri, Michael Woods, Joseph Brincat, John Buttigieg, Carmel Busuttil, Nicky Saliba (85 Charles Scerri), Martin Gregory, Christian Laferla, David Carabott (62 Richard Buhagiar).   Trainer: Pietro Ghedin

NORWAY: Frode Grodås; Gunnar Halle, Ronny Johnsen, Henning Berg, Stig Inge Bjørnebye, Jostein Flo, Erik Mykland, Sigurd Rushfeldt (82 Jahn Ivar Jakobsen), Jan Age Fjørtoft, Kjetil Rekdal, Lars Bohinen (72 Ståle Solbakken).   Trainer: Egil Olsen

Goal: Fjørtoft (10)

LUXEMBOURG v NORWAY 0-2 (0-1)

Stade Municipal, Luxembourg   29.03.1995

Referee: Nikolai Levnikov (RUS)   Attendance: 3,031

LUXEMBOURG: Serge Rohmann; Ralph Ferron, Jean Vanek, Marc Birsens (83 Sascha Schneider), Jeff Strasser, Frank Deville, Jeff Saibene (76 Patrick Feyder), Carlo Weis, Robert Langers, Manuel Cardoni, Joël Groff.   Trainer: Paul Philipp

NORWAY: Erik Thorstvedt; Alf Inge Håland, Ronny Johnsen, Henning Berg, Stig Inge Bjørnebye, Jostein Flo (46 Gunnar Aase), Lars Bohinen, Oyvind Leonhardsen, Jan Age Fjørtoft, Kjetil Rekdal (84 Ståle Solbakken), Jahn Ivar Jakobsen.   Trainer: Egil Olsen

Goals: Leonhardsen (35), Aase (77)

HOLLAND v MALTA 4-0 (1-0)

Feyenoord, Rotterdam   29.03.1995

Referee: Gylfi Orrason (ICE)   Attendance: 37,000

HOLLAND: Ed De Goey; Stan Valckx, Danny Blind, Wim Jonk, Frank De Boer, Aron Winter, Marc Overmars, Clarence Seedorf, Ronald De Boer (77 Patrick Kluivert), Dennis Bergkamp, Bryan Roy (59 Eric Van de Luèr).
Trainer: Guus Hiddink

MALTA: David Cluett; Silvio Vella (89 Martin Gregory), Richard Buhagiar, Joseph Galea, Michael Woods, Joseph Camilleri, Carmel Busuttil (88 Gilbert Agius), Nicky Saliba, Joe Sant Fournier, Christian Laferla, Edwin Camilleri.
Trainer: Pietro Ghedin

Goals: Seedorf (39), Bergkamp (77 pen), Winter (80), Kluivert (85)

BELARUS v MALTA 1-1 (0-0)

Dinamo, Minsk   26.04.1995

Referee: Ladislav Gadosi (SVK)   Attendance: 9,250

BELARUS: Andrei Satsunkhevich; Sergei Gurenko, Aleksander Taikov, Aleksander Metlitskyi (70 Pavel Rodnenok), Vladimir Zhuravel, Andrei Zygmantovich, Sergei Gerasimets, Andrei Yusipets (77 Petr Kachuro), Yuryi Antonovich, Igor Gurinovich, Yuryi Shukanov.
Trainer: Sergei Borovskyi

MALTA: David Cluett; Silvio Vella, David Carabott, Edwin Camilleri, Michael Woods, John Buttigieg, Carmel Busuttil (89 Lawrence Attard), Nicky Saliba, Martin Gregory (23 Gilbert Agius), Christian Laferla, Joe Sant Fournier.
Trainer: Pietro Ghedin

Goals: Taikov (57), Carabott (70)

CZECH REPUBLIC v BELARUS 4-2 (2-1)

Bazaly, Ostrava   29.03.1995

Referee: Gilles Veissière (FRA)   Attendance: 5,549

CZECH REPUBLIC: Pavel Srnicek; Tomas Repka, Daniel Smejkal, Radoslav Latal, Miroslav Kadlec, Vaclav Nemecek, Pavel Hapal, Patrik Berger, Pavel Kuka, Horst Siegl (89 Petr Samec), Martin Frydek (85 Michal Bilek).
Trainer: Dusan Uhrin

BELARUS: Valeryi Shantalosov; Sergei Gurenko, Andrei Sosnitskyi, Aleksander Taikov, Erik Yakhimovich (77 Pavel Rodnenok), Andrei Zygmantovich, Sergei Gerasimets, Vladimir Zhuravel (81 Yevgenyi Kashentsev), Andrei Yusipets, Aleksander Metlitskyi, Igor Gurinovich.
Trainer: Sergei Borovskyi

Goals: Kadlec (5), Berger (17, 62), Gerasimets (44 pen), Kuka (68), Gurinovich (88)

CZECH REPUBLIC v HOLLAND 3-1 (0-1)

Praha   26.04.1995

Referee: Hellmut Krug (GER)   Attendance: 17,463

CZECH REPUBLIC: Petr Kouba; Tomas Repka, Jan Suchoparek, Pavel Hapal, Miroslav Kadlec, Vaclav Nemecek, Jiri Nemec, Patrik Berger, Pavel Kuka (89 Horst Siegl), Tomas Skuhravy, Martin Frydek (46 Radoslav Latal).
Trainer: Dusan Uhrin

HOLLAND: Ed De Goey; Stan Valckx, Danny Blind, Wim Jonk, Frank De Boer, Clarence Seedorf, Arthur Numan, Aron Winter (62 Patrick Kluivert), Peter Van Vossen (46 Peter Bosz), Ronald De Boer, Marc Overmars.
Trainer: Guus Hiddink

Goals: Jonk (7), Skuhravy (49), Nemecek (58), Berger (62)

NORWAY v LUXEMBOURG 5-0 (3-0)

Ullevaal, Oslo   26.04.1995

Referee: John Ferry (NIR)   Attendance: 15,124

NORWAY: Frode Grodås; Harald Brattbakk, Ronny Johnsen, Henning Berg (63 Alf Inge Håland), Roger Nilsen, Gunnar Halle, Lars Bohinen (35 Ståle Solbakken), Oyvind Leonhardsen, Jan Age Fjørtoft, Kjetil Rekdal, Jahn Ivar Jakobsen.   Trainer: Egil Olsen

LUXEMBOURG: Paul Koch; Patrick Feyder, Jean Vanek, Luc Holtz (56 Dany Theis), Jeff Strasser, Frank Deville, Guy Hellers, Jeff Saibene (75 Marc Lamborelle), Robert Langers, Manuel Cardoni, Joël Groff.   Trainer: Paul Philipp

Goals: Jakobsen (9), Fjørtoft (10), Brattbakk (23), H. Berg (46), Rekdal (49)

BELARUS v HOLLAND 1-0 (1-0)

Dinamo, Minsk   07.06.1995

Referee: Adrian Porumboiu (ROM)   Attendance: 22,000

BELARUS: Valeryi Shantalosov; Sergei Gurenko, Andrei Dovnar (87 Yevgenyi Kashentsev), Pavel Rodnenok, Aleksander Taikov, Andrei Zygmantovich, Sergei Gerasimets, Vladimir Zhuravel, Miroslav Romashchenko (55 Yuryi Antonovich), Andrei Yusipets, Petr Kachuro.
Trainer: Sergei Borovskyi

HOLLAND: Edwin Van der Sar; Johan De Kock, Danny Blind (69 Aron Winter), Wim Jonk, Stan Valckx (65 Arthur Numan), Clarence Seedorf, Johannes Van't Schip, Edgar Davids, Patrick Kluivert, Ronald De Boer, Marc Overmars.
Trainer: Guus Hiddink

Goal: Gerasimets (27)

NORWAY v MALTA 2-0 (1-0)

Ullevaal, Oslo 07.06.1995

Referee: Zbigniew Przesmycki (POL)   Attendance: 15,180

NORWAY: Erik Thorstvedt; Alf Inge Håland, Ronny Johnsen, Henning Berg, Roger Nilsen (69 Harald Brattbakk), Jostein Flo, Erik Mykland, Ståle Solbakken, Jan Age Fjørtoft, Kjetil Rekdal (83 Kåre Ingebrigtsen), Jahn Ivar Jakobsen.   Trainer: Egil Olsen

MALTA: David Cluett; Silvio Vella, Richard Buhagiar (75 Edwin Camilleri), Lawrence Attard, Michael Woods, John Buttigieg (28 Nicky Saliba), Carmel Busuttil, Gilbert Agius, Joe Sant-Fournier, Christian Laferla, David Carabott.   Trainer: Pietro Ghedin

Goals: Fjørtoft (43), Flo (88)

LUXEMBOURG v MALTA 1-0 (1-0)

Stade Municipal, Luxembourg 06.09.1995

Referee: Algirdas Dubinskas (LIT)   Attendance: 4,700

LUXEMBOURG: Paul Koch; Jean Vanek, Frank Deville, Marc Birsens, Jeff Strasser, Jeff Saibene, Guy Hellers, Carlo Weis, Luc Holtz (84 Manuel Cardoni), Robert Langers, Joël Groff (68 Dany Theis).   Trainer: Paul Philipp

MALTA: David Cluett; Jesmond Delia (27 Gilbert Agius, 89 Martin Gregory), Richard Buhagiar, Joseph Galea, Michael Woods, John Buttigieg, Carmel Busuttil, Nicky Saliba, Joe Sant-Fournier, Christian Laferla, David Carabott (46 Lawrence Attard).   Trainer: Pietro Ghedin

Goal: Holtz (45)

LUXEMBOURG v CZECH REPUBLIC 1-0 (0-0)

Stade Municipal, Luxembourg 07.06.1995

Referee: John Ashman (WAL)   Attendance: 1,500

LUXEMBOURG: Paul Koch; Jean Vanek, Frank Deville, Marc Birsens, Jeff Strasser, Claude Ganser (86 Manuel Cardoni), Guy Hellers, Carlo Weis, Robert Langers, Dany Theis (74 Jeff Saibene), Joël Groff.   Trainer: Paul Philipp

CZECH REPUBLIC: Petr Kouba; Tomas Repka (69 Martin Frydek), Jan Suchoparek, Pavel Hapal, Miroslav Kadlec, Vaclav Nemecek, Jiri Nemec, Patrik Berger, Pavel Kuka, Tomas Skuhravy (59 Radek Drulak), Radoslav Latal.   Trainer: Dusan Uhrin

Goal: Hellers (89)

HOLLAND v BELARUS 1-0 (0-0)

Feyenoord, Rotterdam 06.09.1995

Referee: Robert Sedlacek (AUS)   Attendance: 17,000

HOLLAND: Edwin Van der Sar; Michael Reiziger (70 Orlando Trustfull), Danny Blind, Johan De Kock, Frank de Boer, Richard Witschge (86 Arthur Numan), Aron Winter, Ronald De Boer, René Eykelkamp (65 Youri Mulder), Dennis Bergkamp, Marc Overmars.   Trainer: Guus Hiddink

BELARUS: Andrei Satsunkevich; Sergei Gurenko, Andrei Dovnar, Pavel Rodnenok, Aleksander Taikov, Andrei Zygmantovich, Sergei Gerasimets, Vladimir Zhuravel (89 Sergei Vekhtev), Miroslav Romashchenko (86 Yuri Vergeichik), Andrei Yusipets (69 Yevgeni Kashentsev), Petr Kachuro.   Trainer: Sergei Borovskyi

Goal: Mulder (83)

NORWAY v CZECH REPUBLIC 1-1 (1-0)

Ullevaal, Oslo 16.08.1995

Referee: Sergei Khusainov (RUS)   Attendance: 22,054

NORWAY: Erik Thorstvedt; Alf Inge Håland, Ronny Johnsen, Henning Berg, Karl-Peter Løken, Jostein Flo, Lars Bohinen, Øyvind Leonhardsen, Jan Åge Fjørtoft (80 Harald Brattbakk), Ståle Solbakken, Jahn Ivar Jakobsen (64 Geirmund Brendesaether).   Trainer: Egil Olsen

CZECH REPUBLIC: Petr Kouba; Radoslav Latal (78 Karel Poborsky), Jan Suchoparek, Pavel Hapal, Miroslav Kadlec, Tomas Repka, Jiri Nemec, Patrik Berger (46 Pavel Nedved), Pavel Kuka, Radek Drulak (78 Petr Samec), Martin Frydek.   Trainer: Dusan Uhrin

Goals: H. Berg (27), Suchoparek (84)

CZECH REPUBLIC v NORWAY 2-0 (1-0)

Praha 06.09.1995

Referee: Kurt Röthlisberger (SWI)   Attendance: 19,522

CZECH REPUBLIC: Petr Kouba; Radoslav Latal, Jan Suchoparek, Pavel Nedved, Miroslav Kadlec, Vaclav Nemecek, Jiri Nemec, Tomas Repka, Pavel Kuka (19 Radek Drulak), Tomas Skuhravy (80 Vratislav Lokvenc), Martin Frydek (70 Karel Poborsky).   Trainer: Dusan Uhrin

NORWAY: Erik Thorstvedt; Karl-Peter Løken, Ronny Johnsen, Henning Berg, Erland Johnsen, Jostein Flo, Lars Bohinen (75 Kjetil Rekdal), Øyvind Leonhardsen, Jan Åge Fjørtoft (71 Harald Brattbakk), Ståle Solbakken, Jahn Ivar Jakobsen.   Trainer: Egil Olsen

Goals: Skuhravy (6 pen), Drulak (86)

BELARUS v CZECH REPUBLIC 0-2 (0-1)

Dinamo, Minsk 07.10.1995

Referee: Anders Frisk (SWE)   Attendance: 20,000

BELARUS: Valeryi Shantalosov; Sergei Gurenko, Andrei Dovnar, Pavel Rodnenok, Aleksander Taikov, Andrei Yusipets (74 Vasili Baranov), Sergei Gerasimets, Vladimir Zhuravel, Valentin Belkevich, Yevgeni Kashentsev, Petr Kachuro. Trainer: Sergei Borovskyi

CZECH REPUBLIC: Petr Kouba; Radoslav Latal, Pavel Nedved (74 Patrik Berger), Pavel Hapal, Miroslav Kadlec, Vaclav Nemecek (15 Michal Hornak), Jiri Nemec, Tomas Repka, Pavel Kuka, Radek Drulak, Martin Frydek (87 Karel Poborsky).   Trainer: Dusan Uhrin

Goals: Frydek (25), Berger (84)

MALTA v BELARUS 0-2 (0-0)

National, Ta'Qali 12.11.1995

Referee: Talal Tokat (TUR)   Attendance: 4,000

MALTA: David Cluett; Silvio Vella, Lawrence Attard, Joseph Brincat (50 Joe Sant-Fournier), Michael Woods, Ivan Zammit, Carmel Busuttil, Nicky Saliba, Gilbert Agius (63 David Carabott), Christian Laferla, Richard Buhagiar. Trainer: Pietro Ghedin

BELARUS: Valeryi Shantalosov; Sergei Gurenko, Andrei Dovnar, Oleg Khmelnitski (44 Valentin Belkevich), Aleksander Taikov, Andrei Zygmantovich (59 Andrei Yusipets), Sergei Gerasimets, Vasili Baranov, Yuri Maleyev (75 Vladimir Makovski), Alexander Metlitski, Petr Kachuro. Trainer: Sergei Borovskyi

Goals: Gerasimets (78, 82)

LUXEMBOURG v BELARUS 0-0

Stade Municipal, Luxembourg 11.10.1995

Referee: Paul Durkin (ENG)   Attendance: 4,500

LUXEMBOURG: Paul Koch; Jean Vanek, Frank Deville, Marc Birsens, Jeff Strasser, Jeff Saibene, Guy Hellers, Carlo Weis, Luc Holtz (90 Marc Lamborelle), Robert Langers (81 Dany Theis), Patrick Morocutti (72 Manuel Cardoni). Trainer: Paul Philipp

BELARUS: Valeryi Shantalosov; Sergei Gurenko, Andrei Dovnar, Pavel Rodnenok, Aleksander Taikov, Andrei Yusipets, Vladimir Zhuravel, Vasili Baranov, Yevgeni Kashentsev (88 Yuri Vergeichik); Valentin Belkevich, Petr Kachuro. Trainer: Sergei Borovskyi

HOLLAND v NORWAY 3-0 (0-0)

Feyenoord, Rotterdam 15.11.1995

Referee: Dermot Gallagher (ENG)   Attendance: 49,000

HOLLAND: Edwin Van der Sar; Michael Reiziger, Danny Blind, Frank De Boer, Arthur Numan, Richard Witschge (56 Edgar Davids), Marc Overmars, Clarence Seedorf, Ronald De Boer, Dennis Bergkamp (79 Youri Mulder), Glenn Helder (86 Johan De Kock).   Trainer: Guus Hiddink

NORWAY: Frode Grodås; Karl-Peter Løken (62 Alf Inge Håland), Erland Johnsen, Henning Berg, Stig Inge Bjørnebye, Erik Mykland (59 Øyvind Leonhardsen), Lars Bohinen (81 Ståle Solbakken), Tore André Flo, Jan Åge Fjørtoft, Kjetil Rekdal, Jahn Ivar Jakobsen.   Trainer: Egil Olsen

Goals: Seedorf (49), Mulder (87), Overmars (88)

MALTA v HOLLAND 0-4 (0-0)

National, Ta'Qali 11.10.1995

Referee: Kim Milton Nielsen (DEN)   Attendance: 8,000

MALTA: David Cluett; Lawrence Attard (70 Joseph Galea), Richard Buhagiar, Joseph Brincat, Michael Woods, Ivan Zammit, Carmel Busuttil, Nicky Saliba, Gilbert Agius (6 Joe Sant-Fournier), Christian Laferla, David Carabott. Trainer: Pietro Ghedin

HOLLAND: Edwin Van der Sar; Michael Reiziger, Danny Blind (71 Orlando Trustfull), Frank De Boer, Arthur Numan, Richard Witschge, Ronald De Boer, Clarence Seedorf, Youri Mulder (64 Glenn Helder), Patrick Kluivert, Marc Overmars. Trainer: Guus Hiddink

Goals: Overmars (53, 60, 85), Seedorf (82)

CZECH REPUBLIC v LUXEMBOURG 3-0 (1-0)

Praha 15.11.1995

Referee: Alfred Wieser (AUS)   Attendance: 22,530

CZECH REPUBLIC: Petr Kouba; Radoslav Latal, Jan Suchoparek, Pavel Hapal, Miroslav Kadlec, Vaclav Nemecek (72 Karel Poborsky), Pavel Nedved, Patrik Berger (84 Vladimir Smicer), Pavel Kuka (87 Vratislav Lokvenc), Radek Drulak, Martin Frydek.   Trainer: Dusan Uhrin

LUXEMBOURG: Paul Koch; Ralph Ferron, Jean Vanek, Frank Deville (59 Dany Theis), Jeff Strasser, Luc Holtz (76 Ganser), Guy Hellers, Carlo Weis, Jeff Saibene (90 Manuel Cardoni), Robert Langers, Joël Groff.   Trainer: Paul Philipp

Goals: Drulak (37, 46), Berger (57)

	P	W	D	L	F	A	Pts
Czech Republic	10	6	3	1	21	6	21
Holland	10	6	2	2	23	5	20
Norway	10	6	2	2	17	7	20
Belarus	10	3	2	5	8	13	11
Luxembourg	10	3	1	6	3	21	10
Malta	10	0	2	8	2	22	2

GROUP 6

NORTHERN IRELAND v LIECHTENSTEIN 4-1 (3-0)

Windsor Park, Belfast   20.04.1994

Referee: Roelof Luinge (HOL)   Attendance: 4,500

N. IRELAND: Tommy Wright; Gary Fleming, Gerry Taggart, Malachy Donaghy, Nigel Worthington; Kevin Wilson, Jim Magilton, Steve Lomas (81 Michael O'Neill), Michael Hughes; Jimmy Quinn, Iain Dowie (78 Philip Gray).
Manager: Bryan Hamilton

LIECHTENSTEIN: Martin Oehry; Heini Stocker (68 Daniel Hasler), Christoph Frick, Wolfgang Ospelt, Roland Moser; Jürg Ritter, Alexander Quaderer, Harry Zech, Mario Frick, Daniel Telser; Christian Matt (64 Thomas Hanselmann).
Trainer: Dietrich Weise

Goals: J. Quinn (5, 33), Lomas (23), Dowie (48), Hasler (84)

NORTHERN IRELAND v PORTUGAL 1-2 (0-1)

Windsor Park Belfast 7.09.1994

Referee: Rune Pedersen (NOR)   Attendance: 6,000

N. IRELAND: Alan Fettis; Gary Fleming, Nigel Worthington, Steve Morrow (81 Gerry Taggart), Alan McDonald, Steve Lomas, Keith Gillespie (81 George O'Boyle), Jim Magilton, Jimmy Quinn, Philip Gray, Michael Hughes.
Manager: Bryan Hamilton

PORTUGAL: VÍTOR Manuel Martins BAÍA; JOÃO Domingos Silva PINTO I, HÉLDER Marino Rodrigues Cristóvao, PAULO Sérgio Braga MADEIRA, João Paulo Santos "PAULINHO SANTOS", PAULO Manuel Carvalho SOUSA, Vítor Manuel Araújo "VÍTOR PANEIRA" (63 António José Santos FOLHA), José Fernando Gomes TAVARES, Luís Filipe Madeira FIGO, RUI Manuel César COSTA, Ricardo Manuel SÁ PINTO (80 DOMINGOS José Paciencia Oliveira).
Trainer: António Oliveira

Goals: Rui Costa (8), Quinn (58 pen), Domingos (81)

LIECHTENSTEIN v AUSTRIA 0-4 (0-3)

Eschen/Mauren 07.09.1994

Referee: Wieland Ziller (GER)   Attendance: 5,800

LIECHTENSTEIN: Martin Heeb; Patrick Hefti, Jürgen Ospelt, Wolfgang Ospelt (28 Thomas Hanselmann), Roland Moser, Daniel Telser, Alexander Quaderer, Harry Zech (69 Christian Matt), Mario Frick, Peter Klaunzer, Daniel Hasler.
Trainer: Dietrich Weise

AUSTRIA: Franz Wohlfahrt; Wolfgang Feiersinger, Jürgen Werner, Johann Kogler, Peter Schöttel, Franz Aigner, Andreas Ogris (62 Harald Cerny), Christian Prosenik, Anton Polster, Peter Stöger, Heimo Pfeifenberger (74 Thomas Flögel).
Trainer: Herbert Prohaska

Goals: Polster (18, 45, 79), Aigner (22)

LATVIA v EIRE 0-3 (0-2)

Daugava, Riga   07.09.1994

Referee: Anders Frisk (SWE)   Attendance: 3,000

LATVIA: Oleg Karavayev; Igor Troitsky, Vitaly Astafyev, Mikhail Zemlinsky, Yury Shevlyakov, Valentin Lobanyov, Alexey Sharando, Vadim Mikutsky (65 Alexander Yeliseyev), Vladimir Babichev, Yevgeny Milevsky (46 Igor V.Stepanov), Rolands Boulders.   Trainer: Yanis Gilis

EIRE: Alan Kelly; Gary Kelly, Dennis Irwin, Paul McGrath, Phil Babb, Jason McAteer (82 Eddie McGoldrick), Andy Townsend, John Aldridge, Niall Quinn (71 Anthony Cascarino), John Sheridan, Steve Staunton.
Manager: Jack Charlton

Goals: Aldridge (16, 75 pen), Sheridan (29)

LATVIA v PORTUGAL 1-3 (0-1)

Daugava, Riga   09.10.1994

Referee: Eric Blareau (BEL)   Attendance: 1,900

LATVIA: Oleg Karavayev; Igor Troitsky, Vitaly Astafyev, Mikhail Zemlinsky, Yury Shevlyakov, Dzintars Sprogis (68 Boris Monyak), Igor V.Stepanov, Valery Ivanov, Vladimir Babichev, Alexander Glazov (46 Yevgeny Milevsky), Alexey Semyonov.   Trainer: Yanis Gilis

PORTUGAL: VÍTOR Manuel Martins BAÍA; JOÃO Domingos Silva PINTO I, HÉLDER Marino Rodrigues Cristóvao, PAULO Sérgio Braga MADEIRA, Manuel António Guimaraes "NELO", PAULO Manuel Carvalho SOUSA, Vítor Manuel Araújo "VÍTOR PANEIRA" (60 PAULO Lourenço Martins ALVES), JOÃO Manuel Vieira PINTO II, Luís Filipe Madeira FIGO (81 José Fernando Gomes TAVARES), RUI Manuel César COSTA, DOMINGOS José Paciencia Oliveira.
Trainer: António Oliveira

Goals: João Pinto II (33, 72), Figo (73), Milevsky (87)

AUSTRIA v NORTHERN IRELAND 1-2 (1-2)
Ernst-Happel, Wien   12.10.1994
Referee: Antonio Jesus López Nieto (SPA)   Att: 20,000
AUSTRIA: Franz Wohlfahrt; Wolfgang Feiersinger, Jürgen Werner, Johann Kogler, Peter Schöttel, Christian Prosenik (66 Heimo Pfeifenberger), Andreas Ogris (46 Ralph Hasenhüttl), Peter Artner, Anton Polster, Peter Stöger, Adolf Hütter.
Trainer: Herbert Prohaska
N. IRELAND: Paul Kee; Gary Fleming, Nigel Worthington, Gerry Taggart, Alan McDonald, Steve Lomas, Keith Gillespie (56 Michael O'Neill), Jim Magilton, Iain Dowie (74 Jimmy Quinn), Philip Gray, Michael Hughes.
Manager: Bryan Hamilton
Goals: Gillespie (3), Polster (25 pen), Gray (36)

LIECHTENSTEIN v LATVIA 0-1 (0-1)
Eschen/Mauren   15.11.1994
Referee: Piotr Werner (POL)   Attendance: 1,300
LIECHTENSTEIN: Martin Heeb; Daniel Telser, Patrick Hefti, Wolfgang Ospelt, Roland Moser, Roland Hilti, Jürg Ritter, Harry Zech (59 Peter Klaunzer), Armin Heidegger (58 Ralf Oehri), Mario Frick, Daniel Hasler.   Trainer: Dietrich Weise
LATVIA: Oleg Karavayev; Igor Troitsky, Vitaly Astafyev, Mikhail Zemlinsky, Yury Shevlyakov, Dzintars Sprogis, Oleg Blagonadezhdin (46 Vadim Mikutsky), Valery Ivanov, Yevgeny Milevsky, Vladimir Babichev (69 Alexey Sharando), Alexey Semyonov.   Trainer: Yanis Gilis
Goal: Babichev (14)

EIRE v LIECHTENSTEIN 4-0 (3-0)
Lansdowne Road, Dublin   12.10.1994
Referee: Bragi Bergmann (ICE)   Attendance: 32,980
EIRE: Patrick Bonner; Gary Kelly, Dennis Irwin (46 Alan McLoughlin), Alan Kernaghan, Phil Babb, Jason McAteer, Eddie McGoldrick, Tommy Coyne, Niall Quinn, John Sheridan, Steve Staunton.   Manager: Jack Charlton
LIECHTENSTEIN: Martin Heeb; Patrick Hefti, Jürg Ritter, Wolfgang Ospelt, Roland Moser, Daniel Telser, Thomas Hanselmann, Harry Zech, Mario Frick, Modestus Haas (78 Peter Klaunzer), Armin Heidegger (72 Christian Matt).
Trainer: Dietrich Weise
Goals: Coyne (2, 4), Quinn (30, 82)

NORTHERN IRELAND v EIRE 0-4 (0-3)
Windsor Park, Belfast   16.11.1994
Referee: Serge Muhmenthaler (SWI)   Attendance: 10,336
N. IRELAND: Paul Kee; Gary Fleming, Nigel Worthington, Gerry Taggart, Steve Morrow, Michael O'Neill (46 Darren Patterson), Keith Gillespie (62 Kevin Wilson), Jim Magilton, Iain Dowie, Philip Gray, Michael Hughes.
Manager: Bryan Hamilton
EIRE: Alan Kelly; Gary Kelly, Dennis Irwin, Phil Babb, Paul McGrath, Roy Keane (46 Jason McAteer), Andy Townsend, John Sheridan, Niall Quinn, John Aldridge (80 Tommy Coyne), Steve Staunton.   Manager: Jack Charlton
Goals: Aldridge (6), Keane (11), Sheridan (38), Townsend (54)

PORTUGAL v AUSTRIA 1-0 (0-0)
Lisboa   13.11.1994
Referee: Peter Mikkelsen (DEN)   Attendance: 46,000
PORTUGAL: VÍTOR Manuel Martins BAÍA; JOÃO Domingos Silva PINTO I, HÉLDER Marino Rodrigues Cristóvao, OCEANO Andrade Cruz, PAULO Sérgio Braga MADEIRA, PAULO Manuel Carvalho SOUSA, Luís Filipe Madeira FIGO, JOÃO Manuel Vieira PINTO II, Ricardo Manuel SÁ PINTO (70 Vítor Manuel Araújo "VÍTOR PANEIRA"), RUI Manuel César COSTA (84 DOMINGOS José Paciencia Oliveira), João Paulo Santos "PAULINHO SANTOS".
Trainer: António Oliveira
AUSTRIA: Otto Konrad; Wolfgang Feiersinger, Christian Fürstaller, Johann Kogler, Peter Schöttel, Thomas Winklhofer, Harald Cerny (71 Adolf Hütter), Peter Artner, Anton Polster, Peter Stöger, Dietmar Kühbauer (46 Christian Prosenik).
Trainer: Herbert Prohaska
Goal: Figo (67)

PORTUGAL v LIECHTENSTEIN 8-0 (3-0)
Lisboa   18.12.1994
Referee: Lubos Pucek (CZE)   Attendance: 32,000
PORTUGAL: VÍTOR Manuel Martins BAÍA; JOÃO Domingos Silva PINTO I, João Paulo Santos "PAULINHO SANTOS", OCEANO Andrade Cruz, FERNANDO Manuel Silva COUTO, Luís Filipe Madeira FIGO, Vítor Manuel Araújo "VÍTOR PANEIRA" (57 PAULO Lourenço Martins ALVES), JOÃO Manuel Vieira PINTO II (70 Carlos Alberto Oliveira SECRETÁRIO), DOMINGOS José Paciencia Oliveira, RUI Manuel César COSTA, António José Santos FOLHA.
Trainer: António Oliveira
LIECHTENSTEIN: Martin Heeb; Daniel Telser, Patrick Hefti, Wolfgang Ospelt (44 Ralf Oehri), Roland Moser, Roland Hilti, Jürg Ritter, Harry Zech, Armin Heidegger, Mario Frick, Daniel Hasler (59 Christian Matt).   Trainer: Dietrich Weise
Goals: Domingos (2, 11), Oceano (45), João Pinto II (56), Fernando Couto (72), Folha (74), Paulo Alves (75, 79)

AUSTRIA v LATVIA 5-0 (2-0)

Lehen, Salzburg 29.03.1995

Referee: Charles Agius (MAL)   Attendance: 4,000

AUSTRIA: Otto Konrad; Wolfgang Feiersinger, Christian Fürstaller, Johann Kogler, Heimo Pfeifenberger, Stefan Marasek, Andreas Ogris (46 Dieter Ramusch), Peter Artner (75 Adolf Hütter), Anton Polster, Andreas Herzog, Dietmar Kühbauer.   Trainer: Herbert Prohaska

LATVIA: Raimonds Laizans; Igor Troitsky, Vitaly Astafyev, Mikhail Zemlinski (66 Vadim Mikutsky), Yury Shevlyakov, Dzintars Sprogis, Oleg Blagonadezhdin, Valentin Lobanyov, Boris Monyak, Vladimir Babichev (74 Andrey Shtolcers), Vitaly Teplov.   Trainer: Yanis Gilis

Goals: Herzog (17, 59), Pfeifenberger (40), Polster (71 pen, 90)

EIRE v PORTUGAL 1-0 (1-0)

Lansdowne Road, Dublin 26.04.1995

Referee: Angelo Amendolia (ITA)   Attendance: 25,000

EIRE: Alan Kelly; Gary Kelly, Dennis Irwin, Phil Babb, Paul McGrath, Raymond Houghton (84 Jeff Kenna), Andy Townsend, John Aldridge (84 Anthony Cascarino), Niall Quinn, John Sheridan, Steve Staunton.
Manager: Jack Charlton

PORTUGAL: VÍTOR Manuel Martins BAÍA; JOÃO Domingos Silva PINTO I, JORGE Paulo COSTA Almeida, HÉLDER Marino Rodrigues Cristóvao (64 António José Santos FOLHA), FERNANDO Manuel Silva COUTO, PAULO Manuel Carvalho SOUSA, Luís Filipe Madeira FIGO (76 PEDRO Alexandre Santos BARBOSA), JOÃO Manuel Vieira PINTO II, DOMINGOS José Paciencia Oliveira, RUI Manuel César COSTA, João Paulo Santos "PAULINHO SANTOS".
Trainer: António Oliveira

Goal: Vítor Baía (45 og)

EIRE v NORTHERN IRELAND 1-1 (0-0)

Lansdowne Road, Dublin 29.03.1995

Referee: Mario Van der Ende (HOL)   Attendance: 32,200

EIRE: Alan Kelly; Gary Kelly, Dennis Irwin, Phil Babb, Paul McGrath, Roy Keane, Andy Townsend, David Kelly (74 Jason McAteer), Niall Quinn (82 Anthony Cascarino), John Sheridan, Steve Staunton.   Manager: Jack Charlton

N. IRELAND: Alan Fettis; Darren Patterson, Nigel Worthington, Gerry Taggart, Alan McDonald, Steve Morrow, Keith Gillespie, Jim Magilton, Iain Dowie, Colin Hill, Michael Hughes.   Manager: Bryan Hamilton

Goals: N. Quinn (47), Dowie (72)

LATVIA v NORTHERN IRELAND 0-1 (0-0)

Daugava, Riga 26.04.1995

Referee: Finn Lambek (DEN)   Attendance: 1,500

LATVIA: Raimonds Laizans; Igor Troitsky, Vitaly Astafyev, Mikhail Zemlinsky, Yury Shevlyakov, Dzintars Sprogis, Igor N. Stepanov, Oleg Blagonadezhdin (31 Rikhards Butkus, 72 Boris Monyak), Vitaly Teplov, Vladimir Babichev, Alexander Yeliseyev.   Trainer: Yanis Gilis

N. IRELAND: Alan Fettis; Darren Patterson, Nigel Worthington, Barry Hunter, Alan McDonald, Colin Hill, Keith Gillespie (78 George O'Boyle), Kevin Wilson, Iain Dowie (80 Jimmy Quinn), Kevin Horlock, Michael Hughes.
Manager: Bryan Hamilton

Goal: Dowie (67 pen)

AUSTRIA v LIECHTENSTEIN 7-0 (3-0)

Lehen, Salzburg 26.04.1995

Referee: Vasiliy Melnichuk (UKR)   Attendance: 5,500

AUSTRIA: Otto Konrad; Dieter Ramusch, Wolfgang Feiersinger, Johann Kogler, Christian Fürstaller (72 Adolf Hütter), Stefan Marasek, Herfried Sabitzer (70 Marcus Pürk), Peter Artner, Anton Polster, Andreas Herzog, Dietmar Kühbauer.   Trainer: Herbert Prohaska

LIECHTENSTEIN: Martin Oehry; Heini Stocker, Jürgen Ospelt, Jürg Ritter (65 Christian Matt), Roland Moser, Daniel Telser, Roland Hilti, Harry Zech, Alex Burgmaier, Ralf Oehri (46 Patrick Marxer), Daniel Hasler.   Trainer: Dietrich Weise

Goals: Kühbauer (8), Polster (11, 53 pen), Sabitzer (17), Pürk (84), Hütter (87, 90)

LIECHTENSTEIN v EIRE 0-0

Eschen/Mauren 03.06.1995

Referee: Charles Agius (MAL)   Attendance: 4,500

LIECHTENSTEIN: Martin Heeb; Thomas Hanselmann, Jürgen Ospelt (31 Jürgen Zech), Wolfgang Ospelt (64 Patrick Marxer), Daniel Hasler, Daniel Telser, Jürg Ritter, Roland Hilti, Mario Frick, Harry Zech, Alex Burgmaier.
Trainer: Dietrich Weise

EIRE: Alan Kelly; Gary Kelly, Dennis Irwin, Phil Babb, Paul McGrath, Ronald Whelan, Jason McAteer (73 Jeff Kenna), John Aldridge, Niall Quinn (60 Anthony Cascarino), John Sheridan, Steve Staunton.   Manager: Jack Charlton

PORTUGAL v LATVIA 3-2 (3-0)

Das Antas, Porto   03.06.1995

Referee: Zoran Petrovic (YUG)   Attendance: 40,000

PORTUGAL: VÍTOR Manuel Martins BAÍA; Fernando NÉLSON Jesus Alves (79 PEDRO Alexandre Santos BARBOSA), João Paulo Santos "PAULINHO SANTOS", JORGE Paulo COSTA Almeida, FERNANDO Manuel Silva COUTO, PAULO Manuel Carvalho SOUSA (46 Paulo Jorge Santos FUTRE), Luís Filipe Madeira FIGO, Carlos Alberto Oliveira SECRETÁRIO, DOMINGOS José Paciencia Oliveira, RUI Manuel César COSTA, António José Santos FOLHA. Trainer: António Oliveira

LATVIA: Raimonds Laizans; Igor Troitsky, Vitaly Astafyev, Mikhail Zemlinsky, Yury Shevlyakov, Boris Monyak, Valery Ivanov, Armands Zeiberlinsh, Vitas Rimkus, Vitaly Teplov (61 Dzintars Sprogis), Imants Bleidelis (38 Vladimir Babichev). Trainer: Yanis Gilis

Goals: Figo (5), Secretário (19), Domingos (21), Rimkus (51, 85)

NORTHERN IRELAND v LATVIA 1-2 (1-0)

Windsor Park, Belfast   07.06.1995

Referee: Juan Ansuategui Roca (SPA)   Attendance: 6,000

N. IRELAND: Alan Fettis; Pat McGibbon (46 Darren Patterson), Nigel Worthington, Gerry Taggart, Alan McDonald, Steve Morrow, Gerard McMahon, Jim Magilton, Iain Dowie, Keith Rowland (64 Keith Gillespie), Michael Hughes. Manager: Bryan Hamilton

LATVIA: Raimonds Laizans; Igor Troitsky, Vitaly Astafyev, Dzintars Sprogis, Artur Zakreshevsky, Boris Monyak, Valery Ivanov, Armands Zeiberlinsh, Vitas Rimkus (70 Alexander Yeliseyev), Vladimir Babichev (82 Vitaly Teplov), Imants Bleidelis. Trainer: Yanis Gilis

Goals: Dowie (44), Zeiberlinsh (59), Astafyev (62)

EIRE v AUSTRIA 1-3 (0-0)

Lansdowne Road, Dublin   11.06.1995

Referee: Markus Merk (GER)   Attendance: 33,000

EIRE: Alan Kelly; Gary Kelly, Dennis Irwin, Phil Babb, Paul McGrath, Ronald Whelan, Tommy Coyne, Raymond Houghton, Niall Quinn (56 Anthony Cascarino), John Sheridan, Steve Staunton (46 Jeff Kenna). Manager: Jack Charlton

AUSTRIA: Michael Konsel; Anton Pfeffer, Peter Schöttel, Johann Kogler, Christian Fürstaller, Stefan Marasek, Heimo Pfeienberger (82 Adolf Hütter), Christian Prosenik, Anton Polster, Dietmar Kühbauer, Dieter Ramusch (72 Andreas Ogris). Trainer: Herbert Prohaska

Goals: Houghton (67), Polster (70, 80), Ogris (74)

LIECHTENSTEIN v PORTUGAL 0-7 (0-3)

Eschen/Mauren   15.08.1995

Referee: Dragutin Poljak (CRO)   Attendance: 2,500

LIECHTENSTEIN: Martin Heeb; Thomas Hanselmann, Jürgen Zech, Roland Moser, Daniel Hasler, Daniel Telser (67 Ralf Oehri), Heini Stocker (46 Patrick Marxer), Roland Hilti, Mario Frick, Harry Zech, Peter Klaunzer (46 Christoph Frick). Trainer: Dietrich Weise

PORTUGAL: ALFREDO da Silva Castro (82 RUI Manuel Silva CORREIA); DIMAS Manuel Marques Teixeira (55 PAULO Lourenço Martins ALVES), JORGE Paulo COSTA Almeida, OCEANO Andrade Cruz (46 Ricardo Manuel SÁ PINTO), FERNANDO Manuel Silva COUTO, João Paulo Santos "PAULINHO SANTOS", Carlos Alberto Oliveira SECRETÁRIO, Soares Gil RUI BARROS, DOMINGOS José Paciencia Oliveira, RUI Manuel César COSTA, António José Santos FOLHA.   Trainer: António Oliveira

Goals: Domingos (25), Paulinho Santos (33), Rui Costa (41, 71 pen), Paulo Alves (67, 73, 90)

LATVIA v AUSTRIA 3-2 (1-0)

Daugava, Riga   16.08.1995

Referee: Ilka Koho (FIN)   Attendance: 2,000

LATVIA: Raimonds Laizans; Igor Troitsky, Vitaly Astafyev, Mikhail Zemlinsky, Yury Shevlyakov, Imants Bleidelis, Valery Ivanov, Armands Zeiberlinsh, Vitas Rimkus, Vladimir Babichev (75 Alexander Yeliseyev), Artur Zakreshevsky (82 Boris Monyak).   Trainer: Yanis Gilis

AUSTRIA: Otto Konrad; Anton Pfeffer, Peter Schöttel, Johann Kogler (46 Markus Schopp), Walter Kogler, Stefan Marasek, Andreas Ogris (64 Peter Stöger), Christian Prosenik (64 Dieter Ramusch), Anton Polster, Wolfgang Feiersinger, Heimo Pfeienberger.   Trainer: Herbert Prohaska

Goals: Rimkus (11, 59), Polster (69), Ramusch (78), Zeiberlinsh (88)

PORTUGAL v NORTHERN IRELAND 1-1 (0-0)

Das Antas, Porto   03.09.1995

Referee: Rémy Harrel (FRA)   Attendance: 50,000

PORTUGAL: VÍTOR Manuel Martins BAÍA; Carlos Alberto Oliveira SECRETÁRIO, JORGE Paulo COSTA Almeida (74 Soares Gil RUI BARROS), OCEANO Andrade Cruz, FERNANDO Manuel Silva COUTO, PAULO Manuel Carvalho SOUSA, Luís Filipe Madeira FIGO, João Paulo Santos "PAULINHO SANTOS", DOMINGOS José Paciencia Oliveira, RUI Manuel César COSTA (82 PAULO Lourenço Martins ALVES), António José Santos FOLHA. Trainer: António Oliveira

N. IRELAND: Alan Fettis; Steve Morrow, Nigel Worthington, Colin Hill, Barry Hunter, Steve Lomas, Keith Gillespie, Jim Magilton (79 Keith Rowland), Iain Dowie (76 Philip Gray), Neil Lennon, Michael Hughes.   Manager: Bryan Hamilton

Goals: Domingos (47), Hughes (67)

AUSTRIA v EIRE 3-1 (1-0)

Ernst-Happel, Wien   06.09.1995

Referee: Ahmet Çakar (TUR)   Attendance: 24,000

AUSTRIA: Michael Konsel; Markus Schopp, Peter Schöttel, Anton Pfeffer, Christian Fürstaller, Stefan Marasek, Heimo Pfeifenberger, Dietmar Kühbauer, Anton Polster (79 Harald Cerny), Andreas Herzog, Peter Stöger.
Trainer: Herbert Prohaska

EIRE: Alan Kelly; Gary Kelly, Dennis Irwin, Alan Kernaghan, Paul McGrath, Roy Keane, Andy Townsend, Raymond Houghton (67 Anthony Cascarino), Niall Quinn, John Sheridan, Mark Kennedy.   Manager: Jack Charlton

Goals: Stöger (3, 64, 77), McGrath (74)

EIRE v LATVIA 2-1 (0-0)

Lansdowne Road, Dublin   11.10.1995

Referee: Fernández Marín (SPA)   Attendance: 33,000

EIRE: Alan Kelly; Gary Kelly, Terry Phelan, Phil Babb, Paul McGrath, Jeff Kenna, Andy Townsend, Jason McAteer, Niall Quinn, John Aldridge (79 David Kelly, 84 Mark Kennedy), Steve Staunton.   Manager: Jack Charlton

LATVIA: Oleg Karavayev; Igor Troitsky, Vitaly Astafyev, Mikhail Zemlinsky, Yury Shevlyakov, Igor N.Stepanov, Valery Ivanov, Armands Zeiberlinsh, Vitas Rimkus, Vladimir Babichev (73 Alexander Yeliseyev), Artur Zakreshevsky.
Trainer: Yanis Gilis

Goals: Aldridge (61 pen, 64), Rimkus (78)

LATVIA v LIECHTENSTEIN 1-0 (0-0)

Daugava, Riga   06.09.1995

Referee: Tom Henning Ovrebo (NOR)   Attendance: 3,800

LATVIA: Oleg Karavayev; Igor Troitsky, Vitaly Astafyev, Mikhail Zemlinsky, Yury Shevlyakov, Imants Bleidelis (28 Rolands Boulders), Valery Ivanov, Armands Zeiberlinsh, Vitas Rimkus, Vladimir Babichev (75 Yury Karashauskas), Boris Monyak.   Trainer: Yanis Gilis

LIECHTENSTEIN: Martin Heeb; Christoph Frick, Jürgen Zech, Ralf Oehri (63 Herbert Bicker), Daniel Hasler, Daniel Telser, Heini Stocker (85 Peter Klaunzer), Roland Hilti, Harry Schädler, Mario Frick, Patrik Marxer (73 Daniel Frick).
Trainer: Dietrich Weise

Goals: Zeiberlinsh (83)

LIECHTENSTEIN v NORTHERN IRELAND 0-4 (0-1)

Eschen/Mauren   11.10.1995

Referee: Lubos Michel (SVK)   Attendance: 1,100

LIECHTENSTEIN: Martin Oehri; Patrik Hefti, Christoph Frick (78 Thomas Hanselmann), Roland Hilti (66 Jürgen Ospelt), Daniel Hasler, Peter Klaunzer, Daniel Telser, Heini Stocker (46 Rolf Sele), Franz Schädler, Harry Zech, Ralf Oehri.
Trainer: Dietrich Weise

N. IRELAND: Alan Fettis (75 Trevor Wood); Steve Lomas, Nigel Worthington, Colin Hill, Barry Hunter, Neil Lennon, Gerard McMahon (80 Pat McGibbon), Michael O'Neill, Jimmy Quinn, Philip Gray, Michael Hughes (90 Keith Rowland).
Manager: Bryan Hamilton

Goals: O'Neill (36), McMahon (49), Ji. Quinn (55 pen), Gray (72)

AUSTRIA v PORTUGAL 1-1 (1-0)

Ernst-Happel, Wien   11.10.1995

Referee: Nikolai Levnikov (RUS)   Attendance: 44,000

AUSTRIA: Michael Konsel; Markus Schopp, Peter Schöttel, Anton Pfeffer, Wolfgang Feiersinger, Stefan Marasek, Heimo Pfeifenberger, Dietmar Kühbauer, Anton Polster (83 Harald Cerny), Andreas Herzog, Peter Stöger.
Trainer: Herbert Prohaska

PORTUGAL: VíTOR Manuel Martins BAÍA; Fernando NÉLSON Jesus Alves, HÉLDER Marino Rodrigues Cristóvao, OCEANO Andrade Cruz, JORGE Paulo COSTA Almeida, PAULO Manuel Carvalho SOUSA, Carlos Alberto Oliveira SECRETÁRIO (59 Ricardo Manuel SÁ PINTO), JOÃO Manuel Vieira PINTO (46 António José Santos FOLHA), DOMINGOS José Paciencia Oliveira (72 DOMINGUEZ), RUI Manuel César COSTA, João Paulo Santos "PAULINHO SANTOS".
Trainer: António Oliveira

Goals: Stöger (21), Paulinho Santos (49)

NORTHERN IRELAND v AUSTRIA 5-3 (2-0)

Windsor Park, Belfast   15.11.1995

Referee: Leif Sundell (SWE)   Attendance: 8,400

N. IRELAND: Alan Fettis; Steve Lomas, Nigel Worthington, Barry Hunter, Colin Hill, Neil Lennon, Keith Gillespie, Michael O'Neill, Iain Dowie (81 Jimmy Quinn), Philip Gray (78 Alan McDonald), Michael Hughes.   Manager: Bryan Hamilton

AUSTRIA: Michael Konsel; Markus Schopp, Walter Kogler, Anton Pfeffer, Wolfgang Feiersinger, Stefan Marasek, Heimo Pfeifenberger, Andreas Herzog (46 Arnold Wetl), Anton Polster, Dietmar Kühbauer (46 Christian Stumpf), Peter Stöger.   Trainer: Herbert Prohaska

Goals: O'Neill (27, 78), Dowie (32 pen), Hunter (53), Schopp (56), Gray (64), Stumpf (70), Wetl (80)

PORTUGAL v EIRE 3-0 (0-0)
Lisboa 15.11.1995
Referee: Paolo Ceccarini (ITA)   Attendance: 80,000
PORTUGAL: VÍTOR Manuel Martins BAÍA (85 Adelino Augusto Barros NENO); Carlos Alberto Oliveira SECRETÁRIO, HÉLDER Marino Rodrigues Cristóvao, OCEANO Andrade Cruz, FERNANDO Manuel Silva COUTO, PAULO Manuel Carvalho SOUSA, Luís Filipe Madeira FIGO, JOÃO Manuel Vieira PINTO (68 Jorge Paulo CADETE Reis), DOMINGOS José Paciencia Oliveira (72 António José Santos FOLHA), RUI Manuel César COSTA, João Paulo Santos "PAULINHO SANTOS".   Trainer: António Oliveira
EIRE: Alan Kelly; Gary Kelly, Dennis Irwin, Phil Babb, Paul McGrath, Jason McAteer, Mark Kennedy (75 Anthony Cascarino), Jeff Kenna, Niall Quinn, John Aldridge, Steve Staunton (78 Alan Kernaghan).   Manager: Jack Charlton
Goals: Rui Costa (59), Hélder (74), Cadete (89)

	P	W	D	L	F	A	Pts
Portugal	10	7	2	1	29	7	23
Eire	10	5	2	3	17	11	17
North. Ireland	10	5	2	3	20	15	17
Austria	10	5	1	4	29	14	16
Latvia	10	4	0	6	11	20	12
Liechtenstein	10	0	1	9	1	40	1

GROUP 7

WALES v ALBANIA 2-0 (1-0)
Arms Park, Cardiff 07.09.1994
Referee: Gianni Beschin (ITA)   Attendance: 6,500
WALES: Neville Southall; Adrian Williams, Andy Melville, Chris Coleman, Paul Bodin; David Phillips, Jeremy Goss (74 Mark Pembridge), Gary Speed; Nathan Blake (80 Iwan Roberts), Ian Rush, Ryan Giggs.   Manager: Mike Smith
ALBANIA: Foto Strakosha; Agustin Kola (52 Indrit Fortuzi), Ilir Shulku, Arian Xhumba, Rudi Vata, Salvator Kaçaj, Ylli Shehu (81 Edmond Dosti), Arian Bellai, Bledar Kola, Ledio Pano, Sulejman Demollari.   Trainer: Neptun Bajko
Goals: Coleman (9), Giggs (67)

GEORGIA v MOLDOVA 0-1 (0-1)
Boris Paichadze, Tbilisi 07.09.1994
Referee: Ahmet Çakar (TUR)   Attendance: 40,000
GEORGIA: Irakli Zoidze; Georgi Nemsadze, Kakhi Tskhadadze, Murtaz Shelia, Mihail Kavelashvili, Rezo Arveladze (70 Zaza Revishvili), Archil Arveladze, Gocha Jamarauli, Gija Guruli (46 Gela Inalishvili), Georgi Kinkladze, Shota Arveladze.   Trainer: Aleksandr Chivadze
MOLDOVA: Vasile Coşelev; Serghei Secu, Serghei Nani, Serghei Stroenco, Valeriu Pogorelov, Andrei Stroenco (55 Radu Rebeja), Igor Oprea, Alexandru Curtianu, Serghei Belous, Alexandru Spiridon (81 Vladimir Kosse), Serghei Cleşcenco.   Trainer: Ion Caras
Goal: Oprea (40)

BULGARIA v GEORGIA 2-0 (0-0)
Vasil Levski, Sofia 12.10.1994
Referee: Ladislav Gadosi (SVK)   Attendance: 45,000
BULGARIA: Dimitar Popov; Ilian Kiriakov, Trifon Ivanov, Tsanko Tsvetanov, Petar Hubchev, Zlatko Iankov, Daniel Borimirov (54 Emil Kostadinov), Hristo Stoichkov, Iordan Lechkov, Nasko Sirakov (67 Liuboslav Penev), Krasimir Balakov.   Trainer: Dimitar Penev
GEORGIA: Akaki Devadze; Zaza Revishvili, Kakhi Tskhadadze, Murtaz Shelia, Georgi Chikhradze, Dimitri Kudinov, Georgi Nemsadze (72 Gela Inalishvili), Kakhi Gogichaishvili, Temur Ketsbaia, Georgi Kinkladze, Shota Arveladze (78 Gija Guruli).   Trainer: Aleksandr Chivadze
Goals: Kostadinov (55, 62)

MOLDOVA v WALES 3-2 (2-1)
Republican, Chişinău 12.10.1994
Referee: István Vad (HUNG)   Attendance: 18,000
MOLDOVA: Vasile Coşelev; Serghei Secu, Serghei Belous (86 Emil Caras), Valeriu Pogorelov, Radu Rebeja, Serghei Stroenco, Igor Oprea, Alexandru Curtianu, Serghei Nani, Alexandru Spiridon, Iurie Miterev (46 Vladimir Kosse).
Trainer: Ion Caras
WALES: Neville Southall; Kit Symons, Mark Bowen, Adrian Williams, Chris Coleman, David Phillips, Barry Horne, Mark Pembridge, Iwan Roberts, Nathan Blake (87 Andy Melville), Gary Speed.   Manager: Mike Smith
Goals: Speed (6), Belous (8), Secu (20), Blake (69), Pogorelov (78)

ALBANIA v GERMANY 1-2 (1-1)

Qemal Stafa, Tirana   16.11.1994

Referee: Vasiliy Melnichuk (UKR)   Attendance: 23,000

ALBANIA: Foto Strakosha; Hysen Zmijani (65 Ledio Pano), Artur Lekbello, Arian Xhumba, Rudi Vata, Salvator Kaçaj, Sokol Kushta, Arian Bellai, Lefter Millo, Altin Rraklli, Sulejman Demollari (56 Bledar Kola).   Trainer: Neptun Bajko

GERMANY: Andreas Köpke; Stefan Reuter, Ralf Weber (83 Dirk Schuster), Jürgen Kohler, Thomas Berthold, Dieter Eilts, Andreas Möller, Matthias Sammer (46 Thomas Strunz), Jürgen Klinsmann, Lothar Matthäus, Ulf Kirsten.   Trainer: Hubert Vogts

Goals: Klinsmann (18), Zmijani (34), Kirsten (46)

ALBANIA v GEORGIA 0-1 (0-1)

Qemal Stafa, Tirana   14.12.1994

Referee: László Molnár (HUNG)   Attendance: 15,000

ALBANIA: Foto Strakosha; Gjergj Dema, Salvator Kaçaj, Arian Xhumba, Rudi Vata (30 Ilir Shulku), Artur Lekbello (46 Saimir Malko), Indrit Fortuzi, Arian Bellai, Bledar Kola, Altin Rrakli, Sulejman Demollari.   Trainer: Neptun Bajko

GEORGIA: Akaki Devadze; Zaza Revishvili, Dimitri Kudinov, Murtaz Shelia, Georgi Chikhradze, Kakhi Gogichaishvili (63 Mihail Jishkariani), Gela Inalishvili, Gocha Gogrichiani, Temur Ketsbaia, Georgi Kinkladze, Shota Arveladze (75 Gocha Jamarauli).   Trainer: Aleksandr Chivadze

Goal: S. Arveladze (19)

BULGARIA v MOLDOVA 4-1 (1-0)

Vasil Levski, Sofia   16.11.1994

Referee: Denis McArdle (IRE)   Attendance: 50,000

BULGARIA: Borislav Mihailov; Ilian Kiriakov, Trifon Ivanov, Petar Hubchev, Tsanko Tsvetanov, Krasimir Balakov, Ivailo Iordanov, Iordan Lechkov (86 Stanimir Stoilov), Hristo Stoichkov, Emil Kostadinov, Liuboslav Penev (80 Nasko Sirakov).   Trainer: Dimitar Penev

MOLDOVA: Vasile Coşelev; Serghei Secu, Serghei Belous, Serghei Stroenco, Valeriu Pogorelov, Radu Rebeja, Alexandru Curtianu (82 Vladimir Kosse), Alexandru Spiridon, Serghei Nani, Igor Oprea, Serghei Cleşcenco.   Trainer: Ion Caras

Goals: Stoichkov (45, 85), Cleşcenco (60), Balakov (64), Kostadinov (87)

WALES v BULGARIA 0-3 (0-2)

Arms Park, Cardiff   14.12.1994

Referee: Leif Sundell (SWE)   Attendance: 20,000

WALES: Neville Southall; Mark Bowen, Mark Aizlewood, Vinnie Jones, Chris Coleman, Andy Melville, David Phillips, Dean Saunders, Ian Rush, Mark Hughes, Gary Speed.   Manager: Mike Smith

BULGARIA: Borislav Mihailov; Emil Kremenliev, Trifon Ivanov, Tsanko Tsvetanov, Zlatko Iankov, Ivailo Iordanov, Emil Kostadinov (74 Ilian Kiriakov), Hristo Stoichkov, Liuboslav Penev (74 Nasko Sirakov), Krasimir Balakov, Iordan Lechkov.   Trainer: Dimitar Penev

Goals: Ivanov (5), Kostadinov (16), Stoichkov (51)

GEORGIA v WALES 5-0 (2-0)

Boris Paichadze, Tbilisi   16.11.1994

Referee: Alain Sars (FRA)   Attendance: 45,000

GEORGIA: Akaki Devadze; Zaza Revishvili, Kakhi Tskhadadze, Murtaz Shelia, Georgi Chikhradze, Kakhi Gogichaishvili, Georgi Nemsadze (42 Gela Inalishvili), Gocha Gogrichiani, Temur Ketsbaia (75 Mihail Kavelashvili), Georgi Kinkladze, Shota Arveladze.   Trainer: Aleksandr Chivadze

WALES: Neville Southall; Alan Neilson (46 Kit Symons), Mark Bowen, Andy Melville, Chris Coleman, David Phillips, Barry Horne, Dean Saunders, Ian Rush, Mark Hughes, Gary Speed.   Manager: Mike Smith

Goals: Ketsbaia (31, 49), Kinkladze (41), Gogrichiani (59), S. Arveladze (67)

MOLDOVA v GERMANY 0-3 (0-2)

Republican, Chişinău   14.12.1994

Referee: Jef van Vliet (HOL)   Attendance: 25,000

MOLDOVA: Vasile Coşelev; Serghei Secu, Serghei Belous, Valeriu Pogorelov, Serghei Stroenco, Radu Rebeja (81 Ion Testimiţanu), Igor Oprea (58 Vladimir Gaidamaşciuc), Alexandru Curtianu, Serghei Nani, Alexandru Spiridon, Serghei Cleşcenco.   Trainer: Ion Caras

GERMANY: Andreas Köpke; Stefan Reuter, Ralf Weber, Thomas Helmer, Thomas Berthold, Matthias Sammer, Andreas Möller (79 Stefan Kuntz), Thomas Hässler, Jürgen Klinsmann, Lothar Matthäus, Ulf Kirsten (69 Thomas Strunz).   Trainer: Hubert Vogts

Goals: Kirsten (6), Klinsmann (38), Matthäus (71)

GERMANY v ALBANIA 2-1 (2-0)
Fritz-Walter, Kaiserslautern 18.12.1994
Referee: Svend Erik Christensen (DEN)   Att: 20,310
GERMANY: Andreas Köpke; Stefan Reuter, Ralf Weber, Thomas Helmer, Thomas Berthold, Mathias Sammer, Andreas Möller, Thomas Hässler (78 Thomas Strunz), Jürgen Klinsmann, Lothar Matthäus, Ulf Kirsten (59 Stefan Kuntz). Trainer: Hubert Vogts
ALBANIA: Foto Strakosha; Hysen Zmijani, Ilir Shulku, Arian Xhumba, Gjergj Dema, Salvator Kaçaj, Saimir Malko, Arian Bellai, Bledar Kola (59 Alvaro Zalla), Altin Rraklli, Sulejman Demollari.   Trainer: Neptun Bajko
Goals: Matthäus (8 pen), Klinsmann (17), Rrakli (58)

GEORGIA v GERMANY 0-2 (0-2)
Boris Paichadze, Tbilisi 29.03.1995
Referee: Martin Bodenham (ENG)   Attendance: 75,000
GEORGIA: Akaki Devadze; Zaza Revishvili, Kakhi Tskhadadze, Murtaz Shelia, Georgi Chikhradze, Kakhi Gogichaishvili, Dimitri Kudinov, Gocha Jamarauli (64 Gocha Gogrichiani), Rezo Arveladze (77 Mihail Kavelashvili), Georgi Kinkladze, Shota Arveladze.   Trainer: Aleksandr Chivadze
GERMANY: Andreas Köpke; Stefan Reuter, Ralf Weber (46 Steffen Freund), Jürgen Kohler, Thomas Helmer, Markus Babbel, Dieter Eilts, Mario Basler, Jürgen Klinsmann, Andreas Möller, Heiko Herrlich.   Trainer: Hubert Vogts
Goals: Klinsmann (24, 45)

ALBANIA v MOLDOVA 3-0 (2-0)
Qemal Stafa, Tiranë 29.03.1995
Referee: Urs Meier (SWI)   Attendance: 15,000
ALBANIA: Foto Strakosha (80 Blendi Nallbani); Saimir Malko, Ilir Shulku, Arian Xhumba (69 Indrit Fortuzi), Rudi Vata, Salvator Kaçaj, Sokol Kushta (75 Edmond Dalipi), Arian Bellai, Edmond Abazi, Altin Rraklli, Sulejman Demollari. Trainer: Neptun Bajko
MOLDOVA: Vasile Coşelev; Sergei Secu, Serghei Belous, Valeriu Pogorelov, Vladimir Gaidamaşciuc (66 Andrei Stroenco), Serghei Stroenco, Igor Oprea, Alexandru Curtianu (73 Emil Caras), Serghei Nani, Alexandru Spiridon, Serghei Cleşcenco.   Trainer: Ion Caras
Goals: Kushta (31, 79), Kaçaj (41)

GERMANY v WALES 1-1 (1-1)
Rheinstadion, Düsseldorf 26.04.1995
Referee: José García-Aranda Encinar (SPA)   Att: 43,461
GERMANY: Andreas Köpke; Stefan Reuter, Ralf Weber, Steffen Freund, Markus Babbel, Christian Ziege (86 Stefan Kuntz), Dieter Eilts, Mario Basler (76 Mehmet Scholl), Jürgen Klinsmann, Thomas Hässler, Heiko Herrlich.
Trainer: Hubert Vogts
WALES: Neville Southall; David Phillips, Mark Bowen, Vinnie Jones, Kit Symons, Chris Coleman (46 Adrian Williams), Barry Horne, Dean Saunders, Ian Rush, Mark Hughes (89 John Hartson), Gary Speed.   Manager: Mike Smith
Goals: Saunders (8), Herrlich (42)

BULGARIA v WALES 3-1 (1-0)
Vasil Levski, Sofia 29.03.1995
Referee: Michel Piraux (BEL)   Attendance: 65,000
BULGARIA: Borislav Mihailov; Emil Kremenliev, Trifon Ivanov, Tsanko Tsvetanov (65 Ilian Kiriakov), Petar Hubchev, Zlatko Iankov, Emil Kostadinov, Hristo Stoichkov, Liuboslav Penev, Krasimir Balakov, Iordan Lechkov.
Trainer: Dimitar Penev
WALES: Neville Southall; David Phillips, Mark Bowen, Vinnie Jones (78 John Cornforth), Kit Symons, Chris Coleman, Barry Horne, Dean Saunders, John Hartson, Gary Speed, Ryan Giggs.   Manager: Mike Smith
Goals: Balakov (37), Penev (70, 82), Saunders (83)

GEORGIA v ALBANIA 2-0 (2-0)
Boris Paichadze, Tbilisi 26.04.1995
Referee: Roelof Luinge (HOL)   Attendance: 25,000
GEORGIA: Akaki Devadze; Georgi Gudushauri, Dimitri Kudinov, Murtaz Shelia (70 Nugzar Lobjanidze), Georgi Chikhradze, Kakhi Gogichaishvili, Gela Inalishvili, Gocha Jamarauli, Temur Ketsbaia, David Kizilashvili (59 Archil Arveladze), Shota Arveladze.   Trainer: Aleksandr Chivadze
ALBANIA: Foto Strakosha; Ardian Mema, Saimir Malko, Arian Xhumba, Rudi Vata, Salvator Kaçaj, Sokol Kushta (83 Edmond Dosti), Indrit Fortuzi (57 Sokol Prenga), Edmond Dalipi, Altin Rraklli, Sulejman Demollari.
Trainer: Neptun Bajko
Goals: S. Arveladze (2), Ketsbaia (42)

MOLDOVA v BULGARIA 0-3 (0-1)
Republican, Chişinău 26.04.1995
Referee: Jiri Ulrich (CZE)   Attendance: 18,000
MOLDOVA: Vasile Coşelev; Sergei Secu, Oleg Fistican, Valeriu Pogorelov, Emil Caras (66 Vladimir Gaidamaşciuc); Radu Rebeja, Igor Oprea (83 Boris Cebotari), Serghei Belous, Serghei Nani, Alexandru Curtianu, Serghei Cleşcenco.
Trainer: Ion Caras
BULGARIA: Borislav Mihailov; Emil Kremenliev (81 Ilian Kiriakov), Trifon Ivanov, Tsanko Tsvetanov, Petar Hubchev; Zlatko Iankov, Ivailo Iordanov, Hristo Stoichkov (76 Petar Mikhtarski), Iordan Lechkov; Liuboslav Penev, Krasimir Balakov.   Trainer: Dimitar Penev
Goals: Balakov (29), Stoichkov (57, 67)

WALES v GEORGIA 0-1 (0-0)
Arms Park, Cardiff   07.06.1995
Referee: Ilka Koho (FIN)   Attendance: 6,500
WALES: Neville Southall; David Phillips, Mark Bowen, Vinnie Jones, Kit Symons, Adrian Williams, Barry Horne, Dean Saunders (82 Mark Pembridge), Ian Rush, Mark Hughes (82 John Hartson), John Cornforth.   Manager: Mike Smith
GEORGIA: Akaki Devadze; Besik Beradze, Kakhi Tskhadadze, Murtaz Shelia, Georgi Chikhradze, Kakhi Gogichaishvili, Gela Inalishvili, Mihail Kavelashvili (73 Levan Tskitishvili), Temur Ketsbaia, Georgi Kinkladze, Shota Arveladze (86 Georgi Kilasonia).
Trainer: Aleksandr Chivadze
Goal: Kinkladze (72)

MOLDOVA v ALBANIA 2-3 (2-2)
Republican, Chişinău 07.06.1995
Referee: Leon Schellings (BEL)   Attendance: 8,000
MOLDOVA: Evgheni Ivanov; Sergei Secu, Oleg Fistican, Valeriu Pogorelov, Radu Rebeja (73 Vladimir Kosse), Serghei Stroenco, Andrei Stroenco, Serghei Belous (55 Iurie Miterev), Serghei Nani, Alexandru Curtianu, Serghei Cleşcenco.
Trainer: Ion Caras
ALBANIA: Foto Strakosha; Artan Bano, Ilir Shulku, Saimir Malko, Rudi Vata, Salvator Kaçaj, Sokol Kushta, Arian Bellai, Bledar Kola, Altin Rraklli (87 Sokol Prenga), Sulejman Demollari (81 Ledio Pano).   Trainer: Neptun Bajko
Goals: Kushta (7), Curtianu (10), Cleşcenco (15), Bellai (25), Vata (71)

ALBANIA v BULGARIA 1-1 (1-1)
Qemal Stafa, Tirana   06.09.1995
Referee: Charles Agius (MAL)   Attendance: 10,000
ALBANIA: Foto Strakosha; Edmond Abazi, Ilir Shulku, Arian Xhumba, Rudi Vata, Artur Lekbello, Sokol Kushta, Arian Bellai, Bledar Kola (65 Ylli Shehu, 88 Ledio Pano), Altin Rraklli, Kliton Bozgo (86 Sulejman Demollari).
Trainer: Neptun Bajko
BULGARIA: Borislav Mihailov; Emil Kremenliev, Trifon Ivanov, Tsanko Tsvetanov, Petar Hubchev; Daniel Borimirov, Emil Kostadinov, Hristo Stoichkov, Liuboslav Penev (75 Nasko Sirakov), Krasimir Balakov, Iordan Lechkov (75 Krasimir Chomakov).   Trainer: Dimitar Penev
Goals: Stoichkov (8), Rraklli (15)

BULGARIA v GERMANY 3-2 (1-2)
Vasil Levski, Sofia   07.06.1995
Referee: Pierluigi Pairetto (ITA)   Attendance: 60,000
BULGARIA: Borislav Mihailov; Emil Kremenliev, Trifon Ivanov, Tsanko Tsvetanov, Petar Hubchev; Zlatko Iankov, Ivailo Iordanov (63 Emil Kostadinov), Hristo Stoichkov, Liuboslav Penev, Krasimir Balakov, Iordan Lechkov (81 Nasko Sirakov).
Trainer: Dimitar Penev
GERMANY: Andreas Köpke; Stefan Reuter, Thomas Strunz (90 Ulf Kirsten), Markus Babbel, Thomas Helmer, Matthias Sammer, Dieter Eilts, Mario Basler (81 Andreas Möller), Jürgen Klinsmann, Thomas Hässler, Heiko Herrlich.
Trainer: Hubert Vogts
Goals: Klinsmann (18), Strunz (44), Stoichkov (45 pen, 66 pen), Kostadinov (69)

GERMANY v GEORGIA 4-1 (1-1)
Frankenstadion, Nuremberg   06.09.1995
Referee: James McCluskey (SCO)   Attendance: 40,000
GERMANY: Oliver Kahn; Markus Babbel, Christian Ziege, Jürgen Kohler, Thomas Helmer, Steffen Freund, Andreas Möller, Thomas Strunz, Jürgen Klinsmann, Thomas Hässler, Ulf Kirsten.   Trainer: Hubert Vogts
GEORGIA: Akaki Devadze; Gocha Gujabidze, Dimitri Kudinov, Murtaz Shelia, Georgi Chikhradze, Kakhi Gogichaishvili (68 Archil Arveladze), Georgi Nemsadze, Mihail Kavelashvili (46 Georgi Kilasonia), Temur Ketsbaia, Georgi Kinkladze, Shota Arveladze.
Trainer: Aleksandr Chivadze
Goals: Ketsbaia (28), Möller (38), Ziege (56), Kirsten (62), Babbel (72)

WALES v MOLDOVA 1-0 (0-0)
Arms Park, Cardiff   06.09.1995
Referee: Gylfi Orrason (ICE)   Attendance: 5,000
WALES: Neville Southall; Mark Bowen, Chris Coleman, Adrian Williams, Kit Symons, Mark Pembridge, Barry Horne, Lee Nogan (46 David Phillips), Ian Rush (69 John Hartson), Mark Hughes, Gary Speed.   Trainer: Bobby Gould
MOLDOVA: Evgheni Ivanov; Oleg Fistican, Ion Testimiţanu, Vitali Culibaba, Radu Rebeja (84 Vadim Gavriliuc), Serghei Stroenco, Igor Oprea, Serghei Belous, Serghei Nani (76 Alexandru Suharev), Boris Cebotari, Serghei Cleşcenco.   Trainer: Ion Caras
Sent off: Fistican (88)
Goal: Speed (55)

WALES v GERMANY 1-2 (0-0)
Arms Park, Cardiff   11.10.1995
Referee: Ion Crăciunescu (ROM)   Attendance: 25,000
WALES: Neville Southall; Stephen Jenkins (71 Paul Mardon), Mark Bowen, Kit Symons, Andy Melville, Mark Pembridge (82 Geraint Williams), Barry Horne, Dean Saunders, Nathan Blake (82 Glyn Hodges), Gary Speed, Ryan Giggs.
Trainer: Bobby Gould
GERMANY: Andreas Köpke; Markus Babbel (46 Christian Wörns), Christian Ziege, Steffen Freund, Thomas Helmer, Matthias Sammer, Andreas Möller, Dieter Eilts, Jürgen Klinsmann, Thomas Hässler, Heiko Herrlich (74 Stefan Kuntz).
Trainer: Hubert Vogts
Goals: Melville (75 og), Helmer (78 og), Klinsmann (81)

BULGARIA v ALBANIA 3-0 (1-0)
Vasil Levski, Sofia   07.10.1995
Referee: Juha Hirviniemi (FIN)   Attendance: 35,000
BULGARIA: Borislav Mihailov; Emil Kremenliev, Trifon Ivanov, Tsanko Tsvetanov, Zlatko Iankov, Ilian Kiriakov (88 Daniel Borimirov), Emil Kostadinov (86 Nasko Sirakov), Hristo Stoichkov, Liuboslav Penev, Krasimir Balakov, Iordan Lechkov.   Trainer: Dimitar Penev
ALBANIA: Foto Strakosha; Hysen Zmijani, Saimir Malko, Arian Xhumba, Ilir Shulku, Gjergj Dema, Sokol Kushta, Arian Bellai, Bledar Kola, Altin Rraklli, Edmond Abazi (85 Sulejman Demollari).   Trainer: Neptun Bajko
Goals: Lechkov (13), Kostadinov (82, 84)

GEORGIA v BULGARIA 2-1 (1-0)
Boris Paichadze, Tbilisi   11.10.1995
Referee: Urs Meier (SWI)   Attendance: 45,000
GEORGIA: Irakli Zoidze; Georgi Gudushauri (82 Besik Beradze), Dimitri Kudinov, Murtaz Shelia, Georgi Chikhradze, Kakhi Gogichaishvili, Georgi Nemsadze, Gocha Jamarauli (74 Georgi Kilasonia), Archil Arveladze (46 Mihail Kavelashvili), Georgi Kinkladze, Shota Arveladze.
Trainer: Aleksandr Chivadze
BULGARIA: Borislav Mihailov; Ilian Kiriakov, Trifon Ivanov (58 Krasimir Chomakov), Tsanko Tsvetanov, Zlatko Iankov, Nasko Sirakov (58 Daniel Borimirov), Emil Kostadinov, Hristo Stoichkov, Liuboslav Penev, Krasimir Balakov, Iordan Lechkov.
Trainer: Dimitar Penev
Goals: S. Arveladze (1), Kinkladze (47 pen), Stoichkov (87)

GERMANY v MOLDOVA 6-1 (3-0)
Ulrich Haberland, Leverkusen   08.10.1995
Referee: Zygmunt Ziober (POL)   Attendance: 28,500
GERMANY: Andreas Köpke; Markus Babbel, Christian Ziege, Steffen Freund, Thomas Helmer, Matthias Sammer (83 Christian Wörns), Andreas Möller (78 Mehmet Scholl), Dieter Eilts, Jürgen Klinsmann, Thomas Hässler, Heiko Herrlich (74 Fredi Bobic).   Trainer: Hubert Vogts
MOLDOVA: Evgheni Ivanov; Sergiu Secu, Ion Testimiţanu, Vitali Culibaba, Radu Rebeja, Serghei Stroenco, Igor Oprea (86 Vadim Gavriliuc), Serghei Belous, Serghei Nani (60 Iurie Miterev), Alexandru Curtianu, Serghei Cleşcenco.
Trainer: Ion Caras
Goals: S.Stroenco (15 og), Helmer (18), Sammer (24, 72), Möller (47, 61), Rebeja (80)

ALBANIA v WALES 1-1 (1-1)
Qemal Stafa, Tirana   15.11.1995
Referee: David Suheil (ISR)   Attendance: 5,500
ALBANIA: Foto Strakosha; Hysen Zmijani, Ilir Shulku, Gjergj Dema (83 Arben Milori), Rudi Vata, Artur Lekbello, Sokol Kushta (57 Bushi), Saimir Malko, Kliton Bozgo (78 Alvaro Zalla), Altin Rraklli, Ledio Pano.   Trainer: Neptun Bajko
WALES: Neville Southall; Stephen Jenkins, Mark Bowen, David Phillips, Eric Young, Andy Melville, Gareth Taylor (84 John Robinson), Ceri Hughes (63 Robbie Savage), Dean Saunders, Mark Pembridge, Ryan Giggs.
Manager: Bobby Gould
Goals: Kushta (3 pen), Pembridge (43)

GERMANY v BULGARIA 3-1 (0-0)

Olimpiastadion, Berlin   15.11.1995

Referee: Vasilios Nikakis (GRE)   Attendance: 75,841

GERMANY: Andreas Köpke; Markus Babbel, Steffen Freund, Jürgen Kohler (46 Thomas Strunz), Thomas Helmer, Matthias Sammer, Dieter Eilts, Mario Basler, Jürgen Klinsmann, Thomas Hässler (88 Stefan Reuter), Stefan Kuntz (82 Fredi Bobic).   Trainer: Hubert Vogts

BULGARIA: Dimitar Popov; Emil Kremenliev, Valentin Dartilov, Tsanko Tsvetanov, Gosho Ginchev, Zlatko Iankov, Emil Kostadinov, Hristo Stoichkov, Liuboslav Penev (86 Nasko Sirakov), Krasimir Balakov (82 Daniel Borimirov), Iordan Lechkov (62 Ilian Kiriakov).   Trainer: Dimitar Penev

Goals: Stoichkov (47), Klinsmann (50, 77 pen), Hässler (56)

MOLDOVA v GEORGIA 3-2 (2-0)

Republican, Chișinău   15.11.1995

Referee: Mario van der Ende (HOL)   Attendance: 7,000

MOLDOVA: Vasile Coșelev; Sergiu Secu, Ion Testimițanu, Vitali Culibaba, Serghei Belous, Serghei Nani, Igor Oprea (52 Alexandru Suharev), Serghei Kirilov (74 Vadim Gavriliuc), Iurie Miterev, Alexandru Curtianu (72 Boris Cebotari), Serghei Cleșcenco.   Trainer: Ion Caras

GEORGIA: Irakli Zoidze; Georgi Gudushauri (63 David Janashia), Dimitri Kudinov, Besik Beradze, Georgi Chikhradze, Kakhi Gogichaishvili, Levan Tskitishvili, Gocha Jamarauli (60 Mamuka Machavariani), Temur Ketsbaia, Georgi Kinkladze, Shota Arveladze.   Trainer: Aleksandr Chivadze

Sent off: Chikhradze (40)

Goals: Testimițanu (5 pen), Miterev (17, 68), Janashia (66), Culibaba (77 og)

	P	W	D	L	F	A	Pts
Germany	10	8	1	1	27	10	25
Bulgaria	10	7	1	2	24	10	22
Georgia	10	5	0	5	14	13	15
Moldova	10	3	0	7	11	27	9
Wales	10	2	2	6	9	19	8
Albania	10	2	2	6	10	16	8

GROUP 8

FINLAND v SCOTLAND 0-2 (0-1)

Olympiastadion, Helsinki   07.09.1994

Referee: Ryszard Wojcik (POL)   Attendance: 12,845

FINLAND: Petri Jakonen; Janne Mäkelä, Markku Kanerva, Aki Hyryläinen, Antti Heinola (30 Erik Holmgren), Kim Suominen, Rami Rantanen (41 Petri Järvinen), Janne Lindberg, Ari Hjelm, Jari Litmanen, Mika-Matti Paatelainen.   Trainer: Tommy Lindholm

SCOTLAND: Andy Goram; Stewart McKimmie, Tom Boyd, Alan McLaren, Colin Hendry, Craig Levein (78 Stuart McCall), Andy Walker (65 Eoin Jess), Paul McStay, Duncan Shearer, Gary McAllister, John Collins.   Manager: Craig Brown

Goals: Shearer (29), Collins (66)

FAROE ISLANDS v GREECE 1-5 (0-2)

Svangaskard, Toftir   07.09.1994

Referee: Michel Piraux (BEL)   Attendance: 2,412

FAROE ISLANDS: Jens Martin Knudsen; Tummas Eli Hansen, Jens Christian Hansen, Abraham Hansen, Oli Johannesen, Jan Dam, Allan Mørkøre (84 Jens Erik Rasmussen), Magni Jarnskor, Jan Allan Müller, Todi Jonsson, Øssur Hansen (54 Henning Jarnskor).   Trainer: Allan Simonsen

GREECE: Hristos Karkamanis; Efstratios Apostolakis, Kiriakos Karataidis, Kostas Pavlopoulos, Yannis Kallitzakis, Panayotis Tsalouhidis, Dimitris Saravakos, Hristos Kostis (79 Dimitris Markos), Minas Hantzidis (82 Theodoros Zagorakis), Vassilis Tsartas, Alexandros Alexandris.   Trainer: Kostas Polihroniou

Goals: Saravakos (12), Tsalouhidis (17, 87), Alexandris (55, 60), Apostolakis (89 og)

GREECE v FINLAND 4-0 (1-0)

Kautatzogleio, Thessaloniki   12.10.1994

Referee: Philippe Leduc (FRA)   Attendance: 30,000

GREECE: Ilias Atmatsidis; Efstratios Apostolakis, Mihalis Kassapis, Nikos Dabizas, Yannis Kallitzakis, Panayotis Tsalouhidis, Theodoros Zagorakis, Dimitris Markos (64 Yorgos Toursounidis), Nikos Mahlas, Vassilis Tsartas, Zissis Vrizas (42 Daniel Batista).   Trainer: Kostas Polihroniou

FINLAND: Petri Jakonen; Janne Mäkelä, Markku Kanerva, Aki Hyryläinen, Antti Heinola (31 Erik Holmgren), Kim Suominen, Petri Järvinen (73 Antti Sumiala), Janne Lindberg, Ari Hjelm, Jari Litmanen, Mika-Matti Paatelainen.   Trainer: Tommy Lindholm

Goals: Markos (23), Batista (69), Mahlas (76, 90)

SCOTLAND v FAROE ISLANDS 5-1 (3-0)
Hampden Park, Glasgow   12.10.1994
Referee: Terje Hauge (NOR)   Attendance: 20,885
SCOTLAND: Andy Goram; Stewart McKimmie, Tom Boyd, Alan McLaren, Colin Hendry (58 Billy McKinlay), Craig Levein, Patrick Nevin, Paul McStay, John McGinlay, Scott Booth (70 Andy Walker), John Collins.
Manager: Craig Brown

FAROE ISLANDS: Jens Martin Knudsen; Jens Christian Hansen, Tummas Eli Hansen, Oli Johannesen, Øssur Hansen, Jan Dam (54 Djoni Joensen), Magni Jarnskor, Kurt Mørkøre (71 Janus Rasmussen), Jan Allan Müller, Todi Jonsson, Henning Jarnskor.   Trainer: Allan Simonsen
Goals: McGinlay (4), Booth (34), Collins (40, 72), McKinlay (61), Müller (75)

GREECE v SAN MARINO 2-0 (1-0)
Olympiako, Athina   16.11.1994
Referee: Chaim Lipkovitch (ISR)   Attendance: 13,500
GREECE: Ilias Atmatsidis; Efstratios Apostolakis, Mihalis Kassapis, Nikos Dabizas, Yannis Kallitzakis, Spiros Maragos (46 Kostas Frantzeskos), Theodoros Zagorakis, Yorgos Toursounidis, Nikos Mahlas, Vassilis Tsartas, Zissis Vrizas (70 Daniel Batista).   Trainer: Kostas Polihroniou

SAN MARINO: Pier Luigi Benedettini; Luca Gobbi, Mirco Gennari (46 Claudio Canti), Pier Domenico Della Valle (75 Bryan Gasperoni), Mauro Valentini, William Guerra, Pierangelo Manzaroli, Fabio Francini, Nicola Bacciocchi, Massimo Bonini, Davide Gualtieri.   Trainer: Giorgio Leoni
Goals: Mahlas (20), Frantzeskos (84)

RUSSIA v SAN MARINO 4-0 (1-0)
Luzhniki, Moskva   12.10.1994
Referee: Alain Hamer (LUX)   Attendance: 20,000
RUSSIA: Stanislav Cherchesov; Vasili Kulkov (62 Omari Tetradze), Yuri Nikiforov, Ilya Tsymbalar (56 Igor Kolyvanov), Igor Shalimov, Valeri Karpin, Viktor Onopko, Andrei Kanchelskis, Andrei Pyatnitski, Dmitri Radchenko, Sergei Kiryakov.   Trainer: Oleg Romantsev

SAN MARINO: Pier Luigi Benedettini; Luca Gobbi, Mirco Gennari, Marco Mazza, Mauro Valentini, William Guerra (21 Pier Domenico Della Valle), Pierangelo Manzaroli, Ivan Matteoni, Nicola Bacciocchi, Massimo Bonini, Fabio Francini (61 Claudio Canti).   Trainer: Giorgio Leoni
Goals: Karpin (43), Kolyvanov (64), Nikiforov (65), Radchenko (67)

SCOTLAND v RUSSIA 1-1 (1-1)
Hampden Park, Glasgow   16.11.1994
Referee: Bo Karlsson (SWE)   Attendance: 31,254
SCOTLAND: Andy Goram; Stewart McKimmie, Tom Boyd, Stuart McCall, Alan McLaren, Craig Levein, Scott Booth, Billy McKinlay (83 Patrick Nevin), John McGinlay (63 John Spencer), Gary McAllister, John Collins.
Manager: Craig Brown

RUSSIA: Stanislav Cherchesov; Vasili Kulkov, Yuri Nikiforov, Sergei Gorlukovich, Igor Shalimov, Valeri Karpin, Viktor Onopko, Andrei Kanchelskis, Andrei Pyatnitski (75 Omari Tetradze), Dmitri Radchenko, Vladislav Radimov.
Trainer: Oleg Romantsev
Goals: Booth (19), Radchenko (26)

FINLAND v FAROE ISLANDS 5-0 (1-0)
Olympiastadion, Helsinki   16.11.1994
Referee: Gylfi Orrason (ICE)   Attendance: 5,000
FINLAND: Kari Laukkanen; Janne Mäkelä, Markku Kanerva, Anders Eriksson, Petri Helin, Janne Lindberg (78 Marko Rajamäki), Antti Sumiala (88 Jukka Ruhanen), Kari Ukkonen, Ari Hjelm, Jari Litmanen, Mika-Matti Paatelainen.
Trainer: Jukka Ikäläinen

FAROE ISLANDS: Jens Martin Knudsen; Oli Johannesen, Tummas Eli Hansen, Janus Rasmussen, Øssur Hansen (76 Jens Erik Rasmussen), Kurt Mørkøre, Magni Jarnskor, Henning Jarnskor, Jan Allan Müller, Todi Jonsson, Djoni Joensen.
Trainer: Allan Simonsen
Goals: Sumiala (37), Litmanen (53 pen, 72), Paatelainen (75, 85)

FINLAND v SAN MARINO 4-1 (2-1)
Olympiastadion, Helsinki   14.12.1994
Referee: Hermann Albrecht (GER)   Attendance: 3,140
FINLAND: Kari Laukkanen; Janne Mäkelä, Markku Kanerva, Anders Eriksson, Petri Helin (74 Marko Myyry), Janne Lindberg, Antti Sumiala, Kari Ukkonen, Ari Hjelm, Jari Litmanen, Mika-Matti Paatelainen.   Trainer: Jukka Ikäläinen

SAN MARINO: Pier Luigi Benedettini; Claudio Canti, Mirco Gennari, Bryan Gasperoni, Luca Gobbi, William Guerra, Pierangelo Manzaroli, Pier Domenico Della Valle, Nicola Bacciocchi (86 Claudio Peverani), Massimo Bonini, Marco Marco Mularoni (60 Davide Gualtieri).
Trainer: Giorgio Leoni
Goals: Paatelainen (24, 30, 86, 90), Della Valle (34)

GREECE v SCOTLAND 1-0 (1-0)

Olympiako, Athina   18.12.1994

Referee: John Blankenstein (HOL)   Attendance: 20,000

GREECE: Ilias Atmatsidis; Efstratios Apostolakis, Mihalis Kassapis, Mihalis Vlahos, Yannis Kallitzakis, Panayotis Tsalouhidis, Theodoros Zagorakis, Nikos Nioblias (88 Theofilos Karassavidis), Nikos Mahlas, Yorgos Toursounidis, Alexandros Alexandris (72 Spiros Maragos).   Trainer: Kostas Polihroniou

SCOTLAND: Andy Goram (77 James Leighton); Stewart McKimmie, Tom Boyd, Stuart McCall, Colin Hendry, Alan McLaren, John McGinlay, Billy McKinlay (46 John Spencer), Duncan Ferguson, Gary McAllister, John Collins.   Manager: Craig Brown

Goal: Apostolakis (18 pen)

GREECE v RUSSIA 0-3 (0-1)

Kautatzogleio, Thessaloniki   26.04.1995

Referee: Loris Stafoggia (ITA)   Attendance: 45,000

GREECE: Ilias Atmatsidis; Efstratios Apostolakis, Mihalis Kassapis, Nikos Dabizas, Yannis Kallitzakis, Panayotis Tsalouhidis, Theodoros Zagorakis, Nikos Nioblias (46 Vassilis Tsartas), Nikos Mahlas (59 Thamistoklis Nikolaidis), Yorgos Toursounidis, Yorgos Donis.   Trainer: Kostas Polihroniou

RUSSIA: Dmitri Kharin; Vasili Kulkov, Yuri Nikiforov, Yuri Kovtun, Dmitri Khlestov, Valeri Karpin, Viktor Onopko, Andrei Pyatnitski (46 Sergei Kiryakov), Igor Dobrovolski, Dmitri Radchenko (77 Aleksandr Mostovoi), Vladimir Beschastnykh.   Trainer: Oleg Romantsev

Goals: Nikiforov (36), Zagorakis (78 og), Beschastnykh (79)

SAN MARINO v FINLAND 0-2 (0-1)

Olimpico, Serravalle   29.03.1995

Referee: David Suheil (ISR)   Attendance: 824

SAN MARINO: Pier Luigi Benedettini; Luca Gobbi, Mirco Gennari, Marco Mazza (70 Ivan Matteoni), Mauro Valentini, William Guerra, Pierangelo Manzaroli, Fabio Francini, Paolo Montagna (75 Davide Gualtieri), Massimo Bonini, Marco Mularoni.   Trainer: Giorgio Leoni

FINLAND: Kari Laukkanen; Janne Mäkelä, Kari Ukkonen, Anders Eriksson, Petri Helin, Janne Lindberg, Antti Sumiala, Marko Myyry (83 Sami Hyypiä), Ari Hjelm, Jari Litmanen, Petri Järvinen (76 Marko Rajamäki).   Trainer: Jukka Ikäläinen

Goals: Litmanen (45), Sumiala (65)

SAN MARINO v SCOTLAND 0-2 (0-1)

Olimpico, Serravalle   26.04.1995

Referee: Loizos Loizou (CYP)   Attendance: 1,738

SAN MARINO: Pier Luigi Benedettini; Claudio Canti, Mirco Gennari, Marco Mazza, Luca Gobbi, William Guerra, Pierangelo Manzaroli, Pier Domenico Della Valle, Nicola Bacciocchi, Massimo Bonini (46 Ivan Matteoni), Marco Mularoni (73 Davide Gualtieri).   Trainer: Giorgio Leoni

SCOTLAND: James Leighton; Colin Calderwood, Tom Boyd, Alan McLaren, Colin Hendry, Darren Jackson, Patrick Nevin (78 Billy McKinlay), Duncan Shearer (67 John Spencer), John McGinlay, Gary McAllister, John Collins.   Manager: Craig Brown

Goals: Collins (19), Calderwood (85)

RUSSIA v SCOTLAND 0-0

Luzhniki, Moskva   29.03.1995

Referee: Hartmut Strampe (GER)   Attendance: 27,500

RUSSIA: Dmitri Kharin; Dmitri Khlestov, Yuri Nikiforov, Yuri Kovtun, Igor Shalimov (70 Vladislav Radimov), Valeri Karpin, Viktor Onopko, Andrei Kanchelskis, Igor Dobrovolski, Dmitri Radchenko (56 Nikolai Pisarev), Sergei Kiryakov.   Trainer: Oleg Romantsev

SCOTLAND: James Leighton; Stewart McKimmie, Tom Boyd, Alan McLaren, Colin Hendry, Colin Calderwood, Darren Jackson (77 Duncan Shearer), Paul McStay, John McGinlay (83 Billy McKinlay), Gary McAllister, John Collins.   Manager: Craig Brown

FAROE ISLANDS v FINLAND 0-4 (0-0)

Svangaskard, Toftir   26.04.1995

Referee: Alan Howells (WAL)   Attendance: 1,000

FAROE ISLANDS: Jens Martin Knudsen; Oli Johannesen, Jens Christian Hansen, Janus Rasmussen, Kurt Mørkøre, Allan Mørkøre, Magni Jarnskor (80 Henning Jarnskor), Øssur Hansen, Allan Joensen, Todi Jonsson, Julian Johnsson.   Trainer: Allan Simonsen

FINLAND: Kari Laukannen; Janne Mäkelä, Kari Ukkonen, Anders Eriksson, Petri Helin, Janne Lindberg (82 Kim Suominen), Antti Sumiala (60 Joonas Kolkka), Sami Hyypiä, Ari Hjelm, Jari Litmanen, Mika-Matti Paatelainen.   Trainer: Jukka Ikäläinen

Goals: Hjelm (55), Paatelainen (75), Lindberg (78), Helin (83)

RUSSIA v FAROE ISLANDS 3-0 (0-0)

Luzhniki, Moskva   06.05.1995

Referee: Sergo Kvaratskhelia (GEO)   Attendance: 9,500

RUSSIA: Stanislav Cherchesov; Dmitri Khlestov, Yuri Nikiforov, Yuri Kovtun, Omari Tetradze, Valeri Kechinov, Viktor Onopko, Dmitri Cheryshev, Andrei Pyatnitski (22 Vladimir Lebed), Nikolai Pisarev, Mukhsin Mukhamadiev.   Trainer: Oleg Romantsev

FAROE ISLANDS: Jens Martin Knudsen; Oli Johannesen, Jens Christian Hansen, Janus Rasmussen, Kurt Mørkøre, Allan Joensen, Magni Jarnskor, Øssur Hansen, Henning Jarnskor (69 Djoni Joensen), Todi Jonsson, Jens Erik Rasmussen.   Trainer: Allan Simonsen

Goals: Kechinov (53), Pisarev (72), Mukhamadiev (80)

FAROE ISLANDS v SCOTLAND 0-2 (0-2)

Svangaskard, Toftir   07.06.1995

Referee: Vladimir Hrinak (SVK)   Attendance: 3,881

FAROE ISLANDS: Jens Martin Knudsen; Oli Johannesen, Tummas Eli Hansen, Janus Rasmussen, Jens Christian Hansen, Øssur Hansen, Magni Jarnskor (63 Allan Joensen), Julian Johnsson, Henning Jarnskor, Todi Jonsson, Jens Erik Rasmussen (74 Jan Allan Müller).   Trainer: Allan Simonsen

SCOTLAND: James Leighton; Stewart McKimmie, Rob McKinnon, Alan McLaren, Colin Calderwood, Craig Burley, Darren Jackson, Billy McKinlay, John McGinlay (75 Scott Gemmill), John Collins, Duncan Shearer (86 John Robertson).   Manager: Craig Brown

Goals: McKinlay (25), McGinlay (29)

FAROE ISLANDS v SAN MARINO 3-0 (2-0)

Svangaskard, Toftir   25.05.1995

Referee: Brendan Shorte (IRE)   Attendance: 3,450

FAROE ISLANDS: Jens Martin Knudsen; Oli Johannesen, Jens Christian Hansen, Janus Rasmussen, Kurt Mørkøre, Øssur Hansen, Magni Jarnskor, Julian Johnsson, Henning Jarnskor, Todi Jonsson, Jens Erik Rasmussen.   Trainer: Allan Simonsen

SAN MARINO: Pier Luigi Benedettini; Luca Gobbi, Mirco Gennari, Bryan Gasperoni, Mauro Valentini, Claudio Canti, Pierangelo Manzaroli, Fabio Francini, Nicola Bacciocchi, Massimo Bonini (57 Andrea Ugolini), Marco Mularoni.   Trainer: Giorgio Leoni

Goals: J.C. Hansen (7), J.E. Rasmussen (9), Johnsson (62)

FINLAND v GREECE 2-1 (1-1)

Olympiastadion, Helsinki   11.06.1995

Referee: Hellmut Krug (GER)   Attendance: 10,500

FINLAND: Kari Laukannen; Janne Mäkelä, Marko Tuomela, Erik Holmgren, Petri Helin, Janne Lindberg, Antti Sumiala (63 Petri Järvinen), Marko Myyry, Ari Hjelm, Jari Litmanen, Mika-Matti Paatelainen (86 Petri Tiainen).   Trainer: Jukka Ikäläinen

GREECE: Nikos Mihopoulos; Efstratios Apostolakis, Mihalis Kassapis, Nikos Dabizas, Alexandros Alexiou, Panayotis Tsalouhidis, Theodoros Zagorakis, Themistoklis Nikolaidis, Dimitris Markos (58 Daniel Batista), Vassilis Tsartas (70 Nikos Mahlas), Yorgos Donis.   Trainer: Kostas Polihroniou

Goals: Nikolaidis (6), Litmanen (44 pen), Hjelm (55)

SAN MARINO v RUSSIA 0-7 (0-2)

Olimpico, Serravalle   07.06.1995

Referee: Karel Bohunek (CZE)   Attendance: 1,450

SAN MARINO: Pier Luigi Benedettini; Luca Gobbi, Mirco Gennari, Marco Mazza, Mauro Valentini, William Guerra, Pierangelo Manzaroli, Pier Domenico Della Valle (63 Claudio Canti), Nicola Bacciocchi, Fabio Francini, Paolo Montagna (77 Massimo Bonini).   Trainer: Giorgio Leoni

RUSSIA: Stanislav Cherchesov; Vasili Kulkov, Omari Tetradze, Yuri Kovtun, Igor Shalimov, Valeri Karpin, Viktor Onopko, Igor Kolyvanov, Vladimir Beschastnykh, Igor Dobrovolski (60 Dmitri Radchenko), Sergei Kiryakov (86 Dmitri Cheryshev).   Trainer: Oleg Romantsev

Goals: Dobrovolski (20 pen), Gobbi (38 og), Kiryakov (48), Shalimov (49), Beschastnykh (59), Kolyvanov (64), Cheryshev (86)

FINLAND v RUSSIA 0-6 (0-3)

Olympiastadion, Helsinki   16.08.1995

Referee: Sándor Puhl (HUNG)   Attendance: 14,200

FINLAND: Kari Laukannen; Janne Mäkelä (46 Kim Suominen), Markku Kanerva, Erik Holmgren, Rami Nieminen, Janne Lindberg, Antti Sumiala, Rami Rantanen (65 Tommi Grönlund), Ari Hjelm, Petri Tiainen, Mika-Matti Paatelainen (46 Petri Järvinen).   Trainer: Jukka Ikäläinen

RUSSIA: Dmitri Kharin (82 Stanislav Cherchesov); Yuri Kovtun, Yuri Nikiforov, Ilya Tsymbalar, Dmitri Khlestov, Valeri Karpin (61 Andrei Kanchelskis), Viktor Onopko, Vasili Kulkov, Aleksandr Mostovoi, Dmitri Radchenko (68 Sergei Kiryakov), Igor Kolyvanov.   Trainer: Oleg Romantsev

Goals: Kulkov (32, 49), Karpin (39), Radchenko (42), Kolyvanov (67, 69)

SCOTLAND v GREECE 1-0 (0-0)
Hampden Park, Glasgow   16.08.1995
Referee: Peter Mikkelsen (DEN)   Attendance: 34,910
SCOTLAND: James Leighton; Stewart McKimmie, Tom Boyd, Stuart McCall, Colin Calderwood, Tosh McKinlay, Duncan Shearer (71 Alistair McCoist), Craig Burley, Darren Jackson (73 John Robertson), Gary McAllister, John Collins.   Manager: Craig Brown
GREECE: Ilias Atmatsidis; Efstratios Apostolakis, Kiriakos Karataidis, Yannis Kallitzakis, Nikos Dabizas, Panayotis Tsalouhidis, Theodoros Zagorakis (79 Yorgos H.Yoryadis), Daniel Batista (49 Alexandros Alexandris), Zissis Vrizas (30 Nikos Mahlas), Vassilis Tsartas, Mihalis Kassapis.   Trainer: Kostas Polihroniou
Goal: McCoist (72)

SCOTLAND v FINLAND 1-0 (1-0)
Hampden Park, Glasgow   06.09.1995
Referee: Vasiliy Melnichuk (UKR)   Attendance: 35,505
SCOTLAND: James Leighton; Stewart McKimmie (88 Billy McKinlay), Tom Boyd, Colin Calderwood, Colin Hendry, Tosh McKinlay, John Spencer (75 Alistair McCoist), Alan McLaren, Scott Booth (80 Darren Jackson), Gary McAllister, John Collins.   Manager: Craig Brown
FINLAND: Kari Laukkanen; Kari Rissanen, Markku Kanerva, Erik Holmgren, Kim Suominen, Janne Lindberg, Rami Nieminen (64 Tommi Grönlund), Marko Myyry, Ari Hjelm, Jari Litmanen, Petri Järvinen.   Trainer: Jukka Ikäläinen
Goal: Booth (10)

SAN MARINO v GREECE 0-4 (0-2)
Olimpico, Serravalle   06.09.1995
Referee: Milan Mitrovic (SVN)   Attendance: 1,000
SAN MARINO: Stefano Muccioli; Luca Gobbi, Mirco Gennari, Marco Mazza, Ivan Matteoni, William Guerra, Pierangelo Manzaroli (89 Claudio Peverani), Pier Domenico Della Valle, Nicola Bacciocchi, Marco Mularoni (79 Paolo Montagna), Fabio Francini (76 Claudio Canti).   Trainer: Giorgio Leoni
GREECE: Ilias Atmatsidis; Efstratios Apostolakis, Kiriakos Karataidis, Marinos Ouzounidis, Nikos Dabizas, Panayotis Tsalouhidis, Theodoros Zagorakis, Themistoklis Nikolaidis (46 Alexandros Alexandris), Nikos Mahlas (79 Daniel Batista), Yorgos H. Yoryadis (58 Grigoris Yorgatos), Yorgos Donis.   Trainer: Kostas Polihroniou
Goals: Tsalouhidis (6), Y.H. Yoryadis (31), Alexandris (59), Donis (80)

FAROE ISLANDS v RUSSIA 2-5 (1-1)
Svangaskard, Toftir   06.09.1995
Referee: Alan Snoddy (NIR)   Attendance: 1,852
FAROE ISLANDS: Jens Martin Knudsen; Oli Johannesen, Tummas Eli Hansen (81 Allan Joensen), Janus Rasmussen, Jens Christian Hansen, Øssur Hansen, Kurt Mørkøre, Julian Johnsson, Jan Allan Müller (72 Jens Erik Rasmussen), Todi Jonsson, Henning Jarnskor.   Trainer: Allan Simonsen
RUSSIA: Stanislav Cherchesov; Yuri Kovtun, Yuri Nikiforov, Ilya Tsymbalar, Igor Shalimov, Andrei Kanchelskis (58 Vladimir Beschastnykh), Viktor Onopko, Vasili Kulkov (65 Ramiz Mamedov), Aleksandr Mostovoi, Dmitri Radchenko (46 Sergei Kiryakov), Igor Kolyvanov.
Goals: Mostovoi (10 pen), H. Jarnskor (12), Jonsson (55), Kiryakov (60), Kolyvanov (65), Tsymbalar (83), Shalimov (88)

SAN MARINO v FAROE ISLANDS 1-3 (0-2)
Olimpico, Serravalle   11.10.1995
Referee: Roland Beck (LIE)   Attendance: 1,000
SAN MARINO: Stefano Muccioli; Vittorio Valentini, Mirco Gennari, Ivan Matteoni (75 Claudio Peverani), Mauro Valentini, William Guerra, Pierangelo Manzaroli, Marco Mazza (57 Marco Mularoni), Nicola Bacciocchi, Fabio Francini, Paolo Montagna (81 Bryan Gasperoni).   Trainer: Giorgio Leoni
FAROE ISLANDS: Jens Martin Knudsen; Andreas F.Hansen, Jens Christian Hansen, Janus Rasmussen, Henning Jarnskor (88 Harley Bertholdsen), Allan Mørkøre, Magni Jarnskor, Øssur Hansen (81 Kari Reynheim), Jan Allan Müller, Todi Jonsson (75 John Petersen), Jan Dam.   Trainer: Allan Simonsen
Goals: Jonsson (42, 44, 59), M. Valentini (55)

RUSSIA v GREECE 2-1 (1-0)
Luzhniki, Moskva   11.10.1995
Referee: Gerd Grabher (AUS)   Attendance: 65,000
RUSSIA: Dmitri Kharin; Yuri Kovtun, Yuri Nikiforov, Ilya Tsymbalar (61 Dmitri Radchenko), Dmitri Khlestov, Valeri Karpin (76 Igor Shalimov), Viktor Onopko, Vasili Kulkov, Aleksandr Mostovoi, Sergei Yuran (46 Sergei Kiryakov), Igor Kolyvanov.   Trainer: Oleg Romantsev
GREECE: Nikos Mihopoulos; Efstratios Apostolakis, Mihalis Kassapis, Marinos Ouzounidis, Yannis Kallitzakis (46 Nikos Dabizas), Panayotis Tsalouhidis, Theodoros Zagorakis, Alexandros Alexandris, Daniel Batista (66 Nikos Mahlas), Vassilis Tsartas (46 Grigoris Yorgatos), Yorgos Donis.   Trainer: Kostas Polihroniou
Goals: Ouzounidis (38 og), Tsalouhidis (64), Onopko (72)

GREECE v FAROE ISLANDS 5-0 (0-0)

OFI, Iraklion   15.11.1995

Referee: Mitko Mitrev (BUL)   Attendance: 11,000

GREECE: Ilias Atmatsidis; Efstratios Apostolakis, Mihalis Kassapis, Marinos Ouzounidis, Nikos Dabizas, Panayotis Tsalouhidis (46 Themistoklis Nikolaidis), Theodoros Zagorakis (70 Kostas Konstantinidis), Alexandros Alexandris (75 Yorgos H.Yoryadis), Nikos Mahlas, Vassilis Tsartas, Yorgos Donis.   Trainer: Kostas Polihroniou

FAROE ISLANDS: Jakup Mikkelsen; Oli Johannesen, Tummas Eli Hansen, Jens Christian Hansen, Øssur Hansen (90 Harley Bertholdsen), Allan Mørkøre, Magni Jarnskor, Henning Jarnskor, Jan Allan Müller (83 John Petersen), Kari Reynheim (55 Julian Johnsson), Jan Dam.   Trainer: Allan Simonsen

Goals: Alexandris (59), Nikolaidis (62), Mahlas (66), Donis (76), Tsartas (80)

SCOTLAND v SAN MARINO 5-0 (2-0)

Hampden Park, Glasgow   15.11.1995

Referee: Karel Bohunek (CZE)   Attendance: 30,306

SCOTLAND: James Leighton; Alan McLaren, Tom Boyd, Colin Calderwood, Colin Hendry, Scot Gemmill, Patrick Nevin, Scott Booth (66 Darren Jackson), Eoin Jess, Gary McAllister (48 Alistair McCoist), John Collins (59 Billy McKinlay).   Manager: Craig Brown

SAN MARINO: Stefano Muccioli; Federico Moroni, Mirco Gennari, Marco Mazza (82 Pier Domenico Della Valle), Mauro Valentini, William Guerra (71 Paolo Montagna), Pierangelo Manzaroli, Ivan Matteoni, Nicola Bacciocchi, Marco Mularoni (52 Claudio Canti), Fabio Francini.   Trainer: Giorgio Leoni

Goals: Jess (30), Booth (45), McCoist (49), Nevin (71), Francini (90 og)

RUSSIA v FINLAND 3-1 (1-1)

Luzhniki, Moskva   15.11.1995

Referee: Markus Merk (GER)   Attendance: 3,500

RUSSIA: Stanislav Cherchesov; Ramiz Mamedov (46 Igor Dobrovolski), Yuri Nikiforov, Ilya Tsymbalar, Dmitri Khlestov, Valeri Karpin (75 Andrei Kanchelskis), Viktor Onopko, Vasili Kulkov, Aleksandr Mostovoi, Sergei Yuran, Dmitri Radchenko (62 Sergei Kiryakov).   Trainer: Oleg Romantsev

FINLAND: Antti Niemi; Kari Rissanen, Jussi Nuorela, Aki Hyryläinen, Rami Nieminen, Janne Lindberg, Antti Sumiala (76 Jokke Kangaskorpi), Kim Suominen (88 Harri Ylönen), Ari Hjelm, Marko Myyry, Tommi Grönlund (70 Jarkko Koskinen).   Trainer: Jukka Ikäläinen

Goals: Radchenko (40), Suominen (44), Kulkov (55), Kiryakov (71)

	P	W	D	L	F	A	Pts
Russia	10	8	2	0	34	5	26
Scotland	10	7	2	1	19	3	23
Greece	10	6	0	4	23	9	18
Finland	10	5	0	5	18	18	15
Faroe Islands	10	2	0	8	10	35	6
San Marino	10	0	0	10	2	36	0

QUALIFICATION PLAY-OFF

HOLLAND v EIRE 2-0 (1-0)

Anfield, Liverpool   13.12.1995

Referee: Vadim Zhuk (BLS)   Attendance: 35,000

HOLLAND: Edwin Van der Sar; Michael Reiziger, Danny Blind, Clarence Seedorf, Winston Bogarde, Ronald De Boer, Marc Overmars, Edgar Davids, Patrick Kluivert, Dennis Bergkamp (57 Johan De Kock), Glenn Helder (80 Aron Winter).   Trainer: Guus Hiddink

EIRE: Alan Kelly; Gary Kelly, Dennis Irwin, Phil Babb, Paul McGrath, Jeff Kenna, Andy Townsend (50 Jason McAteer), John Aldridge (72 Alan Kernaghan), Anthony Cascarino, John Sheridan, Terry Phelan.   Manager: Jack Charlton

Goals: Kluivert (29, 88)

FINALS IN ENGLAND

GROUP A

ENGLAND v SWITZERLAND 1-1 (1-0)

Wembley, London   08.06.1996

Referee: Manuel Díaz Vega (SPA)   Attendance: 76,567

ENGLAND: David Seaman; Gary Neville, Antony Adams, Gareth Southgate, Stuart Pearce; Darren Anderton, Paul Ince, Paul Gascoigne (77 David Platt), Steve McManaman (69 Steve Stone); Teddy Sheringham (69 Nick Barmby), Alan Shearer.   Manager: Terry Venables

SWITZERLAND: Marco Pascolo; Sébastien Jeanneret, Ramon Vega, Stéphane Henchoz, Yvan Quentin; Johann Vogel, Alain Geiger (67 Marcel Koller), Ciriaco Sforza, Christophe Bonvin (69 Stéphane Chapuisat); Marco Grassi, Kubilay Türkyilmaz.   Trainer: Artur Jorge

Goals: Shearer (23), Türkyilmaz (82 pen)

HOLLAND v SCOTLAND 0-0

Villa Park, Birmingham   11.06.1996

Referee: Leif Sundell (SWE)   Attendance: 34,363

HOLLAND: Edwin Van der Sar; Michael Reiziger, Danny Blind, Winston Bogarde; Ronald De Boer (68 Aron Winter), Edgar Davids, Clarence Seedorf, Richard Witschge (78 Philip Cocu), Gaston Taument (63 Patrick Kluivert), Dennis Bergkamp, Jordi Cruijff.   Trainer: Guus Hiddink

SCOTLAND: Andy Goram; Stewart McKimmie (85 Craig Burley), Colin Calderwood, Colin Hendry, Tom Boyd; Kevin Gallacher (56 Billy McKinlay), Stuart McCall, Gary McAllister, John Collins; Scott Booth (46 John Spencer), Gordon Durie.   Manager: Craig Brown

SCOTLAND v SWITZERLAND 1-0 (1-0)

Villa Park, Birmingham   18.06.1996

Referee: Vaclav Krondl (CZE)   Attendance: 34,926

SCOTLAND: Andy Goram; Craig Burley, Colin Calderwood, Colin Hendry, Tom Boyd; John Collins, Stuart McCall, Gary McAllister, Tosh McKinlay (60 Scott Booth); Alistair McCoist (84 John Spencer), Gordon Durie.   Manager: Craig Brown

SWITZERLAND: Marco Pascolo; Marc Hottiger, Ramon Vega, Stéphane Henchoz, Yvan Quentin (80 Alexandre Comisetti); Johann Vogel, Marcel Koller (46 Raphaël Wicky), Ciriaco Sforza; Kubilay Türkyilmaz, Christophe Bonvin, Stéphane Chapuisat.   Trainer: Artur Jorge

Goal: McCoist (36)

SWITZERLAND v HOLLAND 0-2 (0-0)

Villa Park, Birmingham   13.06.1996

Referee: Atanas Uzunov (BUL)   Attendance: 36,800

SWITZERLAND: Marco Pascolo; Sébastien Jeanneret (68 Alexandre Comisetti), Ramon Vega, Stéphane Henchoz, Yvan Quentin; Marc Hottiger, Ciriaco Sforza, Johann Vogel; Kubilay Türkyilmaz, Marco Grassi, Stéphane Chapuisat.   Trainer: Artur Jorge

HOLLAND: Edwin Van der Sar; Michael Reiziger, Danny Blind, Winston Bogarde; Ronald De Boer (80 Edgar Davids), Aron Winter, Clarence Seedorf (26 Johan De Kock), Richard Witschge; Jordi Cruijff (84 Patrick Kluivert), Dennis Bergkamp, Peter Hoekstra.   Trainer: Guus Hiddink

Goals: Cruijff (66), Bergkamp (79)

HOLLAND v ENGLAND 1-4 (0-1)

Wembley, London   18.06.1996

Referee: Gerd Grabher (AUS)   Attendance: 76,798

ENGLAND: David Seaman; Gary Neville, Antony Adams, Gareth Southgate, Stuart Pearce; Steve McManaman, Paul Ince (68 David Platt), Paul Gascoigne, Darren Anderton; Teddy Sheringham (76 Nick Barmby), Alan Shearer (76 Robbie Fowler).   Manager: Terry Venables

HOLLAND: Edwin Van der Sar; Michael Reiziger, Danny Blind, Winston Bogarde; Aron Winter, Clarence Seedorf, Ronald De Boer (72 Patrick Kluivert), Richard Witschge (46 Johan De Kock); Jordi Cruijff, Dennis Bergkamp, Peter Hoekstra.   Trainer: Guus Hiddink

Goals: Shearer (23 pen, 57), Sheringham (51, 62), Kluivert (78)

SCOTLAND v ENGLAND 0-2 (0-0)

Wembley, London   15.06.1996

Referee: Pierluigi Pairetto (ITA)   Attendance: 76,864

SCOTLAND: Andy Goram; Stewart McKimmie, Colin Calderwood, Colin Hendry, Tom Boyd; John Collins, Stuart McCall, Gary McAllister, Tosh McKinlay (82 Craig Burley); John Spencer (67 Alistair McCoist), Gordon Durie (87 Eoin Jess).   Manager: Craig Brown

ENGLAND: David Seaman; Gary Neville, Antony Adams, Gareth Southgate, Stuart Pearce (46 Jamie Redknapp, 85 Sol Campbell); Darren Anderton, Paul Ince (80 Steve Stone), Paul Gascoigne, Steve McManaman; Teddy Sheringham, Alan Shearer.   Manager: Terry Venables

Goals: Shearer (52), Gascoigne (79)

	P	W	D	L	F	A	Pts
England	3	2	1	0	7	2	7
Holland	3	1	1	1	3	4	4
Scotland	3	1	1	1	1	2	4
Switzerland	3	0	1	2	1	4	1

GROUP B

SPAIN v BULGARIA 1-1 (0-0)
Elland Road, Leeds 09.06.1996
Referee: Paolo Ceccarini (ITA)   Attendance: 24,006
SPAIN: Andoni ZUBIZARRETA; Alberto BELSUÉ, Rafael ALKORTA, ABELARDO Fernández, SERGI Barjuán; José Luis Pérez CAMINERO (82 DONATO Gama da Silva), Fernando Ruiz HIERRO, Julen GUERRERO (52 José Emilio AMAVISCA), Guillermo AMOR (73 ALFONSO Pérez), LUIS ENRIQUE Martínez; Juan Antonio PIZZI.
Trainer: Javier Clemente
BULGARIA: Borislav Mihailov; Radostin Kishishev, Petar Hubchev, Trifon Ivanov, Ilian Kiriakov (70 Tsanko Tsvetanov); Iordan Lechkov, Zlatko Iankov, Krasimir Balakov; Emil Kostadinov (71 Ivailo Iordanov), Liuboslav Penev (77 Daniel Borimirov), Hristo Stoichkov.   Trainer: Dimitar Penev
Goals: Stoichkov (65 pen), Alfonso (74)

ROMANIA v FRANCE 0-1 (0-1)
St.James Park, Newcastle 10.06.1996
Referee: Hellmut Krug (GER)   Attendance: 26,323
ROMANIA: Bogdan Stelea; Dan Petrescu (77 Iulian Filipescu), Gheorghe Mihali, Miodrag Belodedici, Tibor Selymes; Ioan Lupescu, Gheorghe Popescu, Gheorghe Hagi (Cap), Dorinel Munteanu; Marius Lăcătuş (56 Adrian Ilie), Florin Răducioiu (46 Viorel Moldovan).
Trainer: Anghel Iordănescu
FRANCE: Bernard Lama; Lilian Thuram, Marcel Desailly, Laurent Blanc, Eric Di Meco (67 Bixente Lizarazu); Christian Karembeu, Didier Deschamps (Cap), Zinedine Zidane (79 Alain Roche), Vincent Guérin; Youri Djorkaeff, Christophe Dugarry (67 Patrice Loko).   Trainer: Aimé Jacquet
Goal: Dugarry (24)

ROMANIA v BULGARIA 0-1 (0-1)
St.James Park, Newcastle 13.06.1996
Referee: Peter Mikkelsen (DEN)   Attendance: 19,107
ROMANIA: Bogdan Stelea; Dan Petrescu, Daniel Prodan, Miodrag Belodedici, Tibor Selymes; Ioan Lupescu (46 Constantin Gâlcă), Gheorghe Popescu (56 Adrian Ilie), Gheorghe Hagi (Cap), Dorinel Munteanu; Marius Lăcătuş (46 Viorel Moldovan), Florin Răducioiu.
Trainer: Anghel Iordănescu
BULGARIA: Borislav Mihailov (Cap); Radostin Kishishev, Trifon Ivanov, Zlatko Iankov, Tsanko Tsvetanov; Iordan Lechkov (89 Boncho Genchev), Ivailo Iordanov, Krasimir Balakov; Emil Kostadinov (31 Daniel Borimirov), Liuboslav Penev (72 Nasko Sirakov), Hristo Stoichkov.
Trainer: Dimitar Penev
Goal: Stoichkov (3)

FRANCE v SPAIN 1-1 (0-0)
Elland Road, Leeds 15.06.1996
Referee: Vadim Zhuk (BLS)   Attendance: 35,626
FRANCE: Bernard Lama; Jocelyn Angloma (65 Alain Roche), Laurent Blanc, Marcel Desailly, Bixente Lizarazu; Christian Karembeu, Youri Djorkaeff, Didier Deschamps, Zinedine Zidane, Vincent Guérin (81 Lilian Thuram); Patrice Loko (74 Christophe Dugarry).   Trainer: Aimé Jacquet
SPAIN: Andoni ZUBIZARRETA (Cap); Jorge OTERO (59 Francisco Narváez KIKO), Rafael ALKORTA, Juan Manuel LÓPEZ, ABELARDO Fernández, SERGI Barjuán; José Emilio AMAVISCA, Fernando Ruiz HIERRO, José Luis Pérez CAMINERO, LUIS ENRIQUE Martínez (55 Javier MANJARÍN); ALFONSO Pérez (83 Julio SALINAS).
Trainer: Javier Clemente
Goals: Djorkaeff (48), Caminero (85)

FRANCE v BULGARIA 3-1 (1-0)
St.James Park, Newcastle 18.06.1996
Referee: Dermot Gallagher (ENG) & Paul Durkin (ENG)
Attendance: 26,976
FRANCE: Bernard Lama; Lilian Thuram, Laurent Blanc, Marcel Desailly, Bixente Lizarazu; Christian Karembeu, Youri Djorkaeff, Didier Deschamps, Zinedine Zidane (62 Reynald Pedros), Vincent Guérin; Christophe Dugarry (70 Patrice Loko).   Trainer: Aimé Jacquet
BULGARIA: Borislav Mihailov (Cap); Emil Kremenliev, Petar Hubchev, Trifon Ivanov, Tsanko Tsvetanov; Iordan Lechkov, Zlatko Iankov (78 Daniel Borimirov), Krasimir Balakov (82 Georgi Donkov), Ivailo Iordanov, Liuboslav Penev, Hristo Stoichkov.   Trainer: Dimitar Penev
Goals: Blanc (20), Penev (62og), Stoichkov (68), Loko (90)
The referee Dermott Gallagher limped off with a leg injury was replaced by Paul Durkin in the 27th minute.

ROMANIA v SPAIN 1-2 (1-1)
Elland Road, Leeds 18.06.1996
Referee: Ahmet Çakar (TUR)   Attendance: 32,719
ROMANIA: Florin Prunea; Dan Petrescu, Daniel Prodan (86 Ioan Lupescu), Anton Doboş, Tibor Selymes; Ovidiu Stângă, Gheorghe Popescu, Constantin Gâlcă, Gheorghe Hagi (Cap); Florin Răducioiu (78 Ion Vlădoiu), Adrian Ilie (66 Dorinel Munteanu).   Trainer: Anghel Iordănescu
SPAIN: Andoni ZUBIZARRETA (Cap); Juan Manuel LÓPEZ, Rafael ALKORTA, ABELARDO Fernández (63 Guillermo AMOR), SERGI Barjuán; Javier MANJARÍN, Fernando Ruiz HIERRO, Miguel Angel NADAL, José Emilio AMAVISCA (72 Julen GUERRERO), Francisco Narváez KIKO, Juan Antonio PIZZI (57 ALFONSO Pérez).   Trainer: Javier Clemente
Goals: Manjarín (10), Răducioiu (30), Amor (84)

	P	W	D	L	F	A	Pts
France	3	2	1	0	5	2	7
Spain	3	1	2	0	4	3	5
Bulgaria	3	1	1	1	3	4	4
Romania	3	0	0	3	1	4	0

GROUP C

GERMANY v CZECH REPUBLIC 2-0 (2-0)

Old Trafford, Manchester   09.06.1996

Referee: David Elleray (ENG)   Attendance: 37,500

GERMANY: Andreas Köpke; Jürgen Kohler (14 Markus Babbel), Matthias Sammer, Thomas Helmer; Stefan Reuter, Thomas Hässler, Dieter Eilts, Andreas Möller, Christian Ziege; Fredi Bobic (65 Thomas Strunz), Stefan Kuntz (83 Oliver Bierhoff).   Trainer: Hubert Vogts

CZECH REPUBLIC: Petr Kouba; Michal Hornak, Miroslav Kadlec, Jan Suchoparek; Radoslav Latal, Martin Frydek (46 Patrik Berger), Radek Bejbl, Pavel Nedved, Jiri Nemec; Karel Poborsky (46 Radek Drulak), Pavel Kuka.   Trainer: Dusan Uhrin

Goals: Ziege (26), Möller (32)

ITALY v RUSSIA 2-1 (1-1)

Anfield, Liverpool   11.06.1996

Referee: Leslie Mottram (SCO)   Attendance: 35,120

ITALY: Angelo Peruzzi; Roberto Mussi, Luigi Apolloni, Alessandro Costacurta, Paolo Maldini; Angelo Di Livio (62 Diego Fuser), Roberto Di Matteo, Demetrio Albertini, Alessandro Del Piero (46 Roberto Donadoni); Gianfranco Zola, Pierluigi Casiraghi (80 Fabrizio Ravanelli).   Trainer: Arrigo Sacchi

RUSSIA: Stanislav Cherchesov; Omari Tetradze, Yevgeni Bushmanov (46 Igor Yanovsky), Viktor Onopko, Yuri Kovtun; Andrei Kanchelskis, Valeri Karpin (63 Sergei Kiryakov), Vladislav Radimov, Aleksandr Mostovoi, Ilya Tsymbalar (71 Igor Dobrovolski); Igor Kolyvanov.   Trainer: Oleg Romantsev

Goals: Casiraghi (5, 52), Tsymbalar (20)

CZECH REPUBLIC v ITALY 2-1 (2-1)

Anfield, Liverpool   14.06.1996

Referee: Antonio Jesus López Nieto (SPA)   Att: 37,320

CZECH REPUBLIC: Petr Kouba; Michal Hornak, Miroslav Kadlec, Jan Suchoparek; Radoslav Latal (88 Vaclav Nemecek), Pavel Nedved, Radek Bejbl, Patrik Berger (64 Vladimir Smicer), Jiri Nemec; Karel Poborsky, Pavel Kuka.   Trainer: Dusan Uhrin

ITALY: Angelo Peruzzi; Roberto Mussi, Luigi Apolloni, Alessandro Costacurta, Paolo Maldini; Diego Fuser, Demetrio Albertini, Dino Baggio (39 Amedeo Carboni), Roberto Donadoni; Enrico Chiesa (78 Gianfranco Zola), Fabrizio Ravanelli (58 Pierluigi Casiraghi).   Trainer: Arrigo Sacchi

Goals: Nedved (5), Chiesa (18), Bejbl (36)

RUSSIA v GERMANY 0-3 (0-0)

Old Trafford, Manchester   16.06.1996

Referee: Kim Milton Nielsen (DEN)   Attendance: 50,670

RUSSIA: Dmitri Kharin; Yuri Kovtun, Yuri Nikiforov, Viktor Onopko; Omari Tetradze, Andrei Kanchelskis, Vladislav Radimov (46 Valeri Karpin), Aleksandr Mostovoi, Dmitri Khokhlov (66 Igor Simutenkov), Ilya Tsymbalar; Igor Kolyvanov.   Trainer: Oleg Romantsev

GERMANY: Andreas Köpke; Markus Babbel, Matthias Sammer, Thomas Helmer; Stefan Reuter, Thomas Hässler (67 Steffen Freund), Dieter Eilts, Andreas Möller (87 Thomas Strunz), Christian Ziege; Jürgen Klinsmann, Oliver Bierhoff (85 Stefan Kuntz).   Trainer: Hubert Vogts

Goals: Sammer (56), Klinsmann (77, 90)

CZECH REPUBLIC v RUSSIA 3-3 (2-0)

Anfield, Liverpool   19.06.1996

Referee: Anders Frisk (SWE)   Attendance: 21,128

CZECH REPUBLIC: Petr Kouba; Michal Hornak, Lubos Kubik, Jan Suchoparek; Radoslav Latal, Pavel Nedved, Radek Bejbl, Patrik Berger (90 Vaclav Nemecek), Jiri Nemec; Karel Poborsky, Pavel Kuka (64 Vladimir Smicer).   Trainer: Dusan Uhrin

RUSSIA: Stanislav Cherchesov; Sergei Gorlukovich, Yuri Nikiforov, Omari Tetradze; Valeri Karpin, Vladislav Radimov, Igor Yanovsky, Dmitri Khokhlov, Ilya Tsymbalar (67 Igor Shalimov); Igor Kolyvanov (46 Aleksandr Mostovoi), Igor Simutenkov (46 Vladimir Beschastnykh).   Trainer: Oleg Romantsev

Goals: Suchoparek (7), Kuka (19), Mostovoi (49), Tetradze (54), Beschastnykh (85), Smicer (89)

ITALY v GERMANY 0-0
Old Trafford, Manchester 19.06.1996
Referee: Guy Goethals (BEL)   Attendance: 53,740
ITALY: Angelo Peruzzi; Roberto Mussi, Alessandro Costacurta, Paolo Maldini, Amedeo Carboni (78 Moreno Torricelli); Diego Fuser (81 Angelo Di Livio), Demetrio Albertini, Roberto Di Matteo (68 Enrico Chiesa), Roberto Donadoni; Gianfranco Zola, Pierluigi Casiraghi.
Trainer: Arrigo Sacchi
GERMANY: Andreas Köpke; Steffen Freund, Matthias Sammer, Thomas Helmer; Thomas Strunz, Thomas Hässler, Dieter Eilts, Andreas Möller (89 Marco Bode), Christian Ziege; Jürgen Klinsmann, Fredi Bobic.   Trainer: Hubert Vogts

	P	W	D	L	F	A	Pts
Germany	3	2	1	0	5	0	7
Czech Republic	3	1	1	1	5	6	4
Italy	3	1	1	1	3	3	4
Russia	3	0	1	2	4	8	1

GROUP D

DENMARK v PORTUGAL 1-1 (1-0)
Hillsborough, Sheffield 09.06.1996
Referee: Mario Van der Ende (HOL)   Attendance: 34,993
DENMARK: Peter Schmeichel; Thomas Helveg, Jes Høgh, Marc Rieper, Jens Risager; Henrik Larsen (90 Kim Vilfort), Claus Thomsen (83 Torben Piechnik), Michael Laudrup, Brian Steen Nielsen; Brian Laudrup, Mikkel Beck.
Trainer: Richard Møller-Nielsen
PORTUGAL: VÍTOR Manuel Martins BAÍA; João Paulo Santos "PAULINHO SANTOS", FERNANDO Manuel Silva COUTO, HÉLDER Marino Rodrigues Cristóvao, DIMAS Manuel Marques Teixeira; OCEANO Andrade Cruz (37 António José Santos FOLHA), PAULO Manuel Carvalho SOUSA (79 José Fernando Gomes TAVARES), RUI Manuel César COSTA, Luís Filipe Madeira FIGO (63 DOMINGOS José Paciencia Oliveira); Ricardo Manuel SÁ PINTO, JOÃO Manuel Vieira PINTO.   Trainer: António Oliveira
Goals: B. Laudrup (22), Sá Pinto (53)

TURKEY v CROATIA 0-1 (0-0)
City Ground, Nottingham 11.06.1996
Referee: Serge Muhmenthaler (SWI)   Attendance: 22,460
TURKEY: Rüstü Reçber; Vedat Inceefe, Rahim Zafer, Alpay Özalan; Ogün Temizkanoglu, Tolunay Kafkas (88 Saffet Akyüz), Sergen Yalçin, Tugay Kerimoglu, Abdullah Ercan; Arif Erdem (82 Hami Mandirali), Hakan Sükür.
Trainer: Fatih Terim
CROATIA: Drazen Ladic; Slaven Bilic, Nikola Jerkan, Igor Stimac; Mario Stanic, Robert Prosinecki, Zvonimir Boban (48 Zvonimir Soldo), Aljosa Asanovic, Robert Jarni; Alen Boksic (72 Goran Vlaovic), Davor Suker (89 Dubravko Pavlicic).
Trainer: Miroslav Blazevic
Goal: Vlaovic (85)

PORTUGAL v TURKEY 1-0 (0-0)
City Ground, Nottingham 13.06.1996
Referee: Sándor Puhl (HUNG)   Attendance: 22,670
PORTUGAL: VÍTOR Manuel Martins BAÍA; João Paulo Santos "PAULINHO SANTOS", FERNANDO Manuel Silva COUTO, HÉLDER Marino Rodrigues Cristóvao, DIMAS Manuel Marques Teixeira; Luís Filipe Madeira FIGO, PAULO Manuel Carvalho SOUSA, RUI Manuel César COSTA, António José Santos FOLHA (46 José Fernando Gomes TAVARES); Ricardo Manuel SÁ PINTO (65 Jorge Paulo CADETE Reis), JOÃO Manuel Vieira PINTO (77 PORFÍRIO).
Trainer: António Oliveira
TURKEY: Rüstü Reçber; Recep Çetin, Vedat Inceefe, Ogün Temizkanoglu (46 Rahim Zafer), Alpay Özalan; Oguz Çetin (69 Arif Erdem), Sergen Yalçin, Tugay Kerimoglu, Abdullah Ercan; Saffet Akyüz (62 Tolunay Kafkas), Hakan Sükür.
Trainer: Fatih Terim
Goal: Fernando Couto (66)

CROATIA v DENMARK 3-0 (0-0)
Hillsborough, Sheffield 16.06.1996
Referee: Marc Batta (FRA)   Attendance: 33,671
CROATIA: Drazen Ladic; Slaven Bilic, Nikola Jerkan, Igor Stimac; Mario Stanic, Robert Prosinecki (88 Mladen Mladenovic), Zvonimir Boban (82 Zvonimir Soldo), Aljosa Asanovic, Robert Jarni; Goran Vlaovic (82 Nikola Jurcevic), Davor Suker.   Trainer: Miroslav Blazevic
DENMARK: Peter Schmeichel; Thomas Helveg (46 Jacob Laursen), Claus Thomsen, Jes Høgh, Marc Rieper; Henrik Larsen (69 Stig Tøfting), Kim Vilfort (58 Mikkel Beck), Michael Laudrup, Michael Schjønberg, Brian Steen Nielsen; Brian Laudrup.   Trainer: Richard Møller-Nielsen
Goals: Suker (53 pen, 89), Boban (80)

CROATIA v PORTUGAL 0-3 (0-2)

City Ground, Nottingham   19.06.1996

Referee: Bernd Heynemann (GER)   Attendance: 20,484

CROATIA: Marijan Mrmic; Dario Simic, Slaven Bilic, Dubravko Pavlicic, Zvonimir Soldo; Nikola Jurcevic, Mladen Mladenovic (46 Zvonimir Boban), Robert Prosinecki (46 Aljosa Asanovic), Robert Jarni; Goran Vlaovic, Igor Pamic (46 Davor Suker).   Trainer: Miroslav Blazevic

PORTUGAL: VÍTOR Manuel Martins BAÍA; Carlos Alberto Oliveira SECRETÁRIO, FERNANDO Manuel Silva COUTO, HÉLDER Marino Rodrigues Cristóvao, DIMAS Manuel Marques Teixeira; OCEANO Andrade Cruz, PAULO Manuel Carvalho SOUSA (70 José Fernando Gomes TAVARES), RUI Manuel César COSTA (61 PEDRO Alexandre Santos BARBOSA), Luís Filipe Madeira FIGO; Ricardo Manuel SÁ PINTO (46 DOMINGOS José Paciencia Oliveira), JOÃO Manuel Vieira PINTO.   Trainer: António Oliveira

Goals: Figo (4), João Pinto II (33), Domingos (83)

TURKEY v DENMARK 0-3 (0-0)

Hillsborough, Sheffield   19.06.1996

Referee: Nikolai Levnikov (RUS)   Attendance: 28,951

TURKEY: Rüstü Reçber; Recep Çetin (68 Bülent Korkmaz), Vedat Inceefe, Ogün Temizkanoglu, Alpay Özalan; Tayfun Korkut, Tugay Kerimoglu, Orhan Çikrikçi (68 Saffet Akyüz), Abdullah Ercan; Hami Mandirali, Hakan Sükür (46 Arif Erdem).   Trainer: Fatih Terim

DENMARK: Peter Schmeichel; Thomas Helveg, Jes Høgh, Claus Thomsen, Marc Rieper; Allan Nielsen, Michael Laudrup, Michael Schjønberg (46 Henrik Larsen), Brian Steen Nielsen; Brian Laudrup, Erik Bo Andersen (89 Søren Andersen).   Trainer: Richard Møller-Nielsen

Goals: B. Laudrup (50, 84), A. Nielsen (69)

	P	W	D	L	F	A	Pts
Portugal	3	2	1	0	5	1	7
Croatia	3	2	0	1	4	3	6
Denmark	3	1	1	1	4	4	4
Turkey	3	0	0	3	0	5	0

QUARTER-FINALS

ENGLAND v SPAIN 0-0 (AET)

Wembley, London   22.06.1996

Referee: Marc Batta (FRA)   Attendance: 75,447

ENGLAND: David Seaman; Gary Neville, Antony Adams, Gareth Southgate, Stuart Pearce; Steve McManaman (109 Steve Stone), David Platt, Paul Gascoigne, Darren Anderton (109 Nick Barmby), Teddy Sheringham (109 Robbie Fowler), Alan Shearer.   Manager: Terry Venables

SPAIN: Andoni ZUBIZARRETA (Cap); Alberto BELSUÉ, Rafael ALKORTA (74 Juan Manuel LÓPEZ), ABELARDO Fernández, SERGI Barjuán; Javier MANJARÍN (46 José Luis Pérez CAMINERO), Fernando Ruiz HIERRO, Miguel Angel NADAL, Guillermo AMOR; Francisco Narváez KIKO, Julio SALINAS (46 ALFONSO Pérez).   Trainer: Javier Clemente

Penalties: 1-0 Shearer, Hierro (hits bar), 2-0 Platt, 2-1 Amor, 3-1 Pearce, 3-2 Belsué, 4-2 Gascoigne, Nadal (saved)

FRANCE v HOLLAND 0-0 (AET)

Anfield, Liverpool   22.06.1996

Referee: Antonio Jesus López Nieto (SPA)   Att: 37,465

FRANCE: Bernard Lama; Lilian Thuram, Laurent Blanc, Marcel Desailly, Bixente Lizarazu; Christian Karembeu, Youri Djorkaeff, Didier Deschamps, Zinedine Zidane, Vincent Guérin; Patrice Loko (62 Christophe Dugarry; 80 Reynald Pedros).   Trainer: Aimé Jacquet

HOLLAND: Edwin Van der Sar; Michael Reiziger, Danny Blind, Johan De Kock, Winston Bogarde; Ronald De Boer, Richard Witschge (80 Youri Mulder); Jordi Cruijff (69 Aron Winter), Dennis Bergkamp (60 Clarence Seedorf), Patrick Kluivert, Philip Cocu.   Trainer: Guus Hiddink

Penalties: 0-1 De Kock, 1-1 Zidane, 1-2 R. De Boer, 2-2 Djorkaeff, 2-3 Kluivert, 3-3 Lizarazu, Seedorf (missed), 4-3 Guérin, 4-4 Blind, 5-4 Blanc

GERMANY v CROATIA 2-1 (1-0)

Old Trafford, Manchester   23.06.1996

Referee: Leif Sundell (SWE)   Attendance: 43,412

GERMANY: Andreas Köpke; Markus Babbel, Matthias Sammer, Thomas Helmer; Stefan Reuter, Mehmet Scholl (88 Thomas Hässler), Dieter Eilts, Andreas Möller, Christian Ziege; Jürgen Klinsmann (39 Steffen Freund), Fredi Bobic (46 Stefan Kuntz).   Trainer: Hubert Vogts

CROATIA: Drazen Ladic; Igor Stimac, Nikola Jerkan, Slaven Bilic; Mario Stanic, Nikola Jurcevic (78 Mladen Mladenovic), Zvonimir Boban, Aljosa Asanovic, Robert Jarni; Goran Vlaovic, Davor Suker.   Trainer: Miroslav Blazevic

Goals: Klinsmann (21 pen), Suker (51), Sammer (59)

PORTUGAL v CZECH REPUBLIC 0-1 (0-0)

Villa Park, Birmingham   23.06.1996

Referee: Hellmut Krug (GER)   Attendance: 26,832

PORTUGAL: VÍTOR Manuel Martins BAÍA; Carlos Alberto Oliveira SECRETÁRIO, FERNANDO Manuel Silva COUTO, HÉLDER Marino Rodrigues Cristóvao, DIMAS Manuel Marques Teixeira; Luís Filipe Madeira FIGO (83 Jorge Paulo CADETE Reis), OCEANO Andrade Cruz (65 António José Santos FOLHA), PAULO Manuel Carvalho SOUSA, RUI Manuel César COSTA; Ricardo Manuel SÁ PINTO (46 DOMINGOS José Paciencia Oliveira), JOÃO Manuel Vieira PINTO.   Trainer: António Oliveira

CZECH REPUBLIC: Petr Kouba; Michal Hornak, Miroslav Kadlec, Jan Suchoparek; Radoslav Latal, Karel Poborsky, Radek Bejbl, Vaclav Nemecek (90 Patrik Berger), Jiri Nemec; Vladimir Smicer (85 Lubos Kubik), Pavel Kuka. Trainer: Dusan Uhrin

Goal: Poborsky (53)

CZECH REPUBLIC v FRANCE 0-0 (AET)

Old Trafford, Manchester   26.06.1996

Referee: Leslie Mottram (SCO)   Attendance: 43,877

CZECH REPUBLIC: Petr Kouba; Michal Hornak, Miroslav Kadlec, Karel Rada; Karel Poborsky, Pavel Novotny, Vaclav Nemecek, Pavel Nedved, Jiri Nemec (84 Lubos Kubik); Vladimir Smicer (46 Patrik Berger), Radek Drulak (70 Martin Kotulek).   Trainer: Dusan Uhrin

FRANCE: Bernard Lama; Lilian Thuram (83 Jocelyn Angloma), Laurent Blanc, Alain Roche, Bixente Lizarazu; Sabri Lamouchi (62 Reynald Pedros), Youri Djorkaeff, Marcel Desailly, Zinedine Zidane, Vincent Guérin; Patrice Loko. Trainer: Aimé Jacquet

Penalties: 1-0 Zidane, 1-1 Kubik, 2-1 Djorkaeff, 2-2 Nedved, 3-2 Lizarazu, 3-3 Berger, 4-3 Guérin, 4-4 Poborsky, 5-4 Blanc, 5-5 Rada, Pedros (missed), 5-6 Kadlec

SEMI-FINALS

GERMANY v ENGLAND 1-1 (1-1) (AET)

Wembley, London   26.06.1996

Referee: Sándor Puhl (HUNG)   Attendance: 75,862

GERMANY: Andreas Köpke; Markus Babbel, Matthias Sammer, Thomas Helmer (110 Marco Bode); Stefan Reuter, Mehmet Scholl (77 Thomas Hässler), Steffen Freund (118 Thomas Strunz), Dieter Eilts, Andreas Möller, Christian Ziege; Stefan Kuntz.   Trainer: Hubert Vogts

ENGLAND: David Seaman; Gareth Southgate, Antony Adams, Stuart Pearce; Darren Anderton, David Platt, Paul Ince, Paul Gascoigne, Steve McManaman; Teddy Sheringham, Alan Shearer.   Manager: Terry Venables

Goals: Shearer (3), Kuntz (16)

Penalties: 0-1 Shearer, 1-1 Hassler, 1-2 Platt, 2-2 Strunz, 2-3 Pearce, 3-3 Reuter, 3-4 Gascoigne, 4-4 Ziege, 4-5 Sheringham, 5-5 Kuntz, Southgate (saved), 6-5 Möller

FINAL

GERMANY v CZECH REPUBLIC 2-1 (0-0, 1-1) (AET)

Wembley, London   30.06.1996

Referee: Pierluigi Pairetto (ITA)   Attendance: 73,611

GERMANY: Andreas Köpke; Markus Babbel, Matthias Sammer, Thomas Helmer; Thomas Strunz, Thomas Hässler, Dieter Eilts (46 Marco Bode), Mehmet Scholl (69 Oliver Bierhoff), Christian Ziege; Jürgen Klinsmann, Stefan Kuntz. Trainer: Hubert Vogts

CZECH REPUBLIC: Petr Kouba; Michal Hornak, Karel Rada, Miroslav Kadlec, Jan Suchoparek; Karel Poborsky (88 Vladimir Smicer), Pavel Nedved, Radek Bejbl, Patrik Berger, Jiri Nemec; Pavel Kuka.   Trainer: Dusan Uhrin

Goals: Berger (58 pen), Bierhoff (73,95)

The Match was won by Oliver Bierhoff's "Golden Goal" in the 95th minute.

Goalscorers European Football Championship 1996

15 goals: Davor Suker (Croatia)
13 goals: Hristo Stoichkov (Bulgaria)
12 goals: Jürgen Klinsmann (Germany)
11 goals: Anton Polster (Austria)
7 goals: Andrzej Juskowiak (Poland), Hakan Sükür (Turkey), Patrik Berger (Czech Republic), Domingos José Paciencia Oliveira (Portugal), Emil Kostadinov (Bulgaria), Mika-Matti Paatelainen (Finland)
6 goals: Florin Răducioiu (Romania), Youri Djorkaeff (France), Ronen Harazi (Israel), Gianfranco Zola (Italy)
5 goals: Kim Vilfort (Denmark), Timerlan Guseinov (Ukraine), Sergei Gerasimets (Belarus), Paulo Alves (Portugal), John Aldridge (Eire), Iain Dowie (N. Ireland), Vitas Rimkus (Latvia), Alan Shearer (England), Igor Kolyvanov (Russia)
4 goals: Fernando Ruiz Hierro (Spain), Brian Laudrup, Michael Laudrup (Denmark), Marc Degryse (Belgium), Kubilay Türkyilmaz (Switzerland), Fabrizio Ravanelli (Italy), Zlatko Zahovic (Slovenia), Patrick Kluivert, Marc Overmars, Clarence Seedorf (Holland), Luís Filipe Madeira Figo, João Manuel Vieira Pinto II, Rui Costa (Portugal), Jimmy Quinn (N. Ireland), Peter Stöger (Austria), Andreas Möller, Matthias Sammer (Germany), Shota Arveladze, Temur Ketsbaia (Georgia), Sokol Kushta (Albania), Todi Jonsson (Faroe Islands), Jari Litmanen (Finland), Alexandros Alexandris, Nikos Mahlas, Panayotis Tsalouhidis (Greece), Scott Booth, John Collins (Scotland), Dmitri Radchenko (Russia)
3 goals: Marius Lăcătuş (Romania), Peter Dubovsky, Tibor Jancula (Slovakia), Roman Kosecki (Poland), Ronny Rosenthal (Israel), Julio Salinas (Spain), Bosko Djurovski (Macedonia), Marios Agathocleous (Cyprus), Zvonimir Boban (Croatia), Pierluigi Casiraghi (Italy), Darius Maciulevicius, Arunas Suika (Lithuania), Martin Reim (Estonia), Primoz Gliha, Saso Udovic (Slovenia), Radek Drulak, Horst Siegl (Czech Republic), Ronald De Boer, Wim Jonk, Youri Mulder, Bryan Roy (Holland), Henning Berg, Jan Age Fjørtoft, Kjetil Rekdal (Norway), Niall Quinn (Eire), Philip Gray, Michael O'Neill (N. Ireland), Armands Zeiberlinsh (Latvia), Ulf Kirsten (Germany), Krasimir Balakov (Bulgaria), Georgi Kinkladze (Georgia), Alistair McCoist (Scotland), Vladimir Beschastnykh, Sergei Kiryakov, Vasili Kulkov (Russia)
2 goals: Hagi, Munteanu (Romania), Blanc, Guérin, Leboeuf, Loko, Dugarry, Zidane (France), Timko (Slovakia), Nowak (Poland), Suleimanov (Azerbaijan), Alfonso, Amavisca, Caminero, Donato, Guerrero, Luis Enrique, Manjarín, Pizzi (Spain), Beck, A. Nielsen, Schjønberg (Denmark), Grün, Nilis, Schepens, Scifo (Belgium), Sotiriou (Cyprus), Grigoryan, Shahgeldyan (Armenia), Bickel, Ohrel, Sforza, Subiat (Switzerland), Saffet, Sergen (Turkey), K. Andersson, Brolin, Dahlin (Sweden), Halmai, Illés, Kiprich (Hungary), Prosinecki (Croatia), Albertini (Italy), Ivanauskas (Lithuania), Novak (Slovenia), Kuka, Skuhravy, Suchoparek (Czech Republic), Bergkamp (Holland), Leonhardsen (Norway), Fernando Couto, Paulinho Santos (Portugal), Coyne, Sheridan (Eire), Hütter, Herzog (Austria), Bierhoff, Matthäus, Ziege (Germany), Penev (Bulgaria), Cleşcenco, Miterev (Moldova), Saunders, Speed (Wales), Rraklli (Albania), Hjelm, Sumiala (Finland), Nikolaidis, Donis (Greece), McKinlay, McGinlay (Scotland), Sheringham (England), Karpin, Mostovoi, Nikiforov, Shalimov, Tsymbalar (Russia)
2 goals: Dumitrescu, Popescu, Prodan, Belodedici, Petrescu (Romania), Cocard, Papin, Ginola, Desailly, Lizarazu, Karembeu, Pedros (France), Ujlaky, Simon, Tittel, Chvila, Rusnak, Moravcik (Slovakia), Wieszczycki, Kowalczyk (Poland), Berkovich, Revivo, Zohar, Banin (Israel), Amor, Goikoetxea, Higuera, Kiko, Nadal (Spain), Jensen, P. Nielsen, Povlsen, Strudal (Denmark), De Bilde, Versavel, Karagiannis, Verheyen (Belgium), Jovanovski, Micevski, Hristov, Markovski, Boskovski, Mi. Stojkovski (Macedonia), Phasouliotis (Cyprus), Art. Petrosyan (Armenia), Knup, Hottiger, Koller (Switzerland), Ogün, Emre, Recep, B. Bülent (Turkey), Alexandersson, Pettersson, Ingesson (Sweden), Vincze (Hungary), A. Gunnlaugsson, Bergsson, S. Jónsson (Iceland), Vlaovic, Jurcevic, Mladenovic, Boksic, Stimac, Jerkan, Kozniku (Croatia), Maldini, Lombardo, D. Baggio, Panucci, Costacurta, Chiesa (Italy), Slekys, Stonkus, Sukristovas, Zuta, Skarbalius (Lithuania), Polunin, Skrypnyk, Gusin, Kalitvintsev, Konovalov (Ukraine), Kokol (Slovenia), Frydek, Nemecek, Kadlec, Smejkal, Kubik, Nedved, Bejbl, Smicer, Poborsky (Czech Republic), Winter, Cruijff (Holland), Flo, Jakobsen, Brattbakk, Aase, Bohinen, Frigård (Norway), Taikov, Gurinovich, Romashchenko (Belarus), Holtz, Hellers, Cardoni (Luxembourg), Carabott, Laferla (Malta), Cadete, Folha, Hélder, Oceano, Sá Pinto, Secretário (Portugal), Houghton, McGrath, Keane, Townsend (Eire), D. Hasler (Liechtenstein), Hunter, Mcmahon, Hughes, Gillespie, Lomas (N. Ireland), Astafyev, Babichev, Milevsky (Latvia), Schopp, Stumpf, Wetl, Ramusch, Ogris, Kühbauer, Sabitzer, Pürk, Pfeifenberger, Aigner (Austria), Babbel, Hässler, Helmer, Herrlich, Kuntz, Strunz (Germany), Lechkov, Ivanov (Bulgaria), Janashia, Gogrichiani (Georgia), Testimiţanu, Rebeja, Curtianu, Belous, Secu, Pogorelov, Oprea (Moldova), Pembridge, Blake, Coleman, Giggs (Wales), Bellai, Vata, Kaçaj, Zmijani (Albania), M. Valentini, Della Valle (San Marino), H. Jarnskor, J.C. Hansen, J.E. Rasmussen, Johnsson, Müller (Faroe Islands), Suominen, Lindberg, Helin (Finland), Tsartas, Y.H. Yoryadis, Apostolakis, Frantzeskos, Markos, Batista, Saravakos (Greece), Jess, Nevin, Calderwood, Shearer (Scotland), Gascoigne (England), Onopko, Dobrovolski, Cheryshev, Kechinov, Pisarev, Mukhamadiev, Tetradze (Russia)

Own goals: Wandzik (Poland) for Romania, Kristofik (Slovakia) & Penev (Bulgaria) for France, Krbachyan (Armenia) for Belgium, M. Charalambous (Cyprus) for Spain, Blomqvist (Sweden) for Switzerland, P. Andersson (Sweden) for Turkey, Suika & Vainoras (Lithuania) for Italy, Kirs (Estonia) for Ukraine, Vítor Baía (Portugal) for Eire, Helmer (Germany) for Wales, Melville (Wales) & S. Stroenco (Moldova) for Germany, Culibaba (Moldova) for Georgia, Apostolakis (Greece) for Faroe Islands, Francini (San Marino) for Scotland, Gobbi (San Marino) for Russia, Ouzounidis (Greece) & Zagorakis (Greece) for Russia

THE EUROPEAN FOOTBALL CHAMPIONSHIP 2000

GROUP 1

WALES v ITALY 0-2 (0-1)
Anfield, Liverpool 05.09.1998
Referee: Terje Hauge (NOR)   Attendance: 23,160
WALES: Paul Jones; John Robinson, Darren Barnard, Kit Symons, Adrian Williams, Chris Coleman; Andy Johnson, Gary Speed, Mark Hughes (80 Robbie Savage); Nathan Blake (65 Dean Saunders), Ryan Giggs.   Manager: Bobby Gould
ITALY: Angelo Peruzzi; Christian Panucci, Gianluca Pessotto, Fabio Cannavaro, Mark Iuliano; Dino Baggio, Diego Fuser, Demetrio Albertini (66 Luigi Di Biagio), Eusebio Di Francesco (85 Michele Serena); Christian Vieri, Alessandro Del Piero (74 Roberto Baggio).   Trainer: Dino Zoff
Goals: Fuser (19), Vieri (77)

BELARUS v DENMARK 0-0
Republican, Minsk 05.09.1998
Referee: Georg Dardenne (GER)   Attendance: 35,000
BELARUS: Andrei Satsunkevich; Erik Yakhimovich, Andrei Lavrik, Andrei Ostrovskiy, Sergei Shtanyuk, Myroslav Romaschenko (39 Vyacheslav Gerashchenko); Sergei Gurenko, Alexandr Khatskevich, Vasily Baranov, Valentin Belkevich, Vladimir Makovskiy (88 Maxym Romaschenko). Trainer: Mikhail Vergeyenko
DENMARK: Peter Schmeichel; Ole Tobiasen, Marc Rieper, Jes Høgh, Jan Heintze; Thomas Helveg, Allan Nielsen, Claus Thomsen, Jon Dahl Tomasson (81 Søren Frederiksen); Martin Jørgensen (67 Thomas Gravesen), Peter Møller (67 Søren Andersen).   Trainer: Bo Johansson

ITALY v SWITZERLAND 2-0 (1-0)
Friuli, Udine 10.10.1998
Referee: Alain Sars (FRA)   Attendance: 35,247
ITALY: Gianluigi Buffon; Christian Panucci, Fabio Cannavaro, Paolo Maldini, Moreno Torricelli; Diego Fuser, Demetrio Albertini, Dino Baggio, Eusebio Di Francesco (63 Jonathan Bachini); Alessandro Del Piero (69 Francesco Totti), Filippo Inzaghi.   Trainer: Dino Zoff
SWITZERLAND: Andreas Hilfiker; Régis Rothenbühler, Stéphane Henchoz, Ramon Vega, Stefan Wolf (65 Frédéric Chassot), Johann Vogel; Patrick Müller, Raphaël Wicky (86 Fabio Celestini), Ciriaco Sforza; Stéphane Chapuisat, David Sesa.   Trainer: Gilbert Gress
Goals: Del Piero (19, 61)

DENMARK v WALES 1-2 (0-0)
Idraetsparken, København 10.10.1998
Referee: Sándor Piller (HUNG)   Attendance: 36,000
DENMARK: Mogens Krogh; Ole Tobiasen, Marc Rieper, Jes Høgh, Jan Heintze; Thomas Helveg, Brian Steen Nielsen, Per Frandsen (76 Thomas Gravesen), Martin Jørgensen; Søren Frederiksen, Mikkel Beck (65 Ebbe Sand).
Trainer: Bo Johansson
WALES: Paul Jones; Kit Symons, Adrian Williams, Chris Coleman; Robbie Savage, Darren Barnard, Andy Johnson (54 Mark Pembridge), Mark Hughes, Gary Speed; Dean Saunders (81 John Robinson), Nathan Blake (69 Craig Bellamy).
Manager: Bobby Gould
Goals: Frederiksen (58), Williams (59), Bellamy (86)

WALES v BELARUS 3-2 (1-0)
Cardiff 14.10.1998
Referee: Lawrence Sammut (MAL)   Attendance: 7,813
WALES: Paul Jones; Chris Coleman, Kit Symons, Robbie Savage; Darren Barnard, John Robinson, Andy Johnson, Mark Hughes, Mark Pembridge; Dean Saunders, Nathan Blake.
Manager: Robert Gould
BELARUS: Andrei Satsunkevich; Erik Yakhimovich, Andrei Lavrik, Sergei Shtanyuk, Andrei Ostrovskiy; Vyacheslav Gerashchenko (88 Maxym Romaschenko), Alexandr Khatskevich (69 Sergei Gerasimets), Sergei Gurenko; Valentin Belkevich, Vladimir Makovskiy (72 Petr Kachuro).   Trainer: Mikhail Vergeyenko
Goals: Robinson (14), Gurenko (20), Belkevich (48), Coleman (53), Symons (84)

SWITZERLAND v DENMARK 1-1 (0-0)
Zürich 14.10.1998
Referee: Miroslav Radoman (YUG)   Attendance: 12,500
SWITZERLAND: Andreas Hilfiker; Stéphane Henchoz, Sébastien Jeanneret (76 Régis Rothenbühler), Ciriaco Sforza; Johann Vogel, Sébastien Fournier, David Sesa (89 Bernt Haas), Raphaël Wicky, Patrick Müller (77 Franco Di Jorio); Fabio Celestini, Stéphane Chapuisat.   Trainer: Gilbert Gress
DENMARK: Mogens Krogh; Ole Tobiasen, Marc Rieper, Jes Høgh, Jan Heintze; Thomas Helveg, Brian Steen Nielsen, Per Frandsen (59 Søren Colding), Martin Jørgensen; Søren Frederiksen (61 Ebbe Sand), Jon Dahl Tomasson (77 Mikkel Beck).   Trainer: Bo Johansson
Goals: Chapuisat (57), Tobiasen (90)

DENMARK v ITALY 1-2 (0-1)

Idraetsparken, København   27.03.1999

Referee: António Jesús López Nieto (SPA)   Att: 41,429

DENMARK: Peter Schmeichel; Bjarne Goldbaek (83 Søren Colding), Jes Høgh, René Henriksen, Jan Heintze; Thomas Helveg, Claus Thomsen, Allan Nielsen (77 Stig Tøfting), Martin Jørgensen; Jesper Grønkjaer (53 Miklos Molnar), Ebbe Sand.   Trainer: Bo Johansson

ITALY: Gianluigi Buffon; Christian Panucci, Alessandro Nesta, Fabio Cannavaro, Paolo Maldini; Diego Fuser (46 Antonio Conte), Dino Baggio, Luigi Di Biagio, Eusebio Di Francesco; Enrico Chiesa (63 Francesco Totti), Filippo Inzaghi.   Trainer: Dino Zoff

Goals: Inzaghi (1), Sand (57), Conte (69)

ITALY v BELARUS 1-1 (1-1)

Stadio Del Conero, Ancona   31.03.1999

Referee: Michel Piraux (BEL)   Attendance: 20,735

ITALY: Gianluigi Buffon; Christian Panucci, Fabio Cannavaro, Alessandro Nesta, Paolo Maldini; Antonio Conte, Luigi Di Biagio (46 Giuliano Giannichedda), Dino Baggio, Francesco Totti (46 Eusebio Di Francesco); Enrico Chiesa (64 Roberto Baggio), Filippo Inzaghi.   Trainer: Dino Zoff

BELARUS: Gennadiy Tumilovich; Andrei Lavrik, Erik Yakhimovich, Alexandr Lukhvich, Sergei Gurenko; Andrei Ostrovskiy, Valentin Belkevich, Myroslav Romaschenko, Radislav Orlovskiy; Vasily Baranov, Vladimir Makovskiy.   Trainer: Mikhail Vergeyenko

Goals: Belkevich (24), Inzaghi (31 pen)

BELARUS v SWITZERLAND 0-1 (0-0)

Minsk   27.03.1999

Referee: Oguz Sarvan (TUR)   Attendance: 35,000

BELARUS: Gennadiy Tumilovich; Erik Yakhimovich, Andrei Lavrik, Sergei Gurenko, Alexandr Lukhvich; Vyacheslav Gerashchenko (85 Vadim Skripchenko), Alexandr Khatskevich, Valentin Belkevich, Vasily Baranov (59 Alexandr Chaika); Vladimir Makovskiy (86 Andrei Ostrovskiy), Myroslav Romaschenko.   Trainer: Mikhail Vergeyenko

SWITZERLAND: Martin Brunner; Sébastien Fournier, Stéphane Henchoz, Marc Hodel, Sébastien Jeanneret; Stéphane Chapuisat, Raphaël Wicky (66 Patrick Müller), David Sesa (73 Patrick De Napoli); Alexandre Comisetti, Ciriaco Sforza, Johann Vogel.   Trainer: Gilbert Gress

Goal: Fournier (72)

DENMARK v BELARUS 1-0 (1-0)

Idraetsparken, København   05.06.1999

Referee: Lucilio Cardoso Cortes Baptista (POR)   Att: 24,876

DENMARK: Peter Schmeichel; Søren Colding, René Henriksen, Jes Høgh, Jan Heintze; Bjarne Goldbaek, Allan Nielsen, Stig Tøfting (67 Brian Steen Nielsen), Jesper Grønkjaer; Martin Jørgensen, Ebbe Sand (78 Miklos Molnar).   Trainer: Bo Johansson

BELARUS: Gennadiy Tumilovich; Erik Yakhimovich, Andrei Lavrik, Alexandr Lukhvich, Andrei Ostrovskiy (46 Maxym Romaschenko); Sergei Gurenko, Alexandr Khatskevich (70 Alexandr Kulchiy), Radislav Orlovskiy, Valentin Belkevich; Vladimir Makovskiy (85 Nikolai Ryndyuk), Vasily Baranov.   Trainer: Mikhail Vergeyenko

Goal: Heintze (22)

SWITZERLAND v WALES 2-0 (1-0)

Hardturm, Zürich   31.03.1999

Referee: Miroslav Liba (CZE)   Attendance: 13,500

SWITZERLAND: Martin Brunner; Stéphane Henchoz, Sébastien Jeanneret, Stefan Wolf, Raphaël Wicky, Sébastien Fournier; Ciriaco Sforza, Johann Vogel, Patrick Müller; Stéphane Chapuisat, Alexandre Comisetti (68 Patrick Bühlmann).   Trainer: Gilbert Gress

WALES: Paul Jones (26 Mark Crossley); John Robinson, Kit Symons, Chris Coleman, Mark Pembridge; Andy Johnson, Mark Hughes (74 Craig Bellamy), Gary Speed, Robbie Savage; Dean Saunders, Nathan Blake (64 John Hartson).   Manager: Robert Gould

Goal: Chapuisat (4, 71)

ITALY v WALES 4-0 (3-0)

Stadio Renato Dall'Ara, Bologna   05.06.1999

Referee: Edgar Steinborn (GER)   Attendance: 15,500

ITALY: Gianluigi Buffon; Christian Panucci, Paolo Negro, Fabio Cannavaro, Paolo Maldini; Diego Fuser (69 Angelo di Livio), Antonio Conte, Demetrio Albertini, Eusebio Di Francesco; Christian Vieri (46 Vincenzo Montella), Filippo Inzaghi (80 Enrico Chiesa).   Trainer: Dino Zoff

WALES: Paul Jones; Adrian Williams, Andy Melville, Robert Page; John Robinson (78 Steve Jenkins), Craig Bellamy (79 Mark Pembridge), Gary Speed, Mark Hughes, Darren Barnard; Ryan Giggs, Dean Saunders (46 John Hartson).   Manager: Robert Gould

Goals: Vieri (7), Inzaghi (37), Maldini (40), Chiesa (89)

SWITZERLAND v ITALY 0-0

Stade Olympique de al Pontaise, Lausanne   09.06.1999

Referee: Graham Poll (ENG)   Attendance: 16,000

SWITZERLAND: Stefan Huber; Sébastien Jeanneret (76 Franco Di Jorio), Régis Rothenbühler, Patrick Müller, Marc Hodel; Johann Vogel, David Sesa, Raphaël Wicky (69 Bernt Haas), Ciriaco Sforza, Alexandre Comisetti (55 Fabio Celestini); Stéphane Chapuisat.   Trainer: Gilbert Gress

ITALY: Gianluigi Buffon; Christian Panucci (69 Giuseppe Pancaro), Paolo Maldini, Demetrio Albertini, Fabio Cannavaro; Paolo Negro, Diego Fuser (60 Angelo di Livio), Antonio Conte, Eusebio Di Francesco; Filippo Inzaghi, Christian Vieri (60 Enrico Chiesa).   Trainer: Dino Zoff

DENMARK v SWITZERLAND 2-1 (0-0)

Idraetsparken, København   04.09.1999

Referee: Ryszard Wojcik (POL)   Attendance: 41,667

DENMARK: Peter Schmeichel; Thomas Helveg, René Henriksen, Jes Høgh, Jan Heintze; Bjarne Goldbaek (51 Søren Colding), Stig Tøfting, Allan Nielsen (80 Brian Steen Nielsen), Martin Jørgensen; Ebbe Sand (88 Morten Wieghorst), Jon Dahl Tomasson.

SWITZERLAND: Stefan Huber; Patrick Müller, Marc Hodel, Raphaël Wicky (90 Thomas Wyss); Sébastien Jeanneret, Johann Vogel, Ciriaco Sforza, Franco Di Jorio (60 Kubilay Türkyilmaz); David Sesa (78 Sascha Müller), Stéphane Chapuisat, Patrick Bühlmann.

Goals: A. Nielsen (54), Türkyilmaz (79), Tomasson (81)

WALES v DENMARK 0-2 (0-0)

Anfield, Liverpool   09.06.1999

Referee: Armand Ancion (BEL)   Attendance: 10,956

WALES: Paul Jones; Steve Jenkins, Darren Barnard (90 Andrew Legg), John Robinson (85 Mark Pembridge), Andy Melville, Chris Coleman, Gary Speed, Dean Saunders, Ryan Giggs; John Hartson (87 Craig Bellamy), Mark Hughes. Managers: Neville Southall & Mark Hughes

DENMARK: Peter Schmeichel; Søren Colding, René Henriksen, Jes Høgh, Jan Heintze; Bjarne Goldbaek, Allan Nielsen (81 Stig Tøfting), Jesper Grønkjaer, Ebbe Sand; Miklos Molnar (70 Jon Dahl Tomasson), Martin Jørgensen (89 Per Frandsen).   Trainer: Bo Johansson

Goals: Tomasson (84), Tøfting (90 pen)

ITALY v DENMARK 2-3 (2-1)

Stadio San Paolo, Napoli   08.09.1999

Referee: Dick Jol (HOL)   Attendance: 46,919

ITALY: Gianluigi Buffon; Christian Panucci, Alessandro Nesta, Fabio Cannavaro, Giuseppe Pancaro; Diego Fuser, Dino Baggio (46 Giuliano Giannichedda), Demetrio Albertini, Eusebio Di Francesco (70 Antonio Conte); Filippo Inzaghi, Christian Vieri (77 Francesco Totti).

DENMARK: Peter Schmeichel; Søren Colding, Jes Høgh, René Henriksen, Jan Heintze; Thomas Helveg (52 Bjarne Goldbaek), Allan Nielsen, Stig Tøfting (52 Morten Wieghorst), Martin Jørgensen, Jon Dahl Tomasson (85 Michael Schjønberg); Ebbe Sand.

Sent off: Wieghorst (81), Giannichedda (87)

Goals: Fuser (10), Vieri (34), Jørgensen (39 pen), Wieghorst (57), Tomasson (63)

BELARUS v WALES 1-2 (1-1)

Republican, Minsk   04.09.1999

Referee: Tom Henning Øvrebø (NOR)   Attendance: 25,000

BELARUS: Gennadiy Tumilovich; Igor Tarlovskiy, Andrei Lavrik, Alexandr Lukhvich, Andrei Ostrovskiy; Sergei Gurenko, Vasily Baranov, Alexandr Chaika, Alexandr Kulchiy; Vladimir Makovskiy, Radislav Orlovskiy (60 Myroslav Romaschenko).

WALES: Paul Jones; Robert Page, Chris Coleman, Andy Melville, Darren Barnard; John Robinson, Mark Pembridge (81 Carl Robinson), Gary Speed, Nathan Blake; Ryan Giggs, Dean Saunders.

Goals: Baranov (30), Saunders (42), Giggs (86)

SWITZERLAND v BELARUS 2-0 (0-0)

Lausanne   08.09.1999

Referee: Leslie Irvine (NIR)   Attendance: 12,000

SWITZERLAND: Stefan Huber; Patrick Müller (78 Stefan Wolf), Stéphane Henchoz, Marc Hodel; Raphaël Wicky, Johann Vogel, Ciriaco Sforza, Franco Di Jorio; Patrick Bühlmann (71 David Sesa), Stéphane Chapuisat (63 Alexandre Comisetti), Kubilay Türkyilmaz.

BELARUS: Youri Afanasenko; Erik Yakhimovich, Andrei Lavrik, Alexandr Lukhvich, Andrei Ostrovskiy; Sergei Gurenko, Alexandr Chaika, Alexandr Kulchiy (55 Petr Kachuro), Igor Tarlovskiy; Vasily Baranov, Vladimir Makovskiy (69 Maxym Romaschenko).

Goals: Türkyilmaz (68, 86 pen)

WALES v SWITZERLAND 0-2 (0-1)
Wrexham   09.10.1999

Referee: Spiridon Papadakos (GRE)   Attendance: 5,064

WALES: Paul Jones; Mark Delaney, Robert Page, Chris Coleman, Darren Barnard; John Robinson, Robbie Savage, Gary Speed, John Oster (77 Matthew Jones); Dean Saunders (66 John Hartson), Nathan Blake (77 Iwan Roberts).

SWITZERLAND: Pascal Zuberbühler; Stéphane Henchoz, Marc Hodel, Christophe Jaquet (70 Thomas Wyss); Bernt Haas, Johann Vogel, David Sesa, Franco Di Jorio; Sébastien Jeanneret, Alexandre Rey (66 Alexandre Comisetti), Patrick Bühlmann.

Goals: Rey (16), Bühlmann (59)

BELARUS v ITALY 0-0
Republican, Minsk   09.10.1999

Referee: Claude Colombo (FRA)   Attendance: 32,000

BELARUS: Valeriy Shantalosov; Sergei Gurenko, Alexandr Lukhvich, Erik Yakhimovich, Igor Tarlovskiy, Radislav Orlovskiy; Myroslav Romaschenko (46 Vladimir Makovskiy), Andrei Ostrovskiy, Alexandr Chaika, Vasily Baranov; Sergei Gerasimets (77 Alexandr Kulchiy).

ITALY: Gianluigi Buffon; Christian Panucci, Alessandro Nesta, Fabio Cannavaro, Paolo Maldini; Francesco Moriero, Antonio Conte, Luigi Di Biagio, Gian Luca Zambrotta; Filippo Inzaghi, Christian Vieri (82 Alessandro Del Piero).

	P	W	D	L	F	A	Pts
Italy	8	4	3	1	13	5	15
Denmark	8	4	2	2	11	8	14
(vs Switzerland	*2*	*1*	*1*	*0*	*3*	*2*	*4)*
Switzerland	8	4	2	2	9	5	14
(vs Denmark)	*2*	*0*	*1*	*1*	*2*	*3*	*1)*
Wales	8	3	0	5	7	16	9
Belarus	8	0	3	5	4	10	3

GROUP 2

GEORGIA v ALBANIA 1-0 (0-0)
Boris Paichadze, Tbilisi   05.09.1998

Referee: Claude Détruche (SWI)   Attendance: 25,000

GEORGIA: David Gvaramadze; Kakhi Kaladze, Levan Tskitishvili, Levan Silagadze (43 Giorgi Kiknadze), Mamuka Tsereteli; Levan Kobiashvili, Georgi Nemsadze, Gocha Jamarauli, Temur Ketsbaia (54 Zaza Janashia); Giorgi Kinkladze, Aleksandre Iashvili (62 Archil Arveladze). Trainer: Vladimir Gutsaev

ALBANIA: Foto Strakosha; Altin Lala, Ilir Shulku, Arian Xhumba, Rudi Vata; Luan Pinari, Altin Haxhi, Alban Bushi (74 Alpin Gallo), Bledar Kola; Altin Rrakli, Igli Tare (68 Arian Peço, 86 Artur Maxhuni).   Trainer: Astrit Hafizi

Sent off: Pinari (72), Janashia (80)

Goal: A. Arveladze (65)

GREECE v SLOVENIA 2-2 (0-1)
Olympiako Spiros Louis, Athina   06.09.1998

Referee: Alfredo Trentalange (ITA)   Attendance: 28,908

GREECE: Ilias Atmatsidis; Michalis Kasapis (78 Grigoris Yeorgatos), Nikolaos Dabizas, Ioanis Kalitzakis, Vasilios Borbokis (83 Nikolaos Liberopoulos); Theodoros Zagorakis, Vasilios Tsartas (46 Konstantinos Frantzeskos), Dimitrios Markos; Marinos Ouzounidis, Nikolaos Mahlas, Themistoklis Nikolaidis.   Trainer: Anghel Iordănescu

SLOVENIA: Marko Simeunovic; Darko Milanic, Marinko Galic, Aleksander Knavs, Dzoni Novak; Ales Ceh, Saso Udovic (46 Robert Englaro), Zlatko Zahovic, Milan Osterc (68 Ermin Siljak, 71 Milenko Acimovic); Mladen Rudonja, Miran Pavlin. Trainer: Srecko Katanec

Goals: Zahovic (19, 73), Mahlas (55 pen), Frantzeskos (58)

NORWAY v LATVIA 1-3 (1-1)
Oslo   06.09.1998

Referee: Serghei Shmolik (BLS)   Attendance: 11,030

NORWAY: Espen Baardsen; Vegard Heggem (60 Henning Berg), Ronny Johnsen, Erik Hoftun, Stig Inge Bjørnebye; Petter Rudi (80 Håvard Flo), Kjetil Rekdal, Ståle Solbakken, Frank Strandli; Tore André Flo, Ole Gunnar Solskjær (62 Jostein Flo). Trainer: Nils-Johan Semb

LATVIA: Oleg Karavayev; Yury Laizans (51 Victor Lukashevich), Artur Zakreshevsky, Mikhail Zemlinsky, Valentin Lobanyov; Alexey Sharando (73 Rolands Boulders), Valery Ivanov, Imants Bleidelis, Marian Pakhar (81 Alexander Isakov); Vladimir Babichev, Andrey Shtolcers. Trainer: Revaz Dzodzuashvili

Goals: Pakhar (11), Solbakken (17), Shtolcers (53), Zemlinsky (64 pen)

SLOVENIA v NORWAY 1-2 (1-1)
Ljubljana   10.10.1998
Referee: Andres Schluchter (SWI)   Attendance: 6,200
SLOVENIA: Marko Simeunovic; Darko Milanic, Marinko Galic, Dzoni Novak, Aleksander Knavs; Ales Ceh, Saso Udovic (64 Milenko Acimovic), Zlatko Zahovic, Milan Osterc (46 Robert Englaro); Mladen Rudonja, Miran Pavlin. Trainer: Srecko Katanec
NORWAY: Frode Grodås; Alf Inge Håland, Erik Hoftun, Henning Berg, Stig Inge Bjørnebye; Jostein Flo, Vegard Heggem (85 Vidar Riseth), Ståle Solbakken, Kjetil Rekdal; Tore André Flo (90 Sigurd Rushfeldt), Roar Strand (46 Daniel Berg Hestad).   Trainer: Nils-Johan Semb
Goals: Zahovic (24), T.A. Flo (45), Rekdal (80)

GREECE v GEORGIA 3-0 (3-0)
Olympiako Spiros Louis, Athina   14.10.1998
Referee: Atanas Uzunov (BUL)   Attendance: 15,000
GREECE: Ilias Atmatsidis; Nikolaos Dabizas, Grigoris Yeorgatos, Marinos Ouzounidis, Ioanis Kalitzakis; Ilias Poursanidis, Theodoros Zagorakis, Konstantinos Frantzeskos (74 Vasilios Tsartas), Dimitrios Markos; Nikolaos Mahlas (82 Dimitrios Mavrogenidis), Nikolaos Liberopoulos (69 Stylianos Yanakopoulos).   Trainer: Anghel Iordănescu
GEORGIA: Nikoloz Togonidze; Murtaz Shelia, Kakhi Kaladze, Levan Kobiashvili, Gela Shekiladze, Mikheil Kavelashvili (59 Georgi Gakhokidze); Georgi Nemsadze, Gocha Jamarauli, Temur Ketsbaia; Giorgi Kinkladze, Shota Arveladze.   Trainer: Vladimir Gutsaev
Goals: Mahlas (13), Liberopoulos (15), Ouzounidis (36)

LATVIA v GEORGIA 1-0 (1-0)
Riga   10.10.1998
Referee: Constantin Zotta (ROM)   Attendance: 3,500
LATVIA: Oleg Karavayev; Victor Lukashevich, Vitaly Astafyev (76 Alexander Isakov), Mikhail Zemlinsky, Valentin Lobanyov; Alexey Sharando, Valery Ivanov, Imants Bleidelis (51 Yury Laizans), Marian Pakhar (89 Rolands Boulders); Vladimir Babichev, Andrey Shtolcers.
Trainer: Revaz Dzodzuashvili
GEORGIA: David Gvaramadze; Kakhi Kaladze, Giorgi Gakhokidze (61 Giorgi Demetradze), Mikheil Kavelashvili, Gela Shekiladze; Levan Kobiashvili, Georgi Nemsadze, Gocha Jamarauli, Temur Ketsbaia; Giorgi Kinkladze, Shota Arveladze.
Trainer: Vladimir Gutsaev
Goal: Shtolcers (2)

SLOVENIA v LATVIA 1-0 (0-0)
Ljudski vrt, Maribor   14.10.1998
Referee: Karen Nalbandian (ARM)   Attendance: 3,292
SLOVENIA: Marko Simeunovic; Robert Englaro, Mladen Rudonja, Darko Milanic, Marinko Galic; Aleksander Knavs (46 Primoz Gliha), Dzoni Novak, Miran Pavlin, Saso Udovic (88 Zeljko Milinovic); Zlatko Zahovic, Rudi Istenic (65 Milenko Acimovic).   Trainer: Srecko Katanec
LATVIA: Oleg Karavayev; Victor Lukashevich, Vitaly Astafyev (78 Rolands Boulders), Mikhail Zemlinsky, Valentin Lobanyov; Alexey Sharando, Valery Ivanov (87 Vitas Rimkus), Imants Bleidelis (51 Mikhail Mikholap), Marian Pakhar; Alexander Isakov, Andrey Shtolcers.
Trainer: Revaz Dzodzuashvili
Goal: Udovic (85)

NORWAY v ALBANIA 2-2 (0-1)
Oslo   14.10.1998
Referee: Gerd Grabher (AUS)   Attendance: 17,700
NORWAY: Frode Grodås; Alf Inge Håland (57 Steffen Iversen), Erik Hoftun, Henning Berg, Stig Inge Bjørnebye; Ståle Solbakken (89 Sigurd Rushfeldt), Vegard Heggem, Kjetil Rekdal, Roar Strand; Jostein Flo (57 Ole Gunnar Solskjær), Tore André Flo.   Trainer: Nils-Johan Semb
ALBANIA: Foto Strakosha; Altin Lala, Ilir Shulku, Arian Xhumba, Ervin Fakaj; Rudi Vata, Altin Haxhi, Alban Bushi (84 Mahir Halili), Bledar Kola (89 Edmond Dalipi); Altin Rrakli, Igli Tare.   Trainer: Astrit Hafizi
Goals: Bushi (37), Tare (52), Rekdal (82 pen), Berg (87)

ALBANIA v GREECE 0-0
Qemal Stafa, Tiranë   18.11.1998
Referee: Victor-José Esquinas Torres (SPA)   Att: 18,670
ALBANIA: Foto Strakosha; Ervin Fakaj, Arian Xhumba, Rudi Vata, Ilir Shulku; Edmond Dalipi (53 Mahir Halili), Altin Haxhi, Alban Bushi, Bledar Kola; Altin Rrakli, Igli Tare.
Trainer: Astrit Hafizi
GREECE: Ilias Atmatsidis; Nikolaos Dabizas (89 Leonidas Vokolos), Dimitrios Markos, Marinos Ouzounidis, Ioanis Kalitzakis; Ilias Poursanidis, Theodoros Zagorakis, Konstantinos Frantzeskos (46 Nikolaos Liberopoulos), Grigoris Yeorgatos; Nikolaos Mahlas, Themistoklis Nikolaidis (70 Konstantinos Konstantinidis).
Trainer: Anghel Iordănescu

GREECE v NORWAY 0-2 (0-1)

Olympiako Spiros Louis, Athina   27.03.1999

Referee: Leslie Irvine (NIR)   Attendance: 42,572

GREECE: Ilias Atmatsidis; Dimitrios Markos (54 Nikolaos Mahlas), Marinos Ouzounidis, Nikolaos Dabizas, Giorgos Anatolakis; Ilias Poursanidis, Theodoros Zagorakis (46 Dimitrios Mavrogenidis), Stylianos Yanakopoulos, Grigoris Yeorgatos; Nikolaos Liberopoulos (75 Konstantinos Frantzeskos), Themistoklis Nikolaidis.
Trainer: Anghel Iordănescu

NORWAY: Thomas Myhre; Vegard Heggem, Ronny Johnsen, Henning Berg, André Bergdølmo (65 Gunnar Halle); Roar Strand (59 Lars Bohinen), Erik Mykland, Ståle Solbakken, Steffen Iversen; Ole Gunnar Solskjær (88 John Carew), Petter Rudi.   Trainer: Nils Johan Semb

Goals: Solskjaer (38, 87)

LATVIA v ALBANIA 0-0

Riga   28.04.1999

Referee: Eric Romain (SWI)   Attendance: 2,600

LATVIA: Oleg Karavayev; Igor Stepanov (84 Alexey Sharando), Alexander Isakov, Victor Lukashevich, Valentin Lobanyov; Oleg Blagonadezhdin, Valery Ivanov, Rolands Boulders; Andrey Rubins, Mikhail Mikholap (69 Victor Dobretsov), Andrey Shtolcers (60 Yury Laizans).
Trainer: Revaz Dzodzuashvili

ALBANIA: Foto Strakosha; Altin Lala, Ilir Shulku, Arian Xhumba, Rudi Vata (78 Redi Jupi Bashkim); Ervin Fakaj, Altin Haxhi, Alban Bushi (86 Mahir Halili); Bledar Kola, Altin Rrakli (81 Edmond Dalipi), Igli Tare.   Trainer: Astrit Hafizi

GEORGIA v SLOVENIA 1-1 (1-0)

Boris Paichadze, Tbilisi   27.03.1999

Referee: Alain Hamer (LUX)   Attendance: 20,000

GEORGIA: Soso Grishikashvili; Kakhi Kaladze, Gia Chkhaidze, Georgi Balashvili, Mamuka Tsereteli; Rati Aleksidze (46 Giorgi Kinkladze), Georgi Nemsadze, Gocha Jamarauli (82 Georgi Daraselia), Levan Kobiashvili; Zaza Janashia, Georgi Demetradze (73 Mikheil Kavelashvili).
Trainer: Vladimir Gutsaev

SLOVENIA: Marko Simeunovic; Amir Karic, Spasoje Bulajic, Darko Milanic, Aleksander Knavs; Zeljko Milinovic, Mladen Rudonja (90 Zeljko Mitrakovic), Ales Ceh, Saso Udovic (60 Milenko Acimovic); Zlatko Zahovic, Miran Pavlin (77 Rudi Istenic).   Trainer: Srecko Katanec

Goals: Z. Janashia (42), Knavs (52)

GEORGIA v NORWAY 1-4 (0-4)

Boris Paichadze, Tbilisi   28.04.1999

Referee: Sándor Puhl (HUNG)   Attendance: 15,000

GEORGIA: Nikoloz Togonidze; Kakhi Kaladze, Givi Didava, Gela Shekiladze (46 Zurab Popkhadze), Mamuka Tsereteli; Aleksandre Rekhviashvili (82 Giorgi Kiknadze), Georgi Nemsadze, Gocha Jamarauli; Temur Ketsbaia (46 Georgi Demetradze), Zaza Janashia, Levan Kobiashvili.
Trainer: Vladimir Gutsaev

NORWAY: Thomas Myhre; André Bergdølmo, Erik Hoftun, Alf Inge Håland, Tore Pedersen; Steffen Iversen, Erik Mykland, Ståle Solbakken; Tore André Flo (87 John Carew), Ole Gunnar Solskjær (46 Roar Strand), Petter Rudi (83 Vidar Riseth).   Trainer: Nils-Johan Semb

Goals: Iversen (15), T.A. Flo (26, 37), Solskjær (34), Z. Janashia (57)

LATVIA v GREECE 0-0

Daugava, Riga   31.03.1999

Referee: Knud-Erik Fisker (DEN)   Attendance: 3,200

LATVIA: Oleg Karavayev; Victor Lukashevich, Vitaly Astafyev, Mikhail Zemlinsky, Valentin Lobanyov; Alexey Sharando (62 Igor Stepanov), Valery Ivanov (29 Alexander Isakov), Oleg Blagonadezhdin, Marian Pakhar; Mikhail Mikholap (46 Rolands Boulders), Andrey Shtolcers.
Trainer: Revaz Dzodzuashvili

GREECE: Ilias Atmatsidis; Michalis Kasapis, Marinos Ouzounidis, Nikolaos Dabizas, Dimitrios Mavrogenidis; Ilias Poursanidis, Nikolaos Liberopoulos, Grigoris Yeorgatos (74 Konstantinos Frantzeskos), Stylianos Yanakopoulos (74 Theodoros Zagorakis); Nikolaos Mahlas (80 Ioanis Anastasiou), Themistoklis Nikolaidis.
Trainer: Vasilios Daniel

NORWAY v GEORGIA 1-0 (1-0)

Oslo   30.05.1999

Referee: Luc Huyghe (BEL)   Attendance: 18,236

NORWAY: Frode Olsen; Vegard Heggem, Tore Pedersen, Erik Hoftun; André Bergdømo, Steffen Iversen (85 Tore André Dahlum), Ståle Solbakken, Erik Mykland; Øyvind Leonhardsen (46 Petter Rudi), Vidar Riseth (70 Kjetil Rekdal), Tore André Flo.   Trainer: Nils-Johan Semb

GEORGIA: David Gvaramadze; Valter Guchua (62 David Chichveishvili), Kakhi Kaladze, Givi Didava (46 Zurab Popkhadze), Mamuka Tsereteli; Levan Tskitishvili, Georgi Nemsadze, Gocha Jamarauli, Temur Ketsbaia, Mikheil Kavelashvili; Georgi Demetradze (77 Mikheil Ashvetia).
Trainer: Johan Boskamp

Goal: Iversen (4)

ALBANIA v NORWAY 1-2 (1-1)
Tiranë 05.06.1999

Referee: Livio Bazzolini (ITA)   Attendance: 16,000

ALBANIA: Foto Strakosha; Altin Lala, Ilir Shulku, Arian Xhumba, Rudi Vata; Ervin Fakaj (62 Arian Bellai), Altin Haxhi, Alban Bushi, Bledar Kola (69 Albert Duro); Altin Rrakli (80 Erjon Bogdani), Igli Tare. Trainer: Astrit Hafizi

NORWAY: Frode Olsen; André Bergdølmo, Tore Pedersen (62 Bjørn Otto Bragstad), Erik Hoftun, Alf Inge Håland; Steffen Iversen, Ståle Solbakken (89 Vidar Riseth), Kjetil Rekdal, Erik Mykland, Petter Rudi (78 Tore André Dahlum); Tore André Flo. Trainer: Nils-Johan Semb

Goals: Iversen (3), Tare (16), T.A. Flo (83)

ALBANIA v SLOVENIA 0-1 (0-1)
Tiranë 09.06.1999

Referee: Adrian Stoica (ROM)   Attendance: 8,000

ALBANIA: Foto Strakosha; Altin Lala, Ilir Shulku, Arian Xhumba, Rudi Vata; Albert Duro, Arian Bellai, Alban Bushi, Erjon Bogdani (73 Edmond Dalipi); Altin Rrakli (46 Mahir Halili), Igli Tare. Trainer: Astrit Hafizi

SLOVENIA: Marko Simeunovic; Zeljko Milinovic, Amir Karic, Marinko Galic, Aleksander Knavs; Dzoni Novak, Ales Ceh, Saso Udovic (65 Milenko Acimovic), Zlatko Zahovic, Miran Pavlin; Milan Osterc (82 Rudy Istenic). Trainer: Srecko Katanec

Goal: Zahovic (26 pen)

LATVIA v SLOVENIA 1-2 (1-2)
Riga 05.06.1999

Referee: Juan Manuel Brito Arceo (SPA)   Attendance: 2,500

LATVIA: Alexander Kolinko; Victor Lukashevich, Vitaly Astafyev (41 Andrey Rubins), Mikhail Zemlinsky, Valentin Lobanyov (43 Igor Korablyov); Alexey Sharando (59 Imants Bleidelis), Yury Laizans, Andrey Shtolcers, Vladimir Babichev; Marian Pakhar, Mikhail Mikholap. Trainer: Revaz Dzodzuashvili

SLOVENIA: Marko Simeunovic; Mladen Rudonja (88 Milan Osterc), Zeljko Milinovic, Amir Karic, Marinko Galic; Aleksander Knavs, Dzoni Novak, Ales Ceh, Saso Udovic (65 Milenko Acimovic); Zlatko Zahovic, Miran Pavlin (78 Rudi Istenic). Trainer: Srecko Katanec

Goals: Pakhar (18), Zahovic (25, 42 pen)

GREECE v LATVIA 1-2 (1-1)
Olympiako Spiros Louis, Athina 09.06.1999

Referee: Lubomir Pucek (CZE)   Attendance: 15,000

GREECE: Ilias Atmatsidis; Dimitrios Mavrogenidis, Michalis Kasapis, Marinos Ouzounidis, Giorgos Anatolakis; Andreas Zikos, Theodoros Zagorakis, Konstantinos Frantzeskos (61 Ioanis Anastasiou), Grigoris Yeorgatos (72 Dimitrios Markos); Nikolaos Mahlas, Andreas Niniadis (80 Nikolaos Frousos). Trainer: Vasilios Daniel

LATVIA: Alexander Kolinko; Victor Lukashevich, Mikhail Zemlinsky, Valentin Lobanyov, Igor Korablyov; Yury Laizans, Andrey Rubins (64 Alexander Zhizhmanov), Vladimir Babichev, Vitaly Astafyev (54 Imants Bleidelis); Marian Pakhar, Maris Verpakovsky (46 Mikhail Mikholap). Trainer: Revaz Dzodzuashvili

Goals: Verpakovsky (24), Niniadis (38 pen), Zemlinsky (90 pen)

GEORGIA v GREECE 1-2 (0-0)
Boris Paichadze, Tbilisi 05.06.1999

Referee: William Young (SCO)   Attendance: 7,000

GEORGIA: David Gvaramadze; David Chichveishvili (9 Givi Didava), Otar Khizaneishvili, Badri Akhvlediani (65 Zurab Khizanishvili), Mamuka Tsereteli; Levan Tskitishvili (56 Rati Aleksidze), Georgi Nemsadze, Gocha Jamarauli, Temur Ketsbaia; Mikheil Ashvetia, Levan Kobiashvili. Trainer: Johan Boskamp

GREECE: Ilias Atmatsidis; Dimitrios Mavrogenidis, Michalis Kasapis, Marinos Ouzounidis, Giorgos Anatolakis; Ilias Poursanidis, Theodoros Zagorakis (80 Konstantinos Frantzeskos), Konstantinos Konstantinidis (46 Nikolaos Frousos), Andreas Niniadis; Nikolaos Mahlas, Grigoris Yeorgatos (61 Ioanis Anastasiou). Trainer: Vasilios Daniel

Goals: Ketsbaia (55), Frantzeskos (85), Mahlas (90)

SLOVENIA v ALBANIA 2-0 (0-0)
Bezigrad, Ljubljana 18.08.1999

Referee: Paulo Paraty da Silva (POR)   Attendance: 8,000

SLOVENIA: Mladen Dabanovic; Darko Milanic (61 Zeljko Milinovic), Marinko Galic, Aleksander Knavs; Dzoni Novak (90 Rudy Istenic), Ales Ceh, Zlatko Zahovic, Miran Pavlin; Milan Osterc, Mladen Rudonja, Saso Udovic (46 Milenko Acimovic).

ALBANIA: Foto Strakosha; Luan Pinari, Ilir Shulku, Arian Xhumba, Rudi Vata; Arian Bellai, Altin Haxhi, Edvin Murati (59 Mahir Halili), Bledar Kola; Altin Rrakli (60 Erjon Bogdani), Igli Tare.

Goals: Zahovic (49), Osterc (80)

NORWAY v GREECE 1-0 (1-0)

Ullevaal, Oslo   04.09.1999   Oslo

Referee: Markus Merk (GER)   Attendance: 24,133

NORWAY: Frode Olsen; Henning Berg, André Bergdølmo, Erik Hoftun, Vegard Heggem; Steffen Iversen, Øyvind Leonhardsen (73 Vidar Riseth), Erik Mykland, Bent Skammelsrud; Tore André Flo, Ole Gunnar Solskjær (67 Petter Rudi).

GREECE: Ilias Atmatsidis; Dimitrios Mavrogenidis, Michalis Kasapis, Nikolaos Dabizas, Marinos Ouzounidis; Ilias Poursinidis, Theodoros Zagorakis (49 Nikolaos Mahlas), Andreas Niniadis (46 Stylianos Yanakopoulos), Grigoris Yeorgatos; Nikolaos Liberopoulos, Themistoklis Nikolaidis.

Goal: Leonhardsen (34)

GEORGIA v LATVIA 2-2 (1-0)

Boris Paichadze, Tbilisi   08.09.1999

Referee: Miroslav Radoman (YUG)   Attendance: 4,500

GEORGIA: David Gvaramadze; Kakhi Kaladze, Levan Tskitishvili (70 Tengiz Sichinava), Givi Didava, Mamuka Tsereteli; Gela Shekiladze, Georgi Nemsadze, Gocha Jamarauli, Mikheil Kavelashvili (75 Archil Arveladze); Levan Kobiashvili, Shota Arveladze (72 Georgi Demetradze).

LATVIA: Alexander Kolinko; Igor Stepanov, Yury Laizans (83 Rolands Boulders), Mikhail Zemlinsky, Valentin Lobanyov; Andrey Rubins, Valery Ivanov, Imants Bleidelis, Alexander Isakov (60 Vladimir Babichev); Marian Pakhar, Andrey Shtolcers (74 Alexey Sharando).

Sent off: Tsereteli (80)

Goals: S. Arveladze (30), Kavelashvili (52), Bleidelis (62), Stepanov (90)

ALBANIA v LATVIA 3-3 (1-1)

Tiranë   04.09.1999

Referee: Alain Hamer (LUX)   Attendance: 4,000

ALBANIA: Foto Strakosha; Altin Lala, Ilir Shulku, Arian Xhumba, Rudi Vata; Ervin Fakaj (73 Erjon Bogdani), Altin Haxhi, Alban Bushi, Arian Bellai; Edvin Murati (46 Edmond Dalipi), Igli Tare (77 Devi Muka).

LATVIA: Alexander Kolinko; Igor Stepanov, Vitaly Astafyev (81 Vladimir Babichev), Mikhail Zemlinsky, Valentin Lobanyov; Victor Lukashevich, Valery Ivanov (61 Oleg Blagonadezhdin), Imants Bleidelis, Andrey Rubins; Andrey Shtolcers (84 Rolands Boulders), Mikhail Mikholap.

Sent off: Lukashevich (86)

Goals: Astafyev (20, 62), Bushi (29, 78), Shtolcers (70), Muka (90)

NORWAY v SLOVENIA 4-0 (3-0)

Ullevaal, Oslo   08.09.1999

Referee: Gilles Veissière (FRA)   Attendance: 24,288

NORWAY: Frode Olsen; André Bergdølmo, Erik Hoftun, Henning Berg, Vegard Heggem; Steffen Iversen, Erik Mykland, Øyvind Leonhardsen, Ole Gunnar Solskjær (78 Vidar Riseth), Bent Skammelsrud (76 Jan Derek Sørensen); Tore André Flo (87 Andreas Lund).

SLOVENIA: Marko Simeunović (46 Mladen Dabanovic); Milan Osterc (83 Milenko Acimovic), Mladen Rudonja, Zeljko Milinovic, Rudi Istenić; Aleksander Knavs, Dzoni Novak, Ales Ceh, Miran Pavlin; Saso Udović (41 Amir Karić), Zlatko Zahovic.

Sent off: Istenić (55)

Goals: Istenic (15 og), Iversen (17), Solskjær (30), Leonhardsen (67)

SLOVENIA v GEORGIA 2-1 (0-0)

Ljubljana   04.09.1999

Referee: Jan Wegereef (HOL)   Attendance: 8,500

SLOVENIA: Marko Simeunovic; Marinko Galic, Zeljko Milinovic, Aleksander Knavs, Dzoni Novak; Ales Ceh, Mladen Rudonja, Zlatko Zahovic (90 Rudy Istenic), Miran Pavlin; Milan Osterc (46 Milenko Acimovic), Saso Udovic (75 Amir Karic).

GEORGIA: David Gvaramadze; Levan Kobiashvili, Levan Tskitishvili, Givi Didava, Tengiz Sichinava; Badri Akhvlediani (46 Gela Shekiladze), Kakhi Kaladze, Mikhail Potskhveria, Mikheil Kavelashvili; Archil Arveladze, Shota Arveladze.

Goals: Acimovic (48), S. Arveladze (55), Zahovic (80)

GREECE v ALBANIA 2-0 (1-0)

Olympiako Spiros Louis, Athina   06.10.1999

Referee: Valentin Ivanov (RUS)   Attendance: 8,000

GREECE: Ilias Atmatsidis; Georgios Amanatidis, Grigoris Yeorgatos (66 Konstantinos Konstantinidis), Nikolaos Dabizas; Marinos Ouzounidis, Ilias Poursinidis, Theodoros Zagorakis (46 George Georgiadis), Andreas Zikos, Vasilios Tsartas (75 Andreas Niniadis); Nikolaos Mahlas, Themistoklis Nikolaidis.

ALBANIA: Foto Strakosha; Altin Lala, Arian Bellai (84 Erjon Bogdani), Arian Xhumba, Rudi Vata; Edvin Murati (55 Albert Duro), Altin Haxhi, Alban Bushi, Bledar Kola; Altin Rrakli, Igli Tare (67 Devi Muka).

Goals: Tsartas (1), Georgiadis (87)

LATVIA v NORWAY 1-2 (0-0)

Riga 09.10.1999

Referee: Dietmar Drabek (AUS) Attendance: 3,000

LATVIA: Alexander Kolinko; Victor Lukashevich (80 Yury Laizans), Mikhail Zemlinsky, Valentin Lobanyov, Oleg Blagonadezhdin; Imants Bleidelis, Valery Ivanov, Vitaly Astafyev, Andrey Rubins; Andrey Shtolcers, Marian Pakhar.

NORWAY: Frode Olsen; Vegard Heggem, Henning Berg, Erik Hoftun, André Bergdølmo; Steffen Iversen (46 Andreas Lund), Øyvind Leonhardsen, Bent Skammelsrud, Erik Mykland (80 Ståle Solbakken), Ole Gunnar Solskjær (89 Vidar Riseth); Tore André Flo.

Goals: Solskjær (52), Pakhar (53), T.A. Flo (86)

	P	W	D	L	F	A	Pts
Norway	10	8	1	1	21	9	25
Slovenia	10	5	2	3	12	14	17
Greece	10	4	3	3	13	8	15
Latvia	10	3	4	3	13	12	13
Albania	10	1	4	5	8	14	7
Georgia	10	1	2	7	8	18	5

GROUP 3

ALBANIA v GEORGIA 2-1 (2-0)

Tiranë 09.10.1999

Referee: Alfred Micallef (MAL) Attendance: 3,000

ALBANIA: Arian Beqaj; Albert Duro, Ilir Shulku, Arian Xhumba, Rudi Vata; Ervin Fakaj, Altin Lala, Alban Bushi (54 Edvin Murati), Bledar Kola; Altin Rrakli (75 Devi Muka), Igli Tare (90 Erjon Bogdani).

GEORGIA: Grigori Tchanturia; Levan Kobiashvili, Georgi Gakhokidze, Givi Didava, Gela Shekiladze; David Chichveishvili, Georgi Nemsadze, Gocha Jamarauli, Kakhi Kaladze; Archil Arveladze (83 David Janashia), Shota Arveladze.

Goals: Rrakli (30), Kola (36), S. Arveladze (52)

TURKEY v NORTHERN IRELAND 3-0 (1-0)

Ali Sami Yen, Istanbul 05.09.1998

Referee: Ryszard Wojcik (POL) Attendance: 19,840

TURKEY: Reçber Rüstü; Mert Korkmaz, Saffet Akbas, Tayfur Havutçu, Alpay Özalan; Abdullah Ercan, Okan Buruk (87 Arif Erdem), Tugay Kerimoglu (74 Oguz Çetin), Sergen Yalçin; Hakan Şükür, Oktay Derelioglu (79 Hami Mandirali). Trainer: Mustafa Denizli

N. IRELAND: Alan Fettis; Aaron Hughes, Colin Hill, Steve Morrow, Kevin Horlock; Keith Rowland (46 James Quinn), Philip Mulryne, Keith Gillespie (74 Jim Whitley), Neil Lennon; Iain Dowie, Michael Hughes. Trainer: Lawrie McMenemy

Goals: Oktay (17, 58), Tayfur (51 pen)

SLOVENIA v GREECE 0-3 (0-2)

Ljudski vrt, Maribor 09.10.1999

Referee: Gamal Ghandour (EGY) Attendance: 2,500

SLOVENIA: Marko Simeunovic; Edo Bajrektarevic, Mladen Rudonja, Muamer Vugdalic (84 Robert Englaro), Marinko Galic; Simon Seslar, Dzoni Novak, Ales Ceh, Saso Udovic (46 Amir Karic); Milenko Acimovic, Ante Simundza (60 Milan Osterc).

GREECE: Ilias Atmatsidis; Georgios Amanatidis, Andreas Zikos, Nikolaos Dabizas, Paraskevas Antzas (71 Theodoros Zagorakis); Ilias Poursanidis, George Georgiadis, Konstantinos Konstantinidis, Nikolaos Liberopoulos; Vasilios Tsartas (69 Andreas Niniadis), Themistoklis Nikolaidis (75 Nikolaos Mahlas).

Goals: Tsartas (39), Georgiadis (43), Nikolaidis (73)

FINLAND v MOLDOVA 3-2 (2-2)

Olimpic, Helsinki 05.09.1998

Referee: Graham Barber (ENG) Attendance: 18,716

FINLAND: Antti Niemi; Harri Ylönen, Marko Tuomela, Sami Hyypiä, Tommi Kautonen, Aarno Turpeinen (46 Juha Reini), Jarkko Wiss, Jonatan Johansson (80 Antti Sumiala), Mika-Matti Paatelainen, Jari Litmanen (Cap), Joonas Kolkka (73 Sami Mahlio). Trainer: Richard Møller-Nielsen

MOLDOVA: Vasili Coşelev; Oleg Fistican (76 Ivan Tabanov), Radu Rebeja (46 Ghenadie Puşca), Ion Testimiţanu, Alexandru Guzun, Serghei Stroenco, Alexandru Curtianu (Cap), Igor Oprea, Vladimir Gaidamaşciuc, Sergiu Epureanu (71 Alexandr Suharev), Sergiu Cleşcenco. Trainer: Ivan Danilianţ

Sent off: Puşca (89).

Goals: Kolkka (8), Oprea (10, 12), Johansson (45), Paatelainen (63)

TURKEY v GERMANY 1-0 (0-0)

Bursa   10.10.1998

Referee: Hugh Dallas (SCO)   Attendance: 17,505

TURKEY: Reçber Rüştü; Ogün Temizkanoglu (88 Hakan Ünsal), Fatih Akyel, Alpay Özalan; Tayfur Havutçu, Abdullah Ercan, Mert Korkmaz, Tugay Kerimoglu (60 Oktay Derelioglu), Sergen Yalçin (80 Saffet Akbas), Tayfun Korkut; Hakan Şükür.   Trainer: Mustafa Denizli

GERMANY: Oliver Kahn; Markus Babbel, Marko Rehmer, Jens Nowotny; Jörg Heinrich (75 Oliver Neuville), Stefan Beinlich, Jens Jeremies, Carsten Ramelow, Lars Ricken (80 Marco Bode); Oliver Bierhoff, Ulf Kirsten.   Trainer: Erich Ribbek

Sent off: Tayfun (71)

Goal: Hakan Şükür (70)

TURKEY v FINLAND 1-3 (0-1)

Istanbul   14.10.1998

Referee: Vaclav Krondl (CZE)   Attendance: 20,420

TURKEY: Reçber Rüstü; Fatih Akyel, Ogün Temizkanoglu, Alpay Özalan; Tayfur Havutçu, Abdullah Ercan, Okan Buruk (46 Hami Mandirali), Tugay Kerimoglu (46 Mert Korkmaz), Sergen Yalçin (83 Hasan Sas); Hakan Şükür, Oktay Derelioglu.   Trainer: Mustafa Denizli

FINLAND: Antti Niemi; Harri Ylönen, Marko Tuomela, Sami Hyypiä, Tommi Kautonen, Juha Reini; Aki Riihilahti (76 Simo Valakari), Jari Ilola, Jari Litmanen; Mika-Matti Paatelainen (46 Joonas Kolkka), Jonatan Johansson (89 Jarmo Saastamoinen).   Trainer: Richard Møller-Nielsen

Goals: Paatelainen (5), Johansson (51), Ogün (73), Litmanen (90)

NORTHERN IRELAND v FINLAND 1-0 (1-0)

Belfast   10.10.1998

Referee: Zoran Arsic (YUG)   Attendance: 10,200

N. IRELAND: Alan Fettis; Aaron Hughes, Kevin Horlock, Darren Patterson, Steve Morrow; Keith Gillespie (70 Jon McCarthy), Neil Lennon, Keith Rowland (88 James Quinn), Philip Mulryne; Iain Dowie (79 George O'Boyle), Michael Hughes.   Manager: Lawrie McMenemy

FINLAND: Antti Niemi; Harri Ylönen, Juka Reini, Sami Hyypiä, Tommi Kautonen; Simo Valakari, Jari Ilola, Aki Riihilahti (76 Jari Litmanen), Joonas Kolkka; Mika-Matti Paatelainen, Jonatan Johansson.   Trainer: Richard Møller-Nielsen

Goal: Rowland (36)

NORTHERN IRELAND v MOLDOVA 2-2 (0-1)

Windsor Park, Belfast   18.11.1998

Referee: Vladimir Hrinak (SVK)   Attendance: 11,137

N. IRELAND: Alan Fettis; Danny Griffin, Peter Kennedy, Steve Lomas (Cap), Darren Patterson, Steve Morrow, Keith Gillespie (87 Jon McCarthy), Neil Lennon, Iain Dowie, Michael Hughes, Keith Rowland (78 Phil Gray).   Manager: Lawrie McMenemy

MOLDOVA: Serghei Dinov; Oleg Fistican, Radu Rebeja, Ion Testimiţanu (85 Vitali Maevici), Alexandru Guzun (71 Ghenadie Puşca), Serghei Stroenco, Alexandru Curtianu, Gheorghe Stratulat (50 Alexandr Suharev), Sergiu Epureanu, Vladimir Gaidamaşciuc, Sergiu Cleşcenco.   Trainer: Ivan Danilianţ

Sent off: Curtianu (66)

Goals: Gaidamaşciuc (23), Dowie (49), Testimiţanu (58), Lennon (63)

MOLDOVA v GERMANY 1-3 (1-3)

Republican, Chişinău   14.10.1998

Referee: Juan Antonio Marín Fernández (SPA)   Att: 6,500

MOLDOVA: Vasili Coşelev; Oleg Fistican, Radu Rebeja, Ion Testimiţanu, Alexandru Guzun, Serghei Stroenco, Alexandru Curtianu (52 Alexandr Suharev), Igor Oprea, Vladimir Gaidamaşciuc, Sergiu Epureanu, Sergiu Cleşcenco.   Trainer: Ivan Danilianţ

GERMANY: Oliver Kahn; Markus Babbel, Marko Rehmer, Michael Tarnat, Jens Nowotny, Christian Nerlinger, Carsten Ramelow, Stefan Beinlich (81 Dariusz Wosz), Lars Ricken (53 Oliver Neuville), Oliver Bierhoff (Cap), Ulf Kirsten (73 Carsten Jancker).   Trainer: Erich Ribbeck

Sent off: Oprea (84)

Goals: Guzun (6), Kirsten (19, 36), Bierhoff (38)

NORTHERN IRELAND v GERMANY 0-3 (0-2)

Belfast   27.03.1999

Referee: Graziano Cesari (ITA)   Attendance: 14,270

N. IRELAND: Maik Taylor; Darren Patterson, Mark Williams, Steve Lomas, Kevin Horlock; Keith Gillespie (84 Jon McCarthy), Neil Lennon (68 Danny Sonner), Steve Morrow, Michael Hughes; Iain Dowie, Keith Rowland (68 Peter Kennedy).   Manager: Lawrie McMenemy

GERMANY: Oliver Kahn; Lothar Matthäus (46 Jens Nowotny), Christian Wörns, Markus Babbel, Jörg Heinrich; Thomas Strunz, Dietmar Hamann, Jens Jeremies, Marco Bode (78 Michael Preetz); Oliver Bierhoff, Oliver Neuville (68 Carsten Jancker).   Trainer: Erich Ribbeck

Goals: Bode (11, 43), Hamann (62)

TURKEY v MOLDOVA 2-0 (1-0)

Ali Sami Yen, Istanbul 27.03.1999

Referee: Konrad Plautz (AUS) Attendance: 19,454

TURKEY: Rüştu Reçber; Fatih Akyel, Ogün Temizkanoglu, Tayfur Havutçu, Alpay Özalan; Abdullah Ercan, Okan Buruk, Tugay Kerimoglu (85 Ayhan Akman), Hakan Şükür, Sergen Yalçin, Oktay Derelioglu (25 Hami Mandirali, 75 Arif Erdem). Trainer: Mustafa Denizli

MOLDOVA: Serghei Dinov; Oleg Fistican, Radu Rebeja, Ivan Tabanov, Alexandru Guzun; Serghei Stroenco, Oleg Şişchin, Gheorghe Stratulat, Vladimir Gaidamaşciuc; Sergiu Epureanu, Sergiu Cleşcenco (80 Alexandru Suharev). Trainer: Ivan Danilianţ (8)

Sent off: Şişchin (61)

Goals: Hakan Şükür (34), Sergen (90)

GERMANY v MOLDOVA 6-1 (3-0)

Leverkusen 05.06.1999

Referee: Jorge Manuel Monteiro Coroado (POR) Attendance: 21,000

GERMANY: Oliver Kahn; Jens Nowotny, Lothar Matthäus (75 Markus Babbel), Jörg Heinrich; Thomas Strunz, Jens Jeremies (46 Mehmet Scholl), Dietmar Hamann, Marco Bode; Oliver Neuville, Oliver Bierhoff, Ulf Kirsten (54 Carsten Ramelow). Trainer: Erich Ribbeck

MOLDOVA: Serghei Dinov; Oleg Fistican, Serghei Stroenco, Vitalie Maevici (55 Gheorghe Stratulat), Alexandru Guzun; Alexandru Curtianu, Radu Rebeja, Igor Oprea, Vladimir Gaidamaşciuc (75 Serghei Belous); Sergiu Epureanu, Sergiu Cleşcenco (81 Oleg Şişchin). Trainer: Ivan Danilianţ (10)

Goals: Bierhoff (2, 56, 82), Kirsten (27), Bode (38), Scholl (71), Stratulat (76)

MOLDOVA v NORTHERN IRELAND 0-0

Republican, Chişinău 31.03.1999

Referee: Edo Trivkovic (CRO) Attendance: 9,000

MOLDOVA: Serghei Dinov; Oleg Fistican, Adrian Sosnovschi, Alexandru Guzun, Radu Rebeja; Serghei Stroenco, Alexandru Suharev, Igor Oprea (90 Gheorghe Stratulat), Vladimir Gaidamaşciuc, Sergiu Epureanu, Sergiu Cleşcenco. Trainer: Ivan Danilianţ

N. IRELAND: Maik Taylor; Darren Patterson (63 Aaron Hughes), Kevin Horlock, Steve Lomas, Mark Williams, Steve Morrow, Keith Gillespie, Neil Lennon, Iain Dowie, Michael Hughes, Stephen Robinson. Manager: Lawrie McMenemy

FINLAND v TURKEY 2-4 (2-2)

Olimpic, Helsinki 05.06.1999

Referee: Dick Jol (HOL) Attendance: 36,042

FINLAND: Antti Niemi; Harri Ylönen, Toni Kuivasto, Sami Hyypiä, Hannu Tihinen; Aki Riihilahti, Joonas Kolkka, Simo Valakari, Jonatan Johansson; Mika-Matti Paatelainen, Jari Litmanen. Trainer: Richard Møller-Nielsen

TURKEY: Reçber Rüştü; Ali Eren Beserler, Fatih Akyel, Saffet Akbas, Alpay Özalan, Abdullah Ercan (90 Hakan Ünsal); Tayfur Havutçu, Tayfun Korkut, Ayhan Akman (74 Tugay Kerimoglu); Hakan Şükür, Sergen Yalçin (89 Ümit Davala). Trainer: Mustafa Denizli

Goals: Tihinen (10), Paatelainen (14), Tayfur (25, 84), Hakan Şükür (34, 87)

GERMANY v FINLAND 2-0 (2-0)

Nürnberg 31.03.1999

Referee: Sergei Khusainov (RUS) Attendance: 40,758

GERMANY: Oliver Kahn; Markus Babbel, Lothar Matthäus, Christian Wörns; Thomas Strunz, Dietmar Hamann (72 Jens Nowotny), Jens Jeremies, Jörg Heinrich; Oliver Neuville (65 Ulf Kirsten), Oliver Bierhoff, Marco Bode (76 Carsten Jancker). Trainer: Erich Ribbeck

FINLAND: Antti Niemi; Tomi Kinnunen, Harri Ylönen, Sami Hyypiä, Juka Reini (89 Mika Lehkosuo), Tommi Kautonen (72 Joonas Kolkka); Jari Ilola, Jari Litmanen, Aki Riihilahti; Jonatan Johansson, Mika-Matti Paatelainen (46 Jarmo Saastamoinen). Trainer: Richard Møller-Nielsen

Goals: Jeremies (31), Neuville (36)

MOLDOVA v FINLAND 0-0

Republican, Chişinău 09.06.1999

Referee: Fiorenzo Treossi (ITA) Attendance: 8,000

MOLDOVA: Serghei Dinov; Oleg Fistican, Serghei Stroenco, Oleg Şişkin (75 Serghei Belous), Alexandru Guzun; Alexandru Curtianu, Radu Rebeja, Sergiu Epureanu, Gheorghe Stratulat, Igor Oprea; Alexandru Suharev (89 Serghei Kirilov). Trainer: Ivan Danilianţ

FINLAND: Antti Niemi; Juha Reini (86 Mika Lehkosuo), Sami Hyypiä, Harri Ylönen, Hannu Tihinen (46 Tommi Kautonen); Joonas Kolkka, Aki Riihilahti, Simo Valakari, Jari Ilola; Jonatan Johansson (61 Mikael Forsell), Mika-Matti Paatelainen. Trainer: Richard Møller-Nielsen

NORTHERN IRELAND v TURKEY 0-3 (0-1)
Windsor Park, Belfast   04.09.1999
Referee: Alain Sars (FRA)   Attendance: 7,270

N. IRELAND: Maik Taylor; Aaron Hughes, Kevin Horlock, Steve Lomas, Mark Williams; Barry Hunter, Jon McCarthy (63 Keith Gillespie), Neil Lennon, Michael Hughes; Iain Dowie (77 James Quinn), Peter Kennedy.

TURKEY: Recber Rüstü; Ali Eren Beserler, Ogün Temizkanoglu, Tayfur Havutçu, Alpay Özalan; Arif Erdem (79 Okan Buruk), Abdullah Ercan (75 Hakan Ünsal), Tugay Kerimoglu, Sergen Yalçin (90 Ümit Karan); Hakan Şükür, Tayfun Korkut.

Goals: Erdem (45, 46, 48)

FINLAND v GERMANY 1-2 (0-2)
Olimpic, Helsinki   04.09.1999
Referee: Antonio López Nieto (SPA)   Attendance: 20,184

FINLAND: Antti Niemi (46 Pasi Laaksonen); Jarmo Saastamoinen, Sami Hyypiä, Toni Kuivasto, Harri Ylönen (46 Shefki Kuqi); Janne Salli, Jarkko Wiss, Aki Riihilahti, Teemu Tainio; Jonatan Johansson, Mika Kottila.

GERMANY: Jens Lehmann; Markus Babbel, Thomas Linke, Jens Nowotny, Lothar Matthäus; Jens Jeremies, Mehmet Scholl (79 Christian Nerlinger), Oliver Neuville (85 Thomas Strunz); Oliver Bierhoff, Ulf Kirsten (32 Bernd Schneider), Christian Ziege.

Goals: Bierhoff (2, 17), Salli (63)

MOLDOVA v TURKEY 1-1 (1-0)
Republican, Chişinău   08.09.1999
Referee: Andreas Schluster (SWI)   Attendance: 10,000

MOLDOVA: Serghei Dinov; Oleg Fistican, Vadim Boreţ, Alexandru Guzun (78 Oleg Şişchin), Radu Rebeja; Iuri Osipenco, Serghei Stroenco, Igor Oprea, Sergiu Epureanu; Vladimir Gaidamaşciuc (46 Gheorghe Stratulat), Sergiu Cleşcenco (82 Serghei Kirilov).   Trainer: Ivan Danilianţ

TURKEY: Rüştu Reçber; Ali Eren Beserler, Fatih Akyel (46 Tugay Kerimoglu), Alpay Özalan, Ogün Temizkanoglu; Okan Buruk (46 Ayhan Akman), Tayfur Havutçu, Sergen Yalçin (87 Ümit Davala), Hakan Ünsal; Arif Erdem, Hakan Şükür.   Trainer: Mustafa Denizli

Goals: Epureanu (3), Tayfur (76)

GERMANY v NORTHERN IRELAND 4-0 (4-0)
Westfalenstadion, Dortmund   08.09.1999
Referee: Georgios Bikas (GRE)   Attendance: 41,000

GERMANY: Jens Lehmann; Thomas Linke, Lothar Matthäus, Markus Babbel (30 Thomas Strunz); Jens Jeremies, Jens Nowotny (46 Christian Wörns), Mehmet Scholl, Christian Ziege; Oliver Neuville (67 Bernd Schneider), Oliver Bierhoff, Marco Bode.

N. IRELAND: Maik Taylor; Ian Nolan, Mark Williams, Steve Morrow, Kevin Horlock; Neil Lennon (46 Keith Gillespie), Steve Lomas, Michael Hughes, Jon McCarthy, Peter Kennedy; Iain Dowie (46 James Quinn).

Goals: Bierhoff (3), Ziege (16, 33, 45)

GERMANY v TURKEY 0-0
Olimpiastadion, München   09.10.1999
Referee: Pierluigi Collina (ITA)   Attendance: 63,572

GERMANY: Oliver Kahn; Markus Babbel, Lothar Matthäus, Thomas Linke; Bernd Schneider (89 Mustafa Dogan), Dietmar Hamann (46 Christian Nerlinger), Jens Jeremies, Christian Ziege (76 Marco Bode); Oliver Neuville, Oliver Bierhoff, Mehmet Scholl.

TURKEY: Recber Rüstü; Oguz Çetin, Fatih Akyel, Alpay Özalan, Ali Eren Beserler; Okan Buruk (72 Arif Erdem), Tayfur Havutçu (85 Oktay Derelioglu), Tayfun Korkut, Abdullah Ercan (69 Ergün Penbe), Sergen Yalçin; Hakan Şükür.

FINLAND v NORTHERN IRELAND 4-1 (1-0)
Olimpic, Helsinki   09.10.1999
Referee: Amand Ancion (BEL)   Attendance: 8,217

FINLAND: Jani Viander; Mika Lehkosuo, Toni Kuivasto, Sami Hyypiä, Hannu Tihinen; Jarkko Wiss (86 Simo Valakari), Joonas Kolkka, Aki Riihilahti (86 Sami Ylä-Jussila), Jari Litmanen; Mika-Matti Paatelainen, Jonatan Johansson.

N. IRELAND: Maik Taylor; Iain Jenkins (79 Jim Whitley), Mark Williams, Steven Morrow, Ian Nolan; Jon McCarthy, Jeff Whitley, Neil Lennon, Peter Kennedy; Michael Hughes (74 Damien Johnson), James Quinn (68 Adrian Coote).

Goals: Johansson (9), Jeff Whitley (59), Hyypiä (63), Kolkka (73, 83)

	P	W	D	L	F	A	Pts
Germany	8	6	1	1	20	4	19
Turkey	8	5	2	1	15	6	17
Finland	8	3	1	4	13	13	10
Northern Ireland	8	1	2	5	4	19	5
Moldova	8	0	4	4	7	17	4

GROUP 4

ICELAND v FRANCE 1-1 (1-1)
Laugardalsvöllur, Reykjavik 05.09.1998
Referee: Eric Blareau (BEL)   Attendance: 10,500
ICELAND: Birkir Kristinsson; Pétur Marteinsson, Lárus Orri Sigurdsson, Audun Helgason, Hermann Hreidarsson, Eyjólfur Sverrisson; Rúnar Kristinsson, Helgi Kolvidsson, Thórdur Gudjónsson; Arnar Gunnlaugsson (70 Stefán Thórdarson), Ríkhardur Dadason.   Trainer: Gudjón Thórdarson
FRANCE: Fabien Barthez; Christian Karembeu, Frank Leboeuf, Lilian Thuram, Bixente Lizarazu; Didier Deschamps, Zinedine Zidane, Youri Djorkaeff; Robert Pires, Christophe Dugarry (67 Thierry Henry), Lilian Laslandes.
Trainer: Roger Lemerre
Goals: Dadason (33), Dugarry (36)

UKRAINE v RUSSIA 3-2 (2-0)
Dinamo, Kyiv 5.09.1998
Referee: Markus Merk (GER)   Attendance: 82,100
UKRAINE: Olexandr Shovkovskyi; Andriy Gusin, Olexandr Holovko, Volodymyr Mykytyn, Vladyslav Vashchuk; Yuriy Dmitrulin, Serhiy Popov, Serhiy Kovalev (87 Valeriy Kriventsov); Serhiy Skachenko (46 Yuriy Kalitvintsev), Andriy Shevchenko, Serhiy Rebrov.   Trainer: Jozsef Szabo
RUSSIA: Dmitriy Kharin; Yuriy Kovtun, Igor Chugaynov, Valeriy Minko, Igor Yanovskiy, Yevgeniy Varlamov; Andrei Kanchelskis (71 Valeriy Karpin), Sergei Semak (73 Stanislav Cherchesov), Viktor Onopko, Dmitriy Alenichev (64 Aleksandr Mostovoi); Igor Kolyvanov.
Trainer: Anatoliy Byshovets   **Sent off**: Kharin (73)
Goals: Popov (14), Skachenko (24), Varlamov (67), Rebrov (75 pen), Onopko (87)

ARMENIA v ANDORRA 3-1 (1-0)
Razdan, Erevan 05.09.1998
Referee: Richard O'Hanlon (IRE)   Attendance: 8,000
ARMENIA: Roman Berezovski; Yervand Sukiasyan, Yervand Krbashyan, Sarkis Hovsepyan, Tigran Hovhannisyan (83 Felix Khodgoyan); Harutyun Vardanyan, Albert Sarkisyan, Ara Adamyan, Artak Adamyan (86 Tigran Gspeyan); Armen Shahgeldyan, Garnik Avalyan (69 Tigran Yesayan).
Trainer: Suren Barsegyan
ANDORRA: Jesús Luis ÁLVAREZ de Fulate "KOLDO"; Francisco Javier RAMIREZ Palomo, José Manuel GARCIA Luena "TXEMA", Angel MARTIN GARCIA, Antonio LIMA SOLA; Jordi ESCURA Aixas, Genis GARCIA Iscla, Óscar SONEJEE Masánd, Juli SÁNCHEZ Soto; Jesús Julián LUCENDO Heredia, Justo RUIZ Gonzalez.
Trainer: Manuel Miluir
Goals: Avalyan (40), Yesayan (71, 90), Lucendo (86 pen)

ANDORRA v UKRAINE 0-2 (0-2)
Andorra la Vella 10.10.1998
Referee: Antin Guetsov (BUL)   Attendance: 850
ANDORRA: Jesús Luis ÁLVAREZ de Fulate "KOLDO"; Francisco Javier RAMIREZ Palomo, José Manuel GARCIA Luena "TXEMA", Genis GARCIA Iscla, Ildefons LIMA SOLA, Juli SÁNCHEZ Soto (88 Manuel JIMENEZ Soria); Antonio LIMA SOLA, Agusti POL Perez, Óscar SONEJEE Masánd, Emiliano GONZALEZ Árquez, Justo RUIZ Gonzalez.
Trainer: Manuel Miluir
UKRAINE: Olexandr Shovkovskyi; Oleh Luzhnyi, Volodymyr Mykytyn (46 Serhiy Kovalev), Olexandr Holovko, Vladyslav Vashchuk; Serhiy Popov, Andriy Gusin, Vitaliy Kosovskyi; Yuriy Maximov (52 Valeriy Kriventsov), Andriy Shevchenko (70 Dmytro Mykhailenko), Serhiy Rebrov.
Trainer: Jozsef Szabo
Goals: Kosovskyi (30), Rebrov (43)

RUSSIA v FRANCE 2-3 (1-2)
Moskva 10.10.1998
Referee: Piero Ceccarini (ITA)   Attendance: 50,000
RUSSIA: Sergei Ovchinnikov; Dmitriy Khlestov, Viktor Onopko, Yevgeniy Varlamov, Igor Yanovskiy; Valeriy Karpin, Dmitriy Alenichev (70 Sergei Semak), Yegor Titov, Aleksandr Mostovoi, Andrei Tikhonov; Vladimir Beschastnykh (63 Aleksei Gerasimenko).   Trainer: Anatoli Byshovets
FRANCE: Bernard Lama; Lilian Thuram, Laurent Blanc, Marcel Desailly, Bixente Lizarazu; Robert Pires, Didier Deschamps, Emmanuel Petit (46 Alain Boghossian), Zinedine Zidane; Youri Djorkaeff (54 Patrick Vieira), Nicolas Anelka (88 Tony Vairelles).   Trainer: Roger Lemerre
Goals: Anelka (13), Pirés (29), Yanovskiy (45), Mostovoi (56), Boghossian (81)

ARMENIA v ICELAND 0-0
Erevan 10.10.1998
Referee: Morgan Norman (SWE)   Attendance: 15,000
ARMENIA: Roman Berezovski; Yervand Sukiasyan, Vardan Khachatryan, Sarkis Hovsepyan, Albert Sarkisyan; Harutyun Vardanyan, Artur Petrosyan (81 Tigran Hovhannisyan), Artak Adamyan, Eric Assadourian (62 Tigran Yesayan); Armen Shahgeldyan, Karapet Mikaelyan.   Trainer: Suren Barsegyan
ICELAND: Birkir Kristinsson; Audun Helgason, Hermann Hreidarsson, Siggi Jónsson, Lárus Orri Sigurdsson; Rúnar Kristinsson, Helgi Kolvidsson, Steinar Adolfsson, Arnar Gunnlaugsson; Thórdur Gudjónsson, Ríkhardur Dadason.
Trainer: Gudjón Thórdarson

UKRAINE v ARMENIA 2-0 (1-0)

Republican, Kyiv   14.10.1998

Referee: Marcel Lică (ROM)   Attendance: 14,850

UKRAINE: Olexandr Shovkovskyi; Oleh Luzhnyi, Yuriy Dmitrulin, Olexandr Holovko, Vladyslav Vashchuk; Serhiy Popov (75 Yuriy Maximov), Serhiy Skachenko (61 Serhiy Kovalev), Andriy Gusin, Vitaliy Kosovskyi; Andriy Shevchenko (78 Valeriy Kriventsov), Serhiy Rebrov.   Trainer: Jozsef Szabo

ARMENIA: Roman Berezovski; Yervand Sukiasyan, Vardan Khachatryan, Sarkis Hovsepyan, Yervand Krbashyan (85 Tigran Hovhannisyan); Harutyun Vardanyan, Artur Petrosyan, Ara Adamyan, Armen Shahgeldyan; Eric Assadourian (73 Tigran Yesayan), Karapet Mikaelyan (65 Garnik Avalyan).   Trainer: Suren Barsegyan

Goals: Skachenko (32), Gusin (80)

FRANCE v ANDORRA 2-0 (0-0)

St.Denis, Paris   14.10.1998

Referee: Dani Koren (ISR)   Attendance: 75,000

FRANCE: Bernard Lama; Frank Leboeuf, Laurent Blanc, Bixente Lizarazu, Youri Djorkaeff (82 Alain Boghossian), Tony Vairelles; Vincent Candela, Didier Deschamps, Zinedine Zidane, Christophe Dugarry (71 Robert Pires), David Trézéguet (71 Nicolas Anelka).   Trainer: Roger Lemerre

ANDORRA: Jesús Luis ÁLVAREZ de Fulate "KOLDO"; Francisco Javier RAMIREZ Palomo (80 Juli SÁNCHEZ Soto), José Manuel GARCIA Luena "TXEMA", Angel MARTIN GARCIA, Antonio LIMA SOLA, Ildefons LIMA SOLA; Agusti POL Perez, Óscar SONEJEE Masánd, Jesús Julián LUCENDO Heredia (88 Manuel JIMENEZ Soria), Justo RUIZ Gonzalez; Emiliano GONZALEZ Árquez.   Trainer: Manuel Miluir

Goals: Candela (53), Djorkaeff (61)

ICELAND v RUSSIA 1-0 (0-0)

Laugardalsvöllur, Reykjavík   14.10.1998

Referee: René Temmink (HOL)   Attendance: 3,345

ICELAND: Birkir Kristinsson; Audun Helgason, Hermann Hreidarsson, Siggi Jónsson, Lárus Orri Sigurdsson; Rúnar Kristinsson, Helgi Kolvidsson (87 Stefán Thórdarson), Steinar Adolfsson, Arnar Gunnlaugsson; Thórdur Gudjónsson (5 Helgi Sigurdsson), Ríkhardur Dadason.   Trainer: Gudjón Thórdarson

RUSSIA: Stanislav Cherchesov; Yuriy Kovtun, Yevgeniy Varlamov, Aleksei Smertin, Igor Yanovskiy; Igor Shalimov, Viktor Onopko, Valeriy Karpin (58 Dmitriy Khokhlov), Yegor Titov, Andrei Tikhonov (12 Aleksei Igonin); Aleksandr Mostovoi.   Trainer: Anatoli Byshovets

Sent off: Smertin (74)

Goal: Kovtun (86 og)

ANDORRA v ICELAND 0-2 (0-0)

Andorra-la-Vella   27.03.1999

Referee: Charles Agius (MAL)   Attendance: 1,000

ANDORRA: Jesús Luis ÁLVAREZ de Fulate "KOLDO"; Francisco Javier RAMIREZ Palomo (77 Emiliano GONZALEZ Árquez), José Manuel GARCIA Luena "TXEMA", Angel MARTIN GARCIA, Ildefons LIMA SOLA, Agusti POL Perez; Óscar SONEJEE Masánd, Manuel JIMENEZ Soria (63 Juli SÁNCHEZ Soto), Jesús Julián LUCENDO Heredia, Antonio LIMA SOLA, Justo RUIZ Gonzalez (82 Richard IMBERNON RIOS).   Trainer: Manuel Miluir

ICELAND: Birkir Kristinsson; Audun Helgason, Brynjar Gunnarsson (71 Hermann Hreidarsson), Siggi Jónsson, Steinar Adolfsson; Rúnar Kristinsson, Arnar Gunnlaugsson (81 Tryggvi Gudmundsson), Eyjólfur Sverrisson (60 Arnar Gretarsson), Stefán Thórdarson; Thórdur Gudjónsson, Helgi Sigurdsson.   Trainer: Gudjón Thorsarson

Goals: E. Sverrisson (57), Adolfsson (66)

ARMENIA v RUSSIA 0-3 (0-1)

Erevan   27.03.1999

Referee: Terje Hauge (NOR)   Attendance: 10,000

ARMENIA: Roman Berezovski; Artur Mkrchyan, Yervand Krbashyan (64 Haik Harutyunyan), Sarkis Hovsepyan, Sarkis Hovhannisyan; Harutyun Vardanyan, Artur Petrosyan, Artur Voskanyan (78 Manuk Kakosyan), Albert Sarkisyan; Armen Shahgeldyan, Karapet Mikaelyan (82 Tigran Yesayan).   Trainer: Suren Barsegyan

RUSSIA: Aleksandr Filimonov; Dmitriy Khlestov, Yuriy Drozdov, Ilya Tsymbalar, Igor Yanovskiy; Dmitriy Alenichev (64 Andrei Tikhonov), Viktor Onopko, Valeriy Karpin, Yegor Titov; Sergei Yuran (86 Dmitriy Khokhlov), Aleksandr Panov (46 Vladimir Beschastnykh).   Trainer: Oleg Romantsev

Goals: Karpin (7, 63 pen), Beschastnykh (90)

FRANCE v UKRAINE 0-0

Saint Denis, Paris   27.03.1999

Referee: Günther Benkö (AUS)   Attendance: 78,500

FRANCE: Fabien Barthez; Lilian Thuram, Bixente Lizarazu, Emmanuel Petit (78 Alain Boghossian), Laurent Blanc; Youri Djorkaeff, Didier Deschamps, Marcel Desailly; Nicolas Anelka, Robert Pires (84 Vikash Dhorasoo), Christophe Dugarry (69 Sylvain Wiltord).   Trainer: Roger Lemerre

UKRAINE: Olexandr Shovkovskyi; Oleh Luzhnyi, Volodymyr Mykytyn, Olexandr Holovko, Vladyslav Vashchuk; Andriy Gusin (86 Viktor Skrypnyk), Serhiy Popov, Serhiy Kovalev (55 Vitaliy Kosovskyi), Serhiy Skachenko (69 Yuriy Maximov); Andriy Shevchenko, Serhiy Rebrov.   Trainer: Jozsef Szabo

FRANCE v ARMENIA 2-0 (2-0)

Saint Denis, Paris 31.03.1999

Referee: Georgios Bikas (GRE)   Attendance: 78,852

FRANCE: Fabien Barthez; Lilian Thuram (79 Christian Karembeu), Laurent Blanc, Marcel Desailly, Alain Boghossian; Patrick Vieira, Didier Deschamps, Youri Djorkaeff (69 Robert Pires), Christophe Dugarry (46 David Trézéguet); Nicolas Anelka, Sylvain Wiltord.   Trainer: Roger Lemerre

ARMENIA: Roman Berezovski; Artur Mkrchyan (40 Vardan Khachatryan), Sarkis Hovsepyan, Harutyun Vardanyan, Artur Voskanyan (77 Aram Hairapetyan); Yervand Sukiasyan, Armen Shahgeldyan (53 Tigran Yesayan), Sarkis Hovhannisyan, Artur Petrosyan; Albert Sarkisyan, Karapet Mikaelyan.   Trainer: Suren Barsegyan

Goals: Wiltord (1), Dugarry (45)

RUSSIA v ANDORRA 6-1 (3-0)

Moskva 31.03.1999

Referee: Mikko Vuorela (FIN)   Attendance: 20,000

RUSSIA: Aleksandr Filimonov; Dmitriy Khlestov, Aleksei Smertin, Ilya Tsymbalar, Vadim Yevseyev (46 Andrei Tikhonov); Dmitriy Alenichev, Viktor Onopko, Valeriy Karpin, Yegor Titov; Aleksandr Shirko, Vladimir Beschastnykh.   Trainer: Oleg Romantsev

ANDORRA: Jesús Luis ÁLVAREZ de Fulate "KOLDO"; ALONSO JUNAS (57 Emiliano GONZALEZ Árquez), Ildefons LIMA SOLA, José Manuel GARCIA Luena "TXEMA", Angel MARTIN GARCIA; Antonio LIMA SOLA, Agusti POL Perez, Justo RUIZ Gonzalez, Óscar SONEJEE Masánd, Manuel JIMENEZ Soria; Jesús Julián LUCENDO Heredia (65 Juli SÁNCHEZ Soto).   Trainer: Manuel Miluir

Goals: Titov (8), Beschastnykh (12, 62), Onopko (42), Tsymbalar (50), Juli Sánchez (72), Alenichev (89)

UKRAINE v ICELAND 1-1 (0-0)

Republican, Kyiv 31.03.1999

Referee: Dani Koren (ISR)   Attendance: 50,000

UKRAINE: Olexandr Shovkovskyi; Oleh Luzhnyi, Olexandr Holovko, Vladyslav Vashchuk, Volodymyr Mykytyn; Andriy Gusin, Serhiy Popov (75 Yuriy Kalitvintsev), Serhiy Skachenko (46 Yuriy Maximov), Vitaliy Kosovskyi; Serhiy Rebrov, Andriy Shevchenko.   Trainer: Jozsef Szabo

ICELAND: Birkir Kristinsson; Audun Helgason, Lárus Orri Sigurdsson, Siggi Jónsson, Steinar Adolfsson; Rúnar Kristinsson (80 Helgi Kolvidsson), Hermann Hreidarsson, Eyjólfur Sverrisson, Helgi Sigurdsson (86 Sverrir Sverrisson); Thórdur Gudjónsson, Brynjar Gunnarsson.   Trainer: Gudjón Thórdarson

Goals: Vashchuk (59), L. Sigurdsson (66)

ICELAND v ARMENIA 2-0 (1-0)

Laugardalsvöllur, Reykjavík 05.06.1999

Referee: Mikka Peltola (FIN)   Attendance: 5,565

ICELAND: Birkir Kristinsson; Audun Helgason (72 Helgi Kolvidsson), Hermann Hreidarsson, Siggi Jónsson, Pétur Marteinsson; Brynjar Gunnarsson, Rúnar Kristinsson, Eyjólfur Sverrisson, Ríkhardur Dadason (69 Heidar Helguson); Helgi Sigurdsson (81 Einar Thór Daníelsson), Thórdur Gudjónsson.   Trainer: Gudjón Thórdarson

ARMENIA: Roman Berezovski; Yervand Sukiasyan (65 Artur Mkrchyan), Vardan Khachatryan, Sarkis Hovsepyan, Harutyun Vardanyan, Haik Harutyunyan; Artur Voskanyan (84 Karen Grigoryan), Artur Petrosyan (75 Aram Hairapetyan), Albert Sarkisyan; Armen Shahgeldyan, Karapet Mikaelyan.   Trainer: Suren Barsegyan

Goals: Dadason (30), R. Kristinsson (46)

UKRAINE v ANDORRA 4-0 (2-0)

Republican, Kyiv 05.06.1999

Referee: Andreas Georgiou (GRE)   Attendance: 45,000

UKRAINE: Valeriy Vorobiov; Oleh Luzhnyi, Volodymyr Mykytyn (69 Serhiy Mizin), Olexandr Holovko, Vladyslav Vashchuk, Yuriy Dmitrulin (80 Roman Maxymyuk), Eduard Tsykhmeistruk; Serhiy Popov, Andriy Gusin; Andriy Shevchenko (74 Serhiy Skachenko), Serhiy Rebrov.   Trainer: Jozsef Szabo

ANDORRA: Jesús Luis ÁLVAREZ de Fulate "KOLDO"; Agusti POL Perez, Angel MARTIN GARCIA (53 Jesús Julián LUCENDO Heredia), José Manuel GARCIA Luena "TXEMA", Antonio LIMA SOLA, Ildefons LIMA SOLA; Emiliano GONZALEZ Árquez, Óscar SONEJEE Masánd, Francisco Javier RAMIREZ Palomo; Juli SÁNCHEZ Soto, Justo RUIZ Gonzalez.   Trainer: Manuel Miluir

Goals: Popov (38), Rebrov (41), Dmitrulin (56), Gusin (89)

FRANCE v RUSSIA 2-3 (0-1)

Saint-Denis, Paris 05.06.1999

Referee: Paul Anthony Durkin (ENG)   Attendance: 78,788

FRANCE: Fabien Barthez; Vincent Candela (88 Robert Pires), Lilian Thuram, Emmanuel Petit, Laurent Blanc; Youri Djorkaeff (90 Alain Boghossian), Didier Deschamps, Marcel Desailly; Nicolas Anelka, Sylvain Wiltord, Christophe Dugarry (57 Patrick Vieira).   Trainer: Roger Lemerre

RUSSIA: Aleksandr Filimonov; Dmitriy Khlestov, Yevgeniy Varlamov, Sergei Semak (59 Vladimir Beschastnykh), Aleksei Smertin; Aleksandr Mostovoi (25 Dmitriy Khokhlov), Viktor Onopko, Aleksandr Panov; Valeriy Karpin, Yegor Titov, Andrei Tikhonov (71 Ilya Tsymbalar).   Trainer: Oleg Romantsev

Goals: Panov (40, 75), Petit (48), Wiltord (54), Karpin (85)

RUSSIA v ICELAND 1-0 (1-0)

Moskva 09.06.1999

Referee: Metin Tokat (TUR)   Attendance: 36,000

RUSSIA: Aleksandr Filimonov; Dmitriy Khlestov, Yevgeniy Varlamov (55 Igor Yanovskiy), Sergei Semak (46 Viktor Bulatov), Aleksei Smertin; Vladimir Beschastnykh (70 Ilya Tsymbalar), Viktor Onopko, Valeriy Karpin, Dmitriy Khokhlov; Aleksandr Panov, Andrei Tikhonov.   Trainer: Oleg Romantsev

ICELAND: Birkir Kristinsson; Audun Helgason, Hermann Hreidarsson (59 Steinar Adolfsson), Siggi Jónsson (46 Helgi Kolvidsson); Pétur Marteinsson, Eyjólfur Sverrisson, Lárus Orri Sigurdsson, Thórdur Gudjónsson, Rúnar Kristinsson; Brynjar Gunnarsson (80 Heidar Helguson), Ríkhardur Dadason.   Trainer: Gudjón Thórdarson

Goal: Karpin (44)

ARMENIA v UKRAINE 0-0

Erevan 09.06.1999

Referee: Robert Boggi (ITA)   Attendance: 10,000

ARMENIA: Roman Berezovski; Tigran Petrosyan (66 Karen Grigoryan), Vardan Khachatryan, Sarkis Hovsepyan, Sarkis Hovhannisyan (46 Haik Harutyunyan), Harutyun Vardanyan; Artur Petrosyan, Artur Voskanyan, Albert Sarkisyan; Armen Shahgeldyan, Karapet Mikaelyan (46 Artur Mkrchyan).   Trainer: Suren Barsegyan

UKRAINE: Valeriy Vorobiov; Oleh Luzhnyi, Volodymyr Mykytyn, Olexandr Holovko, Vladyslav Vashchuk; Yuriy Dmitrulin, Eduard Tsykhmeistruk, Serhiy Popov (36 Serhiy Konovalov), Andriy Gusin; Andriy Shevchenko (82 Vasyl Kardash), Serhiy Rebrov (70 Serhiy Skachenko).   Trainer: Jozsef Szabo

ANDORRA v FRANCE 0-1 (0-0)

Montjuic Olympic Stadium, Barcelona 09.06.1999

Referee: Michael Ross (NIR)   Attendance: 7,600

ANDORRA: Jesús Luis ÁLVAREZ de Fulate "KOLDO"; Agusti POL Perez, José Manuel GARCIA Luena "TXEMA" (70 Roberto JONAS), Francisco Javier RAMIREZ Palomo, Antonio LIMA SOLA, Ildefons LIMA SOLA; Emiliano GONZALEZ Árquez, Óscar SONEJEE Masánd, Justo RUIZ Gonzalez, Jesús Julián LUCENDO Heredia (77 Angel MARTIN GARCIA); Manuel JIMENEZ Soria (89 Genis GARCIA Iscla).   Trainer: Manuel Miluir

FRANCE: Ulrich Ramé; Vincent Candela, Emmanuel Petit (56 Patrick Vieira), Frank Leboeuf; Christian Karembeu, Alain Boghossian, Vikash Dhorasoo (61 Robert Pires), Marcel Desailly, Christophe Dugarry; Nicolas Anelka, Sylvain Wiltord.   Trainer: Roger Lemerre

Sent off: I. Lima (86), Dugarry (25)

Goal: Leboeuf (85 pen)

UKRAINE v FRANCE 0-0

Republican, Kyiv 04.09.1999

Referee: Hugh Dallas (SCO)   Attendance: 70,000

UKRAINE: Olexandr Shovkovskyi; Oleh Luzhnyi, Serhiy Popov, Olexandr Holovko, Vladyslav Vashchuk; Yuriy Dmitrulin (46 Volodymyr Mykytyn), Andriy Gusin (81 Eduard Tsykhmeistruk), Yuriy Maximov (67 Serhiy Konovalov), Vitaliy Kosovskyi; Andriy Shevchenko, Serhiy Rebrov.

FRANCE: Fabien Barthez; Lilian Thuram, Marcel Desailly, Laurent Blanc, Bixente Lizarazu; Patrick Vieira, Didier Deschamps, Christian Karembeu, Zinedine Zidane; Youri Djorkaeff (69 Robert Pires), Nicolas Anelka (52 Lilian Laslandes).

RUSSIA v ARMENIA 2-0 (1-0)

Moskva 04.09.1999

Referee: Charles Agius (MAL)   Attendance: 36,000

RUSSIA: Aleksandr Filimonov; Dmitriy Khlestov, Viktor Onopko, Aleksei Smertin, Dmitriy Alenichev; Dmitriy Khokhlov, Valeriy Karpin, Andrei Tikhonov (73 Igor Yanovskiy), Yegor Titov (80 Sergei Semak); Vladimir Beschastnykh, Aleksandr Panov (79 Aleksandr Shirko).

ARMENIA: Roman Berezovski; Artur Mkrchyan, Vardan Khachatryan, Sarkis Hovsepyan, Sarkis Hovhannisyan; Harutyun Vardanyan, Romik Khachatryan (85 Tigran Petrosyan), Haik Harutyunyan, Artur Voskanyan; Armen Shahgeldyan (77 Alekhandro Devani), Karapet Mikaelyan.

Goals: Beschastnykh (8 pen), Karpin (70)

ICELAND v ANDORRA 3-0 (2-0)

Laugardalsvöllur, Reykjavík 04.09.1999

Referee: Miroslav Liba (CZE)   Attendance: 5,210

ICELAND: Birkir Kristinsson; Audun Helgason, Hermann Hreidarsson, Siggi Jónsson, Lárus Orri Sigurdsson (26 Arnar Vidarsson); Bjarni Gudjónsson, Brynjar Gunnarsson, Tryggvi Gudmundsson, Helgi Sigurdsson (57 Heidar Helguson); Thórdur Gudjónsson, Ríkhardur Dadason (77 Eidur Gudjohnsen).

ANDORRA: Jesús Luis ÁLVAREZ de Fulate "KOLDO"; Angel MARTIN GARCIA (61 Armand Godoy), Jordi ESCURA Aixas, Francisco Javier RAMIREZ Palomo, José Manuel GARCIA Luena "TXEMA"; Óscar SONEJEE Masánd, Agusti Pol Perez (90 David Buxo), Emiliano GONZALEZ Árquez, Manuel JIMENEZ Soria (77 Juli SÁNCHEZ Soto); Alex Godoy (67 Genis GARCIA Iscla).

Goals: T. Gudjónsson (29), Hreidarsson (32), Gudjohnsen (90)

ANDORRA v RUSSIA 1-2 (1-1)

Andorra-la-Vella   08.09.1999

Referee: Jørn West Larsen (DEN)   Attendance: 1,000

ANDORRA: Jesús Luis ÁLVAREZ de Fulate "KOLDO"; Francisco Javier RAMIREZ Palomo, Jordi ESCURA Aixas, José Manuel GARCIA Luena "TXEMA", Ildefons LIMA SOLA; Óscar SONEJEE Masánd, Emiliano GONZALEZ Árquez, Alex Godoy (59 Agusti Pol Perez), Juli SÁNCHEZ Soto (89 Armand Godoy); Manuel JIMENEZ Soria, Justo RUIZ Gonzalez.

RUSSIA: Aleksandr Filimonov; Dmitriy Khlestov, Aleksei Smertin, Viktor Onopko; Dmitriy Khokhlov (55 Artem Bezrodniy), Dmitriy Alenichev (61 Igor Yanovskiy), Valeriy Karpin, Yegor Titov, Andrei Tikhonov; Vladimir Beschastnykh (46 Aleksandr Panov), Aleksandr Shirko.

Goals: Onopko (22, 57), Justo Ruiz (39 pen)

ARMENIA v FRANCE 2-3 (1-1)

Erevan   08.09.1999

Referee: Atanas Ouzounov (BUL)   Attendance: 18,000

ARMENIA: Roman Berezovski; Vardan Khachatryan, Sarkis Hovsepyan, Romik Khachatryan (75 Yervand Sukiasyan), Artur Mkrchyan, Haik Harutyunyan (65 Karen Grigoryan), Artur Petrosyan, Albert Sarkisyan, Tigran Yesayan; Armen Shahgeldyan, Karapet Mikaelyan (68 Alekhandro Devani).

FRANCE: Fabien Barthez; Bixente Lizarazu, Laurent Blanc, Marcel Desailly, Lilian Thuram; Didier Deschamps, Christian Karembeu, Zinedine Zidane (73 Frédéric Déhu); Youri Djorkaeff, Lilian Laslandes, Sylvain Wiltord (63 Laurent Robert).

Sent off: Déhu (89)

Goals: Mikaelyan (6), Djorkaeff (45 pen), Zidane (67), Laslandes (74), Shahgeldyan (90 pen)

ICELAND v UKRAINE 0-1 (0-1)

Laugardalsvöllur, Reykjavík   08.09.1999

Referee: Vítor Manuel Melo Pereira (POR)   Att: 7,000

ICELAND: Birkir Kristinsson; Audun Helgason, Hermann Hreidarsson, Siggi Jónsson (85 Arnar Vidarsson), Lárus Orri Sigurdsson; Rúnar Kristinsson, Brynjar Gunnarsson, Helgi Kolvidsson (59 Heidar Helguson), Pétur Marteinsson; Thórdur Gudjónsson, Ríkhardur Dadason (73 Eidur Gudjohnsen).

UKRAINE: Olexandr Shovkovskyi; Oleh Luzhnyi (80 Volodymyr Mykytyn), Olexandr Holovko, Vladyslav Vashchuk, Yuriy Dmitrulin; Serhiy Popov, Yuriy Maximov, Serhiy Konovalov (66 Eduard Tsykhmeistruk), Vitaliy Kosovskyi; Andriy Shevchenko, Serhiy Rebrov.

Goal: Rebrov (43 pen)

RUSSIA v UKRAINE 1-1 (0-0)

Moskva   09.10.1999

Referee: David Elleray (Eng)   Attendance: 80,000

RUSSIA: Aleksandr Filimonov; Dmitriy Khlestov, Dmitriy Khokhlov, Aleksei Smertin, Dmitriy Alenichev; Yuri Drozdov, Viktor Onopko, Valeriy Karpin, Yegor Titov; Aleksandr Panov (80 Sergei Semak), Andrei Tikhonov (60 Vladimir Beschastnykh).

UKRAINE: Olexandr Shovkovskyi; Oleh Luzhnyi, Olexandr Holovko, Vladyslav Vashchuk, Serhiy Mizin; Yuriy Dmitrulin (78 Serhiy Kovalev), Yuriy Maximov (76 Guennadiy Moroz), Andriy Gusin, Serhiy Skachenko (42 Volodymyr Mykytyn); Andriy Shevchenko, Serhiy Rebrov

Goals: Karpin (76), Shevchenko (88)

FRANCE v ICELAND 3-2 (2-0)

Stade de France, Paris   09.10.1999

Referee: Bernd Heynemann (GER)   Attendance: 78,391

FRANCE: Bernard Lama; Bixente Lizarazu, Marcel Desailly, Laurent Blanc, Lilian Thuram; Didier Deschamps, Alain Boghossian (90 Patrick Vieira), Zinedine Zidane, Youri Djorkaeff; Sylvain Wiltord (83 Tony Vairelles), Lilian Laslandes (64 David Trézéguet).

ICELAND: Birkir Kristinsson; Eyjólfur Sverrisson, Audun Helgason, Lárus Orri Sigurdsson, Pétur Marteinsson (81 Helgi Kolvidsson), Hermann Hreidarsson; Brynjar Gunnarsson, Thórdur Gudjónsson, Rúnar Kristinsson; Helgi Sigurdsson (65 Heidar Helguson), Ríkhardur Dadason (53 Eidur Gudjohnsen).

Goals: Dadason (18 og), Djorkaeff (38), Sverrisson (48), Gunnarsson (56), Trézéguet (71)

ANDORRA v ARMENIA 0-3 (0-1)

Andorra la Vella   09.10.1999

Referee: Peter Jones (ENG)   Attendance: 700

ANDORRA: Jesús Luis ÁLVAREZ de Fulate "KOLDO"; Francisco Javier RAMIREZ Palomo, Jordi ESCURA Aixas, Óscar SONEJEE Masánd, Genis GARCIA Iscla (58 Roberto Jonas Alonso); Antonio LIMA SOLA, Alex Godoy (46 Agusti Pol Perez), Emiliano GONZALEZ Árquez (62 Xavier Soria), Manuel JIMENEZ Soria; Juli SÁNCHEZ Soto, Justo RUIZ Gonzalez.

ARMENIA: Harutyun Abrahamyan; Yervand Sukiasyan, Artur Voskanyan, Artur Mkrchyan, Harutyun Vardanyan, Romik Khachatryan; Tigran Petrosyan (79 Ara Hakopyan), Artur Petrosyan (82 Yervand Krbashyan), Albert Sarkisyan, Armen Shahgeldyan (78 Artur Minasyan), Tigran Yesayan.

Sent off: Sarkisyan (31)

Goals: Petrosyan (26), Yesayan (59), Shahgeldyan (63)

	P	W	D	L	F	A	Pts
France	10	6	3	1	17	10	21
Ukraine	10	5	5	0	14	4	20
Russia	10	6	1	3	22	12	19
Iceland	10	4	3	3	12	7	15
Armenia	10	2	2	6	8	15	8
Andorra	10	0	0	10	3	28	0

GROUP 5

POLAND v LUXEMBOURG 3-0 (2-0)
Wojska Polskiego, Warszawa   10.10.1998
Referee: Bujar Pregia (ALB)   Attendance: 8,000
POLAND: Adam Matysek; Krzysztof Ratajczyk (69 Rafal Siadaczka), Jacek Zielinski, Tomasz Lapinski; Tomasz Hajto (62 Slawomir Majak), Jerzy Brzeczek, Piotr Swierczewski, Sylwester Czereszewski (75 Jacek Bak); Tomasz Iwan, Miroslaw Trzeciak, Andrzej Juskowiak.
Trainer: Janusz Wojcik
LUXEMBOURG: Paul Koch; Ralph Ferron, Nicolas Funck, Jeff Strasser, Marc Birsens; Daniel Theis (46 Frank Deville), Luc Holtz (69 Eugène Afrika), Jeff Saibene, Marcel Christophe (63 Serge Thill); Laurent Deville, Manuel Cardoni.
Trainer: Paul Philipp
Sent off: Birsens (30)
Goals: Brzeczek (19), Juskowiak (33), Trzeciak (64)

SWEDEN v ENGLAND 2-1 (2-1)
Råsunda, Solna   05.09.1998
Referee: Pierluigi Collina (ITA)   Attendance: 35,394
SWEDEN: Magnus Hedman; Roland Nilsson, Patrick Andersson, Joachim Björklund, Pontus Kåmark (83 Teddy Lucic); Stefan Schwarz, Andreas Andersson (89 Daniel Andersson), Johan Mjällby, Fredrik Ljungberg; Henryk Larsson, Jörgen Pettersson.   Trainer: Tommy Söderberg
ENGLAND: David Seaman; Sol Campbell (74 Paul Merson), Graeme Le Saux, Tony Adams, Gareth Southgate, Darren Anderton (42 Robert Lee); Paul Ince, Jamie Redknapp, Paul Scholes (87 Teddy Sheringham); Alan Shearer, Michael Owen.   Manager: Glenn Hoddle
Sent off: Ince (66)
Goals: Shearer (2), A. Andersson (32), Mjällby (33)

ENGLAND v BULGARIA 0-0
Wembley, London   10.10.1998
Referee: László Vágner (HUNG)   Attendance: 72,974
ENGLAND: David Seaman; Gary Neville, Sol Campbell, Gareth Southgate, Darren Anderton (67 David Batty), Andy Hinchcliffe (35 Graeme Le Saux); Robert Lee, Jamie Redknapp, Paul Scholes (76 Teddy Sheringham); Alan Shearer, Michael Owen.   Manager: Glenn Hoddle
BULGARIA: Zdravko Zdravkov; Radostin Kishishev, Valentin Naidenov, Ivailo Iordanov, Zlatko Iankov, Rosen Kirilov, Zlatomir Zagorcic; Ilian Iliev (62 Ilia Gruev), Milen Petkov; Hristo Stoichkov (60 Georgi Bachev), Marian Hristov (90 Georgi Ivanov).   Trainer: Dimitar Dimitrov

BULGARIA v POLAND 0-3 (0-2)
Neftochimik, Burgas   06.09.1998
Referee: Marc Batta (FRA)   Attendance: 20,000
BULGARIA: Zdravko Zdravkov; Radostin Kishishev, Zlatomir Zagorcic (50 Ivailo Petkov), Milen Petkov (46 Mitko Trendafilov), Ivailo Iordanov, Gosho Ginchev; Georgi Bachev, Daniel Borimirov (46 Ilia Gruev), Zakhari Sirakov; Doncho Donev, Hristo Stoichkov.   Trainer: Hristo Bonev
POLAND: Kazimierz Sidorczuk; Jacek Bak, Tomasz Lapinski, Rafal Siadaczka, Jacek Zielinski; Tomasz Hajto (79 Tomasz Klos), Piotr Swierczewski (68 Radoslaw Michalski), Tomasz Iwan, Jerzy Brzeczek; Sylwester Czereszewski, Miroslaw Trzeciak (80 Andrzej Juskowiak).   Trainer: Janusz Wojcik
Goals: Czereszewski (19, 45), Iwan (47)

BULGARIA v SWEDEN 0-1 (0-0)
Burgas   14.10.1998
Referee: Bernd Heynemann (GER)   Attendance: 12,000
BULGARIA: Zdravko Zdravkov; Zlatomir Zagorcic, Valentin Naidenov (69 Georgi Ivanov), Ivailo Petkov; Ivailo Iordanov, Zlatko Iankov, Rosen Kirilov (18 Velian Parushev), Milen Petkov, Ilian Iliev (60 Georgi Bachev); Hristo Stoichkov, Marian Hristov.   Trainer: Dimitar Dimitrov
SWEDEN: Magnus Hedman; Roland Nilsson, Patrick Andersson, Joachim Björklund, Teddy Lucic (76 Gary Sundgren); Stefan Schwarz, Håkan Mild, Johan Mjällby, Fredrik Ljungberg; Henryk Larsson (88 Magnus Erlingmark), Martin Åslund (71 Jesper Blomqvist).
Trainer: Tommy Söderberg
Goal: Larsson (62)

LUXEMBOURG v ENGLAND 0-3 (0-2)
Stade Municipal, Luxembourg   14.10.1998
Referee: Sotirios Vorgias (GRE)   Attendance: 8,054
LUXEMBOURG: Paul Koch; Ralph Ferron, Nicolas Funck, Jeff Strasser, Frank Deville (85 Christian Alverdi); Laurent Deville, Jeff Saibene, Daniel Theis (61 Luc Holtz), Manuel Cardoni, Patrick Posing; Marcel Christophe (78 Paolo Amodio).   Trainer: Paul Philipp

ENGLAND: David Seaman; Rio Ferdinand, Phillip Neville, David Batty, Darren Anderton (63 Robert Lee); Sol Campbell, Gareth Southgate, David Beckham, Paul Scholes (76 Ian Wright); Alan Shearer, Michael Owen.
Trainer: Glenn Hoddle

Goals: Owen (19), Shearer (40 pen), Southgate (90)

LUXEMBOURG v BULGARIA 0-2 (0-2)
Stade Municipal, Luxembourg   31.03.1999
Referee: Milan Mitrovic (SVN)   Attendance: 3,004
LUXEMBOURG: Philippe Felgen; Ralph Ferron (76 Luc Holtz), Laurent Deville, Marc Birsens, Jeff Strasser; Jeff Saibene, Daniel Theis (89 Frank Deville), Jean-Pierre Vanek, Patrick Posing (46 Mikhail Zaritski), Manuel Cardoni; Marcel Christophe.   Trainer: Paul Philipp

BULGARIA: Zdravko Zdravkov; Radostin Kishishev, Georgi Markov, Ilian Stoianov (46 Ivailo Petkov); Ivailo Iordanov, Zlatko Iankov, Stilian Petrov, Hristo Stoichkov (78 Svetoslav Todorov), Hristo Iovov (77 Georgi Ivanov); Milen Petkov, Ilian Iliev.   Trainer: Dimitar Dimitrov

Goals: Stoichkov (18), Iordanov (38)

SWEDEN v LUXEMBOURG 2-0 (1-0)
Göteborg   27.03.1999
Referee: Vasili Melnichuk (UKR)   Attendance: 37,728
SWEDEN: Magnus Hedman; Pontus Kåmark (68 Teddy Lucic), Patrick Andersson, Joachim Björklund, Gary Sundgren; Stefan Schwarz, Niclas Alexandersson, Johan Mjällby, Fredrik Ljungberg (79 Daniel Andersson); Henryk Larsson, Kennet Andersson.   Trainer: Tommy Söderberg

LUXEMBOURG: Philippe Felgen; Ralph Ferron, Nicolas Funck, Marc Birsens, Jeff Strasser; Jeff Saibene (89 Frank Deville), Daniel Theis (69 Luc Holtz), Jean-Pierre Vanek, Laurent Deville; Manuel Cardoni, Marcel Christophe (81 Mikhail Zaritski).   Trainer: Pierre Philipp

Goals: Mjällby (35), Larsson (86)

POLAND v SWEDEN 0-1 (0-1)
Slaski, Chorzów   31.03.1999
Referee: Markus Merk (GER)   Attendance: 30,000
POLAND: Kazimierz Sidorczuk; Rafal Siadaczka (82 Dariusz Adamczuk), Jacek Zielinski, Tomasz Lapinski, Tomasz Waldoch, Slawomir Majak (68 Wojciech Kowalczyk), Radoslaw Michalski (88 Jacek Bak), Tomasz Iwan, Jerzy Brzeczek; Andrzej Juskowiak, Miroslaw Trzeciak.
Trainer: Janusz Wojcik

SWEDEN: Magnus Hedman; Pontus Kåmark, Patrick Andersson, Joachim Björklund, Teddy Lucic; Stefan Schwarz, Håkan Mild (73 Niclas Alexandersson), Fredrik Ljungberg, Johan Mjällby; Henryk Larsson (89 Jörgen Pettersson), Kennet Andersson.   Trainer: Tommy Söderberg

Goal: Ljundberg (36)

ENGLAND v POLAND 3-1 (2-1)
Wembley, London   27.03.1999
Referee: Vitor Manuel Melo Pereira (POR)   Att: 72,000
ENGLAND: David Seaman; Gary Neville, Graeme Le Saux, Martin Keown, Sol Campbell; Tim Sherwood, David Beckham (78 Phillip Neville), Paul Scholes (84 Jamie Redknapp), Steve McManaman (69 Ray Parlour); Alan Shearer, Andy Cole.
Manager: Kevin Keegan

POLAND: Adam Matysek; Jacek Bak, Tomasz Lapinski, Krzysztof Ratajczyk, Jacek Zielinski; Tomasz Hajto, Piotr Swierczewski (46 Tomasz Klos), Tomasz Iwan, Jerzy Brzeczek; Rafal Siadaczka (67 Wojciech Kowalczyk), Miroslaw Trzeciak (84 Andrzej Juskuwiak).   Trainer: Janusz Wojcik

Goals: Scholes (11, 21, 70), Brzeczek (27)

POLAND v BULGARIA 2-0 (1-0)
Wojska Polskiego, Warszawa   04.06.1999
Referee: Stefano Braschi (ITA)   Attendance: 6,200
POLAND: Adam Matysek; Tomasz Waldoch, Tomasz Lapinski, Rafal Siadaczka, Jacek Zielinski; Tomasz Hajto (80 Slawomir Majak), Radoslaw Michalski, Tomasz Iwan, Artur Wichniarek (59 Thomas Frankowski); Krzysztof Nowak (74 Jerzy Brzeczek), Miroslaw Trzeciak.   Trainer: Janusz Wojcik

BULGARIA: Dimitar Ivankov; Radostin Kishishev, Zlatomir Zagorcic, Ivailo Petkov (80 Ilian Iliev), Georgi Markov, Rosen Kirilov, Stilian Petrov, Hristo Iovov (62 Georgi Bachev), Stanimir Stoilov; Hristo Stoichkov (63 Georgi Ivanov), Milen Petkov.   Trainer: Dimitar Dimitrov

Goals: Hajto (15), Iwan (62)

ENGLAND v SWEDEN 0-0
Wembley, London   05.06.1999
Referee: José Maria Garcia-Aranda Encinar (SPA)
Attendance: 74,000
ENGLAND: David Seaman; Phillip Neville, Graeme Le Saux (46 Michael Gray), Tim Sherwood, Martin Keown (35 Rio Ferdinand); Sol Campbell, David Beckham (75 Ray Parlour), David Batty, Paul Scholes; Alan Shearer, Andy Cole.   Manager: Kevin Keegan

SWEDEN: Magnus Hedman; Roland Nilsson, Patrick Andersson, Joachim Björklund, Pontus Kåmark; Stefan Schwarz, Håkan Mild (7 Niclas Alexandersson), Johan Mjällby (82 Daniel Andersson), Fredrik Ljungberg; Henryk Larsson (69 Magnus Svensson), Kennet Andersson.
Trainer: Tommy Söderberg
Sent off: Scholes (51)

ENGLAND v LUXEMBOURG 6-0 (5-0)
Wembley, London   04.09.1999
Referee: Sergei Shmolik (BLS)   Attendance: 68,772
ENGLAND: Nigel Martyn; Kieron Dyer (46 Gary Neville), Stuart Pearce, Martin Keown, Tony Adams (65 Phillip Neville); Ray Parlour, David Batty, David Beckham (65 Michael Owen), Steve McManaman; Alan Shearer, Robbie Fowler.
Manager: Kevin Keegan

LUXEMBOURG: Philippe Felgen; Ralph Ferron, Marc Birsens, Manuel Schauls, Jean-Pierre Vanek; Jeff Saibene, Patrick Posing (83 Frank Deville), Sacha Schneider (46 Christian Alverdi), Daniel Theis; Marcel Christophe (63 Mikhail Zaritski), Nicolas Funck.
Goals: Shearer (12 pen, 28, 34), McManaman (30, 44), Owen (90)

BULGARIA v ENGLAND 1-1 (1-1)
Sofia   09.06.1999
Referee: Mario van der Ende (HOL)   Attendance: 25,000
BULGARIA: Dimitar Ivankov; Radostin Kishishev, Zlatomir Zagorcic, Stanimir Stoilov, Georgi Markov, Rosen Kirilov; Ilian Iliev (60 Daniel Borimirov), Milen Petkov, Stilian Petrov; Hristo Iovov (46 Martin Petrov), Hristo Stoichkov (73 Georgi Bachev).   Trainer: Dimitar Dimitrov

ENGLAND: David Seaman; Phillip Neville, Michael Gray, Jonathon Woodgate (64 Ray Parlour), Gareth Southgate; Sol Campbell, Jamie Redknapp, David Batty; Alan Shearer, Teddy Sheringham, Robbie Fowler (81 Emile Heskey).
Manager: Kevin Keegan
Sent off: M. Petrov (58)
Goals: Shearer (15), Markov (18)

SWEDEN v BULGARIA 1-0 (0-0)
Stockholm   04.09.1999
Referee: Dani Koren (ISR)   Attendance: 35,640
SWEDEN: Magnus Hedman; Roland Nilsson, Patrick Andersson, Joachim Björklund, Pontus Kåmark; Daniel Andersson, Håkan Mild (83 Magnus Svensson), Johan Mjällby, Fredrik Ljungberg (63 Niclas Alexandersson); Henryk Larsson, Kennet Andersson.   Trainer: Tommy Söderberg

BULGARIA: Dimitar Ivankov; Stanimir Stoilov (89 Ilia Gruev), Zlatomir Zagorcic (26 Zlatko Iankov), Ivailo Petkov, Georgi Markov; Rosen Kirilov, Daniel Borimirov, Stilian Petrov, Marian Hristov; Milen Petkov, Svetoslav Todorov (46 Hristo Iovov).
Sent off: Petkov (60)
Goal: Alexandersson (65)

LUXEMBOURG v POLAND 2-3 (0-2)
Stade Josef Henri Barthel, Luxembourg   09.06.1999
Referee: Valentin Ivanov (RUS)   Attendance: 2,800
LUXEMBOURG: Philippe Felgen; Jean-Pierre Vanek, Nicolas Funck, Marc Birsens, Jeff Strasser; Jeff Saibene (85 Christian Alverdi), Daniel Theis (46 Sacha Schneider), Frank Deville, Mikhail Zaritski (66 Patrick Posing), Manuel Cardoni; Marcel Christophe.   Trainer: Paul Philipp

POLAND: Adam Matysek; Tomasz Waldoch, Tomasz Lapinski, Rafal Siadaczka, Tomasz Klos; Tomasz Hajto (66 Jerzy Brzeczek), Radoslaw Michalski, Tomasz Iwan, Krzysztof Nowak; Artur Wichniarek (87 Slawomir Majak), Miroslaw Trzeciak.   Trainer: Janusz Wojcik
Goals: Siadaczka (22), Wichniarek (45), Iwan (68), Birsens (76), Vanek (82)

LUXEMBOURG v SWEDEN 0-1 (0-1)
Stade Municipal, Luxembourg   08.09.1999
Referee: Attila Hanacsek (HUNG)   Attendance: 4,228
LUXEMBOURG: Philippe Felgen; Jean-Pierre Vanek, Manuel Schauls, Marc Birsens, Nicolas Funck, Jeff Strasser, Jeff Saibene (87 Luc Holtz), Christian Alverdi (74 Daniel Theis), Sacha Schneider (46 Mikhail Zaritski), Patrick Posing; Marcel Christophe.

SWEDEN: Magnus Hedman; Roland Nilsson, Patrick Andersson, Johan Mjällby, Teddy Lucic; Stefan Schwarz (81 Daniel Andersson), Niclas Alexandersson, Håkan Mild, Magnus Svensson (46 Pär Zetterberg); Henryk Larsson, Kennet Andersson.   Trainer: Tommy Söderberg
Goal: Alexandersson (39)

POLAND v ENGLAND 0-0

Wojska Polskiego, Warszawa   08.09.1999

Referee: Günter Benkö (AUS)   Attendance: 14,000

POLAND: Adam Matysek; Jacek Zielinski, Tomasz Klos (90 Jacek Bak), Tomasz Waldoch, Tomasz Hajto; Radoslaw Michalski, Krzysztof Nowak, Radoslav Gilewicz (64 Andrzej Juskowiak), Rafal Siadaczka; Tomasz Iwan, Miroslaw Trzeciak (59 Piotr Swierczewski). Trainer: Janusz Wojcik

ENGLAND: Nigel Martyn; Gary Neville (14 Phillip Neville), Stuart Pearce, Martin Keown, Tony Adams; David Batty, David Beckham, Paul Scholes, Steve McManaman (80 Kieron Dyer); Robbie Fowler (66 Michael Owen), Alan Shearer. Manager: Kevin Keegan

Sent off: Batty (84)

	P	W	D	L	F	A	Pts
Sweden	8	7	1	0	10	1	22
England	8	3	4	1	14	4	13
(vs Poland	*2*	*1*	*1*	*0*	*3*	*1*	*4)*
Poland	8	4	1	3	12	8	13
(vs England	*2*	*0*	*1*	*1*	*1*	*3*	*1)*
Bulgaria	8	2	2	4	6	8	8
Luxembourg	8	0	0	8	2	23	0

SWEDEN v POLAND 2-0 (0-0)

Råsunda, Stockholm   09.10.1999

Referee: Urs Meier (SWI)   Attendance: 35,037

SWEDEN: Magnus Hedman; Roland Nilsson (46 Gary Sundgren), Patrick Andersson, Joachim Björklund, Pontus Kåmark; Stefan Schwarz, Niclas Alexandersson, Johan Mjällby; Fredrik Ljungberg (83 Håkan Mild), Kennet Andersson, Henryk Larsson. Trainer: Tommy Söderberg

POLAND: Adam Matysek; Tomasz Klos, Tomasz Waldoch, Rafal Siadaczka, Jacek Zielinski; Tomasz Hajto, Piotr Swierczewski (89 Artur Wichniarek), Radoslaw Michalski, Miroslaw Trzeciak; Andrzej Juskowiak (81 Pawel Kryszalowicz), Sylwester Czereszewski (73 Krzysztof Nowak). Trainer: Janusz Wojcik

Goals: K. Andersson (64), Larsson (90)

BULGARIA v LUXEMBOURG 3-0 (1-0)

Sofia   10.10.1999

Referee: Ladislav Gadosi (SVK)   Attendance: 4,000

BULGARIA: Zdravko Zdravkov; Zlatomir Zagorcic (84 Biser Ivanov), Stanimir Stoilov, Ivailo Petkov, Ivailo Yordanov; Georgi Markov, Daniel Borimirov, Stilian Petrov; Marian Hristov (64 Svetoslav Todorov), Alexandar Alexandrov, Georgi Bachev (51 R. Hristov).

LUXEMBOURG: Philippe Felgen; Jean-Pierre Vanek, Manuel Schauls, Marc Birsens, Jeff Strasser, Jeff Saibene; Christian Alverdi (71 Daniel Theis), Patrick Posing (59 Frank Deville), Manuel Cardoni (85 Luc Holtz), Mikhail Zaritski; Marcel Christophe.

Goals: Borimirov (40), Petkov (68), Hristov (78)

GROUP 6

AUSTRIA v ISRAEL 1-1 (1-0)

Ernst Happel, Wien   05.09.1998

Referee: Anders Frisk (SWE)   Attendance: 20,000

AUSTRIA: Franz Wohlfahrt; Wolfgang Feiersinger, Peter Schöttel (72 Martin Hiden), Anton Pfeffer; Harald Cerny (74 Peter Stöger), Dietmar Kühbauer, Roman Mählich, Hannes Reinmayr, Martin Amerhauser; Ivica Vastic, Mario Haas (71 Christian Mayrleb). Trainer: Herbert Prohaska

ISRAEL: Rafael Cohen; Ran Ben Shimon, Alon Harazi, Amir Shelach (46 Alon Mizrahi), David Amsalem, Arik Benado; Yossi Abuksis (46 Avi Nimni), Eyal Berkovic, Walid Badir; Haim Revivo, Ronen Harazi (61 Najwan Ghrayeb). Trainer: Shlomo Sharf

Sent off: Amsalem (58)

Goals: Reinmayr (7), Nimni (69 pen)

CYPRUS v SPAIN 3-2 (1-0)

Larnaca   05.09.1998

Referee: Serghei Khusainov (RUS)   Attendance: 1,876

CYPRUS: Nicos Panayiotou; Panayotis Engomitis, Charalambos Pittas, Dimitris Ioannou (85 Ioakim Ioakim), Marios Charalambous, Costas Costa; Vassos Melanarkitis, Milenko Spoljaric, Marios Christodoulou; Sinisa Gogic (61 Marios Agathokleous), Kostas Malekkos (55 Panikos Pounas). Trainer: Panikos Georgiou

SPAIN: Santiago Cañizares; Sergio Barjúan "SERGI", Miguel Angel Nadal (66 Guillermo Amor), Rafael Alkorta, MÍCHEL SALGADO Fernández; RAÚL González, ALFONSO Pérez (38 Francisco Narváez "KIKO"), LUIS ENRIQUE Martínez, Fernando Ruiz Hierro; Fernando Morientes, Joseba ETXEBERRÍA Lizardi (60 Santiago Ezquerro). Trainer: Javier Clemente Lázaro

Goals: Engomitis (44), Gogic (48), Raúl (72), Spoljaric (76), Morientes (84)

CYPRUS v AUSTRIA 0-3 (0-0)

Larnaca   10.10.1998

Referee: Fernand Meese (FRA)   Attendance: 12,000

CYPRUS: Nicos Panayiotou; Costas Costa, Panayotis Engomitis, Dimitris Ioannou, Marios Charalambous; Charalambos Pittas (67 Nicolas Georgiou), Marios Christodoulou, Milenko Spoljaric, Vassos Melanarkitis (67 Panayiotis Pounas); Marios Agathocleus (46 Yiannakis Okkas), Sinisa Gogic.   Trainer: Panikos Georgiou

AUSTRIA: Franz Wohlfahrt; Peter Schöttel, Martin Hiden, Anton Pfeffer, Harald Cerny; Dietmar Kühbauer, Roman Mählich, Hannes Reinmayr (78 Peter Stöger), Arnold Wetl; Mario Haas (78 Christian Mayrleb), Ivica Vastic (82 Eduard Glieder).   Trainer: Herbert Prohaska

Sent off: Ioannou (33)

Goals: Cerny (53, 61), Reinmayr (74)

SAN MARINO v ISRAEL 0-5 (0-3)

Olimpico, Serravalle   10.10.1998

Referee: Asim Khudiev (AZE)   Attendance: 872

SAN MARINO: Federico Gasperoni; Mirco Gennari, Mauro Marani, Mauro Valentini, Simone Bacciocchi (56 Vittorio Valentini), William Guerra; Riccardo Muccioli, Pier Domenico Della Valle (67 Fabio Francini), Paolo Montagna (80 Davide Gualtieri), Ivan Matteoni, Andy Selva.   Trainer: Gian Paolo Mazza

ISRAEL: Rafael Cohen; Alon Harazi, Najwan Ghrayeb, Arik Benado (69 Amir Shelach), Ran Ben Shimon; Jan Telasnikov, Walid Badir, Haim Revivo, Eyal Berkovic (72 Offer Shitrit), Avi Nimni (61 Tal Banin); Alon Mizrahi.   Trainer: Shlomo Sharf

Goals: Revivo (16), Nimni (18, 57), Mizrahi (31), Ghrayeb (82)

SAN MARINO v AUSTRIA 1-4 (0-0)

Olimpico, Serravale   14.10.1998

Referee: Valeriy Onufer (UKR)   Attendance: 872

SAN MARINO: Federico Gasperoni; Mirco Gennari, Mauro Marani, Mauro Valentini (80 Pier Domenico Della Valle), Simone Bacciocchi; Fabio Francini (69 Vittorio Valentini), William Guerra, Riccardo Muccioli, Andrea Ugolini (62 Paolo Montagna); Ivan Matteoni, Andy Selva.   Trainer: Gian Paolo Mazza

AUSTRIA: Franz Wohlfahrt; Peter Schöttel, Anton Pfeffer, Martin Hiden; Andreas Heraf, Dietmar Kühbauer, Hannes Reinmayr (46 Christian Mayrleb), Arnold Wetl, Harald Cerny; Ivica Vastic (70 Peter Stöger), Mario Haas (66 Eduard Glieder).   Trainer: Herbert Prohaska

Goals: Vastic (58), Mayrleb (64), Hiden (68), Glieder (76), Selva (80 pen)

ISRAEL v SPAIN 1-2 (0-0)

Ramat-Gan, Tel Aviv   14.10.1998

Referee: David Elleray (ENG)   Attendance: 37,000

ISRAEL: Rafael Cohen; Alon Harazi, Arik Benado, Ran Ben Shimon, Alon Hazan (75 Tal Banin); Najwan Ghrayeb, Jan Telasnikov (58 Alon Mizrahi), Eyal Berkovic, Avi Nimni, Walid Badir; Haim Revivo.   Trainer: Shlomo Sharf

SPAIN: Santiago Cañizares; MÍCHEL SALGADO Fernández, Agustín ARANZÁBAL Alkorta, Rafael Alkorta, Fernando Ruiz Hierro; Vicente Engonga, Bittor Alkiza, LUIS ENRIQUE Martínez, Francisco Javier DE PEDRO (73 Joseba ETXEBERRÍA Lizardi); Francisco Narváez "KIKO" (88 Ismaël Urzaíz), RAÚL González (89 Marcos Vales).   Trainer: José António Camacho

Goals: Hazan (63), Hierro (65), Etxeberría (77)

SAN MARINO v CYPRUS 0-1 (0-1)

Olimpico, Serravalle   18.11.1998

Referee: John McDermott (IRE)   Attendance: 600

SAN MARINO: Federico Gasperoni; Mirco Gennari, Mauro Marani, Vittorio Valentini, Mauro Valentini, William Guerra; Ivan Matteoni (75 Fabio Francini), Riccardo Muccioli (83 Luciano Mularoni), Bryan Gasperoni; Paolo Montagna (66 Nicola Bacciocchi), Andrea Ugolini.   Trainer: Gian Paolo Mazza

CYPRUS: Nicos Panayiotou; Andreas Sofocleous, Charalambos Pittas, Yiotis Panayiotou, Marios Charalambous; Vassos Melanarkitis, Panayotis Engomitis, Milenko Spoljaric, Marios Agathokleous (73 Yiannos Ioannou); Sinisa Gogic (86 Yiannakis Okkas), Kostas Malekkos (73 Michalis Andreas Constantinou).   Trainer: Panikos Georgiou

Goal: Spoljaric (41)

CYPRUS v SAN MARINO 4-0 (3-0)

Limassol   10.02.1999

Referee: Roland Beck (LIE)   Attendance: 3,000

CYPRUS: Nicos Panayiotou; Ioakim Ioakim, George Theodotou, Marios Charalambous, Marios Christodoulou; Charalambos Pittas, Vassos Melanarkitis, Milenko Spoljaric, Sinisa Gogic (83 Yiannakis Okkas); Michalis Andreas Constantinou (83 Yiannos Ioannou), Kostas Malekkos (90 Aristos Aristocleous).   Trainer: Panikos Georgiou

SAN MARINO: Federico Gasperoni; Mirco Gennari, Mauro Marani (86 Damiano Vannucci), Luca Gobbi, Vittorio Valentini; William Guerra, Ermanno Zonzini, Pier Domenico Della Valle (69 Pier-Angelo Manzaroli), Andrea Ugolini (46 Nicola Bacciocchi); Luciano Mularoni, Andy Selva.   Trainer: Gian Paolo Mazza

Goals: Melanarkitis (18), Constantinou (32, 45), Christodoulou (89)

SPAIN v AUSTRIA 9-0 (5-0)
Luis Casanova, Valencia   27.03.1999
Referee: Gilles Veissière (FRA)   Attendance: 45,000
SPAIN: Santiago Cañizares; MÍCHEL SALGADO Fernández, Sergio Barjuán SERGI, MARCELINO Elena, Fernando Ruiz Hierro; Francisco Javier González "FRAN", Joseba ETXEBERRÍA Lizardi (83 Daniel García "DANI"), Juan Carlos VALERON (72 Gaizka Mendieta), Josep Guardiola; Ismaël Urzaíz (60 Pedro Manuel Munitis), RAÚL González. Trainer: Josá Antonio Camacho
AUSTRIA: Franz Wohlfahrt; Wolfgang Feiersinger (53 Walter Kogler), Harald Cerny, Anton Pfeffer, Peter Schöttel; Roman Mählich, Günther Neukirchner, Arnold Wetl, Christian Prosenik (58 Hannes Reinmayr); Mario Haas (70 Christian Mayrleb), Andreas Herzog.   Trainer: Herbert Prohaska
Goals: Raúl (5, 17, 48, 73), Urzaíz (29, 45), Hierro (35 pen), Wetl (76 og), Fran (85)

ISRAEL v CYPRUS 3-0 (1-0)
Ramat Gan, Tel Aviv   28.03.1999
Referee: Marcel Lică (ROM)   Attendance: 32,000
ISRAEL: Nir Davidovich; Alon Harazi, Najwan Ghrayeb, Amir Shelach, Walid Badir (46 Offer Talker); Arik Benado, Tal Banin, Haim Revivo (85 Avi Tikva), Eyal Berkovic; Ronen Harazi (46 Alon Mizrahi), Avi Nimni.   Trainer: Shlomo Sharf
CYPRUS: Nicos Panayiotou; George Theodotou, Charalambos Pittas, Dimitris Ioannou, Marios Charalambous; Vassos Melanarkitis, Michlis Andreas Constantinou (66 Yiannakis Okkas), Milenko Spoljaric (79 Marios Agathokleous), Andreas Sofocleous; Kostas Malekkos (46 Charis Nicolaou), Marios Christodoulou. Trainer: Panikos Georgiou
Goals: Banin (11), Mizrahi (47, 53)

SAN MARINO v SPAIN 0-6 (0-2)
Olimpico, Serravalle   31.03.1999
Referee: Goran Maric (CRO)   Attendance: 2,500
SAN MARINO: Federico Gasperoni; Mirco Gennari, Vittorio Valentini, Mauro Valentini, Luca Gobbi (50 Simone Della Balda); Mauro Marani, Pier-Angelo Manzaroli, Bryan Gasperoni (75 Riccardo Muccioli), Ermanno Zonzini; Andy Selva, Paolo Montagna (60 Davide Gualtieri). Trainer: Gian Paolo Mazza
SPAIN: Santiago Cañizares; MÍCHEL SALGADO Fernández, Francisco Jímenez "PACO", MARCELINO Elena, Sergio Barjuán SERGI; Joseba ETXEBERRÍA Lizardi, Josep Guardiola (69 Vicente Engonga), Juan Carlos Valerón (77 Iván Helguera), Francisco Javier González "FRAN"; Ismaël Urzaíz (61 Daniel García "DANI"), RAÚL González.
Trainer: José António Camacho
Goals: Fran (20), Raúl (45, 59, 66), Urzaíz (49), Etxeberría (73)

AUSTRIA v SAN MARINO 7-0 (3-0)
Graz   28.04.1999
Referee: Kyros Vasaras (GRE)   Attendance: 15,400
AUSTRIA: Franz Wohlfahrt; Harald Cerny (70 Richard Kitzbichler), Thomas Winklhofer (78 Klaus Rohseano), Markus Schopp (70 Eduard Glieder), Wolfgang Feiersinger; Günther Neukirchner, Christian Mayrleb, Andreas Herzog, Christian Prosenik; Ivica Vastic, Martin Amerhauser. Trainer: Otto Baric
SAN MARINO: Federico Gasperoni; Mirco Gennari (46 Simone Bacciocchi), Damiano Vannucci, Luca Gobbi, William Guerra; Simone Della Balda, Bryan Gasperoni (15 Pier-Angelo Manzaroli), Riccardo Muccioli, Paolo Montagna (79 Nicola Bacciocchi); Andy Selva, Ermanno Zonzini.
Trainer: Gian-Paolo Mazza
Goals: Mayrleb (24, 53), Vastic (43, 44, 84), Amerhauser (71), Herzog (82 pen)

SPAIN v SAN MARINO 9-0 (4-0)
Villareal   05.06.1999
Referee: Gerard Perry (IRE)   Attendance: 16,000
SPAIN: Santiago Cañizares; MÍCHEL SALGADO Fernández (67 Pedro Manuel Munitis), Agustín ARANZÁBAL Alkorta, Josep Guardiola; MARCELINO Elena, Fernando Ruiz Hierro, LUIS ENRIQUE Martínez, Julen Guerrero (80 Gaizka Mendieta); Joseba ETXEBERRÍA Lizardi, Fernando Morientes, RAÚL González (67 Ismaël Urzaíz).
Trainer: José Antonio Camacho
SAN MARINO: Federico Gasperoni; Pier Domenico Della Valle, Simone Della Balda, William Guerra, Mirco Gennari (90 Damiano Vannucci); Luca Gobbi, Ermanno Zonzini, Pier-Angelo Manzaroli (75 Mauro Valentini), Paolo Montagna (58 Andrea Ugolini), Mauro Marani; Nicola Bacciocchi.
Trainer: Gian Paolo Mazza
Goals: Hierro (8 pen), Luis Enrique (22, 71, 75), Etxeberría (25, 45), Raúl (61), Gennari (89 og), Mendieta (90)

ISRAEL v AUSTRIA 5-0 (2-0)
Ramat-Gan, Tel Aviv   06.06.1999
Referee: Lubos Michel (SVK)   Attendance: 45,000
ISRAEL: Nir Davidovich; Arik Benado, Amir Shelach, Najwan Ghrayeb, Alon Harazi; Yossi Abuksis (82 Idan Tal), Tal Banin, Alon Hazan, Eyal Berkovic (79 Avi Tikva); Alon Mizrahi (77 Nir Sivilia), Haim Revivo.   Trainer: Shlomo Sharf
AUSTRIA: Franz Wohlfahrt; Zoran Barisic, Thomas Winklhofer, Walter Kogler; Harald Cerny, Roman Mählich, Günther Neukirchner, Andreas Herzog, Martin Amerhauser (46 Christian Prosenik); Christian Mayrleb (67 Mario Haas), Ivica Vastic (57 Eduard Glieder).   Trainer: Otto Baric
Goals: Berkovic (26, 48), Revivo (45), Mizrahi (54), Ghrayeb (75)

CYPRUS v ISRAEL 3-2 (1-1)

Limassol 05.09.1999

Referee: Graham Barber (Eng)   Attendance: 16,000

CYPRUS: Nicos Panayiotou; Costas Costa, Charalambos Pittas, Costas Kaiafas (80 Aristos Aristocleous), Marios Charalambous; Vassos Melanarkitis, Panayotis Engomitis, Milenko Spoljaric, Nicodemos Papavasiliou (64 Marios Christodoulou); Sinisa Gogic (72 Michlis Andreas Constantinou), Yiannakis Okkas.

ISRAEL: Nir Davidovich; Alon Harazi, Najwan Ghrayeb, Amir Shelach (64 Nir Sivilia), Arik Benado; Alon Hazan, Tal Banin, Haim Revivo, Yossi Abuksis (58 Yossi Benayoun); Eyal Berkovic (18 Walid Badir), Alon Mizrahi.

Trainer: Shlomo Sharf

Goals: Engomitis (27), Badir (31), Spoljaric (53, 86 pen), Benayoun (82)

AUSTRIA v SPAIN 1-3 (0-1)

Wien 04.09.1999

Referee: Michel Piraux (BEL)   Attendance: 27,000

AUSTRIA: Alex Manninger; Michael Hatz, Michael Streiter, Thomas Winklhofer; Robert Ibertsberger, Dietmar Kühbauer, Roman Mählich (60 Markus Schopp), Roland Kirchler (68 Markus Weissenberger); Harald Cerny, Ivica Vastic, Christian Mayrleb.

SPAIN: Santiago Cañizares; MÍCHEL SALGADO Fernández, Fernando Ruiz Hierro, Francisco Jímenez "PACO", Sergio Barjúan "SERGI"; Joseba ETXEBERRÍA Lizardi (81 Gaizka Mendieta), Josep Guardiola, Juan Carlos Valerón (72 Vicente Engonga), LUIS ENRIQUE Martínez; Fernando Morientes (88 Julen Guerrero), RAÚL González.

Trainer: José António Camacho

Goals: Raúl (22), Hierro (49 og, 56), Luis Enrique (88)

ISRAEL v SAN MARINO 8-0 (3-0)

Tel Aviv 08.09.1999

Referee: Ilhami Kaplan (TUR)   Attendance: 25,078

ISRAEL: Nir Davidovich; Alon Harazi, David Amsalem, Offer Talker, Arik Benado (65 Alon Halfon); Alon Hazan, Jan Telasnikov, Haim Revivo; Yossi Benayoun, Avi Tikva (61 Yossi Abuksis), Alon Mizrahi (46 Nir Sivilia).

Trainer: Shlomo Sharf

SAN MARINO: Federico Gasperoni; Fabrizio Pelliccioni, Mirco Gennari, Simone Bacciocchi, Marco Tomassoni; Simone Della Balda, Nicola Bacciocchi (58 Roberto Selva), Bryan Gasperoni, Andy Selva; Paolo Montagna (80 Marco De Luigi), Ermanno Zonzini (74 Pier Domenico Della Valle).

Trainer: Gian Paolo Mazza

Sent off: Selva (75)

Goals: Benayoun (25, 46, 70), Mizrahi (38), Revivo (40, 68), Sivilia (84), Abuksis (89)

SPAIN v CYPRUS 8-0 (5-0)

Badajoz 08.09.1999

Referee: Alfredo Trentalange (ITA)   Attendance: 15,000

SPAIN: Santiago Cañizares (77 Antonio Jiménez "TONI"); MÍCHEL SALGADO Fernández, CÉSAR MARTÍN Villar, Fernando Ruiz Hierro, Agustín ARANZÁBAL Alkorta; Joseba ETXEBERRÍA Lizardi (46 Pedro Manuel Munitis), Josep Guardiola, Julen Guerrero, LUIS ENRIQUE Martínez (61 Gaizka Mendieta); RAÚL González, Ismaël Urzaíz.

Trainer: José António Camacho

CYPRUS: Nicos Panayiotou; Costas Costa, Charis Nicolaou (46 Aristos Aristocleous), Loukas Louka, Charalambos Pittas (46 George Theodotou); Vassos Melanarkitis, Panayotis Engomitis, George Christodoulou, Nicodemos Papavasiliou; Sinisa Gogic (88 Michalis Andreas Constantinou), Yiannakis Okkas.

Goals: Urzaíz (20, 25, 38), Guerrero (33, 42, 56), César (82), Hierro (88)

SPAIN v ISRAEL 3-0 (2-0)

Albacete 10.10.1999

Referee: Hellmut Krug (GER)   Attendance: 12,000

SPAIN: Antonio Jiménez "TONI"; MÍCHEL SALGADO Fernández, Fernando Ruiz Hierro (23 CÉSAR MARTÍN Villar), Francisco Jímenez "PACO", Sergio Barjuán SERGI; Joseba ETXEBERRÍA Lizardi, Josep Guardiola, Julen Guerrero (70 Gaizka Mendieta), LUIS ENRIQUE Martínez; RAÚL González, Fernando Morientes (78 Ismaël Urzaíz).

Trainer: José António Camacho

ISRAEL: Dudu Avate; Alon Hazan (83 Jan Telasnikov), Arik Benado (50 Alon Halfon), Shimon Gershon, Amir Shelach, David Amsalem; Tal Banin, Haim Revivo, Eyal Berkovic (68 Yossi Benayoun), Idan Tal; Amir Torjman.

Goals: Morientes (30), César (37), Raúl (53)

AUSTRIA v CYPRUS 3-1 (2-0)

Wien 10.10.1999

Referee: Livio Bazzoli (ITA)   Attendance: 10,000

AUSTRIA: Alex Manninger; Ivica Vastic, Thomas Winklhofer, Günther Neukirchner (46 Andreas Herzog); Harald Cerny (74 Jürgen Kauz), Dietmar Kühbauer, Robert Ibertsberger, Markus Weissenberger (83 Gerd Wimmer), Roland Kirchler; Eduard Glieder, Christian Mayrleb.

CYPRUS: Nicos Panayiotou; Costas Costa, Marios Charalambous, Kimis Alexandrou; Panayotis Engomitis, Costas Kaiafas, Vassos Melanarkitis (82 Marios Dimitriou), Milenko Spoljaric, Marios Christodoulou; Sinisa Gogic (26 Marios Agathokleous), Yiannakis Okkas (46 George Theodotou).

Sent off: Kaiafas (31), Spoljaric (45), Ibertsberger (75)

Goals: Glieder (5), Vastic (23), Costa (63), Herzog (81)

	P	W	D	L	F	A	Pts
Spain	8	7	0	1	42	5	21
Israel	8	4	1	3	25	9	13
(vs Austria	2	1	1	0	6	1	4)
Austria	8	4	1	3	19	20	13
(vs Israel	2	0	1	1	1	6	1)
Cyprus	8	4	0	4	12	21	12
San Marino	8	0	0	8	1	44	0

GROUP 7

ROMANIA v LIECHTENSTEIN 7-0 (4-0)
Steaua, București   02.09.1998
Referee: Salem Prolic (BOS)   Attendance: 4,000
ROMANIA: Bogdan Stelea (82 Bogdan Lobonț); Dan Petrescu, Gheorghe Popescu (Cap), Florin Bătrânu, Cosmin Marius Contra; Florentin Petre, Constantin Gâlcă, Cătălin Munteanu (71 Ioan Ovidiu Sabău), Dorinel Munteanu; Viorel Moldovan, Adrian Ilie (68 Dumitru Adrian Mihalcea). Trainer: Victor Pițurcă
LIECHTENSTEIN: Martin Oehry; Christof Ritter, Thomas Hanselmann, Harry Zech (Cap), Patrick Hefti, Modestus Haas (46 Martin Stocklasa); Thomas Beck, Hansjörg Lingg (61 Marco Büchel), Michael Stocklasa, Ralf Oehri; Martin Telser (88 Marco Ender).   Trainer: Ralf Loose
Goals: Popescu (17), C. Munteanu (29), Ilie (31, 44, 51), Moldovan (54), Haas (59 og).

SLOVAKIA v AZERBAIJAN 3-0 (3-0)
Scremel, Kosice   05.09.1998
Referee: Alan Snoddy (NIR)   Attendance: 3,243
SLOVAKIA: Alexander Vencel; Stanislav Varga, Dusan Tittel, Marek Spilar, Miroslav Sovic, Robert Tomaschek, Peter Dubovsky (62 Vladislav Zvara), Lubomír Moravcík, Vladimir Kinder; Jozef Majoros (82 Marek Ujlaky), Martin Fabus (62 Tibor Jancula).   Trainer: Jozef Jankech
AZERBAIJAN: Dmitriy Kramarenko; Emin Agaev, Deni Gaysumov, Faik Jabbarov, Vyacheslav Lychkin; Kurban Kurbanov (66 Vidadi Rzayev), Arif Asadov, Rasim Abusov, Narvik Sirkhaev; Nazim Suleymanov (46 Rufat Kuliev), Velli Kasumov.   Trainer: Vagif Sadigov
Goals: Fabus (17), Dubovsky (25 pen), Moravcik (39).

HUNGARY v PORTUGAL 1-3 (1-0)
Népstadion, Budapest   06.09.1998
Referee: Urs Meier (SWI)   Attendance: 50,000
HUNGARY: Gábor Király; Csaba Fehér (78 Zoltán Kovács), Pál Lakos, János Hrutka, János Mátyus; Krisztián Lisztes (46 Pál Dárdai), Gábor Halmai, Béla Illés; Tibor Dombi (78 György Korsós), Ferenc Horváth, István Hamar. Trainer: Bertalan Bicskei
PORTUGAL: VÍTOR Manuel Martins BAÍA; Carlos Alberto Oliveira SECRETÁRIO, PAULO Sérgio Braga MADEIRA, JORGE Paulo COSTA Almeida, DIMAS Manuel Marques Teixeira; "FIGO" Luis Filipe Madeira Caeiro, PAULO Jorge Gomes BENTO, RUI Manuel César COSTA, João Paulo Maio PAULINHO SANTOS; JOÃO Manuel Vieira PINTO, Ricardo Manuel da Silva SÁ PINTO.   Trainer: HUMBERTO COELHO
Goals: Horváth (32), Sá Pinto (56, 75), Rui Costa (84).

PORTUGAL v ROMANIA 0-1 (0-0)
Das Antas, Porto   10.10.1998
Referee: Helmut Krug (GER)   Attendance: 37,354
PORTUGAL: VÍTOR Manuel Martins BAÍA (Cap); ABEL Luis da Silva Costa XAVIER (87 DANIel Cruz Carvalho), FERNANDO Manuel Silva COUTO, JORGE Paulo COSTA Almeida, DIMAS Manuel Marques Teixeira; PAULO Jorge Gomes BENTO (70 SÉRGIO Paulo Marceneiro CONCEIÇAO), João Paulo Maio PAULINHO SANTOS, RUI Manuel César COSTA, "FIGO" Luis Filipe Madeira Caeiro; Ricardo Manuel da Silva SÁ PINTO, JOÃO Manuel Vieira PINTO (80 NUNO GOMES Miguel Soares Pereira Ribeiro). Trainer: HUMBERTO Manuel de Jesus COELHO
ROMANIA: Bogdan Stelea; Dan Petrescu (85 Cosmin Contra), Iulian Filipescu, Gheorghe Popescu (Cap), Liviu Ciobotariu, Dorinel Munteanu; Florentin Petre, Cătălin Munteanu (62 Ioan Lupescu), Constantin Gâlcă, Laurențiu Roșu; Viorel Moldovan (90 Dumitru Mihalcea). Trainer: Victor Pițurcă   **Sent off**: Roșu (64).
Goal: D. Munteanu (90).

LIECHTENSTEIN v SLOVAKIA 0-4 (0-3)
Eschen-Mauren   10.10.1998
Referee: Vladimir Antonov (MOL)   Attendance: 2,500
LIECHTENSTEIN: Martin Oehry; Christof Ritter, Thomas Hanselmann, Harry Zech, Patrick Hefti (76 Hansjörg Lingg); Daniel Hasler, Ralf Oehri (46 Jörgen Ospelt), Michael Stocklasa, Modestus Haas (33 Martin Stocklasa), Mario Frick; Martin Telser.   Trainer: Ralf Loose
SLOVAKIA: Alexander Vencel; Stanislav Varga (65 Milan Timko), Dusan Tittel, Marek Spilár; Miroslav Sovic, Peter Dubovsky, Robert Tomaschek, Lubomír Moravcík, Vladimír Kinder (30 Ivan Kozák); Jozef Majoros, Martin Fabus (61 Tibor Jancula).   Trainer: Jozef Jankech
Goals: Sovic (3), Dubovsky (13), Tomaschek (36, 61).

AZERBAIJAN v HUNGARY 0-4 (0-0)
Tofik Bakhramov, Baku   10.10.1998

Referee: Stéphane Bre (FRA)   Attendance: 7,500

AZERBAIJAN: Dmitriy Kramarenko (60 Alexander Zhidkov); Emin Agaev, Deni Gaysumov, Aslan Kerimov, Vyacheslav Lychkin; Rasim Abusov, Arif Asadov (52 Ilkhan Mamedov), Vidadi Rzayev, Kurban Kurbanov; Elshan Kambarov (58 Velli Kasumov), Narvik Sirkhaev.
Trainer: Kazbek Tuaev   **Sent off**: Lychkin (60)

HUNGARY: Gábor Király; János Hrutka, Csaba Fehér, János Mátyus, Vilmos Sebök (65 György Korsós); István Pisont, Krisztián Lisztes (75 Tibor Dombi), Pál Dárdai, Ferenc Horváth (6 Miklós Fehér); Béla Illés, István Hamar.
Trainer: Bertalan Bicskei

Goals: Dárdai (59), Illés (84 pen), Pisont (89), M. Fehér (90)

HUNGARY v ROMANIA 1-1 (0-0)
Népstadion, Budapest   14.10.1998

Referee: Kim Milton Nielsen (DEN)   Attendance: 40,000

HUNGARY: Gábor Király; Csaba Fehér, János Hrutka, Vilmos Sebök, János Mátyus; Gábor Egressy (77 Krisztián Lisztes), István Pisont, Béla Illés (Cap), Pál Dárdai, István Hamar (69 Nórbert Tóth); Miklós Fehér (75 Ferenc Hámori).
Trainer: Bertalan Bicskei

ROMANIA: Bogdan Stelea; Dan Petrescu, Liviu Ciobotariu, Gheorghe Popescu (Cap), Iulian Filipescu; Florentin Petre (69 Denis Şerban), Ioan Lupescu, Constantin Gâlcă, Gheorghe Craioveanu (75 Cătălin Munteanu), Dorinel Munteanu; Viorel Moldovan (80 Dumitru Mihalcea).   Trainer: Victor Piţurcă

Sent off: Hamori (86), Filipescu (90)

Goals: Moldovan (50), Hrutka (83)

SLOVAKIA v PORTUGAL 0-3 (0-2)
Tehelne pole, Bratislava   14.10.1998

Referee: Oguz Sarvan (TUR)   Attendance: 22,059

SLOVAKIA: Alexander Vencel; Marek Spilár, Dusan Tittel, Robert Tomaschek, Stanislav Varga; Miroslav Sovic (82 Attila Pinte), Vladimír Kinder (46 Ivan Kozák), Peter Dubovsky, Lubomír Moravcík; Jozef Majoros, Martin Fabus (57 Szilárd Németh).   Trainer: Jozef Jankech

PORTUGAL: VÍTOR Manuel Martins BAÍA (Cap); ABEL Luis da Silva Costa XAVIER, JORGE Paulo COSTA Almeida, FERNANDO Manuel Silva COUTO, DIMAS Manuel Marques Teixeira; João Paulo Maio PAULINHO SANTOS, PAULO Jorge Gomes BENTO, RUI Manuel César COSTA (66 Francisco DA COSTA); "FIGO" Luis Filipe Madeira Caeiro (89 Nuno Gonçalves da Rocha CAPUCHO); JOÃO Manuel Vieira PINTO (46 SÉRGIO Paulo Marceneiro CONCEIÇAO), Ricardo Manuel da Silva SÁ PINTO.
Trainer: HUMBERTO Manuel de Jesus COELHO

Goals: João Pinto (16, 33), Abel Xavier (70)

LIECHTENSTEIN v AZERBAIJAN 2-1 (0-0)
Vaduz   14.10.1998

Referee: Herbert Barr (NIR)   Attendance: 1,900

LIECHTENSTEIN: Peter Jehle; Christof Ritter, Harry Zech, Daniel Hasler, Martin Stocklasa; Herbert Bicker (67 Jörgen Ospelt), Hansjörg Lingg, Michael Stocklasa, Thomas Beck (74 Marco Büchel); Mario Frick, Martin Telser.
Trainer: Ralf Loose

AZERBAIJAN: Alexander Zhidkov; Ilgham Yadullayev, Deni Gaysumov, Emin Agaev; Aslan Kerimov, Rasim Abusov (79 Rufat Kuliev), Makhmud Kurbanov (25 Nazim Suleymanov), Vidadi Rzayev; Kurban Kurbanov, Elshan Kambarov (51 Ilkhan Mamedov), Narvik Sirkhaev.   Trainer: Kazbek Tuaev

Goals: M. Frick (47), M. Telser (49), K. Kurbanov (59)

PORTUGAL v AZERBAIJAN 7-0 (2-0)
Guimaraes   26.03.1999

Referee: Jacek Granat (POL)   Attendance: 14,650

PORTUGAL: VÍTOR Manuel Martins BAÍA (77 PEDRO Manuel ESPINHA Ferreira); Carlos Alberto Oliveira SECRETÁRIO, PAULO Sérgio Braga MADEIRA, FERNANDO Manuel Silva COUTO, DIMAS Manuel Marques Teixeira; PAULO Manuel Carvalho SOUSA, RUI Manuel César COSTA (83 PEDRO Alexandre dos Santos BARBOSA), SÉRGIO Paulo Marceneiro CONCEIÇAO; "FIGO" Luis Filipe Madeira Caeiro (73 Pedro Miguel Resende PAULETA), JOÃO Manuel Vieira PINTO, Ricardo Manuel da Silva SÁ PINTO.
Trainer: HUMBERTO Manuel de Jesus COELHO

AZERBAIJAN: Dmitriy Kramarenko; Rasim Abusov, Tarlan Akhmedov, Emin Agaev, Alexei Stukas; Arif Asadov, Bakhtiyar Musayev (67 Vidadi Rzayev), Narvik Sirkhaev, Vyacheslav Lychkin; Kurban Kurbanov, Elshan Kambarov (72 Vadim Vasilyev).   Trainer: Akhmed Aleskerov

Sent off: Abusov (67)

Goals: Sá Pinto (28), João Pinto (36, 71), Paulo Madeira (67), Sérgio Conceiçao (75), Pauleta (82, 83)

HUNGARY v LIECHTENSTEIN 5-0 (3-0)
Üllöi út, Budapest   27.03.1999

Referee: Kostas Kapitanis (CYP)   Attendance: 9,534

HUNGARY: Gábor Király; György Korsós, Vilmos Sebök, János Hrutka (78 József Somogyi), János Mátyus; István Pisont, Gábor Halmai, Béla Illés; József Sebök (71 Tibor Dombi), Miklós Fehér, Norbert Tóth (76 István Hamar).
Trainer: Bertalan Bicskei

LIECHTENSTEIN: Peter Jehle; Hansjörg Lingg (74 Patrick Burgmeier), Daniel Hasler, Christof Ritter, Thomas Hanselmann (46 Patrick Hefti); Martin Stocklasa; Albert Wohlwend, Martin Telser, Matthias Beck (77 Jürgen Ospelt); Michael Stocklasa, Mario Frick.   Trainer: Ralf Loose

Goals: J. Sebök (17), V. Sebök (33, 42, 85 pen), Illés (74)

ROMANIA v SLOVAKIA 0-0

"Lia Manoliu", Bucureşti   27.03.1999

Referee: Graham Barber (ENG)   Attendance: 22,000

ROMANIA: Bogdan Stelea; Dan Petrescu, Florin Bătrânu, Gheorghe Popescu (Cap), Dorinel Munteanu; Florentin Petre, Constantin Gâlcă, Cătălin Munteanu (68 Ioan Lupescu), Laurenţiu Roşu; Viorel Moldovan (72 Gheorghe Craioveanu), Adrian Ilie.   Trainer: Victor Piţurcă

SLOVAKIA: Miroslav König; Roman Kratochvíl, Marián Zeman, Stanislav Varga, Miroslav Karhan; Igor Balis, Tibor Zátek (76 Peter Dzurik), Róbert Tomaschek (Cap), Vladimír Labant; Peter Dubovsky (86 Marian Suchancok), Jozef Majoros (70 Peter Slicho).   Trainer: Jozef Adamec

Sent off: Labant (80)

AZERBAIJAN v ROMANIA 0-1 (0-0)

Tofik Bakhramov, Baku   31.03.1999

Referee: Roelof Luinge (HOL)   Attendance: 10,000

AZERBAIJAN: Gusein Magomedov; Vladimir Poshekhontsev, Tarlan Akhmedov (Cap), Aslan Kerimov, Emin Agaev (76 Rufat Kuliev); Narvik Sirkhaev, Vyacheslav Lychkin, Arif Asadov, Makhmud Kurbanov (66 Vidadi Rzayev), Zaur Tagizade (68 Elshan Kambarov), Kurban Kurbanov.   Trainer: Akhmed Aleskerov

ROMANIA: Bogdan Lobonţ; Cosmin Contra, Iulian Filipescu, Liviu Ciobotariu, Dorinel Munteanu; Florentin Petre, Ioan Lupescu, Constantin Gâlcă, Laurenţiu Roşu (74 Daniel Florea), Gheorghe Craioveanu (89 Dumitru Mihalcea), Viorel Moldovan.   Trainer: Victor Piţurcă

Goal: Petre (49)

SLOVAKIA v HUNGARY 0-0

Slovan, Bratislava   31.03.1999

Referee: Claude Colombo (FRA)   Attendance: 19,452

SLOVAKIA: Miroslav König; Roman Kratochvíl, Marian Zeman (14 Peter Dzurik), Stanislav Varga, Miroslav Karhan; Igor Balis, Robert Tomaschek, Tibor Zátek (79 Norbert Hrncar), Attila Pinte (83 Peter Slicho); Peter Dubovsky, Jozef Majoros.   Trainer: Jozef Adamec

HUNGARY: Gábor Király; György Korsós, János Hrutka, Vilmos Sebők, János Mátyus; István Pisont, Gábor Halmai, Béla Illés; József Sebők (55 Tibor Dombi); Miklós Fehér (64 István Hamar), Norbert Tóth.   Trainer: Bertalan Bicskei

LIECHTENSTEIN v PORTUGAL 0-5 (0-1)

Vaduz   31.03.1999

Referee: Gylfi Thor Orrason (ICE)   Attendance: 3,000

LIECHTENSTEIN: Peter Jehle; Christof Ritter, Thomas Hanselmann (84 Jürgen Ospelt), Martin Stocklasa, Hansjörg Lingg; Daniel Hasler, Christoph Frick, Albert Wohlwend (82 Patrick Burgmaier), Michael Stocklasa (66 Matthias Beck), Martin Telser; Mario Frick.   Trainer: Ralf Loose

PORTUGAL: VÍTOR Manuel Martins BAÍA; Carlos Alberto Oliveira SECRETÁRIO, PAULO Sérgio Braga MADEIRA, FERNANDO Manuel Silva COUTO, DIMAS Manuel Marques Teixeira; PAULO Manuel Carvalho SOUSA, SÉRGIO Paulo Marceneiro CONCEIÇAO (88 Nuno Gonçalves da Rocha CAPUCHO), RUI Manuel César COSTA; "FIGO" Luis Filipe Madeira Caeiro, JOÃO Manuel Vieira PINTO (75 NUNO GOMES Miguel Soares Pereira Ribeiro), Ricardo Manuel da Silva SÁ PINTO (62 Pedro Miguel Resende PAULETA).   Trainer: HUMBERTO Manuel de Jesus COELHO

Goals: Rui Costa (15 pen, 79), Figo (49), Paulo Madeira (54, 61)

ROMANIA v HUNGARY 2-0 (2-0)

Steaua, Bucureşti   05.06.1999

Referee: Rune Pedersen (NOR)   Attendnce: 25,000

ROMANIA: Bogdan Lobonţ; Dan Petrescu, Iulian Filipescu, Gheorghe Popescu, Ştefan Dumitru Nanu; Florentin Petre, Gheorghe Hagi (Cap) (46 Ioan Lupescu), Constantin Gâlcă, Dorinel Munteanu; Viorel Moldovan (60 Ioan Viorel Ganea), Adrian Ilie (87 Gheorghe Craioveanu).   Trainer: Victor Piţurcă

HUNGARY: Gábor Király; Vilmos Sebők, János Mátyus, János Hrutka, György Korsós; József Sebők (76 Miklós Herczeg), Gábor Halmai, Béla Illés (Cap) (81 Sándor Preisinger), Pál Dárdai; Miklós Fehér (46 István Pisont), Gábor Egressy.   Trainer: Bertalan Bicskei

Goals: Ilie (3), Munteanu (15)

PORTUGAL v SLOVAKIA 1-0 (0-0)

Lisboa   05.06.1999

Referee: Claus Bo Larsen (DEN)   Attendance: 25,000

PORTUGAL: VÍTOR Manuel Martins BAÍA; ABEL Luis da Silva Costa XAVIER (31 SÉRGIO Paulo Marceneiro CONCEIÇAO), FERNANDO Manuel Silva COUTO, PAULO Sérgio Braga MADEIRA, DIMAS Manuel Marques Teixeira; PAULO Jorge Gomes BENTO, PAULO Manuel Carvalho SOUSA, RUI Manuel César COSTA; "FIGO" Luis Filipe Madeira Caeiro (90 PEDRO Alexandre dos Santos BARBOSA), JOÃO Manuel Vieira PINTO (61 Nuno Gonçalves da Rocha CAPUCHO), Ricardo Manuel da Silva SÁ PINTO.   Trainer: HUMBERTO Manuel de Jesus COELHO

SLOVAKIA: Miroslav König; Roman Kratochvíl, Milan Timko, Stanislav Varga, Miroslav Karhan; Attila Pinte (66 Peter Slicho), Robert Tomaschek, Vladislav Zvara (30 Jozef Valachovic), Vladimír Labant; Peter Dubovsky, Jozef Majoros (84 Vladimir Kozuch).   Trainer: Jozef Adamec
Goal: Capucho (62)

SLOVAKIA: Miroslav König; Roman Kratochvíl, Milan Timko, Stanislav Varga, Miroslav Karhan; Attila Pinte, Jozef Valachovic, Vladislav Zvara (82 Peter Dzurik), Peter Németh, Vladimír Labant; Martin Fabus.   Trainer: Jozef Adamec
Goal: Fabus (53)

AZERBAIJAN v LIECHTENSTEIN 4-0 (2-0)
Tofik Bakhramov, Baku   05.06.1999
Referee: Knut Stadsgård (DEN)   Attendance: 8,500
AZERBAIJAN: Dmitriy Kramarenko; Ilgham Yadullayev, Tarlan Akhmedov, Emin Agaev, Vyacheslav Lychkin (74 Alexei Stukas); Aslan Kerimov, Makhmud Kurbanov, Zaur Tagizade (68 Mirbagir Isaev), Narvik Sirkhaev; Kurban Kurbanov, Vadim Vasilyev (61 Elmir Khankishiev).
Trainer: Akhmed Aleskerov
LIECHTENSTEIN: Peter Jehle; Hansjörg Lingg, Christof Ritter, Harry Zech, Martin Stocklasa; Michael Stocklasa (74 Albert Wohlwend), Christoph Frick, Herbert Bicker (59 Matthias Beck), Daniel Hasler; Martin Telser, Harald Benz (46 Thomas Beck).   Trainer: Ralf Loose
Goals: K. Kurbanov (16), Lychkin (42), Tagizade (60), Isaev (73)

ROMANIA v AZERBAIJAN 4-0 (2-0)
Steaua, București   09.06.1999
Referee: Zelijko Siric (CRO)   Attendance: 10,000
ROMANIA: Bogdan Lobonț; Dan Petrescu, Iulian Filipescu, Gheorghe Popescu (Cap), Ștefan Dumitru Nanu; Florentin Petre (66 Viorel Moldovan), Ioan Lupescu, Constantin Gâlcă, Dorinel Munteanu; Ioan Viorel Ganea (60 Gheorghe Craioveanu), Ion Vlădoiu (77 Laurențiu Roșu).
Trainer: Victor Pițurcă
AZERBAIJAN: Dmitriy Kramarenko; Emin Agaev (70 Igor Getman), Vladimir Poshekhontsev, Tarlan Akhmedov (Cap), Ilgham Yadullayev, Aslan Kerimov; Narvik Sirkhaev, Vyacheslav Lychkin (81 Vadim Vasilyev), Makhmud Kurbanov (61 Bakhtiyar Musayev), Zaur Tagizade, Kurban Kurbanov.
Trainer: Akhmed Aleskerov
Goals: Ganea (35), Munteanu (44 pen), Vlădoiu (48), Roșu (90)

HUNGARY v SLOVAKIA 0-1 (0-0)
ETO, Györ   09.06.1999
Referee: Manuel Diaz Vega (SPA)   Attendance: 18,000
HUNGARY: Gábor Király; György Korsós, János Hrutka, Vilmos Sebök, János Mátyus; Pál Dárdai, Gábor Halmai (73 István Pisont), József Somogyi (78 Sándor Preisinger), Béla Illés; József Sebök, Gábor Egressy (60 Tibor Dombi).
Trainer: Bertalan Bicskei

PORTUGAL v LIECHTENSTEIN 8-0 (3-0)
Coimbra   09.06.1999
Referee: Dietmar Drabek (AUS)   Attendance: 25,000
PORTUGAL: VÍTOR Manuel Martins BAÍA; Carlos Alberto Oliveira SECRETÁRIO (15 Nuno Gonçalves da Rocha CAPUCHO), FERNANDO Manuel Silva COUTO, PAULO Sérgio Braga MADEIRA, DIMAS Manuel Marques Teixeira; PAULO Manuel Carvalho SOUSA (63 PEDRO Alexandre dos Santos BARBOSA), SÉRGIO Paulo Marceneiro CONCEIÇAO, RUI Manuel César COSTA; "FIGO" Luis Filipe Madeira Caeiro, JOÃO Manuel Vieira PINTO, Ricardo Manuel da Silva SÁ PINTO.   Trainer: HUMBERTO Manuel de Jesus COELHO
LIECHTENSTEIN: Peter Jehle; Jürgen Ospelt, Daniel Hasler, Christof Ritter, Harry Zech, Daniel Telser (53 Hansjörg Lingg); Albert Wohlwend, Martin Telser (75 Marco Büchel), Michael Stocklasa (66 Patrick Burgmeier); Herbert Bicker, Thomas Beck.   Trainer: Ralf Loose
Goals: Sá Pinto (27, 44, 52), João Pinto (39, 60, 69), Rui Costa (81, 90 pen)

AZERBAIJAN v PORTUGAL 1-1 (0-0)
Tofik Bakhramov, Baku   03.09.1999
Referee: Dermot Gallagher (ENG)   Attendance: 8,000
AZERBAIJAN: Dmitriy Kramarenko; Emin Agaev, Vladimir Poshekhontsev, Tarlan Akhmedov, Vyacheslav Lychkin (90 Alexei Stukas), Igor Getman, Kamal Kuliev, Zaur Tagizade, Bakhtiyar Musayev (58 Makhmud Kurbanov), Vadim Vasilyev (54 Elshan Kambarov), Adagim Niftaliyev.
Trainer: Akhmed Aleskerov
PORTUGAL: VÍTOR Manuel Martins BAÍA; Carlos Alberto Oliveira SECRETÁRIO, DIMAS Manuel Marques Teixeira, PAULO Sérgio Braga MADEIRA, FERNANDO Manuel Silva COUTO, PAULO Manuel Carvalho SOUSA (67 Nuno Gonçalves da Rocha CAPUCHO), "FIGO" Luis Filipe Madeira Caeiro, JOÃO Manuel Vieira PINTO, Ricardo Manuel da Silva SÁ PINTO (46 SÉRGIO Paulo Marceneiro CONCEIÇAO), RUI Manuel César COSTA, PAULO Jorge Gomes BENTO (30 Pedro Miguel Resende PAULETA).
Trainer: HUMBERTO Manuel de Jesus COELHO.
Sent off: Tagizade (84)
Goals: Tagizade (51), Figo (90)

SLOVAKIA v ROMANIA 1-5 (1-2)
Slovan, Bratislava   04.09.1999

Referee: Graziano Cesari (ITA)   Attendance: 8,000

SLOVAKIA: Miroslav König; Miroslav Karhan, Peter Németh, Roman Kratochvil (74 Jaroslav Hrabal), Stanislav Varga (Cap), Vladimir Labant, Jozef Valachovic, Igor Balis (67 Tibor Jancula), Szilárd Németh, Vladimir Janocko, Martin Fabus (81 Marek Ujlaky).   Trainer: Jozef Adamec

ROMANIA: Bogdan Stelea; Dan Petrescu, Liviu Ciobotariu, Iulian Filipescu, Constantin Gâlcă, Gheorghe Popescu, Ioan Ovidiu Sabău (83 Ovidiu Stângă), Dorinel Munteanu, Ioan Viorel Ganea (58 Viorel Moldovan), Gheorghe Hagi (Cap) (75 Ioan Lupescu), Adrian Ilie.   Trainer: Victor Pițurcă

Goals: Ilie (6), Labant (21 pen), Hagi (30), Ciobotariu (66), Moldovan (88, 90)

LIECHTENSTEIN v HUNGARY 0-0
Rheinpark, Vaduz   04.09.1999

Referee: Sten Kaldma (EST)   Attendance: 1,800

LIECHTENSTEIN: Peter Jehle; Jürgen Ospelt, Martin Stocklasa, Patrick Hefti, Harry Zech, Michael Stocklasa, Martin Telser (66 Christof Ritter), Thomas Beck (82 Herbert Bicker), Frédéric Gigon, Mario Frick (90 Matthias Beck), Daniel Hasler.   Trainer: Ralf Loose

HUNGARY: Gábor Király; Gábor Egressy, János Mátyus, Vilmos Sebök, György Korsós, Gábor Halmai, Tibor Dombi (60 Thomas Sowunmi), Ferenc Horváth (75 Miklós Herczeg), Béla Illés, Pál Dárdai, Csaba Fehér (46 Miklós Lendvai). Trainer: Bertalan Bicskei

SLOVAKIA v LIECHTENSTEIN 2-0 (1-0)
Slovan, Bratislava   08.09.1999

Referee: Andreas Georgiou (CYP)   Attendance: 3,052

SLOVAKIA: Kamil Susko; Miroslav Karhan, Vladimír Janocko (41 Jaroslav Hrabal), Peter Dzurik, Stanislav Varga, Vladimír Labant, Jozef Valachovic, Igor Balis, Szilárd Németh (76 Vladimir Kozuch), Marek Ujlaky, Martin Fabus (61 Peter Németh).   Trainer: Jozef Adamec

LIECHTENSTEIN: Peter Jehle; Jürgen Ospelt, Martin Stocklasa, Christof Ritter, Harry Zech, Michael Stocklasa, Thomas Beck, Mario Frick (12 Marco Buchel, 57 Matthias Beck), Daniel Hasler, Martin Telser, Frédéric Gigon (57 Albert Wohlwend).   Trainer: Ralf Loose

Sent off: Valachovic (36)

Goals: S. Nemeth (4), Karhan (55)

HUNGARY v AZERBAIJAN 3-0 (1-0)
Népstadion, Budapest   08.09.1999

Referee: Saso Lazarevski (MAC)   Attendance: 2,910

HUNGARY: Gábor Király; János Hrutka, György Korsós, János Mátyus, Vilmos Sebök, Gábor Halmai, Miklós Lendvai, Gábor Egressy, Thomas Sowunmi (89 Akos Füzi), Béla Illés, Miklós Herczeg (74 Ferenc Horváth).
Trainer: Bertalan Bicskei

AZERBAIJAN: Jahangir Gassan; Igor Getman, Vladimir Poshekhontsev, Arif Asadov, Vyacheslav Lychkin (68 Alexei Stukas), Aslan Kerimov (60 Elshan Kambarov), Kamal Kuliev, Ilgham Yadullayev, Bakhtiyar Musayev, Vadim Vasilyev (90 Farrukh Ismailov), Adagim Nyftaliev.
Trainer: Akhmed Aleskerov

Goals: V. Sebök (28), Egressy (51), Sowunmi (55)

ROMANIA v PORTUGAL 1-1 (1-1)
Steaua, București   08.09.1999

Referee: Hartmut Strampe (GER)   Attendance: 24,000

ROMANIA: Bogdan Stelea; Dan Petrescu (46 Ștefan Dumitru Nanu), Liviu Ciobotariu, Iulian Filipescu, Constantin Gâlcă, Gheorghe Popescu, Ioan Ovidiu Sabău, Dorinel Munteanu, Viorel Moldovan (69 Ioan Lupescu), Gheorghe Hagi (Cap), Adrian Ilie (85 Ioan Viorel Ganea).   Trainer: Victor Pițurcă

PORTUGAL: VÍTOR Manuel Martins BAÍA (Cap); RUI Fernando Pereira BENTO, DIMAS Manuel Marques Teixeira, FERNANDO Manuel Silva COUTO, PAULO Sérgio Braga MADEIRA, PAULO Jorge Gomes BENTO, RUI Manuel César COSTA, PAULO Manuel Carvalho de SOUSA (67 SÉRGIO Paulo Marceneiro CONCEIÇAO), FIGO Luis Filipe Madeira, Ricardo Manuel da Silva SÁ PINTO, JOÃO Manuel Vieira PINTO (82 Pedro Miguel Resende PAULETA).
Trainer: HUMBERTO Manuel de Jesus COELHO

Goals: Hagi (37), Figo (45)

PORTUGAL v HUNGARY 3-0 (2-0)
Da Luz, Lisboa   09.10.1999

Referee: Kim Milton Nielsen (DEN)   Attendance: 65,000

PORTUGAL: VÍTOR Manuel Martins BAÍA; Carlos Alberto Oliveira SECRETÁRIO (46 ABEL Luis da Silva Costa XAVIER), PAULO Sérgio Braga MADEIRA, JORGE Paulo COSTA Almeida, DIMAS Manuel Marques Teixeira, PAULO Manuel Carvalho de SOUSA, RUI Manuel César COSTA (84 PAULO Jorge Gomes BENTO), FIGO Luis Filipe Madeira, SÉRGIO Paulo Marceneiro CONCEIÇAO, JOÃO Manuel Vieira PINTO (89 Ricardo Manuel da Silva SÁ PINTO), Pedro Miguel Resende PAULETA.
Trainer: HUMBERTO Manuel de Jesus COELHO

HUNGARY: Gábor Király; Pál Lakos, György Korsós, Attila Dragoner, Gábor Halmai, János Mátyus; István Pisont (24 Pál Dárdai), Thomas Sowunmi (83 Zoltán Kovács), Miklós Lendvai, Gábor Egressy; Ferenc Horváth (75 Attila Kuttor). Trainer: Bertalan Bicskei

Sent off: Pauleta (41).

Goals: Rui Costa (15 pen), João Pinto (16), Abel Xavier (58)

LIECHTENSTEIN v ROMANIA 0-3 (0-1)
Rheinpark, Vaduz   09.10.1999
Referee: Andrei Butenko (RUS)   Attendance: 2,900

LIECHTENSTEIN: Peter Jehle; Jürgen Ospelt, Martin Stocklasa, Patrick Hefti, Harry Zech, Christof Ritter, Christoph Frick (Cap) (89 Albert Wohlwend), Mario Frick (90 Matthias Beck), Frédéric Gigon, Martin Telser (69 Herbert Bicker), Thomas Beck.   Trainer: Ralf Loose

ROMANIA: Bogdan Stelea; Dan Petrescu, Ştefan Dumitru Nanu, Liviu Ciobotariu, Constantin Gâlcă (75 Ioan Lupescu); Gheorghe Popescu, Florentin Petre, Laurenţiu Roşu, Viorel Moldovan (62 Ioan Viorel Ganea); Gheorghe Hagi (Cap) (77 Ovidiu Stângă), Adrian Ilie.   Trainer: Victor Piţurcă

Sent off: T. Beck (53)

Goals: Roşu (26), Ganea (65, 73)

AZERBAIJAN v SLOVAKIA 0-1 (0-0)
Tofik Bakhramov, Baku   09.10.1999
Referee: Kyros Vassaras (GRE)   Attendance: 8,000

AZERBAIJAN: Dmitriy Kramarenko; Igor Getman, Emin Agaev (80 Aslan Kerimov), Vladimir Poshekhontsev, Tarlan Akhmedov, Mirbagir Isaev (56 Farrukh Ismailov), Ilgham Yadullayev, Elshan Kambarov (46 Vyacheslav Lychkin), Bakhtiyar Musayev, Vadim Vasilyev, Adagim Niftaliev. Trainer: Akhmed Aleskerov

SLOVAKIA: Kamil Susko; Stanislav Varga, Ivan Kozák, Marián Suchancok, Roman Kratochvíl, Vladimír Labant (90 Attila Pinte), Milan Timko, Martin Fabus, Miroslav Karhan (86 Marian Zeman), Peter Németh, Vladimír Janocko (84 Vladimir Kozuch).

Goal: Labant (70)

	P	W	D	L	F	A	Pts
Romania	10	7	3	0	25	3	24
Portugal	10	7	2	1	32	4	23
Slovakia	10	5	2	3	12	9	17
Hungary	10	3	3	4	14	10	12
Azerbaijan	10	1	1	8	6	26	4
Liechtenstein	10	1	1	8	2	39	4

GROUP 8

EIRE v CROATIA 2-0 (2-0)
Lansdowne Road, Dublin   05.09.1998
Referee: Vítor Manuel Melo Pereira (POR)   Att: 34,000

EIRE: Shay Given; Denis Irwin, Steve Staunton, Phil Babb, Kenny Cunningham; Roy Keane, Jason McAteer, Mark Kinsella, Damien Duff (46 Jeff Kenna); Keith O'Neill (5 Anthony Cascarino), Robbie Keane (61 Lee Carsley). Manager: Mick McCarthy

CROATIA: Drazen Ladic; Dario Simic, Igor Stimac, Zvonimir Soldo (77 Mario Tokic); Aljosa Asanovic, Zvonimir Boban, Krunoslav Jurcic, Igor Tudor (65 Petar Krpan), Robert Jarni; Silvio Maric (46 Igor Pamic), Mario Stanic.
Manager: Miroslav Blazevic

Sent off: Stanic (70), Jurcic (72)

Goals: Irwin (4 pen), Roy Keane (15)

MACEDONIA v MALTA 4-0 (1-0)
Gradski, Skopje   06.09.1998
Referee: Jan Wegereef (HOL)   Attendance: 4,000

MACEDONIA: Petar Milosevski; Mitko Stojkovski (80 Vlatko Gosev), Goce Sedloski, Igor Nikolovski (78 Dzevdet Šainovski), Goran Stavrevski, Goran Lazarevski, Milan Stojanoski (70 Artim Sakiri), Toni Micevski, Srdjan Zaharievski; Risto Bozinov, Viktor Trenevski.   Trainer: Djoko Hadzievski

MALTA: Mario Muscat; Brian Said, Jeffrey Chetcuti, Jonathan Magri Overend, Darren Debono; David Camilleri, Carmel Busuttil, Gilbert Agius (70 Hubert Suda), Noel Turner; Joseph Brincat, Antoine Zahra (78 David Carabott).
Trainer: Josef Ilic

Goals: Bozinov (20, 48), Sakiri (75, 80)

MALTA v CROATIA 1-4 (1-0)
National, Ta'Qali   10.10.1998
Referee: Bohdan Benedik (SVK)   Attendance: 1,573

MALTA: Mario Muscat; Gilbert Agius (55 Ivan Zammit), Jeffrey Chetcuti, Michael Spiteri, Darren Debono; John Buttigieg, Carmel Busuttil, David Camilleri, Hubert Suda (57 Noel Turner); Joseph Brincat, Antoine Zahra (78 Paul Sixsmith).   Trainer: Josef Ilic

CROATIA: Drazen Ladic; Dario Simic (81 Mario Tokic), Zvonimir Soldo, Igor Tudor; Danijel Saric, Robert Jarni (88 Mario Cvitanovic), Aljosa Asanovic, Silvio Maric, Zvonimir Boban; Davor Suker, Jurica Vucko (16 Davor Vugrinec).
Trainer: Miroslav Blazevic

Goals: Suda (28 pen), D. Simic (54), Vugrinec (67, 74), Suker (80)

EIRE v MALTA 5-0 (2-0)
Lansdowne Road, Dublin   14.10.1998

Referee: Roy Helge Olsen (NOR)   Attendance: 34,500

EIRE: Shay Given; Jeff Kenna, Steve Staunton, Kenny Cunningham, Gary Breen; Roy Keane, Jason McAteer (85 Lee Carsley), Mark Kinsella, Damien Duff; Niall Quinn (73 Anthony Cascarino), Robbie Keane (82 Mark Kennedy). Trainer: Mick McCarthy

MALTA: Reggie Cini; Jeffrey Chetcuti, Michael Spiteri, Darren Debono, John Buttigieg, David Carabott; Paul Sixsmith (77 David Camilleri), Noel Turner, Joseph Brincat; Hubert Suda (66 Gilbert Agius), Antoine Zahra (70 Ivan Zammit). Trainer: Josef Ilic

Goals: Rob Keane (16, 19), Roy Keane (53), Quinn (62), Breen (81)

YUGOSLAVIA v EIRE 1-0 (0-0)
Beograd   18.11.1998

Referee: Karl-Erik Nilsson (SWE)   Attendance: 28,250

YUGOSLAVIA: Ivica Kralj; Goran Djorovic, Miroslav Djukic, Sinisa Mihajlovic; Jovan Stankovic, Slavisa Jokanovic, Dejan Stankovic, Vladimir Jugovic (85 Nenad Grozdic), Dragan Stojkovic (46 Darko Kovacevic); Predrag Mijatovic, Savo Milosevic (77 Ljubinko Drulovic). Trainer: Milan Zivadinovic

EIRE: Shay Given; Denis Irwin, Steve Staunton, Gary Breen, Kenny Cunningham; Roy Keane, Jason McAteer (83 Keith O'Neill), Mark Kinsella, Alan McLoughlin (73 David Connolly), Damien Duff; Niall Quinn (72 Anthony Cascarino). Trainer: Mick McCarthy

Goal: Mijatovic (64)

CROATIA v MACEDONIA 3-2 (2-1)
Maksimir, Zagreb   14.10.1998

Referee: Nikolai Levnikov (RUS)   Attedance: 20,000

CROATIA: Drazen Ladic; Igor Stimac, Dario Simic, Igor Tudor; Mario Stanic (81 Krunoslav Jurcic), Robert Jarni, Zvonimir Soldo, Aljosa Asanovic (62 Danijel Saric), Zvonimir Boban; Silvio Maric, Davor Suker.   Trainer: Miroslav Blazevic

MACEDONIA: Petar Milosevski; Goce Sedloski, Igor Nikolovski (78 Milan Stojanoski), Goran Stavrevski, Toni Micevski (46 Vlatko Gosev); Dzevdet Sainovski, Goran Lazarevski (60 Risto Bozinov), Srdjan Zaharievski, Viktor Trenevski; Sasa Ciric, Artim Sakiri. Trainer: Djoko Hadzievski

Goals: Ciric (2), Suker (16), Boban (45, 70), Sainovski (55)

MALTA v YUGOSLAVIA 0-3 (0-1)
National, Ta'Qali   10.02.1999

Referee: Pascal Garibian (FRA)   Attendance: 1,781

MALTA: Ernest Barry; Brian Said, Noel Turner, Michael Spiteri, David Camilleri (73 Paul Sixsmith); John Buttigieg, Carmel Busuttil, Nicholas Saliba, David Carabott; Chucks Nwoko (82 Michael Cutajar), Gilbert Agius (59 Graham Bencini).   Trainer: Josef Ilic

YUGOSLAVIA: Ivica Kralj; Zoran Mirkovic, Goran Djorovic, Slavisa Jokanovic, Miroslav Djukic; Jovan Stankovic (75 Djordje Tomic), Albert Nadj, Darko Kovacevic (70 Savo Milosevic), Sinisa Mihajlovic; Predrag Mijatovic, Dejan Stankovic (87 Nenad Grozdic).   Trainer: Milan Zivadinovic

Goals: Nadj (22, 55), Milosevic (90)

MALTA v MACEDONIA 1-2 (0-0)
National, Ta'Qali   18.11.1998

Referee: Serghei Shmolik (BLS)   Attendance: 1,295

MALTA: Mario Muscat; Paul Sixsmith, David Camilleri, Michael Spiteri, John Buttigieg; Darren Debono, Carmel Busuttil, Joseph Brincat, Nicholas Saliba (67 Noel Turner); Michael Cutajar (59 Gilbert Agius), Chucks Nwoko (54 David Carabott).   Trainer: Josef Ilic

MACEDONIA: Petar Milosevski; Boban Babunski, Igor Nikolovski, Goce Sedloski, Dragan Veselinovski; Goran Stavrevski, Srdjan Zaharievski, Toni Micevski, Risto Bozinov (65 Viktor Trenevski); Dzevdet Sainovski, Artim Sakiri. Trainer: Djoko Hadzievski

Goals: Nikoloski (49), Zaharievski (62), Sixsmith (69)

MACEDONIA v CROATIA 1-1 (0-1)
Gradski, Skopje   05.06.1999

Referee: Hugh Dallas (SCO)   Attendance: 12,000

MACEDONIA: Petar Milosevski; Dzevdet Sainovski, Goran Stavrevski, Milan Stojanoski, Igor Nikolovski; Boban Babunski (75 Srdjan Zaharievski), Vanco Trajcov (75 Georgi Hristov), Toni Micevski, Viktor Trenevski (46 Risto Bozinov); Sasa Ciric, Artim Sakiri.   Trainer: Djoko Hadzievski

CROATIA: Drazen Ladic; Danijel Saric, Robert Jarni, Zvonimir Soldo, Goran Juric; Dario Simic, Aljosa Asanovic (87 Igor Biscan), Davor Vugrinec (64 Goran Vlaovic), Zvonimir Boban; Davor Suker, Alen Boksic (19 Milan Rapaic). Trainer: Miroslav Blazevic

Goals: Suker (19), Hristov (80)

YUGOSLAVIA v MALTA 4-1 (1-1)

Thessaloniki 08.06.1999

Referee: Morgan Norman (SWE)   Attendance: 2,000

YUGOSLAVIA: Ivica Kralj; Zoran Mirkovic, Goran Djorovic, Miroslav Djukic, Nisa Saveljic, Albert Nadj (46 Savo Milosevic); Slavisa Jokanovic, Dragan Stojkovic (77 Ljubinko Drulovic), Dejan Stankovic (63 Nenad Grozdic); Predrag Mijatovic, Darko Kovacevic.   Trainer: Milan Zivadinovic

MALTA: Ernest Barry; Jeffrey Chetcuti, Richard Buhagiar (80 Michael Cutajar), Darren Debono; Brian Said, John Buttigieg, Carmel Busuttil, Nicholas Saliba, David Camilleri (64 Joseph Brincat); David Carabott, Chucks Nwoko (83 Stefan Sultana).   Trainer: Josef Ilic

Goals: Saliba (8), Mijatović (34), Milošević (49, 90), D. Kovacević (75)

CROATIA v MALTA 2-1 (1-0)

Maksimir, Zagreb 21.08.1999

Referee: Atanas Uzunov (BUL)   Attendance: 20,000

CROATIA: Marijan Mrmic; Zvonimir Soldo, Igor Stimac, Dario Simic; Igor Biscan, Aljosa Asanovic, Josip Simic (46 Goran Vlaovic); Milan Rapaic, Mario Stanic (46 Alen Boksic), Davor Suker, Zvonimir Boban (17 Danijel Saric).   Trainer: Miroslav Blazevic

MALTA: Ernest Barry; Silvio Vella, Darren Debono; Brian Said, David Camilleri, Carmel Busuttil (73 Ifanyi Okonikwo), Nicholas Saliba, Joseph Brincat; David Carabott, Chuks Nwoko (90 Adrian Mifsud), Gilbert Agius (85 Stefan Sultana).   Trainer: Josef Ilic

Goals: Stanic (34), Soldo (55), Carabott (61)

EIRE v MACEDONIA 1-0 (0-0)

Lansdowne Road, Dublin 09.06.1999

Referee: Urs Maier (SWI)   Attendance: 28,108

EIRE: Alan Kelly; Stephen Carr, Denis Irwin, Lee Carsley, Kenny Cunningham; Gary Breen, Mark Kennedy, Mark Kinsella, Damien Duff (62 Kevin Kilbane); Niall Quinn (81 David Connolly), Robbie Keane (67 Anthony Cascarino).   Manager: Mick McCarthy

MACEDONIA: Petar Milosevski; Dzevdet Sainovski (70 Goce Sedloski), Goran Stavrevski, Milan Stojanoski, Igor Nikolovski; Boban Babunski, Vanco Trajcov (46 Nedzmedin Memedi), Toni Micevski, Artim Sakiri; Sasa Ciric, Viktor Trenevski (76 Georgi Hristov).   Trainer: Dzoko Hadzievski

Goal: Quinn (65)

EIRE v YUGOSLAVIA 2-1 (0-0)

Lansdowne Road, Dublin 01.09.1999

Referee: Pierluigi Collina (ITA)   Attendance: 31,400

EIRE: Alan Kelly; Denis Irwin (65 Stephen Carr), Kenny Cunningham, Gary Breen, Steve Staunton; Mark Kennedy, Roy Keane (69 Lee Carsley), Mark Kinsella, Kevin Kilbane; Robbie Keane, Niall Quinn (79 Anthony Cascarino).   Manager: Mick McCarthy

YUGOSLAVIA: Aleksander Kocic; Slobodan Komljenovic, Miroslav Djukic, Sinisa Mihajlovic (69 Nisa Saveljic), Drazen Bolic; Dejan Govedarica, Albert Nadj (76 Darko Kovacevic), Dejan Stankovic, Dejan Savicevic (54 Ljubinko Drulovic); Predrag Mijatovic, Savo Milosevic.   Trainer: Vujadin Boskov

Goals: Robbie Keane (54), Stankovic (61), Kennedy (70)

YUGOSLAVIA v CROATIA 0-0

Beograd 18.08.1999

Referee: Kim Milton Nielsen (DEN)   Attedance: 52,600

YUGOSLAVIA: Aleksander Kocic; Slavisa Jokanovic, Sinisa Mihajlovic, Miroslav Djukic; Zoran Mirkovic, Dejan Stankovic, Jovan Stankovic, Albert Nadj, Goran Djorovic (46 Ljubinko Drulovic); Darko Kovacevic (66 Savo Milosevic), Predrag Mijatovic.

CROATIA: Drazen Ladic; Zvonimir Soldo, Dario Simic, Igor Stimac; Robert Jarni, Robert Kovac, Aljosa Asanovic, Krunoslav Jurcic; .Zvonimir Boban (81 Igor Biscan), Mario Stanic (46 Milan Rapaic), Davor Suker.

CROATIA v EIRE 1-0 (0-0)

Maksimir, Zagreb 04.09.1999

Referee: Manuel Diaz Vega (SPA)   Attendance: 30,000

CROATIA: Drazen Ladic; Dario Simic, Robert Jarni, Zvonimir Soldo, Igor Stimac; Slaven Bilic (46 Tomislav Rukavina), Aljosa Asanovic, Mario Stanic (84 Josip Simic); Davor Suker, Milan Rapaic, Robert Kovac,

EIRE: Alan Kelly; Stephen Carr, Steve Staunton, Gary Breen, Kenny Cunningham; Lee Carsley, Gary Kelly (72 Ian Harte), Mark Kinsella, Alan McLoughlin; Anthony Cascarino (82 Niall Quinn), Damien Duff (58 Kevin Kilbane).

Goal: Suker (90)

YUGOSLAVIA v MACEDONIA 3-1 (1-0)

Beograd   05.09.1999

Referee: Anders Frisk (SWE)   Attendance: 22,000

YUGOSLAVIA: Ivica Kralj; Zoran Mirkovic, Slavisa Jokanovic, Miroslav Djukic, Mladen Krstajic; Nisa Saveljic, Dejan Stankovic (75 Dejan Govedarica), Predrag Mijatovic, Dragan Stojkovic (66 Dejan Savicevic); Savo Milosevic (82 Darko Kovacevic), Ljubinko Drulovic.

MACEDONIA: Petar Milosevski; Goran Stavrevski, Zoran Jovanovski (59 Zarko Serafimovski), Goran Lazarevski, Boban Babunski; Toni Savevski, Dragan Veselinovski, Toni Micevski (53 Marjan Gerasimovski), Sasa Ciric (77 Nedzmedin Memedi); Georgi Hristov, Artim Sakiri.

Goals: Stojkovic (37, 54), Ciric (64 pen), Savicevic (77)

MACEDONIA v EIRE 1-1 (0-1)

Gradski, Skopje   09.10.1999

Referee: Juan Antonio Fernández Marín (SPA)   Att: 14,000

MACEDONIA: Antoni Filevski; Goran Stavrevski, Zoran Jovanovski (70 Srdjan Zaharievski), Goce Sedloski, Boban Babunski; Marjan Gerasimovski, Milan Stojanoski (56 Argend Bekiri), Toni Savevski, Goran Stanik (79 Nedzmedin Memedi); Georgi Hristov, Dzevdet Sainovski.

EIRE: Alan Kelly; Denis Irwin, Kenny Cunningham, Gary Breen, Steve Staunton; Gary Kelly, Mark Kinsella, Alan McLoughlin, Mark Kennedy (87 Mathew Holland); Niall Quinn (79 Anthony Cascarino), Robbie Keane (68 Keith O'Neill).

Goals: Quinn (18), Stavrevski (90)

MALTA v EIRE 2-3 (0-2)

National, Ta'Qali   08.09.1999

Referee: Sorin Corpodean (ROM)   Attendance: 4,018

MALTA: Ernest Barry; Brian Said, Jeffrey Chetcuti (23 Richard Buhagiar), Darren Debono; David Carabott, John Buttigieg (29 Silvio Vella), Carmel Busuttil, Nicholas Saliba, David Camilleri; Chuks Nwoko, Gilbert Agius (67 Daniel Theuma).   Trainer: Josef Ilic

EIRE: Alan Kelly; Stephen Carr, Steve Staunton, Gary Breen (75 Ian Harte), Kenny Cunningham; Lee Carsley, Kevin Kilbane (65 Damien Duff), Mark Kinsella, Mark Kennedy (54 Alan McLoughlin); Niall Quinn, Robbie Keane.

Goals: Robbie Keane (12), Breen (20), Said (61), Carabott (68 pen), Staunton (72)

CROATIA v YUGOSLAVIA 2-2 (1-2)

Maksimir, Zagreb   09.10.1999

Referee: José Manuel Garcia-Aranda (SPA)   Att: 39,000

CROATIA: Drazen Ladic; Goran Juric, Robert Kovac (62 Igor Biscan), Igor Tudor (83 Milan Rapaic), Tomislav Rukavina; Zvonimir Soldo, Mario Stanic, Aljosa Asanovic, Robert Jarni; Alen Boksic (75 Josip Simic), Davor Suker.

YUGOSLAVIA: Ivica Kralj; Zoran Mirkovic, Miroslav Djukic, Sinisa Mihajlovic, Goran Djorovic; Slavisa Jokanovic, Dragan Stojkovic (53 Drazen Bolic), Dejan Stankovic, Albert Nadj (56 Ljubinko Drulovic); Predrag Mijatovic (74 Dejan Savicevic), Savo Milosevic.

Sent off: Mirkovic (41)

Goals: Boksic (20), Mijatovic (26), Stankovic (31), Stanic (47)

MACEDONIA v YUGOSLAVIA 2-4 (0-4)

Gradski, Skopje   08.09.1999

Referee: Lubos Michel (SVK)   Attendance: 13,000

MACEDONIA: Petar Milosevski; Goran Stavrevski, Zoran Jovanovski, Goran Lazarevski, Boban Babunski, Dragan Veselinovski (40 Zarko Serafimovski); Toni Savevski (46 Marjan Gerasimovski), Toni Micevski (40 Dzevdet Sainovski), Sasa Ciric; Georgi Hristov, Artim Sakiri.

YUGOSLAVIA: Ivica Kralj; Zoran Mirkovic (46 Slobodan Komljenovic), Mladen Krstajic, Miroslav Djukic, Sinisa Mihajlovic; Slavisa Jokanovic, Dejan Stankovic, Ljubinko Drulovic, Dragan Stojkovic (46 Dejan Savicevic); Predrag Mijatovic, Savo Milosevic (82 Darko Kovacevic).

Goals: Milosevic (1), Babunski (4 og), Stankovic (14), Drulovic (38), Sakiri (60), Ciric (90)

	P	W	D	L	F	A	Pts
Yugoslavia	8	5	2	1	18	8	17
Eire	8	5	1	2	14	6	16
Croatia	8	4	3	1	13	9	15
Macedonia	8	2	2	4	13	14	8
Malta	8	0	0	8	6	27	0

GROUP 9

ESTONIA v FAROE ISLANDS 5-0 (2-0)
Kadriorg, Tallinn   04.06.1998
Referee: Martin Ingvarsson (SWE)   Attedance: 3,500
ESTONIA: Mart Poom; Urmas Kirs, Janek Meet, Sergei Hohlov-Simson, Marek Lemsalu; Martin Reim, Andres Oper, Sergei Terehhov, Kristen Viikmäe (80 Ivan O'Konnel-Bronin); Indrek Zelinski, Marko Kristal.   Trainer: Teitur Thordarsson
FAROE ISLANDS: Jens Martin Knudsen; Jens Kristian Hansen, Pol Thorsteinsson (84 Uni Arge), Jan Dam, Øssur Hansen; Todi Jonsson (84 Henning Jarnskor), Oli Johannesen, Jan Allan Møller (41 Jakup Mikkelsen), Allan Mørkøre; Julian Johnsson, John Petersen.   Trainer: Alan Simonsen
Sent off: Knudsen (40).
Goals: Viikmäe (13), Reim (43 pen), Terehhov (77), Oper (87), Kirs (90)

BOSNIA HERZEGOVINA v FAROE ISLANDS 1-0 (0-0)
Olimpijski, Sarajevo   19.08.1998
Referee: Tomasz Mikulski (POL)   Attendance: 20,000
BOSNIA HERZEGOVINA: Mirsad Dedic; Sead Kapetanovic, Mirsad Varesanovic, Mirsad Hibic, Sergei Barbarez (75 Jasmin Mujdza); Muhamed Konjic, Sead Halilovic, Hasan Salihamidzic (81 Nermin Sabic); Elvir Bolic (65 Edin Mujcin), Meho Kodro, Elvir Baljic.   Trainer: Dzemaludin Musovic
FAROE ISLANDS: Jakup Mikkelsen; Hans Frodi Hansen, Pol Thorsteinsson, Oli Johannesen, Jens Kristian Hansen; Henning Jarnskor, Samal Joensen, Julian Johnsson, Allan Mørkøre; Uni Arge (77 Jakup a Borg), John Petersen.
Trainer: Allan Simonsen
Goal: Baljic (65)

LITHUANIA v SCOTLAND 0-0
Zalgiris, Vilnius   05.09.1998
Referee: Constantin Zotta (ROM)   Attendance: 5,000
LITHUANIA: Gintaras Stauce; Gediminas Sugzda (61 Orestas Buitkus), Deividas Semberas, Raimondas Zutautas, Virginijus Baltusnikas; Tomas Zvirgzdauskas, Grazvydas Mikulenas (90 Vaidotas Slekys), Andrius Skerla, Aidas Preiksaitis; Aurelijus Skarbalius, Edgaras Jankauskas.
Trainer: Kestutis Latoza
SCOTLAND: James Leighton; Matt Elliott, Colin Calderwood (70 Callum Davidson), Colin Hendry, Thomas Boyd; Christian Dailly, Paul Lambert, Kevin Gallacher, John Collins; Alistair McCoist (82 Neil McCann), Darren Jackson (56 Barry Ferguson).   Manager: Craig Brown

BOSNIA HERZEGOVINA v ESTONIA 1-1 (0-1)
Olimpijski, Sarajevo   05.09.1998
Referee: Charles Agius (MAL)   Attendance: 14,750
BOSNIA HERZEGOVINA: Mirsad Dedic; Sead Kapetanovic, Jasmin Mujdza (65 Nermin Sabic), Muhamed Konjic, Mirsad Varesanovic; Mirsad Hibic, Suad Katana (55 Edin Mujcin), Sead Halilovic (77 Elvir Bolic), Sergei Barbarez; Hasan Salihamidzic, Elvir Baljic.   Trainer: Dzemaludin Musovic
ESTONIA: Mart Poom; Maksim Smirnov, Urmas Kirs, Sergei Hohlov-Simson, Urmas Rooba (80 Janek Meet); Viktor Alonen, Sergei Terehhov, Andres Oper, Martin Reim; Marko Kristal, Indrek Zelinski (80 Kristen Viikmäe).
Trainer: Teitur Thordarsson
Goals: Hibic (28 og), Barbarez (75 pen)

FAROE ISLANDS v CZECH REPUBLIC 0-1 (0-0)
Svangaskard, Toftir   06.09.1998
Referee: Juha Hirviniemi (FIN)   Attendance: 2,589
FAROE ISLANDS: Jakup Mikkelsen; Hans Frodi Hansen, Pol Thorsteinsson, Oli Johannesen, Jens Kristian Hansen; Henning Jarnskor, Uni Arge (78 Magni Jarnskor), Julian Johnsson, Allan Mørkøre, Todi Jonsson; John Petersen.
Trainer: Allan Simonsen
CZECH REPUBLIC: Tomás Postulka; Karel Rada, Tomás Votava, Martin Cizek (55 Patrik Berger), Jan Suchopárek; Jiří Nemec, Vratislav Lokvenc, Radek Bejbl (81 Radoslav Latal), Pavel Nedved; Karel Poborsky (81 Radek Sloncik), Vladimir Smicer.   Trainer: Josef Chovanec
Sent off: Nedved (86)
Goal: Smicer (84)

BOSNIA HERZEGOVINA v CZECH REPUBLIC 1-3 (0-1)
Olimpijski, Sarajevo   10.10.1998
Referee: Domenico Messina (ITA)   Attendance: 20,000
BOSNIA HERZEGOVINA: Mirsad Dedic; Mirsad Varesanovic, Sead Kapetanovic, Muhamed Konjic, Suad Katana; Mirsad Hibic, Edin Mujcin (62 Marko Topic), Sead Halilovic, Sergei Barbarez; Hasan Salihamidzic (64 Enes Demirovic), Elvir Baljic (69 Bakir Besirevic).
Trainer: Dzemaludin Musovic
CZECH REPUBLIC: Tomás Postulka; Radoslav Latal, Jan Suchopárek, Tomás Repka, Tomás Votava, Miroslav Baranek (71 Karel Rada), Radek Bejbl, Jiří Nemec, Patrik Berger; Vladimir Smicer (85 Radek Sloncik), Vratislav Lokvenc (80 Pavel Kuka).   Trainer: Josef Chovanec
Goals: Baranek (12), Smicer (59), Topic (88), Kuka (90)

LITHUANIA v FAROE ISLANDS 0-0
Zalgiris, Vilnius   10.10.1998
Referee: Charles Schaak (LUX)   Attendance: 800
LITHUANIA: Gintaras Stauce; Andrius Skerla, Saulius Mikalajunas (74 Rimantas Zvingilas), Raimondas Zutautas, Virginijus Baltusnikas; Tomas Zvirgzdauskas, Grazvydas Mikulenas (46 Orestas Buitkus), Aurelijus Skarbalius, Aidas Preiksaitis; Valdas Ivanauskas, Edgaras Jankauskas. Trainer: Kestutis Latoza
FAROE ISLANDS: Jakup Mikkelsen; Oli Johannesen, Jens Kristian Hansen, Pol Thorsteinsson, Hans Frodi Hansen; Samal Joensen, Henning Jarnskor, Julian Johnsson, Uni Arge (88 Jakup a Borg); Todi Jonsson, John Petersen. Trainer: Allan Simonsen

SCOTLAND v FAROE ISLANDS 2-1 (2-0)
Pittodrie, Aberdeen   14.10.1998
Referee: Kostas Kapitanis (GRE)   Attendance: 18,517
SCOTLAND: Neil Sullivan; Matt Elliott, Colin Hendry, Callum Davidson, Thomas Boyd; David Weir, Billy McKinlay (46 Ian Durrant), Craig Burley; Allan Johnston (80 Stephen Glass), Simon Donnelly, William Dodds. Manager: Craig Brown
FAROE ISLANDS: Jakup Mikkelsen; Oli Johannesen, Jens Kristian Hansen, Pol Thorsteinsson, Hans Frodi Hansen; Julian Johnsson, Henning Jarnskor (81 John Hansen), Todi Jonsson, Uni Arge (69 Jakup a Borg); Samal Joensen, John Petersen. Trainer: Allan Simonsen
Goals: Burley (22), Dodds (45), Petersen (86 pen)

SCOTLAND v ESTONIA 3-2 (0-1)
Tynecastle stadium, Edinburgh   10.10.1998
Referee: Joaquim Bento-Marques (POR)   Att: 16,930
SCOTLAND: James Leighton; David Weir, Thomas Boyd, Colin Calderwood (56 Simon Donnelly), Colin Hendry; Callum Davidson, Kevin Gallacher (18 Darren Jackson), Billy McKinlay, Allan Johnston; Alistair McCoist (70 William Dodds), Ian Durrant.   Manager: Craig Brown
ESTONIA: Mart Poom; Sergei Hohlov-Simson, Urmas Kirs, Urmas Rooba, Viktor Alonen; Martin Reim, Maksim Smirnov, Sergei Terehhov, Marko Kristal; Andres Oper, Indrek Zelinski (88 Kristen Viikmäe).   Trainer: Teitur Thordarsson
Sent off: Kristal (83)
Goals: Hohlov-Simson (35, 78 og), Dodds (70, 84), Smirnov (76)

CZECH REPUBLIC v ESTONIA 4-1 (4-0)
Teplice   14.10.1998
Referee: Eyjolfur Olafsson (ICE)   Attendance: 13,123
CZECH REPUBLIC: Tomás Postulka; Tomás Votava (53 Karel Rada), Jan Suchopárek, Tomás Repka, Radoslav Latal; Pavel Nedved, Radek Bejbl (80 Martin Cizek), Patrik Berger, Jirí Nemec; Vladimir Smicer, Vratislav Lokvenc (61 Pavel Kuka).   Trainer: Josef Chovanec
ESTONIA: Mart Poom; Janek Meet, Sergei Hohlov-Simson, Martin Reim, Urmas Rooba; Kristen Viikmäe (46 Raivo Nommik), Maksim Smirnov (46 Argo Arbeiter), Viktor Alonen, Sergei Terehhov (62 Ivan O'Konnel-Bronin); Andres Oper, Indrek Zelinski.   Trainer: Teitur Thordarsson
Goals: Nedved (8), Berger (21, 41), Lokvenc (45), Arbeiter (90)

LITHUANIA v BOSNIA HERZEGOVINA 4-2 (1-1)
Zalgiris, Vilnius   14.10.1998
Referee: Manfred Schüttengruber (AUS)   Attendance: 1,000
LITHUANIA: Gintaras Stauce; Andrius Skerla, Dainius Gleveckas, Tomas Zvirgzdauskas, Saulius Mikalajunas (87 Virginijus Baltusnikas); Raimondas Zutautas, Deividas Semberas, Aurelijus Skarbalius (64 Rimantas Zvingilas), Aidas Preiksaitis; Valdas Ivanauskas, Edgaras Jankauskas (80 Tomas Danilevicius).   Trainer: Kestutis Latoza
BOSNIA HERZEGOVINA: Mirsad Dedic; Mirsad Varesanovic, Sead Kapetanovic (80 Jasmin Mujdza), Muhamed Konjic, Suad Katana (75 Marko Topic); Edin Ramcic, Edin Mujcin (80 Bakir Besirevic), Sead Halilovic, Sergei Barbarez; Hasan Salihamidzic, Elvir Baljic.   Trainer: Dzemaludin Musovic
Sent off: Baljic (70)
Goals: Konjic (4), Ivanauskas (10, 67, 75), Baljic (68), Baltusnikas (90)

CZECH REPUBLIC v LITHUANIA 2-0 (1-0)
Teplice   27.03.1999
Referee: Attila Juhos (HUNG)   Attendance: 14,658
CZECH REPUBLIC: Pavel Srnicek; Jan Suchopárek, Michal Hornák, Tomás Repka; Karel Poborsky (63 Pavel Kuka), Pavel Nedved, Martin Hasek, Jirí Nemec, Patrik Berger; Vratislav Lokvenc (71 Jan Koller), Vladimir Smicer (80 Miroslav Baranek).   Trainer: Jozef Chovanek
LITHUANIA: Gintaras Stauce; Raimondas Vainoras, Andrius Skerla, Tomas Zvirgzdauskas, Deividas Semberas; Aurelijus Skarbalius, Aidas Preiksaitis, Saulius Mikalajunas (78 Grazvydas Mikulenas), Darius Zutautas; Edgaras Jankauskas (67 Rimantas Zvingilas), Valdas Ivanauskas (83 Orestas Buitkus).   Trainer: Kestutis Latoza
Goals: Hornak (10), Berger (74 pen)

LITHUANIA v ESTONIA 1-2 (0-0)
Zalgiris, Vilnius   31.03.1999
Referee: Alfredo Trentalange (ITA)   Attendance: 3,000

LITHUANIA: Gintaras Stauce; Raimondas Vainoras, Andrius Skerla, Tomas Zvirgzdauskas, Deividas Semberas; Aurelijus Skarbalius (36 Dainius Gleveckas, 56 Orestas Buitkus), Aidas Preiksaitis, Saulius Mikalajunas, Raimondas Zutautas; Darius Maciulevicius, Grazvydas Mikulenas (46 Arturas Fomenka). Trainer: Kestutis Latoza

ESTONIA: Mart Poom; Marek Lemsalu, Urmas Kirs, Sergei Hohlov-Simson, Erko Saviauk; Mark Shvets (70 Marko Kristal), Sergei Terehhov, Andres Oper (67 Indrek Zelinski), Maksim Smirnov (90 Viktor Alonen); Martin Reim, Kristen Viikmäe.   Trainer: Teitur Thordarsson

Goals: Terehhov (49, 77), Fomenka (83)

BOSNIA HERZEGOVINA v LITHUANIA 2-0 (1-0)
Olimpijski, Sarajevo   05.06.1999
Referee: Arturo Dauden Ibañez (SPA)   Attendance: 6,100

BOSNIA HERZEGOVINA: Mirsad Dedic; Edin Smajic, Sead Kapetanovic, Mirsad Varesanovic, Mirsad Hibic; Bakir Besirevic, Senad Repuh (85 Elvir Bolic), Nermin Sabic; Meho Kodro (79 Edin Mujcin), Hasan Salihamidzic, Marko Topic (86 Almir Turkovic).   Trainer: Faruk Hadzibegic

LITHUANIA: Pavelas Leusas; Andrius Skerla, Marius Skinderis, Darius Gvildys, Tomas Kancelskis; Tomas Zvirgzdauskas, Saulius Mikalajunas, Valdas Ivanauskas, Aidas Preiksaitis; Deividas Semberas (64 Grazvydas Mikulenas), Darius Maciulevicius (46 Arturas Fomenka). Trainer: Kestutis Latoza

Sent off: Salihamidzic (67), Gvildys (82)

Goals: Kodro (26 pen), Bolic (90)

SCOTLAND v CZECH REPUBLIC 1-2 (0-2)
Celtic Park, Glasgow   31.03.1999
Referee: Kim-Milton Nielsen (DEN)   Attendance: 44,513

SCOTLAND: Neil Sullivan; David Weir, Thomas Boyd, Paul Lambert, Matt Elliott; Callum Davidson (52 Allan Johnston), David Hopkin, Craig Burley, Gary McAllister (64 Don Hutchison); Eoin Jess, Neil McCann.   Manager: Craig Brown

CZECH REPUBLIC: Pavel Srnicek; Tomás Votava, Jan Suchopárek, Pavel Nedved, Michal Hornak; Martin Hasek, Jirí Nemec, Karel Poborsky (76 Karel Rada), Vratislav Lokvenc (70 Pavel Kuka); Vladimir Smicer (84 Miroslav Baranek), Patrik Berger.   Trainer: Jozef Chovanec

Goals: Elliott (27 og), Smicer (35), Jess (68)

ESTONIA v CZECH REPUBLIC 0-2 (0-1)
Tallinn   05.06.1999
Referee: Juan Ansuategui Roca (SPA)   Attendance: 2,900

ESTONIA: Mart Poom; Marek Lemsalu, Urmas Kirs, Sergei Hohlov-Simson, Erko Saviauk; Viktor Alonen (65 Maksim Smirnov, 74 Ivan O'Konnel-Bronin), Sergei Terehhov (80 Mark Shvets), Andres Oper, Martin Reim; Marko Kristal, Kristen Viikmäe.   Trainer: Teitur Thordarsson

CZECH REPUBLIC: Pavel Srnicek; Michal Hornak, Jan Suchopárek, Tomás Repka; Martin Hasek, Jirí Nemec, Karel Poborsky, Patrik Berger, Pavel Nedved (86 Tomás Galasek); Vladimir Smicer (65 Pavel Kuka), Vratislav Lokvenc (70 Jan Koller).   Trainer: Jozef Chovanec

Goals: Berger (45), Koller (83)

FAROE ISLANDS v SCOTLAND 1-1 (0-1)
Svangaskard, Toftir   05.06.1999
Referee: Philippe Kalt (FRA)   Attendance: 4,500

FAROE ISLANDS: Jakup Mikkelsen; Oli Johannesen, Øssur Hansen (86 John Hansen), Pol Thorsteinsson, Hans Frodi Hansen; Samal Joensen, Julian Johnsson, Joannes Joensen (69 Jakup a Borg), Allan Mørkøre; Todi Jonsson, John Petersen (82 Uni Arge).   Trainer: Allan Simonsen

SCOTLAND: Neil Sullivan; David Weir, Colin Calderwood, Matt Elliott, Thomas Boyd; Callum Davidson, William Dodds, Paul Lambert, Kevin Gallacher (89 Eoin Jess); Ian Durrant (46 Colin Cameron), Allan Johnston (86 Scot Gemmill). Manager: Craig Brown

Sent off: Elliot (45)

Goals: Johnston (38), H.F. Hansen (90)

CZECH REPUBLIC v SCOTLAND 3-2 (0-1)
Sparta, Praha   09.06.1999
Referee: Hellmut Krug (W. GER)   Attendance: 21,000

CZECH REPUBLIC: Pavel Srnicek; Tomás Repka, Jan Suchopárek, Michal Hornak; Martin Hasek (61 Miroslav Baranek), Jirí Nemec, Pavel Nedved, Karel Poborsky (69 Jan Koller), Vratislav Lokvenc (69 Pavel Kuka); Vladimir Smicer, Patrik Berger.   Trainer: Jozef Chovanec

SCOTLAND: Neil Sullivan; David Weir, Thomas Boyd, Colin Calderwood, Paul Ritchie; Callum Davidson, William Dodds, Paul Lambert, Ian Durrant (71 Eoin Jess); Kevin Gallacher, Allan Johnston.   Manager: Craig Brown

Goals: Ritchie (30), Johnston (63), Repka (65), Kuka (75), Koller (87)

FAROE ISLANDS v BOSNIA HERZEGOVINA 2-2 (1-1)

Svangaskard, Toftir 09.06.1999

Referee: Peter Jones (ENG) Attendance: 4,600

FAROE ISLANDS: Jakup Mikkelsen; Oli Johannesen, Julian Johnsson, Pol Thorsteinsson, Samal Joensen; Hans Frodi Hansen, Øssur Hansen (65 Henning Jarnskor), Allan Mørkøre, Uni Arge (87 Joannes Joensen); Todi Jonsson, John Petersen. Trainer: Allan Simonsen

BOSNIA HERZEGOVINA: Mirsad Dedic; Edin Smajic, Bakir Besirevic, Mirsad Varesanovic, Mirsad Hibic; Almir Turkovic (63 Omer Joldic), Senad Repuh (78 Adnan Osmanhodzic), Nermin Sabic, Elvir Bolic; Edin Mujcin, Marko Topic (85 Samir Muratovic). Trainer: Faruk Hadzibegic

Goals: Bolic (13, 49), Arge (38, 47)

FAROE ISLANDS v ESTONIA 0-2 (0-2)

Svangaskard, Toftir 04.09.1999

Referee: Edo Trivkovic (CRO) Attendance: 2,300

FAROE ISLANDS: Jakup Mikkelsen; Hans Frodi Hansen, Jens Kristian Hansen, Pol Thorsteinsson (75 Øssur Hansen), Oli Johannesen, Samal Joensen (87 Henning Jarnskor), Julian Johnsson, Todi Jonsson, Allan Mørkøre, Uni Arge (87 Jakup a Borg), John Petersen.

ESTONIA: Mart Poom; Raio Piiroja, Urmas Kirs, Sergei Hohlov-Simson, Erko Saviauk (80 Marek Lemsalu); Viktor Alonen, Sergei Terehhov, Aivar Anniste (67 Ivan O'Konnel-Bronin), Marko Kristal; Martin Reim, Indrek Zelinski (75 Dmitri Ustritski).

Goals: Reim (88), Piiroja (90)

ESTONIA v LITHUANIA 1-2 (1-0)

Tallinn 09.06.1999

Referee: Hermann Albrecht (GER) Attendance: 2,000

ESTONIA: Mart Poom; Marek Lemsalu, Urmas Kirs, Urmas Kaal, Kristen Viikmäe; Viktor Alonen, Sergei Terehhov (75 Ivan O'Konnel-Bronin), Marko Kristal (80 Mark Shvets), Martin Reim; Andres Oper, Indrek Zelinski. Trainer: Teitur Thordarsson

LITHUANIA: Pavelas Leusas; Andrius Skerla, Tomas Zvirgzdauskas, Raimondas Zutautas, Marius Skinderis; Aurelijus Skarbalius, Darius Zutautas (46 Darius Maciulevicius), Valdas Ivanauskas (88 Aidas Preiksaitis), Saulius Mikalajunas; Tomas Ramelis, Tomas Razanauskas. Trainer: Kestutis Latoza

Goals: Oper (8), Ramelis (51), Maciulevicius (56)

LITHUANIA v CZECH REPUBLIC 0-4 (0-0)

Zalgiris, Vilnius 04.09.1999

Referee: Jacek Granat (Pol) Attendance: 3,000

LITHUANIA: Gintaras Stauce; Donatas Vencevicius, Andrius Tereskinas, Tomas Razanauskas, Saulius Mikalajunas, Darius Zutautas, Tomas Zvirgzdauskas, Deividas Semberas (55 Andrius Skerla), Valdas Ivanauskas (38 Tomas Ramelis), Aidas Preiksaitis (81 Tomas Danilevicius), Edgaras Jankauskas.

CZECH REPUBLIC: Pavel Srnicek; Pavel Nedved (75 Miroslav Baranek), Karel Rada, Tomás Repka, Marek Nikl, Jirí Nemec (71 Pavel Horvath), Patrik Berger, Pavel Kuka, Radek Bejbl, Karel Poborsky (74 Radek Sloncik), Jan Koller.

Sent off: Jankauskas (20)

Goals: Nedved (60, 63), Koller (69, 90)

BOSNIA HERZEGOVINA v SCOTLAND 1-2 (1-2)

Kosevo, Sarajevo 04.09.1999

Referee: Nikolai Levnikov (RUS) Attendance: 26,000

BOSNIA HERZEGOVINA: Mirsad Dedic; Omer Joldic (77 Senad Repuh), Jasmin Mujdza (77 Enes Demirovic), Muhamed Konjic (60 Edin Mujcin), Mirsad Hibic; Bakir Besirevic, Elvir Bolic, Sead Halilovic, Sergei Barbarez; Meho Kodro, Marko Topic.

SCOTLAND: Neil Sullivan; David Weir, David Hopkin, Colin Calderwood (46 Christian Dailly), Colin Hendry, Barry Ferguson (69 Ian Durrant), William Dodds, Craig Burley, Neil McCann (74 Kevin Gallacher), Don Hutchison, John Collins.

Goals: Hutchison (13), Bolic (23), Dodds (45)

FAROE ISLANDS v LITHUANIA 0-1 (0-0)

Torshavn 08.09.1999

Referee: Eric Romain (BEL) Attendance: 450

FAROE ISLANDS: Jakup Mikkelsen; Oli Johannesen, Jens Kristian Hansen, Pol Thorsteinsson, Hans Frodi Hansen, Øssur Hansen, Henning Jarnskor (84 Hedin a Lakjuni), Julian Johnsson (65 Frodi Benjaminsen), Allan Mørkøre, Todi Jonsson, Uni Arge (46 Jakup a Borg).

LITHUANIA: Gintaras Stauce (79 Rodimanskas); Darius Zutautas, Donatas Vencevicius, Andrius Tereskinas, Tomas Razanauskas (77 Andrius Skerla), Tomas Zvirgzdauskas, Deividas Semberas, Saulius Mikalajunas, Aidas Preiksaitis, Marius Skinderis, Tomas Ramelis.

Goal: Ramelis (55)

ESTONIA v SCOTLAND 0-0

Kadriorg, Tallinn   08.09.1999

Referee: Fritz Stuchlik (AUS)   Attendance: 5,000

ESTONIA: Mart Poom; Raio Piiroja, Urmas Kirs, Sergei Hohlov-Simson, Erko Saviauk; Aivar Anniste, Sergei Terehhov, Marko Kristal, Martin Reim; Andres Oper, Ivan O'Konnel-Bronin (46 Indrek Zelinski).

SCOTLAND: Neil Sullivan; David Weir, Callum Davidson, Christian Dailly, Colin Hendry, Ian Durrant (68 Barry Ferguson), William Dodds, Craig Burley, Allan Johnston (56 Neil McCann), Don Hutchison, John Collins.

ESTONIA v BOSNIA HERZEGOVINA 1-4 (1-1)

Tallinn   09.10.1999

Referee: Roelof Luinge (HOL)   Attendance: 1,200

ESTONIA: Martin Kaalma; Raio Piiroja, Urmas Kirs, Sergei Hohlov-Simson, Aivar Anniste (61 Erko Saviauk); Viktor Alonen, Sergei Terehhov (74 Ivan O'Konnel-Bronin), Andres Oper, Indrek Zelinski (40 Kristen Viikmäe); Marko Kristal, Martin Reim.

BOSNIA HERZEGOVINA: Adnan Guso; Omer Joldić, Sead Kapetanović, Faruk Hujdurović, Mirsad Varesanović; Bakir Besirević, Faruk Ihtijarević, Nermin Sabić (60 Samir Duro), Marko Topić; Elvir Bolić (80 Edin Mujcin), Elvir Baljić (89 Alen Avdić).

Goals: Oper (4), Baljic (42, 57, 67, 87)

**CZECH REPUBLIC
v BOSNIA HERZEGOVINA 3-0** (1-0)

Teplice   08.09.1999

Referee: Karl-Erik Nilsson (SWE)   Attendance: 10,125

CZECH REPUBLIC: Pavel Srnicek; Tomás Repka, Jan Suchopárek, Pavel Nedved, Marek Nikl, Radek Bejbl, Jirí Nemec, Karel Poborsky, Pavel Kuka (79 Miroslav Baranek), Jan Koller (57 Vratislav Lokvenc), Patrik Berger.

BOSNIA HERZEGOVINA: Mirsad Dedic; Omer Joldic (71 Senad Repuh), Muhamed Konjic, Mirsad Hibic; Bakir Besirevic, Marko Topic (71 Enes Demirovic), Mirsad Varesanovic, Nermin Sabic; Faruk Ihtijarevic (71 Elvir Bolic), Sergei Barbarez, Meho Kodro.

Goals: Koller (26), Berger (59 pen), Poborsky (67)

CZECH REPUBLIC v FAROE ISLANDS 2-0 (1-0)

Praha   09.10.1999

Referee: Marcel Lică (ROM)   Attendance: 21,362

CZECH REPUBLIC: Pavel Srnicek; Karel Rada, Jan Suchopárek (74 Pavel Verbir), Tomás Repka, Karel Poborsky, Miroslav Baranek (59 Michal Hornak), Radek Bejbl (66 Pavel Horvath), Patrik Berger, Jirí Nemec; Jan Koller, Vladimir Smicer.

FAROE ISLANDS: Jens Martin Knudsen; Pol Thorsteinsson, Jens Kristian Hansen, Oli Johannesen, Hans Frodi Hansen; Allan Mørkøre, Samal Joensen, Julian Johnsson, Henning Jarnskor (89 Øssur Hansen), John Petersen (72 Rogvi Jakobsen), Todi Jonsson.

Sent off: Berger (59), Thorsteinsson (59), Knudsen (60)

Goals: Koller (11), Verbir (84)

SCOTLAND v BOSNIA HERZEGOVINA 1-0 (1-0)

Ibox, Glasgow   05.10.1999

Referee: Leif Sundell (SWE)   Attendance: 30,574

SCOTLAND: Neil Sullivan; Callum Davidson, David Weir, Paul Lambert, Colin Hendry (37 Colin Calderwood), Kevin Gallacher (80 Mark Burchill), Christian Dailly, William Dodds (90 Gary McSwegan), David Hopkin, John Collins, Craig Burley.

BOSNIA HERZEGOVINA: Adnan Guso; Sead Kapetanovic, Bakir Besirevic, Faruk Hujdurovic, Mirsad Varesanovic; Faruk Ihtijarevic (77 Marko Topic), Nermin Sabic, Elvir Bolic, Sergei Barbarez; Edin Mujcin (83 Alen Avdic), Elvir Baljic.

Goal: Collins (26 pen)

SCOTLAND v LITHUANIA 3-0 (0-0)

Hampden, Glasgow   09.10.1999

Referee: Stéphane Bré (FRA)   Attendance: 22,059

SCOTLAND: Jonathan Gould; David Weir, Callum Davidson, Paul Lambert, Brian O'Neil; Paul Ritchie, Christian Dailly, Craig Burley (46 Colin Cameron), Gary McSwegan (82 Kevin Gallacher); Mark Burchill (79 William Dodds), Don Hutchison.

LITHUANIA: Pavelas Leusas; Andrius Skerla, Marius Skinderis, Andrius Tereskinas (65 Arturas Fomenka), Darius Zutautas, Tomas Zvirgzdauskas; Irmantas Stumbrys (54 Darius Maciulevicius), Saulius Mikalajunas, Tomas Razanauskas, Grazvydas Mikulenas; Vidas Dancenko (54 Donatas Vencevicius).

Goals: Hutchison (48), McSwegan (49), Cameron (89)

	P	W	D	L	F	A	Pts
Czech Republic	10	10	0	0	26	5	30
Scotland	10	5	3	2	15	10	18
Bosnia-Herzeg.	10	3	2	5	14	17	11
(vs Lith. + Eston.	*4*	*2*	*1*	*1*	*9*	*6*	*7)*
Lithuania	10	3	2	5	8	16	11
(vs Bosnia + Est.	*4*	*2*	*0*	*2*	*7*	*7*	*6)*
Estonia	10	3	2	5	15	17	11
(vs Bos. + Lith.	*4*	*1*	*1*	*2*	*5*	*8*	*4)*
Faroe Islands	10	0	3	7	4	17	3

Tie-breaker rules for the EC2000 qualifying groups to be applied when two (or more) teams finish equal on points:
1) Points in mutual encounters between those teams.
2) Goal difference in mutual encounters between those teams.
3) Away goals in mutual encounters between those teams.
4) Total goal difference (against all other teams)
5) Total goals scored (against all other teams)
6) Total away goals scored (against all other teams)
7) Fair play

Note on qualifying 2nd placed teams:
The best second place finisher (computed by records against teams finishing first, third and fourth) qualifies automatically; the other eight enter a random draw for two-legged playoff matches from which four more countries qualify

ENGLAND v SCOTLAND 0-1 (0-1)
Wembley, London   17.11.1999
Referee: Pierluigi Collina (ITA)   Attendance: 75,848
ENGLAND: David Seaman; Sol Campbell, Phillip Neville, Paul Ince, Tony Adams, Gareth Southgate; David Beckham, Paul Scholes (89 Ray Parlour), Jamie Redknapp; Alan Shearer, Michael Owen (63 Emile Heskey).   Manager: Kevin Keegan
SCOTLAND: Neil Sullivan; David Weir, Callum Davidson, Christian Dailly, Colin Hendry; Barry Ferguson, William Dodds, Craig Burley, John Collins; Neil McCann (74 Mark Burchill), Don Hutchison.
Goal: Hutchison (39)

ISRAEL v DENMARK 0-5 (0-2)
Ramat Gan   13.11.1999
Referee: David Elleray (ENG)   Attendance: 43,000
ISRAEL: Dudu Avate; Ran Ben Shimon (38 Idan Tal), Alon Harazi, David Amsalem, Arik Benado; Yossi Abuksis (38 Yossi Benayoun), Tal Banin (79 Jan Telasnikov), Alon Hazan, Haim Revivo; Amir Torjman, Eyal Berkovic.   Trainer: Shlomo Sharf
DENMARK: Peter Schmeichel; Stig Tøfting (79 Bjarne Goldbaek), René Henriksen, Jes Høgh, Jan Heintze; Thomas Helveg, Brian Steen Nielsen, Jesper Grønkjær, Ebbe Sand; Jon Dahl Tomasson (79 Søren Andersen), Martin Jørgensen (86 Michael Schjønberg).
Sent off: Revivo (57)
Goals: Tomasson (2, 34), Tøfting (66), Jørgensen (69), B.S. Nielsen (72)

QUALIFICATION PLAY-OFFS

SCOTLAND v ENGLAND 0-2 (0-2)
Hampden Park, Glasgow   13.11.1999
Referee: Manuel Diaz Vega (SPA)   Attendance: 52,000
SCOTLAND: Neil Sullivan; David Weir, Paul Ritchie, Christian Dailly, Colin Hendry; Barry Ferguson, William Dodds, Craig Burley, John Collins; Kevin Gallacher (82 Mark Burchill), Don Hutchison.
ENGLAND: David Seaman; Sol Campbell, Phillip Neville, Paul Ince, Tony Adams, Martin Keown; David Beckham, Paul Scholes, Jamie Redknapp; Alan Shearer, Michael Owen (67 Andy Cole).   Manager: Kevin Keegan
Goals: Scholes (21, 42)

DENMARK v ISRAEL 3-0 (2-0)
Idraetsparken, København   17.11.1999
Referee: Vítor Manuel Melo Pereira (POR)   Att: 41,186
DENMARK: Peter Schmeichel (19 Thomas Sorensen); Thomas Helveg (71 Jacob Laursen), René Henriksen, Jes Høgh, Jan Heintze; Martin Jørgensen, Stig Tøfting, Brian Steen Nielsen, Jesper Grønkjær (82 Michael Schjønberg); Jon Dahl Tomasson, Ebbe Sand.
ISRAEL: Shavit Elimelech; Alon Harazi, David Amsalem (43 Walid Badir), Amir Shelach, Offer Talker; Alon Hazan, Tal Banin, Idan Tal (28 Jan Telasnikov), Eyal Berkovic, Yossi Benayoun (73 Shimon Gershon); Amir Torjman.
Trainer: Shlomo Sharf
Goals: Sand (4), B.S. Nielsen (15), Tomasson (64)

EIRE v TURKEY 1-1 (0-0)

Landsdowne Road, Dublin 13.11.1999

Referee: Anders Frisk (SWE)   Attendance: 33,610

EIRE: Alan Kelly (61 Dean Kiely); Stephen Carr, Denis Irwin, Gary Breen, Kenny Cunningham; Roy Keane, Rory Delap (53 Damien Duff), Lee Carsley, Kevin Kilbane; Anthony Cascarino 75 David Connolly), Robbie Keane.

TURKEY: Reçber Rüstü; Ali Eren Beserler, Ogün Temizkanoglu, Tayfur Havutçu, Alpay Özalan; Abdullah Ercan, Tayfun Korkut, Ümit Davala (46 Arif Erdem), Hakan Unsal 67 Tugay Kerimoglu); Hakan Şükür, Sergen Yalçin (85 Mert Korkmaz).

Goals: Robbie Keane (79), Tayfur (83 pen)

TURKEY v EIRE 0-0

Bursa 17.11.1999

Referee: Gilles Veissière (FRA)   Attendance: 19,900

TURKEY: Reçber Rüştü (38 Engin Ipekoglu); Ali Eren Beserler, Ogün Temizkanoglu, Tayfur Havutçu, Alpay Özalan; Arif Erdem (83 Ümit Davala), Abdullah Ercan, Okan Buruk, Hakan Şükür; Sergen Yalçin, Tayfun Korkut (46 Fatih Akyel).

EIRE: Dean Kiely; Stephen Carr (5 Jeff Kenna, 79 Anthony Cascarino), Kenny Cunningham, Gary Breen, Denis Irwin; Rory Delap, Mark Kinsella, Roy Keane, Kevin Kilbane; Niall Quinn, David Connolly (70 Damien Duff).

SLOVENIA v UKRAINE 2-1 (0-1)

Ljubljana 13.11.1999

Referee: Urs Meier (SWI)   Attendance: 8,000

SLOVENIA: Mladen Dabanovic; Amir Karic, Mladen Rudonja, Darko Milanic (73 Milan Osterc), Zeljko Milinovic, Aleksander Knavs, Dzoni Novak, Ales Ceh, Miran Pavlin; Saso Udovic (46 Milenko Acimovic), Zlatko Zahovic.

UKRAINE: Olexandr Shovkovskyi; Dmitri Parfenov, Andriy Gusin, Alexander Holovko, Vladyslav Vashchuk; Yuriy Dmitrulin, Sergiy Kandaurov (56 Vasyl Kardash), Serhiy Popov, Vitaliy Kosovskyi; Andriy Shevchenko, Serhiy Rebrov.

Sent off: Parfenov (60), Gusin (88)

Goals: Shevchenko (33), Zahovic (53), Acimovic (84)

UKRAINE v SLOVENIA 1-1 (0-0)

Olympiyski, Kyiv 17.11.1999

Referee: Bernd Heynemann (GER)   Attendance: 52,800

UKRAINE: Olexandr Shovkovskyi; Oleh Luzhnyi, Vladyslav Vashchuk, Alexander Holovko, Yuriy Dmitrulin; Serhiy Fedorov, Vitaliy Kosovskyi (73 Serhiy Popov), Sergiy Kandaurov (46 Serhiy Kovalev), Serhiy Skachenko (57 Gennadiy Moroz); Serhiy Rebrov, Andriy Shevchenko.

SLOVENIA: Mladen Dabanovic; Marinko Galic, Darko Milanic, Zeljko Milinovic, Dzoni Novak; Amir Karic (73 Milan Osterc), Ales Ceh, Miran Pavlin, Zlatko Zahovic; Saso Udovic (57 Milenko Acimovic), Mladen Rudonja.

Goals: Rebrov (67 pen), Pavlin (77)

FINALS in BELGIUM and HOLLAND

GROUP A

GERMANY v ROMANIA 1-1 (1-1)

Liege 12.06.2000

Referee: Kim Milton Nielsen (DEN)   Attendance: 28,500

GERMANY: Oliver Kahn; Thomas Linke (46 Marko Rehmer), Lothar Matthäus (77 Sebastian Deisler), Jens Nowotny; Markus Babbel, Mehmet Scholl, Jens Jeremies, Thomas Hässler (73 Dietmar Hamann), Christian Ziege; Paulo Roberto Rink, Oliver Bierhoff.   Trainer: Erich Ribbeck

ROMANIA: Bogdan Stelea; Liviu Ciobotariu, Gheorghe Popescu, Iulian Filipescu, Cristian Chivu; Dan Petrescu (69 Cosmin Contra), Constantin Gâlcă, Dorinel Munteanu, Gheorghe Hagi (73 Adrian Mutu); Viorel Moldovan (85 Ioan Lupescu), Adrian Ilie.   Trainer: Emerich Ienei

Goals: Moldovan (5), Scholl (28)

PORTUGAL v ENGLAND 3-2 (2-2)

Philips, Eindhoven   12.06.2000

Referee: Anders Frisk (SWE)   Attendance: 33,000

PORTUGAL: VÍTOR Manuel Martins BAÍA; ABEL Luis da Silva Costa XAVIER, FERNANDO Manuel Silva COUTO, JORGE Paulo COSTA Almeida, DIMAS Manuel Marques Teixeira; FIGO Luis Filipe Madeira, José Luís da Cruz VIDIGAL, RUI Manuel César COSTA (85 Roberto Deus Severo BETO), PAULO Jorge Gomes BENTO; NUNO GOMES Miguel Soares Pereira Ribeiro (90 Nuno Gonçalves da Rocha CAPUCHO), JOÃO Manuel Vieira PINTO (76 SÉRGIO Paulo Marceneiro CONCEIÇAO).
Trainer: HUMBERTO Manuel de Jesus COELHO.

ENGLAND: David Seaman; Gary Neville, Tony Adams (82 Martin Keown), Sol Campbell, Phillip Neville; David Beckham, Paul Ince, Paul Scholes, Steve McManaman (58 Dennis Wise); Alan Shearer, Michael Owen (46 Emile Heskey). Trainer: Kevin Keegan

Goals: Scholes (3), McManaman (18), Figo (22), João Pinto (37), Nuno Gomes (59)

ENGLAND v GERMANY 1-0 (0-0)

Stade Communal, Charleroi   17.06.2000

Referee: Pierluigi Collina (ITA)   Attendance: 30,000

ENGLAND: David Seaman; Gary Neville, Martin Keown, Sol Campbell, Philip Neville; David Beckham, Paul Ince, Paul Scholes (72 Nick Barmby), Dennis Wise; Alan Shearer, Michael Owen (61 Steven Gerrard).   Trainer: Kevin Keegan

GERMANY: Oliver Kahn; Markus Babbel, Lothar Matthäus, Jens Nowotny; Sebastian Deisler (72 Michael Ballack), Dietmar Hamann, Mehmet Scholl, Jens Jeremies (78 Marco Bode), Christian Ziege; Carsten Jancker, Ulf Kirsten (70 Paulo Roberto Rink. Trainer: Erich Ribbeck

Goal: Shearer (53)

ROMANIA v PORTUGAL 0-1 (0-0)

Gelre Dome, Arnhem   17.06.2000

Referee: Gilles Veissière (FRA)   Attendance: 24,000

ROMANIA: Bogdan Stelea; Cosmin Contra, Gheorghe Popescu, Iulian Filipescu, Cristian Chivu; Dan Petrescu (64 Florentin Petre), Constantin Gâlcă, Gheorghe Hagi, Dorinel Munteanu; Adrian Ilie (78 Laurentiu Roşu), Viorel Moldovan (69 Ionel Ganea).   Trainer: Emerich Ienei

PORTUGAL: VÍTOR Manuel Martins BAÍA; Carlos Alberto Oliveira SECRETÁRIO, FERNANDO Manuel Silva COUTO, JORGE Paulo COSTA Almeida, DIMAS Manuel Marques Teixeira; PAULO Jorge Gomes BENTO, RUI Manuel César COSTA (87 Francisco DA COSTA), José Luís da Cruz VIDIGAL; FIGO Luis Filipe Madeira, NUNO GOMES Miguel Soares Pereira Ribeiro (57 Ricardo Manuel da Silva SÁ PINTO), JOÃO Manuel Vieira PINTO (57 SÉRGIO Paulo Marceneiro CONCEIÇAO).
Trainer: HUMBERTO Manuel de Jesus COELHO

Goal: Da Costa (90)

ENGLAND v ROMANIA 2-3 (2-1)

Stade Communal, Cherleroi   20.06.2000

Referee: Urs Meier (SWI)   Attendance: 27,000

ENGLAND: Nigel Martyn; Gary Neville, Phillip Neville, Sol Campbell, Martin Keown; David Beckham, Paul Scholes (81 Gareth Southgate), Paul Ince, Dennis Wise (75 Nick Barmby); Alan Shearer, Michael Owen (66 Emile Heskey). Trainer: Kevin Keegan

ROMANIA: Bogdan Stelea; Iulian Filipescu, Cosmin Contra, Gheorghe Popescu (31 Miodrag Belodedici); Dan Petrescu, Adrian Mutu, Dorinel Munteanu, Christian Chivu, Constantin Galca (68 Laurentiu Roşu); Viorel Moldovan, Adrian Ilie (74 Ionel Gane).   Trainer: Emerich Ienei

Goals: Chivu (22), Shearer (41 pen), Owen (45), D. Munteanu (48), Ganea (89 pen)

PORTUGAL v GERMANY 3-0 (1-0)

Feyenoord, Rotterdam   20.06.2000

Referee: Dick Jol (HOL)   Attendance: 45,000

PORTUGAL: PEDRO Manuel ESPINHA Ferreira (90 JoaQUIM Sampaio Silva); RUI JORGE De Sousa, Roberto Deus Severo BETO, FERNANDO Manuel Silva COUTO, Francisco DA COSTA; Nuno Gonçalves da Rocha CAPUCHO, JORGE Paulo COSTA Almeida, PAULO Manuel SOUSA (72 José Luís da Cruz VIDIGAL), SÉRGIO Paulo Marceneiro CONCEIÇAO); Pedro Miguel PAULETA (67 NUNO GOMES Miguel Soares Pereira Ribeiro), Ricardo Manuel da Silva SÁ PINTO.
Trainer: HUMBERTO Manuel de Jesus COELHO

GERMANY: Oliver Kahn; Marko Rehmer, Lothar Matthäus, Jens Nowotny; Sebastian Deisler, Michael Ballack (46 Paulo Roberto Rink), Mehmet Scholl (60 Thomas Hässler), Dietmar Hamann, Thomas Linke; Carsten Jancker (69 Ulf Kirsten), Marco Bode.   Trainer: Erich Ribbeck

Goals: Sergio Conceiçao (35, 54, 71)

	P	W	D	L	F	A	Pts
Portugal	3	3	0	0	7	2	9
Romania	3	1	1	1	4	4	4
England	3	1	0	2	5	6	3
Germany	3	0	1	2	1	5	1

GROUP B

ITALY v BELGIUM 2-0 (1-0)
Stade Roi Baudouin, Brussel   14.06.2000
Referee: Jos Maria Garca Aranda (SPA)   Att: 46,000
ITALY: Francesco Toldo; Fabio Cannavaro, Alessandro Nesta, Mark Iuliano; Gian Luca Zambrotta, Antonio Conte, Demetrio Albertini, Stefano Fiore (83 Massimo Ambrosini), Paolo Maldini; Filippo Inzaghi (77 Marco Delvecchio), Francesco Totti (64 Alessandro Del Piero).   Trainer: Dino Zoff
BELGIUM: Filip de Wilde; Eric Deflandre, Joos Valgaeren, Lorenzo Staelens, Nico van Kerckhoven (45 Marc Hendrickx); Gert Verheyen (67 Mbo Mpenza), Yves Vanderhaeghe, Marc Wilmots, Bart Goor; Emile Mpenza, Branko Strupar (58 Luc Nilis).   Trainer: Robert Waseige
Goals: Totti (6), Fiore (66)

BELGIUM v SWEDEN 2-1 (1-0)
Stade Roi Baudouin, Brussel   10.06.2000
Referee: Markus Merk (GER)   Attendance: 50,000
BELGIUM: Filip de Wilde; Eric Deflandre, Lorenzo Staelens, Joos Valgaeren, Philippe Léonard (72 Nico van Kerckhoven); Gert Verheyen (88 Jacky Peeters), Yves Vanderhaeghe, Marc Wilmots, Bart Goor; Branko Strupar (69 Luc Nilis), Emile Mpenza.   Trainer: Robert Waseige
SWEDEN: Magnus Hedman; Roland Nilsson (46 Teddy Lucic), Patrick Andersson 81', Joachim Björklund, Olof Mellberg; Niclas Alexandersson, Johan Mjällby, Daniel Andersson (70 Yksel Osmanovski), Fredrik Ljungberg; Kennet Andersson, Jörgen Pettersson (50 Henryk Larsson). Trainers: Tommy Söderberg & Lars Lagerback
Sent off: P. Andersson (81)
Goals: Goor (43), Mpenza (46), Mjällby (53)

SWEDEN v TURKEY 0-0
Philips, Eindhoven   15.06.2000
Referee: Dick Jol (HOL)   Attendance: 27,000
SWEDEN: Magnus Hedman; Teddy Lucic, Joachim Björklund, Olof Mellberg, Gary Sundgren; Håkan Mild, Johan Mjällby, Fredrik Ljungberg, Niclas Alexandersson (63 Anders Andersson); Henryk Larsson (78 Magnus Svensson), Kennet Andersson (46 Jörgen Pettersson).
Trainers: Tommy Söderberg & Lars Lagerback
TURKEY: Reçber Rüstü; Alpay Özalan, Ogün Temizkanoglu (59 Tugay Kerimoglu), Fatih Akyel, Hakan Ünsal; Ümit Davala (45 Tayfun Korkut), Okan Buruk, Mustafa Izzet (58 Sergen Yalçin), Suat Kaya, Arif Erdem; Hakan Şükür.   Trainer: Mustafa Denizli

TURKEY v BELGIUM 2-0 (1-0)
Stade Roi Baudouin, Brussel   19.06.2000
Referee: Kim Milton Nielsen (DEN) from 41st minute Günter Benkö (AUS)   Attendance: 45,000
TURKEY: Reçber Rüstü; Fatih Akyel, Ogün Temizkanoglu, Alpay Özalan, Tayfun Korkut, Okan Buruk (77 Ergün Penbe), Tugay Kerimoglu (37 Tayfun Havutçu), Suat Kaya, Abdullah Erkan; Hakan Şükür, Arif Erdem (87 Osman Özköylü).   Trainer: Mustafa Denizli
BELGIUM: Filip de Wilde; Eric Deflandre, Lorenzo Staelens, Joos Valgaeren, Nico van Kerckhoven; Gert Verheyen (63 Branko Strupar), Yves Vanderhaeghe, Marc Wilmots, Bart Goor (59 Marc Hendrickx); Luc Nilis (77 Gilles de Bilde), Emile Mpenza.   Trainer: Robert Waseige
Sent off: de Wilde (84)
Goals: Hakan Şükür (45, 70)

TURKEY v ITALY 1-2 (0-0)
Gelre Dome, Arnhem   11.06.2000
Referee: Hugh Dallas (SCO)   Attendance: 28,000
TURKEY: Reçber Rüstü; Alpay Özalan, Ogün Temizkanoglu, Fatih Akyel; Tayfur Havutçu, Tayfun Korkut, Ümit Davala (76 Tugay Kerimoglu), Okan Buruk (89 Ergün Penbe), Abdullah Erkan; Sergen Yalçin (81 Arif Erdem), Hakan Şükür.   Trainer: Mustafa Denizli
ITALY: Francesco Toldo; Fabio Cannavaro, Alessandro Nesta, Paolo Maldini; Gian Luca Zambrotta, Antonio Conte, Demetrio Albertini, Stefano Fiore (75 Alessandro Del Piero), Gianluca Pessotto (62 Mark Iuliano); Filippo Inzaghi, Francesco Totti (83 Angelo di Livio).   Trainer: Dino Zoff
Goals: Conte (52), Okan (61), Inzaghi (70 pen)

ITALY v SWEDEN 2-1 (1-0)

Philips, Eindhoven 19.06.2000

Referee: Vtor Manuel Melo Pereira (POR)   Att: 26,000

ITALY: Francesco Toldo; Ciro Ferrara, Paolo Maldini (42 Alessandro Nesta), Mark Iuliano (46 Fabio Cannavaro), Angelo di Livio (64 Stefano Fiore), Paolo Negro; Massimo Ambrosini, Luigi Di Biagio, Gianluca Pessotto; Vincenzo Montella, Alessandro Del Piero.   Trainer: Dino Zoff

SWEDEN: Magnus Hedman; Patrick Andersson, Joachim Björklund, Tomas Gustafsson (75 Kennet Andersson), Olof Mellberg; Håkan Mild, Fredrik Ljungberg, Johan Mjällby (56 Daniel Andersson), Yksel Osmanovski; Henryk Larsson, Magnus Svensson (52 Niclas Alexandersson).   Trainers: Tommy Söderberg & Lars Lagerback

Goals: Di Biagio (39), H. Larsson (77), Del Piero (88)

	P	W	D	L	F	A	Pts
Italy	3	3	0	0	6	2	9
Turkey	3	1	1	1	3	2	4
Belgium	3	1	0	2	2	5	3
Sweden	3	0	1	2	2	4	1

GROUP C

SPAIN v NORWAY 0-1 (0-0)

Feyenoord Rotterdam 13.06.2000

Referee: Gamal El Ghandour (EGY)   Attendance: 45,000

SPAIN: José Molina; MÍCHEL SALGADO Fernández, Fernándo Ruiz Hierro, Francisco Jímenez "PACO", Agustín ARANZÁBAL Alkorta; Joseba ETXEBERRÍA Lizardi (72 ALFONSO Pérez), Josep Guardiola, Juan Carlos Valerón (81 Iván Helguera), FRAN Gonzalez (72 Gaizka Mendieta); Ismaël Urzaíz, RAÚL González.   Trainer: José Antonio Camacho

NORWAY: Thomas Myhre; Vegard Heggem, Henning Berg (59 Dan Eggen), Björn Otto Bragstad, André Bergdølmo; Steffen Iversen (90 Vidar Riseth), Eirik Bakke, Bent Skammelsrud, Erik Mykland, Ole Gunnar Solskjær; Tore André Flo (71 John Carew).   Trainer: Nils Johan Semb

Goal: Iversen (66)

YUGOSLAVIA v SLOVENIA 3-3 (0-1)

Stade Communal, Charleroi 13.06.2000

Referee: Vítor Manuel Melo Pereira (POR)   Att: 20,000

YUGOSLAVIA: Ivica Kralj; Ivan Dudic, Miroslav Djukic, Sinisa Mihajlovic, Albert Nadj; Iovan Stankovic (36 Dragan Stojkovic), Ljubinko Drulovic, Slavisa Jokanovic, Vladimir Jugovic; Predrag Mijatovic (82 Mateja Kezman), Darko Kovacevic (52 Savo Milosevic).   Trainer: Vujadin Boskov

SLOVENIA: Mladen Dabanovic; Marinko Galic, Darko Milanic, Zeljko Milinovic; Djoni Novak, Aleš Ceh, Miran Pavlin (74 Zoran Pavlovic), Amir Karic (78 Milan Osterc), Mladen Rudonja; Zlatko Zahovic, Sašo Udovic (64 Milenko Acimovic).   Trainer: Srecko Katanec

Sent off: Mihajlovic (59)

Goals: Zahovic (23, 57), Pavlin (52), Milosevic (67, 73), Drulovic (70)

SLOVENIA v SPAIN 1-2 (0-1)

Amsterdan Arena 18.06.2000

Referee: Markus Merk (GER)   Attendance: 45,000

SLOVENIA: Mladen Dabanovic; Darko Milanic (68 Aleksander Knavs), Marinko Galic, Zeljko Milinovic; Djoni Novak, Aleš Ceh, Miran Pavlin (82 Milenko Acimovic), Amir Karic, Mladen Rudonja; Zlatko Zahovic, Sašo Udovic (46 Milan Osterc).   Trainer: Srecko Katanec

SPAIN: Santiago Cañizares; MÍCHEL SALGADO Fernández, Fernándo Ruiz Hierro, ABELARDO Fernandez, Agustín ARANZÁBAL Alkorta; Joseba ETXEBERRÍA Lizardi, Josep Guardiola (81 Iván Helguera), Juan Carlos Valerón (89 Vicente Engonga), Gaizka Mendieta; ALFONSO Pérez (71 Ismaël Urzaíz), RAÚL González.   Trainer: Josá Antonio Camacho

Goals: Raúl (4), Zahovic (59), Etxeberría (60)

NORWAY v YUGOSLAVIA 0-1 (0-1)

Sclessin, Liège 18.06.2000

Referee: Hugh Dallas (SCO)   Attendance: 27,000

NORWAY: Thomas Myhre; Vegard Heggem (35 Stig Inge Bjørnebye), Dan Eggen, Bjørn Otto Bragstad, André Bergdølmo; Steffen Iversen (71 John Carew), Eirik Bakke (76 Roar Strand), Bent Skammelsrud, Erik Mykland, Ole Gunnar Solskjær; Tore André Flo.   Trainer: Nils Johan Semb

YUGOSLAVIA: Ivica Kralj; Slobodan Komljenovic, Miroslav Djukic, Nisa Saveljic, Goran Djorovic; Dragan Stojkovic (84 Albert Nadj), Slavisa Jokanovic (89 Dejan Govedarica), Ljubinko Drulovic, Vladimir Jugovic; Savo Milosevic, Predrag Mijatovic (87 Mateja Kezman).   Trainer: Vujadin Boskov

Sent off: Kezman (88)

Goal: Milosevic (8)

SLOVENIA v NORWAY 0-0

Gelre Dome, Arnhem   21.06.2000

Referee: Graham Poll (ENG)   Attendance: 22,000

SLOVENIA: Mladen Dabanovic; Aleksander Knavs, Marinko Galic (83 Milenko Acimovic), Zeljko Milinovic; Djoni Novak, Aleš Ceh, Miran Pavlin, Amir Karic, Mladen Rudonja; Ermin Šiljak (86 Milan Osterc), Zlatko Zahovic.
Trainer: Srecko Katanec

NORWAY: Thomas Myhre; André Bergdølmo, Dan Eggen, Bjørn Otto Bragstad, Stig Inge Bjørnebye; Erik Mykland, Ståle Solbakken; Steffen Iversen, Tore André Flo, John Carew (61 Eirik Bakke, 82 Roar Strand), Ole Gunnar Solskjær.
Trainer: Nils Johan Semb

YUGOSLAVIA v SPAIN 3-4 (1-1)

Jan Breydel, Brugge   21.06.2000

Referee: Gilles Veissière (FRA)   Attendance: 24,000

YUGOSLAVIA: Ivica Kralj; Slobodan Komljenovic, Miroslav Djukic, Sinisa Mihajlovic, Goran Djorovic (12 Iovan Stankovic); Dragan Stojkovic (68 Nisa Saveljic), Slavisa Jokanovic 63', Vladimir Jugovic (46 Dejan Govedarica), Ljubinko Drulovic; Savo Milosevic, Predrag Mijatovic.
Trainer: Vujadin Boskov

SPAIN: Santiago Cañizares; MÍCHEL SALGADO Fernández (46 Pedro Munitis), ABELARDO Fernandez, Francisco Jímenez "PACO" (64 Ismaël Urzaíz), Sergi; Gaizka Mendieta, Josep Guardiola, Iván Helguera, FRAN Gonzalez (22 Joseba ETXEBERRÍA Lizardi); RAÚL González, ALFONSO Pérez.
Trainer: José Antonio Camacho

Sent off: Jokanovic (63)

Goals: Milosević (30), Alfonso (39, 90), Govedarica (51), Munitis (52), Komljenovic (75), Mendieta (90 pen)

	P	W	D	L	F	A	Pts
Spain	3	2	0	1	6	5	6
Yugoslavia	3	1	1	1	7	7	4
Norway	3	1	1	1	1	1	4
Slovenia	3	0	2	1	4	5	2

GROUP D

FRANCE v DENMARK 3-0 (1-0)

Jan Breydel, Brugge   11.06.2000

Referee: Günter Benkö (AUS)   Attendance: 29,000

FRANCE: Fabien Barthez; Lilian Thuram, Laurent Blanc, Marcel Desailly, Bixente Lizarazu; Youri Djorkaeff (58 Patrick Vieira), Didier Deschamps, Zinedine Zidane, Emmanuel Petit; Thierry Henry, Nicolas Anelka (81 Sylvain Wiltord).
Trainer: Roger Lemerre

DENMARK: Peter Schmeichel; Søren Colding, Michael Schjønberg, René Henriksen, Jan Heintze; Morten Bisgaard (72 Martin Jørgensen), Allan Nielsen, Stig Tøfting (72 Thomas Gravesen), Jesper Grønkjær; Ebbe Sand, Jon Dahl Tomasson (79 Mikkel Beck).   Trainer: Bo Johansson

Goals: Blanc (16), Henry (64), Wiltord (90)

HOLLAND v CZECH REPUBLIC 1-0 (0-0)

Amsterdam ArenA   11.06.2000

Referee: Pierluigi Collina (ITA)   Attendance: 50,000

HOLLAND: Edwin van der Sar; Michael Reiziger, Jaap Stam (75 Bert Konterman), Frank de Boer, Giovanni van Bronckhorst; Clarence Seedorf (57 Ronald de Boer), Phillip Cocu, Edgar Davids, Boudewijn Zenden (78 Marc Overmars); Dennis Bergkamp, Patrick Kluivert.   Trainer: Frank Rijkaard

CZECH REPUBLIC: Pavel Srnícek; Radoslav Látal (70 Radek Bejbl), Karel Rada, Tomáš Repka, Petr Gabriel; Karel Poborsky, Pavel Nedvěd (90 Vratislav Lokvenc), Jirí Nemec, Tomáš Rosický, Vladimir Šmicer (83 Pavel Kuka); Jan Koller.
Trainer: Jozef Chovanec

Sent off: Látal (90)

Goal: Frank de Boer (89 pen)

CZECH REPUBLIC v FRANCE 1-2 (1-1)

Jan Breydel, Brugge   16.06.2000

Referee: Graham Poll (ENG)   Attendance: 28,000

CZECH REPUBLIC: Pavel Srnícek; Tomáš Repka, Karel Rada, Petr Gabriel (46 Milan Fukal); Karel Poborsky, Radek Bejbl (49 Vratislav Lokvenc), Jirí Nemec, Tomáš Rosický (62 Marek Jankulovski), Pavel Nedvěd; Vladimir Šmicer, Jan Koller.   Trainer: Jozef Chovanec

FRANCE: Fabien Barthez; Lilian Thuram, Laurent Blanc, Marcel Desailly, Vincent Candela; Didier Deschamps, Zinedine Zidane, Emmanuel Petit (46 Youri Djorkaeff); Patrick Vieira, Nicolas Anelka (55 Christophe Dugarry), Thierry Henry (90 Sylvain Wiltord).   Trainer: Roger Lemerre

Goals: Henry (7), Poborsky (35 pen), Djorkaeff (60)

DENMARK v HOLLAND 0-3 (0-0)

Feyenoord, Rotterdam 16.06.2000

Referee: Urs Meier (SWI)   Attendance: 50,000

DENMARK: Peter Schmeichel; Søren Colding, René Henriksen, Michael Schjønberg (82 Thomas Helveg), Jan Heintze; Morten Bisgaard, Allan Nielsen (61 Stig Tøfting), Thomas Gravesen (67 Brian Steen Nielsen), Jesper Grønkjær; Jon Dahl Tomasson, Ebbe Sand.   Trainer: Bo Johansson

HOLLAND: Edwin van der Sar (90 Sander Westerveld); Michael Reiziger, Bert Konterman, Frank de Boer, Giovanni van Bronckhorst; Boudewijn Zenden, Phillip Cocu, Edgar Davids, Marc Overmars (61 Ronald de Boer); Dennis Bergkamp (76 Aron Winter), Patrick Kluivert. Trainer: Frank Rijkaard

Goals: Kluivert (57), R. de Boer (66), Zenden (77)

FRANCE v HOLLAND 2-3 (2-1)

Amsterdam ArenA 21.06.2000

Referee: Anders Frisk (SWE)   Attendance: 50,000

FRANCE: Bernard Lama; Christian Karembeu, Marcel Desailly, Frank Leboeuf, Vincent Candela; Christophe Dugarry (68 Youri Djorkaeff), Patrick Vieira (90 Didier Deschamps), Johan Micoud, Robert Pires; David Trézéguet, Sylvain Wiltord (80 Nicolas Anelka).   Trainer: Roger Lemerre

HOLLAND: Sander Westerveld; Paul Bosvelt, Jaap Stam, Frank de Boer, Arthur Numan; Boudewijn Zenden, Edgar Davids, Phillip Cocu, Marc Overmars (89 Peter van Vossen); Dennis Bergkamp (78 Aron Winter), Patrick Kluivert (60 Roy Makaay).   Trainer: Frank Rijkaard

Goals: Dugarry (8), Kluivert (14), Trézéguet (31), Frank de Boer (51), Zenden (59)

DENMARK v CZECH REPUBLIC 0-2 (0-0)

Sclessin, Liège 21.06.2000

Referee: Gamal El Ghandour (EGY)   Attendance: 20,000

DENMARK: Peter Schmeichel; Thomas Helveg, René Henriksen, Michael Schjønberg, Jan Heintze (68 Søren Colding); Stig Tøfting, Brian Steen Nielsen, Bjarne Goldbæk, Jesper Grønkjær; Mikkel Beck (74 Miklos Molnar), Jon Dahl Tomasson.   Trainer: Bo Johansson

CZECH REPUBLIC: Pavel Srnícek; Tomáš Repka, Karel Rada, Milan Fukal; Karel Poborsky, Radek Bejbl (62 Marek Jankulovski), Patrik Berger, Jirí Nemec, Pavel Nedved; Jan Koller (74 Pavel Kuka), Vladimir Šmicer (79 Vratislav Lokvenc).   Trainer: Jozef Chovanec

Goals: Šmicer (64, 67)

	P	W	D	L	F	A	Pts
Holland	3	3	0	0	7	2	9
France	3	2	0	1	7	4	6
Czech Republic	3	1	0	2	3	3	3
Denmark	3	0	0	3	0	8	0

QUARTER-FINALS

TURKEY v PORTUGAL 0-2 (0-1)

Amsterdam ArenA 24.06.2000

Referee: Dick Jol (HOL)   Attendance: 45,000

TURKEY: Reçber Rüstü; Ogün Temizkanoglu (84 Sergen Yalçin), Fatih Akyel, Hakan Ünsal; Tayfun Korkut, Okan Buruk (62 Oktay Derelioglu), Tayfur Havutçu, Ergün Penbe, Alpay Özalan; Hakan Şükür, Arif Erdem (62 Suat Kaya). Trainer: Mustafa Denizli

PORTUGAL: VÍTOR Manuel Martins BAÍA; SÉRGIO Paulo Marceneiro CONCEIÇAO, FERNANDO Manuel Silva COUTO, JORGE Paulo COSTA Almeida, DIMAS Manuel Marques Teixeira; Francisco DA COSTA (46 PAULO Manuel SOUSA), RUI Manuel César COSTA (87 Nuno Gonçalves da Rocha CAPUCHO), FIGO Luis Filipe Madeira, PAULO Jorge Gomes BENTO; JOÃO Manuel Vieira PINTO, NUNO GOMES Miguel Soares Pereira Ribeiro (74 Ricardo Manuel da Silva SÁ PINTO).   Trainer: HUMBERTO Manuel de Jesus COELHO

Sent off: Alpay Özalan (29)

Goals: Nuno Gomes (44, 56)

ITALY v ROMANIA 2-0 (2-0)

Stade Roi Baudouin, Brussel 24.06.2000

Referee: Vítor Manuel Melo Pereira (POR)   Att: 40,000

ITALY: Francesco Toldo; Fabio Cannavaro, Alessandro Nesta, Mark Iuliano; Gian Luca Zambrotta, Antonio Conte (55 Luigi Di Biagio), Demetrio Albertini, Stefano Fiore, Paolo Maldini (46 Gianluca Pessotto); Francesco Totti (75 Alessandro Del Piero), Filippo Inzaghi.   Trainer: Dino Zoff

ROMANIA: Bogdan Stelea; Iulian Filipescu, Miodrag Belodedici, Liviu Ciobotariu; Florentin Petre, Constantin Gâlcă (68 Ioan Lupescu), Dorinel Munteanu, Gheorghe Hagi, Cristian Chivu; Adrian Mutu, Viorel Moldovan (54 Ionel Ganea).   Trainer: Emeric Ienei

Sent off: Hagi (59)

Goals: Totti (33), Inzaghi (43)

HOLLAND v YUGOSLAVIA 6-1 (2-0)

Feyenoord, Rotterdam 25.06.2000

Referee: José Maria García Aranda (SPA)   Att: 50,000

HOLLAND: Edwin van der Sar (65 Sander Westerveld); Paul Bosvelt, Frank de Boer, Jaap Stam, Arthur Numan; Marc Overmars, Phillip Cocu, Edgar Davids, Boudewijn Zenden (80 Ronald de Boer); Dennis Bergkamp, Patrick Kluivert (60 Roy Makaay).   Trainer: Frank Rijkaard

YUGOSLAVIA: Ivica Kralj; Slobodan Komljenović, Nisa Saveljić (56 Iovan Stanković), Sinisa Mihajlović, Miroslav Djukić; Dragan Stojković (52 Dejan Stanković), Dejan Govedarica, Vladimir Jugović, Ljubinko Drulović (70 Darko Kovacević); Predrag Mijatović, Savo Milosević.   Trainer: Vujadin Boskov

Goals: Kluivert (24, 38, 54), Govedarica (51 og), Overmars (78, 90), Milosević (90)

SPAIN v FRANCE 1-2 (1-2)

Jan Breydel, Brugge 25.06.2000

Referee: Pierluigi Collina (ITA)   Attendance: 30,000

SPAIN: Santiago Cañizares; MÍCHEL SALGADO Fernández, Francisco Jímenez "PACO", ABELARDO Fernandez, Agustín ARANZÁBAL Alkorta; Gaizka Mendieta (57 Ismaël Urzaíz), Josep Guardiola, Iván Helguera (77 GERARD Lopez), Pedro Munitis (73 Joseba ETXEBERRÍA Lizardi); RAÚL González, ALFONSO Pérez.   Trainer: José Antonio Camacho

FRANCE: Fabien Barthez; Lilian Thuram, Marcel Desailly, Laurent Blanc, Bixente Lizarazu; Patrick Vieira, Didier Deschamps, Zinedine Zidane, Youri Djorkaeff; Christophe Dugarry, Thierry Henry (81 Nicolas Anelka).   Trainer: Roger Lemerre

Goals: Zidane (32), Mendieta (38 pen), Djorkaeff (42)

SEMI-FINALS

FRANCE v PORTUGAL 2-1 (0-1) (AET)

Stade Roi Baudouin, Brussel 28.06.2000

Referee: Günter Benkö (AUS)   Attendance: 50,000

FRANCE: Fabien Barthez; Lilian Thuram, Laurent Blanc, Marcel Desailly, Bixente Lizarazu; Patrick Vieira, Zinedine Zidane, Didier Deschamps, Emmanuel Petit (87 Robert Pires); Nicolas Anelka (72 Sylvain Wiltord), Thierry Henry (105 David Trézéguet).   Trainer: Roger Lemerre

PORTUGAL: VÍTOR Manuel Martins BAÍA; ABEL Luis da Silva Costa XAVIER, FERNANDO Manuel Silva COUTO, DIMAS Manuel Marques Teixeira (91 RUI JORGE De Sousa), JORGE Paulo COSTA Almeida; SÉRGIO Paulo Marceneiro CONCEIÇAO, RUI Manuel César COSTA (78 JOÃO Manuel Vieira PINTO), José Luís da Cruz VIDIGAL (61 PAULO Jorge Gomes BENTO), Francisco DA COSTA, FIGO Luis Filipe Madeira; NUNO GOMES Miguel Soares Pereira Ribeiro.
Trainer: HUMBERTO Manuel de Jesus COELHO

Sent off: Nuno Gomes (117)

Goals: Nuno Gomes (19), Henry (51), Zidane (117 pen)

The match was won by Zidane's golden goal

ITALY v HOLLAND 0-0

Amsterdam ArenA 29.06.2000

Referee: Markus Merk (GER)   Attendance: 50,000

ITALY: Francesco Toldo; Fabio Cannavaro, Alessandro Nesta, Mark Iuliano; Gian Luca Zambrotta, Demetrio Albertini (78 Gianluca Pessotto), , Luigi Di Biagio, Stefano Fiore (83 Francesco Totti), Paolo Maldini; Filippo Inzaghi (67 Marco Delvecchio), Alessandro Del Piero.   Trainer: Dino Zoff

HOLLAND: Edwin van der Sar; Paul Bosvelt, Jaap Stam, Frank de Boer, Giovanni van Bronckhorst; Marc Overmars, Phillip Cocu (95 Aron Winter), Edgar Davids, Boudewijn Zenden (77 Peter van Vossen); Patrick Kluivert, Dennis Bergkamp (87 Clarence Seedorf).   Trainer: Frank Rijkaard

Sent off: Zambrotta

Penalties: 1-0 Di Biagio, F. de Boer (saved), 2-0 Pessotto, Stam (missed), 3-0 Totti, 3-1 Kluivert, Maldini (saved), Bosvelt (saved)

FINAL

FRANCE v ITALY 2-1 (0-0, 1-1) (AET)

Feyenoord, Rotterdam 02.07.2000

Referee: Anders Frisk (SWE)   Attendance: 50,000

FRANCE: Fabien Barthez; Bixente Lizarazu (86 Robert Pires), Marcel Desailly, Laurent Blanc, Lilian Thuram; Zinedine Zidane, Didier Deschamps, Patrick Vieira, Youri Djorkaeff (76 David Trézéguet); Thierry Henry, Christophe Dugarry (58 Sylvain Wiltord).   Trainer: Roger Lemerre

ITALY: Francesco Toldo; Mark Iuliano, Alessandro Nesta, Fabio Cannavaro, Paolo Maldini; Gianluca Pessotto, Demetrio Albertini, Luigi Di Biagio (65 Massimo Ambrosini), Stefano Fiore (53 Alessandro Del Piero); Marco Delvecchio (86 Vincenzo Montella), Francesco Totti.   Trainer: Dino Zoff

Goals: Delvecchio (55), Wiltord (90), Trézéguet (103)

The match was won by Trézéguet's golden goal

Goalscorers European Football Championship 2000

12 goals: Zlatko Zahovic (Slovenia), Raúl González (Spain)

9 goals: João Manuel Vieira Pinto (Portugal), Savo Milosevic (Yugoslavia)

8 goals: Alan Shearer (England)

7 goals: Oliver Bierhoff (Germany)

6 goals: Jon Dahl Tomasson (Denmark), Hakan Şükür (Turkey), Valeriy Karpin (Russia), Paul Scholes (England), Ismaël Urzaíz (Spain), Rui Manuel César Costa, Ricardo Manuel Da Silva Sá Pinto (Portugal), Adrian Ilie (Romania), Elvir Baljic (Bosnia), Jan Koller (Czech Republic)

5 goals: Tore André Flo, Steffen Iversen, Ole Gunnar Solskjær (Norway), Filippo Inzaghi (Italy), Tayfur Havutçu (Turkey), Serhiy Rebrov (Ukraine), Youri Djorkaeff (France), Ivica Vastic (Austria), Alon Mizrahi (Israel), Joseba Etxeberría Lizardi, Fernándo Ruiz Hierro (Spain), Viorel Moldovan (Romania), Robbie Keane (Eire), Patrik Berger, Vladimir Smicer (Czech Republic), Patrick Kluivert (Holland)

4 goals: Vladimir Beschastnykh, Viktor Onopko (Russia), Sylvain Wiltord (France), Henryk Larsson (Sweden), Milenko Spoljaric (Cyprus), Yossi Benayoun, Haim Revivo (Israel), Luis Enrique Martínez (Spain), Vilmos Sebök (Hungary), Figo Luis Filipe Madeira, Sérgio Paulo Marceneiro Conceiçao, Nuno Gomes Miguel Soares Pereira Ribeiro (Portugal), Ioan Viorel Ganea, Dorinel Munteanu (Romania), Davor Suker (Croatia), Elvir Bolic (Bosnia), William Dodds (Scotland)

3 goals: Stéphane Chapuisat, Kubilay Türkyilmaz (Switzerland), Shota Arveladze (Georgia), Alban Bushi (Albania), Marian Pakhar, Andrey Shtolcers (Latvia), Nikolaos Mahlas (Greece), Jonatan Johansson, Joonas Kolkka, Mika-Matti Paatelainen (Finland), Alessandro Del Piero, Christian Vieri (Italy), Marco Bode, Ulf Kirsten, Christian Ziege (Germany), Arif Erdem (Turkey), Tigran Yesayan (Armenia), Christophe Dugarry, Thierry Henry, David Trézéguet, Zinedine Zidane (France), Tomasz Iwan (Poland), Steve McManaman, Michael Owen (England), Johan Mjällby (Sweden), Christian Mayrleb (Austria), Avi Nimni (Israel), Julen Guerrero, Gaizka Mendieta (Spain), Paulo Sérgio Braga Madeira (Portugal), Sasa Ciric, Artim Sakiri (Macedonia), Niall Quinn (Eire), Andres Oper, Sergei Terehhov (Estonia), Valdas Ivanauskas (Lithuania), Don Hutchison (Scotland), Predrag Mijatovic, Dejan Stankovic (Yugoslavia), Pavel Nedved (Czech Republic)

2 goals: Belkevich (Belarus), Tøfting, B.S. Nielsen, Sand, Jørgensen (Denmark), Z. Janashia (Georgia), Tare (Albania), Astafyev, Zemlinsky (Latvia), Tsartas, Frantzeskos, Georgiadis (Greece), Acimovic, Pavlin (Slovenia), Leonhardsen, Rekdal (Norway), Oprea (Moldova), Conte, Fuser, Totti (Italy), Scholl (Germany), Oktay (Turkey), Shahgeldyan (Armenia), Dadason, Sverrisson (Iceland), Panov (Russia), Gusin, Popov, Shevchenko, Skachenko (Ukraine), Czereszewski, Brzeczek (Poland), Alexandersson (Sweden), Constantinou, Engomitis (Cyprus), Cerny, Glieder, Herzog, Reinmayr (Austria), Berkovic, Ghrayeb (Israel), Fran, Alfonso, César, Morientes (Spain), Tagizade, K. Kurbanov (Azerbaijan), Illés (Hungary), Fabus, Dubovsky, Tomaschek, Labant (Slovakia), Pauleta, Abel Xavier (Portugal), Roşu (Romania), Carabott (Malta), Bozinov (Macedonia), Boban, Vugrinec, Stanic (Croatia), Breen, Roy Keane (Eire), Arge (Faroe Islands), Reim (Estonia), Ramelis (Lithuania), Johnston (Scotland), Stojkovic, Nadj, Drulovic (Yugoslavia), Kuka, Poborsky (Czech Republic), Frank De Boer, Zenden, Overmars (Holland)

1 goal: Baranov, Gurenko (Belarus), Bellamy, Coleman, Giggs, Robinson, Saunders, Symons, Williams (Wales), Rey, Bühlmann, Fournier (Switzerland), A. Nielsen, Heintze, Frederiksen (Denmark), Kavelashvili, Ketsbaia, A. Arveladze (Georgia), Rrakli, Kola, Muka (Albania), Bleidelis, Stepanov, Verpakovsky (Latvia), Nikolaidis, Niniadis, Liberopoulos, Ouzounidis (Greece), Osterc, Knavs, Udovic (Slovenia), Solbakken, Berg (Norway), Epureanu, Stratulat, Gaidamaşciuc, Testimiţanu, Guzun (Moldova), Jeff Whitley, Dowie, Lennon, Rowland (N. Ireland), Hyypiä, Salli, Tihinen, Litmanen (Finland), Maldini, Chiesa, Fiore, Di Biagio, Delvecchio (Italy), Jeremies, Neuville, Hamann (Germany), Sergen, Ogün, Okan (Turkey), Juli Sánchez, Justo Ruiz, Lucendo (Andorra), Petrosyan, Mikaelyan, Avalyan (Armenia), Adolfsson, Gunnarsson, T. Gudjónsson, Hreidarsson, Gudjohnsen, R. Kristinsson, L. Sigurdsson (Iceland), Titov, Tsymbalar, Alenichev, Yanovskiy, Mostovoi, Varlamov (Russia), Dmitrulin, Vashchuk, Kosovskyi (Ukraine), Laslandes, Leboeuf, Petit, Candela, Anelka, Pirés, Boghossian, Blanc (France), Birsens, Vanek (Luxembourg), Borimirov, Petkov, Hristov, Markov, Stoichkov, Iordanov (Bulgaria),

Siadaczka, Wichniarek, Hajto, Juskowiak, Trzeciak (Poland), Southgate (England), A. Andersson, Ljundberg, K. Andersson (Sweden), Selva (San Marino), Costa, Melanarkitis, Christodoulou, Gogic (Cyprus), Amerhauser, Hiden (Austria), Banin, Hazan, Sivilia, Abuksis, Badir (Israel), Munitis (Spain), M. Frick, M. Telser (Liechtenstein), Lychkin, Isaev (Azerbaijan), Egressy, Sowunmi, J. Sebök, Hrutka, Dárdai, Pisont, M. Fehér, Horváth (Hungary), S. Nemeth, Karhan, Sovic, Moravcik (Slovakia), Capucho, Da Costa (Portugal), Hagi, Ciobotariu, C. Munteanu, Vlădoiu, Petre, Popescu, Chivu (Romania), Said, Saliba, Suda, Sixsmith (Malta), Stavrevski, Hristov, Nikoloski, Zaharievski, Sainovski (Macedonia), Boksic, Soldo, D. Simic (Croatia), Staunton, Kennedy, Irwin (Eire), H.F. Hansen, Petersen (Faroe Islands), Piiroja, Hohlov-Simson, Smirnov, Viikmäe, Kirs, Arbeiter (Estonia), Maciulevicius, Fomenka, Baltusnikas (Lithuania), Kodro, Konjic, Topic, Barbarez (Bosnia), McSwegan, Cameron, Collins, Ritchie, Burley, Jess (Scotland), Goor, Mpenza (Belgium), Savicevic, D. Kovacevic, Govedarica, Komljenovic (Yugoslavia), Verbír, Repka, Jess, Lokvenc, Hornak, Baranek (Czech Republic), R. De Boer (Holland)

Own goals: Istenic (Slovenia) for Norway, Kovtun (Russia) for Iceland, Dadason (Iceland) for France, Wetl (Austria) for Spain, Gennari (San Marino) for Spain, Hierro (Spain) for Austria, Haas (Liechtenstein) for Romania, Babunski (Macedonia) for Yugoslavia, Hibic (Bosnia Herzegovina) for Estonia, Hohlov-Simson (Estonia) for Scotland, Elliott (Scotland) for Czech Republic, Govedarica (Yugoslavia) for Holland

THE EUROPEAN FOOTBALL CHAMPIONSHIP 2004

GROUP 1

CYPRUS v FRANCE 1-2 (1-1)

GSP, Nicosia   07.09.2002

Referee: Herbert Fandel (GER)   Attendance: 11,898

CYPRUS: Nicos Panagiotou; Petros Konnafis, Ioakim Ioakim, Dimitris Daskalakis (68 Hrysis Mihael), Nikos Nicolaou (74 Marios Agathocleous), Panagiotou Spyrou, Giorgos Theodotou, Marinos Satsias, Giannaki Okkas, Kostas Kaiafas, Rainer Rauffmann (62 Giasoumas Giasoumi). Trainer: Moca Vukotić

FRANCE: Grégory Coupet, Patrick Vieira, Philippe Christanval, Claude Makélélé, Marcel Desailly, Djibril Cissé, Zinedine Zidane, Sylvain Wiltord (79 Olivier Kapo), Mickaël Silvestre, Lilian Thuram, Steve Marlet (70 Sidney Govou). Trainer: Jacques Santini

Goals: Okkas (14), Cissé (39), Wiltord (51)

SLOVENIA v MALTA 3-0 (1-0)

Central, Ljubljana 7.09.2002

Referee: Giorgos Borovilos (GRE)   Attendance: 8,211

SLOVENIA: Marko Simeunović; Amir Karić, Muamer Vugdalić, Spasoje Bulajić, Aleksander Knavs, Goran Šukalo (74 Saša Gajser), Ermin Šiljak (90 Ermin Raković), Zlatko Zahović, Miran Pavlin, Sebastjan Cimirotić, Milenko Acimović (86 Aleksander Radosavljević).   Trainer: Bojan Prašnikar

MALTA: Mario Muscat; Brian Said, Jeffrey Chetcuti, David Carabott, Darren Debono, Luke Dimech, Gilbert Agius, Stefan Giglio, Mifsud (88 Mifsud), George Mallia (71 Daniel Bogdanović), Chucks Nwoko.   Trainer: Siegfried Held

Goals: Debono (37 og), Šiljak (59), Cimirotić (90)

FRANCE v SLOVENIA 5-0 (2-0)

Stade de France, Paris   12.10.2002

Referee: Kim Milton Nielsen (DEN)   Attendance: 77,619

FRANCE: Fabien Barthez, Lilian Thuram (84 Willy Sagnol), Marcel Desailly, William Gallas, Mickaël Silvestre, Patrick Vieira, Claude Makélélé, Sylvain Wiltord (87 Bruno Cheyrou), Zinedine Zidane, Steve Marlet (80 Sidney Govou), Thierry Henry.   Trainer: Jacques Santini

SLOVENIA: Marko Simeunović, Amir Karić (88 Suad Fileković), Muamer Vugdalić, Fabijan Cipot, Goran Šukalo, Aleksander Radosavljević, Ermin Šiljak, Zlatko Zahović, Miran Pavlin, Saša Gajser, Sebastjan Cimirotić. Trainer: Bojan Prašnikar   **Sent off**: Gajser (90)

Goals: Vieira (10), Marlet (35, 64), Wiltord (79), Govou (86)

MALTA v ISRAEL 0-2 (0-0)

National, Ta'Qali 12.10.2002

Referee: Sergei Shebek (UKR)   Attendance: 4,000

MALTA: Mario Muscat; Brian Said, Jeffrey Chetcuti, David Carabott, Darren Debono, Luke Dimech, Gilbert Agius (83 George Mallia), Noel Turner, Michael Mifsud, Joe Brincat (74 Adrian Mifsud), Chucks Nwoko (64 Daniel Bogdanovic). Trainer: Siegfried Held

ISRAEL: Dudu Awat; Avishai Zano, Walid Badir, Arik Benado, Assi Domb, Adoram Keissy, Tal Banin, Heim Revivo, Pini Balili (70 Yossi Benayoun), Eyal Berkovich (89 Avi Nimni), Idan Tal (82 Ygal Antebi).   Trainer: Avraham Grant

Goals: Balili (56), Revivo (77)

CYPRUS v ISRAEL 1-1 (0-1)

Tsirion, Limassol 29.03.2003

Referee: Thomas Michael McCurry (SCO)   Att: 5,000

CYPRUS: Nicos Panagiotou; Petros Konnafis, Ioakim Ioakim (46 Nikos Nikolaou, 76 Demetris Daskalakis), Panagiotou Spyrou, Giorgos Theodotou, Vladan, Giannakis Okkas, Mihalis Konstantinou, Kostas Kaiafas, Stelios Okkarides, Giotis Engomitis (60 Rainer Rauffmann).   Trainer: Moca Vukotić

ISRAEL: Dudu Awat; Alon Harazi, Tal Ben Haim, Arik Benado, Walid Badir (83 Josef Abukasis), Adoram Keise, Tal Banin, Haim Revivo, Omri Afek (72 Yossi Benayoun), Michael Zandberg (66 Avi Nimny), Idan Tal. Trainer: Avraham Grant

Goals: Afek (2), Rauffmann (61)

MALTA v FRANCE 0-4 (0-2)

National, Ta'Qali 16.10.2002

Referees: Alexandru Dan Tudor (ROM)   Attendance: 12,360

MALTA: Mario Muscat; Brian Said, Jeffrey Chetcuti, David Carabott, Darren Debono (87 Miguel Mifsud), Luke Dimech, Gilbert Agius, Stefan Giglio, Michael Mifsud, Joe Brincat (69 George Mallia), Chucks Nwoko (46 Daniel Bogdanovic). Trainer: Siegfried Held

FRANCE: Fabien Barthez, Patrick Vieira (70 Olivier Dacourt), Claude Makélélé, Marcel Desailly, Zinedine Zidane, Sylvain Wiltord, Thierry Henry (78 Eric Carrière), Mickäel Silvestre, Lilian Thuram, William Gallas (84 Philippe Mexes), Steve Marlet.   Trainer: Jacques Santini

Goals: Henry (25, 35), Wiltord (59), Carrière (84)

FRANCE v MALTA 6-0 (2-0)

Félix Bollaert, Lens 29.03.2003

Referee: Emil Bozinovski (MAC)   Attendance: 40,775

FRANCE: Fabien Barthez, Lilian Thuram (65 Willy Sagnol), William Gallas, Mickäel Silvestre, Bixente Lizarazu, Claude Makélélé, Benoît Pedretti, Zinedine Zidane, Sylvain Wiltord (75 Sidney Govou), Thierry Henry (80 Jérôme Rothen), David Trezeguet.   Trainer: Jacques Santini

MALTA: Mario Muscat; Ian Ciantar, Carlo Mamo (71 Jeffrey Chetcuti), David Carabott, Brian Said, Luke Dimech, Daniel Bogdanovic (62 Noel Turner), Simon Vella, Miguel Mifsud, George Mallia, Chucks Nwoko.   Trainer: Siegfried Held

Goals: Wiltord (36), Henry (38, 54), Zidane (57, 81 pen), Trezeguet (70)

CYPRUS v MALTA 2-1 (0-0)

GSP, Nicosia 20.11.2002

Referee: Anton Genov (BUL)   Attendance: 9,758

CYPRUS: Nicos Panagiotou; Petros Konnafis, Ioakim Ioakim, Panagiotou Spyrou, Giorgos Theodotou, Marinos Satsias (61 Hrysis Mihael), Giannakis Okkas, Kostas Kaiafas, Mihalis Konstantinou (66 Nikos Nicolaou), Stelios Okkarides, Rainer Rauffmann (71 Giasoumas Giasoumi). Trainer: Moca Vukotić

MALTA: Mario Muscat; Brian Said, Jeffrey Chetcuti, David Carabott, Carlo Mamo (74 Miguel Mifsud), Gilbert Agius, Stefan Giglio (80 Daniel Theuma), Michael Mifsud, Adrian Mifsud (61 George Mallia), Daniel Bogdanovic. Trainer: Siegfried Held

Goals: Rauffmann (50), Okkas (74), M. Mifsud (90)

SLOVENIA v CYPRUS 4-1 (4-1)

Central, Ljubljana 02.04.2003

Referee: Paulo Manuel GOMES COSTA (POR)   Att: 7,000

SLOVENIA: Marko Simeunović, Fabijan Cipot, Amir Karić, Muamer Vugdalić, Spasoje Bulajić, Goran Šukalo, Nastja Ceh, Ermin Šiljak (90 Ermin Raković), Zlatko Zahović, Miran Pavlin, Robert Koren (85 Anton Zlogar).
Trainer: Bojan Prašnikar

CYPRUS: Nicos Panagiotou; Petros Konnafis (46 Ioakim Ioakim), Demetris Daskalakis, Panagiotou Spyrou (75 Giorgos Constantinou), Giorgos Theodotou, Vladan, Giannakis Okkas, Kostas Kaiafas, Mihalis Konstantinou, Stelios Okkarides, Rainer Rauffmann (46 Haralambides).
Trainer: Moca Vukotić

Goals: Šiljak (5, 14), Konstantinou (10), Zahović (39 pen), Ceh (43)

ISRAEL v FRANCE 1-2 (1-2)
Renzo Barbera, Palermo   02.04.2003
Referee: Graham Barber (ENG)   Attendance: 2,455

ISRAEL: Dudu Awat; Alon Harazi, Omri Afek, Arik Benado, Tal Ben Haim, Adoram Keise, Tal Banin (70 Yossi Benayoun), Haim Revivo, Amir Torjman (46 Michael Zandberg), Josef Abukasis, Idan Tal (66 Walid Badir).   Trainer: Avraham Grant

FRANCE: Fabien Barthez, Lilian Thuram, William Gallas, Mickäel Silvestre, Bixente Lizarazu, Claude Makélélé, Patrick Vieira, Zinedine Zidane, Sylvain Wiltord (65 Sidney Govou), David Trezeguet (70 Djibril Cissé), Thierry Henry.   Trainer: Jacques Santini

Goals: Afek (1), Trezeguet (22), Zidane (45)

ISRAEL v SLOVENIA 0-0
Atatürk, Antalya   07.06.2003
Referee: Massimo Busacca (SWI)   Attendance: 1,750

ISRAEL: Shavit Elimelech, Tal Ben-Haim, Arik Benado, Josef Abukasis (86 Shai Holtzman), Yossi Benayoun, Idan Tal (77 Walid Badir), Haim Revivo, Omri Afek (71 Michael Zandberg), Adoram Keisi, Avi Nimny, Yaish Zano.
Trainer: Avraham Grant

SLOVENIA: Marko Simeunović; Fabijan Cipot, Amir Karić, Muamer Vugdalić, Aleksander Knavs, Goran Šukalo, Ermin Šiljak, Zlatko Zahović, Miran Pavlin, Saša Gajser (71 Robert Koren), Milenko Acimović (86 Matej Snofl).
Trainer: Bojan Prašnikar

ISRAEL v CYPRUS 2-0 (0-0)
Renzo Barbera, Palermo   30.04.2003
Referee: Michal Benes (CZE)   Attendance: 2,500

ISRAEL: Shavit Elimelech; Zano, Omri Afek, Arik Benado, Tal Ben Haim, Adoram Keise, Tal Banin (84 Walid Badir), Haim Revivo, Amir Torjman (52 Yossi Benayoun), Josef Abukasis, Michael Zandberg (67 Holtsman).   Trainer: Avraham Grant

CYPRUS: Nicos Panagiotou; Petros Konnafis, Germanou, Nikolaou, Giorgos Theodotou, Nicolaou (89 Giasoumi), Giannakis Okkas, Mihalis Konstantinou, Stelios Okkarides, Engomitis (80 Michael), Vladan (62 Kaiafas).
Trainer: Moca Vukotić

Goals: Badir (88), Holtsman (90+5)

MALTA v CYPRUS 1-2 (0-1)
National, Ta'Qali   07.06.2003
Referee: Bernhard Brugger (AUS)   Attendance: 3,000

MALTA: Saviour Darmanin; William Camenzuli, Simon Vella, David Carabott, Brian Said (86 Daniel Bogdanovic), Luke Dimech, Noel Turner, Stefan Giglio, Michael Mifsud, George Mallia (66 Gilbert Agius), Chucks Nwoko (23 Mario Muscat).   Trainer: Siegfried Held

CYPRUS: Nicos Panagiotou; Petros Konnafis, Daskalakis (65 Foukaris), Ilia, Satsias, Giannakis Okkas (78 Giasoumi), Mihalis Konstantinou, Michael, Stelios Okkarides, Haralambidis (90+1 Garpozis), Hritodoulou.
Trainer: Moca Vukotić

Sent off: Darmanin (23)

Goals: Konstantinou (23 pen, 52), Dimech (72)

MALTA v SLOVENIA 1-3 (0-2)
National, Ta'Qali   30.04.2003
Referee: Attila Hanacsek (HUNG)   Attendance: 5,000

MALTA: Mario Muscat; Ian Ciantar, Simon Vella, David Carabott, Brian Said, Luke Dimech, Noel Turner, Stefan Giglio (70 William Camenzul), Michael Mifsud, George Mallia, Chucks Nwoko (63 Daniel Bogdanovic).
Trainer: Siegfried Held

SLOVENIA: Marko Simeunović; Fabijan Cipot, Amir Karić, Muamer Vugdalić, Oslaj (61 Matej Snofl), Goran Šukalo, Nastja Ceh, Ermin Šiljak (90 Ermin Raković), Zlatko Zahović, Miran Pavlin, Saša Gajser (78 Robert Koren).
Trainer: Bojan Prašnikar

Goals: Zahović (15), Šiljak (36, 57), M. Mifsud (90+1)

FRANCE v CYPRUS 5-0 (3-0)
Stade de France, Paris   06.09.2003
Referee: Leslie Irvine (NIR)   Attendance: 58,000

FRANCE: Fabien Barthez, Lilian Thuram (65 Willy Sagnol), Marcel Desailly, Mickäel Silvestre, Bixente Lizarazu, Claude Makélélé, Patrick Vieira (71 Olivier Dacourt), Robert Pires, Sylvain Wiltord, David Trezeguet, Thierry Henry (78 Steve Marlet).   Trainer: Jacques Santini

CYPRUS: Nikos Panagiotou; Petros Konnafis (46 Ioakim Ioakim), Nikos Nikolaou, Stelios Okkarides, Giorgos Theodotou, Marinos Satsias, Giannakis Okkas, Kostas Kaiafas, Mihalis Konstantinou (67 Giasoumas Giasoumi), Nikolaos Georgiou, Giotis Engomitis (59 Hrysis Mihael).
Trainer: Momcilo Vukotić

Goals: Trezeguet (7, 81), Wiltord (20, 41), Henry (60)

SLOVENIA v ISRAEL 3-1 (2-0)

Central, Ljubljana 06.09.2003

Referee: Herbert Fandel (GER)   Attendance: 8,000

SLOVENIA: Marko Simeunović; Fabijan Cipot, Amir Karić, Matej Snofl, Aleksander Knavs, Goran Šukalo, Nastja Ceh (90+3 Mladen Rudonja), Ermin Šiljak (64 Sebastjan Cimirotić), Zlatko Zahović, Adem Kapić (84 Simon Sešlar), Milenko Acimović.   Trainer: Bojan Prašnikar

ISRAEL: Shavit Elimelech; Alon Harazi, Tal Ben Haim, Ariel Banad, Adoram Keise (46 Pini Balili), Haim Revivo, Avi Nimny, Josef Abukasis (77 Walid Badir), Idan Tal, Eyal Berkovic, Yossi Benayoun.   Trainer: Avraham Grant

Sent off: Nimny (87), Ben Haim (90)

Goals: Šiljak (35), Knavs (37), Haim Revivo (69), Ceh (78)

CYPRUS v SLOVENIA 2-2 (0-2)

Tsirion, Limassol 11.10.2003

Referee: Tom Henning Ovrebo (NOR)   Attendance: 2,346

CYPRUS: Nikos Panagiotou; Nikos Georgiou, Georgiou (77 Lambrou), Nikos Nikolaou, Marios Ilia, Stelios Okkarides, Giasoumas Giasoumi, Giotis Engomitis (46 Eleftherakis Eleftheriou), Mihalis Konstantinou (1 Elias Haralambous), Michael Morphis, Nikos Nikolaou.   Trainer: Momcilo Vukotić

SLOVENIA: Marko Simeunović; Fabijan Cipot (24 Spasoje Bulajić), Muamer Vugdalić, Aleksander Knavs (1 Matej Snofl), Goran Šukalo, Nastja Ceh, Ermin Šiljak, Miran Pavlin, Mladen Rudonja (85 Robert Koren), Adem Kapić, Milenko Acimović. Trainer: Bojan Prašnikar

Goals: Šiljak (11, 41), Georgiou (71), Giasoumi (81)

ISRAEL v MALTA 2-2 (1-0)

Atatürk, Antalya   10.09.2003

Referee: Eric Blareau (BEL)   Attendance: 600

ISRAEL: Shavit Elimelech; Alon Harazi, Arik Benado, Shimon Gershon, Michael Zandberg, Haim Revivo, Josef Abukasis, Eyal Berkovic, Idan Tal, Pini Balili, Walid Badir. Trainer: Avraham Grant

MALTA: Mario Muscat; Etienne Barbara, Jeffrey Chetcuti, David Carabott, Brian Said, William Camenzuli, Noel Turner, Stefan Giglio (79 Daniel Theuma), Michael Mifsud, Daniel Bogdanovic (69 Michael Ganea), Chucks Nwoko (88 Adrian Mifsud).   Trainer: Siegfried Held

Goals: Haim Revivo (16), Michael Mifsud (51 pen), Carabott (52), Balili (78)

FRANCE v ISRAEL 3-0 (3-0)

Stade de France, Paris 11.10.2003

Referee: Cosimo Bolognino (ITA)   Attendance: 56,000

FRANCE: Fabien Barthez, Réveillère, Bixente Lizarazu, Jean-Alain Boumsong, Robert Pires (85 Ludovic Giuly), Zinedine Zidane, Thierry Henry (76 Djibril Cissé), Lilian Thuram, Olivier Dacourt, Benoît Pedretti, David Trezeguet (85 Steve Marlet).   Trainer: Jacques Santini

ISRAEL: Nir Davidovitch; Alon Harazi, Arik Benado, Shimon Gershon, Adoram Keise, Haim Revivo, Walid Badir (75 Kfir Udi), Idan Tal, Zitoni (88 Pini Balili), Yossi Benayoun, Michael Zandberg (46 Josef Abukasis).   Trainer: Avraham Grant

Goals: Henry (9), Trezeguet (24), Boumsong (42)

SLOVENIA v FRANCE 0-2 (0-1)

Central, Ljubljana 10.09.2003

Referee: Domenico Messina (ITA)   Attendance: 8,211

SLOVENIA: Marko Simeunović; Fabijan Cipot, Amir Karić, Muamer Vugdalić (83 Matej Snofl), Aleksander Knavs, Goran Šukalo (55 Adem Kapić), Nastja Ceh, Ermin Šiljak, Zlatko Zahović (65 Sebastjan Cimirotić), Miran Pavlin, Milenko Acimović.   Trainer: Bojan Prašnikar

FRANCE: Fabien Barthez, Lilian Thuram, Marcel Desailly, Mickäel Silvestre, Bixente Lizarazu, Claude Makélélé, Patrick Vieira, Zinedine Zidane (79 Robert Pires), Sylvain Wiltord (75 Willy Sagnol), David Trezeguet (69 Olivier Dacourt), Thierry Henry.   Trainer: Jacques Santini

Sent off: Makelele (67)

Goals: Trezeguet (9), Dacourt (71)

	P	W	D	L	F	A	Pts
France	8	8	0	0	29	2	24
Slovenia	8	4	2	2	15	12	14
Israel	8	2	3	3	9	11	9
Cyprus	8	2	2	4	9	18	8
Malta	8	0	1	7	5	24	1

GROUP 2

NORWAY v DENMARK 2-2 (0-1)
Ullevål, Oslo 07.09.2002
Referee: Hugh Dallas (SCO)   Attendance: 25,114
NORWAY: Frode Grodås; André Bergdølmo, Ronny Johnsen, Henning Berg, Christer Basma, Steffen Iversen, Trond Andersen (77 John Carew), Øyvind Leonhardsen (77 Roar Strand), Eirik Bakke (88 Svindal Larsen), Ole Gunnar Solskjaer, John Arne Riise.   Trainer: Nils Johan Semb
DENMARK: Thomas Sørensen, Christian Poulsen, Steven Lustü, Martin Laursen, Niclas Jensen, Thomas Helveg, Thomas Gravesen, Jesper Grønkjaer (70 Claus Jensen), Jon Dahl Tomasson (90+2 Per Nielsen), Dennis Rommedahl (59 Jan Michaelsen), Ebbe Sand.   Trainer: Morten Olsen
Goals: Tomasson (23, 72), Riise (54), Carew (90+3)

BOSNIA HERZEGOVINA v ROMANIA 0-3 (0-3)
Koševo, Sarajevo 07.09.2002
Referee: Lucilio CARDOSO CORTEZ BATISTA (POR)   Attendance: 4,500
BOSNIA HERZEGOVINA: Tomislav Piplica; Mirsad Bešlija (41 Senad Brkić), Vedin Mušić, Mirsad Hibić, Munever Rižvić, Asmir Ikanović (37 Jasmin Hurić), Ahmedin Hota, Samir Muratović, Hasan Salihamidžić, Zlatan Bajramović (46 Bruno Akrapović), Siniša Mulina.   Trainer: Blaz Slišković
ROMANIA: Bogdan Stelea (33 Bogdan Argeş Vintilă); Cosmin Marius Contra, Matei Mirel Rădoi, Dorinel Munteanu, Cristian Chivu, Gheorghe Popescu (Cap), Paul Constantin Codrea (84 Tiberiu Ghioane), Vlad Munteanu, Ionel Ganea, Adrian Mutu, Marius Constantin Niculae (66 Florin Cernat).   Trainer: Anghel Iordănescu
Goals: Chivu (7), D. Munteanu (8), Ganea (27)

DENMARK v LUXEMBOURG 2-0 (0-0)
Idraetsparken, København 12.10.2002
Referee: Ferenc Bede (HUN)   Attendance: 40,259
DENMARK: Skov-Jensen; Kasper Bøgelund, René Henriksen, Christian Poulsen, Niclas Jensen, Claus Jensen, Thomas Gravesen, Dennis Rommedahl (67 Røll Larsen), Jon Dahl Tomasson, Martin Jørgensen (75 Peter Lovenkrands), Ebbe Sand.   Trainer: Morten Olsen
LUXEMBOURG: Alija Besic; Ralph Ferron, Frank Deville, Eric Hoffmann, Jeff Strasser, Sébastien Remy (83 Nico Funck), Claude Reiter, Luc Holtz (83 Sven Di Domenico), Fons Leweck, Manuel Cardoni, Gordon Braun (79 Daniel Huss).   Trainer: Allan Simonsen
Goals: Tomasson (52 pen), Ebbe Sand (72)

ROMANIA v NORWAY 0-1 (0-0)
Steaua, Bucureşti 12.10.2002
Referee: Valentin Ivanov (RUS)   Attendance: 21,000
ROMANIA: Bogdan Argeş Vintilă; Cosmin Marius Contra, Matei Mirel Rădoi, Răzvan Dincă Raţ, Cristian Chivu, Gheorghe Popescu (Cap), Paul Codrea, Dorinel Munteanu (85 Daniel Pancu), Ioan Viorel Ganea (63 Adrian Ilie), Adrian Mutu, Dinu Viorel Moldovan (63 Marius Niculae).   Trainer: Anghel Iordănescu
NORWAY: Thomas Myhre; André Bergdølmo, Claus Lundekvam, Henning Berg, Christer Basma, Steffen Iversen, John Carew (78 Øyvind Leonhardsen), Trond Andersen, Eirik Bakke, Ole Gunnar Solskjaer (90 Sigurd Rushfeldt), John Arne Riise.   Trainer: Nils Johan Semb
Goal: Iversen (83)

NORWAY v BOSNIA HERZEGOVINA 2-0 (2-0)
Ullevål, Oslo 16.10.2002
Referee: Michal Benes (CZE)   Attendance: 24,169
NORWAY: Frode Olsen; André Bergdølmo, Claus Lundekvam, Henning Berg, Christer Basma, Steffen Iversen, Trond Andersen (90 Svindal Larsen), Øyvind Leonhardsen (65 John Carew), Eirik Bakke, Ole Gunnar Solskjaer (90 Sigurd Rushfeldt), John Arne Riise.   Trainer: Nils Johan Semb
BOSNIA HERZEGOVINA: Almir Tolja; Spomenko Bosnjak (65 Edin Mujcin), Sasa Papac, Mirsad Hibić, Zlatan Bajramović, Muhamed Konjić, Vedin Mušić, Nermin Sabić (57 Jasmin Hurić), Vladan Grujić, Hasan Salihamidžić (84 Nenad Misković), Elvir Baljić.   Trainer: Blaz Slišković
Goals: Lundekvam (7), Riise (27)

LUXEMBOURG v ROMANIA 0-7 (0-4)
Stade Municipal Josy Barthel, Luxembourg 16.10.2002
Referee: Romans Lajuks (LAT)   Attendance: 2,056
LUXEMBOURG: Alija Besic; Ralph Ferron, Frank Deville, Eric Hoffmann, Jeff Strasser, Sébastien Remy, Claude Reiter, Luc Holtz (76 Sacha Rohmann), Fons Leweck, Manuel Cardoni (60 Sacha Schneider), Gordon Braun (71 Daniel Huss).   Trainer: Allan Simonsen
ROMANIA: Bogdan Argeş Vintilă; Cosmin Marius Contra, Matei Mirel Rădoi, Răzvan Dincă Raţ, Ilie Iulian Miu, Gheorghe Popescu, Paul Codrea (36 Tiberiu Ghioane), Dorinel Munteanu, Dinu Viorel Moldovan (69 Florin Cernat), Adrian Ilie, Ioan Viorel Ganea (46 Daniel Pancu).   Trainer: Anghel Iordănescu
Goals: Moldovan (2, 5), Rădoi (24), Contra (45, 47, 86), Ghioane (80)

**BOSNIA HERZEGOVINA
v LUXEMBOURG 2-0** (0-0)
Bilino Polje, Zenica   29.03.2003
Referee: Jouni Hyytiä (FIN)   Attendance: 12,000
BOSNIA HERZEGOVINA: Kennan Hasagić; Bulend Biščević (68 Dzemal Berberović), Vedin Musić, Muhamed Konjić, Zlatan Bajramović, Haris Alihodzić, Elvir Bolić (81 Almir Turković), Mirsad Bešlija (79 Mirko Hrgović), Sergej Barbarez, Vladan Grujić, Elvir Baljić.   Trainer: Blaz Slišković
LUXEMBOURG: Alija Besic; René Peters, Ben Federspiel, Eric Hoffmann, Jeff Strasser, Sébastien Remy, Manou Schauls, Gregory Molitor, Gordon Braun (88 Sacha Schneider), Fons Leweck (77 Sven Di Domenico), Marcel Christophe (85 Daniel Huss).   Trainer: Allan Simonsen
Goals: Bolić (53), Barbarez (79)

DENMARK v BOSNIA HERZEGOVINA 0-2 (0-2)
Parken, København   02.04.2003
Referee: Anton Stredak (SVK)   Attendance: 30,845
DENMARK: Thomas Sørensen; Jan Michaelsen, René Henriksen, Martin Albrechtsen, Niclas Jensen (80 Per Frandsen), Claus Jensen (59 Morten Weighorst), Thomas Gravesen, Dennis Rommedahl, Jon Dahl Tomasson (84 Soren Berg), Martin Jørgensen, Ebbe Sand.   Trainer: Morten Olsen
BOSNIA HERZEGOVINA: Kennan Hasagić; Dzemal Berberović, Vedin Musić, Muhamed Konjić, Zlatan Bajramović, Mirsad Hibić, Mirsad Bešlija (83 Sinisa Mulina), Bulend Biščević, Sergej Barbarez, Mirko Hrgović (67 Vladan Grujić), Elvir Baljić (76 Blatnak).   Trainer: Blaz Slišković
Goals: Barbarez (23), Baljić (29)

ROMANIA v DENMARK 2-5 (1-1)
Naţional, Bucureşti   29.03.2003
Referee: Manuel Enrique MEJUTO GONZÁLEZ (SPA)
Attendance: 50,300
ROMANIA: Bogdan Lobonţ; Cosmin Marius Contra, Matei Mirel Rădoi, Iulian Sebastian Filipescu, Cristian Chivu, Gheorghe Popescu (Cap), Paul Constantin Codrea (62 Laurenţiu Aurelian Reghecampf), Dorinel Munteanu, Ioan Viorel Ganea, Adrian Mutu, Daniel Pancu (68 Florin Bratu).   Trainer: Anghel Iordănescu
DENMARK: Thomas Sørensen; Thomas Rytter (35 Jan Michaelsen), René Henriksen, Martin Laursen, Niclas Jensen, Christian Poulsen (67 Morten Wieghorst), Thomas Gravesen, Peter Lovenkrands (46 Martin Jørgensen), Jon Dahl Tomasson, Dennis Rommedahl, Ebbe Sand.
Trainer: Morten Olsen
Goals: Mutu (5), Rommedahl (9, 90+1), Munteanu (47), Gravesen (53), Tomasson (71), Contra (73 og)

DENMARK v NORWAY 1-0 (1-0)
Parken, København   07.06.2003
Referee: Graham Poll (ENG)   Attendance: 41,824
DENMARK: Thomas Sørensen; Morten Weighorst, René Henriksen, Martin Laursen, Niclas Jensen, Thomas Helveg, Thomas Gravesen, Jesper Grønkjaer (71 Dennis Rommedahl), Claus Jensen (62 Røll Larsen), Martin Jørgensen (84 Per Nielsen), Ebbe Sand.   Trainer: Morten Olsen
NORWAY: Frode Olsen; Christer Basma, Ronny Johnsen, Claus Lundekvam, Steffen Iversen, John Carew, Trond Andersen (46 Andre Bergdølmo), Ole Gunnar Solskjaer (90 Haavard Flo), Eirik Bakke, Øyvind Leonhardsen (62 Tore André Flo), John Arne Riise.   Trainer: Nils Johan Semb
Goal: Grønkjaer (6)

LUXEMBOURG v NORWAY 0-2 (0-0)
Josy Barthel, Luxembourg   02.04.2003
Referee: Ivan Dobrinov (BUL)   Attendance: 3,000
LUXEMBOURG: Alija Besic; René Peters, Ben Federspiel, Eric Hoffmann, Jeff Strasser, Sébastien Remy, Manou Schauls, Gregory Molitor, Gordon Braun (76 Sacha Schneider), Fons Leweck (90+2 Gilles Engeldinger), Marcel Christophe (83 Daniel Huss).   Trainer: Allan Simonsen
NORWAY: Frode Olsen; André Bergdølmo, Ronny Johnsen, Henning Berg, Christer Basma, Petter Rudi (46 Jo Tessem), Trond Andersen, Eirik Bakke (86 Svindal Larsen), Tore André Flo (46 Sigurd Rushfeldt), Ole Gunnar Solskjaer, John Arne Riise.   Trainer: Nils Johan Semb
Goals: Rushfeldt (58), Solskjaer (73)

ROMANIA v BOSNIA HERZEGOVINA 2-0 (0-0)
Ion Oblemenco, Craiova   07.06.2003
Referee: Ruud Bossen (HOL)   Attendance: 25,292
ROMANIA: Bogdan Lobonţ; Cosmin Marius Contra, Răzvan Dincă Raţ, Adrian Iencsi, Cristian Chivu, Matei Mirel Rădoi, Paul Constantin Codrea (65 Zeno Marius Bundea), Daniel Pancu, Ioan Viorel Ganea, Adrian Mutu (86 Miu), Adrian Ilie (78 Florin Costin Şoavă).   Trainer: Anghel Iordănescu
BOSNIA HERZEGOVINA: Kennan Hasagić; Dzemal Berberović (78 Blatnak), Vedin Musić, Muhamed Konjić, Zlatan Bajramović, Mirsad Hibić, Bolić, Mirsad Bešlija (50 Bartolović), Sergej Barbarez, Vladan Grujić, Hrgović.   Trainer: Blaz Slišković
Goals: Mutu (46), Ganea (88)

LUXEMBOURG v DENMARK 0-2 (0-1)
Josy Barthel, Luxembourg   11.06.2003
Referee: Yuri Baskakov (RUS)   Attendance: 6,869
LUXEMBOURG: Alija Besic; Claude Reiter, Ben Federspiel, Manuel Schauls, Jeff Strasser, Sébastien Remy, Fons Leweck, Gregory Molitor, Patrick Posing, Manuel Cardoni, Gordon Braun (71 Marcel Christophe).   Trainer: Allan Simonsen
DENMARK: Thomas Sørensen; Morten Weighorst (53 Røll Larsen), René Henriksen, Martin Laursen, Niclas Jensen, Kasper Bøgelund, Thomas Gravesen, Jesper Grønkjaer (64 Dennis Rommedahl), Claus Jensen, Martin Jørgensen, Ebbe Sand (74 Morten Skoubo).   Trainer: Morten Olsen
Goals: C. Jensen (22), Gravesen (50)

NORWAY v ROMANIA 1-1 (0-0)
Ulleväl, Oslo   11.06.2003
Referee: Lubos Michel (SVK)   Attendance: 24,890
NORWAY: Frode Olsen; André Bergdølmo, Ronny Johnsen, Henning Berg (Cap) (85 Claus Lundekvam), Christer Basma, Frode Johnsen (70 Tore André Flo), John Carew (81 Steffen Iversen), Eirik Bakke, Trond Andersen, Ole Gunnar Solskjaer, John Arne Riise.   Trainer: Nils Johan Semb
ROMANIA: Bogdan Lobonț; Cosmin Marius Contra, Răzvan Dincă Raț, Adrian Mihai Iencsi, Cristian Eugen Chivu, Matei Mirel Rădoi, Florin Costin Șoavă, Daniel Gabriel Pancu (86 Florin Daniel Bratu), Ioan Viorel Ganea, Adrian Mutu, Adrian Bucurel Ilie (46 Alin Tudor Stoica).   Trainer: Anghel Iordănescu
Goals: Ganea (64), Solskjaer (78 pen)

BOSNIA HERZEGOVINA v NORWAY 1-0 (0-0)
Bilino Polje, Zenica   06.09.2003
Referee: Stéphane Bre (FRA)   Attendance: 18,000
BOSNIA HERZEGOVINA: Kennan Hasagić; Emir Spahić, Sasa Papac, Muhamed Konjić, Zlatan Bajramović, Mirsad Hibić, Elvir Bolić, Vladan Grujić, Sergej Barbarez (89 Bulend Biščević), Hasan Salihamidžić (65 Mirsad Bešlija), Vedin Musić (69 Mirko Hrgović).   Trainer: Blaz Slišković
NORWAY: Espen Johnsen; André Bergdølmo, Ronny Johnsen, Henning Berg, Christer Basma, Roar Strand (88 Jan Gunnar Solli), John Carew (73 Tore André Flo), Martin Andresen, Brede Hangeland, Ole Gunnar Solskjaer, John Arne Riise.   Trainer: Nils Johan Semb
Goal: Bajramović (87)

ROMANIA v LUXEMBOURG 4-0 (3-0)
Astra, Ploiești   06.09.2003
Referee: Alon Yefet (ISR)   Attendance: 4,500
ROMANIA: Bogdan Ionuț Lobonț; Flavius Vladimir Stoican, Mihai Adrian Iencsi, Cristian Eugen Chivu (Cap) (46 Florin Costin Șoavă), Răzvan Dincă Raț; Florentin Dumitru, Mirel Matei Rădoi, Daniel Gabriel Pancu (76 Alin Tudor Adi Stoica), Dorinel Ionel Munteanu; Ioan Viorel Ganea, Adrian Mutu (46 Florin Daniel Bratu).   Trainer: Anghel Iordănescu
LUXEMBOURG: Alija Besic; Rene Peters, Manou Schauls, Eric Hoffmann, Ben Federspiel; Alphonse Leweck, Claude Reiter, Jeff Strasser, Sebastien Remy; Gordon Braun (85 Daniel Huss), Manuel Cardoni (Cap) (85 Paul Mannon).
Trainer: Allan Simonsen
Goals: Mutu (39), Pancu (42), Ganea (43), Bratu (78)

**LUXEMBOURG
v BOSNIA HERZEGOVINA 0-1** (0-1)
Josy Barthel, Luxembourg   10.09.2003
Referee: Kostas Kapitanis (CYP)   Attendance: 3,425
LUXEMBOURG: Alija Besic; Rene Peters, Ben Federspiel (55 Gilles Engeldinger), Eric Hoffmann, Jeff Strasser, Sebastien Remy, Manou Schauls, Claude Reiter, Alphonse Leweck, Gordon Braun (22 Paul Mannon), Daniel Huss.
Trainer: Allan Simonsen
BOSNIA HERZEGOVINA: Kennan Hasagić; Emir Spahić, Almir Turković, Muhamed Konjić, Zlatan Bajramović, Mirsad Hibić, Elvir Bolić (62 Mirsad Bešlija), Jasmin Hurić (62 Bulend Biščević), Sergej Barbarez, Hasan Salihamidžić, Mirko Hrgović (78 Sasa Papac).   Trainer: Blaz Slišković
Goal: Barbarez (35)

DENMARK v ROMANIA 2-2 (1-0)
"Parken", København   10.09.2003
Referee: Urs Meier (SWI)   Attendance: 42,049
DENMARK: Thomas Sørensen; Thomas Helveg, Martin Laursen, René Henriksen (Cap), Niclas Jensen; Thomas Gravesen, Morten Weighorst (63 Christian Poulsen), Jesper Grønkjaer (80 Dennis Rommedahl); Martin Jørgensen, Jon Dahl Tomasson (55 Claus Jensen), Ebbe Sand.
Trainer: Morten Olsen
ROMANIA: Bogdan Ionuț Lobonț; Flavius Vladimir Stoican, Mihai Adrian Iencsi, Cristian Eugen Chivu (Cap), Răzvan Dincă Raț; Florentin Dumitru (70 Florin Lucian Cernat), Mirel Matei Rădoi, Dorinel Ionel Munteanu, Daniel Gabriel Pancu; Ioan Viorel Ganea (67 Florin Daniel Bratu), Adrian Mutu (90+2 Alin Tudor Adi Stoica).   Trainer: Anghel Iordănescu
Goals: Tomasson (34 pen), Mutu (62), Pancu (71), Laursen (90+5)

NORWAY v LUXEMBOURG 1-0 (1-0)

Ullevål, Oslo 11.10.2003

Referee: Zsolt Szabo (HUNG)   Attendance: 22,255

NORWAY: Espen Johnsen; John Arne Riise, Claus Lundekvam, Henning Berg, Christer Basma, Roar Strand, Fredrik Winsnes (80 Trond Andersen), Martin Andresen, Tore André Flo (84 Sigurd Rushfeldt), Svindal Larsen, Harald Martin Brattbakk.   Trainer: Nils Johan Semb

LUXEMBOURG: Alija Besic; Rene Peters, Eric Hoffmann, Jeff Strasser, Sebastien Remy, Manou Schauls, Paul Mannon (72 Sven Di Domenico), Alphonse Leweck, Gordon Braun, Daniel Huss, Stephane Gillet.   Trainer: Allan Simonsen

Goal: T.A. Flo (18)

BOSNIA HERZEGOVINA v DENMARK 1-1 (1-1)

Koševo, Sarajevo 11.10.2003

Referee: Graham Barber (ENG)   Attendance: 35,630

BOSNIA HERZEGOVINA: Kennan Hasagić; Emir Spahić (45 Elvir Baljić), Vedin Musić, Muhamed Konjić (80 Mirko Hrgović), Zlatan Bajramović (86 Bulend Biščević), Mirsad Hibić, Elvir Bolić, Vladan Grujić, Sergej Barbarez, Hasan Salihamidzić, Mirsad Bešlija.   Trainer: Blaz Slišković

DENMARK: Thomas Sørensen; Morten Weighorst, René Henriksen (Cap), Martin Laursen, Niclas Jensen (90+3 Per Nielsen), Thomas Helveg, Thomas Gravesen, Jesper Grønkjaer (85 Røll Larsen), Martin Jørgensen (57 Dennis Rommedahl), Jon Dahl Tomasson, Christian Poulsen.
Trainer: Morten Olsen

Sent off: Gravesen (90+2)

Goals: Jørgensen (12), Bolić (39)

	P	W	D	L	F	A	Pts
Denmark	8	4	3	1	15	9	15
Norway	8	4	2	2	9	5	14
Romania	8	4	2	2	21	9	14
Bosnia Herz.	8	4	1	3	7	8	13
Luxembourg	8	0	0	8	0	21	0

GROUP 3

AUSTRIA v MOLDOVA 2-0 (2-0)

Ernst Happel, Wien 07.09.2002

Referee: Stuart Dougal (SCO)   Attendance: 25,114

AUSTRIA: Alex Manninger; Ernst Dospel, Michael Baur, Martin Hiden, Jürgen Panis, René Aufhauser, Markus Schopp (58 Gerd Wimmer), Thomas Flögel, Ivic Vastic (81 Michael Wagner), Andreas Herzog (Cap), Roman Wallner (68 Roland Linz).   Trainer: Johann Hans Krankl

MOLDOVA: Evgeni Hmaruc, Alexandr Covalenco, Radu Rebeja, Ghenadie Olexici, Andrian Sosnovschi, Iurie Priganiuc (68 Vadim Boreţ), Victor Berco (46 Valeri Catînsus), Sergei Rogaciov, Stanislav Ivanov, Serghei Cleşcenco, Evghenie Boicenco (46 Boris Cebotari).   Trainer: Victor Pasulko

Goals: Herzog (4 pen, 30 pen)

HOLLAND v BELARUS 3-0 (2-0)

Philips, Eindhoven 07.09.2002

Referee: Graham Barber (ENG)   Attendance: 34,103

HOLLAND: Edwin van der Sar; Fernando Ricksen, Jaap Stam, Frank de Boer, Boudewijn Zenden, Mark van Bommel, Andy van der Meyde, Phillip Cocu, Ruud van Nistelrooij (69 Jimmy Floyd Hasselbaink), Patrick Kluivert, Edgar Davids (69 Raphael van der Vaart, 81 Michael Reiziger).
Trainer: Dick Advocaat

BELARUS: Valeri Shantalosov (86 Vasiliy Khomutovski); Aleksandr Kulchiy, Andrei Ostrovski, Aliaksandr Lukhvich, Sergei Shtanyuk, Sergei Gurenko, Alexandr Khatskevich (80 Piotr Kachura), Maksim Romashchenko, Sergei Omelyanchuk (75 Vladimir Shuneiko), Aleksandr Gleb, Vitali Kutuzov.
Trainer: Eduard Malofeev

Sent off: Romashchenko (82)

Goals: Davids (34), Kluivert (36), Hasselbaink (72)

MOLDOVA v CZECH REPUBLIC 0-2 (0-0)

Republican, Chişinău 12.10.2002

Referee: Leslie Irvine (NIR)   Attendance: 3,000

MOLDOVA: Evgeni Hmaruc; Alexandr Covalenco, Radu Rebeja, Ghenadie Puşcă, Andrian Sosnovschi, Ghenadie Olexici, Valeri Catînsus, Boris Cebotari, Sergei Rogaciov (71 Alexandru Budanov), Vadim Boreţ (65 Stanislav Ivanov), Serghei Cleşcenco (46 Evghenii Patula).
Trainer: Viktor Pasulko   **Sent off**: Sosnovschi (69)

CZECH REPUBLIC: Petr Cech; Zdenek Grygera, Marek Jankulovski, Rene Bolf, Tomáš Ujfaluši, Tomáš Galásek (55 Jirí Jarošik), Stepan Vachousek (87 Richard Dostálek), Karel Poborský, Jan Koller, Tomáš Rosický (81 Vratislav Lokvenc), Jirí Štajner.   Trainer: Karel Brückner

Goals: Jankulovski (69 pen), Rosický (79)

BELARUS v AUSTRIA 0-2 (0-0)

Dinamo, Minsk   12.10.2002

Referee: Eric Poulat (FRA)   Attendance: 23,000

BELARUS: Gennadi Tumilovich; Aleksandr Kulchiy, Andrii Ostrovski, Alexander Lukhvich, Sergei Shtanyuk, Sergei Gurenko, Alexander Khatskevich, Sergei Yaskovich (51 Sergei Omelyanchuk), Vladimir Shuneiko (64 Roman Vasilyuk), Aleksandr Gleb, Vitali Kutuzov (83 Nikolai Ryndyuk).   Trainer: Eduard Malofeev

AUSTRIA: Alex Manninger, Ernst Dospel, Michael Baur, Martin Hiden, Bozo Kovacevic (90 René Aufhauser), Markus Schopp, Harald Cerny, Thomas Flögel, Roman Wallner (75 Muhammet Akagündüz), Michael Wagner, Volkan Kahraman (82 Andreas Herzog).   Trainer: Johann Hans Krankl

Sent off: Lukkvich (84)

Goals: Schopp (57), Akagündüz (90)

CZECH REPUBLIC v BELARUS 2-0 (2-0)

Na Stínadlech, Teplice   16.10.2002

Referee: Helmut Fleischer (GER)   Attendance: 12,860

CZECH REPUBLIC: Petr Cech; Martin Jiránek (86 Zdenek Grygera), Tomáš Ujfaluši, Tomáš Galásek, Rene Bolf, Marek Jankulovski, Milan Baroš, Karel Poborský, Jan Koller (57 Stepan Vachousek), Tomáš Rosický (90 Jirí Jarošik), Pavel Nedved.   Trainer: Karel Brückner

BELARUS: Gennadi Tumilovich; Aleksandr Kulchiy, Vladimir Shuneiko (46 Sergei Omelyanchuk), Aliaksandr Khrapkouski, Sergei Shtanyuk, Sergei Gurenko, Alexander Khatskevich, Sergei Yashkovich (26 Andrei Lavrik), Maxym Romashchenko, Aleksandr Gleb (70 Nikolai Ryndyuk), Vitali Kutuzov.   Trainer: Eduard Malofeev

Goals: Poborský (6), Baroš (23)

AUSTRIA v HOLLAND 0-3 (0-3)

Ernst Happel, Wien   16.10.2002

Referee: Pierluigi Collina (ITA)   Attendance: 46,300

AUSTRIA: Alex Manninger; Ernst Dospel, Michael Baur, Martin Hiden, Michael Wagner, Markus Schopp, Harald Cerny, Thomas Flögel, Roman Wallner (80 Paul Scharner), Andreas Herzog (46 René Aufhauser), Markus Weissenberger (76 Muhammet Akagündüz).   Trainer: Johann Hans Krankl

HOLLAND: Edwin van der Sar; Fernando Ricksen, Jaap Stam, Frank de Boer, Boudewijn Zenden (69 Wilfred Bouma), Mark van Bommel (77 Ronald de Boer), Clarence Seedorf, Philip Cocu, Roy Makaay (80 Jimmy Floyd Hasselbaink), Patrick Kluivert, Edgar Davids.   Trainer: Dick Advocaat

Sent off: Hiden (77)

Goals: Seedorf (16), Cocu (20), Makaay (30)

BELARUS v MOLDOVA 2-1 (1-1)

Dinamo, Minsk   29.03.2003

Referee: Johan Verbist (BEL)   Attendance: 8,000

BELARUS: Gennadi Tumilovich; Aleksandr Kulchiy, Andrei Ostrovski, Sergei Omelyanchuk, Andrei Lavrik, Sergei Gurenko, Alexander Khatskevich, Valentin Belkevich, Vladimir Shuneiko, Aleksandr Gleb (80 Maksim Romashchenko), Vitali Kutuzov (88 Denis Kovba).   Trainer: Eduard Malofeev

MOLDOVA: Evgeni Hmaruc; Alexandr Covalenco, Radu Rebeja, Ion Testimiţanu, Valeri Catînsus, Iurie Priganiuc, Serghei Covalciuc, Ghenadie Olexici, Serghei Rogaciov (26 Alexandru Popovici, 62 Victor Berco), Boris Cebotari (80 Alexandru Golban), Serghei Cleşcenco.
Trainer: Viktor Pasulko

Goals: Cebotari (14), Kutuzov (43), Gurenko (58)

HOLLAND v CZECH REPUBLIC 1-1 (0-0)

Feyenoord, Rotterdam   29.03.2003

Referee: Kim Milton Nielsen (DEN)   Attendance: 51,480

HOLLAND: Ronald Waterreus; Fernando Ricksen, Jaap Stam, Frank de Boer, Giovanni van Bronckhorst (40 Rafael van der Vaart), Clarence Seedorf, Mark van Bommel, Edgar Davids, Boudewijn Zenden, Ruud van Nistelrooij (81 Roy Makaay), Patrick Kluivert.   Trainer: Dick Advocaat

CZECH REPUBLIC: Petr Cech; Zdenek Grygera, Tomáš Ujfaluši, Tomáš Galásek, Rene Bolf, Marek Jankulovski, Vladimír Šmicer (79 Martin Jiránek), Tomáš Rosický (68 Milan Baroš), Pavel Nedved, Karel Poborský, Jan Koller (88 Vratislav Lokvenc).   Trainer: Karel Bruckner

Goals: van Nistelrooij (46), Koller (68)

CZECH REPUBLIC v AUSTRIA 4-0 (2-0)

Letná, Praha   02.04.2003

Referee: Antonio Jesus LOPEZ NIETO (SPA)   Att: 21,472

CZECH REPUBLIC: Petr Cech; Zdenek Grygera, Tomáš Ujfaluši, Tomáš Galásek, Rene Bolf, Marek Jankulovski, Vladimír Šmicer (63 Tomáš Rosický), Karel Poborský, Jan Koller (79 Vratislav Lokvenc), Pavel Nedved (74 Stepan Vachousek), Milan Baroš.   Trainer: Karel Bruckner

AUSTRIA: Thomas Mandl; Paul Scharner, Mario Hieblinger, Stranzl, Emanuel Pogatetz, René Aufhauser, Markus Schopp, Thomas Flögel, Mario Haas (63 Ernst Dospel), Andreas Herzog (53 Bozo Kovacevic), Markus Weissenberger.
Trainer: Johann Hans Krankl

Sent off: Kovacevic (56)

Goals: Nedved (19), Koller (32, 62), Jankulovski (57 pen)

MOLDOVA v HOLLAND 1-2 (1-1)
Sheriff, Tiraspol   02.04.2003
Referee: Alain Sars (FRA)   Attendance: 12,500
MOLDOVA: Evgeni Hmaruc; Alexandru Covalenco, Ghenadie Olexici, Ion Testimiţanu, Valeri Catînsus, Iurie Priganiuc, Serghei Covalciuc (80 Victor Berco), Stanislav Ivanov, Vadim Boreţ, Boris Cebotari (86 Serghei Pogreban), Serghei Cleşcenco (63 Alexandru Golban).
Trainer: Viktor Pasulko
HOLLAND: Ronald Waterreus; Michael Reiziger, Jaap Stam (63 Fernando Ricksen), Frank de Boer, Mark van Bommel, Edgar Davids, Clarence Seedorf (67 Ronald de Boer), Rafael van der Vaart (75 Pierre van Hooijdonk), Ruud van Nistelrooij, Patrick Kluivert, Boudewijn Zenden.   Trainer: Dick Advocaat
Goals: Boreţ (17), van Nistelrooij (37), van Bommel (84)

CZECH REPUBLIC v MOLDOVA 5-0 (1-0)
Ander, Olomouc   11.06.2003
Referee: Kristinn Jakobsson (ICE)   Attendance: 12,100
CZECH REPUBLIC: Petr Cech; Zdenek Grygera, Tomáš Ujfaluši, Tomáš Galásek, Rene Bolf, Marek Jankulovski, Vladimír Šmicer (59 Milan Baroš), Karel Poborský (65 Štajner), Jan Koller (80 Vratislav Lokvenc), Tomáš Rosický, Pavel Nedved.   Trainer: Karel Bruckner
MOLDOVA: Evgenii Hmaruc, Serghei Covalenco, Ghenadie Olexici, Ivan Testemiţanu, Valeriu Catînsus, Iurie Priganiuc, Serghei Covalciuc (83 Pogreban), Stanislav Ivanov, Vadim Boreţ, Cebotari (76 Viorel Frunză), Serghei Rogaciov (76 Eugen Patula).   Trainer: Viktor Pasulko
Sent off: Priganiuc (79)
Goals: Šmicer (41), Koller (73 pen), Štajner (82), Lokvenc (88, 90)

MOLDOVA v AUSTRIA 1-0 (0-0)
Sheriff, Tiraspol   07.06.2003
Referee: Joaquim Paulo PARATY DA SILVA (POR)
Attendance: 2,000
MOLDOVA: Evgenii Hmaruc; Boris Cebotari, Ghenadie Olexici, Ivan Testimiţanu, Valeriu Catînsus, Iurie Priganiuc, Serghei Covalciuc, Stanislav Ivanov, Vadim Boreţ (68 Liviu Andriuţă), Viorel Frunză (85 Eduard Valuta), Serghei Rogaciov (78 Eugen Patula).   Trainer: Viktor Pasulko
AUSTRIA: Thomas Mandl; Paul Scharner (80 Thomas Eder), Anton Ehmann, Ernst Dospel (56 Harald Cerny), Martin Stranzl, René Aufhauser, Markus Schopp, Thomas Flögel, Mario Haas, Michael Wagner (70 Roman Wallner), Roland Kirchler.   Trainer: Johann Hans Krankl
Goal: Frunză (60)

AUSTRIA v BELARUS 5-0 (1-0)
Tivoli Neu, Innsbruck   11.06.2003
Referee: Peter Fröjdfeldt (SWE)   Attendance: 8,100
AUSTRIA: Thomas Mandl (86 Payer); Paul Scharner, Anton Ehmann, Ernst Dospel, Martin Stranzl (46 Hieblinger), René Aufhauser, Cerny, Thomas Flögel, Mario Haas (61 Wallner), Michael Wagner, Roland Kirchler.
Trainer: Johann Hans Krankl
BELARUS: Gennadi Tumilovich; Aleksandr Kulchiy, Andrei Ostrovski, Lukhvich, Shtanyuk (66 Khrapkouski), Sergei Gurenko, Omelyanchuk, Valentin Belkevich (55 Kovba), Maksim Romashchenko, Andrei Lavrik, Vitali Kutuzov (46 Vasilyuk).   Trainer: Eduard Malofeev
Goals: Aufhauser (33), Haas (47), Kirchler (53), Wallner (62), Cerny (70)

BELARUS v HOLLAND 0-2 (0-0)
Dinamo, Minsk   07.06.2003
Referee: Tom Henning Ovrebo (NOR)   Attendance: 28,500
BELARUS: Gennadi Tumilovich; Aleksandr Kulchiy, Andrei Ostrovski, Lukhvich, Shtanyuk (90+1 Omelyanchuk), Sergei Gurenko, Vladimir Shuneiko (75 Kovba), Valentin Belkevich, Maksim Romashchenko (51 Gleb), Andrei Lavrik, Vitali Kutuzov.   Trainer: Eduard Malofeev
HOLLAND: van der Sar; Michael Reiziger (46 Bosvelt), Jaap Stam, Frank de Boer, van Bronckhorst (61 Overmars), Mark van Bommel, Clarence Seedorf, Cocu, Ruud van Nistelrooij (75 van der Vaart), Patrick Kluivert, Boudewijn Zenden.
Trainer: Dick Advocaat
Goals: Overmars (62), Kluivert (68)

HOLLAND v AUSTRIA 3-1 (1-1)
Feyenoord, Rotterdam   06.09.2003
Referee: Eric Poulat (FRA)   Attendance: 48,000
HOLLAND: Edwin van der Sar; Michael Reiziger, Jaap Stam, Frank de Boer, Boudewijn Zenden (46 Marc Overmars), Phillip Cocu, Andy van der Meyde (71 Arjen Robben), Mark van Bommel, Patrick Kluivert, Rafael van der Vaart (83 Ronald Waterreus), Edgar Davids (46 Pierre van Hooijdonk).
Trainer: Dick Advocaat
AUSTRIA: Thomas Mandl; Martin Hiden, Anton Ehmann, Emanuel Pogatetz, Ernst Dospel, René Aufhauser, Markus Schopp, Thomas Flögel, Edi Glieder (65 Roland Kirchler), Andreas Ivanschitz, Roland Kollmann (65 Mario Haas).
Trainer: Johann Hans Krankl
Goals: van der Vaart (29), Pogatetz (32), Kluivert (60), Cocu (62)

BELARUS v CZECH REPUBLIC 1-3 (1-1)

Dinamo, Minsk   06.09.2003

Referee: Thomas Michael McCurry (SCO)
Attendance: 28,000

BELARUS: Gennadi Tumilovich; Aleksandr Kulchiy, Andrei Ostrovski, Aleksandr Lukhvich, Siarhei Shtanyuk, Sergei Gurenko (82 Vitali Volodenkov), Rauneika (90+3 Aliaksandr Khrapkouski), Vitali Kutuzov (56 Aleksandr Gleb), Maksim Romashchenko, Geraschenko, Bulyga.
Trainer: Eduard Malofeev

CZECH REPUBLIC: Petr Cech; Zdenek Grygera, Tomáš Ujfaluši, Rene Bolf, Marek Jankulovski, Karel Poborský, Jan Koller, Tomáš Rosický (83 Stepan Vachousek), Pavel Nedved, Milan Baroš (66 Tomáš Hübschman), Roman Týce (35 Vladimír Šmicer).   Trainer: Karel Bruckner

Goals: Bulyga (14), Nedved (37), Baroš (54), Šmicer (85)

CZECH REPUBLIC v HOLLAND 3-1 (2-0)

Toyota Arena, Praha   10.09.2003

Referee: Lucilio CARDOSO CORTEZ BATISTA (POR)
Attendance: 18,356

CZECH REPUBLIC: Petr Cech; Zdenek Grygera (25 Tomáš Hübschman), Tomáš Ujfaluši, Tomáš Galásek, Rene Bolf, Vladimír Šmicer (81 Stepan Vachousek), Karel Poborský, Jan Koller, Tomáš Rosický (60 Milan Baroš), Pavel Nedved, Martin Jiránek.   Trainer: Karel Bruckner

HOLLAND: Edwin van der Sar; Michael Reiziger, Jaap Stam, Frank de Boer (46 André Ooijer), Phillip Cocu, Mark van Bommel, Marc Overmars (20 Paul Bosvelt), Edgar Davids, Ruud van Nistelrooij (71 Pierre van Hooijdonk), Patrick Kluivert, Rafael van der Vaart.   Trainer: Dick Advocaat

Sent off: Davids (14)

Goals: Koller (15 pen), Poborský (38), van der Vaart (62), Baroš (90+4)

MOLDOVA v BELARUS 2-1 (1-0)

Sheriff, Tiraspol   10.09.2003

Referee: Dejan Delević (YUG)   Attendance: 7,000

MOLDOVA: Evgeni Hmaruc; Alexandru Covalenco (74 Alexei Savinov), Ghenadie Olexici (69 Vadim Boreţ), Victor Barîşev, Valeri Catînsus, Eduard Valuta, Sergei Covalciuc, Stanislav Ivanov, Serghei Rogaciov, Boris Cebotari, Sergei Dadu (67 Serghei Cleşcenco).   Trainer: Viktor Pasulko

BELARUS: Gennadi Tumilovich; Aleksandr Kulchiy, Andrei Ostrovski, Aleksandr Lukhvich, Siarhei Shtanyuk (42 Sergei Omelyanchuk), Sergei Gurenko, Rauneika, Gerashchenko, Bulyga, Maksim Romashchenko (63 Roman Vasilyuk), Vitali Kutuzov (50 Vitali Volodenkov).   Trainer: Eduard Malofeev

Goals: Dadu (26), Covalciuc (88), Vasilyuk (90 pen)

HOLLAND v MOLDOVA 5-0 (1-0)

Philips, Eindhoven   11.10.2003

Referee: Zeljko Sirić (CRO)   Attendance: 25,000

HOLLAND: Edwin van der Sar; Michael Reiziger, Jaap Stam (32 Roy Makaay), André Ooijer, Giovanni van Bronckhorst, Phillip Cocu, Andy van der Meyde, Sneijder, Patrick Kluivert (70 Pierre van Hooijdonck), Rafael van der Vaart, Marc Overmars (64 Arjen Robben).   Trainer: Dick Advocaat

MOLDOVA: Evgeni Hmaruc; Alexandru Covalenco (62 Ivan Testimiţanu), Alexei Savinov, Eduard Valuta, Valeri Catînsus, Iurie Priganiuc, Sergei Covalciuc, Stanislav Ivanov (81 Iuri Miterev), Victor Barîşev, Boris Cebotari, Sergei Dadu (74 Alexandru Golban).   Trainer: Viktor Pasulko

Goals: Kluivert (43), Sneijder (50), van Hooijdonk (73 pen), van der Vaart (79), Robben (88)

AUSTRIA v CZECH REPUBLIC 2-3 (0-1)

Ernst Happel, Wien   11.10.2003

Referee: Giorgos Kasnaferis (GRE)   Attendance: 32,350

AUSTRIA: Thomas Mandl; Standfest, Martin Stranzl, Martin Hiden, Emanuel Pogatetz, Muhammet Akagündüz, Markus Schopp, Thomas Flögel (67 Michael Wagner), Edi Glieder (67 Ernst Dospel), Andreas Ivanschitz, Mario Haas (76 Roland Linz).   Trainer: Johann Hans Krankl

CZECH REPUBLIC: Petr Cech; Petrouš, Tomáš Galásek, Rene Bolf, Marek Jankulovski (82 Vorisek), Heinz (67 Jan Koller), Jirí Štajner, Pavel Nedved, Vratislav Lokvenc, Stepan Vachousek, Martin Jiránek (41 Roman Týce).
Trainer: Karel Bruckner

Sent off: Schopp (65)

Goals: Jankulovski (26), Haas (49), Ivanschitz (77), Vachousek (78), Koller (90+2)

	P	W	D	L	F	A	Pts
Czech Republic	8	7	1	0	23	5	22
Holland	8	6	1	1	20	6	19
Austria	8	3	0	5	12	14	9
Moldova	8	2	0	6	5	19	6
Belarus	8	1	0	7	4	20	3

GROUP 4

SAN MARINO v POLAND 0-2 (0-0)
Serravalle   07.09.2002

Referee: Paul McKeon (IRE)   Attendance: 2,210

SAN MARINO: Federico Gasperoni; Miko Gennari, Mauro Marani, Nicola Albani, Ivan Matteoni, Simone Bacciocchi, Lorenzo Moretti (70 Ermanno Zonzini), Michele Marani, Andrea Ugolini (78 Marco de Luigi), Andy Selva, Damiano Vannucci (83 Roberto Selva).   Trainer: Giampaolo Mazza

POLAND: Pawel Kowalewski, Arkadiusz Glowacki, Mariusz Kukielka, Kamil Kosowski, Tomasz Kos, Jacek Bak, Pawel Kaczorowski, Artur Wichniarek (46 Tomasz Dawidowski), Maciej Zurawski, Radoslaw Kaluzny (60 Marcin Zewlakow), Emmanuel Olisadebe (80 Mariusz Lewandowski).
Trainer: Zbigniew Boniek

Goals: Kaczorowski (75), Kukielka (88)

LATVIA v SWEDEN 0-0
Skonto, Riga   07.09.2002

Referee: Frank de Bleeckere (BEL)   Attendance: 8,207

LATVIA: Aleksandrs Kolinko; Igors Stepanovs, Vitalijs Astafjevs, Mihails Zemlinskis, Juris Laizans, Oleg Blagonadezdins, Aleksandrs Isakovs, Imants Bleidelis, Maris Pahars (80 Andrejs Štolcers), Andrejs Rubins, Maris Verpakovskis.   Trainer: Aleksandrs Starkovs

SWEDEN: Magnus Hedman; Olof Mellberg, Andreas Jakobsson, Michael Svensson, Tomas Antonelius, Tobias Linderoth, Niclas Alexandersson, Pontus Farnerud (56 Mattias Jonson), Magnus Svensson (79 Johansson), Marcus Allbäck, Zlatan Ibrahimovic (65 Kim Källström).
Trainer: Lars Lagerbäck

SWEDEN v HUNGARY 1-1 (0-1)
Råsunda, Solna   12.10.2002

Referee: Wolfgang Stark (GER)   Attendance: 35,084

SWEDEN: Andreas Isaksson; Olof Mellberg, Andreas Jakobsson, Michael Svensson, Tomas Antonelius (67 Mattias Jonson), Tobias Linderoth, Niclas Alexandersson (59 Kim Källström), Anders Svensson, Fredrik Ljungberg, Andreas Andersson, Zlatan Ibrahimovic (78 Marcus Allbäck).
Trainer: Lars Lagerbäck

HUNGARY: Gábor Király; Csaba Fehér, Attila Dragóner, Zsolt Löw, Gábor Gyepes, Flórián Urbán, Attila Tököli (59 Miklós Fehér), Pál Dárdai, Krisztián Kenesei (70 Zoltán Gera), Krisztián Lisztes, Péter Lipcsei.   Trainer: Imre Gellei

Goals: Kenesei (5), Ibrahimovic (76)

POLAND v LATVIA 0-1 (0-1)
Wojska Polskiego, Warszawa   12.10.2002

Referee: Massimo Busacca (SWI)   Attendance: 12,000

POLAND: Jerzy Dudek; Krzysztof Ratajczyk, Mariusz Kukielka, Michal Zewlakow (46 Lukasz Surma), Jacek Zielinski, Tomasz Hajto, Tomasz Dawidowski, Artur Wichniarek (46 Marcin Zewlaow), Maciej Zurawski, Mariusz Lewandowski, Kamil Kosowski (63 Marcin Mieciel).
Trainer: Zbigniew Boniek

LATVIA: Aleksandrs Kolinko; Igors Stepanovs, Vitalis Astafjevs, Mihails Zemlinskis, Juris Laizans, Oleg Blagonadezdins, Aleksandrs Isakovs, Imants Bleidelis, Marians Pahars (59 Andrejs Prohorenkovs), Andrejs Rubins, Maris Verpakovskis (89 Andrejs Štolcers).
Trainer: Aleksandrs Starkovs

Goal: Laizans (29)

HUNGARY v SAN MARINO 3-0 (0-0)
Megyeri úti, Budapest   16.10.2002

Referee: Gylfi Thor Orrason (ICE)   Attendance: 8,000

HUNGARY: Gábor Király; Csaba Fehér, Attila Dragóner, Zsolt Löw, Gábor Gyepes, Flórián Urbán, Attila Tököli, Pál Dárdai (78 Miklós Fehér), Krisztián Kenesei (46 Zoltán Gera), Krisztián Lisztes (84 Vasile Miriuță), Péter Lipcsei.
Trainer: Imre Gellei

SAN MARINO: Federico Gasperoni; Miko Gennari, Carlo Valentini (81 Ermanno Zonzini), Nicola Albani, Luca Gobbi, Simone Bacciocchi, Lorenzo Moretti (55 Roberto Selva), Michele Marani, Riccardo Muccioli (73 Paolo Montagna), Andy Selva, Damiano Vannucci.   Trainer: Giampaolo Mazza

Goals: Gera (49, 60, 85)

SAN MARINO v LATVIA 0-1 (0-0)
Olimpico, Serravalle   20.11.2002

Referee: Asim Khudiev (AZE)   Attendance: 600

SAN MARINO: Federico Gasperoni, Carlo Valentini, Miko Gennari (86 Nicola Albani), Simone Bacciocchi, Ivan Matteoni, Luca Gobbi, Riccardo Muccioli, Michele Marani (53 Ermanno Zonzini), Paolo Montagna (59 Marco de Luigi), Andy Selva, Damiano Vannucci.   Trainer: Giampaolo Mazza

LATVIA: Aleksandrs Kolinko; Igors Stepanovs, Vitalijs Astafjevs, Mihails Zemlinskis, Vladimir Kolesnicenko (57 Andrejs Prohorenkovs), Oleg Blagonadezdins, Aleksandrs Isakovs, Imants Bleidelis (46 Andrejs Štolcers), Marians Pahars, Andrey Rubins, Maris Verpakovskis (63 Mikhail Mikholaps).   Trainer: Aleksandrs Starkovs

Goal: C. Valentini (89 og)

POLAND v HUNGARY 0-0
National Slaski, Chorzów   29.03.2003
Referee: Massimo de Santis (ITA)   Attendance: 49,000
POLAND: Jerzy Dudek; Miroslaw Szymkowiak, Maciej Stolarczyk, Kamil Kosowski, Jacek Bak, Piotr Swierczewski, Tomasz Hajto, Marcin Kuzba, Radoslaw Kaluzny, Emmanuel Olisadebe, Marcin Zajac (72 Tomasz Dawidowski).
Trainer: Zbigniew Boniek

HUNGARY: Gábor Király; Csaba Fehér, Flórián Urbán, Attila Dragóner, Tamás Juhár, Péter Lipcsei, Pál Dárdai, Krisztián Lisztes, Zsolt Löw, Attila Tököli (84 Zoltán Böör), Krisztián Kenesei (69 Jozsef Sebök).   Trainer: Imre Gellei

POLAND v SAN MARINO 5-0 (2-0)
Mosir, Ostrowiec Swietokrzyski   02.04.2003
Referee: Loizos Loizou (CYP)   Attendance: 6,000
POLAND: Jerzy Dudek; Burkhadt, Jacek Zielinski, Miroslaw Sznaucer, Kamil Kosowski, Jacek Bak (64 Wasilewski), Miroslaw Szymkowiak, Zajac (46 Bartosz Karwan), Maciej Zurawski, Marcin Kuzba, Emmanuel Olisadebe (39 Jacek Krzynówek).   Trainer: Pawel Janas

SAN MARINO: Federico Gasperoni, Ermanno Zonzini (68 Brian Gasperoni), Mauro Marani, Simone Bacciocchi, Ivan Matteoni, Nicola Albani, Lorenzo Moretti, Riccardo Muccioli, Paolo Montagna (76 Marco de Luigi), Andy Selva (90 Andrea Ugolini), Damiano Vannucci.   Trainer: Giampaolo Mazza

Goals: Szymkowiak (4), Kosowski (26), Kuzba (54, 90+3), Karwan (81)

HUNGARY v SWEDEN 1-2 (0-1)
Ferénc Puskas, Budapest   02.04.2003
Referee: Lucilio CARDOSO CORTEZ BATISTA (POR)
Attendance: 28,000
HUNGARY: Gábor Király; Csaba Fehér, Attila Dragóner, Zsolt Löw, Tamás Juhár, Flórián Urbán (61 László Bodnár), Attila Tököli (67 József Sebök), Pál Dárdai, Krisztián Kenesei, Krisztián Lisztes, Péter Lipcsei (79 Zoltán Böör).
Trainer: Imre Gellei

SWEDEN: Andreas Isaksson; Teddy Lucic, Olof Mellberg, Michael Svensson, Erik Edman, Johan Mjällby, Andreas Andersson, Anders Svensson (61 Kim Källström), Fredrik Ljungberg, Marcus Allbäck (90+2 Matias Jonson), Henrik Larsson.   Trainer: Lars Lagerbäck

Goals: Allbäck (34, 66), Lisztes (65)

LATVIA v SAN MARINO 3-0 (2-0)
Skonto, Riga   30.04.2003
Referee: Hubert Byrne (IRE)   Attendance: 7,500
LATVIA: Aleksandrs Kolinko; Igors N. Stepanovs, Zirnis, Mihails Zemlinskis, Juris Laizans, Andrejs Prohorenkovs, Aleksandrs Isakovs, Imants Bleidelis (83 Viktors Dobrecovs), Maris Verpakovskis (60 Vits Rimkus), Andrey Rubins, Mikhail Mikholaps (78 Andrejs Štolcers).
Trainer: Aleksandrs Starkovs

SAN MARINO: Federico Gasperoni, Federico Valentini, Gennari, Simone Bacciocchi, Ivan Matteoni, Nicola Albani, Riccardo Muccioli (90 Brian Gasperoni), Mauro Marani, Paolo Montagna (64 de Luigi), Andy Selva, Damiano Vannucci.
Trainer: Giampaolo Mazza

Goals: Prohorenkovs (9), Bleidelis (20, 74)

HUNGARY v LATVIA 3-1 (0-1)
Ferénc Puskas, Budapest   07.06.2003
Referee: Markus Merk (GER)   Attendance: 5,000
HUNGARY: Zoltán Vegh; Csaba Fehér, Attila Dragóner (38 Zoltán Gera), Zsolt Löw, Tamás Juhár, Flórián Urbán, Imre Szabics, Pál Dárdai, Krisztián Kenesei (64 Miklos Lendvai), Krisztián Lisztes (77 Zoltán Böör), Péter Lipcsei.
Trainer: Imre Gellei

LATVIA: Aleksandrs Kolinko; Igors N. Stepanovs, Vitalijs Astafjevs (76 Igors Semjonovs), Mihails Zemlinskis, Juris Laizans, Olegs Blagonadezdins, Aleksandrs Isakovs, Imants Bleidelis (78 Andrejs Štolcers), Maris Verpakovskis, Andrey Rubins, Valentins Lobanovs (73 Mihails Miholaps).
Trainer: Aleksandrs Starkovs

Sent off: Juhár (61)

Goals: Verpakovskis (38), Szabics (51, 58), Gera (87)

SAN MARINO v SWEDEN 0-6 (0-1)
Seravalle   07.06.2003
Referee: Dejan Delević (SRBM)   Attendance: 2,184
SAN MARINO: Federico Gasperoni, Carlo Valentini (66 Zonzini), Gennari, Nicola Albani, Simone Bacciocchi, Ivan Matteoni, Brian Gasperoni, Moretti (86 Roberto Selva), Paolo Montagna, Andy Selva, Damiano Vannucci (77 de Luigi).
Trainer: Giampaolo Mazza

SWEDEN: Andreas Isaksson; Teddy Lucic, Olof Mellberg, Andreas Jakobsson, Erik Edman, Johan Mjällby (73 Andreas Johansson), Andreas Andersson, Kim Källström (57 Anders Svensson), Fredrik Ljungberg (73 Mikael Nilsson), Marcus Allbäck, Matias Jonson.   Trainer: Lars Lagerbäck

Goals: Jonson (16, 60, 70), Allbäck (49, 85), Ljungberg (55)

SWEDEN v POLAND 3-0 (2-0)
Råsunda, Solna   11.06.2003
Referee: Gilles Veissiere (FRA)   Attendance: 35,220
SWEDEN: Andreas Isaksson; Teddy Lucic (87 Michael Svensson), Olof Mellberg, Andreas Jakobsson, Erik Edman; Mikael Nilsson, Johan Mjällby, Anders Svensson, Fredrik Ljungberg; Marcus Allbäck, Matias Jonson (69 Magnus Svensson).   Trainer: Lars Lagerbäck

POLAND: Jerzy Dudek; Marcin Baszczyński (46 Tomasz Kłos), Tomasz Hajto, Jacek Bąk, Maciej Stolarczyk; Tomasz Dawidowski, Mirosław Szymkowiak (76 Marcin Burkhardt), Tomasz Zdebel, Kamil Kosowski (64 Marcin Zając), Jacek Krzyńowek; Artur Wichniarek.   Trainer: Paweł Janas
Goals: Anders Svensson (15, 70), Allbäck (43)

SWEDEN v SAN MARINO 5-0 (1-0)
Ullevi, Göteborg   06.09.2003
Referee: Stefan Messner (AUS)   Attendance: 31,098
SWEDEN: Andreas Isaksson; Teddy Lucic, Olof Mellberg, Michael Svensson, Erik Edman; Andreas Jakobsson (64 Tobias Linderoth), Mikael Nilsson, Anders Svensson (64 Andreas Johansson), Kim Källström, Zlatan Ibrahimovic, Mattias Jonson (72 Niklas Skoog).   Trainer: Lars Lagerbäck

SAN MARINO: Federico Gasperoni, Carlo Valentini, Mirko Gennari (25 Luca Nanni), Nicola Albani, Simone Bacciocchi, Ivan Matteoni, Michele Marani, Lorenzo Moretti (84 Roberto Selva), Paolo Montagna, Gasperoni (8 Ermanno Zonzini), Damiano Vannucci.   Trainer: Giampaolo Mazza
Goals: Jonson (32), Jakobsson (48), Ibrahimovic (53, 81), Källström (66 pen)

SAN MARINO v HUNGARY 0-5 (0-2)
Serravalle   11.06.2003
Referee: Kenneth William Clark (SCO)   Attendance: 1,000
SAN MARINO: Federico Gasperoni; Carlo Valentini, Michele Marani, Nicola Albani, Simone Bacciocchi, Ivan Matteoni, Brian Gasperoni, Ermanno Zonzini, Marco de Luigi (73 Paulo Montagna), Andy Selva, Damiano Vannucci (65 Manolo Gennari).   Trainer: Giampaolo Mazza

HUNGARY: Zoltán Vegh; Bodog, Attila Dragóner, Zsolt Löw, Tamás Szekeres (55 Akos Füzi), Péter Lipcsei (73 Miklos Lendvai), Imre Szabics, Pál Dárdai (78 Gábor Zavadszky), Krisztián Kenesei, Krisztián Lisztes, Zoltán Böör.   Trainer: Imre Gellei
Goals: Böör (5), Lisztes (21, 81), Kenesei (60), Szabics (77)

POLAND v SWEDEN 0-2 (0-2)
Slaski, Chorzów   10.09.2003
Referee: Michael Riley (ENG)   Attendance: 20,000
POLAND: Jerzy Dudek; Tomasz Klos, Radoslaw Sobolewski, Michal Zewlakov, Miroslaw Szymkowiak, Jacek Bak, Tomasz Hajto, Jacek Krzynówek (69 Kamil Kosowski), Mariusz Lewandowski, Marek Saganowski (65 Grzegorz Rasiak), Maciej Zurawski (74 Pawel Kryszalowicz).   Trainer: Pawel Janas

SWEDEN: Andreas Isaksson; Teddy Lucic, Olof Mellberg, Michael Svensson, Erik Edman; Andreas Jakobsson, Mikael Nilsson, Anders Svensson, Fredrik Ljungberg, Marcus Allbäck (89 Zlatan Ibrahimovic), Mattias Jonson (86 Andreas Andersson).   Trainer: Lars Lagerbäck
Sent off: Hajto (63)
Goals: Nilsson (3), Mellberg (37)

LATVIA v POLAND 0-2 (0-2)
Skonto, Riga   06.09.2003
Referee: Kyros Vassaras (GRE)   Attendance: 8,207
LATVIA: Aleksandrs Kolinko; Aleksandrs Isakovs, Mihails Zemlinskis, Igors Stepanovs, Olegs Blagonadeżdins; Imants Bleidelis, Juris Laizans, Valentins Lobanovs, Andrejs Rubins (77 Igors Semjonovs); Maris Verpakovskis (82 Andrejs Stolcers), Andrejs Prohorenkovs (80 Vits Rimkus).   Trainer: Aleksadrs Starkovs

POLAND: Jerzy Dudek; Tomasz Kłos, Tomasz Hajto, Jacek Bąk, Krzysztof Ratajczyk; Mariusz Lewandowski (68 Kamil Kosowski), Mirosław Szymkowiak (88 Tomasz Zdebel), Radosław Sobolewski, Jacek Krzynówek; Maciej Żurawski, Paweł Kryszałowicz (46 Marek Saganowski).   Trainer: Paweł Janas
Sent off: Laizans (60)
Goals: Szymkowiak (36), Klos (39)

LATVIA v HUNGARY 3-1 (2-0)
Skonto, Riga   10.09.2003
Referee: Claus Bo Larsen (DEN)   Attendance: 7,500
LATVIA: Aleksandrs Kolinko; Igors N. Stepanovs, Vitalis Astafjevs, Mihails Zemlinskis, Valentins Lobanovs, Olegs Blagonadezdins, Dzintars Zirnis, Imants Bleidelis, Maris Verpakovskis (89 Vladimirs Kolesnicenko), Andrey Rubins, Vits Rimkus (76 Igors Semjonovs).   Trainer: Aleksandrs Starkovs

HUNGARY: Gábor Kiraly; Csaba Fehér (46 Tamás Szekeres), Attila Dragóner, Zsolt Löw (46 Zoltán Böör), Tamás Juhár, Péter Lipcsei, Imre Szabics, Pál Dárdai, Miklós Fehér, Krisztián Lisztes, Zoltán Gera (85 Zoltán Kovács).   Trainer: Imre Gellei
Goals: Verpakovskis (38, 51), Astafjevs (42), Lisztes (53)

SWEDEN v LATVIA 0-1 (0-1)

Råsunda, Solna   11.10.2003

Referee: Massimo de Santis (ITA)   Attendance: 32,095

SWEDEN: Andreas Isaksson; Teddy Lucic (46 Mikael Dorsin), Olof Mellberg, Michael Svensson, Andreas Andersson (81 Andreas Johansson), Andreas Jakobsson, Mikael Nilsson, Anders Svensson, Kim Källström (64 Zlatan Ibrahimovic), Marcus Allbäck, Mattias Jonson.   Trainer: Lars Lagerbäck

LATVIA: Aleksandrs Kolinko; Igors N. Stepanovs, Vitalis Astafjevs, Mihails Zemlinskis, Valentins Lobanovs, Olegs Blagonadezdins, Dzintars Zirnis, Imants Bleidelis, Maris Verpakovskis (88 Andrejs Štolcers), Andrey Rubins (81 Jurgis Pucinskis), Vits Rimkus (74 Aleksandrs Isakovs). Trainer: Aleksandrs Starkovs

Sent off: Zirnis (72)

Goal: Verpakovskis (22)

HUNGARY v POLAND 1-2 (0-1)

Ferénc Puskas, Budapest   11.10.2003

Referee: Manuel Enrique Mejuto Gonzalez (SPA) Att: 15,500

HUNGARY: Gábor Kiraly; Tamas Bodog, Attila Dragóner, Tamas Juhár, Zoltán Böör, Peter Lipcsei (46 Zoltán Gera), Krisztian Lisztes, Pal Dárdai, Akos Füzi; Miklós Fehér (64 Krisztian Kenesei), Imre Szabics.   Trainer: Imre Gellei

POLAND: Jerzy Dudek; Tomasz Klos, Jacek Bak, Tomasz Rzasa; Jacek Krzynówek, Sebastian Mila (52 Kamil Kosowski), Radoslaw Sobolewski, Miroslaw Szymkowiak (85 Mariusz Lewandowski), Michal Zewlakow; Andrzej Niedzielan (88 Marek Saganowski), Grzegorz Rasiak.   Trainer: Pawel Janas

Goals: Niedzielan (11, 62), Szabics (49)

	P	W	D	L	F	A	Pts
Sweden	8	5	2	1	19	3	17
Latvia	8	5	1	2	10	6	16
Poland	8	4	1	3	11	7	13
Hungary	8	3	2	3	15	9	11
San Marino	8	0	0	8	0	30	0

GROUP 5

FAROE ISLANDS v SCOTLAND 2-2 (2-0)

Toftír   07.09.2002

Referee: Jacek Granat (POL)   Attendance: 4,000

FAROE ISLANDS: Jens Martin Knudsen; Oli Johannesen, Jens Hansen, Pol Thorsteinson, Jón Jacobsen, Hjalgrim Elttør (89 Hedin á Lakjuni), Frodi Benjaminsen, Julian Johnsson, Jakup a Borg, John Petersen (80 Andrew av Fløtum), Jacobsen (75 Jacobsen).   Trainer: Henrik Larsen

SCOTLAND: Robert Douglas; Maurice Ross (76 Graham Alexander), Stephen Crainey, Christian Dailly, David Weir, Barry Ferguson, Paul Dickov (46 Steven Crawford), Scott Dobie (83 Steven Thompson), Kevin Kyle, Paul Lambert, Allan Johnston.   Trainer: Hans-Hubert Vogts

Goals: John Petersen (7, 13), Lambert (62), Ferguson (83)

LITHUANIA v GERMANY 0-2 (0-1)

S. Darius & S. Girenas Sport C, Kaunas   07.09.2002

Referee: Graham Poll (ENG)   Attendance: 8,419

LITHUANIA: Gintaras Stauce; Marius Stankevicius, Ignas Dedura, Dainius Glevieckas, Aurelijus Skarbalijus, Deividas Semberas, Raimondas Zutautas, Saulius Mikalajunas, Edgaras Jankauskas (77 Arturas Fomenko), Tomas Razanauskas (71 Igoris Morinas), Robertas Poškus.
Trainer: Benjaminas Zelkevicius

GERMANY: Oliver Kahn; Thomas Linke, Jörg Böhme, Christoph Metzelder, Carsten Ramelow, Dietmar Hamann, Torsten Frings, Michael Ballack, Carsten Jancker (68 Oliver Neuville), Bernd Schneider (85 Jens Jeremies), Miroslav Klose. Trainer: Rudi Völler

Goals: Ballack (25), Stankevicius (58 og)

LITHUANIA v FAROE ISLANDS 2-0 (2-0)

S. Darius & S. Girenas Sport Club, Kaunas   12.10.2002

Referee: Dejan Delević (YUG)   Attendance: 4,000

LITHUANIA: Gintaras Stauce; Andrius Skerla, Rolandas Dziaukstas, Dainius Glevieckas, Aurelijus Skarbalijus, Deividas Cesnauskis (77 Giedrius Slavickas, 84 Marius Stankevicius), Raimondas Zutautas (75 Nerijus Barasa), Saulius Mikalajunas, Arturas Fomenko, Tomas Razanauskas, Robertas Poškus. Trainer: Benjaminas Zelkevicius

FAROE ISLANDS: Jakup Mikkelsen; Oli Johannesen, Jens Hansen, Pol Thorsteinsson (75 Jóhannis Joensen), Jón Jacobsen, Øssur Hansen, Frodi Benjaminsen, Johnsson (70 Rógvi Jacobsen), Jakup a Borg, John Petersen, Christian Jacobsen (62 Andrew av Fløtum).   Trainer: Henrik Larsen

Goals: Razanauskas (23 pen), Poškus (37)

ICELAND v SCOTLAND 0-2 (0-1)
Laugardalsvöllur, Reykjavík   12.10.2002
Referee: Alain Sars (FRA)   Attendance: 6,000
ICELAND: Árni Gautur Arason; Bjarni Thorsteinsson, Arnar Vidarsson (66 Marel Baldvinsson), Brynjar Gunnarsson, Larus Sigurdsson, Runar Kristinsson, Hermann Hreidarsson, Ívar Ingimarsson, Eidur Gudjohnsen, Helgi Sigurdsson (46 Heidar Helgason), Haukur Gudnason (75 Thórdur Gudjónsson). Trainer: Atli Edvaldsson
SCOTLAND: Robert Douglas, Maurice Ross, Lee Wilkie, Stephen Pressley, Christian Dailly, Barry Ferguson, Jackie McNamara (35 Callum Davidson), Steven Crawford, Steven Thompson (87 Scott Severin), Paul Lambert, Gary Naysmith (90 Russell Anderson).   Trainer: Hans-Hubert Vogts
Goals: Dailly (7), Naysmith (63)

GERMANY v LITHUANIA 1-1 (1-0)
Frankenstadion, Nürnberg   29.03.2003
Referee: Victor José ESQUINAS TORRES (SPA)   Att: 40,556
GERMANY: Oliver Kahn; Arne Friedrich, Tobias Rau (82 Paul Freier), Christian Wörns, Carsten Ramelow, Dietmar Hamann, Torsten Frings, Jörg Böhme (46 Marko Rehmer), Fredi Bobic (71 Kevin Kuranyi), Bernd Schneider, Miroslav Klose.   Trainer: Rudi Völler
LITHUANIA: Gintaras Stauce; Deividas Semberas, Ignas Dedura, Nerijus Barasa, Vadim Petrenko (86 Rolandas Dziaukstas), Tomas Zvirgzdauskas, Igoris Morinas, Saulius Mikalajunas, Edgaras Jankauskas (90+4 Arturas Fomenko), Tomas Razanauskas, Arunas Pukelevicius (46 Darius Maciulevicius).   Trainer: Benjaminas Zelkevicius
Goals: Ramelow (7), Razanauskas (72)

GERMANY v FAROE ISLANDS 2-1 (1-1)
Niedersachsenstadion, Hannover   16.10.2002
Referee: Dani Koren (ISR)   Attendance: 36,692
GERMANY: Oliver Kahn; Arne Friedrich, Christian Wörns, Carsten Ramelow (46 Paul Freier), Torsten Frings, Dietmar Hamann, Carsten Jancker (69 Oliver Neuville), Bernd Schneider (87 Sebastian Kehl), Miroslav Klose, Michael Ballack, Jens Jeremies.   Trainer: Rudi Völler
FAROE ISLANDS: Jakup Mikkelsen; Oli Johannesen, Jens Hansen, Pol Thorsteinson, Jón Jacobsen, Øssur Hansen, Frodi Benjaminsen, Sjúrdur Jacobsen, Jakup a Borg (71 Hjalgrim Elttør), John Petersen (87 Helgi Petersen), Andrew av Fløtum (77 Christian Jacobsen).   Trainer: Henrik Larsen
Goals: Ballack (1 pen), Friedrich (45 og), Klose (59)

SCOTLAND v ICELAND 2-1 (1-0)
Hampden Park, Glasgow   29.03.2003
Referee: Rene Temmink (HOL)   Attendance: 37,548
SCOTLAND: Robert Douglas; Graham Alexander, Lee Wilkie, Stephen Pressley, Christian Dailly, Barry Ferguson, Steven Crawford, Paul Lambert, Kenny Miller (82 Jackie McNamara), Don Hutchinson (66 Callum Davidson), Gary Naysmith.   Trainer: Hans-Hubert Vogts
ICELAND: Árni Gautur Arason; Bjarni Thorsteinsson, Arnar Vidarsson (83 Helgi Sigurdsson), Larus Sigurdsson, Brynjar Gunnarsson, Runar Kristinsson, Gudni Bergsson, Ívar Ingimarsson, Eidur Gudjohnsen, Johannes Gudjonsson, Arnar Gretarsson.   Trainer: Atli Edvaldsson
Goals: Miller (11), Gudjohnsen (48), Wilkie (70)

ICELAND v LITHUANIA 3-0 (0-0)
Laugardalsvöllur, Reykjavík   16.10.2002
Referee: Grzegorz Gilewski (POL)   Attendance: 3,500
ICELAND: Árni Gautur Arason; Bjarni Thorsteinsson (37 Bjarni Gudjónsson), Arnar Vidarsson, Johannes Gudjonsson (75 Helgi Sigurdsson), Brynjar Gunnarsson, Ólafur Stígsson (65 Gylfi Einarsson), Hermann Hreidarsson, Ívar Ingimarsson, Eidur Gudjohnsen, Heidar Helgason, Haukur Gudnason.   Trainer: Atli Edvaldsson
LITHUANIA: Gintaras Stauce; Andrius Skerla, Rolandas Dziaukstas, Dainius Gleveckas, Marius Stankevicius, Deividas Cesnauskis, Nerijus Barasa, Saulius Mikalajunas, Arturas Fomenko, Tomas Razanauskas, Robertas Poškus.   Trainer: Benjaminas Zelkevicius
Sent off: Cesnauskis (21)
Goals: H. Helgason (50), Gudjohnsen (60, 73)

LITHUANIA v SCOTLAND 1-0 (0-0)
S. Darius & S. Girenas Sport C, Kaunas   02.04.2003
Referee: Fritz Stuchlik (AUS)   Attendance: 6,400
LITHUANIA: Gintaras Stauce; Deividas Semberas, Ignas Dedura, Nerijus Barasa, Vadim Petrenko (71 Darius Maciulevicius), Tomas Zvirgzdauskas, Igoris Morinas, Saulius Mikalajunas (89 Orestas Buitkus), Edgaras Jankauskas (63 Arturas Fomenko), Tomas Razanauskas, Dainius Gleveckas.   Trainer: Benjaminas Zelkevicius
SCOTLAND: Paul Gallacher; Graham Alexander, Lee Wilkie, Christian Dailly, Stephen Pressley, Jackie McNamara (78 Andy Gray), Steven Crawford (57 Paul Devlin), Paul Lambert, Kenny Miller, Don Hutchinson (84 Colin Cameron), Gary Naysmith.   Trainer: Hans-Hubert Vogts
Goal: Razanauskas (74 pen)

SCOTLAND v GERMANY 1-1 (0-1)
Hampden Park, Glasgow   07.06.2003
Referee: Domenico Messina (ITA)   Attendance: 48,037
SCOTLAND: Robert Douglas; Maurice Ross (76 Jackie McNamara), Gary Naysmith, Christian Dailly, Steven Pressley, Andy Webster, Paul Devlin (62 Gavin Rae), Paul Lambert, Kenny Miller (90 Steven Thompson), Steven Crawford, Colin Cameron.   Trainer: Hans-Hubert Vogts
GERMANY: Oliver Kahn; Arne Friedrich, Tobias Rau (57 Paul Freier), Christian Wörns, Carsten Ramelow, Torsten Frings, Fredi Bobic, Bernd Schneider (87 Sebastian Kehl), Miroslav Klose (76 Oliver Neuville), Michael Ballack, Jens Jeremies.   Trainer: Rudi Völler
Goals: Bobic (23), Miller (70)

ICELAND v FAROE ISLANDS 2-1 (0-0)
Laugardalsvöllur, Reykjavík   07.06.2003
Referee: Miroslav Liba (CZE)   Attendance: 6,038
ICELAND: Árni Gautur Arason; Larus Sigurdsson (76 Gretarsson), Arnar Vidarsson, Larus Sigurdsson, Hreidarsson, Runar Kristinsson, Gudni Bergsson, Johannes Gudjonsson, Eidur Gudjohnsen, Thordur Gudjónsson, Helgi Sigurdsson (76 Tryggvi Gudmundsson).   Trainer: Atli Edvaldsson
FAROE ISLANDS: Jakup Mikkelsen; Christian Jacobsen, Pól Thorsteinsson (80 Jóhannis Joensen), Súni Olsen, Jón Jacobsen, Jann Ingi Petersen (62 Helgi Petersem), Frodi Benjaminsen, Rógvi Jacobsen, Jakup a Borg, John Petersen, Andrew av Fløtum (65 Hjalgrím Elttør).
Trainer: Henrik Larsen
Goals: H. Sigurdsson (51), R. Jacobsen (63), T. Gudmundsson (90+2)

FAROE ISLANDS v GERMANY 0-2 (0-0)
Tórsvøllur, Tórshavn   11.06.2003
Referee: Jan Wegereef (HOL)   Attendance: 6,500
FAROE ISLANDS: Jakup Mikkelsen; Óli Johannesen, Jóhannis Joensen, Pól Thorsteinson, Jón Jacobsen, Rógvi Jacobsen, Frodi Benjaminsen, Julian Johnsson, Jakup a Borg (61 Hjalgrím Elttør), John Petersen, Christian Jacobsen (77 Jann Ingi Petersen).
Trainer: Henrik Larsen
GERMANY: Oliver Kahn (46 Rost); Arne Friedrich, Tobias Rau (71 Hartmann), Christian Wörns, Carsten Ramelow, Freier, Neuville, Kehl, Fredi Bobic, Bernd Schneider, Jens Jeremies (65 Klose).   Trainer: Rudi Völler
Goals: Klose (89), Bobic (90+2)

LITHUANIA v ICELAND 0-3 (0-0)
S. Darius & S. Girenas Sport C, Kaunas   11.06.2003
Referee: Sorin Corpodean (ROM)   Attendance: 8,419
LITHUANIA: Gintaras Stauce; Deividas Semberas, Ignas Dedura, Nerijus Barasa (71 Darius Maciulevicius), Vadim Petrenko, Tomas Zvirgzdauskas, Raimondas Zutautas (63 Darius Danilevicius), Igoris Morinas, Edgaras Jankauskas (76 Olegas Guscinas), Tomas Razanauskas, Aurelius Skarbalius.
Trainer: Algimantas Liubinskas.   **Sent off**: Semberas (85)
ICELAND: Árni Gautur Arason; Brynjar Gunnarsson, Arnar Vidarsson (90 Indridi Sigurdsson), Larus Sigurdsson, Hreidarsson, Runar Kristinsson, Gudni Bergsson, Johannes Gudjonsson (88 Arnar Gretarsson), Eidur Gudjohnsen, Thordur Gudjónsson, Helgi Sigurdsson (81 Tryggvi Gudmundsson).   Trainer: Atli Edvaldsson
Goals: T. Gudjónsson (60), Gudjohnsen (71), Hreidarsson (90+3)

FAROE ISLANDS v ICELAND 1-2 (0-1)
Tórsvøllur, Tórshavn   20.08.2003
Referee: Eduardo ITURRALDE GONZÁLEZ (SPA)
Attendance: 3,416
FAROE ISLANDS: Jakup Mikkelsen; Jann Ingi Petersen, Pól Thorsteinson (80 Jóhannis Joensen), Jón Jacobsen, Súni Olsen, Rógvi Jacobsen, Julian Johnsson, Christian Jacobsen, John Petersen (80 Helgi Petersen), Andrew Fløtum (56 Hjalgrím Elttør), Óli Johannesen.   Trainer: Henrik Larsen
ICELAND: Árni Gautur Arason; Olafur Bjarnason, Arnar Vidarsson, Johannes Gudjonsson, Petur Marteinsson, Runar Kristinsson (78 Heidar Helgason), Hermann Hreidarsson, Brynjar Gunnarsson (71 Arnar Gretarsson), Eidur Gudjohnsen, Thordur Gudjónsson, Helgi Sigurdsson (86 Helgi Sigurdsson).   Trainer: Atli Edvaldsson
Goals: Gudjohnsen (6), R. Jacobsen (65), Marteinsson (70)

SCOTLAND v FAROE ISLANDS 3-1 (2-1)
Hampden Park, Glasgow   06.09.2003
Referee: Darko Ceferin (SVN)   Attendance: 40,901
SCOTLAND: Robert Douglas; Jackie McNamara, Gary Naysmith, Andy Webster, Lee Wilkie, Barry Ferguson, Paul Devlin (58 James McFadden), Colin Cameron, Paul Dickov (67 Gavin Rae), Steven Crawford (75 Steven Thompson), Neil McCann.   Trainer: Hans-Hubert Vogts
FAROE ISLANDS: Jakup Mikkelsen; Petersen, Pól Thorsteinson, Jón Jacobsen, Rógvi Jacobsen, Fródi Benjaminsen, Julian Johnsson (84 Atli Danielsen), Jákup á Borg (84 Christian Lamhauge Holst), John Petersen, Helgi Petersen (65 Tor-Ingar Akselsen), Óli Johannesen.
Trainer: Henrik Larsen
Goals: McCann (8), Johnsson (35), Dickov (45), McFadden (73)

ICELAND v GERMANY 0-0
Laugardalsvöllur, Reykjavík 06.09.2003
Referee: Paul Allaerts (BEL)   Attendance: 7,035
ICELAND: Árni Gautur Arason; Olafur Bjarnason, Indridi Sigurdsson (84 Arnar Vidarsson), Larus Sigurdsson, Petur Marteinsson (75 Arnar Gretarsson), Runar Kristinsson, Hermann Hreidarsson, Johannes Gudjonsson, Eidur Gudjohnsen, Thordur Gudjónsson, Heidar Helgason (78 Helgi Sigurdsson).   Trainer: Atli Edvaldsson
GERMANY: Oliver Kahn, Christian Rahn, Arne Friedrich (61 Michael Hartmann), Christian Wörns, Carsten Ramelow, Frank Baumann, Oliver Neuville (46 Kevin Kuranyi), Sebastian Kehl, Bernd Schneider (70 Sebastian Deisler), Miroslav Klose, Michael Ballack.   Trainer: Rudi Völler

GERMANY v SCOTLAND 2-1 (1-0)
Westfalenstadion, Dortmund 10.09.2003
Referee: Anders Frisk (SWE)   Attendance: 67,000
GERMANY: Oliver Kahn, Arne Friedrich, Marko Rehmer, Christian Wörns, Carsten Ramelow, Frank Baumann, Fredi Bobic (74 Miroslav Klose), Bernd Schneider (79 Sebastian Kehl), Michael Ballack, Tobias Rau, Kevin Kuranyi.   Trainer: Rudi Völler
SCOTLAND: Robert Douglas; Jackie McNamara, Gary Naysmith, Christian Dailly, Stephen Pressley, Barry Ferguson, James McFadden (53 Gavin Rae), Colin Cameron, Steven Thompson, Neil McCann, Paul Lambert (46 Maurice Ross).   Trainer: Hans-Hubert Vogts
Sent off: Ross (66)
Goals: Bobic (25), Ballack (50 pen), McCann (60)

FAROE ISLANDS v LITHUANIA 1-3 (1-1)
Tofta, Toftír 10.09.2003
Referee: Edo Trivković (CRO)   Attendance: 2,175
FAROE ISLANDS: Jens Knudsen; Hans Hansen, Súni Olsen, Pól Thorsteinson (50 Rógvi Jacobsen), Jón Jacobsen, Jann Ingi Petersen, Fródi Benjaminsen, Julian Johnsson (85 Atli Danielsen), Jákup á Borg (77 Tor-Ingar Akselsen), John Petersen, Christian Jacobsen.   Trainer: Henrik Larsen
LITHUANIA: Eduardas Kurskis; Rolandas Dziaukstas, Ignas Dedura, Nerijus Barasa, Deividas Cesnauskis, Tomas Zvirgzdauskas, Igoris Morinas (77 Aurimas Kucys), Edgaras Cesnauskis, Edgaras Jankauskas, Elimantas Poderis (46 Tomas Tamosauskas), Donatas Vencevicius (90 Dimitrijus Guscinas).   Trainer: Algimantas Liubinskas
Goals: Morinas (22, 57), Olsen (42), Vencevicius (88)

SCOTLAND v LITHUANIA 1-0 (0-0)
Hampden Park, Glasgow 11.10.2003
Referee: Claude Colombo (FRA)   Attendance: 50,343
SCOTLAND: Robert Douglas; Jackie McNamara, Gary Naysmith, Christian Dailly, Stephen Pressley, Barry Ferguson, Gavin Rae, Colin Cameron (66 Darren Fletcher), Kenny Miller (66 Don Hutchison), Steven Crawford, James McFadden (90 Graham Alexander).   Trainer: Hans-Hubert Vogts
LITHUANIA: Gintaras Stauce; Rolandas Dziaukstas, Ignas Dedura, Nerijus Barasa, Darius Regelskis (87 Ricardas Beniusis), Tomas Zvirgzdauskas, Donatas Vencevicius (82 Darius Maciulevicius), Giedruis Barevicius (46 Edgaras Cesnauskis), Aurelius Skarbalijus, Tomas Razanauskas, Robertas Poškus.   Trainer: Algimantas Liubinskas
Goal: Fletcher (70)

GERMANY v ICELAND 3-0 (1-0)
AOL Arena, Hamburg 11.10.2003
Referee: Valentin Ivanov (RUS)   Attendance: 50,785
GERMANY: Oliver Kahn, Arne Friedrich, Christian Rahn, Christian Wörns, Carsten Ramelow, Frank Baumann, Andreas Hinkel, Fredi Bobic (70 Miroslav Klose), Bernd Schneider, Michael Ballack, Kevin Kuranyi (85 Oliver Neuville).   Trainer: Rudi Völler
ICELAND: Árni Gautur Arason; Olafur Bjarnason, Arnar Vidarsson, Ivar Ingimarsson, Larus Sigurdsson (66 Rikhardur Dadason), Runar Kristinsson, Hermann Hreidarsson, Arnar Gretarsson, Eidur Gudjohnsen, Thordur Gudjónsson, Helgi Sigurdsson (80 Brynjar Gunnarsson).   Trainer: Asgeir Sigurvinsson
Goals: Ballack (9), Bobic (59), Kuranyi (79)

	P	W	D	L	F	A	Pts
Germany	8	5	3	0	13	4	18
Scotland	8	4	2	2	12	8	14
Iceland	8	4	1	3	11	9	13
Lithuania	8	3	1	4	7	11	10
Faroe Islands	8	0	1	7	7	18	1

GROUP 6

ARMENIA v UKRAINE 2-2 (0-2)

Republican, Erevan   07.09.2002

Referee: Mikko Vuorela (FIN)   Attendance: 9,000

ARMENIA: Roman Berezovsky; Artur Mkrtchyan (60 Albert Sarkisyan), Artak Minasyan (46 Artur Voskanyan), Sarkis Hovsepyan, Harutyun Vardanyan, Romik Khachatryan, Artur Petrosyan, Khose Bilibio, Karen Dokhoyan, Artavazd Karamyan, Arman Karamyan (71 Andrej Movsesyan).
Trainer: Óscar López

UKRAINE: Vitaly Reva; Oleh Luzhny, Andriy Nesmachniy, Anatoliy Tymoshchuk, Serhiy Serebrennikov, Serhiy Kormiltsev, Andriy Husin (65 Roman Maksymyuk, 90+3 Serhiy Popov), Hennadiy Zubov (69 Olexandr Spivak), Andriy Vorobey, Vladimir Yezerskyy, Gennadiy Moroz.
Trainer: Leonid Buriak

Sent off: Yezerskyi (90+3)

Goals: Serebrennikov (2), Zubov (33), Petrosyan (73), Sarkisyan (90+3)

GREECE v SPAIN 0-2 (0-1)

Apostolos Nikolaidis, Athina   07.09.2002

Referee: Markus Merk (GER)   Attendance: 17,134

GREECE: Antonis Nikopolidis; Hristos Patsatzoglou, Takis Fyssas (72 Zisis Vryzas), Nikos Dabizas, Traianos Dellas, Kostas Konstantinidis (40 Giorgos Karagounis), Theodoros Zagorakis (46 Aggelis Basinas), Stelios Giannakopoulos, Angelos Charisteas, Vasilis Tsartas, Themistoklis Nikolaidis.
Trainer: Otto Rehhagel

SPAIN: IKER CASILLAS Fernández, MÍCHEL SALGADO Fernández, RAÚL BRAVO Sanfelix, José Antonio GARCÍA CALVO, Carlos MARCHENA López, IVÁN HELGUERA Bujía, RAÚL González Blanco (Cap), JOAQUÍN Sánchez Rodríguez (59 Gaizka MENDIETA Zabala), Juan Carlos VALERÓN Santana (87 CÉSAR MARTÍN Villar), Xavier Hernández Creus "XAVI" (59 Rubén BARAJA Vegas), VICENTE Rodríguez Guillén.   Trainer: José Ignacio SÁEZ "IÑAKI"

Goals: Raúl González (8), Valerón (77)

SPAIN v NORTHERN IRELAND 3-0 (1-0)

Carlos Belmonte, Albacete   12.10.2002

Referee: Lubos Michel (SVK)   Attendance: 16,000

SPAIN: IKER CASILLAS Fernández, MÍCHEL SALGADO Fernández, RAÚL BRAVO Sanfelix, José María Gutiérrez Hernández "GUTI" (83 Jesús Capitán Prado "CAPI"), Carles PUYOL Saforcada, IVÁN HELGUERA Bujía, RAÚL González Blanco (Cap) (63 Fernando MORIENTES Sánchez), Rubén BARAJA Vegas, JOAQUÍN Sánchez Rodríguez (76 Gaizka MENDIETA Zabala), Xavier Hernández Creus "XAVI", VICENTE Rodríguez Guillén.
Trainer: José Ignacio SÁEZ "IÑAKI"

N. IRELAND: Maik Taylor; Aaron Hughes, George McCartney, Gerry Taggart (69 Grant McCann), Colin Murdock, Steve Lomas, Keith Gillespie, Philip Mulryne, Damien Johnson, Paul McVeigh (65 David Healy), Kevin Horlock (65 Michael Hughes).   Trainer: Samuel McIlroy

Goals: Baraja (19, 89), Guti (59)

UKRAINE v GREECE 2-0 (0-0)

Oliympiskyi, Kyiv   12.10.2002

Referee: Rene Temmink (HOL)   Attendance: 55,000

UKRAINE: Vitaly Reva; Oleh Luzhny, Mykhailo Starostiak, Anatoliy Tymoshchuk, Andriy Husin, Serhiy Kormiltsev (71 Serhiy Rebrov), Serhiy Serebrennikov (24 Andriy Voronin), Hennadiy Zubov, Gennadiy Moroz (25 Olexandr Radchenko), Maxym Kalynichenko, Andriy Vorobey.
Trainer: Leonid Buriak

GREECE: Antonis Nikopolidis; Giourkas Seitaridis, Stelios Venetidis, Nikos Dabizas, Traianos Dellas, Vasilis Lakis (66 Stelios Giannakopoulos), Theodoros Zagorakis (69 Angelos Basinas), Giorgos Karagounis, Angelos Charisteas, Vasilis Tsartas, Themistoklis Nikolaidis (66 Zizis Vryzas).
Trainer: Otto Rehhagel

Goals: Vorobey (51), Voronin (90)

GREECE v ARMENIA 2-0 (1-0)

Apostolos Nikolaidis, Athina   16.10.2002

Referee: Darko Ceferin (SVN)   Attendance: 6,000

GREECE: Antonis Nikopolidis; Giourkas Seitaridis, Stelios Venetidis (60 Zizis Vryzas), Nikos Dabizas, Traianos Dellas, Angelos Basinas, Giorgos Georgiadis (46 Stelios Giannakopoulos), Pantelis Kafes, Angelos Charisteas, Vasilis Tsartas (46 Theodoros Zagorakis), Themistoklis Nikolaidis.
Trainer: Otto Rehhagel

ARMENIA: Roman Berezovsky; Albert Sarkisyan (82 Eghishin Melikyan), Khose Bilibio, Sarkis Hovsepyan, Harutyun Vardanyan, Romik Khachatryan (46 Artak Minasyan), Artur Petrosyan, Artur Voskanyan, Karen Dokhoyan, Artavazd Karamyan, Arman Karamyan (66 Artur Mkhitaryan).   Trainer: Oskar Lopez

Goals: Nikolaidis (2, 59)

NORTHERN IRELAND v UKRAINE 0-0
Windsor Park, Belfast   16.10.2002
Referee: Cosimo Bolognino (ITA)   Attendance: 9,288
N. IRELAND: Maik Taylor; Steve Lomas (Cap), Kevin Horlock, George McCartney, Aaron Hughes, Damien Johnson (83 Colin Murdock), Keith Gillespie, Philip Mulryne (90 Grant McCann), David Healy, Paul McVeigh (65 Andy Kirk), Michael Hughes.   Trainer: Samuel McIlroy
UKRAINE: Vitaliy Reva; Oleh Luzhny, Mykhailo Starostiak, Anatoliy Tymoschuk, Serhiy Kormiltsev (89 Vitaliy Lysytskyy), Andriy Husin, Andriy Voronin, Maxym Kalynichenko (54 Serhiy Rebrov), Hennadiy Zubov, Andriy Vorobey (76 Olexandr Melaschenko), Olexandr Radchenko.
Trainer: Leonid Buryak

ARMENIA v NORTHERN IRELAND 1-0 (0-0)
Republican, Erevan   29.03.2003
Referee: Roland Beck (LIE)   Attendance: 10,321
ARMENIA: Roman Berezovsky; Eghishin Melikyan, Karen Dokhoyan, Sarkis Hovsepyan, Harutyun Vardanyan, Khose Bilibio, Artur Petrosyan (89 Hamlet Mkhitaryan), Artur Voskanyan, Albert Sarkisyan (88 Artur Mkrtchyan), Artavazd Karamyan, Arman Karamyan (87 Agvan Mkrtchyan).
Trainer: Oskar Lopez
N. IRELAND: Maik Taylor; Aaron Hughes, Grant McCann, Mark Williams, Steve Lomas, Keith Gillespie, Damien Johnson, David Healy, James Quinn (71 Stuart Elliott), Paul McKnight, Christopher Baird.   Trainer: Samuel McIlroy
Goal: Petrosyan (86)

UKRAINE v SPAIN 2-2 (1-0)
Olimpiyski, Kyiv   29.03.2003
Referee: Michael Riley (ENG)   Attendance: 82,000
UKRAINE: Olexandr Shovkovskiy; Andriy Nesmachniy, Serhiy Fedorov, Anatoliy Tymoschuk, Serhiy Kormiltsev (63 Maksym Kalininchenko), Dmytrulin, Andriy Shevchenko (67 Serhiy Serebrennikov), Andriy Husin, Horshkov, Andriy Voronin, Andriy Vorobey.   Trainer: Leonid Buryak
SPAIN: IKER CASILLAS Fernández, MÍCHEL SALGADO Fernández, Agustín ARANZÁBAL Alkorta, Carlos MARCHENA López, CÉSAR MARTÍN Villar, David ALBELDA Aliques (66 Xavier Hernández Creus "XAVI"), RAÚL González Blanco, Rubén BARAJA Vegas, José María Gutiérrez Hernández "GUTI" (66 Juan Carlos VALERÓN Santana), VICENTE Rodríguez Guillén (78 DIEGO TRISTÁN Herrera), Joseba ETXEBERRÍA Lizardi.
Trainer: José Ignacio SÁEZ RUIZ "IÑAKI"
Goals: Voronin (11), Raúl (84), Etxeberría (87), Horshkov (90+2)

NORTHERN IRELAND v GREECE 0-2 (0-1)
Windsor Park, Belfast   02.04.2003
Referee: Grzegorz Gilewski (POL)   Attendance: 7,196
N. IRELAND: Maik Taylor; Aaron Hughes, George McCartney, Craigan, Mark Williams, Steve Lomas, Keith Gillespie, Damien Johnson, David Healy (67 Andrew Kirk), James Quinn, Grant McCann (67 Paul McVeigh).
Trainer: Samuel McIlroy
GREECE: Antonis Nikopolidis; Stelios Giannakopoulos, Stelios Venetidis (70 Takis Fyssas), Nikos Dabizas, Sotiris Kyrgiakos, Konstantinos Konstantinidis, Theodoros Zagorakis, Giorgos Karagounis, Angelos Charisteas, Vasilis Tsartas (75 Pantelis Kafes), Themistoklis Nikolaidis (41 Zisis Vryzas).
Trainer: Otto Rehhagel
Sent off: Quinn (38), Gillespie (69)
Goals: Charisteas (3, 55)

SPAIN v ARMENIA 3-0 (0-0)
Antonio Amilivia, León   02.04.2003
Referee: Alon Yefet (ISR)   Attendance: 13,000
SPAIN: IKER CASILLAS Fernández, MÍCHEL SALGADO Fernández, RAÚL BRAVO Sanfelix, David ALBELDA Aliques, Carlos MARCHENA López, IVÁN HELGUERA Bujía, RAÚL González Blanco, Xavier Hernández Creus "XAVI" (53 VICENTE Rodríguez Guillén), Juan Carlos VALERÓN Santana (64 Rubén BARAJA Vegas), DIEGO TRISTÁN Herrera, Joseba ETXEBERRÍA Lizardi (41 JOAQUÍN SÁNCHEZ Rodríguez).
Trainer: José Ignacio SÁEZ RUIZ "IÑAKI"
ARMENIA: Roman Berezovsky; Eghishin Melikyan, Karen Dokhoyan, Sarkis Hovsepyan, Harutyun Vardanyan, Romik Khachatryan (83 Vardan Minasyan), Artur Petrosyan (80 Hamlet Mkhitaryan), Artur Voskanyan, Albert Sarkisyan, Artavazd Karamyan (90+3 Khose Bilibio), Arman Karamyan.
Trainer: Mihai Stoichiță
Goals: Diego Tristán (64), Iván Helguera (69), Joaquín Sánchez (90+3)

SPAIN v GREECE 0-1 (0-1)
La Romareda, Zaragoza   07.06.2003
Referee: Alain Sars (FRA)   Attendance: 30,000
SPAIN: IKER CASILLAS Fernández, MÍCHEL SALGADO Fernández, RAÚL BRAVO Sanfelix, Carlos MARCHENA López (76 SERGIO), PUYOL, IVÁN HELGUERA Bujía, RAÚL González Blanco, Juan Carlos VALERÓN Santana, MORIENTES, VICENTE Rodríguez Guillén (57 DE PEDRO), Joseba ETXEBERRÍA Lizardi (57 Joaquín SÁNCHEZ).
Trainer: José Ignacio SÁEZ RUIZ "IÑAKI"
GREECE: Antonis Nikopolidis; Seitaridis, Stelios Venetidis, Nikos Dabizas, Dellas, Kapsis, Theodoros Zagorakis, Zisis Vryzas, Angelos Charisteas (34 Lakis), Vasilis Tsartas (36 Karagounis), Stelios Giannakopoulos.
Trainer: Otto Rehhagel   **Sent off**: Venetidis (82)
Goal: Giannakopoulos (42)

UKRAINE v ARMENIA 4-3 (1-1)
Ukraine, Lviv   07.06.2003

Referee: Hermann Albrecht (GER)   Attendance: 28,000

UKRAINE: Shutkov; Luzhny, Serhiy Fedorov, Andriy Nesmachniy, Popov (65 Kalinichenko), Andriy Shevchenko, Andriy Vorobey, Horshkov, Andriy Voronin, Rebrov (81 Venhlinskyy), Zakarliuka (59 Radchenko). Trainer: Leonid Buryak

ARMENIA: Roman Berezovsky; Partsikian, Karen Dokhoyan, Sarkis Hovsepyan, Harutyun Vardanyan, Romik Khachatryan, Artur Petrosyan (80 Bilibio), Artur Voskanyan, Albert Sarkisyan, Artavazd Karamyan, Arman Karamyan (87 Harutyunian).   Trainer: Mihai Stoichiță

Goals: Sarkisyan (14 pen, 52), Horshkov (28), Shevchenko (66 pen, 73), Petrosyan (74), Fedorov (90+2)

ARMENIA v GREECE 0-1 (0-1)
Republikan, Erevan   06.09.2003

Referee: Rene Temmink (HOL)   Attendance: 6,500

ARMENIA: Roman Berezovsky; Eghishe Melikyan, Khose Bilibio, Tudor Marian Zeciu, Harutyun Vardanyan, Romik Khachatryan, Artur Petrosyan, Artur Voskanyan (88 Ara Hakobyan), Albert Sarkisyan, Artavazd Karamyan, Arman Karamyan (64 Andrey Movsisyan).   Trainer: Mihai Stoichiță

GREECE: Antonis Nikopolidis; Giourkas Seitaridis, Takis Fyssas, Paraskevas Antzas, Traianos Dellas, Angelos Basinas, Mihalis Kapsis, Zisis Vryzas, Angelos Charisteas, Giorgos Karagounis (84 Theodoros Zagorakis), Stilianos Giannakopoulos (67 Giorgos Georgiadis). Trainer: Otto Rehhagel

Goal: Vryzas (36)

NORTHERN IRELAND v SPAIN 0-0
Windsor Park, Cardiff   11.06.2003

Referee: Claus Bo Larsen (DEN)   Attendance: 11,365

N. IRELAND: Maik Taylor; Baird, Kennedy, Aaron Hughes, George McCartney, Griffin, Doherty (80 Toner), Damien Johnson, David Healy, Smith (90 Williams), Jones (73 McVeigh).   Trainer: Samuel McIlroy

SPAIN: IKER CASILLAS Fernández, Carlos MARCHENA López, JUANFRAN, SERGIO (66 Joaquín SÁNCHEZ), Carles PUYOL Saforcada, IVÁN HELGUERA Bujía, RAÚL González Blanco, Rubén BARAJA Vegas, Juan Carlos VALERÓN Santana, VICENTE Rodríguez Guillén (66 Fernando MORIENTES Sánchez), Joseba ETXEBERRÍA Lizardi (79 DE PEDRO).   Trainer: José Ignacio SÁEZ RUIZ "IÑAKI"

UKRAINE v NORTHERN IRELAND 0-0
Centralny, Donetsk   06.09.2003

Referee: Wolfgang Stark (GER)   Attendance: 24,000

UKRAINE: Olexandr Shovkovskiy; Serhiy Fedorov, Olexandr Horshkov, Oleg Luzhny, Andriy Nesmachniy, Anatoliy Tymoschuk, Serhiy Rebrov (72 Olexandr Melaschenko), Andriy Husin (16 Oleg Gusev), Gennadiy Zubov, Andriy Voronin, Andriy Vorobey. Trainer: Leonid Buryak

N. IRELAND: Maik Taylor; Christopher Baird, Peter Kennedy, George McCartney, Danny Griffin, Keith Gillespie, Damien Johnson, David Healy (62 Andrew Kirk), Tommy Doherty (67 Philip Mulryne), Michael Hughes (81 Stephen Jones), Aaron Hughes.   Trainer: Samuel McIlroy

GREECE v UKRAINE 1-0 (0-0)
Apostolos Nikolaidis, Athina   11.06.2003

Referee: Frank de Bleeckere (BEL)   Attendance: 15,000

GREECE: Antonis Nikopolidis; Seitaridis, Takis Fyssas, Nikos Dabizas, Dellas, Kapsis, Theodoros Zagorakis (71 Tsartas), Vryzas (46 Charisteas), Lakis (66 Houtos), Giorgos Karagounis, Giannakopoulos.   Trainer: Otto Rehhagel

UKRAINE: Olexandr Shovkovskiy; Andriy Nesmachniy, Serhiy Fedorov, Holovko, Anatoliy Tymoschuk, Shevchuk, Andriy Shevchenko, Andriy Husin, Zakarliuka (88 Kalinichenko), Andriy Voronin (90 Pukanych), Rebrov (61 Vorobey).   Trainer: Leonid Buryak

Goal: Charisteas (86)

NORTHERN IRELAND v ARMENIA 0-1 (0-1)
Windsor Park Belfast 10.09.2003

Referee: Anton Stredak (SVK)   Attendance: 8,616

N. IRELAND: Maik Taylor; Christopher Baird, Grant McCann, George McCartney, Danny Griffin, Keith Gillespie (29 Stephen Jones), Damien Johnson, David Healy (78 Paul McVeigh), Andy Smith, Tommy Doherty (29 Philip Mulryne), Aaron Hughes.   Trainer: Samuel McIlroy

ARMENIA: Roman Berezovsky; Eghishe Melikyan, Khose Bilibio, Sargis Hovsepyan, Tudor Marian Zeciu, Romik Khachatryan, Artur Petrosyan (13 Arman Karamyan), Artur Voskanyan, Albert Sarkisyan, Artavazd Karamyan (87 Eduard Partsikian), Andrey Movsisyan (75 Ara Hakobyan). Trainer: Mihai Stoichiță

Goal: Ar. Karamyan (29)

SPAIN v UKRAINE 2-1 (0-0)
Manuel Martínez Valero Elche   10.09.2003
Referee: Terje Hauge (NOR)   Attendance: 38,000
SPAIN: IKER CASILLAS Fernández, MÍCHEL SALGADO Fernández, JUANITO, Carlos MARCHENA López, Carles PUYOL Saforcada, Xabier "XABI" ALONSO Olona, RAÚL González Blanco, Rubén BARAJA Vegas, FERNANDO José TORRES Sanz (65 José Antonio REYES CALDERÓN), VICENTE Rodríguez Guillén (64 Juan Carlos VALERÓN Santana), Joseba ETXEBERRÍA Lizardi.
Trainer: José Ignacio SÁEZ RUIZ "IÑAKI"

UKRAINE: Olexandr Shovkovskiy; Oleg Luzhny, Serhiy Fedorov, Anatoliy Tymoschuk, Andriy Nesmachniy, Yuri Dmytrulin (65 Gennadiy Zubov), Andriy Shevchenko, Serhiy Popov (19 Serhiy Serebrennikov), Andriy Voronin (52 Oleg Gusev), Andriy Vorobey, Olexandr Horshkov.
Trainer: Leonid Buryak

Goals: Raúl (59, 71), Shevchenko (84)

GREECE v NORTHERN IRELAND 1-0 (0-0)
Apostolos Nikolaidis, Athina   11.10.2003
Referee: Lucilio Cardoso Cortez Batisa (POR)   Att: 15,500
GREECE: Antonis Nikopolidis; Giourkas Seitaridis, Takis Fyssas, Nikos Dabizas (46 Themistoklis Nikolaidis), Traianos Dellas, Angelos Basinas (90 Theodoros Zagorakis), Paraskevas Antzas, Zisis Vryzas, Angelos Charisteas (46 Stylianos Venetidis), Vasilis Tsiartas, Stilianos Giannakopoulos.
Trainer: Otto Rehhagel

N. IRELAND: Maik Taylor; Christopher Baird, Peter Kennedy, George McCartney, Aaron Hughes, Danny Griffin (88 Stephen Jones), Keith Gillespie (64 Andy Smith), Jeff Whitley, David Healy, Michael Hughes, Stuart Elliott (70 Colin Murdock).   Trainer: Samuel McIlroy

Sent off: McCartney (69)

Goal: Tsiartas (69 pen)

ARMENIA v SPAIN 0-4 (0-1)
Vazgen Sargsyan, Erevan   11.10.2003
Referee: Urs Meier (SWI)   Attendance: 15,000
ARMENIA: Roman Berezovsky; Eghishe Melikyan, Karen Dokhoyan, Sargis Hovsepyan, Harutyun Vardanyan, Romik Khachatryan, Tudor Marian Zeciu, Artur Voskanyan, Albert Sarkisyan, Artavazd Karamyan, Arman Karamyan.
Trainer: Mihai Stoichiță

SPAIN: IKER CASILLAS Fernández, MÍCHEL SALGADO Fernández, Carlos MARCHENA López, David ALBELDA, Carles PUYOL Saforcada, IVÁN HELGUERA Bujía, RAÚL González Blanco (78 LUQUE), Ruben BARAJA Vegas (66 Xabier "XABI" ALONSO Olona, Juan Carlos VALERÓN Santana, VICENTE Rodríguez Guillén (62 José Antonio REYES CALDERÓN), Joseba ETXEBERRÍA Lizardi.
Trainer: José Ignacio SÁEZ RUIZ "IÑAKI"

Goals: Valerón (7), Raúl (76), Reyes Calderón (87, 90)

	P	W	D	L	F	A	Pts
Greece	8	6	0	2	8	4	18
Spain	8	5	2	1	16	4	17
Ukraine	8	2	4	2	11	10	10
Armenia	8	2	1	5	7	16	7
Northern Ireland	8	0	3	5	0	8	3

GROUP 7

TURKEY v SLOVAKIA 3-0 (2-0)
Ali Sami Yen   07.09.2002
Referees: Antonio Jesus LOPEZ NIETO (SPA)   Att: 20,000
TURKEY: Rüştü Reçber; Emre Belözoglu (78 Cihan Haspolati), Bülent Korkmaz, Fatih Akyel, Alpay Özalan, Arif Erdem, Okan Buruk (63 Nihat Kahveci), Tugay Kerimoglu, Akin Serhat (87 Ümit Davala), Yildiray Bastürk, Hakan Ünsal.
Trainer: Şenol Günes

SLOVAKIA: Juraj Bucek, Miroslav Karhan, Marek Spilár, Marian Cisovsky, Peter Dzúrik, Vladimir Labant (61 Rastislav Michalík), Karol Kisel, Jozef Kozlej (55 Luboš Reiter), Vratislav Gresko (72 Peter Hlinka), Vladimir Janocko, Robert Vittek.
Trainer: Ladislav Jurkemik

Goals: Akin Serhat (14), Arif Erdem (45, 65)

LIECHTENSTEIN v MACEDONIA 1-1 (0-1)
Rheinpark, Vaduz   08.09.2002
Referee: Vitaliy Godulyan (UKR)   Attendance: 2,300
LIECHTENSTEIN: Peter Jehle; Christof Ritter, Frédéric Gigon (83 Patrick Burgmaier), Daniel Hasler, Michael Stocklasa, Martin Stocklasa, Martin Telser (83 Fabio D'Elia), Andreas Gerster, Thomas Beck, Mario Frick, Matthias Beck (46 Ronny Büchel).   Trainer: Ralf Loose

MACEDONIA: Petar Milosevski; Braga de Jesus (85 Boban Grncarov), Robert Petrov, Goce Sedloski, Igor Nikolovski, Igor Mitrevski, Velice Šumulikoski, Goran Pandev (70 Aco Stojkov), Georgi Hristov (58 Robert Popov), Artim Sakiri, Aleksandar Mitrevski.   Trainer: Nikola Ilievski

Goals: Hristov (7), Michael Stocklasa (90+3)

SLOVAKIA v ENGLAND 1-2 (1-0)

SK Slovan Bratislava   12.10.2002

Referee: Domenico Messina (ITA)   Attendance: 30,000

SLOVAKIA: Miroslav König; Martin Petras, Miroslav Karhan, Peter Hlinka, Peter Dzúrik (Cap), Marian Zeman, Attila Pinte (85 Jozef Kozlej), Szilárd Nemeth, Vladimír Leitner, Vladimír Janocko (85 Marek Mintál), Robert Vittek (78 Luboš Reiter). Trainer: Ladislav Jurkemik

ENGLAND: David Seaman; Gary Neville, Ashley Cole, Steven Gerrard (74 Kieron Dyer), Jonathan Woodgate, Gareth Southgate, David Beckham, Paul Scholes, Emile Heskey (90 Alan Smith), Michael Owen (80 Owen Hargreaves), Nicky Butt.   Trainer: Sven-Göran Eriksson

Goals: Nemeth (24), Beckham (64), Owen (79)

ENGLAND v MACEDONIA 2-2 (2-2)

Saint Mary's, Southampton   16.10.2002

Referee: Arturo DAUDEN IBAÑEZ (SPA)   Att: 32,095

ENGLAND: David Seaman; Gary Neville, Ashley Cole, Steven Gerrard (55 Nicky Butt), Jonathan Woodgate, Sol Campbell, David Beckham, Paul Scholes, Alan Smith, Michael Owen, Wayne Bridge (58 Darius Vassell). Trainer: Sven-Göran Eriksson

MACEDONIA: Petar Milosevski, Robert Popov, Robert Petrov, Goce Sedloski, Aleksandar Vasoski, Velice Šumulikoski, Vanco Trajanov (90 Milan Stojanoski), Aleksandar Mitrevski, Goce Toleski (61 Goran Pandev), Artim Sakiri, Vlatko Grozdanovski. Trainer: Nikola Ilievski

Sent off: Smith (89)

Goals: Sakiri (11), Beckham (14), Trajanov (25), Gerrard (36)

MACEDONIA v TURKEY 1-2 (1-1)

Gradski, Skopje   12.10.2002

Referee: Knud Erik Fisker (DEN)   Attendance: 12,000

MACEDONIA: Petar Milosevski; Igor Mitrevski, Aleksandar Vasoski, Goce Sedloski, Milan Stojanoski (46 Robert Petrov), Aleksandar Mitrevski, Vanco Trajanov (65 Dragan Nacevski), Velice Šumulikoski, Georgi Hristov, Artim Sakiri, Vlatko Grozdanovski.   Trainer: Nikola Ilievski

TURKEY: Rüştü Reçber; Emre Belözoglu, Bülent Korlmaz, Fatih Akyel, Alpay Özalan, Arif Erdem (46 Akin Serhat), Okan Buruk (82 Ümit Davala), Tugay Kerimoglu (46 Hasan Şaş), Nihat Kahveci, Ümit Özat, Ergün Penbe. Trainer: Senol Güneş

Goals: Grozdanovski (2), Okan Buruk (29), Nihat (53)

LIECHTENSTEIN v ENGLAND 0-2 (0-1)

Rheinpark, Vaduz   29.03.2003

Referee: Giorgos Kasnaferis (GRE)   Attendance: 3,548

LIECHTENSTEIN: Peter Jehle; Martin Telser, Fabio D'Elia, Daniel Hasler, Michael Stocklasa, Martin Stocklasa, Harald Zech (67 Franz Burgmeier), Ronny Büchel (86 Matthias Beck), Thomas Beck, Mario Frick (82 Thomas Nigg), Andreas Gerster. Trainer: Ralf Loose

ENGLAND: David James; Gary Neville, Wayne Bridge, Steven Gerrard (66 Nicky Butt), Rio Ferdinand, Gareth Southgate, David Beckham (70 Danny Murphy), Paul Scholes, Emile Heskey (80 Wayne Rooney), Michael Owen, Kieron Dyer. Trainer: Sven-Göran Eriksson

Goals: Owen (28), Beckham (53)

TURKEY v LIECHTENSTEIN 5-0 (3-0)

Ali Sami Yen, Istanbul   16.10.2002

Referee: Yuri Baskakov (RUS)   Attendance: 18,000

TURKEY: Rüştü Reçber; Emre Belözoglu, Bülent Korkmaz (46 Fatih Akyel), Ümit Davala, Alpay Özalan, Arif Erdem, Okan Buruk (60 Hakan Ünsal), Tugay Kerimoglu, Nihat Kahveci, Ilhan Mansiz (79 Akin Serhat), Ergün Penbe. Trainer: Şenol Güneş

LIECHTENSTEIN: Peter Jehle; Martin Telser, Fabio D'Elia, Daniel Hasler, Michael Stocklasa, Martin Stocklasa (79 Matthias Beck), Thomas Nigg (72 Patrick Burgmaier), Ronny Büchel (85 Jürgen Ospelt), Thomas Beck, Mario Frick, Andreas Gerster.   Trainer: Ralf Loose

Goals: Okan (7), Ümit (14), Ilhan (23), Akin (81, 90)

MACEDONIA v SLOVAKIA 0-2 (0-1)

City, Skopje   29.03.2003

Referee: Laurent Duhamel (FRA)   Attendance: 10,000

MACEDONIA: Petar Milosevski; Aguinaldo Braga de Jesus, Goran Lazarevski (81 Aco Stojkov), Goce Sedloski, Igor Mitrevski, Velice Šumulikoski (51 Ilco Naumoski), Igor Jancevski, Mile Krstev, Saso Krstev (61 Vlatko Grozdanovski), Artim Sakiri, Goran Pandev.   Trainer: Nikola Ilievski

SLOVAKIA: Miroslav König; Martin Petras, Maros Klimpl, Peter Hlinka, Miroslav Karhan (89 Michal Hanek), Igor Demo (80 Labant), Vladimír Leitner, Szilárd Nemeth (75 Luboš Reiter), Rastislav Michalík, Vladimír Janocko, Robert Vittek. Trainer: Ladislav Jurkemik

Goals: Petras (28), Reiter (90+3)

ENGLAND v TURKEY 2-0 (0-0)
Stadium of Light, Sunderland 02.04.2003
Referee: Urs Meier (SWI)   Attendance: 47,667
ENGLAND: David James; Gary Neville, Wayne Bridge, Steven Gerrard, Rio Ferdinand, Sol Campbell, David Beckham, Paul Scholes, Wayne Rooney (89 Kieron Dyer), Michael Owen (58 Darius Vassell), Nicky Butt.   Trainer: Sven-Göran Eriksson
TURKEY: Rüştü Reçber; Emre Belözoglu, Bülent Korkmaz, Fatih Akyel (79 Hakan Şükür), Alpay Özalan, Ergün Penbe, Okan Buruk (59 Ümit Davala), Tugay Kerimoglu, Ilhan Mansiz, Yildiray Bastürk (70 Hasan Şaş), Nihat Kahveci.   Trainer: Şenol Günes
Goals: Vassell (75), Beckham (90+2 pen)

MACEDONIA v LIECHTENSTEIN 3-1 (1-1)
City Skopje 07.06.2003
Referee: Jaroslav Jara (CZE)   Attendance: 1,500
MACEDONIA: Petar Milosevski; Velice Šumulikoski, Sasko Lazarevski, Goce Sedloski, Aleksander Vasoski, Aleksander Mitrevski, Aco Stojkov, Vanco Trajanov (59 Igor Jancevski), Ilco Naumoski (46 Dragan Dimitrovski), Artim Sakiri (55 Alexsandar Bajevski), Mile Krstev.   Trainer: Nikola Ilievski
LIECHTENSTEIN: Peter Jehle; Jürgen Ospelt, Sandro Maierhofer (89 Mario Wolfinger), Daniel Hasler, Frédéric Gigon, Andreas Gerster, Martin Telser, Fabio d'Elia, Matthias Beck (89 Franz-Josef Vogt), Mario Frick, Roger Beck (79 Claudio Alabor).   Trainer: Ralf Loose
Goals: Beck (20), Sedloski (39 pen), Krstev (52), Stojkov (82)

SLOVAKIA v LIECHTENSTEIN 4-0 (1-0)
FC Spartak, Trnava 02.04.2003
Referee: Darko Ceferin (SVN)   Played behind closed doors
SLOVAKIA: Miroslav König; Martin Petras, Maros Klimpl, Peter Hlinka, Miroslav Karhan, Igor Demo (68 Vladimír Labant), Vladimír Leitner, Jozef Kozlej (46 Szilárd Nemeth), Rastislav Michalík (81 Marek Mintál), Vladimír Janocko, Luboš Reiter.   Trainer: Ladislav Jurkemik
LIECHTENSTEIN: Peter Jehle; Martin Telser, Fabio D'Elia, Daniel Hasler, Michael Stocklasa, Martin Stocklasa, Franz Burgmeier, Ronny Büchel (71 Frédéric Gigon), Thomas Beck, Mario Frick (60 Thomas Nigg), Andreas Gerster (85 Jürgen Ospelt).   Trainer: Ralf Loose
Goals: Reiter (18), Nemeth (51, 64), Janocko (90)

ENGLAND v SLOVAKIA 2-1 (0-1)
BT Cellnet Riverside, Middlesbrough 11.06.2003
Referee: Wolfgang Stark (GER)   Attendance: 35,000
ENGLAND: David James; Danny Mills (43 Owen Hargreaves), Ashley Cole, Steven Gerrard, Matthew Upson, Gareth Southgate, Frank Lampard, Paul Scholes, Wayne Rooney (58 Darius Vassell), Michael Owen, Philip Neville.   Trainer: Sven-Göran Eriksson
SLOVAKIA: Miroslav König; Martin Petras, Michal Hanek, Marian Zeman, Radoslav Zábavník, Igor Demo (55 Marek Mintál), Vladimír Labant (39 Ondrej Debnar), Szilárd Nemeth (76 Lubos Reiter), Rastislav Michalík, Vladimír Janocko, Robert Vittek.   Trainer: Ladislav Jurkemik
Goals: Janocko (31), Owen (62 pen, 73)

SLOVAKIA v TURKEY 0-1 (0-1)
SK Slova, Bratislava 07.06.2003
Referee: Terje Hauge (NOR)   Attendance: 15,000
SLOVAKIA: Miroslav König; Maros Klimpl, Marian Zeman, Peter Hlinka (46 Robert Vittek), Vladimír Labant, Igor Demo, Martin Petras, Miroslav Karhan (71 Marek Mintál), Vladimír Janocko, Rastislav Michalík (77 Karol Kisel), Szilárd Nemeth.   Trainer: Ladislav Jurkemik
TURKEY: Rüştü Reçber; Fatih Akyel, Bülent Korkmaz, Alpay Özalan, Ergün Penbe, Okan Buruk (59 Tayfun Korkut), Tugay Kerimoglu, Emre Belözoglu (90 Ibrahim Üzülmez), Yildiray Bastürk (80 Volkan Arslan), Hakan Şükür, Nihat Kahveci.   Trainer: Şenol Günes
Goal: Nihat Kahveci (12)

TURKEY v MACEDONIA 3-2 (1-2)
Inönü, Istanbul 11.06.2003
Referee: Roberto Rosetti (ITA)   Attendance: 20,000
TURKEY: Rüştü Reçber; Emre Belözoglu (Gökdeniz Karadeniz), Fatih Akyel, Bülent Korkmaz, Alpay Özalan, Ergün Penbe, Tayfun Korkut, Tugay Kerimoglu, Hakan Şükür (78 Arif Erdem), Ibrahim Üzülmez, Nihat Kahveci.   Trainer: Şenol Günes
MACEDONIA: Petar Milosevski; Risto Bozinovski (76 Goce Toleski), Aleksander Vasoski, Goce Sedloski, Igor Jancevski (70 Goran Stankovski), Aleksander Mitrevski, Aco Stojkov, Velice Šumulikoski, Vlatko Grozdanovski (52 Arben Nuhiji), Artim Sakiri, Goran Lazarevski.   Trainer: Nikola Ilievski
Goals: Grozdanovski (23), Nihat (26), Sakiri (28), Karadeniz (47), Hakan Sükür (59)

LIECHTENSTEIN v TURKEY 0-3 (0-2)

Rheinpark, Vaduz   06.09.2003

Referee: Dick van Egmond (HOL)   Attendance: 3,548

LIECHTENSTEIN: Peter Jehle; Martin Telser, Michael Stocklasa (83 Sandro Maierhofer), Daniel Hasler, Christof Ritter, Martin Stocklasa, Thomas Beck (60 Matthias Beck), Andreas Gerster, Fabio d'Elia, Mario Frick, Franz Burgmeier (60 Ronny Büchel).   Trainer: Ralf Loose

TURKEY: Rüştü Reçber; Ümit Davala, Bülent Korkmaz (63 Deniz Baris), Ibrahim Üzülmez, Alpay Özalan, Ergün Penbe, Okan Buruk (75 Gökdeniz Karadeniz), Tugay Kerimoglu, Hakan Şükür, Tuncay Sanli, Tümer Metin (63 Hasan Şaş).   Trainer: Şenol Güneş

Goals: T. Metin (14), O. Buruk (41), H. Şükür (50)

SLOVAKIA v MACEDONIA 1-1 (1-0)

Mestsky Sportovy, Zilina   10.09.2003

Referee: Leif Sundell (SWE)   Attendance: 2,286

SLOVAKIA: Miroslav König; Martin Petras, Vladimír Labant, Maros Klimpl, Radoslav Zábavník, Branislav Labant, Martin Durica (71 Karol Kisel), Szilárd Nemeth, Tomáš Oravec, Vladimír Janocko (90 Dušan Sninský), Marek Mintál.   Trainer: Ladislav Jurkemik

MACEDONIA: Petar Milosevski; Goran Stavrevski, Goce Sedloski, Igor Mitrevski, Milan Stojanoski, Igor Jancevski, Goran Pandev (73 Dimitar Kapinovski), Vanco Trajanov, Vlatko Grozdanovski, Artim Sakiri, Ilco Naumoski (38 Draganco Dimitrovski).   Trainer: Nikola Ilievski

Goals: Nemeth (25), Dimitrovski (62)

MACEDONIA v ENGLAND 1-2 (1-0)

Gradski, Skopje   06.09.2003

Referee: Frank de Bleeckere (BEL)   Attendance: 20,500

MACEDONIA: Petar Milosevski; Igor Mitrevski, Milan Stojanoski, Velice Šumulikoski, Vlatko Grozdanovski (56 Aguinaldo Braga de Jesus), Vanco Trajanov, Goran Pandev (47 Igor Gjuzelov), Artim Sakiri, Ilco Naumoski, Georgi Hristov (88 Draganco Dimitrovski), Goran Stavrevski.   Trainer: Nikola Ilievski

ENGLAND: David James; Gary Neville, Ashley Cole, Owen Hargreaves, John Terry, Sol Campbell, David Beckham, Frank Lampard (46 Emile Heskey), Wayne Rooney (74 Phil Neville), Michael Owen (84 Kieron Dyer), Nicky Butt.   Trainer: Sven-Göran Eriksson

Goals: Hristov (28), Rooney (52), Beckham (63)

TURKEY v ENGLAND 0-0

Şükrü Saraçioglu, Istanbul   11.10.2003

Referee: Pierluigi Collina (ITA)   Attendance: 42,000

TURKEY: Rüştü Reçber; Ibrahim Üzülmez, Bülent Korkmaz, Fatih Akyel, Alpay Özalan, Emre Belözoglu (80 Ergün Penbe), Okan Buruk (68 Ilhan Mansiz), Tugay Kerimoglu, Hakan Şükür, Nihat Kahveci, Sergen Yalçin (61 Tuncay Sanli).   Trainer: Şenol Güneş

ENGLAND: David James; Gary Neville, Ashley Cole, Steven Gerrard, John Terry, Sol Campbell, David Beckham, Paul Scholes (90+1 Frank Lampard), Wayne Rooney (72 Kieron Dyer), Emile Heskey (76 Darius Vassell), Nicky Butt.   Trainer: Sven-Göran Eriksson

ENGLAND v LIECHTENSTEIN 2-0 (0-0)

Old Trafford, Manchester   10.09.2003

Referee: Knud Erik Fisker (DEN)   Attendance: 64,931

ENGLAND: David James; Gary Neville, Matthew Upson, John Terry, Wayne Bridge, David Beckham (57 Owen Hargreaves), Steven Gerrard (57 Phil Neville), Frank Lampard, Wayne Rooney (67 Joe Cole), James Beattie, Michael Owen.   Trainer: Sven-Göran Eriksson

LIECHTENSTEIN: Peter Jehle; Martin Telser, Michael Stocklasa (46 Sandro Maierhofer), Daniel Hasler, Christof Ritter, Martin Stocklasa, Matthias Beck (56 Thomas Beck), Andreas Gerster, Fabio d'Elia (71 Ronny Büchel), Mario Frick, Franz Burgmeier.   Trainer: Ralf Loose

Goals: Owen (46), Rooney (50)

LIECHTENSTEIN v SLOVAKIA 0-2 (0-1)

Rheinpark, Vaduz   11.10.2003

Referee: Jouni Hyytiä (FIN)   Attendance: 800

LIECHTENSTEIN: Martin Heeb; Martin Telser, Sandro Maierhofer, Daniel Hasler, Michael Stocklasa, Christof Ritter, Thomas Beck (46 Roger Beck), Matthias Beck (46 Raphael Rohrer), Fabio d'Elia (76 Ronny Büchel), Mario Frick, Franz Burgmeier.   Trainer: Ralf Loose

SLOVAKIA: Miroslav König; Maros Klimpl, Vladimír Leitner, Vladimír Labant, Stanislav Varga, Radoslav Zábavník, Karol Kisel (46 Rudolf Urban), Szilárd Nemeth (76 Tomáš Oravec), Rastislav Michalík (84 Peter Babnic), Vladimír Janocko, Robert Vittek.   Trainer: Ladislav Jurkemik

Goals: Vittek (40, 56)

	P	W	D	L	F	A	Pts
England	8	6	2	0	14	5	20
Turkey	8	6	1	1	17	5	19
Slovakia	8	3	1	4	11	9	10
Macedonia	8	1	3	4	11	14	6
Liechtenstein	8	0	1	7	2	22	1

GROUP 8

CROATIA v ESTONIA 0-0
Gradski vrt, Osijek 07.09.2002

Referee: Juan Antonio FERNANDEZ MARIN (SPA) Attendance: 10,000

CROATIA: Stipe Pletikosa; Boris Zivković, Marko Babić, Dario Šimić, Mario Tokić, Filip Tapalović, Davor Vugrinec, Daniel Šarić (79 Stjepan Tomas), Ivica Olić, Silvio Marić (46 Milan Rapaić), Tomislav Marić (60 Mladen Petrić). Trainer: Otto Barić

ESTONIA: Mart Poom; Teet Allas, Andrei Stepanov, Raio Piiroja, Erko Saviauk, Martin Reim, Meelis Rooba, Marko Kristal, Indrek Zelinski, Andres Oper, Joel Lindpere (59 Urmas Rooba). Trainer: Arnoldus Dick Pijpers

BELGIUM v BULGARIA 0-2 (0-1)
Roi Baudouin, Brussel 07.09.2002

Referee: Terje Hauge (NOR) Attendance: 20,000

BELGIUM: Geert de Vlieger; Stijn Vreven, Daniel van Buyten, Timmy Simons, Peter Vanderheyden (64 Bob Peeters), Yves Vanderhaeghe, Gaetan Englebert (53 Mbo Mpenza), Bart Goor, Emile Mpenza (70 Bernd Thijs), Walter Baseggio, Wesley Sonck. Trainer: Aimé Antheunis

BULGARIA: Zdravko Zdravkov, Radostin Kishishev, Rosen Kirilov, Ivailo Petkov, Martin Petrov, Georgi Peev (83 Georgi Petkov), Stilian Petrov, Milen Petkov (90 Zlatomir Zagorcic), Zoran Jankovic (77 Georgi Chilikov), Krasimir Balakov, Predrag Pazin. Trainer: Plamen Markov

Goals: Jankovic (17), Stilian Petrov (63)

ANDORRA v BELGIUM 0-1 (0-0)
Estadio Communal, Andorra La Vella 12.10.2002

Referee: Karen Nalbandyan (ARM) Attendance: 700

ANDORRA: Jesús Luis "KOLDO" ÁLVAREZ de Fulate; José AYALA, Manuel "TXEMA" GARCÍA (66 Jordi ESCURA Aixas), Roberto JONÁS Alonso, Antonio LIMA Sola, Juli FERNÁNDEZ, EMILIANO González Árquez, Manolo JIMÉNEZ, Óscar SONEJEE Masán, Juli SÁNCHEZ Soto (7 FERNANDO SILVA), Justo RUIZ González. Trainer: David Rodrigo

BELGIUM: Geert de Vlieger; Olivier de Cock, Joos Valgaeren, Timmy Simons, Didier Dheedene, Yves Vanderhaeghe, Thomas Buffel, Bart Goor, Wesley Sonck (89 Tom Soetaers), Walter Baseggio (82 Bernd Thijs), Joris van Houdt. Trainer: Aimé Antheunis

Goal: Sonck (61)

BULGARIA v CROATIA 2-0 (2-0)
Vasil Levski 12.10.2002

Referee: Anders Frisk (SWE) Attendance: 43,000

BULGARIA: Zdravko Zdravkov; Radostin Kishishev, Rosen Kirilov, Ivailo Petkov, Dimitar Berbatov (39 Georgi Chilikov), Zoran Jankovic, Krasimir Balakov, Georgi Peev (90 Georgi Ivanov "Gonzo"), Martin Petrov (66 Georgi Petrov), Predrag Pazin, Stilian Petrov. Trainer: Plamen Markov

CROATIA: Stipe Pletikosa; Dario Šimić (46 Silvio Marić), Stjepan Tomas, Robert Kovac, Igor Tudor, Boris Zivković, Davor Vugrinec, Jerko Leko, Mario Stanić, Milan Rapaić (46 Ivica Olić), Alen Bokšić. Trainer: Otto Barić

Goals: S. Petrov (22), Berbatov (37)

ESTONIA v BELGIUM 0-1 (0-1)
A Le Coq Arena, Tallinn 16.10.2002

Referee: Michael Riley (ENG) Attendance: 2,500

ESTONIA: Mart Poom; Teet Allas, Andrei Stepanov, Raio Piiroja, Urmas Rooba, Martin Reim, Aivar Anniste (46 Kert Haavistu), Marko Kristal (83 Joel Lindpere), Indrek Zelinski, Andres Oper, Sergei Terehhov (60 Kristen Viikmäe). Trainer: Arnoldus Dick Pijpers

BELGIUM: Geert de Vlieger; Oliver de Cock, Joos Valgaeren, Timmy Simons, Didier Dheedene, Yves Vanderhaeghe, Thomas Buffel (89 Joris van Hout), Bart Goor, Wesley Sonck, Walter Baseggio, Peter van Houdt. Trainer: Aimé Antheunis

Goal: Sonck (2)

BULGARIA v ANDORRA 2-1 (1-0)

Vasil Levski, Sofia   16.10.2002

Referee: Ceri Richards (WAL)   Attendance: 42,000

BULGARIA: Zdravko Zdravkov; Radostin Kishishev, Rosen Kirilov, Ivailo Petkov, Zoran Jankovic (77 Georgi Ivanov "Gonzo"), Krasimir Balakov (Cap) (62 Svetoslav Petrov), Georgi Peev, Georgi Chilikov, Martin Petrov (75 Vladimir Manchev), Predrag Pazin, Stilian Petrov.   Trainer: Plamen Markov

ANDORRA: Jesús Luis "KOLDO" ÁLVAREZ de Fulate; José AYALA, Jordi ESCURA Aixas, Roberto JONÁS Alonso, Antonio LIMA Sola, Ildefons LIMA Sola, EMILIANO González Árquez (64 FERNANDO SILVA), Óscar SONEJEE Masán, Juli FERNÁNDEZ, Manolo JIMÉNEZ (80 Marc PUJOL), Justo RUIZ González.   Trainer: David Rodrigo

Goals: Chilikov (37), Balakov (58), Antonio Lima (80)

CROATIA v ANDORRA 2-0 (2-0)

NK Varteks, Varazdin   02.04.2003

Referee: Marian Salomir (ROM)   Attendance: 8,500

CROATIA: Stipe Pletikosa; Dario Šimić, Josip Šimunić (46 Niko Kovac), Robert Kovac, Igor Tudor, Boris Zivković, Milan Rapaić (65 Marko Babić), Jerko Leko, Dado Pršo, Danijel Hrman, Tomislav Marić (46 Mario Stanić).   Trainer: Otto Barić

ANDORRA: Jesús Luis "KOLDO" ÁLVAREZ de Fulate; José AYALA, Manuel "TXEMA" GARCÍA, Roberto JONÁS Alonso, Juli FERNÁNDEZ, Óscar SONEJEE Masán, Emiliano GONZÁLEZ (90+1 Alain Montwani), Marc PUJOL, AGUSTI POL (84 Jesus LUCENDO), Manolo JIMÉNEZ (54 Jordi ESCURA), JULÍ SÁNCHEZ.   Trainer: David Rodrigo

Goals: Rapaic (10 pen, 43)

CROATIA v BELGIUM 4-0 (1-0)

Maksimir, Zagreb   29.03.2003

Referee: Herbert Fandel (GER)   Attendance: 25,000

CROATIA: Stipe Pletikosa; Dario Šimić, Josip Šimunić, Robert Kovac, Igor Tudor (77 Niko Kovac), Boris Zivković, Milan Rapaić, Giovanni Rosso (46 Jerko Leko), Dado Pršo (71 Mario Stanić), Darijo Srna, Tomislav Marić.   Trainer: Otto Barić

BELGIUM: Franky Vandendriessche; Oliver de Cock (56 Eric Deflandre), Timmy Simons, Daniel van Buyten, Peter van der Heyden, Joos Valgaeren (67 Jelle van Damme), Gaëtan Englebert (55 Walter Baseggio), Bart Goor, Wesley Sonck, Thomas Buffel, Mbo Mpenza.   Trainer: Aimé Antheunis

Goals: Srna (9), Pršo (55), To. Marić (70), Leko (76)

ANDORRA v ESTONIA 0-2 (0-1)

Comunal, Andorra la Vella   30.04.2003

Referee: Ali Aydin (TUR)   Attendance: 500

ANDORRA: Jesús Luis "KOLDO" ÁLVAREZ de Fulate; José AYALA (90 FERNANDO SILVA), Manuel "TXEMA" GARCÍA, Jordi ESCURA, Juli FERNÁNDEZ, Óscar SONEJEE Masán, EMILIANO González Árquez, Marc PUJOL (80 Felix ALVAREZ), Manolo JIMÉNEZ (71 Jesus LUCENDO), JULÍ SÁNCHEZ, Justo RUIZ González.   Trainer: David RODRIGO

ESTONIA: Mart Poom; Teet Allas, Andrei Stepanov, Marek Lemsalu, Urmas Rooba, Martin Reim, Kert Haavistu (68 Ott Reinumäe), Marko Kristal, Indrek Zelinski, Kristen Viikmäe (89 Meelis Rooba), Sergei Terehhov (55 Joel Lindpere).   Trainer: Arnoldus Dick Pijpers

Goals: Zelinski (26, 74)

ESTONIA v BULGARIA 0-0

A Le Coq Arena, Tallinn   02.04.2003

Referee: Konrad Plautz (AUS)   Attendance: 4,000

ESTONIA: Mart Poom; Teet Allas, Marek Lemsalu, Enar Jääger, Urmas Rooba, Liivo Leetma, Kert Haavistu (62 Ott Reinumäe), Marko Kristal, Indrek Zelinski (56 Kristen Viikmäe), Andres Oper, Sergei Terehhov.   Trainer: Arnoldus Dick Pijpers

BULGARIA: Zdravko Zdravkov; Radostin Kishishev, Rosen Kirilov, Ivailo Petkov, Dimitar Berbatov, Zoran Jankovic (46 Svetoslav Todorov), Krasimir Balakov, Georgi Peev, Martin Petrov (71 Milen Petkov), Predrag Pazin, Stilian Petrov.   Trainer: Plamen Markov

BULGARIA v BELGIUM 2-2 (0-1)

Vassil Levski, Sofia   07.06.2003

Referee: Pierluigi Collina (ITA)   Attendance: 42,000

BULGARIA: Zdravko Zdravkov; Martin Stankov, Rosen Kirilov, Milen Petkov, Daniel Borimirov, Dimitar Berbatov (54 Svetoslav Todorov), Marian Hristov (73 Vladimir Manchev), Velizar Dimitrov (80 Alexandar Alexandrov), Martin Petrov, Stilian Petrov, Ilian Stoianov.   Trainer: Plamen Markov

BELGIUM: Geert de Vlieger; Eric Deflandre, Timmy Simons, Daniel van Buyten, Didier Dheedene, Philippe Clement, Walter Baseggio, Bart Goor, Wesley Sonck (74 Emile Mpenza), Thomas Buffel, Mbo Mpenza.   Trainer: Aimé Antheunis

Goals: S. Petrov (31 og), Berbatov (52), Clement (56), Todorov (71 pen)

ESTONIA v ANDORRA 2-0 (2-0)

A le coq Arena, Tallinn   07.06.2003

Referee: Attila Juhos (HUN)   Attendance: 3,500

ESTONIA: Mart Poom; Teet Allas, Andrei Stepanov, Raio Piiroja, Urmas Rooba (49 Erko Saviauk), Liivo Leetma, Kert Haavistu (70 Meelis Rooba), Marko Kristal, Kristen Viikmäe, Vjatsheslav Zahovaiko, Joel Lindpere (89 Ott Reinumäe). Trainer: Arnoldus Dick Pijpers

ANDORRA: Jesús Luis "KOLDO" ÁLVAREZ de Fulate; Jordi ESCURA, Manuel "TXEMA" GARCÍA, Juli FERNÁNDEZ, Antonio LIMA, Ildefons LIMA, Emiliano GONZÁLEZ (83 FERNANDO SILVA), Julí SÁNCHEZ, Manolo JIMÉNEZ (52 Marc PUJOL), Óscar SONEJEE Masán, Justo RUÍZ. Trainer: David RODRIGO

Goals: Allas (22), Viikmäe (31)

BULGARIA v ESTONIA 2-0 (1-0)

Vasil Levski, Sofia   06.09.2003

Referee: Franz-Xaver Wack (GER)   Attendance: 25,128

BULGARIA: Dimitar Ivankov; Daniel Borimirov, Rosen Kirilov, Ilian Stoianov (87 Zhivko Zhelev), Ivailo Petkov, Georgi Petrov, Velizar Dimitrov (71 Georgi Peev), Zoran Jankovic (62 Nikolai Krastev), Martin Petrov, Dimitar Berbatov, Marian Hristov.   Trainer: Plamen Markov

ESTONIA: Mart Poom; Teet Allas, Andrei Stepanov, Enar Jääger, Urmas Rooba, Liivo Leetma, Meelis Rooba (60 Ott Reinumäe), Marko Kristal, Kristen Viikmäe, Andres Oper, Joel Lindpere (75 Ragnar Klavan). Trainer: Arnoldus Dick Pijpers

Sent off: Oper (70)

Goals: M. Petrov (16), Berbatov (66)

ESTONIA v CROATIA 0-1 (0-0)

A le coq Arena, Tallinn   11.06.2003

Referee: Alain Hamer (LUX)   Attendance: 7,000

ESTONIA: Mart Poom; Teet Allas (82 Vjatsheslav Zahovaiko), Andrei Stepanov, Raio Piiroja, Urmas Rooba, Liivo Leetma, Meelis Rooba (71 Ott Reinumäe), Marko Kristal, Indrek Zelinski, Andres Oper, Joel Lindpere (83 Marek Lemsalu).   Trainer: Arnoldus Dick Pijpers

CROATIA: Stipe Pletikosa; Dario Šimić (60 Tomislav Marić), Josip Šimunić, Marko Babić (73 Jerko Leko), Stjepan Tomas, Boris Zivković, Milan Rapaić (79 Giovanni Rosso), Darijo Srna, Dado Pršo, Niko Kovac, Ivica Olić. Trainer: Otto Barić

Goal: N. Kovac (76)

ANDORRA v CROATIA 0-3 (0-2)

Comunal Andorra La Vella   06.09.2003

Referee: Miroslav Liba (CZE)   Attendance: 800

ANDORRA: Jesús Luis "KOLDO" ÁLVAREZ de Fulate; Francesco RAMIREZ, Manuel "TXEMA" GARCÍA, Roberto JONÁS (68 Genis GARCÍA), Ildefons LIMA, Juli FERNÁNDEZ, José AYALA, Julí SÁNCHEZ (72 Manolo JIMÉNEZ), Óscar SONEJEE Masán, Emiliano GONZÁLEZ (49 FERNANDO SILVA), Justo RUÍZ.   Trainer: David RODRIGO

CROATIA: Stipe Pletikosa; Dario Šimić, Josip Šimunić, Stjepan Tomas, Robert Kovac, Jerko Leko (46 Igor Tudor), Milan Rapaić, Giovanni Rosso, Ivica Mornar, Niko Kovac (32 Jurica Vranješ), Ivica Olić (57 Dado Pršo). Trainer: Otto Barić

Goals: N. Kovac (4), Šimunić (16), Rosso (71)

BELGIUM v ANDORRA 3-0 (2-0)

Jules Ottenstadion, Gand   11.06.2003

Referee: Siarhei Shmolik (BLS)   Attendance: 12,000

BELGIUM: Geert de Vlieger; Oliver de Cock, Timmy Simons, Daniel van Buyten, Didier Dheedene (79 Peter van der Heyden), Philippe Clement, Walter Baseggio, Bart Goor (84 Tom Soetaers), Wesley Sonck, Thomas Buffel (74 Martens), Mbo Mpenza.   Trainer: Aimé Antheunis

ANDORRA: Jesús Luis "KOLDO" ÁLVAREZ de Fulate; José AYALA, Manuel "TXEMA" GARCÍA, Roberto JONÁS, Antonio LIMA, Ildefons LIMA, Emiliano GONZÁLEZ (72 Felix ALVAREZ), JULÍ SÁNCHEZ (59 Jordi ESCURA), Juli FERNÁNDEZ, Óscar SONEJEE Masán (82 Jesus LUCENDO), Marc PUJOL.   Trainer: David RODRIGO

Goals: Goor (21, 69), Sonck (45)

BELGIUM v CROATIA 2-1 (2-1)

Roi Baudouin, Brussel   10.09.2003

Referee: Graham Poll (ENG)   Attendance: 35,000

BELGIUM: Geert de Vlieger; Eric Deflandre, Timmy Simons, Daniel van Buyten, Jelle van Damme, Walter Baseggio, Bart Goor, Wesley Sonck (90 Tom Soetaers), Thomas Buffel (88 Sandy Martens), Jonathan Walasiak, Philippe Clement. Trainer: Aimé Antheunis

CROATIA: Stipe Pletikosa; Dario Šimić, Josip Šimunić, Stjepan Tomas, Robert Kovac, Boris Zivković, Milan Rapaić (78 Silvio Marić), Giovani Rosso (65 Darijo Srna), Ivica Mornar, Niko Kovac, Ivica Olić (46 Dado Pršo). Trainer: Otto Barić

Sent off: Šimunić (74)

Goals: Sonck (34, 42), Šimić (36)

ANDORRA v BULGARIA 0-3 (0-2)

Comunal Andorra La Vella 10.09.2003

Referee: Tomasz Mikulski, (POL)   Attendance: 899

ANDORRA: Jesús Luis "KOLDO" ÁLVAREZ de Fulate; Francesco RAMIREZ, Manuel "TXEMA" GARCÍA, Roberto JONÁS (60 JULÍ SÁNCHEZ), Antonio LIMA, Óscar SONEJEE Masán, José AYALA (80 Jordi ESCURA), Manolo JIMÉNEZ, Juli FERNÁNDEZ, Marc PUJOL, Justo RUIZ (90 Jesus LUCENDO).   Trainer: David RODRIGO

BULGARIA: Dimitar Ivankov; Rosen Kirilov, Ivailo Petkov, Daniel Borimirov, Zoran Jankovic (59 Velizar Dimitrov), Dimitar Berbatov, Georgi Peev (63 Vladimir Manchev), Marian Hristov, Martin Petrov, Predrag Pazin, Stilian Petrov. Trainer: Plamen Markov

Sent off: Ramirez (85)

Goals: Berbatov (10, 23), Hristov (58)

	P	W	D	L	F	A	Pts
Bulgaria	8	5	2	1	13	4	17
Croatia	8	5	1	2	12	4	16
Belgium	8	5	1	2	11	9	16
Estonia	8	2	2	4	4	6	8
Andorra	8	0	0	8	1	18	0

GROUP 9

CROATIA v BULGARIA 1-0 (0-0)

Maksimir, Zagreb   11.10.2003

Referee: Gilles Veissiere (FRA)   Attendance: 37,000

CROATIA: Stipe Pletikosa; Dario Šimić, Jurica Vranješ, Robert Kovac, Igor Tudor, Boris Zivković, Milan Rapaić (54 Marko Babić), Darijo Srna (46 Ivica Olić), Dado Pršo, Jerko Leko, Ivica Mornar (76 Giovanni Rosso). Trainer: Otto Barić

BULGARIA: Zdravko Zdravkov; Nikolai Krastev, Rosen Kirilov, Ivailo Petkov, Daniel Borimirov, Velizar Dimitrov (62 Vladimir Manchev), Georgi Peev (72 Zoran Jankovic), Marian Hristov, Predrag Pazin, Stilian Petrov. Trainer: Plamen Markov

Goal: Olić (48)

FINLAND v WALES 0-2 (0-1)

Olympic, Helsinki   07.09.2002

Referee: Konrad Plautz (AUS)   Attendance: 35,833

FINLAND: Antti Niemi; Ville Nylund (69 Jonatan Johansson), Janne Saarinen (78 Peter Kopteff), Sami Hyypiä, Hannu Tihinen, Aki Riihilahti, Mika Nurmela (86 Mika Kottila), Teemu Tainio, Shefki Kuqi, Jari Litmanen, Joonas Kolkka. Trainer: Antti Muurinen

WALES: Paul Jones; Mark Delaney, Gary Speed, Andrew Melville, Daniel Gabbidon, Mark Pembridge, Robbie Savage, Andy Johnson (76 Craig Bellamy), John Hartson, Simon Davies, Ryan Giggs. Trainer: Mark Hughes

Goals: Hartson (30), Davies (72)

BELGIUM v ESTONIA 2-0 (1-0)

Sclessin, Liège   11.10.2003

Referee: Massimo Busacca (SWI)   Attendance: 26,000

BELGIUM: Geert de Vlieger; Eric Deflandre, Timmy Simons, Daniel van Buyten, Jelle van Damme (56 Olivier Deschacht), Philippe Clement, Walter Baseggio, Bart Goor, Wesley Sonck (80 Emile Mpenza), Thomas Buffel (87 Cedric Roussel), Mbo Mpenza. Trainer: Aimé Antheunis

ESTONIA: Mart Poom; Enar Jääger, Marek Lemsalu, Raio Piiroja, Urmas Rooba, Ott Reinumäe, Kert Haavistu (77 Vjatseslav Zahovaiko), Martin Reim, Kristen Viikmäe, Meelis Rooba, Ragnar Klavan. Trainer: Arnoldus Dick Pijpers

Goals: Piiroja (41 og), Buffel (60)

AZERBAIJAN v ITALY 0-2 (0-1)

Tofig Bakhramov, Baku   07.09.2002

Referee: Kyros Vassaras (GRE)   Attendance: 37,000

AZERBAIJAN: Dmitriy Kramarenko; Kamal Guliyev, Aslan Kerimov, Tarlan Akhmedov, Emin Guliyev, Emin Imamaliev, Makhmud Gurbanov (68 Bakhtiar Musayev), Samir Aliyev (88 Nadir Nabiev), Gurban Gurbanov (90 Farrukh Ismaylov), Rashad Sadhikov, Emin Agaev. Trainer: Vagyf Sadygov

ITALY: Gianluigi Buffon; Christian Panucci, Alessandro Nesta, Fabio Cannavaro, Francesco Coco, Luigi di Biagio (57 Massimo Ambrosini), Damiano Tommasi, Gennaro Gattuso, Alessandro del Piero, Filippo Inzaghi (78 Andrea Pirlo), Christian Vieri (57 Vincenzo Montella).
Trainer: Giovanni Trappatoni

Goals: Akhmedov (32 og), del Piero (63)

FINLAND v AZERBAIJAN 3-0 (1-0)
Olympic, Helsinki   12.10.2002
Referee: Alain Hamer (LUX)   Attendance: 11,853
FINLAND: Antti Niemi; Petri Pasanen, Janne Saarinen, Sami Hyypiä (79 Toni Kuivasto), Hannu Tihinen, Aki Riihilahti, Mika Nurmela, Teemu Tainio (74 Jarkko Wiss), Antti Sumiala (85 Shefki Kuqi), Jari Litmanen, Joonas Kolkka. Trainer: Antti Muurinen

AZERBAIJAN: Jahanjir Hasanzade; Emin Agaev, Aslan Kerimov, Tarlan Akhmedov, Emin Guliyev, Kamal Guliyev, Mahmud Gurbanov (65 Rashad Sadikhov), Emin Imamaliev (83 Vadim Vasilyev), Gurban Gurbanov, Samir Aliyev, Ramiz Mammadov (90 Fizuli Mammedov).   Trainer: Vagif Sadykov

Goals: Akhmedov (14 og), Tihinen (59), Hyypiä (71)

SERBIA MONTENEGRO v FINLAND 2-0 (0-0)
FK Crvena Zvezda, Beograd   16.10.2002
Referee: Dick van Egmond (HOL)   Attendance: 25,000
SERBIA MONTENEGRO: Dragoslav Jevrić; Zoran Njegus (46 Mladen Krstajić), Ivica Dragutinović, Nemanja Vidić, Igor Duljaj, Nikola Lazetić, Predrag Mijatović, Dejan Stanković, Sinisa Mihajlović, Mateja Kezman (62 Nenad Brnović), Darko Kovacević (71 Savo Milosević).   Trainer: Dejan Savicević

FINLAND: Antti Niemi; Petri Pasanen (63 Juha Reini), Janne Saarinen, Sami Hyypiä, Toni Kuivasto, Aki Riihilahti, Mika Nurmela, Teemu Tainio (82 Shefki Kuqi), Antti Sumiala (57 Jonatan Johansson), Jari Litmanen, Joonas Kolkka. Trainer: Antti Muurinen

Sent off: Reini (83)

Goals: Kovacević (56), Mihajlović (84 pen)

ITALY v SERBIA MONTENEGRO 1-1 (1-0)
San Paolo, Napoli   12.10.2002
Referee: Manuel Enrique MEJUTO GONZÁLEZ (SPA)
Attendance: 50,000
ITALY: Gianluigi Buffon; Christian Panucci, Luciano Zauri (81 Massimo Oddo), Gennaro Gattuso, Fabio Cannavaro, Alessandro Nesta, Alessandro Del Piero, Christiano Doni (46 Vincenzo Montella), Filippo Inzaghi, Andrea Pirlo (78 Massimo Ambrosini), Damiano Tommasi.
Trainer: Giovanni Trapattoni

SERBIA MONTENEGRO: Dragoslav Jevrić; Zoran Mirković (10 Igor Duljaj), Ivica Dragutinović, Nemanja Vidić, Mladen Krstajić, Goran Trobok, Nikola Lazetić, Predrag Mijatović (65 Mateja Kezman), Dejan Stanković, Sinisa Mihajlović, Darko Kovacević (73 Savo Milosević).   Trainer: Dejan Savicević

Goals: Mijatović (29), Del Piero (40)

AZERBAIJAN v WALES 0-2 (0-1)
Tofig Bakhramov, Baku   20.11.2002
Referee: Luc Huyghe (BEL)   Attendance: 15,000
AZERBAIJAN: Djakhangir Hasanzade; Aslan Kerimov (46 Fizuli Mammedov), Ilgam Yadullayev, Tarlan Akhmedov (76 Arif Asadov), Adam Niftaliev, Rashad Sadikhov, Makhmud Gurbanov (64 Farukh Ismaylov), Emin Imamaliev, Gurban Gurbanov, Vadim Vasilyev, Samir Aliyev.
Trainer: Asker Abdullayev

WALES: Paul Jones; Mark Delaney (73 Rhys Weston), Darren Barnard, Andrew Melville, Robert Page, Gary Speed, Carl Robinson (90 Paul Trollope), Robert Earnshaw (90 Neil Roberts), John Hartson, Simon Davies, Ryan Giggs.
Trainer: Mark Hughes

Goals: Speed (10), Hartson (70)

WALES v ITALY 2-1 (1-1)
Millenium, Cardiff   16.10.2002
Referee: Gilles Veissiere (FRA)   Attendance: 70,000
WALES: Paul Jones; Mark Delaney, Andrew Melville, Daniel Gabbidon, Gary Speed, Simon Davies, Robbie Savage, Craig Bellamy (90 Nathan Blake), Mark Pembridge, Ryan Giggs, John Hartson.   Manager: Mark Hughes

ITALY: Gianluigi Buffon; Christian Panucci, Luciano Zauri, Luigi Di Biagio (64 Gennaro Gattuso, 84 Massimo Marazzina), Fabio Cannavaro, Alessandro Nesta, Alessandro Del Piero, Massimo Ambrosini, Andrea Pirlo, Vincenzo Montella (69 Massimo Maccarone), Damiano Tommasi.
Trainer: Giovanni Trapattoni

Goals: Davies (11), Del Piero (32), Bellamy (70)

SERBIA MONTENEGRO v AZERBAIJAN 2-2 (1-0)
Gradski, Podgorica   12.02.2003
Referee: Jacek Granat (POL)   Attendance: 16,038
SERBIA MONTENEGRO: Dragoslav Jevrić; Nenad Djordjević, Goran Bunjevcević, Milan Dudić, Branko Bosković, Nikola Lazetić (74 Marković), Predrag Mijatović (70 Danijel Ljuboja), Savo Milosević, Dejan Stanković, Zvonimir Vukić, Mateja Kezman (59 Igor Duljaj).   Trainer: Dejan Savicević

AZERBAIJAN: Djakhangir Hasanzade; Kamal Guliyev, Rashad Sadikhov, Emin Guliyev, Tarlan Akhmedov, Mahmud Gurbanov (90 Fizuli Mamedov), Emin Imamaliev, Farrukh Ismaylov (55 Ruslan Musayev), Samir Aliyev (87 Mamedov).
Trainer: Asker Abdullayev

Goals: Mijatović (33 pen), Lazetić (52), Gurbanov (58, 77)

ITALY v FINLAND 2-0 (2-0)

Renzo Barbera, Palermo   29.03.2003

Referee: Valentin Ivanov (RUS)   Attendance: 34,074

ITALY: Gianluigi Buffon; Christian Panucci, Gianluca Zambrotta, Cristiano Zanetti, Fabio Cannavaro, Alessandro Nesta, Mauro Camoranesi, Simone Perrotta, Christian Vieri (82 Bernardo Corradi), Francesco Totti (87 Fabrizio Miccoli), Marco Delvecchio (68 Alessandro Birindelli).   Trainer: Giovanni Trapattoni

FINLAND: Antti Niemi; Petri Pasanen, Janne Saarinen, Sami Hyypiä, Hannu Tihinen, Aki Riihilahti (36 Jonatan Johansson), Mika Nurmela (75 Peter Kopteff), Jari Ilola, Mikael Forssell, Teemu Tainio, Joonas Kolkka.   Trainer: Antti Muurinen

Goals: Vieri (5, 22)

FINLAND v ITALY 0-2 (0-1)

Olympic, Helsinki   11.06.2003

Referee: Zeljko Sirić (CRO)   Attendance: 36,850

FINLAND: Jussi Jääskelainen; Petri Pasanen, Janne Saarinen, Sami Hyypiä, Hannu Tihinen, Simo Valakari (82 Aki Riihilahti), Mika Nurmela (69 Peter Kopteff), Mika Väyrynen, Mikael Forssell, Jari Litmanen, Joonas Kolkka (78 Jonatan Johansson).   Trainer: Antti Muurinen

ITALY: Gianluigi Buffon; Christian Panucci, Gianluca Zambrotta, Cristiano Zanetti, Fabio Cannavaro (90 Nicola Legrottaglie), Alessandro Nesta, Alessandro del Piero, Simone Perrotta, Bernardo Corradi (85 Marco Delvecchio), Francesco Totti, Stefano Fiore (83 Masimo Oddo).   Trainer: Giovanni Trappatoni

Goals: Totti (32), del Piero (73)

WALES v AZERBAIJAN 4-0 (3-0)

Millenium, Cardiff   29.03.2003

Referee: Ohilippe Leuba (SWI)   Attendance: 72,500

WALES: Paul Jones; Gary Speed (45 Paul Trollope), Andrew Melville, Robert Page, Mark Pembridge, Robbie Savage (19 Carl Robinson), Craig Bellamy (72 Robert Edwards), John Hartson, Simon Davies, Ryan Giggs, John Oster.   Trainer: Mark Hughes

AZERBAIJAN: Djakhangir Hasanzade; Tarlan Akhmedov, Kamal Guliyev, Samir Aliyev (78 Zaur Tagizade), Emin Guliyev (46 Ilham Yadullayev), Aftandil Hajiev (46 Fizuli Mamedov), Mahmud Gurbanov, Ramiz Mamedov, Gurbanov, Emin Imamaliev, Ruslan Musayev.   Trainer: Asker Abdullayev

Goals: Bellamy (1), Speed (40), Hartson (44), Giggs (52)

AZERBAIJAN v SERBIA MONTENEGRO 2-1 (0-1)

Shafa, Baku   11.06.2003

Referee: Knud Erik Fisker (DEN)   Attendance: 5,000

AZERBAIJAN: Dmitri Kramarenko; Emin Agaev (84 Zaur Tagizade), Aslan Kerimov, Tarlan Akhmedov, Emin Guliyev, Kamal Guliyev, Makhmud Gurbanov, Gurban Gurbanov (90+3 Ilgam Yadullayev), Rashad Sadikhov, Samir Aliyev, Ruslan Musayev (53 Farrukh Ismaylov).   Trainer: Asker Abdullayev

SERBIA MONTENEGRO: Dragoslav Jevric (46 Dragon Zilić); Zoran Mirković, Nikola Malbasa, Zoran Njegus, Nenad Djordjević, Predrag Mijatović (68 Nenad Kovacević), Zvonimir Vukić, Igor Duljaj (89 Savo Milosević), Darko Kovacević, Branko Bosković, Mladen Krstajić.   Trainer: Dejan Savicević

Goals: Bosković (27), Gurbanov (87 pen), Ismaylov (90)

FINLAND v SERBIA MONTENEGRO 3-0 (2-0)

Olympic, Helsinki   07.06.2003

Referee: Claude Colombo (FRA)   Attendance: 17,343

FINLAND: Jussi Jääskelainen; Petri Pasanen, Janne Saarinen, Sami Hyypiä, Hannu Tihinen, Simo Valakari, Mika Nurmela (87 Aki Riihilahti), Mika Väyrynen, Mikael Forssell (79 Shefki Kuqi), Jari Litmanen, Joonas Kolkka (66 Peter Kopteff).   Trainer: Antti Muurinen

SERBIA MONTENEGRO: Dragoslav Jevrić; Zoran Mirković (80 Nenad Kovacević), Boban Dmitrović, Nemanja Vidić, Predrag Mijatović (46 Zvonimir Vukić), Savo Milosević (46 Nenad Jestrović), Sinisa Mihajlović, Igor Duljaj, Slobodan Marković, Darko Kovacević, Mladen Krstajić.   Trainer: Dejan Savicević

Sent off: Mihajlović (26)

Goals: Hyypiä (19), Kolkka (45), Forssell (56)

SERBIA MONTENEGRO v WALES 1-0 (0-0)

Crvena Zvezda, Beograd   20.08.2003

Referee: Anders Frisk (SWE)   Attendance: 25,000

SERBIA MONTENEGRO: Dragoslav Jevrić; Ivica Dragutinović, Dragan Mladenović, Dejan Stefanović, Goran Gavrancić, Zvonimir Vukić (67 Saša Ilić), Mateja Kezman, Dejan Stanković (81 Predrag Djordjević), Darko Kovacević, Mladen Krstajić, Milivoje Cirković.   Trainer: Ilija Petković

WALES: Paul Jones; Mark Delaney, Gary Speed, Daniel Gabbidon, Robert Page, Mark Pembridge, Robbie Savage, Craig Bellamy, Nathan Blake (78 Robert Earnshaw), Simon Davies, Ryan Giggs.   Trainer: Mark Hughes

Goal: Mladenović (73)

ITALY v WALES 4-0 (0-0)

Giuseppe Meazza, Milano   06.09.2003

Referee: Markus Merk (GER)   Attendance: 68,000

ITALY: Gianluigi Buffon; Christian Panucci (58 Massimo Oddo), Gianluca Zambrotta, Cristiano Zanetti, Fabio Cannavaro, Alessandro Nesta, Alessandro del Piero, Simone Perrotta (86 Stefano Fiore), Christian Vieri, Filippo Inzaghi (74 Gennaro Gattuso), Mauro Camoranesi.
Trainer: Giovanni Trappatoni

WALES: Paul Jones; Mark Delaney, Gary Speed, Jason Koumas (71 Robert Earnshaw), Robert Page, Mark Pembridge, Robbie Savage, Craig Bellamy, John Hartson (82 Nathan Blake), Simon Davies, Ryan Giggs.   Trainer: Mark Hughes

Goals: Inzaghi (59, 63, 70), del Piero (76 pen)

SERBIA MONTENEGRO v ITALY 1-1 (0-1)

Crvena Zvezda, Beograd   10.09.2003

Referee: Alain Hamer (LUX)   Attendance: 35,000

SERBIA MONTENEGRO: Dragoslav Jevrić; Milivoje Cirković, Ivica Dragutinović (70 Branko Bosković), Dragan Mladenović, Dejan Stefanović, Goran Gavrancić, Saša Ilić, Mateja Kezman (59 Danijel Ljuboja), Savo Milosević, Predrag Djordjević, Mladen Krstajić.   Trainer: Ilija Petković

ITALY: Gianluigi Buffon; Christian Panucci, Gianluca Zambrotta, Alessio Tacchinardi, Fabio Cannavaro, Alessandro Nesta, Alessandro del Piero, Simone Perrotta, Christian Vieri (79 Bernardo Corradi), Filippo Inzaghi (64 Stefano Fiore), Mauro Camoranesi (51 Gennaro Gattuso).
Trainer: Giovanni Trappatoni

Goals: Inzaghi (22), S. Ilić (82)

AZERBAIJAN v FINLAND 1-2 (0-0)

Shafa, Baku   06.09.2003

Referee: Vladimir Hrinak (SVK)   Attendance: 7,500

AZERBAIJAN: Dmitriy Kramarenko; Emin Agaev (11 Ruslan Musayev), Tarlan Akhmedov, Emin Guliyev, Kamal Guliyev, Mahmud Gurbanov, Ilham Yadullayev, Rashad Sadikhov, Farrukh Ismaylov, Samir Aliyev (46 Emin Imamaliyev), Vadim Vasilyev (60 Zaur Tagizade).   Trainer: Asker Abdullayev

SUOMI: Antti Niemi; Janne Saarinen, Sami Hyypiä, Petri Pasanen, Mika Väyrynen (85 Aki Riihilahti), Mika Nurmela, Teemu Tainio (85 Simo Valakari), Mikael Forssell, Jonatan Johansson (46 Peter Kopteff), Joonas Kolkka, Juha Reini.
Trainer: Antti Muurinen

Sent off: Akhmedov (42)

Goals: Tainio (52), Nurmela (74), Ismaylov (88)

ITALY v AZERBAIJAN 4-0 (2-0)

Oreste Granillo, Regio Calabria   11.10.2003

Referee: Stuart Dougal (SCO)   Attendance: 30,000

ITALY: Gianluigi Buffon; Massimo Oddo, Alessandro Nesta (77 Matteo Ferrari), Fabio Cannavaro, Gianluca Zambrotta, Mauro Camoranesi, Simone Perrotta, Cristiano Zanetti, Francesco Totti, Christian Vieri (54 Marco di Vaio), Filippo Inzaghi.   Trainer: Giovanni Trappatoni

AZERBAIJAN: Dmitriy Kramarenko (55 Jahangir Hasanzade); Rufat Guliyev, Aslan Kerimov, Ilham Yadullayev, Emin Agaev, Zaur Tagizade (74 Vadim Vasilyev), Mahmud Gurbanov (82 Ramiz Mamedov), Rashad Sadikhov, Emin Guliyev, Samir Aliyev, Emin Imamaliev.
Trainer: Asker Abdullayev

Goals: Vieri (16), Inzaghi (24, 87), di Vaio (64)

WALES v FINLAND 1-1 (1-0)

Millenium, Cardiff   10.09.2003

Referee: Arturo DAUDEN IBAÑEZ (SPA)
Attendance: 72,500

WALES: Paul Jones; Rhys Weston (72 Carl Robinson), Gary Speed, Andy Melville, Robert Page, Mark Pembridge, Jason Koumas, Robert Earnshaw, John Hartson (82 Nathan Blake), Simon Davies, Ryan Giggs.   Trainer: Mark Hughes

FINLAND: Antti Niemi; Petri Pasanen (82 Peter Kopteff), Janne Saarinen (46 Juha Reini), Sami Hyypiä, Hannu Tihinen, Aki Riihilahti, Mika Nurmela, Teemu Tainio, Mikael Forssell, Mika Väyrynen (58 Shefki Kuqi), Joonas Kolkka.
Trainer: Antti Muurinen

Sent off: Koumas (64)

Goals: Davies (3), Forssell (78)

WALES v SERBIA MONTENEGRO 2-3 (1-1)

Millenium, Cardiff   11.10.2003

Referee: Fritz Stuchlik (AUS)   Attendance: 72,514

WALES: Paul Jones; Mark Delaney, Gary Speed, Daniel Gabbidon, Rhys Weston (67 Robert Edwards), Carl Robinson, Robert Earnshaw, Craig Bellamy, John Hartson (86 Nathan Blake), Darren Barnard, Ryan Giggs.   Trainer: Mark Hughes

SERBIA MONTENEGRO: Dragoslav Jevrić; Goran Bunjevcević, Milivoje Cirković, Goran Gavrancić, Mateja Kezman (60 Savo Milosević), Dragan Sarac, Branko Bosković, Nenad Djordjević, Darko Kovacević, Zvonimir Vukić, Danijel Ljuboja.   Trainer: Ilija Petković

Goals: Vukić (6), Hartson (26), Milosević (82), Gavrancić (88), Earnshaw (90+1)

	P	W	D	L	F	A	Pts
Italy	8	5	2	1	17	4	17
Wales	8	4	1	3	13	10	13
Serbia & Monten.	8	3	3	2	11	11	12
Finland	8	3	1	4	9	10	10
Azerbaijan	8	1	1	6	5	20	4

GROUP 10

ALBANIA v SWITZERLAND 1-1 (0-1)

Qemal Stafa, Tiranë 12.10.2002

Referee: Orhan Erdemir (TUR)   Attendance: 15,000

ALBANIA: Foto Strakosha; Geri Çipi, Arian Xhumba, Edvin Murati, Klodian Duro (88 Elvis Sina), Besnik Hasi, Altin Lala, Fatmir Vata, Igli Tare (71 Florian Myrtaj), Erion Bogdani, Altin Haxhi.   Trainer: Giuseppe Dossena

SWITZERLAND: Jörg Stiel; Bernt Haas, Joël Magnin, Patrick Müller, Murat Yakin, Johann Vogel, Ricardo Cabañas (80 Mario Cantaluppi), Raphaël Wicky, Alex Frei, Hakan Yakin (63 Fabio Celestini), Stéphane Chapuisat (84 Leonard Thurre).   Trainer: Jakob Kuhn

Goals: Murat Yakin (37), Murati (68)

RUSSIA v EIRE 4-2 (2-0)

Lokomotiv, Moskva 07.09.2002

Referee: Claude Colombo (FRA)   Attendance: 23,000

RUSSIA: Sergey Ovchinnikov; Gennadi Nizhegorodov, Sergei Ignashevitch, Evgeni Aldonin, Sergei Semak (75 Dmitri Khokhlov), Igor Yanovski, Rolan Gusev (29 Andrei Solomatin), Andrei Kariaka, Dmitri Loskov, Viktor Onopko, Vladimir Beschastnykh (46 Aleksandr Kerzhakov).
Trainer: Valeri Gazzaev

EIRE: Shay Given; Steve Finnan, Ian Harte, Kenny Cunningham, Gary Breen, Matt Holland, Jason McAteer (65 Gary Doherty), Mark Kinsella, Kevin Kilbane (86 Phil Babb), Damien Duff (17 Clinton Morrison), Robbie Keane.
Trainer: Mick McCarthy

Goals: Kariaka (20), Beschastnykh (24), Doherty (69), Kerzhakov (71), Morrison (76), Babb (88 og)

GEORGIA v RUSSIA

Lokomotiv, Tbilisi 12.10.2002

Referee: Tom Henning Ovrebo (NOR)

GEORGIA: Giorgi Lomaia; Aleksandre Rekhviashvili, Giorgi Shashiashvili, Kakhi Kaladze, Aleksandr Amisulashvili, Givi Didava, Levan Tskitishvili, Vladimir Burduli, Aleksandre Iashvili, Levan Kobiashvili, Shota Arveladze (25 Giorgi Demetradze).   Trainer: Aleksandr Chivadze

RUSSIA: Sergey Ovchinnikov; Gennadi Nizhegorodov, Sergei Ignashevich, Aleksei Smertin, Sergei Semak, Igor Yanovski, Viktor Onopko, Rolan Gusev, Andrei Solomatin, Dmitri Loskov, Vladimir Beschastnykh.   Trainer: Valery Gazzaev

Match abandoned due failure of floodlights

SWITZERLAND v GEORGIA 4-1 (1-0)

Saint Jakob Park, Basel 08.09.2002

Referee: Vladimir Hrinak (SVK)   Attendance: 20,500

SWITZERLAND: Jörg Stiel; Bernt Haas, Joël Magnin (82 Bruno Berner), Stéphane Henchoz, Murat Yakin, Johann Vogel (68 Fabio Celestini), Ricardo Cabañas, Patrick Müller, Alexander Frei, Hakan Yakin (73 Raphaël Wicky), Stéphane Chapuisat.   Trainer: Jakob Kuhn

GEORGIA: David Gvaramadze; Levan Kobiashvili, Gela Shekiladze, Kakhi Kaladze, Edik Sadjaia (46 Aleksandre Rekhviashvili, 84 Mikheil Kavelashvili), Levan Tskitishvili, Giorgi Nemsadze, Gocha Jamarauli, Giorgi Demetradze, Giorgi Kinkladze (46 Vladimir Burduli), Archil Arveladze.
Trainer: Alexandr Chivadze

Goals: Frei (37), A. Arveladze (62), Hakan Yakin (63), Müller (74), Chapuisat (81)

EIRE v SWITZERLAND 1-2 (0-1)

Lansdowne Road, Dublin 16.10.2002

Referee: Rune Pedersen (NOR)   Attendance: 35,000

EIRE: Shay Given; Gary Kelly, Ian Harte (86 Gary Doherty), Kenny Cunningham, Gary Breen, Matt Holland, Colin Healy, Mark Kinsella, Damien Duff (83 Thomas Butler), Robbie Keane, Kevin Kilbane (62 Clinton Morrison).
Trainer: Michael McCarthy

SWITZERLAND: Jörg Stiel; Bernt Haas, Joël Magnin, Patrick Müller, Murat Yakin, Johann Vogel, Ricardo Cabañas, Raphaël Wicky (85 Mario Cantaluppi), Alex Frei (71 Leonard Thurre), Hakan Yakin (85 Fabio Celestini), Stéphane Chapuisat.
Trainer: Jakob Kuhn

Goals: H. Yakin (45), Magnin (78 og), Celestini (87)

RUSSIA v ALBANIA 4-1 (2-1)

Centralnyi, Volgograd   16.10.2002

Referee: Leif Sundell (SWE)   Attendance: 18,000

RUSSIA: Sergey Ovchinnikov; Gennadi Nizhegorodov, Sergei Ignashevich, Aleksei Smertin, Sergei Semak, Igor Yanovski, Viktor Onopko, Rolan Gusev (79 Vadim Evseev), Andrei Solomatin, Dmitri Loskov (46 Evgeni Aldonin), Aleksandr Kerzhakov (64 Denis Popov).   Trainer: Valery Gazzaev

ALBANIA: Foto Strakosha; Geri Çipi, Arian Xhumba, Ervin Fakaj, Edvin Murati, Besnik Hasi, Altin Lala, Klodian Duro, Fatmir Vata (60 Elvis Sina), Igli Tare (69 Florian Myrtaj), Altin Xahhi (56 Alban Bushi).   Trainer: Giuseppe Dossena

Goals: Kerzhakov (3), Duro (13), Semak (42, 55), Onopko (52)

ALBANIA v EIRE 0-0

Qemal Stafa, Tirana   02.04.2003

Referee: Stefano Farina (ITA)   Attendance: 20,000

ALBANIA: Foto Strakosha; Ardit Beqiri, Geri Çipi, Ardian Aliaj, Altin Lala, Besnik Hasi, Klodian Duro, Ervin Skela (85 Alban Bushi), Edvin Murati (66 Arian Bellai), Igli Tare, Altin Rrakli (69 Florian Myrtaj).   Trainer: Hans-Peter Briegel

EIRE: Shay Given; Stephen Carr, John O'Shea, Matt Holland, Mark Kinsella, Gary Breen, Kenny Cunningham, Lee Carsley, Damien Duff, Kevin Kilbane, Robbie Keane (66 Gary Doherty)   Trainer: Brian Kerr

GEORGIA v EIRE 1-2 (0-1)

Lokomotiv, Tbilisi   29.03.2003

Referee: Kyros Vassaras (GRE)   Attendance: 15,000

GEORGIA: Giorgi Lomaia; Khizaneishvili, Giorgi Shashiashvili, Aleksandr Amisulashvili, Levan Kobiashvili, Levan Tskitishvili, Georgi Nemsadze, Gocha Jamarauli, Temur Ketsbaia (46 Georgi Demetradze), Georgi Kinkladze (72 Givi Didava), Aleksandre Iashvili.   Trainer: Aleksandr Chivadze

EIRE: Shay Given; Stephen Carr, Kenny Cunningham, Gary Breen, John O'Shea, Matt Holland, Damien Duff, Mark Kinsella, Gary Doherty, Lee Carsley, Kevin Kilbane.   Trainer: Brian Kerr

Goals: Duff (18), Kobiashvili (62), Doherty (84)

GEORGIA v SWITZERLAND 0-0

Lokomotiv, Tbilisi   02.04.2003

Referee: Edo Trivković (CRO)   Attendance: 7,000

GEORGIA: Giorgi Lomaia; Otar Khizaneishvili, Zurab Khizaneishvili, Aleksandr Rekhviashvili, Kvirkvelia, Revaz Kemoklidze, Georgi Nemsadze (48 Givi Didava), Levan Tskitishvili, Aleksandre Iashvili (48 Shota Arveladze), Levan Kobiashvili, Georgi Demetradze (72 Mikheil Ashvetia).   Trainer: Aleksandr Chivadze

SWITZERLAND: Pascal Zuberbühler; Bernt Haas, Bruno Berner, Patrick Müller, Murat Yakin, Johann Vogel, Ricardo Cabañas (67 Mario Cantaluppi), Raphaël Wicky, Alex Frei (59 Fabio Celestini), Hakan Yakin (90 Léonard Turre), Stéphane Chapuisat.   Trainer: Jakob Kuhn

ALBANIA v RUSSIA 3-1 (1-0)

Loro Borici, Shkoder   29.03.2003

Referee: Paul Allaerts (BEL)   Attendance: 16,000

ALBANIA: Foto Strakosha; Ardit Beqiri, Geri Çipi, Ardian Aliaj, Altin Lala, Besnik Hasi, Klodian Duro, Ervin Skela (83 Nevil Dede), Edvin Murati (67 Arian Bellai), Igli Tare, Altin Rrakli (70 Florian Myrtaj).   Trainer: Giuseppe Dossena

RUSSIA: Sergey Ovchinnikov; Gennadi Nizhegorodov, Sergei Ignashevich, Aleksei Smertin (72 Igor Yanovski), Sergei Semak, Aleksei Berezoutski, Evgeni Aldonin, Rolan Gusev (54 Vladimir Beschastnykh), Aleksandr Tochilin (46 Andrei Kariaka), Dmitri Loskov, Aleksandr Kerzhakov.   Trainer: Valery Gazzaev

Goals: Rraklli (20), Kariaka (76), Lala (79), Tare (82)

GEORGIA v RUSSIA 1-0 (1-0)

Lokomotiv, Tbilisi   30.04.2003

Referee: Franz-Xaver Wack (GER)   Behind closed doors

GEORGIA: Giorgi Lomaia; Otar Khizaneishvili, Zurab Khizaneishvili, Kakha Kaladze, David Kvirkvelia, Levan Tskitishvili, Georgi Nemsadze, Vladimir Burduli (80 Giorgi Shashiashvili), Malkhaz Asatiani (75 Givi Didava), Georgi Demetradze, Mikheil Ashvetia (84 Rati Aleksidze).   Trainer: Aleksandr Chivadze

RUSSIA: Mandrikin; Gennadi Nizhegorodov, Sergei Ignashevich (14 Denis Evsikov), Aleksei Smertin, Sergei Semak, Evgeni Aldonin (79 Dmitri Sychev), Viktor Onopko, Dmitri Alenichev, Egor Titov, Marat Izmailov (46 Aleksandr Kerzhakov), Andrei Kariaka.   Trainer: Valery Gazzaev

Goal: Asatiani (11)

SWITZERLAND v RUSSIA 2-2 (2-1)

Saint Jakob Park, Basel   07.06.2003

Referee: Arturo DAUDEN IBAÑEZ (SPA)   Att: 30,500

SWITZERLAND: Jorg Stiel; Bernt Haas, Ludovic Magnin (61 Bruno Berner), Patrick Müller (82 Stéphane Henchoz), Murat Yakin, Fabio Celestini, Ricardo Cabañas, Raphaël Wicky (71 Johann Vogel), Alex Frei, Hakan Yakin, Stéphane Chapuisat.   Trainer: Jakob Kuhn

RUSSIA: Sergey Ovchinnikov; Vasili Berezoutski, Yuri Kovtun, Aleksei Smertin, Sergei Semak (82 Denis Evsikov), Sergei Ignashevich, Igor Yanovski, Rolan Gusev, Evgeni Aldonin, Denis Popov (46 Dmitri Sychev), Andrei Kariaka (52 Bistrov).   Trainer: Valery Gazzaev

Goals: Frei (14, 16), Ignashevich (24, 68 pen)

SWITZERLAND v ALBANIA 3-2 (2-1)

Stade de Genève   11.06.2003

Referee: Stephen Graham Bennett (ENG)   Att: 26,000

SWITZERLAND: Jorg Stiel; Bernt Haas, Bruno Berner, Stéphane Henchoz (75 Marco Zwyssig), Murat Yakin, Johann Vogel, Ricardo Cabañas, Raphaël Wicky (64 Christophe Spycher), Alex Frei (83 Fabio Celestini), Hakan Yakin, Stéphane Chapuisat.   Trainer: Jakob Kuhn

ALBANIA: Foto Strakosha; Ardit Beqiri, Geri Çipi, Ardian Aliaj, Altin Lala, Klodian Duro, Besnik Hasi (64 Lorik Cana), Ervin Skela, Arian Bellai (62 Altin Rraklli), Igli Tare, Alban Bushi.   Trainer: Hans-Peter Briegel

Goals: Haas (10), Lala (22), Frei (32), Cabanas (71), Skela (86 pen)

EIRE v ALBANIA 2-1 (1-1)

Lansdowne Road, Dublin   07.06.2003

Referee: Tomasz Mikulski (POL)   Attendance: 33,000

EIRE: Shay Given; Stephen Carr, John O'Shea, Gary Breen, Kenny Cunningham, Matt Holland, Damien Duff, Mark Kinsella (55 Carsley), Connolly (65 Gary Doherty), Robbie Keane, Kevin Kilbane (76 Reid).   Trainer: Brian Kerr

ALBANIA: Foto Strakosha (79 Arjan Beqaj); Elvin Beqiri, Geri Çipi, Klodian Duro, Besnik Hasi, Edvin Murati (58 Arian Bellai), Altin Lala, Ervin Skela, Ardian Aliaj, Altin Rraklli (85 Florian Myrtaj), Igli Tare.   Trainer: Hans-Peter Briegel

Goals: Keane (6), Skela (7), Aliaj (90+2 og)

EIRE v RUSSIA 1-1 (1-1)

Lansdowne Road, Dublin   06.09.2003

Referee: Lubos Michel (SVK)   Attendance: 36,000

EIRE: Shay Given; Stephen Carr, John O'Shea (26 Ian Harte), Gary Breen, Kenny Cunningham, Matt Holland, Lee Carsley (45 Steven Reid), Colin Healy, Damien Duff, Clinton Morrison (73 Gary Doherty), Kevin Kilbane.   Trainer: Brian Kerr

RUSSIA: Sergey Ovchinnikov; Vadim Evseev, Aleksei Smertin, Dmitri Alenichev (39 Evgeni Aldonin), Sergei Ignashevich, Viktor Onopko, Rolan Gusev, Dmitri Bulykin, Aleksandr Mostovoi, Valery Essipov (34 Aleksandr Kerzhakov), Dmitri Sennikov.   Trainer: Valery Gazzaev

Goals: Duff (35), Ignashevich (42)

EIRE v GEORGIA 2-0 (1-0)

Lansdowne Road, Dublin   11.06.2003

Referee: Eduardo ITURRALDE GONZÁLEZ (SPA)   Attendance: 36,000

EIRE: Shay Given; Stephen Carr, John O'Shea, Gary Breen, Kenny Cunningham, Matt Holland, Lee Carsley, Colin Healy (86 Mark Kinsella), Gary Doherty (89 Alan Lee), Robbie Keane, Kevin Kilbane.   Trainer: Brian Kerr

GEORGIA: Giorgi Lomaia; Otar Khizanishvili, Zurab Khizaneishvili, Kakha Kaladze, Aleksandr Amisulashvili, Givi Didava (77 Rati Aleksidze), Aleksandr Rekhviashvili, Vladimir Burduli, Malkhaz Asatiani, Georgi Demetradze (61 Vitaly Daraselia), Shota Arveladze.   Trainer: Ivan Šušak

Goals: Doherty (43), Keane (59)

GEORGIA v ALBANIA 3-0 (3-0)

Boris Paichadze, Tbilisi   06.09.2003

Referee: Nicolai Vollquartz (DEN)   Attendance: 18,000

GEORGIA: Giorgi Lomaia; Otar Khizanishvili, Revaz Kemoklidze, Vladimir Burduli (70 Aleksandr Rekhviashvili), Dato Kvirkvelia, Levan Kobiashvili, Georgi Nemsadze, Mikheil Ashvetia, Aleksandr Iashvili, Gocha Jamarauli (58 Malkhaz Asatiani), Shota Arveladze (60 Georgi Demetradze).   Trainer: Ivan Šušak

ALBANIA: Foto Strakosha; Nevil Dede (10 Redi Jupi), Geri Çipi, Besnik Hasi, Lorik Cana, Ardian Aliaj, Arian Bellai (46 Klodian Duro), Edvin Murati, Ervin Skela, Mehmet Dragusha, Alban Bushi (61 Igli Tare).   Trainer: Hans-Peter Briegel

Goals: S. Arveladze (8, 43), Ashvetia (17)

RUSSIA v SWITZERLAND 4-1 (2-1)

Lokomotiv, Moskva   10.09.2003

Referee: Pierluigi Collina (ITA)   Attendance: 29,000

RUSSIA: Sergey Ovchinnikov; Vladislav Radimov, Andrei Solomatin (46 Dmitri Sennikov), Aleksei Smertin, Andrei Kariaka, Sergei Ignashevich, Viktor Onopko, Rolan Gusev (55 Marat Izmailov), Dmitri Bulykin, Aleksandr Mostovoi, Aleksandr Kerzhakov (77 Dmitri Sytchev).
Trainer: Valery Gazzaev

SWITZERLAND: Pascal Zuberbühler; Remo Meyer, Bruno Berner, Stéphane Henchoz, Murat Yakin, Johann Vogel, Ricardo Cabañas, Patrick Müller (63 Benjamin Huggel), Alexander Frei, Fabio Celestini, Stéphane Chapuisat.
Trainer: Jakob Kuhn

Sent off: Cabanas (88)

Goals: Frei (13), Bulykin (20, 33, 59), Mostovoi (72)

ALBANIA v GEORGIA 3-1 (0-0)

Qemal Stafa, Tirana   10.09.2003

Referee: Marian Salomir (ROM)   Attendance: 10,500

ALBANIA: Foto Strakosha; Arjan Beqaj, Geri Çipi, Besnik Hasi, Lorik Cana (85 Devis Mukaj), Edvin Murati (18 Altin Haxhi), Blendi Shkembi, Altin Rraklli (58 Alban Bushi), Ardian Aliaj, Igli Tare, Klodian Duro.
Trainer: Hans-Peter Briegel

GEORGIA: Giorgi Lomaia; Otar Khizanishvili, Revaz Kemoklidze (40 Aleksandr Rekhviashvili), Givi Didava (54 Georgi Kinkladze), Dato Kvirkvelia, Levan Kobiashvili, Georgi Nemsadze, Mikheil Ashvetia, Aleksandr Iashvili (54 Georgi Demetradze), Gocha Jamarauli, Shota Arveladze.
Trainer: Ivan Šušak

Goals: Hasi (51), Tare (53), A. Arveladze (62), Bushi (80)

RUSSIA v GEORGIA 3-1 (2-1)

Lokomotiv, Moskva   11.10.2003

Referee: Konrad Plautz (AUS)   Attendance: 30,000

RUSSIA: Sergey Ovchinnikov; Vadim Evseev, Dmitri Sennikov, Yegor Titov, Andrei Kariaka (45 Marat Izmailov), Sergei Ignashevich, Viktor Onopko, Rolan Gusev (63 Evgeni Aldonin), Dmitri Bulykin, Aleksandr Mostovoi, Aleksandr Kerzhakov (56 Dmitri Sytchev).   Trainer: Valery Gazzaev

GEORGIA: Giorgi Lomaia; Otar Khizanishvili, Revaz Kemoklidze, Levan Kobiashvili, Dato Kvirkvelia, Levan Tskitishvili (54 Malkhaz Asatiani), Georgi Nemsadze, Mikheil Ashvetia (58 Vitali Daraselia), Aleksandr Iashvili, Gocha Jamarauli, Georgi Demetradze.   Trainer: Ivan Šušak

Goals: Iashvili (3), Bulykin (29), Titov (45+2), Sytchev (73)

SWITZERLAND v EIRE 2-0 (1-0)

St. Jakob-Park, Basel   11.10.2003

Referee: Anders Frisk (SWE)   Attendance: 31,006

SWITZERLAND: Jörg Stiel; Bernt Haas, Christoph Spycher, Patrick Müller, Murat Yakin, Johann Vogel, Benjamin Huggel, Raphaël Wicky, Alexander Frei (90+1 Stéphane Henchoz), Hakan Yakin (55 Fabio Celestini), Stéphane Chapuisat (68 Streller).   Trainer: Jakob Kuhn

EIRE: Shay Given; Stephen Carr, Ian Harte, John O'Shea, Gary Breen, Matt Holland (74 Mark Kinsella), Damien Duff, Colin Healy, David Connolly (58 Clinton Morrison), Robbie Keane, Kevin Kilbane (74 Steve Finnan).   Trainer: Brian Kerr

Goals: H. Yakin (6), Frei (60)

	P	W	D	L	F	A	Pts
Switzerland	8	4	3	1	15	11	15
Russia	8	4	2	2	19	12	14
Eire	8	3	2	3	10	11	11
Albania	8	2	2	4	11	15	8
Georgia	8	2	1	5	8	14	7

QUALIFICATION PLAY-OFFS

SCOTLAND v HOLLAND 1-0 (1-0)

Hampden Park, Glasgow   15.11.2003

Referee: Terje Hauge (NOR)   Attendance: 50,670

SCOTLAND: Robert Douglas; Jackie McNamara, Gary Naysmith, Stephen Pressley, Lee Wilkie, Barry Ferguson, Darren Fletcher, Christian Dailly, Paul Dickov (66 Kenny Miller), James McFadden, Neil McCann (71 Stephen Pearson).
Trainer: Hans-Hubert Vogts

HOLLAND: Edwin Van der Sar; André Ooijer, Jaap Stam, Frank de Boer, Giovanni van Bronckhorst (46 Clarence Seedorf), Phillip Cocu, Andy van der Meyde, Edgar Davids (61 Rafael van der Vaart), Ruud Van Nistelrooij, Patrick Kluivert (77 Roy Makaay), Marc Overmars.   Trainer: Dick Advocaat

Goal: McFadden (22)

HOLLAND v SCOTLAND 6-0 (3-0)
ArenA, Amsterdam   19.11.2003

Referee: Lubos Michel (SVK)   Attendance: 52,000

HOLLAND: Edwin Van der Sar; André Ooijer (46 Frank de Boer), Michael Reiziger, Philip Cocu, Edgar Davids, Wesley Sneijder, Rafael van der Vaart, Wilfred Bouma (67 Clarence Seedorf), Marc Overmars, Andy van der Meyde, Ruud Van Nistelrooij (76 Patrick Kluivert).   Trainer: Dick Advocaat

SCOTLAND: Robert Douglas; Jackie McNamara, Gary Naysmith (46 Maurice Ross), Steven Pressley, Lee Wilkie, Barry Ferguson, Darren Fletcher, Neil McCann (62 Kenny Miller), Gavin Rae, Paul Dickov (45 Stevie Crawford), James McFadden.   Trainer: Hans-Hubert Vogts

Goals: Sneijder (13), Ooijer (32), Van Nistelrooij (36, 50, 66), Frank de Boer (64)

LATVIA v TURKEY 1-0 (1-0)
Skonto Riga   15.11.2003

Referee: Gilles Veissiere (FRA)   Attendance: 10,000

LATVIA: Aleksandrs Kolinko; Igors N. Stepanovs, Vitalis Astafjevs, Valentins Lobanovs, Juris Laizans, Aleksandrs Isakovs, Imants Bleidelis, Maris Verpakovskis (89 Vladimirs Kolesnicenko), Andrey Rubins (82 Jurgis Pucinskis), Vits Rimkus (86 Andrejs Stolcers), Korablovs.   Trainer: Aleksandrs Starkovs.

TURKEY: Rüştü Reçber; Emre Asik, Bülent Korkmaz, Fatih Akyel, Ergün Penbe, Emre Belözoglu, Okan Buruk (84 Gökdeniz Karadeniz), Tugay Kerimoglu (87 Tümer Metin), Ilhan Mansiz, Nihat Kahveci (77 Deniz Baris), Ibrahim Üzülmez.   Trainer: Senol Günes.

Sent off: Emre Asik (73)

Goal: Verpakovskis (29)

TURKEY v LATVIA 2-2 (1-0)
Inönü, Istanbul   19.11.2003

Referee: Anders Frisk (SWE)   Attendance: 24,000

TURKEY: Ömer Çatkiç; Deniz Baris, Bülent Korkmaz, Ibrahim Üzülmez, Ümit Davala (81 Hasan Şaş), Emre Belözoglu, Tümer Metin (60 Gökdeniz Karadeniz), Tugay Kerimoglu (80 Tuncay Sanli), Ilhan Mansiz, Nihat Kahveci, Hakan Şükür.   Trainer: Senol Günes

LATVIA: Aleksandrs Kolinko; Aleksandrs Isakovs, Igors N. Stepanovs, Mihails Zemlinskis, Dzintars Zirnis, Vitalis Astafjevs, Imants Bleidelis, Juris Laizans, Andrey Rubins, Maris Verpakovskis (90 Marian Pahars), Vits Rimkus (79 Andrejs Stolcers).   Trainer: Aleksandrs Starkovs.

Goals: Ilhan Mansiz (20), Hakan Şükür (64), Laizans (66), Verpakovskis (77)

CROATIA v SLOVENIA 1-1 (1-1)
Maskimir, Zagreb   15.11.2003

Referee: Markus Merk (GER)   Attendance: 35,000

CROATIA: Stipe Pletikosa; Dario Šimić, Neretljak, Stjepan Tomas, Igor Tudor, Boris Zivković (59 Darijo Srna), Ivica Mornar, Jerko Leko (46 Giovani Rosso), Dado Pršo, Niko Kovac, Ivica Olić (46 Milan Rapaić).   Trainer: Otto Barić

SLOVENIA: Mladen Dabanović; Fabijan Cipot, Amir Karić, Muamer Vugdalić, Aleksander Knavs, Goran Šukalo, Nastja Ceh (87 Spasoje Bulajić), Ermin Šiljak (90 Bostjan Cesar), Zlatko Zahović, Miran Pavlin, Milenko Acimović (75 Adem Kapić).   Trainer: Bojan Prašnikar

Goals: Pršo (5), Šiljak (22)

SLOVENIA v CROATIA 0-1 (0-0)
Central, Ljubljana   19.11.2003

Referee: Urs Meier (SWI)   Attendance: 10,000

SLOVENIA: Mladen Dabanović; Fabijan Cipot (87 Mladen Dabanović), Aleksander Knavs, Muamer Vugdalić, Milenko Acimović, Nastja Ceh, Amir Karić, Miran Pavlin, Goran Šukalo (66 Ermin Raković), Zlatko Zahović, Mladen Rudonja (46 Adem Kapić).   Trainer: Bojan Prašnikar

CROATIA: Stipe Pletikosa; Josip Simunic (53 Marko Babic), Igor Tudor, Boris Zivković, Robert Kovac, Nico Kovac, Milan Rapaić (66 Stjepan Tomas), Giovani Rosso, Darijo Srna, Dado Pršo (75 Jerko Leko), Tomislav Sokota.   Trainer: Otto Barić

Sent off: Tudor (58)

Goal: Pršo (60)

RUSSIA v WALES 0-0
Lokomotiv, Moscow   15.11.2003

Referee: Lucilio Cardoso Cortez Batista (POR)   Att: 29,000

RUSSIA: Sergey Ovchinnikov; Vadim Evseev, Dmitri Sennikov, Aleksei Smertin (59 Rolan Gusev), Dmitri Alenichev, Sergei Ignashevitch, Viktor Onopko, Dmitri Loskov, Dmitri Bulykin, Aleksandr Mostovoi, Dmitri Sytchev (46 Marat Izmailov).   Trainer: Gueorgui Yartsev

WALES: Paul Jones, Mark Delaney, Darren Barnard, Andrew Melville, Daniel Gabbidon, Andy Johnson, Robbie Savage, Jason Koumas, John Hartson (83 Nathan Blake), Gary Speed, Ryan Giggs.   Manager: Mark Hughes

WALES v RUSSIA 0-1 (0-1)

Millennium Stadium, Cardiff   19.11.2003

Referee: Manuel Enrique Mejuto Gonzalez (SPA)
Attendance: 73,062

WALES: Paul Jones; Mark Delaney, Daniel Gabbidon, Andrew Melville, Darren Barnard, Ryan Giggs, Andy Johnson (58 Robert Earnshaw), Jason Koumas (74 Nathan Blake), Robbie Savage, Gary Speed, John Hartson.   Manager: Mark Hughes

RUSSIA: Viacheslav Malafeev, Dmitri Alenichev, Vadim Evseev, Sergei Ignashevich, Viktor Onopko, Dmitri Sennikov, Rolan Gusev, Marat Izmailov, Aleksei Smertin, Egor Titov (59 Vladislav Radimov), Dmitri Bulykin.
Trainer: Gueorgui Yartsev

Goal: Evseev (22)

SPAIN v NORWAY 2-1 (1-1)

Mestalla, Valencia   15.11.2003

Referee: Graham Poll (ENG)   Attendance: 53,000

SPAIN: IKER CASILLAS Fernández; MÍCHEL SALGADO Fernández, Carlos MARCHENA López, David ALBELDA, Carles PUYOL Saforcada, IVÁN HELGUERA Bujía, RAÚL González Blanco, Rubén BARAJA Vegas, FERNANDO José TORRES Sanz (69 Juan Carlos VALERÓN Santana), José Antonio REYES CALDERÓN (78 VICENTE Rodríguez Guillén), Joseba ETXEBERRÍA Lizardi (78 Joaquín SÁNCHEZ).   Trainer: José Ignacio SÁEZ RUIZ "IÑAKI"

NORWAY: Espen Johnsen, John Arne Riise, Claus Lundekvam, Henning Berg, Christer Basma, Roar Strand (24 Harald Martin Brattbakk), Jan Gunnar Solli, Martin Andresen (57 Runar Berg), Tore André Flo, Trond Andersen, Steffen Iversen (78 Frode Johnsen).   Trainer: Nils Johan Semb

Goals: Iversen (14), Raúl (21), Berg (85 og)

NORWAY v SPAIN 0-3 (0-1)

Ullevål, Oslo   19.11.2003

Referee: Pierluigi Collina (ITA)   Attendance: 25,100

NORWAY: Espen Johnsen (61 Frode Olsen); Trond Andersen (46 Haavard Flo), Christer Basma, Ronny Johnsen, Claus Lundekvam, John Arne Riise, Jan Gunnar Solli, Stale Stensaas, Martin Andresen (73 Frode Johnsen), Tore Andre Flo, Steffen Iversen.   Trainer: Nils Johan Semb

SPAIN: IKER CASILLAS Fernández; CÉSAR MARTÍN Villar, Carles PUYOL Saforcada, MÍCHEL SALGADO Fernández, David ALBELDA (84 Rubén BARAJA Vegas), Xabier "XABI" ALONSO Olona, IVÁN HELGUERA Bujía, Juan Carlos VALERÓN Santana (73 José María Gutiérrez Hernández "GUTI"), VICENTE Rodríguez Guillén, Joseba ETXEBERRÍA Lizardi (77 Joaquín SÁNCHEZ), RAÚL González Blanco.
Trainer: José Ignacio SÁEZ RUIZ "IÑAKI"

Goals: Raúl (34), Vicente (49), Etxeberría (56)

FINALS in PORTUGAL

GROUP A

PORTUGAL v GREECE 1-2 (0-1)

Dragão, Porto   12.06.2004

Referee: Pierluigi Collina (ITA)   Attendance: 53,000

PORTUGAL: RICARDO Alexandre Martins Soares Pereira; PAULO Renato Rebocho FERREIRA, FERNANDO Manuel Silva COUTO (Cap), JORGE Manuel Almeida Gomes de ANDRADE, RUI JORGE Sousa Dias Macedo Oliveira, Francisco José Rodrigues Costa "COSTINHA" (66 NUNO Miguel Soares Ribeiro "GOMES"), Nuno Ricardo Oliveira Ribeiro "MANICHE", Luís Filipe Madeira Caeiro "FIGO", RUI Manuel César COSTA (46 Anderson Luís de Sousa "DECO"), SIMÃO Pedro Fonseca Sabrosa (46 CRISTIANO RONALDO Santos Aveiro), Pedro Miguel Carreiro Resende "PAULETA".   Coach: Luiz Felipe SCOLARI

GREECE: Antonis Nikopolidis; Giourkas Seitaridis, Mihalis Kapsis, Traianos Dellas, Panagiotis Fyssas, Stelios Giannakopoulos (68 Demis Nikolaidis), Theodoros Zagorakis (Cap), Angelos Basinas, Giorgos Karagounis (46 Konstantinos Katsouranis), Zissis Vryzas, Angelos Charisteas (74 Vasilis Lakis).
Trainer: Otto Rehhagel

Goals: Karagounis (7), Basinas (51 pen), C. Ronaldo (90+3)

SPAIN v RUSSIA 1-0 (0-0)

Algarve, Faro   12.06.2004

Referee: Urs Meier (SWI)   Attendance: 30,000

SPAIN: Iker CASILLAS Fernández; Carles PUYOL Saforcada, IVÁN HELGUERA Bujía, Carlos MARCHENA López, RAÚL BRAVO Sanfelix; Rubén BARAJA Vegas (59 Xabier "XABI" ALONSO Olona), David ALBELDA Aliqués; Joseba ETXEBERRÍA Lizardi, RAÚL González Blanco (Cap) (78 FERNANDO José TORRES Sanz), VICENTE Fernández Pujante; Fernando MORIENTES Sánchez (59 Juan Carlos VALERÓN Santana).
Trainer: José Ignacio SÁEZ RUIZ "IÑAKI"

RUSSIA: Sergei Ovchinnikov; Vadim Evseev, Roman Sharonov, Alexei Smertin (Cap), Dimitriy Sennikov; Evgeni Aldonin (68 Dmitri Sytchev), Rolan Gusev (46 Vladislav Radimov), Dmitri Alenichev, Alexandr Mostovoi, Marat Izmailov (74 Andrei Kariaka); Dmitri Bulykin.   Trainer: Georgi Yartsev

Sent off: Sharonov (88)

Goal: Valeron (60)

GREECE v SPAIN 1-1 (0-1)

Bessa, Porto 16.06.2004

Referee: Lubos Michel (SVK)   Attendance: 25,444

GREECE: Antonis Nikopolidis, Giourkas Seitaridis, Mihalis Kapsis, Traianos Dellas, Panagiotis Fyssas (86 Stelios Venetidis), Giorgos Karagounis (53 Vasilis Tsartas), Theodoros Zagorakis (Cap), Konstantinos Katsouranis, Stelios Giannakopoulos (49 Demis Nikolaidis), Zissis Vryzas, Angelos Charistas. Trainer: Otto Rehhagel

SPAIN: Iker CASILLAS Fernández; Carles PUYOL Saforcada, IVÁN HELGUERA Bujía, Carlos MARCHENA López, RAÚL BRAVO Sanfelix, Joseba ETXEBERRÍA Lizardi (46 JOAQUÍN Sánchez Rodríguez), David ALBELDA Aliqués, Rubén BARAJA Vegas, VICENTE Fernández Pujante, RAÚL González Blanco (80 FERNANDO José TORRES Sanz), Fernando MORIENTES Sánchez (65 Juan Carlos VALERÓN Santana). Trainer: José Ignacio SÁEZ RUIZ "IÑAKI"

Goals: Morientes (28), Charistas (66)

RUSSIA v PORTUGAL 0-2 (0-1)

Da Luz, Lisboa 16.06.2004

Referee: Terje Hauge (NOR)   Attendance: 65,000

RUSSIA: Sergei Ovchinnikov; Vadim Evseev, Alexei Bugaev, Alexei Smertin (Cap), Dimitriy Sennikov, Evgeni Aldonin (45+2 Vyacheslav Malafeev), Marat Izmailov (72 Vladimir Bistrov), Dmitri Loskov, Andrei Kariaka (79 Dmitri Bulykin), Dmitri Alenichev, Alexandr Kerzhakov.   Trainer: Georgi Yartsev

PORTUGAL: RICARDO Alexandre Martins Soares Pereira; Luís MIGUEL Brito Garcia Monteiro, JORGE Manuel Almeida Gomes de ANDRADE, RICARDO Alberto Silveira CARVALHO, NUNO Jorge Pereira Silva VALENTE, Francisco José Rodrigues Costa "COSTINHA", Luís Filipe Madeira Caeiro "FIGO" (Cap), Nuno Ricardo Oliveira Ribeiro "MANICHE", Anderson Luís de Sousa "DECO", SIMÃO Pedro Fonseca Sabrosa (63 RUI Manuel César COSTA), Pedro Miguel Carreiro Resende "PAULETA" (57 NUNO Miguel Soares Ribeiro "GOMES").   Trainer: Luiz Felipe SCOLARI

Sent off: Ovchinnikov (45)

Goals: Maniche (7), Rui Costa (89)

SPAIN v PORTUGAL 0-1 (0-0)

José Alvalade, Lisboa 20.06.2004

Referee: Anders Frisk (SWE)   Attendance: 47,500

SPAIN: Iker CASILLAS Fernández; Carles PUYOL Saforcada, IVÁN HELGUERA Bujía, Juan Gutiérrez Moreno "JUANITO" (80 Fernando MORIENTES Sánchez), RAÚL BRAVO Sanfelix, JOAQUÍN Sánchez Rodríguez (72 Alberto LUQUE Martos), Xabier "XABI" ALONSO Olona, David ALBELDA Aliqués (66 Rubén BARAJA Vegas), VICENTE Fernández Pujante, FERNANDO José TORRES Sanz, RAÚL González Blanco (Cap).   Trainer: José Ignacio SÁEZ RUIZ "IÑAKI"

PORTUGAL: RICARDO Alexandre Martins Soares Pereira; Luís MIGUEL Brito Garcia Monteiro, RICARDO Alberto Silveira CARVALHO, JORGE Manuel Almeida Gomes de ANDRADE, NUNO Jorge Pereira Silva VALENTE, Luís Filipe Madeira Caeiro "FIGO" (Cap) (78 Armando Gonçalves Teixeira "PETIT"), Nuno Ricardo Oliveira Ribeiro "MANICHE", Francisco José Rodrigues Costa "COSTINHA", Anderson Luís de Sousa "DECO", CRISTIANO RONALDO Santos Aveiro (84 FERNANDO Manuel Silva COUTO), Pedro Miguel Carreiro Resende "PAULETA" (46 NUNO Miguel Soares Ribeiro "GOMES").   Trainer: Luiz Felipe Scolari

Goal: Nuno Gomes (57)

RUSSIA v GREECE 2-1 (2-1)

Algarve, Faro 20.06.2004

Referee: Gilles Veissière (FRA)   Attendance: 28,000

RUSSIA: Vyacheslav Malafeev; Alexandr Aniukov, Alexei Bugaev, Roman Sharonov (55 Dimitriy Sennikov), Vadim Evseev, Rolan Gusev, Vladislav Radimov, Andrei Kariaka (46 Igor Semshov), Dmitri Alenichev (Cap), Dmitri Bulykin (46 Dmitri Sytchev), Dmitri Kirichenko.   Trainer: Georgi Yartsev

GREECE: Antonis Nikopolidis; Giourkas Seitaridis, Mihalis Kapsis, Traianos Dellas, Stelios Venetidis, Konstantinos Katsouranis, Theodoros Zagorakis (Cap), Angelos Basinas (42 Vasilis Tsartas), Dimitris Papadopoulos (70 Demis Nikolaidis), Angelos Charistas, Zissis Vryzas.   Trainer: Otto Rehhagel

Goals: Kirichenko (2), Bulykin (17), Vryzas (43)

	P	W	D	L	F	A	Pts
Portugal	3	2	0	1	4	2	6
Greece	3	1	1	1	4	4	4
Spain	3	1	1	1	2	2	4
Russia	3	1	0	2	2	4	3

If points are level, advancement is decided by:

1) Head-to-head points
2) Head-to-head goal difference
3) Head-to-head goals scored
4) Overall goal difference
5) Overall goals scored
6) UEFA coefficient
7) Fair Play
8) Draw

GROUP B

SWITZERLAND v CROATIA 0-0

Dr. Magalhães Pessoa, Leiria   13.06.2004

Referee: Lucilio Cardoso Cortes Batista (POR)
Attendance: 30,000

SWITZERLAND: Jörg Stiel; Bernt Haas, Patrick Müller, Murat Yakin, Christoph Spycher, Benjamin Huggel, Johann Vogel, Raphael Wicky (82 Stephane Henchoz), Hakan Yakin (Cap) (86 Daniel Gygax), Alexander Frei, Stephane Chapuisat. Trainer: Kobi Kuhn

CROATIA: Tomislav Butina; Dario Simic (60 Darijo Srna), Josip Simunic, Robert Kovac, Boris Zivkovic (Cap), Ivica Mornar, Niko Kovac, Nenad Bjelica (73 Dovani Rosso), Ivica Olic (46 Milan Rapaic), Dado Prso, Tomislav Sokota.   Trainer: Otto Baric

Sent off: Vogel (50)

FRANCE v ENGLAND 2-1 (0-1)

Da Luz, Lisboa   13.06.2004

Referee: Markus Merk (GER)   Attendance: 65,000

FRANCE: Fabien Barthez; William Gallas, Lilian Thuram, Mickael Silvestre (79 Willy Sagnol), Bixente Lizarazu, Robert Pires (75 Sylvain Wiltord), Claude Makelele, Patrick Vieira, Zinedine Zidane (Cap), David Trezeguet, Thierry Henry. Trainer: Jacques Santini

ENGLAND: David James; Gary Neville, Sol Campbell, Ledley King, Ashley Cole, David Beckham (Cap), Steven Gerrard, Frank Lampard, Paul Scholes (76 Owen Hargreaves), Wayne Rooney (76 Emile Heskey), Michael Owen (70 Darius Vassell). Manager: Sven Göran Eriksson

Goals: Lampard (38), Zidane (90+1, 90+3 pen)

ENGLAND v SWITZERLAND 3-0 (1-0)

Municipal, Coimbra   17.06.2004

Referee: Valentin Ivanov (RUS)   Attendance: 30,000

ENGLAND: David James; Gary Neville, Sol Campbell, John Terry, Ashley Cole, David Beckham (Cap), Frank Lampard, Steven Gerrard, Paul Scholes (70 Owen Hargreaves), Michael Owen (72 Darius Vassell), Wayne Rooney (83 Kieron Dyer). Manager: Sven Göran Eriksson

SWITZERLAND: Jörg Stiel; Bernt Haas, Murat Yakin (Cap), Patrick Müller, Christoph Spycher, Benjamin Huggel, Fabio Celestini (53 Ricardo Cabanas), Raphael Wicky, Hakan Yakin (83 Johann Vonlanthen), Alexander Frei, Stephane Chapuisat (46 Daniel Gygax).   Trainer: Jakob Kuhn

Sent off: Haas (60)

Goals: Rooney (23, 75), Gerrard (82)

CROATIA v FRANCE 2-2 (0-1)

Dr. Magalhaes Pessoa, Leiria   17.06.2004

Referee: Kim Milton Nielsen (DEN)   Attendance: 29,000

CROATIA: Tomislav Butina; Dario Simic (Cap), Robert Kovac, Igor Tudor, Josip Simunic, Dovani Rosso, Nenad Bjelica (68 Jerko Leko), Niko Kovac, Milan Rapaic, Dado Prso, Tomislav Sokota (73 Ivica Olic).   Trainer: Otto Baric

FRANCE: Fabien Barthez; William Gallas (81 Willy Sagnol), Lilian Thuram, Marcel Desailly (Cap), Mickael Silvestre, Sylvain Wiltord (70 Robert Pires), Patrick Vieira, Olivier Dacourt (79 Benoit Pedretti), Zinedine Zidane, David Trezeguet, Thierry Henry. Trainer: Jacques Santini

Goals: Zidane (22), Rapaic (48 pen), Prso (52), Trezeguet (64)

CROATIA v ENGLAND 2-4 (1-2)

Da Luz, Lisboa   21.06.2004

Referee: Pierluigi Collina (ITA)   Attendance: 50,000

CROATIA: Tomislav Butina; Dario Simic (67 Darijo Srna), Igor Tudor, Robert Kovac (46 Ivica Mornar), Josip Simunic, Dovani Rosso, Boris Zivkovic (Cap), Niko Kovac, Milan Rapaic (55 Ivica Olic), Dado Prso, Tomislav Sokota. Trainer: Otto Baric

ENGLAND: David James; Gary Neville, John Terry, Sol Campbell, Ashley Cole, David Beckham (Cap), Frank Lampard (84 Philip Neville), Steven Gerrard, Paul Scholes (70 Ledley King), Michael Owen, Wayne Rooney (72 Darius Vassell). Manager: Sven Göran Eriksson

Goals: N. Kovac (5), Scholes (40), Rooney (45+1, 68), Tudor (73), Lampard (79)

SWITZERLAND v FRANCE 1-3 (1-1)

Municipal, Coimbra   21.06.2004

Referee: Lubos Michel (SVK)   Attendance: 30,000

SWITZERLAND: Jörg Stiel; Stephane Henchoz (86 Ludovic Magnin), Murat Yakin (Cap), Patrick Müller, Christoph Spycher, Ricardo Cabanas, Johann Vogel, Raphael Wicky, Hakan Yakin (60 Benjamin Huggel), Daniel Gygax (86 Milaim Rama), Johann Vonlanthen.   Trainer: Kobi Kuhn

FRANCE: Fabien Barthez; Willy Sagnol (46 William Gallas), Lilian Thuram, Mickael Silvestre, Bixente Lizarazu, Zinedine Zidane (Cap), Claude Makelele, Patrick Vieira, Robert Pires, David Trezeguet (75 Louis Saha), Thierry Henry. Trainer: Jacques Santini

Goals: Zidane (20), Vonlanthen (26), Henry (76, 84)

	P	W	D	L	F	A	Pts
France	3	2	1	0	7	4	7
England	3	2	0	1	8	4	6
Croatia	3	0	2	1	4	6	2
Switzerland	3	0	1	2	1	6	1

GROUP C

DENMARK v ITALY 0-0
Dr. Afonso Henriques, Guimarães   14.06.2004
Referee: Manuel Mejuto Gonzáles (SPA)   Att: 30,000
DENMARK: Thomas Sørensen; Thomas Helveg, Martin Laursen, Rene Henriksen (Cap), Niclas Jensen, Dennis Rommedahl, Daniel Jensen, Christian Poulsen (76 Brian Priske), Martin Jørgensen (72 Kenneth Perez), Jon Dahl Tomasson, Ebbe Sand (68 Claus Jensen). Trainer: Morten Olsen
ITALY: Gianluigi Buffon; Christian Panucci, Alessandro Nesta, Fabio Cannavaro (Cap), Gianluca Zambrotta, Simone Perrotta, Cristiano Zanetti (57 Gennaro Gattuso), Marco Camoranesi (67 Stefano Fiore), Francesco Totti, Alessandro del Piero (63 Andrea Cassano), Christian Vieri. Trainer: Giovanni Trapattoni

SWEDEN v BULGARIA 5-0 (1-0)
José Alvalade, Lisboa   14.06.2004
Referee: Michael Riley (Eng)   Attendance: 52,000
SWEDEN: Andreas Isaksson; Teddy Lucici (41 Christian Wilhelmsson), Olof Mellberg (Cap), Andreas Jakobsson, Erik Edman, Mikael Nilsson, Tobias Linderoth, Fredrik Ljungberg, Anders Svensson (76 Kim Källström), Henrik Larsson, Zlatan Ibrahimovic (82 Marcus Allbäck).
Trainers: Tommy Söderberg and Lars Lagerback
BULGARIA: Zdravko Zdravkov; Vladimir Ivanov, Rosen Kirilov, Predrag Pazin, Ivailo Petkov, Georgi Peev, Stilian Petrov (Cap), Marian Hristov, Martin Petrov (84 Zdravko Lazarov), Zoran Jankovic (62 Velizar Dimitrov), Dimitar Berbatov (76 Vladimir Manchev). Trainer: Plamen Markov
Goals: Ljungberg (32), Larsson (57, 58), Ibrahimovic (78 pen), Allback (90+1)

BULGARIA v DENMARK 0-2 (0-0)
Municipal, Braga   18.06.2004
Referee: Lucilio Cardoso Cortez Batista (POR)
Attendance: 30,000
BULGARIA: Zdravko Zdravkov; Vladimir Ivanov (51 Zdravko Lazarov), Rosen Kirilov, Ilian Stoianov, Ivailo Petkov (40 Zlatomir Zagorcic), Georgi Peev, Stilian Petrov (Cap), Marian Hristov, Martin Petrov, Zoran Jankovic (81 Milen Petkov), Dimitar Berbatov. Trainer: Plamen Markov
DENMARK: Thomas Sørensen; Thomas Helveg, Martin Laursen, Rene Henriksen (Cap), Niclas Jensen, Dennis Rommedahl (23 Jesper Grønkjaer), Daniel Jensen, Thomas Gravesen, Martin Jørgensen (72 Claus Jensen), Jon Dahl Tomasson, Ebbe Sand. Trainer: Morten Olsen
Sent off: Stilian Petrov (83)
Goals: Tomasson (51), Grønkjaer (90+2)

ITALY v SWEDEN 1-1 (1-0)
Dragão, Porto   18.06.2004
Referee: Urs Meier (SWI)   Attendance: 49,000
ITALY: Gianluigi Buffon; Christian Panucci, Alessandro Nesta, Fabio Cannavaro (Cap), Gianluca Zambrotta, Gennaro Gattuso (76 Giuseppe Favalli), Andrea Pirlo, Simone Perrotta, Andrea Cassano (70 Stefano Fiore), Alessandro del Piero (82 Marco Camoranesi), Christian Vieri. Trainer: Giovanni Trapattoni
SWEDEN: Andreas Isaksson; Mikael Nilsson, Olof Mellberg, Andreas Jakobsson, Erik Edman (77 Marcus Allbäck), Christian Wilhelmsson (67 Mattias Jonson), Tobias Linderoth, Fredrik Ljungberg, Anders Svensson (55 Kim Källström), Henrik Larsson, Zlatan Ibrahimovic.
Trainers: Tommy Söderberg & Lars Lagerback
Goals: Cassano (37), Ibrahimovic (85)

ITALY v BULGARIA 2-1 (0-1)
Dr. Afonso Henriques, Guimarães   22.06.2004
Referee: Valentin Ivanov (RUS)   Attendance: 27,000
ITALY: Gianluigi Buffon; Christian Panucci, Marco Materazzi (83 Marco di Vaio), Alessandro Nesta, Gianluca Zambrotta, Stefano Fiore, Andrea Pirlo, Simone Perrotta (68 Massimo Oddo), Andrea Cassano, Alessandro del Piero (Cap), Bernardo Corradi (54 Christian Vieri). Trainer: Giovanni Trapattoni
BULGARIA: Zdravko Zdravkov (Cap); Daniel Borimirov, Zlatomir Zagorcic, Predrag Pazin (64 Kiril Kotev), Ilian Stoianov, Zdravko Lazarov, Milen Petkov, Marian Hristov (79 Velizar Dimitrov), Martin Petrov, Zoran Jankovic (46 Valeri Bozhinov), Dimitar Berbatov. Trainer: Plamen Markov
Goals: M. Petrov (45 pen), Perrotta (48), Cassano (90+4)

DENMARK v SWEDEN 2-2 (1-0)

Do Bessa, Porto   22.06.2004

Referee: Markus Merk (GER)   Attendance: 25,000

DENMARK: Sørensen Thomas Sørensen; Thomas Helveg, Martin Laursen, Rene Henriksen (Cap), Niclas Jensen (46 Kasper Bøgelung), Daniel Jensen (66 Christian Poulsen), Thomas Gravesen, Jesper Grønkjaer, Jon Dahl Tomasson, Martin Jørgensen (66 Dennis Rommedahl), Ebbe Sand. Trainer: Morten Olsen

SWEDEN: Andreas Isaksson; Mikael Nilsson, Olof Mellberg (Cap), Andreas Jakobsson, Erik Edman, Mattias Jonson, Anders Andersson (80 Marcus Allbäck), Kim Källström (72 Christian Wilhelmsson), Fredrik Ljungberg, Zlatan Ibrahimovic, Henrik Larsson.

Trainers: Tommy Söderberg & Lars Lagerback

Goals: Tomasson (28, 66), Larsson (47 pen), Jonson (89)

	P	W	D	L	F	A	Pts
Sweden	3	1	2	0	8	3	5
Denmark	3	1	2	0	4	2	5
Italy	3	1	2	0	3	2	5
Bulgaria	3	0	0	3	1	9	0

GROUP D

CZECH REPUBLIC v LATVIA 2-1 (0-1)

Municipal, Aveiro   15.06.2004

Referee: Gilles Veissière (FRA)   Attendance: 65,000

CZECH REPUBLIC: Petr Cech; Zdenek Grygera (56 Marek Heinz), René Bolf, Tomas Ujfalusi, Marek Jankulovski, Karel Poborsky, Martin Galasek (64 Vladimir Smicer), Tomas Rosicky, Pavel Nedved (Cap), Jan Koller, Milan Baros (87 Martin Jiranek).   Trainer: Karel Bruckner

LATVIA: Aleksandrs Kolinko; Aleksandrs Isakovs, Igors Stepanovs, Mihails Zemlinskis, Olegs Blagonadezdins, Imants Bleidelis, Vitalis Astafjevs (Cap), Valentins Lobanovs (90 Vits Rimkus), Andrejs Rubins, Andrejs Prohorenkovs (72 Juris Laizans), Maris Verpakovskis (81 Marians Pahars). Trainer: Aleksandrs Starkovs

Goals: Verpakovskis (45+1), Baros (73), Heinz (85)

GERMANY v HOLLAND 1-1 (1-0)

Dragão, Porto   15.06.2004

Referee: Anders Frisk (SWE)   Attendance: 52,000

GERMANY: Oliver Kahn; Arne Friedrich, Christian Wörns, Jens Nowotny, Philipp Lahm, Frank Baumann, Dietmar Hamann, Bernd Schneider (68 Bastian Schweinsteiger), Michael Ballack, Torsten Frings (78 Fabian Ernst), Kevin Kuranyi (85 Fredi Bobici).   Trainer: Rudolf Völler

HOLLAND: Edwin van der Sar; Johnny Heitinga (74 Pierre van Hooijdonk), Jaap Stam, Wilfred Bouma, Giovanni van Bronckhorst, Rafael van der Vaart, Phillip Cocu, Edgar Davids (46 Wesley Sneijder),Andy van der Meyde, Ruud van Nistelrooy, Boudewijn Zenden (46 Marc Overmars). Trainer: Dick Advocaat

Goals: Frings (30), van Nistelrooy (80)

LATVIA v GERMANY 0-0

Do Bessa, Porto   19.06.2004

Referee: Michael Riley (ENG)   Attendance: 28,000

LATVIA: Aleksandrs Kolinko; Aleksandrs Isakovs, Igors Stepanovs, Mihails Zemlinskis, Olegs Blagonadezdins, Imants Bleidelis, Vitalis Astafjevs, Valentins Lobanovs (70 Juris Laizans), Andrejs Rubins, Maris Verpakovskis (90+2 Dzintars Zirnis), Andrejs Prokhorenkovs (67 Marians Pahars). Trainer: Alexandrs Starkovs

GERMANY: Oliver Kahn; Arne Friedrich, Christian Wörns, Philipp Lahm, Frank Baumann; Bernd Schneider (46 Bastian Schweinsteiger), Dietmar Hamann, Michael Ballack, Torsten Frings; Fredi Bobici (67 Miroslav Klose), Kevin Kuranyi (78 Thomas Brdaric).   Trainer: Rudolf Völler

HOLLAND v CZECH REPUBLIC 2-3 (2-1)

Municipal, Aveiro   19.06.2004

Referee: Manuel Enrique MEJUTO GONZÁLEZ (SPA) Attendance: 30,000

HOLLAND: Edwin van der Sar; Johnny Heitinga, Jaap Stam, Wilfred Bouma, Giovanni van Bronkhorst; Clarence Seedorf (86 Rafael van der Vaart), Phillip Cocu, Edgar Davids; Andy van der Meyde (79 Michael Reiziger),Ruud van Nistelrooy, Arjen Robben (59 Paul Bosvelt).   Trainer: Dick Advocaat

CZECH REPUBLIC: Petr Cech; Zdenek Grygera (25 Vladimir Smicer), Tomas Ujfalusi, Martin Jiranek, Marek Jankulovski; Karel Poborsky, Martin Galasek (62 Marek Heinz), Tomas Rosicky, Pavel Nedved (Cap), Jan Koller (75 Marek Rozenhal), Milan Baros.   Trainer: Karel Brückner

Sent off: Heitinga (75)

Goals: Bouma (4), van Nistelrooy (19), Koller (23), Baros (71), Smicer (88)

GERMANY v CZECH REPUBLIC 1-2 (1-1)

José Alvalade, Lisboa 23.06.2004

Referee: Terje Hauge (NOR) Attendance: 46,849

GERMANY: Oliver Kahn (Cap); Arne Friedrich, Christian Wörns, Jens Nowotny, Torsten Frings (46 Lukas Podolski), Dietmar Hamann (79 Miroslav Klose), Philipp Lahm, Bernd Schneider, Bastian Schweinsteiger (86 Jens Jeremies), Michael Ballack, Kevin Kuranyi. Trainer: Rudolf Völler

CZECH REPUBLIC: Jaromir Blazek; Martin Jiranek, René Bolf, Marek Rozenhal, Pavel Mares, Jaroslav Plasil (70 Karel Poborsky), Martin Galasek (Cap) (46 Tomas Hübschman), Roman Tyce, Stepan Vachousek, Marek Heinz, Vratislav Lokvenc (59 Milan Baros). Trainer: Karel Brückner

Goals: Ballack (21), Heinz (30), Baros (77)

HOLLAND v LATVIA 3-0 (2-0)

Municipal, Braga 23.06.2004

Referee: Kim Milton Nielsen (DEN) Attendance: 25,000

HOLLAND: Edwin van der Saar, Michael Reiziger, Jaap Stam, Frank de Boer (Cap), Giovanni van Bronkhorst, Clarence Seedorf, Phillip Cocu, Edgar Davids (77 Wesley Sneijder), Andy van der Meyde (62 Marc Overmars), Ruud van Nistelrooy (70 Roy Makaay), Arjen Robben.
Trainer: Dick Advocaat

LATVIA: Aleksandrs Kolinko; Aleksandrs Isakovs, Igors Stepanovs, Mihails Zemlinskis, Olegs Blagonadezdins, Imants Bleidelis (83 Andrejs Stolcers), Valentins Lobanovs, Vitalis Astafjevs (Cap), Andrejs Rubins, Andrejs Prohorenkovs (74 Juris Laizans), Maris Verpakovskis (62 Marians Pahars).
Trainer: Aleksandr Starkovs

Goals: van Nisterooy (27 pen, 35), Makaay (83)

	P	W	D	L	F	A	Pts
Czech Republic	3	3	0	0	7	4	9
Holland	3	1	1	1	6	4	4
Germany	3	0	2	1	2	3	2
Latvia	3	0	1	2	1	5	1

QUARTER FINALS

PORTUGAL v ENGLAND 2-2 (0-1, 1-1) (AET)

Da Luz, Lisboa 24.06.2004

Referee: Urs Meier (SWI) Attendance: 65,000

PORTUGAL: RICARDO Alexandre Martins Soares Pereira; Luís MIGUEL Brito Garcia Monteiro (79 RUI Manuel César COSTA), JORGE Manuel Almeida Gomes de ANDRADE, RICARDO Alberto Silveira CARVALHO, NUNO Jorge Pereira Silva VALENTE; Nuno Ricardo Oliveira Ribeiro "MANICHE", Francisco José Rodrigues Costa "COSTINHA" (63 SIMÃO Pedro Fonseca Sabrosa), Anderson Luís de Sousa "DECO"; Luís Filipe Madeira Caeiro "FIGO" (Cap) (75 HELDER Manuel Marques POSTIGA), NUNO Miguel Soares Ribeiro "GOMES", CRISTIANO RONALDO Santos Aveiro.
Trainer: Luiz Felipe SCOLARI

ENGLAND: David James; Gary Neville, John Terry, Sol Campbell, Ashley Cole; David Beckham, Frank Lampard, Steven Gerrard (82 Owen Hargreaves), Paul Scholes (57 Philip Neville); Michael Owen, Wayne Rooney (27 Darius Vassell).
Manager: Sven Göran Eriksson

Goals: Owen (3), Helder Postiga (83), Rui Costa (110), Lampard (115)

Penalties: Beckham (missed), 0-1 Deco, 1-1 Owen, 1-2 Simão, 2-2 Lampard, Rui Costa (missed), 2-3 Terry, 3-3 Cristiano Ronaldo, 3-4 Hargreaves, 4-4 Maniche, 4-5 A. Cole, 5-5 Helder Postiga, Vassell (saved), 6-5 Ricardo

FRANCE v GREECE 0-1 (0-0)

José Alvalade, Lisboa 25.06.2004

Referee: Anders Frisk (SWE) Attendance: 45,400

FRANCE: Fabien Barthez; William Gallas, Lilian Thuram, Mickael Silvestre, Bixente Lizarazu, Zinedine Zidane (Cap), Claude Makelele, Olivier Dacourt (73 Sylvain Wiltord), Robert Pires (79 Jérôme Rothen), David Trezeguet (73 Louis Saha), Thierry Henry. Trainer: Jacques Santini

GREECE: Antonis Nikopolidis; Giourkas Seitaridis, Mihalis Kapsis, Traianos Dellas, Panagiotis Fyssas, Giorgos Karagounis, Theodoros Zagorakis (Cap), Angelos Basinas (84 Vasilis Tsartas), Konstantinos Katsouranis, Angelos Charisteas, Demis Nikolaidis (61 Vasilsi Lakis). Trainer: Otto Rehhagel

Goal: Charisteas (65)

SWEDEN v HOLLAND 0-0 (AET)

Algarve, Faro   26.06.2004

Referee: Lubos Michel (SVK)   Attendance: 30,000

SWEDEN: Andreas Isaksson; Alexander Östlund, Olof Mellberg (Cap), Andreas Jakobsson, Mikael Nilsson, Mattias Jonson (65 Christian Wilhelmsson), Tobias Linderoth, Anders Svensson (81 Kim Källström), Fredrik Ljungberg, Zlatan Ibrahimovic, Henrik Larsson.

Trainers: Tommy Söderberg & Lars Lagerback

HOLLAND: Edwin van der Saar, Michael Reiziger, Jaap Stam, Frank de Boer (Cap) (35 Wilfred Bouma), Giovanni van Bronkhorst, Edgar Davids (61 Johnny Heitinga), Clarence Seedorf, Phillip Cocu, Andy van der Meyde (87 Roy Makaay), Ruud van Nistelrooy, Arjen Robben.   Trainer: Dick Advocaat

Penalties: Källström 1-0, van Nistelrooy 1-1, Larsson 2-1, Heitinga 2-2, Ibrahimovic (miss), Reiziger 2-3, Ljungberg 3-3, Cocu (miss), Wilhelmsson 4-3, Makaay 4-4, Mellberg (saved), Robben 4-5

CZECH REPUBLIC v DENMARK 3-0 (0-0)

Dragão, Porto   27.06.2004

Referee: Valentin Ivanov (RUS)   Attendance: 45,000

CZECH REPUBLIC: Petr Cech; Martin Jiranek (39 Zdenek Grygera), René Bolf (65 Marek Rozenhal), Tomas Ujfalusi, Marek Jankulovski, Karel Poborsky, Martin Galasek, Tomas Rosicky, Pavel Nedved (Cap), Jan Koller, Milan Baros (70 Marek Heinz).   Trainer: Karel Bruckner

DENMARK: Thomas Sørensen; Thomas Helveg, Martin Laursen, Rene Henriksen (Cap), Kasper Bøgelund, Christian Poulsen, Claus Jensen (71 Ole Madsen), Thomas Gravesen, Jesper Grønkjaer (78 Dennis Rommedahl), Jon Dahl Tomasson, Martin Jørgensen (85 Peter Lovenkrands). Trainer: Morten Olsen

Goals: Koller (49), Baros (63, 65)

SEMI-FINALS

PORTUGAL v HOLLAND 2-1 (1-0)

Da Luz, Lisboa   30.06.2004

Referee: Anders Frisk (SWE)   Attendance: 52,000

PORTUGAL: RICARDO Alexandre Martins Soares Pereira; Luís MIGUEL Brito Garcia Monteiro, JORGE Manuel Almeida Gomes de ANDRADE, RICARDO Alberto Silveira CARVALHO, NUNO Jorge Pereira Silva VALENTE; CRISTIANO RONALDO Santos Aveiro (68 Armando Gonçalves Teixeira "PETIT"), Nuno Ricardo Oliveira Ribeiro "MANICHE" (88 FERNANDO Manuel Silva COUTO), Anderson Luís de Sousa "DECO", Francisco José Rodrigues Costa "COSTINHA"; Luís Filipe Madeira Caeiro "FIGO" (Cap), Pedro Miguel Carreiro Resende "PAULETA" (75 NUNO Miguel Soares Ribeiro "GOMES").   Trainer: Luiz Felipe SCOLARI

HOLLAND: Edwin van der Saar, Michael Reiziger, Jaap Stam, Wilfred Bouma (58 Rafael van der Vaart), Giovanni van Bronkhorst, Edgar Davids, Clarence Seedorf, Phillip Cocu (Cap), Marc Overmars (46 Roy Makaay), Ruud van Nistelrooy, Arjen Robben (81 van Hooijdonk).   Trainer: Dick Advocaat

Goals: C. Ronaldo (26), Maniche (58), Andrade (63 og)

CZECH REPUBLIC v GREECE 0-1 (0-0, 0-0) (AET)

Dragão, Porto   01.07.2004

Referee: Pierluigi Collina (ITA)   Attendance: 45,000

GREECE: Antonis Nikopolidis; Giourkas Seitaridis, Mihalis Kapsis, Traianos Dellas, Panagiotis Fyssas, Giorgos Karagounis, Theodoros Zagorakis (Cap), Konstantinos Katsouranis, Angelos Basinas (71 Steliois Giannakopoulos), Angelos Charisteas, Zissis Vryzas (91 Vasilis Tsartas). Trainer: Otto Rehhagel

CZECH REPUBLIC: Petr Cech; Zdenek Grygera, Tomas Ujfalusi, René Bolf, Marek Jankulovski, Karel Poborský, Martin Galasek, Tomas Rosicky, Pavel Nedved (Cap) (40 Vladimir Smicer), Jan Koller, Milan Baros.   Trainer: Karel Bruckner

Goal: Dellas (105+1) "Silver Goal"

FINAL

PORTUGAL v GREECE 0-1 (0-0)

Da Luz, Lisboa   04.07.2004

Referee: Markus Merk (GER)   Attendance: 62,865

PORTUGAL: RICARDO Alexandre Martins Soares Pereira; Luís MIGUEL Brito Garcia Monteiro (43 PAULO Renato Rebocho FERREIRA), JORGE Manuel Almeida Gomes de ANDRADE, RICARDO Alberto Silveira CARVALHO, NUNO Jorge Pereira Silva VALENTE; CRISTIANO RONALDO Santos Aveiro, Nuno Ricardo Oliveira Ribeiro "MANICHE", Anderson Luís de Sousa "DECO", Francisco José Rodrigues Costa "COSTINHA" (60 RUI Manuel César COSTA); Luís Filipe Madeira Caeiro "FIGO" (Cap), Pedro Miguel Carreiro Resende "PAULETA" (74 NUNO Miguel Soares Ribeiro "GOMES"). Trainer: Luiz Felipe SCOLARI

GREECE: Antonis Nikopolidis; Giourkas Seitaridis, Mihalis Kapsis, Traianos Dellas, Panagiotis Fyssas, Theodoros Zagorakis (Cap), Konstantinos Katsouranis, Angelos Basinas Stelios Giannakopoulos (76 Stelios Venetidis), Angelos Charisteas, Zissis Vryzas (81 Dimitrios Papadopoulos). Trainer: Otto Rehhagel

Goal: Charisteas (57)

Goalscorers European Football Championship 2004

9 goals: Ermin Šiljak (Slovenia), Ruud van Nistelrooij (Holland)

8 goals: Thierry Henry (France), Jon Dahl Tomasson (Denmark), Milan Baros, Jan Koller (Czech Republic)

7 goals: Zinedine Zidane, David Trezeguet (France), Maris Verpakovskis (Latvia), RAÚL González Blanco (Spain)

6 goals: Sylvain Wiltord (France), Angelos Charisteas (Greece), Michael Owen, Wayne Rooney (England), Filippo Inzaghi (Italy), Alexander Frei (Switzerland), Marcus Allbäck (Sweden)

5 goals: Zlatan Ibrahimovic, Mattias Jonson (Sweden), Michael Ballack (Germany), Eidur Gudjohnsen (Iceland), David Beckham (England), Wesley Sonck (Belgium), Alessandro del Piero (Italy), Dimitar Berbatov (Bulgaria), Dmitri Bulykin (Russia)

4 goals: Ionel Ganea, Adrian Mutu (Romania), Patrick Kluivert (Holland), Zoltán Gera, Krisztián Lisztes, Imre Szabics (Hungary), Fredi Bobic (Germany), Szilárd Nemeth (Slovakia), Dado Pršo (Croatia), John Hartson (Wales)

3 goals: Heim Revivo (Israel), Michael Mifsud (Malta), Mihalis Konstantinou (Cyprus), Cosmin Marius Contra (Romania), Sergej Barbarez (Bosnia-Herzegovina), Marek Jankulovski, Vladimír Šmicer (Czech Republic), Rafael van der Vaart (Holland), Henrik Larsson (Sweden), Tomas Razanauskas (Lithuania), Artur Petrosyan, Albert Sarkisyan (Armenia), Juan Carlos VALERÓN Santana (Spain), Andriy Shevchenko (Ukraine), Akin Serhat, Nihat Kahveci, Hakan Şükür (Turkey), Frank Lampard (England), Milan Rapaić, Niko Kovac (Croatia), Simon Davies (Wales), Mahmud Gurbonov (Azerbaijan), Christian Vieri (Italy), Gary Doherty (Eire), Hakan Yakin (Switzerland), Sergei Ignashevich (Russia)

2 goals: Giannaki Okkas, Rainer Rauffmann (Cyprus), Steve Marlet (France), Pini Balili, Omri Afek (Israel), Zlatko Zahović, Nastja Ceh (Slovenia), John Arne Riise, Steffen Iversen, Ole Gunnar Solskjaer (Norway), Dorinel Munteanu, Dinu Viorel Moldovan, Daniel Gabriel Pancu (Romania), Elvir Bolić (Bosnia-Herzegovina), Dennis Rommedahl, Thomas Gravesen, Jesper Grønkjaer (Denmark), Andreas Herzog, Mario Haas (Austria), Karel Poborský, Pavel Nedved, Vratislav Lokvenc, Marek Heinz (Czech Republic), Philip Cocu, Roy Makaay, Wesley Sneijder (Holland), Krisztián Kenesei (Hungary), Juris Laizans, Imants Bleidelis (Latvia), Miroslaw Szymkowiak, Marcin Kuzba, Andrzej Niedzielan (Poland), Fredrik Ljungberg (Sweden), John Petersen, Rógvi Jacobsen (Faroe Islands), Miroslav Klose (Germany), Kenny Miller, Neil McCann, James McFadden (Scotland), Igoris Morinas (Lithuania), Rubén BARAJA Vegas, Joseba ETXEBERRÍA Lizardi, José Antonio REYES CALDERÓN (Spain), Andriy Voronin, Olexandr Horshkov (Ukraine), Themistoklis Nikolaidis, Zisis Vryzas (Greece), CRISTIANO RONALDO Santos Aveiro, Nuno Ricardo Oliveira Ribeiro "MANICHE", RUI Manuel César COSTA (Portugal), Arif Erdem, Okan Buruk, Ilhan Mansiz (Turkey), Georgi Hristov, Vlatko Grozdanovski, Artim Sakiri (Macedonia), Steven Gerrard (England), Luboš Reiter, Vladimír Janocko, Robert Vittek (Slovakia), Stilian Petrov, Martin Petrov (Bulgaria), Indrek Zelinski (Estonia), Bart Goor (Belgium), Sami Hyypiä, Mikael Forssell (Finland), Predrag Mijatović (Serbia-Montenegro), Craig Bellamy, Gary Speed (Wales), Farrukh Ismaylov (Azerbaijan), Andrea Cassano (Italy), Andrei Kariaka, Aleksander Kerzhakov, Sergei Semak (Russia), Archil Arveladze, Shota Arveladze (Georgia), Damien Duff, Robbie Keane (Eire), Altin Lala, Igli Tare, Ervin Skela (Albania)

1 goal: Djibril Cissé, Patrick Vieira, Sidney Govou, Eric Carrière, Olivier Dacourt, Alain Boumsong (France), Sebastjan Cimirotić (Slovenia), Walid Badir, Holtsman (Israel), Luke Dimech (Malta), Aleksander Knavs (Slovenia), David Carabott (Malta), Stavros Georgiou, Giasoumas Giasoumi (Cyprus), John Carew, Claus Lundekvam, Sigurd Rushfeldt, Tore André Flo (Norway), Cristian Chivu, Matei Mirel Rădoi, Tiberiu Ghioane, Florin Daniel Bratu (Romania), Ebbe Sand, Claus Jensen, Martin Laursen, Martin Jørgensen (Denmark), Elvir Baljić, Zlatan Bajramović (Bosnia-Herzegovina), Edgar Davids, Jimmy Floyd Hasselbaink, Clarence Seedorf, Mark van Bommel, Marc Overmars, Pierre van Hooijdonck, Arjen Robben, André Ooijer, Frank de Boer, Wilfred Bouma (Holland), Tomáš Rosický, Štajner, Stepan Vachousek (Czech Republic), Markus Schopp, Muhammet Akagündüz, René Aufhauser, Roland Kirchler, Wallner, Cerny, Emanuel Pogatetz, Andreas Ivanschitz (Austria), Boris Cebotari, Vadim Boreţ, Viorel Frunză, Sergei Dadu, Sergei Covalciuc (Moldova), Vitali Kutuzov, Sergei Gurenko, Bulyga, Roman Vasilyuk (Belarus), Pawel Kaczorowski, Mariusz Kukielka, Kamil Kosowski, Batosz Karwan, Tomasz Kłos (Poland), Andrejs Prohorenkovs, Vitalis Astafjevs (Latvia), Anders Svensson, Andreas Jakobsson, Kim Källström, Mikael Nilsson, Olog Mellberg (Sweden), Zoltán Böör (Hungary), Paul Lambert, Barry Ferguson, Christian Dailly, Gary Naysmith, Lee Wilkie, Paul Dickov, Darren Fletcher (Scotland), Robertas Poškus, Donatas Vencevicius (Lithuania), Heidar Helgason, Helgi Sigurdsson, Tryggvi Gudmundsson, Thordur Gudjónsson, Hermann Hreidarsson, Petur Marteinsson (Iceland), Carsten Ramelow, Kevin Kuranyi, Torsten Frings (Germany), Julian Jonsson, Súni Olsen (Faroe Islands), Serhiy Serebrennikov, Hennadiy Zubov, Andriy Vorobey, Serhiy Fedorov (Ukraine), José María Gutiérrez Hernández "GUTI", DIEGO TRISTÁN Herrera, IVÁN HELGUERA Bujía, JOAQUÍN SÁNCHEZ Rodríguez, VICENTE Rodríguez Guillén, Fernando MORIENTES Sánchez (Spain), Stelios Giannakopoulos, Vasilis Tsiartas, Giorgos Karagounis, Angelos Basinas, Traianos Dellas (Greece), Arman Karamyan (Armenia), NUNO Miguel Soares Ribeiro "GOMES", HELDER Manuel Marques POSTIGA (Portugal), Michael Stocklasa, Roger Beck (Liechtenstein), Okan Buruk, Ümit Davala, Gökdeniz Karadeniz, Tümer Metin (Turkey), Vanco Trajanov, Goce Sedloski, Mile Krstev, Aco Stojkov, Dragenco Dimitrovski (Macedonia), Martin Petras (Slovakia), Darius Vassell, Paul Scholes (England), Zoran Jankovic, Georgi Chilikov, Krasimir Balakov, Svetoslav Todorov, Marian Hristov (Bulgaria),

1 goal (continued): Antonio Lima Sola (Andorra), Darijo Srna, Tomislav Marić, Jerko Leko, Josip Šimunić, Giovanni Rosso, Dario Šimić, Ivica Olić, Igor Tudor (Croatia), Philippe Clement, Thomas Buffel (Belgium), Teet Allas, Kristen Viikmäe (Estonia), Hannu Tihinen, Joonas Kolkka, Teemu Tainio, Mika Nurmela (Finland), Darko Kovacević, Sinisa Mihajlović, Nikola Lazetić, Branko Bosković, Dragan Mladenović, Saša Ilić, Zvonimir Vukić, Savo Milosević, Goran Gavrancić (Serbia-Montenegro), Ryan Giggs, Robert Earnshaw (Wales), Francesco Totti, Marco di Vaio, Simone Perrotta (Italy), Vladimir Beschastnykh, Viktor Onopko, Aleksandr Mostovoi, Yegor Titov, Dmitri Sytchev, Vadim Evseev, Dmitri Kirichenko (Russia), Clinton Morrison (Eire), Patrick Müller, Stéphane Chapuisat, Murat Yakin, Fabio Celestini, Bernt Haas, Ricardo Cabañas, Johann Vonlanthen (Switzerland), Edvin Murati, Klodian Duro, Altin Rrakli, Besnik Hasi, Alban Bushi (Albania), Levan Kobiashvili, Malkhaz Asatiani, Mikheil Ashvetia, Aleksandr Iashvili (Georgia)

Own goals: Darren Debono (Malta) for Slovenia, Carlo Valentini (San Marino) for Latvia, Marius Stankevicius (Lithuania) for Germany, Arne Friedrich (Germany) for Faroe Islands, Stilian Petrov (Bulgaria) for Belgium, Raio Piiroja (Estonia) for Belgium, Phil Babb (Eire) for Russia, Joël Magnin (Switzerland) for Eire, Ardian Aliaj (Albania) for Eire, Henning Berg (Norway) for Spain, JORGE Manuel Almeida Gomes de ANDRADE (Portugal) for Holland, Cosmin Marius Contra (Romania) for Denmark.

2 Own goals: Tarlan Akhmedov (Azerbaijan) for Italy and Finland

THE EUROPEAN FOOTBALL CHAMPIONSHIP 2008

GROUP 1

BELGIUM v KAZAKHSTAN 0-0
Constant Vanden Stock, Brussels   16.08.2006
Referee: Mark Courtney (NIR)   Attendance: 20,000
BELGIUM: Stijn Stijnen, Thomas Vermaelen, Timmy Simons, Daniel Van Buyten, Vincent Kompany (38 Stein Huysegems), Jelle Van Damme (60 Luigi Pieroni), Carl Hoefkens (74 Anthony Vanden Borre), Bart Goor, Thomas Buffel, Karel Geraerts, Moussa Dembélé.   Trainer: René Vandereycken
KAZAKHSTAN: David Loria, Aleksandr Kuchma, Samat Smakov, Egor Azovskiy, Andrei Karpovich (54 Andrei Travin), Eduard Sergienko, Nikita Khokhlov, Dmitriy Byakov, Ruslan Baltiyev, Maksim Zhalmagambetov, Nurbol Zhumaskaliyev. Trainer: Arno Pijpers

SERBIA v AZERBAIJAN 1-0 (0-0)
FK Crvena Zvezda, Beograd   02.09.2006
Ref: Knut Kircher (GER)   Att: Played behind closed doors
SERBIA: Vladimir Stojković, Marjan Marković, Milan Stepanov, Mladen Krstajić, Aleksandar Luković, Igor Duljaj, Ognjen Koroman (64 Saša Ilić), Dejan Stanković, Danko Lazović (74 Ivan Ergić), Marko Pantelić (81 Danijel Ljuboja), Nikola Žigić.   Trainer: Javier Clemente
AZERBAIJAN: Farhad Veliyev, Zaur Hasimov, Ruslan Abbasov, Aslan Kerimov, Sergei Sokolov, Elmar Baxsiyev, Andre Ladaga (77 Vagif Dzavadov), Yuri Muzika (62 Ilgar Gurbanov), Emin Imamaliev, Aleksandr Chertoganov, Farrukh Ismaylov (72 Samir Musaev).   Trainer: Sahin Diniev

Goal: Žigić (72)

POLAND v FINLAND 1-3 (0-0)
The Krzyszkowiak, Bydgoszcz   02.09.2006
Referee: Laurent Duhamel (FRA)   Attendance: 15,000
POLAND: Jerzy Dudek, Marcin Wasilewski, Arkadiusz Glowacki, Jacek Bak, Michal Zewlakow, Jakub Blaszczykowski (46 Ireneusz Jelen), Miroslaw Szymkowiak (46 Euzebiusz Smolarek), Arkadiusz Radomski, Jacek Krzynówek, Maciej Zurawski, Tomasz Frankowski (73 Lukasz Gargula).
Trainer: Leo Beenhakker
FINLAND: Jussi Jääskeläinen, Hannu Tihinen, Sami Hyypiä, Toni Kallio, Teemu Tainio, Petri Pasanen, Markus Heikkinen, Joonas Kolkka (79 Mika Nurmela), Jari Litmanen (87 Mikael Forssell), Jonatan Johansson (67 Alexei Eremenko Jr.), Mika Väyrynen.   Trainer: Roy Hodgson

Sent off: Arkadiusz Glowacki (75)

Goals: Litmanen (54, 76 pen), Väyrynen (84), Gargula (89)

AZERBAIJAN v KAZAKHSTAN 1-1 (1-1)

Tofikh Bakhramov, Baku   06.09.2006

Referee: Zsolt Szabó (HUN)   Attendance: 18,000

AZERBAIJAN: Farhad Veliyev, Aslan Kerimov, Sergei Sokolov (58 Yuri Muzika), Ruslan Abbasov (46 Rail Melikov), Andre Ladaga, Ceyhun Sultanov (65 Samir Musaev), Aleksandr Chertoganov, Emin Imamaliev, Vagif Dzavadov, Ilgar Gurbanov, Leandro Gomes.   Trainer: Sahin Diniyev

KAZAKHSTAN: David Loria, Egor Azovskiy, Aleksandr Kuchma, Maksim Zhalmagambetov, Samat Smakov, Andrei Karpovich (66 Andrei Travin), Eduard Sergienko, Nikita Khokhlov, Dmitriy Byakov, Ruslan Baltiyev, Nurbol Zhumaskaliyev (74 Kairat Utabaev).   Trainer: Arno Pijpers

Goals: Ladaga (16), Byakov (36)

FINLAND v PORTUGAL 1-1 (1-1)

Olympiastadion, Helsinki   06.09.2006

Referee: Konrad Plautz (AUS)   Attendance: 38,000

FINLAND: Jussi Jääskeläinen, Toni Kallio, Sami Hyypiä, Hannu Tihinen, Petri Pasanen, Joonas Kolkka (81 Alexei Eremenko Jr.), Teemu Tainio, Mika Väyrynen, Jari Litmanen, Markus Heikkinen, Jonatan Johansson (63 Shefki Kuqi). Trainer: Roy Hodgson

PORTUGAL: RICARDO Pereira, MARCO CANEIRA, RICARDO COSTA, RICARDO CARVALHO, NUNO VALENTE, Francisco Costa "COSTINHA", Armando Teixeira "PETIT", Anderson Souza "DECO" (85 TIAGO Mendes), Luís Cunha "NANI" (56 RICARDO ROCHA), CRISTIANO RONALDO, NUNO GOMES (75 JOÃO MOUTINHO).
Trainer: Luiz Felipe Scolari

Sent off: Ricardo Costa (53)

Goals: Johansson (22), Nuno Gomes (42)

POLAND v SERBIA 1-1 (1-0)

Wojska Polskiego, Warsaw   06.09.2006

Referee: Graham Poll (ENG)   Attendance: 5,500

POLAND: Wojciech Kowalewski, Pawel Golanski (72 Marcin Wasilewski), Mariusz Jop, Jacek Bak, Michal Zewlakow, Ireneusz Jelen (73 Jakub Blaszczykowski), Mariusz Lewandowski, Arkadiusz Radomski, Jacek Krzynówek, Maciej Zurawski, Radoslaw Matusiak.   Trainer: Leo Beenhakker

SERBIA: Vladimir Stojković, Marjan Marković, Milan Stepanov, Milan Biševac, Mladen Krstajić, Igor Duljaj (67 Ivan Ergić), Nenad Kovačević, Dejan Stanković, Aleksandar Trišović (60 Danko Lazović), Marko Pantelić (82 Ognjen Koroman), Nikola Žigić.   Trainer: Javier Clemente

Goals: Matusiak (30), Lazović (71)

ARMENIA v BELGIUM 0-1 (0-1)

Republican, Yerevan   06.09.2006

Referee: Gerald Lehner (AUS)   Attendance: 8,000

ARMENIA: Gevorg Kasparov, Sargis Hovsepyan, Robert Arzumanyan, Karen Dokhoyan, Egishe Melikyan, Romik Khachatryan, Karen Aleksanyan, Agvan Mkrtchyan (76 Arman Karamyan), Hamlet Mkhitaryan (81 Galust Petrosyan), Samvel Melkonyan, Armen Shahgeldyan (72 Aram Hakobyan).
Trainer: Ian Porterfield

BELGIUM: Stijn Stijnen, Carl Hoefkens, Timmy Simons, Jelle Van Damme, Daniel Van Buyten, Koen Daerden (66 Bart Goor), Gaëtan Englebert, Pieter Collen (59 Anthony Vanden Borre), Karel Geraerts, Moussa Dembélé (77 Steven Defour), Luigi Pieroni.   Trainer: René Vandereycken

Goal: Van Buyten (41)

SERBIA v BELGIUM 1-0 (0-0)

FK Crvena Zvezda, Beograd   07.10.2006

Referee: Domenico Messina (ITA)   Attendance: 30,000

SERBIA: Vladimir Stojković, Marjan Marković, Nemanja Vidić, Mladen Krstajić, Ivica Dragutinović, Nenad Kovačević, Dejan Stanković, Ognjen Koroman (71 Ivan Ergić), Aleksandar Trišović (58 Danko Lazović), Marko Pantelić (90 Igor Duljaj), Nikola Žigić.   Trainer: Javier Clemente

BELGIUM: Stijn Stijnen, Vincent Kompany, Carl Hoefkens, Timmy Simons, Thomas Vermaelen, Daniel Van Buyten, Karel Geraerts, Gaby Mudingayi (75 Luigi Pieroni), Bart Goor (84 Kevin Vandenbergh), Emile Mpenza, Moussa Dembélé (62 Mbo Mpenza).   Trainer: René Vandereycken

Goal: Žigić (54)

PORTUGAL v AZERBAIJAN 3-0 (2-0)

Bessa XXI, Porto   07.10.2006

Referee: Mark Halsey (ENG)   Attendance: 18,000

PORTUGAL: RICARDO Pereira, MIGUEL Monteiro, RICARDO CARVALHO, RICARDO ROCHA, NUNO VALENTE (46 MARCO CANEIRA), Francisco Costa "COSTINHA", Nuno Ribeiro "MANICHE" (64 TIAGO Mendes), Anderson Souza "DECO", CRISTIANO RONALDO (73 Luís Cunha "NANI"), NUNO GOMES, SIMÃO Sabrosa.
Trainer: Luiz Felipe Scolari

AZERBAIJAN: Farhad Veliyev, Zaur Hasimov, Ernani Pereira, Sergei Sokolov, Aslan Kerimov, Andre Ladaga, Aleksandr Chertoganov, Emin Imamaliev, Yuri Muzika (66 Ilgar Gurbanov), Ceyhun Sultanov (64 Farrukh Ismaylov), Leandro Gomes (76 Vagif Dzavadov).   Trainer: Sahin Diniyev

Goals: Cristiano Ronaldo (25, 63), Ricardo Carvalho (31)

ARMENIA v FINLAND 0-0
Republican, Erevan   07.10.2006
Referee: Damir Skomina (SLO)   Attendance: 8,000
ARMENIA: Gevorg Kasparov, Sargis Hovsepyan, Robert Arzumanyan, Karen Dokhoyan, Egishe Melikyan, Samvel Melkonyan, Armen Tigranyan, Karen Aleksanyan (54 Aram Hakobyan), Arman Karamyan (46 Agvan Mkrtchyan), Armen Shahgeldyan, Edgar Manucharyan (78 Ara Hakobyan). Trainer: Ian Porterfield
FINLAND: Jussi Jääskeläinen, Petri Pasanen, Sami Hyypiä, Hannu Tihinen, Mika Väyrynen (73 Mika Nurmela), Jari Litmanen, Joonas Kolkka, Shefki Kuqi (66 Mikael Forssell), Toni Kallio, Jonatan Johansson (83 Aki Riihilahti), Markus Heikkinen.   Trainer: Roy Hodgson

KAZAKHSTAN v POLAND 0-1 (0-0)
Centralny, Almaty   07.10.2006
Referee: Edo Trivković (CRO)   Attendance: 20,000
KAZAKHSTAN: David Loria, Egor Azovskiy, Aleksandr Kuchma, Maksim Zhalmagambetov, Samat Smakov, Andrei Karpovich (59 Andrei Travin), Eduard Sergienko (81 Sergey Larin), Nikita Khokhlov, Dmitriy Byakov, Nurbol Zhumaskaliyev, Kairat Utabaev (68 Kairat Ashirbekov). Trainer: Arno Pijpers
POLAND: Wojciech Kowalewski, Grzegorz Bronowicki, Pawel Golanski, Jakub Blaszczykowski (87 Rafal Grzelak), Jacek Bak, Euzebiusz Smolarek, Radoslaw Sobolewski, Maciej Zurawski (71 Radoslaw Matusiak), Grzegorz Rasiak, Arkadiusz Radomski, Mariusz Lewandowski (30 Przemyslaw Kazmierczak).   Trainer: Leo Beenhakker
Goal: Smolarek (52)

SERBIA v ARMENIA 3-0 (0-0)
FK Crvena Zvezda, Beograd   11.10.2006
Referee: Giorgos Kasnaferis (GRE)   Attendance: 20,000
SERBIA: Vladimir Stojković, Ivica Dragutinović, Milan Stepanov, Mladen Krstajić, Igor Duljaj, Nenad Kovačević, Dejan Stanković, Ognjen Koroman (72 Ivan Ergić), Aleksandar Trišović (46 Saša Ilić), Marko Pantelić (46 Danko Lazović), Nikola Žigić.   Trainer: Javier Clemente
ARMENIA: Gevorg Kasparov, Sargis Hovsepyan, Robert Arzumanyan, Karen Dokhoyan, Rafael Nazaryan, Egishe Melikyan, Samvel Melkonyan, Agvan Mkrtchyan, Aram Hakobyan (69 Arthur Minasyan), Edgar Manucharyan (79 Armen Tigranyan), Armen Shahgeldyan (65 Nshan Erzrumyan).   Trainer: Ian Porterfield
Sent off: Rafael Nazaryan (76)
Goals: Stanković (54 pen), Lazović (62), Žigić (90)

POLAND v PORTUGAL 2-1 (2-0)
Slaski, Chorzow   11.10.2006
Referee: Wolfgang Stark (GER)   Attendance: 40,000
POLAND: Wojciech Kowalewski, Grzegorz Bronowicki, Pawel Golanski, Jacek Bak, Mariusz Lewandowski, Jakub Blaszczykowski (65 Jacek Krzynowek), Euzebiusz Smolarek, Radoslaw Sobolewski, Arkadiusz Radomski, Maciej Zurawski, Grzegorz Rasiak (73 Radoslaw Matusiak).
Trainer: Leo Beenhakker
PORTUGAL: RICARDO Pereira, MIGUEL Monteiro, NUNO VALENTE, RICARDO CARVALHO, RICARDO ROCHA, Anderson Souza "DECO" (83 Nuno Ribeiro "MANICHE"), Armando Teixeira "PETIT" (68 Luís Cunha "NANI"), Francisco Costa "COSTINHA" (46 TIAGO Mendes), SIMÃO Sabrosa, NUNO GOMES, CRISTIANO RONALDO.
Trainer: Luiz Felipe Scolari
Goals: Smolarek (9, 18), Nuno Gomes (90)

BELGIUM v AZERBAIJAN 3-0 (1-0)
Constant Vanden Stock Stadium, Brussels   11.10.2006
Referee: Romans Lajuks (LAT)   Attendance: 12,000
BELGIUM: Stijn Stijnen, Timmy Simons, Thomas Vermaelen, Anthony Vanden Borre (77 Mbo Mpenza), Philippe Léonard, Daniel Van Buyten, Carl Hoefkens, Karel Geraerts, Bart Goor, Emile Mpenza (70 Moussa Dembélé), Kevin Vandenbergh (86 Luigi Pieroni).   Trainer: René Vandereycken
AZERBAIJAN: Farhad Veliyev, Zaur Hasimov (76 Vugar Nadyrov), Sergei Sokolov, Aslan Kerimov, Ernani Pereira, Andre Ladaga, Yuri Muzika (33 Ilgar Gurbanov), Ceyhun Sultanov (55 Vagif Dzavadov), Emin Imamaliev, Aleksandr Chertoganov, Leandro Gomes.   Trainer: Sahin Diniyev
Sent off: Moussa Dembélé (87)
Goals: Simons (24 pen), Vandenbergh (47), Dembélé (82)

KAZAKHSTAN v FINLAND 0-2 (0-1)
Centralny, Almaty   11.10.2006
Referee: Athanassios Briakos (GRE)   Attendance: 17,000
KAZAKHSTAN: David Loria, Samat Smakov, Aleksandr Kuchma, Maksim Zhalmagambetov, Egor Azovskiy, Ruslan Baltiyev, Nikita Khokhlov, Andrei Travin (82 Maksim Azovskiy), Eduard Sergienko (76 Sergey Larin), Nurbol Zhumaskaliyev (63 Kairat Ashirbekov), Dmitriy Byakov. Trainer: Arno Pijpers
FINLAND: Jussi Jääskeläinen, Petri Pasanen, Sami Hyypiä, Hannu Tihinen, Jari Litmanen, Joonas Kolkka, Jari Ilola, Mika Väyrynen (90 Aki Riihilahti), Mika Nurmela, Mikael Forssell (72 Shefki Kuqi), Toni Kallio.   Trainer: Roy Hodgson
Goals: Litmanen (27), Hyypiä (65)

FINLAND v ARMENIA 1-0 (1-0)
Finnair, Helsinki   15.11.2006

Referee: Craig Thomson (SCO)   Attendance: 9,500

FINLAND: Jussi Jääskeläinen, Sami Hyypiä, Ari Nyman, Hannu Tihinen, Markus Heikkinen, Toni Kallio, Joonas Kolkka, Alexei Eremenko Jr (88 Shefki Kuqi), Mika Väyrynen (47 Jari Ilola), Jonatan Johansson, Mika Nurmela.   Trainer: Roy Hodgson

ARMENIA: Gevorg Kasparov, Karen Dokhoyan (46 Valeri Aleksanyan), Sargis Hovsepyan, Aleksandr Tadevosyan, Levon Pachajyan, Hamlet Mkhitaryan (75 Ara Hakobyan), Romik Khachatryan, Agvan Mkrtchyan, Artavazd Karamyan, Robert Zebelyan (78 Arman Karamyan), Armen Shahgeldyan.   Trainer: Ian Porterfield

Goal: Nurmela (10)

BELGIUM v POLAND 0-1 (0-1)
Roi Baudouin, Brussels   15.11.2006

Referee: Stuart Dougal (SCO)   Attendance: 46,000

BELGIUM: Stijn Stijnen, Thomas Vermaelen, Timmy Simons, Daniel Van Buyten, Carl Hoefkens, Philippe Léonard (80 Gaby Mudingayi), Anthony Vanden Borre (46 Stein Huysegems), Bart Goor, Karel Geraerts, Emile Mpenza, Kevin Vandenbergh (62 Luigi Pieroni).   Trainer: René Vandereycken

POLAND: Artur Boruc, Dariusz Dudka (79 Rafal Murawski), Grzegorz Bronowicki, Marcin Wasilewski, Jacek Bak, Michal Zewlakow, Radoslaw Sobolewski, Jakub Blaszczykowski, Euzebiusz Smolarek, Maciej Zurawski (62 Lukasz Gargula), Radoslaw Matusiak (89 Przemyslaw Kazmierczak).   Trainer: Leo Beenhakker

Goal: Matusiak (19)

PORTUGAL v KAZAKHSTAN 3-0 (2-0)
Cidade de Coimbra, Coimbra   15.11.2006

Referee: René Rogalla (SWI)   Attendance: 25,000

PORTUGAL: RICARDO Pereira, MIGUEL Monteiro, PAULO FERREIRA, RICARDO CARVALHO, António Leonel "TONEL" (77 JORGE ANDRADE), TIAGO Mendes, Anderson Souza "DECO" (63 CARLOS MARTINS), RAUL MEIRELES, CRISTIANO RONALDO (58 RICARDO QUARESMA), SIMÃO Sabrosa, NUNO GOMES.   Trainer: Luiz Felipe Scolari

KAZAKHSTAN: David Loria, Aleksandr Kuchma, Maksim Zhalmagambetov, Samat Smakov, Egor Azovskiy, Andrei Travin, Eduard Sergienko (74 Sergey Larin), Nikita Khokhlov, Dmitriy Byakov, Ruslan Baltiyev, Nurbol Zhumaskaliyev.   Trainer: Arno Pijpers

Goals: Simão (8, 86), Cristiano Ronaldo (30)

POLAND v AZERBAIJAN 5-0 (3-0)
Wojska Polskiego, Warsaw   24.03.2007

Referee: Kristinn Jakobsson (ISL)   Attendance: 14,000

POLAND: Artur Boruc, Marcin Wasilewski, Dariusz Dudka, Jacek Bak, Michal Zewlakow, Wojciech Lobodzinski, Lukasz Gargula, Mariusz Lewandowski, Jacek Krzynówek (79 Ireneusz Jelen), Maciej Zurawski, Radoslaw Matusiak (69 Przemyslaw Kazmierczak).   Trainer: Leo Beenhakker

AZERBAIJAN: Jahangir Hasanzade, Aslan Kerimov, Samir Abbasov, Ernani Pereira, Elmar Baxsiyev, Ilgar Gurbanov, Emin Imamaliev (65 Murad Agakisiyev), Kanan Kerimov (67 Vagif Dzavadov), Aleksandr Chertoganov, Leandro Gomes (62 Andre Ladaga), Branimir Subašić.   Trainer: Shahin Diniyev

Goals: Bak (3), Dudka (6), Lobodzinski (34), Krzynówek (58), Kazmierczak (84)

KAZAKHSTAN v SERBIA 2-1 (0-0)
Tcentralny, Almaty   24.03.2007

Referee: Vladimír Hrinák (SVK)   Attendance: 15,000

KAZAKHSTAN: David Loria, Samat Smakov, Aleksandr Kuchma, Maksim Zhalmagambetov, Farkhadbek Irismetov, Sergey Skorykh, Eduard Sergienko (58 Anton Chichulin), Ruslan Baltiyev, Murat Suyumagambetov (80 Andrey Finonchenko), Nurbol Zhumaskaliyev, Kairat Ashirbekov (71 Dmitriy Byakov).   Trainer: Arno Pijpers

SERBIA: Vladimir Stojković, Marjan Marković, Milan Stepanov, Nemanja Vidić, Duško Tošic, Nenad Kovačević, Ivan Ergić (70 Ognjen Koroman), Boško Janković, Miloš Krasic, Marko Pantelić (69 Danko Lazović), Nikola Žigić.   Trainer: Javier Clemente

Sent off: Nikola Žigić (90)

Goals: Ashirbekov (47), Zhumaskaliyev (61), Žigić (68)

PORTUGAL v BELGIUM 4-0 (0-0)
José Alvalade, Lisbon   24.03.2007

Referee: Kyros Vassaras (GRE)   Attendance: 47,000

PORTUGAL: RICARDO Pereira, MIGUEL Monteiro, RICARDO CARVALHO, JORGE ANDRADE, PAULO FERREIRA, TIAGO Mendes, Armando Teixeira "PETIT" (76 FERNANDO MEIRA), JOÃO MOUTINHO, CRISTIANO RONALDO (78 HUGO VIANA), NUNO GOMES, RICARDO QUARESMA (70 Luís Cunha "NANI").   Trainer: Luiz Felipe Scolari

BELGIUM: Stijn Stijnen, Carl Hoefkens (64 François Sterchele), Philippe Clément, Daniel Van Buyten, Peter Van der Heyden, Marouane Fellaini, Gaby Mudingayi, Mark De Man, Steven Defour, Maarten Martens (56 Thomas Chatelle), Mbo Mpenza (81 Jelle van Damme).   Trainer: René Vandereycken

Goals: Nuno Gomes (53), Cristiano Ronaldo (55, 75), Ricardo Quaresma (69)

AZERBAIJAN v FINLAND 1-0 (0-0)

Republic Stadium, Baku 28.03.2007

Referee: Domenico Messina (ITA)   Attendance: 14,000

AZERBAIJAN: Farhad Veliyev, Ernani Pereira, Andre Ladaga (66 Emin Imamaliev), Ramin Guliyev, Aslan Kerimov, Samir Abbasov, Ceyhun Sultanov (76 Ilgar Gurbanov), Leandro Gomes (10 Vugar Nadyrov), Murad Agakisiyev, Branimir Subašic, Aleksandr Chertoganov.   Trainer: Shahin Diniyev

FINLAND: Jussi Jääskeläinen, Petri Pasanen, Sami Hyypiä, Hannu Tihinen, Mika Väyrynen, Jari Litmanen, Joonas Kolkka (85 Shefki Kuqi), Toni Kallio, Alexei Eremenko Jr, Jonatan Johansson (86 Mikael Forssell), Markus Heikkinen. Trainer: Roy Hodgson

Goal: Imamaliev (83)

KAZAKHSTAN v ARMENIA 1-2 (0-2)

Tcentralny, Almaty 02.06.2007

Referee: Pavel Kralovec (CZE)   Attendance: 17,100

KAZAKHSTAN: David Loria, Samat Smakov, Aleksandr Kuchma, Maksim Zhalmagambetov, Farkhadbek Irismetov, Anton Chichulin, Eduard Sergienko (36 Dmitri Byakov), Ruslan Baltiyev, Zhambyl Kukeyev (57 Murat Tleshev), Murat Suyumagambetov, Nurbol Zhumaskaliyev (78 Oleg Kornienko).   Trainer: Arno Pijpers

ARMENIA: Gevorg Kasparov, Sargis Hovsepyan, Robert Arzumanyan, Aleksandr Tadevosyan, Agvan Mkrtchyan, Vahagn Minasyan, Ararat Arakelyan (80 Aram Hakobyan), Artur Voskanyan, Egishe Melikyan, Hamlet Mkhitaryan (75 Armen Shahgeldyan), Samvel Melkonya (90 Arman Karamyan).   Trainer: Ian Porterfield

Goals: Arzumanyan (31), Hovsepyan (39 pen), Baltiyev (88 pen)

POLAND v ARMENIA 1-0 (1-0)

Kielce Stadium, Kielce 28.03.2007

Referee: Alberto Undiano Mallenco (SPA)   Att: 15,500

POLAND: Artur Boruc, Dariusz Dudka, Jacek Bak, Marcin Wasilewski, Michal Zewlakow, Jacek Krzynówek (83 Ireneusz Jelen), Jakub Blaszczykowski, Mariusz Lewandowski, Lukasz Gargula, Maciej Zurawski, Przemyslaw Kazmierczak (61 Radoslaw Sobolewski).   Trainer: Leo Beenhakker

ARMENIA: Roman Berezovsky, Egishe Melikyan, Karen Dokhoyan, Sargis Hovsepyan, Robert Arzumanyan, Romik Khachatryan, Rafael Nazaryan (46 Edgar Manucharyan), Artavazd Karamyan (68 Samvel Melkonyan), Levon Pachajyan, Armen Shahgeldyan (75 Hamlet Mkhitaryan), Robert Zebelyan.   Trainer: Ian Porterfield

Goal: Zurawski (26)

FINLAND v SERBIA 0-2 (0-1)

Olympiastadion, Helsinki 02.06.2007

Referee: Manuel Mejuto González (SPA)   Att: 33,615

FINLAND: Jussi Jääskeläinen, Toni Kallio, Sami Hyypiä, Hannu Tihinen, Petri Pasanen, Markus Heikkinen, Jari Ilola, Mika Väyrynen, Teemu Tainio (28 Joonas Kolkka), Shefki Kuqi (70 Jari Litmanen), Mikael Forssell (62 Jonatan Johansson). Trainer: Roy Hodgson

SERBIA: Vladimir Stojković, Ivica Dragutinović, Mladen Krstajić, Nemanja Vidić, Antonio Rukavina, Dejan Stanković, Nenad Kovačević, Zdravko Kuzmanović, Boško Janković (67 Danko Lazović), Marko Pantelić (60 Milan Jovanović), Miloš Krasic (85 Igor Duljaj).   Trainer: Javier Clemente

Goals: Janković (3), Jovanović (86)

SERBIA v PORTUGAL 1-1 (1-1)

FK Crvena Zvezda, Beograd 28.03.2007

Referee: Bertrand Layec (FRA)   Attendance: 51,000

SERBIA: Vladimir Stojković, Duško Tošic (84 Danko Lazović), Nemanja Vidić, Ivica Dragutinović, Mladen Krstajić, Igor Duljaj, Boško Janković (64 Ognjen Koroman), Nenad Kovačević, Miloš Krasić, Dejan Stanković (78 Marjan Marković), Marko Pantelić.   Trainer: Javier Clemente

PORTUGAL: RICARDO Pereira, PAULO FERREIRA, JORGE ANDRADE, MIGUEL Monteiro (72 MARCO CANEIRA), RICARDO CARVALHO, Armando Teixeira "PETIT", JOÃO MOUTINHO (77 RAUL MEIRELES), TIAGO Mendes, CRISTIANO RONALDO, NUNO GOMES (82 RICARDO QUARESMA), SIMÃO Sabrosa.   Trainer: Luiz Felipe Scolari

Goals: Tiago (5), Janković (37)

BELGIUM v PORTUGAL 1-2 (0-1)

Roi Baudouin, Brussels 02.06.2007

Referee: Martin Hansson (SWE)   Attendance: 45,585

BELGIUM: Stijn Stijnen, Marouane Fellaini, Timmy Simons, Carl Hoefkens (46 Mark De Man), Thomas Vermaelen, Philippe Clément, Jan Vertonghen, Gaby Mudingayi (76 Karel Geraerts), Emile Mpenza, François Sterchele (61 Tom De Mul), Steven Defour.   Trainer: René Vandereycken

PORTUGAL: RICARDO Pereira, JORGE ANDRADE, PAULO FERREIRA, FERNANDO MEIRA, MIGUEL Monteiro (53 José Bosingwa), Anderson Souza "DECO", Armando Teixeira "PETIT", TIAGO Mendes, HÉLDER POSTIGA (79 HUGO ALMEIDA), Luís Cunha "NANI" (86 Sergio Valente "DUDA"), RICARDO QUARESMA.   Trainer: Luiz Felipe Scolari

Sent off: Hugo Almeida (90)

Goals: Nani (43), Fellaini (55), Hélder Postiga (64)

AZERBAIJAN v POLAND 1-3 (1-0)

Tofikh Bakhramov, Baku   02.06.2007

Referee: Costas Kapitanis (CYP)   Attendance: 4,500

AZERBAIJAN: Farhad Veliyev, Ramin Guliyev, Samir Abbasov, Emin Guliyev, Alim Gurbanov (65 Ilgar Gurbanov), Emin Imamaliev (70 Zaur Hasimov), Aleksandr Chertoganov, Aslan Kerimov, Khagani Mamedov (53 Vagif Dzavadov), Ramazan Abbasov, Branimir Subašić.
Trainer: Shahin Diniyev

POLAND: Artur Boruc, Marcin Wasilewski, Dariusz Dudka, Jacek Bak, Michal Zewlakow, Jakub Blaszczykowski (57 Wojciech Lobodzinski), Mariusz Lewandowski, Jacek Krzynówek, Euzebiusz Smolarek, Grzegorz Rasiak (81 Radoslaw Sobolewski), Maciej Zurawski (57 Marek Saganowski).   Trainer: Leo Beenhakker

Goals: Subašić (6), Smolarek (63), Krzynowek (66, 90)

ARMENIA v POLAND 1-0 (0-0)

Republican, Yerevan   06.06.2007

Referee: Pavel Cristian Balaj (ROM)   Attendance: 12,500

ARMENIA: Gevorg Kasparov, Sargis Hovsepyan, Robert Arzumanyan, Egishe Melikyan, Vahagn Minasyan (78 Levon Pachajyan), Aleksandr Tadevosyan, Agvan Mkrtchyan, Artur Voskanyan, Ararat Arakelyan, Hamlet Mkhitaryan (70 Arman Karamyan), Armen Shahgeldyan (46 Aram Hakobyan).
Trainer: Ian Porterfield

POLAND: Artur Boruc, Dariusz Dudka, Grzegorz Bronowicki, Marcin Wasilewski, Michal Zewlakow, Mariusz Lewandowski, Jacek Bak (65 Radoslaw Sobolewski), Euzebiusz Smolarek (60 Maciej Zurawski), Jacek Krzynówek, Wojciech Lobodzinski (60 Jakub Blaszczykowski), Marek Saganowski.   Trainer: Leo Beenhakker

Goal: Mkhitaryan (66)

KAZAKHSTAN v AZERBAIJAN 1-1 (0-1)

Centralny, Almaty   06.06.2007

Referee: Albert Toussaint (LUX)   Attendance: 11,800

KAZAKHSTAN: David Loria, Samat Smakov, Aleksandr Kuchma, Maksim Zhalmagambetov, Farkhadbek Irismetov, Anton Chichulin, Ruslan Baltiyev, Andrei Karpovich, Sergey Ostapenko (79 Murat Tleshev), Dmitriy Byakov, Nurbol Zhumaskaliyev (90 Kairat Utabaev).   Trainer: Arno Pijpers

AZERBAIJAN: Jahangir Hasanzade, Zaur Hasimov, Emin Guliyev, Ramin Guliyev, Samir Abbasov, Ceyhun Sultanov (74 Alim Gurbanov), Aleksandr Chertoganov, Ramazan Abbasov, Branimir Subašic, Vugar Nadyrov (84 Khagani Mamedov), Aslan Kerimov (58 Emin Imamaliev).
Trainer: Sahin Diniyev

Sent off: Maksim Zhalmagambetov (45)

Goals: Nadyrov (30), Baltiyev (53)

FINLAND v KAZAKHSTAN 2-1 (1-1)

Ratina, Tampere   22.08.2007

Referee: Viktor Kassai (HUN)   Attendance: 13,000

FINLAND: Jussi Jääskeläinen, Toni Kallio, Sami Hyypiä, Hannu Tihinen, Petri Pasanen, Roman Eremenko (46 Daniel Sjolund), Markus Heikkinen, Joonas Kolkka (88 Mika Nurmela), Teemu Tainio (76 Aki Riihilahti), Alexei Eremenko Jr, Jonatan Johansson.   Trainer: Roy Hodgson

KAZAKHSTAN: David Loria, Egor Azovskiy, Aleksandr Kuchma, Samat Smakov, Farkhadbek Irismetov, Sergey Skorykh (69 Anton Chichulin), Sergey Larin (78 Kairat Ashirbekov), Ruslan Baltiyev, Nurbol Zhumaskaliyev, Dmitriy Byakov, Sergey Ostapenko (70 Murat Suyumagambetov).
Trainer: Arno Pijpers

Goals: Eremenko Jr (13), Byakov (23), Tainio (61)

FINLAND v BELGIUM 2-0 (1-0)

Olympiastadion, Helsinki   06.06.2007

Referee: Mike Riley (ENG)   Attendance: 34,818

FINLAND: Jussi Jääskeläinen, Toni Kallio, Petri Pasanen, Ari Nyman, Hannu Tihinen, Joonas Kolkka (88 Mika Nurmela), Markus Heikkinen, Roman Eremenko, Mika Väyrynen, Alexei Eremenko Jr (89 Mikael Forssell), Jonatan Johansson.
Trainer: Roy Hodgson

BELGIUM: Stijn Stijnen, Thomas Vermaelen (46 Maarten Maertens), Timmy Simons, Philippe Clément, Mark De Man, Jelle Van Damme, Jan Vertonghen, Marouane Fellaini, Steven Defour, Tom De Mul (55 Faris Haroun), Emile Mpenza (86 François Sterchele).   Trainer: René Vandereycken

Sent off: Marouane Fellaini (Belgium)

Goals: Johansson (27), Eremenko Jr (71)

BELGIUM v SERBIA 3-2 (2-0)

Roi Baudouin, Brussels   22.08.2007

Referee: Terje Hauge (NOR)   Attendance: 19,202

BELGIUM: Stijn Stijnen, Timmy Simons, Carl Hoefkens, Thomas Vermaelen, Vincent Kompany, Gaby Mudingayi, Bart Goor, Karel Geraerts, Kevin Mirallas (67 Anthony Vanden Borre), Moussa Dembélé (89 Nicolas Lombaerts), Steven Defour (86 Mbo Mpenza).   Trainer: René Vandereycken

SERBIA: Vladimir Stojković, Antonio Rukavina, Nemanja Vidić, Mladen Krstajić, Ivica Dragutinović, Nenad Kovačević, Zdravko Kuzmanović, Boško Janković, Ognjen Koroman (56 Milos Krasić), Danko Lazović (70 Milan Smiljanić), Marko Pantelić (56 Milan Jovanović).   Trainer: Javier Clemente

Goals: Dembélé (10, 88), Mirallas (30), Kuzmanović (73, 90)

ARMENIA v PORTUGAL 1-1 (1-1)

Republican, Erevan 22.08.2007

Referee: Claus Bo Larsen (DEN)   Attendance: 15,550

ARMENIA: Roman Berezovsky, Sargis Hovsepyan, Robert Arzumanyan, Aleksandr Tadevosyan, Agvan Mkrtchyan, Levon Pachajyan, Artur Voskanyan, Ararat Arakelyan, Artavazd Karamyan (70 Egishe Melikyan), Hamlet Mkhitaryan (59 Gevorg Ghazaryan), Samvel Melkonyan (90 Romik Khachatryan).   Trainer: Ian Porterfield

PORTUGAL: RICARDO Pereira, MIGUEL Monteiro, FERNANDO MEIRA, JORGE ANDRADE (76 BRUNO ALVES), PAULO FERREIRA, RAUL MEIRELES, TIAGO Mendes, Anderson Souza "DECO", CRISTIANO RONALDO, HÉLDER POSTIGA (61 NUNO GOMES), SIMÃO Sabrosa (63 RICARDO QUARESMA).   Trainer: Luiz Felipe Scolari

Goals: Arzumanyan (11), Cristiano Ronaldo (37)

SERBIA v FINLAND 0-0

FK Crvena Zvezda, Beograd 08.09.2007

Referee: Eric Braamhaar (HOL)   Attendance: 15,000

SERBIA: Vladimir Stojković, Antonio Rukavina, Branislav Ivanović, Ivica Dragutinović, Duško Tošić (53 Zoran Tosić), Nenad Kovačević, Zdravko Kuzmanović, Dejan Stanković, Boško Janković (54 Milan Jovanović), Miloš Krasić, Danko Lazović (62 Nikola Žigić).   Trainer: Javier Clemente

FINLAND: Jussi Jääskeläinen, Petri Pasanen, Sami Hyypiä, Hannu Tihinen, Toni Kuivasto, Mika Nurmela, Teemu Tainio, Markus Heikkinen, Alexei Eremenko Jr (74 Mikael Forssell), Daniel Sjölund, Jonatan Johansson (78 Jarkko Wiss).   Trainer: Roy Hodgson

PORTUGAL v POLAND 2-2 (0-1)

Estádio do Sport Lisboa e Benfica, Lisbon 08.09.2007

Referee: Roberto Rosetti (ITA)   Attendance: 55,000

PORTUGAL: RICARDO Pereira, José Bosingwa, FERNANDO MEIRA, BRUNO ALVES, MARCO CANEIRA, Anderson Souza "DECO", Nuno Ribeiro "MANICHE", Armando Teixeira "PETIT", CRISTIANO RONALDO, NUNO GOMES (69 RICARDO QUARESMA), SIMÃO Sabrosa (81 JOÃO MOUTINHO).   Trainer: Luiz Felipe Scolari

POLAND: Artur Boruc, Marcin Wasilewski, Mariusz Jop, Michal Zewlakow, Grzegorz Bronowicki (55 Pawel Golanski), Jakub Blaszczykowski, Mariusz Lewandowski, Dariusz Dudka, Euzebiusz Smolarek (73 Wojciech Lobodzinski), Jacek Krzynówek, Maciej Zurawski (56 Radoslaw Matusiak).   Trainer: Leo Beenhakker

Goals: Lewandowski (44), Maniche (50), Cristiano Ronaldo (73), Krzynowek (88)

FINLAND v POLAND 0-0

Olympiastadion, Helsinki 12.09.2007

Referee: Herbert Fandel (GER)   Attendance: 34,000

FINLAND: Jussi Jääskeläinen, Toni Kuivasto, Sami Hyypiä, Hannu Tihinen, Petri Pasanen, Daniel Sjölund, Markus Heikkinen (90 Jarkko Wiss), Teemu Tainio, Joonas Kolkka, Alexei Eremenko Jr, Jonatan Johansson (72 Mikael Forssell).   Trainer: Roy Hodgson

POLAND: Artur Boruc, Pawel Golanski, Mariusz Jop, Michal Zewlakow, Jakub Blaszczykowski, Dariusz Dudka, Radoslaw Sobolewski, Mariusz Lewandowski, Euzebiusz Smolarek (80 Maciej Zurawski), Jacek Krzynówek, Grzegorz Rasiak (65 Marek Saganowski).   Trainer: Leo Beenhakker

KAZAKHSTAN v BELGIUM 2-2 (1-2)

Centralny, Almaty 12.09.2007

Referee: Alexandru Dan Tudor (ROM)   Attendance: 18,000

KAZAKHSTAN: David Loria, Egor Azovskiy (66 Dmitri Lyapkin), Samat Smakov, Farkhadbek Irismetov, Aleksandr Kuchma, Sergey Larin (73 Murat Suyumagambetov), Sergey Skorykh, Andrei Karpovich, Nurbol Zhumakaliyev, Sergey Ostapenko, Dmitriy Byakov.   Trainer: Arno Pijpers

BELGIUM: Stijn Stijnen, Timmy Simons, Vincent Kompany, Carl Hoefkens, Thomas Vermaelen, Bart Goor (84 Mbo Mpenza), Marouane Fellaini, Karel Geraerts (77 Faris Haroun), Steven Defour, Kevin Mirallas (63 Jan Vertonghen), Moussa Dembélé.   Trainer: René Vandereycken

Goals: Geraerts (13), Mirallas (24), Byakov (39), Smakov (77 pen)

PORTUGAL v SERBIA 1-1 (1-0)

José Alvalade, Lisboa 12.09.2007

Referee: Markus Merk (GER)   Attendance: 53,000

PORTUGAL: RICARDO Pereira, PAULO FERREIRA, FERNANDO MEIRA, BRUNO ALVES, Armando Teixeira "PETIT", José Bosingwa, Anderson Souza "DECO" (77 JOÃO MOUTINHO), Nuno Ribeiro "MANICHE" (83 RAUL MEIRELES), CRISTIANO RONALDO, NUNO GOMES (65 RICARDO QUARESMA), SIMÃO Sabrosa.
Trainer: Luiz Felipe Scolari

SERBIA: Vladimir Stojković, Antonio Rukavina, Ivica Dragutinović, Nemanja Vidić, Branislav Ivanović, Zoran Tošić (61 Nikola Žigić), Dejan Stanković, Nenad Kovačević, Miloš Krasic (61 Marko Pantelić), Zdravko Kuzmanović (71 Igor Duljaj), Milan Jovanović.   Trainer: Javier Clemente

Sent off: Ivica Dragutinović (90)

Goals: SIMÃO Sabrosa (11), Ivanović (88)

ARMENIA v SERBIA 0-0
Republican, Erevan   13.10.2007

Referee: Stefan Johannesson (SWE)   Attendance: 10,000

ARMENIA: Roman Berezovsky, Sargis Hovsepyan, Robert Arzumanyan, Karen Dokhoyan, Aleksandr Tadevosyan, Levon Pachajyan, Artur Voskanyan (70 Romik Khachatryan), Ararat Arakelyan, Artavazd Karamyan, Hamlet Mkhitaryan (82 Aram Hakobyan), Samvel Melkonyan (62 Robert Zebelyan). Trainer: Vardan Minasyan

SERBIA: Vladimir Stojković, Antonio Rukavina, Branislav Ivanović, Milan Stepanov, Duško Tošić, Nenad Kovačević, Zdravko Kuzmanović (61 Zoran Tosić), Dejan Stanković, Miloš Krasić (73 Bosko Janković), Marko Pantelić (62 Danko Lazović), Nikola Žigić. Trainer: Javier Clemente

AZERBAIJAN v PORTUGAL 0-2 (0-2)
Tofikh Bakhramov, Baku   13.10.2007

Referee: Ivan Bebek (CRO)   Attendance: 30,000

AZERBAIJAN: Farhad Veliyev, Elvin Aliyev, Samir Abbasov, Aslan Kerimov, Sasha Yunisoglu, Emin Guliyev, Aleksandr Chertoganov, Emin Imamaliev (7 Zaur Hasimov), Ilgar Gurbanov (56 Khagani Mamedov), Branimir Subašić, Samir Aliyev (73 Alim Gurbanov). Trainer: Sahin Diniyev

PORTUGAL: RICARDO Pereira, BRUNO ALVES, PAULO FERREIRA, MIGUEL Monteiro (75 JORGE RIBEIRO), RICARDO CARVALHO, Nuno Ribeiro "MANICHE", Anderson Souza "DECO", MIGUEL VELOSO, CRISTIANO RONALDO, RICARDO QUARESMA (70 Luís Cunha "NANI"), HUGO ALMEIDA. Trainer: Flávio Teixeira

Sent off: Aslan Kerimov (29)

Goals: Bruno Alves (12), Hugo Almeida (45)

POLAND v KAZAKHSTAN 3-1 (0-1)
Legia, Warsaw   13.10.2007

Referee: Espen Berntsen (NOR)   Attendance: 12,000

POLAND: Artur Boruc, Mariusz Jop, Grzegorz Bronowicki, Dariusz Dudka, Jacek Bak, Euzebiusz Smolarek, Jacek Krzynówek, Marek Saganowski (46 Maciej Zurawski), Michal Zewlakow (46 Marcin Wasilewski), Wojciech Lobodzinski (80 Kamil Kosowski), Mariusz Lewandowski. Trainer: Leo Beenhakker

KAZAKHSTAN: David Loria, Dmitri Lyapkin, Aleksandr Kuchma, Samat Smakov, Kairat Nurdauletov, Sergey Skorykh (81 Andrei Karpovich), Ruslan Baltiyev, Nurbol Zhumaskaliyev, Sergey Larin (73 Murat Suyumagambetov), Sergey Ostapenko, Dmitriy Byakov (85 Kairat Ashirbekov). Trainer: Arno Pijpers

Goals: Byakov (20), Smolarek (56, 65, 66)

KAZAKHSTAN v PORTUGAL 1-2 (0-0)
Centralny, Almaty   17.10.2007

Referee: Jan W. Wegereef (HOL)   Attendance: 18,500

KAZAKHSTAN: David Loria, Samat Smakov, Maksim Zhalmagambetov, Farkhadbek Irismetov, Aleksandr Kuchma, Sergey Larin (37 Dmitri Lyapkin), Sergey Skorykh, Andrei Karpovich (86 Kairat Nurdauletov), Nurbol Zhumaskaliyev, Sergey Ostapenko, Dmitriy Byakov. Trainer: Arno Pijpers

PORTUGAL: RICARDO Pereira, MIGUEL Monteiro, RICARDO CARVALHO, BRUNO ALVES, PAULO FERREIRA, Nuno Ribeiro "MANICHE" (59 Luís Cunha "NANI"), Anderson Souza "DECO", MIGUEL VELOSO, RICARDO QUARESMA (82 JOÃO MOUTINHO), HUGO ALMEIDA (63 Ariza Makukula), CRISTIANO RONALDO. Trainer: Flávio Teixeira

Goals: Makukula (84), Cristiano Ronaldo (88), Byakov (90)

BELGIUM v FINLAND 0-0
Roi Baudouin, Brussels   13.10.2007

Referee: Costas Kapitanis (CYP)   Attendance: 4,100

BELGIUM: Stijn Stijnen, Nicolas Lombaerts, Daniel Van Buyten, Vincent Kompany, Guillaume Gillet, Timmy Simons, Gaby Mudingayi, Faris Haroun (67 Bart Goor), Christophe Grégoire (67 Wesley Sonck), Kevin Mirallas (84 François Sterchele), Moussa Dembélé. Trainer: René Vandereycken

FINLAND: Jussi Jääskeläinen, Sami Hyypiä, Petri Pasanen, Hannu Tihinen, Toni Kallio, Alexei Eremenko Jr, Roman Eremenko, Aki Riihilahti, Jonatan Johansson (88 Shefki Kuqi), Joonas Kolkka, Daniel Sjölund (90 Mika Nurmela). Trainer: Roy Hodgson

BELGIUM v ARMENIA 3-0 (0-0)
Roi Baudouin, Brussels   17.10.2007

Referee: Johannes Valgeirsson (ISL)   Attendance: 14,800

BELGIUM: Stijn Stijnen, Nicolas Lombaerts (83 Jan Vertonghen), Daniel Van Buyten (60 Vincent Kompany), Timmy Simons, Gill Swerts, Steven Defour, Marouane Fellaini, Bart Goor, Karel Geraerts, Moussa Dembélé, Kevin Mirallas (46 Wesley Sonck). Trainer: René Vandereycken

ARMENIA: Gevorg Kasparov, Aleksandr Tadevosyan (82 Agvan Mkrtchyan), Sargis Hovsepyan, Robert Arzumanyan, Karen Dokhoyan, Ararat Arakelyan, Romik Khachatryan (57 Aram Hakobyan), Levon Pachajyan, Artur Voskanyan, Samvel Melkonyan (70 Robert Zebelyan), Artavazd Karamyan. Trainer: Vardan Minasyan

Goals: Sonck (63), Dembélé (69), Geraerts (76)

AZERBAIJAN v SERBIA 1-6 (1-4)

Tofikh Bakhramov, Baku   17.10.2007

Referee: Thomas Einwaller (AUS)   Attendance: 9,000

AZERBAIJAN: Farhad Veliyev (46 Jahangir Hasanzade), Samir Abbasov, Ramin Guliyev, Zaur Hasimov (50 Elmar Bakshiev), Ceyhun Sultanov (69 Farrukh Ismaylov), Emin Guliyev, Alim Gurbanov, Aleksandr Chertoganov, Ramazan Abbasov, Samir Aliyev, Branimir Subašić. Trainer: Sahin Diniyev

SERBIA: Vladimir Stojković, Milan Biševac, Branislav Ivanović, Antonio Rukavina, Duško Tošic, Zoran Tošic, Igor Duljaj, Boško Janković (68 Danko Lazović), Nenad Kovačević (65 Milan Jovanović), Zdravko Kuzmanović, Nikola Žigić (73 Marko Pantelić). Trainer: Javier Clemente

Goals: D. Tosic (4), Žigić (17, 42), Aliyev (26), Janković (41), Jovanović (75), Lazović (81)

PORTUGAL v ARMENIA 1-0 (1-0)

Dr. Magalhães Pessoa, Leiria   17.11.2007

Referee: Mike Riley (ENG)   Attendance: 23,000

PORTUGAL: RICARDO Pereira, José Bosingwa, FERNANDO MEIRA, BRUNO ALVES, MARCO CANEIRA, MIGUEL VELOSO, Nuno Ribeiro "MANICHE", CRISTIANO RONALDO, SIMÃO Sabrosa (77 Luís Cunha "NANI"), RICARDO QUARESMA (60 MANUEL FERNANDES), HUGO ALMEIDA (68 Ariza Makukula). Trainer: Flávio Teixeira

ARMENIA: Roman Berezovsky, Sargis Hovsepyan, Robert Arzumanyan, Karen Dokhoyan, Aleksandr Tadevosyan, Ararat Arakelyan, Artur Voskanyan, Romik Khachatryan (59 Hamlet Mkhitaryan), Samvel Melkonyan (63 Edgar Manucharyan), Levon Pachajyan, Artavazd Karamyan (76 Agvan Mkrtchyan). Trainer: Vardan Minasyan

Goal: Hugo Almeida (42)

FINLAND v AZERBAIJAN 2-1 (0-0)

Olympiastadion, Helsinki   17.11.2007

Referee: Alain Hamer (LUX)   Attendance: 10,300

FINLAND: Jussi Jääskeläinen, Petri Pasanen, Sami Hyypiä, Hannu Tihinen, Toni Kallio (66 Mika Vayrynen), Joonas Kolkka, Roman Eremenko (80 Shefki Kuqi), Teemu Tainio, Daniel Sjölund, Mikael Forssell, Jonatan Johansson (59 Jari Litmanen). Trainer: Roy Hodgson

AZERBAIJAN: Farhad Veliyev, Samir Abbasov, Usima Nduka (46 Elvin Aliyev), Sasha Yunisoglu, Rashad F. Sadygov, Zaur Tagizade, Makhmud Gurbonov, Branimir Subašic, Zaur Ramazanov, Ramin Guliyev (61 Andre Ladaga), Jemshid Maharramov. Trainer: Gjokica Hadzievski

Goals: M. Gurbonov (63), Forssell (79), Kuqi (86)

ARMENIA v KAZAKHSTAN 0-1 (0-0)

Republican, Erevan   21.11.2007

Referee: Fredy Fautrel (FRA)   Attendance: 8,000

ARMENIA: Roman Berezovsky, Sargis Hovsepyan, Robert Arzumanyan, Karen Dokhoyan, Aleksandr Tadevosyan, Ararat Arakelyan (56 Romik Khachatryan), Artur Voskanyan (80 Gevorg Ghazaryan), Artavazd Karamyan, Hamlet Mkhitaryan, Levon Pachajyan, Samvel Melkonyan (59 Edgar Manucharyan). Trainer: Vardan Minasyan

KAZAKHSTAN: David Loria, Kairat Nurdauletov, Aleksandr Kuchma, Maksim Zhalmagambetov, Farkhadbek Irismetov, Ruslan Baltiyev, Sergey Larin (61 Dmitri Lyapkin), Sergey Skorykh, Nurbol Zhumaskaliyev, Sergey Ostapenko, Dmitriy Byakov. Trainer: Arno Pijpers

Goal: Ostapenko (64)

POLAND v BELGIUM 2-0 (1-0)

Slaski, Chorzow   17.11.2007

Referee: Claus Bo Larsen (DEN)   Attendance: 47,000

POLAND: Artur Boruc, Michal Zewlakow, Jacek Bak, Marcin Wasilewski, Grzegorz Bronowicki, Wojciech Lobodzinski (46 Jakub Blaszczykowski), Radoslaw Sobolewski, Jacek Krzynówek, Mariusz Lewandowski, Euzebiusz Smolarek (85 Kamil Kosowski), Maciej Zurawski (82 Rafal Murawski). Trainer: Leo Beenhakker

BELGIUM: Stijn Stijnen, Jan Vertonghen, Daniel Van Buyten, Vincent Kompany, Guillaume Gillet, Bart Goor, Faris Haroun (84 Karel Geraerts), Marouane Fellaini, Steven Defour (61 Luigi Pieroni), Moussa Dembélé, Kevin Mirallas (76 Stein Huysegems). Trainer: René Vandereycken

Goals: Smolarek (45, 49)

PORTUGAL v FINLAND 0-0

Estádio do Dragão, Porto   21.11.2007

Referee: Luboš Michel (SVK)   Attendance: 50,000

PORTUGAL: RICARDO Pereira, José Bosingwa, PEPE, BRUNO ALVES, MARCO CANEIRA, FERNANDO MEIRA, MIGUEL VELOSO, Nuno Ribeiro "MANICHE" (73 Raul Meireles), CRISTIANO RONALDO, NUNO GOMES (77 Ariza Makukula), RICARDO QUARESMA (84 Luís Cunha "NANI"). Trainer: Luiz Felipe Scolari

FINLAND: Jussi Jääskeläinen, Sami Hyypiä, Toni Kallio, Petri Pasanen, Hannu Tihinen, Markus Heikkinen, Joonas Kolkka (75 Jonatan Johansson), Jari Litmanen (67 Mika Vayrynen), Daniel Sjölund, Teemu Tainio (69 Roman Eremenko), Mikael Forssell. Trainer: Roy Hodgson

SERBIA v POLAND 2-2 (0-1)

FK Crvena Zvezda, Beograd   21.11.2007

Referee: Massimo Busacca (SWI)   Attendance: 20,000

SERBIA: Vlada Avramov, Antonio Rukavina, Branislav Ivanović, Mladen Krstajić (64 Dusko Tošić), Ivica Dragutinović, Zdravko Kuzmanović, Nenad Kovačević, Igor Duljaj (46 Danko Lazović), Miloš Krasic (76 Bosko Janković), Milan Jovanović, Nikola Žigic.   Trainer: Javier Clemente

POLAND: Lukasz Fabianski, Marcin Wasilewski, Jacek Bak (77 Michal Zewlakow), Mariusz Jop, Jakub Wawrzyniak, Wojciech Lobodzinski, Mariusz Lewandowski, Grzegorz Bronowicki, Rafal Murawski, Kamil Kosowski (19 Tomasz Zahorski), Grzegorz Rasiak (46 Radoslaw Matusiak).   Trainer: Leo Beenhakker

Goals: Murawski (28), Matusiak (46), Žigić (68), Lazović (70)

	P	W	D	L	F	A	Pts
Poland	14	8	4	2	24	12	28
Portugal	14	7	6	1	24	10	27
Serbia	14	6	6	2	22	11	24
Finland	14	6	6	2	13	7	24
Belgium	14	5	3	6	14	16	18
Kazakhstan	14	2	4	8	11	21	10
Armenia	12	2	3	7	4	13	9
Azerbaijan	12	1	2	9	6	28	5

GROUP 2

FAROE ISLANDS v GEORGIA 0-6 (0-3)

Toftir, Toftir   16.08.2006

Referee: Michael Ross (NIR)   Attendance: 1,000

FAROE ISLANDS: Jákup Mikkelsen, Janus Joensen, Atli Danielsen, Óli Johannesen, Claus Bech Jørgensen (45 Pauli Hansen), Fródi Benjaminsen, Jákup á Borg, Kári Nielsen, Símun Samuelsen (60 Hans Pauli Samuelsen), Christian Høgni Jacobsen, Rógvi Jacobsen (71 Jónhard Frederiksberg).   Trainer: Jógvan Martin Olsen

GEORGIA: Grigol Chanturia, Giorgi Shashiashvili, Malkhaz Asatiani, Ilia Kandelaki (66 David Kvirkvelia), Levan Kobiashvili, Kakhaber Aladashvili (71 Giorgi Gakhokidze), Gogita Gogua (57 Giorgi Demetradze), Jaba Kankava, David Mujiri, Aleksandr Iashvili, Shota Arveladze.   Trainer: Klaus Toppmöller

Goals: Mujiri (16), Iashvili (18), Arveladze (37, 62, 82), Kobiashvili (51 pen)

AZERBAIJAN v BELGIUM 0-1 (0-0)

Tofikh Bakhramov, Baku   21.11.2007

Referee: Asaf Kenan (ISR)   Attendance: 17,000

AZERBAIJAN: Farhad Veliyev, Rail Melikov, Samir Abbasov, Rashad F. Sadygov, Ramin Guliyev, Makhmud Gurbonov, Aslan Kerimov (84 Khagani Mamedov), Jemshid Maharramov (77 Anatoli Ponomarev), Zaur Tagizade (70 Leandro Gomes), Zaur Ramazanov, Branimir Subašić.   Trainer: Gjokica Hadzievski

BELGIUM: Brian Vandenbussche, Jelle Van Damme, Daniel Van Buyten, Guillaume Gillet, Jan Vertonghen, Marouane Fellaini, Christophe Grégoire (68 Bart Goor), Gill Swerts, Karel Geraerts (46 Steven Defour), Moussa Dembélé, Luigi Pieroni (81 Kevin Mirallas).   Trainer: René Vandereycken

Goal: Pieroni (52)

SERBIA v KAZAKHSTAN 1-0 (0-0)

FK Partizan, Beograd   24.11.2007

Referee: Kyros Vassaras (GRE)

SERBIA: Vlada Avramov, Ivan Stevanović, Djordje Tutoric, Branislav Ivanović, Dušan Andjelković, Gojko Kacar, Igor Duljaj, Miloš Krasic (24 Bosko Janković), Milan Jovanović (63 Stefan Babović), Nikola Žigic (80 Ljubomir Fejsa), Ranko Despotović.   Trainer: Javier Clemente

KAZAKHSTAN: David Loria, Samat Smakov, Sergey Skorykh, Maksim Zhalmagambetov, Kairat Nurdauletov, Dmitri Lyapkin (83 Nurbol Zhumaskaliyev), Farkhadbek Irismetov, Ruslan Baltiyev (86 Kairat Ashirbekov), Andrei Karpovich, Dmitriy Byakov, Murat Suyumagambetov (73 Sergey Ostapenko).   Trainer: Arno Pijpers

Goal: Ostapenko (79 own goal)

SCOTLAND v FAROE ISLANDS 6-0 (5-0)

Celtic Park, Glasgow   02.09.2006

Referee: Igor Egorov (RUS)   Attendance: 50,000

SCOTLAND: Craig Gordon, Christian Dailly, David Weir, Steven Pressley, Gary Naysmith, Darren Fletcher (46 Gary Stewart Teale), Paul Hartley, Nigel Quashie (84 Scott Severin), Kenny Miller (61 Garry O'Connor), Kris Boyd, James McFadden.   Trainer: Walter Smith

FAROE ISLANDS: Jákup Mikkelsen, Pauli Hansen, Óli Johannesen, Atli Danielsen, Janus Joensen, Fródi Benjaminsen, Julian Johnsson (76 Simun Samuelsen), Jákup á Borg, Jónhard Frederiksberg (60 Hanus Thorleifson), Christian Høgni Jacobsen, Rógvi Jacobsen (84 Kári Nielsen).   Trainer: Jógvan Martin Olsen

Goals: Fletcher (7), McFadden (10), Boyd (24 pen, 38), Miller (30 pen), O'Connor (85)

GEORGIA v FRANCE 0-3 (0-2)

Boris Paichadze, Tbilisi   02.09.2006

Referee: Jan Wegereef (HOL)   Attendance: 60,000

GEORGIA: Grigol Chanturia, Zurab Khizanishvili, Levan Kobiashvili, Malkhaz Asatiani, Jaba Kankava, Kakhaber Aladashvili (39 Ilia Kandelaki), Gogita Gogua, Aleksandr Iashvili (46 David Kvirkvelia), Giorgi Demetradze, David Mujiri (82 Zurab Mentesashvili), Shota Arveladze.   Trainer: Klaus Toppmöller

FRANCE: Grégory Coupet, Willy Sagnol, Lilian Thuram, William Gallas, Éric Abidal, Patrick Vieira, Claude Makélélé (58 Rio Antonio Mavuba), Franck Ribéry (69 Sidney Govou), Florent Malouda, Louis Saha (86 Sylvain Wiltord), Thierry Henry.   Trainer: Raymond Domenech

Goals: Malouda (7), Saha (16), Asatiani (46 own goal)

LITHUANIA v SCOTLAND 1-2 (0-0)

S. Darius & S. Girenas, Kaunas   06.09.2006

Referee: Vladimír Hrinák (SVK)   Attendance: 7,000

LITHUANIA: Zydrunas Karčemarskas, Marius Stankevičius, Rolandas Džiaukštas, Andrius Skerla, Tomas Žvirgždauskas, Mantas Savenas (50 Tomas Tamošaukas), Mindaugas Kalonas, Saulius Mikoliunas (66 Tadas Labukas), Aidas Preikšaitis (81 Darius Miceika), Robertas Poškus, Tomas Danilevičius.   Trainer: Algimantas Liubinskas

SCOTLAND: Craig Gordon, Christian Dailly, David Weir, Gary Caldwell, Gary Naysmith, Steven Pressley, Darren Fletcher, Nigel Quashie (43 Kris Boyd), James McFadden (21 Graham Alexander), Paul Hartley (88 Scott Severin), Kenny Miller.   Trainer: Walter Smith

Goals: Dailly (46), Miller (62), Miceika (85)

ITALY v LITHUANIA 1-1 (1-1)

San Paolo, Napoli   02.09.2006

Referee: Martin Hansson (SWE)   Attendance: 50,000

ITALY: Gianluigi Buffon, Massimo Oddo, Fabio Cannavaro, Andrea Barzagli, Fabio Grosso, Andrea Pirlo, Daniele De Rossi (61 Marco Marchionni), Gennaro Gattuso, Simone Perrotta (72 Alberto Gilardino), Antonio Cassano, Filippo Inzaghi (86 David Di Michele).   Trainer: Roberto Donadoni

LITHUANIA: Zydrunas Karčemarskas, Marius Stankevičius, Rolandas Džiaukštas, Andrius Skerla, Aidas Preikšaitis, Tomas Žvirgždauskas, Mantas Savenas (65 Mindaugas Kalonas), Saulius Mikoliunas (82 Tomas Tamošaukas), Deividas Česnauskis, Robertas Poškus (79 Tadas Labukas), Tomas Danilevičius.   Trainer: Algimantas Liubinskas

Goals: Danilevičius (21), Inzaghi (30)

FRANCE v ITALY 3-1 (2-1)

Stade de France, Paris   06.09.2006

Referee: Herbert Fandel (GER)   Attendance: 78,800

FRANCE: Grégory Coupet, Willy Sagnol, William Gallas, Lilian Thuram, Éric Abidal, Franck Ribéry (88 Louis Saha), Patrick Vieira, Claude Makélélé, Florent Malouda, Sidney Govou (75 Sylvain Wiltord), Thierry Henry.   Trainer: Raymond Domenech

ITALY: Gianluigi Buffon, Gianluca Zambrotta, Fabio Cannavaro, Andrea Barzagli, Fabio Grosso, Franco Semioli (54 David Di Michele), Andrea Pirlo, Gennaro Gattuso, Simone Perrotta, Antonio Cassano (73 Filippo Inzaghi), Alberto Gilardino (87 Daniele De Rossi).   Trainer: Roberto Donadoni

Goals: Govou (2, 55), Henry (18), Gilardino (20)

UKRAINE v GEORGIA 3-2 (1-1)

Olyimpiyskiy, Kiev   06.09.2006

Referee: Jaroslav Jára (CZE)   Attendance: 25,000

UKRAINE: Olexandr Shovkovskiy, Andriy Nesmachniy, Andriy Rusol, Anatoliy Tymoschuk, Ruslan Rotan, Oleh Shelayev, Oleh Gusev, Serhiy Rebrov (57 Andriy Voronin), Andriy Gusin (46 Volodymyr Yezerskiy), Serhiy Tkachenko (63 Andriy Vorobey), Andriy Shevchenko.   Trainer: Oleh Blokhin

GEORGIA: Grigol Chanturia, Levan Kobiashvili, Malkhaz Asatiani, Zurab Khizanishvili, David Imedashvili (35 Ilia Kandelaki), Jaba Kankava, Gogita Gogua, David Kvirkvelia (85 David Mujiri), Zurab Mentesashvili (81 Mikheil Ashvetia), Giorgi Demetradze, Shota Arveladze.   Trainer: Klaus Toppmöller

Goals: Shevchenko (31), Arveladze (38), Demetradze (61), Rotan (61), Rusol (80)

FAROE ISLANDS v LITHUANIA 0-1 (0-0)

Tórsvøllur, Torshavn   07.10.2006

Referee: Anthony Buttimer (IRL)   Attendance: 2,000

FAROE ISLANDS: Jákup Mikkelsen, Vagnur Mortensen, Atli Danielsen, Mikkjal Thomassen, Fródi Benjaminsen, Pauli Hansen (90 Arnbjørn Hansen), Jákup á Borg, Marni Djurhuus, Símun Samuelsen (73 Jónhard Frederiksberg), Rógvi Jacobsen (81 Kári Nielsen), Christian Høgni Jacobsen.   Trainer: Jøgvan Martin Olsen

LITHUANIA: Zydrunas Karčemarskas, Marius Stankevičius, Gediminas Paulauskas, Andrius Skerla, Tomas Žvirgždauskas, Mantas Savenas (46 Mindaugas Kalonas), Darius Miceika, Deividas Česnauskis, Saulius Mikoliunas (62 Vitalijus Kavaliauskas), Tomas Danilevičius, Robertas Poškus (70 Ricardas Beniušis).   Trainer: Algimantas Liubinskas

Goal: Skerla (89)

SCOTLAND v FRANCE 1-0 (0-0)

Hampden Park, Glasgow 07.10.2006

Referee: Massimo Busacca (SWI)   Attendance: 50,500

SCOTLAND: Craig Gordon, Christian Dailly, Steven Pressley, David Weir, Graham Alexander, Darren Fletcher, Barry Ferguson, Gary Caldwell, Paul Hartley, Lee McCulloch (58 Gary Stewart Teale), James McFadden (72 Gary O'Connor).   Trainer: Walter Smith

FRANCE: Grégory Coupet, Éric Abidal, Lilian Thuram, Jean-Alain Boumsong, Willy Sagnol, Franck Ribéry (74 Sylvain Wiltord), Patrick Vieira, Claude Makélélé, Florent Malouda, David Trezeguet (62 Louis Saha), Thierry Henry.   Trainer: Raymond Domenech

Goal: Caldwell (67)

FRANCE v FAROE ISLANDS 5-0 (1-0)

Bonal, Sochaux-Montbéliard 11.10.2006

Referee: Sorin Corpodean (ROM)   Attendance: 19,300

FRANCE: Mickaël Landreau, Willy Sagnol (79 François Clerc), William Gallas, Lilian Thuram, Julien Escudé, Franck Ribéry, Patrick Vieira, Jérémy Toulalan, Florent Malouda, Louis Saha (61 David Trezeguet), Thierry Henry (61 Nicolas Anelka).   Trainer: Raymond Domenech

FAROE ISLANDS: Jákup Mikkelsen, Marni Djurhuus, Vagnur Mortensen, Atli Danielsen, Símun Samuelsen, Rógvi Jacobsen, Fródi Benjaminsen, Mikkjal Thomassen, Jákup á Borg (87 Jonhard Frederiksberg), Christian Høgni Jacobsen, Pauli Hansen (47 Kári Nielsen).   Trainer: Jøgvan Martin Olsen

Goals: Saha (1), Henry (22), Anelka (77), Trezeguet (78, 84)

ITALY v UKRAINE 2-0 (0-0)

Stadio Olimpico, Roma 07.10.2006

Referee: Kyros Vassaras (GRE)   Attendance: 49,100

ITALY: Gianluigi Buffon, Massimo Oddo, Fabio Cannavaro, Marco Materazzi, Gianluca Zambrotta, Gennaro Gattuso, Andrea Pirlo, Daniele De Rossi, Vincenzo Iaquinta (76 Mauro Camoranesi), Luca Toni (85 Filippo Inzaghi), Alessandro Del Piero (62 Antonio Di Natale).   Trainer: Roberto Donadoni

UKRAINE: Olexandr Shovkovskiy, Andriy Rusol, Bohdan Shershun, Volodymyr Yezerskiy, Andriy Nesmachniy, Serhiy Nazarenko (59 Maxym Kalynychenko), Oleh Gusev, Oleh Shelayev, Anatoliy Tymoschuk, Andriy Vorobey (73 Artem Milevskiy), Andriy Voronin.   Trainer: Oleh Blokhin

Goals: Oddo (71 pen), Toni (79)

GEORGIA v ITALY 1-3 (1-1)

Boris Paichadze, Tbilisi 11.10.2006

Referee: Michael Riley (ENG)   Attendance: 50,000

GEORGIA: Giorgi Lomaia, Zurab Khizanishvili, Otar Khizaneishvili, Kakha Kaladze, Giorgi Shashiashvili, Jaba Kankava, Levan Tskitishvili (74 Ilia Kandelaki), Zurab Menteshashvili, Otar Martsvaladze (85 Vasil Gigiadze), David Kvirkvelia, 32 Mikheil Ashvetia (70 Aleksandr Iashvili).   Trainer: Klaus Toppmöller

ITALY: Gianluigi Buffon, Massimo Oddo, Fabio Cannavaro (74 Marco Materazzi), Alessandro Nesta, Andrea Pirlo (64 Stefano Mauri), Daniele De Rossi, Simone Perrotta, Gianluca Zambrotta, Mauro Camoranesi (87 Vincenzo Iaquinta), Luca Toni, Antonio Di Natale.   Trainer: Roberto Donadoni

Sent off: Jaba Kankava (60)

Goals: De Rossi (18), Shashiashvili (26), Camoranesi (63), Perrotta (71)

UKRAINE v SCOTLAND 2-0 (0-0)

NSC Olympiyskiy, Kiev 11.10.2006

Referee: Martin Hansson (SWE)   Attendance: 55,000

UKRAINE: Olexandr Shovkovskiy, Andriy Nesmachniy, Vyacheslav Sviderskiy, Olexandr Kucher, Andriy Rusol, Anatoliy Tymoschuk, Oleh Shelayev, Oleh Gusev (62 Artem Milevskiy), Maxym Kalynychenko (76 Andriy Vorobey), Andriy Shevchenko, Andriy Voronin (90 Bohdan Shershun).   Trainer: Oleh Blokhin

SCOTLAND: Craig Gordon, Robbie Neilson (86 Stephen McManus), David Weir, Steven Pressley, Graham Alexander, Gary Caldwell, Barry Ferguson, Darren Fletcher, Paul Hartley, Kenny Miller, James McFadden (73 Kris Boyd).   Trainer: Walter Smith

Sent off: Steven Pressley (86)

Goals: Kucher (60), Shevchenko (90 pen)

SCOTLAND v GEORGIA 2-1 (1-1)

Hampden Park, Glasgow 24.03.2007

Referee: Nicolai Vollquartz (DEN)   Attendance: 50,900

SCOTLAND: Craig Gordon, Graham Alexander, David Weir, Stephen McManus, Gary Naysmith, Gary Stewart Teale (60 Scott Brown), Barry Ferguson, Paul Hartley, Lee McCulloch, Kenny Miller (90 Shaun Maloney), Kris Boyd (76 Craig Beattie).   Trainer: Alexander McLeish

GEORGIA: Giorgi Lomaia, Giorgi Shashiashvili, Zurab Khizanishvili, Lasha Salukvadze, Zaal Eliava, Vladimer Burduli (57 David Siradze), Levan Tskitishvili (90 David Mujiri), Zurab Menteshashvili (46 Gogita Gogua), Levan Kobiashvili, Giorgi Demetradze, Shota Arveladze.   Trainer: Klaus Toppmöller

Goals: Boyd (11), Arveladze (41), Beattie (87)

FAROE ISLANDS v UKRAINE 0-2 (0-1)
Toftir, Toftir 24.03.2007
Referee: Damir Skomina (SVN)   Attendance: 717
FAROE ISLANDS: Jákup Mikkelsen, Súni Olsen (74 Tem Hansen), Marni Djurhuus, Atli Danielsen, Simun Samuelsen (66 Christian Lamhauge Holst), Rógvi Jacobsen, Fródi Benjaminsen, Mikkjal Thomassen (78 Sámal Joensen), Jákup á Borg, Christian Høgni Jacobsen, Óli Johannesen.
Trainer: Jógvan Martin Olsen
UKRAINE: Olexandr Shovkovskiy, Volodymyr Yezerskiy, Dmytro Chygrynskiy, Andriy Rusol, Andriy Nesmachniy, Oleh Gusev (60 Andriy Vorobey), Anatoliy Tymoschuk (82 Oleh Shelayev), Taras Mikhalik, Maxym Kalynychenko, Olexiy Bielik, Andriy Voronin (75 Serhiy Nazarenko).
Trainer: Oleh Blokhin
Goals: Yezerskiy (20), Gusev (57)

GEORGIA v FAROE ISLANDS 3-1 (1-0)
Boris Paichadze, Tbilisi 28.03.2007
Referee: Pavel Saliy (KAZ)   Attendance: 15,000
GEORGIA: Giorgi Lomaia, David Kvirkvelia, Levan Tskitishvili, Aleksandr Iashvili, Levan Kobiashvili (61 Zurab Mentesashvili), David Mujiri, Jaba Kankava, Lasha Salukvadze, Giorgi Demetradze, Giorgi Shashiashvili, David Siradze.
Trainer: Klaus Toppmöller
FAROE ISLANDS: Jákup Mikkelsen, Súni Olsen, Marni Djurhuus, Atli Danielsen, Rógvi Jacobsen, Fródi Benjaminsen, Mikkjal Thomassen, Jákup á Borg (86 Simun Samuelsen), Christian Høgni Jacobsen, Andrew av Fløtum (43 Christian Lamhauge Holst), Óli Johannesen.
Trainer: Jógvan Martin Olsen
Sent off: Frodi Benjaminsen (63)
Goals: Siradze (26), Iashvili (46, 90 pen), Rog. Jacobsen (57)

LITHUANIA v FRANCE 0-1 (0-0)
S. Darius & S. Girenas, Kaunas 24.03.2007
Referee: Howard Webb (ENG)   Attendance: 8,000
LITHUANIA: Zydrunas Karčemarskas, Arunas Klimavicius, Andrius Skerla, Tomas Žvirgždauskas, Gediminas Paulauskas, Deividas Šembaras, Igoris Morinas (82 Ricardas Beniušis), Mantas Savenas (77 Mindaugas Kalonas), Marius Stankevičius, Robertas Poškus (86 Tomas Radzinevičius), Tomas Danilevičius.   Trainer: Algimantas Liubinskas
FRANCE: Grégory Coupet, Willy Sagnol, Lilian Thuram, William Gallas, Éric Abidal, Florent Malouda (89 Abou Diaby), Claude Makélélé, Jérémy Toulalan, Lassana Diarra, Sidney Govou (62 Djibril Cissé), Nicolas Anelka.
Trainer: Raymond Domenech
Goal: Anelka (73)

ITALY v SCOTLAND 2-0 (1-0)
San Nicola, Bari 28.03.2007
Referee: Frank De Bleeckere (BEL)   Attendance: 37,500
ITALY: Gianluigi Buffon, Massimo Oddo, Fabio Cannavaro, Marco Materazzi, Gianluca Zambrotta, Gennaro Gattuso, Daniele De Rossi, Mauro Camoranesi, Simone Perrotta (77 Andrea Pirlo), Antonio Di Natale (66 Alessandro Del Piero), Luca Toni (87 Fabio Quagliarella).
Trainer: Roberto Donadoni
SCOTLAND: Craig Gordon, Graham Alexander, Gary Naysmith, David Weir, Stephen McManus, Barry Ferguson, Gary Stewart Teale (66 Shaun Maloney), Paul Hartley, Scott Brown (86 Craig Beattie), Lee McCulloch (81 Kris Boyd), Kenny Miller.   Trainer: Alexander McLeish
Goals: Toni (12, 70)

UKRAINE v LITHUANIA 1-0 (0-0)
Chornomorets, Odessa 28.03.2007
Referee: Florian Meyer (GER)   Attendance: 28,000
UKRAINE: Olexandr Shovkovskiy, Andriy Nesmachniy, Olexandr Kucher, Volodymyr Yezerskiy, Andriy Rusol, Oleh Gusev (79 Andriy Vorobey), Anatoliy Tymoschuk, Maxym Kalynychenko (82 Dmytro Chygrynskiy), Taras Mikhalik (70 Oleh Shelayev), Andriy Shevchenko, Andriy Voronin.
Trainer: Oleh Blokhin
LITHUANIA: Paulius Grybauskas, Deividas Šembaras, Arunas Klimavičius, Gediminas Paulauskas, Marius Stankevičius, Andrius Skerla, Tomas Žvirgždauskas, Mantas Savenas (51 Mindaugas Kalonas), Igoris Morinas (56 Andrius Gedgaudas), Robertas Poškus (64 Tomas Radzinevičius), Tomas Danilevičius.   Trainer: Algimantas Liubinskas
Goal: Gusev (47)

FAROE ISLANDS v ITALY 1-2 (0-1)
Tórsvøllur, Torshavn 02.06.2007
Referee: Robert Malek (POL)   Attendance: 5,987
FAROE ISLANDS: Jákup Mikkelsen, Atli Danielsen, Marni Djurhuus, Jón Rói Jacobsen, Óli Johannesen, Jákup á Borg (73 Simun Samuelsen), Mikkjal Thomassen, Súni Olsen, Christian Høgni Jacobsen, Rógvi Jacobsen, Andrew av Fløtum (56 Christian Lamhauge Holst).   Trainer: Jógvan Martin Olsen
ITALY: Gianluigi Buffon, Massimo Oddo, Max Tonetto, Fabio Cannavaro, Marco Materazzi (66 Andrea Barzagli), Aimo Diana, Gennaro Gattuso, Andrea Pirlo, Alessandro Del Piero, Tommaso Rocchi (86 Fabio Quagliarella), Filippo Inzaghi (58 Cristiano Lucarelli).   Trainer: Roberto Donadoni
Goals: Inzaghi (12, 48), Róg. Jacobsen (77)

LITHUANIA v GEORGIA 1-0 (0-0)

S. Darius & S. Girenas, Kaunas   02.06.2007

Referee: Claudio Circhetta (SWI)   Attendance: 6,000

LITHUANIA: Zydrunas Karčemarskas, Deividas Šemberas, Marius Stankevičius, Andrius Skerla, Tomas Žvirgždauskas, Arunas Klimavicius, Gediminas Paulauskas, Mantas Savenas (55 Mindaugas Kalonas), Igoris Morinas (62 Saulius Mikoliunas), Ričardas Beniušis (75 Tadas Labukas), Tomas Danilevičius.   Trainer: Algimantas Liubinskas

GEORGIA: Giorgi Lomaia, Otar Khizaneishvili, Kakha Kaladze, Zaal Eliava, Levan Kobiashvili, Zurab Khizanishvili, Levan Tskitishvili (80 David Mujiri), Zurab Menteshashvili (64 Otar Martsvaladze), David Kvirkvelia, Aleksandr Iashvili, Giorgi Demetradze.   Trainer: Klaus Toppmöller

Goal: Mikoliunas (78)

FRANCE v GEORGIA 1-0 (1-0)

Abbé-Deschamps, Auxerre   06.06.2007

Referee: Lucilio Cardoso Cortez Batista (POR)   Att: 21,000

FRANCE: Mickaël Landreau, Éric Abidal, François Clerc, William Gallas, Claude Makélélé, Florent Malouda (65 Djibril Cissé), Samir Nasri, Franck Ribéry (90 Sidney Govou), Lilian Thuram, Jérémy Toulalan, Nicolas Anelka (89 Karim Benzema).   Trainer: Raymond Domenech

GEORGIA: Giorgi Lomaia, Otar Khizaneishvili, Kakha Kaladze, Zurab Khizanishvili, Mate Ghvinianidze, Lasha Salukvadze (12 David Mujiri), Zaal Eliava (62 Otar Martsvaladze), David Kvirkvelia, Jaba Kankava (85 Giorgi Shashiashvili), Vladimer Burduli, Aleksandr Iashvili.   Trainer: Klaus Toppmöller

Goal: Nasri (33)

FRANCE v UKRAINE 2-0 (0-0)

Stade de France, Paris   02.06.2007

Referee: Luis Medina Cantalejo (SPA)   Attendance: 80,051

FRANCE: Grégory Coupet, Éric Abidal, William Gallas, François Clerc, Lilian Thuram, Claude Makélélé, Florent Malouda, Jérémy Toulalan, Samir Nasri (81 Lassana Diarra), Franck Ribéry, Nicolas Anelka (77 Djibril Cissé). Trainer: Raymond Domenech

UKRAINE: Olexandr Shovkovskiy, Andriy Nesmachniy, Volodymyr Yezerskiy (78 Evgen Levchenko), Andriy Rusol, Dmytro Chygrynskiy, Olexiy Gay, Anatoliy Tymoschuk, Oleh Gusev, Taras Mikhalik, Maxym Kalynychenko (64 Ruslan Rotan), Andriy Voronin (72 Andriy Vorobey). Trainer: Oleh Blokhin

Goals: Ribéry (57), Anelka (71)

LITHUANIA v ITALY 0-2 (0-2)

S. Darius & S. Girenas, Kaunas   06.06.2007

Referee: Pieter Vink (HOL)   Attendance: 7,000

LITHUANIA: Paulius Grybauskas, Deividas Šemberas, Marius Stankevičius, Andrius Skerla, Tomas Žvirgždauskas, Arunas Klimavčius, Gediminas Paulauskas (46 Andrius Gedgaudas), Mantas Savenas (61 Tadas Labukas), Mindaugas Kalonas, Igoris Morinas (39 Saulius Mikoliunas), Tomas Danilevičius.   Trainer: Algimantas Liubinskas

ITALY: Gianluigi Buffon, Massimo Oddo, Fabio Cannavaro, Marco Materazzi, Gianluca Zambrotta, Andrea Pirlo, Daniele De Rossi (65 Gennaro Gattuso), Simone Perrotta (71 Massimo Ambrosini), Fabio Quagliarella, Filippo Inzaghi, Antonio Di Natale (74 Alessandro Del Piero). Trainer: Roberto Donadoni

Goals: Quagliarella (31, 45)

FAROE ISLANDS v SCOTLAND 0-2 (0-2)

Toftir, Toftir   06.06.2007

Referee: Giorgos Kasnaferis (GRE)   Attendance: 4,600

FAROE ISLANDS: Jákup Mikkelsen, Atli Danielsen, Jón Rói Jacobsen, Óli Johannesen (36 Marni Djurhuus, 77 Simun Samuelsen), Fródi Benjaminsen, Mikkjal Thomassen, Jákup á Borg (82 Andrew av Fløtum), Súni Olsen, Rógvi Jacobsen, Christian Høgni Jacobsen, Christian Lamhauge Holst. Trainer: Jógvan Martin Olsen

SCOTLAND: Craig Gordon, Graham Alexander, David Weir, Stephen McManus, Gary Naysmith, Paul Hartley, Barry Ferguson, Darren Fletcher (68 Gary Stewart Teale), Shaun Maloney (77 Charles Adam), Garry O'Connor, Kris Boyd (83 Steven Naismith).   Trainer: Alexander McLeish

Goals: Maloney (31), O'Connor (35)

SCOTLAND v LITHUANIA 3-1 (1-0)

Hampden Park, Glasgow   08.09.2007

Referee: Damir Skomina (SVN)   Attendance: 51,000

SCOTLAND: Craig Gordon, Alan Hutton, David Weir, Stephen McManus, James McEveley, Gary Stewart Teale (69 James McFadden), Scott Brown, Darren Fletcher, Lee McCulloch (76 Shaun Maloney), Kris Boyd, Garry O'Connor (76 Craig Beattie).   Trainer: Alexander McLeish

LITHUANIA: Zydrunas Karčemarskas, Marius Stankevičius (56 Edgaras Jankauskas), Andrius Skerla, Tomas Žvirgždauskas, Arunas Klimavicius, Deividas Šemberas, Mindaugas Kalonas, Deividas Česnauskis, Igoris Morinas (46 Saulius Mikoliunas), Tomas Danilevičius, Andrius Velicka (46 Audrius Ksanavicius).   Trainer: Algimantas Liubinskas

Goals: Boyd (31), Danilevičius (61 pen), McManus (77), McFadden (83)

GEORGIA v UKRAINE 1-1 (0-1)

Boris Paichadze, Tbilisi   08.09.2007

Referee: Alain Hamer (LUX)   Attendance: 25,000

GEORGIA: Giorgi Lomaia, Mate Ghvinianidze, Kakha Kaladze, Malkhaz Asatiani, Lasha Salukvadze, Levan Tskitishvili, Zurab Menteshashvili (79 Dimitri Tatanashvili), Lasha Jakobia (62 David Siradze), Giorgi Demetradze, Aleksandr Iashvili (62 Levan Kenia), Otar Martsvaladze.   Trainer: Klaus Toppmöller

UKRAINE: Olexandr Shovkovskiy, Volodymyr Yezerskiy, Andriy Rusol, Olexandr Kucher, Anatoliy Tymoschuk, Ruslan Rotan (80 Olexiy Gay), Serhiy Nazarenko, Oleh Gusev, Oleh Shelayev (90 Olexander Gladkiy), Andriy Shevchenko, Andriy Voronin (72 Maxym Kalynychenko).   Trainer: Oleh Blokhin

Goals: Shelayev (9), Siradze (89)

FRANCE v SCOTLAND 0-1 (0-0)

Parc des Princes, Paris   12.09.2007

Referee: Konrad Plautz (AUS)   Attendance: 42,000

FRANCE: Mickaël Landreau, Lassana Diarra, Lilian Thuram, Julien Escudé, Éric Abidal (77 Karim Benzema), Franck Ribéry, Patrick Vieira (69 Samir Nasri), Claude Makélélé, Florent Malouda, David Trezeguet, Nicolas Anelka.   Trainer: Raymond Domenech

SCOTLAND: Craig Gordon, Alan Hutton, Stephen McManus, David Weir, Graham Alexander, Lee McCulloch, Barry Ferguson, Darren Fletcher (26 Stephen Pearson), Scott Brown, Paul Hartley, James McFadden (76 Garry O'Connor).   Trainer: Alexander McLeish

Goal: McFadden (64)

ITALY v FRANCE 0-0

Stadio Giuseppe Meazza, Milano   08.09.2007

Referee: Luboš Michel (SVK)   Attendance: 80,000

ITALY: Gianluigi Buffon, Massimo Oddo, Fabio Cannavaro, Andrea Barzagli, Gianluca Zambrotta, Daniele De Rossi, Gennaro Gattuso, Andrea Pirlo, Mauro Camoranesi (58 Simone Perrotta), Alessandro Del Piero (83 Antonio Di Natale), Filippo Inzaghi (65 Cristiano Lucarelli).   Trainer: Roberto Donadoni

FRANCE: Mickaël Landreau, Lassana Diarra, Lilian Thuram, Julien Escudé, Éric Abidal, Franck Ribéry (86 Jeremy Toulalan), Claude Makélélé, Patrick Vieira, Florent Malouda, Thierry Henry, Nicolas Anelka.   Trainer: Pierre Mankowski

UKRAINE v ITALY 1-2 (0-1)

NSC Olympiyskiy Stadium, Kiev   12.09.2007

Referee: Howard Webb (ENG)   Attendance: 42,000

UKRAINE: Olexandr Shovkovskiy, Olexandr Kucher, Volodymyr Yezerskiy, Andriy Rusol, Oleh Shelayev, Oleh Gusev (88 Artem Milevskiy), Maxym Kalynychenko (60 Andriy Voronin), Anatoliy Tymoschuk, Olexiy Gay, Serhiy Nazarenko (69 Olexandr Gladkiy), Andriy Shevchenko.   Trainer: Oleh Blokhin

ITALY: Gianluigi Buffon, Christian Panucci, Fabio Cannavaro, Andrea Barzagli, Gianluca Zambrotta, Mauro Camoranesi (78 Massimo Oddo), Massimo Ambrosini, Andrea Pirlo, Simone Perrotta (68 Alberto Aquilani), Vincenzo Iaquinta (85 Fabio Quagliarella), Antonio Di Natale.   Trainer: Roberto Donadoni

Goals: Di Natale (41, 77), Shevchenko (71)

LITHUANIA v FAROE ISLANDS 2-1 (1-0)

S. Darius & S. Girenas, Kaunas   12.09.2007

Referee: Tsvetan Georgiev (BUL)   Attendance: 4,000

LITHUANIA: Zydrunas Karčemarskas, Deividas Šemberas, Arunas Klimavicius, Andrius Skerla, Vidas Alunderis, Kestutis Ivaskevicius, Saulius Mikoliunas (32 Andrius Velicka), Deividas Česnauskis (31 Mindaugas Kalonas), Audrius Ksanavicius, Edgaras Jankauskas (83 Aurimas Kucys), Tomas Danilevičius.   Trainer: Algimantas Liubinskas

FAROE ISLANDS: Jákup Mikkelsen, Fródi Benjaminsen, Atli Danielsen, Christian Lamhauge Holst (74 Hans Pauli Samuelsen), Jón Jacobsen, Mikkjal Thomassen, Símun Samuelsen, Christian Høgni Jacobsen (81 Andrew Fløtum), Súni Olsen (63 Pauli Hansen), Jákup á Borg, Rógvi Jacobsen.   Trainer: Jógvan Martin Olsen

Goals: Jankauskas (8), Danilevičius (53), Róg. Jacobsen (90)

SCOTLAND v UKRAINE 3-1 (2-1)

Hampden Park, Glasgow   13.10.2007

Referee: Pieter Vink (HOL)   Attendance: 51,400

SCOTLAND: Craig Gordon, Alan Hutton, David Weir, Stephen McManus, Gary Naysmith, Scott Brown (76 Shaun Maloney), Barry Ferguson, Stephen Pearson, Lee McCulloch (60 Christian Dailly), James McFadden (80 Garry O'Connor), Kenny Miller.   Trainer: Alexander McLeish

UKRAINE: Olexandr Shovkovskiy, Andriy Nesmachniy, Volodymyr Yezerskiy, Dmytro Chygrynskiy, Olexandr Kucher, Oleh Gusev (46 Ruslan Rotan), Anatoliy Tymoschuk (73 Oleh Shelayev), Olexandr Gladkiy, Andriy Vorobey (62 Serhiy Nazarenko), Andriy Shevchenko, Andriy Voronin.   Trainer: Oleh Blokhin

Goals: K. Miller (4), McCulloch (10), Shevchenko (24), McFadden (68)

FAROE ISLANDS v FRANCE 0-6 (0-2)
Tórsvøllur, Torshavn   13.10.2007

Referee: Gabriele Rossi (SMR)   Attendance: 8,100

FAROE ISLANDS: Jákup Mikkelsen, Christian Jacobsen, Jón Rói Jacobsen, Fródi Benjaminsen, Einar Hansen, Símun Samuelsen (84 Andrew Fløtum), Súni Olsen, Mikkjal Thomassen (78 Rokur Jespersen), Hjalgrím Elttør (46 Bergur Midjord), Rógvi Jacobsen, Christian Lamhauge Holst.
Trainer: Jógvan Martin Olsen

FRANCE: Mickaël Landreau, Bacary Sagna, Éric Abidal, Lilian Thuram, Patrice Evra, Jérôme Rothen, Claude Makélélé (73 Lassana Diarra), Jérémy Toulalan, Franck Ribéry (64 Hatem Ben Arfa), Nicolas Anelka (46 Karim Benzema), Thierry Henry. Trainer: Raymond Domenech

Goals: Anelka (6), Henry (8), Benzema (50), Rothen (66), Benzema (80), Ben Arfa (90)

FRANCE v LITHUANIA 2-0 (0-0)
La Beaujoire, Nantes   17.10.2007

Referee: Viktor Kassai (HUN)   Attendance: 36,400

FRANCE: Mickaël Landreau, Lassana Diarra (69 Hatem Ben Arfa), Lilian Thuram, William Gallas, Éric Abidal, Jérémy Toulalan, Claude Makélélé, Florent Malouda, Franck Ribéry, Thierry Henry, Karim Benzema.
Trainer: Raymond Domenech

LITHUANIA: Zydrunas Karčemarskas, Arunas Klimavicius, Ignas Dedura, Andrius Skerla, Tomas Žvirgždauskas, Aurimas Kucys (84 Andrius Velicka), Audrius Ksanavičius (77 Tadas Labukas), Mindaugas Kalonas (63 Mantas Savenas), Igoris Morinas, Tomas Danilevičius, Edgaras Jankauskas.
Trainer: Algimantas Liubinskas

Goals: Henry (80, 81)

ITALY v GEORGIA 2-0 (1-0)
Luigi Ferraris, Genova   13.10.2007

Referee: Carlos Megía Dávila (SPA)   Attendance: 23,100

ITALY: Gianluigi Buffon, Massimo Oddo, Christian Panucci, Andrea Barzagli, Fabio Grosso, Andrea Pirlo, Gennaro Gattuso, Massimo Ambrosini (88 Stefano Mauri), Fabio Quagliarella (72 Pasquale Foggia), Antonio Di Natale, Luca Toni.
Trainer: Roberto Donadoni

GEORGIA: Giorgi Lomaia, Georgi Shashiashvili (60 David Siradze), Lasha Salukvadze, Malkhaz Asatiani, Zurab Khizanishvili, David Kvirkvelia, Levan Tskitishvili, Zurab Menteshashvili, Jaba Kankava, Levan Mchedlidze (60 Levan Kenia), Giorgi Demetradze (85 Lasha Jakobia).
Trainer: Klaus Toppmöller

Goals: Pirlo (44), Grosso (84)

UKRAINE v FAROE ISLANDS 5-0 (3-0)
NSC Olympiyskiy Stadium, Kiev   17.10.2007

Referee: Haim Jakov (ISR)   Attendance: 3,000

UKRAINE: Andriy Pyatov, Andriy Nesmachniy, Andriy Rusol, Dmytro Chygrynskiy, Olexiy Gai, Serhiy Nazarenko, Anatoliy Tymoschuk (69 Olexandr Grytsay), Oleh Gusev (62 Andriy Vorobey), Maxym Kalynychenko, Olexandr Gladkiy (46 Artem Milevskiy), Andriy Voronin.
Trainer: Oleh Blokhin

FAROE ISLANDS: Jákup Mikkelsen, Atli Danielsen, Einar Hansen, Óli Hansen, Jón Rói Jacobsen, Jóhan Davidsen, Mikkjal Thomassen (8 Tem Hansen), Christian Lamhauge Holst (75 Andrew av Fløtum), Christian Høgni Jacobsen (89 Hanus Thorleifson), Símun Samuelsen, Rógvi Jacobsen.
Trainer: Jógvan Martin Olsen

Goals: Kalynychenko (40, 49), Gusev (43,45), Vorobey (64)

GEORGIA v SCOTLAND 2-0 (1-0)
Boris Paichadze, Tbilisi   17.10.2007

Referee: Knut Kircher (GER)   Attendance: 55,500

GEORGIA: Giorgi Makaridze, Georgi Shashiashvili, Malkhaz Asatiani, Lasha Salukvadze, Zurab Khizanishvili, Jaba Kankava, Zurab Menteshashvili, Levan Kenia (79 Ilia Kandelaki), David Kvirkvelia, David Siradze (89 Lasha Jakobia), Levan Mchedlidze (85 Alexandre Kvakhadze).
Trainer: Klaus Toppmöller

SCOTLAND: Craig Gordon, Greame Murty, Stephen McManus, David Weir, Graham Alexander, Darren Fletcher, Barry Ferguson, Stephen Pearson (66 Kris Boyd), Shaun Maloney, Kenny Miller (66 Craig Beattie), James McFadden.
Trainer: Alexander McLeish

Goals: Mchedlidze (16), Siradze (64)

SCOTLAND v ITALY 1-2 (0-1)
Hampden Park, Glasgow   17.11.2007

Referee: Manuel Mejuto González (SPA)   Att: 53,300

SCOTLAND: Craig Gordon, Alan Hutton, David Weir, Stephen McManus, Gary Naysmith, Scott Brown (74 Kenny Miller), Darren Fletcher, Paul Hartley, Barry Ferguson, Lee McCulloch (90 Kris Boyd), James McFadden.
Trainer: Alexander McLeish

ITALY: Gianluigi Buffon, Christian Panucci, Fabio Cannavaro, Andrea Barzagli, Gianluca Zambrotta, Mauro Camoranesi (82 Giorgio Chiellini), Gennaro Gattuso (86 Daniele De Rossi), Andrea Pirlo, Massimo Ambrosini, Antonio Di Natale (68 Vincenzo Iaquinta), Luca Toni. Trainer: Roberto Donadoni

Goals: Toni (2), Ferguson (65), Panucci (89)

LITHUANIA v UKRAINE 2-0 (1-0)
S. Darius & S. Girenas, Kaunas 17.11.2007
Referee: David Malcolm (NIR)   Attendance: 3,000
LITHUANIA: Zydrunas Karčemarskas, Gediminas Paulauskas, Arunas Klimavicius, Marius Stankevičius, Ignas Dedura, Andrius Skerla, Tomas Žvirgždauskas, Tadas Papeckys (17 Igoris Morinas), Mantas Savenas, Tomas Danilevičius (82 Andrius Velicka), Edgaras Jankauskas (90 Mindaugas Kalonas). Trainer: Algimantas Liubinskas
UKRAINE: Olexandr Shovkovskiy (44 Andriy Pyatov), Dmytro Chygrynskiy, Vladyslav Vaschuk, Oleh Shelayev (72 Serhiy Nazarenko), Volodymyr Yezerskiy, Olexiy Gai, Anatoliy Tymoschuk, Oleh Gusev, Ruslan Rotan, Andriy Shevchenko, Andriy Voronin (69 Artem Milevskiy). Trainer: Oleh Blokhin
Goals: Savenas (41), Danilevičius (67)

UKRAINE v FRANCE 2-2 (1-2)
NSC Olympiyskiy Stadium, Kiev 21.11.2007
Referee: Tom Henning Øvrebø (NOR)   Attendance: 30,000
UKRAINE: Andriy Pyatov, Vladyslav Vaschuk, Olexandr Grytsay, Olexandr Romanchuk (81 Volodymyr Yezerskiy), Serhiy Fedorov, Anatoliy Tymoschuk, Oleh Gusev (90 Artem Milevskiy), Ruslan Rotan, Olexiy Gai, Andriy Shevchenko, Andriy Voronin (84 Oleh Shelayev). Trainer: Oleh Blokhin
FRANCE: Sébastien Frey, François Clerc, William Gallas, Lilian Thuram, Éric Abidal, Franck Ribéry (89 Hatem Ben Arfa), Claude Makélélé, Lassana Diarra, Sidney Govou, Thierry Henry, Karim Benzema (46 Samir Nasri). Trainer: Raymond Domenech
Goals: Voronin (14), Henry (20), Govou (34), Shevchenko (46)

GEORGIA v LITHUANIA 0-2 (0-0)
Boris Paichadze, Tbilisi 21.11.2007
Referee: Aleksandar Stavrev (MKD)
GEORGIA: Giorgi Makaridze, Lasha Salukvadze, Malkhaz Asatiani, Kakha Kaladze, David Kvirkvelia, Jaba Kankava, Levan Tskitishvili, Zurab Menteshashvili (31 Otar Marsvaladze), Levan Kenia, Levan Mchedlidze, David Siradze (75 Nickolas Gelashvili). Trainer: Klaus Toppmöller
LITHUANIA: Žydrunas Karčemarskas, Marius Stankevičius, Tomas Žvirgždauskas, Andrius Skerla, Gediminas Paulauskas, Ignas Dedura, Vidas Alunderis, Audrius Ksanavičius, Mantas Savenas (67 Mindaugas Kalonas), Saulius Mikoliunas (76 Igoris Morinas), Edgaras Jankauskas (52 Andrius Velicka). Trainer: Algimantas Liubinskas
Goals: Ksanavicius (52, 90)

	P	W	D	L	F	A	Pts
Italy	12	9	2	1	22	9	29
France	12	8	2	2	25	5	26
Scotland	12	8	0	4	21	12	24
Ukraine	12	5	2	5	18	16	17
Lithuania	12	5	1	6	11	13	16
Georgia	12	3	1	8	16	19	10
Faroe Islands	12	0	0	12	4	43	0

GROUP 3

ITALY v FAROE ISLANDS 3-1 (3-0)
Alberto Braglia, Modena 21.11.2007
Referee: Florian Meyer (GER)   Attendance: 19,000
ITALY: Marco Amelia, Massimo Oddo, Fabio Cannavaro (53 Daniele Bonera), Giorgio Chiellini, Fabio Grosso, Daniele De Rossi, Massimo Ambrosini (58 Fabio Quagliarella), Simone Perrotta, Vincenzo Iaquinta, Raffaele Palladino, Luca Toni (74 Alberto Gilardino). Trainer: Roberto Donadoni
FAROE ISLANDS: Jákup Mikkelsen, Jóhan Davidsen, Fróði Benjaminsen, Jón Rói Jacobsen, Einar Hansen, Atli Danielsen, Súni Olsen, Rógvi Jacobsen, Símun Samuelsen (75 Hanus Thorleifson), Christian Høgni Jacobsen, Christian Lamhauge Holst (86 Andrew av Fløtum). Trainer: Jógvan Martin Olsen
Goals: Benjaminsen (11 own goal), Toni (36), Chiellini (41), Róg. Jacobsen (83)

MALTA v BOSNIA-HERZEGOVINA 2-5 (1-3)
National, Ta' Qali 02.09.2006
Referee: Thomas Vejlgaard (DEN)   Attendance: 5,000
MALTA: Justin Haber, Ian Ciantar (46 Ivan Woods), Ian Azzopardi, Brian Said, Luke Dimech, Gilbert Agius (82 Gareth Sciberras), Claude Mattocks (65 Peter Pullicino), Michael Mifsud, Andre Schembri, Jamie Pace, Kevin Sammut. Trainer: Dusan Fitzel
BOSNIA-HERZEGOVINA: Kenan Hasagić, Džemal Berberović, Vedin Musić, Emir Spahić, Zlatan Bajramović, Saša Papac (61 Ninoslav Milenković), Sergej Barbarez (66 Vladan Grujić), Zvjezdan Misimović, Zlatan Muslimović, Mirko Hrgović, Mladen Bartolović (53 Mirsad Bešlija). Trainer: Blaz Sliškovič
Goals: Barbarez (4), Pace (6), M. Hrgović (10), Bartolović (45), Muslimović (48), Misimović (50), Mifsud (85)

HUNGARY v NORWAY 1-4 (0-3)
Megyeri úti, Budapest 02.09.2006
Referee: Eric Braamhaar (HOL)   Attendance: 15,000
HUNGARY: Gábor Király, Csaba Fehér, Zsolt Löw, Roland Juhász (66 Vilmos Vanczák), László Éger, Thomas Sowunmi (80 Sandor Torghelle), Balázs Molnár, Pál Dárdai, András Horváth (61 Zoltan Kiss), Zoltán Gera, Szabolcs Huszti.
Trainer: Péter Bozsik
NORWAY: Thomas Myhre, Anders Rambekk, Erik Hagen, Brede Hangeland, Marius Johnson, Fredrik Strømstad (62 Daniel Omoya Braaten), Martin Andersen, Kristofer Hæstad (85 Tommy Svindal Larsen), Morten Gamst Pedersen, Ole Gunnar Solskjær, John Carew (76 Steffen Iversen).
Trainer: Åge Hareide
Goals: Solskjær (15, 54), Strømstad (32), Gamst Pedersen (41), Gera (90 pen)

MOLDOVA v GREECE 0-1 (0-0)
Zimbru, Chişinău 02.09.2006
Referee: Matteo Trefoloni (ITA)   Attendance: 8,000
MOLDOVA: Sergei Paşcenco, Serghei Laşcencov, Andrei Corneencov, Ivan Testimiţanu, Serghei Epureanu (65 Serghei Cleşcenco), Radu Rebeja, Serghei Covalciuc, Ghenadie Olexici, Victor Berco, Serghei Rogaciov (78 Serghei Dadu), Stanislav Ivanov.   Trainer: Anatoli Teslev
GREECE: Antonios Nikopolidis, Giourkas Seitaridis, Panagiotis Fyssas, Traianos Dellas (89 Giorgos Anatolakis), Sotiris Kyrgiakos, Kostas Katsouranis, Angelos Basinas, Theodoros Zagorakis (46 Dimitris Salpingidis), Giorgos Karagounis, Angelos Charisteas (46 Nikos Liberopoulos), Ioannis Amanatidis.   Trainer: Otto Rehhagel
Goal: Liberopoulos (77)

NORWAY v MOLDOVA 2-0 (0-0)
Ullevål, Oslo 06.09.2006
Referee: Hristo Ristoskov (BUL)   Attendance: 23,900
NORWAY: Thomas Myhre, Erik Hagen, Brede Hangeland, Marius Johnsen (65 Steffen Iversen), Fredrik Strømstad (90 Tommy Svindal Larsen), Martin Andersen, Morten Gamst Pedersen, Anders Rambekk, Kristofer Hæstad, John Carew, Frode Johnsen (46 Ole Gunnar Solskjær).
Trainer: Åge Hareide
MOLDOVA: Sergei Paşcenco, Serghei Laşcencov (77 Serghei Cleşcenco), Andrei Corneencov, Ivan Testimiţanu, Radu Rebeja, Alexandu Epureanu, Serghei Covalciuc, Stanislav Ivanov, Victor Berco, Serghei Rogaciov (72 Serghei Dadu), Ghenadie Olexici.   Trainer: Anatoli Teslev
Sent off: Victor Berco (46)
Goals: Strømstad (73), Iversen (79)

TURKEY v MALTA 2-0 (0-0)
Commerzbank Arena, Frankfurt am Main 06.09.2006
Referee: Bernardino González Vázquez (SPA)
Attendance: Played behind closed doors
TURKEY: Rüştü Reçber, Mehmet Topuz, Can Arat, Gökhan Zan, Mehmet Aurelio, Fatih Tekke (46 Nihat Kahveci), Yildiray Baştürk (46 Arda Turan), Tümer Metin, Ergün Penbe, Hakan Şükür (81 Nuri Şahin), Hamit Altintop.   Trainer: Fatih Terim
MALTA: Justin Haber, Ian Ciantar, Stephen Wellman, Brian Said, Luke Dimech, Gilbert Agius (87 Gareth Sciberras), Kevin Sammut (81 Peter Pullicino), Michael Mifsud, Ivan Woods, Andre Schembri (89 Terence Scerri), Jamie Pace.
Trainer: Dušan Fitzel
Goals: Nihat (56), Tümer (77)

BOSNIA-HERZEGOVINA v HUNGARY 1-3 (0-1)
Bilino Polje, Zenica 06.09.2006
Referee: Costas Kapitanis (CYP)   Attendance: 13,000
BOSNIA-HERZEGOVINA: Kenan Hasagić, Emir Spahić, Vedin Musić (46 Ninoslav Milenković), Saša Papac, Sergej Barbarez, Dušan Kerkez, Zlatan Bajramović, Mirko Hrgović (73 Mirsad Bešlija), Mladen Bartolović (63 Vule Trivunović), Zvjezdan Misimović, Elvir Bolić.   Trainer: Blaz Sliškovic
HUNGARY: Gábor Király, Csaba Fehér (82 Zoltan Kiss), Zsolt Löw (65 Roland Juhász), Sándor Torghelle (90 Péter Kabát), László Éger, Balázs Tóth, Balázs Molnár, Pál Dárdai, Szabolcs Huszti, Zoltán Gera, Vilmos Vanczák.
Trainer: Péter Bozsik
Sent off: Emir Spahic (39)
Goals: Huszti (36 pen), Gera (46), Dárdai (49), Misimović (64 pen)

MOLDOVA v BOSNIA-HERZEGOVINA 2-2 (2-0)
Zimbru, Chişinău 07.10.2006
Referee: Hervé Piccirillo (FRA)   Attendance: 10,000
MOLDOVA: Serghei Paşcenco, Serghei Laşcencov, Valeriu Catînsus, Alexandru Gaţcan (90 Serghei Cleşcenco), Alexandru Epureanu, Ghenadie Olexici, Ivan Testimiţanu, Radu Rebeja, Stanislav Ivanov, Serghei Epureanu (72 Andrei Corneencov), Serghei Rogaciov (71 Serghei Dadu).
Trainer: Anatoli Teslev
BOSNIA-HERZEGOVINA: Kenan Hasagić, Vule Trivunović, Saša Papac, Velimir Vidić, Dalibor Šilić, Zlatan Bajramović (77 Vladan Grujić), Mirko Hrgović (83 Sulejman Smajić), Sergej Barbarez, Zvjezdan Misimović, Dario Damjanović (46 Ivica Grlić), Mladen Bartolović.   Trainer: Blaz Sliškovic
Goals: Rogaciov (13, 32 pen), Misimović (62), Grlić (68)

HUNGARY v TURKEY 0-1 (0-1)

Ferenc Puskás, Budapest   07.10.2006

Referee: Alain Hamer (LUX)   Attendance: 6,500

HUNGARY: Gábor Király, Csaba Fehér, Vilmos Vanczák, Roland Juhász, László Éger, Balázs Tóth, Péter Halmosi (46 Peter Kabat, 76 Ádám Komlosi), Pál Dárdai, Sándor Torghelle (80 Imre Szabics), Zoltán Gera, Szabolcs Huszti.   Trainer: Péter Bozsik

TURKEY: Rüştü Reçber, Hamit Altintop, Servet Çetin, Gökhan Zan, Mehmet Aurelio, Gökdeniz Karadeniz (63 Huseyin Çimşir), Arda Turan (88 Mehmet Topuz), Ibrahim Üzülmez, Sabri Sarioğlu, Tuncay Şanli (90 Can Arat), Hakan Şükür.   Trainer: Fatih Terim

Goal: Tuncay (41)

GREECE v NORWAY 1-0 (1-0)

Giorgos Karaiskakis Stadium, Athens   07.10.2006

Referee: Luboš Michel (SVK)   Attendance: 22,000

GREECE: Antonios Nikopolidis, Giourkas Seitaridis, Panagiotis Fyssas, Giorgos Anatolakis, Sotiris Kyrgiakos, Angelos Basinas, Kostas Katsouranis, Giorgos Karagounis (90 Christos Patsatzoglou), Stelios Giannakopoulos (46 Angelos Charisteas), Giorgos Samaras, Nikos Liberopoulos (71 Ioannis Amanatidis).   Trainer: Otto Rehhagel

NORWAY: Thomas Myhre, Anders Rambekk (85 Ole Martin Årst), Erik Hagen, Brede Hangeland, John Arne Riise, Fredrik Strømstad (61 Daniel Omoya Braaten), Martin Andresen, Kristofer Hæstad, Morten Gamst Pedersen, Steffen Iversen, Ole Gunnar Solskjær.   Trainer: Åge Hareide

Goal: Katsouranis (33)

MALTA v HUNGARY 2-1 (1-1)

National, Ta'Qali   11.10.2006

Referee: Johny Ver Eecke (BEL)   Attendance: 5,000

MALTA: Justin Haber, Kenneth Scicluna, Stephen Wellman, Brian Said, Luke Dimech, George Mallia (64 Andrew Cohen), Kevin Sammut, Jamie Pace, Andre Schembri (72 Terence Scerri), Michael Mifsud, Gilbert Agius (82 Peter Pullicino).   Trainer: Dušan Fitzel

HUNGARY: Gábor Király, Csaba Fehér (76 Peter Halmosi), Balázs Tóth, Roland Juhász, Vilmos Vanczák, Leandro de Almeida (46 Zoltan Kiss), Szabolcs Huszti, Pál Dárdai, Sándor Torghelle, Imre Szabics (60 Peter Czvitkovics), Zoltán Gera.   Trainer: Péter Bozsik

Goals: Schembri (14, 53), Torghelle (19)

TURKEY v MOLDOVA 5-0 (3-0)

Commerzbank Arena, Frankfurt am Main   11.10.2006

Referee: Nicolai Vollquartz (DEN)
Attendance: Played behind closed doors

TURKEY: Rüştü Reçber, Servet Çetin, Hamit Altintop, Gökhan Zan, Mehmet Aurelio, Gökdeniz Karadeniz (60 Tümer Metin), Arda Turan (72 Nihat Kahveci), Ibrahim Üzülmez, Sabri Sarioğlu, Tuncay Şanli, Hakan Şükür (81 Halil Altintop).   Trainer: Fatih Terim

MOLDOVA: Serghei Paşcenco, Alexandru Epureanu (46 Andrei Corneencov), Ivan Testimiţanu, Valeriu Catînsus, Ghenadie Olexici, Alexandru Gaţcan, Serghei Epureanu (63 Serghei Dadu), Serghei Covalciuc, Stanislav Ivanov, Radu Rebeja, Serghei Rogaciov.   Trainer: Anatoli Teslev

Goals: Hakan Şukur (35, 37 pen, 43, 73), Tuncay (68)

BOSNIA-HERZEGOVINA v GREECE 0-4 (0-1)

Bilino Polje, Zenica   11.10.2006

Referee: Yuri Baskakov (RUS)   Attendance: 11,000

BOSNIA-HERZEGOVINA: Kenan Hasagić (46 Almir Tolja), Dalibor Šilić (69 Senajid Ibričić), Branimir Bajić, Zlatan Bajramović, Saša Papac, Ivicia Grlić (61 Vladan Grujić), Zvjezdan Misimović, Sergej Barbarez, Mirko Hrgović, Mladen Bartolović, Alen Škoro.   Trainer: Blaz Sliškovic

GREECE: Antonios Nikopolidis, Giorgos Anatolakis, Sotiris Kyrgiakos, Panagiotis Fyssas, Giourkas Seitaridis (57 Christos Patsatzoglou), Kostas Katsouranis, Giorgos Karagounis (36 Georgios Alexopoulos), Stelios Giannakopoulos (85 Ioannis Amanatidis), Angelos Basinas, Giorgos Samaras, Angelos Charisteas.   Trainer: Otto Rehhagel

Sent off: Saša Papac (50)

Goals: Charisteas (8 pen), Patsatzoglou (78), Samaras (81), Katsouranis (90)

MOLDOVA v MALTA 1-1 (0-0)

Zimbru, Chişinău   24.03.2007

Referee: Vusal Aliyev (AZE)   Attendance: 10,000

MOLDOVA: Serghei Paşcenco, Victor Golovatenco, Alexandru Epureanu, Ghenadie Olexici, Vitalie Bordian, Radu Rebeja, Victor Comleonoc, Serghei Namaşco (81 Serghei Dadu), Viorel Frunză (74 Serghei Alexeev), Igor Bugaiov, Denis Zmeu (63 Stanislav Ivanov).
Trainer: Igor Dobrovolskiy

MALTA: Justin Haber, Brian Said, Roderick Briffa, Luke Dimech, Gilbert Agius, Michael Mifsud (90 Gareth Sciberras), Ivan Woods (77 Kevin Sammut), George Mallia, Andre Schembri (70 Daniel Bogdanovic), Kenneth Scicluna, Jamie Pace.   Trainer: Dušan Fitzel

Sent off: Luke Dimech (84), Serghei Dadu (84)

Goals: Mallia (73), Epureanu (85)

NORWAY v BOSNIA-HERZEGOVINA 1-2 (0-2)
Ullevål, Oslo 24.03.2007

Referee: Michael Riley (ENG)   Attendance: 16,987

NORWAY: Thomas Myhre, Erik Hagen, Brede Hangeland, John Arne Riise, Fredrik Strømstad (62 Christian Grindheim), Martin Andresen, John Carew, Morten Gamst Pedersen, Kristofer Hæstad, Frode Johnsen (46 Steffen Iversen), Jarl André Storbæk (79 Simen Brenne).   Trainer: Åge Hareide

BOSNIA-HERZEGOVINA: Adnan Gušo, Mirko Hrgović, Džemal Berberović (58 Vedin Musić), Safet Nadarević (46 Ivan Radeljić), Branimir Bajić, Branislav Krunić, Dario Damjanović, Zlatan Muslimović, Zvjezdan Misimović, Vedad Ibišević, Adnan Čustović (82 Darko Maletić).
Trainer: Fuad Muzurović

Goals: Misimović (18), Muslimović (33), Carew (50 pen)

MALTA v GREECE 0-1 (0-0)
National, Ta' Qali 28.03.2007

Referee: Pedro Proenca Oliveira Alves Garcia (POR)
Attendance: 15,000

MALTA: Justin Haber, Ian Azzopardi, Brian Said, Roderick Briffa, Kenneth Scicluna, Gilbert Agius, George Mallia (89 Etienne Barbara), Kevin Sammut, Jamie Pace, Michael Mifsud, Andre Schembri (71 Daniel Bogdanovic).
Trainer: Dušan Fitzel

GREECE: Kostas Chalkias, Traianos Dellas (83 Giorgos Anatolakis), Loukas Vintra, Sotiris Kyrgiakos, Michalis Kapsis, Vassilis Torosidis, Angelos Basinas, Giorgos Karagounis, Kostas Katsouranis, Theofanis Gekas (90 Giorgos Samaras), Dimitris Salpingidis (64 Nikos Liberopoulos).
Trainer: Otto Rehhagel

Sent off: Roderick Briffa (69)

Goal: Basinas (66 pen)

GREECE v TURKEY 1-4 (1-1)
Giorgos Karaiskakis Stadium, Athens 24.03.2007

Referee: Wolfgang Stark (GER)   Attendance: 33,000

GREECE: Antonios Nikopolidis, Traianos Dellas, Sotiris Kyrgiakos, Giourkas Seitaridis, Panagiotis Fyssas (56 Vassilis Torosidis), Kostas Katsouranis, Angelos Basinas, Giorgos Karagounis, Stelios Giannakopoulos (72 Ioannis Amanatidis), Angelos Charisteas (63 Theofanis Gekas), Giorgos Samaras.
Trainer: Otto Rehhagel

TURKEY: Volkan Demirel, Servet Çetin, Hamit Altintop, Gökhan Zan, Ibrahim Üzülmez (19 Volkan Yaman), Mehmet Aurelio, Tümer Metin (80 Gökdeniz Karadeniz), Sabri Sarioğlu, Gökhan Ünal (57 Huseyin Çimşir), Hakan Şükür, Tuncay Şanli.   Trainer: Fatih Terim

Goals: Kyrgiakos (5), Tuncay (27), Gökhan Ünal (55), Tümer (70), Gökdeniz (81)

TURKEY v NORWAY 2-2 (0-2)
Commerzbank Arena, Frankfurt am Main 28.03.2007

Referee: Stefano Farina (ITA)
Attendance: Played behind closed doors

TURKEY: Volkan Demirel, Sabri Sarioğlu, Servet Çetin, Emre Aşik, Hamit Altintop, Tümer Metin (46 Volkan Yaman), Emre Belözoğlu, Gökdeniz Karadeniz (79 Mehmet Yildiz), Mehmet Aurelio, Hakan Şükür (90 Huseyin Çimşir), Tuncay Şanli.
Trainer: Fatih Terim

NORWAY: Thomas Myhre, John Arne Riise, Erik Hagen, Brede Hangeland, Jarl André Storbæk, Fredrik Strømstad, Martin Andresen, Kristofer Hæstad (57 Per Ciljan Skjelbred), Simen Brenne (82 Erik Nevland), Thorstein Helstad (63 Daniel Fredheim Holm), John Carew.   Trainer: Åge Hareide

Goals: Brenne (31), Andresen (40), Hamit (72, 90)

HUNGARY v MOLDOVA 2-0 (1-0)
Megyeri úti, Budapest 28.03.2007

Referee: Martin Ingvarsson (SWE)   Attendance: 5,000

HUNGARY: Zoltán Végh, Csaba Csizmadia, Boldizsár Bodor, Roland Juhász, Béla Balogh (36 Tamás Vaskó), Balázs Tóth, Krisztián Vadócz, Dániel Tőzsér, Tamás Priskin (88 Tibor Tisza), Tamás Hajnal (64 Szabolcs Huszti), Zoltán Gera.
Trainer: Peter Várhidi

MOLDOVA: Serghei Paşcenco, Victor Golovatenco, Andrei Cojocari, Ghenadie Olexici, Alexandru Epureanu, Stanislav Ivanov (46 Serghei Namaşco), Andrei Corneencov, Vitalie Bordian, Victor Comleonoc (66 Denis Zmeu), Viorel Frunză (46 Serghei Alexeev), Igor Bugaiov.
Trainer: Igor Dobrovolskiy

Goals: Priskin (9), Gera (63)

BOSNIA-HERZEGOVINA v TURKEY 3-2 (2-2)
Olympic Stadium Asim Ferhatovic Hase, Sarajevo 02.06.2007

Referee: Peter Fröjdfeldt (SWE)   Attendance: 20,000

BOSNIA-HERZEGOVINA: Adnan Gušo, Branimir Bajić, Vedin Musić, Ivan Radeljić, Dario Damjanović, Elvir Rahimić, Mirko Hrgović, Zvjezdan Misimović, Darko Maletić (82 Adnan Čustović), Zlatan Muslimović (90 Boris Pandza), Edin Džeko (61 Zajko Zeba).   Trainer: Fuad Muzurović

TURKEY: Rüştü Reçber, Hamit Altintop, Servet Çetin, Gökhan Zan, Ibrahim Üzülmez, Mehmet Aurelio, Sabri Sarioğlu (77 Ümit Karan), Gökdeniz Karadeniz (46 Huseyin Çimşir), Arda Turan (62 Yildiray Baştürk), Tuncay Şanli, Hakan Şükür.   Trainer: Fatih Terim

Goals: Hakan Şükür (13), Muslimović (27), Sabri (39), Džeko (47), Čustović (87)

NORWAY v MALTA 4-0 (1-0)
Ullevål, Oslo 02.06.2007
Referee: Jacek Granat (POL)   Attendance: 16,364
NORWAY: Håkon André Opdal, Erik Hagen, John Arne Riise, Bjørn Helge Riise, Martin Andresen, Kristofer Hæstad (82 Daniel Omoya Braaten), Steffen Iversen, John Carew (72 Thorstein Helstad), Morten Gamst Pedersen (62 Simen Brenne), Jarl André Storbæk, Brede Hangeland.
Trainer: Åge Hareide
MALTA: Mario Muscat, Ian Azzopardi, Brian Said, Stephen Wellman, Kenneth Scicluna, Gilbert Agius, Kevin Sammut (46 Ivan Woods), George Mallia, Jamie Pace, Michael Mifsud (83 Etienne Barbara), Andre Schembri (69 Daniel Bogdanovic).
Trainer: Dušan Fitzel
Goals: Hæstad (31), Helstad (73), Iversen (79), John Arne Riise (90)

BOSNIA-HERZEGOVINA v MALTA 1-0 (1-0)
Olympic Stadium Asim Ferhatovic Hase, Sarajevo 06.06.2007
Referee: Ceri Richards (WAL)   Attendance: 15,000
BOSNIA-HERZEGOVINA: Adnan Gušo, Vedin Musić (90 Veldin Muharemović), Mirko Hrgović, Boris Pandža, Ivan Radeljić, Darko Maletić (80 Mladen Bartolović), Dario Damjanović, Zvjezdan Misimović, Elvir Rahimić, Zlatan Muslimović, Edin Džeko (57 Zajko Zeba).
Trainer: Fuad Muzurovic
MALTA: Mario Muscat, Ian Azzopardi, Brian Said, Daniel Bogdanovic (65 Andre Schembri), Luke Dimech, Gilbert Agius, Roderick Briffa, Michael Mifsud, Ivan Woods (70 George Mallia), Kenneth Scicluna, Jamie Pace (82 Etienne Barbara).   Trainer: Dušan Fitzel
Goal: Muslimović (6)

GREECE v HUNGARY 2-0 (2-0)
Pankritio, Heraklion 02.06.2007
Referee: Claus Bo Larsen (DEN)   Attendance: 16,000
GREECE: Kostas Chalkias, Giourkas Seitaridis, Vassilis Torosidis, Giorgos Anatolakis (52 Christos Patsatzoglou), Sotiris Kyrgiakos, Kostas Katsouranis, Giorgos Karagounis, Angelos Basinas, Theofanis Gekas, Ioannis Amanatidis (87 Nikos Liberopoulos), Angelos Charisteas (79 Stelios Giannakopoulos).   Trainer: Otto Rehhagel
HUNGARY: Zoltán Végh, Szabolcs Balajcza, Boldizsár Bodor (40 Vilmos Vanczak), Roland Juhász, Béla Balogh, Balázs Tóth, Krisztián Vadócz (73 Zoltan Szelesi), Dániel Tőzsér, Tamás Priskin (79 Balázs Dzsudzsak), Tamás Hajnal, Zoltán Gera.
Trainer: Peter Várhidi
Goals: Gekas (16), Seitaridis (29)

GREECE v MOLDOVA 2-1 (1-0)
Pankritio, Heraklion 06.06.2007
Referee: Jan Wegereef (HOL)   Attendance: 22,000
GREECE: Antonios Nikopolidis, Giourkas Seitaridis, Ioannis Goumas, Sotiris Kyrgiakos, Christos Patsatzoglou (80 Stelios Giannakopoulos), Vassilis Torosidis, Giorgos Karagounis, Kostas Katsouranis, Ioannis Amanatidis (71 Giorgos Samaras), Angelos Charisteas, Theofanis Gekas (63 Nikos Liberopoulos).
Trainer: Otto Rehhagel
MOLDOVA: Nicolae Calancea, Alexandru Epureanu, Victor Golovatenco, Valeriu Catînsus, Serghei Namaşco, Vitalie Bordian, Victor Comleonoc (82 Igor Tigirlas), Nicolae Josan, Alexandru Gaţcan, Serghei Alexeev (64 Viorel Frunză), Igor Bugaiov (50 Denis Zmeu).   Trainer: Igor Dobrovolskiy
Goals: Charisteas (30), Frunză (80), Liberopoloulos (90)

NORWAY v HUNGARY 4-0 (1-0)
Ullevål, Oslo 06.06.2007
Referee: Eduardo Iturralde González (SPA)   Att: 19,198
NORWAY: Håkon André Opdal, Jarl André Storbæk, Erik Hagen, Brede Hangeland, John Arne Riise, Bjørn Helge Riise, Martin Andresen, Christian Grindheim (46 Kristofer Hæstad), Steffen Iversen (46 Daniel Omoya Braaten), John Carew, Morten Gamst Pedersen (82 Thorstein Helstad).
Trainer: Åge Hareide
HUNGARY: Zoltán Végh, Zoltán Szélesi, Roland Juhász, Béla Balogh, Vilmos Vanczák, Ákos Buzsáky (83 Krisztián Vadócz), Balázs Tóth, Dániel Tőzsér, Zoltán Gera, Tamás Priskin (71 Tibor Tisza), Tamás Hajnal.   Trainer: Peter Várhidi
Goals: Iversen (22), Braaten (57), Carew (60, 78)

HUNGARY v BOSNIA-HERZEGOVINA 1-0 (1-0)
Sóstói, Szekesfehervar 08.09.2007
Referee: Matteo Simone Trefoloni (ITA)   Att: 11,000
HUNGARY: Márton Fülöp, Vilmos Vanczák, Tamás Vaskó, Roland Juhász, Zoltán Szélesi, Ádám Vass, Dániel Tozsér, Zoltán Gera, Tamás Hajnal (72 Csaba Csizmandia), Balázs Dzsudzsák (90 Peter Halmosi), Róbert Feczesin (85 Attila Filkor).   Trainer: Peter Várhidi
BOSNIA-HERZEGOVINA: Adnan Gušo, Džemal Berberović, Branimir Bajić, Ivan Radeljić, Darko Maletić (79 Mario Bozić), Elvir Rahimić, Zvjezdan Misimović, Mirko Hrgović (84 Adnan Čustović), Zlatan Muslimović, Vedad Ibišević (67 Edin Džeko), Dragan Blatnjak.   Trainer: Fuad Muzurović
Goal: Gera (39 pen)

MALTA v TURKEY 2-2 (1-1)

National, Ta' Qali   08.09.2007

Referee: Stefan Messner (AUS)   Attendance: 18,000

MALTA: Justin Haber, Ian Azzopardi, Brian Said, Luke Dimech, Roderick Briffa (88 Kevin Sammut), Kenneth Scicluna, Gilbert Agius, Jamie Pace, Michael Mifsud, Ivan Woods (83 George Mallia), Andre Schembri (90 Terence Scerri).   Trainer: Dušan Fitzel

TURKEY: Hakan Arikan, Servet Çetin, Ibrahim Toraman, Hamit Altintop, Ibrahim Üzülmez, Sabri Sarioğlu (52 Gokdeniz Karadeniz), Emre Belözoğlu, Arda Turan (30 Ayhan Akman), Tuncay Şanli (66 Deniz Baris), Halil Altintop, Hakan Şükür.   Trainer: Fatih Terim

Goals: Said (41), Halil Altintop (45), Schembri (76), Servet Çetin (78)

BOSNIA-HERZEGOVINA v MOLDOVA 0-1 (0-1)

Olympic Stadium Asim Ferhatovic Hase, Sarajevo   12.09.2007

Referee: Jouni Hyytiä (FIN)   Attendance: 4,000

BOSNIA-HERZEGOVINA: Adnan Gušo, Džemal Berberović, Branimir Bajić, Safet Nadarević, Ivan Radelji (46 Vedad Ibisević), Elvir Rahimić, Darko Maletić (78 Adnan Čustović), Zajko Zeba (46 Dario Damjanović), Dragan Blatnjak, Zlatan Muslimović, Edin Džeko.   Trainer: Fuad Muzurović

MOLDOVA: Nicolae Calancea, Alexandru Epureanu, Serghei Lașcencov, Victor Golovatenco, Radu Rebeja, Victor Comleonoc (63 Serghei Namașco), Andrei Corneencov, Alexandru Gațcan (85 Nicolae Josan), Vitalie Bordian, Igor Bugaev, Anatolie Doros (73 Serghei Rogaciov).
Trainer: Igor Dobrovolskiy

Goal: Bugaev (22)

MOLDOVA v NORWAY 0-1 (0-0)

Zimbru, Chișinău   08.09.2007

Referee: Robert Malek (POL)   Attendance: 15,000

MOLDOVA: Serghei Pașcenco, Ghenadie Olexici (78 Serghei Rogaciov), Radu Rebeja, Alexandru Epureanu, Serghei Lașcencov, Vitalie Bordian, Alexandru Gațcan (66 Alexandru Suvorov), Denis Zmeu, Victor Comleonoc, Igor Bugaev, Viorel Frunză.   Trainer: Igor Dobrovolskiy

NORWAY: Håkon André Opdal, Jarl André Storbæk, Kjetil Wæhler (66 Vidar Riseth), Brede Hangeland, John Arne Riise, Bjørn Helge Riise, Martin Andresen, Christian Grindheim, Steffen Iversen (68 Thorstein Helstad), John Carew, Morten Gamst Pedersen.   Trainer: Åge Hareide

Goal: Iversen (49)

TURKEY v HUNGARY 3-0 (0-0)

Inönü, Istanbul   12.09.2007

Referee: Stuart Dougal (SCO)   Attendance: 28,000

TURKEY: Hakan Arikan, Emre Aşik, Hamit Altintop, Servet Çetin, Ibrahim Üzülmez, Mehmet Aurelio, Gökdeniz Karadeniz (61 Halil Altintop), Ayhan Akman (67 Serdar Ozkan), Tuncay Şanli, Gökhan Ünal, Nihat Kahveci (46 Emre Belozoglu).   Trainer: Fatih Terim

HUNGARY: Márton Fülöp (71 Janos Balogh), Roland Juhász, Zoltán Szélesi, Vilmos Vanczák, Csaba Csizmadia, Tamás Vaskó, Ádám Vass, Zoltán Gera, Balázs Dzsudzsák (82 Peter Halmosi), Tamás Hajnal, Tamás Priskin (66 Balázs Tóth).
Trainer: Peter Várhidi

Sent off: Zoltan Gera (63)

Goals: Gökhan (68), Aurelio (72), Halil Altintop (90)

NORWAY v GREECE 2-2 (2-2)

Ullevål, Oslo   12.09.2007

Referee: Massimo Busacca (SWI)   Attendance: 24,000

NORWAY: Håkon André Opdal, Erik Hagen, Brede Hangeland, Martin Andresen, John Arne Riise, Morten Gamst Pedersen, Bjørn Helge Riise (90 Frode Kippe), Jan Gunnar Solli (70 Thorstein Helstad), Jarl André Storbæk, John Carew, Steffen Iversen (80 Vidar Riseth).   Trainer: Åge Hareide

GREECE: Kostas Chalkias, Giourkas Seitaridis (64 Paraskevas Antzas), Christos Patsatzoglou, Sotiris Kyrgiakos, Traianos Dellas, Angelos Basinas (76 Giorgos Samaras), Giorgos Karagounis, Vassilis Torossidis, Kostas Katsouranis, Dimitris Salpingidis (46 Nikos Liberopoulos), Theofanis Gekas.   Trainer: Otto Rehhagel

Goals: Kyrgiakos (7, 30), Carew (15), J.A. Riise (39)

HUNGARY v MALTA 2-0 (1-0)

Megyeri úti, Budapest   13.10.2007

Referee: Karen Nalbandyan (ARM)   Attendance: 7,600

HUNGARY: Márton Fülöp, Zoltán Szélesi, Tamás Vaskó, Roland Juhász, Béla Balogh, Ádám Vass, Dániel Tozsér, Zoltán Gera, Attila Filkor (75 Akos Buzsaky), Róbert Feczesin (83 Peter Rajczi), Balázs Dzsudzsák (87 Leandro de Almeida).
Trainer: Peter Várhidi

MALTA: Justin Haber, Ian Azzopardi, Brian Said, Kenneth Scicluna, Luke Dimech, Roderick Briffa, Kevin Sammut (66 Udochuckwu Nwoko), George Mallia, Michael Mifsud, Ivan Woods (90 Roderick Bajada), Andre Schembri (83 Terence Scerri).   Trainer: Dušan Fitzel

Goals: Feczesin (34), Tozsér (78)

MOLDOVA v TURKEY 1-1 (1-0)
Zimbru, Chișinău 13.10.2007

Referee: Martin Atkinson (ENG)   Attendance: 10,500

MOLDOVA: Nicolae Calancea, Victor Golovatenco, Alexandru Epureanu, Alexei Savinov, Andrei Corneencov, Vitalie Bordian, Nicolae Josan, Denis Zmeu (67 Serghei Namașco), Alexandru Gațcan (89 Ghenadie Olexici), Victor Comleonoc, Viorel Frunză (86 Denis Calincov).
Trainer: Igor Dobrovolskiy

TURKEY: Hakan Arikan (17 Volkan Demirel), Servet Çetin, Gökhan Zan, Ibrahim Üzülmez, Emre Belözoğlu, Mehmet Topuz, Mehmet Aurelio, Arda Turan (69 Tümer Metin), Selçuk Inan (46 Ümit Karan), Tuncay Şanli, Gökhan Ünal.
Trainer: Fatih Terim

Goals: Frunză (11), Ümit Karan (63)

BOSNIA-HERZEGOVINA v NORWAY 0-2 (0-1)
Koševo, Sarajevo 17.10.2007

Referee: Stéphane Lannoy (FRA)   Attendance: 15,000

BOSNIA-HERZEGOVINA: Adnan Gušo, Džemal Berberović, Samir Merzić, Branimir Bajić, Branislav Krunić, Dragan Blatnjak (46 Vedad Ibisević), Zlatan Muslimović (46 Edin Džeko), Zvjezdan Misimović, Darko Maletić (78 Veldin Muharemović), Safet Nadarević, Sejad Salihović.
Trainer: Fuad Muzurović

NORWAY: Håkon André Opdal, Jarl André Storbæk, Brede Hangeland, Erik Hagen, John Arne Riise, Bjørn Helge Riise (90 John Anders Bjorkoy), Martin Andresen, Christian Grindheim (58 Sigurd Rushfeldt), Jan Gunnar Solli, Thorstein Helstad (76 Daniel Braaten), Morten Gamst Pedersen.
Trainer: Åge Hareide

Goals: Hagen (5), B. Riise (74)

GREECE v BOSNIA-HERZEGOVINA 3-2 (1-0)
OAKA Spyro Louis, Athens 13.10.2007

Referee: Grzegorz Gilewski (POL)   Attendance: 15,000

GREECE: Antonios Nikopolidis, Traianos Dellas, Sotiris Kyrgiakos, Christos Patsatzoglou, Vassilis Torosidis, Angelos Basinas, Giorgos Karagounis, Kostas Katsouranis, Ioannis Amanatidis (70 Stelios Giannakopoulos), Theofanis Gekas (81 Paraskevas Antzas), Angelos Charisteas (69 Nikos Liberopoulos). Trainer: Otto Rehhagel

BOSNIA-HERZEGOVINA: Adnan Gušo, Džemal Berberović, Branimir Bajić, Safet Nadarević, Branislav Krunić (46 Vedad Ibisević), Zvjezdan Misimović (82 Sejad Salihović), Mirko Hrgović, Admir Vladavić, Elvir Rahimić, Dragan Blatnjak (62 Samir Merzić), Zlatan Muslimović.
Trainer: Fuad Muzurović

Sent off: Mirko Hrgovic (56)

Goals: Charisteas (10), M. Hrgović (54), Gekas (58), Liberopoulos (73), Ibiševic (90)

MALTA v MOLDOVA 2-3 (0-3)
National, Ta' Qali 17.10.2007

Referee: Igorj Ishchenko (UKR)   Attendance: 10,000

MALTA: Justin Haber, Kenneth Scicluna (46 Terence Scerri), Ian Azzopardi (90 Udochukwu Nwoko), Brian Said, Luke Dimech, Roderick Briffa, Jamie Pace, George Mallia, Ivan Woods, Andre Schembri (46 Andrew Cohen), Michael Mifsud.
Trainer: Dušan Fitzel

MOLDOVA: Serghei Pașcenco, Victor Golovatenco, Serghei Stroenco, Serghei Lașcencov, Andrei Corneencov, Vitalie Bordian, Nicolae Josan, Alexandru Gațcan (77 Denis Zmeu), Victor Comlenoc (69 Serghei Namașco), Viorel Frunză (83 Anatolie Doros), Igor Bugaev.   Trainer: Igor Dobrovolski

Sent off: Victor Golovatenco (88)

Goals: Bugaev (24 pen), Frunză (31, 35), Scerri (71), Michael Mifsud (84 pen)

TURKEY v GREECE 0-1 (0-0)
Ali Sami Yen, Istanbul 17.10.2007

Referee: Manuel Mejuto González (SPA)   Att: 24,000

TURKEY: Volkan Demirel, Servet Çetin, Gökhan Zan, Hamit Altintop, Emre Belözoğlu (71 Arda Turan), Ibrahim Üzülmez, Mehmet Aurelio, Gökdeniz Karadeniz (65 Hakan Şükür), Ümit Karan (46 Tümer Metin), Gökhan Ünal, Tuncay Şanli.
Trainer: Fatih Terim

GREECE: Kostas Chalkias, Traianos Dellas, Sotiris Kyrgiakos, Paraskevas Antzas, Giourkas Seitaridis, Vassilis Torosidis, Giorgos Karagounis, Angelos Basinas, Angelos Charisteas (59 Giorgos Samaras), Ioannis Amanatidis, Theofanis Gekas (56 Nikos Liberopoulos).   Trainer: Otto Rehhagel

Goal: Amanatidis (79)

MOLDOVA v HUNGARY 3-0 (2-0)
Zimbru, Chișinău 17.11.2007

Referee: Pavel Královec (CZE)   Attendance: 6,500

MOLDOVA: Stanislav Namașco, Serghei Lașcencov, Radu Rebeja, Alexandru Epureanu, Vitalie Bordian, Serghei Namașco, Evgheni Cebotari (50 Semion Bulgaru), Denis Zmeu (90 Ghenadie Olexici), Nicolae Josan, Igor Bugaev, Denis Calincov (64 Serghei Alexeev).   Trainer: Igor Dobrovolski

HUNGARY: Márton Fülöp, Zoltán Szélesi, Tamás Vaskó, Csaba Csizmadia, Vilmos Vanczák, Zoltán Gera, Dániel Tozsér (38 Akos Buzsaky), Tamás Hajnal, Krisztián Vadócz (39 Bela Balogh), Balázs Dzsudzsák (71 Robert Feczesin), Tamás Priskin. Trainer: Peter Várhidi

Goals: Bugaev (13), Josan (23), Alexeev (86)

NORWAY v TURKEY 1-2 (1-1)

Ullevål, Oslo 17.11.2007

Referee: Markus Merk (GER)   Attendance: 23,800

NORWAY: Håkon André Opdal, Jarl André Storbæk (88 Sigurd Rushfeldt), Erik Hagen, Brede Hangeland, John Arne Riise, Bjørn Helge Riise, Alexander Tettey, Kristofer Hæstad (68 Per Ciljan Skjelbred), Steffen Iversen (84 Thorstein Helstad), John Carew, Morten Gamst Pedersen.
Trainer: Åge Hareide

TURKEY: Volkan Demirel, Ibrahim Kas (15 Gökhan Gonul), Emre Aşik, Servet Çetin, Hakan Balta, Hamit Altintop, Mehmet Aurelio, Emre Belözoğlu, Arda Turan (87 Tuncay Şanli), Nihat Kahveci, Semih Sentürk (67 Yusuf Simsek).
Trainer: Fatih Terim

Goals: Hagen (12), Emre Belözoğlu (31), Nihat Kahveci (59)

HUNGARY v GREECE 1-2 (1-1)

Ferenc Puskás, Budapest 21.11.2007

Referee: Robert Styles (ENG)   Attendance: 32,300

HUNGARY: Márton Fülöp, Zoltán Szélesi, Tamás Vaskó, Roland Juhász, Vilmos Vanczák, Ádám Vass, Dániel Tozsér (86 Leandro de Almeida), Ákos Buzsáky, Tamás Hajnal (79 Attila Filkor), Péter Halmosi (83 Robert Feczesin), Tamás Priskin.
Trainer: Peter Várhidi

GREECE: Kostas Chalkias (46 Antonios Nikopolidis), Christos Patsatzoglou, Michalis Kapsis, Loukas Vintra, Sotiris Kyrgiakos, Angelos Basinas, Alexandros Tziolis (46 Giorgos Samaras), Giorgos Karagounis, Kostas Katsouranis, Theofanis Gekas (84 Ioannis Amanatidis), Dimitris Salpingidis.
Trainer: Otto Rehhagel

Goals: Buzsaky (7), Vanczak (22 own goal), Basinas (59 pen)

GREECE v MALTA 5-0 (1-0)

OAKA Spyro Louis, Athens 17.11.2007

Referee: Sten Kaldma (EST)   Attendance: 31,300

GREECE: Antonios Nikopolidis, Christos Patsatzoglou, Traianos Dellas, Sotiris Kyrgiakos, Vassilis Torosidis (48 Nikos Spiropoulos), Angelos Basinas, Kostas Katsouranis, Giorgos Karagounis (70 Alexandros Tziolis), Stelios Giannakopoulos (46 Nikos Liberopoulos), Theofanis Gekas, Ioannis Amanatidis.   Trainer: Otto Rehhagel

MALTA: Justin Haber, Josef Mifsud, Roderick Briffa, Brian Said, Ian Azzopardi, Peter Pullicino, Jamie Pace, Kevin Sammut (61 Andrew Cohen), Udochukwu Nwoko, Andre Schembri (68 Terence Scerri), Michael Mifsud (78 Gareth Sciberras).   Trainer: Dušan Fitzel

Goals: Gekas (32), Basinas (54), Amanatidis (61), Gekas (72, 74)

TURKEY v BOSNIA-HERZEGOVINA 1-0 (1-0)

Ali Sami Yen, Istanbul 21.11.2007

Referee: Eric Braamhaar (HOL)   Attendance: 25,500

TURKEY: Rüştü Reçber, Gökhan Gönül, Emre Aşik, Servet Çetin, Hakan Balta, Hamit Altintop, Mehmet Aurelio, Emre Belözoğlu, Arda Turan (76 Tuncay Şanli), Nihat Kahveci (90 Gökdeniz Karadeniz), Semih Sentürk (61 Sabri Sarioğlu).
Trainer: Fatih Terim

BOSNIA-HERZEGOVINA: Adnan Gušo, Senidad Ibričić (75 Vedad Ibisević), Safet Nadarević, Džemal Berberović, Samir Merzić (89 Veldin Muharemović), Branimir Bajić, Branislav Krunić, Darko Maletić, Zvjezdan Misimović, Elvir Rahimić, Edin Džeko (83 Sejad Salihović).   Trainer: Fuad Muzurović

Goal: Nihat Kahveci (43)

MALTA v NORWAY 1-4 (0-3)

National, Ta' Qali 21.11.2007

Referee: Yuri Baskakov (RUS)   Attendance: 6,000

MALTA: Justin Haber, Ian Azzopardi, Luke Dimech, Stephen Wellmen, Roderick Briffa, Udochukwu Nwoko (86 Andrew Cohen), Peter Pullicino, Ivan Woods (83 Etienne Barbara), Jamie Pace, Andre Schembri, Michael Mifsud (87 Terence Scerri).   Trainer: Dušan Fitzel

NORWAY: Håkon André Opdal, Jarl André Storbæk, Erik Hagen, Brede Hangeland, John Arne Riise, Bjørn Helge Riise (75 Kristofer Hæstad), Vidar Riseth, Per Ciljan Skjelbred, Steffen Iversen (84 Sigurd Rushfeldt), John Carew (68 Thorstein Helstad), Morten Gamst Pedersen.
Trainer: Åge Hareide

Sent off: Andre Schembri (68)

Goals: Iversen (25, 27 pen, 45), Michael Mifsud (53), Pedersen (75)

	P	W	D	L	F	A	Pts
Greece	12	10	1	1	25	10	31
Turkey	12	7	3	2	25	11	24
Norway	12	7	2	3	27	11	23
Bosnia-Herz.	12	4	1	7	16	22	13
Moldova	12	3	3	6	12	19	12
Hungary	12	4	0	8	11	22	12
Malta	12	1	2	9	10	31	5

GROUP 4

CZECH REPUBLIC v WALES 2-1 (0-0)
Na Stínadlech, Teplice   02.09.2006
Referee: Jonas Eriksson (SWE)   Attendance: 16,200
CZECH REPUBLIC: Petr Čech, Tomáš Ujfaluši, Martin Jiránek, David Rozehnal, Marek Jankulovski, Jiří Štajner (45 Libor Sionko), Tomáš Galásek (87 Radoslav Kovac), Tomáš Rosický, Jaroslav Plašil, Marek Kulic (75 David Lafata), Jan Koller.   Trainer: Karel Brückner
WALES: Paul Douglas Jones, Mark Delaney (78 David Cotterill), Danny Gabbidon, James Collins, Sam Ricketts (79 Robert Earnshaw), Carl Robinson, Carl Fletcher (46 Joe Ledley), Simon Davies, Ryan Giggs, Craig Bellamy, Lewin Nyatanga.   Trainer: John Toshack

Goals: Lafata (76, 89), Jiranek (85 own goal)

SLOVAKIA v CYPRUS 6-1 (3-0)
Tehelné Pole, Bratislava   02.09.2006
Referee: Oleh Orekhov (UKR)   Attendance: 5,000
SLOVAKIA: Kamil Čontofalský, Radoslav Zábavník (46 Filip Hološko), Martin Škrtel, Ján Durica, Marek Čech, Peter Hlinka, Miroslav Karhan, Dušan Švento, Marek Mintál, Szilárd Németh (46 Matej Krajčik), Filip Šebo (56 Ivan Hodúr).   Trainer: Dušan Galis
CYPRUS: Michalis Morfis, Giorgos Theodotou, Lambros Lambrou, Loukas Louka (67 Christos Theofilou), Chrysostomous Michail, Kostas Charalambides, Konstantinos Makridis, Alexandros Garpozis (46 Simos Krassas), Yiannis Okkas, Yiasemakis Yiasoumi, Nektarios Alexandrou (46 Marios Elia).   Trainer: Angelos Anastasiadis

Goals: Škrtel (9), Mintál (33, 56), Sebo (43, 49), Karhan (52), Yiasoumi (90)

GERMANY v REPUBLIC OF IRELAND 1-0 (0-0)
Gottlieb-Daimler, Stuttgart   02.09.2006
Referee: Luis Medina Cantalejo (SPA)   Attendance: 53,200
GERMANY: Jens Lehmann, Philipp Lahm, Arne Friedrich, Manuel Friedrich, Marcel Jansen, Bernd Schneider (83 Tim Borowski), Torsten Frings, Michael Ballack, Bastian Schweinsteiger, Lukas Podolski (76 Oliver Neuville), Miroslav Klose.   Trainer: Joachim Löw
REPUBLIC OF IRELAND: Shay Given, Stephen Carr, Andy O'Brien, Richard Dunne, Kevin Kilbane (83 Alan O'Brien), Steve Finnan, Steven Reid, John O'Shea, Damien Duff (77 Aiden McGeady), Kevin Doyle (79 Stephen Elliott), Robbie Keane.   Trainer: Stephen Staunton

Goal: Podolski (57)

SLOVAKIA v CZECH REPUBLIC 0-3 (0-2)
Tehelné Pole, Bratislava   06.09.2006
Referee: Stephen Bennett (ENG)   Attendance: 24,000
SLOVAKIA: Kamil Čontofalský, Peter Hlinka, Martin Škrtel, Ján Durica, Jozef Valachovič (46 Ivan Hodúr), Dušan Švento, Marek Čech (24 Szilard Nemeth), Matej Krajčík, Miroslav Karhan, Marek Mintál, Filip Šebo (46 Filip Hološko).   Trainer: Dušan Galis
CZECH REPUBLIC: Petr Čech, Marek Jankulovski, Martin Jiránek, Tomáš Ujfaluši, David Rozehnal, Jan Polák (72 Radoslav Kováč), Tomáš Galásek, Libor Sionko (77 Jiří Štajner), Tomáš Rosický, Jaroslav Plašil, Jan Koller.   Trainer: Karel Brückner

Goals: Sionko (10, 21), Koller (57)

SAN MARINO v GERMANY 0-13 (0-6)
Olimpico, Serravalle   06.09.2006
Referee: Selçuk Dereli (TUR)   Attendance: 5,000
SAN MARINO: Aldo Simoncini, Nicola Albani, Alessandro Della Valle, Simone Bacciocchi, Mirko Palazzi, Carlo Valentini, Damiano Vannucci (68 Davide Simoncini), Michele Marani, Marco Domeniconi (46 Giovanni Bonini), Manuel Marani (78 Mattia Masi), Andy Selva.   Trainer: Giampaolo Mazza
GERMANY: Jens Lehmann, Marcel Jansen, Arne Friedrich, Philipp Lahm, Bastian Schweinsteiger, Torsten Frings (62 Thomas Hitzlsperger), Michael Ballack (46 David Odonkor), Bernd Schneider, Manuel Friedrich, Miroslav Klose (46 Gerald Asamoah), Lukas Podolski.   Trainer: Joachim Löw

Goals: Podolski (11, 43, 64, 72), Schweinsteiger (28, 47), Klose (30, 46), Ballack (35), Hitzlsperger (66, 73), M. Friedrich (87), Schneider (90 pen)

WALES v SLOVAKIA 1-5 (1-3)
Millennium, Cardiff   07.10.2006
Referee: Dick van Egmond (HOL)   Attendance: 28,500
WALES: Paul Jones, Richard Duffy, Gareth Bale, Danny Gabbidon, Lewin Nyatanga, Carl Robinson, Robert Edwards (58 Joe Ledley), Jason Koumas, Simon Davies (88 David Cotterill), Craig Bellamy, Robert Earnshaw (46 Paul Parry).   Trainer: John Toshack
SLOVAKIA: Kamil Čontofalský, Ján Kozák, Roman Kratochvíl, Martin Petráš, Stanislav Varga, Miroslav Karhan (67 Matej Krajčik), Marek Mintál (71 Ivan Hodúr), Róbert Vittek (77 Filip Hološko), Peter Petráš, Dušan Švento, Ján Durica.   Trainer: Dušan Galis

Goals: Svento (14), Mintál (32, 38), Bale (37), Karhan (51), Vittek (59)

CZECH REPUBLIC v SAN MARINO 7-0 (4-0)

U Nisy, Liberec 07.10.2006

Referee: Vusal Aliyev (AZE) Attendance: 9,500

CZECH REPUBLIC: Petr Čech, Tomáš Ujfaluši, Zdeněk Grygera, David Rozehnal (46 Tomáš Zápotočný), Marek Jankulovski, David Jarolím, Jan Polák, Tomáš Rosický (63 Jaroslav Plašil), Milan Baroš, Marek Kulič (46 David Lafata), Jan Koller. Trainer: Karel Brückner

SAN MARINO: Federico Valentini, Nicola Albani, Alessandro Della Valle, Simone Bacciocchi, Matteo Andreini (82 Paolo Mariotti), Carlo Valentini, Damiano Vannucci, Mattia Masi (69 Federico Crescentini), Marco Domeniconi, Michele Moretti (54 Michele Marani), Andy Selva.
Trainer: Giampaolo Mazza

Goals: Kulič (15), Polák (22), Baroš (28, 68), Koller (43, 52), Jarolím (49)

WALES v CYPRUS 3-1 (2-0)

Millennium, Cardiff 11.10.2006

Referee: Jacek Granat (POL) Attendance: 20,500

WALES: Lewis Price, Richard Duffy (78 Robert Edwards), Danny Gabbidon, Lewin Nyatanga, Gareth Bale, Craig Morgan, Carl Robinson, Jason Koumas (76 Joe Ledley), Simon Davies, Craig Bellamy (90 Paul Parry), Robert Earnshaw.
Trainer: John Toshack

CYPRUS: Michalis Morfis, Giorgos Theodotou, Lambros Lambrou, Loukas Louka, Marinos Satsias (83 Yiasemakis Yiasoumi), Chrysostomous Michail (46 Kostas Charalambides), Alexandros Garpozis (46 Ilias Charalambous), Konstantinos Makridis, Stathis Aloneftis, Michalis Konstantinou, Yiannis Okkas.
Trainer: Angelos Anastasiadis

Goals: Koumas (33), Earnshaw (39), Bellamy (72), Okkas (83)

CYPRUS v REPUBLIC OF IRELAND 5-2 (2-2)

GSP, Nicosia 07.10.2006

Referee: Lucílio Batista (POR) Attendance: 7,000

CYPRUS: Michalis Morfis, Marinos Satsias, Lambros Lambrou, Loukas Louka, Giorgos Theodotou, Chrysostomous Michail (46 Kostas Charalambides), Alexandros Garpozis (77 Ilias Charalambous), Konstantinos Makridis, Yiannis Okkas (86 Yiasemakis Yiasoumi), Michalis Konstantinou, Stathis Aloneftis. Trainer: Angelos Anastasiadis

REPUBLIC OF IRELAND: Paddy Kenny, Steve Finnan, John O'Shea, Andy O'Brien (71 Alan Lee), Richard Dunne, Kevin Kilbane, Aiden McGeady (80 Alan O'Brien), Stephen Ireland (83 Jonathan Douglas), Clinton Morrisson, Robbie Keane, Damien Duff. Trainer: Steve Staunton

Sent off: Richard Dunne (78)

Goals: Ireland (8), M. Konstantinou (10, 50 pen), Garpozis (16), Dunne (44), Charalambides (60, 75)

SLOVAKIA v GERMANY 1-4 (0-3)

Tehelné Pole, Bratislava 11.10.2006

Referee: Terje Hauge (NOR) Attendance: 21,000

SLOVAKIA: Kamil Čontofalský, Peter Petráš (73 Filip Hološko), Stanislav Varga, Martin Škrtel, Ján Durica, Miroslav Karhan, Martin Petráš, Dušan Švento, Ján Kozák (65 Ivan Hodúr), Marek Mintál, Róbert Vittek. Trainer: Dušan Galis

GERMANY: Jens Lehmann, Arne Friedrich, Manuel Friedrich, Clemens Fritz, Philipp Lahm, Michael Ballack, Torsten Frings, Bernd Schneider (75 David Odonkor), Bastian Schweinsteiger (77 Piotr Trochowski), Miroslav Klose, Lukas Podolski (85 Mike Hanke). Trainer: Joachim Löw

Goals: Podolski (13, 72), Ballack (25), Schweinsteiger (36), Varga (58)

REPUBLIC OF IRELAND v CZECH REPUBLIC 1-1 (0-0)

Lansdowne Road, Dublin 11.10.2006

Referee: Bertrand Layec (FRA) Attendance: 35,500

REPUBLIC OF IRELAND: Wayne Henderson, Stephen Kelly, Paul McShane, John O'Shea, Steve Finnan, Lee Carsley, Andy Reid (72 Alan Quinn), Jonathan Douglas, Kevin Kilbane (79 Alan O'Brien), Damien Duff, Robbie Keane.
Trainer: Steve Staunton

CZECH REPUBLIC: Petr Čech, Jan Polák, Tomáš Ujfaluši, Radoslav Kováč, Marek Jankulovski, Martin Jiránek, Tomáš Rosický, Jaroslav Plašil (85 Zdeněk Grygera), David Rozehnal, Jan Koller, Milan Baroš (82 David Jarolím).
Trainer: Karel Brückner

Goals: Kilbane (62), Koller (64)

REPUBLIC OF IRELAND v SAN MARINO 5-0 (3-0)

Lansdowne Road, Dublin 15.11.2006

Referee: Lassin Isaksen (FAR) Attendance: 34,000

REPUBLIC OF IRELAND: Shay Given, Steve Finnan, Paul McShane, Richard Dunne, John O'Shea, Lee Carsley (50 Jonathan Douglas), Kevin Kilbane (79 Alan Lee), Andy Reid, Damien Duff, Kevin Doyle (63 Aiden McGeady), Robbie Keane. Trainer: Steve Staunton

SAN MARINO: Federico Valentini, Matteo Bugli, Nicola Albani, Simone Bacciocchi, Davide Simoncini (81 Giovanni Bonini), Damiano Vannucci (72 Federico Crescentini), Carlo Valentini, Matteo Andreini, Paolo Mariotti (59 Michele Marani), Manuel Marani, Andy Selva.
Trainer: Giampaolo Mazza

Goals: A. Reid (7), Doyle (24), Keane (31, 58 pen, 85)

CYPRUS v GERMANY 1-1 (1-1)

GSP, Nicosia 15.11.2006

Referee: Peter Fröjdfeldt (SWE)   Attendance: 12,000

CYPRUS: Antonis Georgallides, Marios Elia, Lambros Lambrou, Loukas Louka, Giorgos Theodotou (79 Ilias Charalambous), Konstantinos Makridis, Kostas Charalambides, Chrysostomous Michail (68 Simos Krassas), Yiannis Okkas (72 Charis Nicolaou), Stathis Aloneftis, Michalis Konstantinou.   Trainer: Angelos Anastasiadis

GERMANY: Timo Hildebrand, Arne Friedrich, Philipp Lahm, Bastian Schweinsteiger, Torsten Frings, Michael Ballack, Clemens Fritz, Manuel Friedrich, David Odonkor (79 Thomas Hitzlsperger), Miroslav Klose, Oliver Neuville (62 Mike Hanke).   Trainer: Joachim Löw

Goals: Ballack (16), Okkas (43)

CYPRUS v SLOVAKIA 1-3 (1-0)

GSP, Nicosia 24.03.2007

Referee: Gerald Lehner (AUS)   Attendance: 2,696

CYPRUS: Michalis Morfis, Marinos Satsias, Lambros Lambrou, Loukas Louka, Giorgos Theodotou (43 Antonis Georgallides), Chrysostomous Michail, Konstantinos Charalambidis, Alexandros Garpozis (66 Ilias Charalambous), Konstantinos Makridis (58 Marios Elia), Yiasemakis Yiasoumi, Stathis Aloneftis.   Trainer: Angelos Anastasiadis

SLOVAKIA: Kamil Čontofalský, Peter Šinglár (46 Igor Žofčak), Martin Škrtel, Ján Durica, Vratislav Greško, Balázs Borbély, Matej Krajčík, Dušan Švento, Marek Sapara (68 Ján Kozák), Róbert Vittek, Martin Jakubko (79 Stanislav Šesták).   Trainer: Dušan Galis

Sent off: Michalis Morfis (42)

Goals: Aloneftis (45), Vittek (54), Škrtel (67), Jakubko (77)

SAN MARINO v REPUBLIC OF IRELAND 1-2 (0-0)

Olimpico, Serravalle 07.02.2007

Referee: Peter Rasmussen (DEN)   Attendance: 3,300

SAN MARINO: Aldo Simoncini, Carlo Valentini, Manuel Marani, Nicola Albani, Davide Simoncini, Riccardo Muccioli, Giovanni Bonini (74 Damiano Vannucci), Marco Domeniconi (84 Matteo Bugli), Michele Marani, Andy Selva, Alex Gasperoni (66 Matteo Andreini).   Trainer: Giampaolo Mazza

REPUBLIC OF IRELAND: Wayne Henderson, Steve Finnan, Richard Dunne, John O'Shea (46 Paul McShane), Ian Harte (71 Stephen Hunt), Damien Duff, Lee Carsley, Stephen Ireland, Kevin Kilbane, Shane Long (76 Anthony Stokes), Robbie Keane.   Trainer: Stephen Staunton

Goals: Kilbane (49), Manuel Marani (82), Ireland (90)

CZECH REPUBLIC v GERMANY 1-2 (0-1)

Sparta, Praha 24.03.2007

Referee: Roberto Rosetti (ITA)   Attendance: 17,821

CZECH REPUBLIC: Petr Čech, Tomáš Ujfaluši (84 Stanislav Vlček), Martin Jiránek, David Rozehnal, Marek Jankulovski, Libor Sionko (46 Jaroslav Plašil), Tomáš Rosický, Tomáš Galásek (62 Marek Kulič), Jan Polák, Jan Koller, Milan Baroš.   Trainer: Karel Brückner

GERMANY: Jens Lehmann, Philipp Lahm, Per Mertesacker, Christoph Metzelder, Marcel Jansen, Bernd Schneider, Torsten Frings, Michael Ballack, Bastian Schweinsteiger, Lukas Podolski (89 Thomas Hitzlsperger), Kevin Kuranyi.   Trainer: Joachim Löw

Goals: Kuranyi (42, 62), Baroš (77)

REPUBLIC OF IRELAND v WALES 1-0 (0-0)

Croke Park, Dublin 24.03.2007

Referee: Terje Hauge (NOR)   Attendance: 75,300

REPUBLIC OF IRELAND: Shay Given, Steve Finnan, Paul McShane, Richard Dunne, John O'Shea, Jonathan Douglas (80 Stephen Hunt), Lee Carsley, Stephen Ireland (59 Kevin Doyle), Kevin Kilbane, Robbie Keane (88 Aiden McGeady), Damien Duff.   Trainer: Stephen Staunton

WALES: Danny Coyne, Sam Ricketts, Gareth Bale (74 Danny Collins), James Collins, Steve Evans, Lewin Nyatanga, Joe Ledley (46 Carl Fletcher), Carl Robinson (90 Jermaine Mauric Easter), Simon Davies, Ryan Giggs, Craig Bellamy.   Trainer: John Toshack

Goal: Ireland (39)

CZECH REPUBLIC v CYPRUS 1-0 (1-0)

U Nisy, Liberec 28.03.2007

Referee: Ivan Bebek (CRO)   Attendance: 9,310

CZECH REPUBLIC: Petr Čech, Tomáš Ujfaluši, Zdeněk Grygera (12 Radoslav Kováč, 27 Martin Jiranek), David Rozehnal, Marek Jankulovski, Tomáš Galásek, Tomáš Rosický, Jan Polák, David Jarolím, Jan Koller, Milan Baroš (77 Jaroslav Plašil).   Trainer: Karel Brückner

CYPRUS: Antonis Georgallides, Marinos Satsias, Lambros Lambrou, Giorgos Theodotou, Paraskevas Christou, Marios Elia (76 Ilias Charalambous), Kostas Charalambidis (75 Simos Krassas), Konstantinos Makridis, Yiasemakis Yiasoumi (72 Kyriakos Chailis), Yiannis Okkas, Stathis Aloneftis.   Trainer: Angelos Anastasiadis

Goal: Kováč (22)

REPUBLIC OF IRELAND v SLOVAKIA 1-0 (1-0)

Croke Park, Dublin   28.03.2007

Referee: Yuri Baskakov (RUS)   Attendance: 71,300

REPUBLIC OF IRELAND: Shay Given, John O'Shea, Steve Finnan, Paul McShane, Richard Dunne, Lee Carsley, Stephen Ireland (70 Stephen Hunt), Aiden McGeady (87 Alan Quinn), Kevin Kilbane, Damien Duff, Kevin Doyle (74 Shane Long). Trainer: Stephen Staunton

SLOVAKIA: Kamil Čontofalský, Peter Šinglár (79 Stanislav Šesták), Martin Škrtel, Maroš Klimpl, Vratislav Greško, Dušan Švento (87 Lubomir Michalík), Igor Žofčák, Balázs Borbély, Marek Sapara (72 Filip Hološko), Róbert Vittek, Martin Jakubko.   Trainer: Ján Kocian

Goal: Doyle (13)

WALES v SAN MARINO 3-0 (2-0)

Millennium, Cardiff   28.03.2007

Referee: Ararat Tchagharyan (ARM)   Attendance: 18,750

WALES: Danny Coyne, Sam Ricketts, Steve Evans (63 Lewin Nyatanga), James Collins, Gareth Bale, Carl Fletcher, Jason Koumas, Simon Davies, Ryan Giggs (73 Paul Parry), Craig Bellamy, Jermaine Mauric Easter (46 David Cotterill). Trainer: John Toshack

SAN MARINO: Aldo Simoncini, Carlo Valentini (85 Alan Toccaceli), Matteo Andreini, Nicola Albani, Riccardo Muccioli, Simone Bacciocchi, Cristian Negri (79 Federico Nanni), Marco Domeniconi (67 Matteo Bugli), Manuel Marani, Andy Selva, Alex Gasperoni.   Trainer: Giampaolo Mazza

Goals: Giggs (3), Bale (20), Koumas (63 pen)

WALES v CZECH REPUBLIC 0-0

Millennium, Cardiff   02.06.2007

Referee: Paul Allaerts (BEL)   Attendance: 30,700

WALES: Wayne Robert Hennessey, Sam Ricketts, Lewin Nyatanga, Danny Gabbidon, James Collins, Carl Robinson, Joe Ledley, Jason Koumas, Simon Davies, Ryan Giggs (89 Robert Earnshaw), Craig Bellamy.   Trainer: John Toshack

CZECH REPUBLIC: Petr Čech, Tomáš Ujfaluši, Radoslav Kováč, Marek Jankulovski, David Rozehnal, Jan Polák (65 David Jarolím), Tomáš Sivok (83 Marek Matějovský), Tomáš Rosický, Jaroslav Plašil, Jan Koller, Milan Baroš (46 Marek Kulič).   Trainer: Karel Brückner

GERMANY v SAN MARINO 6-0 (1-0)

Frankenstadion, Nuremberg   02.06.2007

Referee: Jouni Hyytiä (FIN)   Attendance: 44,000

GERMANY: Jens Lehmann, Philipp Lahm (70 Patrick Helmes), Per Mertesacker, Christoph Metzelder, Marcell Jansen, Torsten Frings, Thomas Hitzlsperger, Bernd Schneider, Roberto Hilbert (59 Clemens Fritz), Miroslav Klose, Kevin Kuranyi (59 Mario Gomez).   Trainer: Joachim Löw

SAN MARINO: Aldo Simoncini, Carlo Valentini, Damiano Vannucci, Nicola Albani, Alessandro Della Valle, Davide Simoncini, Simone Bacciocchi, Cristian Negri (69 Giovanni Bonini), Matteo Bugli (85 Fabio Vitaioli), Alex Gasperoni, Manuel Marani (76 Marco Domeniconi).   Trainer: Giampaolo Mazza

Sent off: Davide Simoncini (54)

Goals: Kuranyi (45), Jansen (52), Frings (56 pen), Gomez (63, 65), Fritz (67)

GERMANY v SLOVAKIA 2-1 (2-1)

Arena Hamburg, Hamburg   06.06.2007

Referee: Olegário Benquerença (POR)   Attendance: 51,000

GERMANY: Jens Lehmann, Marcell Jansen, Philipp Lahm, Per Mertesacker, Christoph Metzelder, Clemens Fritz, Torsten Frings, Thomas Hitzlsperger, Bernd Schneider (90 Simon Rolfes), Miroslav Klose (74 Piotr Trochowski), Kevin Kuranyi (65 Mario Gomez).   Trainer: Joachim Löw

SLOVAKIA: Kamil Čontofalský, Martin Škrtel, Marek Hamsik, Ján Durica, Maroš Klimpl, Dušan Švento, Zdeno Štrba (83 Tomáš Oravec), Matej Krajčík, Marek Sapara (65 Filip Hološko), Stanislav Šesták (65 Igor Žofčák), Róbert Vittek. Trainer: Ján Kocian

Goals: Durica (10 own goal), Metzelder (20 own goal), Hitzlsperger (43)

SAN MARINO v CYPRUS 0-1 (0-0)

Olimpico, Serravalle   22.08.2007

Referee: Albano Janku (ALB)   Attendance: 552

SAN MARINO: Aldo Simoncini, Carlo Valentini, Damiano Vannucci, Nicola Albani, Alessandro Della Valle, Gianluca Bollini (77 Nicola Ciacci), Giovanni Bonini (84 Federico Nanni), Matteo Bugli, Fabio Bollini (63 Matteo Andreini), Manuel Marani, Andy Selva.   Trainer: Giampaolo Mazza

CYPRUS: Antonis Georgallides, Giorgos Theodotou, Paraskevas Christou, Lambros Lambrou, Christakis Marangos (24 Marios Nikolaou), Stathis Aloneftis, Chrysostomous Michail, Alexandros Garpozis (86 Ilias Charalambous), Yiasemakis Yiasoumi (55 Kostas Charalambidis), Yiannis Okkas, Michalis Konstantinou.
Trainer: Angelos Anastasiadis

Goal: Okkas (54)

WALES v GERMANY 0-2 (0-1)
Millennium, Cardiff 08.09.2007

Referee: Manuel Mejuto González (SPA)   Att: 31,000

WALES: Wayne Robert Hennessey, Sam Ricketts, Danny Gabbidon, James Collins, Lewin Nyatanga, Joe Ledley (46 Robert Earnshaw), Gareth Bale, Jason Koumas (67 Carl Fletcher), Carl Robinson, Simon Davies (79 Andrew Crofts), Freddy Eastwood.   Trainer: John Toshack

GERMANY: Jens Lehmann, Arne Friedrich, Per Mertesacker, Christoph Metzelder, Christian Pander (46 Piotr Trochowski), Roberto Hilbert, Thomas Hitzlsperger, Bastian Schweinsteiger, Marcell Jansen, Kevin Kuranyi (72 Lukas Podolski), Miroslav Klose (87 Patrick Helmes).   Trainer: Joachim Löw

Goals: Klose (5, 60)

SLOVAKIA v WALES 2-5 (1-3)
Antona Malatinského, Trnava 12.09.2007

Referee: Laurent Duhamel (FRA)   Attendance: 5,500

SLOVAKIA: Štefan Senecký, Vratislav Greško (64 Igor Žofčák), Maroš Klimpl, Ján Durica, Marek Čech, Marek Hamšík, Peter Petráš, Marek Sapara, Marek Mintál, Stanislav Šesták (46 Branislav Obzera), Filip Hološko.
Trainer: Ján Kocian

WALES: Wayne Robert Hennessey, Sam Ricketts, Danny Gabbidon, Craig Morgan, James Collins, Gareth Bale, Simon Davies, Carl Robinson, Joe Ledley (85 David Vaughan), Craig Bellamy, Freddy Eastwood (73 Carl Fletcher).
Trainer: John Toshack

Goals: Mintál (12, 57), Eastwood (22), Bellamy (34, 41), Durica (78 own goal), S. Davies (90)

SAN MARINO v CZECH REPUBLIC 0-3 (0-1)
Olimpico, Serravalle 08.09.2007

Referee: Dejan Filipovic (SRB)   Attendance: 3,000

SAN MARINO: Aldo Simoncini, Carlo Valentini, Damiano Vannucci, Davide Simoncini, Alessandro Della Valle, Gianluca Bollini (82 Paolo Mariotti), Matteo Bugli (67 Fabio Vitaioli), Fabio Bollini (58 Matteo Andreini), Manuel Marani, Andy Selva, Giovanni Bonini.   Trainer: Giampaolo Mazza

CZECH REPUBLIC: Petr Čech, Tomáš Ujfaluši, David Rozehnal, Radoslav Kováč, Marek Jankulovski, Tomáš Galásek (80 Jaroslav Plašil), Tomáš Rosický, David Jarolím (69 Jan Polák), Marek Kulič (56 Stanislav Vlček), Martin Fenin, Jan Koller.   Trainer: Karel Brückner

Sent off: Alessandro Della Valle (64)

Goals: Rosický (33), Jankulovski (75), Koller (90)

CYPRUS v SAN MARINO 3-0 (2-0)
GSP, Nicosia 12.09.2007

Referee: Alexey Kulbakov (BLR)   Attendance: 600

CYPRUS: Antonis Georgallides, Ilias Charalambous (65 Alexandros Garpozis), Stelios Okkarides, Paraskevas Christou, Chrysostomous Michail, Marios Elia (76 Giorgos Theodotou), Konstantinos Makridis, Marios Nikolaou, Yiannis Okkas (46 Yiasemakis Yiasoumi), Michalis Konstantinou, Stathis Aloneftis.   Trainer: Angelos Anastasiadis

SAN MARINO: Federico Valentini, Carlo Valentini, Damiano Vannucci, Fabio Vitaioli, Nicola Albani (81 Giacomo Benedettini), Fabio Bollini, Matteo Andreini, Matteo Bugli, Manuel Marani (87 Federico Nanni), Andy Selva, Giovanni Bonini (73 Paolo Mariotti).   Trainer: Giampaolo Mazza

Goals: Makridis (15), Aloneftis (41, 90)

SLOVAKIA v REPUBLIC OF IRELAND 2-2 (1-1)
Tehelné Pole, Bratislava 08.09.2007

Referee: Stefano Farina (ITA)   Attendance: 12,400

SLOVAKIA: Štefan Senecký, Vratislav Greško, Marek Čech, Ján Durica, Maroš Klimpl, Matej Krajčík, Marek Hamšik, Marek Sapara (71 Filip Šebo), Marek Mintál, Filip Hološko, Stanislav Šesták (65 Branislav Obzera).   Trainer: Ján Kocian

REPUBLIC OF IRELAND: Shay Given, John O'Shea, Stephen Kelly, Paul McShane, Richard Dunne, Lee Carsley, Aiden McGeady (61 Darron Gibson), Stephen Ireland (76 Jonathan Douglas), Kevin Kilbane, Kevin Doyle (89 Daryl Murphy), Robbie Keane.   Trainer: Stephen Staunton

Goals: Ireland (7), Klimpl (37), Doyle (57), Čech (90)

CZECH REPUBLIC v REPUBLIC OF IRELAND 1-0 (1-0)
Sparta Stadium, Praha 12.09.2007

Referee: Kyros Vassaras (GRE)   Attendance: 16,700

CZECH REPUBLIC: Petr Čech, Tomáš Ujfaluši, David Rozehnal, Radoslav Kováč, Marek Jankulovski, Libor Sionko (74 Stanislav Vlček), Tomáš Galásek (46 Tomas Sivok), Tomáš Rosický, Jan Polák, Jaroslav Plašil, Milan Baroš (89 David Jarolím).   Trainer: Karel Brückner

REPUBLIC OF IRELAND: Shay Given, Stephen Kelly, Paul McShane, Richard Dunne, John O'Shea (38 Stephen Hunt), Aiden McGeady (62 Shane Long), Lee Carsley (82 Andrew Keogh), Andy Reid, Kevin Kilbane, Kevin Doyle, Robbie Keane.   Trainer: Stephen Staunton

Sent off: Steven Hunt (61)

Goal: Jankulovski (15)

SLOVAKIA v SAN MARINO 7-0 (3-0)
Športová hala Dubnica, Dubnica nad Vahom 13.10.2007
Referee: Luc Wilmes (LUX)   Attendance: 2,600
SLOVAKIA: Kamil Čontofalský, Martin Škrtel, Matej Krajcík, Ján Durica, Ottó Szabó, Marek Sapara (79 Andrej Hesek), Marek Čech, Marek Hamšík, Ján Kozák, Stanislav Šesták (60 Blazej Vasčák), Filip Hološko (71 Filip Šebo).
Trainer: Ján Kocian
SAN MARINO: Federico Valentini, Matteo Andreini, Damiano Vannucci, Fabio Vitaioli, Nicola Albani, Alessandro Della Valle, Gianluca Bollini (57 Giacomo Benedettini), Carlo Valentini, Matteo Bugli (68 Luca Bonifaci), Manuel Marani (85 Marco De Luigi), Federico Nanni.
Trainer: Giampaolo Mazza
Goals: Hamšík (24), Šesták (32, 57), Sapara (37), Skrtel (51), Hološko (54), Durica (76 pen)

SAN MARINO v WALES 1-2 (0-2)
Olimpico, Serravalle 17.10.2007
Referee: Anthony Zammit (MLT)   Attendance: 1,300
SAN MARINO: Aldo Simoncini, Carlo Valentini, Damiano Vannucci (76 Matteo Bugli), Nicola Albani, Alessandro Della Valle, Luca Bonifazi (62 Giovanni Bonini), Davide Simoncini, Riccardo Muccioli, Matteo Andreini, Marco De Luigi (80 Matteo Vitaioli), Andy Selva.   Trainer: Giampaolo Mazza
WALES: Lewis Price, Gareth Bale, Neal Eardley, Danny Gabbidon, Lewin Nyatanga, Carl Robinson, David Vaughan (62 Sam Ricketts), Simon Davies, Joe Ledley, Robert Earnshaw, Craig Bellamy.   Trainer: John Toshack
Sent off: Nicola Albani (85)
Goals: Earnshaw (13), Ledley (36), A. Selva (73)

CYPRUS v WALES 3-1 (0-1)
GSP, Nicosia 13.10.2007
Referee: Carlo Bertolini (SWI)   Attendance: 8,500
CYPRUS: Antonis Georgallides, Stelios Okkarides, Marinos Satsias (71 Christos Marangos), Marios Elia (63 Kostas Charalambidis), Chrysostomous Michail (46 Yiasemakis Yiasoumi), Paraskevas Christou, Alexandros Garpozis, Konstantinos Makridis, Marios Nikolaou, Stathis Aloneftis, Yiannis Okkas.   Trainer: Angelos Anastasiadis
WALES: Danny Coyne, Sam Ricketts (73 Jermaine Maurice Easter), James Collins (44 Craig Morgan), Danny Gabbidon, Gareth Bale, Lewin Nyatanga, Joe Ledley, Carl Robinson, Simon Davies, Craig Bellamy, Freddy Eastwood (58 Robert Earnshaw).   Trainer: John Toshack
Goals: Collins (21), Okkas (59, 68), Charalampidis (79)

REPUBLIC OF IRELAND v CYPRUS 1-1 (0-0)
Croke Park, Dublin 17.10.2007
Referee: Mikko Vuorela (FIN)   Attendance: 54,900
REPUBLIC OF IRELAND: Shay Given, Steve Finnan, Kevin Kilbane, Paul McShane, John O'Shea, Joseph O'Brien (46 Liam Miller), Andy Reid, Andrew Keogh (63 Aiden McGeady), Kevin Doyle, Robbie Keane, Stephen Hunt (74 Jonathan Douglas).   Trainer: Stephen Staunton
CYPRUS: Antonis Georgallides, Marinos Satsias (69 Christos Marangos), Stelios Okkarides, Paraskevas Christou, Kostas Charalambidis, Marios Elia, Alexandros Garpozis, Konstantinos Makridis (82 Christis Theofilou), Marios Nikolaou, Yiannis Okkas, Yiasoumi Yiasoumi (73 Chrysostomous Michail).   Trainer: Angelos Anastasiadis
Sent off: Marios Elia (90)
Goals: Okkarides (78), Finnan (88)

REPUBLIC OF IRELAND v GERMANY 0-0
Croke Park, Dublin 13.10.2007
Referee: Martin Hansson (SWE)   Attendance: 67,500
REPUBLIC OF IRELAND: Shay Given, Stephen Kelly, Richard Dunne, Joseph O'Brien, Steve Finnan, Lee Carsley, Andy Reid, Kevin Kilbane (90 Daryl Murphy), Andrew Keogh (78 Aiden McGeady), Kevin Doyle (70 Shane Long), Robbie Keane.   Trainer: Stephen Staunton
GERMANY: Jens Lehmann, Arne Friedrich, Clemens Fritz, Marcell Jansen, Per Mertesacker, Christoph Metzelder, Torsten Frings, Bastian Schweinsteiger (18 Simon Rolfes), Piotr Trochowski (88 Gonzalo Castro), Mario Gómez (64 Lukas Podolski), Kevin Kuranyi.   Trainer: Joachim Löw

GERMANY v CZECH REPUBLIC 0-3 (0-2)
Fußball Arena München, Munich 17.10.2007
Referee: Howard Webb (ENG)   Attendance: 66,400
GERMANY: Timo Hildebrand, Marcell Jansen, Arne Friedrich, Per Mertesacker, Christoph Metzelder (46 Clemens Fritz), Bastian Schweinsteiger (65 Mario Gomez), Torsten Frings, Piotr Trochowski (46 Simon Rolfes), David Odonkor, Kevin Kuranyi, Lukas Podolski.   Trainer: Joachim Löw
CZECH REPUBLIC: Petr Čech, Radoslav Kováč, David Rozehnal, Tomáš Ujfaluši, Zdeněk Pospech, Tomáš Galásek, Daniel Pudil (73 Marek Kulic), Marek Matejovský, Libor Sionko (58 Stanislav Vlček), Jaroslav Plašil, Jan Koller (79 Martin Fenin).   Trainer: Karel Brückner
Goals: Sionko (2), Matejovsky (23), Plašil (63)

WALES v REPUBLIC OF IRELAND 2-2 (1-1)

Millennium, Cardiff 17.11.2007

Referee: Oleh Oriekhov (UKR)   Attendance: 24,600

WALES: Wayne Robert Hennessey, Neal Eardley (81 David Cotterill), James Collins, Danny Gabbidon, Christopher Gunter, Joe Ledley, Jason Koumas, Carl Robinson (37 David Edwards), Carl Fletcher, Simon Davies, Freddy Eastwood (60 Jermaine Maurice Easter).   Trainer: John Toshack

REPUBLIC OF IRELAND: Shay Given, Steve Finnan, Paul McShane, John O'Shea, Kevin Kilbane, Aiden McGeady, Lee Carsley, Liam Miller (60 Stephen Hunt), Andy Reid (87 Darren Potter), Kevin Doyle, Robbie Keane.   Trainer: Donald Givens

Goals: Koumas (23, 89 pen), Keane (31), Doyle (60)

CYPRUS v CZECH REPUBLIC 0-2 (0-1)

GSP, Nicosia 21.11.2007

Referee: Levan Paniashvili (GEO)   Attendance: 5,200

CYPRUS: Antonis Georgallides, Paraskevas Christou, Lambros Lambrou, Marios Nikolaou (56 Elias Charlambous), Alexandros Garpozis, Kostas Charalambidis (62 Yiasoumi Yiasoumi), Konstantinos Makridis (84 Chrysostomous Michail), Marinos Satsias, Stathis Aloneftis, Yiannis Okkas, Michalis Konstantinou.   Trainer: Angelos Anastasiadis

CZECH REPUBLIC: Daniel Zítka, Zdeněk Pospech, Radoslav Kováč, David Rozehnal, Michal Kadlec, Jaroslav Plašil (87 Jiří Kladrubsky), Tomáš Galásek, Marek Matějovský, Daniel Pudil, Marek Kulic (57 Milan Baroš), Jan Koller (76 Martin Fenin).   Trainer: Karel Brückner

Goals: Pudil (11), Koller (74)

GERMANY v CYPRUS 4-0 (2-0)

AWD-Arena, Hannover 17.11.2007

Referee: Peter Rasmussen (DEN)   Attendance: 44,500

GERMANY: Jens Lehmann, Philipp Lahm, Christoph Metzelder, Per Mertesacker, Arne Friedrich, Piotr Trochowski (66 Tim Borowski), Thomas Hitzlsperger, Clemens Fritz (77 Roberto Hilbert), Lukas Podolski, Mario Gómez (73 Mike Hanke), Miroslav Klose.   Trainer: Joachim Löw

CYPRUS: Antonis Georgallides, Lambros Lambrou, Giorgos Theodotou (27 Marios Nikolaou), Paraskevas Christou, Alexandros Garpozis, Yiannis Okkas, Kostas Charalampidis (46 Christis Theofilou), Marinos Satsias, Stathis Aloneftis, Konstantinos Makridis, Michalis Konstantinou (68 Yiasemakis Yiasoumi).   Trainer: Angelos Anastasiadis

Goals: Fritz (2), Klose (20), Podolski (53), Hitzlsperger (82)

GERMANY v WALES 0-0

Commerzbank Arena, Frankfurt am Main 21.11.2007

Referee: Pavel Cristian Balaj (ROM)   Attendance: 49,300

GERMANY: Jens Lehmann, Gonzalo Castro (56 Roberto Hilbert), Per Mertesacker, Christoph Metzelder, Philipp Lahm, Clemens Fritz, Tim Borowski, Thomas Hitzlsperger (46 Simon Rolfes), Lukas Podolski, Mario Gómez (71 Oliver Neuville), Miroslav Klose.   Trainer: Joachim Löw

WALES: Wayne Robert Hennessey, Sam Ricketts, Danny Gabbidon, James Collins, Lewin Nyatanga, Christopher Gunter, Carl Fletcher, Simon Davies, David Edwards (90 Andrew Crofts), Joe Ledley, Robert Earnshaw (56 Jermaine Maurice Easter).   Trainer: John Toshack

CZECH REPUBLIC v SLOVAKIA 3-1 (1-0)

Sparta, Praha 17.11.2007

Referee: Tony Asumaa (FIN)   Attendance: 15,700

CZECH REPUBLIC: Jaromír Blazek, Zdeněk Pospech, Radoslav Kováč, David Rozehnal, Zdeněk Grygera (46 Michal Kadlec), Jan Polák (86 Marek Matějovský), Tomáš Galásek, Tomáš Rosický, Jaroslav Plašil, Jan Koller, Milan Baroš (70 Marek Kulic).   Trainer: Karel Brückner

SLOVAKIA: Kamil Čontofalský, Matej Krajcík, Martin Škrtel, Lubomír Michalík, Marek Čech, Zdeno Štrba, Karol Kisel (88 Juraj Halenar), Marek Sapara, Ján Kozák, Marek Hamšík (58 Filip Hološko), Marek Mintál (67 Stanislav Šesták).   Trainer: Ján Kocian

Goals: Grygera (13), Kulic (76), Kadlec (79 own goal), Rosický (83)

SAN MARINO v SLOVAKIA 0-5 (0-1)

Olimpico, Serravalle 21.11.2007

Referee: Andrejs Sipailo (LVA)   Attendance: 500

SAN MARINO: Federico Valentini, Carlo Valentini, Mauro Marani (84 Matteo Andreini), Davide Simoncini, Alessandro Della Valle, Gianluca Bollini (61 Maicol Berretti), Michele Marani, Riccardo Muccioli, Damiano Vannucci, Manuel Marani, Andy Selva (50 Marco De Luigi).   Trainer: Giampaolo Mazza

SLOVAKIA: Štefan Senecký, Matej Krajcík (63 Peter Petráš), Lubomír Michalík, Tomas Hubocan, Marek Čech, Balázs Borbély, Marek Hamšík, Karol Kisel (46 Otto Szabo), Ján Kozák, Stanislav Šesták (75 Juraj Halenar), Filip Hološko.   Trainer: Ján Kocian

Goals: Michalík (42), Hološko (51, 57), Hamšik (53), Čech (83)

	P	W	D	L	F	A	Pts
Czech Republic	12	9	2	1	27	5	29
Germany	12	8	3	1	35	7	27
Ireland	12	4	5	3	17	14	17
Slovakia	12	5	1	6	33	23	16
Wales	12	4	3	5	18	19	15
Cyprus	12	4	2	6	17	24	14
San Marino	12	0	0	12	2	57	0

GROUP 5

ESTONIA v MACEDONIA 0-1 (0-0)

A Le Coq Arena, Tallinn 16.08.2006

Referee: Kristinn Jakobsson (ISL)   Attendance: 5,000

ESTONIA: Mart Poom, Enar Jääger, Andrei Stepanov, Raio Piiroja, Dmitri Kruglov, Aleksandr Dmitrijev, Sergei Terehhov, Ragnar Klavan, Joel Lindpere (74 Tarmo Neemelo), Andrei Sidorenkov (67 Ingemar Teever), Kristen Viikmäe (90 Alo Bärengrub). Trainer: Jelle Goes

MACEDONIA: Jane Nikolovski, Vlade Lazarevski, Robert Petrov (85 Aleksandar Vasoski), Goce Sedloski, Igor Mitreski, Nikolče Noveski, Velice Šumulikoski, Igor Jančevski, Goran Pandev (80 Darko Tasevski), Ilčo Naumoski (71 Aco Stojkov), Goran Maznov. Trainer: Srecko Katanec

Goal: Sedloski (73)

ENGLAND v ANDORRA 5-0 (3-0)

Old Trafford, Manchester 02.09.2006

Referee: Bernhard Brugger (AUS)   Attendance: 56,300

ENGLAND: Paul Robinson, Phil Neville (65 Aaron Lennon), Wes Brown, John Terry, Ashley Cole, Steven Gerrard, Owen Hargreaves, Frank Lampard, Stewart Downing (64 Kieran Richardson), Peter Crouch, Jermain Defoe (71 Andrew Johnson). Trainer: Steve McClaren

ANDORRA: Jesús Álvarez "Koldo", Antoni Lima, José Manuel García Txema, José Manuel Ayala, Óscar Sonejee, Javier Martin Sánchez (46 Juli Sánchez), Toni Sivera (77 Genís García), Marcio Vieira, Fernando Silva, Marc Pujol (49 Manolo Jiménez), Justo Ruíz. Trainer: David Rodrigo

Goals: Crouch (5, 66), Gerrard (13), Defoe (38, 47)

ESTONIA v ISRAEL 0-1 (0-1)

A Le Coq Arena, Tallinn 02.09.2006

Referee: Johan Verbist (BEL)   Attendance: 5,000

ESTONIA: Mart Poom, Enar Jääger, Andrei Stepanov, Raio Piiroja, Dmitri Kruglov, Sergei Terehhov, Ragnar Klavan, Aleksandr Dmitrijev (85 Ingemar Teever), Kristen Viikmäe (69 Konstantin Vassiljev), Tarmo Neemelo (85 Alo Bärengrub), Andres Oper. Trainer: Jelle Goes

ISRAEL: Dudu Awat, Shimon Gershon, Tal Ben Haim, Yossi Benayoun, Michael Zandberg (60 Amit Ben Shoshan), Omri Afek, Walid Badir, Idan Tal, Yaniv Katan (72 Gal Alberman), Yoav Ziv, Roberto Colautti. Trainer: Dror Kashtan

Goal: Colautti (8)

ISRAEL v ANDORRA 4-1 (3-0)

De Goffert, Nijmegen 06.09.2006

Referee: Siniša Zrnic (BHZ)

Attendance: Played behind closed doors on neutral ground

ISRAEL: Dudu Awat, Omri Afek, Tal Ben Haim, Shimon Gershon, Yoav Ziv, Idan Tal, Walid Badir (76 Gal Alberman), Yossi Benayoun (69 Omer Golan), Amit Ben Shoshan, Yaniv Katan (62 Toto Adurans Tamuz), Roberto Colautti. Trainer: Dror Kashtan

ANDORRA: Jesús Álvarez "Koldo", Marc Bernaus, José Manuel García Txema, Antoni Lima, José Manuel Ayala, Fernando Silva, Óscar Sonejee, Marcio Vieira (67 Sergio Moreno), Manolo Jiménez, Marc Pujol (46 Genís García), Justo Ruíz (54 Juli Fernández). Trainer: David Rodrigo

Sent off: Fernando Silva (77)

Goals: Benayoun (9), Ben Shoshan (11), Gershon (43 pen), Tamuz (69), Fernández (84)

RUSSIA v CROATIA 0-0

Lokomotiv, Moscow 06.09.2006

Referee: Manuel Enrique Mejuto González (SPA)

Attendance: 28,000

RUSSIA: Igor Akinfeev, Sergei Ignashevich, Aleksandr Anyukov, Denis Kolodon, Aleksei Berezutski, Marat Izmailov, Evgeni Aldonin, Igor Semshov, Diniyar Bilyaletdinov, Roman Pavlyuchenko (53 Pavel Pogrebnyak), Andrei Arshavin. Trainer: Guus Hiddink

CROATIA: Stipe Pletikosa, Robert Kovač, Vedran Čorluka, Goran Sablić, Anthony Šerić, Niko Kovač, Luka Modrić, Niko Kranjčar, Milan Rapaić (58 Mladen Petrić), Ivan Klasnić (88 Marko Babić), Eduardo da Silva (71 Jerko Leko). Trainer: Slaven Bilić

MACEDONIA v ENGLAND 0-1 (0-0)

Gradski, Skopje   06.09.2006

Referee: Bertrand Layec (FRA)   Attendance: 16,600

MACEDONIA: Jane Nikolovski, Nikolce Noveski, Robert Petrov, Goce Sedloski, Igor Mitreski, Vlade Lazarevski, Igor Jančevski (52 Darko Tasevski), Velice Šumulikoski, Ilčo Naumoski (74 Artim Šakiri), Goran Maznov (56 Aco Stojkov), Goran Pandev.   Trainer: Srecko Katanec

ENGLAND: Paul Robinson, Phil Neville, John Terry, Rio Ferdinand, Ashley Cole, Steven Gerrard, Owen Hargreaves, Frank Lampard (84 Michael Carrick), Stewart Downing, Peter Crouch (87 Andrew Johnson), Jermain Defoe (76 Aaron Lennon).   Trainer: Steve McClaren

Goal: Crouch (46)

ENGLAND v MACEDONIA 0-0

Old Trafford, Manchester   07.10.2006

Referee: Markus Merk (GER)   Attendance: 72,100

ENGLAND: Paul Robinson, Gary Neville, John Terry, Ledley King, Ashley Cole, Steven Gerrard, Frank Lampard, Michael Carrick, Stewart Downing (70 Shaun Wright-Phillips), Wayne Rooney (74 Jermain Defoe), Peter Crouch.
Trainer: Steve McClaren

MACEDONIA: Jane Nikolovski, Nikolce Noveski, Robert Petrov, Goce Sedloski, Vlade Lazarevski, Igor Mitreski, Aleksandar Mitreski, Velice Šumulikoski, Goran Maznov, Ilčo Naumoski (46 Aco Stojkov), Goran Pandev (83 Darko Tasevski).   Trainer: Srecko Katanec

RUSSIA v ISRAEL 1-1 (1-0)

Dinamo, Moscow   07.10.2006

Referee: Florian Meyer (GER)   Attendance: 22,000

RUSSIA: Igor Akinfeev, Vasili Berezutskiy, Sergei Ignashevich, Aleksandr Anyukov, Aleksei Berezutskiy, Aleksei Smertin, Evgeni Aldonin, Andrei Arshavin, Diniyar Bilyaletdinov (30 Aleksandr Kerzhakov), Yuriy Zhirkov (77 Igor Semshov), Pavel Pogrebnyak (57 Marat Izmailov).
Trainer: Guus Hiddink

ISRAEL: Dudu Awat, Tal Ben Haim, Shimon Gershon (46 Tomer Ben-Yosef), Adoram Keissy, Rahamin Klemi Saban (46 Amit Ben Shoshan), Omri Afek, Walid Badir, Idan Tal, Yossi Benayoun (75 Toto Adurans Tamuz), Gal Alberman, Roberto Colautti.   Trainer: Dror Kashtan

Goals: Arshavin (5), Ben Shoshan (84)

CROATIA v ANDORRA 7-0 (2-0)

Maksimir, Zagreb   07.10.2006

Referee: Anthony Zammit (MLT)   Attendance: 15,000

CROATIA: Stipe Pletikosa, Dario Šimić, Josip Šimunić, Robert Kovač, Vedran Čorluka, Niko Kovač (69 Jerko Leko), Luka Modrić, Ivan Klasnić, Niko Kranjčar, Mladen Petrić (60 Boško Balaban), Eduardo da Silva (64 Marko Babić).
Trainer: Slaven Bilić

ANDORRA: Jesús Álvarez "Koldo", José Manuel Ayala, Jordi Rubio, Óscar Sonejee, Juli Fernández, Jordi Escura, Genís García (68 Manolo Jiménez), Marcio Vieira, Juli Sánchez (53 Juan Carlos Toscano), Marc Pujol, Toni Sivera (60 Justo Ruíz).
Trainer: David Rodrigo

Goals: Petrić (12, 37, 48, 50), Klasnić (58), Balaban (62), Modrić (83)

ANDORRA v MACEDONIA 0-3 (0-3)

Estadi Comunal, Andorra La Vella   11.10.2006

Referee: Lasha Silagava (GEO)   Attendance: 350

ANDORRA: Jesús Álvarez "Koldo", José Manuel García Txema, José Manuel Ayala, Óscar Sonejee, Jordi Rubio, Genís García, Marcio Vieira, Marc Pujol (87 Manolo Jiménez), Marc Bernaus, Toni Sivera, Juan Carlos Toscano (34 Justo Ruíz).
Trainer: David Rodrigo

MACEDONIA: Jane Nikolovski, Nikolce Noveski, Igor Mitreski, Goce Sedloski, Robert Petrov (70 Artim Šakiri), Aleksandar Mitreski, Velice Šumulikoski, Vlade Lazarevski, Ilčo Naumoski (32 Aco Stojkov), Goran Pandev (55 Darko Tasevski), Goran Maznov.   Trainer: Srecko Katanec

Sent off: Antoni Sivera (26)

Goals: Pandev (13), Noveski (16), Naumoski (31)

CROATIA v ENGLAND 2-0 (0-0)

Maksimir, Zagreb   11.10.2006

Referee: Roberto Rosetti (ITA)   Attendance: 34,500

CROATIA: Stipe Pletikosa, Dario Šimic, Josip Šimunić, Robert Kovač, Vedran Čorluka, Milan Rapaić (76 Ivica Olić), Niko Kovač, Luka Modrić, Niko Kranjčar (89 Marko Babić), Eduardo da Silva (81 Jerko Leko), Mladen Petrić.
Trainer: Slaven Bilić

ENGLAND: Paul Robinson, Jamie Carragher (73 Shaun Wright-Phillips), Rio Ferdinand, John Terry, Gary Neville, Michael Carrick, Scott Parker (72 Jermain Defoe), Frank Lampard, Ashley Cole, Wayne Rooney, Peter Crouch (72 Kieran Richardson).   Trainer: Steve McClaren

Goals: Eduardo (61), G. Neville (69 own goal)

RUSSIA v ESTONIA 2-0 (0-0)
Petrovsky, St Petersburg 11.10.2006

Referee: Eric Braamhaar (HOL)   Attendance: 21,500

RUSSIA: Igor Akinfeev, Aleksei Berezutskiy, Vasili Berezutskiy, Sergei Ignashevich, Aleksandr Anyukov, Vladimir Bystrov, Egor Titov, Diniyar Bilyaletdinov (90 Ivan Saenko), Evgeni Aldonin (74 Dmitri Sychev), Andrei Arshavin, Aleksandr Kerzhakov (46 Pavel Pogrebnyak).   Trainer: Guus Hiddink

ESTONIA: Mart Poom, Teet Allas (81 Ats Purje), Enar Jääger, Andrei Stepanov, Raio Piiroja, Dmitri Kruglov, Sergei Terehhov (81 Andrei Sidorenkov), Aleksandr Dmitrijev, Ragnar Klavan, Ingemar Teever (81 Vladislav Gussev), Andres Oper.   Trainer: Jelle Goes

Sent off: Raio Piiroja (90)

Goals: Pogrebnyak (78), Sychev (88)

CROATIA v MACEDONIA 2-1 (0-1)
Maksimir, Zagreb 24.03.2007

Referee: Konrad Plautz (AUS)   Attendance: 33,000

CROATIA: Stipe Pletikosa, Dario Šimić, Josip Šimunić, Vedran Čorluka, Milan Rapaić (46 Darijo Srna), Marko Babić, Boško Balaban (79 Igor Budan), Niko Kovač, Luka Modrić, Niko Kranjčar, Eduardo da Silva.   Trainer: Slaven Bilić

MACEDONIA: Jane Nikoloski, Nikolce Noveski, Robert Popov, Goce Sedloski, Vlade Lazarevski, Aleksandar Mitreski (77 Igor Jančevski), Velice Šumulikoski, Goran Maznov (71 Miroslav Vajs), Ilčo Naumoski (60 Darko Tasevski), Goran Pandev, Aleksandar Vasoski.   Trainer: Srecko Katanec

Sent off: Goce Sedloski (68)

Goals: Sedloski (36), Srna (58), Eduardo (88)

MACEDONIA v RUSSIA 0-2 (0-2)
Gradski, Skopje 15.11.2006

Referee: Paul Allaerts (BEL)   Attendance: 16,500

MACEDONIA: Jane Nikoloski, Nikolce Noveski, Robert Petrov, Goce Sedloski, Igor Mitreski, Vlade Lazarevski, Velice Šumulikoski, Artim Šakiri (35 Darko Tasevski), Aleksandar Mitreski (46 Igor Jancevski, 71 Vlatko Grozdanovski), Goran Maznov, Aco Stojkov.   Trainer: Srecko Katanec

RUSSIA: Igor Akinfeev, Vasili Berezutskiy, Aleksei Berezutskiy, Denis Kolodin, Vladimir Bystrov, Diniyar Bilyaletdinov, Igor Semshov, Yuri Zhirkov, Egor Titov, Andrei Arshavin (90 Roman Pavlyuchenko), Pavel Pogrebnyak (57 Dmitri Sychev).   Trainer: Guus Hiddink

Goals: Bystrov (18), Arshavin (32)

ISRAEL v ENGLAND 0-0
Ramat Gan, Tel-Aviv 24.03.2007

Referee: Tom Henning Øvrebø (NOR)   Attendance: 41,500

ISRAEL: Dudu Awat, Tal Ben Haim, Shimon Gershon, Yoav Ziv, Arik Benado, Yuval Shpungin, Walid Badir, Yossi Benayoun, Amit Ben Shoshan (87 Gal Alberman), Toto Adurans Tamuz (75 Elyaniv Barda), Pini Balali (69 Ben Sahar).   Trainer: Dror Kashtan

ENGLAND: Paul Robinson, Phil Neville (72 Micah Richards), Rio Ferdinand, John Terry, Jamie Carragher, Steven Gerrard, Frank Lampard, Owen Hargreaves, Aaron Lennon (83 Stewart Downing), Wayne Rooney, Andrew Johnson (80 Jermain Defoe).   Trainer: Stephen McClaren

ISRAEL v CROATIA 3-4 (1-2)
Ramat Gan, Tel-Aviv 15.11.2006

Referee: Eduardo Iturralde González (SPA)   Att: 35,000

ISRAEL: Dudu Awat, Omri Afek, Tal Ben Haim, Tomer Ben-Yosef, Adoram Keissy, Gal Alberman, Walid Badir (46 Toto Adurans Tamuz), Idan Tal, Yaniv Katan (59 Amit Ben Shoshan), Yossi Benayoun, Roberto Colautti.   Trainer: Dror Kashtan

CROATIA: Vedran Runje, Vedran Čorluka, Dario Šimić, Robert Kovač, Josip Šimunić, Darijo Srna (88 Ivica Olić), Niko Kovač, Luka Modrić, Niko Kranjčar (70 Marko Babić), Eduardo da Silva (81 Jerko Leko), Mladen Petrić.   Trainer: Slaven Bilić

Goals: Colautti (8, 89), Srna (35 pen), Eduardo (39, 54, 72), Benayoun (68)

ESTONIA v RUSSIA 0-2 (0-0)
A Le Coq Arena, Tallin 24.03.2007

Referee: Darko Ceferin (SVN)   Attendance: 11,000

ESTONIA: Mart Poom, Tihhon Šišov (80 Tarmo Neemelo), Marek Lemsalu, Dmitri Kruglov, Andrei Stepanov, Aleksandr Dmitrijev, Liivo Leetma (69 Tarmo Kink), Joel Lindpere, Ragnar Klavan, Andres Oper, Sergei Terehhov (52 Gert Kams).   Trainer: Jelle Goes

RUSSIA: Igor Akinfeev, Roman Shishkin, Sergei Ignashevich, Aleksandr Anyukov, Dmitri Torbinskiy, Diniyar Bilyaletdinov, Konstantin Zyryanov, Yuri Zhirkov, Vladimir Bystrov (90 Ivan Saenko), Aleksandr Kerzhakov (83 Dmitri Sychev), Andrei Arshavin.   Trainer: Guus Hiddink

Goals: Kerzhakov (66, 78)

ISRAEL v ESTONIA 4-0 (2-0)

Ramat Gan, Tel-Aviv   28.03.2007

Referee: Cüneyt Cakir (TUR)   Attendance: 23,658

ISRAEL: Dudu Awat, Yuval Shpungin, Tal Ben Haim, Shimon Gershon, Yoav Ziv, Idan Tal (87 Salim Toema), Walid Badir, Yossi Benayoun, Amit Ben Shoshan (70 Gal Alberman), Toto Adurans Tamuz (64 Ben Sahar), Roberto Colautti.
Trainer: Dror Kashtan

ESTONIA: Mart Poom, Tihhon Šišov, Marek Lemsalu, Alo Bärengrub, Andres Oper, Dmitri Kruglov, Aleksandr Dmitrijev, Taavi Rähn (39 Tarmo Kink), Joel Lindpere (80 Gert Kams), Ragnar Klavan, Tarmo Neemelo (61 Oliver Konsa).
Trainer: Jelle Goes

Goals: Tal (19), Colautti (29), Sahar (77, 80)

MACEDONIA v ISRAEL 1-2 (1-2)

Gradski, Skopje   02.06.2007

Referee: Knut Kircher (GER)   Attendance: 16,000

MACEDONIA: Jane Nikoloski, Nikolce Noveski, Robert Petrov, Vlade Lazarevski (46 Vlatko Grozdanovski), Igor Mitreski, Aleksandar Vasoski, Velice Šumulikoski, Darko Tasevski, Ilčo Naumoski (46 Stevica Ristić), Goran Pandev (55 Artim Položani), Aco Stojkov.   Trainer: Srecko Katanec

ISRAEL: Dudu Awat, Yuval Shpungin, Yoav Ziv, Arik Benado, Walid Badir, Idan Tal, Pini Balali (61 Ben Sahar), Gal Alberman, Roberto Colautt (81 Omer Golan), Barak Itzhaki (76 Michael Zandberg), Dekel Keinan.
Trainer: Dror Kashtan

Goals: Itzhaki (11), Stojkov (13), Colautti (44)

ANDORRA v ENGLAND 0-3 (0-0)

Olímpico de Montjuic, Barcelona   28.03.2007

Referee: Bruno Miguel Duarte Paixao (POR)   Att: 12,800

ANDORRA: Jesús Álvarez "Koldo", Óscar Sonejee, Antoni Lima, José Manuel Ayala, Marc Bernaus, Jordi Escura, Marcio Vieira, Genís García, Justo Ruíz (85 Juli Fernández), Marc Pujol (69 Francisco Martínez), Juan Carlos Toscano (90 Sergio Moreno).   Trainer: David Rodrigo

ENGLAND: Paul Robinson, Micah Richards (61 Kieron Dyer), John Terry, Rio Ferdinand, Ashley Cole, Aaron Lennon, Owen Hargreaves, Steven Gerrard, Stewart Downing, Andrew Johnson (79 David Nugent), Wayne Rooney (61 Jermain Defoe).   Trainer: Stephen McClaren

Goals: Gerrard (54, 76), Nugent (89)

ESTONIA v CROATIA 0-1 (0-1)

A Le Coq Arena, Tallinn   02.06.2007

Referee: Viktor Kassai (HUN)   Attendance: 10,000

ESTONIA: Mart Poom, Enar Jääger, Andrei Stepanov, Raio Piiroja, Dmitri Kruglov, Aleksandr Dmitrijev, Joel Lindpere (78 Tarmo Kink), Ragnar Klavan, Konstantin Vassiljev, Oliver Konsa (71 Tarmo Neemelo), Vladimir Voskoboinikov.
Trainer: Jelle Goes

CROATIA: Stipe Pletikosa, Josip Šimunić, Robert Kovač, Vedran Čorluka, Marko Babić, Niko Kovač, Darijo Srna, Luka Modrić, Niko Kranjčar (74 Jerko Leko), Mladen Petrić (54 Ivica Olić), Eduardo da Silva (84 Boško Balaban).
Trainer: Slaven Bilić

Goal: Eduardo (32)

RUSSIA v ANDORRA 4-0 (2-0)

Petrovsky, Sankt Petersburg   02.06.2007

Referee: Tommy Skjerven (NOR)   Attendance: 21,000

RUSSIA: Vyacheslav Malafeev, Vasili Berezutski, Sergei Ignashevich, Aleksei Berezutski (46 Aleksandr Anyukov), Vladimir Bystrov, Konstantin Zyryanov, Dmitri Torbinskiy, Igor Semshov, Yuri Zhirkov (57 Viktor Budyanski), Andrei Arshavin, Aleksandr Kerzhakov (54 Dmitri Sychev).
Trainer: Guus Hiddink

ANDORRA: Jesús Álvarez "Koldo", José Manuel García Txema, Òscar Alfonso Da Cunha (57 Juli Sánchez), Marc Bernaus, José Manuel Ayala, Jordi Escura, Marcio Vieira, Marc Pujol, Manolo Jiménez (73 Xavier Andorra), Justo Ruíz, Sergio Moreno (88 Álex Somoza).   Trainer: David Rodrigo

Goals: Kerzhakov (8, 16, 49), Sychev (71)

ANDORRA v ISRAEL 0-2 (0-1)

Comunal, Andorra La Vella   06.06.2007

Referee: Ian Stokes (IRL)   Attendance: 618

ANDORRA: Jesús Álvarez "Koldo", Ildefons Lima, José Manuel García Txema (61 Oscar Sonejee), Antoni Lima, José Manuel Ayala, Jordi Escura, Genís García, Marcio Vieira, Marc Bernaus, Justo Ruíz, Juan Carlos Toscano (77 Juli Sánchez).
Trainer: David Rodrigo

ISRAEL: Dudu Awat, Yoav Ziv, Arik Benado, Avi Yehiel, Dedi Ben Dayan, Idan Tal, Yossi Benayoun, Gal Alberman (71 Walid Badir), Toto Tamuz (77 Yaniv Katan), Roberto Colautti (86 Omer Golan), Barak Itzhaki.   Trainer: Dror Kashtan

Goals: Tamuz (37), Colautti (53)

CROATIA v RUSSIA 0-0

Maksimir, Zagreb   06.06.2007

Referee: Luboš Michel (SVK)   Attendance: 38,000

CROATIA: Stipe Pletikosa, Vedran Čorluka, Dario Šimić, Robert Kovač, Josip Šimunić, Darijo Srna (8 Jerko Leko), Niko Kovač, Luka Modrić, Niko Kranjčar (66 Mladen Petrić), Eduardo da Silva, Ivica Olić (83 Marko Babić).
Trainer: Slaven Bilić

RUSSIA: Vyacheslav Malafeev, Vasili Berezutski, Sergei Ignashevich, Aleksei Berezutski, Vladimir Bystrov (61 Ivan Saenko), Aleksandr Anyukov, Yuriy Zhirkov, Igor Semshov, Viktor Budyanski (46 Dmitri Torbinskiy), Andrei Arshavin, Aleksandr Kerzhakov (73 Dmitri Sychev).
Trainer: Guus Hiddink

ENGLAND v ISRAEL 3-0 (1-0)

Wembley, London   08.09.2007

Referee: Pieter Vink (HOL)   Attendance: 85,400

ENGLAND: Paul Robinson, Micah Richards, Rio Ferdinand, John Terry, Ashley Cole, Shaun Wright-Phillips (83 David Bentley), Steven Gerrard (71 Phil Neville), Gareth Barry, Joe Cole, Emile Heskey (71 Andrew Johnson), Michael Owen.
Trainer: Stephen McClaren

ISRAEL: Dudu Awat, Yuval Shpungin, Tal Ben Haim, Shimon Gershon, Yoav Ziv, Yossi Benayoun, Walid Badir, Arik Benado (57 Omwer Golan), Idan Tal, Yaniv Katan, Barak Itzhaki (46 Toto Tamuz).   Trainer: Dror Kashtan

Goals: Wright-Phillips (20), Owen (49), Richards (66)

ESTONIA v ENGLAND 0-3 (0-1)

A Le Coq Arena, Tallinn   06.06.2007

Referee: Grzegorz Gilewski (POL)   Attendance: 10,500

ESTONIA: Mart Poom, Enar Jääger, Andrei Stepanov, Dmitri Kruglov, Ragnar Klavan, Aleksandr Dmitrijev, Joel Lindpere, Konstantin Vassiljev, Oliver Konsa (46 Tarmo Neemelo), Vladimir Voskoboinikov, Sergei Terehhov (64 Tarmo Kink).
Trainer: Jelle Goes

ENGLAND: Paul Robinson, Wes Brown, John Terry, Ledley King, Wayne Bridge, David Beckham (68 Kieron Dyer), Steven Gerrard, Frank Lampard, Joe Cole (75 Stewart Downing), Peter Crouch, Michael Owen (88 Jermaine Jenas).
Trainer: Stephen McClaren

Goals: J. Cole (37), Crouch (54), Owen (62)

RUSSIA v MACEDONIA 3-0 (1-0)

Lokomotiv Stadium, Moscow   08.09.2007

Referee: Tom Henning Øvrebø (NOR)   Attendance: 26,000

RUSSIA: Vladimir Gabulov, Vasili Berezutski, Sergei Ignashevich, Aleksei Berezutski, Vladimir Bystrov (89 Aleksandr Anyukov), Igor Semshov, Konstantin Zyrianov, Diniyar Bilyaletdinov, Andrei Arshavin, Roman Pavlyuchenko (66 Aleksandr Kerzhakov), Dmitri Sychev (70 Vyacheslav Malafeev).   Trainer: Guus Hiddink

MACEDONIA: Petar Milosevski, Goran Popov, Vlade Lazarevski, Goce Sedloski, Igor Mitreski, Aleksandar Mitreski (46 Vanco Trajanov), Velice Šumuliskoski, Darko Tasevski, Aleksandar Vasoski (88 Goce Toleski), Goran Pandev, Aco Stojkov (46 Goran Maznov).   Trainer: Srecko Katanec

Sent off: Vladimir Gabulov (70)

Goals: V. Berezutski (8), Arshavin (84), Kerzhakov (88)

ESTONIA v ANDORRA 2-1 (1-0)

A Le Coq Arena, Tallinn   22.08.2007

Referee: Adrian Mccourt (NIR)   Attendance: 10,000

ESTONIA: Mart Poom, Enar Jääger, Andrei Stepanov, Raio Piiroja, Dmitri Kruglov, Martin Reim, Aleksandr Dmitrijev, Ragnar Klavan, Joel Lindpere, Indrek Zelinski, Vladimir Voskoboinikov (46 Tarmo Kink).   Trainer: Viggo Jensen

ANDORRA: Jesús Álvarez "Koldo", José Manuel García Txema, Óscar Sonejee, Antoni Lima, Ildefons Lima, Jordi Escura, José Manuel Ayala (88 Genís García), Marc Pujol (79 Juli Sánchez), Toni Sivera (53 Juan Carlos Toscano Beltran), Marcio Vieira, Fernando Silva.   Trainer: David Rodrigo

Sent off: Ragnar Klavan (45), Indrek Zelinski (90)

Goals: Piiroja (34), Silva (82), Zelinski (90)

CROATIA v ESTONIA 2-0 (2-0)

Maksimir, Zagreb   08.09.2007

Referee: Jérôme Laperrière (SWI)   Attendance: 19,000

CROATIA: Stipe Pletikosa, Dario Šimić, Josip Šimunić, Robert Kovač, Vedran Čorluka, Niko Kovač, Darijo Srna (81 Marko Babić), Luka Modrić, Niko Kranjčar (60 Ivan Rakitić), Mladen Petrić (70 Ivica Olić), Eduardo da Silva.
Trainer: Slaven Bilić

ESTONIA: Pavel Londak, Teet Allas, Andrei Stepanov, Raio Piiroja, Urmas Rooba (84 Aivar Anniste), Taavi Rähn, Aleksandr Dmitrijev, Dmitri Kruglov, Joel Lindpere (90 Martin Reim), Tarmo Kink (80 Kaimar Saag), Andres Oper.
Trainer: Viggo Jensen

Goals: Eduardo (39, 45)

ANDORRA v CROATIA 0-6 (0-3)

Estadi Comunal, Andorra La Vella   12.09.2007

Referee: Olivier Thual (FRA)   Attendance: 200

ANDORRA: Jesús Álvarez "Koldo", Antoni Lima, José Manuel García Txema, Óscar Sonejee, José Manuel Ayala, Toni Sivera (59 Xavi Andorra), Genís García, Justo Ruíz (82 Alex Somoza), Manolo Jiménez, Fernando Silva (57 Sergio Moreno), Marcio Vieira.   Trainer: David Rodrigo

CROATIA: Vedran Runje, Darijo Srna, Robert Kovač, Vedran Čorluka, Dario Knezević, Niko Kranjčar, Luka Modrić (46 Boško Balaban), Jerko Leko, Marko Babic, Mladen Petrić (46 Danijel Pranjić), Eduardo da Silva (62 Ivan Rakitić).   Trainer: Slaven Bilić

Sent off: Genís García (77)

Goals: Srna (34), Petrić (38, 44), Krancjar (49), Eduardo (55), Rakitić (64)

ENGLAND v ESTONIA 3-0 (3-0)

Wembley, London   13.10.2007

Referee: Nicolai Vollquartz (DEN)   Attendance : 86,700

ENGLAND: Paul Robinson, Micah Richards, Sol Campbell, Rio Ferdinand (46 Jolean Lescott), Ashley Cole (49 Phil Neville), Shaun Wright-Phillips, Steven Gerrard, Gareth Barry, Joe Cole, Wayne Rooney, Michael Owen (70 Frank Lampard). Trainer: Stephen McClaren

ESTONIA: Mart Poom, Dmitri Kruglov, Andrei Stepanov, Raio Piiroja, Enar Jääger, Taavi Rähn, Ragnar Klavan, Aleksandr Dmitrijev, Joel Lindpere, Tarmo Kink (62 Kristen Viikmae), Kaimar Saag.   Trainer: Viggo Jensen

Goals: Wright-Phillips (11), Rooney (32), Rahn (33 own goal)

ENGLAND v RUSSIA 3-0 (2-0)

Wembley, London   12.09.2007

Referee: Martin Hansson (SWE)   Attendance: 86,100

ENGLAND: Paul Robinson, Micah Richards, Rio Ferdinand, John Terry, Ashley Cole, Shaun Wright-Phillips, Gareth Barry, Steven Gerrard, Joe Cole (87 Phil Neville), Emile Heskey (80 Peter Crouch), Michael Owen (90 Stewart Downing). Trainer: Stephen McClaren

RUSSIA: Vyacheslav Malafeev, Vasili Berezutski, Sergei Ignashevich, Aleksei Berezutski, Aleksandr Anyukov (80 Aleksandr Kerzhakov), Diniyar Bilyaletdinov, Yuri Zhirkov, Igor Semshov (40 Vladimir Bystrov), Dmitri Sychev (63 Roman Pavlyuchenko), Andrei Arshavin, Konstantin Zyryanov.   Trainer: Guus Hiddink

Goals: Owen (7, 31), Ferdinand (84)

CROATIA v ISRAEL 1-0 (0-0)

Maksimir, Zagreb   13.10.2007

Referee: Wolfgang Stark (GER)   Attendance: 30,000

CROATIA: Stipe Pletikosa, Dario Šimić, Josip Šimunić, Robert Kovač, Vedran Čorluka, Darijo Srna, Luka Modrić, Jerko Leko, Ivica Olić (81 Ivan Rakitić), Niko Kranjčar (46 Danijel Pranjić), Eduardo da Silva.   Trainer: Slaven Bilić

ISRAEL: Nir Davidovich, Eyal Meshumar, Shimon Gershon, Tal Ben Haim, Ygal Antebi, Aviram Baruchya (58 Omer Golan), Gal Alberman, Yossi Benayoun, Pini Balali (67 Toto Tamuz), Elyaniv Barda (75 Moshe Ohayon), Tamir Cohen. Trainer: Dror Kashtan

Goal: Eduardo (52)

MACEDONIA v ESTONIA 1-1 (1-1)

Gradski, Skopje   12.09.2007

Referee: Leontios Trattou (CYP)   Attendance: 5,000

MACEDONIA: Petar Milosevski, Vlade Lazarevski, Goce Sedloski, Nikolce Noveski, Aleksandar Vasoski, Vlatko Grozdanovski, Vanco Trajanov (46 Artim Polozani), Velice Šumulikoski, Goran Maznov, Darko Tasevski, Aco Stojkov (81 Goce Toleski).   Trainer: Srecko Katanec

ESTONIA: Pavel Londak, Enar Jääger, Andrei Stepanov, Raio Piiroja, Dmitri Kruglov, Taavi Rähn (62 Martin Reim), Aleksandr Dmitrijev, Ragnar Klavan, Joel Lindpere, Andres Oper (90 Aivar Anniste), Kaimar Saag (79 Tarmo Kink). Trainer: Viggo Jensen

Goals: Piiroja (17), Maznov (30)

ANDORRA v ESTONIA 0-2 (0-1)

Comunal, Andorra La Vella   17.11.2007

Referee: William Collum (SCO)   Attendance: 200

ANDORRA: Jesús Álvarez "Koldo", Emili Garcia (46 Marcio Vieira), Jordi Rubio, Óscar Sonejee, Antoni Lima, Ildefons Lima (81 Justo Ruiz), Manolo Jiménez, José Manuel Ayala, Sergio Moreno (70 Juan Carlos Toscano Beltran), Marc Pujol, Toni Sivera.   Trainer: David Rodrigo

ESTONIA: Pavel Londak, Enar Jääger, Dmitri Kruglov (84 Konstantin Vassiljev), Raio Piiroja, Andrei Stepanov, Aleksandr Dmitrijev, Ragnar Klavan, Joel Lindpere, Martin Reim (68 Taijo Teniste), Kaimar Saag, Andres Oper (46 Tarmo Kink).   Trainer: Viggo Jensen

Goals: Oper (31), Lindpere (60)

RUSSIA v ENGLAND 2-1 (0-1)
Luzhniki, Moskva   17.10.2007

Referee: Luis Medina Cantalejo (SPA)   Attendance: 80,000

RUSSIA: Vladimir Gabulov, Aleksei Berezutski, Sergei Ignashevich, Vasili Berezutski (46 Dmitri Torbinskiy), Aleksandr Anyukov, Konstantin Zyrianov, Igor Semshov, Diniyar Bilyaletdinov, Yuri Zhirkov, Andrei Arshavin (90 Denis Kolodin), Aleksandr Kerzhakov (58 Roman Pavlyuchenko).   Trainer: Guus Hiddink

ENGLAND: Paul Robinson, Micah Richards, Rio Ferdinand, Sol Campbell, Jolean Lescott (79 Frank Lampard), Shaun Wright-Phillips (80 Stewart Downing), Steven Gerrard, Gareth Barry, Joe Cole (80 Peter Crouch), Wayne Rooney, Michael Owen.   Trainer: Stephen McClaren

Goals: Rooney (29), Pavlyuchenko (69 pen, 73)

ISRAEL v RUSSIA 2-1 (1-0)
Ramat Gan, Tel-Aviv   17.11.2007

Referee: Stefano Farina (ITA)   Attendance: 37,500

ISRAEL: Dudu Awat, Yuval Shpungin, Dekel Keinan, Tal Ben Haim, Yoav Ziv, Tamir Cohen, Gal Alberman, Barak Itzhaki (62 Amit Ben Shoshan), Maor Bar Buzaglo (64 Moshe Ohayon), Elyaniv Barda, Ben Sahar (69 Omer Golan).   Trainer: Dror Kashtan

RUSSIA: Vladimir Gabulov, Aleksei Berezutski, Sergei Ignashevich, Vasili Berezutski (68 Pavel Pogrebnyak), Aleksandr Anyukov, Konstantin Zyrianov, Igor Semshov (30 Dmitri Torbinskiy), Diniyar Bilyaletdinov, Yuri Zhirkov, Andrei Arshavin, Roman Pavlyuchenko (52 Dmitri Sychev).   Trainer: Guus Hiddink

Goals: Barda (10), Bilyaletdinov (61), Golan (90)

MACEDONIA v ANDORRA 3-0 (2-0)
Gradski, Skopje   17.10.2007

Referee: Paulius Malzinskas (LTU)   Attendance: 18,000

MACEDONIA: Tome Pacovski, Vlade Lazarevski, Nikolce Noveski, Goce Sedloski, Igor Mitreski, Goran Popov, Velice Šumulikoski, Darko Tasevski (84 Vanco Trajanov), Goran Maznov (62 Stevica Ristić), Ilčo Naumoski (75 Artim Položani), Goran Pandev.   Trainer: Srecko Katanec

ANDORRA: Jesús Álvarez "Koldo", Óscar Sonejee, Julià Fernández, Ildefons Lima, José Manuel Ayala, Jordi Escura, Marc Pujol, Justo Ruíz (63 Xavier Andorra), Manolo Jiménez (78 Alex Somoza), Marcio Vieira, Juan Carlos Toscano Beltrán (82 Gabriel Riera).   Trainer: David Rodrigo

Goals: Naumoski (30), Sedloski (44), Pandev (59)

ISRAEL v MACEDONIA 1-0 (1-0)
Ramat Gan, Tel-Aviv   21.11.2007

Referee: Tomasz Mikulski (POL)   Attendance: 2,800

ISRAEL: Dudu Awat, Yuval Shpungin, Dekel Keinan, Tal Ben Haim, Yoav Ziv, Moshe Ohayon, Tamir Cohen, Maor Bar Buzaglo (46 Amit Ben Shoshan), Barak Itzhaki (72 Aviram Baruchyan), Elyaniv Barda, Roberto Colautti (55 Ben Sahar).   Trainer: Dror Kashtan

MACEDONIA: Petar Milosevski, Nikolce Noveski, Goran Popov, Goce Sedloski, Igor Mitreski, Vlatko Grozdanovski (66 Slavco Georgievski), Velice Šumulikoski, Vlade Lazarevski, Goran Maznov (60 Stevica Ristić), Darko Tasevski (46 Artim Polozani), Aco Stojkov.   Trainer: Srecko Katanec

Goal: Barda (35)

MACEDONIA v CROATIA 2-0 (0-0)
Gradski, Skopje   17.11.2007

Referee: Frank De Bleeckere (BEL)   Attendance: 18,000

MACEDONIA: Petar Milosevski, Nikolce Noveski, Igor Mitreski, Goran Popov, Goce Sedloski (88 Boban Grncarov), Vlade Lazarevski, Darko Tasevski, Vlatko Grozdanovski, Velice Šumulikoski, Goran Maznov, Ilčo Naumoski (78 Artim Položani).   Trainer: Srecko Katanec

CROATIA: Stipe Pletikosa, Dario Šimić, Josip Šimunić, Robert Kovač, Vedran Čorluka, Niko Kovač, Darijo Srna, Luka Modrić, Niko Kranjčar (75 Ognjen Vukojević), Mladen Petrić (42 Marijo Mandzukić), Eduardo da Silva (54 Ivica Olić).   Trainer: Slaven Bilić

Goals: Maznov (71), Naumoski (78)

ENGLAND v CROATIA 2-3 (0-2)
Wembley, London   21.11.2007

Referee: Peter Fröjdfeldt (SWE)   Attendance: 88,100

ENGLAND: Scott Carson, Micah Richards, Sol Campbell, Jolean Lescott, Wayne Bridge, Shaun Wright-Phillips (46 David Beckham), Steven Gerrard, Gareth Barry (46 Jermain Defoe), Frank Lampard, Joe Cole (80 Darren Bent), Peter Crouch.   Trainer: Stephen McClaren

CROATIA: Stipe Pletikosa, Vedran Čorluka, Dario Šimić, Robert Kovač, Josip Šimunić, Darijo Srna, Luka Modrić, Niko Kovač, Niko Kranjčar (75 Danijel Pranjić), Ivica Olić (84 Ivan Rakitić), Eduardo da Silva (69 Mladen Petrić).   Trainer: Slaven Bilić

Goals: Krančjar (8), Olić (14), Lampard (56 pen), Crouch (65), Petrić (77)

ANDORRA v RUSSIA 0-1 (0-1)
Estadi Comunal, Andorra La Vella   21.11.2007
Referee: Terje Hauge (NOR)   Attendance: 500
ANDORRA: Jesús Álvarez "Koldo" (46 Jose Antonio Gomes), Antoni Lima, Ildefons Lima, Óscar Sonejee (83 Gabriel Riera), Marc Bernaus, Jordi Escura, Manolo Jiménez, Toni Sivera, Sergio Moreno, Justo Ruíz, Marcio Vieira (50 Xavier Andorra). Trainer: David Rodrigo
RUSSIA: Vladimir Gabulov, Aleksandr Anyukov, Aleksei Berezutski, Vasili Berezutski (38 Dmitri Torbinskiy), Denis Kolodin, Diniyar Bilyaletdinov, Yuri Zhirkov, Konstantin Zyrianov, Andrei Arshavin, Aleksandr Kerzhakov, Dmitri Sychev.   Trainer: Guus Hiddink
Sent off: Andrei Arshavin (84)
Goal: Sychev (39)

LATVIA v SWEDEN 0-1 (0-1)
Skonto, Riga   02.09.2006
Referee: Darko Ceferin (SLO)   Attendance: 9,000
LATVIA: Aleksandrs Kolinko, Igors Stepanovs, Vitalis Astafjevs, Dzintars Zirnis (83 Girts Karlsons), Jurijs Laizans (84 Aleksejs Višnakovs), Maris Smirnovs, Imants Bleidelis, Maris Verpakovskis, Andrejs Rubins, Andrejs Prohorenkovs (57 Marians Pahars), Oskars Klava.   Trainer: Jurijs Andrejevs
SWEDEN: Rami Shaaban, Mikael Nilsson, Olof Mellberg, Petter Hansson, Erik Edman, Tobias Linderoth, Niclas Alexandersson, Kim Källström (71 Anders Svensson), Fredrik Ljungberg, Zlatan Ibrahimović, Johan Elmander (81 Christian Wilhelmsson).   Trainer: Lars Lagerbäck
Goal: Källström (38)

	P	W	D	L	F	A	Pts
Croatia	12	9	2	1	28	8	29
Russia	12	7	3	2	18	7	24
England	12	7	2	3	24	7	23
Israel	12	7	2	3	20	12	23
Macedonia	12	4	2	6	12	12	14
Estonia	12	2	1	9	5	21	7
Andorra	12	0	0	12	2	42	0

SPAIN v LIECHTENSTEIN 4-0 (2-0)
El Vivero, Badajoz   02.09.2006
Referee: Emil Bozinovski (MKD)   Attendance: 15,000
SPAIN: Iker Casillas, Sergio Ramos, Carles Puyol, Pablo Ibáñez, Mariano Pernía, David Albelda (69 Borja Oubiña), Xabi Alonso, Cesc Fábregas (63 Andrés Iniesta), Raúl González, Fernando Torres, David Villa (63 Luis García Sanz). Trainer: Luis Aragonés
LIECHTENSTEIN: Peter Jehle, Martin Telser (56 Benjamin Fischer), Sandro Maierhofer, Daniel Hasler, Martin Stocklasa, Franz Burgmeier, Martin Büchel, Marco Ritzberger, Fabio D'Elia, Thomas Beck (69 Roger Beck), Mario Frick (86 Raphaël Rohrer).   Trainer: Martin Andermatt
Goals: Torres (20), Villa (45, 62), Luis García Sanz (66)

GROUP 6

NORTHERN IRELAND v ICELAND 0-3 (0-3)
Windsor Park, Belfast   02.09.2006
Referee: Tommy Skjerven (NOR)   Attendance: 15,000
NORTHERN IRELAND: Maik Taylor, Christopher Baird, Tony Capaldi (76 Michael Duff), Aaron Hughes, Stephen James Craigan, Sammy Clingan, Keith Gillespie, Stuart Elliott (63 Kyle Lafferty), Steve Davis, David Healy, James Quinn (83 Warren Feeney).   Trainer: Lawrie Sanchez
ICELAND: Árni Gautur Arason, Grétar Rafn Steinsson, Indridi Sigurdsson, Ívar Ingimarsson, Hermann Hreidarsson, Brynjar Björn Gunnarsson (75 Stefán Gíslason), Kári Árnason (55 Helgi Valur Daníelsson), Jóhannes Karl Gudjónsson, Eidur Smári Gudjohnsen, Hannes Sigurdsson (64 Hjálmar Jónsson), Gunnar Heidar Thorvaldsson.   Trainer: Eyjólfur Sverrisson
Goals: Thorvaldsson (13), Hreidarsson (20), Gudjohnsen (37)

ICELAND v DENMARK 0-2 (0-2)
Laugardalsvöllur, Reykjavik   06.09.2006
Referee: Nikolai Ivanov (RUS)   Attendance: 10,000
ICELAND: Árni Gautur Arason, Grétar Rafn Steinsson, Indridi Sigurdsson, Hermann Hreidarsson, Ívar Ingimarsson, Hjálmar Jónsson (66 Veigar Páll Gunnarsson), Brynjar Björn Gunnarsson (76 Stefán Gíslason), Kári Árnason (82 Arnar Thór Vidarsson), Jóhannes Karl Gudjónsson, Eidur Smári Gudjohnsen, Gunnar Heidar Thorvaldsson.
Trainer: Eyjólfur Sverrisson
DENMARK: Thomas Sørensen, Lars Jacobsen, Michael Gravgaard, Daniel Agger, Christian Bager Poulsen, Thomas Kahlenberg (81 Claus Jensen), Thomas Gravesen (70 Daniel Jensen), Jan Kristiansen, Jon Dahl Tomasson, Martin Jørgensen (90 Thomas Helveg), Dennis Rommedahl.
Trainer: Morten Olsen
Goals: Rommedahl (5), Tomasson (33)

SWEDEN v LIECHTENSTEIN 3-1 (1-1)

Ullevi, Gothenburg   06.09.2006

Referee: Veaceslav Banari (MOL)   Attendance: 17,735

SWEDEN: Rami Shaaban, Mikael Nilsson, Petter Hansson, Teddy Lucic, Erik Edman, Tobias Linderoth, Niclas Alexandersson, Kim Källström (57 Anders Svensson), Fredrik Ljungberg, Marcus Allbäck, Johan Elmander (82 Markus Rosenberg).   Trainer: Lars Lagerbäck

LIECHTENSTEIN: Peter Jehle, Daniel Hasler, Christof Ritter, Sandro Maierhofer (89 Fabio D'Elia), Martin Büchel, Martin Stocklasa, Benjamin Fischer (55 Ronny Büchel), Daniel Frick, Marco Ritzberger, Thomas Beck (42 Franz Burgmeier), Mario Frick.   Trainer: Martin Andermatt

Goals: Allbäck (2, 69), M. Frick (27), Rosenberg (89)

DENMARK v NORTHERN IRELAND 0-0

Parken Stadium, Copenhagen   07.10.2006

Referee: Konrad Plautz (AUS)   Attendance: 41,482

DENMARK: Thomas Sørensen (68 Jesper Christiansen), Lars Jacobsen, Michael Gravgaard, Daniel Agger, Niclas Jensen (73 Nicklas Bendtner), Daniel Jensen, Christian Bager Poulsen, Thomas Kahlenberg, Jon Dahl Tomasson, Martin Jørgensen, Peter Løvenkrands (55 Claus Jensen).
Trainer: Morten Olsen

NORTHERN IRELAND: Maik Taylor, Michael Duff, Aaron Hughes, Stephen James Craigan, Christopher Baird, Sammy Clingan (56 Damien Johnson), Steven Davis, Jonny Evans, Keith Gillespie, Kyle Lafferty (63 Steve Jones), David Healy (84 Warren Feeney).   Trainer: Lawrie Sanchez

NORTHERN IRELAND v SPAIN 3-2 (1-1)

Windsor Park, Belfast   06.09.2006

Referee: Frank De Bleeckere (BEL)   Attendance: 14,500

NORTHERN IRELAND: Roy Carroll (12 Maik Taylor), Michael Duff, Aaron Hughes, Stephen James Craigan, Jonny Evans, Keith Gillespie, Sammy Clingan, Steve Davis, Christopher Baird, David Healy (85 Warren Feeney), Kyle Lafferty (54 James Quinn).   Trainer: Lawrie Sanchez

SPAIN: Iker Casillas, Sergio Ramos (46 Míchel Salgado), Carles Puyol, Pablo Ibáñez, Antonio López, David Albelda (29 Cesc Fábregas), Xavi Hernández, Xabi Alonso, Fernando Torres (63 Luis García Sanz), David Villa, Raúl González.
Trainer: Luis Aragonés

Goals: Xavi (14), Healy (20, 64, 80), Villa (52)

LATVIA v ICELAND 4-0 (3-0)

Skonto, Riga   07.10.2006

Referee: Alan Kelly (IRL)   Attendance: 6,800

LATVIA: Aleksandrs Kolinko, Igors Stepanovs, Vitalis Astafjevs, Dzintars Zirnis, Jurijs Laizans, Oskars Klava (82 Denis Kačanovs), Maris Smirnovs, Imants Bleidelis (46 Aleksejs Višnakovs), Maris Verpakovskis (57 Marians Pahars), Genadijs Solonicins, Girts Karlsons.
Trainer: Jurijs Andrejevs

ICELAND: Árni Gautur Arason, Grétar Rafn Steinsson, Kristján Sigurdsson, Stefán Gíslason, Ívar Ingimarsson, Hannes Sigurdsson (71 Emil Hallfredsson), Hermann Hreidarsson, Brynjar Björn Gunnarsson, Eidur Smári Gudjohnsen, Jóhannes Karl Gudjónsson (46 Veigar Páll Gunnarsson), Kári Árnason (42 Helgi Valur Daníelsson).
Trainer: Eyjólfur Sverrisson

Goals: Karlsons (14), Verpakovskis (15, 25), Višnakovs (52)

SWEDEN v SPAIN 2-0 (1-0)

Råsunda, Solna   07.10.2006

Referee: Stephen Bennett (ENG)   Attendance: 38,000

SWEDEN: Rami Shaaban, Mikael Nilsson, Olof Mellberg, Petter Hansson, Erik Edman, Tobias Linderoth, Niclas Alexandersson, Fredrik Ljungberg (56 Christian Wilhelmsson), Anders Svensson (75 Kim Källstrom), Johan Elmander (77 Daniel Andersson), Marcus Allbäck.
Trainer: Lars Lagerbäck

SPAIN: Iker Casillas, Sergio Ramos, Carles Puyol, Juanito Gutiérrez, Juan Capdevila (52 Antonio Puerta), David Albelda, Miguel Ángel Angulo (59 Luis García Sanz), Cesc Fábregas (46 Andrés Iniesta), Xavi Hernández, David Villa, Fernando Torres.   Trainer: Luis Aragonés

Goals: Elmander (10), Allbäck (82)

ICELAND v SWEDEN 1-2 (1-1)

Laugardalsvöllur, Reykjavik   11.10.2006

Referee: Grzegorz Gilewski (POL)   Attendance: 8,700

ICELAND: Árni Gautur Arason, Ívar Ingimarsson, Grétar Rafn Steinsson, Hermann Hreidarsson, Kristján Örn Sigurdsson, Indridi Sigurdsson (51 Hjálmar Jónsson), Jóhannes Karl Gudjónsson (81 Marel Jóhann Baldvinsson), Arnar Thór Vidarsson, Emil Hallfredsson, Hannes Sigurdsson, Eidur Smári Gudjohnsen.   Trainer: Eyjólfur Sverrisson

SWEDEN: Rami Shaaban, Mikael Nilsson, Mikael Antonsson, Petter Hansson, Erik Edman, Niclas Alexandersson, Daniel Andersson, Kim Källström, Christian Wilhelmsson, Marcus Allbäck (79 Markus Rosenberg), Johan Elmander (90 Daniel Majstorovic).   Trainer: Lars Lagerbäck

Goals: Vidarsson (6), Källström (8), Wilhelmsson (59)

NORTHERN IRELAND v LATVIA 1-0 (1-0)

Windsor Park, Belfast 11.10.2006

Referee: Helmut Fleischer (GER)   Attendance: 14,500

NORTHERN IRELAND: Maik Taylor, Christopher Baird, Stephen James Craigan, Aaron Hughes, Jonny Evans, Keith Gillespie, Steve Davis, Damien Johnson, Sammy Clingan, David Healy (90 Warren Feeney), Kyle Lafferty (87 James Quinn).   Trainer: Lawrie Sanchez

LATVIA: Aleksandrs Kolinko, Igors Stepanovs, Vitalis Astafjevs, Dzintars Zirnis, Jurijs Laizans, Denis Kačanovs, Genadijs Solonicins (84 Aleksejs Višnakovs), Maris Smirnovs (46 Kaspars Gorkšs), Maris Verpakovskis (78 Gatis Kalnins), Girts Karlsons, Marians Pahars.   Trainer: Jurijs Andrejevs

Goal: Healy (35)

SPAIN v DENMARK 2-1 (1-0)

Santiago Bernabéu, Madrid 24.03.2007

Referee: Massimo Busacca (SWI)   Attendance: 75,000

SPAIN: Iker Casillas, Javi Navarro, Carlos Marchena, Juan Capdevila, Ángel López, Xavi Hernández (60 Xabi Alonso), Andrés Iniesta, David Silva, David Albelda, Fernando Morientes (64 Fernando Torres), David Villa (76 Miguel Ángel Angulo). Trainer: Luis Aragonés

DENMARK: Thomas Sørensen, Daniel Agger, Michael Gravgaard, Lars Jacobsen, Niclas Jensen, Christian Bager Poulsen, Daniel Jensen, Thomas Kahlenberg (60 Jesper Grønkjær), Dennis Rommedahl, Martin Jørgensen (38 Leon Andreasen, 73 Nicklas Bendtner), Jon Dahl Tomasson. Trainer: Morten Olsen

Sent off: Niclas Jensen (20)

Goals: Morientes (34), Villa (46), Gravgaard (49)

LIECHTENSTEIN v DENMARK 0-4 (0-2)

Rheinpark, Vaduz 11.10.2006

Referee: Ceri Richards (WAL)   Attendance: 2,700

LIECHTENSTEIN: Peter Jehle, Martin Telser, Daniel Hasler, Christof Ritter, Martin Stocklasa, Benjamin Fischer (80 Fabio D'Elia), Thomas Beck (63 Marco Ritzberger), Mario Frick, Franz Burgmeier (62 Daniel Frick), Martin Büchel, Yves Oehri. Trainer: Martin Andermatt

DENMARK: Jesper Christiansen, Christian Bager Poulsen, Michael Gravgaard, Daniel Agger, Niclas Jensen, Lars Jacobsen, Daniel Jensen (46 Dennis Sørensen), Thomas Kahlenberg (64 Claus Jensen), Jon Dahl Tomasson, Martin Jørgensen, Dennis Rommedahl (78 Michael Krohn-Dehli).   Trainer: Morten Olsen

Goals: D. Jensen (29), Gravgaard (32), Tomasson (51, 64)

LIECHTENSTEIN v LATVIA 1-0 (1-0)

Rheinpark, Vaduz 28.03.2007

Referee: Serge Gumienny (BEL)   Attendance: 1,680

LIECHTENSTEIN: Peter Jehle, Martin Telser, Martin Stocklasa, Daniel Hasler, Michael Stocklasa, Martin Büchel, Ronny Büchel, Franz Burgmeier, Mario Frick, Thomas Beck (76 Benjamin Fischer), Raphaël Rohrer (90 Stefan Büchel). Trainer: Hans-Peter Zaugg

LATVIA: Aleksandrs Kolinko, Denis Kačanovs, Kaspars Gorkšs (79 Andrejs Prohorenkovs), Igors Stepanovs, Oskars Klava, Imants Bleidelis, Viktors Morozs (61 Andrei Pereplotkins), Jurijs Laizans, Aleksejs Višnakovs, Maris Verpakovskis (46 Girts Karlsons), Marians Pahars. Trainer: Jurijs Andrejevs

Goal: M. Frick (17)

LIECHTENSTEIN v NORTHERN IRELAND 1-4 (0-0)

Rheinpark, Vaduz 24.03.2007

Referee: Oleh Oriekhov (UKR)   Attendance: 4,340

LIECHTENSTEIN: Peter Jehle, Yves Oehri (68 Martin Telser), Martin Stocklasa, Christof Ritter, Michael Stocklasa, Martin Büchel, Ronny Büchel (86 Daniel Frick), Franz Burgmeier, Thomas Beck, Mario Frick, Raphaël Rohrer (82 Stefan Büchel).   Trainer: Hans-Peter Zaugg

NORTHERN IRELAND: Maik Taylor, Michael Duff, Stephen James Craigan, Aaron Hughes, Damien Johnson, Chris Brunt (68 Grant McCann), Keith Gillespie, Jonny Evans, Steve Davis, Kyle Lafferty (56 Warren Feeney), David Healy (82 Steve Jones).   Trainer: Lawrie Sanchez

Goals: Healy (52, 75, 83), Burgmeier (89), McCann (90)

NORTHERN IRELAND v SWEDEN 2-1 (1-1)

Windsor Park, Belfast 28.03.2007

Referee: Eric Braamhaar (HOL)   Attendance: 14,500

NORTHERN IRELAND: Maik Taylor, Michael Duff, Aaron Hughes, Stephen James Craigan, Jonny Evans, Damien Johnson, Grant McCann, Steven Davis, Chris Brunt (90 Ivan Sproule), David Healy (87 Sean Webb), Warren Feeney (79 Kyle Lafferty).   Trainer: Lawrie Sanchez

SWEDEN: Andreas Isaksson, Mikael Nilsson, Olof Mellberg (69 Daniel Majstorovic), Petter Hansson, Erik Edman, Niclas Alexandersson (61 Christian Wilhelmsson), Daniel Andersson, Anders Svensson (46 Kim Källstrom), Fredrik Ljungberg, Zlatan Ibrahimović, Johan Elmander. Trainer: Lars Lagerbäck

Goals: Elmander (26), Healy (31, 58)

SPAIN v ICELAND 1-0 (0-0)
Son Moix, Palma de Mallorca   28.03.2007

Referee: Laurent Duhamel (FRA)   Attendance: 17,000

SPAIN: Iker Casillas, Sergio Ramos, Carlos Marchena, Carles Puyol, Juan Capdevila (46 Miguel Ángel Angulo), Andrés Iniesta, David Albelda (78 Xabi Alonso), Xavi Hernández, David Silva, David Villa, Fernando Morientes (43 Fernando Torres).   Trainer: Luis Aragonés

ICELAND: Árni Gautur Arason, Kristján Örn Sigurdsson, Ólafur Örn Bjarnason, Ívar Ingimarsson, Gunnar Thór Gunnarsson, Grétar Rafn Steinsson, Arnar Thór Vidarsson (83 Hannes Sigurdsson), Brynjar Björn Gunnarsson, Emil Hallfredsson (74 Indridi Sigurdsson), Veigar Páll Gunnarsson (56 Stefán Gíslason), Eidur Smári Gudjohnsen.   Trainer: Eyjölfur Sverrisson

Goal: Iniesta (81)

ICELAND v LIECHTENSTEIN 1-1 (1-0)
Laugardalsvöllur, Reykjavik   02.06.2007

Referee: Sten Kaldma (EST)   Attendance: 5,000

ICELAND: Árni Gautur Arason, Grétar Rafn Steinsson, Gunnar Thór Gunnarsson, Kristján Örn Sigurdsson, Ívar Ingimarsson, Stefán Gíslason, Emil Hallfredsson (82 Théodór Elmar Bjarnason), Brynjar Björn Gunnarsson, Matthías Gudmundsson (70 Birkir Már Saevarsson), Veigar Páll Gunnarsson (72 Hannes Sigurdsson), Eidur Smári Gudjohnsen.   Trainer: Eyjölfur Sverrisson

LIECHTENSTEIN: Peter Jehle, Michael Stocklasa, Daniel Hasler, Martin Stocklasa, Marco Ritzberger, Ronny Büchel, Franz Burgmeier (78 Daniel Frick), Thomas Beck (87 Roger Beck), Mario Frick, Raphaël Rohrer (85 Wolfgang Kieber), Daniel Steuble.   Trainer: Hans-Peter Zaugg

Goals: B. Gunnarsson (27), Rohrer (69)

LATVIA v SPAIN 0-2 (0-1)
Skonto, Riga   02.06.2007

Referee: Craig Alexander Thomson (SCO)   Att: 9,500

LATVIA: Aleksandrs Kolinko, Dzintars Zirnis, Oskars Klava, Deniss Ivanovs, Arturs Zakreševskis, Andrejs Rubins (65 Genadijs Solonicins), Vitalis Astafjevs, Jurijs Laizans, Imants Bleidelis (85 Andrejs Pereplotkins), Maris Verpakovskis, Girts Karlsons (89 Aleksandrs Cauna).   Trainer: Aleksandrs Starkovs

SPAIN: Iker Casillas, Carles Puyol, Sergio Ramos, Carlos Marchena, David Albelda (66 Xabi Alonso), Andrés Iniesta, Xavi Hernández, Miguel Ángel Angulo (46 JOAQUÍN Sánchez), Juan Capdevila, David Villa, LUIS GARCÍA Fernández (55 Roberto Soldado).   Trainer: Luis Aragonés

Goals: Villa (45), Xavi (60)

DENMARK v SWEDEN 3-3 (0-3)
Parken, København   02.06.2007

Referee: Herbert Fandel (GER)

DENMARK: Thomas Sørensen, Lars Jacobsen, Michael Gravgaard, Daniel Agger, Jan Kristiansen (35 Leon Andreasen), Christian Bager Poulsen, Daniel Jensen (63 Jesper Grønkjær), Dennis Rommedahl, Thomas Kahlenberg (46 Nicklas Bendtner), Martin Jørgensen, Jon Dahl Tomasson.   Trainer: Morten Olsen

SWEDEN: Andreas Isaksson, Niclas Alexandersson, Olof Mellberg, Petter Hansson, Mikael Nilsson, Christian Wilhelmsson, Tobias Linderoth, Anders Svensson, Fredrik Ljungberg, Marcus Allbäck (80 Kennedy Bakircioglü), Johan Elmander (74 Markus Rosenberg).   Trainer: Lars Lagerbäck

Sent off: Poulsen (89)

Goals: Elmander (7, 26), Hansson (23), Agger (34), Tomasson (62), Andreasen (75)

The match was abandoned in the 89th minute after a Danish spectator came on to the pitch and assaulted the referee. At the time, the score stood at 3-3 but the match was awarded to Sweden with a 3-0 scoreline.

SWEDEN v ICELAND 5-0 (3-0)
Råsunda, Solna   06.06.2007

Referee: Alain Hamer (LUX)   Attendance: 33,400

SWEDEN: Andreas Isaksson, Niclas Alexandersson, Olof Mellberg, Petter Hansson, Mikael Nilsson (57 Max von Schlebrügge), Christian Wilhelmsson, Tobias Linderoth (62 Daniel Andersson), Anders Svensson, Fredrik Ljungberg, Markus Rosenberg, Marcus Allbäck (73 Zlatan Ibrahimović).   Trainer: Lars Lagerbäck

ICELAND: Árni Gautur Arason, Grétar Rafn Steinsson (90 Kristjan Örn Sigurdsson), Gunnar Thór Gunnarsson, Ólafur Örn Bjarnason, Ívar Ingimarsson, Théodór Elmar Bjarnason, Arnar Thór Vidarsson, Emil Hallfredsson (53 Hjálmar Jónsson), Brynjar Björn Gunnarsson, Hannes Sigurdsson, Birkir Már Saevarsson (65 Matthías Gudmundsson).   Trainer: Eyjölfur Sverrisson

Goals: Allbäck (11, 51), Svensson (42), Mellberg (45), Rosenberg (50)

LIECHTENSTEIN v SPAIN 0-2 (0-2)
Rheinpark, Vaduz   06.06.2007
Referee: Nikolay Ivanov (RUS)   Attendance: 5,739
LIECHTENSTEIN: Peter Jehle, Michael Stocklasa (29 Martin Telser), Daniel Hasler, Martin Stocklasa, Marco Ritzberger, Ronny Büchel, Franz Burgmeier, Michele Polverino, Raphaël Rohrer (59 Daniel Frick), Mario Frick, Thomas Beck (82 Roger Beck).   Trainer: Hans-Peter Zaugg
SPAIN: José Manuel Reina, Javi Navarro, Carlos Marchena, Sergio Ramos, Juan Capdevila (52 Antonio López), Xabi Alonso, Andrés Iniesta, JOAQUÍN Sánchez, Cesc Fábregas (67 Luis García Fernández), David Silva (77 Roberto Soldado), David Villa.   Trainer: Luis Aragonés
Goals: Villa (8, 14)

LATVIA v NORTHERN IRELAND 1-0 (0-0)
Skonto, Riga   08.09.2007
Referee: Pedro Proença (POR)   Attendance: 7,500
LATVIA: Andris Vanins, Dzintars Zirnis, Kaspars Gorkšs, Oskars Klava, Deniss Ivanovs, Imants Bleidelis, Jurijs Laizans, Vitalis Astafjevs, Andrejs Rubins, Maris Verpakovskis (90 Kristaps Blanks), Girts Karlsons (72 Vits Rimkus).   Trainer: Aleksandrs Starkovs
NORTHERN IRELAND: Maik Taylor, Christopher Baird, Michael Duff, Jonny Evans, George McCartney, Keith Gillespie, Gary Clinghan, Steven Davis, Stuart Elliott (66 Chris Brunt), David Healy, Kyle Lafferty (72 Warren Feeney).   Trainer: Nigel Worthington
Goal: Baird (56 own goal)

LATVIA v DENMARK 0-2 (0-2)
Skonto, Riga   06.06.2007
Referee: Matteo Simone Trefoloni (ITA)   Attendance: 7,500
LATVIA: Aleksandrs Kolinko, Dzintars Zirnis, Oskars Klava, Deniss Ivanovs, Igors Stepanovs, Andrejs Rubins (75 Aleksandrs Cauna), Vitalis Astafjevs, Jurijs Laizans, Imants Bleidelis (66 Genadijs Solonicins), Maris Verpakovskis, Girts Karlsons (61 Marians Pahars).   Trainer: Aleksandrs Starkovs
DENMARK: Thomas Sørensen, Lars Jacobsen, Martin Laursen, Daniel Agger, Niclas Jensen, Daniel Jensen, Martin Jørgensen, Jon Dahl Tomasson, Dennis Rommedahl (46 Thomas Kahlenberg), Nicklas Bendtner (60 Rasmus Würtz), Jesper Grønkjær.   Trainer: Morten Olsen
Goals: Rommedahl (15, 17)

ICELAND v SPAIN 1-1 (1-0)
Laugardalsvöllur, Reykjavik   08.09.2007
Referee: Wolfgang Stark (GER)   Attendance: 9,500
ICELAND: Árni Gautur Arason, Kristján Sigurdsson, Ragnar Sigurdsson, Ívar Ingimarsson, Hermann Hreidarsson, Grétar Rafn Steinsson, Arnar Thór Vidarsson (69 Olafur Ingi Skulason), Jóhannes Karl Gudjónsson (79 Baldur Adalsteinsson), Emil Hallfredsson, Kári Árnason, Gunnar Heidar Thorvaldsson (88 Ármann Smári Björnsson).   Trainer: Eyjölfur Sverrisson
SPAIN: Iker Casillas, Sergio Ramos, Carlos Marchena, Juanito Gutiérrez, Mariano Pernía (26 David Albelda), Joaquín Sánchez (69 Luis Garcia Fernández), Xabi Alonso, Xavi Hernández, David Silva, Fernando Torres (57 Andrés Iniesta), David Villa.   Trainer: Luis Aragonés
Sent off: Xabi Alonso (20)
Goals: Hallfredsson (40), Iniesta (86)

**NORTHERN IRELAND
v LIECHTENSTEIN 3-1** (2-0)
Windsor Park, Belfast   22.08.2007
Referee: Radek Matejek (CZE)   Attendance: 13,000
NORTHERN IRELAND: Maik Taylor, Michael Duff, George McCartney, Christopher Baird, Stephen James Craigan, Gary Clinghan, Keith Gillespie (85 Stephen Jones), Steven Davis, Kyle Lafferty (75 Warren Feeney), David Healy, Chris Brunt (62 Stuart Elliott).   Trainer: Nigel Worthington
LIECHTENSTEIN: Peter Jehle, Michael Stocklasa (38 Yves Oehri), Martin Stocklasa, Martin Telser, Fabio D'Elia, Michele Polverino, Ronny Büchel, Daniel Frick, Christoph Biedermann (62 Stefan Büchel), Raphaël Rohrer (74 Roger Beck), Mario Frick.   Trainer: Hans-Peter Zaugg
Goals: Healy (5, 35), Lafferty (56), M. Frick (89)

SWEDEN v DENMARK 0-0
Råsunda, Solna   08.09.2007
Referee: Frank De Bleeckere (BEL)   Attendance: 33,000
SWEDEN: Andreas Isaksson, Mikael Nilsson, Olof Mellberg, Petter Hansson, Erik Edman, Niclas Alexandersson, Tobias Linderoth, Anders Svensson (69 Kim Källstrom), Christian Wilhelmsson (57 Kennedy Bakircioglu), Zlatan Ibrahimović (89 Rade Prica), Johan Elmander.   Trainer: Lars Lagerbäck
DENMARK: Thomas Sørensen, Leon Andreasen (81 Peter Lovenkrands), Martin Laursen, Daniel Agger, Niclas Jensen, Thomas Helveg, Daniel Jensen, Dennis Rommedahl, Thomas Kahlenberg (54 Nicklas Bendtner), Jon Dahl Tomasson (90 Michael Gravgaard), Jesper Grønkjær.   Trainer: Morten Olsen

ICELAND v NORTHERN IRELAND 2-1 (1-0)
Laugardalsvöllur, Reykjavik   12.09.2007

Referee: Yuri Baskakov (RUS)   Attendance: 2,500

ICELAND: Árni Gautur Arason, Kristján Sigurdsson, Ragnar Sigurdsson, Ívar Ingimarsson, Hermann Hreidarsson, Kári Árnason (87 Asgeir Asgeirsson), Arnar Thór Vidarsson, Grétar Rafn Steinsson, Emil Hallfredsson, Gunnar Heidar Thorvaldsson (79 Olafur Ingi Skulason), Ármann Björnsson (53 Eidur Smári Gudjohnsen).   Trainer: Eyjölfur Sverrisson

NORTHERN IRELAND: Maik Taylor, Christopher Baird, Michael Duff, Jonny Evans, George McCartney, Keith Gillespie, Gary Clinghan, Steven Davis (79 Grant McCann), Chris Brunt (83 Stephen Jones), David Healy, Warren Feeney.
Trainer: Nigel Worthington

Goals: Ar. Bjornsson (6), Healy (72 pen), Gillespie (90 own goal)

DENMARK v LIECHTENSTEIN 4-0 (4-0)
Atletion, Aarhus   12.09.2007

Referee: Mark Clattenburg (ENG)   Attendance: 20,000

DENMARK: Thomas Sørensen, Martin Laursen, Daniel Agger (28 Michael Gravgaard), Niclas Jensen, Thomas Helveg, Leon Andreasen, Jesper Grønkjær (46 Thomas Kahlenberg), Morten Nordstrand, Jon Dahl Tomasson (68 Peter Lovenkrands), Dennis Rommedahl, Esben Hansen.
Trainer: Morten Olsen

LIECHTENSTEIN: Peter Jehle, Martin Telser, Martin Stocklasa, Marco Ritzberger (46 Thomas Beck), Yves Oehri (46 Daniel Frick), Ronny Büchel, Franz Burgmeier, Fabio D'Elia, Raphaël Rohrer, Michele Polverino, Mario Frick (84 Roger Beck).   Trainer: Hans-Peter Zaugg

Goals: Nordstrand (3, 36), Laursen (12), Tomasson (18)

SPAIN v LATVIA 2-0 (1-0)
Nuevo Carlos Tartiere, Oviedo   12.09.2007

Referee: Alon Yefet (ISR)   Attendance: 25,000

SPAIN: Iker Casillas, Sergio Ramos, Carlos Marchena, Juanito Gutiérrez, Mariano Pernía, JOAQUÍN Sánchez (77 Miguel Ángel Angulo), David Albelda, Xavi Hernández, David Silva (69 Cesc Fábregas), Fernando Torres, David Villa (48 Andrés Iniesta).   Trainer: Luis Aragonés

LATVIA: Andris Vanins, Dzintars Zirnis, Oskars Klava, Kaspars Gorkšs, Deniss Ivanovs, Imants Bleidelis (74 Aleksejs Višnakovs), Vitalis Astafjevs, Jurijs Laizans, Andrejs Rubins, Girts Karlsons (63 Marians Pahars), Maris Verpakovskis (88 Kristaps Blanks).   Trainer: Aleksandrs Starkovs

Goals: Xavi (13), Torres (85)

ICELAND v LATVIA 2-4 (1-3)
Laugardalsvöllur, Reykjavik   13.10.2007

Referee: Michael Leslie Dean (ENG)   Attendance: 5,900

ICELAND: Árni Gautur Arason, Kristján Sigurdsson (86 Ármann Smári Björnsson), Hjálmar Jónsson, Ragnar Sigurdsson, Ívar Ingimarsson, Grétar Rafn Steinsson (25 Kári Árnason), Brynjar Björn Gunnarsson, Jóhannes Karl Gudjónsson, Emil Hallfredsson, Gunnar Heidar Thorvaldsson (65 Hannes Sigurdsson), Eidur Smári Gudjohnsen.
Trainer: Eyjölfur Sverrisson

LATVIA: Andris Vanins, Oskars Klava, Kaspars Gorkšs, Deniss Ivanovs, Dzintars Zirnis, Vitalis Astafjevs, Jurijs Laizans, Genadijs Solonicins, Aleksejs Višnakovs (90 Jurijs Zigajevs), Girts Karlsons (59 Vits Rimkus), Maris Verpakovskis (78 Marians Pahars).
Trainer: Aleksandrs Starkovs

Goals: Gudjohnsen (4), Klava (27), Laizans (31), Verpakovskis (37, 46), Gudjohnsen (52)

LIECHTENSTEIN v SWEDEN 0-3 (0-2)
Rheinpark, Vaduz   13.10.2007

Referee: Paolo Dondarini (ITA)   Attendance: 4,100

LIECHTENSTEIN: Peter Jehle, Martin Telser, Yves Oehri, Daniel Hasler, Franz Burgmeier (59 Daniel Steuble), Ronny Büchel, Martin Büchel (61 Andreas Gerster), Thomas Beck, Mario Frick (74 Roger Beck), Raphaël Rohrer, Daniel Frick (60 Benjamin Fischer).   Trainer: Hans-Peter Zaugg

SWEDEN: Andreas Isaksson, Matias Concha, Petter Hansson, Daniel Majstorovic, Erik Edman, Christian Wilhelmsson, Tobias Linderoth (70 Daniel Andersson), Anders Svensson, Fredrik Ljungberg (39 Kim Källstrom), Marcus Allbäck, Johan Elmander.   Trainer: Lars Lagerbäck

Goals: Ljungberg (19), Wilhelmsson (29), A. Svensson (56)

DENMARK v SPAIN 1-3 (0-2)
Atletion, Aarhus   13.10.2007

Referee: Luboš Michel (SVK)   Attendance: 19,800

DENMARK: Thomas Sørensen, Thomas Helveg, Martin Laursen, Ulrik Laursen, Niclas Jensen (79 Kenneth Perez), Christian Bager Poulsen, Daniel Jensen, Leon Andreasen (46 Nicklas Bendtner), Dennis Rommedahl, Jon Dahl Tomasson, Jesper Grønkjær (65 Thomas Kahlenberg).
Trainer: Morten Olsen

SPAIN: Iker Casillas, Carlos Marchena, Sergio Ramos, Juan Capdevila, Raúl Albiol, David Albelda (64 Pablo Ibáñez), Xavi Hernández, Andrés Iniesta, JOAQUÍN Sánchez (69 Albert Riera), Cesc Fábregas (78 Luis García Fernández), Raúl Tamudo.   Trainer: Luis Aragonés

Goals: Tamudo (14), Sergio Ramos (40), Tomasson (87), Riera (89)

LIECHTENSTEIN v ICELAND 3-0 (1-0)
Rheinpark, Vaduz   17.10.2007
Referee: Christoforos Zografos (GRE)   Attendance: 2,600
LIECHTENSTEIN: Peter Jehle, Martin Telser, Daniel Hasler, Martin Stocklasa, Yves Oehri, Ronny Büchel, Andreas Gerster, Franz Burgmeier, Benjamin Fischer (62 Thomas Beck), Raphaël Rohrer (68 Roger Beck), Mario Frick (90 Fabio D'Elia).   Trainer: Hans-Peter Zaugg

ICELAND: Árni Gautur Arason, Hermann Hreidarsson, Kristján Sigurdsson, Ívar Ingimarsson, Ragnar Sigurdsson, Jóhannes Karl Gudjónsson (58 Ármann Smári Bjornsson), Emil Hallfredsson, Arnar Thór Vidarsson, Brynjar Björn Gunnarsson (85 Asgei Asgeirsson), Gunnar Heidar Thorvaldsson (71 Helgi Sigurdsson), Eidur Smári Gudjohnsen.   Trainer: Eyjölfur Sverrisson

Goals: M. Frick (28), T. Beck (80, 82)

LATVIA v LIECHTENSTEIN 4-1 (2-1)
Skonto, Riga   17.11.2007
Referee: Svein Oddvar Moen (NOR)   Attendance: 4,800
LATVIA: Andris Vanins, Kaspars Gorkšs, Oskars Klava, Dzintars Zirnis, Deniss Ivanovs, Imants Bleidelis (82 Aleksejs Višnakovs), Jurijs Laizans, Vitalis Astafjevs, Andrejs Rubins, Girts Karlsons (71 Marians Pahars), Maris Verpakovskis (77 Vits Rimkus).   Trainer: Aleksandrs Starkovs

LIECHTENSTEIN: Peter Jehle, Marco Ritzberger, Martin Stocklasa, Fabio D'Elia, Daniel Hasler, Ronny Büchel (80 Martin Büchel), Andreas Gerster, Franz Burgmeier, Raphaël Rohrer (72 Daniel Frick), Mario Frick, Benjamin Fischer (71 Roger Beck).   Trainer: Hans-Peter Zaugg

Goals: Zirnis (13 own goal), G. Karlsons (14), Verpakovskis (30), Laizans (63), Višnakovs (87)

DENMARK v LATVIA 3-1 (2-0)
Parken, Copenhagen   17.10.2007
Referee: Cüneyt Cakir (TUR)   Attendance: 19,000
DENMARK: Thomas Sørensen, Martin Laursen, Ulrik Laursen (32 Leon Andreasen), Chris Sørensen, Thomas Helveg, Christian Bager Poulsen (71 Jesper Grønkjær), Daniel Jensen, Thomas Kahlenberg, Dennis Rommedahl, Nicklas Bendtner, Jon Dahl Tomasson.   Trainer: Morten Olsen

LATVIA: Andris Vanins, Oskars Klava, Deniss Ivanovs, Dzintars Zirnis, Kaspars Gorkšs, Vitalis Astafjevs, Jurijs Laizans, Aleksejs Višnakovs (78 Jurijs Zigajevs), Genadijs Solonicins, Vits Rimkus (63 Andrejs Butriks), Marians Pahars (90 Denis Kačanovs).   Trainer: Aleksandrs Starkovs

Goals: Tomasson (7 pen), U. Laursen (27), Gorkšs (80), Rommedahl (90)

NORTHERN IRELAND v DENMARK 2-1 (0-0)
Windsor Park, Belfast   17.11.2007
Referee: Pieter Vink (HOL)   Attendance: 14,500
NORTHERN IRELAND: Maik Taylor, Gareth McAuley, Jonny Evans, Aaron Hughes, Stephen James Craigan, Gary Clinghan, Keith Gillespie (74 Ivan Sproule), Steven Davis, Chris Brunt, David Healy, Warren Feeney (85 Christopher Baird).   Trainer: Nigel Worthington

DENMARK: Thomas Sørensen, Brian Priske (72 Rasmus Wurtz), Chris Sørensen, Martin Laursen, Per Krøldrup, Christian Bager Poulsen, Leon Andreasen, Thomas Kahlenberg (46 Dennis Sørensen), Dennis Rommedahl, Martin Jørgensen (79 Simon Poulsen), Nicklas Bendtner.   Trainer: Morten Olsen

Goals: Bendtner (51), Feeney (62), Healy (80)

SWEDEN v NORTHERN IRELAND 1-1 (1-0)
Råsunda, Solna   17.10.2007
Referee: Bertrand Layec (FRA)   Attendance: 33,100
SWEDEN: Andreas Isaksson, Matias Concha, Olof Mellberg, Petter Hansson, Erik Edman, Tobias Linderoth, Anders Svensson, Christian Wilhelmsson (46 Mikael Nilsson), Kim Källström (85 Andreas Johansson), Zlatan Ibrahimovic, Johan Elmander (73 Marcus Allbäck).   Trainer: Lars Lagerbäck

NORTHERN IRELAND: Maik Taylor, Gareth McAuley, Aaron Hughes, George McCartney (87 Tony Capaldi), Stephen James Craigan, Steven Davis, Gary Clinghan, Chris Brunt, David Healy, Ivan Sproule, Kyle Lafferty.   Trainer: Nigel Worthington

Goals: Mellberg (15), Lafferty (72)

SPAIN v SWEDEN 3-0 (2-0)
Santiago Bernabéu, Madrid   17.11.2007
Referee: Roberto Rosetti (ITA)   Attendance: 73,000
SPAIN: Iker Casillas, Sergio Ramos, Carles Puyol, Carlos Marchena, Juan Capdevila, Andrés Iniesta (52 JOAQUÍN Sánchez), Cesc Fábregas, David Albelda, Xavi Hernández, David Silva (66 Albert Riera), David Villa (52 Raul Tamudo).   Trainer: Luis Aragonés

SWEDEN: Andreas Isaksson, Mikael Nilsson, Olof Mellberg, Petter Hansson, Erik Edman, Christian Wilhelmsson (79 Kennedy Bakircioglu), Daniel Anderssson (46 Kim Källstrom), Anders Svensson, Fredrik Ljungberg, Zlatan Ibrahimović, Markus Rosenberg (60 Markus Allbäck).   Trainer: Lars Lagerbäck

Goals: Capdevila (14), Iniesta (39), Sergio Ramos (65)

SPAIN v NORTHERN IRELAND 1-0 (0-0)
Gran Canaria, Las Palmas de Gran Canaria   21.11.2007
Referee: Herbert Fandel (GER)   Attendance: 31,000

SPAIN: José Manuel Reina, Sergio Ramos, Raúl Albiol, Pablo Ibáñez, Mariano Pernía, Andrés Iniesta, Xavi Hernández (67 David Villa), Cesc Fábregas (47 JOAQUÍN Sánchez), Marcos Senna, David Silva, Daniel Güiza (57 Raúl Tamudo).   Trainer: Luis Aragonés

NORTHERN IRELAND: Maik Taylor, Gareth McAuley, Stephen James Craigan, Aaron Hughes, Christopher Baird, Ivan Sproule (46 Stephen Robinson), Gary Clinghan, Steven Davis, Chris Brunt (59 Kyle Lafferty), David Healy, Warren Feeney (72 Martin Paterson).   Trainer: Nigel Worthington

Goal: Xavi (52)

	P	W	D	L	F	A	Pts
Spain	12	9	1	2	23	8	28
Sweden	12	8	2	2	23	9	26
N. Ireland	12	6	2	4	17	14	20
Denmark	12	6	2	4	21	11	20
Latvia	12	4	0	8	15	17	12
Iceland	12	2	2	8	10	27	8
Liechtenstein	12	2	1	9	9	32	7

DENMARK v ICELAND 3-0 (2-0)
Parken Stadium, Copenhagen   21.11.2007
Referee: Olegário Benquerença (POR)   Attendance: 15,393

DENMARK: Thomas Sørensen, William Kvist, Ulrik Laursen, Per Krøldrup, Chris Sørensen, Dennis Rommedahl (73 Simon Poulsen), Daniel Jensen, Christian Bager Poulsen, Martin Jørgensen (53 Thomas Kahlenberg), Nicklas Bendtner (84 Søren Larsen), Jon Dahl Tomasson.   Trainer: Morten Olsen

ICELAND: Árni Gautur Arason, Grétar Rafn Steinsson, Kristján Sigurdsson (7 Sverrir Gardarsson), Hermann Hreidarsson, Ragnar Sigurdsson, Théodór Elmar Bjarnason, Brynjar Björn Gunnarsson, Stefán Gíslason, Emil Hallfredsson (73 Eggert Gunnthor Jónsson), Veigar Páll Gunnarsson (84 Asgeir Asgeirsson), Gunnar Heidar Thorvaldsson.   Trainer: Olafur Johannesson

Goals: Bendtner (34), Tomasson (44), Kahlenberg (59)

SWEDEN v LATVIA 2-1 (1-1)
Råsunda, Solna   21.11.2007
Referee: Wolfgang Stark (GER)   Attendance: 26,000

SWEDEN: Andreas Isaksson, Mikael Nilsson, Olof Mellberg, Daniel Majstorovic, Erik Edman, Christian Wilhelmsson, Kim Källström, Anders Svensson, Fredrik Ljungberg, Zlatan Ibrahimovic, Marcus Allbäck.   Trainer: Lars Lagerbäck

LATVIA: Aleksandrs Kolinko, Kaspars Gorkšs, Igors Stepanovs, Deniss Ivanovs, Dzintars Zirnis, Andrejs Rubins, Jurijs Laizans, Vitalis Astafjevs (49 Genadijs Solonicins), Imants Bleidelis (43 Aleksejs Višnakovs), Girts Karlsons (62 Marians Pahars), Maris Verpakovskis.   Trainer: Aleksandrs Starkovs

Goals: Allbäck (1), Laizans (26), Källstrom (57)

GROUP 7

BELARUS v ALBANIA 2-2 (2-1)
Dinamo, Minsk   02.09.2006
Referee: Tony Asumaa (FIN)   Attendance: 30,000

BELARUS: Vasiliy Khomutovskiy, Aleksandr Kulchiy, Vladimir Korytko, Sergei Omelyanchuk, Sergei Shtaniuk, Viacheslav Hleb (64 Vitaliy Bulyga), Timofei Kalachev (84 Vitaliy Lanko), Denis Kovba, Maksim Romashchenko, Aleksandr Hleb, Vitaliy Kutuzov.   Trainer: Yuri Puntus

ALBANIA: Ilion Lika, Armend Dallku, Besnik Hasi, Adrian Aliaj (46 Debatik Curri), Elvin Beqiri, Altin Haxhi, Altin Lala (84 Devis Muka), Lorik Cana, Ervin Skela (73 Edmond Kapllani), Igli Tare, Erjon Bogdani.   Trainer: Otto Barić

Goals: Kalachev (2), Skela (7 pen), Romashchenko (24), Hasi (86)

LUXEMBOURG v NETHERLANDS 0-1 (0-1)
Josy Barthel, Luxembourg   02.09.2006
Referee: João Ferreira (POR)   Attendance: 8,000

LUXEMBOURG: Jonathan Joubert, Jeff Strasser, Eric Hoffmann, Claude Reiter, Kim Kintziger, Gilles Bettmer, Aurélien Joachim, Claudio Lombardelli (83 Ben Federspiel), Mario Mutsch, Sébastien Remy, Carlos Ferreira (88 Daniel Huss).   Trainer: Guy Hellers

NETHERLANDS: Edwin van der Sar, John Heitinga, André Ooijer (46 Urby Emanuelson), Joris Mathijsen, Tim de Cler, Stijn Schaars (46 Jan Vennegoor of Hesselink), Theo Janssen, Denny Landzaat, Klaas Jan Huntelaar, Robin van Persie (77 Ryan Babel), Dirk Kuyt.   Trainer: Marco van Basten

Goal: Mathijsen (18)

ROMANIA v BULGARIA 2-2 (1-0)
Farul, Constanța 02.09.2006
Referee: Stefano Farina (ITA)   Attendance: 15,000

ROMANIA: Bogdan Lobonț, Cosmin Contra, Răzvan Raț, Gabriel Tamaș, Cristian Chivu, Paul Codrea, Florentin Petre (71 Bănel Niculiță), Nicolae Dică (59 Răzvan Cociș), Ciprian Marica, Adrian Mutu, Laurențiu Roșu (79 Vasile Maftei). Trainer: Victor Pițurcă

BULGARIA: Georgi Petkov, Aleksandar Tunchev, Stanislav Angelov, Elin Topuzakov, Lucio Wagner, Stilian Petrov, Radostin Kishishev (46 Chavdar Yankov), Martin Petrov, Zoran Janković, Dimitar Berbatov (62 Valeri Bozhinov), Georgi Peev (46 Blagoy Georgiev).   Trainer: Hristo Stoichkov

Sent off: Gabriel Tamaș (90)

Goals: Roșu (46), Marica (55), M. Petrov (82, 84)

NETHERLANDS v BELARUS 3-0 (1-0)
PSV, Eindhoven 06.09.2006
Referee: Howard Webb (ENG)   Attendance: 27,000

NETHERLANDS: Edwin van der Sar, John Heitinga (67 Khalid Boulahrouz), André Ooijer, Joris Mathijsen, Giovanni van Bronckhorst, Nigel de Jong, Wesley Sneijder, Denny Landzaat (68 Stijn Schaars), Klaas Jan Huntelaar (76 Ryan Babel), Robin van Persie, Dirk Kuyt. Trainer: Marco van Basten

BELARUS: Vasiliy Khomutovskiy, Aleksandr Yurevich, Sergei Shtaniuk, Sergei Omelyanchuk, Dmitriy Lentsevich, Timofei Kalachev (73 Vitaliy Lanko), Denis Kovba, Vladimir Korytko (46 Oleg Strakhanovich), Maksim Romashchenko (69 Artem Kontsevoy), Aleksandr Hleb, Sergei Kornilenko. Trainer: Yuri Puntus

Goals: Van Persie (33, 78), Kuyt (90)

ALBANIA v ROMANIA 0-2 (0-0)
Qemal Stafa, Tirana 06.09.2006
Referee: Olegário Benquerença (POR)   Attendance: 10,000

ALBANIA: Arjan Beqaj, Elvin Beqiri, Armend Dallku, Lorik Cana, Besnik Hasi, Ervin Skela (64 Adrian Aliaj), Altin Lala (78 Devis Muka), Igli Tare, Erjon Bogdani (62 Bekim Kastrati), Altin Haxhi, Debatik Curri.   Trainer: Otto Barić

ROMANIA: Bogdan Lobonț, Cosmin Contra, Răzvan Raț, Sorin Ghionea, Cristian Chivu, Paul Codrea, Florentin Petre, Nicolae Dică, Ciprian Marica (78 Ioan Ganea), Adrian Mutu (85 Bănel Nicoliță), Laurențiu Roșu (89 Andrei Mărgăritescu). Trainer: Victor Pițurcă

Goals: Dică (65), Mutu (75 pen)

ROMANIA v BELARUS 3-1 (2-1)
Steaua, București 07.10.2006
Referee: Alberto Undiano (SPA)   Attendance: 28,000

ROMANIA: Dănuț Coman, Răzvan Raț, Gabriel Tamaș, Cristian Chivu, Florentin Petre, Ciprian Marica (90 Claudiu Niculescu), Adrian Mutu (72 Mugurel Buga), Laurențiu Roșu, Dorin Goian, Petre Marin, Nicolae Dică (86 Răzvan Cociș). Trainer: Victor Pițurcă

BELARUS: Vladimir Gayev, Aleksandr Kulchiy (65 Oleg Strakhanovich), Dmitriy Lentsevich, Sergei Omelyanchuk, Sergei Shtaniuk, Timofei Kalachev (50 Vyacheslav Hleb), Aleksandr Hleb, Sergei Gurenko, Maksim Romashchenko, Sergei Kornilenko (66 Vladimir Korytko), Aleksandr Yurevich. Trainer: Yuri Puntus

Goals: Mutu (7), Marica (10), Kornilenko (20), Goian (76)

BULGARIA v SLOVENIA 3-0 (0-0)
Vassil Levski, Sofia 06.09.2006
Referee: Claus Bo Larsen (DEN)   Attendance: 10,000

BULGARIA: Dimitar Ivankov, Stanislav Angelov, Lucio Wagner, Aleksandar Tunchev, Elin Topuzakov, Stilian Petrov, Chavdar Yankov (69 Radostin Kishishev), Blagoy Georgiev (53 Dimitar Telkiyski), Martin Petrov, Valeri Bozhinov (60 Hristo Yovov), Zoran Janković.   Trainer: Hristo Stoichkov

SLOVENIA: Borut Mavrič, Branko Ilič, Aleksander Knavs, Bojan Jokič, Boštjan Cesar, Anton Žlogar, Robert Koren (76 Klemen Lavrič), Andrej Komac, Milenko Ačimovič, Valter Birsa (80 Borut Semler), Milivoje Novakovič. Trainer: Branko Oblak

Goals: Bozhinov (58), M. Petrov (72), Telkiyski (81)

SLOVENIA v LUXEMBOURG 2-0 (2-0)
Arena Petrol, Celje 07.10.2006
Referee: Panicos Kailis (CYP)   Attendance: 3,500

SLOVENIA: Borut Mavrič, Branko Ilič, Matej Mavrič, Boštjan Cesar, Bojan Jokič, Nastja Čeh, Milenko Ačimovič (75 Andrej Komac), Valter Birsa, Robert Koren, Milivoje Novakovič, Klemen Lavrič (85 Miran Burgič).   Trainer: Branko Oblak

LUXEMBOURG: Jonathan Joubert (72 Stephane Gillet), Kim Kintziger, Eric Hoffmann, Claude Reiter, René Peters, Jeff Strasser, Gilles Bettmer, Aurélien Joachim (66 Daniel Huss), Claudio Lombardelli (42 Charles Leweck), Sébastien Remy, Mario Mutsch.   Trainer: Guy Hellers

Goals: Novakovič (30), Koren (44)

BULGARIA v NETHERLANDS 1-1 (1-0)

Vasil Levski National Stadium, Sofia 07.10.2006

Referee: Tom Henning Øvrebø (NOR)   Attendance: 30,600

BULGARIA: Dimitar Ivankov, Stanislav Angelov, Elin Topuzakov, Valentin Iliev, Lucio Wagner, Radostin Kishishev, Chavdar Yankov (82 Zoran Janković), Hristo Yovov (54 Dimitar Telkiyski), Stilian Petrov, Martin Petrov (64 Valeri Bozhinov), Dimitar Berbatov.   Trainer: Hristo Stoichkov

NETHERLANDS: Edwin van der Sar, Khalid Boulahrouz, André Ooijer, Joris Mathijsen, Giovanni van Bronckhorst, Nigel de Jong, Denny Landzaat, Wesley Sneijder (90 Stijn Schaars), Robin van Persie, Dirk Kuyt (16 Ryan Babel), Arjen Robben.   Trainer: Marco van Basten

Goals: M. Petrov (12), Van Persie (62)

NETHERLANDS v ALBANIA 2-1 (2-0)

Amsterdam ArenA, Amsterdam 11.10.2006

Referee: Alon Yefet (ISR)   Attendance: 40,000

NETHERLANDS: Edwin van der Sar, Khalid Boulahrouz, André Ooijer, Joris Mathijsen, Giovanni van Bronckhorst (68 Urby Emanuelson), Nigel de Jong (50 Stijn Schaars), Wesley Sneijder (80 Tim de Cler), Denny Landzaat, Ryan Babel, Robin van Persie, Arjen Robben.   Trainer: Marco van Basten

ALBANIA: Arjan Beqaj, Nevil Dede, Armend Dallku, Adrian Aliaj (65 Edvin Murati), Besnik Hasi, Altin Haxhi, Debatik Curri, Ervin Skela, Altin Lala (46 Devis Muka), Igli Tare, Erjon Bogdani (79 Besart Berisha).   Trainer: Otto Barić

Goals: Van Persie (15), Beqaj (42 own goal), Curri (67)

BELARUS v SLOVENIA 4-2 (1-2)

Dinamo, Minsk 11.10.2006

Referee: Viktor Kassai (HUN)   Attendance: 23,000

BELARUS: Vladimir Gayev, Sergei Omelyanchuk, Sergei Shtaniuk, Sergei Gurenko, Aleksandr Kulchiy, Denis Kovba, Timofei Kalachev, Maksim Romashchenko (50 Vladimir Korytko), Aleksandr Hleb, Vyacheslav Hleb (69 Oleg Strakhanovich), Sergei Kornilenko (90 Artem Kontsevoy).   Trainer: Yuri Puntus

SLOVENIA: Borut Mavrič, Branko Ilič, Bojan Jokič, Boštjan Cesar, Matej Mavrič, Robert Koren, Milenko Ačimovič (70 Andrej Komac), Anton Žlogar, Valter Birsa, Milivoje Novakovič (82 Miran Burgič), Klemen Lavrič.   Trainer: Branko Oblak

Goals: Kovba (18), Cesar (19), Lavrič (43), Kornilenko (52, 60), Korytko (85)

LUXEMBOURG v BELARUS 1-2 (0-1)

Josy Barthel, Luxembourg 24.03.2007

Referee: Mark Steven Whitby (WAL)   Attendance: 3,150

LUXEMBOURG: Jonathan Joubert, Jeff Strasser, Eric Hoffmann, Claude Reiter, Kim Kintziger, René Peters, Gilles Bettmer, Ben Payal (67 Carlos Ferreira), Claudio Lombardelli (58 Jérôme Bigard), Sébastien Remy, Dan Collette (64 Chris Sagramola).   Trainer: Guy Hellers

BELARUS: Yuriy Zhevnov, Aleksandr Yurevich, Sergei Shtaniuk, Aleksandr Kulchiy, Vladimir Korytko, Oleg Strakhanovich (58 Artem Chelyadinski), Aleksandr Hleb, Timofei Kalachev, Vyacheslav Hleb, Sergei Kornilenko (74 Gennadiy Bliznyuk), Vitaliy Kutuzov (80 Artem Radkov).   Trainer: Yuri Puntus

Goals: Kalachev (25), Kutuzov (54), Sagramola (68)

LUXEMBOURG v BULGARIA 0-1 (0-1)

Josy Barthel, Luxembourg 11.10.2006

Referee: Novo Panic (BIH)   Attendance: 3,200

LUXEMBOURG: Stéphane Gillet, Claude Reiter, Jeff Strasser, Kim Kintziger, René Peters (61 Ben Payal), Gilles Bettmer, Mario Mutsch, Sébastien Remy, Aurélien Joachim (52 Daniel Huss), Claudio Lombardelli (69 Charles Leweck), Carlos Ferreira.   Trainer: Guy Hellers

BULGARIA: Dimitar Ivankov, Stanislav Angelov, Aleksandar Tunchev, Elin Topuzakov, Lucio Wagner, Chavdar Yankov (77 Radostin Kishishev), Zdravko Lazarov (46 Hristo Yovov), Stilian Petrov, Dimitar Telkiyski, Valeri Bozhinov (68 Zoran Janković), Dimitar Berbatov.   Trainer: Hristo Stoichkov

Goal: Tunchev (26)

ALBANIA v SLOVENIA 0-0

Loro Boriçi, Shkoder 24.03.2007

Referee: Joseph Attard (MLT)   Attendance: 12,000

ALBANIA: Arjan Beqaj, Armend Dallku, Elvin Beqiri, Nevil Dede, Lorik Cana, Altin Haxhi, Altin Lala, Klodian Duro, Devis Muka (86 Besart Berisha), Edmond Kapllani (58 Alban Bushi), Erjon Bogdani (89 Hamdi Salihi).   Trainer: Otto Barić

SLOVENIA: Samir Handanovič, Matej Mavrič, Bojan Jokič, Boštjan Cesar, Branko Ilič, Robert Koren, Anton Žlogar, Andrej Komac (90 Fabijan Cipot), Nastja Čeh (80 Milenko Ačimovič), Klemen Lavrič, Ermin Rakovič (63 Valter Birsa).   Trainer: Matjaž Kek

NETHERLANDS v ROMANIA 0-0
De Kuip, Rotterdam 24.03.2007
Referee: Markus Merk (GER)   Attendance: 49,000
NETHERLANDS: Maarten Stekelenburg, Kew Jaliens, Wilfred Bouma, Joris Mathijsen, Giovanni van Bronckhorst, Denny Landzaat (79 Urby Emanuelson), Wesley Sneijder, Ryan Babel, Rafael van der Vaart (86 Clarence Seedorf), Klaas Jan Huntelaar, Arjen Robben.   Trainer: Marco van Basten
ROMANIA: Bogdan Lobonţ, Cosmin Contra, Dorin Goian, Gabriel Tamaş, Răzvan Raţ (78 Ştefan Radu), Răzvan Cociş, Bănel Nicoliţă, Mirel Rădoi, Paul Codrea (87 Laurenţiu Roşu), Ciprian Marica (64 Daniel Niculae), Adrian Mutu.   Trainer: Victor Piţurcă

SLOVENIA v NETHERLANDS 0-1 (0-0)
Arena Petrol, Celje 28.03.2007
Referee: Manuel Mejuto González (SPA)   Attendance: 9,500
SLOVENIA: Samir Handanovič, Branko Ilič, Bojan Jokič, Matej Mavrič, Boštjan Cesar, Nastja Čeh, Andrej Komac, Robert Koren, Milenko Ačimovič (61 Goran Šukalo), Klemen Lavrič (83 Valter Birsa), Ermin Rakovič (65 Milivoje Novakovič).   Trainer: Matjaž Kek
NETHERLANDS: Edwin van der Sar, John Heitinga (74 Demy de Zeeuw), Joris Mathijsen, Wilfred Bouma, Urby Emanuelson, Ibrahim Afellay (85 Clarence Seedorf), Ryan Babel (73 Danny Koevermans), Giovanni van Bronckhorst, Dirk Kuyt, Wesley Sneijder, Arjen Robben.
Trainer: Marco van Basten
Goal: Van Bronckhorst (86)

BULGARIA v ALBANIA 0-0
Vasil Levski National Stadium, Sofia 28.03.2007
Referee: Jonas Eriksson (SWE)   Attendance: 25,000
BULGARIA: Dimitar Ivankov, Radostin Kishishev, Aleksandar Tunchev, Igor Tomašić, Lucio Wagner, Chavdar Yankov, Stilian Petrov, Georgi Peev (65 Valeri Bozhinov), Hristo Yovov (46 Dimitar Telkiyski), Zoran Janković (46 Svetoslav Todorov), Dimitar Berbatov.
Trainer: Hristo Stoitchkov
ALBANIA: Arjan Beqaj, Armend Dallku, Nevil Dede, Elvin Beqiri, Debatik Curri, Altin Lala, Klodian Duro (68 Ervin Bulku), Altin Haxhi (54 Edmond Kapllani), Lorik Cana, Besart Berisha (79 Alban Bushi), Erjon Bogdani.
Trainer: Otto Barić

ALBANIA v LUXEMBOURG 2-0 (1-0)
Qemal Stafa, Tirana 02.06.2007
Referee: Lasha Silagava (GEO)   Attendance: 8,000
ALBANIA: Arjan Beqaj, Debatik Curri, Armend Dallku, Lorik Cana, Alban Bushi (76 Hamdi Salihi), Edmond Kapllani, Klodian Duro, Besart Berisha (46 Devis Muka), Ervin Skela, Altin Haxhi (74 Kristi Vangjeli), Nevil Dede.
Trainer: Otto Barić
LUXEMBOURG: Jonathan Joubert, Kim Kintziger, Jérôme Bigard (60 Daniel Da Mota), Eric Hoffmann, Jeff Strasser, René Peters, Gilles Bettmer, Ben Payal (82 Carlos Ferreira), Dan Collette (70 Chris Sagramola), Sébastien Remy, Mario Mutsch.   Trainer: Guy Hellers
Goals: Kapllani (38), Haxhi (57)

ROMANIA v LUXEMBOURG 3-0 (1-0)
Ceahlaul, Piatra Neamt 28.03.2007
Referee: Romans Lajuks (LVA)   Attendance: 12,000
ROMANIA: Bogdan Lobonţ, Cosmin Contra, Gabriel Tamaş (87 Dorel Stoica), Dorin Goian, Ştefan Radu, Mirel Rădoi, Ianis Zicu, Laurenţiu Roşu (53 Adrian Cristea), Răzvan Cociş, Daniel Niculae (65 Ciprian Marica), Adrian Mutu.
Trainer: Victor Piţurcă
LUXEMBOURG: Jonathan Joubert, Jeff Strasser, Jérôme Bigard, Eric Hoffmann, Claude Reiter, René Peters, Gilles Bettmer (50 Ben Payal), Claudio Lombardelli (81 Carlos Ferreira), Sébastien Remy, Mario Mutsch, Dan Collette (49 Chris Sagramola).   Trainer: Guy Hellers
Goals: Mutu (26), Contra (56), Marica (90)

SLOVENIA v ROMANIA 1-2 (0-0)
Arena Petrol, Celje 02.06.2007
Referee: Stuart Dougal (SCO)   Attendance: 7,000
SLOVENIA: Samir Handanovič, Boštjan Cesar, Branko Ilič, Bojan Jokič, Matej Mavrič, Goran Šukalo (80 Dare Vršič), Nastja Čeh, Andrej Komac, Robert Koren (53 Valter Birsa), Klemen Lavrič, Ermin Rakovič (61 Milivoje Novakovič).
Trainer: Matjaž Kek
ROMANIA: Bogdan Lobonţ, Cristian Chivu, Cosmin Contra, Răzvan Raţ, Gabriel Tamaş, Paul Codrea, Bănel Nicoliţă, Laurenţiu Roşu (63 Ianis Zicu), Ciprian Marica (74 Daniel Niculae), Adrian Mutu, Dorel Stoica (77 Gabriel Mureşan).
Trainer: Victor Piţurcă
Sent off: Boštjan Cesar (80), Daniel Niculae (80)
Goals: Tamaş (52), Nicoliţă (69), Vršič (90)

BELARUS v BULGARIA 0-2 (0-1)

Dinamo, Minsk 02.06.2007

Referee: Jaroslav Jara (CZE)　　Attendance: 29,000

BELARUS: Yuriy Zhevnov, Sergei Omelyanchuk (71 Oleg Strakhanovich), Sergei Shtaniuk, Yan Tigorev, Aleksandr Kulchiy, Timofei Kalachev, Vladimir Korytko, Denis Kovba, Aleksandr Hleb, Sergei Kornilenko (59 Roman Vasilyuk), Vitaliy Kutuzov (46 Vyacheslav Hleb).　　Trainer: Yuri Puntus

BULGARIA: Dimitar Ivankov, Aleksandar Tunchev, Igor Tomašić, Stanislav Angelov (90 Valeri Domovchiyski), Lucio Wagner, Dimitar Telkiyski, Radostin Kishishev, Stilian Petrov, Hristo Yovov (77 Vladimir Manchev), Martin Petrov (88 Tsvetan Genkov), Dimitar Berbatov.

Trainer: Stanimir Stoilov

Goals: Berbatov (28, 46)

BULGARIA v BELARUS 2-1 (2-1)

Vasil Levski National Stadium, Sofia 06.06.2007

Referee: Kristinn Jakobsson (ISL)　　Attendance: 10,227

BULGARIA: Dimitar Ivankov, Radostin Kishishev, Aleksandar Tunchev, Igor Tomašić, Lucio Wagner, Chavdar Yankov (90 Zahari Sirakov), Stilian Petrov, Dimitar Telkiyski, Hristo Yovov (68 Stanislav Angelov), Dimitar Berbatov, Martin Petrov (81 Vladimir Manchev).　　Trainer: Stanimir Stoilov

BELARUS: Yuriy Zhevnov, Sergei Shtaniuk, Artem Radkov, Yan Tigorev, Aleksandr Yurevich, Timofei Kalachev (44 Vitaliy Kutuzov), Vladimir Korytko, Denis Kovba, Aleksandr Hleb, Oleg Strakhanovich (64 Vyacheslav Hleb), Roman Vasilyuk (55 Sergei Kornilenko).　　Trainer: Yuri Puntus

Goals: Vasilyuk (5 pen), M. Petrov (10), Yankov (40)

LUXEMBOURG v ALBANIA 0-3 (0-2)

Josy Barthel, Luxembourg 06.06.2007

Referee: Paulius Malzinskas (LTU)　　Attendance: 4,325

LUXEMBOURG: Jonathan Joubert, Jeff Strasser, Jérôme Bigard (46 Claudio Lombardelli), Eric Hoffmann, Kim Kintziger, Ben Payal (64 Daniel Da Mota), René Peters, Gilles Bettmer, Sébastien Remy, Mario Mutsch, Dan Collette (79 Chris Sagramola).　　Trainer: Guy Hellers

ALBANIA: Arjan Beqaj, Nevil Dede, Altin Haxhi, Armend Dallku, Debatik Curri, Ervin Skela (60 Klodian Duro), Lorik Cana, Devis Muka (77 Daniel Xhafa), Edmond Kapllani, Alban Bushi (67 Besart Berisha), Erjon Bogdani.
Trainer: Otto Barić

Goals: Skela (25), Kapllani (36, 72)

ROMANIA v SLOVENIA 2-0 (1-0)

Dan Paltinisanu, Timisoara 06.06.2007

Referee: Alon Yefet (ISR)　　Attendance: 22,000

ROMANIA: Bogdan Lobonţ, Răzvan Raţ, Gabriel Tamaş, Dorin Goian, Cosmin Contra, Ianis Zicu (60 Laurenţiu Roşu), Cristian Chivu, Paul Codrea (78 Mihăiţă Pleşan), Florentin Petre (75 Bănel Nicoliţă), Ciprian Marica, Adrian Mutu.
Trainer: Victor Piţurcă

SLOVENIA: Samir Handanovič, Matej Mavrič, Mitja Mörec, Bojan Jokič (84 Suad Filekovič), Branko Ilič, Nastja Čeh, Andrej Komac, Dare Vršič, Anton Žlogar (77 Goran Šukalo), Klemen Lavrič, Valter Birsa (54 Milivoje Novakovič).
Trainer: Matjaž Kek

Goals: Mutu (40), Contra (70)

LUXEMBOURG v SLOVENIA 0-3 (0-2)

Josy Barthel, Luxembourg 08.09.2007

Referee: Sergiy Berezka (UKR)　　Attendance: 2,000

LUXEMBOURG: Jonathan Joubert, Jérôme Bigard, Eric Hoffmann, Jeff Strasser, Jeremie Peiffer (52 Daniel Da Mota), Claudio Lombardelli (46 Ben Payal), Carlos Ferreira, Gilles Bettmer, Mario Mutsch, René Peters, Daniel Huss (63 Joel Kitenge).　　Trainer: Guy Hellers

SLOVENIA: Samir Handanovič, Mišo Brecko, Mitja Mörec, Anton Žlogar (82 Fabijan Cipot), Aleš Kokot, Andraz Kirm (64 Andrej Komac), Robert Koren, Dalibor Stevanovič, Dare Vršič (78 Rene Mihelič), Milivoje Novakovič, Klemen Lavrič.
Trainer: Matjaž Kek

Goals: Lavrič (7, 47), Novakovič (37)

BELARUS v ROMANIA 1-3 (1-2)

Dinamo, Minsk 08.09.2007

Referee: Peter Fröjdfeldt (SWE)　　Attendance: 19,300

BELARUS: Vasiliy Khomutovskiy, Vladimir Korytko, Artem Radkov, Pavel Plaskonny, Yan Tigorev, Timofei Kalachev (77 Aleksei Skverniuk), Maksim Romashchenko, Aleksandr Hleb, Igor Stasevich, Sergei Kornilenko, Vitali Rodionov (61 Roman Vasilyuk).　　Trainer: Bernd Stange

ROMANIA: Bogdan Lobonţ, Răzvan Raţ, Cristian Chivu, Dorin Goian, Petre Marin, Paul Codrea (90 Eugen Trică), Ovidiu Petre, Bănel Nicoliţă, Nicolae Dică (67 Dorinel Munteanu), Adrian Mutu, Sergiu Radu (56 Florentin Petre).
Trainer: Victor Piţurcă

Goals: Mutu (16, 77 pen), Romashchenko (20), Dică (42)

NETHERLANDS v BULGARIA 2-0 (1-0)
Amsterdam ArenA, Amsterdam 08.09.2007
Referee: Luis Medina Cantalejo (SPA)   Attendance: 50,000
NETHERLANDS: Edwin van der Sar, Mario Melchiot (57 Khalid Boulahrouz), Joris Mathijsen, Wilfred Bouma, Giovanni van Bronckhorst, John Heitinga, Wesley Sneijder (73 Clarence Seedorf), Demy de Zeeuw (81 Nigel de Jong), Ryan Babel, Ruud van Nistelrooy, Robin van Persie.
Trainer: Marco van Basten
BULGARIA: Dimitar Ivankov, Lucio Wagner (78 Chavdar Yankov), Radostin Kishishev, Aleksandar Tunchev, Igor Tomašić, Stanislav Angelov, Georgi Peev (60 Ivelin Popov), Martin Petrov, Stilian Petrov, Dimitar Telkiyski (68 Velizar Dimitrov), Dimitar Berbatov.   Trainer: Dimitar Penev
Goals: Sneijder (22), Van Nistelrooy (58)

ALBANIA v NETHERLANDS 0-1 (0-0)
Qemal Stafa, Tirana 12.09.2007
Referee: Mike Riley (ENG)   Attendance: 20,000
ALBANIA: Arjan Beqaj, Armend Dallku, Nevil Dede, Debatik Curri, Kristi Vangjeli, Klodian Duro (69 Altin Haxhi), Altin Lala, Lorik Cana, Devis Muka, Erjon Bogdani (83 Ervin Bulku), Edmond Kapllani (46 Alban Bushi).
Trainer: Otto Barić
NETHERLANDS: Edwin van der Sar, Mario Melchiot, Joris Mathijsen, Wilfred Bouma (63 Urby Emanuelson), André Ooijer, Demy de Zeeuw, Wesley Sneijder, Giovanni van Bronckhorst, Ryan Babel (75 Dirk Kuyt), Ruud van Nistelrooy, Robin van Persie (46 Rafael Van der Vaart).
Trainer: Marco van Basten
Sent off: Lorik Cana (87)
Goal: Van Nistelrooy (90)

SLOVENIA v BELARUS 1-0 (1-0)
Arena Petrol, Celje 12.09.2007
Referee: Veaceslav Banari (MDA)   Attendance: 4,000
SLOVENIA: Samir Handanovič, Branko Ilič (82 Mišo Brecko), Bojan Jokič, Mitja Mörec, Fabijan Cipot, Robert Koren, Andraz Kirm, Dalibor Stevanovič (75 Luka Zinko), Valter Birsa (67 Dare Vršič), Milivoje Novakovič, Klemen Lavrič.   Trainer: Matjaž Kek
BELARUS: Vladimir Gaev, Yan Tigorev, Artem Radkov, Pavel Plaskonny, Timofei Kalachev, Igor Stasevich, Maksim Romashchenko, Aleksandr Hleb, Sergei Kornilenko (46 Vitali Rodionov), Vladimir Korytko (89 Nikolai Kashevski), Gennadiy Bliznyuk (74 Egor Filipenko).
Trainer: Bernd Stange
Sent off: Artem Radkov (70)
Goal: Lavrič (3 pen)

BELARUS v LUXEMBOURG 0-1 (0-0)
Tsentralny, Gomel 13.10.2007
Referee: Michael Svendsen (DEN)   Attendance: 14,000
BELARUS: Yuriy Zhevnov (69 Vasiliy Khomutovskiy), Sergei Omelyanchuk, Igor Stasevich (62 Timofei Kalachev), Egor Filipenko, Pavel Plaskonny, Vladimir Korytko, Aleksei Skverniuk, Maksim Romashchenko, Aleksandr Hleb, Sergei Kornilenko, Andrei Voronkov (77 Vitali Rodionov).
Trainer: Bernd Stange
LUXEMBOURG: Jonathan Joubert, Benoit Lang, Kim Kinziger, Jean Wagner, René Peters, Ben Payal (76 Carlos Ferreira), Gilles Bettmer, Claudio Lombardelli (45 Fons Leweck), Sébastien Remy, Mario Mutsch, Joël Kitenge (61 Daniel Da Mota).   Trainer: Guy Hellers
Goal: F. Leweck (90)

BULGARIA v LUXEMBOURG 3-0 (2-0)
Vasil Levski National Stadium, Sofia 12.09.2007
Referee: Bülent Demirlek (TUR)   Attendance: 8,000
BULGARIA: Georgi Petkov, Aleksandar Tunchev, Igor Tomašić, Petar Zanev, Stanislav Angelov, Ivelin Popov (74 Martin Kouchev), Radostin Kishishev, Stilian Petrov (60 Chavdar Yankov), Velizar Dimitrov, Dimitar Berbatov, Martin Petrov (66 Hristo Yovov).   Trainer: Dimitar Penev
LUXEMBOURG: Jonathan Joubert, Jérôme Bigard, Kim Kinziger, Eric Hoffmann, Jeremie Peiffer (46 Dan Collette), Jeff Strasser, René Peters, Gilles Bettmer (83 Daniel Da Mota), Sébastien Remy, Mario Mutsch, Daniel Huss (46 Ben Payal).
Trainer: Guy Hellers
Goals: Berbatov (27, 28), M. Petrov (54 pen)

ROMANIA v NETHERLANDS 1-0 (0-0)
Farul, Constanţa 13.10.2007
Referee: Kyros Vassaras (GRE)   Attendance: 13,000
ROMANIA: Bogdan Lobonţ, Dorin Goian, George Ogăraru, Răzvan Raţ, Gabriel Tamaş, Cristian Chivu, Bănel Nicoliţă, Paul Codrea, Ovidiu Petre, Ciprian Marica (70 Daniel Niculae), Adrian Mutu.   Trainer: Victor Piţurcă
NETHERLANDS: Maarten Stekelenburg, Giovanni van Bronckhorst, John Heitinga (68 Kew Jaliens), André Ooijer (84 Danny Koevermans), Joris Mathijsen, Wilfred Bouma, Demy de Zeeuw, Rafael van der Vaart, Clarence Seedorf, Ruud van Nistelrooy, Arjen Robben (78 Ryan Babel).
Trainer: Marco van Basten
Goal: Goian (71)

SLOVENIA v ALBANIA 0-0
Arena Petrol, Celje   13.10.2007
Referee: Duarte Nuno Pereira Gomes (POR)
Attendance: 4,600
SLOVENIA: Samir Handanovič, Mišo Brecko, Bojan Jokič (77 Branko Ilič), Mitja Mörec, Fabijan Cipot, Anton Žlogar, Andraz Kirm, Robert Koren, Valter Birsa (81 Rene Mihelič), Milivoje Novakovič (61 Dejan Rusič), Klemen Lavrič.
Trainer: Matjaž Kek
ALBANIA: Arjan Beqaj, Kristi Vangjeli, Debatik Curri, Nevil Dede, Blerim Rrustemi, Altin Haxhi (60 Devis Muka), Altin Lala, Ervin Bulku, Klodian Duro (77 Alban Bushi), Ervin Skela (90 Jahmir Hyka), Erjon Bogdani.   Trainer: Otto Barić

ALBANIA v BULGARIA 1-1 (1-0)
Qemal Stafa, Tirana   17.10.2007
Referee: Fritz Stuchlik (AUS)   Attendance: 8,000
ALBANIA: Arjan Beqaj, Debatik Curri, Armend Dallku, Nevil Dede, Kristi Vangeli, Klodian Duro, Altin Haxhi (46 Devis Muka), Altin Lala, Ervin Skela, Hamdi Salihi (73 Ervin Bulku), Erjon Bogdani.   Trainer: Otto Barić
BULGARIA: Georgi Petkov, Radostin Kishishev, Igor Tomašić, Valentin Iliev, Lucio Wagner, Stanislav Angelov, Stilian Petrov (46 Blagoy Georgiev), Dimitar Telkiyski (46 Chavdar Yankov), Ivelin Popov (72 Hristo Yovov), Martin Petrov, Dimitar Berbatov.   Trainer: Dimitar Penev
Goals: Kishishev (32 own goal), Berbatov (87)

LUXEMBOURG v ROMANIA 0-2 (0-1)
Josy Barthel, Luxembourg   17.10.2007
Referee: Felix Brych (GER)   Attendance: 3,600
LUXEMBOURG: Stéphane Gillet, Benoit Lang, Jean Wagner, Kim Kinziger, Eric Hoffmann, Mario Mutsch, Ben Payal (68 Fons Leweck), René Peters, Gilles Bettmer (49 Carlos Ferreira), Sébastien Remy, Joël Kitenge (57 Daniel Da Mota).
Trainer: Guy Hellers
ROMANIA: Bogdan Lobonț, George Ogăraru, Gabriel Tamaș, Dorin Goian, Răzvan Raț, Florentin Petre, Andrei Mărgăritescu, Cristian Chivu (87 Ovidiu Petre), Ciprian Marica, Nicolae Dică (68 Adrian Cristea), Daniel Niculae (76 Florin Bratu).   Trainer: Victor Pițurcă
Goals: F. Petre (42), Marica (61)

BULGARIA v ROMANIA 1-0 (1-0)
Vasil Levski National, Sofia   17.11.2007
Referee: Konrad Plautz (AUS)   Attendance: 15,000
BULGARIA: Dimitar Ivankov, Zhivko Milanov, Igor Tomašic, Aleksandar Tunchev, Petar Zanev, Blagoy Georgiev, Stilian Petrov, Hristo Yovov (83 Dimitar Telkiyski), Velizar Dimitrov, Martin Petrov (90 Zdravko Lazarov), Dimitar Berbatov.
Trainer: Dimitar Penev
ROMANIA: Bogdan Lobonț, George Ogăraru, Gabriel Tamaș (58 Răzvan Cociș), Dorin Goian, Răzvan Raț, Paul Codrea (82 Eugen Trică), Ovidiu Petre, Cristian Chivu, Bănel Nicoliță, Ionuț Mazilu (65 Ciprian Marica), Daniel Niculae.
Trainer: Victor Pițurcă
Goal: V. Dimitrov (6)

NETHERLANDS v SLOVENIA 2-0 (1-0)
PSV, Eindhoven   17.10.2007
Referee: Nicola Rizzoli (ITA)   Attendance: 35,000
NETHERLANDS: Maarten Stekelenburg, Kew Jaliens, John Heitinga, Wilfred Bouma, Urby Emanuelson, Wesley Sneijder, Demy de Zeeuw, Clarence Seedorf, Robin van Persie (59 Andre Ooijer), Klaas Jan Huntelaar, Rafael van der Vaart (29 Arjen Robben, 62 Ryan Babel).   Trainer: Marco van Basten
SLOVENIA: Samir Handanovič, Boštjan Cesar, Robert Koren, Mitja Mörec, Mišo Brecko, Anton Žlogar, Andraz Kirm (81 Bojan Jokič), Klemen Lavrič, Valter Birsa (67 Milivoje Novakovič), Branko Ilič, Andrej Komac (85 Zlatan Ljubijankič).   Trainer: Matjaž Kek
Goals: Sneijder (14), Huntelaar (86)

ALBANIA v BELARUS 2-4 (2-2)
Qemal Stafa, Tirana   17.11.2007
Referee: Bülent Demirlek (TUR)   Attendance: 5,000
ALBANIA: Arjan Beqaj, Debatik Curri, Nevil Dede, Altin Lala (75 Alban Bushi), Blerim Rrustemi (38 Kristi Vangeli), Ervin Skela, Lorik Cana, Armend Dallku, Klodian Duro, Erjon Bogdani, Edmond Kapllani (74 Hamdi Salihi).
Trainer: Slavko Kovacic.
BELARUS: Yuriy Zhevnov, Sergei Omelyanchuk, Egor Filipenko, Pavel Plaskonny (65 Aleksei Skverniuk), Roman Kirenkin, Aleksandr Kulchiy, Timofei Kalachev (75 Vladimir Korytko), Maksim Romashchenko, Aleksandr Hleb, Vitaliy Bulyga, Vitaliy Kutuzov (90 Sergei Kornilenko).
Trainer: Bernd Stange
Goals: Romashchenko (28, 63 pen), Bogdani (39), Kapllani (43), Kutuzov (45, 54)

NETHERLANDS v LUXEMBOURG 1-0 (1-0)
De Kuip, Rotterdam   17.11.2007
Referee: Martin Hansson (SWE)   Attendance: 49,000
NETHERLANDS: Edwin van der Sar, Mario Melchiot, Joris Mathijsen, Wilfred Bouma, Demy de Zeeuw, Giovanni van Bronckhorst, Rafael van der Vaart, Wesley Sneijder, Clarence Seedorf (77 Urby Emanuelson), Ruud van Nistelrooy (46 Dirk Kuyt), Danny Koevermans (84 Ryan Babel).
Trainer: Marco van Basten
LUXEMBOURG: Jonathan Joubert, Kim Kinziger, Eric Hoffmann, Jean Wagner, Jeff Strasser, Mario Mutsch, René Peters, Ben Payal, Gilles Bettmer (66 Fons Leweck), Sébastien Remy, Joël Kitenge (50 Aurélien Joachim).
Trainer: Guy Hellers
Goal: Koevermans (43)

ROMANIA v ALBANIA 6-1 (1-0)
Naţional, Bucureşti   21.11.2007
Referee: Edo Trivkovic (CRO)   Attendance: 25,000
ROMANIA: Bogdan Lobonţ, George Ogăraru, Gabriel Tamaş (78 Marius Constantin), Dorin Goian, Răzvan Raţ, Florentin Petre (65 Gheorghe Bucur), Andrei Mărgăritescu, Răzvan Cociş, Daniel Niculae, Ciprian Marica (73 Ionuţ Mazilu), Nicolae Dică.   Trainer: Victor Piţurcă
ALBANIA: Arjan Beqaj, Debatik Curri, Nevil Dede, Kristi Vangjeli (41 Edmond Kapllani), Andi Lila, Altin Haxhi, Altin Lala, Ervin Bulku, Klodian Duro (78 Jahmir Hyka), Ervin Skela, Erjon Bogdani (83 Elis Bakaj).   Trainer: Slavko Kovacic
Sent off: Debatik Curri (61), Nevil Dede (70)
Goals: Dică (22, 73 pen), Tamaş (53), D. Niculae (63, 68), Kapllani (64), Marica (71 pen)

SLOVENIA v BULGARIA 0-2 (0-0)
Arena Petrol, Celje   21.11.2007
Referee: Howard Webb (ENG)   Attendance: 3,600
SLOVENIA: Samir Handanovič, Bojan Jokič, Mitja Mörec, Boštjan Cesar, Mišo Brecko, Anton Žlogar, Robert Koren, Dalibor Stevanovič (56 Andrej Komac), Andraž Kirm, Valter Birsa (49 Branko Ilič), Klemen Lavrič (65 Milivoje Novakovič).
Trainer: Matjaž Kek
BULGARIA: Dimitar Ivankov, Zhivko Milanov (46 Iordan Todorov), Igor Tomašić, Aleksandar Tunchev, Stanislav Angelov, Blagoy Georgiev, Stilian Petrov (46 Dimitar Telkiyski), Hristo Yovov (76 Zdravko Lazarov), Velizar Dimitrov, Martin Petrov, Dimitar Berbatov.
Trainer: Dimitar Penev
Sent off: Bojan Jokič (45)
Goals: Georgiev (81), Berbatov (84)

BELARUS v NETHERLANDS 2-1 (0-0)
Dinamo, Minsk   21.11.2007
Referee: Bertrand Layec (FRA)   Attendance: 19,000
BELARUS: Yuriy Zhevnov, Sergei Omelyanchuk (90 Igor Stasevich), Egor Filipenko, Roman Kirenkin, Aleksei Skverniuk, Vladimir Korytko, Aleksandr Hleb (46 Nikolai Kashevski), Aleksandr Kulchiy, Maksim Romashchenko, Vitaliy Kutuzov, Vitaliy Bulyga (85 Sergei Kornilenko).
Trainer: Bernd Stange
NETHERLANDS: Maarten Stekelenburg, Mario Melchiot, Joris Mathijsen, André Ooijer, Wilfred Bouma, Wesley Sneijder (46 Dirk Kuyt), Rafael van der Vaart, Giovanni van Bronckhorst (66 Orlando Engelaar), Demy de Zeeuw (69 Nigel de Jong), Ryan Babel, Danny Koevermans.
Trainer: Marco van Basten
Goals: Bulyga (49), Korytko (65), Van der Vaart (89)

	P	W	D	L	F	A	Pts
Romania	12	9	2	1	26	7	29
Netherlands	12	8	2	2	15	5	26
Bulgaria	12	7	4	1	18	7	25
Belarus	12	4	1	7	17	23	13
Albania	12	2	5	5	12	18	11
Slovenia	12	3	2	7	9	16	11
Luxembourg	12	1	0	11	2	23	3

FINAL TOURNAMENT IN SWITZERLAND AND AUSTRIA

GROUP A

SWITZERLAND v CZECH REPUBLIC 0-1 (0-0)
St. Jakob-Park, Basel   07.06.2008
Referee: Roberto Rosetti (ITA)   Attendance: 42,500
SWITZERLAND: Diego Benaglio, Ludovic Magnin, Philippe Senderos, Stephan Lichtsteiner (75 Johan Vonlanthen), Gökhan Inler, Alexander Frei (46 Hakan Yakin), Marco Streller, Gelson Fernandes, Tranquillo Barnetta, Valon Behrami (84 Eren Derdiyok), Patrick Müller.
Trainer: Jakob Kuhn
CZECH REPUBLIC: Petr Čech, Zdeněk Grygera, Jan Polák, Tomáš Galásek, Marek Jankulovski, Libor Sionko (83 Stanislav Vlček), Jan Koller (56 Václav Svěrkoš), David Jarolím (87 Radoslav Kováč), Jaroslav Plašil, Tomáš Ujfaluši, David Rozehnal.   Trainer: Karel Brückner
Goal: Svěrkoš (71)

PORTUGAL v TURKEY 2-0 (0-0)
Stade de Genève, Genève 07.06.2008

Referee: Herbert Fandel (GER)   Attendance: 30,084

PORTUGAL: RICARDO Pereira, José Bosingwa, PEPE, Ricardo Carvalho, Paulo Ferreira, Anderson Souza "DECO" (90 Fernando Meira), Armando Petit, João Moutinho, Simão Sabrosa (81 Raul Meireles), Cristiano Ronaldo, Nuno Gomes (69 Nani).   Trainer: Luiz Felipe Scolari

TURKEY: Volkan Demirel, Hamit Altintop (76 Semih Şentürk), Gökhan Zen (55 Emre Aşik), Servet Cetin, Hakan Balta, Mevlut Erdinc (46 Sabri Sarioglu), Emre Belezoglu, Kazim Kazim, Mehmet Aurelio, Tuncay Şanli, Nihat Kahveci.   Trainer: Fatih Terim

Goals: Pepe (61), Raul Meireles (90+3)

CZECH REPUBLIC v PORTUGAL 1-3 (1-1)
Stade de Geneve, Genève   11.06.2008

Referee: Kyros Vassaras (GRE)   Attendance: 30,084

CZECH REPUBLIC: Petr Čech, Zdeněk Grygera, Tomáš Ujfaluši, David Rozehnal, Marek Jankulovski, Libor Sionko, Jan Polák, Marek Matějovský (68 Stanislav Vlček), Tomáš Galásek (73 Jan Koller), Jaroslav Plašil (85 David Jarolím), Milan Baroš.   Trainer: Karel Brückner

PORTUGAL: RICARDO Pereira, José Bosingwa, PEPE, Ricardo Carvalho, Paulo Ferreira, Armando Petit, Anderson Souza "DECO", João Moutinho (75 Fernando Meira), Simão Sabrosa (80 Ricardo Quaresma), Nuno Gomes (79 Hugo Almeida), Cristiano Ronaldo.   Trainer: Luiz Felipe Scolari

Goals: Sionko (17), Anderson Souza "DECO" (8), Cristiano Ronaldo (63), Ricardo Quaresma (90+1)

SWITZERLAND v TURKEY 1-2 (1-0)
St.Jakob Park, Basel   11.06.2008

Referee: Luboš Michel (SVK)   Attendance: 42,500

SWITZERLAND: Diego Benaglio, Stephan Lichtsteiner, Patrick Mueller, Philippe Senderos, Ludovic Magnin, Valon Behrami, Gokhan Inler, Gelson Fernandes (76 Ricardo Cabanas), Tranquillo Barnetta (66 Johan Vonlanthen), Hakan Yakin (86 Daniel Gygax), Eren Derdiyok.   Trainer: Jakob Kuhn

TURKEY: Volkan Demirel, Hamit Altintop, Emre Aşik, Servet Cetin, Hakan Balta, Gokdeniz Karadeniz (46 Mehmet Topal), Tumer Metin (46 Semih Şentürk), Mehmet Aurelio, Arda Turan, Tuncay Şanli, Nihat Kahveci (85 Kazim Kazim).   Trainer: Fatih Terim

Goals: Hakan Yakin (32), Semih Şentürk (57), Arda Turan (90)

TURKEY v CZECH REPUBLIC 3-2 (0-1)
Stade de Geneve, Genève   15.06.2008

Referee: Peter Frojdfeldt (SWE)   Attendance: 30,084

TURKEY: Volkan Demirel, Hamit Altintop, Emre Gungor (63 Emre Aşik), Servet Cetin, Hakan Balta, Tuncay Şanli, Mehmet Topal (57 Kazim Kazim), Mehmet Aurelio, Arda Turan, Semih Şentürk (46 Sabri Sarioglu), Nihat Kahveci.
Trainer: Fatih Terim

CZECH REPUBLIC: Petr Čech, Zdeněk Grygera, Tomáš Ujfaluši, David Rozehnal, Marek Jankulovski, Libor Sionko (84 Stanislav Vlček), Jan Polák, Marek Matějovský (39 David Jarolím), Tomáš Galásek, Jaroslav Plašil (80 Michal Kadlec), Jan Koller.   Trainer: Karel Brückner

Sent off: Volkan (90+3)

Goals: Arda Turan (75), Nihat Kahveci (88, 89), Koller (34), Plasil (62)

SWITZERLAND v PORTUGAL 2-0 (0-0)
St.Jakob Park, Basel   15.06.2008

Referee: Konrad Plautz (AUS)   Attendance: 42,500

SWITZERLAND: Pascal Zuberbuehler, Stephan Lichtsteiner (83 Stephane Grichting), Patrick Mueller, Philippe Senderos, Ludovic Magnin, Valon Behrami, Gelson Fernandes, Gokhan Inler, Johan Vonlanthen (61 Tranquillo Barnetta), Hakan Yakin (86 Ricardo Cabanas), Eren Derdiyok.   Trainer: Jakob Kuhn

PORTUGAL: RICARDO Pereira, Miguel (71 João Moutinho), Pepe, Bruno Alves, Paulo Ferreira (41 Jorge Riberiro), Fernando Meira, Miguel Veloso, Raul Meireles, Nani, Ricardo Quaresma, Helder Postiga (74 Hugo Almeida).
Trainer: Luiz Felipe Scolari

Goals: Murat Yakin (71, 83 pen)

	P	W	D	L	F	A	Pts
Portugal	3	2	0	1	5	3	6
Turkey	3	2	0	1	5	5	6
Switzerland	3	1	0	2	3	3	3
Czech Republic	3	1	0	2	4	6	3

GROUP B

AUSTRIA v CROATIA 0-1 (0-1)
Ernst-Happel, Wien 08.06.2008
Referee: Pieter Vink (HOL)   Attendance: 51,428
AUSTRIA: Jürgen Macho, Sebastian Prödl, Martin Stranzl, Emanuel Pogatetz, René Aufhauser, Jürgen Säumel (61 Ivica Vastic), Joachim Standfest, Andreas Ivanschitz, Ronald Gercaliu (69 Ümit Korkmaz), Martin Harnik, Roland Linz (74 Roman Kienast).   Trainer: Josef Hickersberger
CROATIA: Stipe Pletikosa, Vedran Čorluka, Robert Kovač, Josip Šimunić, Danijel Pranjić, Darijo Srna, Niko Kovač, Luka Modrić, Niko Kranjčar (61 Dario Knežević), Ivica Olić (83 Ognjen Vukojević), Mladen Petrić (72 Igor Budan).   Trainer: Slaven Bilić
Goal: Modric (4 pen)

GERMANY v POLAND 2-0 (1-0)
Wörtherseestadion, Klagenfurt 08.06.2008
Referee: Tom Henning Øvrebø (NOR)   Attendance: 30,461
GERMANY: Jens Lehmann, Philipp Lahm, Per Mertesacker, Christoph Metzelder, Marcell Jansen, Clemens Fritz (55 Bastian Schweinsteiger), Torsten Frings, Michael Ballack, Lukas Podolski, Mario Gómez García (75 Thomas Hitzlsperger), Miroslav Klose (90 Kevin Dennis Kurányi).   Trainer: Joachim Löw
POLAND: Artur Boruc, Marcin Wasilewski, Michał Żewłakow, Jacek Bąk, Paweł Golański (75 Marek Saganowski), Wojciech Łobodziński (65 Łukasz Piszczek), Dariusz Dudka, Mariusz Lewandowski, Maciej Żurawski (46 Roger), Jacek Krzynówek, Euzebiusz Smolarek.   Trainer: Leo Beenhakker
Goals: Podolski (20, 72)

CROATIA v GERMANY 2-1 (1-0)
Wörtherseestadion, Klagenfurt 12.06.2008
Referee: Frank de Bleeckere (BEL)   Attendance: 30,461
CROATIA: Stipe Pletikosa, Vedran Čorluka, Robert Kovač, Josip Šimunić, Danijel Pranjić, Darijo Srna (80 Jerko Leko), Niko Kovač, Niko Kranjčar (85 Dario Knežević), Luka Modrić, Ivan Rakitić, Ivica Olić (72 Mladen Petrić).   Trainer: Slaven Bilić
GERMANY: Jens Lehmann, Philipp Lahm, Per Mertesacker, Christoph Metzelder, Marcell Jansen (46 David Odonkor), Clemens Fritz (82 Kevin Dennis Kurányi), Torsten Frings, Michael Ballack, Lukas Podolski, Mario Gómez García (65 Bastian Schweinsteiger), Miroslav Klose.   Trainer: Joachim Löw
Goals: Srna (24), Olic (62), Podolski (79)

AUSTRIA v POLAND 1-1 (0-1)
Ernst Happel, Wien 12.06.2008
Referee: Howard Melton Webb (ENG)   Attendance: 51,428
AUSTRIA: Jürgen Macho, György Garics, Sebastian Proedl, Martin Stranzl, Emanuel Pogatetz, Christoph Leitgeb, Rene Aufhauser (74 Jürgen Saeumel), Andreas Ivanschitz (64 Ivica Vastic), Ümit Korkmaz, Martin Harnik, Roland Linz (64 Roman Kienast).   Trainer: Josef Hickersberger
POLAND: Artur Boruc, Marcin Wasilewski, Jacek Bąk, Mariusz Jop (46 Paweł Golański), Michał Żewłakow, Euzebiusz Smolarek, Mariusz Lewandowski, Dariusz Dudka, Jacek Krzynówek, Roger Guerreiro (82 Rafał Murawski), Marek Saganowski (80 Wojciech Łobodziński).   Trainer: Leo Beenhakker
Goals: Guerreiro (30), Vastic (90 pen)

AUSTRIA v GERMANY 0-1 (0-0)
Ernst Happel, Wien 16.06.2008
Referee: Manuel Mejuto González (SPA)   Att: 51,428
AUSTRIA: Jürgen Macho, Martin Stranzl, Martin Hiden (55 Christoph Leitgeb), Emanuel Pogatetz, György Garics, Rene Aufhauser (63 Jürgen Säumel), Andreas Ivanschitz, Christian Fuchs, Martin Harnik (67 Roman Kienast), Erwin Hoffer, Ümit Korkmaz.   Trainer: Josef Hickersberger
GERMANY: Jens Lehmann, Arne Friederich, Per Mertesacker, Christoph Metzelder, Philipp Lahm, Clemens Fritz (90 Tim Borowski), Torsten Frings, Michael Ballack, Lukas Podolski (83 Oliver Neuville), Miroslav Klose, Mario Gómez García (60 Thomas Hitzlsperger).   Trainer: Joachim Löw
Goal: Ballack (48)

POLAND v CROATIA 0-1 (0-0)
Worthersee, Klagenfurt 16.06.2008
Referee: Kyros Vassaras (GRE)   Attendance: 30,461
POLAND: Artur Boruc, Marcin Wasilewski, Dariusz Dudka, Michał Żewłakow, Jakub Wawrzyniak, Wojciech Łobodziński (55 Euzebiusz Smolarek), Rafał Murawski, Mariusz Lewandowski (46 Adam Kokoszka), Jacek Krzynówek, Roger, Marek Saganowski (68 Tomasz Zahorski).   Trainer: Leo Beenhakker
CROATIA: Vedran Runje, Dario Simić, Hrvoje Vejić, Dario Knežević (27 Vedran Čorluka), Danijel Pranjić, Jerko Leko, Ognjen Vukojević, Nikola Pokrivač, Ivan Rakitić, Ivan Klasnić (75 Nikola Kalinić), Mladen Petrić (75 Niko Kranjčar).   Trainer: Slaven Bilić
Goal: Klasnic (53)

	P	W	D	L	F	A	Pts
Croatia	3	3	0	0	4	1	9
Germany	3	2	0	1	4	2	6
Austria	3	0	1	2	1	3	1
Poland	3	0	1	2	1	4	1

GROUP C

ROMANIA v FRANCE 0-0

Letzigrund, Zürich   09.06.2008

Referee: Manuel Mejuto González (SPA)   Att: 30,585

ROMANIA: Bogdan Lobonț, Cosmin Contra, Gabriel Tamaș, Dorin Goian, Răzvan Raț, Răzvan Cociș (64 Paul Codrea), Mirel Rădoi (90 Nicolae Dică), Cristian Chivu, Bănel Nicoliță, Adrian Mutu (78 Marius Niculae), Daniel Niculae. Trainer: Victor Pițurcă

FRANCE: Grégory Coupet, Willy Sagnol, Lilian Thuram, William Gallas, Éric Abidal, Franck Ribéry, Jérémy Toulalan, Claude Makélélé, Florent Malouda, Nicolas Anelka (72 Bafétimbi Gomis), Karim Benzema (78 Samir Nasri). Trainer: Raymond Domenech

NETHERLANDS v ITALY 3-0 (2-0)

Stade de Suisse, Bern   09.06.2008

Referee: Peter Frojdfeldt (SWE)   Attendance: 31,783

NETHERLANDS: Edwin van der Sar, Khalid Boulahrouz (77 Johnny Heitinga), André Ooijer, Joris Mathijsen, Giovanni van Bronckhorst, Nigel de Jong, Orlando Engelaar, Dirk Kuyt (81 Ibrahim Afellay), Rafael Van der Vaart, Wesley Sneijder, Ruud van Nistelrooy (70 Robin van Persie). Trainer: Marco van Basten

ITALY: Gianluigi Buffon, Christian Panucci, Andrea Barzagli, Marco Materazzi (55 Fabio Grosso), Gianluca Zambrotta, Massimo Ambrosini, Andrea Pirlo, Gennaro Gattuso, Mauro Camoranesi (75 Antonio Cassano), Antonio Di Natale (64 Alessandro Del Piero), Luca Toni. Trainer: Roberto Donadoni

Goals: Van Nistelrooy (26), Sneijder (31), van Bronckhorst (79)

ITALY v ROMANIA 1-1 (0-0)

Letzigrund, Zürich   13.06.2008

Referee: Tom Henning Øvrebø (NOR)   Attendance: 30,585

ITALY: Gianluigi Buffon, Gianluca Zambrotta, Christian Panucci, Giorgio Chiellini, Fabio Grosso, Simone Perrotta (58 Antonio Cassano), Daniele De Rossi, Andrea Pirlo, Mauro Camoranesi (85 Massimo Ambrosini), Alessandro Del Piero, (77 Fabio Quagliarella), Luca Toni. Trainer: Roberto Donadoni

ROMANIA: Bogdan Lobonț, Cosmin Contra, Gabriel Tamaș, Dorin Goian, Răzvan Raț, Paul Codrea, Mirel Rădoi (25 Nicolae Dică), Cristian Chivu, Florentin Petre (60 Bănel Nicoliță), Adrian Mutu (88 Răzvan Cociș), Daniel Niculae. Trainer: Victor Pițurcă

Goals: Panucci (57), Mutu (55)

NETHERLANDS v FRANCE 4-1 (1-0)

Stade de Suisse, Bern   13.06.2008

Referee: Herbert Fandel (GER)   Attendance: 31,783

NETHERLANDS: Edwin van der Sar, Khalid Boulahrouz, André Ooijer, Joris Mathijsen, Giovanni van Bronckhorst, Orlando Engelaar (46 Arjen Robben), Dirk Kuyt (56 Robin van Persie), Rafael van der Vaart (78 Wilfred Bouma), Wesley Sneijder, Ruud van Nistelrooy.   Trainer: Marco van Basten

FRANCE: Gregory Coupet, Willy Sagnol, Lilian Thuram (cap.), William Gallas, Patrice Evra, Jeremy Toulalan, Claude Makélélé, Sidney Govou (75 Nicolas Anelka), Franck Ribéry, Florent Malouda (60 Bagetibis Gomis), Thierry Henry. Trainer: Raymond Domenech

Goals: Kuyt (24), Van Persie (59), Robben (72), Sneijder (90), Henry (71)

FRANCE v ITALY 0-2 (0-1)

Letzigrund, Zürich   17.06.2008

Referee: Luboš Michel (SVK)   Attendance: 31,500

FRANCE: Gregory Coupet, François Clerc, William Gallas, Eric Abidal, Patrice Evra, Sidney Govou (66 Nicolas Anelka), Jeremy Toulalan, Claude Makélélé, Franck Ribery (10 Samir Nasri, 26 Jean-Alain Boumsong), Thierry Henry, Karim Benzema.   Trainer: Raymond Domenech

ITALY: Gianluigi Buffon, Gianluca Zambrotta, Giorgio Chiellini, Christian Panucci, Fabio Grosso, Andrea Pirlo (55 Massimo Ambrosini), Daniele De Rossi, Gennaro Gattuso (82 Alberto Aquilani), Simone Perrotta (64 Mauro Camoranessi), Luca Toni, Antonio Cassano.   Trainer: Roberto Donadoni

Goals: Pirlo (25), Henry (62 own goal)

NETHERLANDS v ROMANIA 2-0 (0-0)
Stade de Suisse, Bern   17.06.2008
Referee: Massimo Busacca (SWI)   Attendance: 30,777
NETHERLANDS: Maarten Stekelenburg, Khalid Boulahrouz (58 Mario Melchiot), John Heitinga, Wilfred Bouma, Tim de Cler, Demy de Zeeuw, Orlando Engelaar, Ibrahim Afellay, Robin van Persie, Klaas-Jan Huntelaar (83 Jan Vennegoor of Hesselink), Arjen Robben (62 Dirk Kuyt).
Trainer: Marco van Basten
ROMANIA: Bogdan Lobonţ, Cosmin Contra, Gabriel Tamaş, Sorin Ghionea, Răzvan Raţ, Paul Codrea (72 Nicolae Dică), Cristian Chivu, Răzvan Cociş, Bănel Nicoliţă (82 Florentin Petre), Adrian Mutu, Marius Niculae (59 Daniel Niculae).
Trainer: Victor Piţurcă.

Goals: Huntelaar (55), van Persie (87)

GREECE v SWEDEN 0-2 (0-0)
Wals-Siezenheim, Salzburg   10.06.2008
Referee: Massimo Busacca (SWI)   Attendance: 30,883
GREECE: Antonis Nikopolidis, Giourkas Seitaridis, Sotiris Kyrgiakos, Paraskevas Antzas, Traianos Dellas (70 Ioannis Amanatidis), Vassilis Torosidis, Angelos Charisteas, Angelos Basinas, Costas Katsouranis, Giorgos Karagounis, Theofanis Gekas (46 Giorgos Samaras).   Trainer: Otto Rehhagel
SWEDEN: Andreas Isaksson, Niclas Alexandersson (74 Fredrik Stoor), Olof Mellberg, Petter Hansson, Mikael Nilsson, Christian Wilhelmsson (78 Markus Rosenberg), Anders Svensson, Fredrik Ljungberg, Henrik Larsson, Daniel Andersson, Zlatan Ibrahimović (71 Johan Elmander).
Trainer: Lars Lagerbäck

Goals: Ibrahimovic (67), Hansson (72)

	P	W	D	L	F	A	Pts
Netherlands	3	3	0	0	9	1	9
Italy	3	1	1	1	3	4	4
Romania	3	0	2	1	1	3	2
France	3	0	1	2	1	6	1

GROUP D

SWEDEN v SPAIN 1-2 (1-1)
Tivoli Neu, Innsbruck   14.06.2008
Referee: Pieter Vink (HOL)   Attendance: 30,772
SWEDEN: Andreas Isaksson, Fredrik Stoor, Olof Mellberg, Petter Hansson, Mikael Nilsson, Anders Svensson, Daniel Andersson, Fredrik Ljungberg, Johan Elmander (79 Sebastian Larsson), Zlatan Ibrahimović (46 Markus Rosenberg), Henrik Larsson (87 Kim Källström).   Trainer: Lars Lagerbäck
SPAIN: Iker Casillas, Sergio Ramos, Carles Puyol (24 Raul Albiol), Carlos Marchena, Joan Capdevila, Marcos Senna, Andres Iniesta (59 Santi Cazorla), Xavi Hernández (58 Cesc Fabregas), David Silva, David Villa, Fernando Torres.
Trainer: Luis Aragonés

Goals: Ibrahimović (34), Torres (15), Villa (90+2)

SPAIN v RUSSIA 4-1 (2-0)
Tivoli Neu, Innsbruck   10.06.2008
Referee: Konrad Plautz (AUS)   Attendance: 30,772
SPAIN: Iker Casillas, Sergio Ramos, Carles Puyol, Carlos Marchena, Joan Capdevila, David Silva (78 Xabi Alonso), Marcos Senna, Xavi Hernández, Andres Iniesta (63 Santi Cazorla), Fernando Torres (54 Cesc Fabregas), David Villa.
Trainer: Luis Aragonés
RUSSIA: Igor Akinfeev, Aleksandr Aniukov, Denis Kolodin, Roman Shirokov, Yuri Zhirkov, Konstantin Zyryanov, Serghei Semak, Igor Semshov (58 Dmitri Torbinski), Dmitri Sychev (46 Vladimir Bistrov, 70 Roman Adamov), Diniar Bilialetdinov, Roman Pavliucenko.   Trainer: Guus Hiddink

Goals: David Villa (20, 45, 75), Fabregas (90), Pavlyucenko (82)

GREECE v RUSSIA 0-1 (0-1)
Wals-Siezenheim, Salzburg   14.06.2008
Referee: Roberto Rosetti (ITA)   Attendance: 30,883
GREECE: Antonis Nikopolidis, Giourkas Seitaridis (40 Giorgos Karagounis), Traianos Dellas, Sotiris Kyrgiakos, Vassilis Torosidis, Costas Katsouranis, Angelos Basinas, Christos Patsatzoglou, Angelos Charisteas, Nikos Liberopoulos (61 Theofanis Gekas), Ioannis Amanatidis (80 Stelios Giannakopoulos).   Trainer: Otto Rehhagel
RUSSIA: Igor Akinfeev, Aleksandr Aniukov, Denis Kolodin, Serghei Ignashevich, Yuri Zhirkov (87 Vasili Berezutski), Serghei Semak, Dmitri Torbinski, Konstantin Zyryanov, Igor Semshov, Diniar Bilialetdinov (70 Ivan Saenko), Roman Pavliucenko.   Trainer: Guus Hiddink

Goal: Zyryanov (33)

RUSSIA v SWEDEN 2-0 (1-0)
Tivoli Neu, Innsbruck 18.06.2008
Referee: Frank De Bleeckere (BEL)   Attendance: 30,772

RUSSIA: Igor Akinfeev, Alexandr Aniukov, Denis Kolodin, Serghei Ignashevich, Yuri Zhirkov, Serghei Semak, Konstantin Zyryanov, Igor Semshov, Diniar Bilialetdinov (65 Igor Saenko), Andrei Arshavin, Roman Pavliucenko (90 Vladimir Bystrov).   Trainer: Guus Hiddink

SWEDEN: Andreas Isaksson, Fredrik Stoor, Olof Mellberg, Petter Hansson, Mikael Nilsson (79 Marcus Allback), Johan Elmander, Anders Svensson, Daniel Andersson (56 Kim Källström), Fredrik Ljungberg, Zlatan Ibrahimović, Henrik Larsson.   Trainer: Lars Lagerbäck

Goals: Pavliucenko (24), Arshavin (50)

GREECE v SPAIN 1-2 (1-0)
Wals-Siezenheim, Salzburg 18.06.2008
Referee: Howard Webb (ENG)   Attendance: 30,883

GREECE: Antonis Nikopolidis, Loukas Vintra, Sotiris Kyrgiakos (65 Paraskevas Antzas), Traianos Dellas, Nikos Spyropoulos, Angelos Basinas, Costas Katsouranis, Dimitris Salpigidis (85 Stelios Giannakopoulos), Giorgos Karagounis (74 Alexis Tziolis), Yannis Amanatidis, Angelos Charisteas.   Trainer: Otto Rehhagel

SPAIN: José Manuel Reina, Alvaro Arbeloa, Juanito Gutiérrez, Raúl Albiol, Fernando Navarro, Xabi Alonso, Ruben de la Red, Cesc Fábregas, Sergio García, Andres Iniesta (58 Santi Cazorla), Daniel Güiza.   Trainer: Luis Aragonés

Goals: Charisteas (42), Ruben de la Red (61), Güiza (88)

	P	W	D	L	F	A	Pts
Spain	3	3	0	0	8	3	9
Russia	3	2	0	1	4	4	6
Sweden	3	1	0	2	3	4	3
Greece	3	0	0	3	1	5	0

QUARTER-FINALS

PORTUGAL v GERMANY 2-3 (1-2)
St Jakobs Park, Basel 19.06.2008
Referee: Peter Frojdfeldt (SWE)   Attendance: 42,500

PORTUGAL: RICARDO Pereira, José Bosingwa, PEPE, Ricardo Carvalho, Paulo Ferreira, João Moutinho (31 Raul Meireles), Armando Petit (73 Helder Postiga), Anderson Souza "DECO", Cristiano Ronaldo, Nuno Gomes (67 Nani), Simão Sabrosa.   Trainer: Luiz Felipe Scolari

GERMANY: Jens Lehmann, Arne Friedrich, Per Mertesacker, Christoph Metzelder, Philipp Lahm, Bastian Schweinsteiger (83 Clemens Fritz), Simon Rolfes, Michael Ballack, Thomas Hitzlsperger (73 Tim Borowski), Miroslav Klose (89 Marcell Jansen), Lukas Podolski.   Trainer: Joachim Löw

Goals: Nuno Gomes (40), Helder Postiga (87), Schweinsteiger (22), Klose (28), Ballack (61)

CROATIA v TURKEY 1-1 (0-0, 0-0) (AET)
Ernst Happel, Wien 20.06.2008
Referee: Roberto Rosetti (ITA)   Attendance: 51,428

CROATIA: Stipe Pletikosa, Vedran Čorluka, Josip Simunić, Robert Kovač, Danijel Pranjić, Darijo Srna, Niko Kovač, Luka Modrić, Ivan Rakitić, Niko Kranjčar (65 Mladen Petrić), Ivica Olić (97 Ivan Klasnić).   Trainer: Slaven Bilić

TURKEY: Ruştu Recber, Sabri Sarioglu, Emre Aşik, Gokhan Zan, Hakan Balta, Hamit Altintop, Tuncay Şanli, Mehmet Topal (77 Semih Şenturk), Arda Turan, Kazim Kazim (61 Ugur Boral), Nihat Kahveci (117 Gokdeniz Karadeniz).   Trainer: Fatih Terim

Goals: Klasnić (117), Şenturk (120)

Penalties: Modrić (miss), Turan 0-1, Srna 1-1, Şenturk 1-2, Rakitić (miss), Hamit Altintop 1-3, Petrić (miss)

NETHERLANDS v RUSSIA 1-3 (0-0, 1-1) (AET)
St.Jakobs Park, Basel 21.06.2008
Referee: Luboš Michel (SVK)   Attendance: 42,500

NETHERLANDS: Edwin van der Sar, Khalid Boulahrouz (54 Johnny Heitinga), André Ooijer, Joris Mathijsen, Giovanni van Bronckhorst, Rafael van der Vaart, Nigel de Jong, Orlando Engelaar (63 Ibrahim Afellay), Wesley Sneijder, Dirk Kuyt (46 Robin van Persie), Ruud van Nistelrooy.
Trainer: Marco van Basten

RUSSIA: Igor Akinfeev, Aleksandr Aniukov, Denis Kolodin, Serghei Ignashevich, Yuri Jirkov, Konstantin Zîrianov, Andrei Arshavin Serghei Semak, Igor Semshov (81 Dmitri Torbinski), Roman Pavliucenko (114 Dmitri Sychev), Ivan Saenko (69 Diniar Bilialetdinov).   Trainer: Guus Hiddink

Goals: van Nistelrooy (86), Pavliucenko (56), Torbinski (112), Arshavin (116)

SPAIN v ITALY 0-0 (AET)
Ernst Happel, Wien 22.06.2008
Referee: Herbert Fandel (GER)   Attendance: 51,428

SPAIN: Iker Casillas, Sergio Ramos, Carles Puyol, Carlos Marchena, Joan Capdevila, Marcos Senna, Andres Iniesta (59 Santi Cazorla), Xavi Hernández (60 Cesc Fábregas), David Silva, David Villa, Fernando Torres (85 Daniel Güiza).   Trainer: Luis Aragonés

ITALY: Gianluigi Buffon, Gianluca Zambrotta, Christian Panucci, Giorgio Chiellini, Fabio Grosso, Alberto Aquilani (108 Alessandro Del Piero), Daniele De Rossi, Massimo Ambrosini, Simone Perrotta (68 Mauro Camoranesi), Antonio Cassano (75 Antonio Di Natale), Luca Toni.   Trainer: Roberto Donadoni

Penalties: Villa 1-0, Grosso 1-1, Cazorla 2-1, De Rossi (miss), Marcos Senna 3-1, Camoranesi 3-2, Güiza (miss), Di Natale (miss), Fabregas 4-2.

SEMI-FINALS

GERMANY v TURKEY 3-2 (1-1)
St. Jakobs Park, Basel 25.06.2008
Referee: Massimo Busacca (SWI)   Attendance: 42,000

GERMANY: Jens Lehmann, Arne Friedrich, Per Mertesacker, Christoph Metzelder, Philipp Lahm, Bastian Schweinsteiger, Simon Rolfes (46 Torsten Frings), Michael Ballack, Thomas Hitzlsperger, Lukas Podolski, Miroslav Klose (90+2 Marcell Janssen).   Trainer: Joachim Löw

TURKEY: Ruştu Recber, Sabri Sarioglu, Mehmet Topal, Gokhan Zan, Hakan Balta, Kazim Kazim (90+1 Tumer Metin), Hamit Altintop, Mehmet Aurelio, Ayhan Akman (81 Mevlut Erdinc), Ugur Boral (84 Gokdeniz Karadeniz), Semih Şenturk.   Trainer: Fatih Terim

Goals: Schweinsteiger (26), Klose (79), Lahm (90), Ugur Boral (22), Semih Şenturk (86)

RUSSIA v SPAIN 0-3 (0-0)
Ernst Happel, Wien 26.06.2008
Referee: Frank De Bleeckere (BEL)   Attendance: 50,000

RUSSIA: Igor Akinfeev, Aleksandr Aniukov, Vasili Berezuţki, Serghei Ignaşevici, Iuri Jirkov, Konstantin Zîrianov, Sergei Semak, Igor Semshov (56 Diniar Bilialetdinov), Ivan Saenko (57 Dmitri Sychev), Andrei Arshavin, Roman Pavliucenko.   Trainer: Guus Hiddink

SPAIN: Iker Casillas, Sergio Ramos, Carles Puyol, Carlos Marchena, Joan Capdevila, Marcos Senna, Andres Iniesta, Xavi Hernández (69 Xabi Alonso 69), David Silva, David Villa (35 Cesc Fábregas), Fernando Torres (69 Daniel Güiza).   Trainer: Luis Aragones.

Goals: Xavi (50), Güiza (73), Silva (82)

FINAL

SPAIN v GERMANY 1-0 (1-0)
Ernst Happel, Wien 29.06.2008
Referee: Roberto Rosetti (ITA)   Attendance: 50,000

GERMANY: Jens Lehmann, Arne Friedrich, Per Mertesacker, Christoph Metzelder, Philipp Lahm (46 Marcell Jansen), Bastian Schweinsteiger, Torsten Frings, Michael Ballack, Thomas Hitzlsperger (58 Kevin Kuranyi), Lukas Podolski, Miroslav Klose (79 Mario Gomez).   Trainer: Joachim Löw

SPAIN: Iker Casillas, Sergio Ramos, Carles Puyol, Carlos Marchena, Joan Capdevila, Marcos Senna, Andres Iniesta, Xavi Hernández, Cesc Fábregas (64 Xabi Alonso), David Silva (66 Santi Cazorla), Fernando Torres (78 Dani Güiza).   Trainer: Luis Aragones

Goal: Fernando Torres (33)

Goalscorers European Football Championship 2008

13 goals: David Healy (Northern Ireland).

11 goals: Lukas Podolski (Germany), David Villa (Spain).

10 goals: Eduardo da Silva (Croatia).

9 goals: Euzebiusz Smolarek (Poland), Cristiano Ronaldo (Portugal).

7 goals: Mladen Petrić (Croatia), Jan Koller (Czech Republic), Jon Dahl Tomasson (Denmark), Thierry Henry (France), Miroslav Klose (Germany), Steffen Iversen (Norway), Nikola Žigić (Serbia), Adrian Mutu (Romania).

6 goals: Dimitar Berbatov, Martin Petrov (Bulgaria), Roberto Colautti (Israel), Robin van Persie (Netherlands), Aleksandr Kerzhakov (Russia), Mintál (Slovakia), Markus Allbäck (Sweden).

5 goals: Edmond Kapllani (Albania), Yiannis Okkas (Cyprus), Crouch (England), Shota Arveladze (Georgia), Michael Ballack, Bastian Schweinsteiger (Germany), Theofanis Gekas (Greece), Luca Toni (Italy), Dimitriy Byakov (Kazakhstan), Maris Verpakovskis (Latvia), Ciprian Marica (Romania), Andrei Arshavin, Roman Pavlyuchenko (Russia), Xavi Hernández (Spain), Hakan Şükür, Nihat Kahveci (Turkey), Andriy Shevchenko (Ukraine).

4 goals: Maksim Romashchenko (Belarus), Moussa Dembélé (Belgium), Misimović, Muslimović (Bosnia Herzegovina), Darijo Srna (Croatia), Sionko (Czech Republic), Dennis Rommedahl (Denmark), Rógvi Jacobsen (Faroe Islands), Nicolas Anelka (France), Thomas Hitzlsperger (Germany), Angelos Charisteas (Greece), Zoltán Gera (Hungary),

Kevin Doyle, Stephen Ireland, Robbie Keane (Ireland), Mario Frick (Liechtenstein), Tomas Danilevičius (Lithuania), Viorel Frunză (Moldova), Wesley Sneijder, Ruud van Nistelrooy (Netherlands), Carew (Norway), Jacek Krzynówek (Poland), Nuno Gomes (Portugal), Nicolae Dică (Romania), Kris Boyd, James McFadden (Scotland), Danko Lazović (Serbia), Klemen Lavrič (Slovenia), Fernando Torres (Spain), Oleh Gusev (Ukraine), Jason Koumas (Wales).

3 goals: Sergei Kornilenko, Vitaliy Kutuzov (Belarus), Ivan Klasnić (Croatia), Stathis Aloneftis, Kostas Charalambides (Cyprus), Milan Baroš (Czech Republic), Steven Gerrard, Michael Owen (England), Jari Litmanen (Finland), Sidney Govou (France), Aleksandr Iashvili, Sotiris Kyrgiakos, David Siradze (Georgia), Kevin Kuranyi (Germany), Angelos Basinas, Nikos Liberopoulos (Greece), Eidur Gudjohnsen (Iceland), Filippo Inzaghi (Italy), Jurijs Laizans (Latvia), Naumoski, Sedloski (Macedonia), Michael Mifsud, Andre Schembri (Malta), Bugaev (Moldova), Radoslaw Matusiak (Poland), Simão Sabrosa (Portugal), Sychev (Russia), Kenny Miller (Scotland), Boško Janković (Serbia), Filip Hološko, Martin Škrtel (Slovakia), Iniesta (Spain), Källstrom (Sweden), Hakan Yakin (Switzerland), Semih Senturk, Tuncay Sanli (Turkey), Craig Bellamy (Wales).

2 goals: Skela (Albania), Arzumanyan (Armenia), Kalachev, Korytko (Belarus), Geraerts, Miralles (Belgium), M. Hrgović (Bosnia Herzegovina), Kranjčar, Modrić, Olić (Croatia), M. Konstantinou (Cyprus), Jankulovski, Kulič, Lafata, Plašil, Rosický (Czech), Bendtner, Gravgaard, Nordstrand (Denmark), Defoe, Rooney, Wright-Phillips (England), Piiroja (Estonia), Eremenko Jr, Johansson (Finland), Benzema, Saha, Trezeguet (France), Fritz, Gomez (Germany), Amanatidis, Katsouranis (Greece), Kilbane (Ireland), Barda, Ben Shoshan, Benayoun, Sahar, Tamuz (Israel), Panucci, Pirlo, Quagliarella, Di Natale (Italy), Baltiyev (Kazakhstan), G.Karlsons, Višnakovs (Latvia), T. Beck (Liechtenstein), Ksanavičius (Lithuania), Maznov, Pandev (Macedonia), Rogaciov (Moldova), Huntelaar, Kuyt, van Bronckhorst (Netherlands), Lafferty (N. Ireland), Hagen, Gamst Pedersen, J.A. Riise, Strømstad, Solskjær (Norway), Hélder Postiga, Hugo Almeida, Quaresma (Portugal), Contra, Goian, D.Niculae, Tamaş (Romania), O'Connor (Scotland), Jovanović, Kuzmanović (Serbia), Čech, Hamšík, Karhan, Sebo, Šesták, Vittek (Slovakia), Novakovič (Slovenia), Güiza, Sergio Ramos (Spain), Elmander, Ibrahimovic, Mellberg, Rosenberg, A. Svensson, Wilhelmsson (Sweden), Gökhan Ünal, Halil Altintop, Hamit Altintop, Tümer Metin, Arda Turan (Turkey), Kalynychenko (Ukraine), Bale, Earnshaw (Wales).

1 goal: Bogdani, Haxhi, Curri, Hasi (Albania), Silva, Fernández (Andorra), Hovsepyan, Mkhitaryan (Armenia), Ivica Vastic (Austria), Aliyev, M. Gurbonov, Imamaliev, Ladaga, Nadyrov, Subašić (Azerbaijan), Bulyga, Vasilyuk, Kovba (Belarus), Fellaini, Pieroni, Simons, Sonck, Vandenbergh, Van Buyten (Belgium), Ibišević, Džeko, Čustović, Barbarez, Bartolović, Grlić (Bosnia Herzegovina), Georgiev, V. Dimitrov, Tunchev, Bozhinov, Telkiyski, Yankov (Bulgaria), Rakitić, Balaban (Croatia), Okkarides, Makridis, Garpozis, Yiasoumi (Cyprus), Pudil, Grygera, Matejovsky, Kováč, Polák, Jarolím, Svěrkoš (Czech Republic), Kahlenberg, U. Laursen, M. Laursen, D. Jensen (Denmark), Lampard, Ferdinand, Nugent, Ricahrds, Cole (England), Oper, Lindpere, Zelinski (Estonia), Forssell, Kuqi, Tainio, Gargula, Hyypiä, Nurmela, Väyrynen (Finland), Malouda, Ribéry, Nasri, Rothen, Ben Arfa (France), Mujiri, Kobiashvili, Demetradze, Shashiashvili, Mchedlidze (Georgia), Jansen, Lahm, Frings, M. Friedrich, Schneider (Germany), Seitaridis, Patsatzoglou, Samaras (Greece), Buzsaky, Feczesin, Tozsér, Priskin, Torghelle, Huszti, Dárdai (Hungary), Ar. Björnsson, Hallfredsson, B. Gunnarsson, Vidarsson, Thorvaldsson, Hreidarsson (Iceland), Finnan, A. Reid, Dunne (Ireland), Golan, Itzhaki, Tal, Gershon (Israel), Gilardino, Oddo, De Rossi, Camoranesi, Perrotta, Grosso, Chiellini (Italy), Ashirbekov, Ostapenko, Smakov, Zhumaskaliyev (Kazakhstan), Gorkšs, Klava (Latvia), Rohrer, F. Burgmeier (Liechtenstein), Miceika, Skerla, Mikoliunas, Jankauskas, Savenas (Lithuania), F. Leweck, Sagramola (Luxembourg), Stojkov, Noveski (Macedonia), Scerri, Said, Mallia, Pace (Malta), Josan, Alexeev, Epureanu (Moldova), Van der Vaart, Koevermans, Mathijsen, Robben (Netherlands), Feeney, McCann (Northern Ireland), B. Riise, Braaten, Hæstad, Helstad, Brenne, Andresen (Norway), Bak, Dudka, Guerreiro, Lewandowski, Lobodzinski, Kazmierczak, Murawski, Zurawski (Poland), Bruno Alves, Deco, Makukula, Maniche, Nani, Pepe, Meireles, Ricardo Carvalho, Tiago (Portugal), Nicoliţă, Roşu, F. Petre (Romania), V. Berezutski, Bilyaletdinov, Bystrov, Pogrebnyak, Torbinski, Zyryanov (Russia), A. Selva, Marani (San Marino), Dailly, Caldwell, Beattie, Maloney, McManus, McCulloch, Ferguson, Fletcher (Scotland), Ivanović, Stanković, Tosić (Serbia), Michalík, Sapara, Durica, Klimpl, Jakubko, Varga, Svento (Slovakia), Vršič, Cesar, Koren (Slovenia), Capdevila, De la Red, Fabregas, Tamudo, Riera, Morientes, Luis García Sanz, Silva (Spain), Hansson, Ljungberg (Sweden), Emre Belözoğlu, Ugur Boral, Ümit Karan, Aurelio, Çetin, Sabri, Gökdeniz (Turkey), Rotan, Rusol, Kucher, Yezerskiy, Shelayev, Vorobey, Voronin (Ukraine), Ledley, Collins, Eastwood, S. Davies, Giggs (Wales).

Own goals: Kishishev (Bulgaria) for Albania, G. Neville (England) for Croatia, Rahn (Estonia) for England, Asatiani (Georgia) for France, Durica (Slovakia) for Germany, Gillespie (N. Ireland) for Iceland, Vanczak (Hungary) for Greece, Benjaminsen (Faroe), Thierry Henry (France) both for Italy, Baird (N. Ireland) for Latvia, Zirnis (Latvia) for Liechtenstein, Beqaj (Albania) for Netherlands, Ostapenko (Kazakhstan) for Serbia, Metzelder (Germany), Kadlec (Czech) both for Slovakia, Jiranek (Czech Rep), Durica (Slovakia) both for Wales.